U0856184

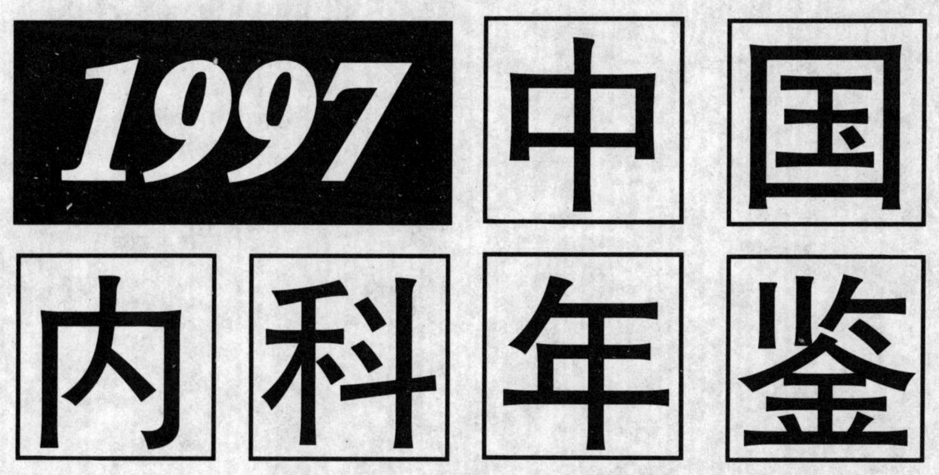

1997中国内科年鉴

CHINESE YEARBOOK OF INTERNAL MEDICINE

名誉主编: 陈敏章

主　　编: 李　石

副 主 编: 吴萍嘉　许国铭　周明行

第二军医大学出版社

中国内科年鉴编委会(1997)

名誉主编　陈敏章
主　　编　李　石
副 主 编　吴萍嘉　许国铭　周明行
顾　　问　(按姓氏笔划为序)
　朱无难　上海医科大学内科教授
　张国治　第二军医大学内科教授
　周孝达　上海第二医科大学神经病学教授
　夏镇夷　上海医科大学精神医学教授
　尉　挺　第二军医大学内科教授
　戴自英　上海医科大学内科教授

编　　委　(按姓氏笔划为序)
　王振义　上海第二医科大学内科教授
　邓伟吾　上海第二医科大学内科教授
　叶曜芩　第二军医大学内科教授
　许国铭　第二军医大学内科教授
　李　石　第二军医大学内科教授
　李　静　第二军医大学长征医院副院长
　李平升　第二军医大学内科教授
　吴萍嘉　第二军医大学神经精神病学教授
　汪伟业　第二军医大学传染病学教授
　陈士葆　第二军医大学内科教授
　陈家伦　上海第二医科大学内科教授
　陈灏珠　上海医科大学内科教授
　张本立　第二军医大学内科教授
　张国元　第二军医大学内科教授
　张家庆　第二军医大学内科教授
　周明行　第二军医大学传染病学教授
　周殿元　第一军医大学内科教授

钱尚华　第二军医大学内科教授
徐肇玥　上海医科大学传染病学教授
郭怀宝　第二军医大学长征医院医教部主任
涂来慧　第二军医大学神经精神病学教授
辛春和　第二军医大学神经精神病学教授
龚兰生　上海第二医科大学内科教授
章同华　第二军医大学内科教授
黎磊石　南京军区南京总院内科教授
曹金盛　第二军医大学出版社编审

常务编辑

张贤康　罗文侗　田筱梅　吕一刚　石进英

专业编辑　（按姓氏笔划为序）

丁素菊　万谟彬　王国俊　李兆申　刘志民
刘忠令　吴宗贵　余润家　闵碧荷　张世明
张兴荣　张忠兵　邹大进　邵福源　陈菊初
周炳胜　郑　兴　郑惠民　孟沛霖　赵　瑛
赵忠新　修清玉　秦一中　秦永文　袁伟杰
黄　佐　黄隆安　梅长林　崔若兰　蔡　雄

编辑凡例

一、本卷年鉴取材于1995年11月～1996年10月国内公开发行的190种有关医学杂志，共收集有关文献25 653篇。分为传染病、寄生虫病、呼吸系病、循环系病、消化系病、造血系病、肾脏病、内分泌和代谢病、结缔组织病、中毒和物理因子所致疾病、神经系病、精神疾病等专业。各专业先列“一年回顾”及其参考文献，后列“文选”。

二、一年回顾：各专业按需要分为若干章节，较全面地反映上述期间我国内科各专业的基础与临床研究进展，同时亦收录有关新技术、新经验及罕见病例。引述的文献数为收集文献总数的33.8%。文中参考文献序号右上角有“*”号者，表示该文已列入文选并有文摘。

三、文选：所列文选均从上述同期期刊中选出，占收集总文献数的1.1%。所选文献为学术价值较高或有一定代表性的新技术和新经验。选文不拘一格，不论作者属何单位和是否为知名专家，亦不论期刊属全国性或地区性，凡符合标准的，均有选录。因篇幅所限，内容相似的文章一般只选一二篇；以论述检测方法为主，或属其他年鉴选录者均未选入。文选摘录文题、第一作者单位及姓名、材料与方法、研究结果及作者的主要见解或结论。部分文选附有述评，仅表达编者个人对该文的看法和酌情介绍其他同类研究的概况，仅供读者参考。

四、附录：包括上述同期有关杂志刊载的各专业会议拟订的新的诊断标准(或建议)、有关学科学术会议情况，以及本卷所采用的期刊名称及其在本卷中所用的简称。

五、度量衡：采用法定计量单位(详见本年鉴1986年卷第799页)。

六、药物名称：以国家卫生部药典委员会编《药名词汇》(化学工业出版社，1991年)为准。

七、为增加信息量及节约篇幅，期刊名称较长者酌情简缩。“一年回顾”正文引用第一作者单位或单位所在地区名称，并尽可能予以习用简化；所附参考文献则标明第一作者姓名，以便读者与作者通讯联系。

前　言

《中国内科年鉴》是信息密集型的学术性、资料性工具书。编纂出版的目的，是为了全面、准确、及时地向国内外读者反映我国内科学领域各年取得的成就和经验，同时也是我国内科领域科技发展历史轨迹的记载。本书以高、中级医务人员为主要读者对象，对各类、各级医务人员和卫生管理人员亦皆适用。查阅本书，可用较少的时间获取较多的有关信息。

本年鉴按内科各系统编撰，每个系统分“一年回顾”（附参考文献）和“文选”两大部分。书末附录中列有上一年度在正式刊物上发表的各专业会议拟订的疾病诊疗标准（或建议）和学术会议情况，供参考。

本年鉴自1983年卷问世以来，至本卷已编纂15卷。在此期间，承各级领导的不断鼓励和支持，专家和广大读者的厚爱与建议，以及出版单位的努力与协作，才得以连续出版并不断提高质量，在此谨致衷心谢意！

本卷的资料系从国内公开发行的190种有关医学杂志25 653篇文献中选出。因编者水平和能力所限，加之编纂时间紧、工作量大，虽经反复斟酌、审校，不妥或错误之处在所难免，尚祈读者指正并提出改进意见。函寄上海凤阳路415号《中国内科年鉴》编辑部。

编　者

目　录

传染病

寄生虫病

呼吸系统疾病

循环系统疾病

消化系统疾病

造血系统疾病

肾脏病

内分泌和代谢疾病

结缔组织病

中毒和物理因素所致疾病

神经系统疾病

精神疾病

其　他

传 染 病

收集 1995 年 11 月～1996 年 10 月文献 2 747 篇，纳入回顾 1 117 篇（占 40.7%），列入文选 18 篇（占 0.7%）。

一 年 回 顾

一、病毒性疾病

（一）流感和副流感

苏州医学院儿童医院[1]采用桥联酶标法（A-PAAP）检测 5 328 例小儿下呼吸道感染鼻咽分泌物，流感病毒检出率 30.3%，其中甲型 21.0%，乙型 9.3%。预防医科院病毒所等[2]采集小儿上呼吸道感染鼻试标本 53 份，经鸡胚和狗肾传代细胞（MDCK cells）接种及分离物鉴定，发现甲型流感病毒 H_3N_2、H_1N_1 亚型病毒均为“O”相变异，这是 1957 年之后再次出现“O”相毒株。广东流行病所[3]采用反转录 PCR（RT-PCR）法对 1994 年该地区流感病毒流行株 A/Guangdong/28/94 HA_1 基因序列进行分析，发现变异比例达 14.6%，表明流感病毒 H_3N_2 亚型的基因变异及抗原漂移是引起流感散发流行的原因。河南医大一院[4]对 1992 年 12 月～1993 年 3 月郑州地区 172 例急性呼吸道感染患儿病原检测中，检出甲型流感病毒感染 81 例（47.1%），并分析了临床特点及急性期、恢复期 CD_3、CD_4、CD_8 及 C_3bR 的变化，认为甲型流感病毒致病机理有细胞免疫参与。上海医大等[5]在山东、河南两省 697 个农村疾病监测点中对养鱼、综合养鱼技术，养猪、鸭、鸡等变量与流感流行关系进行横断面研究，提出鸭在流感流行生态学中具有重要作用，而养鱼、综合养鱼技术，养猪、鸡与流感似无联系。预防医科院病毒所[6]通过病毒血凝素蛋白抗原性分析，证实我国人群中存在两系抗原性明显不同的乙型流感病毒系；指出乙型流感流行株具有地区性差异；病毒变异主要集中于 HA_1 区氨基酸序列的第 70～90 位和第 110～210 位，推测该两个部位与乙型流感病毒血凝素抗原决定簇相关。他们[7]还发现在 MDCK 细胞培养液中保持中草药福青的一定浓度可明显抑制甲、乙型流感病毒在 MDCK 细胞中的复制。

温州医学院儿童医院[8]报道该院 1992 年 6 月～1993 年 5 月 62 例Ⅲ型副流感病毒肺炎与同期 20 例呼吸道合胞病毒（RSV）肺炎的临床特征极为相近，难以鉴别，须依赖病毒学检查，并指出Ⅲ型副流感病毒是小儿肺炎的一种重要病原体。

（韩絮琳）

参 考 文 献

[1] 张 捷等. 苏州医学院学报 1996;16(3):449

[2] 郭元吉等. 中华实验和临床病毒 1996;10(2):101

[3] 黄 平等. 中华微生物和免疫 1996;16(2):133

[4] 李玉琴等. 中华实验和临床病毒 1995;9(4):381

[5] 顾惠心等. 中华流行病 1996;17(2):77

[6] 舒跃龙等. 中华实验和临床病毒 1996;10(3):217

[7] 王 敏等. 中华实验和临床病毒 1996;10(2):177

[8] 吴荣熙等. 浙江医学 1996;18(1):32

（二）其他呼吸道病毒感染

辽宁省医院[1]在 1995 年 1 月～1996 年 2 月对 335 例首次门诊和住院的急性呼吸道感染（ARI）患儿进行呼吸道病毒抗原检测，检出病毒感染者 157

例，阳性率46.9%。其中流感病毒、腺病毒（AdV）、呼吸道合胞病毒（RSV）及副流感病毒感染人数构成比依次为33.8%、26.3%、21.5%及18.4%。西安西京医院[2]对1990年～1996年（每年11月至次年3月）370例（份）ARI患儿鼻咽分泌物检测RSV、AdV抗原，总阳性率50.5%，其中RSV39.2%，AdV13.8%，二者同时阳性2.4%。发现AdV主要引起上呼吸道感染，RSV与下呼吸道感染和喘鸣关系密切。他们[3]将建立的单克隆抗体免疫荧光技术（McAb-IIF）检测鼻咽分泌物中AdV，与常规病毒分离法比较，前者具有快速、准确、特异性及敏感性高的优点。湖北医大一院[4]应用RSV抗原片免疫酶组化法（IPA）检测74例急性下呼吸道感染患儿的外周血RSV-IgM抗体与常规IFA法检测鼻咽腔分泌物脱落细胞RSV抗原法比较，敏感性、特异性与诊断符合率均为90%左右（$P>0.05$），具有省时省力、应用方便、3小时出结果的优点。河南医大[5]建立了高度敏感、特异的反转录套式PCR检测RSV RNA方法，能够快速诊断RSV感染。北京市儿童医院等[6]对45例RSV急性下呼吸道感染的3岁以下患儿运用双盲法比较双黄连、病毒唑及生理盐水雾化吸入治疗疗效，前者明显优于后二者，且安全、无毒副作用。

北京医大一院[7]用ELISA法检测柯萨奇病毒B（CVB）$_{1\sim6}$型IgM，孕妇血阳性率26.3%，孕妇脐血阳性率6.0%，母婴经胎盘感染率11.9%，其中1例婴儿出现心电图和心肌酶学改变，提示CVB感染存在母婴传播，因此对脐血CVB-IgM阳性婴儿应定期随访以早期发现无症状心肌炎患儿。中国医大二院[8]报道1993年9月～10月沈阳发生一起新生儿CVB$_{3,5}$暴发流行，发病44例，收治38例，临床表现以多器官功能损害为主。

（韩絮琳）

参考文献

[1] 邓桂芳等. 中国公共卫生 1996;12(9):398

[2] 钱新宏等. 中华流行病 1996;17(4):238

[3] 许东亮等. 实用儿科临床 1996;11(2):101

[4] 张传湘等. 中华儿科 1996;34(4):273

[5] 李付广等. 中华医学检验 1996;19(3):166

[6] 孔晓棠等. 中华儿科 1996;34(1):11

[7] 刘小平等. 中华医院感染 1996;6(3):141

[8] 吴红敏等. 中国实用儿科 1995;10(6):345

（三）流行性腮腺炎

上海新华医院[1]和湖北医大二院[2]报道儿童流行性腮腺炎（流腮）致多脏器损害733例，其中合并中枢神经系统损害最多见（92%），其他依次为心肌损害（13.2%）、胰腺炎（1.1%）、睾丸炎（0.6%）、感音性耳聋（0.4%）、肝炎（0.3%）、周围性面神经炎（0.3%）和胸骨前水肿（0.1%）等，其中97例（13.2%）同时有2种或2种以上并发症。其他报道有流腮并发全聋150例[3]、急性小脑共济失调30例[4]、心脏损害16例[5]、血小板减少性紫癜3例[6]、脑萎缩[7]、前庭神经等多系统损害[8]、脑膜炎、胰腺炎，睾丸炎[9]、脑膜脑炎、颌下腺炎[10]、多组脑神经损害[11]、左耳完全耳聋[12]等各1例。连云港市一院[13]和荣成市二院[14]对流腮并发脑膜脑炎（腮脑）患者进行脑脊液（CSF，79例）和脑电图（EEG）（58例）检查，发现二者异常分别与脑膜及脑实质损害程度有关。由于EEG检查为无创性且异常改变出现早、敏感性较高，可作为诊断腮脑的首选辅助方法，若配合CSF检查可以防止EEG假阴性，提高诊断率。有关流腮治疗方面的报道有：病毒唑10～20mg/(kg·d)，总量分2次肌注或静滴治疗134例[15,16]；在此治疗基础上加用聚肌胞2mg/次，隔天一次肌注，共2次，治疗48例[17]，发现加用聚肌胞可明显缩短退热及消肿时间；人脾免疫核糖核酸1mg肌注，隔天一次加外敷至临床痊愈，治疗56例[18]；西咪替丁15mg/(kg·d)静滴3～6天，治疗70例[19]。上海医大儿科医院[20]和上海新华医院[21]于1995年5月～10月用双黄连粉针剂，60mg/(kg·d)静滴5天左右，治疗90例流腮并发脑膜炎、脑炎者，能明显缩短发热、头痛及呕吐等症状消失时间。

（韩絮琳）

参考文献

[1] 张汝慧等. 临床儿科 1996;14(4):220

[2] 陈冬珍等. 实用儿科临床 1996;11(3):152

[3] 王彦君等. 山东医药 1995;35(10):48

[4] 黄　炎等. 中风与神经 1996;13(4):236

[5] 苏礼辉等. 中国实用儿科 1996;11(2):112

[6] 王会来等. 实用儿科临床 1996;11(1):22

[7] 谢稚琴. 西安医大学报 1996;17(1):65

[8] 薛塔塔. 解放军医学 1995;20(5):352

[9] 商水忠等. 武汉医学 1995;19(4):224
[10] 韩金友. 新医学 1996;27(6):327
[11] 牛昶信等. 新疆医学 1996;26(2):120
[12] 杨丽华等. 临床内科 1996;13(1):43
[13] 钱明珠等. 江苏医药 1996;22(7):508
[14] 常永志等. 山东医药 1996;36(5):58
[15] 罗月萍. 广东医学 1995;16(11):779
[16] 劳嘉良等. 浙江医学 1995;17(6):329
[17] 李永贞. 河北医药 1996;18(5):297
[18] 季凤华. 交通医学 1996;10(2):106
[19] 高全鸣. 临床儿科 1996;14(4):222
[20] 蒋桂英等. 上海医大学报 1996;23(3):239
[21] 陆萃英等. 临床儿科 1996;14(4):223

(四)麻疹

广州市八院[1]收治广州地区麻疹78例,发现婴儿及成年人麻疹病例增加(43.5%),特别是成年人麻疹(28.2%),以外来人口为主(48.7%);发病高峰季节后移,4~6月份发病占47.4%。江西抚州地区防疫站[2]报道因2例麻疹输入病例引起边远山区麻疹暴发流行,共发病256人,流行时间持续71天。解放军1院等[3]报道一起兰州地区某集训队成人麻疹局部暴发流行,罹患率29.6%。山东日照市医院等[4]报道青年人麻疹116例,大多数患者全身中毒症状重;卡他症状明显,多数可见柯氏斑;皮疹典型,多数伴有明显的肠道症状,易致心、肺、脑等重要脏器损害;54.4%的患者出现ALT升高,妊娠期患麻疹易致流产。西安市儿童医院[5]报道学龄前儿童麻疹70例,占该院1994年全部麻疹患儿的36.8%,居各年龄组第2位。其中有各种并发症64例,占91.4%,两种以上并发症38例,占54.3%,并发症多而严重。另有麻疹并发急性小脑性共济失调1例[6];多发性硬化2例[7]。哈尔滨市防疫站[8]采用抗体捕捉ELISA法对60例不典型麻疹患者进行麻疹、风疹特异性IgM检测,该法能快速将二者进行鉴别,可作为麻疹早期诊断及与风疹鉴别诊断常规试验。河南清丰县中医院[9]用清开灵注射液治疗麻疹70例,用药72小时后透疹率达100%,缩短了病程和住院时间,减少了并发症的发生。武汉市传染病院[10]用思密达治疗婴幼儿麻疹病毒性肠炎60例,用药72小时内大便常规全部复常,治愈率98.3%。

(黄洪志)

参 考 文 献

[1] 刘远煌等. 广东医学 1995;16(12):806
[2] 李子龙. 中国公共卫生 1996;12(1):21
[3] 李爱月等. 中华流行病 1995;16(6):342
[4] 潘兆随等. 中华传染 1996;14(3):185
[5] 常荣芬等. 陕西医学 1996;25(8):479
[6] 刘巧英. 江苏医学 1995; 21(12):813
[7] 井 辉等. 新医学 1995;26(11):594
[8] 赵晓梅等. 哈尔滨医院 1995;15(4):52
[9] 王自珂等. 中西医结合急救 1996;3(10):471
[10] 刘平玉等. 武汉医学 1996;20(3):171

(五)风疹

烟台市防疫站[1]采集该市不同年龄自然人群血清1 562份测定风疹血凝抑制(HI)抗体,总阳性率74.8%,5岁以前阳性率26.2%,以后随年龄增长而逐渐增高,11岁后达90%以上,表明风疹疫苗接种重点应在10岁以前。哈尔滨市防疫站[2]对该市部分健康人群的风疹抗体水平进行抽样调查,结果风疹抗体阴性率50.1%,说明哈尔滨市人群中没有建立风疹的免疫屏障。上海长海医院[3]分析1 032例成人风疹发病情况,该病主要是儿童传染病,年龄小者在流行高峰期发病多,而成人在流行缓解期发病多。福建武平市防疫站[4]在儿童期接种风疹疫苗并在发生首例病人后实行风疹减毒活疫苗应急接种,免疫保护率达79.4%。上海医大儿科医院[5]报道风疹患儿7 829例,52例有合并症,其中单纯合并脑炎43例,占82.7%。张家港市医院[6]等报道双黄连粉针剂治疗风疹效果较好。

(黄洪志)

参 考 文 献

[1] 王玉才等. 中华微生物和免疫 1996;16(5):369
[2] 胡利亚等. 中国公共卫生 1995;11(11):491
[3] 刘喜泰等. 二军医大学报 1995;16(5):494
[4] 林永淦等. 中华预防医学 1996;30(3):163
[5] 怀有为等. 中华传染 1996;14(1):59
[6] 惠元诚等. 苏州医学院学报 1996;16(1):80

(六)水痘及带状疱疹

今年报道水痘合并面神经麻痹1例[1],出血坏疽型水痘并发败血症、多脏器衰竭1例[2],成人大疱性水痘1例[3]。白求恩医大一院[4]用阿昔洛韦

(ACV)治疗水痘患儿50例，与对照组潘生丁治疗比较，ACV组的退热时间、新疹抑制时间及皮疹结痂时间明显缩短，疗效显著优于对照组，治疗组全部治愈，而对照组有3例无效改用ACV后治愈。

淄博市一院[5]1980～1993年收治6 768例各种恶性肿瘤患者，其中53例(0.8%)并发带状疱疹(HZ)者皆为晚期肿瘤，均接受过放疗或化疗，高于非肿瘤患者0.3%的发生率。苏州医学院二院[6]报道3例恶性肿瘤晚期放疗或化疗后并发HZ，其中2例淋巴细胞亚群测定显示有严重的细胞免疫功能低下。上海新华医院[7]报道2例恶性淋巴瘤继发播散性HZ，T细胞亚群测定CD_4降低而CD_8升高。广西富川县医院等[8]报道婴儿HZ45例，最小年龄6个月；另有1例2个月婴儿患HZ报道[9]。呼和浩特铁路医院[10]报道1例复发性Sweet综合征治疗中并发HZ，经抗病毒药物治疗痊愈。哈尔滨市四院[11]报道2例大疱性HZ，其中最大水疱面积达2cm×3cm。山东交通医院[12]报道1例以偏瘫为首发症状的HZ。尚有关于HZ并发症文献多篇：并发病毒性脑膜脑炎2例[13]，横贯性脊髓炎1例[14]，对侧偏瘫综合征1例[15]，室性心律失常2例[16]；频繁呕吐导致电解质紊乱1例[17]，老年假性肠梗阻1例[18]，附件炎及阴道炎1例[19]和男性外阴部HZ并发排尿困难1例[20]。成都龙泉区一院[21]报道左胸HZ伴自发性气胸1例。首钢吉林柴油机厂医院[22]收治1例腹部HZ患者以突发持续腹绞痛等急腹症表现被误诊为急性阑尾炎手术。西安医大二院[23]实验表明香菊流浸膏对水痘-带状疱疹病毒(VZV)有显著的抑制作用。广州东山医院[24]以紫龙汤辅以患处外擦三黄洗剂或炉甘石洗剂，另加频谱仪或神灯照射局部治疗HZ65例，除1例膀胱癌继发HZ患者留有后遗神经痛(PHN)外，均在(7.6±1.8)天内治愈。有报道自拟栝蒌龙胆汤治疗HZ54例，全部治愈，平均治愈时间4.9天[25]。杭州市中医院[26]用双黄连粉针剂静滴治疗HZ，疗效与ACV相似而明显优于聚肌胞。其他有用蜈雄擦剂配合病毒唑治疗HZ，疗效显著优于聚肌胞辅以炉甘石洗剂患处外擦[27]。浙江省医院[28]比较ACV、α干扰素及聚肌胞对HZ的疗效，前者在减轻疼痛、缩短结痂和痊愈时间方面明显优于后二者。上海闵行区医院[29]报道用季德胜蛇药片治疗HZ，疗效优于ACV。且该药价廉、无毒副作用。有报道用转移因子治疗HZ有效[30,31]；生命信息治疗仪治疗HZ每天1次，8～12次全部治愈[32]。TDP与音频联合治疗小儿HZ 22例，经1～3次疼痛缓解，3～4次皮损干涸结痂，治愈率100%[33]，音频联合超短波治疗PHN，疗效优于单用音频或超短波治疗[34]。WS生物频谱仪治疗HZ，疗效显著[35]；地塞米松和普鲁卡因脊神经根阻滞治疗老年HZ，一般3次可痊愈[36]。滨州医学院附院[37]报道在头面部HZ发病1周左右加用大量类固醇激素，可减少疱疹后神经炎发生，2周后才用激素者，23例中有12例留有PHN。

(刘喜泰)

参 考 文 献

[1] 邓 颖. 中国实用儿科 1996;11(2):79
[2] 白一汇等. 人民军医 1996;(1):62
[3] 包佐义. 中国皮肤性病 1996;10(5):310
[4] 黄 炎等. 中国实用儿科 1995;10(6):373
[5] 蒋则达. 中国肿瘤临床与康复 1996;3(1):48
[6] 刘玉龙等. 苏州医学院学报 1996;16(4):658
[7] 姜培红等. 中国皮肤性病 1995;9(4):247
[8] 林家益等. 临床皮肤 1996;25(2):117
[9] 杜华蓉等. 临床皮肤 1996;25(4):243
[10] 何建华等. 临床皮肤 1996;25(2):120
[11] 顿艳波. 兰州医学院学报 1996;22(2):52
[12] 张瑞菊等. 交通医学 1996;10(3):101
[13] 刘金耀等. 中华皮肤 1996;29(4):291
[14] 梁兴伟等. 中华老年医学 1995;14(5):312
[15] 刘殿朝. 中风与神经 1995;12(6):366
[16] 陈 杨等. 贵阳医学院学报 1995;20(4):343
[17] 严志福. 中国皮肤性病 1996;10(3):179
[18] 何慕芝. 广东医学 1995;16(11):785
[19] 马雪铢. 天津医药 1996;24(2):101
[20] 姚新民等. 中国皮肤性病 1996;10(2):68
[21] 付万朝. 重庆医学 1996;25(4):256
[22] 张淑琴. 吉林医学 1996;17(2):109
[23] 张美芳等. 中国皮肤性病 1996;10(2):70
[24] 何 遥. 广东医学 1996;17(10):690
[25] 徐 敏等. 人民军医 1996;(10):38
[26] 周先成. 中国皮肤性病 1996;10(4):236
[27] 向左成等. 中西医结合急救 1995;2(6):254
[28] 陶小华等. 中国皮肤性病 1996;10(1):28
[29] 黄厚德等. 临床皮肤 1996;25(3):179
[30] 梁 虹等. 武汉医学 1996;20(3):183
[31] 陈永寿等. 青海医药 1996;26(8):36
[32] 张玉梅等. 山东医药 1995;35(12):56
[33] 李 伟等. 实用儿科临床 1996;11(1):封三
[34] 李 英等. 福建医药 1996;18(1):79
[35] 刘秀丽. 苏州医学院学报 1996;16(3):404
[36] 皮先明等. 中国皮肤性病 1996;10(3):184

[37] 杨　磊等. 中国皮肤性病 1995;9(4):211

(七)单纯疱疹

四军医大[1]从分泌高中和活性的鼠抗 HSV-2 型特异性单抗杂交瘤细胞系中提取 RNA,反转录成 cDNA,用 PCR 法扩增出抗体重链可变区基因 V_H,测定分析其核甘酸序列和相应编码的氨基酸序列。西安医大二院[2]对卡介苗多糖核酸治疗前后的 32 例复发性单纯疱疹患者进行 T 淋巴细胞亚群检测,显示治疗前 OKT_8 增多,OKT_4/OKT_8 比值下降,治疗后 OKT_4 增多 OKT_4/OKT_8 比值升高。提示复发性单纯疱疹患者有细胞免疫抑制,卡介苗多糖核酸治疗有显著的免疫恢复和调节作用。

重庆医大儿童医院[3]* 研究提示人疱疹病毒 6 型(HHV-6)导致的细胞免疫功能紊乱可能与其诱导内源性 IL-10 抑制单核/巨噬细胞表达 IL-12 和 B_7 基因有关。南京市儿童医院[4]应用 PCR 方法检测 HHV-6 DNA,该法快速、敏感性强。并说明该病毒是幼儿急疹的病原,也与人类其他许多疾病有关。

(刘喜泰)

参　考　文　献

[1] 郑　东等. 四军医大学报 1996;17(4):258
[2] 王永贤等. 中国皮肤性病 1996;10(3):142
[3]* 李成荣等. 中华儿科 1996;34(4):236
[4] 郝理华等. 中国实用儿科 1995;10(6):360

(八)EB 病毒和巨细胞病毒感染

预防医科院病毒所等[1]用基因免疫技术将重组质粒 pSG5-EBNA2 注入 BALB/c 小鼠肌肉中,于第 2、4、8 周检测鼠血清中抗 EB 病毒核蛋白抗原 Ⅱ 的特异抗体,结果 83%(5/6)的免疫小鼠产生特异抗体,且抗体效价随时间变化增高。北京地坛医院[2]报道肝炎型 EB 病毒感染 15 例,患者消化道症状明显,肝功能损害较重,热程 1 周以上者 12 例,末稍血细胞正常者占 60%,血中异常淋巴细胞出现较晚。华西医大二院[3]报道用人白细胞 α 干扰素(1×10^6U,每日肌注一次,连续 5~7 天)治疗传染性单核细胞增多症 31 例,治疗组在热程、咽峡炎、淋巴结肿大、肝脾肿大持续时间均较对照组(27 例)明显缩短。

武汉同济医院等[4]对人巨细胞病毒(HCMV)感染对胎、婴儿发育影响的前瞻性研究显示感染组(99 例)死胎、畸形、宫内发育迟缓、新生儿窒息等发生率均高于对照组(93 例)。先天性 HCMV 感染与出生缺陷、婴幼儿期神经系统、智力发育迟缓等有密切关系。上海二医大[5]应用化学发光技术检测 26 例无自然流产史的健康孕妇尿液及宫颈分泌物中 HCMV DNA,阳性率分别为 15.4%和 23.1%,显著低于有异常妊娠史的妇女(阳性率 40.5%和 47.6%),提示 HCMV 感染可能是异常妊娠的重要原因之一。该院[6]还观察到婴儿 CMV 感染 52.5%(21/40)有肝脏受累。先天和围生期感染组肝损害为 75.0%(18/24),较生后感染组(18.8%、3/16)明显增高。西安医大一院等[7]分析了新生儿肝炎综合征(NHS)与 CMV、风疹病毒(RubV)及弓形体(TOX)感染之间关系,94 对母儿血中、母婴间抗 CMV、RubV 和 TOX 抗体分布分别呈相关关系。福建泉州市医院等[8]分析 21 例 NHS 病因,其中 HBV 阳性 8 例(38%),CMV IgM 阳性 7 例(33.3%),柯萨奇 B 组病毒 IgM 阳性 2 例(9.5%),EB 病毒 IgM 阳性 2 例(9.5%)。新疆自治区儿科所[9]报道学龄前及学龄儿童 CMV 肝炎 6 例均有 ALT 升高,临床表现为纳减、腹痛、肝脏质地中等偏软、触痛明显,除 1 例病情迁延约 2 个月外,余均在确诊后 4 周内恢复。有以大量腹水为首要表现的 CMV 感染 1 例[10],CMV 感染致小儿构音困难 1 例[11]。新疆儿科所[12]用 PCR 检测 76 份尿标本 CMV DNA,同时对其中 32 份尿标本做病毒分离,另 44 份测定血清抗 CMV IgM 并进行结果比较。结果 PCR 法与病毒分离法阳性符合率为 100%,PCR 与 CMV IgM 抗体检出率间无显著差异。佳木斯医学院一院等[13]对 9 例小儿先天性巨细胞包涵体病患者进行头部 CT 扫描,见有脑室系统扩张、室周脑质不规则低密度变、脑室边缘散在斑点状钙化及小头畸形等特征。华西医大二院[14]报道 HCMV 肝炎患儿有明显细胞免疫功能损伤,干扰素治疗使其临床症状加快消退。解放军总院[15]用阿昔洛韦治疗 6 例血液病继发 CMV 感染,除 1 例治疗后血清 IgM 仍为 1∶100 阳性外,余 5 例均转阴。

(黄洪志)

参　考　文　献

[1] 藏卫东等. 中华实验和临床病毒 1996;10(3):222
[2] 孙静媛等. 中华实验和临床病毒 1996;10(3):293

[3] 吴炎兴等. 华西医大学报 1996;27(1):82
[4] 王志新等. 同济医大学报 1996;25(5):380
[5] 周 越等. 中华实验和临床病毒 1996;10(1):67
[6] 方 峰等. 中华儿科 1995;33(6):350
[7] 刘 俐等. 中华流行病 1996;17(4):253
[8] 黄美玲等. 中国实用儿科 1996;11(5):282
[9] 杜文慧等. 新疆医学 1996;26(2):70
[10] 李崇巍等. 天津医药 1996;24(6):335
[11] 杨淑华等. 实用儿科临床 1996;11(2):125
[12] 孙 荷等. 新疆医学 1996;26(3):133
[13] 孙实香等. 中华放射 1996;30(10):669
[14] 唐 瑟等. 实用儿科临床 1996;11(2):69
[15] 柴 铁等. 中国实用内科 1996;16(9):561

(九)病毒性肝炎

甲型肝炎

医科院等[1]用人二倍体细胞株KMB_{17}从甲型肝炎患者粪便中直接分离甲肝病毒(HAV)3株。南京军区医研所等[2]实验见HAV可在体外单核巨噬细胞培养下传代,于第三代单核巨噬祖细胞中增殖的HAV培养第18天TCID达10^{-3}/ml。

河北平山防疫站等[3]对2个村庄甲肝流行后监测,A村于流行后9年未发生再流行。B村则在流行后8年又发生甲肝流行。1～15岁儿童易感率>50%,流行年甲肝显性与隐性感染比为1∶0.9,非流行年为1∶2.3。阜新市传染病院[4]普查该市某甲肝高发区2 007名学生抗HAV IgM,阳性男女比为43∶28,男女发病率分别占感染率的42.9%和60.7%。大连防疫站[5]统计该市1979～1994年甲肝年发病率达$39.4/10^5$～$229.1/10^5$,平均年发病率为$130.0/10^5$,以儿童感染为主。各地尚有甲肝局部暴发流行的报道[6～9]。

苏州医学院一院[10]测得甲肝患者CD_3^+、CD_4^+百分比与正常对照无显著差别,CD_8^+百分比明显升高,CD_4^+/CD_8^+比值明显下降,与ALT及总胆红素浓度呈负相关。空军公主岭医院等[11]测甲肝外周血T淋巴细胞表面白细胞介素2受体(mIL-2R)水平,急性期为(2.42±0.48)%明显低于正常对照(5.43±0.74)%,$P<0.05$。恢复期则恢复至正常水平。西安西京医院等[12]动态检测甲肝抗HAV IgM特异性循环免疫复合物(SCIC),发现SCIC的出现与甲肝的临床过程一致,其阳性率与ALT呈显著正相关,提示SCIC与肝组织损伤有关。

山西医学院一院等[13]对成人散发性甲肝138例的临床分析表明,患者以黄疸型为主,占97.1%,少数病例有明显淤胆。发热、黄疸、消化道症状的出现及程度均明显高于儿童,黄疸持续时间及病程也较儿童长。广州军区武汉总院[14]分析小儿甲肝67例,发热及上感样发病占41.8%,伴腹泻25.4%。常被误诊为"上感"和"腹泻"。上海市传染病院[15]分析HAV和HEV混合感染20例,多有不洁饮食史,发病过程与甲肝或戊肝相似,但混合感染者呕吐明显,凝血酶原时间较甲肝延长,2个月内痊愈率较低。上海华山医院[16]报道HAV和HEV混合感染6例,占同期肝炎住院患者3.5%,临床与甲肝表现相似。通州市医院[17]分析HAV和HBV混合感染100例,临床表现与甲肝相似,但退黄时间和病程较单纯甲肝明显延长。湖北医大口腔医学院[18]报道小儿HAV和HBV混合感染10例、HAV和HCV混合感染6例,临床均与甲肝表现相似。上海市传染病院[19]报道1例24岁女性甲肝经强的松龙治疗,病情反复多次,抗HAV IgM持续阳性长达580天,HBV阴性,最后仍以强的松龙治愈。有报道成人甲肝并发麻疹1例[20];并发脑膜脑炎7例[21];并发再生障碍性贫血5例[22],并发免疫性溶血、单纯红细胞再障1例[23];合并DIC 2例[24];诱发吉兰-巴雷综合征1例[25]等。

预防医科院病毒所[26]用斑点酶联法(Dot-ELISA)测抗HAV IgM,可在2小时内完成,敏感性略高于常规ELISA。中国医大二院[27]以ELISA法测唾液抗HAV IgM,与血清学诊断法相比,ELISA法特异性强,但敏感性略差于血清学检查。肇庆市一院[28]以同法测唾液和血清抗HAV IgM,二者阳性率分别为96.6%和100%。哈尔滨医大二院[29]测甲肝患儿过氧化脂质(LPO)显著升高,超氧化物歧化酶(SOD)显著降低。

浙江医科院生物工程所[30]建立了甲肝病毒活疫苗H_2减毒株全基因文库。山西医学院一院等[31]以甲肝H_2苗分二组免疫注射,第一组全程接种1针,第二组在免疫后4周再加强免疫1针,结果第二组和第一组抗体阳转率分别为96.7%和74.0%($P<0.005$)。有报道H_2苗免疫后1年可获得类似野毒株感染所产生的抗体水平[32]。哈尔滨防疫站[33]报道口服小儿麻痹活疫苗糖丸可明显降低甲肝发病率。服苗组63 463人,半年后无甲肝发生;对照组117 251人,半年后甲肝发病率$0.37/10^5$。

军医科院卫生环境所[34]认为ELISA法检测水中HAV灭活情况既可靠又价廉。浙江医科院病毒所[35]认为煮沸对饮水和牛奶中的HAV灭活仍是可靠手段。

(周明行)

参 考 文 献

［1］ 陈统球等．中国医科院学报 1996;18(1):29
［2］ 李法卿等．中华微生物和免疫 1996;16(2):138
［3］ 张玉成等．中华实验和临床病毒 1996;10(2):155
［4］ 董桂媛等．辽宁医学 1996;10(2):87
［5］ 刘　丹等．中国公共卫生 1996;12(4):156
［6］ 冯庆荣等．兰州医学院学报 1995;21(3):172
［7］ 强根红等．人民军医 1995;(10):43
［8］ 施世锋等．中华流行病 1996;17(5):310
［9］ 李立桓等．重庆医学 1996;25(4):235
［10］ 秦爱兰等．苏州医学院学报 1995;15(6):1043
［11］ 张　海等．中华传染 1996;14(1):48
［12］ 郝春秋等．中华传染 1995;13(4):219
［13］ 朱新宇等．山西医药 1996;25(4):279
［14］ 任星峰等．人民军医 1996;(4):28
［15］ 蒋　音等．临床内科 1996;13(2):44
［16］ 章婉琴等．上海医大学报 1995;22(6):485
［17］ 魏　清．交通医学 1995;9(4):48
［18］ 裴亚南．上海医学 1996;19(8):468
［19］ 徐　俊等．临床内科 1996;13(4):19
［20］ 马兴业．新消化病 1996;4(8):429
［21］ 吴瑟夫．辽宁医学 1996;10(3):149
［22］ 徐桂珊等．哈医大学报 1996;30(1):84
［23］ 杨一清．天津医药 1996;24(5):269
［24］ 陈向荣．临床内科 1996;13(3):封三
［25］ 刘皖生等．浙江医学 1996;18(3):135
［26］ 刘　加等．中华实验和临床病毒 1996;10(1):31
［27］ 张　涛等．中国医大学报 1995;24(5):540
［28］ 严　志等．广东医学 1996;17(10):706
［29］ 刘灿虎等．中华传染 1996;14(2):114
［30］ 陈　勇等．中华医学 1996;76(5):342
［31］ 赵和平等．山西医学院学报 1996;27(1):16
［32］ 林俊华．中华儿科 1996;34(1):60
［33］ 曲彤薇等．哈尔滨医药 1995;15(4):56
［34］ 王福玉等．中华预防医学 1996;30(5):296
［35］ 谢汝瑛等．中国公共卫生 1995;11(12):559

乙型肝炎

病原学：预防医科院病毒所[1]用重组质粒pAM-HBsAg在果蝇(DS2)细胞中表达HBsAg成功，免疫小鼠后可获抗HBs，并用裸露的pAM-HBsAg质粒DNA免疫小鼠进行了基因免疫的初步研究。重庆医大肝炎所等[2]通过基因工程人工定点突变，分别获得第145位、126位和145位＋126位氨基酸三种S基因变异型，将其分别克隆并构建表达载体pMEpA HBV SM，再转染人$HepG_2$，获得稳定分泌HBsAg及其变异体的抗性细胞系。研究表明HBsAg第145位氨基酸变异体可影响HBsAg的"a"抗原决定簇结构。上海长征医院[3]以分子生物学方法建立了原核细胞针对HBsAg的抗体组合文库，制备人源性单克隆抗体，并进行了抗体片段抗原结合活性的初步研究，其抗原中和能力和亲和力均高出人自然抗体1 000倍。广州南方医院[4]用PCR产物直接序列分析，对30例HBsAg阳性感染者的HBV"a"决定簇测序，发现我国乙肝患者HBV"a"决定簇序列呈多态性；2例HBsAg阴性患者者分离出"a"决定簇插入变异株，认为S基因变异可能是HBsAg阴性感染的一种分子生物学基础[5]*。该院[6]还测定了HBV S基因核苷酸序列，认为HBV感染血清学检查的不典型可能与感染了HBV S基因插入和点突变变异株有关，认为我国"非甲～戊型"肝炎至少有部分患者为感染了HBV变异株所致。北京佑安医院等[7]*以HBV C基因部分酶切片段的多态性分析用作C基因点突变筛选获得成功。广州南方医院等[8]在中国HBsAg阴性重型肝炎病人中发现HBV新变异株，其前C区第17位密码子由缬氨酸变为苯丙氨酸，影响信号酶切，导致HBeAg前体在肝细胞内过度积聚，引起T_C攻击靶抗原致肝细胞损伤。分析HBV前C基因突变报道还有3篇[9～11]。在抗HBe效价高而HBV DNA阳性的患者中，可能为抗HBeAg阴性变异株感染[12]。上海医大[13]对PCR产物作限制性酶切片段多态性分析鉴别HBV野毒株及E阴性突变株。北京人民医院[14]将含有HBV的人血清注人Wistar大鼠门静脉和尾静脉，1～2个月后在其肝细胞内可查见HBV DNA及HBsAg，但未见肝细胞毒性或炎性变，也无病毒血症或抗原血症。华西医大[15]实验表明HDV病毒包装可能仅需HBV S基因及其小分子表面蛋白辅助。

流行病学：北京地区抽查了926名小学生，HBsAg阳性5.6%[16]。青海省、西宁市、湟中县不同人群HBsAg阳性率为2.7%和8.2%[17,18]。厦门某学院部分专业学生HBsAg阳性率达12.2%[19]。广州地区部分企业职工HBsAg阳性率为14.4%[20]。南海市某糖厂某工种职工阳性率20.4%，高于一般人群[21]。海南某乡村小学生HBsAg阳性率12.6%，男女无显著差异[22]。沈阳市某医院报道该院医务人员HBV累积感染率35.1%，其中HBsAg携带率3.1%；HBV感染率为手术科室＞非手术科室＞机

关后勤人员[23]。武汉协和医院[24]报道该院儿科门诊儿童 HBsAg 阳性率学龄组>学龄前组>婴幼儿组。解放军 454 医院[25]测单项抗 HBc 阳性老人血清 HBV DNA，阳性率达 33.3%。解放军 302 医院等[26]比较了双单、一多一单、Organon 等用 ELISA 检测 HBsAg，证实双单法确定存在假阳性，而一多一单 ELISA 由于多克隆抗体针对多个抗原决定簇亲和力较高，能消除或降低交叉反应[26]。天津[27]1992～1995 年间检查4 598名健康人，结果乙肝感染率男性明显多于女性，丙肝则无性别差异。内蒙古防疫站[28]报道静脉注射毒品乙、丙肝感染率明显高于口吸者。济南军区总院[29]测 ALT 正常、HBsAg 阴性库血 380 袋，HBeAg 阳性率 2.6%，抗 HBe 阳性率 5.3%，抗 HCV 2.6%。乙、丙、丁肝炎病毒总检出率 41.8%。新疆哈密红星医院[30]用免疫组化法检测 167 例 HBsAg 阳性者肝组织 HDAg，检出率 22.8%。中山医大三院[31]用 PCR 扩增单项抗 HBc 阳性者血清 HBV DNA，产物酶切后的限制性片段进行 Southern 杂交，结果从中查出 HBV DNA 阳性慢性肝炎 8/42 例和无症状者 2/12 例。

西安医大[32]对 23 个 HBsAg 慢性携带者家系 375 人进行遗传流行病学调查，证明血缘关系在 HBsAg 携带上起重要作用，与共同生活也有联系，随血缘关系疏远而携带率递减。上海二医大九院[33]报道在 HBV DNA 阳性家庭中，与先证者为双亲或子女关系的感染率明显高于其他关系的家庭成员。四军医大等[34]追踪 81 例 HBsAg 阳性母亲所生婴儿 HBV 宫内感染 13.6%，对国产血源疫苗阳性反应率为 86.4%。发现宫内感染的重要危险因素是母血 HBsAg 高效价和 HBeAg 阳性，同时也与婴儿免疫无应答有关。广州医学院一院[35]报道 HBeAg 阳性和宫内窘迫、头盆不称是 HBsAg 阳性孕妇 HBV 宫内感染的高危因素。广州南方医院[36]测定 7 例乙肝疫苗免疫失败、HBsAg 阳性母婴血清 HBV S 基因第 455～634 位核苷酸序列，发现 1 例 HBV 免疫逃避变异株，即 HBV 第 587 位 G 被 A 替换，导致 HBsAg 第 145 位甘氨酸被精氨酸替代。有数篇 HBV 携带产妇乳汁中 HBV 携带情况调查[37～39]。南京钟阜医院[40]报道 HBsAg 阳性母乳汁喂养与人工喂养的婴儿HBsAg 感染无显著差异。有报道从乙肝患者或 HBsAg 携带者精液[41]、尿液[42]、唾液[43,44]中检出乙肝抗原。安徽省立医院[45]报道在 1992～1994 年该院 2 532 例普外科手术患者中，HBsAg 阳性 183 例，医务人员易在手术中感染，应采取相应的预防保护措施。乌鲁木齐防疫站[46]测得一些综合性医院的手术器械 HBsAg 阳性率达 9.7%。宁夏防疫站等[47]从环境污水 221 份标本中测出 HBsAg 阳性率 1.4%。湖南医大二院等[48]以蚊叮猴传播 HBV 实验成功。被蚊叮后 1 个月，血液中 HBV 阳性 9/29 只，其中 4 只肝活检呈急性炎性变，肝细胞中检出 HBsAg、HBcAg 和 HBV DNA。

发病原理及病理：淮阴市二院等[49]测 HBsAg 携带者外周血淋巴细胞表面分子 CD_{25}(IL-2R)和 Trf-R(转铁蛋白受体)等。以 3%有丝分裂原植物血凝素 P (PHA-P)诱导 24 小时后，二者表达明显低于正常人。连云港市一院[50]测得乙肝患者 T 细胞亚群 OKT_3、OKT_4 明显低于正常人，但 B 细胞数明显高于正常人($P<0.01$)。南京铁道医学院等[51]测得慢性乙肝患者外周血 T、B 淋巴细胞电泳率明显低于正常人。武汉协和医院[52]报道中、重度慢乙肝患者结肠粘膜固有层淋巴细胞增多、上皮间淋巴细胞减少、CD_3^+、CD_8^+ 细胞增多，CD_4^+ 细胞数量变化不大，少量上皮细胞有 HLA-DR 表达，湖南医大二院[53]对慢性活动性乙肝患者输入胎肝细胞后，其外周血 T 淋巴细胞集落形成单位(TL-CFU)及膜白介素 2 受体(mIL-2R)及 T_4 均明显增加。南通医学院附院[54]测 HBV DNA 阳性者 sIL-2R 水平明显高于 HBV DNA 阴性者，且 sIL-2R 持续增高易使病程转为慢性。有关 sIL-2R 和 mIL-2R 检测报道还有 5 篇[55～59]。北京医大[60]用 HBV 完整前 S 抗原和 IL-2 的嵌合基因表达出 IL-2-前 S 抗原融合蛋白，其作用既能增强前 S 抗原的免疫原性，又能促进机体的免疫应答。武汉冶金医专附院等[61]测得乙肝患者 IL-1 活性下降，原因是与前列腺素类抑制物增多有关。北京军区医研所[62]测 HBeAg 阳性者 IL-6 水平为慢性活动性肝炎(CAH)>慢性迁延性肝炎(CPH)>乙型肝炎后肝硬化(HC)；HBeAg 阴性者 IL-6 水平各种肝炎间无显著差异。四军医大[63]报道慢乙肝患者 IL-6、IL-8 及 sIL-2R 间有明显相关性，说明 HBV 感染后活化淋巴细胞与炎症因子(IL-6、IL-8)产生关系密切。兰州军区总院[64]报道 HBV 长期携带者诱生 γ 干扰素(IFN-γ)和肿瘤坏死因子 α(TNF-α)能力异常可能是导致 HBV 长期携带的原因之一。重庆新桥医院等[65]测慢性乙肝患者单核细胞分泌 TNF-α 增多、前列腺素 E_2(PGE_2)下降，分泌水平与单核细胞内 HBV DNA 检出率相关。石家庄市白求恩国际和平医院[66]报道 HBV 感染时高表达的肿瘤坏死因子受体(TNF-R)可以增强 TNF 对肝细胞的毒性效应。重庆西南医院[67]报道血浆可溶性肿瘤坏死因子受体(sTNF-αR)水平越高，重型肝炎(重肝)病情越重，预后越险恶。苏州医学院一院[68]用携带人粒细胞-巨噬细胞集落刺激因子(GM-CSF)基因的重组腺病毒转染慢性乙肝患者外周血单个核细胞(PBMCs)。发现转染的淋巴细胞或与其共同培养的淋巴细胞增殖反应增强,各T淋巴细胞亚群之比率无明显变化。北京佑安医院等[69]实验见猪苓多糖与乙肝疫苗、潘生丁和卡介苗进行不同形式联合用药时不会削弱猪苓多糖对巨噬细胞功能的促进作用,部分形式的联合用药可以加强此种促进作用。芜湖弋矶山医院等[70]报道细胞间粘附分子1(ICAM-1)在乙肝细胞内表达与肝细胞损伤有关,对HBV清除可能起重要作用,其在肝窦内皮的表达有助于淋巴细胞向肝细胞内浸润。广州南方医院[71]证明ICAM-1在细胞毒T细胞对肝细胞损伤中起重要作用,HBV不直接启动ICAM-1在肝脏的表达。武汉协和医院[72]用HBV体外感染正常人骨髓细胞,动态观察发现中性粒细胞和单核细胞最敏感,其次为淋巴细胞。上海医大[73]用HBsAg基因重组质粒pACT-MS直接注入小鼠骨骼肌中,2周后加强免疫1次,免疫后6~9周实验组6/8只小鼠检出抗HBs。河北医大三院[74]测慢性乙、丙肝重叠感染血清病毒标志的变化,发现HCV对HBV复制有明显抑制作用。上海中山医院[75]报道慢乙肝患者前C区基因突变株主要集中在抗HBe阳性患者中(77.8%),并随肝组织炎变程度加重突变株检出率增加。解放军260医院等[76]认为HBV前C区变异与血清e系统转换无因果关系,而与机体对HBV免疫清除的频度(HBeAg反复阴转)和免疫应答的强度(有无抗HBe应答)关系更为密切。

解放军302医院[77]以彩色多普勒超声测得慢性乙、丙型肝炎门静脉及脾静脉内径及脾厚度均较正常人明显增大,同时脾、门静脉血流量增大。

广州医学院二院[78]测乙肝患者血小板总数、血块退缩、粘附试验、聚集试验、血小板第3因子有效性,发现乙肝患者血小板的数量和质量均有明显异常,按其轻重程度排列为:慢重肝>肝硬化>慢乙肝>急乙肝>正常人。解放军152医院[79]电镜观察15例血小板减少的乙肝患者骨髓,见巨核细胞和血小板极少,有不同程度水肿、变性和发育成熟障碍。

天津市三院[80]对316例各型肝炎作肝穿活组织病理诊断与临床诊断的比较,报道急肝、慢迁肝、慢活肝、HBsAg无症状携带者(ASC)的临床病理符合率各为20.0%、66.1%、66.9%和29.5%,可见乙肝仅按临床诊断标准分型误诊率较高。正确运用肝穿活检可以提高早期诊断率。山东医大[81]以分子杂交法测慢乙肝肝组织、血清、外周血淋巴细胞(PBL)中HBV DNA,发现血清与PBL、血清与肝组织中HBV DNA检出率有明显差异($P<0.01, 0.05$)而PBL与肝组织HBV DNA阳性率的相关系数是0.8),提示PBL、肝组织HBV DNA检测是反映慢乙肝带毒情况较为客观的指标。解放军88医院[82]从39例小儿肝硬化临床病理分析中,证实小儿肝硬变同时伴有明显的肝内活动性病变。北京佑安医院[83]对25例HCV和HBV重叠感染尸检肝组织用免疫组化双标记法观察了HBsAg、HBcAg、HCV、NS_3Ag、HCV、NS_5Ag在肝组织的分布和表达。认为HBV和HCV彼此不存在明显的抑制或干扰。武汉同济医院[84]以微波辐射替代PAP法常规孵育过程,该法检测肝组织HBsAg的敏感性和特异性与常规PAP法一致,但可大大缩短反应时间,全部操作可在3小时内完成。广州市儿童医院等[85]报道小儿HBV感染15例中,血清HBV DNA阳性11例,其中9例HBeAg阳性者HBV DNA同时阳性,认为HBeAg为HBV复制标志。解放军302医院[86]比较小儿乙肝50例和丙肝39例的临床及病理,发现丙肝发病更隐匿,临床症状少,预后差,在婴儿期发病较多,丙肝中慢活肝(86.4%)多于乙肝(68.0%)。慢活肝中丙肝的脂肪变性、碎屑样坏死、窦周炎细胞浸润及肝硬化均较乙肝严重,而重度点状坏死、凋谢小体、纤维间隔形成则以乙肝明显。山东医大等[87]用免疫组化法测ICAM-1在肝组织的表达及与肝组织损伤的关系。发现随着肝组织损伤程度增加,ICAM-1表达增强;在HBeAg阴性、抗HBe阳性肝细胞ICAM-1阳性率高于HBeAg阳性和抗HBe阴性组。济南军区总院[88]用原位PCR法检测肾小球肾炎患者肾活检组织,发现HBV DNA阳性。解放军88医院[89]及南京钟阜医院[90]用ABC法检出慢性乙肝患者胃粘膜组织中,HBsAg(+)、HBcAg(+),其阳性率与胃粘膜病变程度正相关。河南医大二院[91]以PCR法测石蜡切片中HBV DNA,见肝癌旁组织较癌组织检出率高,且与血清HBV DNA检测结果一致,而癌组织内HBV DNA阳性率较血清低。解放军总院等[92]以ABC法测23例肝癌旁组织中p53突变蛋白,以原位杂交法测HBV X mRNA,9例二者均为阳性,认为p53突变与HBV X基因整合表达有关。

实验检测:关于检测HBV DNA报道较多,其中具代表性的有:微量血清HBV DNA定量检测法[93],套式及免疫套式PCR测HBsAg阴性肝病患者血清HBV DNA(可将单次PCR敏感性提高1 000倍)[94];巢式PCR诊断乙型重肝(可测出低至1~10个模板DNA水平)[95];快速热启动PCR与巢式PCR测HBV DNA的比较(前者减少了实验步骤与污染机会并可于3小时内完成)[96];一种新的PCR

法可有效地区别两种形式的 HBV DNA:HBVRC-和 CCC-DNA(其检测临界值可达 0.01pg 模板 DNA)[97];建立与应用了 HBV DNA 与 HCV RNA 同步扩增检测技术[98]。

广州南方医院[99]测急性乙肝前 S_1 抗原及其抗体血清,检出率分别为 88.8%和 94.4%,在一过性乙肝病毒携带者仅检出 19.1%和 38.1%,提示前 S_1 抗原及抗体与病变活动密切相关;前 S_1 抗体先于其他抗体出现,但仅持续 5～48 周。解放军 254 医院等[100]报道乙肝患者前 S_1 抗原阴转最早,其次是前 S_2 抗原,HBsAg 阴转最晚。前 S_1 抗原阳性持续时间与 ALT 血清浓度相关。中科院上海生化所[101]制成 HBV 前 S_1 蛋白检测试剂盒,结果与 HBV DNA 有很好的相关性,符合率为 80%。HBV 抗原抗体检测研究报道还有:应用抗 HBsAg 和抗辣根过氧化酶(HRP)的双功能单抗建立测 HBsAg 的 ELISA 法[102];一步夹心点免疫结合试验测 HBeAg[103],ELISA 检测血清 HBcAg[104];滴金免疫法测血清抗 HBc IgM 及 IgG 抗体[105],PAP-ELISA 测 HBV X 基因[106]等。上海临床检验中心[107]调查了 1993～1994 年该市二、三级医院检测 HAV 和 HBV 标志物的检测质量。室间调查表明:各院测 HAV IgM 优良率明显上升;检测 HBsAg 的各厂家药盒差异较大。例如以卫生部提供的标准血清(HBsAg 5ng/ml)为例,最高检出阳性率为 48.3%,而某一厂家药盒检出阳性率为 0%。

空军成都医院[108]测肝病患者血清脯氨酸肽酶(PLD)活性,结果肝病组(肝炎、肝硬化、肝癌)明显高于非肝病组与健康对照组,其中以慢活肝最高(为正常人两倍)。成都 363 医院等[109]测乙肝患者血清层粘蛋白(LN),发现 LN 与 HBV 感染的程度及与患者病程有关,血清 LN 水平可以反映肝纤维化的程度。空军兰州医院[110]测肝病患者血浆亮脑啡肽值依次为原发性肝癌＞慢活肝＞急肝＞肝硬化＞慢迁肝＞正常人。重庆新桥医院[111]测 HBV 阳性者血硒及谷胱甘肽过氧化物酶(GSH-Px)活性,依次为健康携带者＞慢活肝＞重肝＞肝硬化＞肝癌。解放军 302 医院[112]测乙肝肝硬化、重症慢活肝、慢活肝、慢迁肝和急肝血清抗内毒素抗体,阳性率分别为 100%、80%、70%、20%和 0%。解放军 408 医院[113]以铁氰化钾试验(PFT)检测慢性肝病红细胞脆性,PFT 值为晚期肝硬化＜早期肝硬化＜慢活肝＜慢迁肝＜非肝病组及正常人。

临床研究:湖北医大二院[114]分析重型肝炎死亡病例 89 例,其中 HBV 感染 60 例(67.4%);慢重肝以乙、丙型多见,二者混合感染预后严重;HBV 重叠 HEV 感染是肝炎重型化的主要原因之一,孕妇尤甚。广州医学院二院[115]对 43 例重肝病原学分析表明:单一 HBV 感染占 60.5%,4.7%为单纯 HCV 感染,13.9%为 HBV 与 HCV 重叠感染,7.0%为 HBV 与 HEV 重叠感染,9.3%为病毒学指标全阴性。武汉同济医大等[116]分析慢重肝 66 例,均为 HBV 感染,病理表现主要为在慢性肝病基础上发生肝细胞大块或亚大块坏死,多数由坏死后肝硬化发展而来,活动性小结节型肝硬化及重度慢活肝次之;最少为胆汁性肝硬化发展而成。解放军 302 医院[117]分析 45 例重肝,97.5%HBV 感染,不同肝炎病毒重叠感染占 80%(病死率达 53.3%)。血清 TNF 水平与重肝预后关系最为密切。通州市医院[118]分析 42 例重肝诱因,以感染最多见(52.4%),其次是过度疲劳、精神过度紧张以及产后大出血等。白求恩医大一院[119]分析该院 1983～1994 年慢重肝 102 例,80% HBV 标志物阳性,HAV、HCV 和 HDV 重叠感染多见。死亡 51 例,均为肝功衰竭,半数以上有多器官功能衰竭;胃肠道大出血为第一死因,其次为感染性休克、脑水肿、肝衰竭、肝肾综合征等。重庆西南医院[120]分析急重肝 22 例,以 HBV 感染最多见,但 HBsAg、HBeAg 常呈阴性(18/22),抗 HBs、抗 HBe、抗 HBc 等呈不同比例阳性。20 例于病程 5～24 天死亡,另 2 例自动出院。死于脑水肿、脑疝 10 例、消化道出血 6 例、颅内出血 4 例。西安市传染病院[121]总结 36 例小儿重肝临床特点为:HBV 感染为主要病因(63.9%);发热(88.9%)、躁动(69.4%)、尖叫(38.9%)是最常见症状;食欲亢进(44.4%)是小儿重肝独特的临床表现;发病急、肝功衰竭出现早;早期以肝细胞水肿型多(55.6%);脑水肿(88.9%)、继发感染(33.3%)是最常见的并发症;病死率较高(41.7%)。分析重肝死因与预后的报道还有 3 篇[122～124],均与年龄、昏迷、出血、感染等因素有关。

荆沙荆州区防疫站等[125]以配对病例对照研究急性乙肝慢性化因素,认为急性期体力劳动是急肝慢性化危险因素,饮酒、开始饮酒年龄≥20 岁及病期减量饮酒是保护因素。浙江临海市二院[126]报道 4 例以多发性关节炎发病的急性乙肝。上海市一院[127]检测慢性肝病患者血清与肝组织 HBV DNA,阳性率在慢迁肝、慢活肝、肝炎后肝硬化、肝癌分别为 53.0%、40.7%、30.6%和 14.3%。HBsAg、抗 HBc 和 HBeAg 三者阳性者 HBV DNA 阳性率高达 86.1%;HBsAg 和抗 HBc 阳性者 HBV DNA 阳性率为 31.1%;HBsAg 和抗 HBe 和抗 HBc 三者阳性者 HBV DNA 阳性率仅为 13.2%。肝组织 HBV DNA 阳性率(68%)显著高于血清 HBV DNA 阳性率(32%,$P<0.01$);肝和血清中HBV DNA同时阳性者临床症状较重。武汉同济医院等[128]报道肝组织HBsAg和HBcAg阳性者血清HBV DNA阳性率100%,病变呈活动期改变;仅HBsAg阳性者血清HBV DNA阳性率为89.4%,示肝内HBcAg与肝细胞病变活动相关。解放军302医院[129]分析117例经肝活检证实的慢性乙肝,中医辨证为虚证者HBeAg阳性和HBsAg、HBeAg和抗HBc IgM同时阳性百分比高于实证组,表明虚证者HBV复制活跃。虚实二者肝病理改变程度无明显差别。解放军175医院[130]分析抗HBe和HBV DNA阳性慢乙肝26例临床上患者症状较重,ALT波动异常,多数伴黄疸,B超符合"肝性胆囊"肝穿活检19例,根据碎片样坏死和桥接样坏死的不同程度诊断为慢活肝15例,慢重肝2例,慢迁肝2例。湖北医大二院[131]分析复发性慢乙肝78例,多为HBV和HCV重叠感染,患者症状重,病死率高。宁波市妇儿医院[132]报道21例慢活肝和肝炎后肝硬化血象,大多数有血红蛋白、白细胞和血小板减少。骨髓象呈增生减低者66.7%,粒细胞减少占71.4%。兰州铁路医院[133]分析141例肝炎后肝硬化并发症,发生上消化道出血46例,肝性脑病28例,自发性细菌性腹膜炎22例,原发性肝癌16例,肝肾综合征13例,肺部感染12例,消化性溃疡7例,肝性脊髓病1例。有报道肝炎伴泛发性毛细血管扩张和蛛状痣及手掌红斑2例[134]。青海邮电医院等[135]报道209例乙肝,并发胆道疾患占53.1%,胃粘膜病变14.8%,肺部感染7.2%,腹膜炎6.4%,肾小球肾炎4.3%。解放军463医院[136]报道704例小儿病毒性肝炎,甲型、乙型和甲乙型重叠感染患者住院日分别为20天、33天和26天。上海医大儿科医院等[137]比较了成人与小儿乙肝相关性肾炎不同点,报道成人组病程长于小儿,临床表现为肾病11/21例,慢性肾炎9/21例。小儿则以肾病为主(21/22例),成人与小儿均以膜性肾炎占首位。小儿以α干扰素治疗效果好。上海医大[138]研究HBV感染引起肾小球肾炎的发病机理,认为除HBV抗原、抗体在肾小球沉积导致体液免疫损伤机理外,还应考虑肾组织感染HBV经细胞免疫机制引起肾的损伤。有HBV合并巨细胞病毒(CMV)感染文献4篇[139~142];乙肝合并流行性出血热1例[143];合并暴发型伤寒1例[144];合并尿崩症1例[145];糖尿病合并乙型肝炎4例[146];乙型慢活肝合并完全型肾小管性酸中毒20例[147];慢乙肝重叠HDV、HEV感染出现中心性浆液性视网膜炎1例[148];慢活肝合并急性粒细胞白血病1例[149];乙肝合并噬血细胞综合征1例[150];合并再生障碍性贫血16例[151];合并纯红再障1例[152];乙肝重叠HAV感染诱发Evans综合征1例[153]等。报道老年性乙肝文献5篇[154~158],其特点为起病隐匿,重症与并发症多。有报道肝区红外线辐射能量值显著异常对急性黄疸型肝炎、肝硬化和原发性肝癌有早期诊断价值[159]。

治疗:西安唐都医院[160]合成一系列互补于HBV不同基因位点的反义硫代寡核苷酸(asON),在HBV基因转染的Hep-G_2-2.2.15细胞中证明反义核酸抑制HBV基因表达具有序列特异性、剂量相关性、时效依赖性、修饰增强性、联合协同性、对宿主细胞无害性等高效无毒特点;动物实验证明asON治疗10天对HBV带毒裸鼠模型的HBsAg和HBeAg抑制率分别为81.4%和60.3%。泸州医学院附院等[161]合成了16聚硫代和脂肪链-硫代两种修饰的asON,在其10μmol/L浓度时能特异抑制细胞92%~95%HBsAg和84%~87%HBeAg生成,并减少HBV DNA分泌,未见细胞毒性作用。有抗乙肝免疫核糖核酸(iRNA)或加用乙肝疫苗治疗乙肝文献3篇[162~164];单磷酸阿糖腺苷联合胸腺肽治疗慢乙肝,远期疗效较单独用药佳[165*~167];"乙肝导向干扰素"治疗慢乙肝32例[168];重组α-2b干扰素治疗慢乙肝疗效观察[169~172];干扰素和IL-2联合治疗乙肝[173,174];干扰素和对IL-2R表达的影响[175];猪苓多糖[176]或自体LAK细胞[177]联合乙肝疫苗治疗乙肝;胸腺肽联合干扰素治疗等[178,179]。尚有自体LAK细胞回输治疗4年随访[180];胎儿LAK/IL-2对长期HBV无症状携带者治疗观察[181];脐血LAK细胞治疗慢乙肝[182]等。湖南医大二院[183]报道肝细胞DNA刺激合成因子(HDSSF)既可促进肝细胞DNA合成及调节免疫功能,又有一定的抗病毒作用,且无特殊毒副作用。有报道特异性HBV转移因子(HBV-TF)可使HBsAg阴转、ALT复常[184,185];还原型谷胱甘肽(TAD)600mg加入10%葡萄糖液静滴,每日一次,治疗2个月,对急慢性病毒性肝炎有良好治疗作用[186]。河南医大二院[187]测乙肝患者氧化还原耐量指数(RTI),发现慢活肝和肝炎后肝硬化者明显低于正常人,而前二者间无显著差别;失代偿肝硬化明显低于代偿性肝硬化;RTI与常规肝功检测无明显相关。北京医大一院[188]报道复方黄芪浸膏、复方仙茅浸膏、乾坤宁和双黄连针剂对HBV复制或其抗原表达有一定抑制作用。复方银杏叶冲剂抑制慢乙肝早期纤维化[189]。上海长征医院[190]以近红外信息与免疫核糖核酸、胸腺肽分组治疗慢乙肝,三组疗效近似。解放军213医院[191]以低能量氦-氖激光血管内照射治疗慢乙肝52例,1/3显效。南通虹桥医院[192]以磁极化量子血治疗乙肝，似对清除 HBV 抗原有一定效果。

预防：中国医大等[193]以国产注册使用的血源乙肝疫苗（PDV）为参照，评价了我国哺乳动物细胞重组基因乙肝疫苗（$MCDV_1$、$MCDV_2$）、重组牛痘毒病毒乙肝疫苗（RVDV）、和美国 Amgen、比利时 Smith、日本 X 等疫苗的免疫原性，结果以上 7 种疫苗均无严重副反应，能诱导机体产生保护水平的抗体（阳转率 93%～100%），但抗 HBs 几何平均滴度（GMT）以 Amgen、Smith 苗最好，国产 PDV、RVDV 次之。哈尔滨医大二院[194]对 29 例妊娠后期孕妇接种乙肝疫苗，新生儿生后 1 个月抗 HBs 阳转率 89.6%，3 个月和 6 个月分别为 86.3% 和 75.8%，孕妇接种后抗 HBs 阳转率 68.9%。北京积水潭医院等[195]观察1069名接种了国产苗的儿童，免疫后抗 HBs 阳转率 94.3%，初免后 5 年抗 HBs 阳转率仍保持 92.3%，不同初免年龄免后阳转率和免疫持续时间无明显差异。湖北医大一院[196]调查了 34 例 3～6 个月孕妇接种乙肝疫苗阻断母婴传播效果。产后 3 个月、6 个月和 9 个月随访婴儿抗 HBs 阳转率分别为 29.4%、55.4% 和 61.9%，而 9 个月后 HBsAg 阳转率达 23.5%。上海医大儿科医院[197]对 98 例 HBV 无症状携带者孕妇所生新生儿分单纯接种乙肝疫苗和注射高效价免疫球蛋白（HBIG）后再接种乙肝疫苗二种进行随访，后者阻断母婴传播效果较好，二种方法均需在初免后 3～4 年和 4～5 年加强免疫一次。亦有乙肝疫苗初免后 6 年或 7 年无需复种的报道[198,199]。中国医大[200]研究了乙肝疫苗初免后加强免疫时间的预测，表明保护水平的抗 HBs 持续时间与 3 针免疫后抗 HBs 峰值密切相关，而抗 HBs 下降与峰值无关；再加强免疫时间应在其阴转之前进行。上海医大儿科医院[201]认为对初免无反应或弱反应的小儿应在初免结束后立即复种；抗 HBs 在 10～100IU/L 的小儿，宜在 1～2 岁时复种；如以抗 HBs 保护作用低于 60% 作为普遍复种指标，则宜选择 5 岁时加强接种。复种一次 20μg 就可产生高于初免时抗体水平的反应，对部分加强接种仍无反应者，即使多次加强也难以奏效。徐州医学院等[202]在＜8℃和在室温下保存的乙肝疫苗分别以微量（6μg）免疫 HBV 高危人群，抗体阳转率和保护率分别为 98% 和 87%，与常规剂量（90μg）组基本相同，均显著高于对照组，认为室温保存乙肝疫苗 6 个月内可维持效价不变。上海医大等[203]研究表明孕妇血清 HBV DNA 高含量是婴儿免疫失败的主要原因。中科院上海生化所等[204]在 1 例乙肝疫苗免疫失败的儿童及其母亲血清中发现 adr 和 adw 两种亚型的 HBV DNA。adw 亚型由于第 585 位核苷酸由 A 变为 C 的点突变，导致 S 基因主蛋白第 144 位天门冬氨酸变为丙氨酸，此种变异使 HBV 成为免疫逃避型突变株，认为是该患儿乙肝疫苗保护失败的主要原因。

（周明行）

参 考 文 献

[1] 周 玲等. 中华实验和临床病毒 1995;9(4):322
[2] 任 红等. 中华微生物和免疫 1996;16(2):130
[3] 韩焕兴等. 中华医学 1996;76(6):467
[4] 侯金林等. 中华微生物和免疫 1996;16(1):1
[5]* 侯金林等. 中华传染 1996;14(3):129
[6] 侯金林等. 解放军医学 1996;21(4):246
[7]* 黄 春等. 中华实验和临床病毒 1995;9(4):311
[8] 侯金林等. 中华内科 1995;34(11):735
[9] 薛晓华等. 中华实验和临床病毒 1996;10(2):124
[10] 王爱莲等. 中华微生物和免疫 1995;16(5):384
[11] 王小飞等. 中华传染 1996;14(1):11
[12] 屠 红等. 中华微生物和免疫 1996;16(5):377
[13] 熊思东等. 中华医学检验 1996;19(4):202
[14] 王 宇等. Chin Med J 1996;109(9):674
[15] 唐 红等. 中华微生物和免疫 1996;16(1):9
[16] 喻圣广等. 中华预防医学 1996;30(3):182
[17] 郭建梅. 青海医药 1996;26(8):53
[18] 孙启龙等. 青海医药 1996;26(3):54
[19] 陈佑俊等. 福建医药 1996;18(4):130
[20] 翁丽娜. 职业医学 1996;23(3):61
[21] 陈有德. 职业医学 1996;23(1):27
[22] 汤小兰等. 海南医学 1995;6(4):261
[23] 窦晓光等. 中国公共卫生 1996;12(1):38
[24] 孙玲玲等. 中西医结合肝病 1996;6(3):40
[25] 曾爱萍等. 解放军医学 1996;21(4):302
[26] 付体权等. 中华实验和临床病毒 1996;10(2):195
[27] 江海兵. 交通医学 1996;10(3):14
[28] 涛 波等. 中国公共卫生 1996;12(7):300
[29] 李金星等. 新消化病 1996;4(1):52
[30] 李 岱等. 中华实验和临床病毒 1996;10(2):135
[31] 吕 凌等. 中华实验和临床病毒 1995;9(4):318
[32] 王文绢等. 中华流行病 1996;17(3):148
[33] 徐伟人等. 中华预防医学 1996;30(1):36
[34] 门 可等. 四军医大学报 1996;17(1):28
[35] 朱科伦等. 临床肝胆 1996;12(1):35
[36] 钟 梅等. 中华医学 1996;76(3):194
[37] 黄晓军等. 中华传染 1996;14(1):50
[38] 王小青等. 中华妇产 1996;31(1):36
[39] 安慧芳等. 天津医药 1995;23(12):760
[40] 吴岷岷等. 江苏医药 1996;22(6):410

[41] 刘新钰等. 江苏医药 1995;21(12):823
[42] 吴玉强等. 江苏医药 1995;21(12):853
[43] 徐德先等. 江苏医药 1995;21(12):351
[44] 苏瑞云等. 中华口腔 1995;30(6):351
[45] 王永征等. 中国实用外科 1996;16(2):76
[46] 曾　雅等. 中国公共卫生 1996;12(1):36
[47] 张平镳等. 中华实验和临床病毒 1996;10(3):274
[48] 郑煜煌等. Chin Med J 1995;108(12):895
[49] 王昌成等. 临床肝胆 1996;12(2):84
[50] 何浩明等. 临床肝胆 1996;12(3):160
[51] 周乙华等. 临床肝胆 1996;12(3):146
[52] 倪若愚等. 上海免疫 1995;15(5):278
[53] 龚国忠等. 临床肝胆 1996;12(3):143
[54] 蒋道荣等. 江苏医药 1996;22(8):564
[55] 汤厥成等. 上海免疫 1995;15(5):315
[56] 张梦华等. 山西医学院学报 1995;26(4):280
[57] 张　甫等. 中华实验和临床病毒 1996;10(3):271
[58] 姜剑雄. 苏州医学院学报 1996;16(4):650
[59] 万克青等. 湖南医大学报 1995;20(6):582
[60] 陈章国等. 中华医学 1996;76(1):34
[61] 文启明等. 临床肝胆 1995;11(4):185
[62] 刘　卫等. 上海免疫 1996;16(2):116
[63] 杨　琨等. 上海免疫 1996;16(2):117
[64] 贾战生等. 中国免疫 1996;12(1):53
[65] 光丽霞等. 中华传染 1995;13(4):204
[66] 张福广等. 中华传染 1996;14(1):20
[67] 顾长海等. 解放军医学 1995;20(6):444
[68] 甘建和等. 江苏医药 1996;22(8):524
[69] 宋小平等. 中华医学 1996;76(5):386
[70] 余永胜等. 中华传染 1996;14(3):134
[71] 王援朝等. 解放军医学 1996;21(4):254
[72] 曾令兰等. 同济医大学报 1996;25(2):128
[73] 周文忠等. 上海免疫 1996;16(4):210
[74] 任仲轩等. 中华传染 1996;14(1):46
[75] 李晓芳等. 中华传染 1996;14(1):15
[76] 田琦琦等. 中华传染 1996;14(1):45
[77] 魏振满等. 中国实用内科 1996;16(6):353
[78] 叶晓光等. 临床肝胆 1996;12(2):101
[79] 朱美伦等. 人民军医 1996;(3):32
[80] 缪礼丽等. 天津医药 1996;24(5):307
[81] 高丰光等. 山东医大学报 1996;34(2):99
[82] 丁明权等. 解放军医学 1996;21(2):146
[83] 郎振为等. 中华医学 1996;76(5):345
[84] 李正谦等. 同济医大学报 1996;25(3):248
[85] 鄢　璞等. 临床肝胆 1996;12(1):32
[86] 张鸿飞等. 中华实验和临床病毒 1996;10(2):142
[87] 余永胜等. 新消化病 1996;4(1):30
[88] 王　力等. 一军医大学报 1996;16(1):15
[89] 甘天福等. 解放军医学 1996;21(4):290
[90] 刘　伟等. 临床肝胆 1996;12(1):36
[91] 张亚琳等. 新消化病 1996;4(1):54
[92] 杨少波等. 癌症 1996;15(4):268
[93] 邓新清等. 中华实验和临床病毒 1996;10(2):160
[94] 何晋德等. 中华内科 1996;35(8):537
[95] 卢桥生等. 临床肝胆 1996;12(2):80
[96] 张建宗等. 中华实验和临床病毒 1996;10(1):84
[97] 肖生祥等. 西安医大学报 1996;17(3):282
[98] 高志良等. 中山医大学报 1996;17(2):145
[99] 李秀惠等. 临床肝胆 1996;12(3):148
[100] 王洪莉等. 解放军医学 1995;20(5):375
[101] 杨海林等. 上海医学检验 1995;10(4):204
[102] 卢兴利. 上海医学检验 1996;11(3):131
[103] 周伯平等. 新消化病 1996;4(7):412
[104] 聂青和等. 临床肝胆 1995;11(4):209
[105] 韩　松等. 中华医学检验 1996;19(1):8
[106] 冯志华等. 四军医大学报 1996;17(5):389
[107] 陈慧英等. 上海医学检验 1996;11(3):182
[108] 焦　玲等. 临床肝胆 1995;11(4):206
[109] 汪开明等. 华西医学 1996;11(3):306
[110] 罗家齐等. 新消化病 1996;4(1):59
[111] 王志新等. 三军医大学报 1995;17(5):449
[112] 李跃旗等. 中华实验和临床病毒 1996;10(1):封4
[113] 刘齐歌等. 中华传染 1996;14(1):57
[114] 许西平. 湖北医大学报 1996;17(3):248
[115] 卓树洪等. 广州医药 1996;27(2):41
[116] 吴秀淦等. 临床肝胆 1996;12(2):78
[117] 杨永平等. 中华实验和临床病毒 1995;9(4):327
[118] 华　军. 南通医学院学报 1995;15(4):570
[119] 原伟俊等. 吉林医学 1996;17(1):5
[120] 马巧玉等. 解放军医学 1996;21(3):215
[121] 张冬生等. 陕西医学 1996;25(5):283
[122] 邹桂舟等. 中国危重病急救医学 1996;8(10):612
[123] 毛　萍. 陕西医学 1996;25(8):500
[124] 胡志珍. 河北医药 1996;18(2):82
[125] 严有望等. 中华实验和临床病毒 1996;10(3):250
[126] 葛昌邦. 上海二医大学报 1996;16(3):188
[127] 王裕发等. 中华传染 1996;14(3):171
[128] 任宏宇等. 临床肝胆 1995;11(4):183
[129] 李晓良等. 中西医结合肝病 1996;6(2):4
[130] 郑瑞丹等. 人民军医 1995;(12):22
[131] 许志美等. 中西医结合肝病 1996;5(4):35
[132] 戚利群. 上海医学检验 1996;11(1):11
[133] 安　平. 兰州医学院学报 1996;22(1):66
[134] 刘淑兰等. 中华皮肤 1996;29(1):37
[135] 祝京耘等. 青海医药 1996;26(4):27
[136] 金国贤等. 中华流行病 1995;16(6):368
[137] 方利君等. 中华传染 1996;14(2):92
[138] 张月娥等. 中华病理 1995;24(6):341
[139] 钟惠德等. 上海医学 1996;19(3):156
[140] 沈　玲等. 中华预防医学 1996;30(3):157

[141] 尤云华等. 实用儿科临床 1996;11(3):185
[142] 李 芳等. 南京医大学报 1996;16(2):195
[143] 江晓平等. 安徽医大学报 1996;31(1):64
[144] 童成民等. 一军医大学报 1996;16(2):101
[145] 芦学军等. 人民军医 1996;(3):62
[146] 蒋晓红. 苏州医学院学报 1996;16(4):712
[147] 宋 霞等. 临床肝胆 1996;12(1):49
[148] 张 波. 新消化病 1996;4(1):5
[149] 赵永芝等. 辽宁医学 1996;10(4):217
[150] 马桂云等. 新消化病 1996;4(10):559
[151] 曾运兴等. 新医学 1996;27(2):81
[152] 杨世全. 中国实用内科 1996;16(3):158
[153] 章婉琴等. 中华传染 1996;14(1):19
[154] 张英平等. 白求恩医大学报 1996;22(2):179
[155] 高金华. 南通医学院学报 1995;15(4):569
[156] 赖炎卿等. 陕西医学 1995;24(10):614
[157] 李慈安. 苏州医学院学报 1995;15(5):926
[158] 沈 玲等. 江苏医药 1995;21(12):832
[159] 甘建和等. 苏州医学院学报 1995;15(4):606
[160] 姚志强等. 中华传染 1996;14(1):6
[161] 钟 森等. 中华内科 1996;35(2):95
[162] 何念海等. 人民军医 1995;(10):46
[163] 张全荣等. 中西医结合肝病 1996;6(1):35
[164] 徐振洲等. 苏州医学院学报 1996;16(3):568
[165]* 仉洪田等. 中华内科 1996;35(8):554
[166] 何念海等. 中华实验和临床病毒 1996;10(3):232
[167] 史庆国等. 中国实用内科 1996;16(3):167
[168] 张端阳等. 中西医结合肝病 1996;6(3):8
[169] 纪永水等. 解放军医学 1995;20(5):377
[170] 顾 伟. 中西医结合肝病 1996;6(3):11
[171] 何念海等. 解放军医学 1996;21(4):285
[172] 刘国珍等. 湖南医大学报 1996;21(1):44
[173] 叶红军等. 中华实验和临床病毒 1996;10(1):91
[174] 刘树林等. 中华传染 1996;14(2):121
[175] 张春英等. 中华实验和临床病毒 1996;10(2):128
[176] 段红阳等. 胃肠病学和肝病学 1996;5(2):71
[177] 王崇国. 人民军医 1995;(11):21
[178] 李秀兰等. 中华内科 1996;35(10):705
[179] 黄自存等. 中西医结合肝病 1996;6(3):5
[180] 孙其山等. 中西医结合肝病 1996;6(2):41
[181] 贾战生等. 兰州医学院学报 1995;21(3):140
[182] 张瑞云等. 铁道医学 1996;24(5):312
[183] 邓 纯等. 临床肝胆 1995;11(4):211
[184] 任东鲜等. 中华实验和临床病毒 1996;10(2):132
[185] 李秋香等. 天津医药 1995;23(11):653
[186] 钱祖思等. 新消化病 1996;4(7):381
[187] 刘占举等. Chin Med J 1996;109(2):147
[188] 范 涛等. 中华实验和临床病毒 1996;10(1):27
[189] 李 薇等. 中西医结合 1995;15(10):593
[190] 瞿 瑶等. 二军医大学报 1995;16(5):498
[191] 李久久等. 人民军医 1996;(8):44
[192] 刘昌绪. 南通医学院学报 1996;16(2):216
[193] 井立臣等. 中国医大学报 1996;25(3):251
[194] 胡桂英等. 哈医大学报 1996;30(1):72
[195] 张耀华等. 中华实验和临床病毒 1995;9(4):329
[196] 梁国平等. 湖北医大学报 1996;17(2);172
[197] 朱启镕等. 中华儿科 1996;34(4):258
[198] 徐慧文等. 西安医大学报 1995;16(4):368
[199] 李雪翔等. 中华预防医学 1996;30(3):151
[200] 井立臣等. 中国公共卫生 1996;12(2):66
[201] 顾新焕等. 中国实用儿科 1995;10(6):363
[202] 鲍 勇等. 地方病通报 1996;11(2):39
[203] 邓新清等. 中华实验和临床病毒 1996;10(3):267
[204] 倪方锷等. 中华微生物和免疫 1995;15(6):405

丙型肝炎

病原检测:北京医大肝病所等[1,2]应用反转录PCR(RT-PCR)和基因重组技术,将HCV NS_5基因片段克隆后,在大肠杆菌中表达了NS_5蛋白,此蛋白能与丙肝患者血清发生特异性反应。重庆西南医院等[3,4]将HCV外膜E_2/NS_1基因亚克隆后,在大肠杆菌中表达的重组蛋白具有HCV外膜蛋白抗原性,为研究外膜蛋白抗体创造了条件。军医科院生物工程所[5]将克隆的HCV $C_{33}c$抗原基因在大肠杆菌中表达并纯化,认为该基因表达蛋白可用作抗HCV ELISA试剂的抗原组分。中科院上海生化所[6]合成了HCV核心相关抗原CP_9和GOR二段肽,采用微量免疫法获得了高效价抗CP_9和GOR免疫血清。南京医大一院[7]采用目前最敏感的电泳法之一——等电聚焦(IEF)法检测HCV阳性血清,可显示明显的特征带,对HCV隐性感染诊断具重要价值。北京医大肝病所等[8]用常规细胞融合技术制备抗HCV-NS_{5a}重组蛋白单克隆抗体,经免疫组化检测,此法制备的单抗有较强的特异性,在HCV免疫组化研究中具应用前景。军医科院微流所[9]对安徽淮北地区农村自然人群、煤矿工人和职业献血者作HCV感染及其基因分型调查,发现输血、献血及使用血液制品是HCV主要感染途径和来源,人群中基因型以Ⅱ型感染为主,占63.9%。中国医大基础医学院[10]对东北地区45例HCV RNA阳性血清的RT-PCR产物进行RFLP分型,结果HCVⅡ型占82.2%,Ⅲ型占15.6%,Ⅱ/Ⅲ混合型占2.2%。山西医学院一院[11]用上法对该省40例HCV RNA阳性血清进行HCV基因分型,结果也以Ⅱ型为主,占90.0%,Ⅲ型占7.5%,Ⅱ/Ⅲ混合型占2.5%。

流行病学：北京协和医院等[12]*对1993年4月～1994年11月输血后丙肝作前瞻性临床流行病学调查，发现北京地区献血员抗HCV阳性率以市区志愿者为最低(0.4%)，其次为农村献血员(5.6%)，市区职业献血员最高(14.5%)。随访3个月以上的受血者中，抗HCV阳性率分别为：北京协和医院15.3%(14/91)，华西医大24.6%(15/61)，上海医大13.2%(12/91)和北京医大1.5%(1/65)，而同期受血者输血后乙肝发病明显减少，表明现有献血员的各项筛选指标尚不能完全排除输血后HCV的传播。北京防疫站[13]于1992年5月～6月调查2 742人，抗HCV阳性率为2.5%，证实血源污染是HCV感染率偏高的主要原因，受血是感染HCV的主要危险因素。河北防疫站等[14]调查3个不同类型献血村，表明献血浆和输血是HCV传播的主要因素，献血浆还可能造成HCV母婴、家庭内接触和医源性传播。武汉同济医院[15]指出单项抗HCV阳性不能有效反映HCV病毒血症，应同时检测抗HCV和HCV RNA，则可更全面反映HCV感染状况。江苏启东市血库[16]强调对献血员必须同时测定抗HCV和HCV RNA进行筛选，才能有效预防发生输血后丙肝。白求恩医大一院[17]对输血和非输血后肝炎152例作抗HCV和HCV RNA对比分析，结果HCV RNA阳性率前者为67.4%，后者26.2%($P<0.01$)，且前者感染HCV的危险度比后者高6倍。武汉同济医院[18]检测42例抗HCV阳性患者血清、唾液、精液或阴道分泌物HCV RNA，阳性率分别为69.1%(29/42)、23.8%(10/42)，36.6%(4/11)和15.4(2/13)，提示家庭内接触(包括性接触)存在传播HCV的潜在危险，并发现部分患者唾液腺中可能存在HCV复制中间体——负链HCV RNA。该院[19]还发现，丙肝患者精液中HCV RNA阳性率高达57.1%(4/7)，唾液为31.3%(5/16)，阴道分泌物为22.2%(2/9)；2例配偶感染均为慢性丙肝；被调查家庭子女无一感染更提示性接触传播的潜在危险性。深圳东湖医院[20]以Abbott试剂检测770名不同人群的血清抗HCV，阳性率分别为：输血后肝炎85%；静脉药瘾者43.8%，原发性肝癌30.0%，性乱者23.8%，慢性肝炎22.5%，吸毒者20.0%，性病患者12.0%，义务献血员1.0%，自然人群0.5%，医务人员0%。中国医大二院等[21]测688名医务人员抗HCV，阳性率为0.6%(4/688)，他们均有针刺损伤史，无输血史，其家庭成员抗HCV均阴性，提示与接触HCV污染的血液或体液有关，建议医务人员应采取适当预防措施。解放军533医院等[22]采用单因素与多因素Logistic回归分析，HCV感染危险因素，证明静脉吸毒、性乱、纹身均为传播HCV的危险因素。浙江萧山市二院[23]检测752例产妇血清及乳汁抗HCV，血清阳性率为1.7%，752份乳汁均阴性，提示单纯血清抗HCV阳性不影响母乳喂养。白求恩医大一院等[24]用RT-Nested PCR检测抗HCV阳性的23例产妇血清及9例新生儿脐血清HCV RNA，发现6例脐血清HCV RNA阳性新生儿，其母亲血清HCV RNA也为阳性，证实存在HCV宫内感染，母婴垂直传播感染率为50%(6/12)。HCV重叠多种肝炎病毒感染的报道较多[25～29]，单纯HCV感染仅占2.3%(47/2 016)，其他则为重叠感染。乙肝患者重叠HCV感染率为10.1%，各型肝炎中以慢重肝与肝硬化的重叠感染率高于慢迁肝与慢活肝。抗HCV检出率随患者年龄增加而增高，不同地区肝病患者血清抗HCV检出率差异较大(2.2%～31.0%)。由于重叠感染可致病程迁延，病变活动，病情加重乃至恶化，故建议临床应开展各型肝炎病毒血清特异性标志物联合检测。湖北医大二院[30]调查93例老年肝炎患者的病因，发现既往肝炎病史者丙肝发病率最高(26.9%)，其次是戊肝，甲、乙肝较少。

发病原理与病理解剖：北京302医院[31]用免疫组化与原位核酸杂交法定位检测了28例急、慢性丙肝患者肝活检组织的HCV基因及其表达的NS_3抗原，初步认为在HCV感染及其致病过程中，除免疫学介导的致病作用外，HCV直接毒性也可能是引起肝细胞病理变化的原因之一。武汉同济医院[32]用免疫组化法检测HCV(+)者肝组织中HCVAg阳性和HCV-NS_3，见所有HCV-NS_3阳性者均同时为HCVAg阳性，阳性颗粒位于胞浆，阳性细胞周围多无坏死及炎性细胞浸润。该院[33]报道HCV各成分在肝组织中表达水平存在差别，HCV-NS_5的表达可能与HCV致病机制有关。北京302医院[34]用抗HCV单克隆抗体检测32例丙肝患者肝组织中HCV C_{33}c抗原，发现该抗原存在于肝细胞浆中，且含量较高，提示丙肝病理改变并非HCV对肝组织的直接损伤。有报道HCV C_{33}c抗原阳性肝细胞周围有较多淋巴和单核细胞浸润，提示HCV在肝细胞胞浆内持续复制引起宿主免疫反应；肝内HCVAg阳性细胞数量少者反比数量多者在肝功及肝病理改变程度上更为严重且预后差[35,36]。北京右安医院[37]在尸检中查见5例胰腺组织HCV C_{33}c抗原阳性。北京医大肝病所[38]用自建的光敏生物素补骨脂素(BP)标记引物反转录原位PCR技术，检测17例肝病肝组织中HCV定位分布，见其以肝细胞浆型为主，单核细胞及胆小管上皮细胞也可见阳性。北京市肝炎所等[39]用地高辛素标记 HCV cDNA 探针，建立了石蜡包埋肝组织原位杂交检测 HCV RNA 方法，该法与 RT-PCR 法及单克隆抗 HCV-NS_3 酶标记物免疫组化法符合率分别为 80.0%与 80.5%。北京 302 医院[40]用地高辛标记 HCV 基因 5'端非翻译区为探针，对 24 例急慢性丙肝肝活检组织石蜡切片进行原位核酸杂交，见 HCV 基因主要分布于肝细胞浆，偶见于核内。河北医学院三院[41]用双抗体夹心 ELISA 法检测 73 例丙肝血清可溶性白介素 2 受体(sIL-2R)水平，见各型丙肝均明显升高，尤以肝硬化组更明显；发现 sIL-2R 与 OKT_8 的比例密切相关，提示 sIL-2R 与 OKT_8 共同参与丙肝的免疫病理过程。该院[42]观测分析 200 例各型病毒性肝炎血清脂质过氧化物水平及自由基与肝损伤的关系，认为自由基在始动及继续肝细胞损伤中起重要作用。南京军区南京总院等[43]通过对丙肝肝组织中呈结蛋白阳性的贮脂细胞进行定量研究后，认为在丙肝早期纤维化中，贮脂细胞并非是主要导致纤维化的效应细胞。有报道丙肝特征性组织学改变为：有明显肝脂肪变，小叶肝细胞凋落、坏死，肝窦周及汇管区单核细胞、淋巴细胞浸润伴滤泡形成，纤维组织增生。输血后丙肝病变较散发性重，急性期丙肝均表现出缓慢进展的特点[44*~46]。二军医大[47]用 PCR 法克隆 HCV 5'端非编码区序列并合成引物，检测 HCV 高危感染人群，显示在 HCV 抗体阳性的肝细胞癌(HCC)组织中 HCV RNA 阳性率最高(5/5)。南京医大[48]对启东、泰兴两地经病理或 CT 确诊的 140 例 HCC 作 HCV 与 HBV 协同致癌作用的流行病学评价，证实二者重叠感染对 HCC 发生有极大的病因协同作用。四军医大[49,50]报道除 HBV 外，HCV 感染与人肝胆管细胞癌的发生也有密切关系。

临床诊治：山西[51]、伊犁[52]、北京[53]、西安[54]、武汉[55]分别分析输血(血制品)后丙肝 100 例、91 例、76 例、47 例及 37 例，潜伏期 10～180 天(平均 56.3±31.7 天)；起病相对隐袭，症状较轻，多见乏力、纳差、腹胀；黄疸型约占 17.0%～62.1%，总胆红素多为 25.5～68.0μmol/L；黄疸深、病情重者多为重叠感染；ALT 多为轻、中度升高，持续或反复升高者占 46%，发展成慢性者比例较高；随访 1～2 年，临床治愈 30%，转为慢性 60%，10%发展成肝硬化，后者多有 HBV 重叠感染或有乙肝既往史。北京 302 医院[56]报道 1 例输血后丙肝合并人类免疫缺陷病毒(HIV)感染，该患者术后输血后多次出现全身性皮疹(除面部外)，抗过敏药治疗无效，经调查病史不能排除 HIV 血源感染的可能。湖北医大二院[57]观察 37 例 60 岁以上单纯丙肝患者，表明重度黄疸(胆红素＞300μmol/L)较高，病情也较重，凡病程超过半年均演变为慢肝或肝硬化。西安[58]、北京[59]、南京[60]、武汉[61]报道 HCV 感染占各型肝炎总住院人数的 16.5%，多有输血史。46.2%HCV 和 HBV 重叠感染后 HBV IgM 阴转或效价为下降，但肝功损害加重，病程迁延，病情发展迅速，预后差。干扰素治疗可降低丙肝慢性化比例。既往有 HBV 感染者若有输血(血制品)史或有多次住院史，一旦出现下列征象应高度警惕 HCV 重叠感染的可能：病情好转后突然出现黄疸；ALT 持续不降或反复升高；低白蛋白血症且进行性加重；慢性肝炎出现亚急性重症表现；肝硬化并有多种并发症。HBV 重叠 HCV 感染后虽可抑制 HBeAg 表达，但临床症状却加重，黄疸深[胆红素可高达(421.0±188.0)μmol/L][62～65]。军医科院微流所[66]对 42 例抗 HCV 阳性者作 3 年随访，结果抗 HCV 年阴转率仅 0.95%，抗 HCV 几何平均效价为 160 左右。

西安医大一院[67]建立了含 HCV 不同编码区 3 种重组抗原(C_{22}、C_{33}c、C_{100})的重组免疫印迹试验(RIBA)测抗 HCV 阳性血清 71 例，RIBA 阳性 56 例，可疑 8 例。白求恩医大一院等[68]用生物素探针杂交法对 214 例抗 HCV 阳性血清测 HCV RNA，总阳性率为 88.8%，较 PCR 法测 HCV RNA 阳性率高 8.4%。西安西京医院[69]、厦门检疫局[70]分别以磁性分离法快速提取 HCV mRNA 和固相法分离 HCV RNA 用于 RT-PCR 检测，阳性率分别为 70% 和 44%。苏州市五院[71]用双温套式 PCR 法检测血清 HCV RNA，阳性率与经典法相符。重庆西南医院等[72]用合成肽酶免疫分析筛选 HCV 核心抗体(抗 HCVc)，经重组免疫印迹和中和抑制试验鉴定，发现不同人群血清中单项抗 HCVc 状态不同，检测 HCV RNA 对区别抗 HCVc(+)是属既往或现症很重要。有报道测丙肝抗 HCV IgM，胶体金联免疫吸附试剂(GCISA)测 HCV IgG、双抗原夹心法、斑点金免疫渗滤试验(DIGFA)及微波加快测抗 HCV 抗体等[73～77]，有的操作简便，结果直观；有的特异性、敏感性均达到国内外 ELISA 试剂盒水平。尚有分别有急、慢性丙肝同时测抗 HCV 与 HCV RNA 以提高丙肝诊断率的报道[78～81]。解放军 454 医院[82]联合检测急黄肝 10 例、慢肝 39 例、丙肝 13 例及肝炎后肝硬化 27 例血清透明质酸(HA)和层粘蛋白(LN)，结果 HA 以 400μg/L，LN 以 150μg/L 为界，肝硬化二者同时升高者占 85.2%，慢性肝炎则为 9.7%，提示联合检测 HA 与 LN 对区别肝纤维化与肝硬化有意义。北京 302 医院[83]观察到血清 HCV RNA 阳性者内毒素阳性率及含量均明显高于阴性者，间接提示丙肝门管区炎症明显。河北医大三院[84]用双抗体夹心 ELISA 法检测 48 例急肝血清肿瘤坏死因子(TNF)水平,其中 5 例丙肝 TNF 持续升高 6 个月以上均发展成慢性。湖南湘雅医院[85]检测 35 例抗 HCV 阳性者可提取核抗原(ENA)等自身抗体,总检出率为 62.9%,明显高于正常对照。

武汉协和医院[86]* 通过观察接受干扰素联合病毒唑治疗的丙肝患者血清与周围血单核细胞(TBMC)中正、负链 HCV RNA 的变化,认为联合用药与单用干扰素疗效接近,病毒唑未显出增强干扰素疗效的作用。南京医大一院[87]的同类研究显示干扰素抑制 HCV 复制。HCV 负链 RNA 可作为病毒复制的直接标志,在药物疗效评估有一定意义。广州市八院[88]报道 HCV Ⅱ 型是该地区优势株,HCV Ⅲ 型感染对干扰素治疗应答较 Ⅱ 型敏感。北京医大肝病所[89]观察丙肝患者接受 α-2b 干扰素治疗前后的抗干扰素抗体(抗 IFN)水平,发现治疗前抗 IFN 阳性率为 6.3%(2/32),治疗后为 12.5%(4/32),血清 HCV RNA 阴转率以抗 IFN 阴性组较阳性组为高,分别为 76.9%与 50.0%。新疆医学院一院等[90]用干扰素分 2 组治疗丙肝 62 例,总有效率为 87.1%,较对照组 40%相比差异显著($P<0.001$),随访 6~12 个月 HCV RNA 阴转率治疗组分别为 51.0%和 61.3%,显著优于对照组。其他报道干扰素治疗丙肝 HCV RNA 阴转率为 11.7%~70%;对急性丙肝疗效优于慢性者;对输血后丙肝疗效好;长疗程(6 个月)较短疗程(3 个月)疗效好;对出现一过性低热(38℃≥3 天)、四肢酸痛和乏力者可于短期内 ALT 复常及 HCV RNA 阴转[91~95]。武汉同济医院[96]用干扰素治疗 16 例输血后丙肝患儿,近期 HCV 清除率 75%,复发率 41.7%。使用重组干扰素制剂较天然制剂更易复发,对小年龄患儿疗效不明显。有报道干扰素治疗丙肝引起强烈免疫反应及血小板减少各 1 例[97,98]。西安医大一院[99]用国产病毒唑治疗慢性丙肝 84 例,0.6~0.9g/d,分 3 次口服,6 个月疗程结束时 HCV RNA 阴转率 42.5%,停药后随访 6~12 个月 HCV RNA 持续阴转率仅 7.6%。白求恩医大一院[100]用亚硒酸钠及维生素 E 治疗病毒性肝炎 65 例(其中丙肝 10 例),发现该药具有抗氧化损伤及清除自由基的显著疗效。30 天内 80%黄疸消退,70.8%ALT 复常,疗效明显优于对照组。北京西苑医院[101]用肝灵素片联合该院自拟丙肝汤(生黄芪、枸杞子、女贞子、五味子、苦参等)治疗丙肝 76 例,近期治愈 35 例(26%),总有效率 89%,与对照组有显著性差异。

(瞿　瑶)

参考文献

[1] 李庆生等. 中华实验和临床病毒 1996;10(3):254
[2] 刘双虎等. 湖南医大学报 1996;21(3):242
[3] 沈定霞等. 三军医大学报 1996;18(2):93
[4] 曹经瑗等. 中华实验和临床病毒 1995;9(4):303
[5] 曹　诚等. 军医科院院刊 1996;20(2):100
[6] 崔恒苒等. 上海免疫 1995;15(5):267
[7] 陆　琳等. 南京医大学报 1996;16(6):536
[8] 高建恩等. 中华医学 1996;76(8):585
[9] 周育森等. 中国公共卫生 1996;12(5):204
[10] 魏金荣等. 中国医大学报 1995;24(5):444
[11] 赵和平等. 山西医药 1996;25(1):11
[12]* 王爱霞等. 中华内科 1996;35(10):659
[13] 石玉茹等. 中国公共卫生 1996;12(5):199
[14] 赵玉良等. 中国公共卫生 1996;12(2):61
[15] 唐振亚等. 中国免疫 1996;12(4):253
[16] 郭亚兰等. 南通医学院学报 1996;16(2):297
[17] 李玉香等. 中国公共卫生 1996;12(6):259
[18] 唐振亚等. 中华微生物和免疫 1995;15(5):318
[19] 黄元成等. 同济医大学报 1996;25(1):53
[20] 马为民等. 中华实验和临床病毒 1996;10(2):152
[21] 王占英等. 中国公共卫生 1996;12(1):22
[22] 黄慧俐等. 中华医院感染 1996;6(1):4
[23] 陈才根等. 上海医学检验 1996;11(3):135
[24] 李春洪等. 中华妇产 1996;31(1):34
[25] 谭欣诚等. 中华实验和临床病毒 1996;10(3):封二
[26] 杨东亮等. 同济医大学报 1995;24(6):429
[27] 李进秋等. 新消化病 1996;4(7):387
[28] 邓子德等. 新医学 1996;27(3):126
[29] 张曼利等. 河北医药 1996;18(3):157
[30] 戴永安等. 临床内科 1996;13(3):33
[31] 王福生等. 中华医学 1995;75(11):670
[32] 赵西平等. 中华内科 1995;34(11):728
[33] 赵西平等. 中华传染 1996;14(2):81
[34] 王林杰等. 中华实验和临床病毒 1996;10(2):193
[35] 张长法等. 临床肝胆 1996;12(2):73
[36] 张鸿飞等. 中华儿科 1996;34(4):261
[37] 郎振为等. 中华医学 1996;76(3):229
[38] 刘玉兰等. 中华医学 1996;76(6):431
[39] 黄德庄等. 中华实验和临床病毒 1996;10(3):262
[40] 王福生等. 中华实验和临床病毒 1995;9(4):314
[41] 赵彩彦等. 临床肝胆 1996;12(2):90
[42] 曹治宸等. 临床肝胆 1996;12(2):96
[43] 周晓军等. 临床与实验病理 1995;11(4):304
[44]* 刘　霞等. 中华病理 1995;24(5):292
[45] 周晓军等. 江苏医药 1996;22(6):372

[46] 董 新等. 中华传染 1996;14(1):24
[47] 潘 卫等. 二军医大学报 1995;16(5):405
[48] 沈 靖等. 肿瘤防治研究 1996;23(1):51
[49] 王春杰等. 解放军医学 1996;21(2):83
[50] 王春杰等. 四军医大学报 1996;17(4):241
[51] 王守义. 中华实验和临床病毒 1995;9(4):382
[52] 刘瑞馨等. 新疆医学 1996;26(1):25
[53] 周 平等. 临床内科 1996;13(2):47
[54] 任喜民等. 陕西医学 1996;25(2):80
[55] 刘 健等. 中国实用儿科 1996;11(4):232
[56] 貌盼勇等. 中国公共卫生 1996;12(9):391
[57] 杨自成等. 湖北医大学报 1996;17(1):86
[58] 王湖荣等. 宁夏医学 1996;18(1):18
[59] 张国艳等. 中国实用内科 1996;16(8):500
[60] 周立群. 南通医学院学报 1996;16(2):207
[61] 李三秀. 中西医结合肝病 1996;6(1):38
[62] 张 林等. 铁道医学 1995;23(6):367
[63] 和水祥等. 陕西医学 1995;24(10):584
[64] 刘典勇等. 山东医药 1995;35(11):23
[65] 徐玉清等. 江苏医药 1996;22(6):432
[66] 唐时幸等. 中华流行病 1996;17(3):145
[67] 蔺淑梅等. 西安医大学报 1996;17(2):188
[68] 朴云峰等. 临床肝胆 1996;12(2):72
[69] 陈伟红等. 临床肝胆 1996;12(3):139
[70] 陈布安等. 中华医学检验 1996;19(4):213
[71] 吴建鸿等. 苏州医学院学报 1996;16(3):452
[72] 郝 飞等. 中华传染 1996;14(3):141
[73] 张文瑾等. 中华实验和临床病毒 1996;10(1):88
[74] 皮国华等. 中华实验和临床病毒 1995;9(4):371
[75] 曹 诚等. 中华医学检验 1996;19(4):205
[76] 阎小君等. 四军医大学报 1996;17(4):292
[77] 王国兴等. 二军医大学报 1996;17(2):187
[78] 张常然等. 中华实验和临床病毒 1996;10(2):149
[79] 孙平辉等. 白求恩医大学报 1996;22(1):27
[80] 彭红梅等. 湖北医大学报 1996;17(1):83
[81] 贺小玲等. 武汉医学 1996;20(1):60
[82] 潘雪飞等. 新消化病 1996;4(7):373
[83] 于海波等. 中华实验和临床病毒 1996;10(2):196
[84] 甄 真等. 天津医药 1996;24(10):579
[85] 柳永和等. 湖南医大学报 1996;21(4):327
[86]* 贺永文等. 中华内科 1996;35(1):32
[87] 李 军. 江苏医药 1995;21(12):790
[88] 唐小平等. 中华实验和临床病毒 1996;10(3):258
[89] 孙 焱等. 中华实验和临床病毒 1996;10(3):294
[90] 翟 琦等. 中西医结合肝病 1996;6(3):14
[91] 曹新民等. 南京医大学报 1995;15(4):895
[92] 吴 玮等. 中华实验和临床病毒 1995;9(4):379
[93] 李韶光等. 广东医学 1995;16(10):685
[94] 董学琴等. 中国实用内科 1996;16(3):185
[95] 丁 虹等. 苏州医学院学报 1995;15(5):924
[96] 方 峰等. 中西医结合肝病 1996;6(2):6
[97] 王功大等. 中华传染 1996;14(3):178
[98] 周希白等. 中西医结合肝病 1996;6(2):45
[99] 张成文等. 临床内科 1996;13(4):40
[100] 刘玉环等. 临床肝胆 1996;12(1):42
[101] 马素云等. 中西医结合 1996;16(9):558

丁型肝炎

预防医科院病毒所[1,2]通过对四川、广西、河南、上海等地丁型肝炎病毒(HDV)部分基因的克隆与序列分析,表明我国至少存在基因型Ⅰ型的两种亚型,上海株可能是介于 $HDVI_a$ 与 I_b 亚型间的中间(或称过渡)亚型。北京302医院等[3]通过对HDV基因组RNA中核酶区的cDNA的体外转录,首次观察到核酶区的前体及其自身裂解产物,为建立抗HDV细胞模型及过渡到临床应用打下基础。重庆西南医院等[4]建立了具有特异性强、敏感性高的检测HDV RNA的反转录套式PCR法。该院[5]发现反义寡脱氧核苷酸(as ODN)能有效抑制HDV基因链核酶活性。北京302医院[6,7]证实反义寡核苷酸(asDN)可与核酶两个重要单链区结合,从而抑制其自裂活性。河南医大等[8]检测该省13个地区1182例HBsAg阳性乙肝病人及携带者血清的HDAg、抗HDV、抗HDVIgM的HDV总感染率,结果分别为3.0%、3.5%和8.1%,以肝硬化组感染率最高,提示HBV重叠HDV感染对病程慢性化和肝硬化形成起一定促进作用。北京[9]、甘肃[10]及江西[11]等分别报道山西、新疆、安徽、上海、天津、北京、兰州、南昌等地HDV感染率为自然人群0.4%~1.1%,职业供血员2.4%,HBsAg携带者7.1%~11.4%,乙肝患者9.3%~10.4%。南京钟阜医院[12]报道各型肝炎HDV总阳性率为12.6%,其中以肝硬化与肝癌的阳性率最高,为20%。湖南[13]、北京[14]用原位杂交法检测肝组织中HDV和HBV核酸,发现HBV复制与HDV感染的正相关作用导致肝损害加重并加速发展为肝纤维化,HDV对肝损害有直接细胞毒作用,但未发现HDV感染对HBV复制有抑制作用。

戊型肝炎

北京医大等[15]用合成戊型肝炎病毒(HEV)基因组开放读码框架2和3(ORF_2、ORF_3)多肽建立了酶联免疫试验(EIA),检测85份实验感染HEV的猕猴和143份戊肝病人血清,发现 ORF_2 和 ORF_3 编码蛋白含不同抗原表位,故建议在制备抗HEV EIA试剂时联合应用此两种多肽,以提高其灵敏度和特异性。军医科院微流所[16]测定北京1例与广州2例戊肝病人HEV核苷酸和氨基酸序列，发现北京株与缅甸株一致，广州2株可能为一新的HEV基因型。该所[17]继续对广州地区散发性HEV株作组织培养分离，连续传代，进一步证实，该序列确实不同于国内外已知的HEV基因组序列。军医科院[18]成功地对HEV87A株进行克隆并初步鉴定，为深入研究HEV基因的遗传与变异，为研制特异性强、敏感性高的试剂打下基础。该院微流所[19]还对法国HEV分离株(F86)进行传代及初步鉴定。中国医大二院等[20]用免疫电镜检出急性散发性戊肝患者粪便中病毒样颗粒，形状为直径27～32nm的球形颗粒。新疆自治区医院[21]分别用套式PCR和地高辛探针杂交检测戊肝患者急性期粪便及病后8天血清HEV RNA，结果粪便阳性率为40.9%，血清为66.7%。该院[22]用免疫组化检测28例戊肝肝活检组织切片HEVAg，结果急性戊肝(12例)阳性率100%，随访28个月临床和肝功能未恢复正常。(15例)阳性率为73.3%。另1例为母亲患重症戊肝，其早产胎儿肝组织也阳性，此结果支持戊肝有慢性化及经胎盘感染的新论点。北京宣武医院[23]建立的检测HEV抗体的ELISA法与Genelabs公司试剂对照，证明有较好的灵敏度与特异性，且简便快速。河南[24]、青海[25]及北京[26]分别报道本省及大兴县健康人群抗HEV阳性检出率为8.6%、22.3%及4.6%，后者发现HEV仅次于HAV(82.1%)和HBV(53.4%)的感染率。无锡[27]、江苏[28]及广东[29]报道HEV感染率除射阳地区低于HCV外，其他两地区都高于HCV感染率，次于HAV与HBV的感染。广州铁路医院[30]报道近年老年肝炎的病原分型以戊肝发病率最高，为40%(31/85)，其次为乙肝(23.5%)，此与中青年组明显不同。白求恩医大一院[31]报道长春市一起戊肝暴发为一次同源性食物性暴发，厨师中有1人抗HEV阳性。

上海[32]、广州[33]和武汉[34]分别对急性散发性戊肝与甲肝作临床对比分析，一般讲，戊肝临床表现与甲肝类似，但戊肝以黄疸型为主(88.6%)，黄疸深且淤胆多，持续时间亦长，ALT/AST比值低，病死率高。还发现单纯HEV感染反较与HAV双重感染病情严重。广州市八院[35]比较单纯HEV与重叠HBV感染的临床变化及预后各50例，发现重叠感染组病情重，病程长，有出现重肝的危险。白求恩医大一院[36]对354肝炎病人作各型肝炎病毒混合感染临床分析，发现HEV可与HAV、HBV、HCV混合感染中以乙＋戊最多，病情较单一感染者为重。上海瑞金医院[37]分析重度黄疸戊肝40例临床特点：老年占52.5%；黄疸深，平均血清总胆红素292μmol/L；ALT明显增高(平均1068IU/L)；发展为重型肝炎者较多(17.5%)；凝血酶原时间显著延长，白蛋白明显减少。

预防医科院病毒所[38]用基因工程重组HEV抗原ORF_3、ORF_2和$ORF_{3\text{-}2}$嵌合抗原及化学合成的ORF_3多肽抗原，分别建立了EIA法，测试结果与Genelabs试剂符合率分别为98%、96%、100%和52%，嵌合抗原不仅检测阳性率最高，且使用方便、特异性强。北京302医院[39]用合成多肽抗原建立了检测抗HEV IgM的ELISA法。该法成本低、操作简便、快速、重复性好、特异性强。上海长海医院和中山医大三院[40,41]认为抗HEV IgM检测可作为目前诊断HEV现症或近期感染指标；在非肝炎患者或健康人中检出抗HEV IgM和IgG，说明前者为近期隐性感染，后者为既往隐性感染。深圳东湖医院[42]报道急性戊肝并发格林-巴利综合征1例。患者起病后第6天发生吞咽困难、呛咳、排尿困难，四肢呈不完全性弛张性对称性瘫痪，上、下肢肌力分别为Ⅰ级和零级。

庚型肝炎

本年度首次发表中国株庚肝病毒(HGV)核酸序列测定文献3篇[43～45]。河北固安株与美国株相应区段的序列同源性为88.5%～89.1%。北京302Ⅰ株与美国株cDNA序列的同源性达96%，表明HGV感染虽呈全球分布，但在进化上属遗传高度保守。广州南方医院[46]用RT-PCR法检测24例丙肝和10例透析病人血清，结果两组各有1例HGV RNA阳性，占总受检例数的5.9%，提示临床开展HGV相关研究的必要性。北京302医院[47,48]用自行建立的反转录-巢式PCR方法检测HGV RNA，其具有较高的灵敏度和特异性。并用自建ELISA法检测抗HGV，证实我国确有HGV与HBV同时或重叠感染。四军医大[49]用套式PCR法在非甲乙丙丁戊型急性肝炎患者血清中发现HGV RNA阳性率为25.4%(17/67)，首次证实西安地区存在庚型肝炎。广东省医院[50]报道1例急性庚肝病例，起病急，临床表现为典型黄疸型肝炎，总胆红素223.9μmol/L，直应胆红素182.3μmol/L，ALT 750U/L，A/G 0.82，该患者无输血及注射史，提示HGV尚存在其他传播途径。

[附]动物实验性肝炎

中科院上海细胞所[51]分别用鸭乙肝病毒(DHBV)DNA 双体质粒及环化的 DHBV DNA 体内转染 2 天龄与 4～20d 龄鸭,并与 DHBV DNA 单体质粒体内转染 2 天龄鸭对照。结果前者既有抗原表达,又有病毒复制,而后者只有抗原表达。上海医大[52]观察 DHBV 在天然宿主中特异性体液与细胞免疫应答,发现鸭对 DHBs/presAg 的免疫应答性较对 DHBcAg 强,用抗 DHBs/pres 被动免疫幼鸭可部分阻断 DHBV 感染。上海瑞金医院[53]作鸭急性肝坏死模型分析其发病机理证明,内毒素、DHBV 是急性肝坏死的重要诱发因素,肿瘤坏死因子是参与其中的重要细胞因子,脂质过氧化反应也可能参与诱发。重庆市肿瘤所[54]用重叠延伸 PCR 制备 DHBV 人工定向基因点突变,得到含所需点突变的基因片段,该法简便快速,2 天内可得到结果,阳性率 100%。华西医大一院等[55]用半乳糖基 α_1 干扰素作受体介导肝靶向药物,研究表明该药具有明显的趋肝性,偶合物效价较原药提高,由于受体介导进入肝细胞可望更有效抑制病毒复制。重庆西南医院[56]、北京医大一院[57]研究肿瘤坏死因子(TNF-α)对肝损伤的影响,发现在 HBsAg 预先致敏的树鼩体内注入 TNF-α 可导致肝、肺、肠等器官出血、坏死,证实 TNF-α 是病毒性肝炎肝细胞坏死的重要介质。重庆医大肝炎所[58]用鸭急性肝坏死模型研究 TNF 单克隆抗体及肝细胞生长多肽(HPN)的抗肝坏死效果,发现可能由于 HPN 抑制内毒素对 TNF 的诱生,早期使用 HPN 可抑制机体 TNF 的释放,这为临床早期治疗重肝开辟了一条新途径。北京医大一院[59]、上海铁道大学医学院[60]分别研究 TNFα、IL-1 和 6、IFNγ 等多种细胞因子单独及协同作用对肝坏死的影响,发现在已有肝损伤的基础上,它们均可加重肝损伤。武汉协和医院[61]用细菌培养和菌落计数的方法,发现硫代乙酰胺诱导的急性肝衰竭大鼠消化道内细菌大量上移,致空肠内细菌数量较对照组高达万倍,胃及回肠内细菌也明显增多,形成内源性感染灶,是肝衰竭时腹胀、肠胀气、中毒性鼓肠和消化道出血的主要原因之一。山西中医学院[62]研究暴发性肝衰竭大鼠肠系膜微循环变化与血浆内毒素水平的关系,发现多器官功能衰竭与肠源性内毒素血症导致的微循环灌流量减少有关。中国医大二院等[63]观察了 ^{14}C-缬氨酸在肝性脑病鼠和正常鼠脑组织的摄取对比,证明用高浓度支链氨酸(BCAA)治疗肝性脑病可提高脑内 BCAA 浓度,促其清醒。南京医大[64]以体外原代培养肝细胞为模型,发现丹参素能直接刺激肝细胞增殖,且呈一定的剂量依赖关系,丹参素对药物性肝损伤也具有保护作用。北京中日友好医院[65]探讨以党参、柴胡、丹参、木香、当归组成的"和肝助脾饮"对免疫性肝损伤小鼠脾脏 T 和 B 淋巴细胞增殖能力的影响,表明该"和肝助脾饮"可改善抗体免疫功能,减轻肝组织免疫损伤。

(瞿　瑶)

参 考 文 献

[1] 谭文杰等. 中华实验和临床病毒 1995;9(4):293
[2] 谭文杰等. 中华实验和临床病毒 1996;10(1):16
[3] 邹正升等. 中华实验和临床病毒 1995;9(4):307
[4] 毛　青等. 中华医学检验 1996;19(2):83
[5] 毛　青等. 中华医学 1996;76(1):30
[6] 邹正升等. 解放军医学 1995;20(5):326
[7] 邹正升等. 中华实验和临床病毒 1996;10(1):19
[8] 张建营等. 中华流行病 1995;16(6):365
[9] 赵秋敏等. 中国公共卫生 1996;12(5):197
[10] 郭振华等. 兰州医学院学报 1996;22(1):70
[11] 陈川英等. 江西医药 1996;31(3):130
[12] 邱少敏. 交通医学 1995;9(4):50
[13] 程瑞雪等. 临床与实验病理 1996;12(2):95
[14] 阎惠平等. 中华微生物和免疫 1996;16(4):272
[15] 庄　辉等. 中华实验和临床病毒 1995;9(4):299
[16] 黄如统等. 军事医科院院刊 1996;20(3):185
[17] 苑锡同等. 解放军医学 1996;21(4):284
[18] 苑锡同等. 解放军医学 1995;20(6):429
[19] 黄如统等. 军事医科院院刊 1996;20(3):230
[20] 王占英等. 中国医大学报 1995;24(6):614
[21] 赵素元等. 上海医学 1996;19(5):284
[22] 赵素元等. 上海医学 1996;19(6):319
[23] 梅学文等. 中国实验临床免疫 1996;8(2):5
[24] 王春香等. 中国公共卫生 1996;12(8):351
[25] 车骝强等. 青海医药 1996;26(9):48
[26] 刘永旺等. 北京医学 1996;18(5):303
[27] 沙安莉等. 中华传染 1995;13(4):220
[28] 徐振洲. 南通医学院学报 1996;16(2):211
[29] 李石好等. 广州医药 1996;27(5):56
[30] 邱望龙等. 新医学 1996;27(1):28
[31] 胡玉林等. 中国公共卫生 1996;12(5):202
[32] 唐美芳等. 上海医学 1996;19(8):464
[33] 李建国等. 新医学 1996;27(3):130
[34] 韩春荣等. 临床内科 1996;13(2):40
[35] 陈怡怡等. 广东医学 1996;17(2):108
[36] 胡玉林等. 临床肝胆 1996;12(3):166
[37] 李文干等. 上海二医大学报 1996;16(3):208
[38] 江永珍等. 中华实验和临床病毒 1996;10(2):169

[39] 何红霞等. 中华实验和临床病毒 1996;10(2):146
[40] 刘喜泰等. 二军医大学报 1996;17(3):254
[41] 柯伟民等. 中华传染 1996;14(2):113
[42] 杨山麦等. 中华老年医学 1996;15(2):128
[43] 周育森等. 军事医科院院刊 1996;20(2):160
[44] 程　云等. 解放军医学 1996;21(4):257
[45] 汪兴太等. 中华微生物和免疫 1996;16(4):263
[46] 卢桥生等. 一军医大学报 1996;16(2):69
[47] 李伯安等. 中华实验和临床病毒 1996;10(3):251
[48] 曹　阳等. 中华实验和临床病毒 1996;10(3):279
[49] 李如琳等. 四军医大学报 1996;17(5):352
[50] 陈小苹等. 广东医学 1996;17(10):717
[51] 邓卫文等. 中华实验和临床病毒 1996;10(1):23
[52] 刘应广等. 山东医大学报 1995;33(4):298
[53] 谢　青等. 临床肝胆 1996;12(2):106
[54] 徐建业等. 中华医学检验 1996;19(4):208
[55] 管昌田等. 中华核医学 1996;16(1):58
[56] 袁良平等. 解放军医学 1996;21(2):115
[57] 于岩岩等. 中华内科 1996;35(1):28
[58] 周晓东等. 中华传染 1996;14(3):137
[59] 于岩岩等. 中华医学 1996;76(4):258
[60] 朴文姬等. 中华传染 1995;13(4):218
[61] 倪若愚等. 中华医院感染 1996;6(3):129
[62] 吴筱芳等. 山西医学院学报 1996;27(3):166
[63] 李　晶等. 中国医大学报 1996;25(3):279
[64] 李跃华等. 南京医大学报 1996;16(4):346
[65] 马正业等. 中日友好医院学报 1996;10(1):29

(十)轮状病毒性肠炎

广东新会市医院[1]用 ELISA 法从 116 例小儿粪便标本中检出轮状病毒抗原阳性 35 例,阳性率 30.2%。四川省医院[2]对该地区近 10 年收治的 561 例临床诊断为秋冬季小儿腹泻患儿的粪便用 ELISA 检测轮状病毒,抗原阳性率为 72.5%,直接电镜阳性率为 80%,核酸电泳为 87.5%。解放军 44 医院[3]对 618 例腹泻患者用 ELISA 一步法检测轮状病毒,阳性率达 99.7%,成人感染率为 99.4%,儿童感染率为 100%。广东茂名市医院[4]观察 196 例轮状病毒性肠炎,腹泻每天 10～15 次者 112 例(57%),每天 15 次以上者 63 例(32%),伴发热 148 例(76%),治疗效果与是否用抗生素无明显关系。江苏淮阴市妇儿医院[5]用快速一步法 ELISA 检测轮状病毒,可在 11～15 分钟内检出结果。江苏扬州市妇幼保健院[6]用双黄连治疗轮状病毒性肠炎,显效率89.5%,总有效率 100%。上海市儿童医院[7]用乐托尔治疗轮状病毒性肠炎 50 例,有效率 96%,无不良反应。

(黄洪志)

参 考 文 献

[1] 冯丽春等. 广东医学 1996;17(5):325
[2] 胡开华等. 四川医学 1996;17(1):21
[3] 陈　新等. 新消化病 1996;4(6):358
[4] 彭培谦. 广东医学 1995;16(10):679
[5] 丁梅芳等. 临床儿科 1996;14(1):70
[6] 陈　智. 江苏医药 1996;22(4):286
[7] 郑吟亚等. 江苏医药 1996;22(2):127

(十一)脊髓灰质炎

预防医科院微流所[1,2]报道 1994 年全国脊髓灰质炎(脊灰)发病数继 1993 年降至历史最低水平后又下降了 53%,病例呈高度散发,暴发仅占总病例的 4.2%,由野毒株引起的病例数减少为 6 例。1994 年全国监测系统共报道急性弛缓性麻痹(AFP)病例 3 142 例,其中确诊脊髓灰质炎 307 例。15 岁以下儿童 AFP 发病率 $1.1/10^5$,非脊灰 AFP 发病率 $0.83/10^5$,比 1993 年的 $0.37/10^5$ 有较大幅度上升。安徽防疫站[3]1992 年对 15 岁以下儿童进行脊髓灰质炎后遗症普查,共查出 7 639 例,现患率 0.44‰;发病率平原高于丘陵和山区,农村高于城市;好发年龄在 3 岁以下。广西防疫站等[4]用 PCR 检测 19 份 AFP 患者粪便中脊髓灰质炎病毒,其中 11 份阳性,与中和试验及单克隆抗体鉴定结果符合率为 90.9%～100%。卫生部等[5]报道经第 2 次全国强化免疫日活动使我国零剂次儿童总数比第 1 次减少 59.3%,其中零剂次儿童多集中分布于 0～3 岁组,加强和提高 0～3 岁组儿童免疫水平是保障我国强化免疫效果的有效途径。海南防疫站[6]报道 1993～1994 两年开展全国强化免疫日活动效果显著,该省从 1994 年以来无脊灰野毒感染病例发生,开展强化免疫活动日可在短时间内形成免疫屏障,阻断野毒株循环。安徽防疫站[7]1993 年 9 月随机在 18 个县的 1 755 名 0～3 岁儿童中进行了脊髓灰质炎免疫水平调查,结果 1、2、3 型中和抗体的几何平均滴度(GMT)和阳性率分别为 524.8 和 96.9%、323.6 和 96.0%、436.5 和 96.2%,服苗次数与 GMT 成正比,全程服苗的儿童阳性率达到 95%以上。

(黄洪志)

参考文献

[1] 柴　锋等. 中华流行病 1995;16(6):338

[2] 张荣珍等. 中华流行病 1995;16(6):332

[3] 戴振威等. 中华流行病 1996;17(2):80

[4] 刘明团等. 中华流行病 1996;17(3):166

[5] 李全乐等. 中华流行病 1995;16(6):343

[6] 潘先海. 中华流行病 1996;17(3):131

[7] 沈永刚等. 中华预防医学 1995;29(6):335

(十二)流行性乙型脑炎

云南流行病所等[1]首次从双色蝠蝙蝠体内分离到乙脑病毒3株。该所[2]还观察到乙脑病毒感染小鼠后引起其肝、肾、心、肺及脑组织等多脏器的病理改变。预防医科院病毒所[3]检测临床诊断乙脑的血清159人份,查到乙脑病毒抗体51例(32.1%),Colti病毒(呼肠病毒科的一个新属)抗体19例(11.9%),二者兼有31例(19.5%),二者均无58例(36.5%),确诊为Colti病毒感染7例(7.8%)。山西医学院一院等[4]总结12例老年人乙脑,死亡4例(33.3%),多死于呼衰,病死率高于其他年龄组(11.7%)。安徽宿县地区医院[5]总结纳络酮、强力宁(对照组)治疗乙脑各27例,有效率分别为88.9%、80.0%($P>0.05$),治愈率63.0%、44%($P<0.05$)。安徽明光市医院等[6]以纳络酮佐治小儿重症乙脑12例,显效7例,有效3例,无效2例。北京生物制品所[7]证明Sfg昆虫传代细胞无致瘤原性,感染乙脑病毒P3株后,分别在有、无血清条件下培养其效力均达到疫苗生产规程要求。

(十三)森林脑炎及其他病毒性脑炎

牡丹江林业医院[8]总结小儿森林脑炎49例,小于3岁9例,无死亡病例,后遗症11例。内蒙古吉文林业局医院[9]分析森林脑炎、莱姆病双重感染26例,全部以森林脑炎发病入院,兼有两病临床表现20例(76.9%),只有森林脑炎表现6例(23.1%),治愈23例,致残2例,死亡1例。内蒙古大兴安岭林业医院等[10]报道森林脑炎并发莱姆病54例,治愈12例(22.2%),死亡23例(42.6%),致残19例(35.2%)。北京市儿童医院等[11]报道1991～1992年病毒性脑炎患儿78例,死亡1例,轻度后遗症3例,余均治愈。其中乙脑病毒抗体IgM阳性仅3例。分离出33株理化、生物特性一致的一种新病毒,说明该病毒脑炎在北京地区并不少见。锦州医学院一院等[12]采用ELISA法检测小儿病毒脑炎44例,脑脊液中单纯疱疹病毒(HSV)抗原阳性7例,其中HSV-1型2例,HSV-2型5例。浙江丽水地区医院[13]报道小儿病毒脑炎合并皮质盲6例,均有失明、低热、抽搐,10天内视力恢复正常4例,半年后恢复1例,放弃治疗1例。兰州医学院二院[14]观察尼莫地平联合治疗小儿重症病毒脑炎32例,治愈29例,疗效优于对照组。

(周长林)

参考文献

[1] 袁庆虹等. 地方病通报 1996;11(2):45

[2] 刘行知等. 地方病通报 1996;11(1):27

[3] 陶三菊等. 中华实验和临床病毒 1996;10(3):247

[4] 赵龙凤等. 山西医药 1996;25(2):109

[5] 胡家庭等. 中华传染 1995;13(4):233

[6] 刘志钟等. 临床儿科 1995;14(4):227

[7] 傅大卫等. 中华微生物和免疫 1996;16(4):267

[8] 孙迎春等. 中国实用儿科 1995;10(6):378

[9] 王树桂等. 中华传染 1996;14(2):125

[10] 李　华等. 中华预防医学 1996;30(4):216

[11] 周永涛等. 中华儿科 1996;34(4):281

[12] 张玉枝等. 中国实用儿科 1996;11(1):43

[13] 方　静等. 临床儿科 1995;13(6):425

[14] 高玉凤等. 中国实用儿科 1996;11(4):231

(十四)登革热

军医科院微流所[1]用RT-PCR、酶抗体染色法结合电镜观察和病毒滴定证实登革病毒2型对U937(人单核细胞系)和K562(人红白血病细胞系)均有感染性,感染率分别为12.0%和33.3%。广州军区医研所等[2]用重氮乳胶凝集试验检测急性期患者血清登革热病毒抗原,检出率77.2%,明显高于病毒分离(56.1%),略低于PCR(80.7%)。湖北医大等[3]用合成的一对引物通过RT-PCR扩增不同感染标本的登革病毒核酸,继用限制性酶切分型,建立的PCR-RFLP技术可用于快速诊断。广州军区医研所等[4]用反转录-套式PCR早期快速诊断黄病毒感染,检测登革病毒的敏感性为84.6%。广州医学院二院[5]检测20例患者的血小板功能及凝血指标,发现血小板粘附试验升高,肾上腺素、ADP、酸性刺参粘多糖均下降,血小板第3因子有效性异常。该院[6]还发现患者的可溶性白细胞介素2受体水平明显升高,升高水平与发热天数和是否有出血性皮疹有关，且与尿蛋白含量正相关。海南三亚市医院等[7]分析868例登革热，有并发症者586例，占62.8%。最常见的并发症包括休克、心肌炎、肝炎、肾炎及精神障碍等。海南儋州市一院[8]报道20例小儿登革出血热引起精神障碍，表现为躁动不安或反应迟钝等，有一过性肌力增高，但无神经系统病理反射，5例检查脑脊液无变化。

（万谟彬）

参 考 文 献

[1] 李胜华等. 中华实验和临床病毒 1996;10(3):243

[2] 田小东等. 中国人兽共患病 1995;11(6):23

[3] 刘先洲等. 中国公共卫生 1996;12(10):441

[4] 方美玉等. 中华传染 1996;14(3):156

[5] 李贵华. 广州医药 1995;26(6):41

[6] 陈志伟等. 上海免疫 1996;16(4):239

[7] 赵兴仁等. 交通医学 1996;10(1):21

[8] 李海平. 海南医学 1995;6(4):217

(十五)流行性出血热

山东医科院等[1,2]用电镜超薄切片从流行性出血热(EHF)尸肺和患病孕妇流产胎儿的肺组织标本中的肺泡Ⅱ型上皮细胞和血管内皮细胞内，以及尸检的腮腺和颌下腺组织细胞内观察到典型的病毒颗粒和病毒导致的超微结构病变，并从尸肺组织中分离出EHF病毒。四军医大等[3]用原位杂交技术从尸检组织中观察到肾综合征出血热(HFRS)病毒RNA主要定位于细胞胞浆，分布的脏器主要包括肝、肾、肺、胃、肠、心、脾、睾丸、脑、肾上腺和胰。江苏常州市三院等[4]用免疫组化方法从感染后4～5病日的患者外周血单个核细胞(PBMC)中检出HFRS病毒核蛋白和膜蛋白抗原，并发现抗原强度与病情及肾损害关系密切。西安唐都医院[5]采用汉坦病毒M片段特异性核苷酸分型引物对R36株进行RT-PCR扩增鉴定，结果仅能被Ⅰ型分型引物扩增出特异性片段，并发现R36与血清Ⅰ型76-118株的同源性为78.4%。四军医大[6]从分泌EHFV内影像型抗独特型人单抗杂交瘤细胞系(C8)克隆到单抗重链和轻链可变区基因，发现重链可变区第45～55位氨基酸和轻链可变区第58～68位氨基酸序列均与病毒的G2膜蛋白第447～457位氨基酸序列高度同源。西安唐都医院等[7]经PCR扩增了76-118株病毒核蛋白编码基因，除去非编码基因后插入表达载体PBV220，表达的核蛋白占菌体总蛋白的7.5%。用表达核蛋白做包被抗原建立的检测抗体IgG和IgM的ELISA方法特异、敏感。

预防医科院流微所[8]* 对全国的HFRS疫情监测表明，1994年的人间疫情比1993年上升20.1%；1994年野外和居民区内的优势鼠种仍为黑线姬鼠和褐家鼠，密度比1993年分别上升31.1%和78.0%。卫生部疾病控制司等[9]调查表明，宁夏于1991年10月在泾源县亲民乡发现首例病人，1994年该县发病率为327.33/10万，病死率达11.5%。1983年甘肃清水县、两当县和徽县各发现1例病人，至1995年8月疫情分布于全省24个县市，1994年发病1051例，死亡40例。河南防疫站等[10]报道1994年全省发病2231例，发病率2532/10万，较1993年增加20.5%；姬鼠型疫区疫情最重、家鼠型次之、混合型最轻。河北防疫站[11]报道1980～1993年全省共发生HFRS 9609例。对129例患者进行血清血凝抑制试验分型，家鼠型占89.1%。西安医大一院等[12]用微量细胞病变中和试验对陕西不同地区42例EHF抗原分型，其中Ⅰ型黑线姬鼠型毒株34例。南京军区医研所等[13]用反向间接血凝法(RPHA)、血凝抑制法(RPHI)、酶标葡萄球菌A蛋白(HPR-SPA)、间接免疫荧光法(IFAT)和RT-PCR等方法证实家猪可自然和实验感染EHFV，感染后病毒可经血液波及心、肺、肝、脾、肾等脏器，并可在体内增殖和随尿、粪等排出体外。表明家猪可作为本病的宿主动物。济南军区医研所等[14]研究证实黑线姬鼠和褐家鼠等存在EHFV自然感染，主要为水平传播和垂直传播，其中以密切接触为主。成年鼠感染率明显高于幼年鼠。南京军区医研所等[15]发现小盾纤恙螨是黑线姬鼠等鼠体恙螨的优势种，从鼠体上收集到的小盾纤恙螨体内分离出EHFV，从而证实小盾纤恙螨可作为本病传播媒介。西安唐都医院[16]调查1986～1992年收治的EHF 346例患者中发生医院感染64例，发病率18.5%，感染多发生于少尿期、重型及危重型患者，感染部位以下呼吸道、消化道最常见，病死率为23.4%。

济宁医学院等[17]用EHFV感染NIH系无胸腺裸鼠，经7～12天潜伏期后发病，病程4～6天后全部死亡。病鼠表现有精神不振、活动减少、反应迟钝、皮肤干燥、体重锐减、体曲如弓，濒死时四肢瘫痪。少数皮肤有出血点。病理主要表现为血管损伤和实质细胞变性坏死。肺、脑、肾、肝、脾、心等组织EHFV抗原阳性。预防医科院病毒所[13]研究表明经重组汉坦病毒核壳蛋白和重组糖蛋白免疫的小鼠巨噬细胞在接种汉坦病毒后细胞活力无明显降低，提示免疫小鼠的巨噬细胞有抗病毒作用。四军医大等[19]从西安及沈阳病例尸检肾组织中检出病毒抗原，抗原和病毒 RNA 阳性部位主要是肾小管上皮细胞；而上海及江西病例的病毒抗原主要定位于肾间质血管内皮、血管壁和肾小管上皮，病毒 RNA 主要定位于肾间质血管和血管内皮；广州病例的病毒抗原主要定位于血管平滑肌细胞。南京医大一院等[20]以免疫组化发现患者 PBMC 中有病毒膜蛋白(MP)和核蛋白(NP)表达，其中 MP 的表达强度与血浆内皮素和 P 物质的比值、病情及肾脏损伤轻重呈平行关系。预防医科院[21]发现小鼠在感染汉坦病毒后输入少量免疫血清可导致早死，但输入大量免疫血清则病死率较低。安徽中医学院等[22]对断乳大鼠腹腔注射 EHFV后用荧光和放免技术观察到血浆儿茶酚胺、5-羟色胺、组胺和血栓素代谢产物等明显升高，前列环素代谢产物明显降低。南京军区南京总院[23]用免疫组化测患者肾活检组织，证实肾小管人白细胞相关抗原-2、细胞间粘附分子表达显著增多，并与肾小管间质病变程度呈正相关；肾间质有大量淋巴细胞和单核细胞浸润，以 CD_8 为主。该院[24]还观察到 2 例重型和 1 例中型患者的 PBMC 上表达 TNF-α mRNA，且以低血压休克期表达最为明显，血浆中 TNF-α 水平与临床症状程度呈正比。湖北医大一院等[25]用双桥 PAP 法在尸检肾、脑、心、肺、垂体、睾丸等组织中检出免疫复合物 IgG、IgM 和补体 C_3，主要检出部位在小血管和毛细血管基底膜及部分内皮细胞。武汉同济医院等[26]用 PEG 沉淀法测 27 例不同病期的 117 份血清循环免疫复合物，检出率分别为：发热期 88.8%、少尿期 82.5%、多尿期 47.8%、恢复期 21.4%。动态观察发现在不同病期的免疫复合物中可检出病毒抗原及免疫球蛋白和补体 C_3。安徽医大附院[27]观察到 EHF 患者在发热期、少尿期、多尿期 CD_4^+ 细胞比例明显降低，而 CD_8^+ 细胞比例显著增高。湖北通城县医院等[28]用双抗体夹心法测 20 例患者的 94 份血清 sIL-2R，结果表明发热期、低血压期、少尿期及多尿期显著升高，病情严重者更为明显。江苏东台市医院[29]测 37 例患者 117 份血清腺苷脱氨酶(ADA)，发热期至多尿期 ADA 明显升高，以少尿期及重型患者最明显，恢复期接近正常。长沙湘雅医院[30]用速率法检测 68 例患者血清乳酸脱氢酶(LDH)和 α 羟丁酸脱氢酶(HBD)，发现各型患者均高于正常，且病情严重者更明显。江苏大丰县医院[31]对 41 例患者的检测结果表明，血清 TXB_2/6-keto-$PGF_{1\alpha}$水平自发热期至多尿期均明显升高，低血压与少尿期最显著。安徽医大一院[32]研究结果表明，92 例患者测尿 β_2 微球蛋白、尿白蛋白、尿免疫球蛋白在 EHF 不同临床类型及不同病期均明显升高，而尿/血渗透量比却明显下降。西安医大二院[33]用放免法对 82 例患者检测血清 Tamm-Horsfall 蛋白，观察到自发热期起开始下降，少尿期降至最低，多尿期上升达正常水平以上。山东金乡县医院[34]以放免法测定患者 T_3、T_4、TSH，见各期 T_3 均下降；T_4 在发热期稍上升，继而下降；TSH 在病程各期均升高。

诊断学研究：军事医科院微流所[35]用 RT-PCR 能检测 4.6×10^{-3} $TCLD_{50}$/ml 的汉坦病毒，比用 Vero-E_6 细胞分离检测病毒敏感性更高。上海二医大[36]用直径 15nm 的胶体金标记 SPA，建立检测 E-HFV 抗体的滴金免疫测定法(DIGFA)，与同步建立的 ELISA 法比较检测阳性血清 28 份，符合率 96.4%。DIGFA 法简便快速、特异敏感。淄博市传染病院等[37]用捕获 ELISA 检测 60 例 HFRS 的 120 份血清中特异性 IgA、IgE、IgM、IgG，表明特异 IgM 是早期可靠诊断指标。山东医大等[38]对 196 例患者尿液进行融合细胞和血清特异性 IgM 比较检测，阳性率分别为 85.2%和 93.9%，符合率 89.3%，提示检测尿液融合细胞有早期快速诊断价值。

盐城市一院[39]对 688 例患者检查心电图，发现异常者 351 例。最常见的表现依次为窦缓、窦速、心肌损害、低电压等，多在恢复期复常。湖南湘乡市医院[40]测定 40 例患者血清天冬氨酸氨基转移酶(AST)、磷酸肌酸激酶(CK)、乳酸脱氢酶(LDH)，发现上述心肌酶在 HFRS 轻、中、重型病例中均升高，于治疗后降至正常。贵州遵义县医院等[41]测得患者血清胃泌素(GAS)高于正常人，尤其合并上消化道出血者 GAS 升高更显著。济南市传染病院[42]用奥美拉唑预防和治疗 HFRS 并发上消化道出血，有效率达 100%，明显优于西咪替丁。山东嘉祥县医院[43]对 33 例患者行胃镜检查，结果 23 例有不同程度的胃粘膜充血、水肿及粘膜下出血，病理切片见粘膜间质毛细血管扩张、充血，部分病例粘膜内有小灶性出血。山东平邑县医院等[44]分析 26 例并发精神障碍者，主要表现为意识模糊、嗜睡、昏睡甚至昏迷，部分病人有不同程度的判断力、计算力障碍及其他情感异常。济南市传染病院[45]分析 170 例合并浆膜腔积液者，包括胸腔积液、腹腔积液及心包积液，可同时两腔或三腔积液。积液多发生于起病后 3～7 天，少尿期加重，多尿期逐渐消失。临沂市医院[46]对 120 例患者眼底检查发现有视神经乳头边界模糊、视网膜水肿、视网膜动脉痉挛、视网膜静脉充盈、视网膜出血及黄斑水肿。南京军区南京总院[47]对 1 例患者于病程第 23 天在 B 超引导下行肾活检，光镜下见肾小球轻度系膜增生，肾小管-间质较肾小球病变明显，上皮细胞变性浊肿，见再生现象。肾小管扩张，管腔内有絮状物，数处钙化，肾间质水肿，尖细胞浸润，管周毛细血管充血。浙江鄞县医院[48]收治9例并发肾破裂患者，其中8例属危重型，诱因多为下床活动。1例行手术治疗，术中见病肾肿胀松脆，肾门处有1cm×3cm裂口，小动脉出血，切除病肾后治愈出院。7例经非手术治疗痊愈，1例拒绝手术死亡。长沙湘雅医院[49]分析143例患者，最常见的并发症是内脏出血(60.1%)、肺部感染(37.1%)、败血症(7.0%)、其他部位感染(15.4%)、心肌损害(20.3%)、肝功异常(14.6%)、低钠性脑病(9.8%)、ARDS(7.0%)。山东平邑县医院[50]对205例患者行B超检查，发现胆囊壁增厚143例(69.8%)，均呈双边样增厚，似胆囊周围有低回声带环绕，厚度在5～14mm之间，边缘模糊，与胆囊处的肝组织分界不清。

南京医大一院等[51]* 用人白细胞α干扰素1.0×10^6U/d或重组α干扰素2b 1.5×10^6U/d，从患者入院起连续静滴或肌注3天，分别治疗23例和21例，与对照组相比患者三痛症状消失较快，球结膜水肿消失较早，尿蛋白持续时间缩短，血尿素氮峰值减低，多尿期提前出现。病毒膜蛋白和核蛋白在外周单个核细胞中的表达迅速减弱。陕西周至县医院等[52]用重组α干扰素1.0×10^6U/d或2.0×10^6U/d肌注，入院后连续治疗3～5天，较对照组中毒症状改善时间缩短，越期率高，并发症少。江苏溧阳市医院[53]报道α干扰素和病毒唑对本病的疗效相似，均优于对照组。四军医大等[54]选择有高中和活性和血凝抑制活性、且对EHFV感染乳鼠有保护作用的单抗腹水纯化，获IgG，取其10mg稀释后缓慢静推，一次性治疗3例，用药20小时左右中毒症状减轻，治疗中未见变态反应，随访11个月无其他不良反应。陕西户县出血热研究室等[55]用纯化后的冻干猪抗出血热免疫血清20mg稀释后静注治疗32例患者，每日1次，连用3日。平均退热时间、皮肤出血停止时间、血小板复常时间、尿蛋白转阴时间、尿素氮(BUN)复常时间、合并症发生率、越期率等指标均优于对照组，且治疗组无死亡病例，而对照组病死率为15.6%。治疗过程中未出现过敏反应及其他副作用。青岛市三院[56]对24例合并急性肾衰的危重型患者进行血透治疗，每日1次，病情好转后每周2～3次，每例平均7.6次。23例抢救成功，1例因高血容量合并肺水肿死亡。黑龙江嫩江县医院等[57]用联合抗过敏加输新鲜血浆治疗537例，尿蛋白消失时间、BUN和血小板复常时间等指标明显优于对照组，病死率明显降低。浙江金华市医院[58]在常规疗法的基础上加用强力宁注射液80ml稀释后静滴治疗29例，每日1次，连用5日。治疗组的退热时间、少尿期持续时间、血小板复常时间、尿蛋白转阴时间等指标均明显优于对照组。

预防医科院病毒所等[59]用RT-PCR扩增Ⅰ型汉坦病毒(野鼠型)中国毒株A9株M基因片段，克隆入PCEM-T载体，获得一个3.6kb的A9株M基因片段cDNA克隆。将A9M片段在痘苗病毒/T7噬菌体RNA聚合酶瞬时表达系统中表达后，用抗汉坦病毒糖蛋白单克隆抗体作免疫荧光检测，观察到很强的特异性荧光，证明A9M基因cDNA能进行表达。山西防疫站等[60]于1993年1月～1994年3月对136名志愿者进行出血热疫苗人群免疫，首针免疫后56天经微量细胞病变中和试验检测，中和抗体阳转率96%以上，抗体几何平均滴度为43.7，未发现严重的不良接种反应。预防医科院病毒所等[61]用空斑选育法从Ⅰ型汉坦病毒A9株中获得1株对乳小鼠丧失脑内致死力及对环磷酰胺处理地鼠丧失致病力的弱毒株。用该弱毒株感染乳小鼠及环磷酰胺处理地鼠后，病毒在动物肝、脾、肾、肺及脑中呈一过性繁殖，免疫荧光法检测不到明显的病毒抗原，但用RT-PCR可检测到特异性病毒核酸。

(万谟彬)

参 考 文 献

[1] 张家驹等．山东医大学报 1996;34(1):34

[2] 张家驹等．山东医药 1996;36(8):5

[3] 杨守京等．中华传染 1995;13(4):199

[4] 白敬羽等．中华传染 1996;14(2):85

[5] 孙永涛等．中华微生物和免疫 1996;16(3):203

[6] 高　磊等．中华医学 1996;76(5):349

[7] 黄长形等．中华传染 1996;14(1):28

[8]* 罗成旺等．中国公共卫生 1995;11(11):481

[9] 吴文化等．中国公共卫生 1996;12(1):17

[10] 李林红等．中国公共卫生 1996;12(2):63

[11] 张作儒等．中华流行病 1996;17(2):87

[12] 樊万虎等．陕西医学 1995;24(10):581

[13] 张　云等．中华预防医学 1995;29(6):344

[14] 杨占清等．中华流行病 1996;17(4):225

[15] 吴光华等．中华预防医学 1996;30(3):133

[16] 白宪光等．中华医院感染 1996;6(1):1

[17] 金朝杭等．中华实验和临床病毒 1996;10(1):13

[18] 石晓宏等．中华实验和临床病毒 1995;9(4):337

[19] 杨守京等. 四军医大学报 1995;16(6):401
[20] 孙志坚等. 中华内科 1996;35(7):458
[21] 姚楚铮等. 中华微生物和免疫 1995;15(5):301
[22] 唐照亮等. 安徽医大学报 1996;31(1):13
[23] 郑　丰等. 中华医学 1996;76(6):411
[24] 郑　丰等. 肾脏病与透析肾移植 1995;4(5):405
[25] 王则胜等. 湖北医大学报 1996;17(2):126
[26] 郝连杰等. 中国免疫 1996;12(2):127
[27] 孙秋林等. 安徽医学 1996;17(5):40
[28] 徐新献等. 新医学 1996;27(3):132
[29] 周玉贵等. 江苏医药 1996;22(6):406
[30] 吴安华等. 湖南医大学报 1996;21(1):75
[31] 陆仲昌等. 江苏医药 1996;22(6):404
[32] 尹华发等. 安徽医大学报 1996;31(1):33
[33] 刘拉羊等. 宁夏医学 1996;18(1):44
[34] 靳清汉等. 山东医药 1996;36(2):16
[35] 李劲松等. 中国公共卫生 1996;12(10):438
[36] 徐　霞等. 上海免疫 1996;16(3):158
[37] 张秀华等. 山东医药 1996;36(8):3
[38] 马立宪等. 中华传染 1996;14(2):89
[39] 邓建今等. 南京医大学报 1995;15(4):928
[40] 成忠勇等. 湖南医学 1996;13(2):98
[41] 李兴才等. 中国危重病急救医学 1996;8(8):485
[42] 崔速南等. 中华医学 1996;76(9):710
[43] 宋乃鹏等. 中华传染 1996;14(1):23
[44] 彭华彬等. 中华精神 1996;29(3):178
[45] 张照华等. 山东医药 1996;36(8):23
[46] 荆培棠等. 山东医药 1996;36(8):9
[47] 胡伟新等. 肾脏病与透析肾移植 1996;5(4):88
[48] 冯为盛. 中西医结合急救 1996;3(10):459
[49] 鲁猛厚等. 湖南医大学报 1996;21(1):89
[50] 卜凡堂等. 中国超声 1996;12(3):68
[51]* 孙志坚等. 南京医大学报 1996;16(6):513
[52] 蒲宏涛等. 中华实验和临床病毒 1996;10(3):296
[53] 史庆国等. 江苏医药 1995;21(12):829
[54] 徐志凯等. 中华实验和临床病毒 1996;10(3):284
[55] 沈济仓等. 中国实用内科 1996;16(3):175
[56] 王常洋等. 中国危重病急救医学 1996;8(8):478
[57] 栾禄君等. 中国免疫 1996;12(2):130
[58] 冯学恩等. 浙江医学 1996;18(3):181
[59] 邱建明等. 中华实验和临床病毒 1995;9(4):332
[60] 任　珂等. 中华实验和临床病毒 1996;10(1):10
[61] 邱建明等. 中华实验和临床病毒 1996;10(1):1

(十六)狂犬病

合肥市传染病院[1]报道接触狂犬病人、被猪咬伤及与犬猫密切接触等传播狂犬病 4 例。贵州防疫站[2]报道 1971～1994 年全省狂犬病累计发病 4 291 例,年均发病率 $1.0/10^5$,一年四季均有发病,主要在夏秋季(59.3%)。患者以农村青壮年、学生和儿童居多。泸州医学院附院等[3]对 16 例狂犬病患者进行肿瘤坏死因子(TNF)活性测定,患者组血清 TNF 活性指数明显高于健康对照组,推测狂犬病患者 TNF 增高与全身性广泛损害有关。山东聊城地区二院[4]报道狂犬病被误诊为心肌炎、急性心力衰竭、感染性精神障碍、病毒性脑炎等 4 例。海南医学院[5]用抗狂犬病毒单克隆抗体免疫组化酶标技术,检测 59 只伤人家犬脑组织狂犬病毒抗原,阳性反应 5.1%(3/59),明显低于广东和广西省。广东佛山防疫站[6]对 91 例被犬、猫等动物咬、抓伤者进行不同剂量的狂犬疫苗免疫,并用 IFA 法检测免疫后血清抗体水平,结果实验组(总量 14ml)抗体产生的时间比对照组(总量 10ml)要早,抗体水平比对照组高。

(黄洪志)

参 考 文 献

[1] 陈素丽等. 安徽医大学报 1995;30(4):324
[2] 陶　沁等. 中国公共卫生 1996;12(9):403
[3] 余光开等. 中华传染 1996;14(3):176
[4] 李　萍. 中国人兽共患病 1995;11(6):46
[5] 姚志仁等. 海南医学 1996;(2):115
[6] 陈爱贞等. 中华流行病 1996;17(3):139

(十七)艾滋病及 HIV 感染

沈阳检疫局[1]1991～1994 年在进出境 6 000 余人中检出 HIV 阳性 4 人,其中援非回国 2 人。兰州医学院[2]测 1988～1992 年该省各类人群 1 469 例血清,HIV 阳性 17 例,其中吸毒 6 例,卖淫 4 例,性乱 2 例,嫖娼 2 例,淋巴细胞性白血病 1 例,献血员 2 例。贵州省近年来发现献血员感染 HIV 3 例[3,4]。军医科院等[5]调查各类军职人员 1 058 名,对艾滋病(AIDS)的危险性和传播途径有比较正确认识者达 76.7%～89.5%。香港卫生署[6]报道香港自 1985 年 2 月发现第 1 例 AIDS 患者后,到 1994 年 3 月已发现 AIDS 患者 100 例;到 1994 年 6 月底,香港已发现 HIV 感染者 461 例,AIDS 患者 107 例且死亡 68 例。

上海中山医院等[7]观察感染 HIV-1 逾 12 年尚存活的 10 例患者体内的 HIV-1 很可能是减弱病毒,而他们对抗 HIV-1 的免疫能力相对强,CD_4 细胞数正常且稳定。医科院皮肤病所等[8]测 HIV 感染者淋巴因子基因表达，其外周血单个核细胞(PBMC)经刺激原激活后，TNF-α mRNA、IFN-γ mRNA明显高于正常对照，IL-2 mRNA 和 IL-2R mRNA明显低于正常，IL-10mRNA 却高于正常，它可抑制 IFNγ 的基因表达。福建医学院等[9]测正常人、HIV 感染者及 AIDS 患者血清 sIL-2R 含量，各为(253±95)U/ml、(583±148)U/ml 和(1 340±170)U/ml，有明显差异。山东医大附院[10]测 21 例接受氨苯砜治疗的艾滋病患者乙酰化表型及血浆和淋巴细胞谷胱甘肽(GSH)浓度，发现慢乙酰化表型个体中的不良反应发生率高，且血浆和淋巴细胞 GSH 浓度低于无不良反应患者，更低于正常人。

湖南医大二院[11]测艾滋病死后脑组织中 Bcl-2 相关 X 蛋白(Bax，具强力加速细胞凋亡功能)阳性率达 73.9%，对照组阳性率为 5.3%，显示 Bax 常出现在凋亡细胞中，多见于巨噬细胞和神经细胞。山东医大附院[12]检测 AIDS 病 Kaposi 肉瘤 108 例，主要组织学特点为：内皮细胞增生，无或具轻度异型性，并形成多数血管裂隙或小的毛细血管网；梭形细胞增生，成束成片存在或穿插于血管裂隙、小毛细血管之间；红细胞外渗及小血管增生及以浆细胞为主的慢性炎细胞浸润等。皮肤病变首先见于真皮中下层，可向上侵及真皮浅层形成斑块等。蚌埠医学院等[13]在 151 例艾滋病尸检材料中发现合并分支杆菌病 34 例，其中鸟-胞复合性分支杆菌(MAI)20 例，结核病 10 例及混合感染 4 例。MAI 感染主要累及淋巴结(88%)，其次为脾、肝、肺等，常为播散性感染。他们还报道艾滋病合并肺曲霉菌病 6 例，累及两肺者 4 例，播散至肺外器官者 2 例[14]。

协和医大[15]将位于 HIVgag 保守基因区内的特异巢式 PCR 引物用于体外扩增 HIV 病毒基因，该法检出敏感性达 0.1fg 水平，较常规 PCR 敏感性高 100 倍。军医科院基础所[16]将 HIVgag 前体蛋白片段在大肠杆菌中表达、纯化后，提取的重组蛋白能与 HIV-1 阳性血清发生特异反应。解放军 302 医院[17]自行合成了 HIV-1 gp41、p24 和 HIV-2 gp36 的 6 条多肽，其中以 gp41 的 27 肽敏感性最高，达 11/13。预防医科院病毒所[18]以 HIV-1 gp41 和 HIV-2 gp36 作为抗原结合在硝基纤维素膜上，以四氯金酸结合的羊抗人 IgG 作为标记抗体，建立了检测人 HIV-1/2 型抗体的胶体金联免疫吸附试验(GCISA)，其特异性与敏感性与卫生部制备的标准品符合率达 100%。贵州性病监测中心等[19]用 ELISA 药盒对混合血清样品测 HIV 抗体，可避免假阳性与假阴性。

国内艾滋病各地报道为云南 5 例[20,21]，广州 4 例[22,23]，北京 4 例(其中外籍人 1 例)[24~27]，沈阳 1 例[28]。援外工作报道国外艾滋病有：AIDS 感染寄生虫病 62 例[29]，非洲艾滋病 16 例[30]，小儿艾滋病 216 例[31]，博茨瓦纳儿童艾滋病 105 例[32]，马里女性艾滋病外阴生殖道感染 4 例等[33]。

医科院医药生物所[34]以黄芩提取物 5.0g/kg 喂服感染了 C 型鼠白血病病毒(RBV-3)的小鼠，表明该药有显著抗病毒效果，细胞培养也见能抑制 HIV-1，但有一定毒性。有报道用中药“1015”胶囊(主要含党参、黄芪、白术等多种生药)治疗艾滋病 3 例，1 个疗程(两个月)后，可使临床症状减轻和消失。北京红十字朝阳医院[36]以免疫增强剂 AAC 胶囊对 HIV 感染和 AIDS 相关综合征分组对照治疗，能改善患者症状。中国医大一院等[37]实验证明发酵支原体培养上清液能抑制 HIV-1 反转录酶的活性。

(周明行)

参 考 文 献

[1] 徐 英等. 中国公共卫生 1996;12(5):207
[2] 谢 晨等. 兰州医学院学报 1996;22(2):69
[3] 雷世光等. 贵州医药 1996;20(3):157
[4] 乐 斌等. 贵州医药 1996;20(2):127
[5] 韩光红等. 中华预防医学 1996;30(2):94
[6] Lee S 等. Chin Med J 1996; 109(1):70
[7] 秦立模等. 中华实验和临床病毒 1996;10(1):33
[8] 范 江等. 中华皮肤 1996;29(3):157
[9] 郑 辉等. 中国人兽共患病 1996;12(4):35
[10] 郭瑞臣. 中国临床药理 1996;12(1):35
[11] 唐晓鹏等. 中华微生物和免疫 1996;16(3):187
[12] 刘洪琪等. 临床与实验病理 1996;12(2):111
[13] 刘德纯等. 中华结核和呼吸 1996;19(3):136
[14] 刘德纯等. 临床与实验病理 1996;12(3):232
[15] 何伏秋等. 中国人兽共患病 1996;12(2):3
[16] 韩保光等. 中华微生物和免疫 1996;16(4):239
[17] 何红霞等. 中国公共卫生 1996;12(8):371
[18] 皮国华等. 中华实验和临床病毒 1996;10(3):276
[19] 雷世光等. 贵州医药 1996;20(5):279
[20] 余 兰等. 新医学 1996;27(3):139
[21] 思志云等. 中国皮肤性病 1996;10(3):156
[22] 黄 健等. 中华结核和呼吸 1996;19(5):296
[23] 王援朝等. 中华内科 1996;35(10):658
[24] 李民英等. 中华皮肤 1996;29(3):215
[25] 刘德恭等. 中华传染 1995;13(4):203
[26] 何权瀛等. 中华医学 1996;76(6):454
[27] 秦树林等. 中华内科 1996;35(4):260
[28] 陈 兵等. 中国实用内科 1996;16(3):182

[29] 王 磊. 中国寄生虫病防治 1996;9(2):134
[30] 唐德燊. 广东医学 1995;16(10):676
[31] 陈赛斌等. 福建医药 1996;18(3):66
[32] 凌龙美等. 福建医药 1996;18(4):23
[33] 钱元淑. 中国皮肤性病 1995;9(4):219
[34] 陶佩珍等. 中华实验和临床病毒 1995;9(4):353
[35] 范世中. 中国实验和临床免疫 1996;8(2):38
[36] 孙仁泉等. 北京医学 1996;18(1):45
[37] 尚 红等. 中华微生物和免疫 1995;15(6):423

(十八)手足口病

北京永外医院[1]分析门诊手足口病 67 例,发病集中于 5～9 月,以婴幼儿及学龄前儿童为主,男女发病比例相近。多以突然起病、手足皮疹或口腔内疱疹就诊,可伴口痛、食欲减退或低热。皮疹呈离心性分布,见于手掌、足底、臀部等,为卵圆形,单房,约 2～3mm,较水痘皮疹小,未见破溃。1 周后皮疹干燥、吸收、不留瘢痕。大连医大二院[2]于 35 例患者中发现窦速 14 例,房室传导阻滞 10 例,T 波改变 3 例;X 线检查心脏增大者 2 例;典型心肌炎 2 例。其他尚见病毒性脑炎 1 例。浙江金华市医院[3]用病毒唑治疗本病 30 例,10～15mg/(kg・d),稀释后静滴,每天 1 次,皮疹萎陷和消失时间、口腔粘膜溃疡消失时间均比对照组缩短。

(万谟彬)

参 考 文 献

[1] 刘佩阑. 北京医学 1996;18(1):63
[2] 孟洪弟等. 综合临床 1996;12(1):24
[3] 施长春. 临床皮肤 1996;25(1):60

二、立克次体病

(一)斑疹伤寒

内蒙古流行病所等[1]检测内蒙古西部职业人群血清 1 387 份、家畜 120 份、野生动物 100 份,斑疹伤寒、恙虫病抗体阳性率依次分别为 4.3%、0.7%;4.8%、8.3%;2.0%、1.0%。石家庄防疫站[2]统计该市 1984～1993 年共发生地方性斑疹伤寒 3 772 例,年均发病率 $7.5/10^5$,25 岁以下占 72.3%。河北医学院二院[3]分析斑疹伤寒误诊 50 例,误为上呼吸道感染 25 例,伤寒 13 例,病毒性肝炎 3 例,败血症 6 例,药物热 3 例。西双版纳勐腊县医院[4]报道斑疹伤寒合并脑病 5 例,均有脑膜刺激征,其中意识模糊 3 例,昏迷 2 例,全部治愈。

(二)恙虫病

南京军区医研所[5]用 PCR 法检测疫区小盾纤恙螨幼虫 61 只,发现携带恙虫病立克次体幼虫 2 只(3.3%),证实该法可用于恙虫病疫区媒介恙螨的流行病学调查和监测。福建防疫站等[6]用套式 PCR 法检测恙虫病患者 10 例、地里纤恙螨幼虫 60 只,恙虫病立克次体检出率分别为 90.0%(9/10),13.3%(8/60)。该站等[7]还根据我国恙虫病流行特征,按疫源地分为南方型、北方型及过渡型,按季节分为夏季型、秋季型和冬季型。军医科院微流所等[8]首次在山西省证实有恙虫病流行,患者 22 例。沈阳军区医研所等[9,10]先后对东北地区恙虫病自然疫源地及恙虫病血清学进行调查,表明黑线姬鼠、大林姬鼠和大仓鼠是认同的动物宿主及传染源,其血清学不是单一的,主要为 Gilliam 型,部分为 Kalo 型,个别有 Karp 型。广西横县医院等[11]分析恙虫病 183 例,流行高峰为 7 月,农民占 80.3%,误诊率 83.7%。单剂强力霉素 200mg,治疗 12 例,治愈 10 例,复发 2 例,再投药一次,亦治愈;3 天疗法(总剂量 400mg)治愈 169 例,无复发。有报道[12～14]小儿恙虫病 63 例、24 例、44 例,其误诊率分别为 66.6%、79.0%、50.0%,治疗均首选氯霉素。广州市儿童医院[15]分析恙虫病误诊 23 例,入院前无 1 例记录皮肤溃疡或焦痂。浙江丽水地区医院[16]报道恙虫病并发肾损害 41 例。有报道恙虫病表现为脑炎、精神病、肝炎、肺炎、多器官衰竭各 1 例[17],表现为水肿、浆膜腔积液 3 例[18];恙虫病并发脏器损害 4 例[19];急性肾功能衰竭 3 例[20]以及并发癫痫持续状态 EEG 异常[21]、脑膜炎[22]、脑膜脑炎[23]、上消化道出血[24]各 1 例。

(三)斑点热

预防医科院微流所[25,26]通过对斑点热群立克次体 HL-93 株 ompA 蛋白基因片段的核苷酸序列分析,认为该株为斑点热群立克次体的新成员,无论在抗原性多肽上,还是在基因水平上,在斑点热群立克次体中都是独特的。该所[27]对西伯利亚立克次体中国分离株 W-88、JH-74、TO-88、BJ-90 及国际标准株进行电镜观察,结果显示中国株与国际标准株具有相似的外部形态和内部超微结构。内蒙古防疫站等[28]证实北亚热是该自治区的一种自然疫源性疾病,在自然界中是一个动态循环过程。山东防疫站[29]调查该省3个市县、4组不同人群717份血清，斑点热立克次体抗体阳性率5.4%(39/717)，首次证实山东为斑点热疫源地。

(四)Q热

三军医大[30]以表达载体λgtll构建了7株Q热立克次体全DNA基因文库，含2.6×10^6重组子，并发现其表面17.4kD、45kD和67kD三种膜蛋白抗原具有较好的免疫保护性。该校[31]采用PCR技术扩增我国Q热立克次体分离株质粒基因，分析其所含质粒类型，认为存在急、慢性分离株之分，但与临床表现不完全吻合。内蒙古防疫站[32]2年来收集3个牧业旗健康人血清755人份，Q热抗体阳性319人份(42.3%)。山东防疫站[33]调查畜间Q热血清学，犬、山羊、牛的Q热抗体阳性率分别为8.8%(5/57)、4.8%(10/209)、1.7%(2/120)，猪中未检出(0/57)。

(周长林)

参 考 文 献

[1] 韩效中等. 内蒙古医学 1996;16(1):16
[2] 郑素娟等. 中国人兽共患病 1996;12(2):56
[3] 石玉珍等. 河北医学院学报 1995;16(6):345
[4] 胡　熔. 中华传染 1996;14(3);151
[5] 郭恒彬等. 中国人兽共患病 1996;12(1);10
[6] 严延生等. 中国人兽共患病 1996;12(5):12
[7] 于恩庶等. 中国人兽共患病 1996;11(6):16
[8] 陈香蕊等. 中国人兽共患病 1996;12(2):2
[9] 鲁志新等. 中国人兽共患病 1996;12(5):61
[10] 胡玲美等. 中华流行病 1996;17(1):32
[11] 农锦州等. 广西医学 1996;18(1):94
[12] 杨俭治等. 福建医药 1996;18(2):88
[13] 王　梅等. 中国实用儿科 1995;10(6):353
[14] 刘瑞英等. 山西医药 1996;25(5):377
[15] 石国光. 广东医学 1996;17(2):126
[16] 柳伟明. 辽宁医学 1996;10(2):80
[17] 曹德明. 中华传染 1996;14(1):61
[18] 刘苏卿. 中华儿科 1996;34(2):104
[19] 连垄茵等. 中国人兽共患病 1995;11(6):60
[20] 黄访英. 中华肾脏 1996;12(1):42
[21] 颜文辉等. 临床脑电学 1996;6(1):57
[22] 郑乡占等. 中国实用内科 1996;16(3):166
[23] 吴春生. 福建医药 1996;18(3):134
[24] 黄雪萍等. 中国实用内科 1996;16(6):346
[25] 张健之等. 中华微生物和免疫 1996;16(3):227
[26] 张健之等. 中国人兽共患病 1996;12(5):2
[27] 范明远等. 中国人兽共患病 1995;11(6):5
[28] 陈国英等. 中国人兽共患病 1996;12(1):52
[29] 王奉伟等. 中国公共卫生 1996;12(3):99
[30] 张映雪等. 中国人兽共患病 1995;11(6):2
[31] 余　全等. 中华微生物和免疫 1996;16(3):216
[32] 钮莉春等. 内蒙古医学 1996;16(1):38
[33] 李　忠等. 中国人兽共患病 1996;12(1):12

[附]猫抓病

江苏溧阳市医院[1]报道猫抓病合并可逆性脑病16例，平均14.7岁，散发，均有猫抓伤史。患者急性起病，除有淋巴结肿大外，出现惊厥、神志障碍、瘫痪、尿失禁，病理反射等。淋巴结活检报道为淋巴结炎或组织坏死伴肉芽肿形成。脑电图呈普遍性慢波。预后良好，所有患者平均治疗11天痊愈出院。

(万谟彬)

参 考 文 献

[1] 黄明章等．江苏医药 1996;22(5):321

三、细菌性疾病

(一)流行性脑脊髓膜炎及其他化脓性脑膜炎

贵州黔南防疫站[1]调查该州1980年前后14年流脑发病高峰为3月，1～5月为高峰期，应用流脑A群多糖菌苗后季节性特点减弱。山西榆次防疫站等[2]分析该市1959～1994年流脑，自1月开始流行，3～4月为高峰，6月停止。福建云霄县医院[3]报道早期以急性肺水肿为突出表现的流脑1例。白求恩医大一院[4]报道暴发型流脑50例，其中休克型30例，脑膜脑炎型12例，混合型8例，死亡25例。解放军302医院等[5]报道脑膜炎奈瑟菌与地衣芽胞杆菌L型混合感染1例。潍坊医学院附院[6]用PCR法检测脑膜炎奈瑟菌DNA片段，检测3例确诊的病人血及脑脊液标本均阳性。苏州医学院[7]分析1株高度耐四环素(MIC 16mg/L)的脑膜炎球菌的耐药质粒tetM基因，其与淋球菌四环素耐药质粒分子量相似，但其来源不同。

北京市儿童医院等[8]报道合肥市1990～1992

年化脑患儿60例，病原主要为B型流感嗜血杆菌(51.7%)、脑膜炎双球菌(38.3%)及肺炎链球菌(8.3%)。<5岁占76.7%，<1岁占51.7%。脑脊液细菌培养及革兰染色阳性率分别为13.3%及11.7%，而对流免疫电泳细菌抗原阳性率达90%，总病死率11.7%。山东无棣县医院[9]报道新生儿化脑15例，病原为大肠杆菌10例，金葡菌3例，变形杆菌及溶血链球菌各1例。另有肺炎支原体脑膜脑炎3例[10]，皱落念珠菌脑膜炎2例[11]，白色念珠菌脑膜炎1例[12]，松鼠葡萄球菌[13]、脑膜败血黄杆菌[14]及良性再发性无菌性脑膜炎(Mollaret脑膜炎)[15]各1例。中国医大一院等[16]CT扫描化脑可疑并发症患儿59例，发现颅内并发症42例，其中硬脑膜下积液26例，脑积水9例，脑脓肿5例，脑脊液鼻漏2例。上述同时有脑出血7例，脑梗死4例，蛛网膜囊肿和胼胝体发育缺如各1例。河北峰峰矿物局二院[17]10年内收治化脑728例，并发急性肢体瘫痪22例。陕西潼关县医院[18]报道化脑并硬膜下积液致舞蹈样动作患儿1例，舞蹈样动作在病情好转、意识渐清时出现。河北沧州市医院[19]报道新生儿化脑合并脑液化19例，均经头颅CT平扫发现有液化腔，13例活体液化腔穿刺液呈无色透明，蛋白0.8～0.9g/L，白细胞(6～7)×10^6/L，糖2.2～2.3mmol/L。北京医大一院[20]报道K_1抗原大肠杆菌脑膜炎致颅内多发囊性变新生儿3例，B超监察病后1～3日颅内即见强回声影，1周左右液化形成囊腔。南京医大脑科医院[21]测化脑及结核性脑膜炎脑脊液唾液酸(CSF-SA)均升高，病毒性脑膜炎及隐球菌性脑膜炎升高不明显，病情好转时CSF-SA渐降。

(张瑞祺)

参 考 文 献

[1] 吴文富等. 中国公共卫生 1996;12(8):345

[2] 张改转等. 中华流行病 1996;17(2):126

[3] 孔　旭. 四川医学 1996;17(5):289

[4] 刘永华等. 中风与神经 1996;13(2):108

[5] 张维国等. 中华医学检验 1996;19(5):314

[6] 刘长云等. 中华医学检验 1996;19(2):109

[7] 黄　瑞. 苏州医学院学报 1996;16(1):17

[8] 杨永弘等. Chin Med J 1996; 100(5):385

[9] 干华祥. 临床儿科 1996;14(4):236

[10] 穆志远等. 天津医药 1996;24(9):574

[11] 孙玲华等. 江西医药 1996;31(3):181

[12] 金志荣等. 上海医学检验 1996;11(1):62

[13] 李金钟等. 中华医学检验 1996;19(4):215

[14] 王继远. 上海医学检验 1995;10(4):249

[15] 颜　滔等. 四川医学 1996;17(3):197

[16] 关　敏等. 中国实用儿科 1996;11(4):243

[17] 李炳照等. 湖南医学 1005;12(6):344

[18] 张潼丽. 陕西医学 1996;25(7):444

[19] 吴璲玲等. 临床儿科 1996;14(4):235

[20] 王　颖等. 北京医大学报 1996;28(3):235

[21] 张维健等. 临床神经 1996;9(5):314

(二)猩红热

江苏东台市医院[1]报道42例由缓症链球菌引起的并发多器官损害的类猩红热，37例次有低血压休克，尿少或无尿者27例次，黄疸20例次，心电图异常13例，2例死于心、肺功能衰竭。

(三)白喉

安徽安庆防疫站等[2]报道宿松县一起白喉暴发流行，3个半月内发病15例(男10例，女5例)，年龄7～40岁，病死率20%(3/15)。14例咽拭子涂片查到白喉杆菌者13例。山东德州市医院[3]报道该市某单位12天内发生白喉7例，其中咽白喉4例，喉白喉3例，合并扁桃体周围脓肿2例，死亡3例。分离出5株白喉杆菌均对环丙沙星、头孢唑啉钠敏感，对青霉素、红霉素、阿米卡星及四环素有不同程度耐药性。预防医科院病毒所[4]用热启动PCR从我国自己分离的白喉杆菌噬菌体中克隆了白喉毒素的全基因，其序列与国外报道的已知序列基因基本一致，仅有个别位点的碱基差异。

(四)百日咳

福建泉州市一院[5]报道百日咳65例，年龄20天～8岁。其中并发肺炎36例，脑炎8例，心衰14例，呼衰7例，病死率12.3%(8/65)。安徽淮南市妇幼保健院[6]采用大剂量普鲁卡因(8～12mg/kg)静脉封闭及雾化吸入治疗新生儿百日咳22例成功，疗程7～9天。

(倪　武)

参 考 文 献

[1] 尹洪波等. 中国危重急救医学 1996;8(1):50

[2] 王欲明等. 中华流行病 1995;16(6):353

[3] 沙　琪等. 中华传染 1996;14(2):118

[4] 张新建等. 中华微生物和免疫 1996;16(2):135

[5] 林　琪. 福建医药 1996;18(2):43

[6] 丁　惠. 新医药 1996;27(1):31

(五)军团菌病

云南省流行病所[1]调查该省7县嗜肺军团菌抗体阳性率1.8%～15.2%。7个民族中汉族阳性率最高,达12.4%。中国医大等[2]报道应用免疫抑制剂者军团菌抗体阳性率33.7%(34/101),显著高于正常人及一般呼吸系统感染者。山西医学院二院等[3]报道皮肌炎、Still病及系统性红斑狼疮合并军团菌病各1例,患者均有大量使用激素和/或细胞毒药物史。北京积水潭医院等[4]报道军团菌病伴肾脏损害8例,其中5例表现为急性尿路感染,1例为血尿伴多脏器损害,少尿型1例。肾损害先于或伴随肺部病变出现。山西医学院[5]发现经洗涤的军团菌活菌能激发中性多形核粒细胞(PMN)的NBT还原作用,而其培养物滤液在对PMN无细胞毒性的浓度时则对NBT还原效应有抑制作用。

(倪　武)

参考文献

[1] 江　华等. 中国人兽共患病 1996;12(1):60

[2] 马　壮等. 中国医大学报 1995;24(6):627

[3] 王来远等. 中国实验临床免疫 1996;2(8):27

[4] 边小曦等. 中华肾脏 1996;12(4):255

[5] 王桂琴等. 中华微生物和免疫 1996;16(1):22

(六)伤寒及副伤寒

贵阳防疫站[1]分析该市伤寒发病率及病死率分别由50年代的127.3/10^5和1.3%降至90年代34.2/10^5和0.2%。流行菌型50年代为E2、D2,80年代后期为T1、M1型。江西新建县[2]、内蒙古阿里河林业局[3]、青海民和县[4]及青海省河南县[5]共报道伤寒水型暴发流行4起,发病人数482例,死亡2例。湖南慈利防疫站[6]报道一起传人性污染井水的乙型副伤寒暴发流行,发病45人,罹患率11.9%,无死亡。

江苏盐城市一院[7]报道伤寒173例,并发肠出血48例,胆囊炎17例,肠穿孔4例,上消化道出血2例,鼻衄18例,伤寒脑病26例,原发性腹膜炎4例,肺炎10例,中毒性心肌炎15例,DIC、臀部脓肿各1例,休克、肾炎、胰腺炎、末梢神经炎各2例,流产3例。宁夏中卫县医院[8]报道重症伤寒体温完全正常时出现感染性精神病3例。伤寒少见并发症有伤寒性脊椎炎1例[9];急性肾功能衰竭2例[10];左侧膈肌麻痹1例[11];急性溶血性贫血1例[12];臀部注射部位伤寒沙门菌脓肿1例[13];急性腹膜炎1例[14];急性胰腺炎2例[15,16];胆囊穿孔2例[17,18];右胸壁甲型副伤寒杆菌性脓肿1例[19]。解放军22医院[20]报道乙型副伤寒19例,均有发热和腹泻,多为不规则热,以氨苄西林和氯霉素治愈。

贵州铜仁地区医院[21]报道伤寒并发肠穿孔53例,腹腔脓汁需氧培养50例均阳性:检出大肠杆菌50例,伤寒杆菌39例,副大肠杆菌18例,变形杆菌9例;厌氧培养25例:检出脆弱拟杆菌16例,消化链球菌2例。上海医大儿科医院[22]报道伤寒患儿17例,并发心肌损害8例,急性期每搏及每分钟输出量减少,有效血容量减少,总血管阻力增加。患儿分离菌感染17只小鼠,2只24小时死亡,余出现心肌细胞变性、间质水肿,心肌中有伤寒杆菌。西安西京医院[23]用ELISA法测定17例伤寒急性期与恢复期血清IL-5水平,发现与嗜酸细胞数成正相关,IL-5检出组比未检出组的嗜酸细胞数高,热程、病程短,体温低。苏州医学院[24]用EcoR Ⅰ、Pst Ⅰ和Apa Ⅰ限制性内切酶对1986～1991年湖州、上海和苏州等地的11株伤寒杆菌的Inc C群R质粒(pMG质粒)进行酶切分析,结果7株酶切谱完全相同,余4个质粒酶谱略有差异,伤寒杆菌Inc C群R质粒具有高度同源性。遵义医学院附院[25]采用脂多糖-被动血凝试验(LPS-PHA)检测伤寒血清IgM抗体,阳性率92.9%,高于肥达反应的52.9%,第1周LPS-PHA阳性检出率为97.2%,于第3病日即可检出,假阳性率3.4%,低于肥达反应的15.3%。浙江防疫站[26]用Dot-ELISA法检测121例伤寒特异性IgM抗体,阳性率及假阳性率各为94.2%及3.5%,该法操作简便,1.5小时可获结果。

江苏吴江市一院[27]报道在该院1985年1月～1994年12月收治的小儿伤寒1 326例中培养到伤寒杆菌572例,对头孢他啶、阿米卡星、诺氟沙星的敏感率分别为100%、93.8%及89.4%,对SMZ-TMP、痢特灵、氨苄西林及氯霉素的耐药率分别为97.3%、89.7%、78.0%和29.6%。遵义医学院附院[28]报道1996年2月～4月临床分离甲型副伤寒杆菌37株,对阿米卡星、庆大霉素、氯霉素、诺氟沙星、氧氟沙星、头孢唑啉钠、头孢哌酮钠、哌拉西林钠、四环素均敏感,对氨苄西林及SMZ-TMP敏感率仅为40.5%及21.6%。

南京医大一院[29]用氟喹诺酮类药物治疗伤寒391例,痊愈率79.1%～100%,有效率80.6%～100%,391株伤寒杆菌对环丙沙星、洛美沙星、氧氟沙星、培氟沙星、氟罗沙星、诺氟沙星敏感率≥

98.7%，噬菌体分型与药物敏感性无关。上海青浦县传染病院[30]用氟罗沙星0.4g/d，治疗伤寒47例均有效，10天治疗组25例临床治愈率和细菌清除率为100%，7天治疗组22例中3例分别于停药后11、12和16天复发。昆山制药总厂等[31]用培氟沙星0.4g口服，每日二次治疗伤寒35例，有效率为100%。贵阳市四院[32]用舒巴坦-氨苄西林治疗伤寒30例，有效率96.7%(29/30)，优于氨苄西林组的75.0%(21/28)。浙江奉化市医院[33]经导管选择性肠系膜上动脉持续灌注垂体后叶素0.2～0.4U/min 30～60分钟，治疗伤寒并发肠出血5例，均止血。另有纤维结肠镜下喷洒凝血酶治疗伤寒肠出血2例[34]和口服凝血酶治疗伤寒并发肠出血15例[35]有效的报道。

贵州防疫站[36]以伤寒菌Vi-外膜蛋白复合物免疫小鼠，有良好的抗体反应和保护作用。首都医大[37]实验证明重组人IL-2能增强伤寒Vi菌苗免疫小鼠的特异性应答，具有佐剂效应，特异性抗体水平与免疫力成正相关。

(张瑞祺)

参 考 文 献

[1] 田芳贵等．贵州医药 1996;20(2):118
[2] 吴和英等．中华预防医学 1996;30(4):248
[3] 陈晓波．内蒙古医学 1996;16(3):190
[4] 朱永林等．青海医药 1996;25(7):62
[5] 李承宁等．青海医药 1996;25(7):64
[6] 贾祖平等．中国公共卫生 1996;12(9):396
[7] 李林根．苏州医学院学报 1996;16(2):317
[8] 陆生盛．宁夏医学 1996;18(3):187
[9] 蔡 森．广东医学 1996;17(10):719
[10] 李明荣．哈医大学报 1996;30(5):478
[11] 李朋合等．临床内科 1996;13(5):10
[12] 岑丽勤．广东医学 1996;16(11):789
[13] 刘友生等．湖南医学 1996;13(3):192
[14] 周 平．铁道医学 1996;24(4):256
[15] 彭秋平．江西医药 1996;31(3):192
[16] 王玉芳．兰州医学院学报 1996;22(2):83
[17] 朗庆华等．中国实用外科 1996;16(2):89
[18] 吴毓芬．江苏医药 1996;22(10):693
[19] 李天威等．中华传染 1996;14(2):96
[20] 周万成．青海医药 1996;26(3):16
[21] 徐声辉等．临床消化 1996;8(2):57
[22] 王岱明等．中国实用儿科 1995;10(6):341
[23] 张永清等．陕西医学 1996;25(9):521
[24] 顾国浩等．苏州医学院学报 1995;15(4):608
[25] 李 佳等．中华传染 1995;13(4):226
[26] 梅玲玲等．中国公共卫生 1996;12(6):247
[27] 顾 岚．南京医大学报 1996;16(2):209
[28] 蒋火刚等．贵州医药 1996;20(5):281
[29] 翁亚丽等．中国临床药理 1996;12(3):142
[30] 杨昆明等．中华传染 1996;14(1):54
[31] 侯星燕等．苏州医学院学报 1995;15(5):028
[32] 黄 靖等．贵州医药 1996;20(1):48
[33] 周建芳．中国实用内科 1996;16(3):183
[34] 江菊如．贵阳医学院学报 1996;21(2):167
[35] 江 勇等．中国实用内科 1996;6(4):212
[36] 张玉琼等．贵州医药 1995;19(6):323
[37] 李郁英等．中国免疫 1996;12(2):75

(七)沙门菌感染

北京石景山医院[1]在1991年5～10月到1995年5～10月间从急性腹泻患者粪便中分离到沙门菌167株，分离率2.1%，共有29个血清型，主要为肠炎沙门菌(41.3%)、鼠伤寒沙门菌(14.4%)、阿贡纳沙门菌(8.4%)等。中国香港[2]于1983～1993年间从腹泻患者粪便中分离到沙门菌22 733株，共有228个血清型，最常见有25个血清型，占74.6%，以鼠伤寒沙门菌(16.8%)、德尔卑沙门菌(13.3%)、鸭沙门菌(6.9%)等为主。天津市儿童医院[3]报道1990年8月～1991年2月该院婴儿室沙门菌新生儿腹泻流行，32名新生儿发病，无死亡。海安县医院[4]报道新生儿蒙德维多沙门菌感染16例，亚急性起病，以腹泻为主要表现。另有报道从腹泻患者粪便中分离到德尔卑沙门菌[5]、曼哈顿沙门菌[6]、布洛克利沙门菌[7]等。解放军10医院[8]从食物中毒患者粪便中检出布伦登芦普沙门菌。广州珠海区防疫站[9]分离到1株新的沙门菌，抗原为S. Ⅱ 6,7:g,m,(s),t:e,n,x。南昌铁路防疫站等[10]从蛇肠内容物中分离到1株新的沙门菌，抗原为S. Ⅲb,48:(Z55):(Z35)……九江浔阳区防疫站[11]调查铜锈环棱螺(螺蛳)体内沙门菌携带率为33%，共检出492株，分属B、C_1、C_2、E_1、F、Q等6个菌群16个菌型。扬州大学农学院[12]用沙门菌属特异性单抗建立直接ELISA法检测鲜奶中沙门菌，敏感性及特异性各为100%及99.7%，仅需2～3天得结果，并用酸解法和单抗亲和层析提纯鼠伤寒沙门菌鞭毛蛋白Hi，有属特异共同抗原表位，免疫原性好，但被动保护作用很小[13]。

河南防疫站[14]报道该省鼠伤寒沙门菌医院感

染2 539例，<2岁占90.4%，食物中毒6起共2 039例。贵阳医学院[15]分析1987年贵阳、遵义流行的两起鼠伤寒沙门菌质粒指纹图谱，同起菌株有高度同源性。福建防疫站[16,17]1975～1995年间检出沙门菌2 477株，鼠伤寒沙门菌占729株(29.4%)，噬菌体分型以7774型为主(46.6%)。另有国内尚未见报道的6770型和3004型，该菌对常用抗菌药物的耐药性逐年增高。福清市医院[18]、银川市一院[19]及安徽医大一院[20]报道鼠伤寒沙门菌感染185例，<1岁150例，临床表现以胃肠炎(15.3%)和败血症(25例)为主。福建泉州市一院[21]报道鼠伤寒沙门菌感染合并多器官功能衰竭12例，死亡2例。天津宝坻县医院[22]报道鼠伤寒沙门菌性肝脓肿并化脓性心包炎及脓胸1例。河北医大二院等[23]用阿米卡星治疗新生儿鼠伤寒沙门菌肠炎20例，疗效优于氨苄西林及庆大霉素。河南医大等[24]用鼠伤寒沙门菌外膜蛋白(OMPs)和微孔蛋白(Porin)诱发BALB/c小鼠迟发型变态反应及产生IL-2，OMPs诱导小鼠细胞免疫更明显。

(张瑞祺)

参 考 文 献

[1] 王继远. 中华医学检验 1996;19(4):246
[2] 甘启文. Chin Med J 1996; 109(4): 276
[3] 佟 彤等. 天津医药 1996;24(8):460
[4] 朱亚和等. 交通医学 1996;10(2):107
[5] 周文华等. 河南医大学报 1995;30(4):445
[6] 苏 新等. 中华医学检验 1996;19(3):150
[7] 尹子达等. 中国人兽共患病 1996;12(2):29
[8] 周爱荣等. 中华流行病 1996;17(2):98
[9] 孙凤琪等. 中华医学 1996;76(6):460
[10] 甘小琳等. 中国人兽共患病 1996;12(2):33
[11] 邵丽君等. 中国人兽共患病 1996;12(2):51
[12] 文其乙等. 中国人兽共患病 1995;11(6):41
[13] 曹军平等. 上海免疫 1996;16(4):213
[14] 周 刚等. 中华流行病 1996;17(5):268
[15] 吴承龙. 贵州医药 1996;20(3):152
[16] 陈亢川等. 中华流行病 1996;17(5):261
[17] 谢一俊等. 中国人兽共患病 1996;12(2):30
[18] 林宝英等. 中国人兽共患病 1996;12(2):22
[19] 曹桂霞等. 宁夏医学 1996;18(2):100
[20] 胡 波等. 安徽医大学报 1996;31(2):123
[21] 林泽编等. 中国人兽共患病 1996;12(2):62
[22] 纪明春等. 宁夏医学 1996;17(6):357
[23] 李艳芝等. 河北医药 1996;18(1):5
[24] 赵跃武等. 河南医大学报 1996;31(1):51

(八)细菌性痢疾

北京协和医院[1]检测该院地段10 064人菌痢发病情况，发病率由1984年的2.5%降至1993年的0.06%。1岁以内及80岁以上发病率较高，分别为24.4%和14.7%。福建平和防疫站等[2]1981～1995年共检出志贺菌217株，每年福氏菌始终占优势(71.5%～98.7%)，但存在型不稳定现象，1982、1985、1990和1995年中，F1b型明显下降(由27.1%降为13.7%、2.0%和0.0%)，F2a型突然上升(由54.3%、62.7%、36.7%升为98.7%)，F2b型仅1990年发现30.6%，其余年段均未检出。上海市传染病院[3]报道1981～1984和1991～1994分离的菌痢93株，对SMZco耐药率均在90%以上，而对氯霉素的耐药率由83.8%降为13.2%。武汉协和医院[4]报道50株福氏志贺菌对氯霉素、羧苄西林、氨苄西林的耐药率达90%以上，而对环丙沙星、诺氟沙星、头孢唑啉钠、哌拉西林钠、阿米卡星等较敏感。江苏兴化市医院[5]采用国产氧氟沙星和头孢哌酮钠治疗多重耐药性菌痢，治愈率100%。一军医大[6]用PCR制备Digipa H-DNA探针，建立了志贺菌菌落斑点杂交快速检测法，灵敏度达5～10pgDNA/μl水平。解放军302医院等[7]报道以PCR法直接检测粪便中志贺菌和侵袭性大肠杆菌(EIEC)侵袭相关性(ial)基因，福氏2a菌最小检菌量为100cfu；检测9株志贺菌及2株EIEC均扩增出特异的320bp DNA片段，19株非志贺菌均阴性；58例腹泻患者中18例粪志贺菌培养阳性者粪PCR检测均阳性，另有5例粪培养阴性者PCR检测阳性。北京市儿童医院[8]报道中毒性菌痢患儿血中肿瘤坏死因子浓度的高低与病情密切相关。

(倪 武)

参 考 文 献

[1] 叶玉琴等. 中华预防医学 1995;29(6):383
[2] 曾其昌等. 中华流行病 1996;17(4):212
[3] 张美丽等. 临床儿科 1996;14(4):227
[4] 李一荣等. 武汉医学 1996;20(2):120
[5] 孙志成等. 江苏医药 1995;21(12):816
[6] 王雅贤等. 一军医大学报 1996;16(2):125
[7] 王 军等. 中华传染 1995;13(4):208
[8] 王殿敏等. 北京医学 1995;17(6):376

(九)霍乱及其他弧菌感染

上海龙华医院等[1]报道1994年7月～10月该院肠道门诊收治的急性胃肠炎患者，根据病情轻重，早期给予适量补液和抗生素治疗，经证实39例为O1群小川型霍乱，无死亡病例。海南省医院[2]和解放军148医院[3]分别报道了霍乱伴溶血尿毒综合征，霍乱伴急性肾功能衰竭、急性左心功能衰竭，霍乱伴急性肾功能衰竭、DIC、代谢性酸中毒，霍乱伴黄杆菌ⅡB群败血症、成人呼吸窘迫综合征；霍乱伴肾功能衰竭、面神经麻痹等危重并发症各1例，均与早期治疗不当有关，须予重视。上海长海医院[4]建立了快速标本处理的多重PCR诊断志贺菌、侵袭性大肠杆菌和O1群霍乱弧菌方法，该法简便、快速、特异，宜于临床应用。一军医大[5]建立ELISA法检测霍乱毒素抗体，具有敏感、特异、快速、简便等优点，适于大规模流行病学调查。

上海市儿童医院[6]报道1992年5月～1994年11月对618例急性肠炎患儿肛拭培养，证实为弧菌科细菌感染50例，其中弧菌属、气单胞菌属和邻单胞菌属分别为27、14和9例。其中8例为弧菌与其他菌混合感染，强调对小儿腹泻应开展弧菌常规培养。北京友谊医院[7]分析成人腹泻患者粪便培养证实为弧菌属的36份标本，其中非O1群霍乱弧菌25例、拟态弧菌2例、海鱼弧菌3例和副溶血弧菌6例。青海医学院附院[8]报道1例由类志贺邻单胞菌所致慢性腹泻，病程长达2年。

(韩絮琳)

参 考 文 献

[1] 张 波等．新消化病 1996;4(6):342
[2] 陈所贤等．中国实用内科 1996;16(3):184
[3] 王仲祥等．人民军医 1996;(7):62
[4] 任少堂等．解放军医学 1996;21(4):249
[5] 王雅贤等．一军医大学报 1995;15(4):325
[6] 董庆元等．中华传染 1996;14(2):119
[7] 李 威等．北京医学 1996;18(2):74
[8] 黄文辉等．青海医药 1996;26(3):42

(十)细菌性食物中毒

胃肠型食物中毒

宁夏防疫站[1]总结1959～1992年该地区食物中毒465起中细菌性为247起，中毒人数11 558人，死亡25人。5～8月发生者占74.9%，其中7月份最多，占28.6%。吉林桦甸防疫站[2]报道食用流产死马驹肉致8人中毒，2人死亡。青海门源防疫站[3]报道食用病牛肉后发生圣保罗沙门菌食物中毒一起，1 397人发病，罹患率98.7%，无死亡。云南[4]及河北[5]报道食用病死牛肉及熟猪肝引起的鼠伤寒沙门菌食物中毒各一起，发病人数及罹患率分别为20人、24.1%及329人、88.0%。青海防疫站[6]报道一起病牛沙门菌食物中毒，发病314人，罹患率91.3%。天津化工厂医院[7]报道食用盐水浸泡过夜熟鸡蛋所致非O1群霍乱弧菌食物中毒，58人发病，3例有中毒性休克，5例有高热、电解质紊乱，无死亡。贵州兴义市医院[8]报道未煮沸豆浆致腊样芽胞杆菌食物中毒一起，发病141人。解放军405医院[9]报道弗劳地枸橼酸杆菌污染食物中毒一起，就餐112人中餐后半小时81人发病，有腹痛、腹泻、恶心、呕吐、发热、头痛、抽搐等表现。另有报道普通变形杆菌[10]、莫根变形杆菌[11]和多型变形杆菌[12]食物中毒各一起。

神经型食物中毒

吉林辉南县医院[13]及解放军17医院[14]报道食用自制豆瓣酱和臭豆腐引起A型肉毒杆菌中毒10例，死亡3例。青海同德[15]报道生食变质羊肉致E型肉毒杆菌食物中毒4例，死亡3例。军医科院微流所[16]用反向乳胶凝集法检测肉毒A、B型毒素，数分钟即发生凝集，30～60分钟判断结果，特异性好，不受食物成分干扰。

(张瑞祺)

参 考 文 献

[1] 刚美琳等．宁夏医学 1996;18(1):29
[2] 董爱萍等．中华医学检验 1996;19(2):102
[3] 刘义先．青海医药 1996;26(9):54
[4] 林 敏．中国公共卫生 1996;12(3):142
[5] 郭素娟等．中国公共卫生 1996;12(3):143
[6] 周浩武等．青海医药 1996;26(9):58
[7] 赵启娥等．中华医学检验 1996;19(5):311
[8] 杨玉林等．贵州医药 1996;20(5):309
[9] 姜允国等．人民军医 1995;(10):39
[10] 仲永红．青海医药 1996;26(2):43
[11] 张代雄等．新消化病 1996;4(6):350
[12] 薛建章等．人民军医 1996;(8):43
[13] 刘忆非等．吉林医学 1996;17(5):296
[14] 李战国．人民军医 1996;(7):19

[15] 陈晓药. 青海医药 1996;26(9):63

[16] 郑玉玲等. 中国公共卫生 1995;12(1):33

(十一)感染性腹泻及大肠杆菌感染

湖北郧阳地区医院[1]1991年1月～1993年12月从十堰地区627例感染性肠炎患儿粪便标本中检出病原体237例(37.8%),以轮状病毒占首位(20.3%),其次为福氏志贺痢疾杆菌(13.1%)、鼠伤寒杆菌(1.8%)、粪链球菌(1.4%),霉菌和大肠埃希菌分别为5例和3例。福州市儿童医院[2]1991年1月～1992年12月对566例病毒性腹泻患儿粪便标本用电镜检测病原,轮状病毒占首位(55.7%),其次为腺病毒5.0%、冠状病毒3.2%,小圆病毒2.0%。关于小儿感染性腹泻临床病例分析的报道还有:克雷伯菌肠炎121例[3,4]、空肠弯曲菌肠炎100例[5]、液化沙雷菌肠炎15例[6]、侵袭性大肠杆菌肠炎合并中毒性脑病、心肌炎1例[7]等,均根据粪培养和血清学检测确诊,经适宜抗生素治疗痊愈。贵州省医院[8]1992年8月婴儿室发生一起23例新生儿腹泻,经证实是由于绿脓杆菌污染的牛奶所致。南京鼓楼医院[9]1992年7月～1995年1月对婴儿室711例腹泻新生儿粪便培养,检出奇异变形杆菌28例(3.9%),强调人工喂养卫生十分重要。承德市医院[10]报道1994年11月10日～11日某幼儿园发生一起由小肠结肠炎耶尔森菌O_3所致暴发性急性胃肠炎,罹患率38.3%。预防医科院流微所[11]通过耶尔森菌质粒(pYV)研究,发现质粒对上皮细胞的侵袭无明显作用,而对粘附有较明显的影响,而且对不同血清型的小肠结肠炎耶尔森菌株的粘附和侵袭作用的影响有显著差别。重庆新桥医院[12]发现急性腹泻患儿血浆胃动素和血管活性肠肽浓度在该病的病理生理机制中起重要调节作用,该发现对应用激素拮抗剂治疗具有指导价值。福建医学院一院[13]报道65例感染性腹泻患儿粪便双歧杆菌含量明显低于正常对照组,与病情严重程度呈负相关。解放军457医院[14]用地衣芽胞杆菌胶囊治疗抗生素相关性腹泻31例,止泻效果明显优于对照组。有关小儿秋季腹泻的治疗方法还有:口服思密达[15～21];丽珠肠乐[22～24];654-2[25,26];大剂量丙种球蛋白[27]以及中药胃苓汤加味[28]、五苓汤加味[29]、温肠宁口服液[30]、包煎藿香正气片[31]等,均有较好疗效。唐山市医院[32]用潘生丁软膏3～5g敷于脐窝,每日1次,疗程2天,疗效满意,便于家庭治疗。

河南睢县防疫站等[33]于1990年1～12月对该县两个自然村318例腹泻患者、310名健康人以及外环境标本405份,检出的主要致泻病原为ETEC(LT)、变形杆菌,其次为志贺菌、轮状病毒,指出农村腹泻发病与当地卫生条件、个人饮食及卫生习惯、环境污染等密切相关。福建防疫站[34]报道477例霍乱样腹泻、4 512例急性腹泻粪标本及314份外环境、海产品中ETEC检出率分别为36.5%、20.2%及19.7%,表明ETEC是该省急性腹泻及霍乱样腹泻的主要病原菌,与外环境及海产品污染有关。他们[35]还对7个菌属1 510株肠道杆菌进行大肠菌素检测,以宋内菌Col质粒检出率最高(78.2%),其次为普通大肠杆菌(33.5%)、福氏志贺菌(8.0%)、克雷伯菌(3.5%)、伤寒杆菌(2.3%),并建立了一种检测大肠菌素的新方法:直接覆盖指示菌(插种受检菌),该法简便、快速,实用于细菌素的广泛调查。预防医科院流微所[36]从腹泻病人粪标本分离的172株大肠杆菌中,检出54株(31.4%)为一种新的腹泻病原体——依附、侵袭、产毒性大肠杆菌(EAITEC)。一军医大[37]用ETEC三种系列探针检测5个军区661株大肠杆菌,ETEC总阳性率19.5%,其毒力型以ST-p为最高,LT-h最低;大多对青霉素、万古霉素和四环素耐药(分别为97.7%、97.7%和72.9%),而对诺氟沙星、先锋霉素V敏感。治疗成人急性感染性腹泻报道还有:硝苯吡啶10mg咬碎后舌下吞服[38];10%硫酸镁10ml稀释后静注[39]以及针刺公孙、足三里穴等[40],在止痛、止泻等方面均优于对照组。

(韩絜琳)

参考文献

[1] 严崇铮. 实用儿科临床 1996;11(3):148

[2] 杨玉英等. 临床儿科 1995;13(5):358

[3] 李德东等. 临床儿科 1996;14(4):248

[4] 李玉娥等. 山东医药 1996;36(10):34

[5] 马永寿等. 云南医药 1996;17(2):162

[6] 范 联. 临床儿科 1996;14(4):247

[7] 周志平等. 中华传染 1996;14(3):封三

[8] 徐艳华等. 贵州医药 1996;20(4):239

[9] 陈 宏. 铁道医学 1995;23(6):374

[10] 沈南平等. 中国实用儿科 1995;10(6):379

[11] 景怀奇等. 中国人兽共患病 1996;12(2):7

[12] 刘 立等. 中国实用儿科 1995;10(6):343

[13] 吴 斌等. 福建医学院学报 1996;30(2):164

[14] 徐 虹等. 人民军医 1996;(6):43

[15] 刘广英. 交通医学 1995;9(4):93
[16] 刘宝兰等. 河南医大学报 1996;31(3):128
[17] 李书志. 白求恩医大学报 1995;21(6):637
[18] 王秀芹等. 实用儿科临床 1995;10(6):360
[19] 崔建平等. 河北医药 1995;17(6):365
[20] 刘桂珍等. 陕西医学 1995;24(12):752
[21] 张薇莉等. 江苏医药 1996;22(1):42
[22] 俞惠娟. 武汉医学 1996;20(3):168
[23] 欧乃坚. 重庆医学 1996;25(4):227
[24] 李 钧等. 实用儿科临床 1996;11(1):41
[25] 朱彦汇等. 白求恩医大学报 1995;21(6):585
[26] 苏礼辉等. 福建医药 1996;18(1):118
[27] 吴日勉等. 广东医学 1996;17(9):618
[28] 董斌传等. 新消化病 1996;4(6):341
[29] 董小丽等. 重庆医学 1996;25(5):293
[30] 张卫东等. 中西医结合 1996;16(8):454
[31] 刘桂琴等. 中西医结合急救 1996;3(5):230
[32] 刘桂春等. 中西医结合急救 1996;3(8):348
[33] 沈钢建等. 中华流行病 1996;17(5):275
[34] 林成水等. 中华流行病 1996;17(5):264
[35] 郭维植等. 中国人兽共患病 1996;12(1):24
[36] 徐建国等. Chin Med J 1996;109(1):16
[37] 陈义忠等. 一军医大学报 1996;16(1):31
[38] 谢玉民等. 急诊医学 1996;5(1):34
[39] 易原开等. 新消化病 1996;4(6):346
[40] 宋明星. 中西医结合急救 1996;3(3):137

(十二)鼠疫

宁夏地方病所[1]对该区黄鼠疫源地不同年代分离的鼠疫菌毒力测定表明,60年代菌株毒力强,流行范围广,70年代菌株毒力减弱;鼠疫菌毒力因子 pgm^+ 株毒力强,pgm^- 株毒力弱。该所[2]以鼠疫菌感染阿拉善黄鼠,2天即可检出鼠疫菌,3~4天达高峰,阳性率100%。5天检出 F_1 抗体,21~23天达高峰,阳性率100%。说明在鼠疫监测工作中菌检和检测抗体应同步进行。全国鼠疫布菌病防治基地[3,4]通过鼠疫噬菌体、抗鼠疫血清和抗鼠疫噬菌体血清人工传代方法,对鼠疫强毒株进行诱变,获得9株非典型鼠疫菌,表明在鼠疫自然疫源地中有多种形式非典型鼠疫菌存在的可能性,并建立了非典型鼠疫菌的检测方法。青海地方病所等[5]1994年在全省16个县进行鼠疫监测,分离到5株鼠疫菌,检出15份阳性血清,新判定疫源乡2处,疫点5处,用血清学方法证实荒漠猫可自然感染鼠疫。内蒙古赤峰防疫站等[6]研究表明在达乌尔黄鼠疫源地,鼠密度和有鼠样方与海拔高度呈负相关,提出黄鼠鼠疫疫源地的防治重点是未垦植的平原草原和丘陵草原。卫生部地方病办公室[7]对1950~1994年我国鼠疫疫情的分析表明,90年代初我国人间鼠疫的突然上升主要是云南黄胸鼠疫源地动物鼠疫重新活跃的结果。青海地方病所[8]分析该省1975~1994年人间鼠疫流行情况,显示藏羊已成为该省仅次于旱獭的重要传染源。云南流行病所[9]的实验证明,印度客蚤是该省家鼠疫源地的主要媒介,而非缓慢细蚤。该所[10]还证明特新蚤指名亚种在该省野鼠疫源地的传播媒介作用。云南龙陵防疫站[11]报道该县腊勐乡1993年8月发生腺鼠疫7例。1995年夏季发生人间鼠疫2例,例1系青海德令哈市某乡一村民捕猎外地旱獭剥食划破手指导致传入性鼠疫[12];例2系云南镇康县白岩村一村民因裸手收埋鼠尸患腺鼠疫[13]。全国鼠疫布氏菌病防治基地等[14]用PCR法对我国各生态型鼠疫菌进行检测,快速、特异、敏感。甘肃地方病所[15]以单用或脂质体包裹鼠疫EV活菌免疫动物,结果表明脂质体EV菌较单一EV菌有显著的免疫增强免疫保护作用。云南流行病所等[16]用脂质体 EV76p(vw^-)株免疫动物,因EV76p株缺失45MD质粒,毒力下降,即使用脂质体包裹效果也不及EV活菌苗。青海地方病所等[17]用脂质体包裹去除Ler质粒的EVp鼠疫菌株免疫动物,显示产生抗体的质和量均低于有Ler质粒菌,说明脂质体的免疫增强作用与被包裹抗原在动物体内存在时间延长、缓慢释放抗原、延长刺激的"抗原库"作用有关。内蒙古通辽防疫站等[18]实验表明鼠疫菌锡型株具有鼠疫菌特有的抗原性和免疫原性,但对人无致病性。青海地方病所[19]*观察鼠疫活菌苗0614F株通过人工培养、动物传代后与原代相比,遗传基因稳定,可获得满意的免疫效果。该所[20]用0614F株菌苗在豚鼠基础免疫20天后再加强免疫一次,加强免疫20天后血清 F_1 抗体迅速达高峰,4个月后仍能保护豚鼠耐受比鼠疫菌141株大 10^5 倍菌量的攻击。

(刘喜泰)

参 考 文 献

[1] 刘兴国等. 中国地方病 1996;15(1):19
[2] 刘兴国等. 中国人兽共患病 1996;12(1):16
[3] 王洪喜等. 中国地方病防治 1996;11(2):72
[4] 王洪喜等. 中国地方病防治 1995;10(6):333
[5] 慕 有等. 地方病通报 1995;10(4):85
[6] 阴利群等. 中国地方病防治 1996;11(2):108
[7] 沈尔礼. 中华流行病 1996;17(1):40
[8] 王兆芬等. 地方病通报 1995;10(4):35

[9] 何晋侯等. 中国地方病防治 1996;11(1):11
[10] 张洪英等. 地方病通报 1996;11(1):24
[11] 赵安所. 中国地方病防治 1996;11(4):240
[12] 焦巴太等. 地方病通报 1996;11(3):66
[13] 罗大文等. 中国地方病防治 1996;11(3):180
[14] 张景林等. 中国地方病防治 1996;11(1):5
[15] 姚呈祥等. 地方病通报 1996;11(2):49
[16] 叶 枫等. 地方病通报 1996;11(2):52
[17] 王秦宁等. 地方病通报 1996;11(3):37
[18] 李 风等. 中国地方病防治 1996;11(1):29
[19]* 王 丽等. 中华微生物和免疫 1996;16(1):25
[20] 李 敏等. 地方病通报 1995;10(4):8

(十三)布鲁菌病

预防医科院流微所[1]通过布菌典型和非典型株过氧化氢酶活性的测定,发现犬种布菌过氧化氢酶活性高于其他种布菌2～8倍。过氧化氢酶活性与布菌毒力无线型关系。新疆地方病所[2,3]以标准羊种布菌16M株感染豚鼠3个月后,进行淋巴结、脾脏及心肌等组织超微病理观察,结果表明淋巴细胞、浆细胞等免疫活性细胞各种细胞器增多,如溶酶体、粗面内质网、核糖体增多和高尔基复合体发达,同时还出现线粒体肿胀、凝集变性及内质网扩张等亚细胞结构损害的病理学改变。心肌细胞有广泛的纤维变性,间质呈弥漫性炎细胞浸润。石家庄防疫站等[4]报道河北平山县由于羊的个体饲养、羊只买卖和流动频繁以及预防工作不落实等原因,导致1994年羊传人间布病的回升,发病21人。山东防疫站[5]报道该省1994年发生人间布病124例,疫区主要在鲁中地区,且有扩大蔓延之势。内蒙古呼伦贝尔盟流行病所[6]报道该盟牧区80年代初布病流行已基本控制,但1988年又出现新发病例,1991年后每年都有人、牛、羊布病发生。乌鲁木齐防疫站[7]1992～1994年对该地区布病相关职业人群进行调查,21个单位1885人中感染率8.1%,其中乌市茶畜公司53人中感染17人(32.1%),患病12人(22.6%)。云南流行病所[8]1994年对该省13个地、州、市的26个县相关职业人群的监测表明布病有回升趋势。广西防疫站[9]报道该省人间猪种布病有起病慢、发热患者少(20.0%),热型多为低热或微热;主要临床症状为关节疼痛、乏力、头痛等;且有轻型、不典型和无症状感染者多等特点。洛阳地方病所等[10]报道豫西地区1991～1995年新发布病131例,与60年代比较,症状非典型化演变不明显。该所[11]还报道急性布病误诊为胆管癌、慢性布病误诊为附睾结核各1例。辽阳市医院[12]报道布病并发脊髓炎1例。青海地方病所[13]报道该省兽医生药厂1332名职工由于从事生产M5与S_2布菌苗,长期少量吸少弱毒菌,致布病感染率达97%,患病率27.1%。该省海晏县4个乡由于长期坚持畜间布菌M5苗气雾免疫,农民个人防护条件差,受布菌感染者占布菌总感染数的73.2%,患病者占布病总患病数的61.1%[14]。黑龙江农场总局医院等[15]对1979年某毛纺厂因布氏划痕活菌苗误种引起发病的25名受种者进行复查,发现15年后仍有4人有慢性布病表现,表明误种后果严重。中国兽药监察所[16]*采用亲和层析技术去除布菌抗原中与耶尔辛菌(Ye)0:9血清型共同抗原成分,用纯化的布菌抗原检测感染血清中的布菌抗体,具有高度特异性和敏感性。吉林地方病一所等[17]用蠲痛片和全归片治疗男性布病泌尿生殖系统病变,有治愈和缓解作用。黑龙江农场总局医院等[18]用大剂量胸腺素加适当抗生素治疗慢性活动型布病27例,基本治愈率66.7%。新疆牧科院兽医所[19]将牛Ⅲ型布菌强毒株S_{85}A研制成单抗A_7,将其免疫家兔,获得纯化抗牛独特型抗体,再免疫牛,结果表明该抗体对牛布病保护效果好。

(刘喜泰)

参 考 文 献

[1] 李元凯等. 中国人兽共患病 1996;12(5):22
[2] 徐震舟等. 中国人兽共患病 1996;12(3):41.
[3] 徐震舟等. 地方病通报 1996;11(2):47
[4] 党凤智等. 中国地方病 1996;15(1):56
[5] 孙 桐等. 中国地方病 1996;15(4):221
[6] 德 钦等. 中国地方病防治 1996;11(4):236
[7] 艾尔肯曼苏尔等. 地方病通报 1996;11(2):86
[8] 叶玉美等. 中国地方病 1996;15(1):55
[9] 黄志雄等. 中国地方病 1996;15(1):16
[10] 郭正印等. 地方病通报 1996;11(3):68
[11] 郭正印等. 中国地方病 1996;15(1):57
[12] 曹桂香. 中华流行病 1996;17(1):51
[13] 徐历升等. 地方病通报 1996;11(1):67
[14] 冯建萍等. 地方病通报 1996;11(3):67
[15] 李福兴等. 中国地方病 1996;15(1):44
[16]* 毛开荣等. 中国地方病防治 1996;11(2):78
[17] 何玉萍等. 中国地方病防治 1996;11(3):155
[18] 李福兴等. 中国地方病 1995;14(6):374
[19] 袁 燕等. 中国人兽共患病 1996;12(4):36

（十四）炭疽

内蒙古自治区医院等[1]报道一对夫妇同时患皮肤炭疽，被误诊为“蜂窝织炎”切开引流，导致败血症、中毒性休克死亡。由于食用病畜肉，1992 年及 1993 年分别在广西巴马县[2]及浙江黄岩市[3]发生炭疽暴发，发病人数分别为 64 例及 56 例。

（刘喜泰）

参 考 文 献

[1] 夏医君等．内蒙医学 1995;15(5):295

[2] 方锦嵩等．中国人兽共患病 1996;12(1):56

[3] 叶圣德．中华传染 1995;13(4):235

（十五）破伤风

福建龙岩防疫站等[1]研究表明，孕妇接种破伤风类毒素(TT)后破伤风抗毒素(TAT)保护水平较未接种者差异非常显著，所生婴儿 TAT 保护水平与母体相似；8 882 名经 TT 免疫孕妇所分娩的婴儿无新生儿破伤风(NT)发生，而未经 TT 免疫孕妇所产婴儿 NT 发病率达 5.3%，表明对孕妇及育龄妇女实施 TT 免疫是预防和消灭 NT 的主要策略之一。报道由于输卵管结扎手术致破伤风 1 例[2]；破伤风致中毒性心肌炎 1 例[3]；破伤风误诊为冠心病心绞痛 1 例[4]；TAT 皮试引起过敏性休克 2 例[5,6]；TAT 皮试阴性、肌注 TAT 后发生过敏性休克 1 例[7]。青海省医院等[8]根据高海拔地区缺氧的特点，采用早期使用面罩大、中流量给氧，保证呼吸道通畅、大剂量安定等综合措施治疗高原重型破伤风 16 例，仅死亡 3 例。贵州铜仁地区二院[9]用足量阿托品静滴治疗破伤风痉挛，效果比镇静剂好。河北新乐市中医院[10]采用中西医结合治疗破伤风 121 例，治愈率达 95.8%。解放军 155 医院[11]用血液辐射治疗破伤风 20 例，疗效显著优于对照组。

（刘喜泰）

参 考 文 献

[1] 李 立等．中华流行病 1996;17(2):83

[2] 刘连泊．天津医药 1996;24(10):634

[3] 叶张斗．陕西医学 1996;25(5):320

[4] 杨 彤等．综合临床 1996;12(3):168

[5] 赵彦从等．中西医结合急救 1996;3(7):312

[6] 徐 凤等．交通医学 1995;9(4):13

[7] 陈中升等．陕西医学 1996;25(4):233

[8] 李永东等．高原医学 1996;5(4):53

[9] 陈乔发．贵阳医学院学报 1996;21(2):171

[10] 秦瑞恒等．河北医药 1995;17(6):388

[11] 范自然等．河南医大学报 1996;31(1):135

（十六）淋病

医科院皮研所[1]对 1993～1994 年南京地区分离的淋球菌菌株进行营养分型，发现 95%以上为 Pro^- 和 Proto 型，与 1989～1990 年的分离株一致，因此当前该地区流行株与几年前的相同。该所[2]*又对 1994～1995 年分离的 390 株淋球菌菌株作了药敏及营养型测定，检出 8 种营养型，以 Pro^- 和 Proto 占优势。Pro^- 菌株对环丙沙星的敏感性低于 Proto 菌株。所有菌株中染色体介导的耐青霉素和四环素在 80%以上，耐环丙沙星占 11.3%，1 株耐大观霉素，5 株为产青霉素酶淋球菌(PPNG)菌株。新疆性病监测中心[3]用碘量法、酸定量法和青霉素酶纸片法对 125 株淋球菌进行 β 内酰胺酶测定，阳性率分别为 24.0%、16.8%和 16.0%，认为酸定量法较碘定量法敏感性和特异性高。中国医大等[4]用纸片扩散法对 197 株淋球菌进行药敏检测，发现淋球菌对大观霉素、头孢三嗪、环丙沙星保持稳定的敏感性，对 SMZco 等 8 种抗菌素的敏感性明显下降。β 内酰胺酶及质粒图谱分析表明不同时期 PPNG 阳性率无明显变化。三军医大一院[5]用 61 种中草药对淋球菌进行体外抑菌试验，结果显示除黄连 1：160 和 1：80 有抑菌作用外，其余中草药均无抑菌作用。武汉生物制品所[6]对 903 例可疑淋病患者进行男性尿道分泌物和女性宫颈标本的涂片和培养检测，结果男性涂片与培养阳性率相近，女性涂片阳性率明显低于培养。涂片细胞外阳性在女性多见，培养阳性率较高。海南省医院[7]对 PCR 检测阳性的 160 例可疑淋病患者进行观察，137 例与临床相符，23 例与临床不符，后者未经治疗 2 周后复查 21 例转阴，提示 PCR 法至少有 14.4%的假阳性率。河北防疫站[8]从 1 例男性尿道炎患者前尿道分离出 1 株浅黄色奈瑟球菌，该菌为上呼吸道的正常菌群。浙江嘉兴皮防站[9]对 50 例宫内放环的淋病患者进行治疗观察，取环后经头孢三嗪 1.0g 肌注，连续 2 天治疗后全部治愈，而未取环者25例中仍有9例涂片和培养阳性。福建泉州市一院[10]及南京市南湖医院[11]分析88例和59例婴幼儿淋病，绝大多数为女童，父母中多数查出淋病，与患儿共寝或共用生活用具，少数患儿有公共浴室史。南通医学院[12]用ELISA及间接血凝试验（IHA）检测可疑淋病1376例及健康对照500例的弓形虫特异性抗体，淋病组的检出率明显高于非淋病组和健康组，提示淋病患者存在合并弓形虫感染的可能。浙江宁波李惠利医院等[13]分析30例女性淋菌性腹膜炎，13例因误诊行探腹术，其中误诊为急性阑尾炎11例，胆囊炎胆石症和卵巢黄体破裂各1例。30例患者均从阴道分泌物查到淋球菌。湖北卫生职工医学院[14]分析15例淋菌性直肠炎，8例承认有肛交史，9例曾误诊为菌痢、肠炎等。威海市文登医院[15]报道20例急性淋病合并包皮龟头感染，其中包皮过长14例，包茎4例。广西北海市二院[16]报道淋病合并淋菌性口腔溃疡1例，有口交史。福建宁德地区二院[17]分析淋菌性男性泌尿道狭窄166例，占该院全年淋病总数的6%，严重者可并发尿毒症。山西省儿童医院[18]分析128例新生儿淋菌性眼炎，男76例，女52例，父34人，母97人查出淋病。广东东莞太平医院[19]报道1例13岁女童患淋菌性关节炎，其父母均有淋病史。

（李志刚）

参 考 文 献

［1］ 王千秋等. 中国皮肤性病 1996;10(2):69
［2］* 苏晓红等. 中华皮肤 1996;29(3):163
［3］ 董雅荣等. 中国皮肤性病 1996;10(1):31
［4］ 王桂珍等. 中国医大学报 1995;24(5):457
［5］ 唐书谦等. 中国皮肤性病 1996;10(2):79
［6］ 许旭初等. 中国皮肤性病 1996;10(4):232
［7］ 蒙秉新. 中国皮肤性病 1996;10(4):243
［8］ 赵鸿儒等. 中国皮肤性病 1995;10(1):32
［9］ 王彩英等. 临床皮肤 1996;25(4):244
［10］ 陈丽光等. 福建医药 1996;18(2):66
［11］ 吴心京. 临床儿科 1996;14(4):285
［12］ 马济宏等. 中国皮肤性病 1996;10(3):131
［13］ 徐祐光等. 急诊医学 1996;5(2):81
［14］ 杨远荣. 中国皮肤性病 1996;10(5):307
［15］ 李祖广等. 中国皮肤性病 1996;10(5):307
［16］ 何仕兰. 中国皮肤性病 1996;10(4):253
［17］ 高如生等. 福建医药 1996;18(4):137
［18］ 周芳兰. 山西医药 1996;25(3):193
［19］ 何洪标等. 中华小儿外科 1996;17(3):131

（十七）非淋菌性尿道炎

上海医大[1]* 对上海地区1124例性病门诊患者进行沙眼衣原体（Ct），解脲支原体（Uu）和淋球菌检测。Ct阳性为15.7%，Uu阳性为27.0%，淋球菌阳性为12.6%，50%淋病患者为2种以上混合感染。广东东莞慢性病院等[2]亦报道1568例非淋菌性尿道炎（NGU）中，Ct阳性25.8%，Uu阳性24.5%，人型支原体（Mh）阳性12.8%。明显高于健康对照组。白求恩医大一院[3]用多引物PCR同时检测86份性病门诊患者标本，淋球菌阳性18例，Ct阳性23例，Uu阳性22例，部分为二重或三重感染。医科院皮研所[4]用PCR法和细胞培养法检测305例性病门诊患者标本，PCR法Ct阳性93例，而细胞培养Ct阳性69例，细胞培养阴性而PCR阳性的24例经直接免疫荧光证实为Ct阳性。昆明医学院二院[5]用间接血凝试验检测Uu及人型支原体（Mh）抗体，发现不育夫妇、置宫内节育器妇女、人流术后生殖道炎症妇女的Mh和Uu抗体阳性明显高于健康对照组。置宫内节育器妇女的支原体抗体阳性主要在置器后3个月内。广西北海皮肤病院[6]报道106例淋病中合并Ct感染17.0%，Uu60.4%，白念珠菌15.1%，金葡菌2.8%。广东中山市中医院[7]报道2例淋病合并金葡菌L型感染。解放军202医院等[8]对63例淋病患者进行前列腺液常规及病原检测，发现淋球菌2例、Uu 8例、Ct 11例、普通细菌15例。辽宁省医院[9]用双黄连治疗NGU并作Uu药敏试验，有效率88.1%，对Uu的最小抑菌浓度$(MIC)_{50}$ $\leqslant 0.2mg/mL$，$MIC_{90} \leqslant 0.4mg/mL$。洛阳医专附院等[10]测得32株Mh和45株Uu对美满霉素、强力霉素的敏感性较高，对四环素、红霉素等敏感性低，Mh的敏感性较Uu低。三军医大二院[11]用病理、免疫组化和电镜观察1～14型Uu株对小鼠肺的致病作用，发现各型Uu均可引起新生鼠的急性自限性间质性肺炎。乌鲁木齐防疫站[12]检测202例收教妇女的性病病原及HBV，发现性病75例，HBV阳性88例，二者阳性率明显相关。青岛市北区防疫站[13]用McAb-ELISA抽查456例男性生殖器分泌物中单纯疱疹病毒（HSV）抗原，总阳性率22.6%，其中HSV-1为3.3%，HSV-Ⅱ为19.3%，男性特殊职业人群HSV感染率高。深圳市皮研所等[14]用PCR检测104例性病患者宫颈人巨细胞病毒，阳性率为27.9%，明显高于健康对照组。

（李志刚）

参 考 文 献

[1]* 周 乐等. 中国皮肤性病 1996;10(1):11
[2] 胡春梅等. 临床皮肤 1996;25(4):199
[3] 郑 华等. 中华皮肤 1996;29(3):178
[4] 张树文等. 中华皮肤 1996;29(3):175
[5] 杨红英等. 中华流行病 1996;17(2):91
[6] 周浦芳等. 河南医大学报 1996;31(3):105
[7] 苏士雄. 中国皮肤性病 1996;10(5):290
[8] 张晓东等. 临床皮肤 1996;25(2):78
[9] 表贞淑等. 中华皮肤 1996;29(3):181
[10] 何 涛等. 河南医大学报 1996;31(2):126
[11] 刘忠义等. 中华儿科 1996;34(4):270
[12] 徐双进等. 中国皮肤性病 1996;10(4):242
[13] 张南霞等. 中国人兽共患病 1996;12(4):59
[14] 钱起丰等. 中华皮肤 1996;29(3):187

(十八)麻风

医科院皮研所等[1]对江苏泰兴1045例麻风患者进行盲、低视力流行病学调查,发现双眼盲患病率为7.7%,单眼盲4.4%,双眼低视力患病率9.3%,单眼低视力5.8%,女性高于男性。致盲病因以角膜病占首位,其次为虹膜病,白内障等。低视力病因以白内障居首位,其次为角膜炎、虹膜病等。新疆自治区医院[2]系统地总结了1987～1992年新疆麻风病的流行动态及WHO-MDT治疗和监测结果,发现新疆麻风患病率呈持续缓慢的下降趋势,可望在1997年达到基本消灭的目标。贵州皮防所[3]以贵州黔西南州1990～1994年的麻风疫情统计资料为基础,利用直线回归和指数回归方程拟合黔西南州的麻风患病率,推测黔西南州到2000年仍达不到卫生部基本消灭麻风的标准。青海同仁慢性病院[4]对所属41个县麻风防治情况进行调查,其中达到基本消灭的有34个县(82.9%),达到控制的有6个县(14.6%),达到基本控制的有1个县(2.4%)。江苏泰兴市医院[5]对457例麻风患者眼部并发症进行分析,发现78.1%麻风并发眼部病变均为双侧性,进展缓慢,眼前部病变多于眼后部。医科院皮研所[6]用PCR克隆出麻风杆菌α抗原C基因,并将此插入表达载体pT7HDXa,转化宿主菌XLI-Blue,以IPTG及M_{13}T7pol作为诱导剂,诱导表达α抗原C的重组蛋白,检测结果表明麻风杆菌α-抗原C抗原在此表达体系中能够进行表达。连云港市一院等[7]对麻风患者外周血B和T细胞及其亚群进行检测,发现各型麻风患者B细胞明显高于正常人,CD_3和CD_8明显低于正常人,CD_4/CD_8比值与正常人无差异,而活动期麻风患者CD_4/CD_8比值明显高于正常人($P<0.01$)。医科院皮研所[8]用明胶微粒凝集试验检测麻风菌特异抗体,该方法具较高特异性,对多菌型麻风患者的敏感性亦较高,但对少菌型麻风仍存在敏感性不高的弱点。山东临沐县医院[9]对20例由麻风引起的关节病进行X线分析,其中除1例为增生型外19例均为萎缩型,受累的关节多为腕、踝及其以下小关节,掌指关节受累最先始于小指和无名指。江苏东台皮防院[10]分析氨苯砜单疗治愈的2772例麻风患者,复发51例。江苏东台皮防院[11]将320例氨苯砜单疗治愈者和95例联合化疗治愈者进行无痛性神经炎发病监测,发现两种疗法均有发生无痛性神经炎的可能性,无降低愈后无痛性神经炎发生率差异。医科院皮研所等[12]观察457例多菌型患者10年联合化疗的疗效,在治疗60个月时,细菌指数(BI)累计阴转率分别为86.4%、63.8%和81.6%。642例患者在联合化疗期和监测期分别为10.4%和0.7%发生麻风的反应。对550例停药患者监测2520人年,发现1例患者复发。青海玉树州慢性病院[13]分析了该州10年来采用联合化疗治疗麻风患者138例,认为三联化疗在缩短疗程、防止耐药和复发、控制麻风反应及畸残的发生等方面都有实际意义和临床价值,是治疗麻风的最佳方案。医科院皮研所[14]通过测定治疗前后麻风菌活力观察国产氟嗪酸的疗效,结果示该药为一种较强的杀麻风菌药物,其疗效与国外文献报道相似。研究结果为该药组成新的治疗方案提供了科学依据。大连市皮防中心[15]观察21例多菌型麻风的单疗和联合化疗的疗效,结果提示联合化疗疗效优于单疗法,联合化疗后麻风反应和神经痛等症状较快得到控制或减轻。江苏东台市皮防院[16]用氨苯砜单疗和联合化疗各治疗麻风60例,表明两种疗法治疗期间神经损害的发生率无显著差异,建议今后推荐任何一种抗麻风治疗方案,均应将治疗期间神经损害发生率作为评价方案效果的重要指标之一。

(温 海)

参 考 文 献

[1] 严良斌等. 中华皮肤 1996;29(4):252
[2] 杨忠礼等. 新疆医学 1995;25(4):211

[3] 李进岚等. 贵州医药 1996;20(3):150
[4] 金永梅等. 青海医药 1996;26(9):23
[5] 刘晓娟. 苏州医学院学报 1995;15(4):736
[6] 尹跃平等. 中华皮肤 1996;29(5):343
[7] 何浩明等. 上海免疫 1995;15(5):301
[8] 曹元华等. 中华皮肤 1996;29(1):57
[9] 何 健等. 实用放射 1996;12(6):350
[10] 张壤之等. 临床皮肤 1996;25(3):181
[11] 高志风等. 临床皮肤 1996;25(2):85
[12] 沈建平等. 中华皮肤 1996;29(4):255
[13] 刘元梅. 青海医药 1996;26(9):封四
[14] 沈建平等. 中华皮肤 1995;28(6):384
[15] 于安新等. 中国皮肤性病 1996;10(2):85
[16] 王景权等. 临床皮肤 1996;25(3):150

(十九)败血症及感染性休克

南京医大二院[1]测新生儿败血症血清和尿亚硝酸盐(NO_2^-)含量明显增高,肺炎和一般感染时变化不明显。川北医学院附院[2]检测新生儿败血症血清急性期蛋白,α_1 抗胰蛋白酶、α_1 酸性糖蛋白、触珠蛋白、铜蓝蛋白、B 因子和血清补体成分(C_{1q}、C_4、C_5、C_9)含量明显增高,α_2 巨球蛋白、转铁蛋白显著降低,补体 C_3 无变化。新乡医学院二院等[3]报道新生儿白葡菌败血症 85 例,治愈 69 例,好转 4 例,恶化及死亡 12 例,细菌对新霉素、阿米卡星、氯霉素和庆大霉素敏感率均>91%,对羧苄西林、青霉素和磺胺药敏感率<25%。杭州市一院[4]报道金葡菌败血症 113 例,治愈 75 例,好转 10 例,死亡 22 例,自动出院 6 例。江苏盐城市三院等[5]用万古霉素治疗小儿耐甲氧西林金葡菌(MRSA)败血症 56 例,有效率 100%,均在 3 日内退热,症状消失,细菌对万古霉素敏感,对甲氧西林和苯唑西林钠均耐药。北京医大[6]应用抗生素 89-07 联合氟氧头孢钠实验治疗 mecA 基因阳性 MRSA 感染小鼠败血症,半数有效剂量 ED_{50} 显著低于去甲万古霉素、抗生素 89-07 和氟氧头孢钠的相应 ED_{50} 值。浙江医大儿童医院[7]报道新生儿假单胞菌败血症继发血小板减少症 20 例,致病菌为铜绿假单胞菌 10 例,产碱假单胞菌 5 例,类产碱假单胞菌 3 例,未分型 2 例。临床治愈 13 例,好转 2 例,死亡 3 例,自动出院 2 例。山东济宁市一院[8]报道四联球菌败血症 18 例,经用头孢唑啉钠或联合青霉素治疗 15~20 天,痊愈 16 例,好转 2 例。解放军 155 医院[9]应用甲硝唑配合其他抗菌药物治疗婴幼儿细菌 L 型败血症 50 例,退热时间(8.0±0.5)天,较对照组(14.5±1.6)天明显缩短。连云港市一院[10]报道细菌 L 型小儿败血症 164 例,治愈 134 例,好转 18 例,自动出院 8 例,死亡 4 例。安徽宿县地区医院[11]分析小儿败血症 98 例,发生皮疹 41 例,占 41.8%,其中荨麻疹 18 例,淤点 11 例,猩红热样皮疹 5 例,红斑样皮疹 2 例,脓疱样皮疹 3 例,紫红色花纹样皮疹 2 例。泉州市儿童医院[12]报道阴沟杆菌败血症 12 例,治愈 3 例,好转 4 例,死亡 5 例,细菌对青霉素、氨苄西林耐药,对阿米卡星、头孢哌酮钠、头孢噻肟钠和诺氟沙星、多粘菌素 B 敏感。广东医学院附院[13]报道链霉菌感染致人脓肿和败血症 2 例。云南玉溪地区医院等[14]报道 G^- 杆菌败血症 132 例,致病菌主要为沙门菌、大肠杆菌和铜绿假单胞菌。临床治愈 97 例,死亡 30 例,自动出院 5 例。安徽医大一院[15]报道非铜绿假单胞菌属败血症 61 例,血培养检出嗜麦芽假单胞菌 41 例,类产碱假单胞菌 10 例,恶臭假单胞菌 6 例,洋葱及施氏假单胞菌各 2 例。治愈 37 例,好转 3 例,无效 21 例。另有奈瑟淋球菌败血症[16]、浸麻芽胞杆菌败血症[17]、金色类群链霉菌败血症[18]、嗜水气单胞菌败血症[19]和紫色杆菌脓毒败血症[20]等个案报道。

北京医大[21]实验观察到败血症休克大鼠心肌肌浆网钙诱发的钙释放在休克早期降低不明显,晚期明显减少。北京协和医院[22]观察到内毒素血症大鼠血清 TNFα 浓度与内毒素呈正比,地塞米松明显抑制其释放;地塞米松、布洛芬能防止肺毛细血管通透性随内毒素剂量的增大而增加;肺组织中 TNFα、IL-1β 和巨噬细胞炎性蛋白 1α(MIP-1α)及 mRNA 含量随内毒素剂量增大而增加,地塞米松、布洛芬对肺组织中细胞因子表达有明显抑制作用。并观察到内毒素刺激体外培养人全血 TNFα 浓度明显增加;地塞米松($>10^{-8}$mol/L)有明显抑制效应;异丁苯丙酸($10^{-9}\sim10^{-7}$mol/L)有抑制效应,当其$>10^{-4}$ mol/L 时呈刺激效应[23]。青海省医院[24]观察 18 例感染性休克致多器官衰竭患者氧代谢变化,生存者氧输送(DO_2)和氧消耗(VO_2)无明显降低,死亡者 DO_2 和 VO_2 明显下降,两组差异显著。北京协和医院[25]监测 21 例感染性休克患者胃粘膜 pH 值和 DO_2 相关性,死亡组胃粘膜 pH 值随病程发展明显下降,存活组变化不显著;存活组中 DO_2 小于临界值[641 ml/min·m^2)]后 pH 值随 DO_2 或 VO_2 的下降而减少,pH 值与 DO_2 或 VO_2 呈明显相关性。北京友谊医院[26]检测 68 例感染性多系统功能衰竭(MOSF)患者凝血纤溶功能,凝血酶原时间(PT)及部分凝血活酶时间(APTT)异常率明显增高,凝血因子Ⅱ、Ⅶ、Ⅹ、Ⅻ活性明显减低,血小板(Plt)、纤维结合蛋白(Fn)含量明显减少,抗凝血酶Ⅲ(AT-Ⅲ)、纤溶酶原(PLG)活性明显降低，纤维蛋白原(Fg)、D-二聚体(D-Dimer)明显增高，纤溶酶原活化物抑制物(PAI)活性明显升高，组织纤溶酶原活化物(t-PA)、α_2 抗纤溶酶(α_2-AP)活性轻度减低。三军医大[27]实验发现大鼠尾静脉一次性注射内毒素250mg/kg后出现一过性肾功能损害，并有以肾小球病变为主的肾脏病理改变，氧自由基是内毒素血症肾小球病变基础，肾小球内浸润或滞留的中性粒细胞是氧自由基的主要来源。北京医大一院[28]实验提示抑制内毒素休克犬一氧化氮(NO)的生成能使其血流动力学和机体氧合进一步恶化。重庆大坪医院[29]实验证明NO抑制剂硝基左旋精氨酸可加重内毒素引起的大鼠肠道微血管和肠粘膜上皮损伤，NO酶底物左旋精氨酸可促进NO合成减轻上述改变。广州南方医院[30]用抗TNF单克隆抗体亲和免疫吸附柱血液灌流治疗内毒素休克兔，可使血浆TNF水平迅速降低，动物血压及肝、肾功能显著改善，早期存活率明显提高。同时还证明活性炭对TNF降低作用不明显，大孔树脂Amberlite XAD-7明显降低TNF水平[31]。三军医大[32]实验观察到磷脂酶 A_2(PLA_2)抑制剂磷酸氯喹和地塞米松均能显著抑制内毒素休克兔的 PLA_2 活性，使相关脂介质血小板活化因子(PAF)、TXB_2/6-keto-$PGF_{1\alpha}$ 升高，提高存活率。还发现 PLA_2 活性升高可致红细胞膜微环境改变，膜功能受损[33]。重庆医大[34]*实验证明肝细胞生长素(HPN)对内毒素休克的血压下降、TNF细胞毒性指数增高和肺、肾组织的病理损害均有保护作用。

（蔡　雄）

参　考　文　献

[1] 李述庭等. 江苏医药 1996;22(1):40
[2] 谢文光等. 上海免疫 1995;15(6):367
[3] 郭铭玉等. 实用儿科临床 1996;11(3):158
[4] 竺正伦等. 浙江医学 1996;18(3):164
[5] 叶巍岭等. 中华传染 1995;13(4):232
[6] 李家泰等. 中国抗生素 1995;20(6):425
[7] 陈秀琴等. 临床儿科 1996;14(1):20
[8] 郭玉环等. 山东医药 1995;35(11):8
[9] 刘　群等. 人民军医 1996;(9):44
[10] 孙　贵等. 江苏医药 1995;21(12):821
[11] 杨邦英等. 安徽医学 1995;16(6):47
[12] 郑天文等. 中国实用儿科 1995;10(6):361
[13] 陈光远等. 中华医学检验 1996;19(5):312
[14] 陈宗淦等. 中国实用内科 1996;16(9):551
[15] 余鑫之等. 中华内科 1996;35(5):330
[16] 陈宗淦等. 中国皮肤性病 1996;10(3):157
[17] 郭薇媛等. 哈医大学报 1996;30(2):106
[18] 王　贺等. 中华医学检验 1996;19(4):248
[19] 苏淑慧等. 中华传染 1996;14(1):14
[20] 马德寿等. 中华传染 1996;14(3):189
[21] 吉　勇等. 北京医大学报 1996;28(2):103
[22] 邱海波等. 中国危重病急救医学 1996;8(3):139
[23] 邱海波等. 中华医学 1996;76(4):254
[24] 张民伟等. 中华内科 1996;35(5):340
[25] 刘大为等. 中华外科 1996;34(2):87
[26] 刘贵健等. 中华内科 1996;35(10):673
[27] 郭德玉等. 重庆医学 1996;25(1):1
[28] 吴新民等. 中华医学 1996;76(10):738
[29] 肖　南等. 三军医大学报 1996;18(3):240
[30] 梁　敏等. 中华肾脏 1996;12(5):289
[31] 张国华等. 解放军医学 1996;21(2):86
[32] 杜文华等. 三军医大学报 1995;17(6):489
[33] 宋双明等. 解放军医学 1996;21(2):102
[34]* 曹维群等. 中华内科 1996;35(2):99

四、螺旋体病

(一)梅毒

上海性防中心[1]同时应用梅毒免疫印迹法(TPIB)和梅毒血球凝集法(TPHA)检测60例性传播疾病患者的血清标本，两者的诊断符合率为98.3%，与TPHA比较，TPIB的敏感性为100%，相对特异性为97.2%。卫生部兰州生物制品所[2]制成梅毒螺旋体快速乳胶试剂，它与102份各期血清和1208份非梅毒血清反应结果与梅毒螺旋体荧光抗体吸收试验(FTA-ABS)及TPHA完全一致，试验只需5分钟即可获得结果。南京军区福州总院[3]应用快速斑点免疫金渗滤法检测梅毒血清反应素，与快速血浆反应素环状卡片法(RPR)共同检测200例血样，两法的符合率为100%。另外检测的350例血样，经临床证实为梅毒的50例全为阳性，而300例健康者均为阴性。该法简便，2分钟内可获得结果，阳性结果易于判断。贵州安顺地区医院[4]应用RPR法筛检了2007名献血员和47名性病患者，献血员中42名阳性，阳性率2.1%，性病患者5例阳性，阳性率10.6%。全国梅毒流行病学调查协作组[5]从1990～1994年对全国38个城市监测点的梅毒流行情况进行调查，总计发现梅毒5078例，占STD构成比1.3%，平均发病率0.94/10万，平均年增长率

23.1%。男性平均发病率1.1/10万，女性平均发病率0.75/10万。我国目前流行的主要是早期梅毒，占94.7%，其中一期梅毒20.2%，二期梅毒46.5%，早期隐性梅毒28.1%，此外三期梅毒2.1%，先天梅毒0.7%。上海性防中心[6]应用暗视野(D-F)法检测97例生殖器溃疡病(GUD)患者，其中44例找到梅毒螺旋体，另9例D-F阴性者血清RPR和TPHA均呈阳性。97例GUD，53例确诊为梅毒，确诊率为55%。福建皮肤性防院等[7]分析了458例梅毒患者，一期梅毒153例，占33.4%，二期梅毒305例，占66.6%。RPR阳性379例，经TPHA证实均为阳性；普鲁卡因青霉素80万U/d肌注10～15天，治疗449例，多于3天后见效，7～10天获临床痊愈。9例青霉素过敏者改用红霉素治疗也获满意疗效，于首次治疗2～11小时出现吉海反应。随访72例一期梅毒，6个月后均阴转；85例二期梅毒，12个月血清阴转77例(90%)，12个月后仍有8例阴转。江苏连云港皮防所[8]分析63例早期梅毒，一期33例，二期19例，RPR阳性24例(72.7%)，TPHA阳性63例(100%)，驱梅治疗后45例随访1年，41例RPR阴转。福建医学院二院[9]分析了24例显性梅毒，其中一期16例，二期8例，RPR均为阳性。合并其他性病14例(58.3%)。正规青霉素治疗21例，3例青霉素过敏者改用四环素治疗。随访4例，1个月RPR转弱阳性8例(57.1%)，5个月阴转12例(85.7%)。苏州医学院三院[10]分析了15例二期梅毒误诊情况，扁平湿疣被误诊为炎性肉芽肿4例、尖锐湿疣1例；掌跖部斑疹性梅毒疹误诊为多形红斑2例、变应性皮肤血管炎1例；鸡眼状丘疹性梅毒疹误诊为汗孔角化症1例、掌部银屑病1例；梅毒白斑误诊为单纯糠疹1例、继发性色素减退斑2例；环状丘疹性梅毒疹误诊为环状肉芽肿1例；银屑病样丘疹性梅毒疹误诊为银屑病1例。武汉市一院等[11]报道2例仅表现为虫蚀样脱发的二期梅毒患者。

(陈江汉　廖万清)

参考文献

[1] 汤全贵等. 临床皮肤 1995;24(6):348
[2] 范亚民等. 中国皮肤性病 1996;10(3):170
[3] 黄俏佳等. 中华医学检验 1995;19(3):181
[4] 董钧铭等. 贵州医药 1996;20(1):27
[5] 韩国柱等. 中华皮肤 1996;29(3):152
[6] 顾伟鸣等. 临床皮肤 1996;25(1):55
[7] 王贞生等. 临床皮肤 1995;24(6):360
[8] 金如钧等. 中华皮肤 1996;29(3):174
[9] 苏维娜等. 中华妇产 1995;30(12):749
[10] 唐亚娟. 苏州医学院学报 1996;16(5):930
[11] 段逸群等. 中国皮肤性病 1996;10(5):287

(二)钩端螺旋体病

河南防疫站等[1]报道1991～1994年该省钩体病呈流行趋势，年均发病率0.73/10万，病死率3.2%；首次发现鼠为传染源；流行菌群由90年代前的波摩那群、犬群为主演变成以黄疸出血群为主。海南防疫站[2]1993年检测该省10个乡镇529份健康人群血清标本钩体抗体，阳性率51.8%；血清群别由70年代的流感伤寒群和秋季热群为主演变到以巴达维亚群和黄疸出血型为主。调查表明当地钩体病自然感染率和抗体水平较高，并有菌群更迭倾向。山东临朐防疫站[3]报道1995年7～9月该县白塔乡发生一起由波摩那菌型引起、猪为传染源的钩体病暴发流行，发病人数216人，罹患率0.7%，临床类型均为流感伤寒型，表明当地为重疫区。贵州凯里市州医院[4]报道1例临床罕见的钩体病并发过敏性紫癜及血性腹水。福州市传染病院[5]小结1965～1995年该院收治的钩体病脑膜脑炎型336例，误诊为乙脑103例(62.8%)，流脑44例(26.8%)，病毒脑13例(7.9%)，流感2例(1.2%)，中毒脑和肝炎各1例(各0.6%)，并对误诊原因进行分析。预防医科院流微所[6]用不同群的多克隆抗体与15群15型钩体参考株的全菌蛋白反应，发现其图谱并不相同，证实主要蛋白质可将不同群型钩体进行区分，这对我国常见钩体的分类和鉴定、诊断试剂盒、亚型菌苗和基因工程菌苗的研制有重要意义。华西医大[7]用二氧化硅-高盐吸附法及16S rRNA基因特异性引物对钩体病患者早期血标本进行快速处理及PCR检测，证明二氧化硅-高盐吸附法可用于PCR样品核酸的快速抽提，同时对样品的保存也有较好的效果，具有简便、快速、敏感等优点。蚌埠医学院附院[8]对149例钩体病癫痫发作采用甲硝唑＋青霉素＋地塞米松，辅以脱水、抗癫痫药物治疗，疗效明显优于未加用甲硝唑组，并能减少钩体病后发症，彻底控制癫痫发作。四川乐至县医院[9]对108例各种临床类型钩体病患者在用青霉素治疗前，先用氢化可的松100～200mg/d静注或静滴，可降低赫氏反应及青霉素过敏反应的发生率，增强疗效，降低病死率。蚌埠市二院等[10]采用三黄化淤汤(黄芩、黄连、黄柏等)中西医结合治疗钩体病脑动脉炎，有效率97.1%，明显高于单纯西药治疗组(77.1%)。华西医大等[11]首次以BALB/c小鼠钩体病模型为基础，用重组质粒pLF1的大肠杆菌作免疫原进行免疫保护试验，表现了一定程度的保护作用。卫生部上海生物制品所等[12]观察以含有赖型和七日热型抗原的钩体外膜菌苗100μg一针现场免疫结果。该法反应轻微，抗体水平高于常规菌体苗2倍左右，可用于人群预防接种。

（韩絮琳）

参考文献

[1] 郭万申等. 中国公共卫生 1996;12(8):370
[2] 潘祖安等. 中华流行病 1995;16(6):369
[3] 刘昌吉等. 中华流行病 1996;17(4):202
[4] 舒湘玉. 广西医学 1996;18(1):91
[5] 邓文余等. 中国人兽共患病 1996;12(4):57
[6] 林　涛等. 中华微生物和免疫 1996;16(2):143
[7] 伍卫华等. 中国人兽共患病 1996;12(2):23
[8] 宋文英等. 中国人兽共患病 1996;12(2):57
[9] 杨汉泽等. 临床内科 1996;13(3):11
[10] 郭兆美等. 中国人兽共患病 1996;12(4):63
[11] 陈　庄等. 华西医大学报 1996;27(1):10
[12] 张锦麟等. 中国人兽共患病 1996;12(5):26

(三)莱姆病

辽宁防疫站等[1]从辽东山区林场的嗜群血蜱和黑线姬鼠之胎鼠肝脏分别分离到4株、1株莱姆病螺旋体，为莱姆病螺旋体在野栖鼠体内经胎盘传播提供了依据。内蒙古[2]、安徽[3]采集部分职业人群血清226份和1078份测莱姆病抗体，阳性率分别为7.1%和3.3%，证明该两地区存在莱姆病感染。白求恩医大一院[4]报道56例莱姆病病人中有皮损24例，典型游走性红斑5例，神经系统症状14例，面瘫3例，脑膜炎4例，脊神经根炎4例，心脏异常4例，关节炎14例。西安全军基因诊断所[5]建立PCR方法检测伯氏疏螺旋体应用于莱姆病早期诊断和流行病学调查。新疆地方病所等[6]应用莱姆病螺旋体鞭毛蛋白抗原(BbFA)-ELISA试验检测385份体检血清OD值，表明该检测法具有特异敏感、重复性好等优点。牡丹江林业医院等[7]报道小儿莱姆病15例用大剂量青霉素640～1000万U/d，静滴10～20天，典型的慢性游走性红斑迅速消退，莱姆抗体IgG下降。12例随访1～2年未见异常。

（黄洪志）

参考文献

[1] 张德才等. 中华流行病 1996;17(5):271
[2] 路瑾萍等. 中国人兽共患病 1996;12(1):59
[3] 张大荣等. 中华流行病 1996;17(1):24
[4] 张清泉等. 中华流行病 1996;17(2):116
[5] 田　红等. 四军医大学报 1995;16(6):442
[6] 谢杏初等. 地方病通报 1996;11(2):30
[7] 赵桂晨等. 中国实用儿科 1995;10(6):384

五、深部真菌病

上海长征医院[1]构建了A型新生隐球菌质粒克隆库，并从中筛选出血清型A型的特异性探针[2]。同时在国内首次建立快速诊断隐球菌性脑膜炎PCR法，将该方法用于23份经涂片或(和)培养隐球菌阳性的脑脊液标本的检测，阳性率100%。用于14份经涂片或(和)培养阴性标本的检测，13份阴性(93%)，1份阳性，显示该方法有较好的敏感性与特异性[3]。该院[4]还对20例隐球菌性脑膜炎患者的资料进行分析，发现早期误诊率高达100%。治疗以两性霉素B鞘内注射与氟康唑静脉合用疗效较好。上海市传染病院[5]采用两性霉素B与氟胞嘧啶联合治疗12例隐球菌性脑膜炎全部存活，随访5年，1例复发。西安医大一院[6]治疗12例隐球菌性脑膜炎，治愈2例，好转3例，恶化3例，死亡4例。浙江省中医院[7]采用两性霉素B治疗24例隐球菌性脑膜炎，两性霉素B应用总剂量大于2g组治愈达78%，小于2g组治愈率20%。河南南阳市医院[8]报道5例隐球菌病全部有养鸽史。

北京协和医院[9]对1953～1993年的3447例尸检病例进行分析，发现深部真菌感染的发生率为2.5%，前20年平均为1.5%，后20年为5.6%($P<0.01$)；经尸检诊断深部真菌感染的85例患者中，生前临床确诊5例(5.9%)；致病菌主要为霉菌(85%)、酵母菌(15%)。解放军总院[10]分析了1954～1993年经尸检诊断的41例深部真菌感染的病例资料(占同期尸检例数2900例的1.4%)，原发病以恶性肿瘤(20例)、白血病(11例)为主，病原菌依次为曲霉(14例)、念珠菌(12例)、隐球菌(5例)、毛霉(1例)，两种真菌混合感染9例，常见侵犯的器官依次为肺、肾、脑等。浙江省医院[11]分析12例经尸检

病理证实的深部真菌感染病例，其中白念珠菌6例、曲霉4例和毛霉2例。海南中医院[12]报道病理诊断深部真菌病16例，菌种主要为白念珠菌、新生隐球菌、曲霉和毛霉。安徽枞阳县二院[13]分析48例新生儿深部真菌病，真菌性肠炎32例，泌尿道感染12例，真菌性败血症4例。河北医学院四院[14]调查了该院ICU两年收治的461例病人，发现深部真菌感染17例(3.7%)。

解放军总院[15]用PCR检测18种46株酵母样真菌，具有较高的灵敏度与特异性。上海华山医院[16]采用氟康唑预防血液病化疗患者的真菌感染，发现预防组与非预防组感染率之间有显著差异(14.3%与44.0%，$P<0.01$)。华西医大附一院[17]报道采用国产氟康唑胶囊治疗913例深部真菌感染，痊愈率为69.3%。

上海华东医院[18]报道3例脑毛霉病，全部死亡。上海华山医院[19]报道腰椎隐球菌病1例，采用切开引流、氟康唑静脉滴注及伤口冲洗8周痊愈。深圳红十字会医院[20]采用持续脑室引流成功抢救1例隐球菌性脑膜炎引起的脑疝。有报道播散型组织胞浆菌病1例[21]、皮肤隐球菌病1例[22]、四带曲霉引起肺曲霉病1例[23]、脑着色芽生菌病1例等[24]。

(姚志荣　廖万清)

参　考　文　献

[1] 吴建华等. 中华皮肤 1995;28(6):388

[2] 吴建华等. 中华医学 1996;76(7):534

[3] 顾菊林等. 中华皮肤 1996;29(5):319

[4] 姚志荣等. 中华皮肤 1996;29(5):324

[5] 徐　俊等. 中风与神经 1996;13(4):238

[6] 武文红等. 西安医大学报 1995;16(4):466

[7] 陈　眉等. 浙江医学 1995;18(4):221

[8] 张怀宏等. 中国实用内科 1996;16(2):109

[9] 杜　斌等. 中华医学 1996;76(5):352

[10] 曾木英等. 中国实用内科 1996;16(3):152

[11] 周馥英等. 实用儿科临床 1996;11(1):18

[12] 苏　敏等. 海南医学 1996;(3):156

[13] 刘志祥等. 新医学 1996;27(10):533

[14] 张玉想等. 中国急救医学 1996;16(3):13

[15] 杨立宽等. 中华医学检验 1996;19(5):270

[16] 谢彦晖等. 中国实用内科 1996;16(3):163

[17] 梁德荣等. 中华内科 1995;34(12):823

[18] 李文贤. 上海医学 1996;19(2):83

[19] 张　箭等. 中华传染 1995;13(4):230

[20] 丘碧芬. 实用儿科临床 1996;11(2):124

[21] 王正文等. 中华皮肤 1995;28(6):415

[22] 虞瑞尧. 中华皮肤 1995;28(6):413

[23] 王家俊等. 中华皮肤 1996;29(5):311

[24] 王　静等. 河北医大学报 1996;17(3):181

六、其他

(一)医院内感染

北京友谊医院[1]用含4μg/ml苯唑西林和6% NaCl的培养基培养耐甲氧西林金葡菌(MRSA)，敏感性100%，特异性≥99%，且不影响甘露醇产酸。北京医大[2]检测金葡菌190株中MecA基因MRSA88株均阳性，其中73.6%为β内酰胺酶产生菌；耐苯唑西林钠91株中90株MecA基因阳性。浙江医大一院[3]* 用PCR法检测MRSA MecA基因，MRSA40株均阳性，苯唑西林钠敏感金葡菌(MSSA)80株中5%阳性，仅需56.7±12.9个细菌即可获阳性结果。并报道耐甲氧西林凝固酶阴性葡球菌(MRCNS)医院内感染28例，细菌对常用抗生素高度耐药，但对万古霉素敏感[4]。上海中山医院[5]临床分离金葡菌172株，MRSA占77.9%，80.6%为医院内感染株，对林可霉素、青霉素、红霉素、庆大霉素的耐药率为97%，环丙沙星为86.6%，对万古霉素均敏感。北京协和医院等[6]临床分离葡萄球菌944株，金葡菌388株中MRSA 181株(47%)，凝固酶阴性葡萄球菌556株中耐苯唑西林钠276株(49%)，MRSA对常用15种抗菌药耐药率为25%～78%，MSSA仅为0%～28%，对万古霉素均敏感。广西防疫站[7]报道1993年9月南宁某医院婴儿室新生儿医院内感染金葡菌暴发流行，19名新生儿中11名发病，死亡4例，主要表现为烫伤样皮肤综合征和中毒性休克综合征。泉州市一院[8]检出耐甲氧西林钠表皮葡萄球菌(MRSE)51株，医院内感染76.5%，对苯唑西林、青霉素、氨苄西林、庆大霉素耐药，对红霉素、呋喃唑酮、林可霉素、SMZ-TMP和氯霉素耐药率>70%，对万古霉素均敏感。解放军466医院等[9]用SDS-PAGE法分析临床分离和经培养筛选的耐环丙沙星-亚胺培南的铜绿假单胞菌，其外膜蛋白谱无明显差异。解放军304医院[10]临床分离铜绿假单胞菌100株，创面分泌物中多为Ⅳ、Ⅱ型，呼吸道分泌物中多为Ⅳ、Ⅲ型，对氨基糖苷类、青霉素类、氟喹诺酮类和多粘菌素B的耐药率分别为37%、29%、24%和8%。天津医大二院[11]用SDS-PAGE法测得两株多重耐药铜绿假单胞菌均缺失外膜蛋白$OprD_2$和OprE，并出现44.7kD的未知蛋白带，产生较高水平的β内酰胺酶；一株亚胺培南耐药荧光假单胞菌 $OprD_2$ 含量减少。上海华山医院[12]报道非铜绿假单胞菌属感染 35 例，分离到细菌 62 株，产碱、腐败、荧光、洋葱、斯氏、微小和未定种假单胞菌株分别为 14、8、6、3、3、1 和 27 株，医院内感染占 91%。他们[13]还检测肺炎克雷伯菌 132 株，88%(116/132)菌株含 N 乙酰转移酶(3)Ⅱa 基因同源序列，该组菌多数耐庆大霉素和奈替米星，对异帕米星、阿司米星敏感，全部菌均对安普霉素敏感。重庆医大一院[14]比较临床分离的肺炎克雷伯菌和诱导耐药株 G_1(第一步变异株)及 G_2(第二步变异株)的耐药机制，G_1 和 G_2 株对氟喹诺酮类和β内酰胺类抗生素敏感性明显下降，DNA 旋转酶活性 50%抑制剂量增加 3～11 倍；G_1、G_2 外膜 42kD 和 G_2 外膜 34、24.7 和 21kD 蛋白消失。华西医大[15]分析β内酰胺酶介导的阴沟杆菌耐药机制，对头孢孟多以酶水解为主，对氨曲南则因酶对药物作用过程而异。北京中日友好医院[16]回顾分析该院 10 年临床分离细菌 10097 株，分离率 29.4%，主要为 G^- 杆菌(铜绿假单胞菌、肺炎克雷伯菌、大肠杆菌)，次为 G^+ 球菌(金葡菌、表葡菌)，肠球菌比例上升。武汉同济医院[17]检测医院内感染大肠杆菌 57 株，仅 5.3%对 12 种抗菌药全部敏感，70.2%耐药≥3 种，89.4%菌株检出 CCC 型质粒，52.6%菌株产β内酰胺酶，96.1%的产酶株含质粒。上海新华医院[18]报道临床分离菌 2 610 株中杆菌占 54.3%(1 417 株)，球菌占 34.1%(890 株)，真菌占 6.1%(159 株)，副溶血弧菌占 44%(115 株)，支原体占 1.1%(29 株)；MRSA 和 MRSE 对万古霉素的耐药率分别为 10%和 4%。上海华山医院[19]* 分析临床分离菌 2 050 株，G^+ 球菌占 26.3%(540 株)，G^- 球菌 3.8%(77 株)，G^- 杆菌 69.9%(1433 株)，95%金葡菌和 83%的凝固酶阴性葡萄球菌为产酶株。上海长征医院[20]报道 ICU 患者中分离细菌 114 株，G^- 杆菌占 90.4%，以铜绿假单胞菌、硝酸盐阴性不动杆菌、产黄菌属和肺炎克雷伯菌为主，多数菌对 5 种以上抗菌药同时耐药，G^- 杆菌对亚胺培南最敏感。北京协和医院[21]调查 ICU 医院内感染细菌，G^+ 球菌由 1989 年的 16%升至 1994 年的 30%，G^- 杆菌则由 84%降至 67%。G^+ 球菌中肠球菌、MRSE 和 MRSA 分别占 44%、21%和 10%，万古霉素耐药率分别为 19%、0%和 0%；G^- 杆菌中铜绿假单胞菌、鲍曼不动杆菌、肠杆菌和嗜麦芽黄单胞菌分别占 41%、14%、13%和 8%，对亚胺培南和阿米卡星的耐药率最低。南京医大一院[22]分析医院内下呼吸道感染 334 例，病原菌 399 株中 G^- 杆菌 256 株(64.2%)，G^+ 球菌 143 株(35.8%)，以葡萄球菌、铜绿假单胞菌、不动杆菌和克雷伯菌为主。浙江医大一院[23]分析该院 1993～1994 年医院内深部真菌感染 166 例，念珠菌感染 126 例(75.9%)，次为酵母菌和曲霉菌，多表现为下呼吸道感染、多器官感染和败血症。湖北医大一院[24]检出医院内感染念珠菌 288 株，其中白念珠菌占 62.2%，热带念珠菌占 20.1%。解放军总院[25]调查该院工作人员胃镜检查 316 例，幽门螺杆菌感染率 64.2%，同期患者为 10107 例，感染率 30.2%，医护人员感染率高于其他人员。山西医学院一院[26]报道 419 例肝病患者医院内感染率 18.9%，其中重型肝炎 69.9%，肝硬化 34.3%。苏州市妇幼保健院[27]报道母婴同室 2068 例。产妇产褥期感染率 0.9%，新生儿感染率 2.3%，比母婴分室时的 2.7%和 10.4%明显下降。三军医大[28]报道 7 年中内、外科住院患者 7 269 例，医院感染 564 例，总感染率 7.8%。吉林肿瘤医院[29]分析恶性肿瘤住院死亡 225 例中，医院内感染率高达 44%。福建省医院[30]配对调查 102 例医院感染患者，平均住院日延长 15.7 天，增幅为 75.7%，平均费用增加 2 489.9 元，增幅为 77.3%。同济医大等[31]* 配对调查医院内感染 137 对，感染者平均住院日延长 10.4 天，增加费用 5 058.3 元。首都医大儿科所等[32]报道北京 5 所医院儿科病房非腹泻患儿粪便带菌率为 3.7%，轮状病毒携带率 11.7%，全年共有 6 起医院内感染腹泻暴发流行，鼠伤寒沙门菌及婴儿沙门菌各 2 起，致病性大肠杆菌和轮状病毒各 1 起。合肥市妇幼保健院[33]报道 1989 年 10～11 月新生儿室内暴发鼠伤寒沙门菌感染流行，58 名新生儿中 22 名发病，传染源为一产妇，无死亡。昆明防疫站[34]报道 1992 年 9 月某院新生儿室志贺菌属 C 群 B 型感染暴发流行，95 名新生儿发病 23 名，死亡 10 名，系一产妇传播。

（蔡　雄）

参考文献

［1］ 苏建荣等. 中华医学检验 1996;19(2):73

［2］ 魏　瑾等. 中国抗生素 1996;21(2):110

［3］* 俞云松等. 中华传染 1995;13(4):191

［4］ 黄建荣等. 浙江医大学报 1996;25(3):119

［5］ 张杏怡等. 中华医院感染 1996;6(2):114

［6］ 王　辉等. 中华微生物和免疫 1995;15(6):430

［7］ 林　玫等. 中华医院感染 1996;6(2):86

［8］ 苏智军等. 中华传染 1996;14(2):110

[9] 叶高峰等. 中华医院感染 1996;6(2):122
[10] 常 东等. 中华医院感染 1996;6(3):183
[11] 官 兰等. 中华传染 1996;14(1):32
[12] 尹有宽等. 新医学 1996;27(8):404
[13] 方 渊等. 中华医学检验 1996;19(3):170
[14] 肖永红等. 中华传染 1996;14(2):65
[15] 黎世能等. 中国抗生素 1996;21(2):121
[16] 娄永新等. 中日友好医院学报 1996;10(1):55
[17] 黄加权等. 中华传染 1996;14(2):70
[18] 周云芳等. 上海医学 1996;19(8):455
[19]* 汪 复等. 中华传染 1996;14(3):148
[20] 俞康龙等. 中华医院感染 1996;6(2):70
[21] 杜 斌等. 中华医学 1996;76(4):262
[22] 顾宜才. 南京医大学报 1996;16(2):156
[23] 范润玉等. 中华医院感染 1996;6(3):138
[24] 施雪梅等. 中国人兽共患病 1996;12(4):61
[25] 梁 浩等. 中华医院感染 1996;6(3):156
[26] 谢红彦等. 中华医院感染 1996;6(2):77
[27] 陆菊华. 苏州医学院学报 1996;16(5):856
[28] 薛国文等. 中华医院感染 1996;6(1):18
[29] 杨玉波等. 中华医院感染 1996;6(3):153
[30] 修崇英等. 中华医院感染 1996;6(1):35
[31]* 吴风波等. 中华医院感染 1996;6(2):83
[32] 方鹤松等. 北京医学 1996;18(2):65
[33] 李端宇等. 中华医院感染 1996;6(1):32
[34] 蒋世革等. 中华预防医药 1996;30(2):79

(二)川崎病

四川宜宾地区二院[1]报道血培养阳性的川崎病4例,其中金葡菌、白葡菌、液化沙雷杆菌、肺炎克雷伯杆菌各1例。北京儿科所[2]检测皮肤粘膜淋巴结综合征(MCLS)患者的EB病毒抗体,发现川崎病与EB病毒感染有一定关联。西安市儿童医院[3]报道50例川崎病急性期血清过氧化脂质显著升高,提示自由基脂质过氧化反应在川崎病的发病机理中起一定作用。白求恩医大二院等[4]认为IL-6、TNF是川崎病急性期血管炎性变化的重要介质,并在川崎病免疫发病机理中起重要作用。湖北宜昌市医院[5]报道川崎病13例中表现为脑炎型11例、偏瘫型2例,均治愈。哈尔滨木器厂医院[6]报道同一家庭同胞姐妹2人1周内先后患川崎病。山东新泰市医院[7]分析川崎病冠状动脉病变相关危险因素有:年龄<1岁的男性;长期发热超过14天;血沉明显增快;血浆蛋白低于35g/L,C反应蛋白强阳性;贫血、红细胞压积低于0.35;病初用激素治疗。另有报道川崎病近期复发1例[8],川崎病单纯颈淋巴结肿大复发1例[9]。西安医大二院[10]报道MCLS 238例,超声心动图显示冠状动脉扩张145例(60.9%)。冠状动脉瘤38例(16.0%)、冠状动脉血栓4例(1.7%),心肌梗死2例(0.8%)。海南省中医院[11]运用中西医结合治疗川崎病12例,除阿司匹林口服外,中药分别在卫气同病型用银翘散合清营汤加减;气营两燔型用清营汤、清瘟败毒饮;气阳两伤型用沙参、麦冬、芦根、石斛、党参、五味子,近期发病10例治愈,2例好转。

(黄洪志)

参 考 文 献

[1] 蔡 苗等. 实用儿科临床 1996;11(1):60
[2] 汪伶伶等. 中华医学 1996;76(4):266
[3] 薛延秋等. 陕西医学 1996;25(9):530
[4] 许 忠等. 白求恩医大学报 1996;22(4):381
[5] 余百川等. 临床儿科 1996;14(1):70
[6] 王 馥等. 哈医大学报 1996;30(3):281
[7] 秦立云等. 山东医药 1996;36(10):27
[8] 王泽蓉等. 华西医学 1996;11(3):265
[9] 吴 惧. 重庆医学 1995;24(6):376
[10] 赵晓兰等. 中国皮肤性病 1996;10(1):5
[11] 云 霞等. 海南医学 1995;6(4):251

(三)抗菌药物

中国医大[1]应用舒普深(头孢哌酮钠/舒巴坦)治疗细菌性感染1020例,痊愈率66.8%,总有效率89.8%,细菌清除率83.8%,细菌敏感率95.0%,不良反应发生率6.0%。上海华山医院等[2]以舒氨新(氨苄西林/舒巴坦)治疗呼吸、泌尿道和腹腔感染110例,痊愈43例,显效56例,进步5例,无效6例,总有效率90.7%,细菌清除率80%,不良反应少且轻微。西安医大一院[3]测定8例儿童的小诺米星药代动力学,药时曲线符合二室开放模型,血药峰浓度(Cmax)和清除率(Cl)较成人低,消除半衰期($T_{1/2\beta}$)较成人长。杭州浙江医院等[4]监测老年患者静滴阿米卡星时尿β_2微球蛋白、尿白蛋白和尿N-乙酰-β-D-氨基葡萄糖苷酶(NAG)均有明显增高。青岛市儿童医院[5]检测40例应用核糖霉素患儿的尿NAG变化,用药8天时明显升高。重庆新桥医院[6]用BEAP随访27例常规剂量应用链霉素、庆大霉素和卡那霉素患儿听力,随访时间3~15年,有1例听力稍差，22 只耳Ⅰ、Ⅱ波潜伏期延长，Ⅰ-Ⅴ波峰间潜伏期缩短，耳间差＞0.4ms。4 例治疗前 BEAP 正常，4 天后异常 3 例。北京积水潭医院[7]以哌拉西林钠和阿米卡星联合治疗重度院内铜绿假单胞菌肺炎 21 例，总有效率 71.4%，细菌清除率 82.4%，不良反应发生率 9.5%。镇江医学院[8～10]实验观察庆大霉素、阿米卡星和抗生素 89-07 对豚鼠耳蜗毛细胞的损伤，剂量 200mg/(kg·d)连用 15 天，损伤率分别为 63.0%、10.0%和 0.3%，抗生素 89-07 耳毒性极小，明显优于庆大霉素和阿米卡星。电镜下抗生素 89-07 组的耳蜗柯替器完全正常，毛细胞及淋巴间隙无任何变化，螺旋神经节细胞密集，形态正常。上海华山医院[11]检测 9 种头孢菌素在健康志愿者中的药代动力学。注射给药血药浓度均高，以头孢曲松钠为最高，口服给药则以头孢克肟最低，$T_{1/2\beta}$多为 1～2 小时，而头孢曲松钠达 8 小时，多数头孢菌素经肾脏排泄，给药 24 小时内尿中排泄量达 86%～96%，而头孢曲松钠、头孢克肟和头孢噻肟钠分别为 37%、24%和 51%。该院[12]还报道老年人单次静滴头孢他啶和头孢唑啉钠 1g，与年轻组相比，血清 $T_{1/2\beta}$延长，Cl 降低，而 Cmax 则相近，提示老年人用药剂量可减少至正常剂量的 2/3～1/2。他们[13]用头孢特仑治疗呼吸道和尿路感染 63 例，临床有效率 92.1%，细菌清除率 91.4%，不良反应发生率 4.6%。北京医大一院等[14]应用头孢美唑治疗感染性疾病 1 926 例，显效率 56.5%，有效率 33.7%，8 322 例患者药物不良反应发生率为 4.2%。该药对预防手术伤口感染有良好效果，多种 G^+和 G^-细菌对其敏感。解放军总院[15]和北京医大[16]用氟氧头孢钠治疗呼吸道、泌尿道、妇科和外科感染 43 例，总有效率 93.0%，细菌清除率 91.7%，不良反应少见。南京医大一院[17]实验证明用高浓度头孢他啶滴耳时有一定的耳毒性，而低浓度时较安全。解放军总院等[18]比较头孢三嗪两种给药方法治疗呼吸道感染效果，每日 1 次，每次 2g 和每日 2 次，每次 1g，表明两种给药方案疗效和副反应均相似。重庆医大一院[19]以罗红霉素治疗细菌性感染 60 例，总有效率 91.7%，细菌清除率 88.0%，6.7 %有不良反应。上海华山医院[20]用国产阿齐霉素治疗细菌性感染 110 例，总有效率 93.6%，细菌清除率 91.4%，不良反应发生率 5.4%，与进口制剂对比有效率及不良反应发生率相似。重庆市二院[21]用乙酰吉他霉素治疗细菌性感染 27 例，总有效率 77.8%，细菌清除率 92.6%，39.3%出现消化道症状。上海华山医院[22]以氧氟沙星序贯疗法治疗细菌性感染 45 例，方法为 200mg 静滴，每日 2 次，6 天后改 200～300mg 口服，每日 2 次，共 7 天，痊愈率 60%，总有效率 84%，细菌清除率 86%。北京医大[23]用氟罗沙星治疗急性细菌性感染 80 例，总有效率 90.0%，细菌清除率 88.2%，不良反应发生率 9.6%。重庆医大一院[24]测 MRSA、MSSA、MRCNS、MSCNS、溶血性链球菌、草绿色链球菌、肺炎球菌和肠球菌对左旋氧氟沙星的敏感率分别为 64.3%、76.1%、60.0%、76.9%、69.2%、87.5%、92.3%和 33.3%。海南省医院[25]*分析 1989 年和 1995 年大肠杆菌、铜绿假单胞菌、克雷伯菌、阴沟杆菌、枸橼酸杆菌、金葡菌对诺氟沙星、氧氟沙星、依诺沙星、环丙沙星和培氟沙星五种药物的 MIC_{50}和 MIC_{90}，绝大多数提高 4 倍以上，耐药菌株明显增多。白求恩医大[26]实验证实自制新药烟酸诺氟沙星的水溶解度为诺氟沙星的 760 倍，抑菌效果明显增加，毒性降低一半。

（蔡　雄）

参考文献

[1] 于润江等. 中国实用内科 1996;16(8):471

[2] 吴菊芳等. 中国抗生素 1996;21(1):24

[3] 李　晖等. 中国抗生素 1996;21(1):47

[4] 胡小帆等. 浙江医学 1996;18(5):295

[5] 朱慧娟等. 中国抗生素 1996;21(3):237

[6] 岳桂明等. 临床脑电学 1996;5(1):35

[7] 曲晓华等. 中国抗生素 1996;21(3):203

[8] 缪亦安等. 中国抗生素 1995;20(5):365

[9] 佘蕴山等. 中国抗生素 1996;21(5):358

[10] 戴树宏等. 中国抗生素 1996;21(5):366

[11] 张婴元等. 中华传染 1995;13(4):195

[12] 施耀国等. 中国抗生素 1996;21(1):32

[13] 李光辉等. 中华内科 1995;34(11):764

[14] 斯崇文等. 中华内科 1996;35(10):668

[15] 刘又宁等. 中国抗生素 1996;21(2):105

[16] 崔　洪等. 中国抗生素 1996;21(4):288

[17] 程　雷等. 江苏医药 1996;22(9):612

[18] 陈良安等. 中华结核和呼吸 1996;19(1):50

[19] 谢友红等. 中国抗生素 1996;21(5):372

[20] 王明贵等. 中国抗生素 1996;21(5):380

[21] 王世伟等. 重庆医学 1996;25(1):38

[22] 李光辉等. 新药与临床 1996;15(5):280

[23] 侯　杰等. 中华内科 1996;35(10):663

[24] 肖永红等. 四川医学 1996;17(4):240

[25]* 贾　杰等. 中华传染 1996;14(3):174

[26] 曹瑞敏等. 白求恩医大学报 1996;22(3):241

文选

人疱疹病毒6型感染对细胞免疫功能的影响（中华儿科 1996;34(4):236） 重庆医大儿童医院李成荣等采用淋巴细胞增殖试验、定量反转录-聚合酶链反应(RT-PCR)探讨人疱疹病毒6型(HHV-6)对细胞免疫功能的影响。结果显示HHV-6感染可明显抑制植物血凝素(PHA)诱导的淋巴细胞增殖反应(PHA+HHV组与PHA组相比，$P<0.01$)，并可诱导单核/巨噬细胞表达内源性IL-10、IL-12及B_7 mRNA，其中以IL-12 mRNA积累最快，感染后6小时达高峰，而B_7和IL-10 mRNA在感染后6小时刚可测及，12小时才达峰值。IL-10 mRNA的积累明显多于IL-12及B_7，并随IL-12 mRNA积累的出现而迅速下降。为观察HHV-6诱导的内源性IL-10对IL-12和B_7 mRNA表达的影响，作者首先于HHV-6感染淋巴细胞的同时加入外源性重组人IL-10，显示IL-12及B_7 mRNA积累的明显减少，尤其是IL-12。继而他们用抗人IL-10单克隆抗体阻断HHV-6诱导的IL-10产生，显示被HHV-6感染抑制的淋巴细胞增殖反应有明显逆转，IL-12和B_7 mRNA表达量显著回升。实验表明HHV-6导致的细胞免疫功能紊乱可能与其诱导的内源性IL-10抑制单核/巨噬细胞表达IL-12和B_7基因有关。

（刘喜泰）

HBsAg阴性乙型肝炎患者病毒感染与S基因插入变异的关系（中华传染 1996;14(3):129） 广州南方医院侯金林等对2例HBsAg(－)/HBV DNA(＋)慢性乙肝患者HBV的S基因进行全序列分析，并与同时获得的HBsAg(＋)患者序列和已发表的序列进行比较，直接序列分析采用Promega公司"fmol"测序试剂盒。结果表明：例1S基因全序列为687bp，例2为690bp，均为adw亚型，两者与已发表的adw亚型和中国人adw亚型的同源性在核苷酸水平分别为93.7%～94.0%和93.3%～93.6%；在氨基酸水平的同源性分别为90.8%～91.2%和90.4%～90.8%；两例S基因"a"决定簇编码区前均有插入变异，例1在S基因第518位核苷酸前插入6个核苷酸CGGGCA，使HBsAg密码子122和123间"a"决定簇前多编码2个氨基酸(Arg-Ala)，例2于第518位后插入9个核苷酸，使密码子123和124间增加3个氨基酸。同时对15例HBsAg(＋)慢性肝病和肝癌患者S基因进行序列分析，未见插入变异。

（倪 武）

用限制片段多态性研究乙型肝炎病毒C区L97点突变（中华实验和临床病毒 1995;9(4):311） 北京佑安医院黄春等建立了一种限制片段长度多态性(RFLP)方法筛选HBV C区L97点突变：待测血清以PCR法扩增后，选取403bp扩增产物，以Dde I限制酶切后电泳，出现126bp和167bp条带者为L97变异，仅有293bp条带者为非变异。用此方法检测经末端终止法测序证实的有和无HBV C区L97突变的血清各10份，结果和已知测序结果完全吻合，重复操作结果稳定；再用此法测20份新挑选的血清，检出有L97变异者12份，无变异8份，从中各随机选出6份进行测序，两者结果完全吻合。用Dde I酶切法对突变率较高的L97位点进行筛检为批量检测HBV C区点突变提供了一种简便有效的方法。

（倪 武）

单磷酸阿糖腺苷联合胸腺肽治疗慢性乙型肝炎远期疗效观察（中华内科 1996;35(8):554） 青岛市传染病院仉洪田等观察了单磷酸阿糖腺苷(Ara-AMP)联合胸腺肽治疗慢性乙肝的远期疗效。将136例HBsAg、HBeAg和HBV DNA均阳性的慢性乙肝病人(男94例，女42例，年龄23～59岁，平均39.8岁)，分A、B、C 3组(分别为52、42和42例)，A、B组为治疗组，均肌注Ara-AMP 28天(第1～5天，10mg/kg；第6～28天，5mg/kg)，同时每日肌注胸腺肽10mg(A组用30天，B组用90天)；C组每日肌注维丙肝160mg 30天为对照。治疗结束后随访后12个月。结果表明：12个月后A、B组各有3例HBsAg阴转，C组无1例阴转；各组HBeAg阴转率分别为51.9%(27/52)、62.1%(18/29)和16.7%(5/30)，治疗组显著高于对照组($P<0.01$)，而治疗组间无显著差异；HBV DNA阴转率分别为42.3%(22/52)、72.4%(21/29)及16.7%(5/30)，治疗组亦显著高于对照组，且B组显著高于A组($P<0.01$)；各组间ALT复常率均无显著差异($P>0.05$)。提示联合疗法可提高疗效。

（倪 武）

述评 单磷酸阿糖腺苷因与DNA结构中腺嘌呤、胸腺嘧啶等相似，故可干扰DNA的合成。用其治疗 HBV 感染能干扰 HBV DNA 的复制，但同时也可对人体正常组织的 DNA 发生影响，故具有一定毒性。胸腺肽对人体胸腺依赖 T 淋巴细胞有刺激作用，故能起免疫调节作用。为减少单磷酸阿糖腺苷对人体的毒性，在减少其用量的同时加用胸腺肽进行免疫调节，疗效优于二者单独应用(中华实验和临床病毒 1996;10(3):232)。近来有人应用干扰素与胸腺肽联合治疗乙型肝炎和丙型肝炎，正处临床观察阶段。我们希望找出既能降低药物毒性又能提高治疗病毒性肝炎疗效的方法，且能进行长期随访以观察疗效的可靠程度。

(周明行)

输血后丙型肝炎的前瞻性研究(中华内科 1996;35(10):659) 北京协和医院(PUMC)王爱霞等与华西医大(WCMU)、北京医大(BMU)、上海医大(SMU)联合进行输血后丙肝的研究。选择输血前 ALT 正常、抗 HCV(－)。近半年内无输血或用过血制品史的受血者，以及 HBsAg(－)、抗 HBc(－)、抗 HCV(－)、抗 HIV(－)、梅毒等项目筛选合格的献血员为研究对象。他们于受血后 1、2～3、4～5 及 6 个月分别留血标本，每例收集标本 5 份(含受血前 1 份)。以第二代抗 HCV 试剂检测抗 HCV、PCR 法测 HCV RNA，结果 PUMC 发现抗 HCV 阳性率以市区志愿献血员为低(0.4%，123/29 610)，其次为农村献血员(5.6%，266/4 748)，市区职业献血员最高(14.5%，50/345)。献血员虽经抗 HCV 筛选，但受血者仍有输血后丙肝发生。在 PUMC、WCMU、SMU、BMU 四个单位随访 3 个月以上的受血者中，HCV 感染率分别为 15.3%(14/91)、24.6%(15/61)、13.2%(12/91)及 1.5%(1/65)，输血后发生丙肝的多在受血后 2 个月左右 ALT 升高，继而抗 HCV 阳转(其实在此之前 1 个月 HCV RNA 已阳性)，多数输血后丙肝虽已抗 HCV(＋)或 HCV RNA(＋)或 ALT 升高，但临床表现均不明显，只在定期检查时才发现 ALT 异常或检测 HCV 标志物阳转而确诊。作者建议今后对受血者应于受血后 2～3 个月常规复查肝功能及抗 HCV、HCV RNA，以便早期发现输血后丙肝。目前我国人群中抗 HCV 阳性率在 1%左右，输血后丙肝的发病率在 13%左右，而同期输血后乙肝的发病率明显下降。

(周长林)

述评 在美国输血后肝炎中丙肝占 78.0%～94.0%，国内孙永德首次(1985 年)报道经输血(血浆)传播的丙肝高达 89.9%(97/108)。本研究发现输血后丙肝发病率在随访 3 个月以上的受血者中，抗 HCV 阳性率为 1.5%(BMU)至 24.6%(WCMU)，表明现阶段献血员的各项筛选项目尚不能完全排除输血后丙肝的传播。建议于受血后 2～3 个月应常规检查肝功能、抗 HCV 及 HCV RNA，以便及早发现输血后丙肝。上文研究对控制输血后丙肝的发生、发展意义较大。

(瞿 瑶)

丙型肝炎的病理观察(中华病理 1995;24(5):292) 北京中日友好医院刘霞等选择经血清学证实的丙肝 70 例(男 54 例，女 16 例，24～58 岁)，其中急性丙肝 20 例(有输血史 18 例，余 2 例有手术史及拔牙史)，慢性 50 例(7 例合并乙肝，有输血及血制品史者 45 例)。另选择各型乙肝标本 110 例为对照。肝组织标本经 10%中性福尔马林固定、包埋、切片备检。结果中度以上汇管区淋巴细胞集聚、中度以上小胆管损伤、脂肪变性、嗜酸小体、坏死灶及中度以上窦淋巴细胞渗出六种病理改变在急性丙肝、急性乙肝中依次为 9(45%)、1(5%)；12(60%)、2(10%)；14(70%)、4(20%)；12(60%)、9(45%)；11(55%)、16(80%)；12(60%)、5(25%)。与急性乙肝相比，汇管区淋巴细胞集聚、小胆管损伤、脂肪变性及窦淋巴细胞渗出等病理改变在丙肝中更为明显，二者差异显著。中度以上汇管区淋巴细胞集聚、中度以上小胆管损伤和脂肪变性 3 种病变在 43 例慢性丙肝、90 例乙肝中依次为 29(67.4%)、23(25.6%)；28(65.1%)、17(18.9%)；22(51.1%)、16(17.7%)。慢性丙肝以伴小胆管损伤的 T 细胞为主的淋巴细胞集聚及汇管区扩大为特征。脂肪变性以大泡性脂肪变较为突出。慢性丙肝合并乙肝 7 例中均见丙肝病变特征即小叶内大泡脂变及窦淋巴细胞渗出，汇管区淋巴细胞集聚、小胆管损伤亦较明显，部分见汇管区扩大、碎屑样坏死等改变。作者认为以大泡脂变为特征的"片状变性"可作为丙肝的特征性改变，机理可能与病毒直接作用有关，但小胆管损伤机理尚不清楚。

(周长林)

述评 丙肝病理学重要特征之一是汇管区淋巴细胞集聚，有时可形成淋巴滤泡。与乙肝相比，除此之外，丙肝尚有小胆管损伤及较明显的肝细胞脂变，并常见到宽大的汇管区-汇管区桥接坏死及纤维化，而碎屑坏死相对较轻。以上为丙肝病理诊断及与乙肝鉴别诊断提供了依据。有报道电镜下丙肝肝细胞脂变是最突出结构变化之一，检出率达 100%。窦周间隙及肝细胞间隙胶原纤维充塞十分明显(周晓军．江苏医药 1996;22(6):372)。

(瞿 瑶)

干扰素联合病毒唑对肝炎患者正、负链丙型肝炎病毒 RNA 的影响(中华内科 1996;35(1):32)

武汉协和医院贺永文等选择输血后慢性丙肝23例(男9例,女14例,29～55岁)。接受干扰素(IFN α-2b,美国)联合病毒唑(中国武汉)治疗13例,单用IFN治疗10例。给药方法:IFN 300万U,肌注,每周3次,3个月为1个疗程,联合治疗组在第1个月同时静滴病毒唑1g,每日1次。用套式反转录PCR检测血清及外周血单个核细胞(PBMC)中正、负链HCV RNA。结果显示:联合治疗组ALT降至正常9例,平均需时23.8天,5例停止治疗后24周复发;单独IFN治疗组血清ALT降至正常6例,需时29.6天,复发4例,二者疗效无显著差异。血清正链HCV RNA,PBMC中负链HCV RNA阳性率经联合治疗后分别由92.3%降至38.5%,由76.9%降至38.5%;单独IFN治疗后阳性率分别由100%降至50%,由90%降至40%,两组间亦无显著差异。在联合治疗组中,如果只检测血清正链HCV RNA,治疗结束时有7例阴转(58.3%),加测PBMC正链HCV RNA后,阴转6例(46.2%),如同时检测血清正链及PBMC正、负链HCV RNA,仅4例阴转(30.8%)。分析HCV RNA阴转与复发的关系发现,如只检测血清正链HCV RNA,治疗结束后5例复发中有3例HCV RNA阴性,加测PBMC正、负链HCV RNA后,4例正链、1例负链HCV RNA阳性,说明这3例血清正链HCV RNA虽然阴转,实际上HCV未被清除。联合治疗组中未复发的4例,血清正链、PBMC中正、负链HCV RNA全部阴性。作者认为如果单纯检测血清正链HCV RNA,可使疗效考核及病情转归的判断发生偏差。只有同时检测血清及PBMC中正、负链HCV RNA,方与患者的病情转归及预后更为符合。

(周长林)

述评 丙肝采用IFN治疗是近年来研究的重点。评价IFN联合病毒唑的治疗效果及患者血清和PBMC中正、负链HCV RNA在治疗前后变化作为疗效考核及病情转归的判断指标具有重要的临床意义。虽然上文未能证实病毒唑可增加IFN的疗效,但有报道认为这种联合是一种有希望的疗法(Braconier TH. Scand J Infect Dis 1995; 27: 325)。

(瞿 瑶)

1994年全国肾综合征出血热监测点疫情监测结果分析(中国公共卫生 1995;11(11):481) 预防医科院流行病所罗成旺等在1991～1993年全国肾综合征出血热(HFRS)监测总结的基础上,对1994年全国41个HFRS监测点的人间疫情和8个有代表性的监测点的动物疫情进行了调查,结果表明1994年人间疫情比1993年上升了20.1%(18935/15761),其中2～6月增加37.7%(5806/4216),11～12月增加17.9%(6830/5792)。原属于高发病区的黑河市、密山市、临沂地区、天台县、确山县和宁乡县发病率继续呈上升趋势;原属于低发病区的宁夏区和南充地区上升为中发病区,其他疫区呈相对稳定状态。1994年动物疫情中野外和居民区内的优势鼠种仍为黑线姬鼠和褐家鼠,其密度分别为5.4%和5.1%,比1993年明显上升,其中黑线姬鼠上升31.1%,褐家鼠上升78.0%。动物带病毒率较1993年略有下降,黑线姬鼠下降19.1%,褐家鼠下降17.6%,但带病毒鼠指数仍比1993年有所上升,黑线姬鼠上升14.3%,褐家鼠上升50.0%。结果提示1994年HFRS疫情增加的重要原因之一是与疫区带病毒鼠指数增加有关。

(万谟彬)

干扰素治疗肾综合征出血热的临床研究(南京医科大学学报 1996;16(6):513) 南京医大一院孙志坚等用人白细胞α干扰素(IFN-α)100万U/d或重组α干扰素2b 150万U/d,从患者入院起连续静滴或肌注3天,分别治疗HFRS 23例和21例,与对照组相比患者三痛症状消失较快,球结膜水肿消失较早,尿蛋白持续时间缩短,血尿素氮峰值减低,多尿期提前出现。IFN治疗组越期率高,无继发感染和死亡发生;而对照组16例发生低血压休克,24例出现少尿或无尿,7例继发上呼吸道感染,2例死亡。治疗组血小板计数复常时间缩短。病毒膜蛋白和核蛋白在外周血单个核细胞中表达迅速减弱,尿中病毒膜蛋白和核蛋白转阴率较高。作者认为IFN治疗HFRS具有良好疗效,且宜早期使用,越早越好。

述评 国内1986年起即开展了干扰素治疗流行性出血热的临床研究(白敬羽等.实用内科 1986;9(5):488) 取得了初步成效。进一步的研究证实干扰素在减轻肾充血和渗出、尿蛋白转阴、尿素氮减低和血小板计数复常等方面具有肯定疗效(白敬羽等.中华传染 1993; 11(2):200)。上文的研究发现干扰素治疗组患者病毒膜蛋白和核蛋白在外周血单个核细胞中表达迅速减弱,尿中病毒膜蛋白和核蛋白转阴率较高。这些研究结果均为干扰素治疗HFRS提供了依据。若能进一步扩大临床研究,特别是进行随机双盲疗效考核,则更能有力证实其临床疗效。

(万谟彬)

鼠疫活菌苗0614F株遗传稳定性研究(中华微生物和免疫 1996;16(1):25) 青海地方病所王丽等将该所多年研究选育的0614F鼠疫菌株和EV菌株经人工培养基、动物各传20代后进行生物学性状、对实验动物的毒力和免疫力观察。结果显示各代0614F株的菌体形态、培养特性、生化、毒力因子、F_1抗原含量、质粒分子量等与原株无差异。0614F原株及动物传20代的菌株分别以250亿、300亿皮下感染豚鼠，连续观察30天，无一死亡，说明传代后毒力无增强。0614F原株150万菌皮下免疫豚鼠，可100%保护10亿毒菌的攻击，人工传20代菌对10亿毒菌的攻击有91.7%的保护力，与原株无差异。而EV菌经过同样方法传代后，其免疫力比原株有明显下降，对10亿毒菌攻击只能保护50%，对1亿毒菌攻击的豚鼠也只能保护58.3%，EV原株与传代株之间有明显差异。由此可见0614F株系低毒菌，免疫原性明显优于EV株，经传代后其免疫原性无改变，毒力无增强，未出现返祖现象，各项生物学性状与原株保持一致，质粒分子量无改变，说明其遗传基因稳定，保证了不因外环境及宿主机体的变换出现变异，与免疫力密切相关的F_1抗原与vw抗原性状的稳定，可保证获得满意的免疫效果。作者认为该菌经长期保存后，各种性状不发生改变，具有稳定的遗传特性，为预防人类鼠疫提供了可靠依据。

述评 鼠疫是一种烈性传染病，其病情之严重、病死率之高给人类带来的危害极其严重。研究出一种具有鼠疫菌特有的抗原性和免疫原性、且遗传基因稳定免疫效果持久可靠、对人无致病性的鼠疫菌苗来对人类进行鼠疫的免疫预防是十分重要的。青海地方病所经过多年研究选育的0614F菌株，不但具备鼠疫菌特有的抗原性和免疫原性，而且其遗传基因稳定、对人无致病性，对用于鼠疫菌苗的研制有非常重要的价值。

（刘喜泰）

用纯化布鲁氏菌抗原消除耶尔辛氏菌0：9交叉反应的研究（中国地方病防治 1996;11(2):78） 中国兽药监察所毛开荣等采用亲和层析法制备布菌特异性抗原，并标定布菌特异抗原应用液的浓度，再将其在NC膜上点样并封闭，制成特异性布菌抗原膜，用Dot-ELISA法检测血清或全血中的布菌特异性抗体。他们测已知感染动物的血清，结果表明该法特异性达100%。敏感性试验表明该法可检测到10^{-2}IU的布菌抗体，比试管凝集试验的敏感性高100倍以上。作者用SDS-PAGE电泳对提纯的布菌特异抗原进行鉴定，显示布菌可溶性抗原分子量为20kD、25kD、55kD和66kD 4条带，特异抗原只显示55kD和66kD两条带，而20kD和25kD两条带是与耶尔辛菌(Ye)0：9血清型共有的抗原带，通过亲和层析吸附掉20kD和25kD抗原部分后就可避免布菌与Ye 0：9的交叉反应。本文Dot-ELISA的全血法和血清法之特异性和敏感性无明显差异，具有简便、快速、敏感性高的特点。

述评 由于布菌与Ye 0：9等非布菌具有起交叉反应的共同抗原成分，在布病血清学诊断中假阳性问题比较严重，故提高特异性诊断的关键在于去除布菌与Ye 0：9等非布菌的共同抗原成分，纯化其特异抗原成分。作者通过亲和层析法提纯布菌特异性抗原，用Dot-ELISA检测血清或全血的特异性抗体，具有简便、快速、特异性强、敏感性高的特点。应该创造条件，推广该法的应用。

（刘喜泰）

淋球菌对五种抗菌药物的敏感性测定及营养型分布（中华皮肤 1996;29(3):163） 医科院皮研所苏晓红等对1994年7月～1995年6月间4个城市性病门诊分离的390株淋球菌作了药敏及营养型测定。以琼脂稀释法测定5种监测抗菌药物的MIC，染色体介导的耐青霉素、四环素和环丙沙星的菌株(MIC≥1mg/L)分别为80.5%、95.4%及11.3%。5株为产青霉素酶菌株(PPNG)。对大观霉素敏感的菌株(MIC≥32mg/L)为99.7%，全部分离株对(头孢三嗪)敏感。其中40株(10.3%)为多重耐药菌株，同时对青霉素、四环素及环丙沙星耐药。390株淋球菌中存在8种营养型，以需脯氨酸(Pro^-)及原型(Proto)菌株占优势。需脯氨酸的菌株对环丙沙星的敏感性低于原型菌株。作者认为耐青霉素及四环素的菌株比率较高，出现对环丙沙星耐药的菌株。持续监测淋球菌的药敏及营养型对淋病的防治十分重要。

述评 近20年来，淋球菌耐药情况日益严重，除PPNG流行率仍较低外，我国耐青霉素、四环素的染色体耐药菌株甚为普遍，对喹诺酮类的耐药也逐渐增加，部分菌株为多重耐药。虽然99.7%的菌株对大观霉素敏感，但部分地区大观霉素的MIC达临界浓度(32mg/L)的菌株约占60%左右。虽然所有菌株仍对头孢三嗪敏感，但淋球菌耐药菌株的增加、交叉耐药、多重耐药的产生给淋病的防治工作造成严重威胁。营养型与药敏及特定临床类型有关，Pro^-型菌株对青霉素、四环素敏感性下降，对环丙沙星的敏感性低于Proto型。需精氨酸、次黄嘌呤及尿嘧啶(AHU^-)型菌株常引起播散性淋病感染，但对青霉素敏感。该研究未检出AHU^-型菌株。还有研究发现，南京地区淋球菌从1989～1994年间的营养型无明显改变[王千秋等. 中国皮肤性病 1996;10(2):69]。对淋球菌菌株的营养分型，药敏的连续、多地区监测及耐药菌株的产生与传播等方面的研究将对淋病的防治提供十分有效的帮助。

（李志刚）

上海地区非淋菌性尿道炎、宫颈炎的病原学调查研究（中国皮肤性病 1996;10(1):11） 上海医大周乐等用IDEIA试剂盒检测沙眼衣原体(Ct)，液体培养法检测解脲支原体(Uu)，GC培养基检测淋球菌，对上海地区1124例性病门诊患者进行病原体检测，证实其中491例有623株不同病原微生物引起的感染。病原中Ct、Uu和淋球菌分别占患者总数的15.7%、27.0%和12.6%。淋球菌、Ct和Uu中分别有50%、46%和30%为2种以上病原混合感染，并有19例为三者同时感染。约90%的病原阳性患者为21～40岁。作者认为，Ct和Uu在国内性病患者中普遍存在，感染率较高，主要由性接触传播。在淋球菌阳性的患者中，约半数为2或3种病原的混合感染，说明在性病的防治中检测Ct和Uu的重要性。21～40岁年龄组是我国性病发病的高危人群。

述评 国外Ct和Uu已成为非淋菌性尿道炎(NGU)的重要病原体，国内多家调查也证实国内NGU中Ct和Uu为主要病原。Ct和Uu在国内性病门诊患者中有较高的检出率，而且淋病患者约半数伴有Ct和/或Uu的感染，混合感染是性病防治工作中应特别加以重视的问题，需要继续开展工作加以研究探讨。上文研究尚欠缺健康人群对照，梅毒、细菌学、真菌学等的资料，需要进一步完善。有报道不育夫妇、置宫内节育器妇女人流术后、有生殖道炎症妇女支原体感染率明显升高（中华流行病 1996;17(2):91），提示支原体可能是在其他炎症基础上伴发的机会感染。国内还有多家报道NGU中发现人型支原体、金葡菌、前列腺液中分离出多种病原菌、HSV和HCV感染率也较高等，这些都是性病防治工作中值得注意的问题。

（李志刚）

肝细胞生长素抗内毒素性休克的作用机理探讨（中华内科 1996;35(2):99） 重庆医大肝炎所曹维群等从人胎肝组织中提取小分子肝细胞生长素(HPN)，研究HPN在内毒素性休克中的作用及其机理。应用Wistar大鼠静脉注射内毒素建立休克动物模型并用HPN进行保护。结果：(1)内毒素休克动物注射内毒素(1.5mg/kg)后1小时，血压(8.8±3.9) kPa，TNF细胞毒性指数29.7±5.4，与注射生理盐水对照动物差异显著($P<0.01$)，血压降低程度与TNF水平增高呈正相关关系($r=0.75$, $P<0.01$)。(2)静脉注射内毒素同时腹腔内注射HPN(4mg/kg)，1小时后动物血压为(3.0±1.1)kPa，比对照组腹腔内注射生理盐水和正常成人肝组织提取物组的(6.4±1.1)kPa和(5.9±2.7)kPa明显降低($P<0.05$)。TNF细胞毒性指数增高值三者分别为3.8±14.5、25.4±10.6和20.0±9.6，HPN组明显减低($P<0.01$)。肺、肾组织的病理损害程度亦明显减轻。(3)静脉注射内毒素，15分钟后腹腔注射HPN，1小时后动物血压为(5.1±1.6)kPa，对照组为(6.2±7.1)kPa；TNF细胞毒性指数分别为23.3±6.71和22.6±12.4，之间均无显著差异($P>0.05$)，动物肺、肾的组织病理改变亦相似。作者认为TNF在内毒素性休克发生中起重要作用，HPN有保护动物血压、降低血TNF水平的作用。

述评 TNF是内毒素性休克的重要介质。已知许多物质如糖皮质激素、布洛芬和秋水仙碱等可使内毒素性休克时TNF水平降低，对休克具有一定的保护作用。上文研究提示人胎肝细胞生长素(HPN)可降低内毒素休克时血TNF水平，并对血压和肺、肾组织有一定的保护作用。如能更进一步研究HPN对表达TNF的mRNA水平有无影响则意义更大。

（蔡 雄）

聚合酶链反应检测耐甲氧西林金黄色葡萄球菌的研究（中华传染 1995;13(4):191） 浙江医大一院俞云松等用PCR检测该院实验室保存的120株金葡菌的MecA基因，其中40株为MRSA（对甲氧西林MIC≥16mg/L，对苯唑西林钠MIC≥4mg/L），引物MR_1为5′[478]GTGGAATTGGCCAATACAGG[497] 3′；引物MR_2为5′[1816] TGAGTTCT-GCAGTACCGGAT[1797] 3′。检测结果，MecA基因经PCR扩增后其产物为1.3kb，Southern Blot杂交证实其为MRSA的特异产物。MRSA菌株经10倍递减稀释后，利用PCR扩增，同时用倾注平片法进行菌落计数，见56.7±12.9个细菌经35个循环即可出现阳性结果。对比PCR和药敏法结果，药敏法40株MRSA中，MecA基因均阳性，同时药敏法对甲氧西林钠和苯唑西林钠敏感的金葡菌中有4株MecA基因阳性。作者认为PCR检测MRSA的MecA基因比药敏法更为准确、可靠、灵敏，且需菌量少、耗时短，对快速、准确诊断MRSA感染、控制流行、指导临床抗生素应用有重要意义。

述评 临床MRSA感染越来越常见，尤在医院感染中更加突出。目前大多数医院普遍以细菌培养加药敏试验来诊断MRSA感染。上文研究基于MecA基因为MRSA所特有，经PCR法扩增后，仅需(56.7±12.9)个细菌即可出现阳性结果，具有快速、准确、可靠、灵敏的特点，如能同时对其他细菌进行检测对比，则结论更加科学可信。在有条件的医疗单位开展这项检测，对诊断MRSA感染、控制流行和指导用药有重要意义。

（蔡 雄）

上海市部分医院细菌耐药性监测及其临床意义（中华传染 1996;14(3):148） 上海华山医院汪复等收集1993年7月～1994年1月上海6家医院临床分离细菌2050株，17.1%来自门诊患者，82.9%来自住院患者。计有G^+球菌540株(26.3%)，G^-球菌77株(3.8%)，G^-杆菌1433株(69.9%)。常见菌依次为大肠杆菌18.6%，志贺菌属12.6%，金葡菌11.9%，绿脓杆菌11.3%，克雷伯菌属9.1%，肠杆菌属8.1%，肠球菌属6.5%，不动杆菌属6.5%，凝固酶阴性葡萄球菌(CNS)5.7%。用纸片法测细菌对16种抗菌药的敏感性，Cefinase纸片测细菌的β内酰胺酶。产β内酰胺酶阳性率为金葡菌95%、CNS 83%、肠球菌属0%，除流感杆菌为0%和伤寒杆菌为6%外，G^-杆菌产酶率均在50%～100%。葡萄球菌中，MRSA和MRSE分别为72%和60%，对多数抗菌药的耐药率极高(85%～100%)，但对去甲万古霉素均敏感，仅2%的肠球菌对之耐药。链球菌对青霉素、氨苄西林仍高度敏感，对其他β内酰胺类抗生素亦高度敏感。志贺菌属对氨苄西林耐药率达76%，优立新50%，但其与沙门菌属对其他抗菌药均极敏感，耐药率<5%。其他肠杆菌科细菌对氨苄西林的耐药率为55%～91%，但对优立新仅为25%～35%。肠杆菌科细菌对一代头孢菌素的耐药率为32%～36%，但肠杆菌属、枸橼酸菌属和沙雷菌属高达50%～75%；对二代为25%～30%，后者仍达38%～43%；对三代为10%～20%。对G^-杆菌作用较强者分别为亚胺培南、头孢他啶、阿米卡星和环丙沙星，耐药率分别为3%、12%、18%和29%。嗜麦芽单胞菌对亚胺培南耐药，不动杆菌和产碱杆菌属亦有部分耐药。G^-杆菌对庆大霉素耐药占42%(569/1344)，其中约54%(309/569)对阿米卡星敏感。

（蔡　雄）

医院感染经济损失的病例对照研究（中华医院感染 1996;6(2):83） 武汉同济医大吴风波等采用病例对照研究方法调查医院感染的直接经济损失。其调查137对病例，医院感染组总医疗费用为1436864元，对照组为740180元，医院感染组医疗费是对照组的1.9倍，总损失696684元，平均每位患者多支出5058.28元。不同科室中以外科医院感染经济损失(每例6867元)为最高，感染部位中以血液感染(增加每例费用10472元)为最高，其次为泌尿系和下呼吸道感染，平均增加费用9434元和8429元。多部位感染比一个部位感染医疗费支出多，平均每例增加354.25元。137例医院感染者总住院天数为4077天，比对照组的2656天延长1421天，平均每例延长10.37天。作者认为只要降低1%医院感染率，即可支付医院感染质控人员的工资及进行医院感染管理和研究所需要的一切费用。

述评 80年代美国因医院感染而造成的损失每年逾40亿美元，但国内尚无确切的研究报道。上文作者以病例对照组研究，较科学地说明医院感染病例平均增加费用超过5000元，延长住院日10余天，结果令人信服。医学临床实践必须遵循经济原则，希望今后能在卫生主管部门的组织领导下，进行较大规模的有关研究，弄清我国医院感染造成的经济损失状况，对卫生主管部门提供决策参考和临床医护人员加强控制医院感染的指导作用将更大。

（蔡　雄）

1989年与1995年临床分离菌对氟喹诺酮类敏感度测定（中华传染 1996;14(3):174） 海南省医院贾杰等对1989年与1995年临床分离菌用营养肉汤试管2倍稀释法对两组细菌进行5种氟喹诺酮(FQs)类药物MIC测定，结果1995年分离的大肠杆菌、绿脓杆菌、克雷伯菌、阴沟杆菌、弗劳地枸橼酸杆菌、金黄色葡萄球菌、凝固酶阴性葡萄球菌对诺氟沙星(NFLX)、氧氟沙星(OFLX)、依诺沙星(ENX)、环丙沙星(CPLX)和培氟沙星(PFLX)的MIC_{50}和MIC_{90}均较1989年分离菌增高4～32倍(除金葡菌的MIC_{50}基本不变外)。耐FQs的大肠杆菌、金葡菌和表葡菌对5种FQs之间彼此有交叉耐药，对阿米卡星和泰能均无交叉耐药，对苯唑西林钠、头孢唑啉钠和头孢哌酮钠的MIC亦有所提高，但仅耐NFLX、ENX、CPLX的大肠杆菌对头孢哌酮钠、耐OFLX、CPLX、PFLX的金葡菌对头孢唑啉钠的MIC均提高了4倍，产生了交叉耐药。

述评 近10年来，国内氟喹诺酮类药物的临床应用日趋广泛，细菌对之的耐药现象已很常见。其耐药机制主要为细菌靶DNA旋转酶亚单位A的N末端第83位丝氨酸与第87位天冬氨酸突变为亮氨酸和天冬酰胺。近来报道大肠杆菌对诺氟沙星和环丙沙星的耐药率分别达45.6%和14.4%(中华传染1996;15(2):71)，G^+球菌对氧氟沙星和环丙沙星的耐药率为57.9%和70.2%(中华医学 1996;76(4):265)。由于氟喹诺酮类药物抗菌谱广，毒副作用少，使用方便，在许多医院其用量已达相当的比例，其中不合理应用或滥用的情况亦很惊人，是很快产生耐药的重要原因之一。上文对比1989年与1995年临床分离细菌对氟喹诺酮类药物的敏感性，结果值得重视。有意识地定期进行某一地区常见致病菌的耐药对比研究，对指导临床合理应用抗菌药物有重要意义。

（蔡　雄）

寄 生 虫 病

收集1995年11月～1996年10月文献692篇，纳入回顾228篇（占32.9%），列入文献3篇（占0.4%）。

一 年 回 顾

一、原虫病

（一）疟疾

病原学　预防医科院寄生虫所等[1]*1986～1992年在海南和云南地区采用WHO标准体外微量法测定了恶性疟原虫对抗疟药的敏感性。甲氟喹和奎宁未发现抗性。氯喹、阿莫地喹（氨酚喹）和哌喹抗性率分别为84.6%、86.1%和8.3%。有38.0%病例对咯萘啶有抗性。海南热带病所[2]在该省保亭县参照WHO恶性疟原虫对氯喹敏感性体内试验4周法，采用哌喹1.5g（碱基）3天分服，治疗恶性疟10例，抗性程度判定："S"6例，"RⅠ"1例，"RⅡ"1例，"RⅢ"2例。一军医大等[3]化学合成恶性疟原虫杂合抗原基因3个重组克隆菌表达产物，均具有良好的免疫原性。

流行病学　海南热带病所[4]分析1992～1994年该省10个疟疾防治试验点疟疾患者3 524例的感染来源，上山感染比例从70.6%上升至78.6%，外出感染从1.5%上升至5.4%，村内感染则从20.6%下降至13.4%。河北医大二院[5]报道石家庄地区输血相关性疟疾22例，供血员均为本省籍。无锡防疫站[6]分析该市1988～1992年输血性间日疟89例，均有外地血源输入史。1990年起献血员在献血前顿服氯喹，取得了明显防治效果。白求恩医大等[7]报道吉林省1993年后新发疟疾17例，其中输血后疟疾占13例。

临床研究　北京铁路总院[8]分析疟疾33例，间日疟12例服氯喹加伯氨喹4日治愈。非洲感染恶性疟21例，其中4例服氯喹无效，均用哌喹加蒿甲醚治愈。浙江缙云县医院[9]分析非洲马里先天性疟疾108例，首诊为新生儿肺炎45例，腹泻39例，脓疱疮10例，惊厥8例。有发热者101例，经病原学确诊后采用氯喹，青蒿琥酯或法国产奎宁马克斯共治愈105例，死亡3例。福建宁德地区一院[10]报道塞内加尔脑型恶性疟39例，头痛36例（92.5%），呕吐33例（84.6%），均有发热、抽搐或昏迷（100%），颈项强直7例（17.9%），脾大8例（20%），主要采用Paluject或加用青蒿琥酯治疗，治愈率79.5%。宁夏自治区医院等[11]分析所见非洲贝宁儿童脑型疟158例，表现发热121例（76.6%），寒战42例（26.6%），惊厥128例（81%），浅昏迷37例（23%），中、重度昏迷116例（70%），头痛82例（52%），呕吐82例（52%）。脑脊液检查7例均正常。主要采用Quinimax治疗。死亡17例，其中中枢性呼吸衰竭13例，严重贫血2例。海南安宁医院[12]分析误诊恶性疟38例，其中误诊为病毒性脑炎13例，急性胃肠炎12例，病毒性肝炎10例，急性肾小球肾炎3例，主要原因是忽视询问病史、对恶性疟多系统损害不熟悉及血检人员缺乏经验。广东广宁县医院[13]分析近10年疟疾误诊34例，误诊为上呼吸道炎12例，急性溶血3例，钩体病8例，肠伤寒9例，输血反应2例。广西武警水电一总队医院[14]报道间日疟并发休克、恶性脑膜炎1例。有报道恶性疟并发舞蹈病样运动8个月1例，采用氯喹、复方新诺明、心痛定及扑尔敏联合治疗4天后原虫阴转、症状消失[15]；以肌痛为主要症状的恶性疟2例，例1左上臂及左肩胛肌疼痛、发热1周，例2双侧大腿肌肉疼痛不能站立2天伴低热，局部有明显压痛，随疟疾治愈疼痛消失[16]；小儿脑型恶性疟表现为肢体瘫痪3例，上肢不能上举或下肢不能站立，随疟疾治愈而好转或消失[17]；小儿特殊表现的恶性疟5例（伴心肌炎2例、眼葡萄膜炎2例、面神经瘫痪1例）[18]。福建医大一院[19]报道在塞内加尔所见小儿恶性疟并发眼葡萄膜炎 240 例，恶性疟发病 1 月内并发眼葡萄膜炎者 168 例，除 1 例因初诊时已无光感视力无法恢复外，其他病例均随恶性疟的治愈视力有不同程度恢复。尚有报道恶性疟引起多器官功能衰竭 1 例[20]，恶性疟并发 DIC 1 例[21]。

诊断研究 南通市中西结合医院[22]设计了离心浓集检查疟原虫法，阳性率较薄片法提高近 10 倍，疟原虫形态无变化，简便易行。山东寄生虫所[23]用试纸法检测镜检确诊的恶性疟患者血内富组氨酸蛋白 Ⅱ，阳性检出率 95%，间日疟与非疟疾病人均阴性。该法简便、快速、特异性强。四军医大[24]用套式 PCR 法测血样 166 份，间日疟原虫检出率为 63.9%，显著高于镜检法的 48.2%。中山医大[25]用地高辛标记探针的核酸杂交法分析恶性疟原虫环子孢子蛋白质(CSP)基因，可探及 5pg 水平的恶性疟虫体 DNA，且只与恶性疟原虫 DNA 杂交。海南热带病所等[26]用 PCR 法检测恶性疟病人滤纸血滴 30 例，结果阳性 28 例；间日疟和非疟疾病人各 16 例均阴性。本法与镜检符合率 98.4%。四军医大[27]用套式 PCR 检测滤纸干血滴中恶性疟原虫并与镜检法进行比较研究，143 例标本中，套式 PCR 的总阳性率为 62%，显著高于镜检法的 41%，两者符合率为 74%。该法简便、快速。

治疗 石家庄国棉二厂医院等[28]用蒿甲醚肌注并用复方哌喹口服治疗刚果恶性疟 110 例，疗程 3 天，全部治愈，疗效优于法国产 Quinimax。漳州芗城医院等[29]分别用青蒿琥酯和巴利捷克(Paluject)治疗塞内加尔恶性疟 76 例和 110 例，结果青蒿琥酯疗效显著优于巴利捷克。云南疟防所[30]用复方蒿甲醚片(苯芴醇与蒿甲醚配伍)在抗药性恶性疟流行区治疗恶性疟现症病人 57 例，均治愈，退热时间与原虫转阴时间较单用苯芴醇或蒿甲醚均缩短。河北医大二院等[31]在扎伊尔用氯喹伍用复方新诺明、心痛定和扑尔敏或氯喹伍用酮替芬治疗多重抗药性恶性疟，有确切疗效。昆明水电职工疗养院[32]在非洲喀麦隆采用 Quinimax 静滴配伍氯喹 3 日疗程治疗恶性疟现症患者 600 例，4 天后原虫转阴率 98.7%，复燃率为 4.6%，再次用本方案治疗仍有效。海南热带病所等[33]试用复方蒿甲醚(每片含苯芴醇 120mg、蒿甲 20mg)，16 片疗程 3 天，治愈恶性疟 33 例，有高效、速效等优点。惠州市医院[34]在赤道几内亚用青蒿琥酯针粉剂 4～5mg/(kg·d)(首剂加倍)静注，每 12 小时一次及 Quinimax 15～18mg/(kg·d)每日一次，疗程 5 天，分别治疗儿童脑型疟 28 例和 25 例，青蒿琥酯疗效显著优于 Quinimax，但复燃率较高(16%)。漳州医院[35]在塞内加尔用蒿甲醚 80mg 肌注，每日 1～2 次，疗程 3～5 天，治疗抗二盐酸奎宁恶性疟 34 例，血检疟原虫，第 4 天转阴 7 例，第 6 天转阴 27 例，随访 1 个月无复燃。河北医大二院[36]在扎伊尔对用氯喹 2.5g 治疗 3 天无效的恶性疟患者改服酮替芬(2mg，每日 3 次，连服 4 天)合并氯喹治疗，除 1 例艾滋病患者无效外，35 例均治愈。江苏邳州市中医院[37]报道因服肾上腺糖皮质激素诱发疟疾再燃 42 例。患者有近 1～5 年内疟疾既往史，因关节炎或红斑狼疮服常规剂量糖皮质激素 7～10 日者疟疾再燃 10 例，11～20 日 20 例，21～25 日 12 例。

预防研究 湖北医科院寄生虫病所[38]在该省以嗜人按蚊为主要媒介的疟疾高发区，采用 2.5%溴氰菊酯浸泡蚊帐，疟疾平均发病率从 1990 年的 0.38%降至 1993 年的 0.1%，同时发热病人的血检阳性率也从 2.8%降至 0.8%。海南万宁防疫站等[39]报道该省高疟区黎、苗族居民为预防疟疾，全民服药：哌喹 1.2g，伯氨喹 90mg，4 天分服，2 529 人中发生溶血反应 8 人(0.3%)。一军医大等[40]在减毒鼠伤寒沙门菌 SL_{3261} 中表达了人工合成的恶性疟杂合 45 肽抗原基因，可在小鼠及家兔中诱发出一定水平的特异性体液免疫和细胞免疫，并可特异地识别恶性疟疾患者血清。活菌苗口服后可在肠道较长时间寄生，且无明显的毒副作用。

(王国俊)

参 考 文 献

[1]* 刘德全等. 寄生虫学与寄生虫病 1996;14(1):37
[2] 蓝昌雄等. 中国寄生虫病防治 1996;9(3):176
[3] 陈仕荣等. 中国寄生虫病防治 1995;8(4):247
[4] 蔡红林等. 海南医学 1996;(2):65
[5] 冯志杰等. 中华内科 1996;35(8):561
[6] 高嘉明. 中华传染 1995;13(4):237
[7] 汤正艳等. 吉林医学 1996;17(4):228
[8] 杨京华等. 铁道医学 1996;24(3):185
[9] 刘春岚. 人民军医 1996;(9):43
[10] 施 展. 福建医药 1996;18(4):48
[11] 马惠珍等. 宁夏医学 1996;18(3):165
[12] 许声湖. 海南医学 1996;(1):3
[13] 孔令达等. 新医学 1995;26(12):642
[14] 陆中承等. 寄生虫学与寄生虫病 1996;14(3):180
[15] 王 彦等. 中国寄生虫病防治 1996;9(1):9
[16] 陈国粲等. 福建医药 1996;18(4):132

[17] 齐志辉. 新医学 1996;27(10):539
[18] 缪影玲. 福建医药 1996;18(4):53
[19] 朱学军等. 福建医药 1996;18(4):55
[20] 崔小平等. 中华内科 1996;35(9):615
[21] 向承发. 华西医学 1995;10(4):420
[22] 丁雪妹. 南通医学院学报 1996;16(2):294
[23] 韩广东等. 中国寄生虫病防治 1996;9(3):179
[24] 孙明林等. 地方病通报 1996;11(1):17
[25] 余新炳等. 中国人兽共患病 1995;11(6):13
[26] 蔡贤铮等. 海南医学 1996;(2):67
[27] 孙明林等. 寄生虫学与寄生虫病 1996;14(3):197
[28] 张金安. 河北医药 1996;18(1):11
[29] 吴小挺等. 新药与临床 1995;14(6):373
[30] 车立刚等. 中国寄生虫病防治 1995;8(4):244
[31] 王 彦等. 河北医药 1996;18(1):3
[32] 赵绍增. 云南医药 1995;16(6):485
[33] 庞学坚等. 海南医学 1996;(3):141
[34] 张坤尧等. 广东医学 1996;17(10):709
[35] 郑 恬. 中华内科 1996;35(10):655
[36] 王 彦等. 新药与临床 1996;15(3):182
[37] 徐景泗. 新医学 1996;27(3):143
[38] 袁方玉等. 中国寄生虫病防治 1995;8(4):241
[39] 林明和等. 中国寄生虫病防治 1996;9(3):228
[40] 黄建生等. 一军医大学报 1995;15(3):228

(二)阿米巴病

广东医学院[1]采用免疫酶染色试验(IEST)及间接荧光抗体试验(IFAT)检测阿米巴肝脓肿特异性抗体,敏感性和特异性均较高,可在临床常规应用。山西医学院一院[2]分析阿米巴病 97 例,其中肠阿米巴病 76 例,肝阿米巴病 21 例。肝阿米巴病采用一般治疗加甲硝唑或氯喹,肠阿米巴病应用 10%大蒜液保留灌肠或抗阿米巴原虫药物治疗,均取得满意疗效。江苏东台市医院[3]报道阿米巴肝脓肿 88 例,入院时误诊 26 例(29.6%),误诊为胆道疾患 7 例(26.9%),肝癌 4 例(15.4%),细菌性肝脓肿 4 例(15.4%),病毒性肝炎 3 例(11.5%),慢支肺气肿、右下肺炎、肺结核、结核性胸膜炎、伤寒、急性腹膜炎、急性阑尾炎、急性胃炎各 1 例。江都市凡川卫生院[4]收治儿童急性阿米巴痢疾 156 例,其中以高热惊厥为首发症状的 24 例。有报道肺和胸膜阿米巴病长期误诊 4 例,平均误诊时间 7.2 个月,均因医生缺乏对本病的认识和工作粗疏所致[5]。尚有表现原发性阿米巴胸膜炎 1 例[6]。山东章丘防疫站[7]用甲硝唑治疗溶组织内阿米巴感染 218 例,成人0.4g×3/d[儿童 50mg/(kg·d)],7 天为 1 疗程,1 疗程后阴转率为 88.1%。

(王卫兵 王国俊)

参考文献

[1] 朱家勇. 中国公共卫生 1996;12(6):273
[2] 谢红彦. 山西医学院学报 1996;27(3):232
[3] 俞锡均. 江苏医药 1995;21(12):815
[4] 黄 星. 江苏医药 1995;21(12):805
[5] 叶青花. 江西医药 1996;31(1):60
[6] 马向平等. 中华神经 1996;29(2):74
[7] 郑应良. 中国寄生虫病防治 1996;9(1):74

(三)利什曼原虫病

四川汶川县医院[1]报道该地区 1985~1993 年共发现黑热病 245 例,年平均发病率 28.9/10 万,有逐年增加趋势。养犬与发病率有一定关系。预防医科院寄生虫病所等[2]以利什曼原虫 rK39 为抗原,ELISA 法测 107 例黑热病患者抗体,阳性率为 96.2%,与原虫病原检出法符合率为 100%。新疆石油局总院等[3]分析克拉玛依地区皮肤利什曼病 90 例,主要临床类型为丘疹、斑块、溃疡性结节和结节性痒疹型 4 种。丘疹及斑块型主要是由原虫引起的巨噬细胞聚集和炎症反应;溃疡性结节型是由于皮肤组织坏死、液化及脱落所致;结节性痒疹型主要是在真皮层形成结核样结节。四川汶川县医院[4]分析 1987~1994 年 208 例小儿黑热病中 18 例复发原因,其中 3 人与发病地区、发病年龄、病程长短、脾脏大小、并发症多少、锑剂用量及用法等有关。另报道 256 例黑热病中以心脏损害为首发症状的有 8 例[5]。四川南坪县医院[6]报道黑热病 4 次复发和被误诊为肺癌者各 1 例,均治愈。预防医科院寄生虫所等[7]在白蛉高峰时,试用奋斗呐(50mg/m^2)对川北洞穴墙面作滞留喷洒,并结合村内家犬药浴措施,对降低村内蛉口密度和预防内脏利什曼病起到一定效果。

(王卫兵 王国俊)

参 考 文 献

[1] 江口霖等. 中华流行病 1996;17(1):28

[2] 瞿靖琦等. 寄生虫学与寄生虫病 1996;14(3):231

[3] 任灏远等. 寄生虫学与寄生虫病 1996;14(3):226

[4] 谢孝泉等. 临床儿科 1996;14(4):237

[5] 谢孝泉等. 中国实用内科 1996;16(3):179

[6] 何生全. 地方病通报 1995;10(4):69

[7] 金长发等. 寄生虫学与寄生虫病 1995;13(4):273

(四) 弓形体病

山西医学院等[1]采用弓形体诊断剂(IHA)检测该省中部地区人血清 2 640 份、动物血标本 2 551 份,结果人群弓形体总感染率为 3.9%,以屠宰工人及兽医人员为高。动物血清抗体阳性率以猫(39.7%)最高,养猫者的感染率高于未养猫者。新疆伊犁防疫站等[2]用 IHA 法检测该地区人血清1 123 份,弓形体抗体阳性 116 份(10.3%),阳性率:汉族 7.0%、维吾尔族 12.9%、哈萨克族 10.6%,民族间有显著差异,可能与饮食、生活习惯及与牲畜接触频率等因素有关。江西妇幼保健院等[3]采用酶标法及 IHA 法同步检测孕产妇血清 2 304 份,弓形体抗体双项阳性或 CAg 阳性 112 例(4.9%),推测母亲双阳或 CAg 抗原阳性者中有 15%～50%胎儿受感染。上海儿科医研所[4]用 ELISA 和 PCR 技术对 1 818 例孕妇母婴宫内传播的前瞻性研究表明:孕妇弓形体感染率为 3.1%;绒毛、羊水、胎盘组织、静脉血弓形体 DNA 阳性者与其子先天性感染密切相关;随访弓形体感染孕妇所生婴儿 45 例,阳性 15 例。广州南方医院等[5]报道肾移植术 62 例并发弓形体感染 12 例,经乙胺嘧啶和螺旋霉素治疗抗体转阴 8 例,无变化 4 例。合肥市一院等[6]报道 75 例中、晚期恶性肿瘤并发弓形体感染 25 例(33.3%),明显高于健康对照组。一军医大[7]采用 IHA 法检测吸毒者血清 100 份,弓形体感染率 10.0%。广西自治区防疫站[8]调查弱智儿童 65 名,弓形体感染率 16.9%,其母亲感染率为 21.5%,均显著高于智力正常儿童的感染率(7.5%)。内蒙古医学院二院[9]报道弓形体病 16 例误诊分析,误诊时间为 4 个月～10 年,误诊为淋巴结核、淋巴结炎和风湿性关节炎各 3 例;肝硬化、结核性胸膜炎各 2 例;心包炎、脑膜炎、脑血管意外各 1 例。误诊病例首发症状以不明原因的发热最多,占 14 例次。哈尔滨医大一院等[10]报道获得性弓形体脑病 12 例,临床表现主要有:弥漫性脑病,伴有或不伴有癫痫发作;脑膜病变;单个或多个进行性大块病灶及占位病变。解放军 155 医院[11]对儿童弓形体病有中枢神经系统症状的 118 名患儿作脑 CT 检查,影像异常者 70 例,继发性癫痫发生率为 66%,提示儿童弓形体病累及大脑引起病变是继发癫痫的主要病因之一。他们还分析儿童弓形体病 141 例,临床特点以中枢神经系统异常为主要表现的 124 例(87.9%);不明原因反复发热及婴儿肝炎综合征各 8 例;其他还有如单纯淋巴结肿大、肌痛等。用磺胺嘧啶钠、乙胺嘧啶、乙酰螺旋霉素联合治疗,疗程 3 周,总有效率 94.3%[12]*。温州育英儿童医院[13]报道儿童弓形体病 26 例,其中有呼吸系统表现 14 例(53.8%),并以此为首发病状者 10 例(38.5%)。全部患儿均有发热、咳嗽。一军医大等[14]构建了弓形体特异的巢式 PCR 检测体系,经对弓形体 DNA 及人、鼠弓形体病的初步检测,表明该法敏感性高,特异性强,适用面广。泰山医学院等[15]在实验性小鼠弓形体病中证明重组白介素 2 可显著延长感染鼠的存活时间,减少脑内包囊数量,明显增强脾 NK 细胞杀伤靶细胞的能力。西安医大[16]体外实验证明松萝酸的杀虫效果优于螺旋霉素。上海二医大[17]构建了弓形体 cDNA 文库,为建立高度特异、敏感的分子免疫诊断方法及制备弓形体疫苗创造了条件。

(王卫兵　王国俊)

参 考 文 献

[1] 殷国荣等. 中国公共卫生 1996;12(8):383

[2] 买地力等. 中国寄生虫病防治 1996;9(3):221

[3] 杨　蓉等. 江西医药 1996;31(4):208

[4] 敖黎明等. 临床儿科 1996;14(4):231

[5] 于立新等. 中国寄生虫病防治 1995;8(4):301

[6] 彭丽娟等. 寄生虫学与寄生虫病 1996;14(1):25

[7] 梁卫华等. 一军医大学报 1996;16(1):51

[8] 吕元聪等. 中国实用儿科 1996;11(2):95

[9] 王秀芝等. 中国人兽共患病 1996;12(4):17

[10] 孔晓光等. 中国寄生虫病防治 1995;8(4):315

[11] 李丙午等. 实用儿科临床 1996;11(2):80

[12]* 赵艳军等. 人民军医 1996;(3):35

[13] 董　琳等. 中国人兽共患病 1996;12(4):47

[14] 陈晓光等. 中国寄生虫病防治 1996;9(1):53

[15] 李永华等. 中国寄生虫病防治 1996;9(2):89

[16] 吴　杰等. 寄生虫学与寄生虫病 1996;14(1):58

[17] 夏爱娣等. 寄生虫学与寄生虫病 1996;14(2):124

(五)贾第虫病

解放军 477 医院[1]以丙硫咪唑 0.4g，每天分 3 次口服，疗程 3 天，治疗肠道蓝氏贾第鞭毛虫病 34 例，均治愈。深圳宝安区医院[2]分析以胆道炎症为主的蓝氏贾第鞭毛虫病 7 例，均突然起病，表现为上腹痛、黄疸、腹泻(3～5 次/天)，5 例有低、中度发热，B 超示胆囊炎症，大便或胆汁内查到滋养体。服甲硝唑 50mg/(kg·d)，3～4 天治愈。有报道在 1 例结核性腹膜炎患者腹水中查到蓝氏贾第鞭毛虫滋养体，服甲硝唑 1 周后消失[3]；尚有报道骨及软组织蓝氏贾第鞭毛虫感染 1 例，患者腰背痛年余，跛行 3 个月，低热 1 个月，左股部肿痛处穿刺抽出咖啡色液体，镜检滋养体 20～30 个/低倍视野，X 线片示 $L_{2\sim4}$，左股骨头及髋臼骨边缘均有骨破坏，患者持续高热，意识不清，死亡[4]。

(六)其他原虫病

福建寄生虫病所[5]采用碘液涂片法检查大便标本，在 42 733 人中查到人芽囊原虫 2 560 人，平均感染率为 6.0%(1.3%～13.5%)，抽查感染者 103 例，85.7%有急性腹泻史。福建医学院一院等[6]对腹泻病患儿 214 例进行粪便中人芽囊原虫检查，阳性 31 例(14%)，服甲硝唑治愈。福建霞浦县医院[7]报道在 196 例腹泻患者中经粪涂片碘染色及烛缸厌氧培养确诊人芽囊原虫病 37 例(18.9%)，服甲硝唑治愈。重庆医大[8]建立 PCR 方法检测人和动物粪便标本中的微小隐孢子虫，敏感性比目前常规方法约高 100 倍，且特异性强。深圳防疫站等[9]报道卡氏肺孢子虫肺炎 1 例。患儿 5 月龄，发热、咳嗽、呼吸困难、黄疸 24 天，左肺少许湿啰音，胸透左中、下肺野大片实密阴影，密度不均，因消化道出血死亡。尸检肺组织发现大量卡氏肺孢子虫包囊，以银染色法显示效果为佳。有报道结肠小袋纤毛虫病 1 例，3 岁患儿 8 天前曾跌入厕所，后有发热、腹痛、水泻，对症治疗 3 天无效，粪检查到结肠小袋纤毛虫滋养体，改服甲硝唑、土霉素 6 天治愈[10]。南京医大[11]报道 1 例腹泻婴儿粪便用改良抗酸染色法和沙黄-美蓝染色法检出圆孢子虫。北京医大[12]报道甲硝唑 3 种剂型对阴道毛滴虫长期保存株和新分离株具有同等的杀虫效果。膜剂杀虫速度比甲硝唑原药和栓剂快，并有用药量少、杀虫效果好的优点。西安医大等[13]报道新型杀滴虫药扁桃酸的杀滴虫效力，并用其栓剂治疗滴虫性阴道炎，其疗效与甲硝唑相似，无明显不良反应，但前者用药量小，疗程短，优于甲硝唑。

(王国俊)

参 考 文 献

[1] 吴忠琪. 人民军医 1996;(7):15
[2] 罗尧都. 广州医药 1996;27(3):41
[3] 吴方银等. 四川医学 1996;17(3):198
[4] 高士伟. 中华放射 1996;30(4):252
[5] 许贤让. 中国寄生虫病防治 1995;8(4):271
[6] 黄妙辉等. 福建医学院学报 1995;29(4):349
[7] 蔡兴华等. 新消化病 1996;4(6):344
[8] 马 良等. 寄生虫学与寄生虫病 1996;14(2):111
[9] 吴少廷等. 中国寄生虫病防治 1995;8(4):277
[10] 刘宇刚. 寄生虫学与寄生虫病 1996;14(2):123
[11] 韩 范等. 寄生虫学与寄生虫病 1996;14(3):i
[12] 高兴政等. 中国寄生虫病防治 1996;9(2):131
[13] 樊振民等. 中国寄生虫病防治 1996;9(3):218

二、蠕虫病

(一)吸虫病

血吸虫病　病原学与流行病学：预防医科院寄生虫病所[1]在同一实验中比较和分析不同地区品系日本血吸虫的生物学特性后认为：亚洲不同地区品系日本血吸虫的哺乳动物开放前期及若干形态度量学存在差别。湖南医大[2]研究了日本血吸虫感染家兔排卵数与抗体间关系，结果提示抗血吸虫卵抗原(抗 SEA)水平与每克粪卵数(EPG)呈正相关。湖北血防所[3]观察钉螺在水中特性，推导出相应的 7 个数学公式，提供了钉螺在水体中的运动特征。预防医科院寄生虫病所等[4]对大山区的血吸虫病流行病学调查后，将高原山区概括地划分为高原平坝和高原峡谷两类流行区，建议应结合地理环境和社会经济因素制定针对性的血防对策。云南血防中心等[5]对云南大山区高原峡谷型流行区进行感染性钉螺的调查后提出：5～6 月田间放牧的牛粪污染是产生感染性钉螺的主要原因。江西寄生虫病所[6]在血吸虫病易感地带阻断耕牛传染源后，感染性钉螺各项指标呈非常显著下降。

发病机制：江西医学院等[7]应用生物体视技术对血吸虫感染的瑞士杂交小鼠和 ICR 肝脏虫卵肉芽肿细胞进行了定量观察。提示肉芽肿内肥大细胞与其他细胞共同参与并调节肉芽肿形成。南京医大[8]应用日本血吸虫单克隆抗独特型抗体 NP_{30} 腹腔注射致敏 $C_{57}BL/6$ 小鼠，继之经脾注射虫卵形成肝虫卵肉芽肿模型，提示 NP_{30} 对肝虫卵肉芽肿的形成具有致敏作用。武警江苏总队医院等[9]观察了肿瘤坏死因子(TNF-α)与血吸虫病的临床关系，认为TNF-α可能在急性炎症肉芽肿反应和宿主发热过程中起重要的介导作用。南京医大[10]经脾注射血吸虫卵，百分之百地使 $C_{57}BL/6$ 小鼠产生了血吸虫肉芽肿模型，与其自然感染模型相似。湖北医大一院[11]观察TNF对血吸虫病肝纤维化的影响，认为TNF作为肝细胞因子可能对血吸虫性肝纤维化的形成具有重要作用。武汉协和医院[12]观察血吸虫感染后小鼠肝内γ-干扰素(γ-IFN)与细胞外基质间的关系及其动态变化，认为γ-IFN可能有对抗虫卵肉芽肿的炎症反应，减少细胞外基质的分泌和沉积，从而有抑制肝纤维化形成的作用。湖北医大一院等[13]应用家兔血吸虫模型，在不同阶段进行肝内核糖核酸含量的测定和光镜观察肝组织相应的变化，结果提示核糖核酸可减轻病变程度，阻止肝纤维化的进展。武汉同济医院[14]以Masson三色染色法观察血吸虫病兔肝内门静脉、肝动脉、肝窦、中央静脉和小叶间静脉的形态改变，发现管壁纤维结缔组织增多、中膜平滑肌增殖肥大、中央静脉移位，提示肝内血管性改变在血吸虫病性门脉高压中具有重要作用。

临床研究：江西寄生虫病所[15]报道该省目前尚有血吸虫病患者272 106人。于1990～1991年查出晚血病人7 607例。从初诊血吸虫病发展至晚血时间(据有完整时间记录的6 817例晚血)：1～5年者3 463例(50.8%)，6～10年1 022例(15.0%)，11～15年758例，(11.1%)，16年以上1 574例(23.%)。在1～5年的3 463例晚血中，首次就诊诊断为晚血的约占15.6%。江苏句容防疫站[16]报道该市182例晚血经化疗和切脾后临床治愈113例(62.1%)，病情稳定55例(30.2%)，尚需治疗14例(7.7%)。安徽无为县医院[17]分析9例小儿脑型血吸虫病，其中癫痫型3例，脑瘤型2例，急性脑炎型4例。9例均先用锑剂，继用吡喹酮治愈。随访1年未见复发。湖北黄冈地区二院[18]报道经病理证实的5例陈旧性血吸虫卵所致十二指肠粘膜出现“低分化癌”、“片状充血糜烂”、“充血水肿”、“粟粒状白色颗粒状隆起”、“幽门变形”和“梗阻”等。镇江医学院附院[19]用胃镜检查14例胃血吸虫病，病理证实11例并发胃、食管癌，认为胃、食管的虫卵结节可能是癌变的原因之一。解放军60医院[20]*报道血吸虫卵沉积性阑尾炎84例，并以同期100例无血吸虫卵沉积阑尾炎作比较分析。另有盲肠血吸虫病2例[21]、脊髓型血吸虫病1例[22]、幽门管及脾血吸虫病合并硬癌1例，并有大弯侧淋巴结转移[23]。铜陵市有色公司职工总院[24]报道误将2例脑血吸虫病诊断为右顶叶胶质瘤。尚有将2例肝血吸虫肉芽肿误诊为肝癌，行癌灶切除，经肝动脉置泵术，最后病理报道为右肝多发性嗜酸性脓肿。误诊原因均为忽视流行病学资料和嗜酸细胞增高等，应引以为诫[25]。

实验研究：苏州医学院[26]采用特殊方法成功地从感染兔红细胞上分离出非游离性循环抗原(NF-CAg)，实验证明NF-CAg主要含有分子量为12kD和47kD两种组分抗原，分别称为Sj12和Sj47蛋白质分子，前者属于虫源性组分抗原，后者为卵源性组分抗原。两种组分抗原从其存在部位、分子量及抗原成分特点分析，均不同于现在国内外所报道的循环抗原，具有理论意义和应用前景。南京铁道医学院等[27]认为金葡菌A蛋白协同凝集试验能用于血吸虫病诊断和疗效考核，有简易、快速和用费低廉的特点。浙江寄生虫病所[28]将抗血吸虫McAb应用于ELISA检测血吸虫病人血清中抗原特异性CIC，并与其提取的CIC沉淀物为对照，二者结果完全相同，提示McAb-ELISA检测血清CIC具有较高的抗原特性。北京友谊医院等[29]检测了1例急血、42例慢血、30例晚血的血清Ⅲ型前胶原肽(PⅢP)，结果表明该测定可以反映血吸虫性肝硬化的程度。湖南血防所[30]观察163例急血肝声像图，45例为强光点型，即“明亮肝”，以轻型病例为主；118例为弱光型，似“星罗棋布”或“蜂窝状”，此型以中、重型病例为主。

治疗研究：江西医学院一院[31]报道65例急血伴有肾损害者均有不同程度尿蛋白，其中伴有白细胞者25例(38.5%)、红细胞者10例(13.9%)、管型12例(18.5%)。所有患者用吡喹酮治疗后尿中各种有形成分均消失，说明肾损害是由急血所致。安徽池州地区医院[32]收治11例脑血吸虫病，6例行手术治疗，5例仅用吡喹酮治疗，取得满意疗效。认为在下列情况可考虑手术治疗：用吡喹酮后症状未改善、头颅CT病灶有扩大者；药物治疗后仍有颅内压增高者；癫痫发作频繁、对症治疗效果差者。武汉同济医院[33]1978～1994年收治35例慢性脑血，其中9例用吡喹酮、地米、20%甘露醇及抗癫痫治疗；2例未治自动出院；余24例因误诊行开颅术，除2例术后并发脑疝外，均好转出院。湖北潜江市张金镇血防站[34]用吡喹酮2个疗程治愈1例有右侧偏瘫、失语、口角歪斜的脑血吸虫病患者，第1疗程总量为120 mg/kg，2天分服，1个月后按160 mg/kg，4天分服。随访4年无复发。湖北孝感市血防站[35]报道1例血吸虫病患者用吡喹酮治疗后出现0.5cm×0.7 cm及0.3cm×0.4cm口腔溃疡。上海医大[36]用秋水仙碱治疗小鼠血吸虫性肝纤维化取得疗效，认为该药不仅能杀灭血吸虫，而且还干扰肝脏的胶原代谢。长江水利委员会血防办[37]及湖北医大[38]用环孢菌素A(CsA)和吡喹酮联合用药预防小鼠血吸虫性肝纤维化，认为联合用药比单独用吡喹酮为优。江苏吴江庙港医院等[39]对50例切脾的晚血随访25年，仍健在者45例(90%)；死于晚血并发症者2例；死于其他疾病者3例；术后生子者5例；年幼者身高及体重增加者4例。

预防研究：安徽血防所等[40]研究认为40年来我国把消灭血吸虫病的重点集中在灭螺上，尤其是药物灭螺，是不经济的，投入与成果不成比例，认为在山区应对易感人群采取健康教育和化疗来阻断血吸虫病的传播。该所[41,42]在贯彻WHO建议中把血防工作重点放在健康教育上，结合人畜扩大化疗等措施，使其实验区的居民患病率由7.7%下降到0.9%，急血由37例降至0。预防医科院寄生虫病所等[43~45]在实验室和云南大山区等地用蒿甲酯预防血吸虫病，取得了较好的效果，同时蒿甲酯还可预防急性血吸虫病。

(秦一中)

参 考 文 献

[1] 何毅勋等. 寄生虫学与寄生虫病 1996;14(3):212
[2] 陈代雄等. 湖南医大学报 1995;20(6):548
[3] 杨先祥等. 寄生虫学与寄生虫病 1996;14(3):188
[4] 郑 江等. 寄生虫学与寄生虫病 1996;14(1):1
[5] 殷关麟等. 寄生虫学与寄生虫病 1996;14(3):177
[6] 刘红云等. 中国寄生虫病防治 1996;9(3):182
[7] 汪雁南等. 中国寄生虫病防治 1996;9(1):31
[8] 冯振卿等. 寄生虫学与寄生虫病 1995;13(4):249
[9] 周 宁等. 中华传染 1995;13(4):227
[10] 冯振卿等. 南京医大学报 1995;15(4):755
[11] 黄其通等. 湖北医大学报 1996;17(3):234
[12] 贺永文等. 中华医学 1996;76(5):371
[13] 黄其通等. 中国寄生虫病防治 1996;9(2):106
[14] 杨 镇等. 同济医大学报 1996;25(1):44
[15] 李国华等. 江西医药 1995;30(5):281
[16] 蒋锡炳等. 寄生虫学与寄生虫病 1995;13(4):254
[17] 赵行云. 综合临床 1996;12(5):262
[18] 邱美玲. 临床消化 1996;8(1):18
[19] 沈竹青. 内镜 1996;13(2):121
[20]* 顾爱平等. 寄生虫学与寄生虫病 1996;14(1):79
[21] 李九平等. 内镜 1996;13(1):58
[22] 易 洋等. 中国寄生虫病防治 1996;9(1):26
[23] 汪宗玉等. 安徽医大学报 1996;31(1):26
[24] 王 炜等. 中风与神经 1995;12(6):368
[25] 马宽生等. 实用外科 1995;15(12):748
[26] 毛佐华等. 中国人兽共患病 1996;12(4):11
[27] 谢有祥等. 寄生虫学与寄生虫病 1996;14(2):143
[28] 郑志国等. 地方病通报 1996;11(2):22
[29] 李忆梅等. 寄生虫学与寄生虫病 1996;14(2):163
[30] 黄令霞等. 湖南医学 1995;12(6):367
[31] 黄甫术等. 中国寄生虫病防治 1996;9(2):152
[32] 胡安贵等. 安徽医学 1996;17(1):55
[33] 彭本礼等. 同济医大学报 1995;24(6):465
[34] 张玉琪等. 寄生虫学与寄生虫病 1995;13(4):259
[35] 罗晓苏等. 寄生虫学与寄生虫病 1996;14(1):14
[36] 江家婉等. 中华医学 1996;109(10):795
[37] 黄安生等. 中国寄生虫病防治 1996;9(3):189
[38] 赵雪云等. 寄生虫学与寄生虫病 1996;14(2):139
[39] 沈勇明等. 铁道医学 1996;24(2):103
[40] 李之玺等. 中国寄生虫病防治 1995;8(4):254
[41] 张世清等. 中国寄生虫病防治 1996;9(3):232
[42] 李之玺等. 中华预防医学 1996;30(5):281
[43] 肖树华等. Chin Med J 1996;109(4):272
[44] 刘志德等. 中国寄生虫病防治 1996;9(1):37
[45] 肖树华等. 寄生虫学与寄生虫病 1995;13(4):241

肺吸虫病 南通医学院[1]将卫氏并殖吸虫成虫分泌排泄物和成虫浸出液注入豚鼠背部皮内，2～4小时后豚鼠注射局部出现少量嗜酸粒细胞，8小时达高峰，24小时减少。中性粒细胞则在注射1小时后增多，4小时达高峰，48小时降至最低。空军医专等[2]经口接种卫氏并殖吸虫囊蚴后，小鼠脾细胞中T_H下降、T_S上升；刀豆素蛋白诱导的淋巴细胞转化受抑制，IL-2活性下降。接受IL-2治疗的小鼠细胞免疫功能无改变。南通医学院等[3]动态检测感染犬循环免疫复合物(CIC)，发现具有类似特异性抗原的变化规律，提示CIC可作为本病早期诊断和活动性感染的指标。南京医大等[4]以单克隆抗体和Dot-ELISA方法从肺吸虫病人血清中检出成虫期特异性抗原和囊蚴期特异性抗原，认为是本病特异性诊断方法。他们还发现可用患者滤纸血代替血清血作抗原检测，二者阳性符合率为91%[5]；以肺吸虫幼虫和成虫冰冻切片抗原与患者血清作免疫酶染色试验(IEST)，发现最适切片厚度为6μm，4℃、30天抗原片的反应性下降不明显[6]；他们还用酶联免疫吸附剂试验、间接荧光抗体试验和免疫酶染色试验检测168例患者血清抗体，阳性率分别为95.8%、93.5%和92.3%[7]。

湖南张家界市医院[8]报道皮下型肺吸虫病的B超声像可为混合型、无回声型和实质型，以混合型为多，特点为肿块内呈散在的光点状和条状回声，伴少许无回声区，后方回声稍加强。南京军区南京总院[9]分析85例儿童肺吸虫胸部X线表现，特点是早期病变发生率高(49.2%)，范围大，典型结节状浸润少，中期及胸膜病变发生率低。X线动态观察发现治疗后早期病变完全吸收或治愈以3～6个月最显著[10]。宜昌医专[11]用吡喹酮治疗120例斯氏狸殖吸虫病，100mg/kg，3天分服，间隔2天后再服第2个疗程，最长达6个疗程。3～6月后118例痊愈。贵阳医学院等[12]分析37例儿童脑型肺吸虫病，其中混合型、脑瘤型各15例，血管栓塞5例，癫痫型及瘴病型各1例。解放军44医院[13]报道胰腺肺吸虫病1例，患者左上腹有一鸡蛋大包块，边缘光滑，中等硬度，深压痛，不活动。手术探查见胰尾及胰体包块，镜检呈慢性炎性改变，包块内见肺吸虫体，大量嗜酸粒细胞浸润，组织中有坏死物及肺吸虫卵。

(万谟彬)

参考文献

[1] 段义农等. 中国寄生虫病防治 1996;9(3):202
[2] 马爱新等. 中国寄生虫病防治 1996;9(3):199
[3] 段义农等. 中国人兽共患病 1996;12(5):52
[4] 章子豪等. 南京医大学报 1996;16(3):223
[5] 张耀娟等. 中国寄生虫病防治 1995;8(4):265
[6] 史志明等. 南京医大学报 1996;16(5):426
[7] 史志明等. 上海医学检验 1996;11(3):173
[8] 曹志权等. 中华超声影像 1996;5(4):174
[9] 袁允邦等. 实用放射 1995;11(10):592
[10] 袁允邦等. 中华结核和呼吸 1996;19(5):320
[11] 望西玉等. 中国寄生虫病防治 1996;9(1):60
[12] 吴 娜等. 贵州医药 1996;20(3):184
[13] 李三君等. 中国超声 1996;12(4):11

华支睾吸虫病 重庆医大[1]以透射电镜观察到华支睾吸虫乙酰胆碱酶的反应产物以微粒形式沉着于实质细胞的核膜和内质网、神经突起的轴突膜及肠绒毛的片层膜结构。广东寄生虫所[2]用成虫可溶性抗原建立改良间接ELISA检测血清特异性抗体，快速诊断本病，敏感性92.1%，假阳性率2.3%。广西寄生虫所[3]B超检查282例感染者肝脏，发现病史2年以内者无明显改变，3年起肝内光点增粗增密，5年起见小胆管扩张，6年见小等号状光带。中山医大一院[4]分析1960～1990年行肝胆手术的95例伴华支睾吸虫感染者，其中胆管结石31例，胆管炎性狭窄12例，直接致胆管炎25例，胆管癌16例，肝细胞癌3例，急性胰腺炎6例，肝脓肿2例。广西民族医院[5]分析以急性黄疸性肝炎收治的12例华支睾吸虫病，常规治疗后血清胆红素下降不明显，吡喹酮驱虫后痊愈。中山医大一院[6]分析经手术治疗的华支睾吸虫及粘液团块致胆道阻塞患者20例，其特点为有流行病史，病程较长，有反复间歇性黄疸，肝肿大，认为应重视本病的术前影像学检查，首选非手术治疗。

(万谟彬)

参考文献

[1] 叶 彬等. 中国人兽共患病 1996;12(4):24
[2] 胡绍良等. 中国寄生虫病防治 1995;8(4):295
[3] 何 坚. 广西医学 1995;17(6):481
[4] 吴志棉等. 中国实用外科 1996;16(2):80
[5] 罗广元. 中华传染 1996;14(2):124
[6] 吴志棉等. 中山医大学报 1996;17(3):219

其他吸虫病 南京医大等[1]观察到异盘并殖吸虫囊蚴小于卫氏并殖吸虫囊蚴，略呈椭圆形，有两层囊壁，外层薄内层厚。后尾蚴卷曲于内囊。在大鼠、犬体内均能发育成熟并排卵。中山医大等[2]采用末端标记的酶解凝胶直读技术，发现布氏姜片虫和片形肝吸虫的5S rRNA多分枝环由GAAG序列构成，不同于其他生物中常见的CAUA。

(万谟彬)

参 考 文 献

[1] 张耀娟等. 中国人兽共患病 1996;12(1):40

[2] 余新炳等. 中国人兽共患病 1996;12(1):3

(二)绦虫感染

囊虫病 中国医大一院[1]检测40例脑囊虫病患者外周血T淋巴细胞亚群及免疫球蛋白,结果T_3、T_4及T_4/T_8比值均较对照组显著降低;IgG较对照组明显升高,IgM较对照组增高。表明脑囊虫病患者同时存在细胞免疫和体液免疫功能异常。哈尔滨医大[2]检测37例未经治疗的囊虫病患者血清补体C_3含量、补体溶解循环免疫复合物活性(CRA)水平及CIC水平,前两者明显低于正常人,而后者明显高于正常人,认为CIC具有抑制ADCC对囊尾蚴的杀伤作用。北京宣武医院[3]报道3 125例脑囊虫病患者中67.4%有癫痫发作,发作的形式、频率、强度与囊尾蚴寄生的数量、部位及其生活状态有密切关系,提出抗癫痫治疗应根据虫体的生活状态而定。该院[4]研究了112例脑囊虫病患者的智能状况,有智能障碍者占50.9%,认为颅内压增高、癫痫及不恰当的治疗是脑囊虫病患者智能障碍的主要原因。吉林军区囊虫病院等[5]分析105例脑囊虫病患者脑CT图像,均显示不同程度的脑萎缩,认为囊虫本身及其慢性病理损害是重要原因,萎缩程度与病期长短有关,一经发生便难以恢复。郑州金水区医院[6]分析24例囊虫性假性肌肥大症,患者早期多有发热、肌肉疼痛,极易误诊。抗囊虫治疗均治愈。但治疗中杀虫反应较重,宜从小剂量开始渐加量或间歇给药。山东寄生虫所等[7]分析有心电图异常心脏囊虫病32例,认为囊虫在心脏的占位、机械损伤、毒性刺激及变态反应所致病变,是导致心电图异常和出现临床症状的原因,心电图动态观察可以判断疗效及心脏囊虫病严重程度。济宁市精神病院等[8]根据78例非典型CT征象的脑囊虫病临床特点分为:脑炎型、肉芽肿型、脓肿型、类多发梗塞型、脑室型和脑膜型、类脑瘤型。中国医大等[9]用酶联免疫印渍法(ELIB)检测脑囊虫病人血清特异性IgG、IgM和IgA,含量依次为IgG>IgM>IgA。81、67和49kD和特异性IgG带是诊断脑囊虫病最特异的指征。ELIB检测特异性IgM及IgA优于ELISA。该校等[10]用McAb-ELIB和DABS-ELISA检测脑囊虫病人血清中CAg,阳性率分别为89.2%和81.1%,前者具有高特异性与敏感性。安徽医大等[11]比较MRI、囊虫血ELISA和脑CT对脑囊虫病诊断价值,检查阳性率分别为96.6%、93.7%和82.9%。空军医专等[12]用免疫印渍法,以3种抗血清检测脑囊虫病人血清中的循环抗原、囊虫头节和体壁抗原及囊液抗原并比较,循环抗原与两种囊虫抗原相同的组分为75、43、40和23kD,与虫头及囊壁相同的抗原为65kD多肽,与囊液相同的多肽为85、19kD二组分,显示循环抗原主要来源于囊虫的全部结构,43、40kD多肽是其主要组分,是诊断的重要指标。哈尔滨医大[13]用抗猪囊虫单克隆抗体和其特异性多克隆抗体的4种组合进行快速双抗体夹心ELISA检测囊虫病人血清中循环抗原,双单抗法的检出率最高(67.5%),其次为多抗-单抗法(54.2%)、单抗-多抗法(50.8%)和双多抗法(49.7%)。该校[14]用单抗-反向间接血凝试验(McAb-RIHA)检测77例囊虫病人血清循环抗原,阳性率为64.9%,循环抗原大多与临床症状、体征同时消失。首都医大[15]用含阿苯达唑或甲苯达唑的培养液培养猪囊虫72小时后进行组化染色观察,发现囊虫组织中的糖原、琥珀酸脱氢酶和三磷酸腺苷酶活性均明显下降,其中阿苯达唑的作用更明显,提示两种药物干扰猪囊虫糖的吸收与代谢是导致囊虫死亡的一个主要原因。

(朱冠山)

参 考 文 献

[1] 柳忠兰等. 中国医大学报 1996;25(1):94
[2] 越育莹等. 中国免疫 1996;12(3):186
[3] 谢淑萍等. 中华神经精神 1995;28(6):370
[4] 谢淑萍等. 中华医学 1996;76(6):440
[5] 贾庆洲等. 中国人兽共患病 1996;12(3):59
[6] 郭建勋等. 中国寄生虫病防治 1996;9(2):154
[7] 孔庆安等. 中国寄生虫病防治 1995;8(4):275
[8] 刘军波等. 中国寄生虫病防治 1996;9(1):57
[9] 王恩荣等. 中国寄生虫病防治 1996;9(2):109
[10] 李素云等. 中国寄生虫病防治 1996;9(2):114
[11] 谈绮芳等. 中国实验临床免疫 1995;7(5):25
[12] 马爱新等. 中国人兽共患病 1996;12(2):26
[13] 张达琳等. 哈医大学报 1996;30(1):27
[14] 张达琳等. 中国寄生虫病防治 1996;9(3):209
[15] 陈佩惠等. 首都医大学报 1996;17(1):24

包虫病 四川阿坝防疫站等[1]报道该区包虫病人群感染与性别、年龄无关，宿主感染率牦牛高于绵羊。兰州医学院[2]测甘肃合作牦牛自然感染多房棘球蚴感染率为1.6%，病理观察与人体多房棘球蚴相似。新疆建设兵团防疫站[3]调查部分农牧业团场的包虫病流行情况，北、中疆地区较南疆严重，现场患病率为2.8%。患病人群以年轻、无固定职业、养狗者高，与性别、学历无显著差别。河南医大[4]分析1992～1994年就诊的30例包虫病患者，发现原发性包虫病在该省有逐年增多的趋势。青海地方病所[5]总结279例囊肿病例，其中包虫病占35.8%，肝脏检出率高于其他脏器，牧区、蒙古族青壮年、畜牧业人群检出率高。新乡医学院等[6]总结小儿肝棘球蚴病8例误诊分析，认为缺乏对本病的认识是主要原因。宁夏医学院附院等[7]研究肝泡状棘球蚴病与肝癌的鉴别诊断，认为根据病史长短、年龄、流行病史、临床体征，结合Casoni试验、AFP测定、影像学检查有助于鉴别。青海省医院[8]对手术切除的包虫囊进行组织化学染色，发现随着包虫囊损伤的发展，各部分组织糖原明显减少，酸性粘多糖却增多。新疆地方病所等[9]将分离的细粒棘球蚴生发膜细胞接种小鼠腹腔，可形成棘球蚴，并产生成熟原头节。新疆医学院[10]采用棘球蚴囊壁生发层抗原免疫小鼠脾细胞，并与骨髓瘤细胞融合，建立了分泌抗细粒棘球蚴单克隆抗体细胞株。兰州医学院[11]采用McAb-Dot-ELISA检测46例包虫病患者血清中循环抗原，阳性率76.1%，与猪囊虫病无交叉，4次重复结果一致。新疆自治区医院等[12]归纳B超误诊盆腔包虫病原因，认为注意流行病学资料、妇科体征和盆腔包虫的特殊声像表现可减少误诊。青海省医院[13]B超研究20例手术病理证实的罕见部位包虫病，囊型19例，泡型1例，B超对囊型包虫病诊断符合率为89.5%。卫生部包虫病防治基地等[14]B超检查931例肝包虫病并发症，报道继发感染、囊肿破裂、梗阻性黄疸、过敏性休克、播散移植继发多发性包虫病及门脉高压342例，占36.7%。内蒙古医学院一院[15]报道6例脑包虫病CT诊断，将脑包虫病分为单纯型、内囊分离型、多子囊型、实变钙化型、合并症型5型。兰州军区总院[16]总结458例肺包虫囊肿的影像诊断经验，认为X线对环形囊壁钙化、破裂后气液平，CT对不规则囊肿残腔、内囊膜、被胸膜遮盖的包虫，B超对破裂囊肿等各有特征影像。内蒙古医学院一院等[17]总结676例肝包虫病外科治疗经验，认为良好的术式及手术技巧，加强引流管的管理和防止过敏性休克等有助于提高防治水平。解放军536医院[18]对167例肝包虫病人、238个包囊行B超引导下硬化治疗，并随访4～5年，治愈率97.6%，复发率2.4%，1例有轻度过敏反应。新疆哈密地区医院[19]在电视胸腔镜下行肺包虫内囊摘除8例，认为对无合并感染或钙化的肺细粒棘球蚴病人采用此法较适合。重庆医大[20]用阿苯哒唑20 mg/(kg·d)连续治疗肝泡球蚴伴梗阻性黄疸病人6例，黄疸均于1～2.5个月消退，胆红素渐正常。随访肝内病变明显好转，未见毒副作用。兰州医学院[21]以提取中药消包丸方剂的醇和水溶成分灌胃，分别以28mg/d 60天、56mg/d 45天治疗小鼠继发性腹腔棘球蚴病，结果囊肿抑制率为68.7%和70.0%。

（李成忠）

参考文献

[1] 陈开华等．地方病通报 1996；11(2)：81
[2] 李富荣．地方病通报 1996；11(2)：79
[3] 李凡卡等．地方病通报 1996；11(1)：48
[4] 王中全等．地方病通报 1996；11(1)：42
[5] 刘巴睿等．地方病通报 1996；11(3)：92
[6] 郭铭玉等．中国实用儿科 1995；10(6)：382
[7] 杨银学等．中国实用外科 1996；16(4)：223
[8] 李兰英．寄生虫学与寄生虫病 1996；14(3)：245
[9] 焦 伟等．地方病通报 1996；11(1)：5
[10] 姜国枢等．地方病通报 1996；11(3)：11
[11] 李富荣．中国人兽共患病 1996；12(1)：31
[12] 于 兰等．新疆医学 1996；26(1)：34
[13] 张玉英等．中国超声 1996；12(4)：56
[14] 徐明谦等．中国超声影像 1995；4(6)：260
[15] 赵振国等．实用放射 1996；12(6)：359
[16] 李康印等．兰州医学院学报 1995；21(2)：77
[17] 李冠世等．内蒙古医学 1996；16(3)：137
[18] 袁名辉等．人民军医 1996；(7)：30
[19] 楼显明等．中华外科 1996；34(2)：122
[20] 王小根等．中华内科 1996；35(4)：261
[21] 刘凤昌等．地方病通报 1996；11(1)：30

其他绦虫病 山东寄生虫所[1]综述我国人体缩小膜壳绦虫病188例，散在分布全国19个省，并对该病的国内流行病学及临床研究情况作了介绍。预防医科院寄生虫所[2]从构建的细粒棘球绦虫基因库中筛选到一段细粒棘球绦虫特异的长约3.6kb的DNA片段pHD5，可用于国内各流行区的细粒棘球绦虫鉴定。湖北襄樊卫校等[3]用形态学及组织化学方法观察到阿苯达唑与氟苯达唑对微小膜壳绦虫的杀虫作用机制相同，它们均使虫体破坏，对糖代谢有明显干扰作用，而甲苯达唑无上述作用。浙江义乌防疫站[4]报道长膜壳绦虫感染5例，均为农村患者，认为与农村鼠类密度高有关，预防感染以消灭鼠类尤为重要。哈尔滨医大[5]用驱绦胶囊治疗459例绦虫病，所有患者都驱出绦虫，共驱下绦虫475条，虫体基本完整，效果良好。

（朱冠山）

参 考 文 献

[1] 毛协仁等．中国寄生虫病防治 1995;8(4):311

[2] 陈 伟等．寄生虫学与寄生虫病 1996;14(1):62

[3] 许正敏等．中国寄生虫病防治 1996;9(1):62

[4] 蒋诚者等．中华内科 1996;35(1):79

[5] 李懿宏等．哈医大学报 1996;30(5):474

（三）线虫病

丝虫病 山东医大[1]研究淡色库蚊对马来丝虫不易感机制，发现93%的马来微丝蚴不能穿过淡色库蚊胃壁，少数穿过胃壁的微丝蚴在从血腔向胸肌移行过程中被黑化反应杀死，三者为其不易感的重要因素。该校[2]还比较观察了血液和腹腔来源马来丝虫微丝蚴在中华按蚊体内的穿壁和发育情况。血液来源微丝蚴有84%于感染蚊2小时内穿过蚊胃壁，而腹腔来源微丝蚴2小时内仅有19%穿过胃壁，4小时后穿壁率达61%，穿过胃壁的微丝蚴可在蚊体内发育到感染期幼虫。安徽医大等[3]应用固相抗原免疫酶染色技术测感染丝虫的母亲对其子女外周血和脐带血中的丝虫特异性IgG和IgM抗体，检测表明无论母体感染丝虫与否，其体液免疫对其子代丝虫先天免疫耐受性的产生和抗丝虫感染均无明显影响。南京医大等[4]为了解育龄妇女乳房肿块与丝虫病的关系，调查了班氏丝虫病流行区安徽五河县育龄妇女5 974个，初查疑有肿块者120人，经复检细查有59人确有肿块，其中15人患乳房丝虫性肉芽肿，并推算当地育龄妇女乳房丝虫病发生率为0.42%。扬州大学医学院[5]为探讨淋巴丝虫感染时T淋巴细胞的免疫应答机制，检测了安徽省班氏丝虫病流行区人群及感染马来丝虫的长爪沙鼠体外诱生的白介素2和γ干扰素，提示班氏丝虫病流行区微丝蚴血症者及马来丝虫微丝蚴血症长爪沙鼠的T细胞对丝虫抗原处于一种低应答状态，且这种受抑制的T细胞主要是T_{H1}亚群细胞。山东寄生虫所[9]制备了抗人IgG_4特异单抗，应用ELISA法检测班氏微丝蚴血症血清中的特异IgG4抗体，阳性率为95.9%，治疗后为1.5%，显示特异IgG_4检测具有较高的敏感性和特异性，可取代微丝蚴血用于现场的人群丝虫病监测。该所[9]以人工合成寡核苷酸探针，经斑点杂交法检测蚊体内马来丝虫幼虫，可检出2ng的DNA量，无交叉反应。感染蚊中含有1条感染期幼虫就可出现阳性反应，可用于马来丝虫地区的蚊媒监测。二军医大[12]报道了甲苯咪唑和盐酸左旋咪唑及两药复方对BALB/c CR小鼠模型体内周期型马来丝虫的实验疗效，表明复方甲苯咪唑乳膏涂皮给药效果较好。

（任少堂）

参 考 文 献

[1] 何深一等．中国寄生虫病防治 1996;9(3):205

[2] 何深一等．中国寄生虫病防治 1996;9(2):117

[3] 沈际佳等．中华医学 1996;76(3):211

[4] 沈一平等．中国人兽共患病 1996;12(3):53

[5] 陈志琳等．寄生虫学与寄生虫病 1996;14(1):50

[6] 徐风全等．中国寄生虫病防治 1996;9(2):119

[7] 陈锡欣等．中国寄生虫病防治 1996;9(1):19

[8] 刘荣兴等．中国寄生虫病防治 1995;8(4):262

蛔虫病 浙江寄研所等[1]采用人体测量及瑞文智商(IQ)等测定方法研究蛔虫感染对儿童健康发育的影响，结果显示驱虫前感染组的小学生的身高、体重、皮皱厚度、血红蛋白及IQ等各项指标的平均值均显著低于非感染的对照组；驱虫后各项指标明显上升，上升后的各项指标与对照组比较，差别无统计学意义。汕头市二院[2]在对348例残胃患者行内镜检查中发现25例残胃蛔虫症(7.2%)，认为这与残胃出血、上腹绞痛等临床表现有关，并介绍了内镜取虫的经验。黔东南州医院等[3]报道人眼球内蛔虫幼虫1例。1名22岁男性患者因左眼发红、自视虫影动、视力减退人院，眼底检查发现视盘中央的上部分视盘组织内见一乳白色线虫伸出贴于视盘中央，后虫体游移至前房。在局麻下行角巩膜缘切开术取虫成功。山东寄生虫所[4]报道肠道蛔虫症所致腹部外科合并症447例，以不完全性肠梗阻和胆道蛔虫居多。

钩虫病 湖北省医科院[5]调查了该省 39 个县(区)65 275 人,感染人体钩虫 6 193 人,平均感染率 9.5%;感染度为Ⅰ度 75.6%,Ⅱ度 21.5%。Ⅲ度 1.8%,Ⅳ度 1.3%;女多于男,40～49 岁感染率最高,农民居多。广东阳春市医院[6]报道十二指肠钩虫病 3 例。福建长泰县医院[7]总结了中西医结合治疗钩虫病并重度贫血 56 例,疗效满意。

旋毛虫病 武汉职工医学院[8]对 4 种旋毛虫保虫宿主实验表明兔、大鼠和小鼠可人工感染旋毛虫,膈肌为首选检查部位。华西医大[9]应用聚丙烯凝胶电泳和蛋白免疫印迹技术对旋毛虫肌肉期幼虫分泌排泄物中特异性抗原进行分析,其成分和免疫识别效果不随时间而改变,各培养天次分泌物中的 46～58kD 蛋白质具有良好抗原特异性。农科院哈尔滨兽医所[10]应用分子生物学技术获得了编码旋毛虫 ES 抗原特异性蛋白成分的两个结构基因,其序列与文献报道稍有差异;构建的 3 个重组质粒分别表达的融合及非融合蛋白质均能被猪旋毛虫病阳性血清所识别,可成为旋毛虫抗原研究的候选蛋白质。中国医大[11]对感染旋毛虫小鼠免疫功能变化进行了动态观察,发现旋毛虫感染对宿主特异和非特异免疫功能均产生非常明显的抑制作用。首都医大[12]对感染旋毛虫小鼠的细胞因子和 T 淋巴细胞亚群的动态观察表明,感染 4 周后,IL-6 的诱生水平持续升高,IL-2 活性和 $CD8^+$T 细胞百分率亦增高。郧阳医学院[13]比较了免疫酶染色、间接血凝和玻片法环蚴沉淀实验 3 种血清法检测感染旋毛虫豚鼠血清,阳性率分别为 97.1%、100%和 96.7%,3 种方法均有较好的特异性和敏感性。该院等[14]以阿苯哒唑治疗兔旋毛虫病,疗程结束后逐周解剖旋毛虫幼虫观察其形态学的改变,停药 1 周后幼虫开始死亡,5 周后基本被吸收,兔肌肉组织逐步修复。

其他线虫病 上海铁道大学医学院[15]对南海、渤海鱼类简单异尖线虫幼虫感染状况进行调查,表明两个海域的感染率都相当高,生食海鱼者应重视对异尖线虫病的防治。暨南大学医学院[16]用广州管圆线虫雌虫的全虫、消化系、生殖系及体壁组织分别制备 4 种粗抗原,用间接酶联免疫吸附试验检测大鼠感染血清,结果均具有较高敏感性和特异性。扬州血防所等[17]对兴化市某村进行了全人群化疗控制肠道线虫感染,人群总感染率明显下降。白求恩医大[18]用阿苯哒唑透皮剂驱除肠道线虫,驱虫率可达 100%,虫卵 3 天转阴率达 90%。

(任少堂)

参 考 文 献

[1] 沈丽英等. 中国寄生虫病防治 1996;9(2):125
[2] 林纯良等. 广东医学 1996;17(9):617
[3] 金鸣昌等. 贵州医药 1996;20(4):255
[4] 李庆山等. 中国寄生虫病防治 1995;8(4):316
[5] 陈思礼等. 中国寄生虫病防治 1996;9(3):225
[6] 欧耀恒. 中华消化内镜 1996;13(1):56
[7] 洪民生. 福建医药 1995;17(6):58
[8] 易薇明. 中国人兽共患病 1996;12(1):44
[9] 李 燎等. 地方病通报 1996;11(3):15
[10] 阎玉河等. 寄生虫学与寄生虫病 1996;14(1):15
[11] 王海鹏等. 中国人兽共患病 1996;12(4):21
[12] 蓝 雁等. 寄生虫学与寄生虫病 1996;14(1):33
[13] 朱名胜等. 中国寄生虫病防治 1996;9(2):128
[14] 朱名胜等. 中国寄生虫病防治 1996;9(3):216
[15] 孙世正. 寄生虫学与寄生虫病 1996;14(3):173
[16] 朱佩娴等. 中国人兽共患病 1996;12(4):31
[17] 邵靖鸥等. 中国寄生虫病防治 1996;9(3):231
[18] 曹瑞敏等. 白求恩医大学报 1996;22(4):358

三、节足动物所致疾病

(一)蠕形螨

淮南矿业学院医学分院[1]对人群蠕形螨寄生生态进行研究,发现宿主体温及环境温度的变化对蠕形螨检出率有直接影响,夜间检出率高似与温度或/和蠕形螨夜间爬出毛囊或皮脂腺口交配有关。上海中医药大学[2]研究了 3 种类型酒渣鼻病与蠕形螨寄生的关系,将 490 例酒渣鼻病分成皮炎型、痤疮型和鼻赘型,其蠕形螨感染率分别为 89.3%、58.7%和 36.4%,前两型显著高于正常人组,认为皮炎型酒渣鼻病的主要病因是蠕形螨的感染,另两型也与之有关。该校[3]又对蠕形螨与细菌对酒渣鼻病的致病作用进行了研究,表明痤疮型和鼻赘型酒渣鼻病人中检出的条件致病菌,在发病机制上起一定作用,但与蠕形螨寄生无直接关系;皮炎型酒渣鼻主要单纯由蠕形螨引起。淮南矿业学院医学分院[4]研究后认为人眼睑缘蠕形螨寄生与外眼病有一定关系。山西医学院[5]比较 3 种人体蠕形螨病诊断方法,认为透明胶纸法优于刮脂法和挤刮法。济宁医学院等[6]建立了 ELISA 法检测肺螨病螨虫抗体方法,敏感性和特异性较高。遵义医学院[7]进行了伊维菌素治疗蠕形螨的临床和实验研究，表明该药有明显的杀螨及改善症状作用。

（二）蝇蛆病

四川省医院[8]报道皮肤蝇蛆病伴胸膜炎、心包炎1例，以丙硫咪唑400mg/d，口服10天治愈。青海治多县医院[9]对20例小儿皮下蝇蛆病主要采用负压取虫法，效果良好。北京医大一院等[10]报道纹皮蝇幼虫致右眼损害1例，手术取虫成功，但患者右眼失明。新疆哈密地区医院[11]报道外耳道蝇蛆病4例，并成功地进行了取虫治疗。

（任少堂）

参考文献

［1］ 李朝品等．寄生虫学与寄生虫病 1996；14(2)：135
［2］ 杨黎青等．寄生虫学与寄生虫病 1996；14(2)：146
［3］ 杨黎青等．寄生虫学与寄生虫病 1996；14(3)：237
［4］ 李朝品等．中国人兽共患病 1996；12(1)：47
［5］ 候玉英等．山西医学院学报 1996；27(2)：146
［6］ 郭永和等．中华医学检验 1996；19(5)：276
［7］ 吴建伟等．临床皮肤 1995；24(6)：364
［8］ 李运壁．中华皮肤 1996；29(2)：137
［9］ 旦增达吉．青海医药 1996；26(2)：39
［10］ 殷　悦等．中华眼科 1995；31(6)：406
［11］ 徐云台．新疆医学 1996；26(2)：114

文　选

我国恶性疟原虫对抗疟药敏感性的现状　（寄生虫学与寄生虫病 1996；14(1)：37）　预防医科院寄生虫病所刘德全等于1986～1992年采用WHO标准体外微量法，在恶性疟主要流行区海南省乐东县和云南省勐腊县测定了恶性疟原虫对氯喹、咯萘啶、青蒿琥酯、还原青蒿素、蒿乙醚、哌喹、甲氟喹、奎宁、氨酚喹9种常用抗疟药的敏感性。测试对象多数为县或乡医院门诊恶性疟现症病人，5～61岁，性别不限，以当地民族为主，少数为近年来自邻省或邻县的移民或民工。测定前14天内未服过抗疟药及四环素、磺胺或砜类药物。单纯恶性疟原虫感染者，测定时间为当年7～9月恶性疟流行高峰季节。结果针对甲氟喹和奎宁分别测定36例和33例，未发现抗性病例。氯喹、氨酚喹和哌喹抗性率分别为84.6%、86.1%和38.0%。有8.3%病例对咯萘啶有抗性，少数病例对青蒿素类药物敏感性下降。恶性疟原虫对氯喹的抗性呈逐渐下降趋势。海南省下降尤为明显，抗性率由1981年的97.9%降至1991年60.9%，抗性程度也有明显下降。云南省恶性疟原虫对氯喹抗性率无明显变化，但抗性程度已降低。海南省与云南省恶性疟原虫对哌喹的抗性均呈逐渐升高趋势。云南省1990年测定对哌喹抗性率为21.3%(10/47)；1992年则为47.6%(20/42)，完全抑制裂殖体形成的平均药物浓度较1990年显著升高($P<0.05$)。对咯萘啶及青蒿素类药物的敏感性逐渐降低，1986年海南省20例，未发现对咯萘啶有抗性病例，1989年测定对咯萘啶抗性率为4.9%(2/41)；完全抑制裂殖体形成的平均药物浓度1989年显著高于1986年($P<0.01$)。云南省1988年测定25例未发现对咯萘啶有抗性病例，1990年和1992年各测定35例，均发现对咯萘啶有抗性的病例。海南和云南两省均发现少数病例对青蒿琥酯、蒿乙醚和还原青蒿素有抗性。另还发现上述抗疟药抗性之间有一定交叉关系。上述结果对制定抗疟规划和合理选用抗疟药提供了科学依据。

（王卫兵）

述评　我国自1973年海南发现抗氯喹恶性疟后，其他有恶性疟流行的省、区也相继发现抗性病例，且范围逐渐扩大，抗性程度渐增强，并发现多重耐药虫株，恶性疟抗药性已成为我国防疟工作亟待解决的问题。海南的抗氯喹虫株在发现抗性早期，对乙胺嘧啶、防疟Ⅱ片（乙胺嘧啶与磺胺多辛合剂），阿的平、哌喹等抗疟药的常用剂量，发现Ⅰ～Ⅲ级抗性，抗性率以乙胺嘧啶最高，>70%，哌喹较低<10%(1975年)。随着哌喹替代氯喹广泛用于疟疾防治，恶性疟虫株对哌喹抗性程度逐年递增，体内法测定抗性率和抗性程度1982～1984年为13%，以Ⅰ级抗性为主，1993年上升为28.6%，Ⅱ+Ⅲ级抗性占50%，其他几种临床常用抗疟药也相继出现不同程度抗性。上文采用体外微量法所测恶性疟耐药率和耐药程度与体内法结果相似，对制定抗疟规划和合理选用抗疟药提供了科学依据。在重视不断开发

新型抗疟药的同时，对现有抗疟药应有计划地交替应用，采用正规足量治疗，复方和联合用药方案等都能延缓耐药虫株的发生和提高疗效。

（王国俊）

儿童弓形体病141例临床分析 （人民军医1996；3：35）解放军155医院赵艳军等从1993年4月～1994年6月收治经PCR确诊的儿童弓形体病141例，男82例，女59例，男女比1.4：1，年龄5天～13岁，病程2天～9年。城镇患儿51例，农村患儿90例，城乡比1：1.8。主要临床表现为反复发热8例；婴儿肝炎综合征8例；单纯淋巴结肿大1例；中枢神经系统症状124例，其中头痛、头晕、呕吐34例，癫痫大发作24例，脑瘫20例，急性偏瘫8例，高热惊厥伴意识障碍7例，学习能力差6例，颅前囟凸起5例，头颅歪斜伴肢体抽动4例，发作性腹痛4例，反复热惊厥3例，点头痉挛3例，癫痫失神小发作2例，口角抽动、挤眉弄眼2例，四肢肌痛、肌无力2例；脑残或智残48例；合并先天性心脏病2例；先天肢体畸形1例；先天髓母细胞瘤2例；先天甲状腺功能低下1例。119例做颅脑CT检查，异常70例，主要表现为脑软化、钙化、脑发育不全、脑室扩大及脑积水。79例做脑脊液检测，蛋白增高（>4.0g/L）36例，白细胞增高（>8×10^6/L）7例，糖及氯化物偏低3例，外周血嗜酸粒细胞增高（0.05～0.37）47例。病例来自河南省内16个县市，有猫狗密切接触史55例，城镇患儿中有13例喜食羊肉串。10例婴患儿母亲孕期有猫密切接触史，3例母亲有反复流产及死胎史。凡确诊弓形体病的患儿均采用抗弓形体治疗，方法是磺胺嘧啶钠（SD）100mg/（kg·d），乙胺嘧啶1mg/（kg·d），乙酰螺旋霉素20～30mg/（kg·d），联合治疗，1个疗程3周。癫痫发作频繁者加抗癫痫药，对SD过敏或反应严重者改用林可霉素，1个疗程结束后复查弓形体DNA，未阴转者继续用药至弓形体DNA阴转。出院15～20天后，用复方磺胺甲基异噁唑巩固治疗3～4个疗程。治愈68例（48.2%），显效53例（37.6%），有效12例（8.5%），总有效率94.3%，无效8例（5.7%），均为自动出院者。随访1年，50例中5例弓形体DNA转阳，重复治疗1～3个疗程，复查弓形体DNA均转阴。

（王卫兵）

述评 弓形体病是一种人畜共患的寄生虫性传染病，其人群感染极为普遍，在许多国家和地区其感染率为25%～50%，高者可达80%以上。我国近年调查81 965人，平均感染率为5.2%（0.3%～12.0%）。由于弓形体病的临床表现复杂，目前一般医疗单位又缺乏特异的实验诊断手段，使本病常有漏诊和误诊。上文临床分析儿童弓形体病141例，病例数较多，诊断依据可靠，诊治经验丰富，值得临床医师学习。

（王国俊）

血吸虫虫卵沉积性阑尾炎84例分析 （寄生虫学与寄生虫病1996；14（1）：79） 解放军60医院顾爱平等对该院1980～1993年经病理证实阑尾有血吸虫虫卵沉积的213例阑尾炎中无血吸虫病史的84例阑尾炎作了分析，并以同期无虫卵的阑尾炎100例作对照。84例中男53例，女31例，13～42岁，平均25岁。慢性阑尾炎26例，急性阑尾炎58例，其中有典型右下腹痛者占62%，腹痛至固定于右下腹的时间为6.2小时，有阑尾坏疽者从发病至坏疽穿孔时间为37.4小时。100例单纯阑尾炎者中急性82例，有典型右下腹痛者占67%，腹痛至固定于右下腹时间为6.6小时。阑尾起病至坏疽穿孔时间为38.7小时。两组相比其临床表现无显著差异（$P>0.05$）。

述评 王金生等（天津医药1995；23（1）：52）曾指出：血吸虫病并发阑尾炎时与一般单纯性阑尾炎相比，其特点为病程发展迅速、中毒症状明显、发生化脓性或坏疽穿孔多见、术前诊断困难。将血吸虫病并发阑尾炎与一般阑尾炎相比，两者从发病至腹痛固定于右下腹时间及起病至坏疽穿孔时间均无显著差异（$P>0.05$）。这一结果与王金生等所报道的有明显不同。究竟血吸虫并发阑尾炎与一般阑尾炎在临床上差异如何，有待今后进一步观察。

（秦一中）

呼吸系统疾病

收集1995年11月～1996年10月文献3 092篇，纳入回顾995篇（占32.2%），列入文选38篇（占1.2%）。

一年回顾

一、诊断技术

（一）肺功能检测

通气功能　广东心血管病所等[1]调查了北京、广州城乡35～59岁男女有完整资料的7 983人肺功能，发现吸烟组1秒钟用力呼气容积（FEV_1）/身高平方（H^2）、用力呼气流量（FEF）/H^2及FEV_1/用力肺活量（FVC）均低于不吸烟组。2～4年后随访发现，FEV_1/H^2随年龄增加的下降速度比预测值快。广西医大[2]认为戒烟后可改善肺功能。新疆医学院一院[3]报道23例100岁以上终生不吸烟老人仍保持良好的肺通气功能。中国医大等[4]分析8～12岁儿童体成分与肺通气功能的关系，发现瘦体重与肺活量（VC）呈正相关；体脂百分比与补呼气率（ERV/VC×100%）呈负相关。广州医学院一院[5]从878名3～12岁健康儿童中测定最大呼气流速，制订出与身高相关的回归方程式为：男性：y（L/min）＝5.73×身高（cm）－437.9；女性：y（L/min）＝5.18×身高（cm）－391.4。上海长征医院[6]用体描法与氮清洗法测定功能残气量的差值为0.04L，两者密切相关。中山医大一院[7]发现体描法测得的残气容积（RV）较氮清洗法高，原因与体描法测得的补呼气容积（ERV）明显偏低有关。

小气道功能、弥散功能、气道反应性及呼吸力学　北京医大三院等[8]对13例慢支、哮喘患者测定最大呼气流量-容积曲线（MEFV），并用纤支镜观察气道，依病变程度计分，结果50%肺活量最大呼气流量（$\dot{V}_{50}$）与25%肺活量最大呼气流量（$\dot{V}_{25}$）和小气道病变计分的相关性r值分别为－0.696 4和－0.627 1，说明MEFV异常可反映小气道器质性改变，具有病理基础。山东医大一院等[9]对17例食管癌患者的术前肺功能与术后小气道形态改变作对照，发现小气道病变与肺功能指标检查敏感性相关顺序依次是$\dot{V}_{25}$、$\dot{V}_{50}$和最大呼气中段流量（MMEF）。北京协和医院[10]*观察到有小气道功能障碍的慢性支气管炎患者血浆肾素活性、血管紧张素Ⅱ和醛固酮水平均显著高于健康者，这些变化与PaO_2水平无关，可能为慢性阻塞性肺疾病（COPD）早期肺动脉高压的发病机制之一。中山医大一院等[11]选择86名健康人测定肺弥散功能，制订出适合广东地区的预计值公式，男性：D_LCO＝0.37×身高（cm）－0.19×年龄－27.8；女性：D_LCO＝0.28×身高（cm）－22.7。北京安贞医院[12]用体描仪比较不同呼吸频率对测定肺总量（TLC）及气道阻力（Raw）的影响，发现在正常人其影响较小，而对有气道阻塞者影响较大，总TLC、残气容积（RV）、功能残气量（FRC）、Raw、胸腔气量（Vtg）等指标随频率增加而增加，比气道传导率（SGaw）随频率增加而下降，但无统计学意义。重庆新桥医院[13]用浅快呼吸和平静呼吸两种方法测健康人和COPD患者的气道传导率、比气道阻力和SGaw等，两法测得结果无显著差异。认为年老体弱及严重呼吸道阻塞不能完成浅快呼吸者可用平静呼吸法代替。华西医大[14]用阻断法测20～86岁327名健康人吸气阻力（R_I）和呼气阻力（R_E），二者均随年龄增长而上升，并建立了以年龄、身高、FVC为自变量的R_E和R_I的回归方程式。北京协和医院[15]通过对16例机械通气患者呼吸功监测，表明器械导致附加呼吸功增加57%，使用T型管的气管插管呼吸功增加41%。贵州老年医学所等[16]观察20例限制性肺疾病患者运动负荷肺功能，认为患者肺泡通气效能和运动摄氧能力降低、CO_2排出障碍、运动做功能力下降等导致其呼吸困难。

血液酸碱度测定及气体分析　青海省医院[17]提出用海拔系数(本地区大气压数/标准大气压数)来预计不同海拔地区的 PaO_2 正常参考值。西宁地区的海拔系数为77.3/101.3＝0.76。成都军区总院[18]将实验兔置38℃受热2小时＋25℃3小时，其 PaO_2 明显降低，原因可能与动物心肌细胞膜结构与功能损伤、肺血气屏障增厚影响血氧运输及与组织、肺的气体交换和肺通气量降低有关。吉林省医院[19]观察到胸科手术患者在单肺通气时，对无通气肺以1 L/min流量持续吹氧15、30、45和60分钟时，PaO_2 比不吹氧组分别提高30%、31%、39%和38%。天津市肺科医院[20]对呼吸性酸中毒合并代谢性碱中毒患者行血液透析治疗的同时，使用聚丙烯中空纤维膜式人工肺，结果 HCO_3^-、$PaCO_2$、PaO_2 均有明显改善。

(二) 纤维支气管镜检查

上海瑞金医院[21]报道用Olympus BF-30型纤支镜检查58例呼吸系统疾病患者，76%获得诊断。该镜直径纤细，清晰度好，弯曲度大，功能齐全，值得推广使用。重庆新桥医院[22]总结103例肺中叶综合征纤支镜检查病因诊断，其中炎症占55.3%，肺癌31.1%，结核12.6%。马鞍山钢铁公司总院[23]对1次或1天最大咯血量100～500ml患者42例，在咯血停止后数小时至72小时内行纤支镜检查，均未发生意外。认为只要做好充分准备，检查仍较安全。杭州浙江医院等[24]纤支镜检查65例各种肺疾病患者，术中 PaO_2 平均下降(1.6±0.9)kPa。用高频通气给氧后，PaO_2 平均上升8.3kPa，因供氧的驱动压较低并未造成 CO_2 潴留。上海医学分会肺科学会纤支镜组[25]*调查了上海21家医院80 998例次行纤支镜检查的严重并发症，死亡6例，大咯血78例，结果略低于先前报道，认为与技术成熟及防范意识加强有关。成都军区昆明总院[26]对15例重症阻塞性肺病患者行纤支镜吸痰，灌洗治疗后4小时 FEV_1% 由0.42±0.12升至0.57±0.19，SaO_2 亦显著增高，未发现严重并发症，认为本法治疗重症慢阻肺疾病安全有效。南京医大二院[27]对18例呼吸道感染患者行经纤支镜滴入抗生素治疗，每例平均冲洗3～6次，结果16株致病菌有14株被清除，总有效率88.9%。

(三) 胸腔镜及胸膜、肺活组织检查

南宁铁路医院[28]用纤支镜作胸腔检查，观察到11例胸腔疾病患者血压、呼吸、脉搏等在术前、术中、术后均无显著变化，说明该检查对心肺功能无明显影响。新疆医学院肿瘤医院[29]用美国Tru-Gut针对32例临床诊断恶性胸腔积液患者作经皮胸膜活检，获得恶变特异性诊断的阳性率为68.8%。山东济宁市一院[30]经皮细针穿吸肺活检503例，可提供细胞学诊断的有429例，诊断率85.3%。苏州市四院[31]用纤支镜、超声波或CT导向肺活检及胸膜活检四种方法诊断胸腔疾病606例。结果表明病理诊断率以超声或CT导向肺活检最高，分别为88.7%和87.2%；胸膜活检诊断率最低，为45.0%；纤支镜检诊断率为75.2%。广东顺德市一院[32]对10例纵隔淋巴结肿大患者在CT引导下经纤支镜作细针纵隔淋巴结穿刺活检(TBNA)，全部获得细胞学诊断，认为CT与TBNA两者结合是一种安全方便、痛苦较少的检查手段。

(四) 影像学检查

海军414医院[33]对80例支气管造影使用的碘水、碘化油、碘水乳剂和碘水胶剂4种造影剂比较，认为碘水乳剂造影清晰、粘稠度适当、化学性质稳定、24小时后无残留，是较理想的造影剂。解放军163医院等[34]分析78例孤立性肺结节患者接受团注增强高分辨CT(HRCT)扫描影像，表明良性结节多为轻度均匀增强，恶性结节多为不均匀增强，增强CT值均≥20HU。鳞癌增强程度较其他类型癌低，不均匀增强发生率高；腺癌、未分化癌、肺泡癌增强程度高、不均匀增强发生率低。北京阜外医院等[35]在10例健康者中作 ^{99m}Tc-GP与 ^{99m}Tc-DTPA肺显像对比观察，表明 ^{99m}Tc-GP的稳定性好，两肺放射性分布较均匀，可获得较高质量的图像。

(五) 免疫、生化检测及其他

武汉同济医院[36]以Northern印迹杂交观察3种一氧化氮合成酶(NOS)在大鼠肺和脑组织中mRNA的表达，结果肺组织有内皮NOS和巨噬细胞NOS mRNA表达，其杂交带分子分别为4.8kb和4.5kb；脑组织中只有脑NOS mRNA表达，杂交带分子为10.5kb，提示3种NOS基因结构、组织分布和表达均不同。西安西京医院[37]用酶联免疫技术测定82例不同肺部疾患患者血清中可溶性白细胞介素-Ⅱ受体的浓度，依次为肺心病＞肺炎＞肺癌，但其鉴别诊断意义尚待探讨。中国医大等[38]收集32例纤支镜活检标本作DNA合成期细胞溴化脱氧脲嘧啶核苷(Brd U)标记和进行突变型p53基因产物(Tp53)的免疫组化检测，结果表明本法可在组织切片中显示DNA合成期细胞，能客观地反映肺癌的增殖活性。在肺癌组织中Tp53表达率高达63.0%，可作为肺癌生物学标志，对早期诊断可能有一定意义。

（招镜尧）

参 考 文 献

[1] 饶栩栩等. 中华结核和呼吸 1996;19(1):14
[2] 黄　波等. 中华预防医学 1995;29(6):354
[3] 王惠妩等. 中华老年医学 1996;15(4):244
[4] 吕　文等. 中华预防医学 1996; 30(1):37
[5] 陈庆宜等. 中华儿科 1996;34(4):279
[6] 罗文侗等. 中华结核和呼吸 1996;19(1):52
[7] 严英硕等. 广州医药 1996; 27(3): 30
[8] 赵鸣武等. 中华结核和呼吸 1996;19(1):18
[9] 许仁和等. 中华内科 1995;34(12):835
[10]* 林耀广等. 中华结核和呼吸 1996;19(2):84
[11] 谢灿茂等. 中华医学 1996;76(1):61
[12] 梁　瑛等. 心肺血管 1995;14(4):225
[13] 王金平等. 三军医大学报 1996;18(4):347
[14] 黄桂芳等. 华西医大学报 1996;27(2):171
[15] 邱海波等. 中华结核和呼吸 1996;19(5):265
[16] 周影娜等. 贵州医药 1996;20(4):196
[17] 李　荧等. 高原医学 1996;6(1):41
[18] 李继红等. 中华劳卫 1995;13(6):345
[19] 王尧璐等. 白求恩医大学报 1995;21(6):576
[20] 丁　伟等. 中国危重病急救医学 1996;8(7):393
[21] 万欢英等. 中华结核和呼吸 1995;18(6):379
[22] 吴国明等. 三军医大学报 1996;18(3)259
[23] 金邦贤等. 内镜 1996;13(2):110
[24] 钦光跃等. 内镜 1996;13(1):36
[25]* 周　敏等. 中华结核和呼吸 1996;19(4):226
[26] 赖克方等. 中国危重病急救医学 1996;8(4):214
[27] 蔡健康等. 南通医学院学报 1995;15(4):581
[28] 陈建明. 广西医学 1996;18(1):60
[29] 杨顺娥等. 新疆医学院学报 1995;18(4):253
[30] 黄建国等. 肿瘤研究与临床 1996;8(2):98
[31] 方建新等. 南京医大学报 1995;15(4):870
[32] 荣　福等. 内镜 1996;13(2):92
[33] 王志纯等. 实用放射 1996;12(5):286
[34] 黄佐良等. 中华放射 1996;30(8):560
[35] 刘蕴忠等. 中华核医学 1996;16(2):91
[36] 戴爱国等. 同济医大学报 1996;25(4):290
[37] 于文彬等. 中国实验临床免疫 1996;8(1):17
[38] 辛　彦等. 中国医大学报 1995;24(5):460

二、结核病

(一) 流行病学和卡介苗接种

卫生部结核病控制项目办公室[1]报道世行项目到 1995 年 9 月止,县和人口受益覆盖率达原设计的 92.5%和 95.4%。1995 年涂阳(涂片阳性)登记率和新登记率分别为项目实施前的 3 倍和 2 倍,新涂阳者的平均治愈率达 90.8%。卫生部疾病控制司等[2]以 1990 年流行病调查疫情为基础,指出在世行项目和卫生部项目开展后,新发涂阳者治愈率分别达 91.5%和 91.7%。项目地区的疫情可望以年递降率 7%～10%的速度下降。北京结核病控制所[3]报道自全市、区、县逐步实施全程督导间歇化疗的结核病控制战略重点以来,北京涂阳患病率在 1979、1985 和 1990 年分别为 127/10 万、56/10 万、16/10 万,平均年递降率 17%。石家庄结防所[4]采取"集中设点、分散管理"等方案,一年中共接诊初治者 1 269 例,其中涂阳 151 例,为前一年的 2.2 倍。满疗程阴转初治 99.1%、复治 88.1%。上海奉贤结防所等[5]报道由于治而不管,该县 1979 年菌阳患病率 258/10 万,比 1975 年上升 26.2%。加强化疗管理后,菌阳(细菌阳性)发病率每年以 6.4%幅度下降,传染源掌握率以每年 6.7%上升。预测 2000 年菌阳患病率可能为 7.5/10 万,年感染率 0.2%,死亡率 0.65/10 万。江苏结防所[6]自 1993 年全省实施结核病归口管理后,1994 年新登记初治菌阳者 7 934 例,初诊痰检阳性率 26.7%,分别较 1992 年增加近两成和 2.7%。1993 年完成治疗率和痰菌阴转率达 96.3%和 91.6%。兰州解放军一院[7]自 1952 年初至 1994 年底收治小儿结核病 385 例,该地区婴幼儿患病率呈下降趋势,重症结核所占比例由最初的 43%下降至 11.1%,死亡率也从 22.3%下降为零。淮阴结防所[8]报道 125 例农村复治涂阳病例中有 70.4%系初治不规律用药或未满疗程所致,经加强初、复治涂阳病例治疗管理,复治涂阳率所占比例由 36.5%下降至 15.5%。北京结核病胸部肿瘤所等[9]报道 58 例青年初治涂阳肺结核病人,太阴性格得分高于健康人常模,且生活事件发生频率及强度也显著高于对照组,揭示心理社会因素与青年肺结核发病有关。

哈尔滨结防所[10]报道 1986～1994 年新生儿卡介苗(BCG)接种率、12 周结素阳转率及卡痕率分别为 98%、94%和 97%,结素硬结均径由(7.1±3.0) mm 增至(9.4±2.5)mm;0～14 岁结脑发病率由 1.3/10 万降至 0.2/10 万。连云港防疫站[11]监测 1990 年以来新生儿冻干 BCG 接种效果,发现 12 周结素阳性率由开始的 83.3%上升至 1994 年 91.5%;结素硬结直径由(7.8±3.2)mm 上升至(8.1±2.7)mm;卡痕率达 100%,示冻干 BCG 质量可靠,效果满意。宁夏中宁防疫站[12]对 1988～1990 年 BCG 初种 12 周效果监测 620 例,阳性率平均

78.9%，其中城市高于农村，卡痕率为96.3%。同济医大[13]以质粒pUC19为载体克隆了BCG DNA，重组子经BamH I酶解电泳图谱分析，表明DNA插入片段约在2～7kb之间。大连医大丹东分校等[14]报道7例新生儿皮内接种BCG发生BCG淋巴结异常反应(均为病理确诊)。认为一旦诊断明确，大于1cm淋巴结宜手术切除，未见手术并发症。

（张世明）

（二）基础研究和诊断技术

解放军309医院等[15]用母牛分支杆菌制剂免疫BALB/c小鼠，该小鼠腹腔巨噬细胞产生H_2O_2水平明显高于未免疫小鼠($P<0.01$)，提示母牛分支杆菌制剂作为结核病免疫治疗剂机制之一是活化巨噬细胞产生H_2O_2达到杀菌效果。中国药品生物制品鉴定所等[16]用同样方法测得活化巨噬细胞NO水平比未免疫小鼠明显升高($P<0.01\sim0.001$)，表明活化巨噬细胞产生NO杀菌也是母牛分支杆菌制剂作为结核病免疫治疗剂的作用机制之一。他们先用结核菌H37Rv感染豚鼠，10天后再给受染豚鼠注射母牛分支杆菌制剂，结果表明受免疫豚鼠腹腔巨噬细胞产生NO水平明显低于单纯H37Rv感染组，认为母牛分支杆菌还通过NO提高淋巴细胞抗感染能力[17]。长沙湘雅医院[18]观察到BCG多糖核酸(BCG-PSN)和死BCG能增加小鼠有核细胞和腹腔细胞数，促进淋转和产生血凝抗体，增强巨噬细胞功能，认为BCG-PSN可望代替有毒副作用的死BCG用以增加免疫力。长春结核病院等[19]用ELISA法测得65例肺结核外周血单个核细胞培养上清液中IL-6水平显著高于健康组，且进展期高于好转期，初治高于复治，IL-6水平与病变范围、性质及排菌情况均呈平行关系。济南军区总院[20]检出结核性、癌性胸液IL-8分别为$(4.433\pm7.595)\mu g/L$和$(0.905\pm0.683)\mu g/L$，推测IL-8作为炎症趋化因子参与结核性胸膜炎的炎症形成，而NO_2^-/NO_3^-在两种胸液中均呈高水平。青岛医学院等[21]报道肺结核者血清sIL-2R、CD8明显升高，mIL-2R、CD4、CD4/CD8明显降低，进展期或有空洞者更为明显，提示该指标与病情和预后有一定关系。重庆大坪医院[22]观察肺结核病人外周血淋巴细胞的化学发光变化，发现进展期肺结核基础发光显著增强，PHA诱导最大发光减弱，血浆相关介质cAMP、SOD下降，表明活动性肺结核淋巴细胞预激活水平增高，激活反应能力下降。苏州市五院[23]对142例肺结核住院患者作心理测定，结果伴焦虑和忧郁情绪者PHA皮肤试验阳性率低于无症状者，且淋巴细胞转化率也明显降低，指出在抗痨治疗的同时应及时纠正心理障碍。湖北医大一院[24]用放免法测定53例肺结核患者血清透明质酸水平，结果活动性肺结核明显高于正常对照组，尤以慢性空洞型肺结核升高为甚。解放军101医院[23]观察发现进展期肺结核患者全血粘度、血浆粘度、血小板粘附率、外周血栓形成长度和重量等指标均增加，提示降低血液粘度、改善微循环可能是活动性肺结核辅助治疗的一个环节。上海结防中心[26]以结核分支杆菌-脂阿拉伯甘露糖(LAM)为抗原，用MycoDot™试剂盒测得涂阳肺结核者LAM抗体的敏感性为71.4%，特异性为94.9%。北京结核病胸部肿瘤所等[27]*报道用ELISA法测定血清LAM-IgG阳性率82%，其中痰菌阳性组达90%，菌阴组69%，明显高于肺癌和正常组。重庆肺科医院[28]用ELISA法联合检测结核病患者血清TB-Ag和TB-Ab，阳性率由二者单测的78%、43%上升至93%，且与肺内、外其他疾病组间有显著性差异。中山医大三院[29]对53例结核病进行各种体液结核菌PCR、涂片、培养法病原检测结果比较，阳性率依次为47.6%、19.1%和16.2%，以PCR法为优，但仍有8%假阳性，故认为PCR检测(+)不宜作为结核病确诊依据。解放军309医院[30]报道各型肺结核患者痰涂片、培养、痰PCR和血PCR检测结核杆菌阳性率分别为24%、18%、47%和39%，认为血PCR法更有助于Ⅱ型和无空洞Ⅲ型肺结核的诊断和鉴别诊断。兰州医学院一院[31]报道135例肺结核患者血、痰中结核杆菌DNA阳性率为85%和57%，其中44例血、痰标本同时检测菌DNA，总阳性率达91%。西安医大二院等[32]对PCR法检测支气管肺泡冲洗液(BALF)中结核菌与支气管粘膜刷检涂片和纤支镜活检作比较，以其中任何一项阳性为肺结核诊断依据，其敏感性分别为85%、49%和11%，特异性为93%、100%和100%，准确性90%、79%和63%。杭州市二院等[33]比较不同厂家PCR试剂测定痰结核杆菌的结果，发现3种不同引物序列和扩增产物片段长度的PCR试剂检出率分别为82.4%、71.7%和61.0%，组间有显著差异，表明PCR试剂直接影响检测正确性。中国医大二院等[34]通过合成两对引物建立多重PCR，检测痰结核杆菌DNA，结果表明该法特异性高，灵敏度≥7cfu结核杆菌，检出率高于BACTEC快速培养法20%。解放军254医院等[35]用套式PCR检测肺结核患者痰结核杆菌，阳性率为56.7%，明显高于外引物PCR法(46.3%)和传统涂片法(15.9%)、培养法(9.3%)。解放军309医院[36]用PCR、McAb-ELISA及耐酸染色检测124份BALF标本，阳性率各为37.0%、84.7%、22.7%，指出在

实际应用中三者各有优点，不可偏废。他们还联合应用 PCR 和 DNA 探针杂交检测临床标本中的结核杆菌，灵敏度由单 PCR 法的 1pg 提高到 100fg[37]。二军医大等[38]用 PCR 法制备地高辛标记 DNA 探针检测结核杆菌复合群，认为抗原-抗体-酶放大系统的地高辛标记探针可用于临床上对结核杆菌复合群进行快速、准确诊断。河北省胸科医院[39]报道 142 份结核性胸液涂片、培养、PCR 和 Southern 杂交法的检出率分别为 7.7%、10.5%、54.2%和 69%。若每个病例收集 3 次胸液检查，可将 PCR 和 Southern 杂交法的阳性率提高到 78.2%、89.1%。石家庄白求恩国际和平医院[40]对 109 例结核性胸腹液进行醋酸纤维素薄膜蛋白电泳，区带呈“W”形弯曲的特殊谱型者为阳性，检出率达 93.6%，非结核组仅 3.9%，此结果与抗 PPD-IgG 水平呈正相关。河北胸科医院等[41]采用毛细管柱气相色谱(GC)法鉴定临床分离分支杆菌，对 54 株非结核分支杆菌 GC 法与生物学鉴定法对比，符合率达 94%。青岛纺织医院等[42]用细菌快速检测仪(BACTEC-460)检测 300 份临床标本，发现 BACTEC 法分支杆菌检出率为 25%，其中结核分支杆菌占 90.7%，常规菌培养平均报道时间为 8.4 天，药敏试验平均报道时间为 4.6 天，表明 BACTEC 法比常规培养法更快速、简便易行。北京结核病控制所[43]改进 BACTEC 系统，以 PNB 替代价贵的 NAP 作分支杆菌菌群鉴定，结果结核菌菌群符合率 97.8%，非结核菌群符合率 95.8%，总符合率 97.4%，且重复性好，认为改良法是经济、准确的菌型初筛方法。

(三) 结核病的治疗及有关问题

河北结核病预防中心等[44]追踪观察了经全程监督短程间歇化疗治愈的 649 例涂阳肺结核患者，结果 2 年初、复治复发率分别为 3.4%和 5.8%，表明间歇化疗远期疗效满意。杭州结防所[45]报道 229 例初治涂阳者用 $2S_3H_3R_3Z_3/4H_3R_3$ 和 2SHRZ/$4H_2R_2$ 方案治疗，满疗程痰菌阴转率分别为 97.7% 和 99.0%，3 年复发率分别为 2.4%和 3.0%，组间无显著差异，认为全程间歇方案费用少且便于管理。浙江结防所等[46]采用 $2R_3H_3E_3Z_3/4R_3H_3$ 方案治疗了 381 例涂阳肺结核，痰菌阴转率达 97.9%，2 年细菌学复发率和 X 线复发率分别为 1.4%和 1.1%。河北承德结防所等[47]也采用 $2H_3R_3Z_3S_3(E_3)/4H_3R_3$ 和 $2H_3R_3Z_3S_3E_3/6H_3R_3E_3$ 方案治疗初、复涂阳患者，满疗程率 99.7%；初、复治患者满疗程痰菌转阴率为 96.7%和 84.8%；3 年复发率 1.8%和 10.2%，表明督导间歇短化方案对控制结核病有简便、经济和高效的应用价值。杭州结防院[48]比较 1SHRE/$5H_2L_1$(DL_{473})和 1SHRE/5HR 方案，结果两组满疗程痰菌全部阴转，病变显吸率和空洞闭合率相近，3 年痰菌复阳率 DL_{473} 组为 2.5%，RFP 组为零，含 DL_{473} 方案对初治涂阳患者疗效满意。广州胸科医院[49]用氟嗪酸加 HRZ 治疗复治涂阳肺结核患者，47 例中痰菌阴转率达 93.6%，阴转时间平均 42 天，疗效明显优于单用 HRZ 治疗组。内蒙古胸科医院等[50]分析 198 例复治涂阳肺结核原因，其中治愈后复发占 6.6%，化疗方案不合理 51.0%，间断和中断治疗各占 21.4%，表明初治成功的重要性。广西医大一院[51]采用全身化疗配合纤支镜下每周 2 次给予 INH 治疗肺结核并空洞，结果治疗组临床症状改善较快，痰菌阴转率、病灶吸收消散及空洞闭合率明显优于单纯全身用药组。解放军 309 医院[52]选用 HRKp 方案加环丙氟哌酸或氟嗪酸治疗复治排菌肺结核，4 个月后 36 例患者痰菌阴转率为 44.1%，病灶吸收好转率 66.7%，且无明显毒副反应，停药随访 1 年未见恶化者。南通医学院附院[53]观察胸腺素对难治肺结核的疗效，发现胸腺素加化疗组 T 细胞亚群 CD3、CD4、CD4/CD8 比值明显上升，临床指标好转率明显提高。解放军 150 医院[54]用化疗联合胎盘转移因子治疗老年肺结核，表明治疗组痰菌阴转率、病灶吸收率、空洞闭合率及复发率优于对照组($P<0.01$)，认为辅以免疫调节剂有利于治疗。解放军 309 医院[55]报道 107 例初治浸润型肺结核化疗加激光光针穴位照射治疗，痰菌阴转率及病灶显吸率明显优于单纯化疗组，且激光光针穴位照射疗效优于局部体表散焦照射。河南胸科医院等[56]* 用化疗加静注及胸腔内注入蝮蛇抗栓酶治疗结核性渗出性胸膜炎，77 名患者总有效率 97.9%，平均胸水吸收时间及平均胸穿次数较化疗加糖皮质激素组更短更少。上海肺科一院[57]回顾 40 例耐药肺结核的外科治疗，病变以空洞和肺缩小为主，多伴有对侧病灶，经肺切除或附加胸廓成形术并配合全身化疗，术后痰菌阴转率达 87.5%，随访半数已恢复正常工作。长春结核病院[58]报道，90 例重症肺结核行空洞清除术，治愈率为 98.9%，一次手术治愈率 96.7%，痰菌阴转率达 100%，此手术尤适于不耐受肺切除术的巨大空洞病例。广州医学院一院[59]对 32 例结核性支气管狭窄患者行手术治疗，认为将狭窄阻塞病变的支气管连同受累肺叶一并切除的袖状肺叶切除术是首选术式。北京医大一院等[60]报道电视胸腔镜诊治胸部结核性病变 8 例，分别行肺楔形切除术、胸膜固定和胸膜病灶清除术，术中、术后均无严重并发症，平均随访 6.5 个月，无结核播散及局部复发。山东胸科医院[61]报道 19 例胸膜结核球，11 例既往

有肺结核或胸膜炎史，影像学检查均呈球形或椭圆形阴影，可有钙化。手术切除后随访1～6年，无1例复发。天津脑系科医院[62]近5年诊治颅内结核瘤14例，占同期颅内肿瘤的0.9%，其中行短程化疗5例，手术治疗加化疗9例，结果预后良好，无1例死亡。北京天坛医院[63]报道手术治疗颅内结核瘤25例，除1例桥脑小脑角结核瘤患者术后7天因病情加重死亡外，余术后加化疗治疗，效果满意。武汉结防所[64]对80例结核性颈淋巴结脓肿患者，在2HRSE/7HR方案全身化疗同时，采用早期切开引流并腔内INH、FRP液治疗，近期治愈率100%，复发率2.5%，切口愈合快。

解放军266医院[65]报道405例肺结核患者在联合化疗中发生药物性肝损害者占15.6%，多见于用药后3～6周，认为有明显消化道症状，ALT、胆红素超过正常3倍和2倍是停用化疗药的指征。北京胸科医院[66]分析21例老年抗痨药物性黄疸，发生率为1.6%，明显高于同期中青年组的0.9%，男性多于女性，以RFP类所致黄疸最高，INH、PZA次之。广东番禺市医院[67]报道96例肺结核并"大三阳"而肝功正常者，经肝细胞生长素与化疗联用，肝功ALT、AST升高者为6.3%，显著低于单纯化疗组及加用一般保肝药物组。武汉结核病院[68]报道2例RFP诱发血卟啉病，患者表现腹痛、尿卟胆原试验阳性，采取高糖及对症处理，或及时停药症状可消失。浙江新昌县医院[69]报道4例结核病化疗初期类赫氏反应，并综合有关文献，认为Ⅱ、Ⅲ型肺结核患者易发生该反应；化疗中含RFP类药物与此反应密切相关。江苏常熟市四院[70]报道38例肺结核患者在短程化疗中病情恶化原因为：暂时恶化现象15例；原发耐药5例；合并肺癌6例；继发肺炎12例。提示病灶恶化并非都是治疗失败的证据。

（韩一平）

（四）结核性脑膜炎

沈阳军区总院等[71]采用毛细管柱气相色谱(GC)分离59例CSF菌阴结核性脑膜炎CSF中结核杆菌硬脂酸，敏感性为74.6%；122例非结脑组仅5例阳性，特异性达95.9%，表明该项检测有助于菌阴结脑的早期诊断。南京医大一院[72]用生物素-亲和素-酶系统(ABS)技术测得结脑CSF中活性B细胞(ABL)和结核杆菌蛋白A-IgG阳性率分别为65.5%和78.1%，明显高于非结脑组，ABL在发病早期出现率高，特异抗体稍后出现。南京医大一院等[73]用双抗体夹心法检测结脑CSF中sIL-2R，结果30例结脑患者明显高于对照组，且在急性、亚急性期明显高于恢复期，表明CSF sIL-2R可作为结脑诊断、判断病情和预后的指标之一。新乡医学院一院[74]通过速率散射比浊法测得40例结脑CSF除IgG外，其余免疫球蛋白指标均显著升高，CSF白蛋白增高率达100%，提示结脑的血脑屏障功能呈高频度受损。江苏省医院等[75]用PCR及ABC-ELISA法测CSF抗结核蛋白抗体，结脑组两法抗结核抗体阳性率分别为75.7%和63.5%，明显高于非结脑组的0%和13.3%，认为两法对早期诊断结脑快速而敏感。新乡医学院一院[76]也有类似报道，两法阳性检出率分别为75.5%和65.3%，与非结脑组有显著差异。长春结核病院等[77]对40例结脑患儿CSF行结核杆菌DNA PCR测定，阳性率为60%，高于涂片(0%)和培养法(10%)。黑龙江结防院等[78]动态观察34例结脑患者眼底变化，在眼底异常的24例中，双侧乳头水肿22例，脉络膜粟粒结核4例，视神经乳头萎缩1例，提示结脑患者行眼底检查的意义。青海省医院[79]分析50例结脑头颅CT，异常检出率为70%，头颅CT基本正常的15例全部存活，而35例异常者中死亡28例（占80%）。广东阳江市医院[80]报道123例结脑入院患者误诊58例，误诊率47.1%，误诊原因为CSF变化不典型、起病急骤或隐袭、脑外结核难以发现或脑症状不明显。解放军262医院等[81]对23例伴继发脑积液的结脑患者行脑室引流并注射INH加地塞米松，结果颅内压降至正常，其中8例脑疝均得以纠正，CSF 2～4周内恢复正常。白求恩医大三院[82]应用CSF置换及鞘内注药治疗40例结脑，并与单纯用药组比较，发现在减轻症状、改善CSF及减少后遗症等方面，前者均优于后者。

（五）其他

河南省胸科医院[83]报道老年肺结核与肺癌并存72例，病灶多以同侧分布，但在同一部位者较少(14/72)，病理证实瘢痕癌6例。两病症状交叉重叠多，初诊时延误或漏诊率高达70.8%。北京军区总院[84]总结老年肺结核特点，患病率占同期肺结核的16.7%，其中60～70岁者占69.8%，临床表现多不典型，误诊率35.6%，排菌者多，治愈率低。武汉结核病院[85]报道186例X线检查初诊为肺结核入院的老年患者，经证实110例是包括肺癌在内的非结核性病变或胸膜病变，仅76例确诊为活动性肺结核，强调鉴别诊断中细胞学检查的重要性。安徽肺科医院[86]报道117例肺结核合并下呼吸道感染者中，G^-杆菌感染占85.4%，显著高于G^+球菌感染(14.6%)，其中以肺炎杆菌、绿脓杆菌感染为多，老年组绿脓杆菌感染尤为严重，比非老年组显著为高($P<0.05$)。广州胸科医院[87]分析87例老年重症肺

结核并发多器官功能衰竭(MOF),脏器受损依次为肺(89.7%)>心(82.8%)>肝(66.7%)>肾>脑>血管>胃肠,病死率随受累脏器数目增多而上升。安徽肺科医院[88]对65例老年血行播散型肺结核患者与同期中青年组比较,结果老年组咳嗽、咯痰、气促症状突出,结素试验及痰菌阳性率低,并发症和合并症多。解放军总院[89]回顾8例无反应性结核病,临床均有发热,胸片无典型粟粒性结核改变,尸检病理特点为全身多脏器粟粒性结核病灶,内有大量结核菌,周边缺少淋巴细胞及Langhans巨细胞反应。北京协和医院[90]也作了类似3例报道,并综合国内文献共计17例,分析认为肺、肝、淋巴结是结核最常侵犯部位,建议应进行这些部位及骨髓活检,作耐酸染色,并测定细胞免疫功能。北京中日友好医院[91]报道10例结缔组织疾病患者应用免疫抑制剂过程中并发结核病,其中血行播散性肺结核占50%,浸润型占30%,特点为重症结核比例高,且病灶不易局限。北京胸科医院[92]报道成人胸内淋巴结结核,60例中纵隔、肺门多组淋巴结同时受累占50.7%,内有中心溶解、钙化者占27.5%和17.4%,纤支镜检查阳性率高。北京儿童医院[93]对44例小儿气管、支气管结核作临床分析,认为肺结核患儿临床表现有刺激性咳嗽和突发呼吸困难,胸片见气管受肿大淋巴结压迫或肺不张或阻塞性肺气肿,建议要及早行纤支镜检查。承德医学院附院[94]报道25例胸膜结核球,84%有明确渗出性胸膜炎病史,病变多位于下胸腔,X线示圆形或块状密度增高影,伴有卫星病灶或钙化灶。白求恩医大一院等[95]报道17例经手术证实的颅内结核瘤,多发于青年,既往多无明确结核史,病变部位以幕上多见,额颞叶居多,常为单发。广东番禺市医院[96]报道1例右上浸润型肺结核合并鼻咽结核,临床表现为乏力、盗汗及反复鼻出血,病理活检示鼻咽部结核性肉芽组织,给予HRSE方案治疗,半年后鼻腔病变痊愈,右肺阴影明显吸收。浙江义乌市医院[97]报道31例支气管内膜结核,初诊误漏诊率达90.3%,被误诊为慢支、肺癌、肺炎、支扩、肺不张等。北京胸科医院[98]报道130例肺结核被延误诊为:浸润型肺结核96例;纵隔肺门淋巴结结核13例;结核性胸膜炎17例;急性粟粒性肺结核4例。延误时间1月至1年以上不等。苏州医学院一院等[99]调查基层医疗单位600例初治肺结核延误诊断的原因,其中医生延误诊243例,主要因呼吸系统症状误诊而延误。北京东城区结防所[100]分析3 573例肺结核登记患者,其中误诊82例,误诊率2.3%,被误诊疾病多为肺癌(57.4%),炎症(20.8%)和肺转移肿瘤(13.4%)等。武汉结防所[101]分析136例菌阴不典型肺结核X线征象,病变部位不典型占30.9%,病灶形态学不典型占63.2%,X线征象难以判断病灶的活动性占2.9%,无反应性肺结核病占1.4%。四川卫生管理干部学院附院等[102]报道15例下叶肺结核全部误诊,误诊病种有肺炎、胸腔疾病、慢支、肺脓肿。遵义医学院附院[103]分析100例老年肺结核,初诊误诊率为29%,比同期中青年肺结核组(12%)高。河北医大四院[104]报道5例误诊为食管平滑肌瘤的食管旁淋巴结结核,提出成年女性位于胸中段的病变要注意询问结核病史,观察胸片中隆突部有无结节影及钙化影。北京胸科医院[105]分析24例选用SHE方案治疗的肺结核并肝硬化患者,肝脏情况好转者10例,恶化者停药后多能逐渐恢复,死亡6例中有2例与抗结核药有关,认为肺结核并肝硬化时INH应减量使用。常州市三院[106]报道肺结核并发自发性气胸844例,并发支气管哮喘30例,其中误诊为支气管哮喘持续状态18例,误诊率60%。重庆医大二院[107]报道糖尿病合并肺结核的患病率为10.9%,发生MOF 17.4%,明显高于单纯糖尿病组(6.0%),脏器衰竭依次为心、肾、肝、肺及脑。北京结核病胸部肿瘤所[108]*监测肺结核并慢性肺心病患者肺换气功能,发现缓解期特点为低氧血症,氧离曲线略左移,肺泡通气正常;呼衰时共同特点为重度低氧血症,认为$PaO_2/F1O_2$,$PaCO_2$和P_{50}是重症监护指标。北京卫生部工业卫生实验所[109]依据代价-利益分析法,利用肺结核流行病学资料及辐射致癌的危险估计,建立了X射线集检胸透发现肺结核正当化评价模型。解放军309医院[110]对36例肺结核患者行^{99m}Tc-MAA单光子发射CT(SPECT)检查评价,结果依病灶性质范围表现出不同大小肺灌注稀疏、稀缺区,认为SPECT有助了解肺血流灌注和分布情况,结合X线检查、肺功能和血气分析可以相互补充。台湾佛教慈济医院[111]报道胸部CT在监测空洞、结核病的钙化病灶、纵隔和腋下淋巴结病变、胸膜病变、胸腔内并发症、支气管内结核病变及外科治疗前评估等方面均优于一般胸片。开封淮河医院[112]分析55例脑结核瘤CT表现,见头颅CT增强扫描后出现病灶周边盘状或环状高密度影者占80%以上,认为此对脑结核瘤有诊断价值。北京积水潭医院[113]对65例单纯咳嗽、咯血患者行纤支镜检查,结果刷检、活检及支气管肺泡灌洗液(BALF)检测对支气管结核的及时诊断率为80.0%,肺癌为85.7%,明显高于单项检查。安徽铜陵市二院等[114]报道124例初治可疑肺结核,纤支镜下行细菌学、细胞学检查后确诊为结核60例,确诊为肺癌3例,总确诊率50.8%,BALF结核菌检出率56.7%，显著高于刷检、活检及术后痰检。河北胸科医院[115]报道68例非好发部位肺结核纤支镜检查结果，95.6%管腔内发现异常改变，13例有淋巴结支气管瘘，镜下活检、刷检阳性率分别为78.5%和39.7%。青岛市二院[116]报道51例老年不典型肺结核纤支镜下刷检、BALF及二者联检阳性率分别为13.7%、7.8%和52.9%，活检阳性率15.8%，吸引物及术后痰检阳性率为5.9%和3.9%。中山医大一院[117]报道，78例支气管内膜结核未经纤支镜检查前误诊率达87.2%。纤支镜下见粘膜充血、水肿、糜烂、肉芽肿或管腔狭窄等，认为粘膜活检结合刷检涂片可提高诊断率。苏州郊区妇幼保健站[118]报道25例胸片示局部阴影疑结核患者中，10例结素试验阳性者抗痨治疗后症状及肺部病灶消失或缩小，另15例非结核者及对照组结素皮试均阴性。衡阳医学院二院[119]观察1 010名学生1∶2 000 OT试验复治反应，结果首剂OT反应持续增强主要见于6～8岁者，年长儿少见；对1、5年级学生首剂试验阴性者3周后重复试验，前者阳转率高达35.6%，后者仅4.4%，且无强阳性；OT阳性者中，结核病检出率很低，为2.2%。河南结防所[120]观察1 973名健康者PPD复强反应，结果第2、3次复强阳性率为11.0%、4.7%，且随年龄增长而升高；复强阳性者血T淋巴细胞亚群T_3、T_4、T_8及sIL-2R水平升高，示再次PPD试验使免疫反应再现。河南结核病院[121]测定150例肺病患者在结素试验前后痰巨噬细胞数量，结果54例肺结核痰巨噬细胞明显增加，肿瘤和非特异炎症患者则无明显变化。

（张世明）

参考文献

[1] 万利亚等. 中国防痨 1996;18(3):103
[2] 齐小秋等. 中国防痨 1996;18(1):5
[3] 张立兴等. 中华结核和呼吸 1995;18(6):337
[4] 弓彦廷等. 中国防痨 1996;18(1):12
[5] 张英史等. 中国防痨 1996;18(2):64
[6] 许卫国等. 中国防痨 1996;18(2):56
[7] 张志芬. 中国实用儿科 1995;10(6):383
[8] 吴庆玉等. 中国防痨 1995;17(4):152
[9] 朱 林等. 中国防痨 1996;18(2):61
[10] 孙茹芹等. 中国防痨 1996;18(2):86
[11] 胡素南. 中国防痨 1995;17(4):176
[12] 陈晓珍等. 中华流行病 1996;17(2):126
[13] 梁驹卿等. 同济医大学报 1996;25(3):184
[14] 高唯唯等. 中国防痨 1996;18(1):33
[15] 李晓明等. 中国防痨 1996;18(1):21
[16] 李晓明等. 中国防痨 1996;18(3):122
[17]* 王国治等. 中华结核和呼吸 1996;19(3):140
[18] 罗秋平等. 湖南医大学报 1996;21(4):281
[19] 崔文玉等. 中华结核和呼吸 1996;19(5):318
[20] 马晓星等. 中华结核和呼吸 1996;19(4):235
[21] 刘成玉等. 中华结核和呼吸 1996;19(1):44
[22] 周向东等. 中国防痨 1996;18(2):78
[23] 王俊华等. 中国实用内科 1996;16(4):238
[24] 李清泉等. 临床内科 1996;13(1):35
[25] 赵秋良等. 中国防痨 1996;18(1):14
[26] 林松柏等. 中国防痨 1995;17(4):168
[27]* 马 玿等. 中华结核和呼吸 1996;19(1):41
[28] 钟 敏等. 中华结核和呼吸 1996;19(1):25
[29] 杨绍基等. 中华传染 1996;14(2):112
[30] 李国利等. 中华结核和呼吸 1995;18(6):343
[31] 张吉旺等. 中华医学检验 1996;19(3):173
[32] 何积银等. 中华内科 1996;35(2):121
[33] 陈 刚等. 中华结核和呼吸 1996;19(5):294
[34] 郭津津等. 中国医大学报 1996;25(2):186
[35] 王晓东等. 中华结核和呼吸 1996;19(3):190
[36] 李晓明等. 中国防痨 1996;18(2):76
[37] 吴雪琼等. 中华结核和呼吸 1996;19(1):37
[38] 朱诗应等. 中华结核和呼吸 1006,19(5):313
[39] 刘延龙等. 中华结核和呼吸 1996;19(3):189
[40] 郑锡铭等. 中华结核和呼吸 1996;19(4):242
[41] 翟秉详等. 中华结核和呼吸 1995;18(6):344
[42] 马曙光等. 中国防痨 1995;17(4):161
[43] 刘晓雪等. 中国防痨 1996;18(1):23
[44] 曹继平等. 中国防痨 1995;17(4):148
[45] 钟济和等. 中国防痨 1996;18(2):58
[46] 李 群等. 中国防痨 1996;18(3):109
[47] 晏淑琴等. 中华结核和呼吸 1996;19(2):104
[48] 钟济和. 中华结核和呼吸 1995;17(4):189
[49] 黄曼华等. 新医学 1996;27(3):136
[50] 韩景尧等. 内蒙古医学 1996;16(1):45
[51] 覃寿明. 广西医学 1995;17(6):557
[52] 金关甫等. 解放军医学 1995;20(5):378
[53] 陈不尤等. 南通医学院学报 1995;15(4):579
[54] 赵和平等. 中华结核和呼吸 1996;19(3):187
[55] 金关甫等. 解放军医学 1996;21(4):291
[56]* 肖悦娥等. 中国防痨 1996;18(3):116
[57] 谈彬庸等. 中国防痨 1996;18(2):53
[58] 魏成宽等. 中华结核和呼吸 1996;12(1):16
[59] 杨德康等. 中华结核和呼吸 1996;19(3):158
[60] 王 俊等. 中华胸心外科 1996;12(1):12
[61] 金 峰等. 中华胸心外科 1996;12(5):298
[62] 刘春生等. 中华结核和呼吸 1996;19(3):155

[63] 刘庆良等. 中华神经外科 1996;12(3):185
[64] 林光明. 中国防痨 1996;18(2):70
[65] 张钦发等. 人民军医 1996;(7):50
[66] 孔文琴等. 北京医学 1996;18(2):117
[67] 周志华等. 广州医药 1996;27(1):16
[68] 李继瑞等. 中华结核和呼吸 1996;19(4):248
[69] 吕焕昌等. 中华结核和呼吸 1995;18(6):348
[70] 颜卫国. 苏州医学院学报 1995;15(6):1094
[71] 康 建等. 中华结核和呼吸 1995;18(6):340
[72] 王兴霞等. 中国实用内科 1995;15(11):648
[73] 王 颖等. 南京医大学报 1996;16(6):525
[74] 刘传宝等. 中国危重病急救医学 1996;8(2):73
[75] 姚 娟等. 中国神经免疫学和神经病学 1996;3(1):19
[76] 刘传宝等. 中国危重病急救医学 1996;8(10):620
[77] 侯淑莲等. 中国实用儿科 1996;11(1):41
[78] 傅卓虹等. 哈医大学报 1996;30(2):200
[79] 马英莲等. 青海医药 1996;26(10):31
[80] 何声涛等. 新医学 1996;27(4):201
[81] 陈永珊等. 中华结核和呼吸 1996;19(5):297
[82] 陈佳俊等. 白求恩医大学报 1996;22(4):419
[83] 冯月娥等. 中华结核和呼吸 1996;15(4):237
[84] 樊晓宁等. 北京医学 1995;17(6):364
[85] 宋宝琴等. 中国防痨 1995;17(4):157
[86] 吴新寿等. 安徽医学 1995;16(6):32
[87] 崔柱天等. 急诊医学 1996;5(3):148
[88] 潘晓源等. 综合临床 1995;11(6):294
[89] 桂秋萍等. 中华医学 1996;76(1):66
[90] 李龙芸等. 中国实用内科 1996;16(8):505
[91] 张素贞等. 中国防痨 1996;18(3):118
[92] 冯 俐等. 北京医学 1996;18(2):72
[93] 陈建华等. 中华儿科 1995;33(6):364
[94] 张 旭等. 中国胸心血管外科临床 1996;3(2):95
[95] 罗毅男等. 中华结核和呼吸 1996;19(1):49
[96] 周志华. 中国防痨 1996;18(3):126
[97] 斯小水. 人民军医 1996;(9):35
[98] 吕 青等. 中国防痨 1996;18(3):120
[99] 李建中等. 苏州医学院学报 1995;15(4):749
[100] 洪来仪等. 北京医学 1995;17(6):365
[101] 余辉山等. 中国防痨 1996;18(2):68
[102] 罗 琳等. 四川医学 1996;17(2):128
[103] 牟 梅. 临床内科 1995;12(6):40
[104] 曹富民等. 中华结核和呼吸 1996;19(3):186
[105] 张培元等. 中国防痨 1995;17(4):165
[106] 宋为真. 中国防痨 1995;17(4):154
[107] 陈 隽等. 重庆医学 1996;25(4):206
[108]* 李 琦等. 中国防痨 1996;18(1):16
[109] 孙全富等. 中华放射与防护 1996;16(3):193
[110] 王 巍等. 北京医学 1996;18(4):205
[111] 李仁智. 中国防痨 1996;18(3):101
[112] 王舜英等. 中华结核和呼吸 1996;19(2):107
[113] 杨福荫等. 中国防痨 1995;17(4):163
[114] 唐神结等. 中国防痨 1995;17(4):153
[115] 李冀文等. 中国实用内科 1996;16(8):479
[116] 孙 晓等. 中华老年医学 1996;15(3):165
[117] 陈亚利等. 新医学 1996;27(8):413
[118] 徐娟梅. 苏州医学院学报 1996;16(1):73
[119] 章培锋等. 中华结核和呼吸 1996;19(2):123
[120] 葛广秀等. 中国防痨 1995;17(4):173
[121] 李瑞琴等. 中国防痨 1995;17(4):170

三、胸部肿瘤

(一)原发性支气管肺癌

流行病学及病因　苏州医学院等[1]对355个原发性支气管肺癌(简称肺癌)家族配对流行病学调查,结果表明肺癌分离比为0.09～0.12;吸烟和非吸烟者遗传度分别为(40.58±4.01)%和(27.58±4.76)%;一、二级亲属的相对风险分别为4.73和2.61;吸烟习惯和肺癌遗传背景有交互作用,认为肺癌遗传背景是肺癌多因素病因之一。全国油毡行业流调组[2]调查15个省市20个油毡厂工人肺癌发病情况,混合组和石油组的肺癌标化死亡显著超出对照人群和全国城市居民,接触不同种类沥青作业的油毡工人肺癌存在剂量-反应关系。调查还表明油毡生产男工吸烟与接触沥青有相加作用,吸烟及不吸烟组肺癌标化死亡率均显著高于对照组[3]。贵州放射卫生防护所等[4]报道某铀矿井下矿工肺癌与职业关系密切,井下组肺癌死亡率高于井上组和该地区城区居民,认为氡及氡子体浓度超过规定限值是引起高死亡率的直接因素。鞍钢劳卫所[5]报道焦化厂炼焦区肺癌有超量发生,相对危险度(RR)为2.98,以炉顶、炉侧、非焦炉呈顺序递减梯度,随车间空气中苯溶物浓度降低而降低。本溪明山区防疫站等[6]调查该市肺癌死亡中男性明显高于女性,30～59岁占35.7%,工人居多,与文化程度呈负相关,日常燃料为自产煤者最高。哈尔滨医大[7]进行肺癌高危职业(卷烟)人群10年前瞻性研究,显示该人群寿命低于居民,肺癌死亡居恶性肿瘤死亡之首,去除肺癌死因,此人群的期望寿命将提高1.38～1.58岁。华西医大等[8]报道四川农村人群肺癌危险因素中,慢支、家族肿瘤史、吸烟、家庭燃煤,肺结核亦为不可忽视的危险因素。辽宁防疫站等[9]及广州医学院等[10]分别调查中国北方和南方肺癌发病相关因素,一致认为吸烟是首要因素,室内空气污染(尤其对女性)、大气污染、职业接触等为相关因素，而蔬菜、水果、饮茶有保护作用。中国医大等[11]研究吸烟者患肺鳞癌、小细胞癌、大细胞癌的危险度(OR)分别为3.30、2.92和2.97，与日吸烟量、吸烟年限均存在计量反应关系。此三型肺癌的人群归因危险度(PAR)分别为0.49、0.44和0.45。湖南医大二院[12]报道吸烟者和肺癌病人肺泡巨噬细胞(AM)自发产生肿瘤坏死因子(TNF-α)活性降低，IFN-α可使AM TNF-α活性增强，但rIL-2对其活性无影响。暨南大学医学院等[13]研究发现父母吸烟及工作中接触吸烟者对患肺癌无明显影响，而暴露于配偶吸烟的被动吸烟可使患肺癌危险性增加1.77倍。川北医学院附院[14]研究表明，肺癌并发肺部感染者的中位生存期明显低于无感染者；肺部感染易使肺癌患者发生非晚期死亡，且严重妨碍抗肿瘤治疗。上海肿瘤所[15]报道女性非吸烟者肺癌危险性与蔬菜、水果、β-胡萝卜素、维生素C等摄入量呈负相关，未发现与视黄醇、维生素E之间有联系。上海胸科医院[16]研究发现肺鳞癌女患者的月经周期次数多于正常人，提示雌激素可能为促癌因素；肺腺癌组行经期短于正常人，提示肺腺癌病人黄体功能与肺癌发生可能有关。

基础研究　北京中日友好医院[17]用核酸杂交、免疫细胞化学染色法研究表明在鸟氨酸脱羧酶(ODC)反义基因稳定整合、ODC反义RNA高效表达的人肺鳞癌L_{78}细胞中，c-fos mRNA表达增强，而人肺癌表面相关抗原的表达明显减少，提示ODC反义RNA抑制多胺合成而引起L_{78}细胞恶性表型逆转，与其对c-fos及某些肿瘤相关基因表达的调节作用有关。中国医大[18]报道精脒在人肺腺癌细胞系不同分裂周期的表达有量的差别，与DNA合成呈平行关系，认为精脒在癌细胞DNA合成中起重要作用，为在分子水平探讨多胺参与癌变的机制提供了实验依据。北京协和医院[19]检测87例肺癌中有24例(27.6%) Ki-ras基因第12密码子突变阳性，腺癌高于鳞癌，小细胞癌未检出；突变与分化程度呈负相关，与吸烟、转移、组织侵袭呈显著正相关。协和医大[20]报道12例非小细胞肺癌中有2例存在c-myc基因易位及c-myc蛋白高表达，提示该基因易位是导致此种癌基因激活的原因之一。中国医大等[21]检测肺癌$CDKN_2$基因产物(P16蛋白)在肺癌组织中总阳性率为61.9%，随分化程度降低而下降，腺癌的阳性率高于鳞癌和小细胞癌，认为P16蛋白表达缺失与肺癌发生有关。他们报道癌基因产物P21蛋白在非小细胞肺癌阳性率75.0%，小细胞肺癌均为阴性；P21蛋白表达和组织分化程度有一定关系[22]。重庆新桥医院等[23]研究提示转化生长因子$β_1$($TGF-β_1$)基因转染使人肺巨细胞癌细胞系PLA-801D细胞增殖在G_0/G_1期发生阻滞、体外增殖速度减慢、恶性程度降低，并能诱发细胞凋亡；$TGF-β_1$基因转染细胞nm23 mRNA表达明显增加。北京协和医院[24]报道肺癌及癌旁组织原位杂交EB病毒阳性率为37.9%及11.5%；强阳性者均为分化较差肿瘤；累及胸膜、肋骨及膈肌者阳性率明显高于未侵及者；随EB病毒感染加重，淋巴细胞浸润增多。空军总院等[25]报道肺癌患者人乳头瘤病毒阳性率55%，第7外显子扩增见于5/22例人乳头瘤病毒阳性标本中，RFLP分析2/5例发生突变，认为此病毒感染可导致p53基因突变，或通过早期编码蛋白E6等抑制野生型p53蛋白的负性调节作用，成为肺癌发生的重要因素之一。北京医大[26]以人IFN-γ基因为治疗基因，插入N_2载体，此逆转录病毒载体N_2/IFN经包装细胞包装后产生的复制缺陷性病毒颗粒感染Lewis肺癌细胞，能稳定表达并产生高水平IFN，为肿瘤的基因治疗提供了实验基础。华西医大等[27]*报道41例人肺癌组织中，p53基因突变16例，分布于外显子5～7；Rb基因异常4例，其中外显子14～16区域部分缺失和22～23区域突变各2例；9例小细胞癌中7例发生此两种基因突变；p53基因均在1个或3个密码子上存在导致p53蛋白异常的单碱基置换或插入突变。重庆新桥医院[28]建立了人肺腺癌多药抗药性细胞系LC-3/CDDP(顺铂)，除CDDP外，对阿霉素、长春新碱、鬼臼乙叉甙等多药有交叉抗药性；LC-3/CDDP与LC-3细胞比较，在生长速率、倍增时间、光镜下细胞形态差异不显著，但透射电镜下前者常染色质明显，线粒体丰富，说明细胞代谢旺盛，酶类蛋白合成增加。他们还报道ρ-糖蛋白(ρ-gp)在肺腺癌表达阳性率为92.9%，鳞癌为30.0%，认为ρ-gp表达是非小细胞肺癌产生内在抗药性的机制之一[29]。北京医大等[30]报道人肺癌细胞多向耐药基因(MDR1)表达增高，以小细胞肺癌(SCLC)尤为明显；67%未经化疗者表达增高，化疗后100%增高，提示MDR1可能是肿瘤耐药的一种内在机制。他们又将谷胱甘肽-S-转移酶(GST-π)反义RNA通过逆转录病毒载体导入人肺腺癌阿霉素耐药细胞系中，发现GST-π基因表达下降8倍，GST总酶活性降低1.78倍，对阿霉素耐药下降20%，说明GST-π基因在肺癌细胞耐药中起一定作用[31]。上海市胸科医院等[32]报道GST-π阳性表达的肺癌细胞对顺铂和阿霉素耐药有统计学意义，对丝裂霉素和长春新碱耐药无统计学意义，认为GST是一组多功能药物代谢酶，其同工酶不同耐药性亦不同。北京医大[33]报道高转移性人肺癌PG癌细胞有 c-myc、c-fos 基因的扩增和高表达；c-erbB-2 基因扩增明显，但只有轻微表达；c-jun 基因无扩增及表达。中山医大[34]报道外源性表皮生长因子(EGF)对不同组织类型和不同转移力的人肺癌细胞的生长作用不一致；抗 EGF 及抗 EGF 受体(EGFR)抗体可抑制某些肿瘤细胞生长；EGF 可促进 EGFR 的表达；EGF 和 EGFR 的表达和肿瘤细胞的分化程度有关。解放军 455 医院[35]建立了人细支气管肺泡癌细胞株 SKY9009，其倍增时间为 36 小时，致瘤性好，对多种抗癌药敏感，用其免疫小鼠，获 2 株抗肺泡细胞癌单抗杂交瘤株，为肿瘤诊断和导向治疗提供了条件。中国医大一院[36]报道肺癌及肺肉瘤细胞浆中蛋白激酶 C(PKC)活性显著升高，胞膜中仅肉瘤 PKC 有显著升高；均为 PKC-α、β 亚型增加，无 ε 亚型，且 PKC-α 由胞浆向膜转移。医科院肿瘤所等[37]用 10^{-5}mol/L 全反式维甲酸(RA)诱导人肺腺癌细胞系 GLC-82，观察到细胞体外生长减慢；堆叠式生长消失，出现空泡并逐渐衰老和死亡；细胞集落形成明显受抑制；DNA 合成能力降低；向 G_1/G_0 期移行；细胞分化和凋亡的效应器因子——谷氨酰胺转移酶持续表达。表明 RA 激活肺癌细胞分化相基因表达，启动细胞分化。哈尔滨医大等[38]检测了在亚硒酸钠不同浓度时高、低转移表型人肺腺癌细胞的磷脂酶 C (PIase C)的活性，提示在磷脂酰肌醇代谢中，PIase C 参与的 cAMP 形成效应增殖，促进受癌损伤细胞中 DNA、RNA 及蛋白质的修复。湖北医大[39]观察 TNF 及卡铂对 A_{549}肺癌细胞系的细胞毒作用，结果细胞 DNA 合成抑制率及活细胞数降低均优于对照组，联合用药作用更强。解放军 81 医院[40]报道中药榄香烯乳可在细胞生物学及形态学水平逆转人肺癌细胞的表型，诱导这些细胞趋于分化。上海长征医院等[41]观察中药益肺抗瘤饮对人肺腺癌 LAX-83 细胞增殖的抑制作用，发现抑瘤率为 45.6%；S 期细胞数及 Ki-67 阳性率均明显低于对照组；降低突变型 p53 和 c-myc 基因蛋白的表达。

诊断技术　河北医学院四院[42]分析 161 例肺癌临床病理分析，其中鳞癌占 34.2%，腺癌占 31.7%，腺鳞癌占 20.5%，未分化癌及细支气管肺泡癌各占 11.8%及 1.8%。鳞癌各年生存率均高于其他类型。湖北肿瘤医院[43]*报道 8 例肺基底细胞样癌，细胞呈立方或梭形，胞浆极少或无，核染色质深，分裂易见，癌巢中央有坏死，不分泌粘液，无嗜银颗粒，Keratin 标记强阳性，CEA 部分细胞显示弱阳性。北京胸科医院[44]报道术后病理确诊的肺癌 153 例中术前病理确诊率为 57.5%，其中痰检阳性率为 22.2%纤支镜检为 49.0%，但后者不能代替前者；中央型及鳞癌显著高于周围型和细支气管肺泡癌。解放军 454 医院[45]用免疫组化检测肺癌组织中人绒毛膜促性腺素激素(HCG)表达，阳性率 62.5%，低分化者明显高于高分化者，阳性者肺门淋巴结转移高于阴性者；其在细胞表面的膜状分布可降低宿主 T 细胞反应。重庆新桥医院[46]用免疫组化检测发现肺癌放、化疗后肿瘤内 T 细胞和巨噬细胞明显多于未治疗组，认为是机体对癌肿某种抗原物质的免疫反应。白求恩医大[47]发现鳞癌癌巢内可见较多腺腔样结构，腺上皮细胞 HLA-DR 免疫组化染色强阳性，腺腔内 AB-PAS 染色均阴性，无分泌粘液功能，认为此腺癌部分可能来自Ⅱ型肺泡细胞。内蒙古医学院等[48]用 ABC 免疫组化法观察铜锌超氧化物歧化酶(CuZnSOD)定位，炎症及小细胞癌均阴性；鳞癌阳性率 80%，大部分仅胞浆阳性；腺癌阳性率 52.9%；燕麦细胞癌(1/3 例)和大细胞癌(2/2 例)为核浆双着色。河北医大[49]用 PAP 免疫组化法检测肺癌层粘连蛋白(LN)，在高分化组 LN 阳性表达高于低分化组，平均生存期 LN 阳性组明显高于阴性组；用流式细胞仪(FCM)检测 DNA 倍体及 DNA 指数(DI)，异倍体率 77.1%，DI 随分化程度降低而增高，DI 值与生存期呈负相关。中国医大等[50]*报道肺癌组织 p53 蛋白表达总阳性率为 63.2%，支气管粘膜上皮重度不典型增生细胞可见表达，正常细胞未见表达，提示 p53 蛋白是肺癌重要标志物，其表达可能是粘膜上皮癌变的早期事件。解放军总院等[51]报道肺大细胞癌(PLCC)p53 蛋白表达阳性率为 40%，p53 基因突变率为 53.3%，二者符合率 73.3%；基因突变阳性组预后差。天津医大等[52]研究结果显示 p53 基因蛋白表达量和阳性率均随病理分级的增高而增高；与 DNA 倍体和细胞增殖活性有非常明显的相关性；异倍体的表达呈明显高于二倍体肺癌。湖北医大[53]用免疫组化发现增殖细胞核抗原(PCNA)阳性率以未分化癌最高，其次为腺癌和鳞癌，SCLC 高于非小细胞肺癌(NSCLC)；低分化癌最高，高分化者癌最低。提示 PCNA 的表达可作为细胞增殖活性和肿瘤恶性程度评价的参考指标。青岛医学院[54]报道 PCNA 表达分级与病人生存期呈负相关，与 DNA 含量呈正相关。重庆新桥医院[55]观察到放、化疗后肺癌组织(除分化型腺癌外)PCNA 指数明显下降；放疗后 p53 表达率降低，化疗后变化不明显；放、化疗对癌细胞胞浆、胞核有不同程度破坏。中国医大[56]进行核仁组成区嗜银蛋白(AgNORs)染色图像分析，表明 AgNORs 计数、颗粒直径大小、总面积肺癌组均高于肺良性疾病组，在鉴别肺良、恶性肿瘤和肺腺癌恶性程度上有参考价值。云南省医院[57]提出CT评价纵隔淋巴结转移有独到之处,观察支气管狭窄及细微的肺门结构有助早期诊断,但对鉴别肺泡的弥漫性结节、支气管狭窄程度和范围不优于体层。贵阳医学院附院[58]认为与胸片比较,CT扫描密度分辨率高,横断图像清晰,可清楚显示隐蔽部位病灶、病灶大小及边缘特征,对气道狭窄、肺门、纵隔淋巴结转移等显示确切,使胸片的$T_1N_0M_0$降低,$T_{2\sim4}N_{1\sim3}M_1$有增加。河北峰峰矿务局总院[59]报道支气管体层肺癌诊断准确率为91.7%,CT为93.3%;前者仰卧和双倾斜位能显示气管、主和叶段支气管,CT能显示段以下支气管及肿块内部结构,对气管和支气管的显示取决于其走行方向和扫描层面的关系。长沙湘雅医院[60]*报道周围型肺癌直径>3cm、CT显示深分叶征和棘状突起、纵隔淋巴结肿大、不含支气管征象者,DNA含量明显增高,恶性度大。上海中山医院[61]探讨高分辨率CT(HRCT)成像反映胸膜凹陷(PI)的病理改变,PI中心区形成的凹陷最深最大,扫描层偏离中心区时PI中心外的2条以上沟槽成像,呈类三角形或喇叭状影。解放军总院[62]研究小肺癌CT图像及病理,结果显示空泡征占36.0%,病理基础为无癌的含气肺组织、未闭细支气管、肿瘤坏死及含气腺腔。该院等[63]又报道CT显示空气支气管征的肺癌中70.0%经纤支镜活检证实,有此征者活检阳性预测值69.6%,无此征者活检阴性预测值88.6%;肺癌肺门周围分布伴此征者活检100%阳性。武汉同济医院等[64]行CT病理对照分析肺周围小结节39例,有血管切迹征者20例(51.2%),其中小肺癌19例,肺结核1例,认为该征有助于良恶性小结节鉴别;该征与肺癌的组织类型无关,为肿瘤细胞破坏血管壁,管架增厚、内皮细胞增生所致。解放军97医院等[65]报道CT对肺上沟瘤在判断肋骨、椎体、脊神经根、纵隔和臂丛受累方面优于胸片;前、中斜角肌脂肪间隙模糊,臂丛神经根周围脂肪内淋巴结肿大,提示肿瘤侵及腋窝及上肢。西安医大二院[66]分析直径≤3cm的小肺癌CT特点:中央型为支气管管壁局限性增厚、不平、突起、管腔狭窄变形、单侧肺门区小肿块;周围型为分叶征、棘状突起、空泡征和胸膜凹陷征。上海长征医院[67]*对照病理分析肺癌70例磁共振成像(MRI),MRI能较敏感地显示肿瘤的坏死、增生纤维组织的粗大分隔,能显示胸膜凹陷征的形态及形成原理(长T_1、长T_2改变),能判定大气管、大血管受侵及管壁破坏程度,可预测手术切除可能性。江苏肿瘤医院[68]比较了中间段支气管肺癌的X线诊断优点:支气管造影能显示癌性狭窄的长度和程度,支气管体层显示肿瘤部位、管壁浸润长度、狭窄程度及管外大肿瘤,CT对管壁浸润及管外侵犯尤其伴胸水、肺不张时显示更优。新疆自治区医院等[69]报道54例肺癌的数字减影血管造影(DSA)表现:肿瘤供血动脉显示不同程度增粗、分枝、不规则、网状和狭窄或中断;多血型66.7%,中血型20.3%,少血型13%;能显示肿瘤血流的虹吸征象、支气管动脉的向瘤征及肺不张的无血管区和血管分支聚集区。上海长海医院等[70]用单抗检测肺癌患者外周血$CD4^+$、$CD8^+$、$CD3^+$、$CD8^+ + CD28^+$亚群与正常组接近,而$CD16^+ + CD56^+$(标志NK细胞)低于正常组,$CD8^+ + CD28^+$(为T_S亚群标志)高于正常组;并对淋巴细胞行密度梯度离心,为制备免疫活性细胞提供参考分离条件。河南医大等[71]报道肺癌患者血淋巴细胞多环芳烃羟化酶的诱导性明显高于健康人组和肺良性疾病组,肺癌组以高、中诱导性多,低诱导性少。广州南方医院[72]用自动图像分析肺癌患者外周血T淋巴细胞AgNORs,显示核银染强度低于正常组及肺炎组,中晚期者减低更明显,表明病人外周血T淋巴细胞rDNA转录活性受到抑制。白求恩医大三院[73]报道SCLC患者外周血淋巴细胞染色体畸变率及异常细胞率明显高于正常组。重庆新桥医院[74]用斑点印迹杂交法研究肺癌患者外周血单个核细胞(PBMC)IL-2R mRNA表达水平,发现无转移组显著高于正常组及转移组,转移组低于正常组,与组织类型及病期有明显关系。无转移者的高表达与癌细胞自身致敏有关,转移者存在免疫抑制,此抑制可能在细胞活化阶段或IL-2R的转录水平。中国医大[75]用ELISA法检测肺癌患者血清sIL-2R,肺癌组高于健康组和急性肺炎组($P<0.01$),升高程度与分型和临床分期有关。该校三院等[76]报道外周血单个核细胞(PBMC)分泌的sIL-2R肺癌组高于健康组,但类型、病期间无显著性差异。该校二院等[77]报道PBMC分泌IL-1水平肺癌组显著低于正常组及胸部良性疾病组,后二者间无差异,TNM分期及类型间无差异,手术后显著升高。济南军区总院[78]检测肺癌患者血清IL-8和一氧化氮,两者水平均显著高于正常组,提示两者均参与抗肿瘤免疫。该院[79]又报道肺癌患者血清层粘连蛋白(LN)、透明质酸(HA)含量均较正常组显著升高,且随肿瘤浸润转移程度加重而升高,SCLC患者的LN、HA水平较NSCLC者显著增高,化疗后SCLC者LN、HA明显降低。山东医大等[80]测定肺癌组织中表皮生长因子受体(EGFR)为2.25~19.36pmol/g膜蛋白,高于对照组织的0.72~7.43pmol/g膜蛋白,解离常数分别为1.48和1.1nmol,提示EGFR过度表达在致癌过程中起一定作用。扬州苏北医院等[81]报道肺

癌患者TNF活性较正常人高，却显著低于慢性阻塞性肺病急性发作者，提示TNF产生能力受损可能与肺癌发生发展有关。中国医大三院等[82]研究表明肺癌患者PBMC产生TNF能力较健康组明显增高，TNM分期间无显著性差异，认为产生TNF能力增强是宿主的抗肿瘤免疫反应。宁夏医学院附院[83]报道肺癌患者血清丙二醛(MDA)含量高于正常组，血清总超氧化物歧化酶(T-SOD)活性明显低于正常组，但正常老年组T-SOD活性却高于癌肿组、低于正常对照组。湖北医大一院[84,85]报道77.9%的肺癌患者血清锰-SOD升高；44.1%的患者血浆心钠素升高；73.4%的患者血清胃泌素增高。湖北肿瘤医院[86]报道肺癌患者血清α-羟丁酸脱氢酶(HBD)活力显著高于健康人，随病期发展呈上升趋势，SCLC组最高，腺癌最低，化疗后HBD明显降低，而手术后变化不明显。海军总院等[87]检测肺癌患者血浆中P物质(SP)、生长抑素(SS)浓度，分别比正常人升高1.8倍和2.1倍，晚期明显高于早期，类型间无显著差异。白求恩医大三院[88]研究肺癌患者血栓前状态，发现血小板表面α-颗粒膜蛋白(GMP_{140})、血浆血管性假血友病因子(VWF)及凝血酶浓度分别有66.4%、81.7%和62.5%的患者较正常组为高，早晚期差异显著，抗凝血酶Ⅲ(AT-Ⅲ)活性降低者占9.6%；有无血栓前状态对其转移率和死亡率有显著差异。山东医大附院等[89]检测肺癌患者血液抗凝及纤溶状态，发现AT-Ⅲ活性显著低于对照组，AT-Ⅲ抗原显著高于对照组；纤溶激活酶活性(FAA)明显增高，纤溶酶原抑制物(PAI)明显降低，导致纤溶激活增强。抗凝及纤溶随病期进一步降低和升高，但与肺癌组织学类型无关。青岛医学院附院[90]*报道肺癌患者血清细胞角蛋白19片段(Cyfra21-1)水平显著高于良性肺病组和健康组，广泛期者高于局限期，鳞癌最高，其次为腺癌和小细胞未分化癌。中国医大二院[91]检测肺癌患者血浆前列环素(PGI_2)和血栓素(TXA_2)的降解产物6-Keto-$PGF_1\alpha$和TXB_2含量，均显著高于正常人，且K/T比值显著低于正常人。上海长征医院[92]检测男性肺癌患者血浆睾酮及外周血白细胞雄激素受体水平，均明显低于正常组，认为两者的降低与雌二醇和雌激素受体功能增强在肺癌发生发展中有协同作用。北京军区总院[93]报道肺癌患者血清57kD抗原阳性检出率鳞癌为72.7%，腺癌为66.7%，SCLC为25.0%。济宁医学院附院[94]检测血清荧光(荧光光谱625nm)，肺癌组阳性率(荧光强度>615nm为阳性)明显高于肺良性疾病组和健康组(分别为59.7%、21.6%、5.7%)，腺癌最高(76.5%)，SCLC最低(22.2%)，且随病期进展阳性率升高。本年度检测BALF中肺癌各种标记物的文献有10篇，如长沙湘雅医院[95]报道肺癌患者荷瘤侧BALF中血管紧张素转换酶活性明显高于非荷瘤侧和良性肺病者；西安医大二院[96]报道肺癌患者血清及BALF中SOD和溶菌酶(LZM)水平均降低，前者以腺癌和SCLC最明显，LZM以SCLC降低最明显，晚期较早期低；重庆医大一院[97]测得肺癌病人的BALF中肿瘤糖抗原CA242含量明显高于良性肺病组，其他如CEA、SIgA、β_2M等的检测均有报道。浙江舟山市医院[98]用电视辅助纤支镜检查肺孤立癌结节60例(肺癌56例，转移肺癌3例，未定性1例)，80%镜下有异常改变，镜下阳性组的病理确诊率81.3%，显著高于镜下阴性组(33.3%)。吉林肿瘤医院[97]报道纤支镜下无明显新生物用刷检确诊为肺内浸润型肺癌119例，提出刷检深度要适宜，见有血迹或刷上有组织附着表明刷取到组织或细胞，是一种简单方便的操作方法。广州铁路医院[100]比较纤支镜下针吸、钳检、刷检和支气管肺泡冲洗对肺癌诊断的阳性率，前三者近似，明显高于冲洗，针吸有助于外压性肺癌及转移性肺癌的检出。中国医大二院[101]报道纤支镜下行美蓝染色，中心型肺癌97.1%着色，炎症8.3%着色。染色组肺癌活检阳性率97.1%，高于常规活检的77.5%。山东东营市医院[102]对40岁以上、吸烟每日20支以上、痰血、咳嗽加重、性质改变而胸片阴性和痰脱落细胞2次以上(含2次)阴性的肺癌高危人群行纤支镜检查，肺癌检出率9%。重庆西南医院等[103]*用流式细胞仪测定纤支镜刷检和活检的新鲜癌组织DNA含量，结果异倍体肿瘤24例(92%)，二倍体肿瘤2例；DNA指数(DI)刷、活检组分别为1.67 ± 0.176及1.605 ± 0.171($P>0.05$)，均显著大于对照组，表明刷、活检的DI值高度相关。上海中山医院等[104]用^{99m}Tc标记抗人肺癌McAbLc-1 IgM片段进行肺放射免疫显像，用单光子发射计算机断层检查，结果肺癌阳性率76%～100%，转移性肺癌为50%～83%，肺良性病变6例中仅1例阳性。北京协和医院[105]用^{99m}Tc标记抗人肺鳞癌单抗Sm-1、抗人肺腺癌单抗Am-7和抗大细胞癌单抗$2E_3$进行放射免疫显像，结果53例中真阳性34例，假阴性10例；诊断灵敏度$2E_3$(83%)>Sm-1(76%)>Am-7(50%)，$2E_3$+Sm-1为87%；断层显像检出率92%，平面者为72%。江苏肿瘤医院[106]报道193例肺癌骨显像阳性率为74%，腺癌、鳞癌骨转移率较高，转移部位以胸骨、脊柱常见。北京医院[107]报道51例肺癌肥大性肺性骨关节病(HPO)^{99m}Tc-MDP核素显像结果，四肢长骨均有

"双条"征表现，下肢较上肢放射性增加明显，64%有关节周围对称性放射性浓聚。"双条"征为HPO主要显像特征，HPO与骨转移癌分布完全不同。天津胸科医院[108]报道100例肺癌中89例肺内生理分流量(θ_S/θ_T)增高者(>3%)纤支镜有阳性发现，11例未增高者纤支镜下有不同程度的间嵴增宽、段粘膜充血水肿等。哈尔滨医大三院[109]报道112例肺癌的肺功能改变，FEV_1%、MMEF%、V_{75}、V_{50}、V_{25}均降低或明显降低，呈以阻塞性通气障碍为主的混合性通气障碍；肿瘤大小与肺功能改变无明显关系，有无慢性呼吸道疾患既往史对肺功能有重要影响。西安唐都医院[110]用彩色多普勒血流显像研究胸部肿瘤，肺癌内部及周边血流丰富，搏动指数(PI)和阻力指数(RI)低于肺良性肿瘤，提出血流丰富程度、PI<1、PI≤0.5可作为恶性肿瘤的参考条件。

病例分析及治疗 山东枣庄王开结防院[111]分析肺癌以肺外症状为首先表现者47例。SCLC 24例，腺癌18例，鳞癌12例及腺鳞癌3例。表现有面部肿胀、胸壁浅静脉曲张、骨关节肿痛、杵状指(趾)、肌无力、单侧面痛、厌食、乏力、血钠降低、口干、多饮多尿、恶心、高血钙和低血氯。苏州市三院[112]报道15例纵隔型肺癌，未分化癌、鳞癌、腺癌分别为7、5及3例。结合文献讨论了X线特点和鉴别诊断。福建泉州市一院等[113]分析485例肺癌的早期诊断延误情况，延误时间平均2.8个月；误诊为肺结核占38.1%，肺炎占21.2%；早期诊断困难原因为病情隐匿，患者、医务人员意识性差和确诊难度大。开封市结防所[114]报道肺癌病人水反应阳性占95.7%，PPD试验阴性及弱阳性占85.7%；肺结核PPD试验阳性率98.3%(中度及强阳性91.5%)，而水反应阴性占81.4%。河北医学院四院[115]报道6例炎性假瘤合并肺癌，前者主要为假乳头瘤型和组织细胞型，后者多为鳞癌。多以发热为首发症状。假瘤瘤体巨大，癌灶极小，分期较早，预后较好。成都铁路医院[116]分析7例右中叶肺癌，占同期右肺中叶综合征的63.6%，均实行手术治疗。北京友谊医院[117]报道肺大细胞癌12例，占同期收治肺癌的1.9%。男11例，女1例。均为周围型，瘤直径4～11cm者11例，1例小于2cm。边缘清楚，不规则，密度均匀。9例伴淋巴结转移。巨细胞癌6例，透明细胞癌4例，未能分型2例。全部手术治疗，术后1、3、5年存活率为54.5%、30.0%和25%。医科院肿瘤医院等[118]用鼻前庭鼻拭隐血初筛肺癌，45例肺癌中隐血反应(+)占44.4%。普查高危人群6 881例，阳性906例，其中确诊肺癌6例(0.7%)；阴性5 975例，其中确诊肺癌4例(0.1%)。上海肺科一院[119]对124例70岁以上肺癌病人(伴有心脏病史、心电图异常、肺部合并症、肺功能降低)术前给予常规用抗生素、检测心功能和左、右肺通气血流、帮助排痰、充分给氧，术后用极化液(GIK)或其他保护心脏药物等处理，使术后早期死亡率降低(2.4%)，术后并发症减轻。江西省肺科医院等[120]报道肺癌伴上腔静脉压迫综合征33例，SCLC占45.5%，右上叶占66.7%；29例有上纵隔增宽或(和)肺门淋巴结转移及原发灶位于肺门处。上海市一院[121]报道肺癌皮肤转移特征：多发多灶性，大多数皮肤转移灶在肺癌确诊前出现而误诊为皮肤囊肿、血管瘤、带状疱疹、皮肤纤维瘤和皮肤感染。黑龙江省肿瘤医院等[122]用CAP或CEP(CTX、ADM或表阿霉素(E)、DDP)方案、EAP或EEP(VP-16、ADM或表阿霉素、DDP)方案治疗SCLC 113例，有效率64.6%，局限型疗效高于广泛型，Ⅱ、Ⅲ$_a$期高于Ⅲ$_b$、Ⅳ期，增加化疗周期数可提高疗效。安徽中医学院附院等[123]比较CAV/CCNU(CTX、ADR、VCR/CCNU)、卡铂/VP-16方案和这两方案先后联合应用治疗SCLC 73例，三组有效率相近(77.0%、70.4%、85.0%)，局限型和广泛型有效率也相近，但完全缓解率(CR)局限型显著高于广泛型，治疗周期增加可提高有效率，以4～6个周期为宜，毒副作用均较轻。江西肿瘤医院[124]比较CEA(CBP、VP-16、ADM)和EAP(VP-16、ADM、DDP)方案对NSCLC的疗效，两组有效率(32.2%、33.3%)和1年生存率(38.7%、33.3%)均无显著差异，副作用亦无差别。北京胸部肿瘤医院[125]用MVP(MMC、VDS、PDD)方案治疗晚期NSCLC，有效率44.4%，骨髓抑制发生率66.6%，>Ⅲ度的骨髓抑制者占11.1%，无明显肝、肾及心脏毒性。上海南市区肿瘤防治院[126]报道卡铂和VP-16治疗晚期NSCLC，总缓解率40.4%，鳞癌与腺癌间无显著差异。静脉给药及复治者骨髓抑制明显，脱发、胃肠反应轻微。广西医大一院[127]比较CAC(CTX、ADM、CBP)与CAP(CTX、ADM、PDD)方案治疗晚期NSCLC，有效率分别为40.6%和32.6%($P>0.05$)，CAC组骨髓抑制较CAP组明显，而胃肠道毒性后者重于前者。天津肿瘤医院[128]用CAP和CE(卡铂、VP-16)方案交替治疗晚期NSCLC，有效率30.4%，与单独CAP方案相近，但此方案各药累积剂量低、毒性小。福建省肿瘤医院[129]比较MFP(MMC、5-FU、DDP)与CAP方案对NSCLC的疗效，有效率分别为45.5%和25.8%($P>0.05$)，但一年以上生存率MFP组明显高于CAP组，且毒性相对较CAP组低。解放军421医院[130]用长春瑞宾(Vinorelbine)加DDP治疗晚期NSCLC，总有效率

52%，出现血液毒性Ⅲ度52例次，但各系统副作用均能忍受。北京医大肿瘤学院[131]对常规联合化疗无效、缓解后复发和转移的两组难治性肺癌，于化疗前后加用异搏定（VPL）和三苯氧胺（TAM），可提高1～3年存活率，毒性可耐受。认为VPL、TAM系耐药调变剂，可抑制多种耐药表型使药物排溢减少达逆转耐药作用。南京医大二院[132]用长期口服VP-16法治疗复发或难治性肺癌，21天为1疗程，共2～4疗程。SCLC缓解率42.9%，NSCLC为13.6%，骨髓抑制为主要副作用。空军总院[133]用大剂量（560～1 375mg/m^2）卡铂为主合并自体骨髓移植（ABMT）治疗5例SCLC，4例完全缓解（CR），1例无明显变化，CR维持1.5～18个月。南京市胸科医院[134]比较单用胃复安或枢复宁及两药合用对肺癌化疗时的止吐止恶心疗效，合用组疗效优于胃复安组，与枢复宁组无显著差别，且联合用药枢复宁用量少。天津医大[135]测试原代肺癌细胞对化疗药物的敏感性，显示对ADM、MMC和DDP的敏感性高，5-FU、VCR敏感性低；肺癌类型不同或同一类型不同个体敏感性差异较大。重庆西南医院[136]比较MTT与^{3}H-TdR掺入法测试8例肺癌细胞对ADR、VCR、VP-16、CBDCA（卡铂）的敏感性，显示两法有较好的相关性；以上四药及CTX、5-FU均有抗癌作用，以CBDCA最强。上海医大肿瘤医院[137]报道非手术的NSCLC经放疗局部控制者的1～2年生存率显著优于未控制者，提示局部控制对提高NSCLC非手术治疗疗效有很大价值。解放军203医院[138]用地塞米松配合放疗治疗胸部肿瘤，早期反应（恶心呕吐，局部皮疹，白细胞、血小板减少）减轻，后期组织反应减轻，对上腔静脉压迫综合征可减少放疗剂量。湖南医大二院[139]观察20例老年肺癌术后放疗结果，随访18个月：心脏损害55.0%，包括心包、心内膜、心肌、传导系统及冠状动脉。广东农垦医院[140]经纤支镜行腔内近距离放疗治疗肺癌50例（中心型48例），有效率88%，出现支气管痉挛3例，剧咳2例，术后咯血及高热各1例。白求恩医大二院[141]报道经激光内镜治疗加放射性胶体^{198}Au局部注射治疗后再放疗对肺癌的疗效，与单纯放疗组比较，前者10例并发的肺不张全部复张，肿瘤缩小或消失，对照组只有4例肺复张。四川肿瘤医院[142]报道253例胸部肿瘤放疗后肺损伤演变规律。急性期为支气管或间质性肺炎，范围与照射野一致，并不受叶段限制；过渡期纤维索条间散在小斑片、斑点影；慢性期粗大或网状纤维索条影并融合或大片致密块，纤维收缩，对侧代偿性肺气肿。北京医大肿瘤学院等[143]用^{99m}Tc-平阳霉素显像，计算储留指数（RI），发现肺癌化、放疗有效者与无效者、术后稳定者与进展者之间RI值均有显著差异；治疗前后RI差值与肿瘤缩小率有较好相关性，认为RI对肺癌治疗反应监测及术后随访均有价值。白求恩医大一院[144]报道局限性SCLC 86例外科手术后5年生存率为37.0%，Ⅰ期患者明显高于Ⅱ、Ⅲ期者。上海肺科二院[145]手术治疗70岁以上肺癌48例，手术死亡率6.2%，并发症发生率12.5%，3～5年生存率为30.9%及19.0%。上海肺科一院[146,147]用不同术式气管支气管成形术治疗进展期右上叶肺癌87例，术后1、3、5年生存率分别为84.7%、57.4%、35.0%；治疗左上叶肺癌19例，术后1、3、5和10年生存率分别为84.2%、46.2%、40.0%和33.3%。山东医大附院等[148]应用经肋间切口支气管残端结扎法行肺癌切除术，优点为开胸快，关胸简单，创伤小，出血少，无支气管胸膜瘘发生。南京市胸科医院[149]报道主动脉窗型肺癌45例，均为Ⅲ期中央型，手术切除率62.2%，探查率37.8%，3年生存率23.1%。北京医大一院[150]用胸腔镜手术对32例肺癌进行诊断（肺、胸腔活检，肺癌分期），提高诊断水平；对肺癌进行治疗（肺楔形、肺叶切除，胸膜固定术），扩大了手术适应证，无手术死亡和严重术后并发症。重庆新桥医院[151]报道肺癌根治术后OKT_3^+、OKT_4^+、OKT_4^+/OKT_8^+比值均较术前显著增高，OKT_8^+则显著减少；IL-2R、NK细胞活性及免疫球蛋白显著增加。山西省肿瘤医院[152]报道以中药岩舒注射液辅助化疗治疗100例各类型肺癌，近期疗效优于常规化疗对照组（$P<0.05$），两组毒副反应相近。白求恩医大二院[153]用单纯紫星口服液治疗晚期肺癌，总缓解率22.5%，1年生存率46.3%，瘤块缩小>25%的有效率56.3%，并能提高免疫力，改善机体自由基紊乱状态。青岛市二院[154]用中药榄香烯乳与高压氧联合治疗中晚期肺癌，癌体缩小的显效率（35%）及红细胞免疫功能均明显高于单纯中药组。上海胸科医院[155]用复方中药安康胶囊作术后辅助用药，Hb、RBC和KPS评分均有提高（$P<0.05$），T细胞亚群也有改善（$P<0.01$），认为是术后综合治疗有效药物之一。重庆大坪医院[156]报道31例肺癌伴上腔静脉阻塞征患者先以冲击化疗配合消炎、利水、抗凝综合治疗，症状体征缓解后放疗，放疗结束3～4周再加强化疗，总有效率80.7%，中位生存时间16.7个月。新疆医学院一院[157]报道硬膜外留置导管注射吗啡治疗晚期肺癌顽固性胸痛，具有明显的镇痛效果，一次用药维持的有效时间平均为10小时，保留导管平均23天，未发生椎管内感染。四川肿瘤医院[158]对15例中晚期肺癌经支气管动脉灌注（BAI）大剂量DDP（100～

150mg)加静脉快速滴注硫代硫酸钠解毒并行同步放疗，近期有效率93%；骨髓抑制者加用基因重组人粒细胞集落刺激因子使治疗顺利完成。辽宁肿瘤医院[159]对410例Ⅲ期NSCLC综合治疗，以术后单独化疗或单独放疗组最佳，5年生存率分别为22.7%和30.0%，而术后放疗加化疗组的5年生存率为14.3%。安徽阜阳地区医院等[160]经BAI用三联或四联大剂量局部冲击化疗治疗中晚期肺癌60例，其中6例单纯支气管动脉供血者加用40%碘化油栓塞(BAE)，结果单纯支气管动脉供血者完全有效和部分有效(CR+PR)达100%，与BAE有关；支-肋动脉供血者CR+PR为88%；肋间动脉供血者CR+PR为67%。北京军区总院[161]报道肺癌生物学特性与BAI化疗疗效和生存关系，在NSCLC中，PCNA与肿瘤缩小范围呈负相关，DNA超4倍体百分比和DI与存活时间呈正相关，而在SCLC则相关性差。江苏江原医院等[162]经BAI及肺动脉双途径介入治疗87例晚期肺癌，平均生存18个月，优于单纯BAI的10.5个月。北京肿瘤所[163]经BAI输注LAK/IL-2治疗肺癌，使治疗前低于正常的NK、淋转、OKT_3、OKT_4值和高于正常OKT_8、C_3、IgA、IgM值于治疗后大部分趋于正常。沈阳军区总院[164]报道BAI和支气管动脉栓塞(BAE)治疗肺癌的少见并发症有动脉内膜损伤或穿破，其他脏器损伤与栓塞(脊髓动脉、肺或肋间动脉栓塞)和动脉内导管打结。无锡肺科医院[165]报道在BAI治疗肺癌189例中出现共干血管损伤6例，表现为脊髓损伤3例、食管炎2例、胸壁无菌性炎症1例。上海肺科一院[166]用天地欣(注射用香菇多糖)联合化疗治疗晚期肺癌，总缓解率66.6%，优于单纯化疗对照组的52.9%($P<0.01$)，毒副反应两组间无明显差异。该院[167]又用胸腺肽联合化疗治疗晚期肺癌，表明胸腺肽可提高细胞免疫功能，但对缩小癌灶无明显作用。扬州大学医学院[168]用肿瘤浸润淋巴细胞(TIL)治疗晚期肺癌10例，使瘤体部分缩小，患者生存质量提高，生存期延长，临床症状体征改善，免疫功能显著提高。白求恩医大三院[169]应用血管紧张素Ⅱ联合化疗治疗中晚期肺癌，近期疗效明显高于单纯化疗组，且副作用明显减轻。昆明医学院二院等[170]用电化学治疗不宜手术的肺癌15例，有效率67%(10/15)。其中周围型80%(8/10)，中央型40%(2/5)，CTNM分期越低效果越好，但组织类型间差别不明显。山东章丘市医院[171]对经化疗、抗感染、平喘治疗症状不缓解的晚期肺癌合并阻塞性肺炎患者，用中药(苇茎、苡米、冬瓜仁、桃仁、鱼腥草)水剂雾化吸入10天，在稀释痰液、缓解气促、喘鸣和血气改善方面均优于糜蛋白酶加地塞米松雾化吸入的对照组。北京军医总院[172]经纵隔内注射油酸多相脂质体(PL)防治肺癌纵隔内淋巴结转移，3年生存率53.4%，死亡率20.8%，均未发现纵隔淋巴结转移；对照组3年生存率26.6%，死亡率47.7%，CT示纵隔淋巴结肿大者15%。

个案报告 在60篇个案报告中临床较少见及特殊者有：Klinefelter综合征合并肺癌1例[173]、以格林-巴利综合征形式发病的肺癌1例[174]、晚期肺癌自体骨髓移植后无瘤生存5年1例[175]、无水酒精注射治疗肺癌牙龈转移癌1例[176]、以红皮病为首发症状的肺癌1例[177]、以躁狂型精神病为首发症状的肺癌1例[178]、肺癌心脏转移1例[179]。体外肺切除自体余肺原位再植成功1例[180]、老年肺癌患者多发带状疱疹1例[181]和IL-2控制癌痛效果明显1例[182]。

(叶曜芩)

(二)肺、气管、支气管其他肿瘤

河北医学院四院[183]将肺错构瘤的临床分型分为肺内型、腔内型及多发型三型，术前多诊断为肺癌和肺良性肿瘤，手术效果好。浙江丽水地区医院等[184]报道58例肺错构瘤，术前确诊8例，30例误诊为肺癌；其余X线表现病灶直径多小于3cm，分叶少见，因钙化多而误诊为结核和炎性假瘤等。福建肿瘤医院[185]报道3例肺错构瘤，其中2例伴消化道恶性肿瘤，1例伴上消化道糜烂性炎症。湖南邵阳市医院[186]报道肺错构瘤肉瘤变1例。昆明医学院一院等[187]报道8例肺硬化性血管瘤，光镜下见实性区、乳头区、血管样区和硬化区，免疫组化Vimentin、EMA、Cytokeratin均呈阳性，提示来源于具有双向分化能力的原始多潜能干细胞，山东胸科医院[188]报道17例肺硬化性血管瘤，其中15例随访6个月至8年，无1例复发。天津医大[189]报道1例肺上皮-肌上皮肿瘤，并与胎儿肺、新生儿肺及成人肺比较，研究其组织发生学，结果示不同区域见不同程度Actin、Vimentin、S-100和Cytokeratin染色，认为该肿瘤的组织发生可能是多元性的。河南肿瘤医院[190]分析47例误诊为肺癌的良性肿块，包括结核15例、肺脓肿8例、炎性假瘤和慢性炎症包块11例，另还有支气管囊肿、霉菌病、错构瘤和畸胎瘤。河北胸科医院[191]报道4例肺平滑肌瘤，X线示边缘整齐、光滑，中央型可合并阻塞性肺炎和肺不张，均行手术治疗。丹东市一院[192]报道原发性肺良性透明细胞糖原瘤1例，光镜下见肿瘤实质内有透明细胞团、巢及梁索，瘤细胞内含大量糖原。北京胸科医院[193]报道肺内成熟性畸胎瘤合并大咯血1例。

温州市二院[194]分析国内报道的肺成细胞瘤30例及该院的1例共31例，指出手术治疗后的5年生存率可达55%。扬州医学院附院[195]报道2例小儿肺母细胞瘤，术后均存活，1例术后4年仍健在。马鞍山钢铁公司总院等[196,197]报道7例原发性肺平滑肌肉瘤，其中2例术后存活5年以上。中国医大一院[198]报道肺原发性恶性纤维组织细胞瘤3例，免疫组化α_1-ACT和α_1-AT阳性，S_{100}蛋白和角蛋白单抗AE_1/AE_3及CAM5.2阴性提示诊断。北京中日友好医院[199]报道2 000例肺切除标本中检出的原发恶性纤维组织细胞瘤3例，其中1例存活5年以上。山东省医院[200]分析13例肺原发性肉瘤X线影像，直径均大于5cm，边缘清晰、光滑，可见分叶。湖北肿瘤医院[201]提出爆米花样钙化、肿块内上方空气半月征和肿块边缘的“镶边征”分别是软骨瘤型错构瘤、硬化性血管瘤和恶性纤维组织细胞瘤的X线和CT特征性表现。南京军区总院[202]报道27例原发性肺支气管间叶肿瘤，临床与肺癌相似，电镜提示缺乏桥粒、张力丝复合体、胞质张力原纤维等上皮源性肿瘤的特征。湖北肿瘤医院[203]报道X线平片类似叶间积液的恶性肿瘤21例，CT有助于二者的鉴别。厦门市一院[204]报道支气管嗜酸性细胞类癌1例。鞍钢曙光医院[205]报道右肺中叶类癌带瘤生存25年1例。云南肿瘤医院[206]报道81例肺转移瘤，原发肿瘤以乳腺癌、直、结肠癌、肝癌和鼻咽癌多见，少见的有子宫内膜肉瘤和脑膜瘤等。北京军区总院[207]观察到肺组织内血小板巨核细胞(MK)在肺转移癌组明显高于无肺转移癌组或仅有肺外转移组；虽MK数与癌栓多少无关，但癌栓组显著高于单纯癌结节组，认为肺组织内MK在肺转移癌时明显增多，可能与肺部癌栓刺激MK迁移至肺有关。

山东枣庄市肿瘤医院[208]报道16例原发性气管癌，上段5例、中段2例、下段9例，瘤体多为菜花状、乳头状和息肉状，少见环状浸润。江苏连云港市二院[209]分析18例原发性气管肿瘤的CT及X线常规胸片所见，指出CT能显示瘤体形态、气管壁有无增厚、气管软骨有无破坏和瘤蒂的宽窄以区分良恶性，优于其他X线检查。解放军29医院等[210]分析13例原发性气管肿瘤，认为气管断层照相对显示腔内结节、条块状不规则影、管壁膨胀性或浸润性生长增厚及管腔狭窄较平片准确，较CT经济。江苏姜堰市医院[211]报道经支气管镜活检诊断的气管肺良性肿瘤4例。安徽肿瘤医院[212]报道5例颈段气管癌行手术切除受累气管环同时作颈淋巴结清扫，其中1例生存1年，余4例均存活3年以上。南通医学院二院[213]报道支气管瘤4例经纤支镜微波治疗，能较快解除气管狭窄，喘鸣消失，止血满意。黑龙江林业肿瘤结核病院[214]报道气管粘膜原位癌1例。河北医学院四院[215]报道12例原发支气管粘液表皮样癌，中央型多见，手术切除的3年生存率80.0%。成都军区总院[216]报道支气管内膜血管瘤致大咯血2例。

（三）纵隔、胸膜、胸壁肿瘤

医科院肿瘤医院[217]*报道104例纵隔和肺病变针吸细胞学光镜与电镜组织类型诊断符合率为50.4%，电镜能明确诊断病变的组织类型，在疑难病例诊断中的价值较高。河北医大四院[218]分析93例纵隔肿瘤的CT诊断，提出肿瘤外形完整、边缘清楚为良性征象；纵隔脂肪消失，周围有浸润及有其他部位转移为恶性表现；有无钙化、分叶及密度不均对良恶性无鉴别意义。广东江门市医院[219]报道纵隔生殖细胞瘤在胸片上无特征，CT示肿块边界不清，侵犯肺、心包或胸膜为恶性征象。西安唐都医院[220]报道原发纵隔精原细胞瘤3例和恶性卵黄囊瘤1例，无论手术切除与否，前者生存期均明显长于后者，并可有生育能力。湖南省医院[221]报道原发纵隔肿瘤90例，全部手术，手术完全切除70例(77.8%)，随访3个月至13年，肿瘤完全切除的70例中无1例复发。南京市三院[222]治疗17例巨大纵隔肿瘤，直径均大于10cm，占据一侧胸腔1/2以上，完全切除14例，对侵犯肺和心包者，同时行全肺、肺叶或心包部分切除，无手术及住院死亡。河北医学院四院等[223]分析426例纵隔肿瘤中的9例(2.1%)纵隔囊性淋巴管瘤，术前诊断困难，可有压迫症状，破裂后可形成乳糜胸、乳糜纵隔，且有恶变，应积极手术。

中国医大二院[224]分析47例胸膜间皮瘤的影像诊断资料，提出X线平片、超声、CT和MRI具有相互补充作用，在显示水平叶间胸膜、膈肌胸膜和膈下腹膜的受累中，MRI稍优于CT，但CT对瘤内钙化和肋骨破坏的显示优于MRI。医科院肿瘤医院[225]报道40例胸膜间皮瘤影像学和细胞学诊断符合率为50%，其中33例行不同方式的手术切除，手术死亡率2.8%；生存时间最长者12年1个月，为一良性胸膜间皮瘤，术后11年复发，广泛转移。山东省医院[226]报道经胸腔镜检查及活检诊断的胸膜间皮瘤32例，其体层X线阳性率为33%，CT诊断率61%，胸液细胞阳性率15%，经皮穿刺胸膜活检阳性率24%。上海胸科医院[227]报道54例胸膜间皮瘤，局限型45例，均行手术切除，其中16例良性，术后长达12年未复发；弥漫型9例，均为恶性。上海新华医院[228]体外实验发现SMC-1恶性胸膜间皮瘤细胞和rhIL-2共同激活的骨髓细胞对恶性间皮瘤细胞杀伤作用优于单独 rhIL-2 或 SMC-1 细胞激活的骨髓细胞。福州协和医院[229]对肺癌伴癌性胸水 14 例行肺叶或全肺切除，电烧灼肋横膈及纵隔胸膜上癌结节，7 例单纯用液氮冷冻肺及胸膜上的癌结节，术后均化疗，两组 1、2、3 年生存率相近。上海医大肿瘤医院[230]报道 31 例肺癌恶性胸水胸腔内注入 α-干扰素并胸腔病灶放疗，胸水控制总有效率 93.5%，肿瘤即时消退率 87.1%，治疗后半年和 1 年的生存率分别为 68.7%和 43.8%。福建泉州市一院[231]观察榄香烯治疗肺癌癌性胸水，总有效率 81.8%，与胸内注入顺铂或卡铂疗效相近。重庆新桥医院[232]采用同种 LAK 细胞治疗 43 例肺癌癌性胸水，15 例 CR，23 例 PR，总有效率 88.4%，显著高于胸腔内化疗组(39.5%)。山西医学院等[233]由 9 例肺癌癌性胸水经不连续密度梯度离心获得 TIL，体外经 IL-2 激活培养后由胸腔及静脉自体回输，胸水完全消失 7 例，明显减少 2 例，患者一般状态明显改善。暨南大学医学院附院[234]采用胸腔内注射 TNF 治疗肺癌胸水 11 例(其中 3 例既往胸腔内注射 DDP 治疗无效)，获 CR 2 例，PR 9 例。解放军总院[235]将 29 例胸壁肿瘤及肿瘤样病变影像学表现分为由胸壁突向肺野的肿块、以肋骨为中心的梭性肿块、肋骨外方的胸壁软组织肿块和单纯肋骨膨胀或密度改变等 4 型，CT 对前 3 型的诊断优于 X 线平片。沈阳军区总院等[236]报道 3 例胸壁巨大纤维肉瘤影像特点是肿瘤的基底部位于胸壁，侵犯胸壁及胸腔内组织，向外生长成不规则肿块，密度不均有钙化。广西医大肿瘤医院[237]报道 58 例胸壁肿瘤，恶性 40 例，53 例手术切除后的大块胸壁缺损修复是手术的关键。

较为特殊的个案报告有 CT 诊断巨大纵隔淋巴瘤侵及肺、脾 1 例[238]；纵隔肿瘤核素显像误诊肺栓塞 1 例[239]；以脓胸为首发症状的纵隔恶性肿瘤 4 例[240]；纵隔占位性病变致房性心律失常 3 例[241]；纵隔异位胸腺恶性肿瘤并左心房转移误诊为左房粘液瘤 1 例[242]；前上纵隔粘液纤维肉瘤心脏内转移 1 例[243]；小儿胸膜恶性间皮瘤 1 例[244]；胸膜间皮瘤引起糖尿病 1 例[245]和胸膜悬垂巨大纤维瘤 1 例[246]。

(李　兵)

参 考 文 献

[1] 郭志荣等. 中华预防医学 1996;30(3):154
[2] 巩德田等. 中国工业医学 1996;9(1):10
[3] 巩德田等. 肿瘤 1996;16(2):83
[4] 曾子意等. 贵州医药 1996;20(3):154
[5] 王忠旭等. 工业卫生与职业病 1995;21(6):336
[6] 张贵君等. 实用肿瘤学 1996;10(2):30
[7] 殷秀敏等. 哈医大学报 1996;30(1):50
[8] 尹原源等. 中华预防医学 1996;30(2):123
[9] 徐肇翊等. 肿瘤 1996;16(4):506
[10] 杜应秀等. 肿瘤 1996;16(4):492
[11] 周宝森等. 中国医大学报 1996;25(1):28
[12] 陈　平等. 中国肿瘤临床 1995;22(12):900
[13] 胡毅玲等. 慢性病预防与控制 1996;4(1):22
[14] 黄爱珠等. 四川医学 1996;17(2):99
[15] 钟礼杰等. 肿瘤 1995;15(6):438
[16] 廖美琳等. 肿瘤 1996;16(5):517
[17] 关　钧等. 中日友好医院学报 1996;10(3):189
[18] 孙爱静等. 中国医大学报 1996;25(4):338
[19] 张　雷等. 中华医学 1996;76(6):471
[20] 吕永杰等. 中华医学 1996;76(4):275
[21] 姜彦多等. 中华结核和呼吸 1996;19(2):81
[22] 朱继江等. 中国医大学报 1996;25(4):343
[23] 杨和平等. 三军医大学报 1995;17(5):441
[24] 张　雷等. 中华病理 1996;25(1):1
[25] 笪冀平等. 中华肿瘤 1996;18(1):27
[26] 杨四旬等. 中国免疫 1995;11(6):332
[27]* 王国丽等. 中华医学遗传 1996;13(4):206
[28] 李　羲等. 肿瘤 1995;15(6):488
[29] 李　羲等. 实用癌症 1996;11(1):20
[30] 高振强等. 中华内科 1996;35(7):482
[31] 高振强等. 慢性病预防与控制 1996;4(3):110
[32] 冯久贤等. 中华医学 1996;76(3):234
[33] 高英堂等. 中华医学 1996;76(6):473
[34] 张　彬等. 中山医大学报 1996;17(3):171
[35] 陈　剑等. 解放军医学 1996;21(1):40
[36] 赵冬梅等. 中国医大学报 1996;25(4):373
[37] 黎伯铨等. 中华医学 1995;75(11):683
[38] 李贺书等. 实用肿瘤学 1995;9(4):14
[39] 刘晓翌等. 湖北医大学报 1996;17(2):120
[40] 钱　军等. 肿瘤防治研究 1996;23(5):299
[41] 许　玲等. 中西医结合 1996;16(8):486
[42] 吴国祥等. 肿瘤防治研究 1996;23(5):302
[43]* 姚楚云等. 肿瘤防治研究 1996;23(1):14
[44] 杨爱民等. 北京医学 1996;18(5):269
[45] 殷赤军等. 癌症 1996;15(4):320
[46] 张哉根等. 三军医大学报 1996;18(3):215
[47] 高绪兰等. 白求恩医大学报 1996;22(1):16
[48] 李秀霞等. 癌症 1996;15(5):352
[49] 张连珊等. 中国肿瘤临床 1996;23(9):635
[50]* 姜彦多等. 中国医大学报 1995;24(5):451
[51] 孟宇宏等. 中华病理 1996;25(4):212
[52] 王新允等. 中华病理 1996;25(4):247
[53] 喻伦银等. 湖北医大学报 1996;17(1):123
[54] 朱　红等. 中华结核和呼吸 1996;19(5):314

[55] 谢　青等. 三军医大学报 1996;18(4):316
[56] 王恩华等. 中华物理医学 1996;18(2):82
[57] 刘俊兰等. 临床医学影像 1996;7(3):147
[58] 王仁敏等. 贵阳医学院学报 1996;21(1):11
[59] 赵景臣等. 实用放射 1996;12(7):406
[60]* 刘进康等. 中华放射 1996;30(1):15
[61] 张志勇等. 中华放射 1996;30(3):202
[62] 彭光明等. 中华放射 1996;30(6):392
[63] 彭光明等. 中华放射 1996;30(8):558
[64] 李春平等. 实用放射 1996;12(9):527
[65] 高从敏等. 实用放射 1996;12(3):144
[66] 刘希明等. 西安医大学报 1996;17(1):97
[67]* 陈　萍等. 中华放射 1996;30(4):265
[68] 崔怀萍等. 江苏医药 1996;22(6):407
[69] 乔平均等. 临床医学影像 1996;7(3):180
[70] 谈立松等. 二军医大学报 1995;16(6):586
[71] 张菊娥等. 河南医大学报 1996;31(1):67
[72] 马树车等. 一军医大学报 1995;15(3):256
[73] 赵美蓉等. 实用癌症 1996;11(1):18
[74] 王志新等. 中国肿瘤临床 1996;23(4):243
[75] 王秋月等. 中国实用内科 1996;6(4):213
[76] 张晓晔等. 中国医大学报 1996;25(3):282
[77] 焦光宇等. 中华结核和呼吸 1996;19(5):289
[78] 马晓星等. 中国实验临床免疫 1996;8(4):31
[79] 张　波等. 肿瘤研究与临床 1996;8(2):73
[80] 于雪艳等. 山东医大学报 1996;34(1):3
[81] 黄　谦等. 江苏医药 1996;22(3):171
[82] 张晓晔等. 辽宁医学 1995;9(4):189
[83] 周英朋等. 宁夏医学 1996;18(1):25
[84] 李长生等. 中国实用内科 1996;6(4):209
[85] 李长生等. 中国肿瘤临床与康复 1995;2(4):6
[86] 蔡　桦等. 实用癌症 1996;11(2):100
[87] 王洪武等. 天津医药 1996;24(10):602
[88] 林玉梅等. 中国肿瘤临床 1996;23(4):274
[89] 肖　伟等. 中华结核和呼吸 1996;19(5):316
[90]* 王美琴等. 山东医药 1996;36(9):30
[91] 傅海香等. 中国医大学报 1995;24(5):516
[92] 李　军等. 上海医学 1996;19(7):426
[93] 王向东等. 解放军医学 1995;20(6):410
[94] 李玉光等. 实用癌症 1996;11(2):114
[95] 杨红忠等. 湖南医大学报 1996;21(3):277
[96] 陈国安等. 西安医大学报 1996;17(2):185
[97] 刘　忠等. 中国肿瘤临床 1996;23(10):739
[98] 王明明等. 内镜 1996;13(3):133
[99] 李秀环等. 实用肿瘤学 1996;10(3):63
[100] 黄陆平等. 铁道医学 1996;24(3):143
[101] 杨荣杰等. 中华外科 1996;34(3):167
[102] 李玉峰等. 内镜 1996;13(3):167
[103]* 崔社怀等. 三军医大学报 1995;17(5):412
[104] 陈雪芬等. 上海医大学报 1996;23(5):379
[105] 孙晓春等. 中华核医学 1996;16(2):77
[106] 刘俊卯等. 江苏医药 1995;21(11):743
[107] 屈婉莹等. 中华核医学 1996;16(2):168
[108] 赵连云. 中华结核和呼吸 1995;18(6):380
[109] 刘　敏等. 实用肿瘤学 1996;10(3):72
[110] 周微微等. 临床医学影像 1996;7(3):144
[111] 张安泽. 新医学 1996;27(10):510
[112] 吕　剑等. 实用放射 1996;12(8):490
[113] 邱庆南等. 福建医药 1996;18(3):6
[114] 宋自卫等. 中国防痨 1996;18(3):110
[115] 陈　宇等. 肿瘤防治研究 1996;23(5):304
[116] 雷跃昌等. 中国肿瘤临床与康复 1995;2(4):45
[117] 蔡执敏等. 首都医大学报 1996;17(3):229
[118] 秦德兴等. 中华肿瘤 1995;17(6):475
[119] 高　文等. 中华胸心外科 1996;12(2):105
[120] 斜方芳等. 江西医药 1995;30(6):360
[121] 孔今城等. 上海医学 1996;19(2):77
[122] 李乐静等. 肿瘤防治研究 1995;22(5):307
[123] 夏黎明等. 安徽医大学报 1996;31(5):413
[124] 苏德华等. 实用癌症 1995;10(4):271
[125] 朱允中等. 实用癌症 1996;11(1):54
[126] 徐佑民. 肿瘤研究与临床 1996;8(1):25
[127] 黄天衡等. 癌症 1996;15(3):203
[128] 李　向等. 中国肿瘤临床 1995;22(11):828
[129] 庄　武等. 实用癌症 1996;11(3):208
[130]* 陈继跃. 新药与临床 1996;15(3):168
[131] 刘叙仪等. 中国肿瘤临床 1996;23(4):229
[132] 陈廷锋等. 中华肿瘤 1996;18(2):145
[133] 纪树国等. 肿瘤防治研究 1995;22(5):296
[134] 张　侠. 铁道医学 1996;24(5):311
[135] 方明珠等. 天津医药 1996;24(1):30
[136] 田　坤等. 三军医大学报 1996;18(2):125
[137] 傅小龙等. 上海医学 1996;19(10):559
[138] 庞庆新等. 上海医学 1996;19(10):614
[139] 陈干仁等. 中华老年医学 1996;15(3):149
[140] 姜　杰等. 内镜 1996;13(1):25
[141] 曲雅琴等. 白求恩医大学报 1996;22(4):407
[142] 席晓秋. 四川医学 1996;17(4):224
[143] 黄俊星等. 中华肿瘤 1996;18(5):379
[144] 付　强等. 中华肿瘤 1996;18(5):382
[145] 张振谦等. 肿瘤 1996;16(1):36
[146] 丁嘉安等. 中国肿瘤临床 1995;22(11):761
[147] 丁嘉安等. 中华胸心外科 1995;11(5):275
[148] 李希波等. 山东医药 1996;36(2):18
[149] 赵一昕等. 中华胸心外科 1996;12(1):14
[150] 王　俊等. 中华外科 1996;34(2):79
[151] 张国强等. 中华胸心外科 1996;12(2):86
[152] 韩福才等. 山西医药 1996;25(5):326
[153] 郭喜平等. 白求恩医大学报 1996;22(5):533
[154] 考　军等. 中国肿瘤临床 1996;23(8):603

[155] 吴怀申等. 中国肿瘤临床与康复 1996;3(2):封三
[156] 肖世全等. 中国肿瘤临床与康复 1996;3(3):38
[157] 焦克岗等. 新疆医学院学报 1995;18(4):278
[158] 胡大武等. 中国肿瘤临床 1996;23(4):270
[159] 玉寒冰等. 中华胸心外科 1996;12(3):156
[160] 时启良等. 安徽医学 1996;17(5):11
[161] 刘吉福等. 肿瘤防治研究 1995;22(5):292
[162] 缪建华等. 肿瘤防治研究 1995;22(6):394
[163] 梁　军等. 中国肿瘤临床 1996;23(6):427
[164] 黄福贵等. 中国肿瘤临床与康复 1995;2(4):31
[165] 郑明峰等. 天津医药 1996;24(9):557
[166] 蔡月娥等. 肿瘤 1996;16(5):554
[167] 李德仁. 肿瘤防治研究 1995;22(6):369
[168] 徐立春等. 中国实验临床免疫 1996;8(1):23
[169] 李　立等. 中国肿瘤临床 1995;22(11):791
[170] 黄云超等. 中国胸心血管外科临床 1996;3(2):121
[171] 张庆祯等. 中西医结合急救 1996;3(3):116
[172] 刘吉福等. 中国肿瘤临床 1996;23(4):294
[173] 刘家明等. 中华结核和呼吸 1996;19(2):109
[174] 侯丹慧等. 中风与神经 1996;13(4):250
[175] 盛信秀等. 中华血液 1996;17(5):236
[176] 盛信秀等. 一军医大学报 1996;16(1):30
[177] 杨顺娥等. 癌症 1996;15(4):295
[178] 赵明宝等. 中国实用内科 1996;16(7):423
[179] 吴志敏等. 中国循环 1996;11(5):314
[180] 蒲　斌等. 中国肿瘤临床 1996;23(10):691
[181] 葛蒙梁等. 中华老年医学 1996;15(5):301
[182] 刘翠平等. 肿瘤研究与临床 1996;8(3):216
[183] 张　逊等. 肿瘤防治研究 1995;22(5):310
[184] 柳伟明等. 中国实用内科 1996;16(4):232
[185] 胡　勇等. 实用放射 1996;12(9):568
[186] 伍启珍. 中华病理 1995;24(6):377
[187] 李晋云等. 云南医药 1996;17(2):83
[188] 杨宝岭等. 中国肿瘤临床与康复 1996;3(2):53
[189] 江昌新等. 中华病理 1996;25(1):41
[190] 王文光等. 河南医大学报 1996;31(3):108
[191] 张　文等. 肿瘤防治研究 1996;23(1):65
[192] 丁兆和等. 中华胸心外科 1996;12(2):123
[193] 刘福升等. 中华胸心外科 1996;12(2):99
[194] 张则勋等. 中国实用内科 1996;16(4):229
[195] 束余声等. 中国肿瘤临床与康复 1996;3(3):62
[196] 葛孝忠等. 中华胸心外科 1996;12(4):222
[197] 程焕光等. 中华胸心外科 1996;12(5):304
[198] 刘宝东. 中华老年医学 1996;15(3):139
[199] 陈郁生等. 中华结核和呼吸 1996;19(4):245
[200] 任德印等. 中华放射 1995;29(11):785
[201] 黄天云等. 临床医学影像 1996;7(3):177
[202] 陈　昶等. 实用癌症 1996;11(2):122
[203] 黄天云等. 实用放射 1996;12(10):599
[204] 庄严阵等. 临床与实验病理 1996;12(3):195
[205] 孙　振等. 肿瘤防治研究 1996;23(1):10
[206] 苏　平等. 云南医药 1996;17(4):262
[207] 丁华野等. 临床与实验病理 1996;12(2):101
[208] 田敬伦等. 内镜 1996;13(3):156
[209] 丁汇清. 实用放射 1995;11(12):733
[210] 张兆斌等. 实用放射 1996;12(4):222
[211] 朱明林. 内镜 1996;13(3):178
[212] 祖志将等. 中华肿瘤 1996;18(5):334
[213] 戴蝶英等. 南通医学院学报 1996;16(3):349
[214] 孙忠君等. 中国肿瘤临床 1996;23(4):290
[215] 张合林等. 实用癌症 1996;11(1):24
[216] 江开勇等. 中华内科 1996;35(2):136
[217] 刘树范等. 中华肿瘤 1996;18(1):61
[218] 彰俊杰等. 中华物理医学 1996;18(1):52
[219] 龙晚生等. 中华放射 1996;30(9):635
[220] 李小飞等. 中华胸心外科 1996;12(4):223
[221] 罗伟成等. 中华肿瘤 1996;18(1):55
[222] 孙　凯等. 实用癌症 1996;11(2):134
[223] 张合林等. 中华胸心外科 1996;12(3):161
[224] 杭俊德等. 中华放射 1996;30(8):515
[225] 张德超等. 中华肿瘤 1996;18(1):48
[226] 薛立福等. 中华结核和呼吸 1996;19(3):165
[227] 林　强等. 上海医学 1996;19(7):416
[228] 单根发等. 上海二医大学报 1996;16(5):373
[229] 周　岺等. 福建医学院学报 1996;30(2):143
[230] 钱　浩等. 上海医大学报 1996;23(4):309
[231] 林顺通等. 福建医药 1996;18(3):90
[232] 张楚毅等. 三军医大学报 1996;18(1):62
[233] 郑国平等. 山西医药 1996;25(4):241
[234] 郭良君等. 广东医学 1996;17(7):486
[235] 孙　红等. 中华放射 1996;30(8):524
[236] 关长群等. 中华放射 1996;30(4):279
[237] 茅乃权等. 中华胸心外科 1995;11(5):298
[238] 王绍武等. 中华放射 1996;30(7):467
[239] 郭一玲等. 苏州医学院学报 1996;16(2):290
[240] 曲日斌等. 中国实用儿科 1996;11(1):57
[241] 张云霞等. 中国循环 1996;11(7):448
[242] 姜进军等. 临床医学影像 1996;7(3):184
[243] 赵博文等. 中国超声 1996;12(5):68
[244] 崔传玉等. 中华儿外科 1996;17(4):225
[245] 张东明等. 中华内分泌 1996;12(2):86
[246] 李志明等. 中国胸心血管外科临床 1996;3(1):19

四、慢性阻塞性肺病与肺心病

(一) 基础研究

北京阜外医院[1]研究发现慢性缺氧可显著抑制大鼠肺动脉内皮依赖性舒张反应,而对非内皮依赖性及钙通道依赖性舒张反应无明显影响;钾通道依赖性舒张反应在缺氧早期是增强的。解放军 304 医院[2]采用光镜、电镜及免疫组化方法观察常压缺氧下大鼠肺动脉的变化,肌型微小动脉中膜明显增厚;无肌型微小动脉内膜增生、肥厚、弹力纤维增生,并有部分肌化现象。山东泰安市医院等[3]研究兔肺心病模型心脏的大体及超微结构变化,发现随着肺心病的形成和加重,心脏体积明显增大,右心室扩张,室壁肥厚;肌原纤维散乱、游离,严重者出现断裂。北京阜外医院[4]报道 9 例肺动脉高压尸检的肺动脉形态计量及胶原变化,肺动脉高压(PAH)组肺动脉中层平均厚度、密度平均值为 26.2%和 44.6 支/cm^2,明显高于正常组的 6.1%和 22.6 支/cm^2;肺动脉压力与病理分级呈正相关;I 型胶原变化与病程有关。同济医大[5,6]报道猪肺动脉缺氧内皮细胞条件培养液具有促进肺动脉平滑肌细胞(PASMCs)的 DNA 合成,促进 PASMCs 由静止期(G_0/G_1)进入 DNA 合成期(S 期)及有丝分裂期(G+M 期),但对蛋白质合成无明显影响,同时可使 PASMCs 的二倍体细胞和 α-sm-actin 含量减少,粗面内质网和线粒体却显著增多,提示缺氧可促使内皮细胞产生和释放某种因子,造成平滑肌细胞肥大,合成细胞外基质增多。此外还发现 DDPH 对低氧大鼠肺动脉高压和腺泡内肺动脉构形重建具有阻抑和逆转效应。同济医大基础医学院[7,8]用胰蛋白酶和胶原酶消化法以及组织贴块法培养猪动脉干内皮细胞和平滑肌细胞,认为该法培养的细胞可作为探讨缺氧引起 PAH 及肺血管构形重建的体外模型。西安西京医院[9]报道吸入(90±8)ppm NO 可显著降低自主呼吸犬缺氧性肺动脉高压模型的肺动脉压(PAP)和肺循环阻力(PVR),而体循环的血流动力学参数无明显变化。湖南医大二院[10]在动物实验的基础上,给 19 例心脏病患者吸入 NO 60ppm 15 分钟,可显著降低患者术后增高的 PAP,并可提高动脉血氧合指数。北京阜外医院[11]报道吸入 20～80ppm NO 10～20 分钟可使肺心病肺动脉高压患者肺血管扩张,降低 PAP 及右心室后负荷,而对体循环和机体氧合无不良作用;吸入停止后 20 分钟,多项参数逐渐恢复到原基础水平,表明吸入低浓度的 NO 对慢性肺心病急性发作期患者有良好的急性血流动力学效应。北京阜外医院[14]研究模拟状态下 2 种常用呼吸机输入 NO 的可行性和呼吸机内部 NO 的氧化情况,认为以高压空气稀释高浓度 NO 气体比较简便易行,但需注意 NO_2 的产生,特别是在低通气量吸入 NO 浓度较高时。通气量较小吸入 NO 浓度较低时,应选用 VIP 呼吸机;通气量较大时选用 900C 呼吸机更安全。北京协和医院[15]和华西医大一院[16]分别报道 NO 合成前体——L-精氨酸,可降低麻醉犬急性缺氧造成的肺动脉高压,并对低氧所致的大鼠 PAP 升高和右心室肥厚具有一定预防作用,不影响内皮素-1(ET-1)的分泌。上海长征医院[17]报道慢性阻塞性肺病(COPD)急性发作时血浆 ET-1 水平显著升高,且含量高低与病情严重程度密切相关;继发 PAH 者运动前、后股动脉血 ET-1 水平明显高于肺动脉血,其水平分别与平均肺动脉压(mPAP)、PVR 呈显著正相关,与 PaO_2 呈显著负相关,提示 ET-1 在 COPD 继发 PAH 时起重要的肺循环调节作用。他们还发现慢性缺氧可使大鼠血浆 ET 升高;免疫组化染色显示缺氧组肺血管内皮及平滑肌细胞内有大量的 ET 样免疫物质,提示缺氧可促进肺血管内皮及平滑肌细胞合成和释放 ET-1[18,19]。北京红十字朝阳医院[20]*报道肺心病急性加重期患者行机械通气后,随着缺氧的改善血浆 ET-1 水平显著下降,提示缺氧是导致 ET-1 合成和释放增多的主要原因。成都军区总院[21]报道内毒素具有促进内皮细胞 ET-1 基因表达和释放的作用。广州军区总院[22]报道缺氧可引起大鼠肺血管内皮细胞(VEC)损伤,缺氧时间越长,VEC 损伤越重,认为循环内皮细胞能灵敏反映缺氧时肺 VEC 损伤变化。华西医大一院[23,24]报道给大鼠腹腔注射血小板激活因子(PAF)3μg/kg,每天 3 次,4 周后可复制出慢性肺动脉高压模型,而 PAF 拮抗剂杏仁苦内酯 B(BN)[25]对大鼠缺氧性 PAH 具有明显的保护作用,提示 PAF 在缺氧性 PAH 形成中起重要作用。湖北医大一院[26]报道毁损初生大鼠肺内含降钙素基因相关肽(CGRP)的感觉神经,可致大鼠成年后发生 PAH;而静注 CGRP 及其拮抗剂,则分别可减弱和增加大鼠缺氧所致的肺血管加压反应,提示 CGRP 可能对 PAH 有治疗意义。同济医大[27]研究发现感觉神经肽参与肺血管基础张力的调节,急性缺氧时感觉神经肽释放增加,并对肺血管收缩反应有调节作用。他们还发现牛黄酸可调节缺氧性肺缩血管反应,减轻慢性缺氧性 PAH 和防止右心肥厚[28]。北京红十字朝阳医院[29]*研究证实相当高比例的肺心病伴发水肿患者并无右房压增高和右心衰竭,认为水肿可能与低氧、高碳酸血症等综合因素有关。北京医大一院[30]报道呼吸衰竭患者血清睾丸酮、雌二醇水平下降,认为这一变化可能有利于改善通气和降低气道反应性。华西医大一院[31,32]报道汉防己甲素可降低缺氧性PAH大鼠的mPAP和PVR,其机制可能为通过拮抗钙调素活性使血管平滑肌细胞内Ca^{2+}浓度降低;同时还能减少PAH大鼠的肺腺泡内动脉中膜厚度及其占血管外径百分比,使肌型动脉数减少,无肌型动脉数增加。中国医大呼吸所[33]报道COPD继发PAH患者口服汉防己甲素200mg,每日3次,2周后mPAP显著下降,右室功能及血气明显改善,不影响体动脉压和心率,提示有可能成为降低PAH的理想药物。北京阜外医院[34]报道中药前胡能有效拮抗缺氧性大鼠的肺血管收缩和腺泡内肺动脉(IAPA)构型重组,并可部分逆转PAH的结构和功能。湖南岳阳市一院等[35]报道青心酮对COPD患者的肺循环作用具有一定选择性,其降低肺血管阻力可能与肾素、血管紧张素Ⅱ水平下降有关。医科院基础所[36]和北京阜外医院[37]分别报道中药764-3、川芎嗪及黄芪具有明显抑制低氧引起的PAP升高,同时764-3及川芎嗪尚有抑制动脉壁羟脯氨酸含量增加的作用,而黄芪则能明显阻抑低氧性IAPA构型重组。浙江省医院等[38]报道COPD患者在接受小剂量灭活卡介苗治疗半年后,T淋巴细胞亚群及淋转率均明显改善。泸州医学院等[39]自行研制的纯中药益气免疫冲剂可明显改善COPD患者的气虚症状,显著增强机体细胞免疫功能,疗效优于贞芪扶正冲剂。北京中日友好医院等[40]*对呼吸体操改善呼吸肌功能进行量化研究,经过1～20个月锻炼后的COPD缓解期患者,其最大吸气、呼气口腔压及跨膈压均有显著提高。解放军总院[41]及武汉市二院[42]报道老年COPD患者桡骨、尺骨、股骨及腰椎骨密度均明显低于健康同龄组,认为发作期的糖皮质激素治疗、缺氧引起的多脏器受损和胃肠道吸收功能障碍可能是导致COPD患者骨密度降低的主要原因。北京中日友好医院[43]对慢性肺心病患者红细胞变形性的变化机制进行研究,表明红细胞变形性下降与异常形态红细胞增多及红细胞膜流动性降低有关。广东潮州市医院[44]报道肺心病急性期患者白细胞引起滤过堵塞的粒子浓度(PC)值明显高于缓解期和对照组,提示存在白细胞变形能力降低和(或)粘附性增加。白求恩医大二院等[45]报道肺心病急性期糖皮质激素受体(GCR)水平明显下降,而血浆皮质醇水平正常;有效的氧疗可明显提高GCR水平,提示缺氧是GCR降低的主要原因。北京红十字朝阳医院[46,47]报道COPD患者血清黄嘌呤氧化酶(XOD)活性明显增高可能是导致患者氧自由基产生增加、红细胞膜ATP酶受抑制的原因,而肝素可明显抑制XOD活性,认为这可能是肝素治疗肺心病的又一重要机制。广州军区总院[48]报道肺心病呼衰患者红细胞2,3-二磷酸甘油含量显著降低,使组织可利用氧减少,红细胞脆性增加。西安唐都医院[49,50]研究发现慢性肺心病患者红细胞钙-ATP酶活性及红细胞内Mg^{2+}含量降低,而红细胞内Ca^{2+}含量增多,认为缺氧是造成钙泵活性降低和细胞内Ca^{2+}含量升高的主要原因。氧疗可能具有提高钙泵活性和减轻细胞内Ca^{2+}超负荷的作用,是使肺血管松弛的重要措施,纠正低Mg^{2+}对于提高钙泵活性、降低细胞内Ca^{2+}含量具有协同作用。北京红十字朝阳医院[51]报道肺心病急性期患者血浆NO含量及红细胞膜ATP酶活性均低于正常,且呈高度正相关,说明血浆NO含量同细胞膜ATP酶活性变化密切相关。重庆新桥医院[52]报道速尿、双氢克尿塞、安定可快速、可逆地抑制慢性呼衰患者带3蛋白阴离子转运能力,减少CO_2的排出,故呼衰,特别是Ⅱ型呼衰病人应慎用。他们还发现肺心病患者在酸碱失衡时,脑脊液(CSF)代偿能力较血液强,CSF $PaCO_2$的变化在CSF酸碱调节中有重要作用,CSF酸碱失衡与肺脑密切相关[53]。天津肺科医院[54]采用动-静脉转流方式连接国产聚丙烯中空纤维膜式人工肺对呼衰犬模型进行治疗,治疗后PaO_2明显升高,而$PaCO_2$则显著降低。

(二)临床资料分析

北京房山区一院[55]对房山地区5万人肺心病患病情况进行抽样调查,结果15岁以上人群肺心病患病率为0.86%,明显高于10年前的全国平均水平,同时患病年龄明显提前。华西医大等[56]报道肺心病标化截缩死亡率随累计吸烟量增加而升高。北京医院[57]对40例老年及老年前期CODP患者进行20年追踪,结果21例(53%)死亡,其中肺心病死亡19例,占死亡总数91%,认为肺心病的防治应放在COPD早期,重点在于戒烟、防治呼吸道感染。哈尔滨医大二院等[58]报道429例慢性肺心病20年随访结果,其中5、10、20年的存活率分别为32.4%、16.3%和0.04%;20年中死于肺心病相关疾病者324例,占总病死率的75.5%,其中合并冠心病死亡率高。哈尔滨医大一院等[59]报道529例肺心病合并呼吸道感染的菌群分布情况,痰培养G^-菌占71.2%,G^+菌仅占28.8%,其中克雷白杆菌、肠杆菌、金葡菌、醋酸钙不动杆菌、硝酸盐阴性杆菌、铜绿假单孢菌分别占14.6%、11.1%、10.1%、8.2%、7.8%和6.6%;真菌感染率为18.3%,其中绝大部分为院内感染;抗生素选择以氟喹喏酮类及3代头孢菌素为宜。南京军区南京总院[60]也报道了类似结果。北京医院等[61]报道从8所不同地区医院住院肺心病患者痰培养所得600株绿脓杆菌的分型，以P6型最多，占25.6%，并证实从院内感染患者分离到的3株绿脓杆菌均带有β-内酰胺酶和氨基甙钝化酶耐药基因；细菌在院内传播时，又可获得新的耐药基因。山西大同医专等[62]报道大同市3所医院50例肺心病感染患者嗜肺军团菌(Lp)血清学研究结果，其中抗体阳性19例，占38%；提示军团菌感染者9例，占18%，表明部分肺心病感染是由Lp所致。沈阳军区总院[63]报道32例肺心病尸检病理结果，肺心病合并冠心病的发生率为46.8%；肺水肿的发生率为31.2%；多脏器受累主要为功能性损害。南通医学院附院[64~66]报道肺心病急性期即使无呼衰和心衰，患者的肾小球滤过功能、近端肾小管重吸收功能及远端肾小管浓缩功能均已有早期损害；在监测指标选择上，BUN、Cr、Ccr不如血、尿β-微球蛋白、β-微球蛋白清除率、24小时尿白蛋白、尿溶菌酶等敏感；缺氧和CO_2潴留是造成肾损害的主要原因；积极改善通气，避免使用肾毒性抗生素，可防止和减少不可逆肾功能损害的发生。海南省医院[67]报道肺心病患者尿渗透压及尿酸化功能测定可作为肾脏功能受损与否的早期指标。北京红十字朝阳医院[68]通过517例肺心病尸检病例的分析，证明肺心病前期主要累及右心，后期左心也受累，表现为全心重量显著增加和左心室增厚，同时伴有左、右心室腔的明显扩张。海南省医院[69]报道慢性肺心病患者夜间心律失常的发生与低氧及夜间酸血症有关，持续低流量吸氧可减少夜间心律失常的发生。

（李　强）

（三）诊断技术

华西医大一院[70]测定171例老年COPD患者气道阻力及最大呼气流量-容积曲线(MEFV)，表明COPD即使处在病变早期阶段时气道阻力就比正常老年人明显升高，最大呼气中段流量(MMEF)为检测早期老年COPD患者的敏感指标，大气道比小气道对气道阻力影响更大。天津医大总院[71]分析正常人及COPD患者F-V曲线吸气部分(MIFV)，显示男女两组之间有明显差异；轻、中、重度COPD各组间的MIFV各值，除用力吸气肺量平均吸入时间(MTTin)外其余各指标均有显著性差异。南京铁道医学院附院[72]分析31例重度COPD患者通气功能，显示无CO_2潴留组吸气肺功能参数明显高于CO_2潴留组，表明吸气相气流受阻在导致COPD患者CO_2潴留中更具意义。云南省医院[73]研究表明CO弥散量(DL_{CO}%)在正常与单纯型慢支组间无差异；在轻、中、重度肺气肿间有明显差异，说明随肺气肿程度加重肺弥散功能降低。上海中山医院[74]报道第1秒用力呼气量(FEV_1)、DL_{CO}、残气量与肺总量之比(RV/TLC)可较好地预测患者的最大运动能力与氧耗量，而pH、PaO_2、$PaCO_2$与运动能力之间的相关性无显著性差异。湖北老年医学所等[75]报道老年肺心病右室流出道血流图的特点是：加速时间缩短，＜100ms；右心室收缩时间间期异常，RPEP/RVET＞0.4；由血流曲线计算的肺动脉压及肺血管总阻力增高。北京阜外医院等[76]报道多普勒参数右室射血前期/加速时间、平均加速度、速度积分/心电图Q-T点间期×最大速度及RVET/QT与肺动脉压相关较好，推算出多元回归方程能用于COPD肺动脉压估测。河南医大一院[77]用核素心室显像和右心导管测压检测右室舒张功能，显示右室峰充盈率与平均肺动脉压(mPAP)无明显相关，故不适于反映肺动脉压情况，而右室舒张早期排空分数与右房舒张早期排空率结合可作为估计肺动脉压的指标。中山医大一院[78]对30例肺心病者行核素左心功能检查与右心导管检测，发现年龄及心率与左室射血分数(LVEF)有一定相关性，LVEF在各组年龄、心率标化前肺心病右心衰组与对照组之间有显著差异，但标化后则差异无显著性，说明肺心病者LVEF减低为受试者的年龄、心率等影响因素所致而并非左心功能有显著下降。北京阜外医院等[79]分析1 847例COPD患者心电图，按我国肺心病标准，检出率为23.7%，按WHO标准确诊和可疑COPD为8.6%，提出我国现行诊断标准可能偏松。广西柳州市一院[80]分析148例肺心病患者酸碱平衡，采用单纯血气分析法诊断代酸4例，二重型酸碱失衡49例；结合阴离子间隙和潜在HCO_3^-的综合判断法诊断代酸10例、二重型酸碱失衡64例，其间差异有显著意义。

（四）治疗

广州呼吸病所[81]比较COPD患者雾化吸入沙丁胺醇(A组)、溴化异丙托品(B组)及两药合用(C组)的扩支气管作用，结果A组15分钟起效，B组60分钟起效，C组5及15分钟第1秒用力呼气量(FEV_1)改善率高于B组，180及360分钟FEV_1改善率高于A组，提示异丙托品具有与沙丁胺醇相近的气道扩张作用，但起效慢，两者合用起效快，持续时间长。上海胸科医院[82]用速克喘400μg吸入治疗COPD急发期患者，临床总有效率75%，FVC、FEV_1、PEFR有明显改善，有效时间达4小时。苏州医学院一院[83]*报道静注乌拉地尔可降低COPD患者的肺动脉高压。武汉同济医院[84]给10例COPD患者舌下含服钾通道开放剂尼可地尔15mg，可降低肺动脉压和肺循环阻力。中山医大一院[85]报道通过右心导管检测静注卡托普利 20mg 后肺心病病人的血管紧张素Ⅱ(ATⅡ)、血管紧张素转换酶(ACE)均显著降低,mPAP、肺血管阻力(PVR)较注射前显著降低,而血气参数、肺内生理分流、卧位右上臂血压(ABP)、心率(HR)无显著变化。内蒙古鄂托克旗医院[86]观察 20 例肺心病心衰患者加用选择性β受体阻滞剂美托洛尔后平均心率减慢明显,不良反应少,未诱发支气管痉挛,但对 COPD 患者仍宜慎用β阻滞剂。青海省医院[87]报道 54 例高原 COPD、肺心病患者口服β受体激动剂特布嗪,显示该药具较强的扩张支气管作用,可降低气道高反应性,改善通气。广州军区总院[88]给 15 例稳定期肺心病患者静滴消心痛 15 mg,可降低 PAP 及 PVR,对心输出量和血气影响不大。福建宁德地区一院[89]联用心痛定和潘生丁治疗 35 例肺心病,血气及临床指标比常规综合治疗组改善明显。贵阳市一院[90]静滴前列腺素 E_1(PGE_1) 200μg/d,连续 2 周,治疗肺心病心衰 30 例,临床表现及血气指标均有明显好转。北京阜外医院[91]研制出一种用容量控制呼吸方法吸入一氧化氮(NO)的给气系统,并用于 20 例肺动脉高压患者,结果 mPAP 和 PVR 显著降低,而平均动脉压、体循环阻力和肺内分流值未见明显变化。他们报道 20 例接受二尖瓣置换术的肺动脉高压患者吸入低浓度 NO,可选择性降低肺动脉高压而对肺内分流值(Qs/Qt)无明显影响[92]。河南电力医院[93]给 9 例肺心病缓解期患者口服选择性节后α-受体阻滞剂哌胺甲尿啶 120mg/d,1、3、6 个月后右室内径及右室前壁厚度有所下降,多普勒间接计算 PAP 亦有所下降。浙江台州地区医院等[94]报道 11 例次连续 8 小时以上静滴尼可刹米者的 $PaCO_2$ 呈下降后又反跳的变化趋势;8 小时内观察反跳的发生率与持续给药时间的长短呈正相关($r=0.982$)。哈尔滨医大一院[95]报道静滴西米替丁 600mg/d 7 天,可较好地预防肺心病并发上消化出血,降低病死率。上海纺织二院等[96]报道口服甲地孕酮 160mg/d 2 周,可改善 COPD 缓解期患者的营养状况、呼吸肌力及免疫功能。四川乐至县医院[97]报道环丙沙星 0.2g/100ml,每日 2 次静滴,继改口服,治疗 83 例 COPD 肺部感染,总有效率 91.6%,48 株致病菌清除率 87.5%,未清除的 6 株为绿脓杆菌 3 株、金葡菌 2 株、链球菌 1 株。山西阳泉市三院[98]报道氧氟沙星治疗 COPD 并下呼吸道感染 30 例,总有效率 83%,17 株致病菌中有 1 株甲型链球菌及 1 株绿脓杆菌未阴转,痰菌阴转率 88%。江苏淮阴市一院[99]在抗菌、平喘、利尿、强心等治疗基础上加用肝素 50～100mg/d 和东莨菪碱 0.6～1.2mg/d,静滴 5～7 天治疗肺心病呼衰 33 例,血粘度下降、PaO_2 升高及 $PaCO_2$ 降低明显优于未用肝素、东莨菪碱的对照组。山东滨州地区医院等[100]采用综合治疗加藻酸双酯钠 100mg/d 静滴 2 周,治疗肺心病 108 例,与未加用藻酸双酯钠组比较,血液流变学各项指标明显改善,症状改善快且明显。上海新华医院[101]静滴巴曲抗栓酶治疗肺心病 20 例,血纤维蛋白溶酶原等比治疗前下降,组织型纤维蛋白溶酶活化素等比治疗前增加,提示可改善肺心病的高凝状态。广东医学院附院[102]报道在综合治疗基础上加用可拉明、硝酸甘油、肝素静滴治疗肺心病加重期 26 例,能有效改善血气和血液流变学等项指标。重庆市急救中心[103]报道加用肝素静滴治疗肺心病,可使血浆粘度及血小板聚集率明显降低,血气指标明显改善。苏州市四院[104]用低能量 He-Ne 激光血管内照射辅治肺心病患者 19 例,治疗后红细胞超氧化物歧化酶(RBC-SOD)、红细胞谷胱苷肽氧化酶(RBC-GHSPx)、过氧化氢酶(CAT)和还原型谷胱苷肽(GSH)均明显升高,丙二醛(MDA)降低。江苏常熟市三院[105]报道在综合治疗基础上加用肌注α-干扰素 10^5U/d 20～30 天,治疗 COPD 肺部感染 10 例,比对照组显效率高,再住院率低,疗程明显缩短。解放军 324 医院[106]报道在综合治疗基础上加用丹参注射液治疗老年喘息型慢支 33 例,能较快缓解患者的临床症状,改善 FEV_1、PEFR,提高 PaO_2,降低 $PaCO_2$。浙江省中医院[107]加用丹参或蝮蛇抗栓酶治疗肺心病急发期患者,显示血液流变学指标比常规治疗组明显改善,抗栓酶组的降低纤维蛋白原及血粘度作用更强。重庆大坪医院[108]静注小叶女贞提取物 M_2(经鉴定为甘露醇)治疗 COPD 67 例,显示具有快速显著的止咳、平喘作用,肺活量(VC)、FEV_1 及用力呼气中段流速(FEF)明显改善。山东省交通医院[109]报道静滴川芎嗪 320mg/d 10 天,同时抗炎、平喘,可使血浆 PAgT、TXB_2、VWF 明显降低,6-k$PGF_{1\alpha}$明显升高,血气指标明显改善。山西医学院一院[110]报道川芎嗪能有效改善肺心病急性加重期病人的凝血参数、心功能及血气参数。安徽中医学院附院[111]在综合治疗基础上加用益气活血方治疗肺心病急发期 30 例,显示血浆内皮素和心钠素含量明显下降,临床疗效好。福建宁德地区一院[112]报道加用东莨菪碱和胞二磷胆碱治疗肺性脑病 33 例,能提高治疗有效率,降低死亡率。广州军区武汉总院[113]用中西医结合治疗肺心病急发期患者 102 例,与单纯西医治疗 70 例对照,有效率提高,血液流变学指标改善显著。山东德州地区医院[114]用中西医结合新利尿合剂加黄芪、党参等治疗肺心病并呼衰、心衰、肾衰18例，疗效较好。南京医大二院[115]静滴氨力农（氨联吡啶酮）治疗肺心病心衰34例，表明CO和CI显著增高，而SVR显著降低，心率和血压无明显改变。山东临沂地区沂水医院[116]加用1,6-二磷酸果糖（1,6-FDP）治疗肺心病急发期76例，血气及血液流变学指标均呈显著改善，有效率提高。浙江舟山市医院等[117]以抗炎、止咳解痉药加用扑尔敏0.35mg/(kg·d)，分3次口服，治疗小儿喘息性支气管炎及毛细支气管炎43例，较对照组病程明显缩短，疗效提高。上海中山医院[118]对比研究呼气末正压呼吸（PEEP）与同步间歇指令通气（SIMV）对肺心病的影响，8例应用7cm H_2O PEEP 30分钟后生理分流明显减少，PaO_2 平均升高0.41kPa，但混合静脉血氧分压降低；9例应用SIMV，每分钟接受同步触发7次，30分钟后肺血管阻力下降，心脏指数和混合静脉血氧分压明显升高。中国医大一院[119]用PEEP与辅助控制通气交替辅治COPD呼衰5例，呼气末气道压力明显下降，血气指标明显改善。武汉同济医院[120]观察双水平气道正压通气治疗重症呼衰58例，可在1～3天内明显改善Ⅰ、Ⅱ型呼衰病人的血气指标。上海中山医院[121]比较慢性高碳酸血症呼衰患者26例压力支持通气和8例辅助/控制（A/C）通气，认为前者耐受性好，可允许较低的气垫内压，可作为经面罩机械通气的首选模式，后者则为必要补充。他们通过8名健康志愿者用Bi PAP压力支持通气，观察到其潮气量随吸气相正压或吸气时间增加而提高，单向活瓣对呼吸相正压无明显影响；6例COPD患者由于呼吸深慢，通气效率改善，可作为气管插管的拔管过渡[122]。上海瑞金医院[123]应用鼻罩压力支持通气辅治COPD急性失代偿昏迷5例，所需清醒时间为14～24小时，关键在于鼻罩必须紧合，口腔闭合，保证足够的压力传到肺内等。南京鼓楼医院等[124]用Bi PAP治疗COPD呼衰Ⅱ型患者12例，5天后血气指标明显改善，心率减慢，效果显著。苏州医学院一院[125]用压力支持通气逐步撤离机械通气5例，应用起始压力为1.96kPa，以后每隔3～4小时降低20%，至0.49～0.78kPa即可撤机。上海长征医院等[126]采用胸外负压呼吸机辅治22例COPD呼衰，认为其对血流动力学影响小，血气改善明显。山东新汶矿务局莱芜医院[127]用高频喷射通气治疗不同原因呼衰100例，认为重视湿化、联合药物治疗可有效纠正Ⅱ型呼衰。解放军81医院[128]用高频喷射通气加体外膈肌起搏辅助治疗32例老年Ⅱ型呼衰，能有效改善严重低氧血症及 CO_2 潴留，避免气管切开或插管。广州呼吸病所[129]总结气管插管机械通气抢救呼衰110例次，留管平均时间7.8（1～62)天，经鼻气管插管患者耐受好，拔管率显著高于经口插管。解放军总院[130]分析61例COPD Ⅱ型呼衰机械通气后转归，60%患者在4～90天内撤机并拔管存活，34.1%机器依赖，最后分别死于院内感染、多器官功能衰竭、机械故障等。苏州医学院一院[131]分析12例呼衰应用呼吸机后的并发症，以低血压、继发感染、气压伤、氧合恶化多见，机器故障也时有发生。解放军总院[132]分析老年呼衰机械通气164例，直接死因以多器官衰竭为主，有9例临床和尸检证实机械通气后发生急性呼吸窘迫综合征（ARDS）。江苏淮阴市一院[133]在常规治疗、早期高频通气和体外膈肌起搏基础上用含抗生素和地塞米松的生理盐水行支气管肺灌洗治疗20例肺心病呼衰，与21例常规治疗组相比，血气明显改善，疗效显著。江苏丹阳市医院[134]报道经纤支镜带氧治疗肺心病呼衰、重症感染8例，发现气管及主支气管有软化退行性变，气道腔内有脓稠分泌物阻塞。上海中山医院[135]*观察COPD高碳酸血症患者通过膈肌起搏（5例）、静滴可拉明（9例）及口服阿米脱林（9例）增加自主呼吸效果，结果口服阿米脱林组 PaO_2 增高较 $PaCO_2$ 降低明显，提示阿米脱林除增加通气外还能改善换气功能。

（李　丽）

参考文献

[1] 刘春平等. 中国循环 1996;11(7):431

[2] 朱　涌等. 中华病理 1996;25(1):44

[3] 潘月龙等. 中华物理医学 1996;18(1):15

[4] 阮英茆等. 中华病理 1996;25(2):89

[5] 黄　蓓等. 中华病理 1995;24(5):306

[6] 江向宁等. 同济医大学报 1995;24(6):405

[7] 吴焕明等. 同济医大学报 1996;25(3):187

[8] 袁永辉等. 同济医大学报 1995;24(6):408

[9] 熊利泽等. 心功能杂志 1996;8(2):77

[10] 喻风雷等. 湖南医大学报 1996;21(3):201

[11] 赵彦芬等. 中国循环 1996;11(1):8

[12] 张洪玉等. 中华内科 1996;35(6):400

[13] 郭胜祥等. 中华老年医学 1996;15(3):133

[14] 张东亚等. 中华医学 1996;76(10):728

[15] 曹伟标等. 中国医科院学报 1996;18(3):214

[16] 程德云等. 华西医大学报 1996;27(1):68

[17] 陈　玲等. 中华内科 1996;35(1):51

[18] 陈　玲等. 中华结核和呼吸 1996;19(4):212

[19] 王 波等. 中华结核和呼吸 1996;19(2):72
[20]* 张 杰等. 中华内科 1996;35(2):110
[21] 汪盛贤等. 解放军医学 1996;21(1):30
[22] 陈小容等. 中华结核和呼吸 1996;19(2):78
[23] 程德云等. 华西医大学报 1996;27(3):275
[24] 程德云等. 中华结核和呼吸 1996;19(2):122
[25] 程德云等. 华西医大学报 1995;26(4):386
[26] 杨 炯等. 高血压 1996;4(1):18
[27] 胡宏镇等. 中华医学 1996;76(2):104
[28] 何 芳等. 同济医大学报 1996;25(1):17
[29]* 王 辰等. 中华医学 1996;76(7):531
[30] 陈茂森等. 中华内科 1995;34(12):832
[31] 李为民等. 中华结核和呼吸 1996;19(2):75
[32] 张尚福等. 华西医大学报 1996;27(1):59
[33] 王秋月等. 中国医大学报 1996;25(3):260
[34] 席思川等. 中西医结合 1996;16(4):218
[35] 林春龙等. 同济医大学报 1996;25(2):124
[36] 严仪昭等. 中华结核和呼吸 1996;19(4):206
[37] 席思川等. 中华病理 1996;25(4):236
[38] 赵 湘等. 中西医结合 1996;16(7):408
[39] 徐小玉等. 中西医结合 1996;16(2):81
[40]* 阎启英等. 中华内科 1996;35(4):235
[41] 牟小芬等. 中华老年医学 1996;15(3):143
[42] 胡 绍等. 临床内科 1996;13(1):44
[43] 苗 会等. 中日友好医院学报 1996;10(1):47
[44] 吴振雄等. 中华结核和呼吸 1996;19(2):117
[45] 张曼颖等. 中华内科 1996;35(6):375
[46] 庞宝森等. 中华结核和呼吸 1996;19(1):10
[47] 庞宝森等. 中华内科 1995;34(11):768
[48] 易仁亮等. 中华内科 1996;35(5):341
[49] 冯华松等. 中华老年医学 1996;15(3):140
[50] 冯华松等. 解放军医学 1996;21(2):85
[51] 庞宝森等. 中华内科 1996;35(7):483
[52] 杨晓静等. 中华结核和呼吸 1995;18(6):269
[53] 金发光等. 中华老年医学 1996;15(5):312
[54] 丁 伟等. 中华结核和呼吸 1996;19(2):91
[55] 李景周等. 慢性病预防与控制 1996;4(4):181
[56] 范宗华等. 华西医大学报 1996;27(2):199
[57] 高 立等. 中华结核和呼吸 1996;19(1):29
[58] 邵玉霞等. 哈医大学报 1996;30(5):445
[59] 石玉枝等. 哈医大学报 1996;30(5):448
[60] 曹鄂洪等. 内科急危重症 1996;2(3):118
[61] 缪竟智等. 中华结核和呼吸 1995;18(6):357
[62] 米亚英等. 中华流行病 1996;17(3):155
[63] 魏路清等. 中国实用内科 1995;15(12):730
[64] 王靖南等. 中华肾脏 1995;11(5):291
[65] 王靖南等. 南通医学院学报 1995;15(4):578
[66] 王靖南等. 江苏医药 1996;22(9):614
[67] 郑 菌等. 中华肾脏 1996;12(3):191
[68] 曹大德等. 中华病理 1995;24(5):319
[69] 冯 夏等. 临床内科 1996;13(5):23
[70] 李 静等. 华西医学 1996;11(2):147
[71] 陈光瑾等. 中国危重病急救医学 1996;8(7):409
[72] 尹静萍等. 铁道医学 1996;24(3):145
[73] 刘 斌等. 云南医药 1996;17(2):160
[74] 朱 蕾等. 上海医大学报 1996;23(3):215
[75] 王美婵等. 中国超声 1996 12(2):20
[76] 王国干等. 中华结核和呼吸 1996;19(5):290
[77] 孙秉奇等. 中华核医学 1996;16(2):120
[78] 容中生等. 中华内科 1996;35(3):192
[79] 程显声等. 心电学杂志 1996;15(3):66
[80] 秦志强. 广西医学 1996;18(1):16
[81] 李 靖等. 中国实用内科 1996;16(8):465
[82] 顾月清等. 新药与临床 1995;14(6):327
[83]* 凌春华等. 苏州医学院学报 1996;16(2):233
[84] 陈丽玲等. 同济医大学报 1996;25(4):297
[85] 吴为群等. 中山医大学报 1996;17(3):239
[86] 杨 玺等. 内科急危重症 1996;2(2):60
[87] 张海明等. 高原医学 1995;5(3):24
[88] 曹淑芳. 广州医药 1996;27(1):52
[89] 王少玲等. 福建医药 1996;18(2):69
[90] 宁莉菲等. 贵阳医学院学报 1996;21(1):42
[91] 朱 涛等. 中国循环 1996;11(6):354
[92] 朱 涛等. 中国危重病急救医学 1996;8(4):231
[93] 金振钟. 中国实用内科 1996;16(7):424
[94] 齐激扬等. 中华老年医学 1996;15(3):159
[95] 艾明理等. 中国循环 1996;11(6):357
[96]* 秦兴国等. 中华内科 1996;35(7):466
[97] 张家安. 四川医学 1996;17(3):167
[98] 李万银. 河北医药 1996;18(4):232
[99] 惠志清等. 南京医大学报 1995;15(4):884
[100] 牛业来等. 新医学 1995;26(12):625
[101] 林建海等. 新药与临床 1996;15(5):292
[102] 莫振兆等. 中国急救医学 1996;16(2):5
[103] 祁苏凌. 新医学 1996;27(4):188
[104] 韦琴英等. 苏州医学院学报 1996;16(1):49
[105] 范龙宝. 苏州医学院学报 1995;15(6):1098
[106] 魏赞美. 中西医结合 1996;16(7):402
[107] 宋 康等. 中西医结合 1995;15(10);582
[108] 杨肇亨等. 三军医大学报 1996;18(2):138
[109] 王少媛等. 交通医学 1995;9(3):22
[110] 杜永成等. 山西医学院学报 1996;27(1):11
[111] 张国梁等. 中西医结合急救 1996;3(10):450
[112] 王少玲等. 福建医药 1996;18(1):52
[113] 喻庆云等. 中西医结合急救 1996;3(5):198
[114] 江桂香等. 中西医结合急救 1995;2(6):262
[115] 崔 进等. 临床内科 1996;13(2):36
[116] 闰培清等. 新药与临床 1996;15(5):269
[117] 苑建平等. 综合临床 1996;12(5):276
[118] 白春学等. 上海医学 1996;19(5):253

[119] 王晓菲等. 辽宁医学 1995;9(4):202
[120] 刘　谨等. 内科急危重症 1996;2(3):121
[121] 朱　蕾等. 上海医大学报 1996;23(5):347
[122] 蔡映云等. 中国危重病急救医学 1996;8(6):343
[123] 黄绍光等. 上海医学 1996;19(2):86
[124] 郑培德等. 江苏医药 1996;22(6):424
[125] 黄建安等. 江苏医药 1996;22(5):343
[126] 张翔宇等. 中国急救医学 1996;16(5):21
[127] 周生明. 山东医药 1996;36(7):27
[128] 刘云霞等. 江苏医药 1996;22(9):645
[129] 钟淑卿等. 内科急危重症 1996;2(1):13
[130] 张进川等. 中华消化 1996;15(3):162
[131] 黄建安等. 苏州医学院学报 1996;16(1):69
[132] 俞森洋等. 解放军医学 1996;21(4):298
[133] 惠志清等. 内镜 1996;13(3):173
[134] 林云辉等. 内镜 1996;13(3):174
[135]* 蔡映云等. 中国危重病急救医学 1996;8(4):218

五、肺部感染

(一) 病毒感染和小儿肺炎

山东济宁市一院[1]用单克隆抗体免疫酶标法检测1988～1994年冬春季该地区589例肺炎患儿咽部脱落细胞中的腺病毒(AdV)抗原,阳性率28%,6个月内婴儿占较大比例。哈尔滨医大二院[2]用抗生素-亲生物素免疫组化法快速诊断3和7型腺病毒肺炎,116例咽拭子标本中3型AdV阳性31例,7型阳性40例,与血凝抑制试验阳性符合率100%。青海防疫站[3]用ELISA法从282例肺炎患儿中检测出呼吸道合胞病毒(RSV)158例,阳性率56%。西安西京医院[4]对43例婴儿重症RSV肺炎经采取早期综合治疗,痊愈38例,治愈率88.4%,死亡4例。广州儿童医院[5]对54例小儿RSV肺炎在综合治疗基础上加用人α_1型基因工程干扰素(干扰灵)50万U/d肌注,疗程5天,取得较好疗效。北京崇文区儿童医院[6]*用ELISA法检测144例肺炎患儿柯萨奇B组病毒(CBV),CBV特异性IgM阳性率为18.8%,其中B_3阳性率最高,提示CBV可引起散发呼吸道感染。苏州医学院儿童医院[7]应用已知抗体检测104例支气管肺炎患儿鼻咽分泌物脱落细胞内病毒抗原,阳性率为60.6%,以RSV最高,还有流感病毒A和B型。北京儿童医院[8]检测102例肺炎患儿4种病毒抗原,阳性26例(25.5%),其中RSV 14例,副流感4例,流感6例,AdV 2例,经综合治疗88.5%痊愈。上海市一院[9]应用桥联酶标法检测217例呼吸道感染患儿鼻咽洗出液,检出各种病毒病原124例,阳性率57.1%。广州儿童医院[10]对广州地区2 572例肺炎患儿行病毒分离,检出单纯疱疹病毒-1型(HSV-1)51例,阳性率2%,其中取双份血清的17例HSV-1 IgG阳性9例,阳性率52.3%。广西医大一院[11]应用单克隆抗体酶联免疫吸附直接法,检测200例小儿肺炎鼻咽分泌物轮状病毒,阳性19例(9.5%),60例正常儿童均阴性。苏州医学院儿童医院[12]采用病毒抗原快速检测法,检测小儿肺炎1 820份标本,阳性率50.1%,认为提高快速检测质量的关键是合适对象、晴好天气和合格涂片。山西儿童医院[13]检测192例肺炎患儿血清抗巨细胞病毒免疫球蛋白IgM,阳性率43.2%,并研究了CMV感染与肺炎病情及细胞免疫功能的关系。

(二) 支原体肺炎

滨州医学院附院[14]报道该院近10年来住院确诊的小儿肺炎支原体(MP)肺炎81例。新疆医学院一院[15]对54例MP呼吸道感染进行了分析,认为间接血凝抑制试验测定MPIgG为重要的诊断依据。扬州大学医学院附院[16]应用PCR检测230例咳嗽患儿咽拭子中的MP DNA,共检出126例(54.8%),其感染率随咳嗽时间的延长而增加。北京友谊医院等[17]对73例住院新生儿肺炎进行解脲支原体(T株支原体)检测,结果5例(6.8%)检出T_8型抗体。他们研究发现硒营养状态良好的大鼠MP肺炎发生率显著低于硒营养状态差者[18]。湖南省医院[19]报道337例肺炎患儿中支原体肺炎30例(8.9%),其中间接血凝试验(IHA)阳性27例(90.0%),冷凝集试验阳性19例(63.3%),两法阳性率之间无显著性差异($P<0.05$)。广州市一院[20]应用微量滴定颗粒凝集试剂盒检测765例呼吸系统感染患儿血清中特异性MP抗体IgM、IgG,阳性174例(22.7%)。广州孙逸仙纪念医院[21]*对140例下呼吸道感染患儿进行痰MP-DNA-PCR、抗MP-IgM及冷凝集试验检查,结果证明应用痰MP-DNA-PCR检测可为MP肺炎提供早期快速诊断,PCR配合血清抗体检测可减少MP感染漏诊率。中国医大二院[22]应用PCR检测30例临床疑似MP肺炎患儿的咽拭子,MP DNA阳性率80%,10例健康小儿咽拭子均阴性,该法敏感、快速。杭州市二院等[23]应用PCR检测152例肺炎患儿MP DNA,阳性31例(20.4%)。海南琼海市医院[24]应用PCR检测310例患儿咽拭子标本,阳性率26.7%。广东揭阳市医院[25]用PCR检测109例疑为MP感染的非典型肺炎临床标本109例,阳性35例,阳性率

32.1%，明显高于MP抗体检测($P<0.05$)。福建三明市一院[26]用PCR扩增MP特异的144bp DNA片段靶基因，检测354例呼吸道感染，儿科患者阳性率为19.6%，老年患者23.2%，内科患者20.7%，认为不能忽视老年人支原体肺炎的发生。青岛儿童医院[27]应用PCR诊断MP感染29例，其中学龄前儿童和喘息性疾病的MP感染发病率分别为34.3%和36.4%。北京友谊医院等[28]应用PCR检测婴幼儿肺炎155例，阳性率15.5%，与间接血凝抑制试验的阳性符合率为87.5%。深圳铁路医院等[29]用PCR对91例呼吸道感染患儿的咽拭子(或痰)和血标本进行MPDNA检测，结果双份标本检出率15.4%，其中咽拭子(或痰)检出率39.6%，血标本为17.6%。苏州医学院儿童医院[30]采用双温PCR检测144例肺炎患儿咽拭子MP，阳性率21.5%，认为双温PCR快速、简便、特异性强、灵敏度高。浙江医大儿童医院[31]以PCR及IHA诊断MP感染59例，其中24%病例闻及哮鸣音，16%合并胸膜病变，并显示有多系统损害的特点。呼和浩特铁路医院等[32]报道MP肺炎合并肺外多脏器受损1例，经血MP-DNA-PCR确诊，以红霉素、能量合剂治愈。苏州市四院[33]报道小儿MP肺炎并发肝损害、心包炎、末梢神经炎阵发性剧痛及皮损共7例，均经红霉素治愈。河北医大二院[34]报道小儿支原体肺炎伴肺外并发症3例，肺外并发症的多少、轻重程度与肺部病变程度呈正相关。中山医大一院[35]报道1例表现为游走性肺实变阴影及胸腔、心包积液的支原体肺炎。青岛医学院[36]对127例急性肺炎患儿呼吸道分泌物进行MP-DNA-PCR及沙眼衣原体DNA(CT DNA)检测，结果MP DNA阳性率38.6%，CT DNA阳性率为18.9%，提示沙眼衣原体也可引起婴幼儿肺炎。石家庄白求恩国际和平医院[37]对100例肺炎患者进行病原学调查，支原体检出率为34%，衣原体为13%，细菌为24%。

(三) 衣原体感染

北京铁路总院[38]采用微量免疫荧光试验对508名2～14岁健康儿童进行血清肺炎衣原体(TWAR)特异性抗体IgG检测，总阳性率为27.0%，各年龄组阳性率差异有非常显著意义($P<0.01$)，性别间无明显差异。广东老年医学所[39]*研究表明肺炎衣原体和沙眼衣原体均可能是老年人呼吸道感染的重要病原体之一，对老年人肺部肿瘤患者合并呼吸道衣原体感染应引起重视。南京军区南京总院[40]和三军医大[41]采用PCR技术检测肺炎衣原体DNA，认为该技术为肺炎衣原体的早期诊断和流行病学调查提供了快速、敏感、特异的新方法。广东老年医学所[42]用套式PCR检测46例新生儿肺炎衣原体的咽拭子标本，阳性6例(13%)，高于细胞培养法(4/51，7.8%)的检出率。白求恩医大一院等[43]*对婴儿肺炎进行鼻咽部分泌物沙眼衣原体分离与鉴定以及血清学研究，证实沙眼衣原体确为婴儿肺炎的重要病原体。

(四) 细菌感染

新疆医学院二院[44]报道该院6年来收治862例小儿肺炎的细菌检出率为14.5%，以大肠杆菌和葡萄球菌最多。药敏试验示氯霉素抑菌范围广，青霉素对球菌有效。河南新乡医学院一院[45]从2岁以内小儿肺炎2 375例中检出细菌279例，阳性率11.8%，检出细菌15种287株，药敏试验示表皮葡萄球菌和金葡菌耐药性较高，肺炎球菌对常用抗生素仍有较高敏感率。武汉儿童医院等[46]研究415例下呼吸道感染的细菌病原学及其耐药情况，认为在治疗中除考虑细菌对抗生素的耐药率外，还应考虑混合感染及细菌L型的治疗。贵阳市四院[47]报道160例老年性支气管肺感染痰培养结果，阳性68例(42.5%)，发现的致病菌多为条件致病菌，以革兰阴性菌较多，细菌耐药现象严重。汕头大学医学院一院[48]采用经纤支镜单塞防污刷采样对12例院内及10例院外肺部感染者作病原学诊断，与经口痰菌培养法比较，二者之间阳性率分别有极显著差异和显著差异($P<0.001$，$P<0.01$)。西安医大一院[49]应用单塞保护套管经纤支镜对30例支气管肺感染行病原学检查，共分离出50株细菌，分离细菌浓度$10^{4.3\pm1.2}$/刷，与对照组比较差异有显著性($P<0.001$)。军事医科院放射医学所[50]报道建立了肺炎链球菌PCR定性及定量诊断方法，对30例临床痰标本检出7例阳性，而普通痰培养为阴性。重庆市八院[51,52]从临床呼吸道感染患者的1 310份痰培养中分离出982株致病菌，主要为革兰阴性杆菌(39.0%)和革兰阳性球菌(36.3%)，其中金葡菌168株，占17.1%；假单胞菌182株，占18.5%。海军总院[53]报道老年人金葡菌肺炎合并急性肺水肿反复发作1例，经环丙沙星及复方新诺明治愈。新疆和静钢铁厂医院等[54]报道金葡菌肺炎并发重症黄疸、肝功能损害1例，经抗金葡菌治疗恢复。天津医大二院等[55]报道卡他布兰汉氏菌肺炎22例，其中60岁以上占50%，经治疗无1例死亡。解放军81医院[56]报道小儿卡他布兰汉氏菌肺炎23例，经间接ELISA检测循环中IgM、IgG类卡他布兰汉氏菌抗体确诊，认为本病多发生于营养差、有基础病的患者。中山医大三院等[57]报道下呼吸道绿脓杆菌感染93例，β-内酰胺酶阳性占33.7%(27/80)，哌拉西林

(PIPC)耐药率最高(占 31.2%),氨曲南和头孢磺啶最低(各占 5.4%),病死率 16.1%。西安西京医院[58]对老年肺部感染患者呼吸道分泌物分离的 68 株铜绿假单胞菌分型鉴定结果为 6、2、11、19 和 1 型为主,共占 73.5%,并进行了 15 种抗生素药敏测定。长沙湘雅医院[59]调查 1990 年 9～10 月该院产婴室肺炎暴发原因,发现肺炎克雷伯氏菌感染率达 21.7%(13/60),死亡 2 例,并行耐药谱测定和噬菌体、质粒分型。江苏邳州市医院[60]报道肺炎杆菌肺炎 42 例,有严重原发病占 92.9%,院内感染占 71.4%,病死率 23.8%。天津医大二院等[61]报道下呼吸道不动杆菌感染 16 例,均为院外感染,占痰培养细菌阳性率的 31.4%(16/51),并作了体外药敏试验。解放军 211 医院[62]探讨了 PCR 对嗜肺军团菌(Lp)感染的基因诊断价值,采用的是模拟痰标本,结果表明该法具有早期、快速、特异性及敏感性高等优点。云南流行病所[63]用微量凝集试验(MAT)调查该省 7 个县的 Lp 感染及分布特点,表明该 7 县均存在不同程度的 Lp 1、3、5、6 型抗体水平。山西医学院等[64]以定量硝基蓝四氮唑(NBT)还原试验微量比色法测定 Lp 对人体中性粒细胞(PMN)氧化代谢的影响,表明活菌能激发 PMN 的 NBT 还原作用,而细菌培养物滤液则表现抑制 NBT 还原的效应。中国医大等[65]用套式 PCR 检测 Lp,表明该法可用于检测含微量嗜肺军团菌的临床标本。上海宝冶医院[66]报道军团菌肺炎 1 例,经微量凝集试验军团菌抗体 1∶125 确诊,用红霉素加利福平治愈。武警北京总队医院[67]报道 1 例军团菌肺炎合并肺结核、咽后壁寒性脓肿及肺部继发真菌感染,为 Lp_1 型,支气管肺泡灌洗液军团菌 PCR 及斑点杂交均阳性。山西医学院二院[68]报道 3 例结缔组织病合并军团菌病,其中 2 例是由 Lp_3 引起的庞蒂克热,均治愈;1 例为皮肌炎合并米克截德军团菌肺炎,死亡。北京积水潭医院[69]报道军团菌病合并肾脏损害 8 例,其中 Lp_1 2 例,Lp_6 5 例,Lp_{12} 1 例。北京中日友好医院[70]报道军团菌病 11 例,其中 7 例有肝脏损害(占 63.6%),治愈 3 例,死亡 4 例。华北煤炭医学院附院等[71]报道军团病致多脏器损害 6 例,包括神经系统、消化系统和泌尿系统受累。该院[72]又对 70 例反复呼吸系统感染患儿作咽喉拭细菌 L 型培养,阳性 40 例,其中肺炎链球菌 24 例、白念珠菌 9 例、卡他球菌 4 例及金葡菌 3 例。武汉儿童医院[73]对 115 例呼吸道感染患儿及其家属共 231 份静脉血作配对 L 型细菌学检测,阳性 90 例(39.0%),其中患儿血阳性率 38.3%(44/115),陪伴母亲血阳性率 40.9%(45/110),符合率达 95.7%。

(五) 真菌感染

大连医大一院[74]对 197 例下呼吸道感染者行经纤支镜双塞保护法取下呼吸道分泌物培养,细菌阳性 136 例(69.0%),真菌阳性 19 例(9.6%),细菌和真菌均阳性 13 例(68.4%)。浙江衢州市医院[75]对 206 例老年慢支患者行痰真菌培养,阳性 122 例,在治疗中用过糖皮质激素者真菌阳性率较对照组明显为高,合并真菌感染的慢支患者死亡率也高。重庆医大一院[76]报道老年人肺部念球菌感染 82 例,用氟康唑治疗病死率 9.5%;用其他药物治疗治愈 9 例,死亡 7 例;氟康唑不良反应轻。重庆西南医院[77]报道 15 例肺真菌球的 CT 征象并作 CT 病理对照研究。其中曲霉菌 12 例,毛霉菌 3 例。15 例均有结节表现,新月形透光影 4 例,结节周围多发环状透光影 11 例。山东胸科医院[78]报道继发性肺曲菌病 21 例,纤支镜所见 10 例呈漏斗状狭窄,8 例粘稠脓血物阻塞,3 例亚段支气管壁溃疡附着棕褐色坏死物,纤支镜真菌检出率 52%。内蒙古赤峰市五院[79]报道原发性肺型芽生菌病 1 例,主要表现为干咳、低热、胸痛,咯大量蛋清样脓性痰,酮康唑治愈。安徽省医院[80]从 1 例 70 岁肺部感染患者血液中分离出 1 株星形奴卡氏菌,经复达欣治愈。

(六) 卡氏肺孢子虫肺炎

中国医大等[81]*报道卡氏肺孢子虫肺炎(PCP) 5 例,均从肾移植术后并发肺部感染的患者中发现,4 例经支气管肺活检、印片、切片或支气管肺泡灌洗液涂片确诊,1 例临床诊断。

(七) 其他

武汉协和医院[82]*的实验研究表明磷酸二酯酶抑制剂己酮可可碱(PTX)能改善小鼠肺炎链球菌感染引起的肺损伤,认为青霉素联合 PTX 疗效会更好。上海中山医院[83]研究了免疫抑制宿主(ICH)肺部炎症反应及 TNF 介导机制,认为 TNF 可能是介导中性粒细胞内流和引起炎症的细胞因子之一,ICH 过高的 TNF 释放会引起肺损伤。济南军区总院[84]对 40 例重症肺感染 TNF 水平进行放免测定,显示血清 TNF 处于高水平,显著高于正常人($P<0.001$),10 例经治疗后明显降低($P<0.05$)。北京红十字朝阳医院[85]测定肺部感染患者血浆内毒素水平,显示革兰阴性杆菌肺部感染组在抗感染治疗前水平明显高于革兰阳性球菌组和正常对照组,治疗后则显著下降($P<0.001$),认为该测定可为革兰阴性杆菌肺部感染的早期诊断提供帮助。杭州市一院[86]报道反复呼吸道感染患儿红细胞免疫粘附功能降低,其中有较大比例的低血锌者,经补锌可使其

功能改善。青岛医学院附院等[87]报道胸腺肽对人体红细胞免疫粘附活性有明显促进和增强作用。北京同仁医院[88]报道反复下呼吸道感染患儿存在细胞和体液免疫功能紊乱，表现为发病时 sIL-2R 水平较健康儿童明显增高，而血清及唾液中 IgG_4 明显降低。安徽儿童医院[89]测得 139 例小儿急性肺炎血清前白蛋白含量明显降低，且降低程度与病情轻重程度有关。上海仁济医院[90]测定 59 例支气管肺炎患儿外周血淋巴因子激活杀伤细胞(LAK)、自然杀伤细胞(NK)活性，表明患者外周血 T 淋巴细胞免疫功能存在明显异常，认为可能是小儿易患肺炎的原因之一。大连医大二院[91]测定反复呼吸道感染患儿血清β-胡萝卜素和维生素 A、E 含量，提示β-胡萝卜素和 Vit A 缺乏导致 IgA 水平降低与呼吸道易受感染可能有关。浙江医大儿童医院[92]报道反复呼吸道感染患儿血清 Vit A 水平明显降低($P<0.01$)，且 Vit A 与细胞免疫、体液免疫功能有密切关系。北京医大公共卫生学院等[93]研究发现 Vit A 防治反复呼吸道感染总有效率 95.2%。银川市一院[94]测得 65 例呼吸道感染易感儿血清锌值明显偏低，用锌剂治疗 18 例重症易感儿，血锌值上升，易感性下降($P<0.01$)。首都儿科所[95]用肺表面活性物质(SAM)治疗 6 例重症肺炎合并呼吸衰竭新生儿，治疗后低氧血症明显改善，提示 SAM 有迅速改善肺炎新生儿肺氧合功能的作用。上海新华医院[96]将胸水 pH<7.2 或糖<40mg/dl、胸片示脏器移位或肺组织被压缩、细菌学检查阳性等 5 种指标作为标准，对 50 例病儿分为单纯性和复杂性胸膜渗出进行评分，认为此种评分方法对选择治疗方法、预测病程及预后有一定帮助。西安市一院[97]分析小儿肺炎 413 例的并发症与并存症，首位并发症为心力衰竭，约占总数的 9.0%；并存症最多的是佝偻病，共 42 例。桂林医学院附院[98]报道 60 例该院 ICU 病房患者在使用机械通气(MV)过程中发生肺内感染 22 例，多在 MV 后 2～4 天发生，病原菌以革兰阴性杆菌最常见，死亡 12 例(54.6%)。苏州市二院[99]分析 ICU 内 30 例机械通气继发院内获得性肺炎，认为原发病危重程度和 MV 时间是引起感染的最重要因素。上海长征医院等[100]报道 24 例老年人院内肺炎，发现真菌和革兰阴性杆菌感染同样常见，提出意识障碍、气管内置管、持续机械通气、留置胃管等为重要诱因。解放军总院等[101]研究 22 例球形肺炎的主要 CT 表现，提出 CT 检查对于球形肺炎的正确诊断与鉴别诊断很有帮助。新疆小儿急性呼吸道感染防治组[102]对该区 17 所医院儿科 1990 年住院肺炎进行了病例统计及死亡病例分析，儿科住院病例共 20 162 人，其中肺炎占 37.8%，平均病死率为 2.9%，年龄越小，肺炎发病率及病死率越高，并分析了死亡原因。浙江丽水地区医院[103]分析上腹部手术后肺部感染 19 例的危险因素为慢性支气管炎、吸烟史及气道阻塞。苏州医学院[104]以 COX 多因素分析 107 例小儿肺炎死亡危险因素依次为年龄、喂养方式、合并畸形、并发症与病程。协和医大基础医学院等[105]对通县 100 名县、乡、村三级医疗保健机构门诊医生在诊治 750 例 5 岁以下急性呼吸道感染患儿中抗生素滥用情况进行调查，滥用率为 96.9%，不适宜应用率为 62.9%，并分析了导致医生滥用和不适宜应用的影响因素。暨南大学医学院附院[106]分析 182 例儿科急性呼吸道感染抗菌药物的使用情况，显示其用药以青霉素类为主，其次是头孢菌素类，且多凭经验选择，部分联合用药不够合理，指征不够明确。四川省四院[107]观察舒氨新治疗 80 例老年人下呼吸道感染的临床疗效，有效率为 83.1%，细菌清除率 78.6%，不良反应轻微。山东医大附院[108]应用奈特(乙基西梭霉素，青岛第二制药厂)治疗老年人下呼吸道及肺部细菌性感染 56 例，临床有效率 82.1%，痰菌阴转率 80.6%，不良反应 7.5%，肾、耳毒性轻微。上海华东医院等[109]用异帕米星治疗下呼吸道感染 42 例，临床有效率 81%，细菌清除率 69%，临床分离的 61 株革兰阴性杆菌药敏测定显示对异帕米星的耐药率为 30%。广州呼吸病所[110]对 30 例院外呼吸道感染给予口服罗红霉素(罗力得)治疗，临床总有效率 90%，不良反应少且轻微。上海金山医院[111]报道口服罗力得片与静滴红霉素治疗小儿支原体肺炎的显效率无显著差异($P>0.05$)，两者分别为 83.3%与 82.4%，副作用发生率分别为 6.7%与 41.2%($P<0.01$)。上海新华医院等[112]用罗力得片及干糖粉治疗小儿呼吸道感染 120 例，总有效率为 92.5%，副作用少而轻。北京医大三院[113]评价克拉霉素(美国雅培产)对 40 例呼吸道感染的疗效，有效率达 90%，优于乙酰螺旋霉素($P<0.001$)，细菌阴转率 85%，细菌清除率 85%，不良反应少而轻微。广州呼吸病所[114]用阿奇霉素治疗呼吸道感染 30 例，临床有效率 86.6%，细菌清除率 81.8%，不良反应 6.6%。南京铁道医学院附院[115]报道 1 例由米诺环素(二甲胺四环素)引起的过敏性肺炎。中国医大二院[116]报道用希刻劳治疗呼吸道细菌性感染 102 例，总有效率 88.2%，细菌清除率 80.6%。山东医大附院[117]以头孢甲肟(倍司特克，日本武田产)治疗中、重度肺部细菌性感染 60 例，临床有效率和细菌清除率分别为 83.3%和 84.3%，不良反应轻微。山西医学院一院等[118]用倍司特克治疗下呼吸道感染 142

例，取得满意疗效。大连医大二院[119]应用青霉烷砜/头孢哌酮(舒普深)治疗急性下呼吸道细菌性感染50例，临床有效率88%，细菌清除率86%，不良反应发生率8%。上海华东医院[120]用亚胺培南/西司他丁(泰能)治疗老年人下呼吸道感染61例的总有效率为85.2%，致病菌株消除率为79.6%，对泰能敏感株占88.1%，不良反应少。南通医学院附院等[121]用拉氧头孢治疗难治性下呼吸道感染39例，其总有效率92.3%，细菌清除率92.9%，副作用较少。北京医院[122]以环丙氟哌酸治疗支气管肺绿脓杆菌感染23例，总有效率61%，纸片法绿脓杆菌对环丙氟哌酸敏感率79%，细菌清除率44%，不良反应率9%。昆明延安医院[123]用培氟沙星(法国产)治疗肺部感染186例，总有效率89.8%，平均退热时间2.38天，痰、血培养阳性者治疗后全部转阴，副反应率10.2%。河南新乡市一院[124]用双黄连粉针剂治疗小儿肺炎100例，总有效率97%，6例有输注部位皮肤反应。苏州儿童医院[125]用双黄连粉针剂治疗小儿肺炎150例，提示双黄连具有抗病毒抗细菌双重药效。

广州南方医院[126]报道用纤维支气管镜行支气管灌洗治疗慢支急性发作、支扩、肺脓肿、肺炎等肺部感染140例，总有效率90%。吉林四平市医院等[127]经纤支镜支气管肺泡灌洗后注药治疗支气管肺部感染22例，取得满意疗效。山东滕州市医院等[128]在内科综合治疗基础上经纤支镜插入肺导管治疗肺化脓症6例，疗效显著，可缩短脓腔闭合时间。南京军区南京总院[129]采用经皮穿刺脓腔置管引流和给药治疗肺脓肿及局限性脓胸16例，治愈14例，无并发症。北京房山区一院[130]采用脓腔灌洗法治疗30例急性脓胸，全部治愈，疗效显著优于引流组。江苏宿迁市医院[131]用带蒂大网膜移植充填治疗慢性脓胸7例，均治愈。

新疆医学院一院[132]报道支气管扩张30例的CT诊断，认为高分辨CT采用薄层扫描技术可清楚显示支扩的存在、程度和分布。白求恩医大一院[133]报道胸部CT对囊状和囊柱状支扩的诊断及病变范围的确定有肯定价值，而对柱状扩张的可靠性较差。宁波市一院[134]对7例反复咯血诊断不明的患者作纤支镜导向定位、局部薄层CT扫描，能清晰看到“印戒征”和“串珠征”或峰窝状囊泡状改变，结果满意。哈尔滨市一院等[135]报道144例支扩病人的抢救与治疗经验，对咯大量脓痰者在应用抗生素同时应用支气管灌洗术；对大咯血者安抚，处理休克、止血，危及生命者行手术治疗。西安唐都医院[136]报道4例开胸术后急性呼衰气管切开应用呼吸机后出现下呼吸道痰痂，经纤支镜直视下清除痰痂27块。

中国医大一院等[137]分析32例肺炎性假瘤的X线及CT表现，提出伪足征、平直征、宽桥征和桃尖征为肺炎性假瘤的重要特征。白求恩医大二院等[138]报道肺炎性假瘤20例，均经手术病理证实，其X线上病灶一般为圆形或椭圆形，也可呈三角形、长形，密度浓而均匀，病灶边缘一般都很清晰。河北医学院四院[139]报道手术治疗肺炎性假瘤100例，女性较多，平均发病年龄47岁，多位于右肺，有4例炎性假瘤与肺癌并存。

(罗文侗)

参 考 文 献

[1] 梁志强等. 中华实验和临床病毒 1996;10(3):292
[2] 张亚娜等. 中华实验和临床病毒 1996;10(3):270
[3] 李　红等. 青海医药 1996;26(9):42
[4] 汪　萍等. 人民军医 1996;(10):36
[5] 叶启慈等. 中国实用儿科 1996;11(4):246
[6]* 张　群等. 中华实验和临床病毒 1996;10(3):237
[7] 季　伟等. 江苏医药 1996;22(7):468
[8] 刘亚谊等. 中华实验和临床病毒 1996;10(1):45
[9] 王乃礼等. 实用儿科临床 1996;11(3):154
[10] 谢健屏等. 临床儿科 1996;14(2):99
[11] 农光民等. 临床儿科 1996;14(2):98
[12] 王同权. 苏州医学院学报 1995;15(6):1191
[13] 白翠莲等. 山西医药 1996;25(4):243
[14] 徐书珍等. 中国实用儿科 1995;10(6):338
[15] 赵兴芳等. 新疆医学院学报 1996;19(2):113
[16] 江　舒等. 江苏医药 1996;22(1):67
[17] 郭素琼等. 北京医学 1996;18(4):238
[18] 崔　红等. 中华儿科 1996;34(5):345
[19] 胡朝晖等. 湖南医学 1996;13(5):318
[20] 陈小辉. 上海医学检验 1996;11(3):183
[21]* 檀卫平等. 广东医学 1996;17(4):218
[22] 郭津津等. 中国医大学报 1995;24(6):611
[23] 洪莲云等. 浙江医学 1996;18(1):61
[24] 马振平等. 海南医学 1996;(3):158
[25] 陈昌鸿等. 广东医学 1996;17(3):199
[26] 吴青平等. 上海医学检验 1996;11(2):93
[27] 杨瑞兰等. 实用儿科临床 1996;11(1):26
[28] 张继红等. 临床儿科 1996;14(1):50
[29] 熊　煌等. 铁道医学 1996;24(3):149
[30] 丁云芳等. 苏州医学院学报 1995;15(5):939
[31] 汪天林等. 实用儿科临床 1996;11(1):25
[32] 姚　颖等. 铁道医学 1996;24(4):255

[33] 卞新南. 苏州医学院学报 1996;16(4):780
[34] 田秀巧等. 河北医大学报 1996;17(2):100
[35] 任 明等. 新医学 1996;27(2):88
[36] 罗 兵等. 山东医药 1996;36(9):29
[37] 李仕英等. 中国公共卫生 1996;12(4):192
[38] 支文靖等. 中华儿科 1996;34(3):180
[39]* 汪玎妍等. 中华老年医学 1996;15(3):152
[40] 施 毅等. 江苏医药 1996;22(3):153
[41] 饶贤才等. 中华微生物和免疫 1996;16(1):75
[42] 罗宪玲等. 广东医学 1996;17(3):192
[43]* 傅文永等. 中华儿科 1995;33(6):344
[44] 陶世文等. 临床儿科 1996;14(2):95
[45] 杨达胜等. 临床儿科 1996;14(2):96
[46] 董宗祈等. 武汉医学 1996;20(2):66
[47] 马幼群等. 贵州医药 1996;20(5):296
[48] 吴洁文等. 中国实用内科 1996;16(2):106
[49] 李雅莉等. 陕西医学 1996;25(7):411
[50] 黄文杰等. 中华微生物和免疫 1996;16(4):280
[51] 张国新等. 重庆医学 1996;25(4):220
[52] 张国新等. 重庆医学 1995;24(6):357
[53] 龙南展. 中华老年医学 1996;15(4):256
[54] 游爱萍等. 新疆医学院学报 1995;18(4):223
[55] 张 宏等. 天津医药 1996;24(6):364
[56] 缪东幸等. 临床儿科 1996;14(2):101
[57] 唐英春等. 新医学 1996;27(8):400
[58] 彭道荣等. 中华医院感染 1996;6(3):132
[59] 阮 良等. 湖南医大学报 1996;21(1):17
[60] 许再玲. 南京医大学报 1996;16(2):189
[61] 郝邯生等. 中华结核和呼吸 1996;19(2):97
[62] 陶玉滨等. 哈尔滨医药 1996;16(3):4
[63] 江 华等. 中国人兽共患病 1996;12(1):60
[64] 王桂琴等. 中华微生物和免疫 1996;16(1):22
[65] 张 放等. 中国医大学报 1995;24(6):575
[66] 王铨林. 上海医学 1996;19(5):256
[67] 栾一禾等. 中华内科 1996;35(1):44
[68] 王来远等. 中国实验临床免疫 1996;8(2):27
[69] 边小曦等. 中华肾脏 1996;12(4):255
[70] 肖 丹等. 中日友好医院学报 1996;10(3):229
[71] 杨冬梅等. 综合临床 1996;12(1):44
[72] 张金凤等. 河北医药 1995;17(6):371
[73] 孙志勤等. 中国实用儿科 1996;11(4):236
[74] 高明阳等. 中华皮肤 1996;29(5):370
[75] 毛力非. 浙江医学 1996;18(3):161
[76] 曾凡荣等. 中华老年医学 1996;15(3):156
[77] 王 健等. 实用放射 1996;12(8):464
[78] 王洪云等. 临床内科 1996;13(3):26
[79] 殷守国等. 内蒙古医学 1996;16(3):191
[80] 徐守和等. 安徽医学 1996;17(3):28
[81]* 安春丽等. 中国人兽共患病 1996;;12(5):63
[82]* 崔新乐等. Chin Med J 1995;108(11):864
[83] 姜丽岩等. 中华结核和呼吸 1996;19(3):143
[84] 张 波等. 中国危重病急救医学 1996;8(4):220
[85] 代华平等. 中国实用内科 1996;16(9):541
[86] 何内华等. 实用儿科临床 1996;11(4):228
[87] 张秋业等. 实用儿科临床 1996;11(4):213
[88] 马京琪等. 北京医学 1996;18(4):221
[89] 吴 成等. 临床儿科 1996;14(2):105
[90] 曹兰芳等. 临床儿科 1996;14(2):103
[91] 杨谊平等. 中国实用儿科 1996;11(3):161
[92] 徐美春等. 浙江医学 1996;18(4):199
[93] 魏守刚等. 临床儿科 1996;14(3):182
[94] 陈 翔等. 宁夏医学 1996;18(5):267
[95] 宋国维等. 中华儿科 1995;33(6):336
[96] 莫金凤等. 临床儿科 1996;14(3):187
[97] 赵新民. 陕西医学 1996;25(6):336
[98] 钟 荣等. 中国危重病急救医学 1996;8(2):118
[99] 张秋岳等. 苏州医学院学报 1996;16(4):678
[100] 俞康龙等. 急诊医学 1996;5(2):78
[101] 蔡祖龙等. 中华放射 1996;30(8):528
[102] 肖曼琳等. 新疆医学 1995;25(4):246
[103] 任少华等. 中国实用内科 1995;15(10):603
[104] 王允恭等. 苏州医学院学报 1996;16(2):786
[105] 李 辉等. 中华预防医学 1995;29(6):331
[106] 吴晓松. 广东医学 1996;17(8):529
[107] 柴建蜀等. 华西医学 1996;11(1):45
[108] 王 伟等. 山东医药 1996;36(6):22
[109] 顾金林等. 新药与临床 1996;15(5):294
[110] 王红玉等. 广州医药 1996;27(4):21
[111] 周 琪等. 上海医大学报 1996;23(5):389
[112] 张廷熹等. 中国实用儿科 1996;11(3):144
[113] 齐国英等. 中华结核和呼吸 1996;19(4):239
[114] 钟淑卿等. 广州医药 1996;27(1):51
[115] 朱晓莉等. 抗生素 1996;21(2):156
[116] 何 平等. 中国实用内科 1996;16(8):474
[117] 王 伟等. 山东医药 1996;36(1):32
[118] 张新日等. 山西医药 1996;25(4):278
[119] 王慧玲等. 中国临床药理 1995;11(4):214
[120] 朱惠莉等. 中华老年医学 1996;15(3):173
[121] 茅国新等. 交通医学 1996;10(2):32
[122] 张桂兰等. 中华结核和呼吸 1996;19(4):244
[123] 黄惠珍等. 综合临床 1996;12(5):272
[124] 王爱华等. 河南医大学报 1996;31(3):97
[125] 刘继贤等. 江苏医药 1996;22(1):41
[126] 周国红等. 一军医大学报 1996;16(1):59
[127] 张春雨等. 吉林医学 1996;17(2):98
[128] 高 志等. 内镜 1996;13(3):188
[129] 李忠东等. 中华胸心外科 1996;12(1):18
[130] 许玉贵等. 中华胸心外科 1996;12(3):172
[131] 许 源等. 江苏医药 1996;22(9):599
[132] 刘文亚等. 新疆医学院学报 1996;19(3):226

[133] 尹桂兰等. 白求恩医大学报 1996;22(3):299
[134] 周晨初等. 内镜 1996;13(3):166
[135] 曾长恕等. 中国急救医学 1996;16(2):29
[136] 穆 峰等. 内镜 1996;13(3):141
[137] 王天君等. 中国医大学报 1996;25(2):184
[138] 刘文烈等. 吉林医学 1996;17(4):221
[139] 张 逊等. 肿瘤防治研究 1996;23(2):98

六、肺部过敏性和免疫性疾病

(一)支气管哮喘

流行病学 上海结防中心[1]*1990年对该市12个区抽取0.5%随机人群共36 873人进行调查，结果0～30岁年龄组男性哮喘累积患病率为1.7%，女性为1.3%。总累积患病率为1.5%。与性别、年龄、住房类型、肺结核或肺炎史和哮喘患病显著相关。居住于简陋住房的人群较易发生哮喘。银川市一院等[2]1993年在银川地区抽查成人2 335名，发现哮喘16名，患病率0.7%。其中汉族占81.3%，回族占18.7%；医务人员2.2%，居民1.3%，农民0.7%，工人0.7%，服务业0.2%；男女患病率分别为0.9%和0.5%。海南肿瘤防治中心[3]研究哮喘与肿瘤的相关性，调查海口、昌江县1990～1992年累计1 782 407人，死亡5 807人，其中肿瘤死亡1 310人，占总死亡人数22.6%；死亡者中有3年以上哮喘史者178人(3.1%)，支气管哮喘死于肿瘤者仅4人(2.2%)，认为支气管哮喘的免疫状态可降低肿瘤死亡率。青岛医学院二院[4]1990年对该市4个区0～14岁儿童20 540人进行调查，发现Ⅰ、Ⅱ级亲属遗传度分别为(84.7±28.1)%和(61.9±10.1)%，两者加权平均遗传度为(75.9±6.3)%。

病因和发病机制 西安西京医院[5]发现哮喘患者外周血低密度嗜酸性粒细胞(HE)数、血清嗜酸性细胞阳离子蛋白(ECP)浓度都高于正常人，HE百分比与ECP浓度显著相关，认为哮喘患者体内嗜酸性粒细胞(EOS)被激活。北京医大一院[6]也证实哮喘发作组血清ECP明显高于哮喘缓解组、肺炎组及正常对照组，且ECP与EOS之比值与最高呼气峰流速(PEF)呈负相关。重庆大坪医院等[7]观察EOS受血小板激活因子(PAF)激活脱颗粒过程中血管内皮细胞(EC)粘附的动态改变，发现静息状态EOS与EC间的临界分离应力经PAF处理30分钟内迅速上升，认为EOS激活时的粘附性增加属快相反应，是活化EOS粘附于微血管壁进而浸润气道粘膜下参与支气管哮喘气道慢性炎症发生、发展的重要基础。广西医大一院[8]用血小板选择性拮抗剂ONO-6240治疗抗原引起的致敏小鼠气道EOS浸润，显示该药通过抑制IL-5和IL-2的产生抑制EOS在气道的聚集。上海仁济医院[9]发现哮喘产妇的新生儿脐血中嗜碱性细胞释放能力比正常产妇显著增高，提示嗜碱性细胞释放能力的增高具有强的遗传倾向，嗜碱性细胞可能是哮喘发病中的始动因子。西安西京医院[10]的研究表明哮喘患者外周血HE增多，血清ECP、sIL-2R浓度同时增高且幅度一致，提示HE的激活与T淋巴细胞激活有关，两者共同参与哮喘的发病过程。解放军202医院[11]的研究表明过敏性与非过敏性哮喘患者支气管肺泡灌洗液(BALF)细胞和外周血单个核细胞(PBMC)在无刺激培养条件下，$CD4^+$ T细胞活化数及释放IL-5水平均显著增高；过敏性哮喘组T细胞对过敏原的反应性明显高于非过敏性哮喘组；非哮喘过敏症组PBMC在过敏原刺激下培养，释放IL-5的水平仍然显著低于哮喘组($P<0.01$)，提示支气管肺局部$CD4^+$ T细胞活化程度和IL-5释放能力在哮喘发病中起重要作用。北京积水潭医院[12]对哮喘患者外周血的研究显示：发作期IgE、IL-2、IL-4、CD23、$CD8^+$、CD4/$CD8^+$比值与对照组及缓解期有显著性差异($P<0.01$)。缓解期IgE与对照组之间无显著性差异；$CD8^+$、CD4/CD8比值，CD23与对照之间有显著性差异($P<0.01$)。结果表明IgE合成增加是哮喘发作的关键，T细胞对B细胞合成IgE的调节是通过细胞因子实现的，细胞因子又参与气道炎症过程。

山东滨州医学院[13]发现哮喘儿童血清IgG_1、IgG_3、IgG_4均显著高于健康者；血清IgG亚类增高检出率为100%，其中以IgG_4增高居多；IgG亚类缺陷检出率为44.1%，以IgG_2缺陷为主，提示哮喘儿童存在IgG亚类的失衡。浙江医大儿童医院[14]则发现哮喘儿童血清IgG_1低于正常对照组。山西医学院一院[15]用卵清蛋白致敏白兔，4周后其血清特异性IgE较前升高5倍，进一步用异种基因型IgE Fc ε片段为抗原免疫，2周后在血清中检测到较高浓度的抗IgE抗体，同时伴有血清总IgE抗体浓度的下降，该现象持续10周无明显变化，提示异常增高的IgE抗体水平可通过诱导机体产生内源性抗IgE抗体的方式抑制。

上海瑞金医院等[16]探讨IL-4-Fc ε RⅡ/CD23-IgE在支气管哮喘中的调节作用，结果表明急性发作期病人的IL-4分泌细胞、Fc ε RⅡ/CD23阳性淋巴细胞和血清总IgE水平明显高于缓解期病人和正常对照组；急性发作时 IL-4 和 CD23 呈正相关，结果进一步表明病人体内 IL-4 水平升高可以诱导淋巴细胞表面 Fc ε R Ⅱ/CD23 分子表达增强，并在 IgE 抗体形成中起重要作用。兰州医学院一院[17]对哮喘患者 PBMC 的体外 IgE 合成调控进行了研究，结果哮喘组 PBMC 体外自发合成 IgE 高于对照组，且经 rIL-4 刺激后显著升高，认为哮喘发作与体内 IL-4 及 IFN-γ 失衡导致 IgE 合成失控有关。广西医大一院[18]以致敏小鼠为模型，研究 IFN-γ 对抗原引起气道 EOS 浸润的影响，表明 IFN-γ 可明显抑制 EOS 对气道的浸润，推测 IFN-γ 对消除哮喘患者气道炎症可能有价值。沈阳军区总院[19]*报道吸入抗原激发后哮喘患者血清 sIL-2R、总 IgE(TIgE)和 $CD23^+$、$CD25^+$细胞百分率明显高于激发前和健康组；sIL-2R 分别与一秒钟呼气容积、比气道传导率呈显著负相关；与气道阻力呈正相关；血清 TIgE 与 $CD23^+$细胞、sIL-2R 与 $CD23^+$和 $CD25^+$细胞均呈显著正相关，认为 T 细胞的活化、sIL-2R 增高、$CD23^+$和 $CD25^+$细胞表达增强与气道炎症及气道高反应性密切相关。兰州医学院一院[20]用碱性磷酸酶抗碱性磷酸酶(APAAP)法检测哮喘者 PBMC $CD23^+$百分率，发现中、重度和轻度哮喘患者 $CD23^+$百分率显著高于健康对照组，且与血清 IgE 水平呈正相关，提示 $CD23^+$异常表达与哮喘发病机制有关；$CD23^+$百分率检测对哮喘的诊断、严重度分级有一定参考价值。西安西京医院[21]也用 APAAP 法得到类似的结果，并发现 $CD23^+$百分率与 FEV1 呈显著负相关，与 $CD25^+$细胞率和 $HLA\text{-}DR^+$细胞率均呈显著正相关，认为 $CD23^+$可能介导过敏性哮喘的慢性气道炎症，活化 $CD4^+$ T 细胞对其表达有上调作用。广州孙逸仙纪念医院[22]报道 24 例哮喘患儿血浆 IFN-γ 水平极低(1.33±0.08μg/L)经植物血凝素刺激后 PBMC 诱生 IFN-γ 水平仍显著低于正常对照组。认为 IFN-γ 产生减少与哮喘的发病和病程有一定的关系。西安西京医院[23]对哮喘豚鼠 BALF 及肺泡巨噬细胞上清液中 TNF-α、IL-6 进行检测，结果两者明显升高，提示它们在哮喘的发生中起重要作用。广州呼吸病所[24]测定哮喘豚鼠血及 BALF 中内皮素-1(ET-1)、TNF-α 的释放量以及离体气道平滑肌细胞在 TNF-α 刺激下对 ET-1 释放的影响。观察到 ET-1、TNF-α 的含量在哮喘组明显高于对照组，同时 TNF-α 可刺激平滑肌细胞分泌 ET-1。表明 TNF-α 引起的 ET-1 释放对气道高反应性的形成和气道重建可能起一定作用。同济医大[25]检测 38 例哮喘患者 PBMC 诱生 IL-1、TNF-α 和血浆 TNF-α，结果血浆 TNF-α 水平哮喘组比正常对照组高，支气管炎组介于两者之间。提示 TNF-α 在哮喘的炎症中起作用。

解放军 304 医院[26]*观察大鼠哮喘模型肺组织糖皮质激素受体(GR)和 β-肾上腺素能受体(β-AR)水平及平喘药物的影响。结果发现肺组织 GR 和 β-AR 随哮喘发作而变化；糖皮质激素(GC)可下调 GR 和上调 β-AR；吸入用药优于全身用药；联合 GC 和 β-AR 激动剂可互相减轻受体的下调而提高疗效。北京协和医院[27]检测糖皮质激素耐药(SR)和糖皮质激素敏感(SS)各 15 例哮喘患者的血清 sIL-2R。发现 SR 和 SS 组血清 sIL-2R 显著高于正常对照组，经泼尼松(20mg/d)治疗 7 天，SS 组显著下降，SR 组则无明显变化；经地塞米松(10mol/L)抑制后，SS 组 T 细胞抑制明显。提示 T 细胞对激素的不敏感是 SR 哮喘的特征之一。上海长征医院[28]探讨组胺 H_1 受体拮抗剂特非那定对正常和致敏豚鼠气管螺旋条的作用，显示特非那定可抑制组胺诱导的气管螺旋条收缩，但不能使已收缩的螺旋条舒张；对组胺诱发致敏螺旋条收缩的抑制作用弱于非致敏螺旋条，提示致敏组织的 H_1R 功能亢进或 H_2R 功能低下；特非那定可用于哮喘的预防性治疗。广州孙逸仙纪念医院[29]用雷尼替丁治疗哮喘合并胃食管反流病(GERD)患者，各项肺功能指标均显著好转，哮喘积分显著降低；不伴 GERD 的患者用药后虽肺功能指标无显著变化，但哮喘积分显著增高。提示 GERD 是诱发或加剧哮喘的重要因素，雷尼替丁有加剧症状的危险。衡阳医学院一院等[30]经食管酸灌注后行组胺吸入激发试验，结果食管酸灌注后哮喘伴 GERD 者气道反应性较不伴 GERD 者显著增高，也证实 GERD 可诱发或加剧哮喘的发作。威海文登县医院[31]观察 704 例哮喘患者，其中 186 例伴 GERD，发生率 26.4%，哮喘病程越长，发病年龄越大，GERD 发生率越高。

白求恩医大二院等[32]报道哮喘患者血浆中神经肽 P 物质、ET-1 含量显著高于正常，而血管活性肠肽显著低于正常。北京军区总院[33]研究表明哮喘发作患者 ET-1 明显高于正常及缓解期组，哮喘缓解组与正常对照组无显著性差异。上海医大儿科医院[34]观察 74 例哮喘婴幼儿 P 物质皮试强度及其与病情和预后的关系，结果皮试强度与病情呈正相关；皮试强度异常增强提示患儿今后有反复喘息发作的可能；以上二种关系在过敏原皮试阴性患儿中更加明显，说明 P 物质皮试配合过敏原皮试在估计婴幼儿哮喘的病情发展和临床处理有一定指导意义。浙江医大儿童医院[35]报道内源和外源性哮喘患儿淋巴细胞呼吸爆发 $O_2^{\cdot-}$ 释放量在发作期明显多于稳定期，但后者仍多于正常儿童($P<0.01$)，且两型患儿间无显著差异。提示哮喘时淋巴细胞呼吸爆发功能亢进，释放$O_2^{\cdot -}$是一非特异性炎症过程。

浙江医大儿童医院[36]探讨IgE与哮喘的关系及IgE的遗传方式，共测定健康人121名和哮喘患儿100例的血清总IgE，大多数患儿IgE水平增高，且不受疾病严重性的影响；约1/3健康人IgE增高，为潜在的特异体质；IgE反应性呈常染色体显性遗传性，调控基因可能在11q13.3～13.4。上海市二院[37]对208例哮喘患儿的检测提示IgE水平与哮喘发病程度呈正相关，sIL-2R水平与发病程度呈负相关。上海免疫所等[38]对过敏性哮喘患者备解素因子B的遗传多态性的研究表明编码DR7、DQ2和BfSF的基因不论以反式或顺式，只要同时存在于染色体上时就大大增强了个体对哮喘的易感程度。山西医学院一院[39]通过对一常染色体显性遗传支气管哮喘家系134名成员过敏原皮试的观察，发现与上代有血缘关系的家系成员中，哮喘患者对几种常见过敏原的阳性反应率却低于未发病者的反常现象，并观察到有血缘关系者对过敏原蟑螂的阳性反应率显著高于非血缘家系成员。

诊断　广州医学院二院[40]对哮喘患者9种血清特异性IgE抗体与自制抗原皮试作相关性分析，表明屋尘、粉尘螨、蚕丝、蛔虫的抗原皮试结果与血清特异性IgE呈正相关($P<0.05$)，蟑螂、蛾、苋科、虾和蟹与IgE无相关性，说明上述二种检查方法尚有不足。杭州市二院[41]对141例哮喘儿童的变性原皮试结果显示，阳性率依次为尘螨(63.8%)、室内尘土(57.5%)、多价霉菌(40.4%～47.5%)、桑蚕丝(46.8%)、各种花粉(21.3%～41.1%)、香烟(29.8%)、枕垫料(27.0%)、多价兽毛(25.5%)、棉絮(20.6%)、多价羽毛(25.5%)、其他垫料(18.4%)；同一患儿两种以上阳性者占96.4%，5种以上阳性者占78.4%。暨南大学医学院附院[42]对标准皮肤试验(SPT)与血清总IgE和特异性IgE定量检测系统(CAP)进行了比较，认为SPT迅速、简单、经济，是普查、筛选试验的好方法。CAP IgE的特异性和敏感性较好，当患者有全身皮炎或服用抗组胺药时，血清IgE定量检测是诊断过敏原的重要手段。

华西医大[43]测定缓解期哮喘与慢支或合并阻塞性肺气肿患者的气道阻力(Raw)比气道传导率(sGaw)及最大呼气流量-容积曲线(MEFV)，提示Raw是诊断哮喘的敏感指标，若能结合MEFV曲线，对单纯哮喘与阻塞性慢性支气管炎的鉴别有一定临床价值。中国医大呼吸病所[44]比较氦稀释法和体积描记法测定肺容量的一致性，正常人功能残气量在两种方法间无显著差异，而体积描记法的残气量明显高于氦稀释法；哮喘患者功能残气量在两种方法间差别显著，此与气道狭窄时体积描记法测定功能残气量失真有关。上海长征医院[45]对发作期哮喘20例进行支气管扩张试验，并比较FEV_1等8项指标的阳性率。结果FEV_1的阳性率仅为70%，而等容量用力吸气流速25%～75%和SGaw的阳性率均可达95%；FEV_1变化率与其他各项指标变化率呈显著负相关。苏州医学院一院[46]报道4例支气管舒张试验阴性的哮喘患者经治疗和肺功能追踪最后仍确诊为哮喘，认为对此类患者应重复试验或经治疗后再检查，以确定是否有可逆性气道阻塞。山东煤矿总院[47]对比蒸馏水与组胺激发试验，哮喘患儿的敏感性分别为92.5%和93.3%，特异性分别为100%和91.4%。

北京安贞医院[48]分析106例50岁以上支气管哮喘患者，占同期哮喘患者总数的44%，其中67.9%于40岁以后发病，夜间哮喘现象较为普遍，发作时血氧下降更加明显，心脏更易受累。华西医大一院[49]总结哮喘并发气胸37例，中、老年居多，易误诊为支气管哮喘发作或加重，病死率10.8%。建议当哮喘突然出现呼吸困难、常规治疗不能缓解时，应及时行胸部X线检查。天津胸科医院[50]报道支气管哮喘并发纵隔气肿26例(死亡1例)，占同期收治哮喘患者总数的3.3%。

本年度共有变异性哮喘158例报道[51～54]；另有静滴1,6-二磷酸果糖[55,56]、节育环异位进入盆腔[57]、倍他乐克口服[58]、噻吗心安滴眼[59]引发的哮喘以及哮喘并发一过性精神错乱[60]等个案报告。

治疗　北京医院等[61]观察52例哮喘患者吸入必可酮100μg，每日4次，治疗1个月后症状、FEV_1和PEFR明显改善。上海市一院[62]报道26例哮喘患儿吸入必可酮400μg/d，疗程3个月，总有效率92.3%。上海长征医院[63]报道国产丙酸培氯松粉剂吸入防治小儿哮喘24例，每次吸入1颗胶囊(100μg)，每日3次，疗程6～12周，哮喘评分明显减小，肺功能显著提高。浙江医大儿童医院[64]对50例哮喘儿童每日吸入丙酸培氯松200μg，临床有效率达92%，无效率8%，治疗后血清皮质醇无显著变化。上海中山医院[65]用地塞米松5mg加生理盐水1ml雾化吸入治疗支气管哮喘急性发作，有效率73%，虽低于喘乐宁的91%，但无心率加快的副作用，故可作为β_2受体兴奋剂的辅助用药。成都军区总院[66]对10例重症哮喘患者用大剂量氢化可的松持续静滴(每次100～200mg，每日1 000～1 800mg)，在缓解症状、喘鸣音消失、动脉血气的恢

复时间都明显短于常规激素治疗组。

上海长征医院[67]用沙丁胺醇干粉剂(沙普尔)治疗哮喘234例并与进口同类产品(速克喘)比较,沙普尔有效率87%,速克喘83%,两组无显著差异($P>0.05$)。浙江医大等[68]观察国产盐酸丙卡特罗片治疗支气管哮喘及喘息性支气管炎的临床疗效,对哮喘的有效率为80.6%,喘支的有效率57.0%,总有效率72.5%,不良反应13.5%,与美喘清比较,疗效及副作用无显著差异。

山东胜利石油管理局医院[69]报道过敏哮喘患者的嗜碱粒细胞释放能力和血清总IgE显著高于正常,经真菌变应原脱敏1年后两者均显著下降。广西自治区医院[70]对56例抗原皮试阳性的哮喘患者脱敏治疗半年,显效13例,好转29例。

苏州医学院一院[71]用容许性高碳酸血症通气疗法成功救治2例重症哮喘,$PaCO_2$维持在8~10kPa之间,认为本疗法是治疗重症哮喘的一种较为安全的方法。北京矿务局医院[72]报道以呼气末正压通气加支气管灌洗治疗1例重症哮喘患者,痊愈出院。扬州医学院附院等[73]总结治疗2例重症哮喘在机械通气早期并发纵隔气肿的体会是:在保证有效通气的前提下,为降低气道峰压,可选择低潮气量、低频率、低流速以及流量递减波形通气,呼气末正压(PEEP)应由小到大逐渐增加,原则上不应超过内源性PEEP,并需严密观察病情变化以指导对PEEP的调整。

上海市一院[74]调查410例哮喘患者用药情况,发现β_2气雾剂的疗效有下降趋势;吸入糖皮质激素作为防治哮喘的应用未引起重视;对其他疗法的疗效与副作用未予重视;缺乏有效的监测手段。指出要积极推行哮喘规范化治疗方案;合理使用平喘药物;加强监测手段;对媒介宣传的有关治疗哮喘的广告要严格管理。广西自治区医院[75]采用夏令营的方式对哮喘患儿进行教育指导,经过3天的活动,正确吸入气雾剂由22.6%提高到84.9%,掌握峰流速仪的应用由13.2%增加到94.3%。

北京红十字朝阳医院[76]对一氧化氮(NO)吸入治疗哮喘进行了初步观察,结果显示吸入40ppm浓度的NO 20分钟,即刻和24小时检测FEV_1和PEF均有显著改善,提示低浓度NO吸入似可作为哮喘治疗的一种方法。哈尔滨儿童医院[77]加用肝素治疗危重哮喘患儿32例,结果较对照组有较好的临床疗效。江苏灌南县医院[78]用肝素雾化吸入治疗哮喘和喘支24例,3~5天内哮喘症状消失,疗效显著优于地塞米松口服组。苏州医学院二院[79]采用人脾免疫核糖核酸治疗小儿哮喘78例,总有效率93.6%,无明显毒副反应。解放军85医院[80]应用基因工程干扰素γ气雾剂防治哮喘20例,缓解6例,显效7例,有效5例,无效2例。白求恩医大等[81]用前列腺素E_1治疗哮喘9例,也取得较好临床疗效。四川荥经县医院[82]报道31例哮喘急性发作用维生素K_3 16mg加入生理盐水40ml雾化吸入,显效19例,有效9例,无效3例。

(二) 弥漫性间质性肺疾病

中国医大一院等[83]观察了微波热效应对家兔肺组织的损伤。近期反应(1.5个月)实验组与对照组无明显差异,7个月后,实验组出现明显的肺纤维化。四川宜宾卫校[84]报道1例小剂量口服乙胺碘呋酮10年致慢性纤维性肺泡炎病例,停药后用泼尼松治疗2个月,症状缓解,胸片病灶较前吸收。上海医大[85]报道血小板源性生长因子(PDGF)不仅可促进大鼠肺纤维母细胞增殖、合成代谢和信息传递,而且使Ⅰ、Ⅲ、Ⅴ型前胶原合成增加,其调控机制之一是在转录水平上增强了前胶原mRNA的表达。中国医大呼吸病所[86]观察博莱霉素(BLM)致大鼠肺纤维化过程中肺泡巨噬细胞(AM)释放TNF-α和PDGF的变化。结果显示AM可能通过释放TNF-α和PDGF在肺纤维化形成中发挥作用。北京医大一院[87]研究发现由BLM引起的大鼠肺纤维化,在第1周AM即表达转化生长因子β1(TGF-β1)和PDGF,促进了纤维母细胞的增殖和纤维化。纤维母细胞又释放胰岛素样生长因子(IGF-1)和PDGF,这三种因子和间质细胞一起促进肺纤维化的过程。本年度对特发性肺纤维化(IPF)患者BALF中的细胞和蛋白成分研究报道较多。中国医大呼吸病所[88,89]的研究显示BALF促凝活性增高并与巨噬细胞相关,还发现BALF中透明质酸(HA)显著增高,并与EOS计数正相关。湖南医大二院[90]实验表明BALF中细胞数、血管紧张素转换酶(ACE)活性均升高,病情稳定期较活动期下降。南京医大一院[91]报道BALF中纤维结合蛋白显著升高,并与细胞数呈正相关。中国医大呼吸病所[92]研究发现BALF中纤维蛋白降解产物显著增高。中国医大二院等[93]报道胸部高分辨CT(HRCT)显著提高了IPF的诊断率,认为其典型表现是两肺弥漫性网织状影、蜂窝状影、散在肺大泡;常有胸膜肥厚,胸膜下线;肺的外周部呈现多发的直径1.5~3.0mm斑点状高密度影。华西医大[94]报道正常人运动后肺NO弥散量(D_LCO)明显升高;弥漫性肺间质纤维化(DPF)组运动前D_LCO即已降低,运动后进一步降低,改变率达18.0%;间质性肺炎组、COPD组运动前后D_LCO无差异,表明运动前后D_LCO测定对DPF有重要价值。上海瑞金医院[95]

对18例IPF的肺组织标本进行电镜观察，见部分肺泡壁纤维化，肺泡上皮Ⅱ型细胞增生8例；肺泡壁纤维化Ⅱ型细胞增生9例；胶原纤维增生3例；肺泡腔内有局灶性淋巴细胞浸润3例；肺泡腔内见嗜中性粒细胞巨噬细胞4例；BALF中有大量嗜中性粒细胞9例。北京安贞医院等[96]为一48岁男性IPF患者行左侧单肺移植，术后半年复查肺功能基本正常，核素扫描左肺通气及灌注良好。南京鼓楼医院等[97]研究提示中药川芎嗪、当归治疗IPF大鼠模型疗效满意，副作用小。哈尔滨医大一院等[98]也证实当归及维生素E对平阳霉素所致的大鼠IPF有保护作用。中国医大呼吸病所等[99]观察红霉素对气管内灌注BLM大鼠BALF中细胞学改变，发现红霉素能显著抑制炎性细胞的肺内聚集，除炎细胞总数减少外，还使其中中性粒细胞及淋巴细胞百分比明显减少。

（三）结节病

北京协和医院[100]报道结节病患者HLA-DR_5基因频度显著增高，HLA-DR_7下降，在男性的HLA-DR_9和Ⅰ、Ⅱa期患者HLA-DR_5频率显著增高，提示HLA-DR基因可能与结节病的易感性和各种临床表现有关。他们进一步探讨结节病与博氏疏螺旋体(Bb)感染之间关系，认为Bb可能不是结节病的病因，结节病患者血清Bb抗体升高可能是机体非特异性反应[101]。北京医大一院[102]评价支气管粘膜及肺活检、外周淋巴结活检、前斜角肌活检及Kveim试验对节结病的诊断价值，认为经纤支镜的支气管粘膜活检和肺活检为两种阳性率较高、操作安全简便的诊断方法。海军总院等[103]用国际劳工组织(ILO)尘肺胸片分类法分析79例胸内结节病患者的肺内病变情况，结果表明该分类法适合于判断Ⅱ、Ⅲ期胸内结节病肺内病变浸润的类型和程度，但不能反映肺门和纵隔有无病变，而传统分期方法有助于判断胸内病变的部位，因此ILO分类方法是对传统分期方法的一种补充。山西煤炭医院[104]报道结节病合并上腔静脉阻塞1例。西安医大二院[105]报道肌病性神经性结节病1例。厦门市二院等[106]报道伴多发性空洞的结节病1例。浙江江山市医院[107]报道以肾功能不全为首发表现的结节病1例。南京军区总院[108]报道胸内结节病合并双侧眼部脉络膜炎1例。

（四）其他

北京协和医院[109]为评价^{99m}Tc-人血清白蛋白聚合颗粒动态肺灌注显像在诊断肝-肺综合征中的价值，对3例严重低氧血症的肝硬化患者进行研究，认为动态肺灌注显像不仅有助于肝-肺综合征的诊断，并可确定肺内的分流量。上海中山医院[110]随访5例肥胖-通气不足综合征1年，发现如患者体重减轻则肺活量增加、动脉血气明显改善；反之病情恶化。山东寿光市医院[111]报道肺胸膜嗜酸性粒细胞浸润1例，经泼尼松治疗病情稳定出院。北京协和医院[112]检测12例韦格纳肉芽肿(WG)和192例其他患者血中的抗嗜中性粒细胞胞浆抗体(ANCA)，结果ANCA在WG患者中检出率与其他组差异有显著性($P<0.01$)，提示ANCA可作为诊断及监测WG活动性的指标。

（沈　策）

参　考　文　献

[1]* 林松柏等. 中华结核和呼吸 1996;19(1):11
[2] 赵丽玲等. 宁夏医学 1996;18(2):77
[3] 杨作衡等. 海南医学 1996;(2):128
[4] 张　玲等. 中华医学遗传 1996;13(3):190
[5] 王杭君等. 四军医大学报 1996;17(3):203
[6] 何小菊等. 北京医大学报 1996;28(1):52
[7] 周向东等. 中华结核和呼吸 1996;19(3):147
[8] 施焕中等. 中华内科 1995;34(11):753
[9] 许以平等. 中国免疫 1995;11(6):379
[10] 王杭君等. 中华内科 1995;34(12):802
[11] 唐迟兵等. 中华内科 1996;35(4):223
[12] 王丹琪等. 中华微生物和免疫 1996;16(4):299
[13] 冯学斌等. 上海免疫学 1996;16(4):230
[14] 赵　瑾等. 上海免疫学 1996;16(2):112
[15] 杨平常等. 中国免疫学 1996;12(4):231
[16] 王　易等. 上海免疫学 1996;12(2):69
[17] 刘晓菊等. 中华结核和呼吸 1996;19(5):286
[18] 施焕中等. 中华内科 1996;35(6):371
[19]* 陈　萍等. 中华结核和呼吸 1996;19(4):216
[20] 傅祖红等. 中华内科 1996;35(4):228
[21] 吴昌归等. 四军医大学报 1995;16(6):440
[22] 周云桂等. 中国实用儿科 1996;11(1):29
[23] 王　伟等. 中华结核和呼吸 1996;19(2):98
[24] 刘朝晖等. 中华结核和呼吸 1995;18(6):366
[25] 王立人等. 中国实验临床免疫学 1995;7(6):15
[26]* 吕国平等. 中华结核和呼吸 1996;19(2):94
[27] 孙永昌等. Chin Med J 1996;109(7):527
[28] 石昭泉等. 二军医大学报 1995;16(5):451
[29] 江山平等. 中华结核和呼吸 1996;19(1):60
[30] 戴爱国等. 中国实用内科 1996;16(8):491
[31] 侯书波等. 山东医药 1996;36(10):61
[32] 刘晓秋等. 白求恩医大学报 1996;22(5):498

[33] 李春盛等. 急诊医学 1996;5(3):150
[34] 王立波等. 中国实用儿科 1996;11(1):25
[35] 陆 航等. 中国实验临床免疫 1995;8(3):36
[36] 陈小友等. 中华结核和呼吸 1995;19(5):282
[37] 朱 洁等. 临床儿科 1996;14(4):253
[38] 许玲娣等. 上海免疫 1996;16(3):237
[39] 张水旺等. 中国免疫 1996;12(4):243
[40] 侯小清等. 中华内科 1996;35(10):702
[41] 李安生等. 浙江医学 1996;18(1):40
[42] 汤 彦等. 广东医学 1995;16(10):669
[43] 袁玉如等. 华西医大学报 1996;27(3):302
[44] 孔灵菲等. 中国医大学报 1995;24(5):480
[45] 王山泽等. 中华结核和呼吸 1995;18(6):363
[46] 马家用. 中华结核和呼吸 1996;19(3):182
[47] 李 颖等. 实用儿科临床 1996;11(1):35
[48] 徐 利等. 心肺血管 1996;15(2):96
[49] 薛培丽等. 华西医学 1996;11(2):151
[50] 李月川. 天津医药 1996;24(3):167
[51] 唐兆贵. 山东医药 1996;36(8):32
[52] 彭涵芬. 苏州医学院学报 1996;16(2):329
[53] 黄建萍等. 苏州医学院学报 1996;16(4):679
[54] 钟立厚等. 湖北医大学报 1996;17(3):245
[55] 贾 和等. 吉林医学 1996;17(2):109
[56] 王伟强等. 广东医学 1996;17(7):504
[57] 李 森. 人民军医 1996;(3):61
[58] 张 汝等. 中华老年医学 1996;15(4):248
[59] 李 健. 广州医药 1996;27(1):28
[60] 陈孟贤. 交通医学 1996;10(1):107
[61] 孙铁英等. 北京医学 1996;18(4):240
[62] 王乃礼等. 临床儿科 1996;14(2):111
[63] 戴家熊等. 临床儿科 1996;14(2):115
[64] 考 验等. 浙江医大学报 1996;25(2):74
[65] 朱 蕾等. 上海医学 1996;19(1):24
[66] 江开勇等. 中国实用内科 1996;16(8):481
[67] 戴家熊等. 中华结核和呼吸 1996;19(5):319
[68] 王选锭等. 中国临床药理 1996;12(2):75
[69] 顾明亮等. 中国实用内科 1995;15(10):601
[70] 黎 莉等. 广西医学 1996;18(2):188
[71] 黄建安等. 中华结核和呼吸 1996;19(5):309
[72] 黄 激等. 中华结核和呼吸 1996;19(5):305
[73] 朱慕云等. 江苏医药 1996;22(9):661
[74] 周 新等. 中国实用内科 1995;15(10):631
[75] 谢庆玲等. 广西医学 1996;18(5):634
[76] 张洪玉等. 中华内科 1995;34(12):805
[77] 王柏岩等. 临床儿科 1996;14(2):119
[78] 姚 旭. 苏州医学院学报 1995;15(6):1097
[79] 王允恭. 苏州医学院学报 1995;16(3):674
[80] 来茶云等. 临床儿科 1996;14(2):114
[81] 冯 屹等. 吉林医学 1996;17(3):152
[82] 徐世平等. 四川医学 1995;16(5):318
[83] 李彦敏等. 中国医大学报 1996;25(2):189
[84] 刘昌权. 四川医学 1995;16(5):311
[85] 吴 浩等. 上海医大学报 1996;23(3):199
[86] 陈佰义等. 中华结核和呼吸 1996;19(4):209
[87] 李海潮等. Chin Med J 1996;109(7):533
[88] 王 莉等. 中国医大学报 1995;24(6):572
[89] 马跃文等. 中国医大学报 1995;24(5):501
[90] 陈 平等. 湖南医学 1996;13(3):135
[91] 黄 茂等. 南京医大学报 1996;16(5):449
[92] 王 莉等. 中国实用内科 1996;16(1):40
[93]* 傅海香等. 临床医学影像 1996;7(3):150
[94] 袁玉如等. 华西医大学报 1996;27(2):185
[95] 刘惠珍等. 上海二医大学报 1996;16(1):31
[96] 陈玉平等. 中华外科 1996;34(1):25
[97] 戴令娟等. 中华结核和呼吸 1996;19(1):26
[98] 石玉枝等. 哈医大学报 1995;29(5):378
[99] 陈佰义等. 辽宁医学 1995;9(4):191
[100] 徐作军等. Chin Med J 1996;109(7):515
[101] 徐作军等. 中华结核和呼吸 1996;19(5):279
[102] 王广发等. 中华内科 1996;35(3):169
[103] 王洪武等. 中华结核和呼吸 1995;18(6):354
[104] 崔丽英等. 天津医药 1996;24(9):535
[105] 李秀霞等. 陕西医学 1996;25(5):268
[106] 柯明耀等. 中国实用内科 1996;16(6):368
[107] 苞蓓艳. 综合临床 1996;12(1):39
[108] 夏锡荣等. 中华结核和呼吸 1995;18(6):353
[109] 陆慰萱等. 中华结核和呼吸 1996;19(4):219
[110] 蔡映云等. 中华内科 1996;35(1):41
[111] 张庆祥. 中国实用内科 1995;15(10):614
[112] 张兴民等. 中华内科 1996;35(3):196

七、职业性肺疾病

(一) 矽肺

流行病学调查 安徽职业病所[1]进行庐江矾矿矽肺与隧道凿岩工矽肺比较，矾矿矽肺Ⅰ期发病工龄较长($P<0.01$)，Ⅰ期晋期年限较长($P<0.01$)，发病年龄较大($P<0.05$)和生存年限长($P<0.05$)，其原因是否与矾矿粉尘中含铝成分较高有关尚待研究。山东临沂防疫站[2]调查12 400名退伍工程兵矽肺患病情况，特点为矽肺患病率高(5.0%)；发病早(44.6岁)；接尘工龄短(3.6年)；50年代后期退伍工程兵发病多。广东职业病院[3]对146例女工尘肺调查发现，女工尘肺占该省尘肺总数的1.1%，以矽肺最多，发病时接尘工龄和晋期年限均显著短于男工尘肺($P<0.001$)，提示生产性粉尘对女工的危害大于男工。广州海珠区防疫站[4]探讨铸

工尘肺的发生、发展规律，发现某厂铸工尘肺主要发生于粉尘浓度最高的清砂工；铸工尘肺合并结核病发病率高(76.5%)；晚发性铸工尘肺发病特别多。提出对脱尘铸工应监护15～20年为宜。山东淄博市职业病院[5]分析某市1986～1995年对接尘工人体检及对尘肺患者检出的资料，指出接尘工人逐年增多，而受检绝对人数逐年下降，年均受检率33.8%，而年均尘肺检出率为1.5%，最高达3.7%；乡镇企业尘害严重，潜在隐患明显。上海沪东造船厂医院[6]自1963年以来诊断电焊工尘肺31例，患病率1.4%。随访29例发现有发病缓慢、症状轻微、X线胸片长期稳定不变、无合并症等特点，预后良好。河南医大[7]测得某厂66名电焊工肺功能FVC、FEV_1、MMEF均显著低于对照组，认为焊尘与吸烟对肺功能的损害有协同作用。沈阳医学院等[8]用寿命法分析某陶瓷厂尘肺患病情况与防尘效果，累计观察40周年，1 344名接尘工累计患病率高达47.1%；防尘前后尘肺累计患病率分别为38.4%和9.1%($P<0.01$)，防尘后降低尘肺发病79.1%。黑龙江省二院[9]调查该省1986年以来“其他尘肺”病(12种尘肺病名以外的尘肺)的累计发病情况，共880例，患病率为0.8%，合并结核50例；分布较广，主要在工厂集中的大城市，其中磨工尘肺累计发病数最多，占总例数的68.8%。安徽职业病所[10]提出明矾矿山矽肺患者的死亡原因主要是肺结核、肺心病和尘肺引起的呼衰。

诊断与实验室检查　浙江绍兴市六院[11]和丹东职业病院[12]分别报道Ⅱ期和Ⅲ期矽肺误诊为粟粒性肺结核和肺癌各1例，误诊的主要原因均为忽略了职业史。乌鲁木齐铁路防疫站职防院[13]报道酷似恶性肿瘤的Ⅲ期尘肺6例，提出尘肺患者发现块影并拟诊为恶性肿瘤时，应加强与职业病医生联系，在活检、细胞学检查阴性时应慎重。广州铁路医院等[14]*报道高分辨CT(HRCT)能充分展示矽肺肺间质纤维化的发生与发展，观察微小病变远优于X线胸片及常规CT。浙江衢州防疫站等[15]分析CT对矽肺大阴影诊断的应用价值，认为CT动态观察团块阴影变化或抗矽肺药的疗效具有一定应用价值，但不能提示大阴影的定量变化。丹东职业病院等[16]分析162例矽肺X线钙化阴影，发现肺门钙化可出现在矽肺确诊前或确诊后，有的可能在晚期才出现，但类圆形小阴影钙化全部出现在确诊后，提示矽肺出现钙化阴影未必是矽肺病情稳定的表现。电力工业部新安江疗养院[17]报道24例矽肺纤支镜检查结果，镜下有3种表现：支气管内膜充血、水肿、肥厚；支气管狭窄；支气管开口有黑色沉积物。认为后者系粉尘沉积所致，并对纤支镜对矽肺病人的诊断和治疗进行了讨论。中国一冶医院等[18]提出CT对胸部平片上未能明确的尘肺大阴影早期诊断有重要意义，对尘肺形态学研究也有较大意义，但对病灶分布和密集度的改变与高千伏胸片无明显差异。四川雅安卫校[19]通过对尘肺X线诊断新旧标准的比较分析，提出我国现行尘肺诊断中对3级密集度的判定起点偏高，建议尽快选用我国高千伏标准片，以提高尘肺诊断水平。广东职业病院等[20]报道该省基层尘肺诊断组的尘肺分期诊断符合率较低，尤以Ⅰ期符合率最低(56.6%)，误漏诊高达39%，并提出了改进意见。牡丹江职业病所等[21]对30例矽肺患者进行血液流变学指标探讨，发现患者全血比粘度、全血还原粘度、血浆比粘度、红细胞比积及纤维蛋白原均较对照组高，血液呈高粘度状态。大连劳卫所[22]报道用改良氰化高铁血红蛋白法测定矽肺患者血红蛋白，其结果与原法无明显差异。江苏职业病所[23]分析163例尘肺患者心电图，提示肺心病发病率随着尘肺病情加重而增多，异常心电图发生率亦相应增高，心电图异常的严重程度亦逐渐加重。

并发症　山东淄博职业病院[24]分析该市历年累积尘肺死亡1 124例的直接死因以肺癌最多，占182例(16.2%)。山西太钢曙光医院等[25]报道520例矽肺合并上消化道出血84例(16.2%)，并有随矽肺期别增加而增高的趋势。华西医大一院等[26]报道864例矽肺死亡282例，其中合并恶性肿瘤27例，占总死亡率9.6%。广东韶关职业病院[27]报道矽肺合并心绞痛4例，提出对年龄大的矽肺胸痛患者应警惕合并心绞痛的可能性。

治疗　矽肺治疗措施及效果评价课题组[28]研究表明汉防己甲素和羟基磷酸喹哌、汉防己甲素和克矽平、柠檬酸铝和羟基磷酸喹哌3种联合用药方案对矽肺病变的进展有明显抑制作用，且不良反应均低于汉防己甲素单一用药。大容量肺灌洗具有改善呼吸系统症状作用，但X线未见明显疗效。浙江医大等[29]用脂质体包封的汉防己甲素治疗大鼠矽肺，表明经消化道给药能保持该药疗效，停药后仍持续有效，未引起肝肾功能特殊改变。中国医大等[30]经动物实验证明抗栓酶-3号有一定抗脂质过氧化和抗纤维化作用。预防医科院劳卫与职业病所[31]的动物实验结果表明矽宁对实验性矽肺具有明显疗效，而且不引起CHL细胞株染色体畸变率的增高。该所等[32]*还应用矽宁治疗矽肺157例，临床症状明显改善，胸片病变处于好转或稳定状态，肺通气功能明显改善，血清铜蓝蛋白活性明显降低。同济医大[33]发现石膏粉尘能明显拮抗石英尘对小鼠腹腔巨噬细胞的毒性作用，对制定石膏矿尘卫生标准和探索防治矽肺新途径有一定意义。上海化工职业病所等[34]用磷酸羟基喹哌给高吸尘龄工人服5年，预防矽肺效果满意，副作用少，药价低廉，服用方便。大连劳卫所[35]分析23例矽肺治疗前后血清铜蓝蛋白(CP)变化，发现汉防己甲素与羟基磷酸喹哌联合治疗后血清CP含量下降，证明两药联用对矽肺有治疗效果。南京职业病所等[36]总结130例矽肺等呼吸系疾病行全肺灌洗术后所致的并发症以呼吸道感染(10.0%)、支气管痉挛(5.8%)、出血(3.8%)和肺结核复发(3.0%)较多，提出术前应严格选择病例，术中要密切监护，术后应应用抗生素及预防性抗痨。马钢劳卫所[37]对24例矽肺肺心病合并心衰、感染患者在抗感染与综合治疗基础上加用心痛定治疗，一般情况好转及气喘缓解总有效率达92%。北京矿务局总院[38]提出造成矽肺结核难治的原因除与矽肺本身的病理改变有关外，不规则化疗、产生耐药性、严重合并症及反复肺部感染是其主要原因。

（二）煤尘肺

华北煤炭医学院[39]对3种不同煤种6个煤矿的尘肺流行病学调查发现，无烟煤矿尘肺患病率及发病率最高。该院等[40]还指出目前新发病例以脱尘后尘肺即“离职后尘肺”为主，由于今后社会上可能出现大量脱尘后尘肺患者，因此加强对脱尘工人尤其是转换制工人的管理有重要意义。淮北矿务局职业病院等[41]对162例煤工尘肺合并或并发心脑血管病进行分析，发现煤工尘肺的高血压合并率(27.8%)占循环系统疾病第1位，冠心病合并率为15.9%，肺心病合并率为23.5%。淄博矿务局职业病所[42]对1 255例煤工尘肺患者死亡情况作回顾性分析，该矿尘肺患者28年累计病死率38.4%，平均死亡年龄63.8岁；因肺内疾病死亡占69.9%，肺外疾病占35.1%；死因前4位分别为肺气肿感染、肺癌、肺心病、肺结核，占全部死因的54.7%。山东枣庄矿务局医院[43]通过对93例煤工尘肺颅脑CT的测量，发现煤工尘肺患者的脑室、脑沟增宽度明显大于同年龄段健康者，且随尘肺期别晋级有增大的趋势，表明煤尘肺患者的脑白质损害程度比脑灰质严重。安徽淮北矿务局职业病院[44]分析150例煤工尘肺和尘肺结核患者机体免疫水平，证实除白蛋白减少、γ-球蛋白增高外，患者α_2、β-球蛋白明显增高，而IgA低于正常。徐州矿务局职业病院[45]煤工尘肺患者用氦氖激光治疗2个疗程后血粘度、血沉比治疗前显著下降($P<0.05$)，血浆粘度、纤维蛋白原、红细胞压积比亦显著下降($P<0.01$)，临床症状及体征明显改善，无任何不良反应。山东枣庄矿务局医院等[46]报道煤工尘肺患者血清β_2-微球蛋白水平显著高于对照组，以该指标判断肾功能早期损害较BUN、Cr更敏感可靠。淮南矿务局职业病院[47]对116例煤工尘肺结核住院病例的生存分析表明5年、10年、15年生存率分别为71.1%、58.9%和43.6%，明显低于该矿尘肺患病人群的生存率。该院[48]还分析了17例煤工尘肺肺心病患者并发上消化道出血的死亡原因，认为可能与缺氧、应激性溃疡形成等因素有关，尤以并发呕血为主的上消化道出血预后险恶。山东枣庄矿务局职业病所[49]总结55例煤工尘肺院内感染肺炎链球菌肺炎的临床资料，特点为临床表现不典型、胸部X线为支气管肺炎影像。肺炎链球菌对青霉素的耐药率达36.7%，对头孢唑啉或头孢拉定很少或无耐药。

（三）石棉肺

华西医大公共卫生学院[50]研究表明青石棉加苯并(a)芘可诱发大鼠肺内O_2自由基反应增强，脂质过氧化物(LPO)含量升高，抗氧化能力降低，超氧化物歧化酶(SOD)/LPO比值降低，体内抗氧化和脂质比平衡失调。宁波防疫站[51]用非条件Logistic回归模型分析石棉肺有关因素对患者预后的影响，提出石棉肺期别与合并结核与否是影响患者预后的两大重要因素。沈阳第一机床厂等[52]在对某厂铸工石棉危害的调查中，发现518例受检者中胸片显示石棉胸膜斑33例，检出率6.4%，平均发病工龄为30.8岁，70%胸膜斑厚度为5～10mm。辽宁劳卫职业病所[53]用气管注入染尘技术证实岩棉尘对大鼠肺有轻度致纤维化作用，长期吸入大量岩棉粉尘有致尘肺的可能性。华西医大[54]*采用水封式肺量计和弥散功能测定仪对119名石棉工人进行5年前后的肺功能比较，提出弥散数值和用力肺活量是反映石棉工肺功能操作最早、最敏感的指标。白求恩医大预防医学院等[55]报道大豆皂甙和人参皂甙有提高巨噬细胞抗石棉尘毒性的作用，认为可能成为一种防治石棉肺的药物。

（四）有机粉尘肺

华西医大公共卫生学院[56]发现桦木尘的细胞毒作用随其剂量增大和接触时间延长而逐渐增强，超氧阴离子自由基的产生亦随之增多，提示桦木尘的细胞毒作用可能与超氧阴离子自由基产生过度有关。华西医大职业病院[57]对某木材综合加工厂进行15年的回顾性队列研究，提示木尘可能与肺癌、肠癌、食管癌、肝癌和白血病有一定关系。江苏如皋市医院[58]报道2例因接触红木粉尘致支气管哮喘的病例，脱离致敏原后症状缓解。广州职业病院等[59]报道该市1 320名纯棉工中棉尘病患病率为1.7%，随年龄、工龄和可吸入性棉尘累计量增加而增高，同时发现患者体液免疫活跃，细胞免疫抑制。

（五）其他

贵阳劳卫职业病所[60]报道8例磨工尘肺并进行5年追踪观察，认为这是类似于法定尘肺，以纤维化病变为主要表现的疾病，建议列为法定尘肺。大连医大丹东分校等[61]报道硼矿各类粉尘仅引起肺轻度纤维化，以细胞性结节为主。山东劳卫职业病所等[62]将石墨矿矽肺与石墨尘肺比较，认为矽肺的发病工龄和晋期年限低于石墨尘肺，若接触相同的粉尘量，矽肺的发病概率大于石墨尘肺。同济医大[63]调查湖南某陶瓷厂2 345名工人中393例死亡者死因，不支持接尘及尘肺与肺癌及肝癌相关，仅提示吸烟是肺癌发病的危险因素。黑龙江劳卫职业病所[64]报道实验性沸石尘大鼠的血清铜蓝蛋白(CP)含量明显增加，且随沸石尘剂量增加而升高，提示沸石尘可致肺纤维化但较石英粉尘次之。沈阳市劳卫职业病所等[65]测定染石英尘大鼠肺灌洗液中TNF水平，发现大鼠肺局部TNF活性升高在“肺部炎症”反应和纤维化的发生中起重要作用。北京医大三院[66]报道在豚鼠实验性铍肺形成过程中以透明质酸的改变最为明显，可能是监测铍肺活动进展的敏感指标。

（修清玉）

参 考 文 献

[1] 丁效惠等．职业医学 1996;23(3):21
[2] 郑玉轩等．中华劳卫 1996;14(4):229
[3] 张东辉等．中华劳卫 1995;13(6):362
[4] 陈少玲．职业医学 1995;22(5):56
[5] 甘传伟等．职业医学 1996;23(5):13
[6] 齐素莲．职业医学 1996;23(4):52
[7] 杨建明等．工业卫生与职业病 1996;22(4):202
[8] 段志文等．工业卫生与职业病 1996;22(2):119
[9] 贺　杰等．职业医学 1995;22(5):50
[10] 汪桂莲等．中国工业医学 1996;9(5):294
[11] 赵宝珊等．中国工业医学 1995;8(6):370
[12] 张瑞英等．中国工业医学 1996;9(5):267
[13] 沙　森．中国工业医学 1996;9(2):99
[14]* 吕世高等．中华劳卫 1996;14(2):75
[15] 吴灿夫等．中华劳卫 1996;14(3):154
[16] 张瑞英等．工业卫生与职业病 1996;22(3):172
[17] 朱建成．职业医学 1995;22(5):35
[18] 张赞民等．中国工业医学 1995;8(6):341
[19] 王邦义．中华劳卫 1996;14(4):238
[20] 张东辉等．职业医学 1995;22(5):17
[21] 张淑丽等．工业卫生与职业病 1996;22(1):45
[22] 刘春娥．中国工业医学 1996;9(3):182
[23] 阚秀荣．中国工业医学 1996;9(1):29
[24] 甘传伟等．中国工业医学 1996;9(2):110
[25] 冯鸿义等．职业医学 1996;23(2):36
[26] 王兴菊等．华西医学 1996;11(3):285
[27] 陈先友．职业医学 1996;23(3):28
[28] 李德鸿等．中华劳卫 1996;14(3):130
[29] 曾昭玉等．工业卫生与职业病 1996;22(4):242
[30] 刘守兰等．中国医大学报 1996;25(2):131
[31] 张俊英等．中华劳卫 1996;14(3):167
[32]* 程玉海等．中华劳卫 1996;14(3):135
[33] 马建辉等．同济医大学报 1995;24(6):449
[34] 刘卓宝等．中华预防医学 1996;30(1):58
[35] 刘春娥等．中国工业医学 1996;9(4):222
[36] 杨华娣等．心肺血管 1996;15(1):60
[37] 夏文伟等．工业卫生与职业病 1996;22(5):307
[38] 陈东进等．中华劳卫 1996;14(3):166
[39] 张晓峰等．中国工业医学 1996;9(4):228
[40] 高艳华等．中国工业医学 1996;9(4):202
[41] 吴莉莉等．职业医学 1996;23(3):37
[42] 刘艳玲．职业医学 1995;22(6):29
[43] 戴文晖等．职业医学 1995;22(6):19
[44] 张　麒等．中华劳卫 1996;14(2):96
[45] 李亚东等．职业医学 1996;23(5):45
[46] 李国宽等．中国工业医学 1996;9(5):280
[47] 洪　流．中国工业医学 1996;9(1):15
[48] 卜江龙．职业医学 1995;22(6):33
[49] 徐文寿等．职业医学 1996;23(3):29
[50] 杨　青等．华西医大学报 1996;27(3):266
[51] 肖国兵等．中国工业医学 1996;9(1):25
[52] 董　芸等．中国工业医学 1996;9(4):227
[53] 叶凤廷等．工业卫生与职业病 1996;22(1):14
[54]* 王绵玲等．华西医大学报 1996;27(1):94
[55] 孙义敏等．中华劳卫 1995;13(6):359
[56] 杨建华等．华西医大学报 1996;27(1):97
[57] 杨跃林等．中国工业医学 1996;9(1):5
[58] 沈兴鹤．职业医学 1996;23(3):27
[59] 江朝强等．中国工业医学 1995;8(6):329
[60] 张明先等．贵阳医学院学报 1996;21(2):129
[61] 崔凤萍等．工业卫生与职业病 1996;22(1):8
[62] 王　瑞等．中国工业医学 1995;8(6):373
[63] 陈卫红等．工业卫生与职业病 1996;22(5):284
[64] 宁滨莲等．中国工业医学 1996;9(1):27
[65] 徐　莉等．中华劳卫 1995;13(6):358
[66] 徐希娴等．职业医学 1995;22(5):26

八、其他

(一) 急性(成人)呼吸窘迫综合征

山西大同医专等[1]测定油酸型成人呼吸窘迫综合征(ARDS)大鼠模型外周血细胞数量、血小板聚集率及血小板激活因子(PAF)活性,表明PAF是参与ARDS发病的重要介质;肺循环高凝状态是ARDS发病中关键环节之一。包头医学院等[2]报道血管紧张素Ⅰ转换酶(ACE)活性在大鼠注射油酸后升高,与肺水肿、血氧分压有明显相关关系,认为外周血中ACE活性变化可用以估计肺损伤情况。西安西京医院[3]研究表明犬注入油酸后肺毛细血管通透性立即明显增高,且早于血管外肺水肿、血气和胸片改变,认为可作为诊断ARDS早期敏感指标。重庆西南医院[4]观察到油酸复制犬ARDS模型氧转运与氧消耗在2小时和4小时后均显著降低,提示为ARDS的重要特征,监测氧转运与氧消耗对指导治疗和判断预后有价值。重庆大坪医院[5]研究表明急性肺损伤时肺组织中大量中性粒细胞(PMN)积聚的重要原因是PMN变形性下降、粘附性增加,在通过肺毛细血管床时易于滞留,导致肺组织的炎性损伤。西安西京医院等[6]观察内毒素急性肺损伤大鼠血清和支气管肺泡灌洗液(BALF)中IL-6含量变化,提示IL-6可能参与内毒素急性肺损伤的病理过程,是导致急性肺水肿的重要原因。重庆新桥医院[7]复制犬ARDS模型,并测得肺巨噬细胞(AM)培养上清液中IL-1及TNF水平成倍增加,表明AM通过释放IL-1及TNF参与ARDS发病过程。北京医大三院[8]实验表明油酸型急性肺损伤(ALI)鼠BALF中NO及一氧化氮合成酶(NOS)活性明显增加,推测ALI可能与NO的血管扩张作用及其引起的损伤作用有关,IL-1受体拮抗剂(IL-Lra)在ALI中具有保护作用。西安西京医院[9]观察到ALI家兔吸入80ppm NO可选择性扩张肺血管,降低平均肺动脉压(mPAP),改善肺内气体交换,无明显毒副作用。兰州军区总院[10]观察到精氨酸可改善油酸所致小鼠肺损伤引起的缺氧及对缺氧的耐受性,防止和治疗肺损伤和肺水肿,并降低死亡率。苏州医学院一院[11]实验观察到二甲亚砜(DMSO)和人参总皂甙(GS)可提高ARDS大鼠过氧化物歧化酶(SOD)活性,减少血浆丙二醛(MDA)生成,减少PaO_2下降;GS可减少Ⅱ型肺泡上皮细胞内空泡变性板层体,提示DMSO、GS对油酸所致大鼠ARDS具有一定防治作用。山西大同医专等[12]报道肝素、蝮蛇抗栓酶(Svate)和牛磺酸对ARDS大鼠肺组织和肺灌洗液中的PAF活性有一定抑制作用,可不同程度减轻ARDS动物的病变,以Svate疗效最好。兰州军区总院等[13]采用连续高频通气(HFJV)基础上间歇叠加深吸气(DI)治疗油酸复制犬ARDS,显示PaO_2明显提高,对组织缺氧的改善优于常规机械通气加用PEEP。重庆西南医院等[14]报道反比通气(IRV)对ARDS犬氧代谢的改善优于常规通气。浙江医大二院[15]报道多发伤后24～48小时发生ARDS 14例,12例治愈,2例死亡,总有效率85.7%,早期采用机械通气、脱水剂、糖皮质激素、血管扩张剂、肝素和抗感染等是提高ARDS治愈率的重要手段。佳木斯医学院一院[16]报道严重胸部创伤及胸部手术后ARDS 47例,指出早期由于症状不典型,易被胸伤、胸部手术或其他伤情掩盖而误诊,应予警惕。连云港海港医院[17]报道急腹症合并ARDS 14例,占同期急腹症的1.1%。重庆新桥医院[18]*报道重度创伤后ARDS 57例,合并多器官功能衰竭(MOF)34例,死亡36例(63.2%)。广州铁路医院[19]报道腹部手术并发ARDS 10例,发生在术后6小时～11天,其中发生于消化道恶性肿瘤根治术后5例,经综合治疗存活6例,死亡4例。广州红十字会医院[20]报道老年人ARDS 12例,平均年龄71.5岁,其中肺炎9例,肠穿孔腹膜炎术后、胆囊炎、烧伤各1例,死亡8例(66.6%),明显高于非老年组,认为与延误诊断有关。上海市一院等[21]报道应用大剂量糖皮质激素抢救ARDS成功2例。该院[22]报道ARDS并发肺气压伤4例,发生原因与机械通气时最大吸气压峰值有关。指出为避免该并发症,吸气压峰值应$<$3.92kPa,PEEP应$<$0.98kPa。广州军区总院[23]抢救成功重复性急性呼吸窘迫综合征1例,分别为严重多发创伤、失血性休克及后期右下肢肌肉坏死组织吸收所致。北京儿童医院[24]应用化学发光法监测氮氧化合物浓度,观察到吸入低浓度NO(5～20ppm)即可有效降低缺氧性和急性肺损伤犬肺动脉高压并改善动脉氧合功能。大连铁路医院等[25]报道肺间质纤维化并发感染、气胸等诱发ARDS死亡5例,提出该类疾病患者出现呼吸窘迫,尤其是氧疗难以纠正的低氧血症时,应考虑合并ARDS的可能。

(二) 胸腔积液

广州南方医院[26]分析663例胸腔积液,结核性328例(49.5%),多伴有浸润性肺结核;癌性190例(28.7%),多为40岁以上,以肺腺癌居多。广东珠海市医院[27]分析54例恶性胸水,高发年龄在50～79岁之间,男女之比为1∶10,腺癌90.7%,鳞癌5.6%,未分化癌3.7%。宁夏青铜峡市医院等[28]报道B型超声对肺下积液的诊断特点:能确定积液位于肺底与膈肌之间；判断积液为流动型或包裹型；能正确地估计积液量，并可根据声像特点判断积液性质。上海市府公费医疗门诊部等[29]报道23例肺下积液的X线诊断，其中20例采用患侧卧位水平投照，对少量肺下积液有很高的灵敏性和早期诊断价值。江苏启东中医院[30]报道恶性胸腔积液61例，其中27例入院时被误诊为良性，误诊率为44.3%，误诊原因为患者年龄较轻（<40岁）、初次抽液为非血性、胸水恶性细胞阴性及大量胸液掩盖了肺内原发病灶。江苏大丰县医院[31]分析182例中老年胸腔积液，多为渗出液（88.5%），且恶性居首位（63.7%）。辽宁营口市二院等[32]报道60岁以上胸腔积液46例，其中恶性胸水28例，占60.8%，原发肿瘤为肺癌、肝癌、乳腺癌、直肠癌、胸膜间皮瘤等。上海中山医院[33]用胸腔镜检查病因未明的胸腔积液146例，确诊为恶性109例，良性特异性疾病18例，敏感性92.7%，特异性100%，诊断准确率93.2%。上海甘泉医院[34]报道胸液中6项指标对癌性胸液与结核性胸液的鉴别价值，结果除腺苷脱氧酶（ADA）外，鳞癌细胞相关抗原（SCC）、CEA、LDH、β_2-微球蛋白（β_2-MG）和铁蛋白（FeP）五项均有待进一步确定。南京医学放免中心[35]检测51例结核性胸膜炎和47例癌性胸膜炎胸水中TB-DNA、ADA、CEA及胸水溶菌酶（LZM），认为3项以上指标联合检测可为鉴别诊断提供可靠依据。浙江医大二院[36]测定24例恶性胸液及20例结核性胸液的CEA、sIL-2R和核仁组成区嗜银染色（Ag-NOR），提示3项指标同时检测有利于恶性胸液的诊断。济南军区总院[37]测得恶性胸液29例及结核性胸液14例的IL-8、TNFα、表皮生长因子（EGF）和NO_2^-/NO_3^-水平显著高于正常，而结核性胸液中前三者的含量明显高于恶性胸液。杭州市二院[38]测定结核性胸液和癌性胸液中CEA和糖类抗原125（CA125）含量，提示联合检测双项阳性有助于癌性胸液的诊断。浙江医大二院[39]查恶性胸腹液60例、良性胸腹液70例Ag-NOR，两组分别为4.35±2.18和1.80±0.79（$P<0.01$）。上海瑞金医院[40]报道用流式细胞光度仪检测胸液细胞DNA含量对恶性胸液的诊断敏感性为81.0%，结合胸液细胞学和癌胚抗原检测敏感度可达100%。兰州医学院二院等[41]检测30例恶性胸液及21例结核性胸液中中分子物质（MMS）及血浆、胸液MMS比值，结果显示恶性胸液二者明显增高。南通医学院二院等[42]报道癌性胸液CA-242含量明显高于结核性胸液。广东珠海市医院[43]采用压片组织细胞学检查胸腹水，获得的细胞量大，细胞排列介于组织学与细胞学特点之间，并可将堆积的癌细胞团展成单层排列，便于观察，诊断正确率为97.8%。新乡医学院一院[44]用细胞玻片离心法检查29例结核性胸液及13例癌性胸液，结果前者白细胞、中性粒细胞、小淋巴细胞高于后者；后者查到癌细胞的阳性率为84.6%，显著高于胸液涂片及胸膜活检。北京结核病胸部肿瘤所[45]报道胸内注射新菌抗癌剂（NBAC）治疗癌性胸液的显效率为68%，有效率为89%，疗效显著高于丝裂霉素胸内注射。广东湛江市医院[46]报道顺铂胸腹腔给药治疗恶性胸腹水72例，显效率40.3%，有效率47.2%，总有效率87.5%，无明显毒副作用。医科院肿瘤医院[47]采用榄香烯乳剂胸腔或腹腔内注射，治疗484例恶性胸腹腔积液，有效率分别为77.6%及60.6%，无明显毒副反应。该院等[48]采用济南假单胞菌苗注射液胸腔内注射治疗恶性胸液509例，总有效率为82.1%（421/509），而顺铂对照组的总有效率为61.0%（25/41）。河北医大四院等[49]采用凝血酶1 500～3 000U胸腔内注射治疗癌性胸液15例，总有效率为87%。吉林肿瘤医院[50]采用大剂量TNF（4×10^6单位）胸腔内注射治疗恶性胸液24例，有效缓解率91.7%（22/24），毒副反应有高热16例，疼痛14例，均经对症处理缓解。上海瑞金医院[51]分析短小棒状杆菌（CP）、链球菌免疫剂（OK-432）和抗癌药物（MAFD方案）胸膜腔内注入治疗恶性胸液的疗效，结果CP组总有效率91.1%（31/34），OK-432组78.9%（15/19），MAFD组66.7%（14/21）。本溪钢铁公司职工总院[52]应用鸦胆子油乳胸腔内注射治疗癌性胸液26例，总有效率88.4%。

（三）自发性气胸

广东澄海市医院[53]报道自发性气胸61例，病因以肺结核最多，共37例（63.8%），其次为肺气肿并发感染13例（21.6%）及肺部感染6例（9.8%），另有支气管肺炎、败血症各1例和病因未明3例。福建医大二院[54]报道自发性气胸56例，青壮年占75%，男：女为13：1，闭合性气胸33例，开放性气胸19例，张力性气胸4例。广东三水市医院[55]报道自发性气胸69例，右侧40例，左侧25例，双侧4例。山东济宁交通医院等[56]报道老年自发性气胸43例，症状多不典型，张力性气胸多，合并感染不易控制，易发展为呼吸衰竭甚至死亡。陕西咸阳西北地勘局215医院[57]报道老年人双侧自发性气胸9例，占同期老年人气胸的6.3%，6例治愈，1例死亡。江苏常熟市四院[58]报道青壮年（20～39岁）自发性气胸92例，指出肺被压缩<50%者常无呼吸困难，仅表现为胸痛、痛闷；肺压缩>80%者多为张力性气胸，应尽早闭式引流。无锡肺科医院等[59]报道44例40

岁以下肺大泡破裂引起自发性气胸，手术证实大泡位于肺尖者32例，满布肺表者10例，肺尖漏气未见肺大泡者2例，术后3例(7%)复发，复发率显著低于胸膜腔穿刺治疗者(41%)。福州肺科医院等[60]报道癌性自发性气胸9例，其中鳞癌、小细胞肺癌各1例，腺癌3例，肺泡癌4例，认为晚期肺癌并发气胸加速心肺功能恶化，预后较差。海南工人医院[61]报道4例以哮喘样发作为首发表现的自发性气胸病例。南通医学院附院[62]对特发性气胸21例行胸膜腔造影，发现肺大泡10例，胸膜粘连2例，肺大泡加胸膜粘连9例，其中手术治疗8例，手术所见与造影相符。安徽淮南市一院[63]分析36例自发性气胸减压后肺复张不全的原因为肺部各种感染、多发胸膜下肺大泡及肺大泡减压后再次破裂、胸膜肥厚及粘连等，而与气胸类型、肺组织压缩程度及病程无关。江苏海门市医院[64]报道30例复发性自发性气胸的手术治疗经验，手术以肺大泡结扎术和缝合为主，经腋下切口进胸损伤小、手术简单。广东江门市医院[65]认为凡发作2次以上的自发性气胸经内科保守治疗2周仍不复张者，应考虑手术治疗。四川内江市一院[66]报道20例自发性气胸经胸腔闭式引流肺仍未复张，后在全麻下用正压膨肺治疗，18例获得治愈。南京军区福州总院[67]采用电视胸腔镜手术治疗肺大泡破裂自发性气胸13例，患者术后第2天可下床活动，X线复查无残余气胸。昆明医学院二院[68]报道以胸腔镜电烧灼治疗自发性气胸18例、血气胸4例、肺大泡2例，除1例转剖胸治疗外均获成功。解放军253医院[69]以胸腔镜直视下松解及离断胸膜粘连带，并向裂口及肺大泡表面喷洒滑石粉混悬液行胸膜固定术治疗自发性气胸7例，收到满意疗效。江苏溧阳市中医院[70]报道应用腹膜透析管行胸腔排气治疗气胸25例，肺复张时间平均2.7天，有效率100%。解放军163医院[71]应用Abrams胸膜活检针穿刺胸腔，放入一次性输液管进行气胸引流治疗自发性气胸33例，平均肺复张时间4.1天。济宁医学院附院等[72]以日本Olympus P_{20}型纤支镜代替胸腔镜，在12例交通性及张力性自发性气胸患者的肺裂口处喷5‰硝酸银20ml，继而持续引流，疗效满意。广东惠州市医院[73]用胸腔闭式引流加凝血酶400～1 000U胸腔内注射治疗顽固性气胸33例，注射1～3次不等，全部治愈。江苏常州市二院[74]报道自发性血气胸30例，其中12例经低位胸腔闭式引流治愈，9例因出血不止行肺修补术，3例于引流1～2周后行凝固性血胸纤维膜剥脱术及左隔离肺叶切除术治愈。四川自贡市一院[75]报道自发性血气胸12例，占同期自发性气胸的4.1%。甘肃省医院[76]报道自发性血气胸并休克9例，认为持续出血＞200ml/h，或血从气管内咯出有窒息危险者，须及时开胸探查，手术止血。贵州省医院[77]报道40例自发性血气胸，31例因引流无效而手术，其中肺大泡破裂并出血11例，胸膜粘连撕裂出血16例，未见明显出血部位4例。重庆医大儿童医院[78]报道小儿血胸24例，病因属感染者19例(化脓性14例、肺吸虫性4例、结核性1例)，属恶性肿瘤者5例。浙江武警总队医院[79]收治自发性气胸200例，行胸腔闭式引流术后发生并发症63例，其中胸腔积液21例，皮下气肿20例，出血10例，切口感染6例，复张性肺水肿3例，心源性休克1例，患侧上肢活动受限2例。华西医大一院[80]报道1例特发性乳糜气胸，为胸导管和胸膜撕损所致，行胸导管结扎术治愈。辽宁本钢歪头山铁矿医院等[81]用纤支镜进行支气管肺泡灌洗及注气治疗经引流2周无效或肺复张不佳的气胸5例，被压缩肺得到快速而完全的复张。上海新华医院[82]采用电视胸腔镜手术治疗自发性气胸15例，疗效满意，具有创伤小、并发症少、恢复快、疗效确切的优点。

(刘忠令)

(四) 睡眠呼吸暂停综合征

北京水利部总院等[83,84]报道240例阻塞性睡眠呼吸暂停综合征(OSAS)中68%确诊伴有高血压病，提示OSAS患者夜间反复呼吸暂停引起的低氧血症可能是部分高血压病原因之一。解放军359医院等[85]报道OSAS患者无论有无高血压，多数血压昼夜节律消失，血浆内皮素升高，提示OSAS时血压升高与内皮素激活有关。苏州医学院一院[26]应用微电子数字式睡眠记录仪对18例患者进行睡眠呼吸监测，认为该记录仪对OSAS的临床筛选及诊断具有应用价值。北京协和医院[87*,88]报道经鼻持续气道内通气(CPAP)治疗18例OSAS的远期效果，认为其改善低氧血症、缩短最长呼吸暂停时间、使临床症状减轻或消失的机制可能与逆转睡眠前后呼吸方式和改变呼吸中枢驱动性有关。广州呼吸病所[89]应用全夜多导睡眠图的有关指标预测应用CPAP治疗OSAS的最佳压力水平(Pm)，提示呼吸紊乱指数及血氧饱和度低于90%时间可用于临床预测Pm。北京协和医院[90]、北京医大口腔医学院[91]和解放军359医院[92]等分别报道应用咽成形术、口腔矫治器或前鼻孔置管治疗OSAS，均取得一定疗效。

(五) 肺梗死和肺栓塞

苏州市四院等[93]报道纤维蛋白肽段A和纤维

蛋白肽段 B 均高于 15ng/ml 时应高度怀疑肺梗死(PE),若后者在溶栓治疗后仍持续高浓度,预示病人有高死亡率。北京医院[94]报道 23 例肺栓塞患者基础病依次为冠心、心梗、COPD、糖尿病等,临床多表现为呼吸困难、猝死和低氧血症,缺乏典型"三联症";病理特点:PE 8 例,"巨大块肺栓塞"6 例,10 例肺小动脉多处栓塞。北京安贞医院等[95]经下肢深静脉核素造影(RNV)及核素肺血流灌注显像(LPS)诊断有下肢深静脉血栓患者 28 例,其中有 15 例并发PE(53.4%)。北京医大三院[96]用尿激酶和蝮蛇抗栓酶溶栓治疗慢性肺血栓栓塞,15 例中 4 例栓子部分溶解,8 例恶化,3 例无变化;1 例行肺血栓内膜剥脱术,术后心功能由Ⅳ级改善到Ⅱ级。北京红十字朝阳医院等[97]*采用自体血栓注入法建立急性肺栓塞动物模型,发现尿激酶溶栓疗法能迅速有效地减轻急性肺栓塞引起的血液动力学损害,改善心功能。中国医大二院等[98]报道 3 例肺梗死后综合征,2 例误诊为结核性心包炎和胸膜炎,1 例误诊为支气管肺炎合并反应性胸膜炎及心包炎。

(六)高山病

西藏军区总院[99~101]研究发现刚进入高原和长期移居高原健康成人的肺功能、氧代谢、甲状腺素、内源性类洋地黄因子、心纳素(ANP)及肾素等一些生物活性物质浓度与平原健康人相比均有明显变化;心动超声显示急速进入高原后,首先出现低氧性肺血管收缩反应,随后又与肺循环血量增加共同作用造成肺动脉高压,经短暂反应后即建立新的平衡;高原性肺水肿(HAPE)患者血清 IgG、IgM 与补体含量显著增高,提示体液反应在 HAPE 的发生中有重要作用,提出 HAPE 可能为缺氧所致超敏反应Ⅲ型疾病的局部表现。西宁市一院[102]测得 HAPE 患者血浆心钠素(ANP)水平明显高于对照组,认为可能是机体的一种代偿机制。青海高原医科所[103,104]报道多普勒超声可用于高原低氧性肺动脉高压的测定;研究了瓣膜返流与肺动脉压的关系;通过动物实验证实高压氧疗对肺动脉高压有一定疗效。

(七)肺水肿

上海长海医院[105]报道用不同剂量的内皮素-1(ET-1)灌流鼠肺能引起肺水肿,机制为小剂量时与肺毛细血管壁对小分子的通透性增加有关,大剂量则与毛细血管跨壁压增高有关。河北衡水哈励逊国际和平医院[106]采用高位槽给氧提高透析液氧含量的方法治疗 4 例肺水肿,取得满意疗效。武警四川总院[107]报道 5 例复张性急性肺水肿应用强心、利尿、大剂量糖皮质激素及 PEEP 等治疗,4 例治愈,1 例肺癌伴血性胸水者死亡。

(八)肺不张

北京医大二院[108]*动物实验中发现急性肺不张(AUA)后,随着健侧肺分钟通气量(MV)增加和肺内分流量(Q_S/O_T)增加,患侧 Q_S/Q_T 减少,提示AUA 后是否会发生严重低氧血症取决于健侧 MV的大小。广州珠江医院等[109~111]分析 160 例肺不张的主要病因依次为肿瘤(51.3%)、炎症(38.1%)、结核(5.0%)等;老年人中肿瘤占 68.8%,且右中叶不张亦以肿瘤多见(37.6%),其次为炎症(35.3%)、结核(9.4%)。广西医大肿瘤医院[112]报道 1 例多发性肺内结石并左肺上叶不张。杭州市一院[113]对 8 例经常规处理、纤支镜吸痰不复张的顽固性肺不张采用正压膨肺法治疗,收到满意疗效。

(九)咯血

北京铁路总院[114]报道用鱼肝油酸钠及明胶海绵行双重栓塞治疗大咯血 23 例,有效率达 100%,平均随访 13 个月,复发 2 例。苏州医学院一院[115,116]报道选择性支气管动脉双程栓塞的止血成功率(94%)明显高于单纯明胶海绵栓塞(70%)。天津肺科医院[117]报道选择性支气管动脉栓塞(BAE)治疗大咯血 20 例,经 5 年临床观察效果良好。河南鹤壁矿务局总院等[118]采用 BAE 治疗支气管动脉畸形大咯血 4 例,避免了开胸手术。福建医学院二院[119]报道经纤支镜局部注射凝血酶+去甲肾上腺素治疗咯血 26 例,除 1 例经 2 次治疗外,余均 1 次有效,平均止血时间 2.1 天。四川内江市一院[120]和青岛市医院[121]分别报道经纤支镜灌注凝血酶治疗 55 例咯血患者,51 例有效(92.7%),无效 4 例(7.3%)。济宁医学院附院等[122]报道采用纤支镜外加套管并局部注入 5%孟氏液(主成分为碱式硫酸亚铁)抢救大咯血 6 例获成功,用套管后可及时拔镜吸引、反复检查而避免窒息。

(十)肺隔离症

北京协和医院[123]和南京医大一院[124]分别报道肺隔离症 21 例和 12 例,其中叶内型 26 例、叶外型 5 例,60.6%位于左下叶,术前仅 6 例确诊。指出 B 超、CT、MRI 对显示异常动脉有重要价值,主动脉造影可显示病肺血供来自体循环而获确诊。

(十一)支气管肺囊肿

黑龙江结核病院[125]、山东济宁市一院[126]共报道 100 例经手术病理证实的支气管肺囊肿,术前 67 例误诊,作者探讨了误诊原因。北京胸科医院[127]报道 4 例成人肺先天性囊性腺瘤样畸形,占该院同期成人先天性肺囊性疾患的 10.5%。

(十二) 肺大泡

温州育英儿童医院[128]分析了肺大泡纽马托西尔(Pneumatocele)型和波拉(Bulla)型的鉴别要点,认为该分型法是区分保守治疗和外科手术的关键,并指出 Bulla 是造成条件致病菌感染的病理基础。常州市一院[129]根据 82 例手术所见将肺大泡破裂致自发性气胸分为Ⅰ型(肺尖型)、Ⅱ型(肺叶型)、Ⅲ型(弥漫型)、Ⅳ型(双侧型),依据是否伴有血胸将Ⅰ型分为Ⅰa(单纯气胸)和Ⅰb型(血气胸),认为该分型对诊断和治疗有一定价值。山东胸科医院[130]采用胸腔插管手控负压彻底抽气加红霉素胸腔注射治疗 7 例肺大泡取得满意效果。

(十三) 特发性肺含铁血黄素沉着症

天津儿童医院[131]检测 25 例特发性肺含铁血黄素沉着症(IPH)患儿的免疫功能,发现 IgM、IgA、IgG 均较对照组高,淋转 4/12 例降低,CD3、CD4 5/7 例低于正常,提示患儿细胞免疫功能低下。该院[132]还报道 22 例患儿的肺功能损害主要表现为低氧血症、弥散功能障碍和限制型通气障碍。广西医大一院[133]报道经纤支镜诊断成人 IPH 13 例,其中灌洗并刷检找到含铁血黄素巨噬细胞 8 例,活检病理及印片阳性 5 例。

(十四) 弥漫性泛细支气管炎

解放军总院[134]和北京医院[135]各报道 1 例弥漫性泛细支气管炎,均有鼻窦炎、肺功能持续恶化,胸部 X 线及 CT 均可见两肺弥漫性小结节影伴过度充气、支扩、肺炎等征象,先后被误诊为慢支、肺气肿、肺结核、肺间质纤维化等,经止咳平喘及多种抗菌药物、抗痨治疗无效,1 例经开胸肺活检确诊,另 1 例支气管肺活检见到细支气管扩张及慢性炎症,经加用甲红霉素治疗 1 个月后病情缓解。

(十五) 肺泡蛋白沉积症

广东医学院附院[136]报道 6 例肺泡蛋白沉积症,4 例经纤支镜灌洗并肺活检确诊,2 例死后肺穿刺病理证实,作者讨论了该病的 X 线表现及其鉴别点。

(十六) 支气管结石与肺泡微石症

华西医大一院[137]报道 7 例支气管结石并讨论了该病的诊治要点,认为纤支镜不但可用于诊断,也是重要的治疗手段。马鞍山钢铁公司劳卫所[138]报道误诊为矽肺的肺泡微石症 4 例,提出 X 线动态观察及高 kV 胸片有助于诊断。

(十七) 呼吸道淀粉样变

天津医大总院[139]报道 1 例呼吸道淀粉样变,经纤支镜窥见距声门下 4cm 有菜花样肿物,经病理活检、刚果红染色阳性确诊。

(十八) Kartagener 综合征

河北沧州地区医院等[140]报道 1 例家族性 Kartagener 综合征,姐妹俩均有全内脏转位、支扩和副鼻窦炎,其父母为近亲结婚。

(黄　怡)

参 考 文 献

[1] 刘　宏等. 中华劳卫 1996;14(4):193
[2] 陈晓东等. 中国工业医学 1996;9(1):1
[3] 柏长青等. 中国危重病急救医学 1996;8(4):205
[4] 蹇华胜等. 中国危重病急救医学 1996;8(4):201
[5] 周向东等. 中国危重病急救医学 1996;8(4):203
[6] 刘林英等. 中华结核和呼吸 1996;19(4):228
[7] 徐剑铖等. 重庆医学 1995;24(6):336
[8] 孙德俊等. 中华内科 1996;35(4):266
[9] 廖建军等. 中华结核和呼吸 1996;19(4):202
[10] 朱运奎等. 中华结核和呼吸 1996;19(4):225
[11] 朱晔涵等. 江苏医药 1996;22(3):156
[12] 刘　宏等. 中华劳卫 1996;14(5):277
[13] 侯一峰等. 中国危重病急救医学 1996;8(4):207
[14] 蹇华胜等. 中国危重病急救医学 1996;8(6):330
[15] 施小燕等. 急诊医学 1996;5(3):152
[16] 邹志田等. 中国胸心血管外科临床 1996;3(3):161
[17] 黄珊林. 交通医学 1996;10(2):67
[18]* 任成山等. 中国急救医学 1996;16(1):9
[19] 连福臻. 铁道医学 1996;24(5):287
[20] 张　辛等. 中国实用内科 1996;16(4):227
[21] 周　新等. 中国危重病急救医学 1996;8(4):244
[22] 戴依利等. 中国实用内科 1996;16(2):119
[23] 邢　锐等. 中西医结合急救 1996;3(10):446
[24] 陈贤楠等. 中华儿科 1995;33(6):332
[25] 任　红等. 辽宁医学 1995;9(4):215
[26] 李　慧等. 一军医大学报 1996;16(2):145
[27] 张　莹等. 肿瘤防治研究 1996;23(3):185
[28] 邱俊清等. 中国超声 1996;12(8):57
[29] 金以文等. 实用放射 1996;12(1):39
[30] 范毕辉等. 辽宁医学 1996;10(3):160
[31] 任世银等. 南通医学院学报 1996;16(2):260
[32] 张静茹等. 白求恩医大学报 1996;22(3):261
[33] 张敦华等. 中华内科 1996;35(6):367
[34] 杨忠民. 上海医学检验 1996;11(1):12
[35] 王书奎等. 上海医学检验 1996;11(3):148
[36] 乌英华等. 中国实用内科 1996;6(4):211
[37] 张　波等. 中华微生物和免疫 1996;16(1):72
[38] 黄　强等. 中华结核和呼吸 1996;19(3):191
[39] 林小莉等. 浙江医大学报 1995;24(6):264

[40] 时国朝等. 上海二医大学报 1996;16(3):199
[41] 刘延祯等. 兰州医学院学报 1995;21(4):251
[42] 瞿明之等. 临床内科 1996;13(5):26
[43] 张 莹. 实用癌症 1996;11(2):129
[44] 郭悦鹏等. 中国实用内科 1996;6(4):215
[45] 王敬萍等. 中华结核和呼吸 1995;18(6):339
[46] 吴光兴等. 广东医学 1996;17(7):458
[47] 王金万等. 中国肿瘤临床 1996;23(4):301
[48] 王金万等. 中华肿瘤 1995;17(6):458
[49] 周学敏等. 中华结核和呼吸 1996;19(4):241
[50] 华新民等. 中国肿瘤临床 1996;23(4):263
[51] 王云龙等. 上海二医大学报 1996;16(1):57
[52] 刘雪白等. 中国肿瘤临床 1996;23(9):682
[53] 陈雪莹. 广东医学 1996;17(8):544
[54] 郑善德等. 福建医药 1996;18(3):47
[55] 吴良友等. 广东医学 1996;17(7):498
[56] 陶秀娟等. 交通医学 1996;10(3):9
[57] 王少武. 中华结核和呼吸 1996;19(3):142
[58] 颜卫国. 苏州医学院学报 1995;15(6):1044
[59] 陆国础等. 中国实用内科 1995;15(10):619
[60] 王 琳等. 中国实用内科 1995;15(12):719
[61] 何海武等. 海南医学 1996;(2):70
[62] 林美华等. 南通医学院学报 1996;16(2):259
[63] 杨树芳. 安徽医学 1995;16(6):49
[64] 徐祖平. 南通医学院学报 1996;16(1):31
[65] 黄文涛. 广东医学 1995;16(11):774
[66] 周 楠. 中国胸心血管外科临床 1996;3(2):126
[67] 吴光林等. 中华结核和呼吸 1995;18(6):332
[68] 王惠华等. 云南医药 1995;16(5):357
[69] 蔡恩齐等. 内镜 1996;13(2):109
[70] 戴梅仙. 中国实用内科 1995;15(10):610
[71] 彭 方等. 湖南医学 1996;13(3):184
[72] 张黎明等. 中华结核和呼吸 1996;19(3):173
[73] 周仲志等. 新医学 1996;27(6):306
[74] 王 勇等. 苏州医学院学报 1995;15(5):957
[75] 刘曼玲. 重庆医学 1995;24(6):361
[76] 韩书恩. 兰州医学院学报 1995;21(3):158
[77] 蓝芳乾等. 中国胸心血管外科临床 1996;3(2):123
[78] 张儒谊等. 综合临床 1996;12(1):46
[79] 姚小英. 浙江医学 1995;17(6):362
[80] 袁益明等. 华西医学 1996;11(1):61
[81] 金孝臣等. 内镜 1996;13(2):111
[82] 单根法等. 上海二医大学报 1996;16(1):68
[83] 范 洁等. 中华心血管 1995;23(5):345
[84] 陈建清等. 中华老年医学 1996;15(4):242
[85] 慈书平等. 中华结核和呼吸 1996;19(4):229
[86] 马家用等. 苏州医学院学报 1996;16(5):873
[87]* 黄席珍等. 中华结核和呼吸 1996;19(5):273
[88] 赵向一等. 中华内科 1995;34(12):808
[89] 曾运祥等. 中华结核和呼吸 1996;19(5):269
[90] 黄席珍等. 中华结核和呼吸 1996;19(1):57
[91] 刘月华等. 中华口腔 1996;31(1):12
[92] 周存余等. 中华耳鼻咽喉 1996;31(4):247
[93] 刘 莱等. 苏州医学院学报 1995;15(5):910
[94] 孙铁英等. 中华结核和呼吸 1996;19(3):152
[95] 邹志英等. 心肺血管 1996;15(2):99
[96] 蔡浙青等. 中国循环 1996;11(6):350
[97]* 许俊堂等. 中华心血管 1996;24(3):225
[98] 宋桂华等. 中华老年医学 1996;15(3):181
[99] 李英悦等. 中华内科 1996;35(9):616
[100] 郭跃华等. 中华结核和呼吸 1996;19(1):32
[101] 李木成等. 中华内科 1996;35(2):122
[102] 杨华民等. 高原医学 1995;5(3):52
[103] 陈达生等. 高原医学 1996;6(1):29
[104] 吴意华等. 高原医学 1995;5(3):12
[105] 胡宁利等. 中华医学 1996;76(9):694
[106] 赵 汛等. 中华肾脏 1996;12(2):113
[107] 何鹏飞等. 中华外科 1996;34(5):314
[108]* 邓小梅等. 中华结核和呼吸 1996;19(1):22
[109] 何炳仁等. 内镜 1996;13(3):136
[110] 尹本义等. 中华老年医学 1995;14(5):311
[111] 薛立福等. 中华老年医学 1996;15(3):145
[112] 茅乃权等. 中华医学 1996;76(5):397
[113] 胡伟恩等. 中国危重病急救医学 1996;8(10):624
[114] 刘福全等. 中华放射 1996;30(3):205
[115] 凌春华等. 江苏医药 1996;22(3):165
[116] 凌春华等. 苏州医学院学报 1996;16(5):876
[117] 吴万鹏等. 天津医药 1996;24(4):237
[118] 李志军等. 中国实用内科 1996;16(8):498
[119] 曾奕明等. 福建医药 1996;18(2):5
[120] 刘朝良等. 内镜 1996;13(3):160
[121] 纪 霞等. 山东医药 1996;36(4):27
[122] 张黎明等. 内镜 1996;13(3):190
[123] 姚 彬等. 中华结核和呼吸 1996;19(2):101
[124] 吴延虎等. 江苏医药 1996;22(9):653
[125] 华有库等. 中国防痨 1996;18(2):60
[126] 冯先富等. 中华胸心外科 1996;12(3):168
[127] 白 燕等. 北京医学 1996;18(2):120
[128] 张正霞等. 中国实用儿科 1996;11(4):221
[129] 张晓膺等. 中华结核和呼吸 1996;19(1):47
[130] 高大川等. 山东医药 1996;36(4):20
[131] 高维新等. 天津医药 1996;24(6):378
[132] 高维新等. 天津医药 1996;24(5):297
[133] 黎小如. 广西医学 1996;18(5):601
[134] 刘又宁等. 中华结核和呼吸 1996;19(2):118
[135] 王厚东等. 中华结核和呼吸 1996;19(2):119
[136] 唐 震等. 中华放射 1995;29(12):873
[137] 徐大华等. 四川医学 1996;17(5):286
[138] 刘志安. 工业卫生与职业病 1995;21(6):372

[139] 吴　琦等. 天津医药 1996;24(8):463

[140] 曹大海等. 实用放射 1996;12(2):117

文　选

肺通气功能障碍导致血管紧张素Ⅱ水平升高的探讨(中华结核和呼吸 1996;19(2):84)　北京协和医院林耀广等选择 36 名 48～55 岁健康者和 23 例慢性支气管炎缓解期患者(平均年龄 58.2 岁),用 Jacger 肺功能仪测定肺容量和小气道功能。小气道功能以 $\dot{V}_{50}$、$\dot{V}_{25}$实测值与预计值比率<80%为小气道功能障碍。通气功能主要以 FEV_1%为标准,>80%为正常,<80%为通气功能障碍,<75%、<60%、<40%分别评为轻、中、重度阻塞性通气功能障碍,并以 RV/TLC%<35%判为无肺气肿,36%～45%、46%～55%、>56%为轻、中、重度肺气肿。所有患者在测定肺功能同时行动脉血气分析。全部对象均在早晨坐位取静脉血测血浆肾素活性(PRA)、血管紧张素Ⅱ(ATⅡ)和醛固酮(ALD)。结果慢支组 23 例均有小气道功能障碍,14 例合并有阻塞性通气障碍,20 例有肺气肿,血气分析指标除 1 例异常外,余均正常。慢支组血浆 PRA、ATⅡ和 ALD 测值分别为(0.43±0.11)μg/(L·h)、(197±32)ng/L 和(388±59)pmol/L,均显著高于健康组,尤以 ATⅡ升高最显著,包括 FEV_1 正常的 9 例 ATⅡ亦显著高于健康对照组。无肺气肿及轻、中度肺气肿组血浆 ATⅡ水平显著高于重度肺气肿组,尤以中度肺气肿组增高最显著。上述结果表明,慢性支气管炎导致早期肺通气功能障碍影响 PRA、ATⅡ和 ALD 的代谢,使 ATⅡ水平升高。由于本组 22 例慢支患者血气均正常,故认为肾素、血管紧张素、醛固酮系统的变化与动脉血氧分压无关,是否为 COPD 早期肺动脉高压发病机制之一值得进一步研究。

述评　肾素、血管紧张素、醛固酮等与高血压之间的关系已较肯定,但肺动脉高压的形成机制目前尚未完全阐明。肺内毛细血管内皮细胞中血管紧张素转化酶含量十分丰富,肺脏亦是许多活性物质的代谢器官。研究这些生物活性物质与肺动脉高压形成之间有无直接或间接关系,特别是上文研究慢性支气管炎患者肺功能障碍对血管紧张素Ⅱ等产生和释放的影响,是一个有意义的课题,但其直接确切意义仍有待今后进一步观察证实。

(招镜尧)

纤维支气管镜检查的严重并发症调查(中华结核 1996;19(4):226)　中华医学会上海分会肺科学会纤维支气管镜学组调查了 21 家医院至 1995 年 1 月底前共 80 998 例次纤支镜检查发生严重并发症情况,各严重并发症都有统一诊断标准。结果为死亡 6 例,心跳呼吸骤停 5 例,气胸 22 例,喉痉挛 44 例,结核播散 15 例,继发感染 48 例,共计 218 例。统计数字表明纤支镜检查一般来说非常安全,并发症发生率较低(26.9/万),说明近年来该技术日趋成熟及进一步增强了防范意识。并发症中以大咯血最为常见,可能与凝血功能不佳、病变组织富含血管、活检钳不锐利、钳夹时不果断有关。本组 6 例死因中,3 例为大咯血,3 例为心跳呼吸骤停。因此进行术前出、凝血检查;活检时窥清组织,如有搏动甚强处宜单行刷检;局部充血可先用 1∶5 000 肾上腺素收缩血管后活检;注意既往有无大咯血、肾功不全史等,基本上可避免大咯血发生。心跳骤停发生原因可能有.原有心脏病、情绪不稳定、麻醉不充分、操作手法生硬等,通过加强术中监护、重点观察可避免致死。气胸多发生在行 TBLB 时,故注意活检钳接近胸膜时应询问有无痛感,有则需后退少许。继发感染很常见,严格消毒、缩短检查时间、术中充分吸除分泌物、术后数天应用抗生素等可减少继发感染。对经活检后可能产生播散的结核球或空洞,可施以抗结核药后再操作。

述评　纤维支气管镜检查已广泛应用于肺科临床,避免或尽量减少并发症特别是严重并发症的发生极被关注。一旦发生严重不良后果会给术者造成很大心理压力,也对其他待检者产生负效应,影响诊疗水平的发挥。上组资料表明当前并发症发生率低于以前同类报道。故只要加强防范,积极处理,可进一步降低严重并发症发生率,并减少严重后果。

(招镜尧)

母牛分支杆菌制剂通过一氧化氮进行免疫调节的作用(中华结核和呼吸 1996;19(3):140)　中国药品生物制品检定所王国治等通过测定母牛分支杆菌作用于受染和未受染哺乳动物后一氧化氮(NO)的产生水平,初步探讨了其免疫调节作用的机制。实验分两组,一组用不同剂量母牛分支杆菌制剂免疫

BALB/c 小鼠，检测其腹腔巨噬细胞 NO_2^- 水平，间接反映 NO 的变化；一组用结核杆菌 $H_{37}RV$ 感染豚鼠，10 天后再注射母牛分支杆菌制剂。结果受免疫小鼠腹腔巨噬细胞产生 NO_2^- 水平明显高于未免疫小鼠($P<0.01$)，不同剂量母牛分支杆菌制剂免疫的 BALB/c 小鼠间腹腔巨噬细胞产生 NO_2^- 水平差别不显著($P>0.05$)。受染豚鼠注射母牛分支杆菌制剂后 NO_2^- 产生水平明显低于单纯结核杆菌 $H_{37}RV$ 感染组。本研究表明母牛分支杆菌制剂作为结核病免疫调理剂的作用机制之一是通过 NO 进行的。一方面母牛分支杆菌免疫小鼠，使小鼠腹腔巨噬细胞产生高水平 NO，提高机体免疫水平，业已证明 NO 能有效抑制或杀死结核分支杆菌；另一方面结核杆菌致病性抗原在对机体作用中，使淋巴细胞数量增加，活力减弱，皮肤变态反应增加，造成组织细胞破坏，而母牛分支杆菌制剂使受染豚鼠腹腔巨噬细胞产生 NO 水平下降，则有利于提高淋巴细胞的抗感染能力，调整免疫反应，进而减少组织损伤。因此，作者认为母牛分支杆菌制剂对受染机体具有免疫调节作用，使机体更有利于适应外在变化，达到自我稳定的作用。

（韩一平）

述评 在结核病免疫疗法的免疫制剂中，母牛分支杆菌制剂由于较易制备、造价低廉、使用简便、比较安全而倍受青睐，其确切疗效正在Ⅲ期临床验证中。关于其作用机制，文献报道可能与刺激 T 细胞增殖使 IL-2、IFN-γ 等细胞因子分泌增加、巨噬细胞被激活而产生大量 NO 与 H_2O_2 等杀菌活性物质有关，上文则提出该制剂对受染机体有免疫调节作用，目前尚难定论。近年来母牛分支杆菌制剂虽然已进行了系列研究，但其免疫效果和作用机制仍有待深入探讨。

（李平升）

快速酶联免疫吸附法检测血清阿拉伯甘露糖-IgG 对肺结核的诊断价值（中华结核和呼吸 1996；19(1)：41） 北京结核病胸部肿瘤所马玙等采用 ELISA 法，按 Myco Dot 试剂盒说明书检测了 90 例肺结核、53 例肺癌及 30 例正常人血清脂阿拉伯甘露糖-IgG(lipoarabinomannan-IgG，LAM-IgG)抗体水平。实验设平行管、阳性和阴性对照管。结果肺结核组血清 LAM-IgG 阳性率为 82%，其中痰结核杆菌涂(+)培(+)组为 96%，涂(-)培(+)组 85%，涂(-)培(-)组为 69%；LAM-IgG 水平在不同病变范围、有无空洞组间差异无显著意义($P>0.05$)；肺癌组 4 例 LAM-IgG 均阳性；正常对照组仅 1 例阳性。假阳性率分别为 8%和 3%。提示血清 LAM-IgG 测定是诊断肺结核一项有意义的辅助指标，本法快速、简便、重复性好。尤其值得提出的是，本实验中涂(-)培(+)及涂(-)培(-)组肺结核病例中，LAM-IgG 阳性率可达 85%及 69%，与国外 8 个单位综合报道的 176 例涂(-)肺结核中阳性率 63%相近。表明 LAM-IgG 测定对涂(-)及培(-)肺结核的诊断有较好的价值。

（韩一平）

述评 近年来有关结核病血清学诊断方法方面的研究不少，但敏感性和特异性不尽相同。可能与使用的抗原不同和观察对象的病情病程不同有关。上文选择免疫原性强而又较特异的分支杆菌细胞壁的重要组分 LAM 作抗原，测得肺结核血清 LAM-IgG 诊断阳性率为 82%，假阳性 6%，表明上法不失为结核病的一项有意义的辅助诊断手段。

（韩一平 李平升）

蝮蛇抗栓酶对结核性渗出性胸膜炎的治疗作用（中国防痨 1996；18(3)：116） 河南胸科医院肖悦娥等采用蝮蛇抗栓酶静脉滴注及胸腔内注入治疗结核性渗出性胸膜炎，治疗分两组，基础治疗相同，即抗痨方案均为 2S(E)HRZ/4HR，胸穿抽液每周 2～3 次，每次少于 1 000ml。在此基础上蝮蛇组加用精制蝮蛇抗栓酶 0.5～0.75U 加生理盐水 250ml 静滴(1 次/天×3 周)，同时每次胸穿抽液后胸腔内注入蝮蛇抗栓酶 0.25～0.5U；激素对照组用氟美松 5～10mg 静滴(1 次/日×2～3 周)，渐减量以强的松代之，总疗程 1～2 个月，每次胸穿抽液后胸腔内注入氟美松 5mg。结果 77 例蝮蛇组总有效率达 97.9%，比对照组(84.7%)明显增高，且随着病程延长疗效更为明显，平均胸水吸收时间及平均胸穿抽液次数各为 14.5 次和 3.1 次，明显少于对照组，但对照组中毒症状改善时间 7.2 天则明显少于蝮蛇组。提示结核性渗出性胸膜炎常规治疗包括化疗、胸穿抽液及应用激素，对早期效果较好，并可明显缓解中毒症状，如诊治延误，则易出现胸膜粘连甚至形成包裹。蝮蛇抗栓酶具有较强纤溶作用，还含有透明质酸酶，可促进瘢痕组织软化吸收。此外，蝮蛇抗栓酶含有缓激肽、增强肽等多肽类，有扩张毛细血管作用，胸腔内注药可加速渗液吸收，表明蝮蛇抗栓酶在促进渗液吸收、预防胸膜粘连方面明显优于激素。

（韩一平）

述评 减少胸膜增厚粘连是治疗结核性渗出性胸膜炎的目的之一。上文在化疗、胸穿抽液基础上用蝮蛇抗栓酶治疗 77 例患者，总有效率为 97.7%，平均胸水吸收时间及胸穿次数均显著少于皮质类固醇对照组，尤其是病程长者疗效更明显，提示其在促进渗液吸收、预防胸膜粘连上有独特的作用，从而为临床治疗结核性渗出性胸膜炎提供了一种新方法。鉴于上组病例病程＞4周者较少，蝮蛇抗栓酶的疗效希望能得到进一步扩大验证。

（韩一平　李平升）

肺结核并慢性肺心病病人换气功能的初步研究（中国防痨 1996；18(1)：16）　北京结核病胸部肿瘤所李琦等为探讨肺结核并慢性肺心病病人肺换气功能的特点和机制，选用 $PaCO_2$、氧合指数（PaO_2/FiO_2）、呼吸指数（RI）、动脉肺泡氧分压比（a/AO_2）和血氧饱和度50％时的氧分压（P_{50}）监测121例肺结核并慢性肺心病病人的换气功能，其中缓解期26例，Ⅰ型和Ⅱ型呼衰各为25例和45例，Ⅰ型和Ⅱ型呼衰并右心衰竭各为7例和18例。结果缓解期病人表现为肺泡通气正常，低氧血症和氧离曲线略左移；呼衰时共同特点为重度低氧血症，表现为 PaO_2/FiO_2 和 a/AO_2 显著低于缓解期病人，而RI明显增高。此外，Ⅰ型呼衰肺泡通气过度或正常、氧离曲线左移；Ⅱ型呼衰与之相反。呼衰并心衰后均表现为 PaO_2/FiO_2 和 a/AO_2 的进一步降低和RI进一步增高，且与同型呼衰组间有明显差异。呼衰发生时的氧合和通气状态在缓解组与死亡组之间无显著差异，救治后缓解组氧合状态明显改善，死亡组与之相反。由上可见呼衰合并心衰主要影响氧合功能，可能因此时肺血流减少，加重通气血流分布不均所致。两型呼衰间 a/AO_2 和RI差异提示其低氧血症的发生机制不同。Ⅰ型呼衰低氧血症系肺结核空洞、纤维化和毁损的面积增大，致弥散功能障碍和通气血流分布不均所致。Ⅱ型呼衰多在原发病基础上合并支气管和/或肺部感染以及呼吸肌疲劳，即在换气功能障碍基础上合并肺泡通气不足。作者认为，$PaCO_2$ 是反映肺泡通气的较好指标，PaO_2/FiO_2、$PaCO_2$ 和 P_{50} 可以从氧合、肺泡通气及组织换气三方面较为全面地评价病人的换气功能，是重症监护必须选择的三项指标。

（韩一平）

述评　换气功能障碍是肺结核并慢性肺心病的重要病理生理基础，也是发生呼衰的主要病理生理基础。上文监测肺结核合并慢性肺心病患者 $PaCO_2$、PaO_2/FiO_2、RI、a/AO_2 和 P_{50}，结果表明缓解期、呼衰或并心衰时换气功能特点均为低氧血症，但程度逐渐加重，各组间存在显著差异，且 PaO_2/FiO_2 治疗前后的动态变化有助于疗效观察和呼衰转归的预测，$PaCO_2$、P_{50} 各组变化不尽相同。PaO_2/FiO_2、$PaCO_2$ 和 P_{50} 联合检测可从氧合、肺泡通气和组织换气三个方面全面反映病人的换气功能，为诊断和治疗肺结核并慢性肺心病提供了重要依据。

（韩一平　李平升）

人肺癌组织中p53，Rb基因突变研究（中华医学遗传 1996；13(4)：206）　华西医大等王国丽等采用聚合酶链反应-单链构象多态性（PCR-SSCP）方法，以正常人肺组织为对照，对41例人肺癌组织中p53基因外显子5～8及Rb基因外显子14～16、22～23进行突变分析。其中鳞癌20例、小细胞癌9例、腺癌8例、腺鳞癌和大细胞癌各2例。结果：41例肺癌p53基因突变16例，占39.0％，外显子5、6、7分别检出10、3、4例，其中1例小细胞肺癌5、7同时发生突变；鳞癌、小细胞癌和腺癌的突变率分别为30.0％(6/20)、55.5％(5/9)、37.5％(3/8)；2例腺鳞癌和2例大细胞癌各有1例突变。Rb基因异常4例，其中鳞癌1例，小细胞癌3例，2例外显子14～16大片段丢失，2例外显子22～23区域突变。对p53基因存在异常的5例样品（3例外显子5，1例外显子6，1例外显子7）进行PCR产物序列分析，在1例小细胞肺癌发现未见报道的密码子199、200移码突变及很少发生的198无义突变；3个单碱基取代突变中，2个为G-T颠换。以上结果显示：肺癌中抗癌基因p53、Rb基因失活，特别是p53基因的失活可能与肺癌的发生有关，而且两个基因突变之间无明显相关性，可能在肺癌发生中独立起作用；不同组织类型肺癌，与两基因失活的相关程度不同，其中小细胞肺癌突变率高于非小细胞肺癌。作者认为肺癌中p53基因G-T颠换突变较其他肿瘤常见，可能为烟草中苯丙芘所致。

（李　兵）

述评　抑癌基因的突变在肺癌发生、发展过程中的作用已有较多研究，其中p53基因突变已知是人类癌肿中最常见的基因突变，其突变率在非小细胞肺癌中高达49％。正常的（野生型）p53基因对细胞的生长、分裂起负调节作用，而突变的p53则刺激细胞分裂，有助于细胞的生长和增生，且多为与吸烟有关的G-T转化。上研究亦证实了这些理论，该组资料p53基因突变率为39.0％，并发现199、200密码子突变。周伯东（中华结核和呼吸 1996；19(4)：215）报道肺癌p53基因突变密码子为248。Rb基因突变率较低，其失活亦与肺癌发生有关。

（叶曜芩）

肺的基底样细胞癌（肿瘤防治研究 1996；23(1)：14）　湖北肿瘤医院姚楚云等对1978～1993年间经手术切除的52例肺癌（以前分类为低分化癌、未分化癌、类癌或腺癌伴有类癌分化）的组织切片作回顾复习，其中8例再分类为基底样细胞癌，2例为灶性基底细胞样癌分化。8例基底样细胞癌的形态学观察显示皮肤基底细胞癌排列的形态学特征。AB/PAS、HID/AB组化染色均呈阴性反应，嗜银染色在肿瘤细胞内未见嗜银颗粒，Keratin标记强阳性，CEA标记仅部分癌细胞显示弱阳性。肺的基底样细胞癌显示类似皮肤基底细胞癌的部分形态学特征，但较皮肤基底细胞癌异形性明显，易误诊为小细胞或大细胞神经内分泌肿瘤或中间型小细胞未分化癌。嗜银染色无嗜银颗粒可与类癌鉴别，粘液染色阴性而Keratin标记强阳性可与低分化腺癌区别。

（李　兵）

肺癌p53蛋白表达的免疫组织化学研究（中国医大学报 1995;24(5):451）　中国医大肿瘤所等姜彦多等采用链菌素亲生物素-过氧化物酶法（简称SP法）研究了p53蛋白在68例肺癌组织中表达情况，其中鳞癌37例，腺癌24例，小细胞癌4例，大细胞癌3例。标本均采用10%中性福尔马林固定，常规制成厚5μm石腊切片。结果：68例肺癌组织中p53蛋白表达的阳性率为63.2%，不同组织类型的阳性率无显著差异（$P>0.05$）。细胞内着色部位在细胞核，鳞癌往往可见癌巢周边的癌细胞染色较强，阳性细胞数量多，腺癌阳性细胞的分布无规律性；癌旁支气管粘膜上皮细胞、支气管腺体、结缔组织和软骨组织等均为阴性。2例鳞癌癌旁为重度不典型增生的支气管粘膜上皮，细胞有阳性反应。NSCLC分化程度与p53蛋白表达阳性率无关。结合临床分析，p53蛋白的表达与有无淋巴结转移无关（$P>0.05$）。以上结果表明p53蛋白是肺癌较特异的肿瘤标记物。鳞癌旁重度不典型增生的支气管粘膜上皮细胞有p53蛋白的表达，提示p53蛋白有利于肺癌的早期诊断。作者认为福尔马林固定组织无假阳性；S-P免疫组化染色与PAP与ABC方法相比，染色时间短、灵敏度高、特异性强、背景更清晰。

（李　兵）

述评　用免疫组化法检测肺癌细胞核内p53蛋白的表达是了解p53基因错义突变的重要方法，因此，p53蛋白的表达不仅是肺癌细胞的标志物，还可以反映突变型p53基因在肺癌发生中的作用；检查不同部位的p53蛋白表达，可以早期发现肺癌。上文作者(Chin J Physic Med 18(1):24)又研究了p53蛋白表达与DNA含量的关系，异倍体p53蛋白表达高于二倍体细胞，表达阳性的肺癌S期细胞比例高于p53蛋白表达阴性者，表明p53蛋白表达在促进细胞DNA合成和增殖中起重要作用。林震琼等（二军医大学报 1996;17(4):344）研究结论与上文作者不一致，认为p53蛋白表达与肺癌的分化程度有关，分化愈低，阳性率愈高，故可望成为预后的评估指标之一。

（叶曜芩）

周围型肺腺、鳞癌CT征象与癌细胞核DNA含量关系的研究（中华放射 1996;30(1):15）　长沙湘雅医院刘进康等对47例经手术病理证实的周围型肺腺、鳞癌病人进行CT扫描，同时用图像分析仪采用吸光度法对肿瘤标本进行细胞核DNA含量检测。47例中，男39例，女8例，年龄43～73岁；其中鳞癌23例，腺癌24例。病理分级：高、中、低度分化分别为15、16、14例，2例未予分级。每例DNA相对含量(u)值＝100个肿瘤细胞DNA平均值/30个淋巴细胞DNA平均值。以正常对照细胞DNA中间值（P_{50}值）的1.25倍确定二倍体细胞DNA含量的上限值，将DNA含量大于5C的细胞作为异倍体细胞(AN)，并将AN百分比>20%者归为高异倍体肿瘤(HAN)，AN百分比≤20%者归为低异倍体肿瘤(LAN)。CT扫描层厚、层距均为10mm，病变区用3～5mm层厚薄扫，纵隔淋巴结肿大以短径≥10mm为判定标准。结果：中、低度分化肿瘤癌细胞核u值较高分化者高（$P<0.01$），中、低分化两者间无显著差异；腺、鳞癌间亦无差异（$P>0.05$）。结合CT征象分析，瘤体最大直径>3cm者，u值明显高于直径≤3cm肿瘤者（$P<0.01$）；有深分叶征、棘状突起及纵隔淋巴结肿大者，u值明显高于无此征象者（$P<0.01$），HNA的百分数前者也高于后者，而LNA的百分数则后者高于前者。有或无含气支气管征比较，后者较前者u值高（$P<0.05$），HNA百分数亦较高。而有无毛刺征，两者u值无明显差异（$P>0.05$）。作者认为，周围型肺癌直径>3cm、出现深分叶征、棘状突起的肿瘤其恶性度更大，而含气支气管征的出现常表明该肿瘤是有相对低度恶性的生物学行为。将CT征象、病理分级和DNA含量测定结合起来，有利于对肿瘤恶性程度及预后的准确判断。

（李　兵）

述评　对周围型肺癌CT征象与癌细胞核DNA含量进行相关研究，国内尚未见报道。上文研究结果显示CT表现恶性程度大者，其DNA的u值和HAN的百分比也高。黄佐良（中华放射学 1996;30(4):261）报道周围型肺癌CT表现与p53蛋白异常高表达有密切相关，表明p53基因突变与细胞的分裂、增殖异常相关，并导致病理形态和影像学的改变。

（叶曜芩）

肺癌磁共振成像分析与病理对照（中华放射 1996;30(4):265）　上海长征医院陈萍等根据病理

和手术所见分析肺癌磁共振(MRI)成像,70 例肺癌中央型 17 例,肺段型 17 例,周围型 36 例;63 例经病理证实,7 例为临床确诊。结果:(1)肿块的 MRI 表现:①形态和界面:56 例可见深浅不一的分叶,62 例肿块与肺组织间可见交界面,边界光整者 9 例,毛刷者 32 例,毛糙者 21 例。②肿块内部情况:按 T_1WI 及 T_2WI 肿瘤信号的差异提示肿块内部均匀 5 例,欠均匀 22 例,不均匀为 30 例;有坏死 10 例(其中包括镜下坏死),空洞 3 例。③纤维间隔:9 例影像上见肿瘤内粗大分隔包绕的 T_1WI、T_2WI 低信号影,大体标本证实为癌块之间粗大的纤维间隔。(2)肿瘤伴阻塞性病变:在 20 例伴有阻塞性病变中,18 例在 T_2WI 图像上均将其与肿块区分,前者信号高于后者。(3)胸膜凹陷征:8 例周围型肺癌出现此征,6 例呈典型征象,并且表现为与水同步的变化,获手术证实。(4)邻近结构受侵:MRI 影像还显示 3 例左支气管受侵,7 例肺动脉与肿瘤相贴,其中 4 例完全包绕,1 例动脉毛糙,2 例未见侵犯征象,均与手术所见相符;手术还证实,心包及胸膜外脂肪线完好与否可表明该结构是否受侵。(5)淋巴结:病理上淋巴结最大径>1.5cm 者,部分在 MRI 上能显示与原发肿瘤的信号一致。以上结果显示,MRI 影像对估计肺癌手术切除的可能性及预测手术中困难有较大帮助,由于能辨别肺内阻塞性病变和纤维化病变,对于部分病人放疗定位及早期发现放疗后纤维化中复发的肺癌有较大的意义。

(李　兵)

述评　有关肺癌磁共振成像与病理的对照研究,国内尚未见报道。上文进行了全面分析,作者(中华放射学 1996;30(4):225)又按磁共振信号强度对区分肺癌组织类型进行了可行性研究,均有较大的临床应用价值。

(叶曜芩)

肺癌患者血清细胞角蛋白 19 片段的变化及其意义(山东医药 1996;36(9):30)　青岛医学院等王美琴等用 ELISA 测定 86 例肺癌患者血清细胞角蛋白 19 片段 CYFRA21-1 的水平,其中鳞癌 35 例,腺癌 28 例,小细胞未分化癌 23 例,并以 32 例良性肺部疾病(BPD)和 20 例健康人为对照。结果:肺癌组血清 CYFRA 21-1 水平(5.764±7.671ng/ml)显著高于 BPD 组(2.257±1.492ng/ml)和健康组(1.742±0.528ng/ml,$P<0.001$),BPD 组与健康组之间无显著性差异($P>0.05$)。以超过健康组均值加三个标准差(3.3ng/ml)为阳性,肺癌组 CYFRA21-1 的敏感性为 45.3%,特异性为 92.8%,准确性为 63.8%,BPD 组阳性率 9.38%,健康组无 1 例超过正常值。广泛期肺癌血清 CYFRA21-1 水平(7.397±9.132ng/ml)明显高于局限期(2.866±1.461ng/ml),差异非常显著($P<0.01$)。各型肺癌中以鳞癌最高,腺癌次之,小细胞未分化癌最低。作者认为血清 CYFRA21-1 与肺癌的瘤体大小、病情轻重、组织学类型有关,血清 CYFRA21-1 水平检测可用以判断病情和疗效,对肺癌的分型亦有参考价值。

(李　兵)

述评　细胞角蛋白 19 片段(CYFRA21-1)主要是 NSCLC 的标志物,尤以鳞癌阳性率最高。郭华北等(中国肿瘤临床 1996;23(4):236)用免疫放射法检测 NSCLC 患者血清 CYFRA21-1,结果与上文一致;王向正等(Chin J Nucl Med 1996;16(3):200)除检测血清外,尚检测了肺癌病人健、患侧 BALF 中 CYFRA21-1 的含量,鳞癌阳性率最高,患侧明显高于健侧。CYFRA21-1 可作为肿瘤标志物,对肺癌的诊断、组织分型、病情分期的估价有参考价值。

(叶曜芩)

肺癌 DNA 含量及细胞动力学初步研究(三军医大学报 1995;17(5):412)　重庆西南医院等崔社怀等对 26 例中心型肺癌行纤支镜刷检与活检,用流式细胞仪测定新鲜癌组织的 DNA 含量,其中鳞癌 15 例,小细胞癌 5 例,腺癌 6 例,以 4 例正常肺组织和 3 例肺良性病变对照,用正常人肺组织制备的单细胞悬液作为二倍体对照确定其倍性,以正常组织的 G_0/G_1 峰均道值作为二倍体标准计算 DNA 指数(DI),并观察 DNA 合成期细胞占总细胞数的百分比,即细胞增值活力(S%)。结果:26 例肺癌中,检出异倍体 24 例,占 92%,刷检组与活检组 DI 值与对照组相比差异显著($P<0.05$),前两组间 DI 值无显著差异($P>0.05$),但二组间高度相关($r=0.92$),并且两组细胞增殖活力与对照组相比亦有明显差异($P<0.01$)。作者认为 DNA 定量分析可作为人类实体肿瘤的独特标志,肺癌纤支镜刷检和活检的任何一项检查,经流式细胞仪测定即可检出异常 DNA 含量的肿瘤细胞,此方法可弥补管壁浸润型肺癌活检困难的不足,对提高肿瘤的早期诊断和诊断阳性率提供了可行的途径。本文结果还说明细胞的恶性程度与细胞的增殖活力有关,从细胞动力学角度为肺癌的诊断和预后的判断提供了一定的帮助。

(李　兵)

述评　用流式细胞仪检测手术切除的肺癌组织和胸水恶性瘤细胞的 DNA 含量已早有报道,但对纤支镜活检组织和刷检的细胞进行检测尚未见报道。上文提供了对肺癌早期诊断的一种手段,尤其病理示阴性而出现 DI 增高的异倍体细胞时应高度警惕及严密随访，该方法亦可用于高危人群的流行病学普查，如对纤支镜检查发现有支气管粘膜上皮高度间变者，可进一步进行DNA含量及DI检查。

（叶曜芩）

长春瑞宾联合顺铂对晚期非小细胞肺癌的疗效与毒性（新药与临床 1996；15(3)：168　解放军421医院陈继跃用长春瑞宾加顺铂联合治疗33例晚期非小细胞肺癌，男性26例，女性7例，其中鳞癌9例，腺癌21例，大细胞未分化癌3例；Ⅲ期21例，Ⅳ期12例；Karnosfsky评分皆在60分以上，均为首次治疗。治疗方案：长春瑞宾25mg/m²，iv，第1、8、15天给药；顺铂20～30mg/m²，iv，第1～5天给药，3周为1个疗程，均治疗2个疗程以上。结果：CR 1例，PR 16例，SD 9例，PD 7例，CR率3%，总有效率(CR＋PR)52%，其中鳞癌和腺癌的总有效率分别为67%和52%，而大细胞未分化癌为0。毒副作用：33例病人均出现Ⅰ～Ⅲ级恶心、呕吐，血白细胞和血小板均有不同程度的下降，以3级为多；7例出现四肢麻木，3例出现轻度肝肾功能异常。结果表明长春瑞宾疗效比以往常规化疗高，鳞癌疗效较腺癌好。副作用以血液系统毒性常见。

（李　兵）

述评　长春瑞宾(Vinorelbine)是一种半合成的长春花生物碱，与VLB、VCR和VDS不同的是，其结构改变发生于Catharantandine环上，使其中9环失去1碳成为8环，从而降低其神经毒性。该药是一种抗瘤谱广、临床上对多种肿瘤治疗有效的细胞周期特异性药物。观察体外对27种肿瘤细胞株的抑制实验，对NSCLC细胞毒性最强(IC_{50}为1.74×10^{-9} mol/L)，最弱的是结肠癌(IC_{50}为4.93×10^{-8}mol/L)，在治疗NSCLC中获得约33.3%单药最高有效率，与PPD、MMC、VP-16和5FU的联合显示出对NSCLC、难治或复发的乳癌、卵巢癌、HD和NHL有较好疗效。上文也获得与上述一致的结果，该药毒性低、耐药性好，因此值得在临床上推广。

（叶曜芩）

纵隔和肺病变针吸细胞学超微结构及应用价值研究（中华肿瘤 1996；18(1)：61）　医科院肿瘤医院肿瘤研究所刘树范等对104例细针穿刺纵隔和肺病变标本进行细胞学光镜与电镜形态学对比研究，其中68(60.5%)例取材满意，具有诊断价值。68例中纵隔穿刺9例，肺穿刺40例，肺癌胸壁转移灶穿刺4例，肺癌转移淋巴结穿刺15例。穿刺采用槽式穿刺针在模拟机下定位经皮进行，行细胞学涂片光镜观察，若获得小组织块同时送病理切片，最后用2.5%戊二醛固定液冲洗针头剩余细胞成分作透射电镜观察。结果68例中电镜将光镜诊断14例腺癌中的1例纠正为鳞癌；16例鳞癌中的5例确定为腺癌；9例未分化癌中的5例诊断为腺癌；5例未分型癌中2例确定为腺癌；恶性细胞8例中鉴别出3例腺癌、1例非何杰金淋巴瘤、1例平滑肌源性肿瘤、1例神经源性肿瘤，仅2例难以区别组织类型。光镜诊断的组织类型与电镜的符合率为50.4%(37/68)。透射电镜可明确或大部分明确光镜诊断难以明确的组织类型（分化差的癌和恶性细胞的组织类型），同时还可鉴别亚型。但对于某些肿瘤，如胸腺瘤尚需将光镜所见结合临床各种检查才能明确诊断。

（李　兵）

述评　经皮穿刺活检对纵隔和肺周围病变的组织学诊断具有重要的临床价值，但穿刺所得标本较少，光镜检查常难以确定其组织学类型。上文将光镜和电镜形态学对比研究，除可判断病变的良恶性质，根据细胞的超微结构还能准确判定病变的组织学类型，对于病变的诊断和治疗均有重要临床意义。

（叶曜芩）

慢性肺心病时血浆内皮素升高机制及其与肺动脉高压关系的研究（中华内科 1996；35(2)：110）北京红十字朝阳医院张杰等采用放射免疫法测定21例肺心病急性加重期患者血浆内皮素-1(ET-1)水平并行心导管检查，同时对血浆内皮素的升高机制及其与肺动脉高压之间的关系进行探讨。结果显示：①肺心病患者外周静脉、外周动脉及肺动脉血浆ET-1分别为(7.2±1.5)ng/L、(5.3±1.5)ng/L和(5.3±1.5)ng/L，均显著高于健康对照组的(2.7±0.9)ng/L；肺心病患者外周静脉血浆的ET-1水平显著高于外周动脉和肺动脉血浆的ET-1水平。②血浆ET-1水平与肺动脉平均压(PAPM)和肺血管阻力指数(PVRI)呈显著正相关，而与动脉血氧分压(PaO_2)呈显著负相关。③机械通气后在PaO_2显著升高的同时，血浆ET-1水平显著下降，PAPM与PVRI亦显著下降。以上结果提示：缺氧导致血管内皮释放ET-1增多及肺部病变所造成的ET-1清除能力降低是引起肺心病急性加重期血浆ET-1升高的重要原因，血浆ET-1的升高可导致肺动脉高压。作者认为积极改善缺氧可明显降低血浆ET-1水平，从而改善肺心病患者的肺循环血流动力学状况。

（李　强）

述评　内皮素(ET)具有强大的缩血管和促平滑肌细胞增殖作用，并有刺激腺体分泌、促进癌细胞增殖分化等多种生物活性。诸多因素如缺血、缺氧、高血钙、高血钠、高血糖、酸中毒、内毒素血症等可促进ET合成与分泌，许多细胞因子和血管活性物质可通过ET基因转录和表达调节ET的释放。不乏报道认为ET参与多种疾病的病理生理过程。上文指出，缺氧导致血管内皮释放ET-1增多及肺部病变致使ET-1清除代谢能力降低是引起肺心病加重期血浆ET-1增高的重要原因，血浆ET-1升高可导致肺动脉高压，进一步阐明了肺心病ET升高的机制，但ET确切的致病机制及其地位仍有待深入研究。

(李平升)

慢性肺源性心脏病患者急性发作期水肿与右心功能的关系(中华医学 1996；76(7)：531)　北京红十字朝阳医院王辰等对44例慢性阻塞性肺疾病(COPD)所致肺心病急性发作合并Ⅱ型呼吸衰竭患者进行血流动力学监测，并与临床水肿症状进行对比，探讨右心功能状态在肺心病水肿发生中的作用。结果：44例研究对象中40例有水肿，其中23例(57.5%)右房压≤1.33kPa(1kPa＝7.5mmHg)，无明显右心功能衰竭，水肿难以用右心衰竭、大循环淤血所致血管内静脉压升高来解释，仅17例患者右房压＞1.33kPa，有右心衰竭，但两组间水肿程度无明显差别，表明相当高比例的肺心病伴水肿并无右心房压增高和右心功能衰竭，水肿的发生可能与低氧、高碳酸血症等综合因素有关；右心功能衰竭、大循环淤血并不是这类患者水肿形成的主要条件。作者认为临床上需正确评价水肿在判断肺心病右心功能状态中的意义。

(李　强)

评述　慢性肺心病患者急性发作期水肿发生的机制，除右心衰竭引起的血流动力学障碍外，还可能与低氧血症、高碳酸血症导致的肾素-血管紧张素-醛固酮系统活性状态增强、毛细血管扩张、通透性增加以及肾功能不全等有关，既往已有报道。上研究进一步证实了右心衰竭不是肺心病水肿形成的主要条件，认为与低氧、高碳酸血症等综合因素有关，它对临床正确认识和处理此类水肿具有一定指导意义。

(李平升)

呼吸体操改善呼吸肌功能的量化研究(中华内科 1996；35(4)：235)　北京中日友好医院阎启英等将324例缓解期COPD患者随机分为呼吸体操组(165例)及安慰剂组(159例)，呼吸体操组接受1～20个月缩唇膈式呼吸体操锻炼后进行呼吸压及跨膈压对比；安慰剂组口服安慰剂“肺康胶囊”，每天2次，每次1粒。结果呼吸体操组最大吸气压(MIP)提高30.4%，最大呼气口腔压(MEP)提高32.1%，跨膈压(Pdi)提高30.9%，最大跨膈压(Pdimax)提高65.6%，与治疗前相比有非常显著提高($P<0.001$)；对照组的MIP、MEP、Pdi和Pdimax依次提高7.0%、2.9%、14.6%和9.1%，与治疗前比较差异无显著性($P>0.05$)。结果经量化标定后表明，呼吸体操可以有效地改善呼吸肌尤其是膈肌功能，是防止COPD患者病情进一步发展的有效措施。作者认为，本疗法不受仪器、时间及地点限制，既方便患者又节约医疗开支，值得推广。

(李　强)

述评　呼吸体操作为改善COPD患者呼吸功能的一种康复治疗已被倡导多年，由于其疗效缺乏严格的评估，影响了患者治疗的信心和该疗法的大面积推广。上文在呼吸体操治疗前后对患者的呼吸压及跨膈压进行测定和对比，将其改善程度加以量化标定，从而科学地评价并且肯定了呼吸体操的治疗效果，这一工作必将为呼吸体操的广泛应用起到积极推动作用。

(李平升)

乌拉地尔和开搏通对低氧性肺动脉高压的急性血液动力学影响(苏州医学院学报 1996；12(6)：233)　苏州医学院一院凌春华等应用右心漂浮导管连续监测，分别观察了乌拉地尔(5例)和开搏通(6例)对COPD合并肺动脉高压患者急性血液动力学的影响。两组治疗前基础肺功能、动脉血压和肺动脉压力均无明显差异。结果：静注乌拉地尔(0.5mg/kg)后30分钟右房压(RAP)、肺动脉平均压(PAPm)、体动脉平均压(BPm)、肺血管阻力(PVR)、体循环阻力(SVR)均不同程度明显下降，而心脏指数(CI)及血氧运输量(O_2-T)均明显提高，其对肺循环压力的影响明显大于对体循环压力的影响，从而有效地减轻了右室负荷，改善了心功能，提高了CI及O_2-T，增加了组织的氧供给。口服开搏通25mg后60分钟，PAPm、BPm、PVR、SVR亦明显下降，同时CI、O_2-T均明显提高，但PAPm/BPm、PVR/SVR用药后比用药前有所上升。两组比较乌拉地尔能更有效地降低RAP/PAPm水平，且差异具显著性，乌拉地尔增加CI、提高O_2-T水平似优于开搏通，认为其对肺循环的影响具有较好的特异性。

(李　丽)

述评　缺氧性肺动脉高压的发病机制和治疗是近年研究的热点之一。扩血管药物被认为是降低肺动脉压的辅助性手段。上文报道乌拉尔在降低RAP、PAPm和提高CI、O_2-T方面优于开搏通，并显示其对肺循环的影响具有较好的特异性，不失为扩血管药物的新品。研究设计合理，指标可靠，可惜病例数太少，观察时间较短。若能扩大样本，延长用药及观察时间，将可为临床用药提供更有价值的参考。

（李平升）

甲地孕酮对慢性阻塞性肺病缓解期患者的疗效观察（中华内科 1996；35(7)：466） 上海纺织二院秦兴国等观察食欲刺激剂甲地孕酮（MA）对COPD缓解期患者营养状况、呼吸肌力及免疫功能的影响。治疗组16例，口服MA 160mg/d；对照组15例，口服多酶片每日3片。治疗前两组的性别、年龄、身高、体重、基础肺功能及摄入总热卡均无显著差异。治疗2周后发现MA组每日摄入热能和蛋白质显著增加；体重、理想体重百分比、三头肌皮褶厚度、血清蛋白测定值、最大口腔吸气压、最大口腔呼气压、握力、6分钟行走距离、淋巴细胞计数、淋巴细胞转化率、肺活量占预计值百分比等指标与治疗前相比有显著提高，免疫球蛋白、C_3及PPD阳转变化则无统计学意义；对照组各指标均无明显变化。副反应MA组仅1例在用药第3天出现轻度恶心、呕吐，持续用药2天后消失。以上结果表明MA可改善COPD缓解期患者营养状况、呼吸肌力及细胞免疫功能。

（李　丽）

述评　COPD患者由于能量消耗增加、消化吸收功能障碍和营养摄入不足，经常发生营养不良，其严重程度与气道阻塞程度相一致。营养不良、机体免疫功能低下是导致肺部反复感染、呼吸肌疲劳和呼吸衰竭的重要原因。上文以可靠的客观指标表明MA可改善COPD缓解期患者营养状况、呼吸肌力及免疫功能，无疑对减少肺部感染、呼吸衰竭和提高生活质量、改善预后具有重要意义。相信改善营养状况与呼吸肌功能锻炼相结合，提高患者体能素质可能是防止COPD发展的重要环节之一。

（李平升）

慢性阻塞性肺病高碳酸血症患者增强自主呼吸后的动脉血气变化（中国危重病急救医学 1996；8(4)：218） 上海中山医院蔡映云等对7名健康志愿者和5例COPD患者行体外膈肌起搏，9例COPD患者静滴可拉明，另9例口服阿米脱林，以观察自主呼吸增强后通气和气体代谢变化对动脉血气的影响。结果显示：综合通气和代谢两方面变化的指标$\Delta V_A\%/\Delta V_{CO_2}\%$（每分钟增加的肺泡通气量百分数与每分钟增加的$CO_2$产生量百分数之比）能预示$PaCO_2$变化趋势。全部受检者中，$\Delta V_A\%/\Delta V_{CO_2}\% > 1$者（表示肺泡通气量的改善超过CO生成量的增加）22例，$PaCO_2$除1例外均降低；$\Delta V_A\%/\Delta V_{CO_2}\% < 1$的7例中，$PaCO_2$增高5例，降低2例；健康志愿者$\Delta V_{CO_2}\%/\Delta V_A\%$（表示每增加1升肺泡通气量所增加的$CO_2$产生量）均$<$30ml/L，而COPD患者则大多$>$30ml/L，说明COPD患者增强自主呼吸时机体代谢增加，CO_2产生量增多，削弱了肺泡通气增加的效果。口服阿米脱林组$PaCO_2$降低和PaO_2升高均较显著（$P<0.05$），且PaO_2增高较$PaCO_2$降低明显，提示阿米脱林除增强通气以外还能改善换气功能，使$PaCO_2$进一步升高。

（李　丽）

述评　呼吸兴奋剂的应用近年来存在争议，经严密的对比研究显示中枢呼吸兴奋剂可拉明由于在增加V_A的同时增强了机体代谢，使CO_2产生增多，故对COPD并CO_2潴留的治疗效果不佳。阿米脱林兴奋外周化学感受器，而不增加机体代谢，又可增加通气，改善通气/血流比例失调，疗效较明显。治疗CO_2潴留的关键是增加有效的肺泡通气量，仅靠呼吸兴奋剂或膈肌起搏刺激自主呼吸，往往由于气流严重阻塞、呼吸功增大导致机体代谢增加，CO_2产生增多，减低了增加肺泡通气量所应起到的效果，难以达到降低$PaCO_2$的目的。故对COPD合并严重CO_2潴留者，机械通气应是最有效的治疗措施。

（李平升）

小儿柯萨奇B组病毒肺炎的临床与体液免疫观察（中华实验和临床病毒 1996；10(3)：237） 北京崇文区儿童医院张群等为探讨柯萨奇B组病毒（CBV）引起的小儿呼吸道感染，对1994年12月～1995年11月在该院临床诊断为肺炎的144例住院患儿用ELISA法进行了CBV（1～6型）特异性IgM检测，同时检测了体液免疫球蛋白、C反应蛋白（CRP）、血常规、胸部X线片和心肌酶谱等。结果144例小儿肺炎中CBV-IgM阳性27例，阳性率为18.8%，以B_3的阳性率最高，为62.9%(17/27)，其余依次为B_2，18.5%；B_5，11.1%；B_4，3.7%和B_3+B_5，3.7%。正常组中CBV-IgM阳性率4.4%(2/45)，均为B_3，可能为隐性感染。CBV-IgM阳性患儿体液免疫球蛋白IgA、IgG、IgM的检测显示，免疫应答在个体之间差异较大；CRP升高7例；血白细胞均值在11×10^9/L；X线胸片示肺内带小薄片阴影为主；心肌酶异常占59.0%；临床观察病情以轻到中度为主。CBV引起的疾病在治疗上尚无有效手段，防治合并症尤为重要。本文提示CBV可引起散发呼吸道感染。

述评　柯萨奇病毒属肠道病毒，分为A、B两组，A组有23型，B组有6型。柯萨奇病毒可引起神经系统疾患、心脏疾患、流行性肌痛、手足口病、婴儿腹泻及出疹性疾病等，也可引起呼吸道感染，包括上呼吸道感染、支气管炎及肺炎等。同一地区每年流行的病毒型别可有不同。上文报道144例临床诊断为肺炎的患儿CBV-IgM阳性率达18.8%,以B_3型为主,进一步证实了CBV可引起呼吸道感染,而且也有隐性感染存在。

(罗文侗)

聚合酶链反应及血清学检测在肺炎支原体感染诊断中的意义(广东医学 1996;17(4):218) 广州孙逸仙纪念医院檀卫平等于1994年10月～1995年4月对住院的140例下呼吸道感染患儿以PCR方法检测痰肺炎支原体DNA(MPDNA),同时检测抗MP-IgM抗体及冷凝集试验。结果痰MP-DNA-PCR阳性52例,抗MP-IgM抗体阳性19例,冷凝集试验阳性7例;PCR及抗MP-IgM同时阳性11例,PCR阴性、抗体阳性8例;PCR及抗MP-IgM阴性,而冷凝集试验阳性2例,PCR或抗MP-IgM抗体阳性而临床不符合MP感染者各1例(假阳性)。结合临床,诊断为MP感染60例。140例患儿中1岁以下52例,无1例抗MP-IgM或冷凝集试验阳性,而痰MP-DNA-PCR阳性者15例。本组抗MP-IgM出现阳性的最小年龄是1.5岁。痰MP-DNA-PCR敏感性85.0%,较血清抗MP-IgM敏感,后者又较冷凝集试验敏感。病程5天以内者无1例抗MP-IgM或冷凝集试验阳性。作者认为抗体检测难以用于早期诊断,并认为抗体检测同时受患儿年龄、病程及免疫功能状态的影响,易造成漏诊误诊。呼吸道分泌物的MP-DNA-PCR检测操作简单、快速、灵敏、特异性高,是一项值得推广的实验诊断,但须严格控制标本污染率。

述评 肺炎支原体感染,无论在小儿或在成人均相当常见,而病原学检查也很困难,目前临床上用于诊断的主要方法是抗体检测,但其主要问题是不能早期诊断。近年用PCR检测肺炎患者咽拭子标本中的MP-DNA已有较多报道。上文则是对痰标本进行MP-DNA-PCR检测,显示其敏感性和特异性均较高,且快速,值得推广。但血清抗体检测仍是目前临床上重要的检测方法,若能两者结合,则可提高诊断率,降低漏诊率和误诊率。

(罗文侗)

老年人呼吸道衣原体感染的研究(中华老年医学 1996;15(3):152) 广东老年医学所汪玎妍等为探讨老年人呼吸道衣原体感染状况,采用放线菌酮处理的HeLa 229细胞、单克隆抗体免疫荧光法对健康老年人、老年呼吸道感染者及肺部肿瘤患者,采集咽拭子及经纤维支气管镜取支气管深部标本,进行衣原体的分离培养鉴定。其中健康老年组66名,平均年龄(68±3)岁,均用咽拭子取材,未分离到衣原体。呼吸道感染组135例,平均年龄(69±4)岁,咽拭子取材,其中45例肺炎患者同时作咽拭子和作纤支镜取材,7例沙眼衣原体阳性,阳性率为5.2%;其中113例亦做了肺炎衣原体分离,7例阳性,阳性率为6.2%;113例标本中均未检出鹦鹉热衣原体。肺部肿瘤组42例,平均年龄(66±5)岁,其中24例同时作咽拭子和纤支镜取材,18例只作纤支镜取材,结果沙眼衣原体阳性率11.9%(5/42),肺炎衣原体阳性率为14.3%(3/21),21例标本中均未检出鹦鹉热衣原体。此外,在呼吸道感染组与肺部肿瘤组用纤支镜取材衣原体分离的阳性率差异无显著性($P>0.05$);咽拭子取材的沙眼衣原体、肺炎衣原体的分离阳性率均低于纤支镜取材阳性率。本文结果表明肺炎衣原体和沙眼衣原体可能是老年人呼吸道感染的重要病原之一,对老年人肺部肿瘤患者呼吸道衣原体感染亦应引起重视。

述评 肺炎衣原体又称肺炎衣原体TWAR,简称TWAR,是1989年正式命名的一种衣原体新种,主要引起呼吸道感染,也能引起中耳炎和心肌炎等,并与冠心病的发病有关。而沙眼衣原体引起的呼吸道感染主要发生在婴儿。上文报道呼吸道感染的肺炎衣原体和沙眼衣原体的阳性率分别为6.2%和5.2%,说明在老年呼吸道感染中肺炎衣原体也是重要病原之一,同时也说明沙眼衣原体不仅可引起婴儿,也可引起老年人的呼吸道感染,值得注意。另外,肺部肿瘤组肺炎衣原体和沙眼衣原体的阳性率分别为14.3%和11.9%,但未说明有无呼吸道感染表现,值得进一步探讨。

(罗文侗)

婴儿沙眼衣原体肺炎病原学和临床的研究(中华儿科 1995;33(6):344 白求恩医大一院等傅文永等为证实婴儿肺炎中沙眼衣原体的感染,应用HeLa 229细胞对1993年4～12月住院的49例肺炎患儿,采集其鼻咽部分泌物进行沙眼衣原体(CT)培养分离,以特异的单克隆荧光抗体进行鉴定,并同时应用间接酶联免疫吸附试验检测患儿血清中CT特异性IgM。结果49例中有9例鼻咽部分泌物标本于荧光显微镜下观察到典型CT包涵体荧光颗粒,并于相应的血清中检测到高效价IgM,检出率为18.4%(9/49),其中6个月以下婴儿为23.5%(8/34),占新生儿肺炎28.6%(4/14)。9例CT培养阳性的肺炎患儿中8例起病缓慢。6例作了X线检查,其中3例双肺上野有斑片状模糊影。1例急性起病,迅速加重,发病2天后死亡,应予以重视。9例患儿病初均未采用红霉素治疗,1例于病后16天确诊后改用红霉素，6天治愈，余患儿病程迁延最长达44天，平均20天。研究表明CT确为婴儿肺炎的重要病原体。故对婴儿肺炎，尤其是6个月以下的婴儿肺炎，应高度警惕CT感染的可能，早期确诊，及时应用CT敏感药物，方能取得较好疗效。

述评 衣原体为细胞内寄生微生物。沙眼衣原体可引起沙眼、结膜炎、泌尿生殖道感染、性病淋巴肉芽肿及肺炎等。其中肺炎多见于婴儿。上文报道6个月以下的婴儿CT检出率为23.5%，说明在婴儿肺炎中沙眼衣原体感染并不少见。上文还表明早期采集患儿的鼻咽部分泌物，应用HeLa 229细胞进行培养，病原检出敏感性高，特异性强，能在48～72小时获得结果，有助于诊断CT肺炎，在有条件的单位值得应用。

（罗文侗）

卡氏肺孢子虫肺炎5例（中国人兽共患病1996；12(5)：63） 中国医大等安春丽等报道经病原学诊断的卡氏肺孢子虫肺炎(PCP)5例。年龄28～51岁，为1994年3月～1995年4月沈阳军区总院和中国医大一院肾移植术后行抗排异治疗并发肺部感染的患者，发病时间为术后2～9个月，主要症状有高热和呼吸道症状，X线显示肺内间质性浸润阴影，起病后都曾应用抗菌和抗真菌药物治疗无效。病原学诊断采用经支气管肺活检(TBLB)和支气管肺泡灌洗(BAL)两种方法。灌洗液离心后涂片，肺活组织直接印片，印片检查阴性者再做石蜡切片。印片和涂片分别用Giemsa和GMS染色，切片用GMS染色，镜检肺孢子虫包囊和滋养体。结果：5例中4例查到病原体，其中3例在肺印片中查到，1例在切片中查获包囊；另1例临床诊断。确诊后口服复方新诺明，疗效明显。作者认为采用BAL和TBLB取材，用改良的GMS法对新鲜的肺活组织印片直接染色，可收到快速、准确的效果；增加取材部位和样品数量，可减少漏诊机会。

述评 器官移植、肿瘤化疗及其他免疫功能受损患者易并发感染，其病原复杂，其中卡氏肺孢子虫是重要病原之一，但临床表现大都不典型，因此病原诊断就成为重要问题。上文报道采用BAL涂片和TBLB直接印片及石蜡切片检查，从7份送检材料中确诊4份，不但说明了卡氏肺孢子虫肺炎(PCP)在肾移植术后患者中发病率高，而且上述两种方法对诊断PCP十分有效。如病情允许同时作BAL和TBLB检查，其阳性率可能会更高。对病情危重、已作人工气道机械通气者，可行冲洗气道吸引下呼吸道分泌物，离心沉淀后涂片作GMS染色，也可获得成功。 （罗文侗）

己酮可可碱改善肺炎链球菌感染引起的肺损伤实验研究(Chin Med J 1995；108(11)：864) 武汉协和医院崔新乐等观察了己酮可可碱(PTX)对肺炎链球菌感染所致的肺损伤的影响。将150只昆明小鼠随机分成3组(对照、感染和PTX组)，每组再分为5个小组，每小组10只小鼠。对照组鼠鼻内给予磷酸盐缓冲液(PBS)，另外两组给于SP-PBS(肺炎链球菌-PBS)溶液，PTX组鼠腹腔内注射PTX。测定血清和支气管肺泡灌洗液(BALF)中TNF-α的动力学改变，并观察鼠肺生理学变化，包括检测肺微血管(PMV)的中性粒细胞数、游移中性粒细胞数、肺实质白细胞浸润和肺泡白细胞渗出。结果发现，与肺炎链球菌一起孵育的腹壁渗出细胞(PEC)释出高水平的TNF-α，如加入青霉素，则TNF-α峰活性增加，并维持高水平，但上述TNF-α增加均能被PTX抑制。感染后BALF和血清内的TNF-α活性显著升高，但PTX可显著抑制其活性，并抑制白细胞趋化、游移和浸润。以上结果表明，肺炎链球菌感染刺激TNF-α的释放，这可能是肺炎链球菌感染期间引起组织损伤的重要介质，机制可能是肺炎链球菌和它的溶解产物激活了TNF-α基因复制。由于青霉素促进TNF-α释放。因此，单用青霉素治疗可能会加重组织损伤，联用PTX治疗可能更有效。

述评 细胞因子在感染中的作用已引起重视。细菌感染可引起机体组织损伤，其原因之一就是病原微生物所产生的细胞因子作用所致，而抗生素对细胞因子的产生可能有影响，从而使临床症状在短时间内恶化。上文作者对肺炎链球菌感染后产生TNF-α、青霉素促进其释放以及己酮可可碱抑制其释放等进行了实验研究，显示了细胞因子TNF-α在感染损伤中的作用及对治疗的影响，为炎症的致病机制及其治疗提供了有益的启示。

（罗文侗）

上海市区哮喘患病抽样调查与多因素分析（中华结核和呼吸 1996；19(1)：11） 上海结核病防治中心林松柏等为了估算上海市区人群哮喘患病率，评价哮喘患病的危险因素，于1990年以分层整群不等比随机抽样方法，对上海市12个区抽取5‰随机人群样本进行调查。采用问卷调查方法，内容包括哮喘病诊治情况以及住房面积与类型、肺结核或肺炎史、各类过敏史。依据患者就诊病史，通过家访和进一步检查确认所有哮喘患者。单因素分析和非条件Logistic回归分析用于评价哮喘的危险因素。结果：抽样人数共37 904人，实际调查36 872人，受检率97.2%。0～30岁年龄组男性哮喘累积患病率为1.74%(168/9 645)，女性为1.31%(115/8 812)；儿童与青少年(<15岁)患病率2.31%;总累积患病率为1.53%(283/18 475)。单因素与多因素分析提示与哮喘有关的危险因素包括性别、年龄、住院类型、肺结核或肺炎史和各类过敏史;Logistic回归分析表明哮喘的年龄OR为0.81($P<0.001$),即年龄越大,患病危险越大;居住于简陋住房的人群较易发生哮喘,OR值为1.288 4($P<0.01$);有结核或肺炎史和患有其他过敏性疾病的人群哮喘患病率显著增高($P<0.01$)。

(沈　策)

述评　1958年和1979年上海市曾作过两次哮喘的流行病学调查,其患病率分别为0.46%和0.69%,此次1990年的调查总患病率为1.53%,<15岁的儿童和青少年发病率为2.31%,提示患病率有增加的趋势,结果与国内外的报道相一致,值得引起重视。哮喘的流行病学调查可为进一步开展防治工作提供重要的信息和依据。因此,就全国而言,若能普遍开展,并逐年或隔几年调查一次,观察患病率、死亡率等的变化,对哮喘的防治工作将是有益的。

(罗文侗)

哮喘患者三种细胞因子受体表达与气道高反应性研究(中华结核和呼吸 1996;19(4):216)　沈阳军区总院陈萍等为了解T、B细胞在过敏性哮喘发病中的相互作用及可溶性白介素-2受体(sIL-2R)、淋巴细胞膜白介素-2受体(IL-2R/$CD25^+$)和IgE抗体Fc段低亲合力受体(Fc εRⅡ/$CD23^+$)表达增强与气道高反应性(AHR)的关系,对31例过敏性哮喘患者(男19例,女12例)和12名健康人抗原吸入激发前后进行了肺功能测定,并检测了血清sIL-2R、总IgE(TIgE)、特异IgE(sIgE)和$CD23^+$、$CD25^+$细胞百分率。结果激发后哮喘患者sIL-2R、TIgE和$CD23^+$、$CD25^+$细胞百分率均明显高于激发前和健康组($P<0.01$);一秒钟用力呼气容积(FEV1)、用力肺活量(FVC)/最大呼气中段流速(MMF)、最大呼气流量(PEF)和比气道传导率(sGaw)均较其基础值明显下降,而气道阻力(Raw)则显著增高,分别与激发前和健康组相比差异均非常显著($P<0.01$);sIL-2R分别与FEV1、sGaw呈显著负相关($P<0.01$)与Raw呈显著正相关($P<0.05$);血清TIgE与$CD23^+$细胞、sIL-2R与$CD25^+$和$CD23^+$细胞均呈显著正相关($P<0.01$)。认为T细胞活化、sIL-2R增高、$CD25^+$和$CD23^+$细胞表达增强与气道炎症、气道高反应性密切相关,可作为判断气道高反应的客观指标;FEV1、FVC、sGaw、Raw的改变能准确地反映气道高反应性的程度。

(沈　策)

述评　有关细胞因子或细胞因子受体在哮喘发病中的作用已有较多报道。上文报道同时测定3种细胞因子受体sIL-2R、sIL-2R/$CD25^+$和Fc εRⅡ/$CD23^+$水平,并探讨了它们与AHR之间的关系,不但证明了哮喘患者在抗原刺激后细胞因子受体表达增强,同时也有利于进一步提高对哮喘和AHR发生机制的认识以及对AHR的判断。

(罗文侗)

大鼠哮喘模型肺组织糖皮质激素受体和β-受体水平及平喘药物的影响(中华结核和呼吸 1996;19(2):94)　解放军304医院吕国平等测定大鼠哮喘模型肺组织糖皮质激素受体(GR)和β-肾上腺能受体(β-AR)水平并观察平喘药物对受体水平的影响,以期揭示在哮喘发病中的变化规律及相互关系。雄性SD大鼠94只,随机分为正常对照组、哮喘第1天组、哮喘第3天组、哮喘第7天组、哮喘第14天组及用药治疗的美喘清组、舒喘灵组、氟美松雾化吸入组和腹腔注射组。哮喘和药物治疗各组大鼠腹腔内注射卵蛋白、灭活百日咳杆菌和氢氧化铝干粉,2周后雾化吸入卵蛋白激发。对照组和哮喘组在相应预定的时间、治疗组在第7天断头处死,取肺组织制备组织胞浆和胞膜悬液,用放射性配基竞争结合法测定GR和β-AR。发现哮喘激发后第1天肺组织胞浆GR最大结合容量(Bmax)显著升高,3天后迅速降至低于正常水平,平衡解离常数(kD)值也显著降低($P<0.001$)。激发后肺组织胞膜β-AR、Bmax和kD值逐日下降,第14天明显低于对照组($P<0.001$)。地塞米松可下调GR,雾化吸入作用弱于腹腔注射;显著上调β-AR,雾化吸入法更明显。美喘清和舒喘灵可防止GR下调。作者认为肺组织GR和β-AR随哮喘发作而变化,糖皮质激素(GC)可下调GR和上调β-AR,吸入优于全身用药。联合应用GC和β-AR激动剂可互相减少受体的下调而提高疗效。

(沈　策)

胸部高分辨CT对老年特发性纤维化的诊断价值(临床医学影像 1996;7(3):150)　中国医大二院等傅海香等选择经临床或病理证实的老年特发性肺纤维化(IPF)16例,男13例,女3例,年龄61～74岁,平均63.5岁。全部病例就诊后1周内作胸部X光平片、胸部常规CT和高分辨CT(HRCT)检查。结果16例中X线诊断为弥漫性间质肺病变5例(30.1%),慢性支气管炎合并肺感染7例(43.8%),慢性支气管扩张4例(25.0%);胸部常规CT诊断为弥漫性间质肺疾病10例(62.5%),慢性支气管扩张6例(37.5%);胸部HRCT扫描16例均显示小叶间隔不规则增厚,肺内胸膜下及两肺中、下野多发网状阴影,网状阴影中可见直径1.5～2.5mm大小不等的气囊泡,呈蜂窝状改变,其中伴胸膜增厚11例。HRCT诊断为慢性弥漫性间质性肺疾病,结合临床发病情况、症状、体征、肺功能或支气管肺泡灌洗液细胞学检查等,16例均确诊为IPF,诊断符合率100%。IPF的HRCT表现早期为肺外周部见直径1.5～3.0mm斑点状高密度影,晚期为两肺弥漫性网状影、蜂窝状影和散在肺大泡,常有胸膜肥厚、胸膜下线,肺的外周部呈现多发的直径1.5～3.0mm斑点状高密度影。三种检查方法比较,胸部X线和胸部常规CT的IPF确诊率分别为30.1%和62.5%,而HRCT为100%。HRCT对IPF的诊断显著优于其他两种检查方法($P<0.01$)。作者认为HRCT技术在目前诊断IPF无创伤性检查中是最精确的方法之一。

(沈　策)

述评　上文报道HRCT对IPF的诊断率显著高于胸部X线片和胸部常规CT,显示了其临床应用价值。但肺纤维化较为复杂,除了纤维化本身的诊断外,还有病因的问题,因此在诊断时必须结合临床及肺功能、纤支镜、支气管肺泡灌洗等检查进行综合分析,才能作出正确和全面的诊断。

(罗文侗)

高分辨CT在矽肺诊断中的价值(中华劳卫1996;14(2):75)　广州铁路医院等吕也高等运用高分辨CT(HRCT)对13例矽肺患者进行扫描,并与后前位胸片及常规CT检查进行对比,另以17例正常人作对照,比较这三种方法对肺内微小病变的检出能力。结果对照组胸片除1例见右上肺少许纤维灶外皆两肺野清晰;常规CT肺血管影清晰、分布规则;HRCT全部层面的叶间胸膜清晰,纤细而光滑,水平走向的支气管可辨认到5～6级。矽肺组X线胸片全部病例两肺均有明确的小结节,以p影及q影为主;常规CT显示矽肺基本征象为弥漫分布的小结节、胸膜增厚、肺大泡、纵隔肺门区淋巴结钙化、大阴影等。HRCT在常规CT基础上可进一步清晰显示弥漫小结节、血管扭曲、胸膜下小结、胸膜下线影、蜂窝样网影、大阴影内部结构等异常变化。结果表明HRCT能精确观察肺内微细结构的异常。作者认为在观察以间质病变为主的肺内微小病变时,HRCT的显示能力远非常规CT所能及。目前,矽肺的CT诊断尚研究不多,其诊断仍以胸片为依据,但是CT、特别是HRCT,在矽肺诊断中可起到很大辅助作用,尤其在矽肺的深入研究中,HRCT更是一个十分有价值的手段。

述评　我国目前对尘肺的诊断,除职业史外,主要依据X线胸片。普通X线胸片不仅在矽肺分期诊断中起决定作用,而且是评定尘肺疗效和流行病学调查的重要方法。几年前,国内外在尘肺诊断中引入高千伏胸片、CT和HRCT,提高了诊断的准确性。上文在13例矽肺患者中进行了HRCT与常规CT、X线胸片的对比观察,对HRCT在矽肺诊断中的价值进行了有意义的探讨。由于例数较少,加之HRCT价格昂贵,目前国家尚未制定统一的诊断标准,故HRCT只能在有条件的单位用于某些疑难尘肺的诊断。

(修清玉)

矽宁治疗矽肺的临床疗效观察(中华劳卫1996;14(3):135)　预防医科院劳卫与职业病所程玉海等于1992年对1983年新合成的抗矽肺药物矽宁(盐酸替络欣)进行了Ⅱ期临床研究。选择在近3～4年内矽肺病变有肯定进展、无肺心病、肺结核、支气管哮喘或严重慢性支气管炎等合并症的患者245例作为研究对象,按接尘史、矽肺分期及病变进展速度,采取分层配对随机分组法分为2组,治疗组157例,对照组88例。采用双盲法分组服药,治疗组日服矽宁片剂300mg,分3次口服,每周服药6天,3个月为一疗程,2个疗程间隙时间为1个月,共治疗4个疗程;对照组服用安慰剂。结果治疗组咳嗽、咯痰、胸痛及呼吸困难等症状明显改善,有效率为62%～73%;感冒及支气管肺部感染频度明显减少,有效率分别为80%和67%;肺通气功能(FVC及FEV_1)比对照组明显增加($P<0.01$);胸片病变稳定者占87.3%,而对照组为76.1%($P<0.05$);血清铜蓝蛋白含量比治疗前有明显下降($P<0.01$);血IgG及SOD含量与对照组相比无显著差异。上述结果说明矽宁对矽肺有显著疗效,不良反应较轻,仅少数患者初期有消化系统症状,偶见头昏、嗜睡、皮疹等。

述评　目前国内治疗矽肺的药物主要有克矽平、柠檬酸铝、磷酸羟基喹哌和汉防已甲素等,上述药物虽有一定疗效,但因毒副作用较大或因疗效不够理想等难以大剂量或长期使用。上文对新药矽宁进行了Ⅱ期临床研究,表明其疗效显著且毒副作用很小。临床药理实验亦表明对动物的急、慢性毒性作用较低,无致突变及致畸作用,有较大的临床应用前景。但尚需继续积累病例,观察长期疗效,以进一步验证其有效性和安全性。

(修清玉)

石棉工人肺功能5年前后比较（华西医大学报 1996;27(1):94） 华西医大王绵珍等采用水封式肺量计和弥散功能测定仪对119名男性石棉作业工人1989年和1994年的肺功能进行了测定，并比较其5年前后各项指标的变化情况。其中健康接尘组50例，石棉肺观察对象25例，Ⅰ期石棉肺患者36例，Ⅱ期石棉肺患者8例。结果：5年后4组工人的用力肺活量(FVC)、第1秒呼气量(FEV_1)和弥散量(DL_{CO})均有下降，其中FVC和DL_{CO}值与5年前比较有显著差异($P<0.05$)；5年后Ⅱ期石棉肺组FVC值下降显著，与其他3组比较有显著性差异($P<0.01$)；Ⅱ期患者肺功能下降迅速；石棉肺病理改变以弥散性间质纤维化为主要特征；肺功能损害以限制性为主要表现。在石棉肺流行病学调查中，VC和FVC是常用指标，但FVC、FEV_1是反映石棉工人肺功能损害较为敏感、特异、重复性好而又简单的指标；DL_{CO}测定虽较复杂，但它是反映石棉工人肺功能损害最早、最敏感的指标。

述评 肺功能检查在石棉肺诊断中有重要意义。诸多研究表明石棉肺的主要病理变化是弥散性肺间质纤维化，但限制性通气功能障碍、弥散功能障碍和肺顺应性下降等功能异常较X线胸片异常出现早。上文对石棉工人和石棉肺患者5年前后的肺功能变化进行比较，观察了FVC、FEV_1和DL_{CO}等肺功能指标在石棉肺病程中的动态变化，同时评价了上述诸项指标在石棉肺早期诊断中的意义，提供了有价值的资料。

重度创伤后急性呼吸窘迫综合征——附57例分析（中国急救医学 1996;16(1):9） 重庆新桥医院任成山等回顾总结重度创伤后并发急性呼吸窘迫综合征(ARDS)57例。男44例，女13例，年龄7～65岁，平均34.9岁。57例中车祸伤22例，塌方或重物砸伤15例，高空坠落伤9例，挤压伤7例和大手术后4例。全组合并重度感染31例，多脏器功能衰竭(MOF)34例，死亡36例(63.2%)。按Mursay分期标准，第一期7例，第二期12例，第三期16例和第四期22例。所有患者均定时观察呼吸频率、动脉血压、血清电解质和胸部X线片等。结果：(1)57例ARDS患者均有酸碱失衡，其中呼碱32例，呼酸22例，代酸37例，代碱17例；pH<7.35者21例，>7.45者23例，PaO_2 8.0～6.7kPa者13例，6.5～5.3kPa者22例。(2)ARDS各期病死率：第一期2例(28.6%)，第二期6例(50.0%)，第三期9例(56.3%)和第四期19例(86.4%)。作者认为ARDS发生诱因以创伤、休克和感染最常见，故在创伤救治中应密切观察，早期发现治疗；ARDS病人多死于MOF，因而除积极救治原发疾病和ARDS外，应密切监测和保护其他脏器功能；创伤并发的ARDS多有不同类型酸碱失衡及电解质紊乱，救治应在治疗原发病基础上采用综合治疗方案，着重针对肺顺应性降低和低氧血症的救治。由于呼气未正压通气可增加肺泡损伤，导致肺部罹患区域的过度膨胀，造成肺泡过度膨胀或变形并发症，包括肺压伤及心输出量降低，目前采用的一氧化氮吸入疗法已显示初步效果，它有可能成为治疗本病的一种新方法。

（刘忠令）

述评 在机械通气用以治疗ARDS以来，尽管通气模式不断改进，但其病死率仍徘徊在60%左右。其主要死因不是呼衰而是MOF，从上文也得到证明。近年的研究认为，重度创伤和感染等所引起的全身炎症反应综合征(SIRS)是ARDS的前奏，而MOF则是ARDS的不良结局，三者是一个动态病理过程，这是对ARDS认识上的一次飞跃，但在治疗上并未取得突破，说明ARDS的发病机制及其治疗仍然是今后研究的关键。

（李平升）

经鼻持续气道正压通气治疗阻塞性睡眠呼吸暂停综合征的远期效果（中华结核和呼吸 1996;19(5):273） 北京协和医院黄席珍等报道18例阻塞性睡眠呼吸暂停综合征(OSAS)患者(男16例，女2例，年龄38～68岁)采用夜间经鼻持续气道正压通气(CPAP)治疗，治疗时间最短3个月，最长27个月，平均368天。所有患者均在治疗前、中、后进行多导睡眠图(PSG)的监测。结果应用CPAP治疗后①OSAS症状消除；②13例(72%)复查PSG参数改善，18例停用CPAP治疗后复查PSG，最长呼吸暂停时间从(66±21)秒缩短至(43±24)秒($P<0.05$)。呼吸紊乱指数从(66±16)降低至(28±20)($P<0.001$)。最低血氧饱和度从(53±19)%提高至(75±11)%($P<0.001$)；③治疗前后患者体重、血压改变不明显，12例合并高血压的患者中6例(50%)血压恢复到正常范围，并停服降压药物治疗。作者认为CPAP治疗OSAS有效，长期坚持治疗可使呼吸暂停引起的低氧血症、最长呼吸暂停时间改善、临床症状减轻或消除，阻止了OSAS随年龄增加病情继续发展，其机制可能与改善患者呼吸调节功能有关。作者还提出，生产性能良好和价廉的CPAP装置，对推广和坚持长期应用CPAP和提高疗效有重要作用。

（黄 怡）

述评 上文报道了CPAP治疗OSAS的远期效果，有力地说明本法不失为内科治疗OSAS的有效措施。鉴于悬雍垂软腭咽部成形术虽具良好效果，但毕竟有一定创伤，CPAP 似可作为首选疗法在临床推广应用。

（李平升）

急性肺栓塞溶栓疗法与血液动力学改变的实验研究（中华心血管 1996；24(3)：225） 北京红十字朝阳医院许俊堂等采用经颈静脉注入自体血栓建立急性肺栓塞动物（犬）模型，将模型犬随机分为 2 组各 7 只，溶栓组给予尿激酶 20 000U/kg，30 分钟滴完；对照组仅给等量生理盐水。用 Swan-Ganz 导管监测右房压（RAP）、右室收缩压（RVSP）、肺动脉平均压（PAMP）、肺毛细血管嵌压（PCWP）和心排血量（CO），并计算肺血管阻力（PVR）、右室搏功（RVSW）。结果：两组的 PAMP、RVSP、PVR 及 RVSW 在溶栓前均较注栓前明显增加。溶栓组在尿激酶滴入后 30～180 分钟 PAMP、RVSP、PVR 及 RVSW 明显下降，而对照组无显著变化。血液检查发现溶栓组随尿激酶的应用凝血酶原时间和白陶土部分凝血活酶时间明显延长，组内、组间比较 $P<0.05$，纤维蛋白原也有下降，但红细胞压积并未显著下降，也无大出血。结果表明，短期应用适量尿激酶的静脉溶栓疗法，可有效地减轻急性肺栓塞引起的血液动力学损害，改善心脏功能，同时又可消除或减轻长时间给药带来的严重出血并发症。

（黄 怡）

述评 急性肺栓塞的病死率很高，血液动力学障碍与心力衰竭是其致死的主要原因。上文的研究表明尿激酶能迅速有效地减轻急性肺栓塞引起的血液动力学损害，改善心功能，这无疑会大大降低其病死率，结果与既往实验和临床报道一致。值得深思的是在溶栓药物新品不断问世、国内心肌梗死溶栓治疗已被广泛应用并取得成功经验的今天，为何肺栓塞溶栓治疗的临床报道并不多见。其主要原因可能与多数病例未能得到及时诊断有关。因此进一步探索无创或少创性快速、简便、实用的诊断方法，仍然是一个急待解决的重要课题。

（李平升）

急性单侧肺不张发生严重低氧血症的实验研究（中华结核和呼吸 1996；19(1)：22） 北京医大二院邓小梅等将 6 条犬麻醉后造成急性左侧肺不张（AUA）模型。将 Swan-Ganz 导管插入肺动脉，取混合静脉血测定氧分压（PVO_2）、CO_2 分压（$PVCO_2$）、血氧饱和度（SVO_2）；股动脉插入动脉导管监测股动脉压及取动脉血测定 pH、PaO_2、SaO_2；同时气管切开，在纤支镜引导下插入双腔气管插管，连接呼吸气监测仪和呼吸机，持续监测吸入或呼出气的氧浓度（FiO_2、F_EO_2）、呼出气 CO_2 浓度（F_ECO_2）、呼吸频率（F）、潮气量（V_T）、MV，并计算肺内分流量（$\dot{Q}_S/\dot{Q}_T$）。结果：①AUA 后，$\dot{Q}_S/\dot{Q}_T$ 增加，PaO_2 下降，健侧肺 V_T、F、MV 均增加（P 均<0.05）。②AUA 后，运动犬四肢使其 MV 增加（$P<0.05$），$\dot{Q}_S/\dot{Q}_T$ 亦随之增加（$P<0.05$），PaO_2 进一步下降（$P<0.05$）。③左侧肺不张伴人工气胸后，虽然健侧肺 V_T、F 和 MV 无明显变化，但 $\dot{Q}_S/\dot{Q}_T$ 下降，PaO_2 上升（$P<0.05$）。结果表明 AUA 后健侧肺将有代偿性 MV 增加，如果 MV 增加适当，PaO_2 将保持一定水平。如果由于某些原因，例如呼吸中枢驱动对缺氧的反应过强，MV 过度增加，则会增加肺内分流量，导致严重的低氧血症。

（黄 怡）

述评 上文作者通过急性单侧肺不张（AUA）动物模型，连续观察健侧肺分钟通气量（MV）以及患侧肺人工气胸后对肺内分流量（$\dot{Q}_S/\dot{Q}_T$）和 PaO_2 的影响，指出 AUA 后是否发生严重低氧血症取决于健侧肺 MV 的大小。如 MV 增加适量，PaO_2 将会保持一定水平；如 MV 过度增大，则会增加肺内分流，导致严重低氧血症。作者实验设计合理，技术方法有创新，结论有说服力。它不仅阐明了低氧血症发生的机制，并为临床应用呼吸机控制呼吸或采用其他方法抑制自主呼吸，适当减低健侧 MV 以治疗 AUA 后严重低氧血症提供了理论根据。

（李平升）

循环系统疾病

收集 1995 年 11 月～1996 年 10 月文献 4 120 篇，纳入回顾 1 368 篇（占 33.2%），列入文选 55 篇（占 1.3%）。

一年回顾

一、冠心病

（一）基础研究

粥样硬化　北京阜外医院[1]应用平均递增率数列结合检出率数列分析 7 159 例冠状动脉（冠脉）尸检病理资料，结果表明从动脉粥样硬化（AS）的形成到发生冠脉狭窄大约需 20～30 年。中国医大等[2]分析沈阳、鞍山两市 1990～1992 年间院外冠心病猝死病人的流行病学特征，总发病率为 14.97/10 万，年平均发病率为 7.9/10 万，院外死亡占 53.1%，男女间差异显著，工人比例最大，12～2 月比例最高，发病后 1 小时内死亡者占 70.7%。北京医院[3]分析老年男性尸检材料，发现冠脉病变总记分与生前总胆固醇（TC）、低密度脂蛋白胆固醇（LDL-C）呈正相关，与高密度脂蛋白胆固醇（HDL-C）呈负相关，与甘油三酯（TG）无明显相关；最有判断价值的指标是 LDL-C 与 LDL-C/HDL-C 比值。解放军 113 医院等[4]*分析宁波渔区 80 例意外死亡年轻人的新鲜冠脉标本，显示左前降支内膜厚度在男性随年龄增长而增厚，冠脉内、中膜细胞核数密度随年龄增长而逐渐降低，而密度由大变小。浙江医大[5]用免疫组化和图像分析法观察 35 例尸检的主动脉，氧化 LDL（ox-LDL）与 LDL 在病灶内共存分布；ox-LDL 在 AS 早期主要在巨噬细胞源性泡沫细胞内，晚期主要位于平滑肌细胞（SMC）内和细胞外基质中；LDL 含量在斑块期高于脂纹期，ox-LDL 在粥样斑块期高于纤维斑块期。北京阜外医院等[6]定量分析北京地区意外死亡年轻人近端冠脉病变，发现在同体三支冠脉中内弹力膜缺损程度以左前降支居首位，其次为右冠脉和左旋支，男重于女，内弹力膜缺损程度与内膜增厚呈正相关。该院[7]还研究硫酸软骨素蛋白聚糖（CSPG）和 AS 的关系，发现 CSPG 的分布很广，内膜 CSPG 密度随 AS 病变明显增加，CSPG 增加与 SM-α-肌动蛋白反应阳性的平滑肌细胞（SMC）数量平行。北京西苑医院等[8]*发现高脂饮食 AS 兔主动脉内膜增厚，斑块内有大量增生的 SMC，以合成型为主，在 AS 斑块边缘区及新生斑块区 SMC 内可见大量血小板衍生生长因子（PDGF）-A mRNA 表达阳性颗粒，提示 SMC 增生似受 PDGF 的调节。南京鼓楼医院等[9]测定冠心病（CHD）外周血淋巴细胞 LDL 受体 mRNA，结果提示 CHD 患者存在 LDL 受体表达不足。北京阜外医院[10]*将人尿激酶原（Pro-UK）cDNA 导入体外培养的胎牛主动脉内皮细胞（EC），得到表达该基因的转化细胞，溶圈实验测得 Pro-UK 分泌量约为 23U/10^6 细胞/24 小时。首都医大等[11]用受损 EC 的特异性抗原制备的相应抗体与尿激酶形成的结合物处理动物，发现其既能预防血栓形成，又不会有继发性出血的危险。浙江医大[12]用电刺激兔缰核致缺血性心电图改变及血压升高、心率加快，刺激终纹状核致血压升高而无心电图变化。一军医大[13]发现 CHD 患者单个核细胞 CD11b 表达高于正常人，白细胞介素 6（IL-6）和肿瘤坏死因子（TNF）对 CD11b 有上调作用，且上调作用高于正常人。上海中山医院[14]对高胆固醇饲养的兔进行血管内超声检查，39 个切面管壁呈弥漫性增厚，病理证实 34 个切面有脂质斑块，SMC 的脂质斑块回声低于血管壁。石家庄白求恩国际和平医院[15]以经食管心脏超声技术检测 35 例患者和 10 例离体主动脉的主动脉内膜-中层复合体最大厚度，证明经食管心脏超声可清晰显示胸主动脉图像。上海中山医院[16]对人离体 AS 斑块的研究表明，超声能有效地清除斑块，在常规剂量下不会损伤正常血管壁，超声消融产生的碎片较小，不会造成远端血管栓塞。广州南方医院等[17]对冠脉造影者作颈动脉超声检查，发现颈动脉AS程度与冠脉AS程度有明显的正相关，冠脉病变支数越多，颈动脉AS的程度越重。重庆新桥医院[18]发现血管紧张素转换酶抑制剂(ACEI)呈时间依赖性地抑制血管紧张素(Ang)Ⅱ介导的钙内流，而不影响其钙释放，表明ACEI在受体后可直接影响AngⅡ介导的钙信号传导。广州南方医院[19]发现AngⅡ引起SMC内游离钙升高，沙拉新可抑制这种作用，提示AngⅡ升高SMC内游离钙的机制主要是促进细胞内贮存钙的释放。北京医大[20]报道大鼠腹主动脉内皮损伤可致血管SMC增生，内膜增厚，线粒体摄钙功能在内膜剥脱后明显增强。河北医学院四院等[21]发现血小板膜结合纤维蛋白原在稳定性心绞痛(SA)、不稳定性心绞痛(UA)及急性心肌梗死(AMI)之间呈递增趋势，差异均有显著性，且AMI和UA患者均较正常高，认为其增加是AMI和UA患者血小板聚集性增高的病理基础。北京军区总院等[22]的研究表明经口灌注人工生物膜能调整血脂浓度，有效地减退兔AS。山东滕州市医院[23]报道用50、150和300mg阿司匹林治疗UA，7天后血小板膜表面GMP-140分子数明显降低，血小板数目明显升高，当剂量达300mg时后者已达正常人水平，表明用300mg/d治疗UA是合理的。武汉同济医院[24]比较了鱼油、洛伐他汀和吉非贝齐的抗AS作用，发现鱼油能明显抑制高脂饮食造成的早期AS病变，降低TG的作用与另两药无明显差异，降低TC优于吉非贝齐，改变脂蛋白成分的作用不及另两药。该院[25]还观察水蛭素对培养的兔胸主动脉SMC增殖的影响，发现水蛭素可显著抑制SMC的增殖及对^{3}H-TdR的摄取，且呈剂量依赖性。北京心肺血管中心[26]发现水蛭和丹参均可抑制高胆固醇膳食家兔血清TC的上升，减轻髂动脉管腔狭窄，抑制血浆纤溶酶原浓度和纤维蛋白原浓度升高。南京医大[27]报道首乌组方对牛主动脉SMC的增殖有显著抑制作用，其单味药的抑制作用强弱不等，但均低于组方，临床应用的胶囊剂型作用与水煎剂相等。北京医大一院[28]用Northern杂交方法观察到纤维粘连蛋白能明显促使血管SMCⅠ型前胶原α_1($Pro\alpha_1$)(Ⅰ)基因mRNA的转录，层粘连蛋白也能使$Pro\alpha_1$(Ⅰ)基因mRNA量增加，前者与剂量呈正比，后者与剂量无关。

心肌损伤　北京阜外医院等[29]在离体大鼠心脏观察到心肌缺血40分钟后，心肌内AngⅡ明显增高，再灌注10分钟后，AngⅠ、Ⅱ均明显增高，Losartan不明显影响这种增高，却能使心功能明显改善。青岛医学院附院[30]观察到大鼠离体心脏缺血/再灌注后心肌肌钙蛋白T的释放呈双峰曲线，对判断心肌细胞坏死程度及左室功能障碍优于心肌酶学检查。上海长征医院[31]观察到大鼠短暂缺血后心肌微血管通透性明显增加，再灌注后有所恢复，与心功能障碍同步。上海仁济医院[32]在培养的新生大鼠心肌组织上观察到心肌组织缺氧3小时、复氧30分钟组织上清液中血栓素A_2(TXA_2)和心肌酶含量均明显增加，热休克预处理可显著减少TXA_2和心肌酶的产生和释放。北京医大一院[33]观察到大鼠心脏持续缺血前或在缺血预处理过程中给予多粘菌素B，可阻断预处理对再灌注期心功能的保护作用，而预处理过程给药，再进行5分钟正常灌注，则阻断作用消失。武汉同济医院[34]观察到大鼠离体心肌缺血15分钟再灌注12分钟，发生各类心律失常(RA)，随着Mg^{2+}和K^+的增加RA发生率减少，Mg^{2+}和K^+高水平时无室颤发生，而两者处于低水平时100%发生严重RA。重庆新桥医院[35]报道犬心肌缺血和缺血-再灌注后心肌腺苷酸环化酶(AC)活性和cAMP均明显增高，缺血心肌AC活性明显高于再灌注心肌，纳络酮能明显降低缺血-再灌注心肌AC活性和cAMP含量。解放军总院[36]报道在家兔心肌缺血前15分钟静脉给予R-苯异丙基腺苷(R-PIA)，血一氧化氮(NO)产物水平迅速上升，且始终高于对照组，伴心率、血压下降，Northern杂交显示缺血心肌一氧化氮合成酶(NOS) mRNA表达增强。中国医大一院[37]用Ca^{2+}细胞化学探针和X线电子探针显微分析观察到大鼠心肌缺氧30分钟后Ca^{2+}分布变化不明显，再灌注30、60分钟，肌浆网及肌膜Ca^{2+}明显减少、胞质及线粒体出现大量Ca^{2+}沉淀，表明心肌缺血再灌注后亚细胞Ca^{2+}重新分布。北京医大一院[38]给离体大鼠心脏5次1分钟无Ca^{2+}继5分钟复Ca^{2+}灌注预处理后，可使随后Ca^{2+}反常损伤明显减轻，而2次10分钟缺血继10分钟再灌注进行缺血预处理未能减轻Ca^{2+}反常所致心肌损伤，腺苷A_1受体阻滞剂8-SPT可阻断Ca^{2+}预处理的保护作用。广州珠江医院[39]发现依那普利可加速犬颈总动脉-左旋支旁路所致的顿抑心肌功能的恢复，可能具有心肌保护作用。湖南医大[40]以聚乙烯亚胺为阳离子探针，用透射电镜观察到大鼠缺血/再灌注损伤心肌细胞表面阴离子位点减少，减少程度与超微结构损伤严重程度呈平行关系，与心肌唾液酸含量的降低密切相关。军医科院[41]用^{31}P-核磁共振测定Langendorff灌流大鼠心脏在常温及低温缺血和再灌注时细胞内pH值的动态变化，发现常温缺血较低温缺血时pH值下降更为明显，而再灌注后两者

pH 值均迅速恢复。解放军总院[42]家兔离体心脏缺血的研究结果表明 Na^+ 通道阻滞剂 R56865 对心功能恢复程度优于普萘洛尔、维拉帕米及消黄灵，能使大部分心肌细胞 Ca^{2+} 分布趋于常态，说明其具有保护心肌和防止细胞内 Ca^{2+} 负荷过重的作用。白求恩医大三院[43]发现氢过氧化枯烯引发的自由基及脂质过氧化反应造成肌球蛋白轻链激酶和 ATP 酶活性显著下降，硒、维生素 E 及二者联用可使心肌细胞抗自由基损伤的能力明显增强。西安西京医院[44]*在结扎犬左前降支后用 Nd:YAG 激光在左室壁缺血区打孔，8 个月后 5 只犬中 4 只心肌核素扫描正常，左室造影 3 只室壁运动正常，明显优于对照组。北京医院[45]报道 64 例 3 级 UA 者 34 例肌钙蛋白 T(TnT)升高，11 例在 10 天发生急性心肌梗死(AMI)，TnT 对 UA 预后的敏感性为 92%，阴性预测值为 98%。北京阜外医院[46]报道正常人在精神负荷状态下和运动试验时左室射血分数(LVEF)明显增加，而 CHD 患者则降低，两者符合率为 96%，表明心肌缺血与精神因素有密切关系。西安医大[47]用锌预处理心肌急性缺血大鼠，可减轻组织蛋白酶 D 游离酶及游离酶/总酶比值的升高，脂质过氧化物(PLO)含量降低。上海市九院[48]研究表明灯盏细辛能使缺血后抗凝血酶Ⅲ活性完全恢复，提高组织型纤溶酶原激活物浓度，降低其抑制物浓度。哈尔滨医大一院等[49]在兔髂动脉腔内成形术 3 周前开始用鱼油制剂，可降低成形术时及术后血小板的粘附功能。

血管成形术后再狭窄 白求恩医大三院[50]测定兔动脉内皮损伤后 15 周 SMC 释放的致平滑肌有丝分裂生长因子(GF)，结果显示 PDGF、转化生长因子 β_1 释放仍增加，再生内皮可抑制 GF 释放。北京医大一院等[51]发现表皮生长因子(EGF)可引起大鼠冠脉剂量依赖性收缩，在同时存在胎牛血清时能促进 SMC DNA 合成和分裂增殖。北京医大三院[52]发现兔激光血管成形术后再狭窄与血管热损伤后动脉中层 SMC 向内膜下迁移并异常增生，导致新生内膜形成、内膜增厚有关。徐州医学院附院等[53]在致大鼠胸主动脉内皮损伤后静注内皮源性舒张因子前体 L-精氨酸和抑制剂 14 天，前者可明显减少动脉 ^{3}H-TdR 参入量，抑制血管新生内膜形成，而后者则正相反。广东心血管病所[54]的研究表明 c-sis、c-myc 癌基因反义寡脱氧核苷酸可抑制兔动脉 SMC 的增殖，尤其是两者联用时。北京医大[55]将带有报道基因的腺病毒载体和空载腺病毒分别导入特定动脉，成功地将报道基因导入兔动脉壁中，提示该系统可用于在体定向基因转导。哈尔滨医大[56]研究表明兔股动脉射频球囊成形术后血管狭窄程度从平均>60%降低至<17%，术后 4 周再狭窄程度明显低于对照组，SMC 增殖数量减少。西安唐都医院[57]发现 c-sis 反义寡核苷酸可特异地抑制培养的人脐静脉 EC c-sis mRNA 及其表达产物 PDGF 量，以 72 小时作用最强。华西医大[58]选用 6 种癌基因和 Rb 抗癌基因片段为探针，分别与 AS 和正常动脉壁总 RNA 进行斑点杂交，提示 AS 斑块的形成及动脉 SMC 的增殖可能与 v-sis、c-fos、c-myc、c-jun 和 H-ras 等癌基因的表达增强及 Rb 抗癌基因表达减弱有关。解放军总院[59]用多孔球囊输注导管将携带 t-PA 基因的逆转录病毒载体直接高压注入冠脉及肌动脉壁，证明 t-PA 基因治疗有一定预防血管成形术后再狭窄的作用。北京医大[60]发现牛磺酸可抑制大鼠内皮损伤诱导的血管 SMC ^{3}H-TdR 和 ^{3}H-亮氨酸掺入的增加及内膜增厚，并对内皮损伤诱导的血管 SMC 钙内流增加及细胞钙含量升高有明显的抑制作用。北京人民医院[61]报道大黄素可抑制 SMC 增殖，呈剂量依赖性，对 AS 并球囊损伤的抑制作用大于对正常细胞的作用。北京医大一院[62]观察经凝胶球囊局部应用反义 c-myb 对氮气干燥内皮剥脱术后大鼠颈动脉内膜增殖的抑制作用，发现其能显著抑制血管损伤后肌内膜增殖，有效防止管腔狭窄。武汉同济医院[63]通过大鼠再狭窄模型观察到丹参注射液可在体外抑制培养的 SMC 增殖，在体内抑制动脉去内皮后的内膜增生。

(陈金明)

急性心肌梗死实验研究 北京医大一院[64]*报道兔经在体缺血预处理后可显著降低心肌梗死范围，但可以被非特异性腺苷受体拮抗剂 8-苯基茶碱阻断，提示缺血预处理的心肌保护作用与腺苷受体密切相关。首都医大[65]在豚鼠和兔的整体及离体心肌缺血模型上，测得其内生性腺苷明显升高，发生窦缓及 AVB 与给予外源性腺苷的表现及量效关系相似，希氏束 ECG 皆为 A-H 延长而 H-V 不变，用腺苷拮抗剂氨茶碱能完全阻断低氧组的Ⅱ～Ⅲ度 AVB。重庆西南医院[66]测得缺血家兔心肌线粒体钙明显增高，线粒体 Ca^{2+}-ATPase 活性降低，可能为线粒体钙超载原因之一。河南医大一院[67]测得 AMI 兔的 IL-1 显著升高，与血中白细胞计数正相关，与心肌 CK-MB 呈负相关。哈尔滨市一院等[68]观察 AMI 大鼠早期坏死、缺血及正常区酸性成纤维细胞生长因子(aFGF)，光镜见损伤区满视野点状、条索状 aFGF 反应物沉着，电镜见 aFGF 反应物沉着于细胞间质、大血管及毛细血管内皮细胞和受损伤的肌原纤维表面，表明 aFGF 参与冠状动脉侧支循环建立的全过程。上海仁济医院[69]测得AMI大鼠血浆及垂体内源性强啡肽明显升高，认为其可能参与心律失常的发生。北京阜外医院[70]测定猪心肌缺血60分钟和再灌注120分钟时冠状窦血浆内皮素(ET)浓度，结果缺血期ET明显升高，再灌注期进一步升高；若缺血期给予大剂量Vit C，可显著降低再灌注期ET升高幅度。兰州医学院[71]报道甘草次酸钠对兔实验性AMI有保护作用。上海医大[72]将人小分子尿激酶(mUK)基因经逆转录病毒载体注入小鼠体内，测得小鼠血中纤溶活性明显升高，免疫组化染色证实该基因在小鼠注入局部细胞获得表达。哈尔滨医大一院[73]对AMI犬的延迟溶栓实验证明，症状出现后10小时溶栓可以再通，并能提高心输出量，减少梗死面积。上海二医大[74]报道成功地制备了抗人肌红蛋白单克隆抗体，可用于AMI的早期诊断。北京医院[75]采用薄层等电聚焦法测定人心肌细胞线粒体CKmt亚型，结果存在三种CKmt亚型，CKmt-3为主要形式。青岛医学院[76]对实验性AMI猪的血清肌钙球蛋白T(TnT)、CK-MB浓度作动态监测，结果TnT达峰值时间及升高持续时间均显著长于CK-MB，峰值浓度明显高于CK-MB，且与坏死心肌重量的相关性较CK-MB更显著。上海崇明县医院等[77]报道犬AMI梗死面积的彩色多普勒组织成像定量分析结果，其与四唑氮蓝染色后组织切片结果高度相关。山西心血管病所[78]以卡托普利和硝酸甘油与鼠离体预收缩的主动脉环共同孵育，发现卡托普利可降低硝酸甘油耐药性，而依那普利无该作用，机制可能与巯基有关。

（宋　维）

（二）血脂

载脂蛋白　华西医大[79]对成都地区438名老年男性血清载脂蛋白(apo)AⅠ及AⅡ含量分析表明，前者呈正态而后者呈正偏态分布，与年龄增长无关。北京老年医研所[80]的研究表明在拮抗LDL损伤时，apoAⅠ和高密度脂蛋白(HDL)在维持细胞形态、保持细胞膜完整性及增加细胞自身分泌等方面作用近似。浙江医大一院[81]测定50例CHD患者和60名正常人血清脂质、脂质过氧化物(LPO)，CHD患者apoAⅠ、apoB、HDL-C及LPO的变化幅度随冠脉病变支数的增多而依次递增，认为HDL-C为判断CHD病变严重度的最佳参数。该院[82]还检测43例CHD患者apoAⅠ基因PstⅠ酶切位点限制性片段长度多态性，表明CHD患者少见P_2等位基因的相对频率为0.14，且随冠脉病变支数的增多而增高，P_1P_2基因型与P_1P_1型比较，HDL-C和超氧化物歧化酶(SOD)水平明显为低，而总胆固醇(TC)及LPO水平则明显为高。湖南医大二院[83]分析78例冠脉造影者冠脉病变程度与血清脂质和apo的相关性，表明单项指标对CHD的辨别力以apoAⅠ为佳，血脂分组比值以非HDL与HDL之比为优。解放军总院等[84]报道含有等位基因S_1、S_2、B的apoA低分子量表型的CHD患者女性占37.1%，低分子量表型对女性CHD的影响大于男性。湖北医大[85]用人工合成的寡核苷酸引物进行聚合酶链反应，检测正常人和CHD患者apo E表型，共检出5种常见表型，CHD患者apo E3/3型频率明显降低，而E2或E4异构体的频率增加，等位基因ε3明显减少，而ε2和ε4有升高趋势。安徽医大[86]在食饵性兔AS模型上观察到胆固醇诱导AS形成的原因，主要是含apo B脂蛋白量与质的变化和LDL-C、LPO等多种致AS因子的升高。

血脂及其他因素　国家"八五"攻关课题组[87]*研究13个人群心血管病危险因素调查资料，发现平均动物蛋白质、脂肪、饱和脂肪酸、膳食胆固醇、膳食脂质分值等营养因素的摄入量和肉类、蛋类及糕点类的平均食用量分别与血清TC均值正关联，平均糖类的摄入量与TC均值负关联。该组[88]还分析90年代初我国14组中年人群血清TC水平及分布特征，其年龄调整均值男性介于150.0～199.4mg/dl，女性介于146.1～198.2mg/dl，高TC年龄标化率男性介于6%～44%，女性介于5%～42%，经济较好的大企业、大城市人群明显高于其他人群。华西医大等[89]对成都和日本福冈部分居民膳食与血脂的比较表明，中国人摄取较多的糖类，体力活动指数也较高，脂肪及蛋白质摄入量则较低，除女性TG外，中国成人血清TC、TG、HDL-C及LDL-C水平显著低于相应的日本人。浙江医大二院等[90]报道舟山渔民血清脂蛋白(a)[Lp(a)]的含量低于杭州市民和金华农民，认为此可能与舟山渔民多食用富含n-3多不饱和脂肪酸的海鱼有关。北京阜外医院[91]采用伊文蓝为示踪剂研究n-3脂肪酸对内皮的保护功能，发现高胆固醇血症大鼠内皮通透性明显增加，n-3脂肪酸可显著拮抗通透性增加。西安市中心医院等[92]对比分析61例冠脉造影者的Lp(a)及血脂与AS的关系，结果表明Lp(a)增高与AS关系密切，Lp(a)越高，AS越严重。暨南大学[93]应用长链聚合酶链反应法从外周血细胞基因组中扩增获得LDL受体基因6个片段。北京人民医院等[94]以LB 1.5 cDNA片段为基因探针，检测了13例高甘油三酯血症患者apo B基因MspⅠ限制性片段长度多态性等位基因频率，共发现2.35kb(M_1)和2.60kb(M_2)两条杂交片段，突变型等位基因M_2的频率为

0.192，与对照组有显著差异。同济医大[95]发现培养的单核细胞能表达单核细胞趋化蛋白1，ox-LDL及极低密度脂蛋白(VLDL)能明显增强其表达，而LDL和VLDL的作用轻微。山东医大等[96]以社区人群为研究对象，发现HDL及其亚组分HDL_3在高盐饮食组显著低于低盐饮食组，分层分析调整血压变量后，钠盐摄入与HDL_3仍有显著的负相关关系。浙江洞头县医院[97]对家族性高胆固醇血症45名直系成员调查，总患病率为26.7%，遗传方式符合常染色体显性遗传。

血脂调整 同济医大[98]观察到CHD患者ox-LDL水平显著高于对照，且与HDL_2呈负相关，ox-LDL与TC、LDL-C、血浆共轭双烯比较有较高的阳性频率。南京医大一院[99]发现正常人血清总钙与TC、TG、LDL、VLDL相关，离子钙与TC、LDL和HDL相关。同济医大[100]用淡水鱼油制剂治疗实验性高血脂大鼠和家兔，发现淡水鱼油对高血脂动物TC、TG和LDL-C均有明显降低作用。四川省四院[101]比较多烯康(1.8g/d)与吉非贝齐(600mg/d)治疗高脂血症的作用，4周后血脂均明显下降，两组无明显差异。中国医大一院等[102]用非诺贝特治疗高脂血症，1个月后血浆TC、TG明显降低，HDL-C明显增高，红细胞胆固醇明显降低但仍高于对照。广东省医院[103]探索洛伐他汀对糖尿病合并高脂血症的降脂疗效，服药4和8周后TC分别降低26%和25%，TG降低56%和56%，LDL-C降低31%和32%，TC-HDL-C/HDL-C降低32%和34%。哈尔滨医大[104]证明单用小檗胺、黑豆果油或两药合用均能预防大鼠血中TC、TG和LDL含量的升高，联合用药不能增强其降血脂效果。湖南中医学院[105]以茵陈五苓散治疗高脂蛋白血症患者30例，总有效率为93.3%，并发现该方能抑制大鼠血清TC、TG、LDL及LDL/HDL比值的升高，且具有抗氧化作用。江苏盐城市一院[106]观察到硝苯啶具有降低高胆固醇血症患者血清TC、LDL-C的作用。普伐他汀协作组[107]比较了普伐他汀(10～40mg/d)和吉非贝齐(1 200mg/d)治疗原发性高胆固醇血症12周的疗效，两药分别使TC降低21%和12%，LDL-C降低29%和13%，TG降低20%和43%，HDL-C升高4%和5%，普伐他汀降低TC和LDL-C而吉非贝齐降低TG和升高HDL-C更有效。兰州医学院[108]发现沙棘油能显著降低高血脂大鼠血清TG和LDL-C，但对TC无降低作用。山西心血管病所等[109]观察到培多普利能降低高胆固醇喂养的兔血脂质过氧化物的升高，预防兔高胆固醇血症所致的早期AS的超微结构改变。

(三)血流动力学及其他血液学指标检查

哈尔滨医大等[110]测得CHD患者5项血液流变学指标均明显高于对照组，其中血细胞压积、血沉率变化较大，CHD患者血液粘滞度明显高于对照组。湖北恩施市医院[111]的研究表明CHD患者血浆纤维蛋白原(FG)增高是发生CHD的危险因素，吸烟可使FG升高。青岛医学院[112]发现CHD患者外周血白细胞变形能力明显降低，粘附功能明显增高，以AMI组变化最明显。湖南医大[113]比较了36例有冠脉病变和冠脉正常者的全血粘度、血浆比粘度和FG，表明血液高粘度是促使冠脉内血栓形成的致病因素之一。福建心血管病所[114]探讨FG与CHD的关系，发现血浆FG浓度增高者，其CHD、AMI的发病率均显著增高，冠脉狭窄的程度随血浆FG浓度的增高而加重。山东省医院[115]的研究显示CHD气滞型蛋白C抗原、总蛋白S抗原显著高于正常组，血淤型抗凝血酶Ⅲ抗原、抗凝血酶Ⅲ活性显著低于正常组。西安西京医院[116]报道AMI及不稳定性心绞痛(UA)发作时血液纤溶酶原激活剂抑制物活性增高、组织型纤溶酶原激活剂活性降低、纤溶酶原含量升高、纤溶酶活性降低。重庆新桥医院[117]测定36例CHD患者外周血循环EC、肿瘤坏死因子(TNF)和内皮素(ET)含量，发现三者均明显高于对照组，且与病情严重程度平行。上海新华医院[118]分析年龄与脂质过氧化损伤的关系，总趋势为SOD和谷胱甘肽过氧化物酶活性随年龄增加而降低，以SOD为明显；LPO则随年龄增高而增高，无性别差异。西安西京医院[119]观察到CHD患者血浆IL-8含量显著高于正常人，冠脉成形术后显著下降，冠脉狭窄程度与IL-8含量呈显著正相关。烟台市烟台山医院[120]报道CHD患者sIL-2R较对照组明显升高，循环免疫复合物、IgG水平亦升高，但IgM降低。山东医大附院[121]报道性激素比例失衡与CHD发病有密切关系。天津医大二院[122]测定CHD患者血浆肾素活性及AngⅡ水平，结果CHD患者两者均显著升高，其中AMI较陈旧性心肌梗死(OMI)高，UA较稳定性心绞痛(SA)高。同济医大[123]用高效液相色谱法观察到CHD患者尿纤维蛋白肽A水平AMI＞UA＞SA和正常人，认为动态观察尿纤维蛋白肽A变化有助于判断病情。山东医大[124]报道心绞痛和AMI患者的唾液溶菌酶显著低于正常人，而SIgA、IgA和IgG水平则明显高于正常人，心绞痛与AMI和SIgA含量差异亦有显著性。中科院等[125]检测CHD患者血清抗血管EC抗体水平，发现其明显高于正常，抗体水平的高低与心电图的改变有一定相应关系。

（陈金明）

（四）冠心病危险因素调查及有关分析

解放军总院等[126]报道首都钢铁公司 29 960 名职工中糖尿病组高血压和 CHD 的患病率分别为 37.4%和 9.3%，糖耐量减低组分别为 29.9%和 6.3%，认为高血糖和高血脂是增加高血压和 CHD 发病率的因素之一。湖南医大二院[127]分析 752 名中老年人健康体检资料，发现 CHD 发病率男性高于女性，CHD 与收缩压和年龄呈正相关，与血清 HDL-C 浓度呈负相关。济宁医学院等[128]对济宁市 100 例 CHD 病人进行 1∶1 的病例对照研究，认为高脂饮食习惯、高血压病史、CHD 家族史、体重指数是 CHD 的主要危险因素，多食根茎类蔬菜是 CHD 的保护因素；分离分析表明 CHD 较符合多基因遗传。南京医大[129]报道农村自然人群中铁蛋白水平的分布呈轻度正偏态，男性高于女性；铁蛋白水平与舒张压、TC、LDL-C 水平有显著关联。宁波李惠利医院等[130]测定 121 例患者血清唾液酸含量，发现血清平均唾液酸浓度与血浆 TC、TG、致 AS 指数、apoB/apoA Ⅰ呈正相关，与 HDL-C 呈负相关。天津市一院[131]应用临床流行病学方法分析 45 岁以上脑力劳动者的 CHD 危险因素，认为年龄、吸烟、高血脂、高血压和糖尿病是相对危险性较高的因素。北京安贞医院[132]* 随访 390 例老年 CHD 和高血压患者（平均 67.8±6.1 岁）2～8.5 年，经 Kaplan-Meier 法分析得出 8 年累积再发心脏事件率 21.8%，TC/HDL-C≥4.5、CHD 合并高血压、左室肥厚、无痛性心肌缺血（SMI）和复杂室性心律失常是再发心脏事件的重要独立预报因素。西宁市一院[133]分析 113 例住院 CHD 病人，认为该地区 CHD 患病率低、患者年龄大、男性患病率高于女性（绝经后女性仍远低于男性）等均与低海拔地区不同；但 CHD 各型的分布、临床症状、病死率等与低海拔地区相似。

（五）诊断

心电图　解放军 304 医院[134]分析 62 例 Q 波性心肌梗死（MI）患者的心电图（ECG）与病变冠脉及运动异常室壁的关系，发现前壁 MI 对前降支病变定位诊断的预测值为 89%，下壁 MI 对右冠或回旋支病变定位诊断的预测值为 73%。北京安贞医院[135]以某靶支冠脉供血室壁对应的各导联 ECG 全部或大部分呈现 QRS-ST 夹角 90°为该室壁阳性，发现 QRS-ST 夹角阳性与冠脉狭窄程度正相关，认为其阳性可作为 ECG 诊断 CHD 的早期指标之一。解放军 153 医院等[136]报道 CHD 患者左室造影节段性室壁功能障碍和 ECG 异常对心肌受损定位的符合率为 94.9%。四川省四院[137]报道体表 QRS 电位标测诊断 CHD 的灵敏度为 86%，特异度为 84%，准确度为 53%。河南医大一院等[138]分析 125 例 ECG 诊断下壁心肌缺血的心电向量图，符合下壁心肌缺血诊断者 26 例（20.8%），仍在正常范围者 99 例（79.2%），认为仅凭 ECG Ⅱ、Ⅲ、aVF 导联 T 波变化诊断下壁心肌缺血应慎重。北京医院[139]以冠脉造影或 ^{99m}Tc 运动心肌灌注显像作对照，分析并提出心电向量诊断心肌缺血的标准，其敏感性为 89%，特异性为 78%，诊断正确率为 83.5%。浙江宁波市一院等[140]比较 39 例 CHD 行经皮冠状动脉腔内成形术冠脉内心电图（icECG）与 ECG 的变化，认为 icECG 监测心肌缺血的敏感性高，ST 段、T 波早期变化快、幅度大，能迅速地反映局部心肌缺血情况。浙江武义县一院[141]比较 14 例变异型心绞痛胸痛发作时和高血压病人的 U 波倒置特点，认为 U 波倒置的时相变化对两者有鉴别意义。上海长征医院[142]报道 81 例有冠脉造影资料对照的高频心电图检测结果，其诊断 CHD 的敏感性和特异性分别为 80.6%和 76.0%；对于无 MI 的 CHD 的早期诊断敏感性高于常规 ECG 和动态心电图，与单光子发射断层心肌显像相似。山东泰山慢性病院[143]测量 70 例 CHD 患者和 21 名健康人的 ECG 数值，发现 CHD 患者存在明显心肌复极不均匀，心室晚电位和室性早搏与心肌复极离散度有关。山东省医科院[144]报道频谱时间标测检测的晚电位对预测 CHD 持续性室速/室颤的敏感性为 51.3%，特异性为 91.0%，阳性预告值为 35.1%，阴性预告值为 95.2%，MI 发生部位和心肌缺血不影响心室晚电位的发生。贵阳医学院附院[145]报道 CHD 组（152 例）QTd、JTd 值均显著高于正常组（210 例）；同一性别 CHD 组与正常组间也有显著性或极显著性差异；CHD 组 QTd 值在电压 2mV 时明显大于 1mV 时，正常组 JTd 值亦然。上海东南医院[146]提出 QTd 是反映心衰的有用指标，QTc+QTd 能确切推测 CHD 患者的心功能。解放军 208 医院[147]通过对 55 例冠脉造影与 ECG $ptfv_1$ 分析，提出以 $ptfv_1 \leqslant -0.03mm \cdot s$ 为诊断标准，其诊断 CHD 的敏感性为 38%，特异性为 93%；若以 $ptfv_1 \leqslant -0.02mm \cdot s$ 为诊断标准，则特异性为 78%。河南医大一院[148]报道老年 CHD 患者（80 例）的 $ptfv_1$、左室射血分数、右室高峰充盈率、房缩分数与老年健康人（20 名）相比均显著异常；老年 CHD 患者对 $ptvf_1 \leqslant -0.03mm \cdot s$ 者的异常程度显著高于 $ptfv_1 > -0.03mm \cdot s$ 者。河北医大四院[149]报道 428 例 UA 患者中 93 例出现胸前导联 ST 段压低伴 T 波倒置，其中 62 例 ST 段压低≥2mm，T 波对称性倒置≥2mm，31 例 ST 段压低≥1mm（<2mm），

两者急性MI和猝死发生率均有显著差异。

负荷试验 北京医大一院[150]*对有冠脉造影和ECG运动试验复查资料的41例经皮冠状动脉腔内成形术(PTCA)术后患者进行回顾性分析,结果示运动试验阳性对再狭窄预测的敏感性为79.2%,特异性为58.8%,阳性预测值为72.4%。北京安贞医院[151]通过对119例冠脉造影结果对照分析,发现平板运动试验对诊断CHD的敏感性略高于潘生丁试验(77.6%,86.8%),但特异性略低(77.6%,86.8%),两项试验结合则特异性、阳性预测值和准确性分别为93.4%、83.3%和80.7%。山东威海职工医院[152]报道大剂量递增法潘生丁试验结合食管心脏调搏术检查CHD阳性率在隐性组为87.5%,CHD组为100%,健康人及其他心脏病组均为阴性。湖南怀化地区二院[153]报道肾上腺素试验诊断CHD的敏感性为81.3%,特异性为100%,准确性为90.7%,潘生丁试验则分别为59.4%、90%和74.7%。徐州医学院附院[154]报道QRS波振幅间期乘积运动前后变化与^{99m}Tc-MIBI心肌灌注断层显像显示的心肌缺血范围的关系,后者优于QRS波单纯振幅或间期运动前后的变化。北京医大三院等[155]以冠脉造影为标准,发现多巴酚丁胺负荷心电图试验诊断CHD的敏感性、特异性、准确度分别为73.9%、75.6%和75.0%。对冠脉单支、双支和3支病变诊断的敏感性分别为53.8%、100%和100%。山东济宁市三院[156]报道130例食道心房调搏术结果,CHD组26例中阳性率为96%,可疑CHD组70例中81.4%阳性,其他心脏病组10例中1例阳性,25名健康人无1例阳性。

动态心电图 青海西宁市一院[157]报道西宁地区(海拔2 260m)472例老年患者动态心电图(DCG)检测出的SMI及缺血性ST段总发生率均高于平原地区。南京医大一院[156]分析902例老年CHD患者的DCG结果,各类心律失常检出率为96.1%,缺血性ST段下移检出率为23.3%,白天较夜晚发作阵次多,活动时缺血持续时间与静息时比较有差异。中山医大一院[159]分析186例确诊MI和50例非CHD者的DCG,发现Q-Tc延长检出心肌缺血的敏感性和特异性分别为92.5%和96.0%,ST段指标则为69.4%和100%。湖南株州市一院等[160]报道284例CHD患者的24小时DCG,89.8%最低心率发生在睡眠时,MI和心绞痛者的最低心率为22～39次/分。北京医大一院[161]报道不同心肌梗死部位的心率变异性(HRV)无明显差异,而PTCA术后高频段(HF)、标准差(SDNN)均较术前增加,低频段(LF)和LF/HF较术前降低,说明PTCA术后交感神经活性降低,迷走神经活性增加。哈尔滨市一院[162]的研究也表明PTCA术后MI患者的HRV值全部升高,心功能多项指标有不同程度改善,HRV的昼夜节律性也明显加强。重庆西南医院[163]报道CHD患者有程度不等的迷走神经功能下降,与CHD的危险因素、左心功能、陈旧性MI及药物影响无关。他们[164]对16例X综合征患者的HRV的分析表明,这些患者心血管自主神经系统存在交感和副交感神经失衡现象。杭州浙江医院[165]对比分析50例CHD和60名正常人的HRV变化,提示CHD患者有迷走神经张力减弱、交感神经活性亢进、凌晨自主神经调节有突然变化的现象。解放军401医院[166]检测34例CHD患者糖耐量前后血糖、胰岛素和C肽的变化,并测定HRV,结果空腹与服糖后胰岛素、C肽明显升高,HRV下降,服糖后2小时胰岛素和胰岛素曲线下面积与HRV呈负相关,HRV≤100ms的患者显示更高的胰岛素水平。上海新华医院[167]报道A型行为者反映交感和副交感神经的HRV指标均低于B型行为者,前者迷走神经活力较交感神经活力为弱。乌鲁木齐空军医院[168]报道CHD和充血性心衰患者的心率变异值显著低于正常人,心衰程度愈重,心率变异越低。湖南医大二院[169]对109例CHD患者进行24小时DCG监测,结果表明CHD左室肥大者易发生恶性心律失常,低心率与恶性心律失常密切相关。山西医学院二院[170]用DCG测定72例Ⅱ型糖尿病患者心率变异指数和心率,结果该组患者交感神经张力升高,迷走神经张力减弱,伴有缺血性心脏病者更显著。

超声心动图 北京空军总院[171]报道多巴酚丁胺超声心动图(UCG)测得冠脉狭窄及缺血后存活心肌的敏感度、特异度及符合率分别为73%、76%;72%、88%和72%、83%。北京军区总院[172]报道运动UCG对冠脉狭窄的诊断比运动ECG有较高的敏感性、特异性和准确性。北京阜外医院[173]用冠脉内超声成像(ICUS)观察6例UA的冠脉病变,认为ICUS有助于检出冠脉造影不易发现的左主干病变、偏心性纤维化斑块、表面粗糙的溃疡性斑块、血栓形成等不稳定斑块。哈尔滨医大二院等[170]报道彩色三维动态超声测定左室功能与左室造影结果密切正相关,所观测到的室壁运动异常区与冠脉造影显示的狭窄段支配区完全一致。河北医大三院[175]用多普勒UCG测定51例缺血性心肌病(ICM)各项指标,患者与正常组比较均有显著差异,认为ICM的左室重构与缺血性心肌损伤引起的左室扩张、肺毛楔压和室壁应力增加有关。

核素显像 上海中山医院[176]对 32 例 CHD 患者的^{99m}Tc-MIBI 门控、非门控心肌断层显像与冠脉造影作比较，认为门控与非门控相比对诊断 CHD 无优势。北京阜外医院[177]报道 21 例 X 综合征患者心肌 SPECT 检查，11 例有心肌缺血，其半定量计分为 1.1±0.3，而 26 例 CHD 心绞痛者心肌缺血计分为 1.8±0.7。北京红十字朝阳医院[178]对 11 名正常人和 22 例 CHD 患者进行运动和延迟^{201}Tl 心肌 SPECT 显像，发现靶心法、圆周法、四片法和四片求积法的心肌显像定量分析的灵敏性、特异性和准确性差异无显著性。上海中山医院[179]报道^{99m}Tc-MIBI 静息定量心肌显像对 MI 异常冠脉的检测灵敏性为 87%，特异性为 90%。淄博万杰医院等[180]对 31 例 CHD 患者行正电子发射心肌断层扫描(PET)，认为 PET 的敏感性和特异性大大超过心电图、动态心电图、负荷试验和彩色多普勒等检查手段。北京人民医院等[181]比较多巴酚丁胺和潘生丁^{99m}Tc-MIBI 心肌显像诊断冠心病价值，认为二者均具有较高的敏感性和特异性，对于 MI 后残余心肌缺血检出率也相似。北京医大三院[182]报道多巴酚丁胺负荷^{99m}Tc-MIBI 心肌断层显像诊断 CHD 的敏感性和特异性为 91.3%和 82.4%，而 EKG 检查分别为 43.5%和 76.5%。北京医大一院[183]* 对 154 例运动负荷心肌显像及运动 ECG 正常者随访 12～98 个月，仅有 1 例发生心脏事件，发生率为年发生 0.2%。

冠脉造影 北京阜外医院[184]分析 38 例变异型心绞痛患者的冠脉造影资料，发现冠脉痉挛发生在造影显示完全正常的冠脉占 26.3%，发生在具有严重狭窄病变(≥50%)的冠脉占 63.2%。北京医大一院[185]对 388 例 UA 患者进行临床和冠脉造影对照分析，结果表明静息时心绞痛发作者病变更严重，梗死后早期心绞痛血栓多见。中国医大一院等[186]报道 48 例 UA 患者冠脉造影所见，74 处显示有意义的冠脉狭窄，以前降支最常见。北京阜外医院[187]进一步分析了 UA 冠脉病变的形态学特点，认为 UA 的发病与斑块局部血小板激活和(或)血栓形成有关。北京人民医院[188]* 分析 100 例临床诊断 CHD 心绞痛的女性患者的冠脉造影资料，发现绝经后 CHD 发生率增加，提出绝经是女性 CHD 的危险因素。

(六) 心绞痛

北京安贞医院[189]报道 54 例冠脉造影正常的心绞痛患者平板运动试验均阳性，对其中部分病人进行心肌活检后认为不能排除冠脉微小血管病变的可能。安徽黄山市医院[190]报道首次服硝酸异山梨酯诱发心绞痛 1 例。解放军 123 医院[191]测定 20 名正常人、20 例 CHD 患者及 26 例 SMI 者的内源性洋地黄样免疫活性物质，分别为(0.51±0.18)ng/ml，(1.04±0.49)ng/ml 及(0.99±0.35)ng/ml。青岛医学院等[192]测定 47 例 UA 病人及 40 名健康人的白细胞变形能力、粘附功能及白细胞 CD18 表达，认为心肌缺血与白细胞流变性和粘附性改变有一定关系。重庆新桥医院[193]检测 UA 病人和健康人各 41 例的白细胞粘附、聚集、变形性和膜收缩蛋白、GP I_b、GP II_b 和 GP III_a、膜脂流动性和微粘度，结果提示 UA 病人处于血栓前状态。山东荷泽地区医院[194]对 38 例变异性心绞痛患者行 24 小时 DCG 监测，结果 20 例发作后出现再灌注性心律失常，发生率为 53%。西安西京医院[195]报道 X 综合征病人比劳力性心绞痛病人的发病年龄轻、病史短、发作时间较长，冠脉造影和左室造影均显示正常。中国医大一院等[196]亦探讨了 X 综合征的发生机制及治疗。

浙江医大二院等[197]采用安慰剂介入、随机双盲法观察国产 5-单硝酸异山梨酯治疗稳定型心绞痛(n =100)的疗效，剂量 40mg/d，疗程为 4 周，总有效率 74.0%；而进口 5-单硝酸异山梨酯(n =101)的总有效率为 74.3%。上海新华医院等[198]报道 24 例左心功能减退者给予消心痛气雾剂后，心输出量、心脏指数均有显著上升，认为该药能及时显著改善心功能。北京中日友好医院[199]用国产单硝酸异山梨酯(鲁南新康)治疗 30 例 CHD 心绞痛，总有效率为 87%。北京阜外医院[200]报道吗多明气雾剂和消心痛气雾剂缓解心绞痛的时间分别为(5.5±3.4)分和(5.0±3.6)分，有效率分别为 76.5%和 90.6%，ECG 改善率分别 73.9%和 80.0%。苏州市三院[201]报道 CHD 心绞痛患者联合应用消心痛(10mg，3 次/天)和开搏通(6.25mg，2 次/天)，治疗 6 个月，不仅有效地缓解心绞痛，并能改善心功能。山西省心血管病所等[202]报道合用卡托普利、二硝酸异山梨酯可显著减少 CHD 患者的 SMI 发作和总缺血负荷。山西医学院一院等[203]提出美托洛尔治疗高龄(>80 岁)和中年 CHD 合并心衰患者的最佳剂量分别为(23.3±1.9)mg/d 和(26.6±15)mg/d，总有效率分别为 81%和 87%。海门市四院[204]应用硫酸镁制剂并雷尼替丁治疗 CHD 室早 40 例，总有效率 87.5%，而用心律平等传统药物治疗的对照组(38 例)总有效率为 62.5%。山西医学院二院[205]用 1,6-二磷酸果糖治疗心绞痛 20 例，18 例 ECG 缺血性 ST-T 恢复正常，2 例有改善，心功能亦显著改善。哈尔滨市五院等[206]用小剂量尿激酶(10^5U)治疗 45 例 UA，疗程 14 天，有效率为 95.6%。牡丹江心血管病院[207]

报道静滴肝素 50～100mg/d，3～5 天，停药前 2 天开始长期口服华法令 2.25～9mg/d 治疗，UA 的有效率为 96.8%，血粘度也有较大的改善。河南鹤壁市一院[208]应用肝素加运动试验治疗稳定型心绞痛 10 例，运动总时间从(7.13±0.89)分增加到(11.67±1.04)分，最大血压心率乘积从(2 404±312.00) kPa/min 增加到(3 182±495.00)kPa/min，而单用肝素治疗的 10 例未见改善，认为该疗法可加速侧支循环建立。山东聊城地区医院等[209]用小剂量尿激酶及肝素治疗 30 例 UA，总有效率 93.3%，并能降低急性 MI 发生率及预防猝死。山东高密市医院等[210]报道在口服阿斯匹林基础上用肝素持续静滴对 UA 的疗效显著优于肝素皮下注射。江苏淮阴市一院[211]报道肝素钠 6 250U/d 静滴治疗 CHD UA 的临床总有效率为 93.7%。深圳宝安区西乡医院等[212]在常规治疗基础上加用蝮蛇抗栓酶治疗 40 例 UA，临床疗效为 87.5%，常规治疗组疗效为 57.5%。吉林通化钢铁公司职工医院[213]用蕲蛇酶 5μg/kg 静滴，1 次/天，共 10 天治疗 CHD 25 例，总有效率 100%，ECG 有效率 92%。南京医大[214]用体外反搏治疗 19 例 CHD，以 ^{99m}Tc-MIBI 踏车运动心肌灌注断层显像显示心肌缺血的总有效率为 73.7%。北京阜外医院[215]总结 CHD 外科手术后患者行主动脉内球囊反搏术(IABP)67 例的经验，认为：①预防性 IABP 有助于重症患者的恢复；②IABP 使术后低心输出量综合征及左心功能不全得以改善，降低手术死亡率。上海市九院[216]以葛根素注射液 300mg/d 静滴，10 天为一疗程，随机双盲治疗 CHD 心绞痛 30 例，症状改善总有效率 97%，心电图总有效率 60%。山东济宁精神病院[217]报道葛根素治疗 CHD 心绞痛临床总有效率为 92%，ECG 总有效率 69%。辽宁本溪市医院[218]用芎归饮，每次 1 支，每天 3 次，1 个月为 1 疗程，治疗 CHD 80 例，心绞痛缓解总有效率 91.7%，主要症状改善有效率为 76.8%，缺血性 ECG 改善总有效率为 76.3%。河南林州市医院[219]用血栓通注射液静滴，3g/d，15 天为 1 疗程，治疗 CHD 34 例，2 个疗程的总有效率为 88.2%。尚有灯盏花注射液[220]、合欢汤[221]、山海丹[222]、地奥心血康[223]、舒血宁[224]、复方丹参黄芪胶囊[225]、川芎嗪[226]、冠心胶囊[227]、复脉汤加减[228]、天保宁[229]、温心汤[230]、刺五加注射液[231]及栝蒌薤白半夏汤加减合并硝酸异山梨酯和阿斯匹林[232]治疗 CHD 心绞痛报道，均有一定疗效。广西桂林华侨农场医院[233]用等容血液稀释法治疗 CHD 心绞痛 47 例，总有效率 87.2%，ECG 改善率 77.3%。

（赵　君）

（七）急性心肌梗死

临床表现　南京医大一院[234]*统计 1991 年江苏省城乡高血压抽样调查材料(共 45 574 人)，结果显示人群血压水平与急性心肌梗死(AMI)及脑卒中患病率呈正相关，提出应早日开展高血压人群防治，控制高血压。武汉铁路医院[235]调查 115 例 AMI 住院患者吸烟及吸烟程度与发病年龄关系，发现吸烟者年龄愈小，吸烟量愈多，发病年龄愈早。北京丰台铁路医院等[236]分析该院 1989 年 4 月～1994 年 5 月收治的 354 例 AMI 发病时相，呈现逐年增多趋势，秋冬季高于春夏季。北京协和医院[237]前瞻性观察并随访 AMI 118 例，起病多在白天，住院死亡 17 例，无昼夜规律，死因以循环衰竭多见；出院死亡 6 例，都发生在白天，4 例为心律失常，2 例为循环衰竭。多元分析示年龄、射血分数(LVEF)、肌酸磷酸激酶峰值和 Killips 分级 4 项指标为预测死亡的独立预报因子。

山东泰安市医院[238]回顾性分析 AMI 175 例，无梗死前心绞痛 67 例，多有家族史及明确发病诱因(劳累、饱餐、大量吸烟等)，恶性心律失常、泵衰竭的发生率及病死率均高，其原因可能与梗死前无预缺血有关。哈尔滨医大一院[239]对 6 例 AMI 冠脉造影显示正常中的 5 例行麦角新碱激发试验，4 例阳性。6 例均有吸烟史，提示该类病人系冠脉痉挛及冠脉栓塞引起可能性为大。解放军 97 医院等[240]报道在 103 例 AMI 合并扩展者 14 例(13.6%)发生时间为梗死后 2～20 天，扩展者心衰、休克及死亡率均高。

上海心血管病所等[241]分析 32 例糖尿病合并 AMI 的临床特征，有高血压史 21 例(65.9%)，胸痛 8 例(25.0%)，肺水肿 19 例(59.3%)，心室晚电位阳性检出率 55.6%，8 周内死亡 9 例(37.5%)，1 年内死亡 12 例(43.8%)，而对照组分别为 43.8%、71.9%、31.2%、26.7%、6.2%和 12.5%。华西医大一院[242]配对比较 20 例Ⅱ型糖尿病和非糖尿病 AMI 的临床特征及预后，结果糖尿病组较非糖尿病组无痛发生率高 4.5 倍，并发症高 3 倍，病死率高 3 倍，多器官衰竭为主要死因。无锡市二院[243]统计Ⅱ型糖尿病 AMI 47 例，发生梗死后扩展 18 例(38.3%)，死亡 8 例(44.4%)，均显著高于非糖尿病者(17%及 25%)；梗死后扩展是其早期死亡率高的主要原因。

青年人心肌梗死　哈尔滨医大一院等[244]分析 40 例青年人 AMI，男性 39 例(97.5%)，有心绞痛既往史 11 例(27.5%)，主要危险因素是吸烟、CHD 家族史及高脂血症。柳州铁路医院[245]报道 11 例青年人 AMI 中并发心源性休克 5 例、泵衰竭 3

例;3例冠脉造影2例正常,1例有左前降支肌桥,认为这些患者的发病与冠脉痉挛有关。广州市一院[246]报道20例青年人AMI中死亡4例,5例行冠脉造影,2例显示双支病变,3例单支病变。解放军总参门诊部[247]分析33例中青年AMI,在首发症状6小时内行静脉溶栓5例,再通4例;冠脉内溶栓2例,再通1例。总再通率71.4%。冠脉造影19例为单支病变,4例双支病变,6例3支病变,4例冠脉正常,单支病变中17例为前降支病变,狭窄≥90% 11例,5例为全闭。此外,本年度报道的因其他疾病合并的青年人AMI有肾衰[248]、肾病综合征[249]、狼疮肾炎[250]、白塞病[251]、真性红细胞增多症[252]、妊娠[253]等。

老年人心肌梗死 北京医院[254]报道5 208例次老年人健康检查中,通过ECG发现MI 9例(10例次)。河南医大一院[255]分析30例无痛性MI,其中60岁者27例(90%),占老年MI的16.9%(27/160)。解放军57医院[256]报道在漏误诊的5例无痛性MI中,4例为老年人。宜昌市一院[257]、上饶地区医院[258]、湛江市医院[259]和黑龙江康复医院等[260]分别报道了表现为下腹痛、腰痛、牙痛、下颌痛或脑循环障碍的老年人AMI,说明老年MI临床表现常不典型。内蒙古马海市医院[261]、山东德州地区医院[262]、广州市二院[263]和北京军区总院[264]分别报道老年人因纤维胃镜检查、骤停氨酰心安、使用垂体后叶素及一氧化碳中毒而诱发MI者。深圳市医院[265]报道6例老年人非心脏手术后48小时内并发AMI,2例死亡,其中术前有明确CHD史4例。天津公安医院[266]分析该院1988~1993年间老年AMI 201例中出现泵衰竭者65例(32.3%),显著高于老年前期组(18.0%),且病死率高(46.2%)。沈阳电缆厂医院[267]病理证实老年AMI并心脏破裂3例,2例在前壁、1例为正后壁,发生时间均在AMI发生1周内。哈尔滨市二院等[268]分析老年AMI并发多脏器功能衰竭28例,提出原有多种慢性疾病和AMI并发的泵衰竭和肺部感染,是主要诱发原因,病死率高(22/28)。石家庄白求恩国际和平医院[269]分析38例老年再发MI的相关因素依次为MI后心绞痛、高血压病、MI前心衰和高脂血症。该院[270]还指出老年MI扩展者的并发症和病死率均显著高于无扩展者。佳木斯医学院一院[271]报道老年人下壁AMI伴胸前导联ST段下移和$ptfv_1 \leqslant -0.03mm \cdot s$为高危组。

诊断

心电图:辽宁省医院[272]比较10例前壁和8例下壁AMI病理性Q波出现的时间,前壁者明显早于下壁者(7.4±3.7小时对10.6±8.7小时)。北京医院[273]将38例下壁AMI的心电图(ECG)与冠脉造影结果对照,发现胸前导联ST段改变,尤其是压低者提示有多支冠脉病变,特别是前降支病变。黑龙江省医院[274]亦报道30例下壁AMI胸部导联ST段异常者冠脉造影多为多支病变,而正常者多为单支病变。解放军107医院[275]分析245例AMI对应导联ST段压低的临床意义,认为多见于高龄者及女性,其高血压、糖尿病、广泛前壁MI、下壁合并后壁或右室MI、心源性休克及恶性心律失常等并发率显著高于无ST段压低者。北京阜外医院[276]报道以ECG $STv_2\downarrow/STavF\uparrow \leqslant 0.5$为指标对诊断右室AMI的敏感性为83%,特异性为94%,与$STv_{4R}\uparrow \geqslant 1mm$基本相同。北京军区总院等[277]检出采用头胸导联右胸ECG有助于检出右室AMI。同济医大心血管病所[278]分析212例AMI中21例发生早期心肌再梗死和梗死扩展的发生因素和ECG特征,提出高危因素有前壁MI、MI后心绞痛、心功能Killip Ⅱ级以上、排便用力及活动增加;ECG特征为ST段再度抬高,R波丢失和进展性Q波。北京友谊医院[279]以冠脉造影为对照,分析AMI冠脉再通患者胸痛、心律失常、ECG及血清酶变化特征,发现胸痛缓解及心律失常发生的高峰时间在治疗后1小时;ST段在再通第2小时下降最快,血清肌酸激酶MB亚型(CK-MB)峰值时间在发病后14小时内。北京急救中心等[200]用ECG记分法评价AMI静脉溶栓再通的梗死面积显著缩小。

南通医学院[281]分析44例AMI患者入院24小时内常规ECG,发现QT离散度(QTd)在室性心律失常组显著升高,认为QTd可作为AMI后发生严重室性心律失常的预测指标。上海中山医院[282]报道AMI溶栓再通使QTd下降。广州中山医大一院[283]发现AMI患者心率变异性(HRV)谱呈现昼夜规律。北京医大一院[284]报道陈旧性心肌梗死(OMI)患者经皮冠状动脉腔内成形术(PTCA)后HRV指标显示交感神经活性降低,迷走活性增强,可能改善远期预后。

酶学检查:重庆西南医院等[285]采用自行建立的普通琼脂糖凝胶电泳法快速测定AMI早期CK-MB亚型,报道MB_2/MB_1比值在发病后2~4小时达峰值。武警甘肃总队医院等[286]观察25例无ST抬高的AMI患者CK-MB变化的特点为峰值较低,峰时提前,提示与早期冠脉自发复流有关。上海长征医院[287]报道AMI伴泵衰竭、心源性休克时LDH同工酶谱发生变化,表现为LDH_5明显升高(>15%)。无锡市三院等[288]用速率法生化技术测定28例AMI患者血清α-羟丁酸脱氢酶(α-HBD)动态变化,于发病后6小时开始升高，48小时达峰值，持续17天，其活性与CK活性呈正相关。山东千佛山医院[289]报道94例AMI患者血清丙酮酸激酶(PK)峰值时间及持续时间分别为(24.1±9.1)小时和(64.8±18.8)小时，其活性与CK-MB活性密切相关。

其他血液学检查：海军总院[290]检测13例AMI合并糖尿病患者和23例单纯AMI患者空腹血胰岛素和C肽水平，二组均明显升高，但前者更显著。南通医学院附院[291]报道无糖尿病AMI患者早期空腹血糖明显偏高患者的心衰和室性心律失常发生率及病死率均显著高于血糖基本正常组；血糖与血清胰岛素水平呈正相关，提示AMI早期血糖应激性升高患者预后不良。上海中山医院等[292]测定20例MI患者红细胞胰岛素受体高、低亲和力位点数及亲和力常数，发现低亲和力位点数和高、低亲和力常数均低于正常，提示MI患者胰岛素抵抗可能与胰岛素受体异常有关。

青岛医学院附院[293]观察32例AMI患者血浆肌钙蛋白T(cTnT)的动态改变，有2种类型曲线，8例为双峰型：第1峰时在(12.4±2.7)小时，第2峰时在(90.3±8.9)小时；24列为单峰型：峰时在(61.6±18.9)小时。双峰型提示早期再灌注。佳木斯医学院一院[294]观察52例AMI患者血清肌红蛋白动态变化，显示发病后(1.6±0.4)小时明显升高，峰时为(8.2±2.1)小时。上海新华医院[295]用滴金免疫法检测32例AMI患者血清肌红蛋白，其判断AMI的敏感性和特异性分别为84.4%和86.2%，高于CK，且操作简便迅速。

北京阜外医院[296]报道AMI和UA患者血浆纤维蛋白肽A(FDA)含量均明显升高，但以AMI升高更显著。北京人民医院[297]采用测定血浆交联纤维蛋白特异性降解产物D-二聚体含量监测AMI溶栓疗效，认为对疗效和预后的判断有较大意义。

河北医学院三院[298]报道AMI患者血浆内皮素(ET)明显升高，且升高幅度与心功能状态有关。上海长征医院[299]报道AMI溶栓再通患者血浆ET峰值更高，峰时提前，持续时间缩短。蚌埠医学院附院[300]报道AMI有并发症的患者血浆ET峰值显著高于无并发症者，且持续时间延长。

河南省医院等[301]测得25例AMI患者血浆儿茶酚胺、肾素、血管紧张素Ⅱ(AngⅡ)浓度均明显升高，与心率变异性(HRV)中高频段(HF)呈负相关，而与低频段(LF)/HF呈正相关。江西医学院[302]测得20例AMI患者血浆单胺类物质5-羟色胺、去甲肾上腺素及多巴胺和递质氨基酸γ-氨基丁酸、甘氨酸均显著升高，而谷氨酸、天冬氨酸及牛磺酸含量则明显降低，提示它们与AMI的发生有一定关系。中山医大[303]测得68例AMI患者外周血淋巴细胞β-受体密度明显升高，至第3周恢复正常，在心律失常组升高更显著；β-受体密度升高程度与血浆儿茶酚胺浓度呈正相关，认为可能为AMI病程演变和心律失常发生的一种指标。上海长征医院[304]观察46例OMI患者外周血淋巴细胞β-受体密度，发现与急性期CK-MB峰值呈负相关，与LVEF呈正相关。

河北医大二院[305]测得AMI患者红细胞膜Na^+,K^+-ATP酶活性下降，内源性洋地黄因子增加。南京医大一院等[306]和辽宁基础医学所等[307]分别报道AMI患者血清铁蛋白水平明显升高，血清镁浓度降低，并与室性心律失常发生有关。福建心血管病所[308]测得AMI患者血清Vit E明显下降，与血浆过氧化脂质代谢产物丙二醛(MDA)水平呈显著负相关，提示AMI时Vit E作为主要抗氧化剂被大量消耗。河南省医院[309]报道AMI患者血浆IL-6显著增高；TNF-α与正常对照组无显著差异。山东省医院等[310]测得AMI患者血浆IL-2明显升高，且升高程度与梗死面积、并发心衰等有关。

上海华山医院[311]*检测40例MI患者血管紧张素转换酶(ACE)基因多态性，结果DD基因型发生率(50%)明显高于对照组(20%)，认为国人ACE/DD基因型可能是心肌梗死的危险因子。北京医大[312]对MI患者apo B基因和apoAⅠ CⅢ AⅣ基因簇上两个酶切位点的多态性进行分析，均有异常。

超声心动图：沈阳军区总院[313]应用多普勒超声心电图(UCG)测定50例不同部位室壁瘤患者左心功能，显示舒张功能较收缩功能改变更显著。新疆医学院一院[314]以冠脉造影及左室造影作对照比较磁共振、二维UCG和ECG对MI及合并室壁瘤的诊断，显示磁共振特异性较强。上海长征医院[315]用多普勒超声测定右室MI左、右室射血力，发现除右室收缩功能减低外，左室收缩功能也减弱。山西医学院一院[316]*报道硝酸甘油舌下含化后UCG可准确判定MI后心肌细胞的存活性。

核素检查：北京阜外医院[317]报道小剂量多巴胺核素心室造影对OMI存活心肌，是一种安全可靠的评估方法。北京红十字朝阳医院[318]和山西医学院一院[319]均报道硝酸甘油介入^{99m}Tc-MIBI心肌断层显像可检出MI存活心肌，方法实用简便。蚌埠市一院[320]对28例AMI患者行门电路心血池显像(SPECT)测定左室功能，发现急性期心脏扩大者左室收缩及舒张功能明显下降；演变为OMI后，心脏缩小者心功能明显改善；部分患者心脏进一步扩大，甚至形成室壁瘤，心功能进一步下降。

北京阜外医院[321]*以左室造影研究34例AMI早期（平均4.6小时）左室心功能及其重塑指标，发现前侧壁和下后壁AMI左室心功能变化特点一致，为左室扩大，表现为舒张末容积无显著增加，但收缩末容积分别增加135.0%和81.8%；前侧壁AMI患者已有梗死区膨出变形和左室扩大是左室重塑的最早表现。

（宋　维）

预后　西安医大[322]对比AMI无心绞痛病史组（56例）和有心绞痛病史组（79例）的预后，两组CK峰值、LVET、早期并发症及再梗率、住院病死率均无明显差异。济南军区总院[323]比较62例AMI有远离区心肌缺血患者和55例无远离区心肌缺血患者的随访资料，显示前者再MI、左心衰及猝死等发生率显著高于后者。北京丰台铁路医院[324]报道128例非糖尿病AMI患者中52例早期血糖升高者的病死率及左心衰、心源性休克等并发症的发生率均显著高于血糖正常者；血糖升高越明显预后越差。山东省医院[325]对75例AMI患者在发病后1～5天和21～25天进行连续心电图监测和1年随访，21例（28.4%）于随访期间发生心脏事件，相关分析显示AMI后2～3天ST段变化对发生心脏事件预测价值最大。北京协和医院[326]前瞻性系列观察118例AMI患者急性期和随后1年HRV的演变，结果HRV在MI后急剧变小，以后逐步变大，3个月后基本稳定，发病1年的HRV多项指标仍较正常组低；在MI恢复期，再发MI及其死亡的发生时间呈现与HRV一致的昼夜规律。济宁医学院附院等[327]分析78例AMI患者QT间期离散度（QTd），发现室性心动过速（VT）、心室颤动（Vf）及猝死者的QTd明显延长，前壁AMI组明显长于下后壁AMI组，QTd是预测AMI近期预后的敏感指标。烟台市毓璜顶医院[328]报道ECG ST段呈墓碑形抬高的AMI患者，其并发症及1周内病死率均明显偏高。辽宁锦州市医院[329]报道AMI患者24小时内出现T波倒置者，其心功能明显好于24～72小时及＞72小时出现T波倒置者。北京安贞医院[329]报道卡托普利对OMI、左室扩大伴左心功能减退患者的左室收缩、舒张功能和运动耐量均有明显改善作用。广东汕头市医院[331]报道再次MI患者出现严重并发症及其病死率显著高于初发MI者。

北京军区总院[332]根据发病前48小时内有无心绞痛史，将397例AMI患者分为有心绞痛组（174例）和无心绞痛组（223例），结果有心绞痛组入院48小时内血浆肌酸磷酸激酶（CPK）峰值和住院期间严重并发症发生率、住院病死率均低于无心绞痛组，认为可能与缺血预适应有关，梗死前心绞痛对老年人可能同样具有保护作用[333]。湖南医大二院[334]对湖南省20所医院886例AMI患者进行回顾性分析，住院病死率女性和男性分别为21.8%和13.7%，女性明显高于男性，可能与女性发病年龄较大、伴高血压和糖尿病人数较多以及前壁MI发生率较高有关。“八五”国家攻关课题上海组[335]将首次发生AMI症状后72小时内入院且无心源性休克的822例患者分为卡托普利（478例）和常规治疗组（344例），前组住院和平均20个月的随访期间的心脏总事件发生率和病死率均显著低于后组。“八五”国家攻关课题北京组[336]将1106例AMI患者随机分为对照、阿替洛尔和依那普利组，随访19个月，阿替洛尔和依那普利组左室射血分数分别是对照组的15和28.5倍；阿替洛尔组猝死率比对照组减少68%；心脏总死亡率阿替洛尔组减少53.5%，依那普利组减少47.4%。3组再梗死率相似。北京协和医院[337]随访118例AMI患者HRV和预后的关系，并以50名正常人作对照，结果示AMI发病后不同时间HRV的预后意义不一样，以发病3周左右测定HRV为宜；心脏死亡者HRV显著小于存活者，对死亡有独立的预测价值。山西医学院一院[338]对42例AMI患者于MI后平均4个月进行次极量运动试验，并随访7～9年。结果示运动诱发ST段压低的深度和导联数、运动中的高峰心率、心率血压双乘积等与预后有关。贵阳医学院附院[339]报道下壁MI左胸导联ST段下移与AMI患者的预后有关。上海中山医院[340]对184例AMI和其中146例存活者进行分析，结果示性别、糖尿病史、入院时心率、是否并发心源性休克等是急性期独立的预后因素；年龄、性别和入院时心率为远期独立预后因素；未发现吸烟、高血压、职业和入院时胸痛与近期或远期预后有关。

（宋　维　吴宗贵）

AMI的治疗　溶栓治疗：“八五”国家攻关课题组[341,342*,343*,344*]报道了37所协作医院按统一的国产尿激酶（UK）静脉溶栓方案治疗AMI患者1138例的临床结果：①发病后4小时内开始，治疗组患者血管再通率（70.5%）显著高于4～6小时组（63.6%）和6～12小时组（40.0%），4周病死率（6.6%）明显低于后两组（12.2%、13.9%）；②在发病后6～12小时溶栓治疗者，血管再通率明显低于6小时内治疗者，病死率明显升高；③根据临床再通指标判断，66.5%再通，33.5%未通。4周病死率再通组（3.4%）显著低于未再通组（21.8%）；④再通组3年生存率（91.6%）明显高于未通组（73.9%），再通者生存的机会增加了33.5%。北京医大三院[345]以冠状动脉造影结果为标准，验证1991年中华心血管病杂志编委会推荐的AMI溶栓再通临床标准，结果示该标准的灵敏度为70.2%，特异性为67.7%，阳性预测值为76.7%，阴性预测值为60.0%，临床准确度为69.2%，提示该标准判断再通的准确性较高。北京红十字朝阳医院[346]观察到50例链激酶(SK)静脉溶栓者中再通35例，再通率70%；用地塞米松组低血压和过敏性休克的发生率稍低于不用地塞米松组。天津胸科医院[347]对发病<12小时的AMI患者15例行冠脉内溶栓，在发病2周后UCG示左房和左室内径、LVEF均明显优于对照组。广州市一院等[348]报道冠脉内溶栓的22例AMI患者中造影证实再通14例，其中9例发生再灌注性心律失常，认为出现加速性室性自主节律是再灌注特异性较高的指标。济南军区总院等[349]根据UK溶栓治疗AMI 30例的DCG变化，认为加速性室性自身节律是AMI后预测冠脉再通较可靠的无创指标。北京人民医院[350]用150万U SK 30分钟内快速静脉滴注治疗AMI 40例，按临床指标判断再通率为77.5%，其中发病6小时内的再通率为89.3%，与常规SK 150万U/60分钟相比，能提高再通率而不增加副作用。兰州军区乌鲁木齐总院[351]对34例溶栓后有残余狭窄的8例进行急诊补救性PTCA术，成功率87.5%，4例发生室颤，其梗死相关动脉均为右冠脉，均电除颤成功；1例在放弃PTCA术后第2天再次室颤而猝死。西安西京医院[352]应用冠脉造影评价32例AMI患者使用国产UK溶栓的有效率为84.4%，X线显示在60分钟时管腔内血栓大部分溶解。广东韶关市一院[353]报道1例广泛前壁AMI静脉UK溶栓过程中出现神志改变和偏瘫，6小时后完全恢复，4天后头颅CT未见颅内出血病灶，认为系脑动脉痉挛所致。上海仁济医院[354]对重组组织型纤溶酶原激活剂(rt-PA)溶栓后急性再闭塞者加用40万U UK，认为既可消除高凝状态，又因其溶栓作用的非选择性与rt-PA的特异性溶栓作用互补，可收到明显的临床效果。北京医大一院[355]通过动物和临床试验发现牛磺酸可明显降低血浆ET含量，增强溶栓的血管再通效应，可作为溶栓治疗的辅助药物。哈尔滨医大一院[356]对照AMI患者溶栓治疗前后的HRV，发现溶栓后血管再通组的时域和频域指标均明显优于未再通组和对照组，心功能、心肌缺血均有明显改善。上海新华医院[357]报道溶栓再通组心室晚电位的阳性检出率(4.3%)明显低于未再通组(28%)，认为再灌注可改善心肌电稳定性，挽救濒危心肌。北京红十字朝阳医院[358]报道13例AMI患者静脉溶栓后血清TnT的第1峰值时间前移和第12小时峰值增高，认为对判断梗死相关血管再通有一定参考价值。

其他治疗：北京阜外医院[359]对2例AMI伴心源性休克患者给予超大剂量多巴胺[20～50μg/(kg·min)]联合小剂量硝普钠(5～40μg/min)持续静脉滴注3～4周，同时给予积极对症治疗，2例患者均抢救成功出院。北京医大一院[360]报道3例AMI伴室壁瘤患者经肝素抗凝治疗后左室附壁血栓消失。解放军254医院[361]报道小剂量肝素治疗AMI和UA能有效改善症状和ECG的缺血表现。广州珠江医院[362]通过右心导管给12例AMI患者输注心钠素，收到良好的血流动力学效应，并能防止容量负荷过重，无明显副作用。白求恩医大一院[363]对AMI后用洋地黄的95例和未用洋地黄的164例进行回顾性分析，病死率用药组为42.02%，未用药组为20.76%；在发病24小时内用药的42例中，用药前后自身对照心功能改善率为73.81%，认为洋地黄可改善AMI患者的心功能，其病死率高主要和心功能有关。山东济宁市一院[364]报道2例AMI并心衰患者分别在发病28小时和96小时给予小量西地兰后半小时内死亡，认为死因与西地兰直接有关。

哈尔滨市一院[365]报道心室晚电位阳性的29例CHD病人，动态心电图(DCG)均有短阵室速发作，其中14例发生心源性猝死，认为心室晚电位阳性、心率变异值低和心脏射血分数<30%为心源性猝死预测指标。吉林省医院[366]以发病24小时内死亡定为心源性猝死。在60例心源性猝死者中，CHD 43例，占71.6%；风心病11例，占18.3%。北京铁路总院[367]报道心源性猝死前10分钟至1个月间的ECG，高危室早占88.3%，是预测猝死的前兆，而室颤是80%以上猝死的直接原因。上海市一院[368]报道62例用阿霉素治疗的恶性肿瘤患者中有2例发生心源性猝死，建议晚期肿瘤患者在用阿霉素前应对心血管系统进行检查。

（吴宗贵）

（八）冠心病介入治疗

北京阜外医院[369]同时采集受试者冠状静脉窦(CS)及升主动脉(AO)血测定血浆及血清血栓素B_2(TXB_2)和6-酮-前列环素$F_{1\alpha}$(6-keto-$PGF_{1\alpha}$)，发现冠脉造影表现为表面不规则型斑块(Ⅱ型)的患者血浆TXB_2 CS/AO比值明显高于表面光滑型(Ⅰ型)和长段不规则型(Ⅲ型)患者及正常组，而Ⅱ型斑块者血清TXB_2 CS/AO比值明显低于正常组，说明Ⅱ型斑块的患者冠状循环中血小板明显激活。北京安贞医院[370]经食道UCG观察到冠脉造影正常的胸痛伴缺血性ECG改变的患者，在静注双密达莫后冠脉左主干血流速度增加值明显低于有胸痛无ST段变化的患者，说明其冠脉储备功能异常。北京医大一院[371]对照461例冠脉造影和运动试验结果，报道运动试验诊断CHD的敏感性为74.5%，特异性为83.5%。云南省医院[372]报道DCG检出CHD心肌缺血的敏感性为37%，特异性为82%，预测正确性77%。苏州医学院二院[373]报道心肌断层显像诊断CHD的敏感性为97.1%，明显高于冠脉造影(84.3%)和DCG(46.2%)，特异性不高(55%)，但其阴性预测价值(84.6%)明显高于冠脉造影(64.5%)和DCG(30%)。上海瑞金医院[374]在冠脉造影时在冠脉内注射罂粟碱，以测定用药前后冠脉流量变化，计算冠脉储备。发现冠脉有明显病变、X综合征和有左室肥大的高血压病人冠脉储备明显下降。沈阳军区总院[375]对90例CHD病人的170处复杂冠脉病变作扩张治疗，成功率93.5%。贵州省医院等[376]将65例老年89支血管和117例老年前期149支血管的PTCA结果作对比，老年组血管扩张成功率94.4%，并发症发生率6.1%，再狭窄率32.5%，与老年前期无显著差异。中山医大一院[377]为15例CHD患者18支闭塞冠脉作PTCA，成功率88%。PTCA成功须具备下列条件2条以上：①闭塞时间<3个月；②无大量侧支血管；③闭塞处呈鼠尾状盲端；④长度<15～20mm。广东省心血管病所[378]对146例CHD病人行PTCA，共扩张病变血管339处，成功率95.6%。解放军总院[379]总结106例PTCA的急性合并症，认为正确认识合并症的血管造影表现有助于选择治疗方法；冠脉造影的形态学表现与急性合并症的发生密切相关，B及C型病变的发生率明显高于A型。北京医大一院等[380]报道430例707支血管PTCA时发生急性并发症40处，其中严重内膜撕裂17处，冠脉痉挛和血栓形成6处，急性闭塞17处，血管穿孔1处，边支闭塞5处。经低压力长时间的重新扩张、冠脉内支架、硝酸甘油和溶栓等处理，97.5%获成功。解放军总院等[381]分析105例PTCA合并冠脉夹层的早期预后，提出E+C、E、D型夹层不稳定，残余狭窄在PTCA早期明显加重，急性闭塞、心肌缺血事件和临床干预率明显高于A、B、C型夹层，因此应积极处理；A、B、C型夹层相对稳定，可采取保守治疗。北京医大一院等[382]取33例PTCA患者术前术后15分钟、1、3和24小时的股动脉血，放免法测定发现急性血管并发症的发生可能与血浆Ang Ⅱ的增高和降钙素基因相关肽的降低有关。北京医大一院[383]还对592例PTCA成功的病人作术后临床和冠脉造影随访，发现心绞痛症状、DCG、次极量运动试验和^{99m}Tc-MIBI心肌灌注显像组成的综合缺血指标对再狭窄诊断的特异性和敏感性分别提高到85.2%和92.9%。新疆医学院一院等[384]观察87例97支病变血管在PTCA和经皮定向冠脉内斑块切除术(DCA)前后的形态特征，发现血管内超声(IVUS)对斑块钙化和冠脉夹层的检出率高于冠脉造影。解放军514医院等[385]*用冠脉内血管镜(CASC)和IVUS观察17例PTCA术后即刻和3个月时扩张部位血管形态，发现血管回弹是再狭窄的主要因素之一；内膜撕裂、斑块形态、钙化和内膜颜色与再狭窄无关。北京医大三院等[386]总结70例CHD患者74支冠脉80个Palmaz-Schutz支架植入，成功率98.7%，无亚急性支架血栓形成或严重出血性并发症，术后3～24个月30例接受冠脉造影随访，再狭窄率为18.7%。西安西京医院[387]报道CHD患者80支血管病变植入118个支架，成功率92.1%。他们[388]还报道4例经皮腔内冠脉斑块旋切术加PTCA对冠脉近段狭窄的疗效较满意。北京阜外医院[389]应用急诊PTCA治疗12例AMI并发心源性休克，11例梗死相关动脉再通，再通者7例休克被纠正，6例出院时存活，表明对AMI并发心源性休克患者行PTCA可明显降低病死率，使其在50%以下。辽宁省医院[390]报道25例AMI病人的急诊PTCA，成功率88.3%。济南千佛山医院[391]对比老年AMI患者行持续灌流法PTCA(CPPTCA)20例和常规PTCA 18例的疗效，发现CPPTCA比常规PTCA并发症少(0对38.9%)，残余狭窄轻(12%±8%对28%±18%)，再狭窄率(0对22%)、再梗死率(5%对33%)及病死率(0对22%)低。长沙湘雅医院等[392]分析97例AMI患者急诊PTCA，发现32例灌注球囊组再灌注心律失常发生率明显低于普通球囊组(34.4%对55.4%)，且程度轻。

（黄　佐）

参考文献

[1] 武阳丰等. 中国循环 1995;10(10):608

[2] 时景璞等. 中华预防医学 1996;30(3):179

[3] 李健斋等. 中华心血管 1996;24(4):278

[4]* 王爱忠等. 中华病理 1996;25(5):273

[5] 毛峥嵘等. 中华病理 1996;25(4):224

[6] 赵　红等. 中国循环 1996;11(7):401

[7] 杨　方等. Chin Med J 1996;109(2):162

[8]* 李　静等. 中华心血管 1995;23(6):453

[9] 李锡明等. 中国循环 1996;11(3):137
[10]* 康宁玲等. 中国介入心脏 1996;4(3):136
[11] 温祥云等. 首都医大学报 1996;17(3):173
[12] 舒　静等. 浙江医大学报 1996;25(4):145
[13] 安　靓等. 一军医大学报 1995;15(3):188
[14] 利姆布等. 临床医学影像 1996;7(3):158
[15] 于富军等. 中国超声 1996;12(5):30
[16] 舒先红等. 中国超声 1996;12(1):3
[17] 黄　铮等. 中华心血管 1996;24(3):194
[18] 祝之明等. 中华心血管 1996;24(5):380
[19] 袁　勇等. 中华心血管 1996;24(5):384
[20] 刘乃奎等. 北京医大学报 1996;28(2):89
[21] 武　艺等. 中华心血管 1996;24(3):200
[22] 和渝斌等. 中华内科 1996;35(5):313
[23] 司福中等. 中华内科 1996;35(8):524
[24] 钟　宁等. 同济医大学报 1996;25(4):301
[25] 周小明等. 中国循环 1996;11(2):103
[26] 王　朋等. 心肺血管 1996;15(1):52
[27] 王　南等. 南京医大学报 1996;16(1):21
[28] 唐利龙等. 中华心血管 1996;24(4):305
[29] 叶　刚等. 高血压 1996;4(3):178
[30] 鲁东成等. 中国介入心脏 1996;4(2):91
[31] 陈金明等. 二军医大学报 1996;17(1):29
[32] 朱洪生等. 中华心血管 1996;24(4):308
[33] 张钧华等. 中华心血管 1995;23(6):456
[34] 向世勤等. Chin Med J 1996;109(4):282
[35] 杨天德等. 中国危重病急救医学 1996;8(9):521
[36] 李小鹰等. 中华心血管 1996;24(2):139
[37] 谷天祥等. 中华物理医学 1996;18(1):21
[38] 张振刚等. 中国介入心脏 1996;4(1):33
[39] 陈爱华等. 中国循环 1996;11(3):169
[40] 彭剑雄等. 湖南医大学报 1996;21(4):285
[41] 程增江等. 军医科院院刊 1996;20(3):161
[42] 黄大显等. 解放军医学 1996;21(3):177
[43] 曹纯章等. 白求恩医大学报 1996;22(4):347
[44]* 王忠华等. 中华胸心外科 1996;12(5):270
[45] 杨振华等. Chin Med J 1996;108(8):626
[46] 魏红星等. 中华核医学 1996;16(1):11
[47] 陈艳炯等. 西安医大学报 1995;16(4):355
[48] 赵佩琪等. 上海二医大学报 1996;16(1):26
[49] 杨树森等. 中国循环 1995;10(10):614
[50] 卢尔滨等. 中国免疫 1996;12(2):124
[51] 周玉杰等. 中国介入心脏 1996;4(3):126
[52] 陈晓春等. 北京医大学报 1995;27(6):439
[53] 陈洪江等. 中国循环 1996;11(10):599
[54]* 唐其东等. 中国介入心脏 1996;4(3):139
[55] 赵民清等. 北京医大学报 1996;28(2):81
[56] 周玉杰等. 中国循环 1995;10(12):735
[57] 王建丽等. 中华心血管 1996;24(3):222
[58] 汪浩川等. 华西医大学报 1996;27(2):117
[59] 杨水祥等. 中国循环 1996;11(7):406
[60] 刘乃奎等. 中华心血管 1995;23(5):386
[61] 郭丹杰等. 中华内科 1996;35(3):157
[62] 郗永安等. 中华医学 1996;76(2):109
[63] 周小明等. 中西医结合 1996;16(8):480
[64]* 陈　健等. 中国介入心脏 1995;3(4):174
[65] 孙继文等. 中华内科 1996;35(4):242
[66] 周　林等. 三军医大学报 1996;18(3):250
[67] 关怀敏等. 中国危重病急救医学 1996;8(9):518
[68] 王乐民等. 中华心血管 1995;23(5):374
[69] 何　奔等. 中国循环 1995;10(10):620
[70] 吴永健等. 中国循环 1995;10(10):611
[71] 朱任之. 兰州医学院学报 1996;22(1):1
[72] 宋后燕等. 中华医学 1996;76(2):100
[73] 富　路等. 中国急救医学 1996;16(4):4
[74] 曾瑞云等. 上海二医大学报 1996;16(1):23
[75] 王　玻等. 中华医学检验 1996;19(1):18
[76] 霍玉庆等. 中国介入心脏 1995;3(4):176
[77] 沈　理等. 中华超声影像 1996;5(4):180
[78] 房振英等. Chin Med J 1995;108(12):919
[79] 刘　宇等. 华西医大学报 1996;27(4):359
[80] 刘清华等. 中华老年医学 1996;15(1):33
[81] 但青宏等. 浙江医大学报 1996;25(4):151
[82] 但青宏等. 中华医学遗传 1995;12(6):337
[83] 姜德谦等. 湖南医大学报 1995;20(5):453
[84] 秦树存等. 中华心血管 1996;24(2):107
[85] 哈黛文等. 湖北医大学报 1995;16(4):322
[86] 汪　渊等. 安徽医大学报 1996;31(4):249
[87]* 赵连成等. 慢性病预防与控制 1996;4(5):195
[88] 李　莹等. 慢性病预防与控制 1996;4(5):200
[89] 傅明德等. 华西医大学报 1996;27(1):26
[90] 夏舜英等. 慢性病预防与控制 1996;4(5):202
[91] 赵　斌等. 中华物理医学 1996;18(2):109
[92] 白加宁等. 河南医大学报 1996;31(2):78
[93] 周天鸿等. 中华医学遗传 1996;13(4):221
[94] 赵若智等. 高血压 1995;3(4):279
[95] 王国平等. 中华病理 1996;25(4):220
[96] 贾崇奇等. 慢性病预防与控制 1995;3(6):257
[97] 林加峰. 中国循环 1996;11(7):398
[98] 周本财等. 临床心血管 1996;12(5):318
[99] 徐俊荣等. 南京医大学报 1996;16(6):556
[100] 戴宗顺等. 临床心血管 1996;12(5):343
[101] 韩学毅等. 华西医学 1996;11(1):58
[102] 霍海洋等. 中国医大学报 1996;25(1):44
[103] 佘妙容等. 新药与临床 1996;15(2):107
[104] 孙　备等. 哈医大学报 1996;30(4):332
[105] 喻　嵘等. 中西医结合 1996;16(8):470
[106] 邓建今等. 南通医学院学报 1995;15(4):591
[107] 诸俊仁等. 中华心血管 1995;23(6):429
[108] 孙以方等. 兰州医学院学报 1995;21(4):205

[109] 张丽贞等. 山西医药 1996;25(5):380
[110] 刘　艺等. 哈医大学报 1996;30(5):465
[111] 陈晓燕等. 武汉医学 1996;20(3):156
[112] 刘成玉等. 山东医药 1996;36(4):5
[113] 文　丹等. 湖南医大学报 1996;21(2):158
[114] 陈诗泉等. 福建医药 1996;18(4):3
[115] 梁铁军等. 中西医结合 1995;15(10):599
[116] 张　清等. 心肺血管 1996;15(2):77
[117] 祝善俊等. 中华心血管 1995;23(6):427
[118] 吕宝经等. 上海二医大学报 1996;16(1):40
[119] 胜国印等. 临床心血管 1995;11(6):353
[120] 梁绪国等. 中国循环 1996;11(1):6
[121]* 贺　红等. 中华心血管 1996;24(3):191
[122] 倪燕平等. 天津医药 1995;23(12):734
[123] 李学军等. 临床心血管 1996;12(5):309
[124] 马伯龙等. 山东医大学报 1996;34(2):150
[125] 杨培滋等. 心肺血管 1995;14(4):222
[126] 田　慧等. 中华内科 1996;35(5):306
[127] 黄全跃等. 湖南医大学报 1996;21(1):51
[128] 赵本华等. 慢性病预防与控制 1995;3(5):196
[129] 王海燕等. 高血压 1996;4(1):74
[130] 沈文均等. 浙江医学 1996;18(3):132
[131] 刘克强等. 天津医药 1996;24(1):8
[132]* 谢　英等. 中华老年医学 1996;15(1):29
[133] 匡亦韬等. 高原医学 1995;5(4):50
[134] 罗北捷等. 心肺血管 1996;15(2):82
[135] 韩广铭等. 心电学杂志 1995;14(4):209
[136] 冯全洲等. 心功能杂志 1996;8(2):69
[137] 康　宁等. 华西医学 1996;11(2):162
[138] 梁义才等. 河南医大学报 1995;30(4):378
[139] 汪　芳等. 临床心电学 1996;5(2):64
[140] 潘伟民等. 中国循环 1996;11(4):244
[141] 钱宏芳. 浙江医学 1995;17(6):363
[142] 黄高忠等. 心电学杂志 1995;14(4):214
[143] 曲宝戈等. 临床心血管 1996;12(2):93
[144] 齐洪涛等. 中国循环 1996;11(5):275
[145] 吴建华等. 贵州医药 1996;20(3):140
[146] 徐梅芳等. 上海医学 1996;19(9):523
[147] 高丽芳等. 白求恩医大学报 1996;22(3):300
[148] 贾　玲等. 河南医大学报 1996;31(2):84
[149] 史晏海等. 河北医大学报 1996;17(3):144
[150]* 李大元等. 中华心血管 1995;23(6):411
[151] 吴学思等. 中华心血管 1996;24(4):292
[152] 李鲁明等. 山东医药 1996;36(1):1
[153] 关　午等. 湖南医学 1995;12(6):338
[154] 夏　勇等. 心电学杂志 1996;15(1):7
[155] 李文华等. 心电学杂志 1995;14(4):202
[156] 王凤铭等. 山东医药 1996;36(7):17
[157] 张富阁等. 高原医学 1995;5(3):30
[158] 占伊扬等. 南京医大学报 1996;16(2):186
[159] 高修仁等. 中山医大学报 1996;17(3):202
[160] 杨金云等. 湖南医学 1996;13(1):1
[161] 李建美等. 临床心电学 1995;4(4):157
[162] 王莉莉等. 哈尔滨医药 1996;16(1):3
[163] 舒茂琴等. 中国危重病急救医学 1996;8(7):398
[164] 舒茂琴等. 中国介入心脏 1996;4(1):28
[165] 沈法荣等. 浙江医学 1996;18(3):143
[166] 辛苏宁等. 中国循环 1995;10(10):581
[167] 王一尘等. 上海二医大学报 1996;16(1):32
[168] 周建华等. 临床心电学 1996;5(1):9
[169] 赵延恕等. 临床心血管 1996;12(5):312
[170] 王红宇等. 中国循环 1996;11(1):12
[171] 刘金耀等. 中国超声 1996;12(9):11
[172] 田　军等. 中华超声影像 1996;5(1):9
[173] 樊朝美等. 中华心血管 1996;24(1):44
[174] 田家玮等. 中国超声 1995;11(11):822
[175] 戴　华等. 中国超声 1996;12(5):27
[176] 曾　骏等. 中华核医学 1995;15(4):211
[177] 田月琴等. 中会核医学 1996;16(3):176
[178] 王　铁等. 中华核医学 1996;16(1):23
[179] 黄　钢等. 中华内科 1996;35(10):690
[180] 杜培元等. 临床医学影像 1996;7(2):102
[181] 陈步星等. 中华心血管 1996;24(5):351
[182] 李文华等. 中国循环 1996;11(3):140
[183]* 林景辉等. 中华核医学 1996;16(1):8
[184] 陈纪林等. 中华内科 1996;35(9):606
[185] 许邦龙等. 中华内科 1996;35(5):310
[186] 曾定尹等. 中国介入心脏 1996;4(2):61
[187] 刘海波等. 中国循环 1996;11(1):3
[188]* 陈步星等. 中华内科 1996;35(4):239
[189] 赵迎新等. 北京医学 1996;18(5):316
[190] 蒋颂瑾等. 中国介入心脏 1995;3(4):188
[191] 史有松等. 安徽医学 1996;17(3):5
[192] 刘成玉等. 中国循环 1996;11(7):394
[193] 何作云等. 中华物理医学 1995;17(4):208
[194] 吴明永等. 中国循环 1996;11(3):144
[195] 贺继平等. 陕西医学 1996;25(8):461
[196] 刘　蔚等. 中国医大学报 1996;25(4):415
[197] 单　江等. 中国临床药理 1996;12(3):129
[198] 蒋锦琪等. 上海医学 1996;19(6):361
[199] 张小平等. 中日友好医院学报 1996;10(2):141
[200] 秦学文等. 中国循环 1996;11(10):586
[201] 曹静康等. 江苏医药 1996;22(10):696
[202] 梁　峰等. 山西医药 1995;24(6):334
[203] 李茹香等. 山西医药 1995;24(6):347
[204] 黄锦成. 南通医学院学报 1996;16(2):203
[205] 项志斌等. 山西医药 1996;25(1):35
[206] 李　雯等. 中国实用内科 1996;16(2):96
[207] 张荣江等. 临床心血管 1996;12(2):102
[208] 王绍周等. 中国危重病急救医学 1996;8(5):281

[209] 孔祥泉等. 中国介入心脏 1996;4(2):77
[210] 谢永平等. 山东医药 1996;36(7):15
[211] 安士英. 临床心血管 1996;12(3):162
[212] 周 琛等. 广西医学 1996;18(2):106
[213] 王燕娟等. 吉林医学 1996;17(5):292
[214] 潘 涛等. 江苏医药 1996;22(10):731
[215] 萧明第等. 中国循环 1995;10(10):600
[216] 徐济民等. 新药与临床 1996;15(4):207
[217] 贺凤义等. 新药与临床 1996;15(3):148
[218] 李溪文等. 中西医结合急救 1996;3(7):307
[219] 高兰梅等. 中西医结合急救 1996;3(8):370
[220] 任 勇等. 中国急救医学 1996;16(2):12
[221] 蔡沛源等. 中西医结合 1996;16(4):204
[222] 王 青等. 新药与临床 1996;15(1):44
[223] 赵书平等. 交通医学 1996;10(1):1
[224] 陈 楷等. 中西医结合 1996;16(1):24
[225] 杨学义等. 新药与临床 1995;14(6):332
[226] 齐华阁等. 中西医结合 1995;15(10):617
[227] 胡乃珂等. 中西医结合急救 1996;3(4):145
[228] 余 琪. 广东医学 1996;17(1):41
[229] 刘康永等. 中西医结合 1995;15(11):649
[230] 汪晓芳等. 中西医结合 1996;16(4):201
[231] 崔秀兰等. 中西医结合急救 1996;3(9):415
[232] 郝惠莉等. 中西医结合急救 1996;3(4):171
[233] 阎伯华等. 交通医学 1995;9(3):1
[234]* 朱 杰等. 高血压 1995;3(4):314
[235] 梅 韬. 心肺血管 1996;15(2):114
[236] 日瑞华等. 铁道医学 1996;24(2):124
[237] 范中杰等. 中国实用内科 1996;16(2):85
[238] 段鲁勤等. 山东医药 1996;36(7):19
[239] 王裕环等. 中国急救医学 1996;16(1):2
[240] 马立芳等. 高血压 1996;4(1):51
[241] 刘伏元等. 上海医学 1996;19(3):154
[242] 童南伟等. 华西医大学报 1996;27(3):314
[243] 徐默玲. 临床内科 1996;13(5):33
[244] 董京生等. 哈医大学报 1996;30(3):242
[245] 潘明康等. 铁道医学 1996;24(4):247
[246] 许培远等. 广东医学 1996;17(4):238
[247] 杨艺军等. 人民军医 1995;(11):31
[248] 柳凤琴等. 吉林医学 1996;17(4):218
[249] 钱 端等. 中日友好医院学报 1996;10(3):211
[250] 卢秀荣等. 天津医药 1996;24(4):208
[251] 康晓新等. 中国循环 1996;11(1):64
[252] 王正忠等. 中国循环 1996;11(7):425
[253] 李满贞等. 湖南医学 1996;13(4):255
[254] 王瑞萍等. 中华老年医学 1996;15(1):10
[255] 熊卫东等. 河南医大学报 1996;31(2):120
[256] 王 红等. 河北医药 1995;17(6):387
[257] 尹业实. 中华老年医学 1996;15(1):16
[258] 叶林青等. 江西医药 1995;30(5):320
[259] 刘华荣等. 中西医结合 1996;3(6):285
[260] 王理源等. 中国急救医学 1996;16(1):33
[261] 袁淑慧等. 内蒙古医学 1995;15(5):312
[262] 宋执敬等. 中华老年医学 1995;14(5):316
[263] 黄越前. 广东医学 1996;17(7):504
[264] 孟繁华等. 中华内科 1996;35(8):508
[265] 王水云等. 内蒙古医学 1995;15(5):288
[266] 田凤石等. 中华老年医学 1996;15(1):22
[267] 马怡祖. 辽宁医学 1996;10(1):47
[268] 马学君等. 中国急救医学 1996;16(5):38
[269] 王凤岚等. 临床内科 1996;13(5):25
[270] 王成章等. 心肺血管 1996;15(2):90
[271] 牟春平等. 中国介入心脏 1996;4(2):75
[272] 关汝明等. 中国实用内科 1996;16(2):97
[273] 刘保逸等. 临床心电学 1995;4(4):150
[274] 王爱林等. 中国急救医学 1996;16(4):48
[275] 丁洪新等. 中国危重病急救医学 1996;8(7):413
[276] 马 坚等. 心电学杂志 1995;14(4):194
[277] 李益民等. 中国危重病急救医学 1996;8(5):273
[278] 梁国芬等. 临床心血管 1996;12(5):315
[279] 南 方等. 中国循环 1996;11(5):258
[280] 王祎坪等. 中国介入心脏 1996;4(2):80
[281] 姚 竞等. 南通医学院学报 1996;16(2):192
[282] 胡 英等. 临床心电学 1996;5(3):102
[283] 马 虹等. 临床心电学 1996;5(3):98
[284] 李建美等. 临床心血管 1996;12(2):75
[285] 胡厚源等. 中国循环 1995;10(10):607
[286] 李艳平等. 中国危重病急救医学 1996;8(5):278
[287] 王爱华等. 上海医学检验 1996;11(1):36
[288] 全伟东等. 南通医学院学报 1995;15(4):551
[289] 邢启崇. 中华心血管 1995;23(6):417
[290] 聂智群等. 心肺血管 1996;15(1):34
[291] 顾 勇等. 新医学 1996;27(3):128
[292] 刘华军等. 临床心血管 1996;12(2):90
[293] 于宏伟等. Chin Med J 1995;108(7):501
[294] 贺兆发等. 中华心血管 1996;24(5):392
[295] 沈立松等. 上海免疫 1995;23(5):358
[296] 陈纪林等. 中华心血管 1995;15(6):358
[297] 于贵杰等. 北京医大学报 1996;28(2):121
[298] 刘贵京等. 临床心血管 1996;12(2):83
[299] 吕 萍等. 临床心血管 1996;12(3):150
[300] 包宗明等. 中国危重病急救医学 1996;8(9):531
[301] 王留义等. 中华心血管 1996;24(5):356
[302] 雷 厉等. 临床心血管 1996;12(2):100
[303] 董吁钢等. 中山医大学报 1996;17(1):47
[304] 顾兴建等. 二军医大学报 1996;17(3):251
[305] 郝玉明等. 中国危重病急救医学 1996;8(1):45
[306] 戴振华等. 高血压 1996;4(2):117
[307] 魏宝强等. 辽宁医学 1995;9(4):193
[308] 林立芳等. 临床心血管 1996;12(2):78

[309] 张炳勇等. 中国危重病急救医学 1996;8(5):276
[310] 董　波等. 天津医药 1996;24(2):81
[311]* 卢卫新等. 中华医学遗传 1996;13(1):15
[312] 拾景达等. 中华内科 1996;35(4):268
[313] 周微微等. 中国超声 1995;11(11):819
[314] 汤宝鹏等. 新疆医学 1995;25(4):206
[315] 包映辉等. 心功能杂志 1996;8(1):7
[316]* 刘望彭等. 中国超声 1996;12(7):17
[317] 张利萍等. 中国循环 1996;11(10):578
[318] 王　铁等. 中华核医学 1996;16(1):5
[319] 刘建中等. 中华核医学 1996;16(1):44
[320] 李科民等. 临床心血管 1996;12(5):324
[321]* 杨跃进等. 中华心血管 1995;23(6):407
[322] 牟建军等. 西安医大学报 1996;17(3):345
[323] 高太有等. 中国危重病急救医学 1996;8(2):77
[324] 白瑞华等. 铁道医学 1995;23(6):333
[325] 刘瑞生等. 临床心血管 1996;12(5):305
[326] 范中杰等. 中华心血管 1995;23(6):414
[327] 戚厚兴等. 中国危重病急救医学 1996;8(1):32
[328] 于文江等. 中国循环 1996;11(10):592
[329] 徐　和等. 中国循环 1996;11(10):589
[330] 刘晓惠等. 中华心血管 1995;23(6):445
[331] 隋敏生等. 中华心血管 1996;24(5):362
[332] 程友琴等. 心肺血管 1996;15(2):66
[333] 程友琴等. 中华老年医学 1996;15(1):13
[334] 李向平等. 临床心血管 1996;12(2):67
[335] 沈卫峰等. 中华心血管 1996;24(3):187
[336] 吴　宁等. 中华心血管 1996;24(3):183
[337] 范中杰等. 中华内科 1996;35(2):103
[338] 王　雄等. 中国循环 1996;11(5):268
[339] 田静文. 贵州医药 1996;20(2):78
[340] 李和旺等. 临床心血管 1996;12(2):71
[341] 陈在嘉等. 中国循环 1996;11(7):387
[342]* 陈在嘉等. 中华心血管 1996;24(3):169
[343]* 陈在嘉等. 中华心血管 1996;24(3):174
[344]* 陈在嘉等. 中华心血管 1996;24(3):178
[345] 郭静萱等. 心肺血管 1996;15(2):69
[346] 徐　琳等. 中国循环 1996;11(5):272
[347] 屈大展等. 中国危重病急救医学 1996;8(1):15
[348] 郭衡山等. 中国循环 1995;10(12):707
[349] 李爱国等. 心功能杂志 1995;7(4):233
[350] 卢明瑜等. 中华内科 1996;35(1):23
[351] 马茂儒等. 新疆医学 1996;26(3):129
[352] 黄志兰等. 四军医大学报 1996;17(5):353
[353] 周丕明等. 广东医学 1995;16(10):717
[354] 张世华等. 上海医学 1996;19(7):400
[355] 丁文惠等. 中华内科 1996;35(6):378
[356] 曲秀芬等. 中国介入心脏 1995;3(4):164
[357] 陆秋芬等. 心肺血管 1996;15(2):88
[358] 项志敏等. 中国循环 1996;11(5):259
[359] 杨跃进等. 中国循环 1996;11(2):122
[360] 丁文惠等. 北京医大学报 1996;28(4):318
[361] 成　民等. 天津医药 1995;23(12):749
[362] 吴宏超等. 中华内科 1995;34(12):816
[363] 姜雅秋等. 白求恩医大学报 1995;21(6):610
[364] 王海明等. 中华老年医学 1996;15(1):57
[365] 郭晓红等. 哈尔滨医药 1996;16(1):4
[366] 杨　愚等. 吉林医学 1996;17(2):81
[367] 郭湘萍等. 铁道医学 1996;24(1):36
[368] 吴　晴等. 实用癌症 1996;11(2):136
[369] 刘海波等. 中华心血管 1996;24(2):115
[370] 刘晓惠等. 中国循环 1995;10(12)713
[371] 吴　林等. 中华内科 1996;35(2):107
[372] 姜　玲等. 临床心血管 1996;12(1):42
[373] 刘增礼等. 苏州医学院学报 1995;15(4):745
[374] 沈卫峰等. Chin Med J 1996;109(5):376
[375] 韩雅玲等. 中国急救医学 1996;16(5):15
[376] 杨天和等. 中华老年医学 1996;15(1):26
[377] 杜志民等. 中国介入心脏 1996;4(1):24
[378] 陈传荣等. 中国介入心脏 1996;4(1):9
[379] 杜洛山等. 中华放射 1995;29(11):769
[380] 邢德智等. 中华心血管 1995;23(5):355
[381] 盖鲁粤等. 中华心血管 1996;24(5):344
[382] 郑玉云等. 中国介入心脏 1996;4(1):5
[383] 霍　勇等. 中国介入心脏 1996;4(1):1
[384] 马依彤等. 中国超声 1996;12(9):5
[385]* 徐世全等. Chin Med J 1995;108(10):743
[386] 郭静萱等. 中华心血管 1996;24(5):332
[387] 贾国良等. 中华心血管 1996;24(5):336
[388] 李敬邦等. 中华放射 1996;30(3):167
[389] 高润霖等. 中华心血管 1995;23(6):403
[390] 李占全等. 中华心血管 1995;23(6):424
[391] 崔连群等. 中华老年医学 1995;14(5):278
[392] 李传昶等. 中国介入心脏 1996;4(1):21

二、高血压

(一) 基础研究

北京阜外医院[1]报道血管紧张素Ⅱ(AngⅡ)对培养的自发性高血压大鼠(SHR)主动脉平滑肌细胞(ASMC)的促增殖效应明显高于正常血压 WKY 大鼠。应用碱性成纤维细胞生长因子(bFGF)单克隆抗体和反义 bFGF mRNA 均可明显抑制 AngⅡ促 SHR ASMC 的增殖效应,提示 AngⅡ的促细胞增殖作用部分是通过先诱发 bFGF 的产生而引起。该院[2]还采用 RT-PCR 技术从 mRNA 水平比较高盐负荷对成年卒中型 SHR(SHRsp)和 WKY 大鼠组织中心钠素(ANP)受体表达的影响,结果高血压大鼠主动脉平滑肌的ANP受体基因表达增加,高盐引起该受体基因转录调控的改变可能是其导致血压升高的机制之一。北京医大等[3]通过测定培养的血管平滑肌细胞(VSMC)内丝裂素活化蛋白激酶(MAPK)活性和^{3}H-TdR参入,发现肾上腺髓质激素具有抑制内皮素(ET)所致的MAPK激活和VSMC增殖的作用。他们还在离体心脏灌流模型及分离的心肌肌膜囊泡(SLV)上比较SHR与WKY大鼠心肌乳酸盐摄入及SLV对乳酸盐转运的特征,发现SHR大鼠存在心肌乳酸转运障碍,认为这种转运障碍可能与心肌肥大有关[4]。浙江医大[5]通过观察SHR和SD(Sprague-Dawley)杂交大鼠血淋巴细胞内阳离子含量及其与血压的关系,发现原发性高血压(EH)的发生与细胞膜存在特异性缺陷及遗传离子转运障碍有关,而这一转运障碍的离子主要为Ca^{2+}。南京医大一院[6]应用图像分析和透射电镜研究SHR心肌间质的改建及培哚普利的影响,发现心肌间质胶原直接参与了高血压性心肌肥厚,而培哚普利能逆转这种肥厚并防止心肌间质纤维化。上海华山医院[7]应用一侧肾切除、注射去氧皮质醇(DOCA)及饲盐诱导高血压大鼠模型,然后用直流电烧灼破坏延髓后缘区,观察大鼠血压、水盐平衡及肾血流动力学的变化。结果发现延髓后缘区可通过多种途径与中枢神经同水钠有关的核团相互联系,并在注射DOCA和饲盐所致的高血压发病中起一定作用。北京医大[8]用NADPH-黄递酶组化法观察NO合成酶(NOS)在脊髓中间外侧核的分布,结果表明NO局部作用可能调节交感神经兴奋性,SHR交感神经紧张性增高,可能与中胸以下NOS减少有关;NOS在C_8～T_4节段增加可能与心脏向心性肥厚的代偿性活动有关。海军总院等[9]观察内皮衍生舒张因子(EDRF)合成前体——左旋精氨酸(L-Arg)对SHR及其离体主动脉环、EH患者的血流动力学效应及对血ET、cGMP的影响,提示L-Arg通过增加EDRF的合成释放而产生降压作用。军医科院[10]应用等降压剂量吡那地尔和赖诺普利治疗SHR 30天,在血压下降的同时,前者既不加重也不逆转左室肥厚(LVH),后者可减轻LVH,二者对心脏功能重构影响不明显。解放军163医院[11]植入动静脉肌膜瓣于狗的延髓外侧,使其受压,造成与人类高血压发生机制相似的慢性高血压动物模型,当解除血管对延髓的压迫后血压恢复正常,揭示EH可能与延髓左侧受血管压迫有关。南京军区南京总院[12]用墨汁灌注法观察SHR视网膜微血管,用荧光造影法观察EH患者视网膜微血管,结果表明EH时视网膜微血管稀少并与病程、病情有关。广州南方医院等[13]动态测定SHR不同时期下丘脑和血浆ET、降钙素基因相关肽(CGRP)含量,结果ET明显高于Wistar大鼠而CGRP则相反,认为这一现象可能与高血压的形成、维持和发展有关,而局部脑缺血后ET在高血压状态下持续处于高水平,可能是高血压性脑梗死恢复慢、疗效差的一个重要原因。中山医大[14]报道ET、ANP、Ang Ⅱ在双肾双夹高血压动物模型的发病机制中可能起重要作用。

(二)流行病学

上海市六院[15]*在冠心病(CHD)、非胰岛素依赖型糖尿病(NIDDM)及EH呈不同组合的231例中国人中研究血管紧张素转换酶(ACE)基因与这三种疾病的关系,发现EH或NIDDM患者ACE基因插入/缺失(I/D)型多态中呈DD型者易合并CHD。北京阜外医院等[16]调查了不同地区、不同职业的年龄为35～39岁的人群共25 656人,随访5年,临界以上高血压发病率男、女分别为3.27%和2.68%,其中确诊高血压男、女分别为1.20%和1.07%。多元回归分析表明,基线时收缩压(SBP)、舒张压(DBP)平均水平和体重指数对高血压发病率的影响最为明显。北京阜外医院[17]还分析了不同人群各种(类)食物的摄入量与人群平均血压水平的关系,提出适当增加鱼类和水果的摄入,减少食盐摄入是预防人群血压升高的重要措施之一。天津医大等[18]报道600名长期食用与普通盐相当的含钾、镁低钠盐人群,与食用普通盐人群相比,SBP与DBP均有下降,未见不良反应。西安医大一院等[19]对汉中地区农村307名学生进行为期2年的补钾、补钙随机双盲安慰剂对照试验,结果补充组试验期间平均随访血压及终点血压与基线血压之差均低于安慰剂组,分别为0.25/0.48kPa(1.9/3.6mmHg)和0.24/0.59kPa(1.8/4.2mmHg),提示青少年适当增加钾、钙摄入能显著降低血压随年龄的增长幅度。他们对汉中农村4 623名6～15岁青少年血压随访8年,并对其平均百分位、发展趋势及波动性进行分析,显示青少年血压发展按一定轨迹行进,且与身高及体重相关联[20]。对300名少年儿童随访5年,发现血压偏高及家族史阳性者血浆胰岛素水平明显高于血压正常及家族史阴性者;胰岛素抵抗与盐敏感性相关,二者在少儿时期已参与高血压的始动机制[21]。对110例30～60岁临界高血压患者及106例血压正常者随访11年,发现临界高血压转归为确诊高血压者(30.9%,对照组4.0%)与其他各转归组比较,红细胞Na^+、内源性洋地黄样物质含量显著偏高,认为这一现象对临界高血压的转归具有预测意义[22]。南京医大[23]调查了江苏句容县茅山产茶区532名30岁以上男性农民饮茶与血压的关系，发现饮茶者的平均血压显著高于不饮茶者，且饮茶量与SBP及DBP呈显著相关。上海中山医院等[24]对合肥市郊区743名55岁以上农民进行了血压和脉压调查，经多元逐步回归分析，表明精神创伤、体重指数、年龄、血清高密度脂蛋白胆固醇4个变量与老年脉压水平显著相关。

（三）临床研究

西安医大一院等[25]对33例EH患者和27名正常对照者在确定盐敏感性(SS)基础上，进行糖耐量、胰岛素释放、精神激发、冷加压和运动等试验，发现盐敏感者有胰岛素抗性增加的表现，且与应激血压明显增强相关联。西安医大一院[26]观察了47例EH患者基础及盐负荷情况下的肾排钠反应、血浆肾素活性(PRA)、前列环素水平等的改变，发现29例盐敏感者中9例呈相对“低减型”肾排钠反应，此型具有盐负荷后PRA不被抑制、肾排钠减少、肾皮质有效血浆流量无相应增加以及血压反应增强的特点，提示该型与“非调节型”的病理生理特征基本相同。低减型肾排钠反应的盐敏感者钠泵存在Ouabain抵抗现象[27]。二军医大[28]观察到120例EH患者血浆免疫活性精氨酸加压素(ir-AVP)与血压水平、血浆肾素活性及AngⅡ含量无明显相关性，而与血浆ir-β-内啡肽含量呈明显负相关，提示AVP可能参与高血压的发病机制，其分泌受β-内啡肽调节。天津市一院[29]检测85例EH患者的ET和血管性血友病因子，发现两者呈正相关，且随病情加重和分期的增加而增高。福建医学院[30]观察到41例老年EH患者血ET和内源性类洋地黄因子(EDF)明显高于正常老年人，且服用ACE抑制剂(ACEI)者ET低于服用钙拮抗剂者，合并LVH者EDF浓度高于单纯高血压者，故认为ET和EDF与高血压发病有关，ACEI的降压作用与降低ET有关，而高血压LVH的形成与EDF浓度升高有关。白求恩医大等[31]报道EH患者血浆P物质(SP)明显降低而ET升高，经比索洛尔治疗14天后SP升高而ET降低，认为血浆ET、SP水平失衡在EH发病中起重要作用。华西医大[32]测定102例EH患者血清和淋巴细胞中有关常量元素、微量元素，表明EH患者存在细胞内外离子分布异常，且受高血压家族史的影响。福建医学院[33]测定32例EH、21例CHD、22例EH合并CHD和16例心功能不全患者治疗前后血小板内静息游离钙浓度，显示这些患者的血小板处于激活状态，血小板内钙浓度升高不是EH的特征性改变。上海医大等[34]观察到38名血压持续偏高青少年红细胞膜Na^+,K^+-ATP酶和Ca^{2+},Mg^{2+}-ATP酶活性明显低于正常血压青少年而游离钙水平升高，认为ATP酶活性降低和细胞内钠、钙异常是血压持续偏高的重要环节。河北医科院[35]发现54例EH患者中有22例的透析血浆可诱发SD大鼠血压延迟性升高，其中存在的增压物质甲状旁腺高血压因子(PHF)与甲状旁腺素(PTH)的理化性质、生理功能截然不同，能开放钙通道、促进钙内流、升高血压。上海高血压所[36]测定62例EH患者血小板各组分的基础蛋白激酶C(PKC)活性，结果显示高血压时血小板PKC活性增加，有高血压家族史的正常血压子女对PKC激动剂phorbol-12-myristate-13-acetate(PMA)的敏感性异常增加，认为后一现象可能与其遗传易感性有关。解放军457医院[37]观察到52例EH患者中26.9%有肾上腺形态改变，认为系小动脉硬化、组织缺氧而出现的代偿性增生、肥大。北京天坛医院[38]报道30例EH患者血中PTH浓度较对照组明显增高，并与肾素活性呈负相关，认为PTH可能通过钙离子影响高血压。内蒙古自治区医院等[39]通过对EH患者血钙、磷、PTH，尿钙、磷，肾功能和骨矿物的检查，发现尿钙排泄明显增高，认为PTH增高系体内负钙平衡的代偿性改变，并可导致骨质疏松。福建泉州市一院等[40]报道老年EH患者血中超氧化物歧化酶(SOD)活性明显降低而过氧化脂质(LPO)增加，并存在与其相关的性激素分泌紊乱。上海长征医院等[41]观察到EH患者血清SOD和LPO有类似改变，并在茶色素治疗后有一定改善，认为茶色素具有抗脂质过氧化作用。北京人民医院[42]报道缓释维拉帕米在降压的同时使EH患者血栓素A_2(TXA_2)下降，前列环素(PGI_2)增高，认为降低TXA_2/PGI_2是其降压机制之一。南京铁道医学院[43]观察到EH患者血浆去甲肾上腺素(NE)、AngⅡ、血小板胞浆游离钙、肾上腺素诱导的血小板聚集率明显增高，可乐定治疗后NE与AngⅡ水平明显降低，但血小板胞浆游离钙无明显变化，认为交感神经活性增加和细胞内游离钙增高在高血压发病中可能是两个独立的因子。解放军251医院[44]采用紫外线照射充氧自血回输法治疗EH 28例，治疗后T淋巴细胞亚群CD3、CD4明显降低，CD8呈升高趋势，血清白介素2受体含量明显下降，表明该疗法能选择性调节机体的免疫功能。福建医学院一院[45]通过正常血糖胰岛素钳夹技术，测定正常血压、单纯肥胖、单纯高血压及高血压合并肥胖四组患者的葡萄糖代谢率，结果表明胰岛素抵抗(IR)可能是肥胖与EH的发病因素，而肥胖对胰岛素敏感性的影响比血压更为明显。解放军264医院等[46]对EH、CHD

患者分别测定口服葡萄糖耐量试验(OGTT)前后血糖及胰岛素水平,并计算曲线下面积,同时测定空腹AngⅡ及ET,相关分析表明AngⅡ及ET与IR相互影响,共同参与EH及CHD的发生和发展。北京人民医院[47]对35例EH患者OGTT前后的血压、血糖、胰岛素、C肽及肾素-血管紧张素-醛固酮系统(RAAS)进行测定及监测,显示EH组存在高胰岛素血症及IR现象,RAAS反应性增高。由糖负荷诱导的急性血压升高及RASS变化在有IR的EH患者比正常人更为明显。他们还报道高血压伴高脂血症者IR更为明显,OGTT后ET-1的增高亦明显高于单纯高血压组,而ANP仅轻度增高。作者认为随着高血压动脉硬化的加重,IR亦加重,ET-1逐渐增高,其效应是内源性ANP无法对抗的[48]。广东医学院附院等[49]观察到EH患者胰岛素受体亲和力升高,受体结合位点下调而Ca^{2+},Mg^{2+}-ATP酶活性显著下降,并与血胰岛素水平、舒张压及平均动脉压呈显著负相关。这些改变在高血压家族史阳性患者更明显,经卡托普利治疗8周可逆转,而美托洛尔则否。首都儿科所[50]报道儿童血压偏高者空腹血糖、胰岛素、OGTT反应曲线下面积显著增高,特别是伴肥胖者,认为在儿童高血压及肥胖者已经存在IR。北京人民医院[51]亦报道EH患者中65%存在IR现象,且高血压伴IR者空腹及OGTT后血浆去甲肾上腺素升高更为明显,认为反复交感神经活性增加可导致血管结构的变化,加重IR,从而加重高血压。上海高血压所[52]*等国内7个医疗单位检测283名20～79岁健康人的24小时动态血压(ABP),表明国人ABP值为(14.8±1.3)/(9.1±0.8)kPa(111±9.6/68±6.3mmHg)],并据此提出了暂定的正常参照值。福建医学院一院[53]对老年期、老年前期EH患者和对照组共216例进行24小时动态血压监测(ABPM),显示老年EH患者的血压波动幅度较中青年患者高,但多数仍呈双峰双谷曲线,16.4%的患者夜间血压均值为4.7/9.3kPa(110/70mmHg),提出这部分患者不宜夜间给降压药。北京阜外医院[54]对150名11～18岁的男性青少年进行ABPM,显示ABP和偶测血压均与年龄、身高、体重指数正相关,ABP与24小时尿电解质无关,其生理性周期变化与成人相似。有一、二级亲属患EH的青少年ABP显著升高。北京小庄医院[55]对123例EH患者和18例正常血压者进行ABPM,显示正常血压组24小时血压负荷SBP和DBP分别为4.6%和3.2%,而Ⅰ期高血压则为56.7%和54.8%,Ⅰ期组昼夜负荷之比约2∶1,而Ⅱ、Ⅲ期则接近或呈负值,认为夜间血压负荷对区别是否存在高血压性靶器官损伤最有意义。北京107医院等[56]研究了37例EH患者左室重量指数(LVMI)与动态血压变异性(ABPV)的关系,相关分析显示EH组LVMI主要与ABP各项参数平均值呈显著正相关,与收缩期24小时及昼间ABPV呈显著负相关,表明LVH与ABPV的关系较与ABP的关系为弱。江苏老年医院[57]应用超声心动图(UCG)观察108例颈动脉粥样硬化(CAS)并分析其与ABP的关系,显示CAS与ABP均值、血压负荷值及血压昼夜节律紊乱密切相关,尤以夜间血压负荷的持续时间及昼夜节律消失的关系为明显。苏州市三院[58]报道ABPM呈非杓型的EH患者UCG左室肥厚检出率较杓型为高。在250例EH患者中,左室呈正常几何形态(31.2%)和向心性重构(17%)者主要见于杓型,而向心性肥厚(17.8%)和离心性肥厚(34%)主要见于非杓型高血压者。重庆西南医院[60]报道白衣高血压(WC)和持续高血压的左房内径、左室质量及LVMI均显著大于对照组,但WC稍轻。认为WC不仅有血流动力学异常,亦有代谢异常,应进行适当的临床监护。南京军区南京总院[61]对166例EH患者及60例正常血压者进行ABPM,观察早餐后血压变化,显示老年人(正常组及高血压组)餐后血压、心率变化较中青年人明显并以SBP波动范围较大,认为餐后低血压可能是老年人跌倒甚至晕厥的原因。解放军359医院等[62]观察到42例习惯性鼾症伴高血压患者ABP昼夜节律消失。与无鼾症高血压组比较,ABP多项参数和血浆AngⅠ、AngⅡ均有显著差异。武钢职工二院[63]对78例伴LVH之EH患者同步进行ABPM和HRV分析,显示HRV的波动与ABP一致,平均心动周期的标准差(SDNN)在凌晨3～4至7～8时维持在较高水平,SDNN夜间高于白昼比正常对照组更显著,认为可能是高血压伴LVH的特征之一。福建宁德地区二院[64]报道EH患者HRV明显降低,尤其合并糖尿病者。随访6～22个月,EH患者心血管事件的发生率16.7%,该组病人HRV明显低于无心血管事件组,认为HRV可作为EH患者预测心血管事件的指标。北京安贞医院等[65]对他们在1987年进行的踏车血压运动负荷试验的236名6～19岁健康儿童及青少年分别于1992年、1994年随访血压及踏车运动试验,并采用1987年拟定的阳性标准,对安静收缩压90以上百分位与运动试验阳性者进行横向及纵向分析,认为该标准有明确的临床价值。上海仁济医院等[66]以运动中最高SBP超过26.7kPa(200mmHg)作为运动高血压标准分析644例平板运动试验,发现有运动高血压70例,与运动中血压反应正常者比较,该组患者中老年人、男性、高血压患者、肥胖、运动试验阳性者较多。成都铁路医院[67]分析254例EH死亡病例，发现LVH是其死亡的一个独立预报因子，高血脂、病程长者危险度增加。福建医学院一院[68]报道EH孤立性室间隔肥厚与向心型肥厚患者24小时动态心电图室性心律失常(包括复杂性)高于正常对照组和EH无LVH者，而孤立性室间隔肥厚者房性心律失常的发生率也增高。河南安阳钢铁公司职工总院[69]应用UCG观察47例EH非对称性室间隔肥厚与对称性LVH患者，结果两组病人左室舒张末期容积、射血分数及合并左室扩大的发生率均无明显差异，室间隔厚度与左室后壁厚度无明显相关，认为两种左室构型发病机制不同，并非高血压心脏病的不同阶段。上海瑞金医院[70]用计算机分析造影剂前缘移动平均速度和冠脉内径以测定冠脉血流，发现高血压伴LVH 14例患者静息时左前降支血流量和右冠脉血流速度、血流量高于正常血压对照组，注射罂粟碱后上述指标与对照组相似，但血流储备减低。解放军88医院[71]报道^{99m}Tc-MIBI心肌SPECT诊断高血压合并心肌缺血的阳性率为75.9%，明显高于临床诊断(ECG、UCG及症状学)的55.2%。北京电力总院[72]报道EH患者血浆AngⅡ及醛固酮(ALD)浓度明显高于对照组，伴LVH者更高且与其LVMI呈正相关，用药8周后LVMI下降值与AngⅡ及ALD浓度下降值呈正相关，认为AngⅡ、ALD是EH心肌肥厚重要的体液因素，培哚普利对LVH的逆转作用优于美托洛尔。北京安贞医院等[73]应用核素扫描(ECT)研究左室心肌质量(LVM)与儿童、青少年血压的关系，发现在高血压高危儿童并有家族史者LVM高于无家族史者，提示LVM增加不仅是高血压的结果，还可能是其原因，即在先天因素中存在易于使LVM增加的体液因子或异常基因。湖北医大二院[74]对伴高脂血症的EH患者进行血清载脂蛋白(apo)、主动脉壁厚度(AWT)及眼底检查，提示apoA/apoB结合AWT及视网膜血管硬化程度是反映动脉硬化的可靠指标。上海瑞金医院[75]平行比较血压昼夜节律消失、节律正常各30例EH患者的ABP和UCG参数，显示两组的偶测血压、白昼血压无显著差异，但昼夜节律消失组病程较长，24小时血压、夜间血压、血压负荷较高，LVMI增加，左室舒张功能受损更明显。解放军254医院等[76]应用UCG评价右心室舒张功能，发现右室充盈异常不受LVM和血压的影响，但与左室充盈异常密切相关。福建心血管病所[77]通过Celermajer法观察肱动脉对增加流量(引致内皮依赖血管舒张)、含服硝酸甘油(引致非内皮依赖血管舒张)的反应性，提出EH患者内皮依赖血管舒张功能减弱可能与其肱动脉EDRF/NO贮备能力下降有关。北京协和医院[78]应用多普勒UCG观察到高血压及非高血压心脑血管疾病患者的颈动脉内、中膜厚度和斑块指数均明显高于对照组，逐步回归分析表明颈动脉粥样硬化程度可作为预测心脑血管疾病的指标。福建医学院一院[79]亦观察到EH患者颈动脉内径扩大，颈动脉内膜-中层厚度增加与颈动脉粥样硬化斑块发生率密切相关。南京军区南京总院[80]应用经颅多普勒超声(TCD)观察大脑中动脉的血流动力学参数，显示从Ⅱ期高血压开始血流速度呈下降趋势，搏动指数呈增加趋势，且随分期级别的增加左右大脑中动脉血流速度差值也呈增加趋势。河北医大四院等[81]应用多普勒UCG观察42例EH患者的眼动脉血流频谱，显示眼动脉外周血管阻力明显升高，舒张末期血流明显减低甚至缺如，且随病情及眼底病变加重。山西医学院一院[82]应用巯甲丙脯酸运动肾显像观察56例EH患者的肾功能，显示常规肾功能正常者基础肾显像的全肾平均通过(KMTT)及高峰时间比正常人明显延长，不变及缩短组的介入KMTT比正常人明显缩短，认为这是评价EH早期肾功能改变的灵敏方法。广州南方医院[83]观察钠负荷时肾脏多巴胺生成量和肌酐清除率的变化，发现EH患者增加钠负荷时肾脏不能相应增加多巴胺生成，机制可能与肾脏排钠异常有关。解放军总院等[84]报道157例糖耐量正常EH患者尿白蛋白排出率(UAE)明显高于正常血压者，多元回归分析显示UAE与体重指数、平均动脉压、血肌酐呈正相关，与高密度脂蛋白胆固醇呈负相关，提示UAE与血管病变常见的危险因素有关。北京医大三院等[85]对190例EH患者行冠脉造影，有心肌缺血表现而造影正常者35例，占18.4%，认为对此类病人临床上不能轻易诊断合并冠心病。北京阜外医院等[86]采用眼底照相观察EH患者眼底变化并分析其与ABP的关系，显示24小时平均动脉压、日间血压负荷与眼底改变呈正相关，以日间平均动脉压与眼底病变相关性最好，偶测SBP、夜间平均动脉压及夜间血压负荷相关性次之，偶测DBP与眼底病变无相关性，血压昼夜节律消失或减弱者眼底病变较严重。

(四) 症状性高血压

海军总院[87]用放免法测得11例肾实质性高血压的血浆肾上腺髓质素〔ADM(13－52)〕较EH和正常人明显增高，且与ET-1、脲氮、平均动脉压有显著正相关，与AngⅡ无相关性，提示ADM(13－52)可能是继发于高血压代偿性分泌增多，并与肾代谢、排泄障碍有关。北京阜外医院[88]报道95例肾血管性高血压，其中肾动脉纤维肌性结构不良、大动脉炎、动脉粥样硬化分别为27、59和9例，并对其临床和血管造影特点进行了分析。北京宣武医院[89]总结了肾血管性高血压79例接受经皮腔内肾动脉成形术的治疗效果，成功率94.8%，并发症3.8%。上海华山医院[90]*观察使用人工重组促红细胞生成素(EPO)后发生高血压7例和未发生高血压23例用药前后心脏血流动力学、血液粘滞度、血管活性物质血浓度及离体阻力血管条对其敏感性，认为使用EPO后阻力血管对ET、NE等缩血管物质反应性过高可能是造成高血压的重要原因。

(黄高忠)

(五) 治疗

上海中山医院等[91]采用自身对照开放试验观察非洛地平缓释片对204例轻中度EH的疗效和安全性，治疗8周SBP/DBP下降(3.2±1.8)/(2.3±0.8)kPa〔(24.1±13.5)/(17.1±6.1)mmHg〕，总有效率96.5%。不良反应主要为头痛和踝肿。48例治疗半年后，血压持续稳定控制。21例进行ABPM，SBP/DBP分别下降2.6/1.7kPa（19.5/12.6mmHg)，SBP和DBP的谷峰比值分别为67.6%和79.1%。该药与维拉帕米缓释片随机单盲给药的降压疗效显示前者降压幅度、2及4周DBP复常化率均优于后者，耐受性良好[92]。该院[93]应用单盲交叉对照法比较硝苯地平缓释片与普通片治疗EH的疗效，有效率分别为98%和64%，SBP/DBP下降幅度前者为(3.5±1.1)/(2.5±0.8)kPa，后者为(2.5±1.2)/(1.6±0.8)kPa，缓释片不良反应(头晕、面红、心悸)较少而轻。上海市一院[94]报道伊拉地平缓释胶囊治疗肾移植术后高血压24例，血压正常化率88%，对环孢素血浓度、肝肾功能等无明显不良影响。苏州医学院一院[95]报道40例EH经伊拉地平治疗4周后肾血流量、肾小球滤过率显著增加，肾血管阻力显著降低，而滤过分数不受影响，提示该药在有效降压的同时可保护肾脏。北京阜外医院[96]应用尼卡地平静脉给药治疗高血压急症，比较了先给负荷量静注法和持续静滴法的疗效。结果两组显效率均达100%，最大效应时间均为1小时，只是前组起效及达显效时间快。上海市九院[97]和北京急救中心[98]报道静注地尔硫䓬和压宁定治疗高血压急症安全有效。杭州市三院[99]报道卡托普利37.5mg舌下含服治疗高血压急症60例，15分钟后即有显著的降压作用，无明显不良反应，疗效优于利血平1.0mg肌注。湖北荆沙医院[100]报道噻吗洛尔与硝苯地平舌下含服治疗高血压急症快速有效，认为该药适用于急性心肌梗死伴血压升高时。上海高血压所等[101]应用随机、单盲、组间、平行对照比较赖诺普利和依那普利治疗EH 4周的疗效，总有效率分别达92.0%和97.3%，副作用发生率亦相仿，但赖诺普利控制24小时血压的效果较佳。山东德州市医院等[102]报道培哚普利治疗高血压的有效率高于卡托普利(91.7%对78.3%)，副作用发生率较小(11.7%对28.3%)。南京医大一院[103]应用随机单盲法比较培哚普剂(P)和双氢克尿噻(H)对伴LVH之EH患者的疗效，两组SBP和DBP均显著下降，P组室间隔厚度和LVMI分别减少16%和18%，H组左室舒张末内径和LVMI分别减少7%和10%，认为P通过消退室间隔肥厚，H通过缩小左室腔径而减轻左室重量，同时P还能降低血液粘度和血小板聚集率，从多方面发挥心血管保护作用。福建省医院[104]应用多功能血管检查仪观察到培哚普利在可靠降压的同时还能改善外周动脉功能。中山医大一院[105]比较印度产依那普利(益压利)与国产依那普利(怡那林)的疗效，总有效率分别为90.5%和82.9%($P>0.05$)，但益压利ABP谷峰比值SBP/DBP为81.7%/76.0%，优于怡那林的50.8%/44.1%；二者副作用主要为干咳、味觉改变，发生率相仿。天津红十字会医院[106]报道地拉普利治疗EH安全有效，总有效率与卡托普利相似。湖北医大二院[107]应用苯那普利治疗EH 4周，在显著降压的同时可改善肝肾功能和胰岛素抗性，对心率和血脂无不良影响。上海高血压所[108]观察EH合并肾功能不全(氮质血症期8例、代偿期9例)及肾功能正常者服依那普利后对肾血浆流量、肾小球滤过率及肾血管阻力的影响，认为尿毒症前肾功能不全(Ccr>10ml/min)的EH患者是该药适应证，氮质血症者不宜超过每日10mg，并应经常检查血钾及尿蛋白。上海瑞金医院[109]报道比索洛尔治疗EH总有效率88.6%，与阿替洛尔相似，不良反应主要为心动过缓，对血液生化指标无明显影响。北京阜外医院等[110]报道阿罗洛尔治疗EH总有效率76%，与阿替洛尔相似，每日2次给药可平衡控制24小时血压，不良反应主要为失眠、头晕、乏力。20例随访半年，疗效稳定，对实验室检查无不良影响。南京市高血压人群防治协作组[111]*应用以双氢克尿噻为主的复方降压剂治疗EH并随访5年，显示90%患者平均血压得到有效控制，LVH有不同程度逆转，脑卒中发病率明显下降。长期使用该药者血清TC和HDL-C略有降低，HDL-C/TC无改变，但上述改变均在正常范围之内，不足以促发CHD[112]。湖南医大三院[113]采用成套测验工具评价EH患者的生活质量，显示中度高血压患者在躯体症状、健康愉快感、背数方面与轻度患者有明显差异。河北省医院[114]应用TCD测定186例EH患者随机单独或配对应用卡托普利、硝苯地平及氨酰心胺治疗4周前后的脑血流，同时进行生活质量评估，显示治疗前生活质量下降，在一定程度上与脑血流平均速度异常增高有关，卡托普利对两者的改善作用较为理想而硝苯地平或氨酰心安均有不利影响(除非与卡托普利合用)。西安医大一院[115]还报道美托洛尔在降压同时可明显改善患者的生活质量。湖南医大三院[116]随机应用尼群地平和卡托普利治疗EH一年，结果两药均可使患者的左室质量减轻、生活质量改善，但尼群地平的降压效果优于卡托普利。同济医大[117]采用随机、交叉、双盲法观察4种抗高血压药对轻度EH患者糖代谢的影响，结果卡托普利、尼群地平对OGTT及运动血糖无明显影响，氢氯噻嗪使30、60、120分钟血糖及运动恢复期血糖水平增高，普奈洛尔组则表现为运动前、中及恢复早期血糖水平降低。北京阜外医院等[118]采用随机单盲、平行对照法比较硝苯地平控释片(NI)与氨氯地平(AM)对EH的疗效，结果两药疗效相似，NI最长7天达最大效应，AM则可能需要3～4周，均不影响血压昼夜节律，降压T/P值满意。福建医学院一院[119]应用正常血糖胰岛素钳夹技术测定葡萄糖代谢率作为胰岛素敏感性指标，观察到氨氯地平可明显改善合并IR的EH患者的胰岛素敏感性，对非肥胖病人尤佳。遵义医学院等[120]报道非肥胖EH患者存在高胰岛素血症，卡托普利治疗一年后得到改善。南京医大一院[121]和山东德州市医院[122]分别通过饮食控制、氨酰心安和培哚普利治疗使EH患者IR得到了改善。解放军546医院[123]应用单盲安慰剂对照随机交叉方法给予门冬氨酸钾镁片治疗轻中度EH，服药后3～5天出现降压作用，2周疗效明显，持续至用药结束，降压总有效率为84.5%。同济医大[124]静注颅通定2mg/kg治疗EH，服药后3～5天出现降压作用，2周疗效明显，持续至用药结束，降压总有效率为84.5%。同济医大[124]静注颅通定2mg/kg治疗EH，2分钟开始降压，30分钟达最大效果，降压作用可持续2小时以上，总有效率90.5%，副反应主要为嗜睡，可于4小时内自行缓解或消失。苏州市四院[125]应用钩屯夏枯草汤剂加减治疗EH，总有效率89.5%。西安西京医院[126]加用镇肝熄风汤治疗伴氮质血症EH患者17例，并与单用常规西医治疗组比较，显示该药通过改善血脂代谢、重建肾间质渗透压梯度及调节肌酐代谢动力学等途径改善残存肾功能。北京协和医院[127]应用活血降粘片治疗EH伴高粘滞综合征取得了理想的效果。天津心血管病所[128]应用脉冲电流刺激治疗EH 186例，总有效率为84.7%，服药组可渐减量甚至停药后仍能维持血压在正常范围。中国航空工业总公司621医院[129]报道电磁场经穴治疗器对35例EH患者的降压总有效率为82.9%。湖南医大[130]报道气功加西药治疗EH优于两者单用，就降低和稳定血压而言，肝阳上亢型比阴虚阳亢及肝肾阴虚型效果更为明显。北京安贞医院[131]*应用生物反馈、放松训练、支持性心理治疗、音乐治疗等综合心理疗法治疗EH，远期疗效与对照组(常规降压药治疗)相似，而情绪和临床症状的改善优于对照组。东北电业管理局兴城疗养院[132]报道A型行为EH患者服用心得安减慢心率的作用大于B型行为者，卡托普利对该组患者的降压效应亦较好，而B型行为者硝苯地平的降压作用较好，且副作用小。

(吴宗贵)

参 考 文 献

[1] 李国红等. 中华心血管 1995;23(6):449
[2] 卢　钧等. 高血压 1995;3(4):251
[3] 李田昌等. 高血压 1996;4(3):171
[4] 常英姿等. 高血压 1996;4(3):191
[5] 胡申江等. 高血压 1996;4(2):105
[6] 孙　旗等. 高血压 1996;4(2):95
[7] 林善琰等. 中华医学 1996;76(6):423
[8] 杨　磊等. 北京医大学报 1996;28(1):31
[9] 高连如等. 中华心血管 1996;24(4):245
[10] 龙超良等. 军医科院院刊 1996;20(3):172
[11] 卢　明等. 中华神经外科 1996;12(3):168
[12] 江时森等. 中华心血管 1996;24(5):373
[13] 彭　英等. 临床神经 1996;9(4):195
[14] 郑智华等. 高血压 1995;3(4):270
[15]* 项坤三等. 中华内分泌 1995;11(4):201
[16] 吴锡桂等. 中华医学 1996;76(1):24
[17] 赵连成等. 慢性病预防与控制 1996;4(4):155
[18] 张安玉等. 慢性病预防与控制 1995;3(5):208
[19] 刘治全等. 中国循环 1996;11(9):534
[20] 刘治全等. 高血压 1996;4(2):89
[21] 牟建军等. 中华内科 1995;34(11):747
[22] 牟建军等. 中国循环 1996;11(9):531
[23] 沈洪兵等. 高血压 1996;4(2):156
[24] 陈维清等. 心肺血管 1996;15(3):148
[25] 孙超峰等. 高血压 1996;4(3):194
[26] 李玉明等. 西安医大学报 1996;17(2):131
[27] 李玉明等. 中华心血管 1995;23(5):329
[28] 郑　兴等. 高血压 1996;4(1):40

[29] 钱家璘等. 中国危重病急救医学 1996;8(8):470
[30] 陈晓春等. 福建医学院学报 1996;30(1):33
[31] 刘　斌等. 中国循环 1995;10(11):649
[32] 李　静等. 慢性病预防与控制 1996;4(2):59
[33] 谢良地等. 高血压 1995;3(4):282
[34] 谭　晖等. 中华心血管 1995;23(5):342
[35] 赵睿珊等. 高血压 1996;4(3):182
[36] 高平进等. 中华心血管 1995;23(5):339
[37] 顾碧云等. 临床心血管 1996;12(4):231
[38] 徐秀英等. 首都医学院学报 1995;16(4):284
[39] 刘国平等. 内蒙古医学 1996;16(4):199
[40] 郭树龙等. 高血压 1996;4(1):43
[41] 吴宗贵等. 高血压 1996;4(2):142
[42] 孙宁玲等. 高血压 1996;4(1):63
[43] 徐　标等. 高血压 1996;4(1):61
[44] 李　达等. 中华理疗 1996;19(1):15
[45] 陈达光等. 中华医学 1996;76(7):519
[46] 刘宏伟等. 中华内科 1996;35(8):520
[47] 孙宁玲等. 中国循环 1995;10(10):587
[48] 孙宁玲等. 中华心血管 1996;24(3):210
[49] 罗景云等. 高血压 1996;4(2):127
[50] 郭行平等. 高血压 1996;4(2):92
[51] 孙宁玲等. 中华心血管 1995;23(5):336
[52]* 张维忠等. 中华心血管 1995;23(5):325
[53] 李维绥等. 中华老年医学 1995;14(5):274
[54] 谢晋湘等. 高血压 1996;4(2):85
[55] 丹　宇等. 中华心血管 1996;24(4):262
[56] 谭学瑞等. 中华心血管 1006;24(4):200
[57] 程学萱等. 临床心血管 1996;12(2):106
[58] 汤佩麟等. 中国循环 1996;11(9):524
[59] 汤佩麟等. 中国超声 1996;12(7):25
[60] 舒茂琴等. 临床内科 1996;13(1):30
[61] 翁新新等. 临床心血管 1996;12(4):222
[62] 慈书平等. 高血压 1995;3(4):293
[63] 黄明北等. 临床心血管 1996;12(4):228
[64] 朱绍亨等. 高血压 1996;4(3):215
[65] 韩　玲等. 心肺血管 1996;15(3):158
[66] 朱顺和等. 高血压 1996;4(1):33
[67] 崔　跃等. 华西医学 1996;11(3):283
[68] 郑　勇等. 临床心血管 1996;12(4):206
[69] 李松柏等. 临床心血管 1996;12(5):328
[70] 蔡　煦等. 高血压 1995;3(4):277
[71] 苏玉文等. 高血压 1996;4(2):123
[72] 惠永明等. 临床心血管 1996;12(4):216
[73] 王惠玲等. 心肺血管 1996;15(3):152
[74] 李自成等. 临床心血管 1996;12(4):210
[75] 杨宗奇等. 高血压 1996;4(2):120
[76] 王　阳等. 中华超声影像 1996;5(1):16
[77] 张建成等. 福建医学院学报 1996;30(3):212
[78] 李　莉等. 中华心血管 1996;24(2):126
[79] 张贞耀等. 中国循环 1996;11(6):337
[80] 江时森等. 高血压 1996;4(1):36
[81] 杨　漪等. 中国超声 1996;12(1):37
[82] 杨　红等. 中华肾脏 1995;11(5):275
[83] 侯凡凡等. 中华肾脏 1996;12(4):195
[84] 陆菊明等. 中华肾脏 1996;12(1):36
[85] 郭静萱等. 中华医学 1995;75(11):700
[86] 李　放等. 中华心血管 1995;23(5):348
[87] 张昭馥等. 中华肾脏 1996;12(4):227
[88] 秦学文等. 中华内科 1995;34(11):757
[89] 张　建等. 中华外科 1996;34(7):427
[90]* 董　菲等. 中华肾脏 1996;12(2):67
[91] 诸俊仁等. 中华心血管 1996;24(4):272
[92] 诸俊仁等. 中华心血管 1996;24(5):366
[93] 祝　珠等. 新药与临床 1996;15(2):85
[94] 邵智萍等. 新药与临床 1996;15(2):88
[95] 卢国元等. 苏州医学院学报 1996;16(4):661
[96] 龙　露等. 中国循环 1996;11(3):131
[97] 金静华等. 新药与临床 1996;15(4):216
[98] 韩树棠等. 中国循环 1996;11(3):175
[99] 周智林等. 高血压 1996;4(3):232
[100] 李　欣等. 内科急危重症 1996;2(1):21
[101] 王宪衍等. 中华心血管 1996;24(4):269
[102] 任绪功等. 高血压 1996;4(2):147
[103] 高　岃等. 高血压 1996;4(2):144
[104] 陈　慧等. 新药与临床 1996;15(1):23
[105] 曾群英等. 新医学 1996;27(6):293
[106] 娄启谦等. 新药与临床 1996;15(2):71
[107] 张步延等. 临床心血管 1996;12(3):188
[108] 郭冀珍等. 中国临床药理 1996;12(1):1
[109] 金翠燕等. 上海二医大学报 1996;16(1):17
[110] 孙兴昌等. 中国临床药理 1996;12(3):136
[111]* 杜福昌等. 高血压 1996;4(2):153
[112] 朱　杰等. 江苏医药 1996;22(10):694
[113] 杨　侃等. 湖南医学 1995;12(6):321
[114] 彭应心等. 高血压 1996;4(1):57
[115] 牟建军等. 高血压 1996;4(3):230
[116] 杨　侃等. 湖南医大学报 1995;20(5):450
[117] 夏小明等. 高血压 1995;3(4):302
[118] 王水强等. 中华心血管 1996;24(2):92
[119] 林金秀等. 中华心血管 1996;24(2):97
[120] 王丕荣等. 中华心血管 1995;23(6):437
[121] 夏　红等. 高血压 1996;4(1):30
[122] 宋执敬等. 临床心血管 1996;12(4):200
[123] 李子龙等. 综合临床 1996;12(2):101
[124] 程龙献等. 临床心血管 1996;12(1):40
[125] 袁竹平. 苏州医学院学报 1996;16(3):483
[126] 张伯科等. 中西医结合 1996;16(6):333
[127] 苏　江等. 中西医结合 1995;15(11):681
[128] 张　莉等. 慢性病预防与控制 1996;4(3):121

[129] 满丽娟等. 中西医结合 1995;15(11):700
[130] 李 炜等. 湖南医大学报 1996;21(2):123
[131]* 张志锐等. 中华精神 1996;29(3):170
[132] 陈福山等. 辽宁医学 1995;9(4):200

三、心瓣膜病

(一)风湿性心瓣膜病

重庆医大一院[1]1992～1995年调查重庆地区中、小学生28 830人,发现风湿热(RF)16例,年均发病率18.5/10万,男∶女为1.18∶1,城市13.99/10万,农村22.94/10万;风心病(RHD)患病率为3.46/10万。武汉同济医院[2]回顾分析近15年158例小儿RF,发现急性RF(ARF)发病率近5年有增加趋势;136例ARF中96例出现心脏炎;慢性RHD 22例均合并心力衰竭,死亡3例。广州孙逸仙纪念医院[3]分析1974～1993年首次住院的ARF 141例,结果显示后10年患儿明显减少,舞蹈病和关节炎显著减少,而心脏炎及其严重程度明显增高。华西医大一院等[4]分析1986～1995年确诊为初发性ARF患者60例,与前20年相比,近期ARF发病年龄增大,轻病例增多,心脏损害的发生率和严重程度降低,但关节受累、皮肤损害、肾脏损害的发生率增高。中山医大三院[5]测定RHD患者抗甲组溶血性链球菌(GABHS)壁多糖抗体(ASP),发现RHD活动期和静止期患者ASP-IgG、ASP-IgM的水平明显高于正常对照组,活动期高于静止期,提出ASP可反映RHD的RF活动。山东省医院[6]对30例RF进行快速咽部GABHS抗原检测,27例阳性,其阳性率显著高于ASO(18例)和咽拭子培养阳性率(3例)。重庆医大一院[7]比较3种采样方法对咽部GABHS检出率的影响,认为直接接种法较咽拭子管法和硅胶管法好,血平板应加入结晶紫。西安西京医院[8]*用HE、免疫组化和特殊染色法发现RHD患者瓣膜结构和心肌间质中胶原纤维呈弥漫性增生;成纤维细胞合成、分泌胶原活跃;心肌细胞亦有Ⅰ、Ⅲ型胶原抗原的阳性表达。上海长海医院[9]报道RHD二尖瓣(MV)和主动脉瓣(AV)的胶原含量和胶原Ⅰ/Ⅲ比值,结果明显高于除外心血管病的胶原系统疾病的尸检对照组。对照组MV胶原含量明显高于AV,而胶原Ⅰ/Ⅲ比值低于AV。北京安贞医院等[10]用光镜、电镜观察RHD心肌结构,提出微动脉、肌原纤维、线粒体的病变是病人预后的形态学基础。河南医大一院等[11]测定50例RHD患者外周血NK细胞活性,发现风湿活动组NK细胞活性明显低于非风湿活动组和正常对照组,后2组间无差别。解放军150医院等[12]研究体外循环对RHD瓣膜替换病人细胞免疫功能的影响,发现外周血NK细胞和抗体依赖细胞毒细胞活性、OKT_4细胞、IL-2和INF-γ产生能力于术后下降。广东医学院附院[13]报道RHD活动期患儿sIL-2R水平较非活动期及正常对照组高,心功能Ⅲ、Ⅳ级者较心功能Ⅰ、Ⅱ级者高,且与血沉呈正相关。白求恩医大二院等[14]报道GABHS感染后链球菌抗原可以激活$CD4^+$ T细胞,进而导致IL-2及IL-2R表达水平增高。重庆医大一院[15]探讨RHD病人术前临床心功能与血流动力学和左心功能的关系,发现术前临床心功能与心脏的增大程度、心脏的泵血能力、肺血管和相关的病理生理改变有关。西安医大一院[16]比较西安(620m)和西宁(2 260m)两个不同海拔高度的120例男性RHD心血管X线表现,表明右肺下动脉横径、肺动脉段突变、降支与气管横径比值、心脏横径、心胸比率5项参数随海拔高度升高而增加,且与预后有关。湖南医大二院[17]报道RHD患者血浆组织型纤溶酶原激活物活性较正常人明显降低,其抑制物明显升高,尤在合并房颤者明显。解放军452医院等[18]应用前列腺素E_1(PGE_1)治疗11例二尖瓣狭窄(MS)为主的RHD合并肺动脉高压患者,漂浮导管监测发现用药后患者血流动力学异常基本被纠正,副作用轻微。北京阜外医院[19,20]应用近端等流速面积(PISA)法、两维面积(2DE)法、压差半降时间(PHT)法测算的二尖瓣口面积(MVA)与手术标本测得的MVA比较,相关系数分别为0.91、0.97和0.69;PISA测值与导管测值的相关性,在经皮二尖瓣球囊成形术(PBMV)前、后无显著差异,优于PHT法。解放军总院[21]采用近端血流汇聚法(PFC)、2DE法、PHT法测量的MVA与术中直测的MVA比较,相关系数分别为0.64、0.96和0.70,以2DE法相关性最佳。南京军区南京总院等[22]用彩色多普勒血流汇聚法(FCM)及多普勒血流法测得的二尖瓣返流(MR)患者有效返流口面积与心导管左室造影返流程度、每搏返流量及返流分数均密切相关。西安西京医院[23]用多普勒血流会聚方法(FCM)测量二尖瓣有效返流口面积(ROA),发现ROA≥30mm^2区别轻度、中度与重度返流的准确度为95.7%。武汉协和医院[24]采用四维超声心动图研究狭窄MV的动态立体结构,显示MV的四维重建能更直观地显示瓣膜的解剖结构,可综合评估狭窄的病变程度。广西医大附院[25]测量64例主动脉瓣返流(AR)的多项超声参数,发现AR峰值速度等指标与杂音的相关性较好,易于判断AR程度。重庆新桥医院[26]对30例RHD以Carbo

Medics(简称CM)机械双叶瓣置换MV者进行超声检查,发现CM双叶瓣在术后早期功能良好,仅存在轻度血液受阻;左房容积明显回缩,肺动脉收缩压降低。广东省医院[27]对116例PBMV测定肺动脉压和左房压,发现MS存在两者之间相关关系及相关规律,证实肺动脉与左房之间存在二级狭窄。北京安贞医院[28]分析169例心脏瓣膜病患者的冠状动脉造影结果,发现14.8%的心脏瓣膜病伴发冠心病,其中无症状者占80%。同济医大[29]报道MS病人在止血系统多个环节发生异常,存在在血栓前状态,且与房颤及MS严重程度有关。广东心血管病所[30]应用经胸和经食道二维超声心动图诊断RHD左房血栓并与术中所见比较,两者的诊断正确指数、敏感性、特异性分别为59.9%、71.6%、89.3%和86.6%、90.0%、96.7%。上海长海医院[31]*用心外标测及心电生理检查发现右房传导时间延长、有效不应期短、易损性高是RHD慢性房颤病人发生多发性子波功能折返导致房颤的电生理基础。广东心血管病所[32]报道8例获得性鲁登巴赫病,这是一种MS病人行PBMV后出现房水平左向右分流的复合病变,确诊后宜早期手术。福建宁德地区二院等[33]报道72例非风湿性AR,其中老年退行性变37例,居首位,临床误诊18例,超声心动图特征有助于AR的病因诊断。

北京安贞医院[34]对600例RHD-MS患者行PBMV,第1阶段114例用Inoue法,成功率为92.1%,并发症为7.9%(9/114);第2阶段486例用改良法,成功率为100%,无并发症。南京胸科医院[35]运用PBMV治疗70例MS患者,并对合并MR和(或)AR、房颤、严重肺动脉高压、瓣膜钙化及年龄对疗效的影响进行讨论。北京中日友好医院等[36]对31例具有适宜于PBMV的瓣膜条件又合并左心房血栓的患者进行小剂量华法令(2mg/d)抗凝治疗,3例失访,28例随访2~12个月,血栓消失,提示服药时间以6个月为宜。广西玉林地区医院[37]对5例MS合并中晚期妊娠的妇女进行PBMV,术后心功能明显改善,4例术后顺利分娩,1例术后剖腹终止妊娠。浙江医大一院[38]对21例60~74岁RHD患者行PBMV,成功率95.2%,除1例因瓣膜明显均质性致密增厚而扩张致手术失败外,余未发生严重并发症。大连医大一院[39]对闭式分离术后平均(13.9±6.5)年的16例MS病人进行PBMV,结果MVA明显增加,二尖瓣跨瓣压差明显降低,有3例扩张时球囊破裂。成都军区总院[40]对9例MS伴重度心衰患者实施PBMV,术后血流动力学明显改善,心衰症状缓解率达100%。武汉协和医院[41]应用2DE在PBMV中对导管进行监视和引导,为导管的走行、穿刺针定位、球囊导管通过并扩张二尖瓣口提供直观的影像学依据。湖北医大一院[42]对PBMV患者术前和术后的左房进行三维重建,显示术后收缩期和舒张期容量较术前明显减少。北京安贞医院[43]研究PBMV术后MVA及血流动力学改变相互关系,发现MVA增加百分数(ΔMVA)与肺动脉压(ΔPAP)和(或)左房压降低百分数(ΔLAP)间大致呈3:1比例。北京阜外医院[44]提出了新的计算二尖瓣平均跨瓣压差公式:MVPG=MLAP-LVEDP/2,与标准方法计算的MVPG有高度相关性($r=0.975$)。广东佛山市一院[45]用声学定量技术(AQ)检测38例PBMV患者,发现PBMV术后患者的左房、右室收缩及舒张功能有不同程度改善。广东心血管病所[46]对190例PBMV术后患者平均随访7.4年,发现再狭窄14例(7.4%),均有严重二尖瓣钙化及瓣下结构融合。广西医大[47*,48]测定35例MS患者PBMV前、中、后的血浆β-内啡肽(β-EP)含量,发现术前β-EP含量较正常人高,扩张后10~15分钟一度升高,至术后72小时较术前明显降低。同时测得PBMV后原本升高的血浆内皮素(ET)浓度明显下降。广州珠江医院[49]报道294例PBMV中行双球囊法131例,Inoue球囊法163例,前法组球囊破裂12例,发生气栓8例,导致一过性房室传导阻滞2例,凝块栓塞脑血管1例;后法组凝块栓塞脑血管2例及栓塞冠状动脉1例。湖北医大一院[50]对90例MS伴房颤患者行PBMV,89例术后经复律治疗转为窦性心律,随访(23.5±11.7)个月,24例(27%)复发。广东医学院附院[51]报道PBMV术后房颤复律时出现心律失常组的年龄、房颤持续时间、心瓣膜病程、左房内径等均高于未出现心律失常组。

中山医大一院[52]报道1 000例心脏瓣膜替换术,其中MV替换术(MVR)660例,AV替换术(AVR)128例,AV及MV同期替换术(DVR)206例,TV替换术(TVR)6例。术后24.9%出现早期并发症,早期死亡9.5%。术后随访3个月~18.6年(平均7.8年),晚期死亡127例(1.8病人年)。福建医学院[53]对18例危重心瓣膜病患者进行急症手术治疗,其中行MV闭式分离术4例,MVR 2例,再次MVR 6例,AVR 3例,DVR 2例。术后早期死亡4例(占22.2%)。福建心血管病所[54]用精简迷宫手术配合瓣膜替换术治疗RHD合并慢性房颤5例,随访2~6个月,4例窦性心律、1例房颤复发。北京阜外医院[55]报道近5年145例采用单一AVR治疗的患者中病因属风湿性占44.0%,细菌性感染占17.6%,先天性二叶主动脉瓣钙化占16.4%,马凡综合征占10.0%，其他病因占12.0%。武汉协和医院[56]发现体外循环明显抑制瓣膜替换术病人的T淋巴细胞免疫功能，抑制程度与体外循环时间和输血量相关。广东省医院等[57]用三维超声心动图(3DE)所测左心室射血分数(EF)值与核素心血池造影的所测值相关最好，术后2周和3个月，保留全部瓣下结构的MV置换术(MVRP)组左心功能改善较MVR组明显。北京阜外医院[58]应用核素心室造影对13例MV病变患者术前术后进行心功能测定，保留MV组左心室侧壁、下壁、心尖部局部射血分数明显改善；不保留二尖瓣组仅左心室侧壁局部射血分数改善。浙江医大一院等[59]观察1,6-二磷酸果糖(FDP)对心脏瓣膜置换术后早期心律失常的影响，发现FDP可明显减少术后早期室性早搏、室性心动过速、室颤的发生率，可延迟术后房颤发生。华西医大一院等[60]报道FDP可降低心脏瓣膜置换术患者心肌缺血/再灌注过程中血浆过氧化脂质(LPO)水平，对红细胞超氧化物歧酶(SOD)含量无明显影响。上海仁济医院[61]用山莨菪碱防治DVR病人心肌再灌注损伤。发现将山莨菪碱加入心肌保护液中，在复跳前和复跳后30分钟，用药组Ca^{2+}、LPO含量较对照组低，术后心脏指数保持在较高水平。

(二) 非风湿性心瓣膜病

武汉协和医院[62]应用四维超声心动图(4DE)显示正常二尖瓣呈"马鞍"形结构，4DE可从多个方位显示二尖瓣脱垂(MVP)病变的立体结构关系，并可对返流进行四维重建。上海长征医院等[63]提出MVP的超声学特征是：在胸骨旁长轴切面上，收缩期MV的一个或二个瓣膜关闭超过瓣环水平突入左房；瓣环扩大，瓣膜冗长，腱索延长；瓣膜可增厚；多普勒可显示有无二尖瓣返流及返流方向和程度。北京阜外医院[64]对35例马凡综合征患者进行MRI自旋回波和电影扫描，主要MRI征象有：主动脉窦和升主动脉根部瘤样扩张(100%)；在左斜和(或)冠、矢状断面上呈大蒜头样(74.3%)；左心房受压变扁(88.6%)；左心室扩大(60.0%)和左室壁增厚(34.3%)；电影MRI能准确显示主动脉瓣关闭不全。山西医学院二院等[65]应用脉冲及彩色多谱勒超声心动图(CDFI)研究42例AR，发现主动脉、降主动脉和腹主动脉均有舒张期返流，返流速度随动脉向远方延伸逐渐减慢，返流频谱的持续时间逐渐变短，射血前期依次递增，且收缩期血流也有影响。西安市一院等[66]用多谱勒超声诊断51例慢性单纯性二尖瓣返流(CSMR)，表明高龄组CSMR的病因以冠心病最常见，机制主要是左室扩大引起二尖瓣环扩大、乳头肌方位异常或功能不全。

福建心血管病所[67]对535例心脏瓣膜病患者进行瓣膜替换术，其中23例19岁以下患者病理证实为瓣膜粘液样退行性变，占同期瓣膜替换术的4.3%。广州医学院二院等[68]用超声诊断751例退行性心瓣膜病(DCVC)，心瓣膜及瓣环呈明显钙化回声像，83%合并冠心病，46%合并高血压，37%合并糖尿病，41%合并脑血管硬化。昆明医学院一院等[69]报道DSVD检出率随年龄增大而增加，男性高于女性，结果表明AV受累率最高达95.4%，瓣膜功能失调的主要表现是瓣膜返流。贵阳医学院附院[70]对1 168例60岁以上患者及健康体检者经彩色多普勒超声心动图(CDFI)检查，检出瓣膜(瓣环)钙化320例(27.4%)，AV受累占80.9%，是MV环钙化受累者的5.3倍。新疆自治区医院[71]在1 532例年龄≥60岁受检者中检出老年退行性心脏瓣膜病(SDHVD)417例，检出率27.2%，60-、70-和80岁组的检出率分别为23.3%、38.2%、40.6%。无锡市五院[72]分析219例SDHVD，其中AV钙化占93.6%，MV钙化占29.2%，TV钙化与PV钙化较少。

(郑　兴)

参 考 文 献

[1] 赵万蓉等. 四川医学 1996;17(2):70
[2] 陈绍军等. 临床心血管 1996;12(4):233
[3] 孙荷华等. 临床儿科 1995;13(5):324
[4] 黄传富等. 华西医学 1996;11(1):56
[5] 彭朝权等. 中华内科 1996;35(6):406
[6] 马沛然等. 山东医药 1996;36(7):1
[7] 谯　林等. 四川医学 1996;17(2):91
[8]* 樊　宏等. 中华医学 1996;76(3):183
[9] 杨军民等. 二军医大学报 1996;17(1):37
[10] 姜腾勇等. 中华胸心外科 1995;11(5):271
[11] 李　莉等. 综合临床 1996;12(3):129
[12] 刘广洛等. 中华胸心外科 1995;11(6):329
[13] 许逢明等. 临床心血管 1996;12(5):333
[14] 王育珊等. 中华内科 1996;35(3):190
[15] 冯　滨等. 中华胸心外科 1996;12(3):135
[16] 石志红等. 高原医学 1996;6(1):44
[17] 熊小忠等. 湖南医大学报 1995;20(5):445
[18] 侯　凡等. 中国循环 1995;10(10):591
[19] 张　辉等. 中华超声影像 1996;5(5):209
[20] 张　辉等. 中国超声 1996;12(5):20
[21] 李　越等. 中华超声影像 1996;5(3):106
[22] 戴振林等. 中华超声影像 1996;5(5):205

[23] 张 军等. 中华超声影像 1996;5(5):201
[24] 吕 清等. 临床心血管 1996;12(3):168
[25] 张 棣. 广西医学 1996;18(3):232
[26] 左 松等. 中国超声 1996;12(7):20
[27] 黄奕高等. 广东医学 1995;16(12):793
[28] 张维君等. 中国介入心脏 1996;4(2):49
[29] 温沁竹等. 临床心血管 1995;11(6):340
[30] 邓法权等. 中国超声 1995;11(12):916
[31]* 李 莉等. 心脏起搏与心电生理 1996;10(2):78
[32] 何亚乐等. 广东医学 1996;17(6):365
[33] 朱绍亨等. 临床心血管 1995;11(6):366
[34] 张金荣等. 中国介入心脏 1995;3(4):151
[35] 杨明智等. 中国介入心脏 1996;4(3):104
[36] 马长生等. 中华心血管 1996;24(4):285
[37] 李 平等. 中国介入心脏 1996;4(3):106
[38] 张芙荣等. 中华老年医学 1996;15(5):279
[39] 旅朝霞等. 中华心血管 1996;24(4):288
[40] 张 鑫等. 中国危重病急救医学 1996;8(7):401
[41] 吕 清等. 中华超声影像 1996;5(3):103
[42] 朱天刚等. 中华超声影像 1996;5(3):140
[43] 张维东等. 中国介入心脏 1996;4(3):100
[44] 崔 炜等. 中国介入心脏 1996;4(3):121
[45] 熊华峰等. 中国介入心脏 1996;4(2):58
[46] 陈传荣等. 中国介入心脏 1996;4(2):73
[47]* 尹瑞兴等. Chin Med J, 1995;108(11):812
[48] 尹瑞兴等. 中国循环 1995;10(11):651
[49] 傅向阳等. 中国介入心脏 1996;4(2):70
[50] 江 洪等. 心脏起搏与心电生理 1996;10(2):67
[51] 陈 灿等. 心脏起搏与心电生理 1996;10(2):73
[52] 钟佛添等. 中山医大学报 1996;17(2):116
[53] 廖崇先等. 中国循环 1995;10(11):664
[54] 陈 同等. 福建医药 1996;18(4):8
[55] 谭慧琼等. 中华心血管 1995;23(5):372
[56] 黄 毅等. 中华胸心外科 1996;12(3):143
[57] 强 梅等. 中华医学 1996;76(7):516
[58] 史蓉芳等. 中国循环 1996;11(10):607
[59] 方 强等. 浙江医学 1996;18(3):136
[60] 吕 胜等. 中国胸心血管外科临床 1996;3(2):70
[61] 刘中民等. 中华胸心外科 1996;12(4):199
[62] 谢明星等. 临床心血管 1996;12(4):242
[63] 陈海泉等. 中华超声影像 1996;5(1):47
[64] 李坤成等. 中华放射 1996;30(7):468
[65] 杜联芳等. 中国超声 1996;12(9):28
[66] 王少青等. 陕西医学 1996;25(8):459
[67] 陈 同等. 中国循环 1996;11(1):22
[68] 钟伟邦等. 广州医药 1996;27(1):57
[69] 李佐才等. 云南医药 1996;17(4):259
[70] 吕桂萍等. 贵州医药 196;20(2):106
[71] 施培培等. 新疆医学 1996;26(3):137
[72] 施佳音. 交通医学 1995;9(4):26

四、先天性心脏病

(一) 病因及流行病学

上海儿科所等[1]从该市杨浦区、徐汇区 1987 年 2 月～1988 年 1 月出生的全部活产婴儿 20 082 名中检出先心病 138 例,发病率 6.87‰。其中非青紫型 108 例(78.3%),青紫型 30 例(21.7%);室间隔缺损(VSD)78 例,占先心病 56.5%。郧阳医学院太和医院[2]于 1988～1996 年观察房间隔缺损(ASD) 105 例,单纯继发孔型 ASD 82 例中有 7 例自然闭合(<2 岁 34 例中闭合 6 例;2～5 岁 32 例中闭合 1 例;>5 岁者未见闭合),原发孔型、多孔型、先天愚型并继发孔型 ASD 无自然闭合。华西医大二院[3]采用配对病例对照研究发现先心病患儿及其母亲风疹病毒感染率与对照组比较有显著增高(P 分别<0.005和<0.01)。

(二) 基础研究

南京军区南京总院[4]报道法洛四联症(TOF)右室心肌超微结构定量测量与临床对比研究的结果:PO_2 仅与核浆比有关,P_{RV}与细胞的核体密度、横径、核浆比及肥大肌细胞比率明显有关,肥大肌细胞比率与病人年龄及 PaO_2 明显相关。上海医大儿科医院[5]应用超声心动图、心电图、动脉血压同步检测 34 例 TOF 根治术后 1.5 年以上患者的左心室收缩末期室壁应力、应力-应变关系及应力-缩短关系,表明术后远期左室心肌收缩力减弱,左室前、后负荷高于正常人。南京军区南京总院[6]分析先天性三尖瓣畸形 25 例,指出 Ebstein 畸形和三尖瓣发育不良的心脏构筑都有明显变化,且两者有差异,认为 Ebstein 畸形的病理学诊断须符合:三尖瓣环下移或相对下移;右半心周径明显增大,功能右心室缩小,右室流入道显著缩短。华西医大二院[7]测定 80 例先心病和 36 例健康儿童血浆心钠素(ANP)浓度,结果显示左向右分流型 ASD、VSD、动脉导管未闭(PDA)的 ANP 增高,右向左分流型 TOF 则无改变;影响先心病 ANP 分泌的主要因素是肺动脉压力增高和肺循环血量增多;手术后 VSD、PDA 血浆 ANP 迅速下降,TOF 则增高。解放军 454 医院等[8]报道 20 例小儿先心病围术期血浆内皮素(ET-1)的变化为:术前高于正常对照组;麻醉后转流前无明显升高;体外循环(CPB)开始后升高至正常 2 倍并持续至结束;术后 1 天内恢复至术前水平。福州协和医院[9]报道川芎嗪可明显减少先心病伴肺动脉高压患儿体外循环(CPB)中 ET 的产生,明显降低肺血管反应性，缩短机械辅助呼吸时间，从而减少术后并发症，提高手术效果。上海新华医院[10]测定20例青紫型先心病的血液粘滞度，结果提示相对性贫血是造成血液粘滞度增高的重要原因。广西医大一院[11]应用荧光偏振法测定31例青紫型先心病患儿红细胞膜微粘度及血液流变学指标，认为红细胞膜微粘度增高和流动性降低可能是引起红细胞变形性差及血粘度增加较为重要的原因之一。山东医大一院[12]测定58例先心病患儿的T细胞亚群、NK细胞计数及红细胞免疫功能，认为营养不良导致的免疫系统发育障碍、免疫功能低下是先心病患儿容易感染的原因，其T细胞亚群和NK细胞变化与红细胞免疫粘附性低下有关。新疆医学院一院[13]对30例先心病肺动脉高压者静脉注射卡托普利(以0.4mg/kg一次通过Swan-Ganz导管注入右心房)，能快速降低肺动脉压，改善血流动力学，抑制肾素系统活性，降低血浆ANF。北京阜外医院[14]观察前列腺素E_1(PGE_1)对37例先心病肺动脉高压(PH)者的影响，显示在低阻力组(全肺阻力≤60kPa·s/L)PGE_1选择性扩张肺动脉作用明显，在高阻力组(全肺阻力＞60kPa·s/L)则对体循环影响较大；用药剂量和药效与肺血管病变程度呈负相关。

（三）临床资料

南京儿童医院[15]分析721例VSD修补术后28例残余漏主要原因为手术技术问题，其中行再次修补3例、自行闭合4例、缩小17例、无变化1例、变大1例、死亡2例，认为残余缺损＜0.5cm且无症状者可暂不手术；＞0.5cm有症状者应及时再手术。浙江医大儿童医院[16]报道婴幼儿PDA 44例，除4例系常规体检发现外，余均因呼吸道感染及心功能不全就诊被发现。广州珠江医院[17]报道胸部被拳击后主动脉窦瘤破裂致多变性房室传导阻滞(AVB)1例。南京鼓楼医院[18]分析冠状动脉瘘67例，起源于左、右和双侧冠状动脉者分别为17、49和1例。手术治疗57例，手术晚期死亡1例。42例随访3个月～25年，除1例症状恶化外，41例症状改善。中山医大一院[19]报道6例冠状动静脉瘘，除1例有双期杂音外，5例均无听诊异常，提示中小分流量患者的确诊有赖于心导管检查。上海胸科医院[20]报道先天性主动脉褶叠畸形5例，年龄26～52岁，主动脉间均无压力阶差，1例伴囊性动脉瘤形成。西安西京医院[21]报道无顶冠状静脉窦综合征9例，其中完全型7例，部分型1例，完全型肺静脉异位引流入冠状静脉窦伴中间部分型1例；9例均合并其他心脏畸形。沈阳军区总院[22]总结100例三尖瓣下移畸形，认为具有以下特征之一都应考虑本病：①紫绀型先心病有室上速伴持久或间歇预激B型；②心电图右胸导联呈右束支传导阻滞，预激综合征B型；③起始Q波伴T波倒置。本病有三、四音律者占95%，P_2多正常而分裂，有Ⅰ度AVB者占42%。北京阜外医院[23]报道一侧肺动脉缺如(UAPA)17例，12例左侧UAPA中伴TOF 9例，右室双出口2例，单心室1例；5例右侧UAPA中伴TOF 1例，PDA 4例。南京军区南京总院等[24]报道肺静脉共同腔闭锁伴肺淋巴管扩张症3例，2例为完全性，1例为不完全性，2例合并心房迷走位伴无脾症，3例均于出生后16小时内死亡。上海中山医院[25]分析原发性肺动脉高压50例，首发症状多为劳力性呼吸困难，至确诊时平均病程(4.07±3.84)年，常见体征为肺动脉瓣区P_2亢进及收缩期杂音，窦性心律；平均肺动脉压为(8.53±2.00)kPa，≥6.67kPa者占84%；平均右房压为(1.60±0.80)kPa。17例平均随访3.8年，死于右心衰竭10例，猝死3例。山东医大附院[26]报道原发性肺动脉高压11例，7例死亡，平均生存时间1.1年。北京阜外医院等[27]报道闭塞性PH 82例中经超声波确诊有心包积液者14例，其右室前壁厚度、右室舒张末径及室隔厚度均大于无心包积液组，发生积液可能与右心功能不全有关。该院[28]还报道PH并发三尖瓣腱索断裂1例(男，36岁)。杭州邵逸夫医院[29]分析左室条束155例，主诉心悸者占54.8%，其中伴或不伴心律失常分别为28.4%和26.5%；室性心律失常33例中，符合Lown标准Ⅰ～Ⅱ级者占87.9%。江苏张家港市一院[30]在165名儿童中用心脏超声检出左室假腱索(LVFT)57例(34.6%)，其中在31名健康儿中仅检出2例(6%)；有生理性杂音的93名儿童中检出37例(39.8%)；有室早的41例中检出18例(44%)。室早者纵向型假腱索多于横向型，心杂音者横向型多于纵向型。北京安贞医院[31]报道先心病3 854例中伴心律失常579例(15.1%)，其中束支传导阻滞488例(84.3%)，房室传导阻滞128例(22.1%)，异位心律33例(5.6%)。南京医大一院[32]报道一家系中有7例心律失常、右室发育不全。兰州军区乌鲁木齐总院[33]及空军石家庄医院[34]分别报道以反复发作室速为特征的右室发育不全各3例。湖北医大一院[35]报道小儿右室异常肌束12例(男8例，女4例，年龄1.5～13岁)，其中高位10例，低位2例；肌隔膜型9例，肌束型3例；10例伴VSD，缺损位于高压腔3例，低压腔2例。上海胸科医院[36]报道先天性心包缺损症3例，其中左侧部分缺损2例，完全缺损1例。随访32年、2年和4个月，有左心耳疝者长期无症状，另2例示有轻度二尖瓣脱垂和心律失常。上海新华医院[37]在

988例TOF心导管术中56例(5.67%)发生缺氧,提出贫血及高血红蛋白血症为诱因,导管操作及造影剂刺激与发生有直接关系,患者长时间哭吵是促发因素,认为缺氧发作的原理与右室流出道痉挛、系统血管阻力下降、呼吸中枢敏感和右室流出道收缩协同作用有关。

(四)心电图、心功能检查

山西大同市五院等[38]分析先心病40例心电图额面QRS心电轴与右心导管所测右室收缩压(RVSP)之关系,发现RVSP与额面QRS心电轴右偏程度有高度相关性。沈阳军区总院[39]分析先天矫正型大动脉转位(C-TGA)、完全大动脉转位(TGA)和右室双出口(DORV)共51例的心电图表现,指出C-TGA有别于TGA和DORV的心电图特点。北京阜外医院[40]应用声学定量技术(AQ)与二维超声心动图(2DE)评估TOF 26例之左心功能,表明AQ所测左心室舒张末面积、容量、面积变化率和射血分数值与相同切面2DE脱机手工测值呈高度相关。烟台毓璜顶医院等[41]测定42例LVFT的左室收缩时间间期(STI)、心尖搏动图(ACG)的结果与正常人无差别,对左室收缩舒张功能无显著影响。

(五)X线、核素检查

北京解放军总院[42]报道数字减影血管造影(DSA)后所给的时间-视频密度曲线(TDC)变化对估测先心病肺血管病变程度的价值并与导管法对比,发现肺动脉排空时间(TPAT)与肺循环阻力(TPR)呈显著正相关($r=0.765$),TDC检出右向左分流的敏感性高于导管法;Rp/Rs>0.5时100%有右向左分流;TPAT>7.0秒可视为手术禁忌值。上海新华医院[43]从心血管造影片测量50例先心病之动脉导管降主动脉夹角,发现单纯PDA、VSD伴PDA、主动脉缩窄伴PDA均呈钝角,重症TOF呈锐角,室间隔完整的肺动脉闭锁多为钝角,也可为锐角。青海高原医科所等[44]报道高原PDA X线胸片上肺动脉段凸出、右下肺动脉增宽及右心室增大比平原患者更明显。北京阜外医院[45]对比先天性主动脉瓣瓣上、瓣下狭窄24例之心血管造影与超声诊断,发现瓣上狭窄造影所见升主动脉根部局限性环形狭窄明确、可靠,优于超声心动图;瓣下狭窄造影所见有时不够明确,超声心动图优于造影。上海新华医院[46]报道5例左室-右房分流的心血管造影诊断特点为造影剂经缺损室间隔进入右房很快均匀弥散,腔壁光滑,分流指向后上方。该院[47]还比较VSD伴肺动脉闭锁66例的主动脉造影、选择性体肺循环侧支血管造影和楔入肺静脉造影,认为后者为最有效、安全的诊断方法。他们对主-肺动脉间隔缺损心血管造影的体位选择为:Ⅰ型、Ⅲ型首选轻度右前斜位或正位升主动脉造影,Ⅱ型选侧位升主动脉造影[48]。河北省医院[49]报道^{201}Tl心肌显像表现为缺血的冠状动脉左主干动脉瘤1例,缺血因瘤体增大影响左前降支及左旋支供血所致。

(六)超声波检查

山东医大附院[50]用多平面经食管超声心动图(TEE)测量16例ASD的分流量,结果显示TEE测量的房间隔缺损的最大直径和面积与心导管测量的Qp/Qs高度相关($r=0.92 \sim 0.94$);经胸超声心动图(TTE)测量的Qp/Qs与心导管测量的Qp/Qs仅中度相关($r=0.76$)。该院[51]还报道TTE和TEE诊断各类ASD 53例,与手术诊断符合率分别为68.4%和100%;对小型继发孔型、静脉窦型和多发性ASD及合并部分肺静脉畸形引流的检出率TEE显著高于TTE。上海中山医院[52]应用体元模型三维重建法对14个ASD模型进行三维重建,可明确显示缺损的形态、部位和邻近上、下腔静脉的关系,所测ASD大小与实测值高度相关。该院[53]还应用同法研究了14个猪心制成的各类室缺模型和13例VSD患者,证明该法可立体显示缺损的形态、部位和邻近解剖结构的关系,三维重建的VSD形态和大小与手术所见相符。武汉协和医院[54]报道四维超声心动图能真实、直观地以立体方式显示VSD形态、大小、方位、活动度及分流束的起止、流程、轮廓等。他们通过校正左室流出道血流对VSD左室面血流会聚区影响后所得23例单纯膜部VSD的分流率,与频谱Doppler法所测Qp-Qs及Qp/Qs具有极好的相关性(r分别为0.95和0.81,$P<0.001$);校正后计算的缺损口面积与二维切面直测的缺损口直径的相关性,优于未校正的分流率计算出的缺损口面积与直测缺口直径的相关性(r分别为0.98和0.69,$P<0.001$)[55]。广州南方医院[56]报道无杂音PDA 2例的超声诊断。山东医大附院[57]应用TTE和TEE诊断二叶式主动脉瓣23例,有39%的患者TEE纠正了TTE的诊断。武汉协和医院[58]报道经手术证实的37例主动脉窦瘤的起源、形态及破裂的超声波诊断。浙江医大一院[59]报道超声诊断40例乏氏窦瘤与冠脉畸形的正确率为95%,2例乏氏窦瘤右房漏被误诊为右冠脉畸形右房漏,指出心底短轴仔细探查冠脉的起始和走行方向并追踪冠脉与瘤样结构的关系是鉴别的关键。兰州市一院[60]用彩色多普勒(CDE)诊断巨大左冠状窦瘤(内径7.3cm×4.8cm)突出左房破入左室流出道1例,缺口为1.3cm×1.8cm。北京阜外医院[61]用2-DE所测TOF 40例的左室容积、左室前、后壁厚度及左室心肌重

量显著小于正常对照组($P<0.01$);而心室间隔厚度、左室舒张末容积/左室心肌容积比值、左室射血分数测值等两组间无显著差异;TOF 患者左室舒张末容积与左室心肌容积测值呈高度相关($r=0.86$)。沈阳军区总院等[62]报道超声诊断完全性房室隔缺损 37 例(A 型 10,B 型 27),认为在辨认共同房室瓣类型方面,2-DE 优于心血管造影。北京阜外医院[63]报道超声诊断共同动脉干(TA)7 例,Ⅰ型 TA 主动脉根部增宽不明显,主动脉窦部上方后壁可探及发出的肺动脉,在主动脉长轴部位易探及;Ⅱ型 TA 于胸骨上窝主动脉弓长轴的升弓部易探到发出的肺动脉。他们总结了 5 例冠脉左主干起源于肺动脉的超声特征为左室增大、右冠脉增宽但起源正常[64]。沈阳军区总院[65]应用 CDE 从已手术的 6 016 例各种心血管疾病中检出二尖瓣腱索断裂 5 例,准确率达 100%。北京阜外医院[66]报道超声诊断二尖瓣前叶夹层 1 例,囊袋状夹层为 4cm×3cm×3cm。沈阳军区总院等[67]用 CDE 诊断孤立性右心室发育不全 5 例,均经手术证实,2DE 显示右室内径明显变小,左室内径不同程度增大,CDE 示右心室内血液信号明显减少。安徽医大附院[68]和天津胸科医院[69]分别报道 CDE 诊断双腔右心室 19 例和 10 例,诊断依据为右室漏斗部下缘可见异常肌束,并将右室分为二腔。北京阜外医院[70]应用 TTE 结合 TEE 诊断左室双出口合并肺动脉狭窄、动脉异位、继发孔房隔缺损和室隔缺损 1 例,并经手术证实。上海长海医院[71]报道主动脉-左室隧道 1 例的超声表现。白求恩医大附院等[72,73]应用超声心动图诊断原发性肺动脉高压 12 例。华西医大一院[74]应用 2DE 测定 30 例先心病的平均肺动脉压(PAMP),与手术中直测的 PAMP 有高度相关性($r=0.83$)。河北保定市二院[75]比较 CDE 不同方法测定 30 例 VSD 的 PAP,与手术直测法对照,三尖瓣返流法的相关性($r=0.901$,$P<0.01$)优于分流法和 PEP/AT 法。北京阜外医院[16]应用 DE 估测 15 例闭塞性肺动脉高压吸入 NO 的疗效。厦门一院[77]报道超声诊断无紫绀的完全性房室管畸形并大动脉转位伴肺动脉狭窄 1 例。北京阜外医院[78]应用 2DE 指导小儿颈内静脉穿刺,一针和两针成功率高达 91.4%和 97.1%,而传统穿刺法成功率为 35.7%。

(七)治疗

广东心血管病所[79,80]用 Rashkind 双面伞器堵闭 PDA 48 例,均一次成功。7 例(14.5%)术后 15 分钟主动脉造影有少量残余分流;5 例(10.4%)术后 24 小时 CDE 示少量残余分流,其中 3 例有局限性连续性杂音;1 例术后 8 小时发生急性机械性溶血,缝扎 PDA 2 小时后溶血停止。北京阜外医院[81]用上法堵闭 PDA 18 例,技术成功率 100%,随访 3~17 个月未见残余分流及再通。上海长海医院[82]应用经皮穿刺动脉导管栓塞术堵闭 PDA 6 例,成功 5 例,1 例因术前测动脉导管值(0.55cm)较实际导管直径(1.0cm)小,导致栓子滑入肺动脉而失败。重庆西南医院[83]用同法堵塞 PDA 3 例。山东医大附院[83]应用半轨道可探导管装置堵塞 PDA 4 例,成功 3 例,1 例因栓子制作过小而失败。北京海军总院等[85]应用 Jackson 带毛弹簧栓的特殊送塞导管成功堵塞细小 PDA 8 例(导管最狭内径 1.5~4.0mm)。兰州军区总院[86]应用改良 Porstmann 法堵塞 PDA 8 例,其中 1 例因未闭导管呈反漏斗型、另 1 例因股动脉过细导致堵塞失败。广东心血管病所[87]* 应用 Postmann、Rashkind 和 Sideris 法堵闭 PDA 56 例,成功率分别为 92%(23/25 例)、100%(23/23 例)和 100%(8/8 例);术后 24 小时残余分流发生率分别为 0%、26%和 25%。Porstmann 法 23 例随访 3 年,无 1 例有残余分流。解放军 117 医院[88]应用 Porstmann 法堵闭 PDA 147 例,Sideris 纽扣装置关闭 PDA 3 例、VSD 4 例,Lock 蛤壳闭合器和 Sideris 法关闭 ASD 2 例。除 1 例巨大 ASD(3cm 直径)外,全部关闭成功,仅 5 例有少量残余分流。随访 1~92 个月,关闭物无一移位。镇江市一院[89]报道在 PDA 结扎术中因动脉导管破裂和断裂致大出血 2 例。广东心血管病所[90]* 应用经皮纽扣式补片治疗先心病 14 例(PDA 5、VSD 5、继发孔型 ASD 4)。石家庄白求恩国际和平医院[91]在电视胸腔镜下闭合 PDA 12 例,无再通及并发症。南京军区福州总院[92]用上法闭合 PDA 22 例,其中 2 例分别因损伤食管营养支血管出血和导管粗大(12mm)并肺动脉高压(PH)而改为开胸手术。上海长海医院[93]手术治疗复杂 PDA 69 例,术后早期死亡 2 例(2.9%),随访 5 个月~16 年,手术效果满意。沈阳军区总院[94]对比单球囊(17 例)与双球囊(40 例)肺动脉瓣成形术(PBPV),结果表明二法扩张效果相同。大连医大一院[95]报道 PBPV 25 例,认为 Inoue 球囊与 Mansfield 球囊扩张效果相同,前者更具操作简便、可顺序扩张、并发症少等优点。山东医大附院[96]分析 PBPV 疗效影响因素,以术前肺动脉瓣跨瓣压差影响最大。广东佛山市一院[97]报道 1 例重度肺动脉瓣狭窄(PS)行 PBPV,3 个月后肌部 VSD 自行闭合。安徽医大一院[98]在犬 PS 模型中发现当 PS 达正常肺动脉外径 50%以上时心肌病理变化显著,认为对肺动脉口径不足正常 50%的 PS 者宜行手术治疗。浙江医大附院[99]报道经 70 例婴幼儿、儿童 PBPV 术结果证实,上海产球囊导管性能和质量与美国同类产品相似。湖南医大二院[100]与哈尔滨医大二院[101]分别报道PBPV治疗PS 17例与11例,后者失败1例。华西医大一院[102]自1987～1994年行成人ASD修补术212例,其中合并其他心内畸形45例,无手术死亡。温州医学院一院[103]行成人ASD修补术48例,术后心衰10例,低心输出量综合征2例,成人呼吸窘迫综合征4例,均无死亡。上海胸科医院[104]分析继发孔型ASD 10例术后再通原因,认为与房缺类型、张力、合并病变及修补方法有关,提出再手术时只需控制好张力问题,修补方法并无限制。上海新华医院[105]自1976年1月～1993年12月行小儿VSD修补术2 085例,死亡率2.3%。年龄小于6个月或体重低于6kg者手术病死率分别为35.7%和30.0%;年龄大于3岁、体重超过16kg者,病死率低于1.0%。VSD伴PH者必须在2岁前手术,肺动脉瓣下型VSD应早期手术。术中避免右室切口、术后保护右室功能和PH的处理是手术成功的关系。沈阳军区总院[106]自1964～1993年手术治疗VSD 2 169例,其中膜部、肺动脉下、隔瓣后、肌部、多发型VSD分别为1 520、380、249、5和8例,左室右房通道7例,手术死亡率为0.74%。济南军区总院[107]手术治疗VSD 959例,手术死亡率为2.3%。中国医大一院[108]手术治疗VSD 307例,病死率2.9%,其中合并重度PH 24例,病死率为20.8%。上海胸科医院[109]介绍了小儿VSD伴PH修补术中体外循环及心肌保护的方法。上海医大儿科医院[110]收治VSD 880例中并主动脉瓣关闭不全(AI)68例(7.73%),其中干下型、膜周型VSD并AI为41例和27例。单纯VSD修补55例,修补VSD+主动脉瓣成形13例。AI程度、VSD类型、瓣膜折叠次数及术前心胸比例等对主动脉瓣成形术的疗效有重要影响。济南军区总院[111]报道在39例VSD并AI与主动脉瓣脱垂患者中,行主动脉瓣成形术35例,瓣膜置换4例。湖北医大一院[112]手术治疗漏斗部室间隔缺损(CVSD)118例,死亡3例。认为轻度AI者闭合CVSD即可,中、重度AI者需作主动脉瓣成形或瓣膜置换术。该院[113]还报道应用隔瓣切开或圆锥乳头肌切断法治疗VSD并隔瓣膨出31例。北京阜外医院[114]报道手术治疗VSD并主动脉根部畸胎瘤1例。福建心血管病所[115]再次手术治疗残余VSD 10例,死亡3例(主动脉破裂大出血、术后PH并右心衰竭、肾功能衰竭各1例)。残余VSD的原因,8例为因缝合技术所致,2例属漏诊VSD。北京安贞医院[116]手术治疗先天性主动脉瓣下狭窄23例(局限型22例,隧道型1例),术前左室到主动脉收缩压差为(9.77±4.94)kPa,术后降为(2.94±2.20)kPa,死亡1例。北京解放军总院[117]手术矫正主动脉缩窄(Co-A)21例,术后18例上、下肢压差消失。随访1～8年,2例成年患者仍有高血压,故手术宜在学龄前。上海新华医院[118]手术治疗Co-A伴VSD 16例,年龄1～6岁,其中伴重度PH 9例。6例作分期手术,3例VSD自动闭合;10例作同期手术。主动脉窦瘤手术治疗本年度共有328例报道[119～129],其中男221例,女107例;年龄5～65岁。窦瘤破入右室(或流出道)、右房、左室分别为254、46和3例;破入室间隔2例;多发性窦瘤破入心肌形成多发性心肌假性囊肿1例;未破窦瘤22例。上海新华医院[130]*报道经导管法应用钢丝弹簧圈堵塞冠状动脉瘘4例,堵塞成功3例,1例术前估测瘘口过小,致弹簧圈漂入右室→左下肺动脉,经开胸手术取出。上海中山医院[131,132]对比先天性冠脉瘘手术(20例)与非手术(5例)的远期预后,经平均8年随访手术者优于非手术者,早期手术效果更好。20例手术患者平均年龄18.7(5～52)岁;瘘源自右侧冠脉者16例,左侧冠脉者4例;漏入右室13例、左室4例、肺动脉2例及右房1例。沈阳军区总院[133]手术切割房室旁路治疗Ebstein畸形合并预激综合征8例,成功7例。北京红十字朝阳医院[134]对比Ebstein畸形与正常结构并右侧房室旁道的射频消蚀疗法,二者操作难易程度无差异。南京军区南京总院[135]自1980～1993年手术治疗重型、极重型法洛三联症42例,无早期死亡。北京阜外医院[136]自1993～1995年手术根治5岁以下TOF 360例。死亡4例(1.1%),死因为灌注肺2例,心包填塞与呼吸衰竭各1例。华西医大一院[137]自1987年1月～1995年6月根治成人TOF 43例,术后死亡2例(4.6%)。上海新华医院[138]认为在小儿TOF纠治术中应用深低温(肛温20℃)、低流量[25ml/(kg·min)]灌注法(灌注15～40分钟)在手术视野暴露、减少回心血量及神经系统并发症等方面优于常规方法。广州珠江医院[139]在小儿复杂先心病的矫治术中应用冷血停跳液,发现其对心肌保护作用优于晶体停跳液。上海新华医院[140]分析30例接受中央型姑息术的重症青紫型先心病患者,除2例死亡外,28例的血氧饱和度从术前的0.625±0.07提高到0.829±0.07,活动耐量增加,3年内15例(54%)二期根治成功。认为中央型姑息术能有效促进右心室及肺动脉对称发育,有利于二期手术根治。中山医大一院等[141]介绍应用同种异体带瓣长管道治疗先心病10例的经验,其中肺动脉移植重建9例,主动脉移植重建1例。北京阜外医院[142]采用深低温液氮保存的新生儿带瓣大动脉跨环加宽右室流出道15例,另12例选用自体心包片做加宽右室流出道材料。术后9个月肺动脉瓣反流发生率两组分别为(40.1±2.6)%和(70.0±10.6)%。广东心血管病所[143]观察先心病并PH患儿12例吸入NO〔浓度(35～55)×10^{-6}〕20分钟后,可显著降低肺动脉压,而对主动脉压无影响。同类患儿17例静注立其丁后肺动脉、主动脉压均显著下降。北京阜外医院[144]对22例先心病并PH术前应用前列腺素E_1(PGE_1)100～200ng/(kg·min)静滴4～5h/d,共4～7天。用药后肺低阻力组心前区杂音较前明显,动脉氧饱和度增加,右心EF增加;肺高阻力组除右心EF明显增加外,余各指标改善不大。上海医大儿科医院[145]给30例小儿先心病术前服用天然牛磺酸1周,可提高机体组织的牛磺酸水平,能明显预防心肌缺血后再灌注损伤。

(八)少见先天性心脏病

北京阜外医院[146]报道先心病直视手术19 029例中合并永存左上腔静脉(PLSVC)326例(1.71%)的诊断和处理。其中以单心房(27.5%)和完全性心内膜垫缺损(9.6%)发生率较高,术前诊断率为33.1%,并对不同的处理方法作了讨论。该院[147]报道先心病合并PLSVC和右上腔静脉缺如9例(4.7%),其中TOF和VSD各3例,ASD、右室双出口、单心室-单心房各1例。他们还报道先天性肺动脉和分支狭窄并心内畸形2例,例1为膜周部VSD和Ⅱ孔型ASD,例2为重度PS和室间隔膜部瘤[148]。武汉儿童医院[149]报道ASD并肝静脉直接开口于右房2例。青海心血管病医院[150]报道ASD合并特发性肥厚型心肌病1例,室间隔与左室厚度之比为1.7:1。天津胸科医院[151]报道无ASD三房心3例,左房内均见隔膜。天津市一院[152]报道三房心并房缺、室间隔膜部瘤1例。南京军区南京总院[153]报道ASD并发左室心尖部室壁破裂致反复晕厥1例,反复晕厥的原因可能是心导管多次经右房入左室致心室壁损伤造成缓慢心包积血所致。郑州市七院等[154]报道VSD并三尖瓣前叶裂及隔瓣海绵状血管瘤1例。北京阜外医院等[155～157]共报道先天性心脏憩室6例,憩室开口于右室3例,左室2例,右房1例。北京安贞医院[158]报道TOF并肺动脉瓣缺如3例,占同期TOF 980例的3.1%,应用同种异体非带瓣主动脉手术2例,效果良好。广东省医院[159]报道在5 000余例体外循环手术中发现右房血栓3例。北京阜外医院[160]报道胸腹异位心脏合并心内畸形2例,例1合并TOF,例2合并左室型单心室、共同心房、房耳并列、左位型大动脉异位、肺动脉瓣下、瓣上及瓣狭窄、永存左上腔静脉、完全性心内型肺静脉畸形引流、水平肝和脐突出。湖南医大三院等[161]报道单心室4例。河北沧州市医院[162]、保定市一院[163]分别报道一家系中有6例和3例原发性肺动脉高压患者。中山医大一院[164]报道全心异位3例:例1为胸腹型,例2为心脏在膈肌上下以膈下为主,例3为裸露型。此外还有先天性主动脉瓣四瓣畸形[165]、左冠窦-室间隔-左心室通道[166]、纤维肌性主动脉瓣下狭窄伴右房粘液瘤[167]、心脏复杂畸形(右室双出口、心房正位、心室左袢、房室排列一致、"十"字交叉心、巨大VSD、右室窦发育不良、主动脉弓右降和冠脉走行异常)[168]、主动脉窦瘤合并二尖瓣前叶夹层[169]、Ellis-Van Creveld综合征[170]及先天性冠状动脉右房瘘并Romberg病[171]等少见先心病的个案报告。

(丁鸿钧)

参 考 文 献

[1] 刘薇廷等. 中华儿科 1995;33(6):347
[2] 李 涛等. 临床儿科 1996;14(3):165
[3] 刘正乐等. 临床心血管 1996;12(1):25
[4] 张石江等. 中华胸心外科 1996;12(4):196
[5] 石艳芬等. 中国超声 1996;12(9):44
[6] 吴 波等. 临床与实验病理 1996;12(3):115
[7] 华益民等. 四川医学 1996;17(4):213
[8] 赵六六等. 江苏医药 1996;22(7):448
[9] 黄瑞健等. 福建医学院学报 1995;29(4):327
[10] 黄美蓉等. 中华心血管 1995;23(6):442
[11] 黄伟民等. 中国循环 1995;10(11):662
[12] 梁业民等. 上海免疫 1996;16(4):197
[13] 汤宝鹏等. 中国循环 1995;10(11):655
[14] 潘世伟等. 中华外科 1996;34(5):276
[15] 谷兴琳等. 中华胸心外科 1996;12(5):282
[16] 李建华等. 浙江医学 1996;18(2):77
[17] 李公信等. 一军医大学报 1996;16(2):95
[18] 周素真等. 中国循环 1996;11(2):72
[19] 杜志民等. 中华心血管 1995;23(6):448
[20] 陈 晖等. 上海医学 1996;19(7):402
[21] 梁继河等. 中华外科 1996;34(9):546
[22] 张玉威等. 解放军医学 1996;21(3):226
[23] 唐 跃等. 中国循环 1995;10(11):658
[24] 朱清於等. 中国循环 1996;11(6):361
[25] 张济富等. 中华内科 1996;35(5):322
[26] 丁士芳等. 临床心血管 1996;12(4):225
[27] 程显声等. 中华心血管 1996;24(4):277
[28] 程显声等. 中国循环 1996;11(4):231
[29] 何 红等. 浙江医学 1996;18(3):149
[30] 朱全发. 苏州医学院学报 1995;15(5):945

[31] 金 梅等. 心肺血管 1996;15(3):135
[32] 单其俊等. 中华内科 1996;35(8):523
[33] 赵 玉等. 新疆医学 1996;26(1):8
[34] 刘 敏等. 中国循环 1996;11(8):506
[35] 黄星原等. 武汉医学 1996;20(2):79
[36] 吴卫华等. 上海医学 1996;19(5):280
[37] 高 伟等. 临床儿科 1996;14(3):158
[38] 贾志强等. 综合临床 1996;12(1):15
[39] 张玉威等. 心电学杂志 1995;14(4):196
[40] 边霞君等. 中国循环 1996;11(2):110
[41] 杨 军等. 山东医药 1995;35(11):19
[42] 耿仁义等. 中华心血管 1996;24(2):118
[43] 朱 铭等. 上海二医大学报 1996;16(1):29
[44] 徐复达等. 高原医学 1995;5(3):47
[45] 宋云龙等. 中华放射 1996;30(4):249
[46] 杨贞勇等. 临床儿科 1996;14(3):160
[47] 朱 铭等. 中华放射 1996;30(2):102
[48] 杨贞勇等. 实用放射 1996;12(9):520
[49] 万国华等. 中华核医学 1996;16(3):181
[50] 钟 明等. 中华超声影像 1996;5(1):1
[51] 张 运等. 中华超声影像 1996;5(3):122
[52] 潘翠珍等. 中国超声 1996;12(5):6
[53] 周京敏等. 中国超声 1996;12(7):6
[54] 刘 俐等. 中国超声 1996;12(5):15
[55] 郜书敏等. 中国超声 1996;12(2):12
[56] 龚渭冰等. 临床医学影像 1996;7(1):53
[57] 张 梅等. 中华超声影像 1996;5(5):213
[58] 刘 俐等. 中华超声影像 1990;5(1):12
[59] 郑哲岚等. 中国超声 1996;12(9):48
[60] 白晓旭等. 中国超声 1996;12(2):58
[61] 边霞君等. 中国循环 1996;11(8):468
[62] 邓东安等. 中国超声 1995;11(11):871
[63] 刘延玲等. 中国循环 1996;11(2):79
[64] 李建蓉等. 中国循环 1996;11(1):28
[65] 侯传举等. 中华超声影像 1996;5(2):84
[66] 李建蓉等. 中国超声 1996;12(1):73
[67] 侯传举等. 中国超声 1996;12(7):23
[68] 赵 强等. 安徽医学 1996;17(3):9
[69] 张玉兰等. 中华心血管 1995;23(6):447
[70] 李守平等. 中国超声 1996;12(7):65
[71] 赵宝珍等. 中国超声 1996;12(9):68
[72] 孙 琦等. 吉林医学 1996;17(5):269
[73] 罗治安等. 湖南医学 1996;13(1):41
[74] 唐兰珍等. 中国胸心血管外科临床 1996;3(1):9
[75] 王亚萍等. 心肺血管 1996;15(2):93
[76] 何建国等. 中国循环 1995;10(12):721
[77] 张世科等. 中国超声 1996;12(5):69
[78] 张东亚等. 中国循环 1996;11(5):294
[79] 张智伟等. 中国介入心脏 1996;4(1):25
[80] 张智伟等. 中国介入心脏 1996;4(1):23
[81] 戴汝平等. 中华放射 1996;30(8):532
[82] 秦永文等. 二军医大学报 1995;16(5):444
[83] 司良毅等. 四川医学 1996;17(2):89
[84] 杨兴季等. 山东医大学报 1996;34(1):56
[85] 熊鉴然等. 中华心血管 1996;24(5):391
[86] 杜修海等. 中国介入心脏 1996;4(2):52
[87]* 张智伟等. 中华儿科 1996;34(2):116
[88] 任森根等. 中华心血管 1996;24(2):130
[89] 孙 斌等. 江苏医药 1996;22(7):503
[90]* 陈传荣等. 中华心血管 1995;23(6):434
[91] 李晓辉等. 中华胸心外科 1996;12(1):5
[92] 张荣良等. 中华胸心外科 1996;12(1):7
[93] 孙道华等. 中华外科 1996;34(5):273
[94] 朱鲜阳等. 中华放射 1995;29(12):834
[95] 刘 利等. 中国介入心脏 1996;4(3):108
[96] 夏 伟等. 中国介入心脏 1996;4(2):78
[97] 熊华峰等. 中国超声 1996;12(5):67
[98] 葛圣林等. 安徽医大学报 1996;31(2):99
[99] 夏呈森等. Chin Med J 1996;109(8):618
[100] 沈向前等. 湖南医大学报 1995;20(5):466
[101] 张志仁等. 中国介入心脏 1995;3(4):173
[102] 黄旭中等. 中国胸心外科 1996;3(1):4
[103] 董光同. 中国循环 1996;11(2):111
[104] 张 卫等. 中华胸心外科 1996;12(3):138
[105] 徐志伟等. 中华小儿外科 1996;17(3):143
[106] 刘建实等. 中华外科 1996;34(5):261
[107] 杨文东等. 中国循环 1996;11(8):495
[108] 肖德绵等. 中华外科 1996;34(5):265
[109] 钱金兰等. 中华外科 1996;34(5):270
[110] 邢泉生等. 上海医大学报 1996;23(2):111
[111] 梁家立等. 中国循环 1996;11(10):621
[112] 毛志福等. 中国循环 1995;10(12):729
[113] 毛志福等. 中华胸心外科 1996;12(1):41
[114] 李守军等. 中国循环 1996;11(8):505
[115] 刘文林等. 福建医药 1996;18(2):12
[116] 董 然等. 心肺血管 1996;15(3):138
[117] 余翼飞等. 中华胸心外科 1996;12(3):129
[118] 刘锦纷等. 临床儿科 1996;14(3):161
[119] 王介康等. 中华胸心外科 1996;12(4):230
[120] 龚 斌等. 解放军医学 1995;20(6):420
[121] 赵希武等. 中国循环 1996;11(1):53
[122] 陈 军等. 浙江医大学报 1996;25(4):174
[123] 李培军等. 宁夏医学 1996;18(2):95
[124] 王树寿等. 人民军医 1996;(7):34
[125] 陈子道等. 中华胸心外科 1996;12(2):107
[126] 邱能庸等. 内蒙古医学 1996;16(1):27
[127] 李跃华等. 山东医药 1996;36(9):17
[128] 肖颖彬等. 中国胸心血管外科临床 1996;3(3):138
[129] 王永亮等. 西安医大学报 1996;17(2):232

[130]* 周爱卿等. 中华儿科 1996;34(4):243
[131] 金智敏等. 中国循环 1996;11(3):155
[132] 王敏生等. 中华胸心外科 1996;12(5):280
[133] 李 莉等. 中华心血管 1995;23(5):361
[134] 商丽华等. 心脏起搏与心电生理 1995;9(4):188
[135] 丁永清等. 中华胸心外科 1995;11(6):349
[136] 刘迎龙等. 中国循环 1996;11(8):453
[137] 黄旭中等. 中国胸心血管外科临床 1996;3(2):68
[138] 徐志伟等. 临床儿科 1996;14(3):163
[139] 朱 平等. 中华胸心外科 1995;11(6):333
[140] 陈 恩等. 中华胸心外科 1996;12(5):276
[141] 罗红鹤等. 中山医大学报 1995;16(4):60
[142] 桂龙升等. 中国循环 1996;11(3):148
[143] 徐衍梅等. 中国实用儿科 1996;11(4):215
[144] 潘世伟等. 中国循环 1996;11(8):482
[145] 朱列伟等. 中华心血管 1996;24(2):123
[146] 潘世伟等. 中国循环 1995;10(10):603
[147] 潘世伟等. 中国循环 1995;10(12):723
[148] 宋云龙等. 中国循环 1995;10(12):757
[149] 舒 涛等. 中国胸心外科 1996;12(5):279
[150] 陈达生. 中华老年医学 1996;15(1):32
[151] 周启宇等. 中国循环 1996;11(3):143
[152] 胡振华等. 中华胸心外科 1995;11(6):335
[153] 章燕萍等. 心脏起搏与心电生理 1996;10(1):41
[154] 杨兴明等. 中国循环 1995;10(10):596
[155] 赵中明等. 中国循环 1996;11(4):245
[156] 夏 拉等. 青海医药 1995;25(7):13
[157] 李桂香等. 中国循环 1995;10(11):654
[158] 张兆光等. 中华胸心外科 1996;12(1):39
[159] 郑少忆等. 中国循环 1996;11(7):440
[160] 闫 军等. 中国循环 1996;11(3):152
[161] 杨作成等. 湖南医学 1995;12(6):341
[162] 苏惠茹等. 中华医学遗传 1995;12(6):381
[163] 任振祥等. 中国循环 1995;10(11):666
[164] 丘福珊等. 中国循环 1996;11(2):113
[165] 胡伟恩等. 中华胸心外科 1996;12(3):162
[166] 张 供等. 中华胸心外科 1996;12(3):191
[167] 潘礼刚. 中国超声 1996;12(4):31
[168] 吕凤英等. 中国循环 1996;11(2):120
[169] 沈向东等. 中华外科 1996;34(6):326
[170] 刘建梅等. 中国实用儿科 1996;11(1):32
[171] 冯全洲等. 中国循环 1996;11(3):151

五、感染性心内膜炎

西安医大一院[1]和广东医学院附院[2]回顾分析住院患者感染性心内膜炎(IE),发现近年来风湿性心脏病(RHD)所占比例及草绿色链球菌感染较以往明显减少,金黄色葡萄球菌感染及条件致病菌感染引起的IE较以往增多,动脉栓塞、脾肿大和杵状指(趾)明显减少,心力衰竭、肾功能衰竭及栓塞是IE的主要死因。北京安贞医院[3]研究青少年及成人先天性心脏病(先心病)177例205次IE。其中149次IE发生在根治术前,56次发生在术后,最常见受累的缺损为主动脉瓣(AV)疾患、小室间隔缺损和法洛四联症;最常见的诱因是牙科检治、手术及皮肤创伤感染。西安医大一院[4]1986～1994年3月收治35例主动脉瓣IE,6例急诊行主动脉瓣置换手术(AVR)治愈;29例单纯内科治疗,其中25例死亡,4例病情恶化放弃治疗。认为急诊AVR应作为治疗主动脉瓣IE的首选方法。重庆医大一院[5]*分析1977～1994年确诊的金葡菌IE 21例,与1957～1977年11例比较,显示近年来金葡萄IE有上升趋势,以右心IE增加明显。北京医大[6]采用mecA基因阳性的甲氧西林耐药金葡菌(MRSA)建立了兔实验性IE模型,证明此模型可用于抗MRSA新药体内抗菌作用的评价。上海华山医院[7]从1例IE患者血液中连续3次分离到血液链球菌并经生化鉴定证实。北京阜外医院[8]报道1例经食管超声(TEE)诊断的人造机械瓣IE。山东医大附院等[9]报道Loffler心内膜炎1例,其临床特点为:嗜酸性粒细胞≥1.5×10^9/L,增生持续至少6个月并累及心、肺和骨髓等器官;超声心动图示双房扩大,心内膜回声增强、增厚,二尖瓣(MV)后叶活动度受限或消失。大连医大一院[10]报道29例非器质性心脏病患者IE的超声诊断,26例发现瓣膜赘生物和(或)瓣膜返流,赘生物在MV 13例,主动脉瓣(AV)2例,三尖瓣(TV)7例,肺动脉瓣(PV)3例;3例血培养阳性。西安医大二院[11]报道25例右心IE,其特点是:发病年龄小,儿童占80%;多合并有基础心脏病,尤其是室间隔缺损;血培养阳性率低;死亡率高,达12%。上海仁济医院[12]手术治疗先心病IE 22例,疗效良好,无手术死亡。海南三亚市医院[13]在用抗生素治疗IE同时口服双歧杆菌活菌制剂回春生,可以预防IE治疗中可能发生的菌群失调,提高治愈率,降低死亡率。

(郑 兴)

参考文献

[1] 马爱群等. 中国循环 1995;10(10):594

[2] 梁庆祥等. 临床心血管 1996;12(3):140

[3] 李　巍等. 心肺血管 1996;15(3):130

[4] 刘建林等. 西安医大学报 1996;17(1):110

[5]* 邹启园等. 中华内科 1996;35(7):455

[6] 魏　瑾等. 中国临床药理 1996;12(1):46

[7] 黄志基等. 上海医学检验 1996;11(1):45

[8] 边霞君等. 中华超声影像 1996;5(1):45

[9] 张　运等. 中华内科 1995;34(11):772

[10] 刘　利等. 中国超声 1995;11(12):921

[11] 刘保民等. 陕西医学 1995;24(12):723

[12] 姚培炎等. 中华胸心外科 1996;12(4):221

[13] 刘希超等. 临床心血管 1996;12(3):178

六、心肌疾病

(一) 病毒性心肌炎

上海中山医院[1]报道 1991 年 7 月云南楚雄病毒性心肌炎(VMC)暴发流行,55 人发病,13 人死亡,其中 3 例尸检心肌标本以 PCR 法测病毒基因,发现心肌中均有肠道病毒感染。四川省医院[2]对成都地区 114 例成人 VMC 咽拭子和血清标本行病毒分离和中和抗体检测,血清学阳性 25 例,分离病毒 32 株,其中柯萨奇 B 病毒(CVB)14 株,流感病毒 10 株,CVB 与流感病毒的分离阳性,与血清学阳性符合率分别为 85.7%和 90%。北京医大三院[3]以 ELISA 测 26 例新生儿心肌炎血清 CVB 特异性 IgG 和 IgM,其中用 PCR 测血清肠道病毒(EV)-RNA 14 例,结果 CVB-IgG 阳性率为 35%,CVB-IgM 为 54%,EV-RNA 阳性率为 50%,10 例母婴血清中 5 例 CVB-IgG 阳性,3 例 CVB-IgM 阳性,提示 CVB 可通过胎盘传播。安徽医大附院[4]报道 124 例巨细胞病毒(CMV)感染患儿中 86 例有各种心肌损害,其中 42 例为病毒性心肌炎,4 例为心肌心包炎。西安市医院[5]报道 9 个家庭中临床诊断 VMC 18 例,多数发病相隔数月至数年,有的为 10 余年,无法以传染发病解释,推测可能存在与遗传因素有关的易患素质。

上海二医大[6]以 CVB_3 诱导 Balb/c 小鼠心肌炎,中和抗体 4 天出现,9 天消失,抗体的产生与心肌中病毒清除密切相关,但病毒消除后心肌损害仍然持续,并伴有抗心肌细胞抗体、脾 NK 细胞数量下降、CD4/CD8 比值升高等免疫现象。浙江中医院[7]测得 VMC 患者淋巴细胞 IL-2R 降低,血清 sIL-2R 提高,提示可能存在淋巴细胞 IL-2R 过多脱落,致 sIL-2R 升高,竞争结合 IL-2,中和活化 T 细胞周围的 IL-2,减弱了机体的自分泌效应,使活化细胞转为休止细胞,引起免疫功能减弱或紊乱。山东省医院等[8]测得 112 例 VMC 患儿抗心肌抗体阳性率为 52.7%,阳性者磷酸肌酸激酶同工酶(CK-MB)明显高于阴性者,但与心肌功能和心腔大小无直接关联。山东省医院[9]以放免法测得 VMC 患者血浆肾素无明显改变,血管紧张素Ⅱ、醛固酮和心钠素(ANF)显著升高。上海长海医院[10]发现急性期心肌炎小鼠 CK-MB、谷草转氨酶(GOT)和乳酸脱氢酶(LDH)升高,而血浆和心肌心房钠尿肽(ANP)含量在急性炎症期下降,心衰时升高,认为分别可用于诊断和预后判断。重庆医大儿童医院[11]测定 43 例急性 VMC 患儿甲状腺激素,T_3 和 T_4 明显降低,尤以 T_3 最明显,重症组 T_3 比轻症组下降明显,提出 T_3 和 T_4 水平可反映病情的轻重。南京医大一院[12]用放免法测 12 例 VMC 患儿血浆内皮素(ET),其中 11 例明显高于对照组,达(35.85±19.16)ng/L,5 例严重心律失常患儿 ET 都>36ng/L。山东省医院等[13]*检测 20 例 VMC 白细胞糖皮质激素受体(GR)和血浆皮质醇(F)浓度,GR 为(3 050.90±1 039.50)位点/细胞,明显低于正常组($P<0.001$),且发现激素敏感组的 GR 水平明显高于激素非敏感组,而 F 则无差别,结果对治疗有指导意义。大连医大一院[14]发现心肌炎患儿处于低血硒状态,治疗前血清硒与 CK-MB 呈显著负相关。

上海中山医院等[15]以 PCR 法测 25 例 VMC 患者心肌细胞内 CMV 基因,检出率为 44%,但与心肌病理形态学改变的关系尚不能确定。该院[16]对 CVB_3 心肌炎小鼠行 ^{67}Ga 心肌显像,24~72 小时放射浓聚显著高于对照,48 小时最高,高出其他组织 1.65~20.55 倍。上海仁济医院等[17]对心肌炎小鼠行 ^{99m}Tc-6-甲基丙二胺肟(^{99m}Tc-HMPAO-WBC)心肌显像,3 小时后即有心肌明显放射性浓聚,而正常鼠心肌放射性较稀疏。他们[18]报道 37 例临床诊断心肌炎者中 11 例 ^{99m}Tc-HMPAO-WBC 阳性,13 例病理诊断心肌炎中 11 例阳性,符合率为 85.1%和 63.6%,最佳显像时间为注药后 3~4 小时。哈尔滨市一院[19]用 MRI 检查急性心肌炎 2 例,在心壁搏动异常区可见心肌水肿,水肿随急性期临床表现的好转而消失。山东省医院[20]用单光子断层扫描术检查24例VMC患儿，发现有多项指标可提示左心功能受累重于右心，收缩功能受累重于舒张功能，并有心肌收缩不协调和室壁运动减弱。新疆自治区医院等[21]对32例心内膜-心肌活检(EMB)标本行透射电镜观察，29例不仅有淋巴细胞浸润和心肌细胞变性，还有细胞膜、线粒体、肌原纤维和细胞核改变，糖原和脂质增多，间质和内皮细胞水肿。上海瑞金医院[22]对25例心肌炎患儿于发病1周和3个月时行心率变异性检查，急性期时域分析各项指标显著小于恢复期和正常人，频域分析中只有低频平均功率与正常对照组有显著性差异，提示心肌炎有交感和迷走神经相互作用的失调。安徽阜阳市三院等[23]随访120例VMC 12年，以心脏扩大和ECG传导阻滞、ST-T改变和早搏为指标，随访1年时病愈率65.8%，ECG异常34.2%，其中26.8%呈间歇性；随访5年时ECG异常18.3%；10年时14.4%；12年时12.5%；随访5年时新发现12例心脏扩大。武汉市二院[24]随访112例70天至14岁小儿心肌炎10年，78例痊愈，28例好转，4例转为慢性(均有心脏扩大)，2例死亡(其中1例与心肌炎无关)，22例有不同程度ECG异常。

广州军区总院[25]以牛磺酸注射液治疗VMC，52例ST-T改变者治愈46例，好转6例，平均治愈天数(17.3±7.5)天；24例窦房或房室传导阻滞者治愈2例，好转2例，平均治愈天数(10.2±5.4)天，均较ATP、CoA治疗组显著为优。白求恩医大等[26]以高山红景天多糖治疗小鼠CVB_3心肌炎，结果小鼠体重增长，心肌酶释放减少，超氧化物歧化酶(SOD)增加，NK细胞活性增加，低温游泳时间延长和抗缺氧时间延长。山西医学院等[27]以参麦注射液治疗小儿VMC，症状和心功能明显改善，CD4/CD8明显增高，比丹参或ATP、CoA疗效为优。上海新华医院[28]用生脉散治疗VMC，可显著增加SOD和谷胱苷肽过氧化物酶(GSH-Px)，降低丙二醛(MDA)，减少氧自由基和脂质过氧化，减轻心肌损伤。苏州医学院儿童医院[29]以卡托普利治疗实验性小鼠CVB_3心肌炎，感染时和感染1周后给药均可提高生存率，减轻心肌炎症、坏死和钙化程度。安徽省医院等[30]报道以维拉帕米处理的CVB_3感染的新生大鼠离体培养心肌细胞病变重，病毒基因组含量增多，故不宜用该药治疗VMC。上海中山医院[31]亦有类似报道。

(二) 心肌病

扩张性心肌病(DCM)　同济医大[32]用PCR对42例DCM进行人类白细胞抗原(HLA)-DRB_1基因型分析，发现DCM组HLA-DRB_1* 11基因频率比对照显著增高(26.1%对13.1%)。武汉同济医院[33]报道DCM患者心内膜、毛细血管内皮、树突状和单核细胞主要组织相容性复合物(MHC) Ⅰ和Ⅱ抗原表达增多，在肌纤维膜内表达也增多。哈尔滨医大一院[34]*以PCR法检测10例DCM心肌组织线粒体DNA(mtDNA)，4例存在7.4kb的缺失，缺失的标本中均能扩增出正常mtDNA片段，说明心肌细胞内mtDNA存在异质性。山东省医院等[35~37]检测20例DCM患者血清单核细胞因子，发现IL-1、IL-6、sIL-2R和TNF均明显高于正常对照组。广西医大一院[38]亦发现DCM患者血浆TNF和sIL-2R明显增高，并随心衰加重而增加。邯郸市一院[39]报道IL-6在DCM中显著增高，但冠心病则无明显升高。武汉协和医院[40]发现20例DCM中18例ADT/ATP载体自身抗体阳性，该抗体介导细胞膜钙通透性增高，钙超载使心肌细胞死亡，且不需要补体参与。西安医大二院[41]报道用人工合成的心肌线粒体ADP/ATP转运蛋白(ANT)的多肽检测DCM患者的抗ANT多肽抗体，阳性率为31%，与天然ANT检测结果符合率达94%。并发现[42]15/48例抗体阳性者经6周强的松治疗，11例好转，4例稳定。他们[43]将分离的牛心肌线粒体与ADP/ATP载体蛋白抑制剂苍术苷交联，用Triton X-100溶解线粒体膜，经羟基磷灰石离心可制得该载体蛋白，分子量30kD，可作为抗原做该载体蛋白抗体研究。河南省医院等[44]用放射性配基法发现DCM患者血清中有抗心肌β受体的IgG型自身抗体，该抗体明显抑制[^{3}H]-DHA与大鼠心肌β受体的结合，其活性与血清硒呈负相关。新疆医学院一院[45]报道DCM患者存在低硒、低镁和低钼现象。

北京医大一院[46]给DCM小儿静滴多巴酚丁胺，以超声心动图的收缩和舒张功能指标判断患者心功能，结果均无改善，说明该类正性肌力药物很难发挥作用。山东省医院[47]以单光子断层扫描技术测10例DCM患儿心功能14项指标，发现左心功能受损重于右心，收缩功能受损重于舒张，室间隔分区功能减低多见，心室收缩不协调较心房多见。苏州医学院一院[48]以超声评价DCM左房功能，发现左房内径、舒张早期心室快速充盈减速度(DEF)增加，峰值速度比值降低，心衰改善后上述指标改善，但左室内径无改善。河北省医院[49]测定DCM患者QT间期离散度(QTd)，发现死亡组明显高于存活组，以QTd＜60ms、60ms＜QTd＜100ms和QTd＞100ms分3段，死亡率分别为33%、75%和100%，猝死率分别为0%、17%和100%，具有显著性差异。杭州邵逸夫医院[50]发现QTcd比QTd更能准确反映DCM的心肌复极离散程度。北京中日友好临床医学所[51]

用心电峰值标测图(EPM)检查34例DCM,认为其特征性改变为异常Q图,多R、多S中心和R图凹陷,R、S或Q中心电位值异常增大,T图分布异常和R等时线延迟。

青海高原医科所[52]发现高海拔地区DCM重要特征之一是右心室扩大,室速室颤、心源性休克和EF下降是死亡的独立高危因素。青海军区咸阳干休所等[53]发现高原DCM患者心律失常特点为传导阻滞发生率高,表现为多类型、多部位的传导阻滞。三军医大二院[54]用比索洛尔治疗18例DCM,历时为(4.1±1.6)个月,剂量为(3.25±1.16)mg/d,患者心功能有明显改善,运动耐量增加,室性心律失常发展的程度和频度显著降低。福州协和医院[55]对1例终末期DCM行原位心脏移植,术后100天出院,至今已存活6个月并恢复正常生活。宁夏自治区医院[56]报道DCM并发左室心内膜剥离及顽固性心衰1例。辽宁省医院等[57]报道4例甲状旁腺功能低下致低钙引起的可逆性心肌病4例。山东荣成市医院[58]报道1例嗜铬细胞瘤所致的儿茶酚胺性心肌病。河北沧州市医院[59]报道2例由旁道引起阵发性室上性心动过速,反复发作致心脏扩大、心力衰竭,射频消融治愈心动过速后,心脏大小和心功能均恢复正常。

肥厚性心肌病　上海瑞金医院[60]应用PCR和DNA单链构象多态技术分析32例肥厚性心肌病(HCM)心脏β-肌凝蛋白重链(β-MHC)基因,发现1例第13外显子单链电泳带异常,β-MHC基因第383密码子位置G→T颠换,赖氨酸变为天冬酰胺。上海瑞金医院[16]*检测35例HCM外周血白细胞血管紧张素转化酶(ACE)基因16内含子目的片段,显示490bp和190bp两种DNA片段,证实ACE基因缺失多态性与HCM发病相关,前者与左室重量指数相关。广州刑事科技所等[62]发现HCM心传导系统病理表现为细胞肥大、走向紊乱伴纤维化和房室束分叉部及左束支起始段牵长变扁、细胞变细和脂肪浸润。上海中山医院等[63]对9例HCM行^{123}I标记β甲基碘苯脂15烷酸心肌左室长轴断层显像,显示心尖和前侧壁摄取低于其他部位心肌,但3小时洗脱率较对照组增高,提示HCM存在心肌脂肪酸代谢异常。白求恩医大二院[64]以超声评价HCM的左室舒张功能,提出不伴二尖瓣返流者二尖瓣口频谱A/E比值增大可反映左室舒张功能;伴返流者血流参数与正常无差别,但左房内径(LAD)和左房压力(LAP)及左房收缩间期表示左房收缩功能显著增加,说明左室舒张功能减退。黑龙江防疫站等[65]测32例HCM QTc和QT间期,结果示变异明显增大,并随病情加重而增加。解放军155医院等[66]报道HCM合并左束支传导阻滞(LBBB)者9例,症状轻,收缩期二尖瓣前向运动(SAM)轻和流出道压力阶差低于无阻滞组,CI高于无阻滞组,两组右室起搏后各项指标无差异。北京医大一院[67]报道HCM伴肌桥压迫致心绞痛1例。

(三)克山病

四川地方病所等[68]报道1993年该省若水和汤家营两个监测点所在县无急型、亚急型和慢型克山病发生,现存病人无死亡和急发,1例慢性克山病(慢克)减轻,10例潜伏型克山病中1例心律紊乱加重,由于停补硒盐,发硒含量下降。该所等[69]还报道1994年度西昌、德昌、冕宁、大竹和剑阁5个县的监测结果,发生亚急克3例,自然慢克2例,总年发病率0.19/10万,年龄3～5岁;原有的113例病人20.4%好转,7.1%加重,病死率1.8%;发硒水平部分县下降和处于病区水平。吉林地方病二所等[70]报道该省1990～1994年克山病发病情况。无亚急克发生,自然慢克年均发病率1.4/万,潜克11.0/万,无死亡病例发生,潜克年均好转率4.6%,慢克转潜克年均6.3%,潜克转慢克年均1.5%,病情稳定,发硒水平正常。克山县卫生站等[71]报道该县17个乡镇1950～1993年病况,急克的发病率和死亡率由50年代的69.12/10万和25.17/10万降至0,现只有慢克59人,年发病率3/10万,5年存活率100%,慢克治疗管理率100%。云南克山病防治中心等[72]报道楚雄等地区在1988～1992年新发现DCM 361例,经从流行病学、临床学、病理学及生物化学等方面与克山病比较,这些患者应诊断为慢克[73]。

哈尔滨医大等[74]用原位核酸杂交法检测心肌组织CVB_3病毒,云南16例慢克中11例阳性,阳性率73.3%,非克山病心肌均阴性,提示慢克与CVB感染高度相关。他们[75,76]*还报道黑龙江急克13例中8例CVB_3病毒阳性;慢克13例中9例阳性,表明黑龙江的急克和慢克也与CVB感染有关。他们[77]还证实山东的14例慢克中9例CVB_3病毒阳性,阳性率达64%。上海心血管病所等[78]用套式PCR测楚雄地区6例克山病活检心肌和21例尸检心肌标本,分别检出肠病毒RNA 5例和18例,说明肠病毒感染是克山病发病的主要原因之一。

白求恩医大等[79]发现偏食饲料除缺硒外低钙明显,钙仅为正常的1/20,以该饲料饲养的大鼠血钙明显偏低,心肌线粒体膜脂流动性明显降低,补钙则可使其恢复正常。表明低钙可使克山病心肌线粒体结构损伤。青岛大学医学院等[80]用Langendorff法低氧灌流大鼠心脏,当灌流液Ca^{2+}降低时,明显加重心肌损伤，流出液CK显著增加。表明低钙并低氧可造成心肌严重损伤。西安医大[81]以克山病区粮加钼饲大鼠，可改善心肌线粒体琥珀酸脱氢酶活力，提高氧化磷酸化效率。同济医大等[82]以克山病区粮饲大鼠，补硒和锗，可协同降低肾、肝组织中自由基含量，降低心、肝和肾组织脂质过氧化物含量，提高血中谷胱苷肽过氧化物酶(GSH-Px)活力。白求恩医大[83]以克山病区低钙粮饲大鼠，发现大鼠生长迟缓，肝脏Ⅰ型 T_4 5′-脱碘酶活性和血 T_3 浓度下降，证实低钙致脂质过氧化加重，肝脏脱碘过程受损害。他们[84]报道用低硒和低Vit E饲料喂养大鼠，肝、肾中的上述酶活性分别降低60%和50%，血 T_3 降低36%，T_4 增加32%，补硒和Vit E后可改善。白求恩医大等[85]发现以克山病区粮和低硒人工粮饲大鼠，鼠心肌细胞摄取胰岛素能力明显下降，单独补硒或Vit E可使之改善，但只有联合补硒和Vit E才能提高亚硝酸钠引起的一过性缺氧所致的心肌摄取胰岛素的能力。西安医大[86]用克山病区粮补硒后饲大鼠，可增加胰腺[^{3}H]-亮氨酸参入活性和蛋白质与RNA含量，肝脏GSH-Px活性也显著增加。预防医科院[87]检测克山病区和非病区稻米中串珠镰刀菌素(MF)含量，分别为8.8%和73.5～265.3μg/kg，非病区分别为2.5%和179.5μg/kg；玉米中MF阳性率和含量病区分别为81.4%和523～1 116.0μg/kg，非病区分别为6.1%和73.3～1 082.1μg/kg。

云南克山病防治中心[88]研究X线诊断潜克的作用，发现只有心脏轻度扩大持续3～6个月并结合临床才可作出诊断。

(丁继军　章同华)

(四)心内膜弹性纤维增生症及心肌纤维化

广西医学院附院[89]报道10例心内膜心肌纤维化病的右心室心内膜心肌活检结果，9例见心内膜增厚及胶原纤维增生，其中4例有玻璃样变。陕西纺织医院[90]报道10例心内膜弹力纤维增生症，1岁以上7例，1岁以下3例，最早发病是在出生后40天，最晚10个月，胸片示心胸比率在0.62～0.78之间，8例超声心动图示心室壁内膜增厚。新疆阿克苏农一师医院等[91]报道经病理诊断的心内膜弹力纤维增生症2例。贵州省医院[92]报道4例右室心内膜心肌纤维化，术前均被误诊为缩窄性心包炎。

(秦永文)

参考文献

[1] 李延文等. 临床心血管 1995;11(6):330
[2] 胡开华等. 中华实验和临床病毒 1996;10(1):74
[3] 王雪梅等. 中华实验和临床病毒 1996;10(3):240
[4] 都鹏飞等. 临床儿科 1996;14(3):153
[5] 李松杨等. 陕西医学 1996;25(5):272
[6] 刘晶星等. 上海免疫 1996;16(1):15
[7] 黄兆铨等. 临床心血管 1995;11(6):332
[8] 马沛然等. 山东医大学报 1996;34(3):246
[9] 刘　芳等. 中华儿科 1996;34(5):336
[10] 卞金陵等. 二军医大学报 1995;16(6):575
[11] 陈　源等. 中国实用儿科 1996;11(5):291
[12] 张淑英等. 南京医大学报 1996;16(2):207
[13]* 董　波等. 天津医药 1995;23(12):731
[14] 李爱萍等. 中国实用儿科 1996;11(5):301
[15] 李　武等. 临床心血管 1995;11(6):327
[16] 王齐冰等. 中华核医学 1996;16(3):182
[17] 陈曙霞等. 中华核医学 1996;16(3):206
[18] 陈曙霞等. 中华核医学 1996;16(3):185
[19] 方占林等. 哈尔滨医药 1995;15(4):17
[20] 马沛然等. 山东医大学报 1995;33(4):327
[21] 涂良珍等. 临床心血管 1996;12(3):177
[22] 胡　敏等. 临床心电学 1996;5(2):60
[23] 宋金钟等. 临床心血管 1996;12(3):174
[24] 骆志雄. 武汉医学 1996;20(2):87
[25] 黄洋浩等. 解放军医学 1995;20(6):475
[26] 孙　非等. 中华实验和临床病毒 1995;9(4):361
[27] 李亚蕊等. 中西医结合 1996;16(8):477
[28] 赵美华等. 中西医结合 1996;16(3):142
[29] 周生妹等. 苏州医学院学报 1996;12(1):20
[30] 徐　岩等. 中国循环 1996;11(9):561
[31] 郭　棋等. 中国循环 1996;11(2):95
[32] 王秋芬等. 临床心血管 1996;12(3):134
[33] 李　武等. Chin Med J 1995;108(11):809
[34]* 富　路等. 哈医大学报 1996;30(5):436
[35] 董　波等. 天津医药 197;24(7):425
[36] 董　波等. 临床心血管 1995;11(6):338
[37] 董　波等. 中国实验临床免疫 1996;8(2):33
[38] 伍伟锋等. 中华心血管 1996;24(2):149
[39] 秦卫国等. 临床心血管 1995;11(6):351
[40] 彭又红等. 临床心血管 1996;12(3):157
[41] 张王刚等. 中华心血管 1996;24(1):33
[42] 张王刚等. 临床心血管 1995;11(6):347
[43] 张王刚等. 西安医大学报 1996;17(2):260
[44] 高传玉等. 中华心血管 1996;24(3):229
[45] 徐新娟等. 新疆医学院学报 1996;19(1):21
[46] 曾和平等. 北京医大学报 1996;28(3):174
[47] 韩秀珍等. 山东医大学报 1996;34(2):134
[48] 杨俊华等. 中国超声 1996;12(9):64
[49] 彭应心等. 中国循环 1996;11(9):551
[50] 何　红等. 心电学杂志 1996;15(2):89

[51] 王小寅等. 中国循环 1996;11(9):547
[52] 刘品发. 陕西医学 1996;25(9):537
[53] 高养东等. 心功能杂志 1996;8(1):61
[54] 李隆贵等. 四川医学 1996;17(2):77
[55] 廖崇先等. 福建医学院学报 1996;30(1):1
[56] 葛利军等. 宁夏医学 1996;18(2):105
[57] 栗印军等. 辽宁医学 1996;10(3):143
[58] 吕学苏等. 山东医药 1996;36(10):9
[59] 刘书旺等. 心脏起搏和心电生理 1996;10(3):138
[60] 况少青等. 中华心血管 1996;24(2):111
[61]* 陆 林等. 临床心血管 1996;12(3):137
[62] 姚青松等. 中华心血管 1996;24(2):143
[63] 陈绍亮等. 中华核医学 1996;16(3):178
[64] 葛 艳等. 吉林医学 1996;17(2):87
[65] 阎 滨等. 哈医大学报 1996;30(3):266
[66] 刘小青等. 临床心血管 1996;12(5):330
[67] 李 琳等. 中华心血管 1996;24(1):30
[68] 胡其家等. 中国地方病 1995;14(6):390
[69] 俞昭蓉等. 中国地方病防治 1996;11(2):106
[70] 徐 伟等. 中国地方病防治 1996;11(4):222
[71] 李丽荣等. 中国地方病 1995;14(6):380
[72] 牛存龙等. 中国地方病防治 1996;11(5):288
[73] 曾宪惠等. 中国地方病 1995;14(6):321
[74] 牛美娟等. 中国地方病 1996;15(2):65
[75]* 钟学宽等. 中国地方病 1995;14(6):323
[76]* 周令望等. 中国地方病 1996;15(2):68
[77] 钟学宽等. 中国地方病 1996;15(1):8
[78] 李延文等. 中华微生物和免疫 1995;15(6):402
[79] 盖丽云等. 中国地方病 1996;15(2):79
[80] 郭成浩等. 中国地方病防治 1996;11(5):258
[81] 李信民等. 地方病通报 1996;11(2):13
[82] 谢 文等. 中华预防医学 1996;30(2):88
[83] 岳丽杰等. 中国地方病 1995;14(6):326
[84] 岳丽杰等. 中国地方病 1996;15(3):143
[85] 张桂珍等. 中国地方病 1995;14(6):330
[86] 马宏锐等. 西安医大学报 1996;17(1):35
[87] 俞世荣等. 中国预防医学 1996;30(3):144
[88] 牛存龙等. 中国地方病防治 1996;11(3):167
[89] 朱继金等. 中华心血管 1995;23(5):380
[90] 蒋顺和等. 实用放射 1996;12(7):424
[91] 孙明辉等. 中华放射 1996;30(2):131
[92] 阎兴治等. 中华心血管 1995;23(6):439

七、心律失常

(一) 基础研究

汕头大学医学院一院[1]*建立18条狗心肌缺血模型，对其中6条发生室性心动过速(VT)的模型犬采用双极电极在缺血区各层和心外膜均记录到晚电位和碎裂波。VT激动顺序为缺血区心内膜、心外膜，边缘区心内膜、心外膜和正常区心内膜、心外膜。当发生室颤时，心内膜电图表现最晚，认为VT是多平面多折返所形成的立体折返激动。山东医大附院[2]应用心内膜接触电极记录1例特发性左室VT的心内膜单相动作电位，证实为延迟后除极诱发的触发活动所致。同济医大[3]用放免法测得47例室上性快速心律失常发作期血浆cGMP增高；阵发房颤者间隙期cGMP也增高；阵发性室上性心动过速(PSVT)间隙期cGMP正常。认为血浆cGMP增高是维持心律失常的因素。浙江医大二院等[4]将87例典型并行心律的心电图数据用计算机处理，认为下述3条标准用于诊断并行心律的特异性和敏感性均高：①用最先记录到的5个早搏间期计算异位周期长度(ECL)，最短联律间期/最短ECL＜80%；②ECL变异系数＜7%；③联律间期相差≥0.11s。广州珠江医院等[5]给实验狗口服奎尼丁或胺碘酮4周后进行药电学研究，发现两者均可延长心室有效不应期和QT间期，奎尼丁可延长QRS时限，且延长单相动作电位复极50%～90%时程较胺碘酮更显著，但胺碘酮可提高室颤阈52%，认为胺碘酮可提高心电稳定性。苏州医学院一院[6]用膜片钳全细胞技术对单个心室肌细胞膜离子通道进行研究，观察到普罗帕酮呈剂量依赖性抑制钠峰值电流和L型钙电流的峰值电流，而对内向整流性钾流基本无影响，认为普罗帕酮不仅阻滞钠通道而且阻滞钙通道。哈尔滨医大一院[7]对14只急性心肌梗死犬施以心内电刺激，14%诱发出持续性室速，对其余犬行去迷走神经和压力感受器后，室速再诱发率为33%。室速组心率变异性明显降低，认为迷走神经功能受损对致命性心律失常的发生有重要作用。南京医大一院[8]给大鼠静注肾上腺素1μg/kg，24～26月龄的老年大鼠心律失常诱发率100%，病死率23.5%，同时测知膜卵磷脂降解，二氢吡啶受体平均解离常数(Kd)值增大，最大结合率(Bmax)增高，SOD活性下降。认为老年大鼠心肌膜稳定性下降和分子受体活性衰退可能是好发心律失常的机制。二军医大等[9]*报道内皮素(ET)A受体拮抗剂BQ_{123} 0.11～7.0μg/kg预处理大鼠后再注射ET-1，则心律失常严重程度、发生率和死亡率呈剂量依赖性降低；BQ_{123}为7.0μg/kg时，心律失常积分为0。认为ET-1的致心律失常作用很可能由ET_A受体介导。武汉同济医院[10]在离体大鼠心脏灌注模型中观察到再灌注心律失常发生率随灌注液中镁和钾离子浓度的升高而降低，再灌注流出液钾离子和丙二醛含量随镁离子升高而降低，提示镁可维持细胞内钾离子平衡，降低脂质过氧化，防治再灌注心律失常。广州军区总院等[11]报道 cromakalim 可使氧化铯诱发的兔心外膜单相动作电位复极时程 $MAPD_{90}$ 缩短，延迟后电位下降，室性心律失常消失。武汉同济医院[12]在 36 只离体大鼠心脏实验中发现镁可有效降低再灌注心律失常发生率，减少再灌注时 cAMP、TXB_2 和 6-K-$PGF_{1\alpha}$ 的合成和释放，且有明显的剂量依赖关系。

（赵　学）

（二）早搏

北京医大三院[13]对 58 例早搏病史＞1 年的患儿随访 2～21 年。结果早搏消失 26 例(45%)；未消失 32 例(55%)。未消失者除 1 例有二尖瓣脱垂、5 例有左室假腱索外未发现其他异常。重庆医大儿童医院[14]对 76 例室性早搏(VPC)患儿(心肌炎 30 例，无器质性心脏病 46 例)进行自主神经功能等检查。结果无器质性心脏病组中 37 例自主神经活性增强，明显多于心肌炎组的 14 例。提示自主神经活性增强是小儿 VPC 的重要原因。杭州邵逸夫医院[15]分析 70 例重型 VPC(≥Lown 氏Ⅲ级)的动态心电图〔器质性心脏病(器心组)42 例，无器质性心脏病(非器心组)28 例)〕。结果：两组 VPC 分布均以均匀型和单峰型常见。VPC 分布的最大比率和高峰时间器心组常见于 6～12 点时段，非器心组常见于 12～18 点时段；VPC 与心率的关系器心组以正相关和不相关多，非器心组以负相关多。两组 VPC 数量及级别无显著差异。山东省医院[16]采用多普勒超声心动图测定 40 例早搏患儿单个早搏及非早搏的射血分数、心脏指数等。结果提示早搏＞10 次/分、R-R′/R-R＜0.6、QRS-T 综合波＞0.4 秒、CK-MB＞16IU/L 患者的心功能多受到影响。上海铁路医院[17]分析心脏病人 92 例及非心脏病人 28 例的动态心电图，发现估测病理 VPC 的条件可能为：①Lown 分级＞Ⅱ级；②伴发室上性早搏(≥100 次/24 小时)、复杂室上性心律失常、传导阻滞及 ST-T 异常；③活动中 VPC 发生率最低；④昼夜心率差小。浙江医大二院[18]对 50 例 24 小时动态心电图 VPC 万次以上者随访 6～43 个月。其中器质性心脏病 28 例、非器质性心脏病 25 例，Lown 分级Ⅱ级 33 例、Ⅲ级 10 例、Ⅳ级 10 例。随访期间无因 VPC 而致猝死者。山东医学影像学所等[19]试用速度方式彩色多普勒组织显像寻找 8 例 VPC 患儿 VPC 的发生部位，结果 1 例在右室前壁，7 例在室间隔的其他部位。

广州孙逸仙纪念医院[20]观察了单次口服普罗帕酮 400mg 或氟卡胺 200mg 对 VPC 患者心率变异性的影响。结果显示该药不但能有效抑制 VPC，且可明显降低心率变异性。浙江洞头县医院[21]报道普罗帕酮所致长、短联律间期 VPC 诱发室性心动过速 1 例。还有氟康唑致频发 VPC[22]、盐酸二甲双胍致频发 VPC[23]和卧位性房性早搏[24]等个案报告。

（三）室上性心动过速

汕头大学医学院一院[25]通过对兔心脏施以 S_1S_1、S_1S_2 等多种方案的电刺激，观察房室结传导的加速性、疲劳性对房室结功能不应期(AVN-FRP)的影响。结果表明加速性使之缩短、疲劳性使之延长，两者诱导的 AVN-FRP 变化是在 1∶1 房室传导范围内产生，并在快速频率下达到最大效应。兰州军区乌鲁木齐总院[26]对 9 例房室结双径(DAVNP)患者静注 25%硫酸镁 0.3mmol/kg 后，经食管心房调搏(TEAP)测定快径路有效不应期(FP-ERP)、慢径路功能不应期(SP-ERP)及传导时间均较用药前延长，FP-FRP、SP-ERP 及房室结顺传文氏点无明显变化。石家庄白求恩国际和平医院[27]对 15 例经 TEAP 确诊的 DAVNP 患者静注阿托品 2mg 和心得安 5mg 后，6 例双径现象消失。FP-ERP 及 R-R 间期缩短，SP-ERP 及 P-R 间期无明显变化。南京铁道医学院附院等[28]经心内电生理检查 150 例 DAVNP 并房室结折返性心动过速(AVNRT)患者，结果均有室房传导，51%在右室 S_1S_1 起搏时出现文氏阻滞，其余则由 1∶1 传导突变为 2∶1 传导；41%在室房传导阻滞前 V-A 间期不变，其余延长(22±13)ms，认为上述患者室房传导呈弱递减或非递减性。浙江医大一院[29]采用 TEAP 观察 36 例 DAVNP 的电生理特点及与 AVNRT 的关系，发现 AVNRT 诱发组的 FP-ERP 和 FP-FRP 显著小于未诱发组；慢径传导时间 FP-ERP 比值及慢径传导时间差则诱发组显著大于未诱发组。同济医大[30]报道在 120 例室上性心动过速(SVT)患者中有 20 例食管心房调搏(TEAP)与心内电生理检查结果不符，其中 11 例心内电生理检查确诊为 AVNRT 者，TEAP 3 例无异常发现，6 例仅发现双径现象；7 例心内电生理检查确诊为房室折返性心动过速(AVRT)者，TEAP 2 例无异常发现，5 例诊为 AVNRT；2 例心内电生理检查确诊为房内折返性心动过速(IART)及 AVRT 合并 AVNRT 者，TEAP 诊断为 AVNRT。中山医大一院[31]分析经射频消蚀诊断(RFCA)证实的 AVNRT 30 例及 AVRT 35 例的 TEAP 结果，发现电刺激重复诱发和终止以及心动过速时 R-P/P-R＜1 是诊断两型的必备指标；心动过速第 1 个 P-R 间期＜240ms、房室结双径路、R-P 间期＜70ms 或

＞95ms、P_{V1}-P_E 时距≥25ms、P 与 QRS 重叠、QRS 后逆行 P 等是鉴别两型的综合指标。成都军区总院[32]检测 64 例 AVRT 患者Ⅰ、Ⅱ、V_1 及食管导联的室房时距（RP′）、P'_{V1}-P'_E、RP'_{V1} 与 RP'_I 之差（ΔRP′），发现左侧旁道 RP'_I 较 RP'_{V1} 短，而右侧旁道 RP'_I 较 RP'_{V1} 长；两侧旁道 RP'_I、RP'_E、ΔRP′ 等基本相等。该院[33]还分析 64 例经 RFCA 证实为旁道折返性心动过速患者的体表及食管导联心电图，发现左、右侧旁道的 P'_I、P'_{V1} 极性和 P'_{V1}-P'_E 时距各具特征。左侧旁道的诊断标准为 P'_I 倒置、P'_{V1} 直立、P'_{V1}-P'_E 时距≤－30ms；右侧旁道诊断标准为 P'_I 直立、P'_{V1} 倒置、P'_{V1}-P'_E 时距≥0。深倒置的 $P'_{Ⅱ}$ 和 $P'_{Ⅲ}$ 是后间隔旁道有价值的指标。湖北医大一院[34]分析经 RFCA 治疗的 418 例 SVT 发作心电图。AVRT 305 例中，ST 段下移≥2mm 且持续≥80ms 者占 59%，显著高于 AVNRT 患者的 24%，提示 ST 改变可作为区分 AVRT 和 AVNRT 的有用指标。南京医大一院[35]比较 15 例 AVNRT 和 8 例隐匿性后间隔旁道患者的室房传导时间（VAI）。心尖部起搏时两者 VAI 无显著差异。基底部起搏时间隔旁道 VAI 明显短于 AVNRT。北京友谊医院[36]报道一次性静注硫氮䓬酮 0.25mg/kg 对 25 例 AVRT 和 28 例 AVNRT 的即刻终止疗效分别是 67%和 83%，预防疗效为 47%和 57%。在 AVRT 组，该药减慢房室结传导速度并延长 ERP，在 AVNRT 组则延长 FP-ERP 及慢径传导速度。河南濮阳市三院[37]对 58 例 SVT 随机采用维拉帕米 40mg 含化（30 例）及 10mg 静注（28 例），结果含化组与静注组 SVT 终止率分别为 93.3%及 92.8%。含化组起效时间（10～36 分钟）长于静注组（3.5～12 分钟）。广州孙逸仙纪念医院[38]对 9 例可诱发持续 SVT 患者行电药理试验，发现普罗帕酮 1.5mg/kg 可延长房室及室房传导时间和 FRP，使 8/9 病人不能诱发持续性 SVT；静滴异丙肾上腺素 1～4μg/min 可逆转普罗帕酮的电生理作用，使 6/8 的非持续性 SVT 患者的持续时间延长，普萘洛尔 5mg 静注可阻断上述逆转作用。山西中条山有色金属公司总院[39]报道 4 例 AVNRT 静注普罗帕酮 1.5mg/kg 前 TEAP 未见双径现象，房室传导 ERP 为（308±46）ms；用药后显现双径现象，并频繁诱发 AVNRT，FP-ERP 及 SP-ERP 分别延长至（329±38）ms 及（395±43）ms。兰州医学院二院等[40]采用 TEAP 观察静注四氢帕马丁 2mg/kg 对 40 例 SVT 的疗效及电生理作用。结果表明该药终止 SVT 的有效率为 52%，其电生理作用为延长快、慢径及旁道的前传 ERP。厦门市杏林医院[41]静注四氢帕马丁 100mg 治疗 SVT 21 例，19 例有效，副作用为 P-R 延长、血压降低及恶心、头晕等。江苏靖江市医院[42]快速静注硫酸镁 2g 治疗 SVT 18 例，转复率 68%，转复时间为注药后即刻至 120 秒。注药后血清镁由（0.94±0.12）mmol/L 升高至（1.92±0.06）mmol/L，出现一过性暖感和潮红，未见呼吸和血压抑制。青海西宁钢厂医院[43]报道快速静注 25%硫酸镁 5ml 治疗 SVT 引起的休克和呼吸骤停 1 例。山西医学院一院[44]静注妥卡尼 600mg 治疗 SVT 100 例，85 例有效，副作用有头晕、四肢麻木及恶心、耳鸣、嗜睡、低热、呕吐等。湖南邵阳市一院[45]采用喷嚏法治疗 SVT 12 例，9 例有效。浙江安吉县一院[46]按压眶上神经终止 SVT 47 例次，21 例次有效。山东济宁市二院等[47]采用 TEAP 治疗药物复律无效的 SVT 16 例，14 例转复成功。湖南常德市一院等[48]同法治疗 SVT 31 例，成功率 93.6%。

（廖德宁）

（四）房颤

天津宝坻县医院[49]分析 20 例特发性房颤，男 13 例，女 7 例，年龄 20～40 岁，均为阵发，可持续 1～48 小时，自发终止。对钙拮抗剂和β阻滞剂反应良好。中国医大一院等[50]报道一家族 3 例特发性房颤分别为父及其长子和次子。家系三代 24 人中 6 人疑有房颤，4 人证实为房颤。山西医学院一院[51]评价了房颤时 RR 间期＞1.5s 诊断Ⅱ度房室阻滞的意义。61 例次转复窦律后有 42 例次房室传导正常，19 例次呈Ⅰ度房室阻滞，无 1 例Ⅱ度阻滞，认为依靠房颤时长 RR 间期诊断Ⅱ度房室阻滞并不可靠。新疆医学院一院[52]报道 2 例房颤致 DDD 起搏器介入性心动过速，例 1 经程控降低最大跟踪频率和延长心房反拗期终止；例 2 用药物不能转复，维持 VVI 起搏。郑州铁路医院[53]分析 438 例房颤，其中 149 例并发血栓栓塞（34%），提出年龄大、器质性心脏病、持续性房颤、f 波振幅及左房内径增大和血浆纤维蛋白原增加均属危险因素。解放军 155 医院等[54]*对 18 只犬经导管在心房内做迷宫消融，术后电刺激诱发的一过性房颤和低浓度乙酰甲胆碱协同诱发的持续性房颤的发生率显著下降且无并发症。北京安贞医院[55]*在 19 例机械瓣置换术和 1 例房室管畸形修补术中同时用电热凝法行窦律重建，18 例立即恢复窦律，3 个月后 18/20 例维持窦律，1 年后为 8/9 例，未见严重并发症。上海长海医院[56]*对 10 例接受二尖瓣置换术或修补术者同时行房颤迷宫术，采用 7 刀 4 冻术式，心肺转流时间（216±31）分钟，无 1 例复发，认为迷宫术安全有效。解放军 155 医院等[57]对 13 例快室率房颤进行导管射频消融改良房室传导，靶点主要在右房中、后间隔区，能量 20～

30W，平均消融(8±3)次，9例成功，3例失败，1例并发Ⅲ度房室阻滞。随访5～23个月，1例复发。上海嘉定区医院[58]分析70例口服胺碘酮转复持续性房颤的临床疗效，总有效率74.3%，用药后房颤f波增高、频率减慢、心功能改善预示复律将成功，房颤持续时间和心功能状态是影响疗效的因素。北京阜外医院[59]评价胺碘酮用于81例房颤心律转复后维持窦律的远期疗效，胺碘酮维持量(215±50)mg/d，平均随访14.5月，半年有效率71.6%，1年有效率63%，副反应率11.1%。山东德州地区医院等[60]对比观察阵发性房颤的药物疗效，普罗帕酮组30例转复率76.7%，有效率96.7%；毛花甙C组30例转复率40%，有效率73.3%。认为普罗帕酮对不伴有心衰和低血压的阵发性房颤即时疗效较好。

（赵　学）

（五）室性心动过速

山东医大附院[61]以超速起搏方式建立健康犬不同心室起源部位的室性心动过速(VT)模型，以彩色多普勒超声心动图评价VT对左室收缩功能的影响。结果显示左、右室流出道VT对左室收缩功能影响最大，左、右侧壁VT次之，左、右室心尖VT最小。哈尔滨医大一院[62]对心肌梗死模型犬进行心内电生理检查诱发VT，发现诱发出持续VT犬的心率变异性时域和频域指标均低于未诱发出VT犬，提示迷走神经功能受损对致死性心律失常的发生起重要作用。广东潮州市医院[63]用易颤指数(VI)分析310例动态心电图中室性心动过速(VPC)与VT的关系。结果显示VPC的VI与短阵VT及成对VPC的VI比较，以及VT有关和无关的成对VPC的VI比较均无显著差异，提示以VI判断VPC与短阵VT的关系意义不大。北京儿童医院[64]报道10例7～13岁儿童特发性VT。1例为非持续性，口服心得安可防治。9例持续性VT 20次发作中静注普罗帕酮15次转复；5例6次发作中静注维拉帕米全部转复；6例10次发作中静注利多卡因仅1次转复。分别口服普罗帕酮、心得安、维拉帕米或地高辛预防，服药2个月内仅2例发作，停药后全部有发作。湖北医大一院[65]报道9例6～13岁儿童特发性VT，利多卡因静注无效，改用普罗帕酮(2～3mg/kg)或维拉帕米(0.1～0.2mg/kg)静注后8～15分钟转复。随访6个月～4年，无心脏扩大、心衰，无死亡发生。扬州市一院[66]报道16例分支型VT，年龄15～40岁。心电图均呈RBBB伴左前分支阻滞图形。初诊时10例误诊为室上速。9例静注维拉帕米终止，5例静注普罗帕酮终止，2例自行终止。8例曾静注利多卡因及ATP或行心房超速起搏均无效。北京阜外医院[67]以维拉帕米终止20例分支型VT和短联律间期VPC所致多形性VT，平均有效总剂量为0.3mg/kg（平均21mg），5例总剂量达0.5～0.78mg/kg。2例出现血压下降和窦房结抑制。该院[68]还报道高钾血症致VT 1例，利多卡因治疗无效，经降低血钾后自行终止。广东心血管病所[69]报道752例心脏瓣膜替换术中有9例(1.2%)术后发生扭转性室速(TdP)，原因主要是低血钾、低血镁及心动过缓。经静注异丙肾上腺素0.01～0.05mg，并以0.02～0.08μg/(kg·min)维持及补钾、镁后，9例均得到控制。苏州市二院[70]报道10例TdP，其中8例为间歇依赖长QT间期综合征。血钾正常1例，<3.2mmol/L 9例。经纠正电解质紊乱和临时心脏起搏后TdP消失。北京阜外医院[71]和柳州铁路医院[72]分别报道口服常规剂量和大剂量阿司咪唑(息斯敏)诱发TdP各1例。浙江上虞市医院[73]和兰州急救中心[74]分别报道服用川草乌致TdP和附子中毒致VT各1例。西安唐都医院[75]手术治疗风心二尖瓣病变和冠心左室室壁瘤伴发的VT各1例。术前心内膜标测确定2例VT起源于室间隔。1例在换瓣的同时切除部分左室壁乳头肌、刮除相对右室面心内膜；另1例切除室壁瘤及VT起源点的部分心内膜。术后分别随访16个月和4年，无VT发作。上海长海医院[76]对1例药物及射频消蚀治疗无效的致心律失常性右室发育不良顽固性VT患者，在电生理引导下手术隔离右室前游离壁。术后随访7个月无VT发作。陕西子长县医院[77]对1例药物治疗无效的VT患者采用1%利多卡因10ml封闭左侧颈星状交感神经节，5分钟后出现同侧Horner综合征，同时VT转复。北京邮电医院[78]用阿替洛尔治疗5例运动、恐惧、激动诱发的非持续性VT均获成功。

（六）预激综合征

上海中山医院[79]*回顾分析预激综合征并发房颤或房扑(Af/AF)26例。Af/AF发作时，QRS波增宽17例（Ⅰ组），其中伴低血压15例、昏厥8例、急性左心衰及室颤各4例。QRS波不增宽9例（Ⅱ组），仅2例伴低血压。Ⅰ组平均心室率(193±43次/分)及最短R-R间期(247±47ms)，显著快或短于Ⅱ组(144±22次/分及393±80ms)。Ⅱ组西地兰和维拉帕米治疗有效，Ⅰ组无效且可致低血压、昏厥或室颤。平均随访4.4年，Ⅰ组猝死3例、心衰死亡1例；Ⅱ组无死亡。北京红十字朝阳医院[80]报道在射频消蚀成功的预激综合征286例中，有Af发作史26例。其中显性旁道多于隐匿性旁道，右侧旁道多于左侧旁道。射频消蚀术前口服胺碘酮可预防术中发生Af。大连医大一院等[81]报道经射频消蚀证实的多旁道15例中术前心电图提示有多旁道者占53.3%。认为以下4点提示多旁道存在：(1)δ波或QRS波极性在同一导联或多份心电图中不一致；(2)同一次发作中心动过速速率在无束支阻滞时有明显变化或与束支阻滞部位相矛盾；(3)心电图旁道定位模糊或矛盾；(4)逆传型房室折返性心动过速或心动过速时易晕厥。苏州医学院一院[82]分析25例预激综合征和24例正常人的心脏核素相位，发现正常人室壁收缩顺序是从室间隔基底部传导至右室基底部或下行至整个心室，最后消失于左或右室后基底部，两侧心室相位变化基本同步。据此诊断预激综合征的特异性为83%，敏感性为84%。该院[83]还发现A型(15例)与B型(9例)显性预激综合征的核素心室相角程与正常人相比有显著差异，而隐匿性预激综合征(12例)与正常人相比无明显差异。成都军区总院[84]报道3例A型预激综合征在进行心房程序早搏刺激时，一次心房刺激可分别经旁道及房室结下传而2次激动心室(即双心室反应)。苏州医学院一院[85]报道2例显性预激综合征经电生理检查证实为旁道无逆传。上海市一院[86]电生理检查证实1例左侧隐匿性慢旁道与正道形成室房双径路文氏现象及房室折返性心动过速。福建漳平铁路医院[87]报道慢频率依赖性的间歇预激综合征1例。上海长征医院[88]报道同期手术纠治预激综合征合并室间隔缺损1例。江苏吴县红十字医院[89]以普罗帕酮和利多卡因联合静注终止预激综合征合并房颤2例。

(廖德宁)

(七) 长Q-T间期综合征

南京医大一院[90]报道Romano-Ward型综合征一大家系，共62人，其中17人QTc延长，11人发病，多表现为晕厥，3人猝死。美多心氨预防晕厥效果好。遗传方式为显性遗传，外显率高。该院[91]还调查4个家系和7例散发型共43例先天性QT间期延长综合征，7例猝死。其中2例生前已明确诊断，服用β阻滞剂有效，因自行减量或漏服造成死亡，另5例首次发病即猝死。北京红十字朝阳医院[92]对2例特发性QT间期延长伴晕厥患者行直立倾斜试验，分别在基础倾斜和加异丙肾上腺素后诱发晕厥，伴明显低血压和心动过缓，但无尖端扭转性室速。马鞍山钢铁公司总院[93]测定71例室性心律失常心电图QT间期离散度(QTd)，持续室速组QTd明显大于并行性室速组和频发室早组，认为QTd＞75ms时易发生持续性室速。广州市一院[94]观察18例QT延长综合征，服用β阻滞剂可使静息时和运动时QTd缩短。安徽医大一院等[95]分析84例小儿QT间期延长，原发性占4.8%。继发性以抗心律失常药影响居多，电解质紊乱次之，晕厥症状少见，去除病因明显好转。上海长海医院[96]收治1例QT间期延长综合征，有多次晕厥发作伴尖端扭转性室速，且有家族史。在胸腔镜下行左星状神经节和1～5胸交感神经节切除术，随访4个月，QT间期正常，无晕厥。

(八) 传导阻滞

浙江诸暨市医院[97]报道5例低血钾致房室阻滞(AVB)，血钾1.5～3.1mmol/L，心电图呈Ⅰ度AVB 2例，Ⅱ度AVB 3例，均无器质性心脏病，经补钾痊愈。江苏金湖县医院[98]给1例窦缓病人静注阿托品1.5mg后，立即出现高度AVB伴交界性逸搏，给异丙肾上腺素无效，约2小时后自行恢复窦律。青海红十字医院[99]用藻酸双脂钠静滴治疗心脑血管病165例，其中3例出现Ⅰ～Ⅱ度AVB，认为与药物浓度较高有关。山西阳泉市三院[100]总结激素治疗急性AVB 57例，予氟美松60～120mg静滴或强的松40～60mg口服并配合起搏治疗，Ⅰ度AVB 18/18例恢复，Ⅱ度AVB 28/29例恢复，Ⅲ度AVB 10/10恢复。厦门二院[101]报道1例新生儿完全性AVB，孕期B超发现胎心缓慢，房室收缩不同步，足月顺产，心电图示Ⅲ度AVB，窦缓和交界性逸搏心律，52小时后死亡。江苏常州市妇产医院[102]也报道因发现心动过缓而引产的Ⅲ度AVB 1例，心室率42次/分，房率154次/分，用阿托品和异丙肾上腺素无效，生后4日死亡。甘肃庆阳地区医院[103]报道5例家族性右束支传导阻滞(RBBB)，年龄8～52岁，均无器质性心脏病，随访2年，RBBB仍存，无症状。烟台毓璜顶医院[104]报道1患儿于孕期即发现胎心率40次/分，足月顺产后，心电图示Ⅲ度AVB，心脏超声示房间隔缺损0.8cm，3天后死亡。广东韶关市一院[105]报道1例40岁男性，心电图为阵发性室上速合并完全性RBBB及右位心，用普罗帕酮终止心动过速后呈窦性心律，完全性RBBB仍存。浙江淳安县一院[106]报道1例多源房速伴室内差异传导，差传呈RBBB图形，但伴左束支阻滞蝉联现象。解放军总院[107]分析105例不完全性房内阻滞，91%并发快速性房性心律失常，87.6%有冠心病。广州孙逸仙纪念医院[108]对1例肥厚性心肌病并室速进行电生理检查，窦律时Ⅰ度AVB、完全性RBBB并左前分支阻滞，HV 110ms，有间歇Ⅱ度AVB，室速图形与窦性相似，频率180次/分，安置DDDR起搏器治疗。兰州医学院二院[109]报道1例Ⅲ度AVB，表现为心房率慢于心室率，房律为交界性逸搏心律，P波与RR间期完全无关。给予阿托品后，心房率仍慢于心室率。河南信阳地区医院[110]分析1例AVB在房早后出现，伴心室静止，当窦性P波落入室性逸搏的T波降支时，则可恢复窦性下传，经食管电生理检查证实AVB为慢频率依赖性。合肥市二院[111]报道1例由洋地黄中毒引起的双重性交界性逸搏心律伴阻滞性完全房室分离，认为一个起搏点只能逆传心房，另一起搏点只能顺传心室所致。铁道部十四局医院等[112]分析84例左前分支阻滞，其中61.9%合并心脏病。根据心电图分为标准型、变动型、复合型和复杂型，认为后三型合并心脏病的频率高。

（九）病态窦房结综合征

陕西汉中地区医院[113]分析经食管调搏资料，在阿托品和心得安阻滞后，窦房结恢复时间（SNRT）和窦房传导时间（SACT）在老年病窦组明显长于老年可疑病窦组和健康老年组，认为阻滞后SNRT延长是病窦的特异性改变。安徽医大一院[114]采用早搏刺激法（PAS）和连续起搏法（CAP）测定SACT 42例，认为PAS较少干扰窦房结，可靠性大。用Breithardt公式计算的SACT误差小。山东医大附院[115]报道先天性病窦综合征1例，心内电生理诊断为窦房结无功能，交接区逸搏心律（40次/分），房室结功能正常。武汉协和医院[116]应用食管心房调搏法检查26例窦房结功能不良患儿，SNRT、校正SNRT、SNRT指数和SACT均高于正常上限，认为此法结果可靠，耐受性好。浙江医大二院[117]观察到在经食管心房调搏试验的起搏周期（PCLt）突然改变时，对窦房结有效不应期（SNERP）的影响与起搏周期（PCL）对SNERP的影响相似，PCLt与SNERP的关系斜率可作为窦房结功能的指标之一。西安医大二院[118]对14例病窦综合征行经食管心房调搏，发现心房不应期延长和房室结不应期延长各5例，SNERP延长1例。浙江洞头县医院[119]报道静注阿托品1.5mg使1例二度窦房阻滞患者出现窦性停搏、交接区心律加速及三径路逆传现象。安徽医大一院[120]报道1家族3例病窦综合征，2女1男，年龄分别为61、35和63岁，病程分别为20、7和30余年，例2和例3分别为例1的女儿和亲兄，均安置了心脏起搏器。河北元氏县中医院[121]用654-2和心宝治疗病窦综合征48例，用药14～42天，停药后心率≥60次/分或交界性心律消失者27例，心率又＜60次/分或又出现交界性心律者12例，心率仍＜60次/分或交界性心律不消失者9例。

（赵　学）

（十）射频消蚀

武汉同济医院等[122]采用全细胞膜电钳技术观察射频消蚀（RFCA）对豚鼠心室肌细胞钙离子流（ICa）的影响，发现在20W×10s能量下，RFCA减少ICa的范围达1.2cm，明显超过其组织学损伤范围（0.4±0.11cm）。上海中山医院[123]*观察不同功率、时间和导管RFCA时心肌组织的温度分布，发现不同的消蚀功率（5W、20W、50W）在近点温度不一，在远点温度相似；阻抗升高前后组织温度变化明显；低功率消蚀升温速度及有效温度低，但可避免阻抗过早升高并增加直接加热面积。北京红十字朝阳医院[124]测得RFCA病人RFCA前、拔管前、拔管2小时后的血浆纤维蛋白肽无显著差异。北京人民医院[125]观察RFCA对内皮素的影响。发现内皮素浓度升高及升高持续时间与RFCA能量成正比。北京阜外医院[126]用10条犬以心房电刺激＋药物（0.2%氯化乙酰胆碱）建立房颤模型。采用RFCA造成心房外膜多条连续和透壁性损伤径线后，房颤诱发率及平均持续时间均明显下降，校正窦房结恢复时间明显延长，房室传导及心功能无显著变化。西安唐都医院[127]比较单纯二尖瓣置换术与置换术中加作射频迷宫术各18例的慢性房颤治疗结果，前者5例术后恢复窦性心律，但出院时又转为房颤；后者16例术后当日至22日恢复窦性心律，随访2～12个月未见复发。大连医大一院[128]对特发性房颤7例行房室结射频消蚀改良术。分别在房颤（5例）和窦律（2例）时放电。平均放电（6±4）次。6例成功，术后复查动态心电图示平均最大心室率和平均心室率分别从术前的（165±11）次/分和（136±10）次/分下降到（111±14）次/分和（88±11）次/分；随访（5±4）个月，不服药静息心室率均＜110次/分。北京阜外医院[129]报道房颤时RFCA治疗成功左侧显性旁道2例。成功靶点为不规则小A大V波，并有振幅较大的旁道电位。解放军总院[130]RFCA治疗成功Mahaim氏束1例。其特征为高右房快速起搏时心电图图形与心动过速时相同，均呈左束支阻滞图形，希氏束电位与V波融合并呈逆传特征。在三尖瓣瓣环下右室侧壁标测到心室最早激动点和Mahaim电位，并在此处消蚀成功。大连医大一院[131]用RFCA治疗成功合并Ebstein畸形的右侧旁道6例。旁道位于右后间隔至右后侧壁区域。与15例普通右后侧壁显性旁道相比，前者旁道前传不应期较短，心动过速时心率较快，消蚀成功靶点处AV融合时限较长。手术时程、X线投射时间、放电次数及复发率无显著差异。北京红十字朝阳医院[132]用RFCA治疗成功合并Ebstein畸形的右侧旁道18例，皆为单旁道，分布在5～8点范围内。手术时程（110±63）分、X线投射（43±29）分、放电（5±4）次，无并发症。随访（7±3）

个月，无复发。湖北医大一院[133]分析42例右侧显性旁道RFCA有效与无效靶点电图。发现：①有效靶点单极电图(UAB)上V融于A的后半部、双极电图(BAB)上V融于A，使V波增大而不易将A、V分开。无效靶点在UAB上A与V融合或有等电位线，在BAB上A、V之间虽无等电位线，但并不融合，A、V易于区别；②有效靶点V波超前V_1导联预激波15ms以上，无效靶点仅超前(3.9±6.3)ms；③有效靶点的AV间期(27.8±3.6)ms短于无效靶点(40.2±2.7ms)，UAB上V时相(169.9±9ms)宽于无效靶点(144.5±13.8ms)。大连医大一院[134]RFCA治疗右侧旁道50例共56条旁道。首次消蚀成功率94%；2次消蚀成功率100%。48条旁道在放电10秒内阻断，另8条10秒内无效而在放电过程中轻微移动电极后阻断。平均手术时程(120±50)分，X线投射(24±8)分、放电(6±4)次。随访(9±6)个月，3例复发，再治成功，无严重并发症。成都军区总院[135]将90例右侧旁道的位置按三线一点划分进行RFCA。一线为前和前外侧壁，共19条，从锁骨下静脉消蚀，均获成功。二线为中、后间隔，共19条，按“下位法”或“后位法”进行消蚀，成功率94.7%。三线为后和后外侧壁，共48条，从股静脉消蚀，成功率85.4%。一点为前间隔，共5例，从Koch三角顶端上推1cm进行消蚀，皆获成功。复发8条，均位于三线，经再治成功。北京红十字朝阳医院[136]RFCA治疗希氏束旁旁道10例。30例1次成功，6例在导管操作过程中出现一过性旁道传导阻滞。有效靶点希氏束电位均小于最大希氏束电位的1/4～1/2。随访(11±7)月，无AVB发生。湖北医大一院[137]报道慢旁道11例。其特点为：①室房传导速度慢并呈递减性；②ATP可阻断旁道或使其传导时间延长；③心动过速时逆传激动顺序异常，与H波同步刺激心室均能夺获心房。11例均经RFCA治疗成功(右后及右中间隔10例、左前游离壁1例)。有效靶点室房传导时间为134(128～160)ms，A波超前最早参照点(26.4±8.4)ms。大连医大一院[138]报道多旁道15例，其中双旁道14例、三旁道1例。旁道同侧、同性(显性或隐匿性)12例；非同侧、非同性2例；同侧非同性1例。共31条旁道中，左侧16条、右侧15条采用“剥笋法”逐条消蚀获成功。手术时程(100±40)分，X线投照(30±10)分，放电(8±4)次，无并发症。随访(6±4)个月，1条复发。北京红十字朝阳医院[139]随机对127例左侧旁道采用穿隔法(66例)和逆行法(61例)进行RFCA。两法成功率(100% vs 95%)、操作时间(76±23min vs 81±21min)、X线投照时间(12.8±8min vs 13.0±7min)及放电次数(3±2次 vs 3±3次)均无显著差异，但3例逆行法失败者同次采用穿隔法消蚀成功，无并发症。该院[140]还采用经食管超声心动图观察穿隔法RFCA(39例)及二尖瓣球囊扩张(65例)对房间隔完整性的影响。前法未见有房缺，后法检出房缺12例，缺口直径2.6～5.1mm。上海长海医院[141]外科治疗RFCA失败的快速心律失常3例。分别为致心律失常性右室发育不良、A型预激综合征合并风湿性联合瓣膜病、左侧隐匿性旁道RFCA失败后并发主动脉瓣穿孔及感染性心内膜炎，均在术中行心外膜标测并在体外循环下手术治疗成功，随访3～7个月无复发。大连医大一院[142]回顾分析13例RFCA术后复发病例资料并与237例未复发者比较。结果显示复发率成年组高于童年及老年组，前50例高于后200例，慢旁道高于普通旁道。复发组消蚀靶点的房室波比值、房室融合波时限及提前程度与对照组有显著差异，其手术及X线投照时间、放电次数及功率、能量均显著高于对照组。该院[143]还分析5例病人RFCA及心内电生理检查误诊原因。3例术前诊断为房速者术后证实分别为左侧壁、左后壁慢旁道及左侧壁旁道；2例术前诊断为AVRT者，术后证实为AVNRT及房速。认为未进行详细的心内电生理检查及术前诊断的误导是造成消蚀术中误诊的主要原因。沈阳军区总院[144]采用RFCA 10例和手术切割慢径2例，均获成功。手术切割房室结周慢径传导与下位法RFCA疗效相同，但手术造成Ⅲ度AVB的机会高于RFCA。大连医大一院[145]采用“中位法”RFCA治疗AVNRT 43例，即在RAO 30度透视下将消蚀电极置于冠状窦口与希氏束连线的中点附近，当A/V≤1/5及>1/5时，分别放电41次和13次，有效率分别为100%与15%。平均放电部位1～3个，放电次数(6±4)次，手术时程(80±30)分，X线投照(25±10)分。彻底阻断慢径36例，遗留慢径传导7例。随访(14±6)个月，仅1例于术后次日发生Ⅲ度AVB，2周恢复，无心动过速复发。北京红十字朝阳医院[146]对16例房扑患者分别采用局部电位标测法(8例)及影像定位法(8例)进行RFCA。12例普通型房扑全部消蚀成功，4例合并非普通型房扑者1例成功。局部电位法消蚀成功5例，平均放电(11.8±4.4)次，X线投射(60.8±10.1)min。影像定位法依次为8例、(5.3±6.2)次、(29.8±11.1)min。随访(45±25)周，3例复发。杭州市二院[147]RFCA治疗房扑合并AVNRT 26例。房扑消蚀采用“点线法”，即在冠状窦口至三尖瓣作点线状消蚀。2例房扑和慢径同时消蚀成功。4例慢径阻断后仍可诱发房扑，再行点线法消蚀成功。解放军94医院[148]*

RFCA 治疗症状明显的单形性室早 3 例。起搏标测定位于右室流出道 2 例、左室间隔 1 例。以 30～40W 消蚀 30～60 秒后均获成功，术后 5～7 日复查动态心电图未见室早。北京红十字朝阳医院[149]分析 37 例 RFCA 成功的左室特发性室速起源部位与体表心电图 QRS 波电轴之间的关系。室速起源于右室前侧壁 1 例，电轴右偏。起源于左室中隔部 36 例，电轴均左偏。以电轴－76～－100°判断室速起源于左室后中隔中 1/3 部，阳性和阴性预测值分别为 91%及 80%。南京医大一院等[150]采用起搏标测法对 2 例先心病矫正术后的右室流出道室速进行 RFCA，均获成功。成功靶点分别位于右室流出道后壁和后侧区域。北京医大一院[151]用 RFCA 治疗小儿特发性室速 6 例，年龄 9～11 岁，其中右室流出道室速 1 例、左后分支及左前分支型室速各为 3 例及 2 例。采用起搏或(和)激动顺序标测法消蚀成功。对 3 例左后分支型室速采用束支改良法消蚀亦获成功，无并发症。该院[152]还采用 RFCA 治疗 3.5～14 岁儿童室上速 100 例。其中 AVRT 79 例、AVNRT 21 例。首次消蚀成功 96 例，失败 4 例均为 AVRT。平均 X 线投射时间 19(7.5～58)分，2 例 AVNRT 放置导管过程中发生一过性Ⅲ度 AVB，无其他并发症。随访 1 个月～4.5 年，AVRT 复发 1 例，AVNRT 复发 4 例。北京红十字朝阳医院[153]用 RFCA 治疗 60～80 岁老年室上速 109 例，其中 AVRT 72 例，AVNRT 34 例，房扑 3 例。成功率 97.2%。随访(16±8)个月，2 例复发。与非老年组 300 例比较，老年组左侧旁道穿隔法采用率及 AVNRT 消蚀中一过性Ⅲ度 AVB 发生率较高。该院[154]还根据国内 93 家医院注册资料，统计了 1991 年 1 月～1995 年 5 月我国 RFCA 治疗快速心律失常 10 035 例，成功率 95.7%，并发症 1.8%，复发率 2.6%，死亡率 0.06%。

（廖德宁）

（十一）心脏起搏

河北医学院四院等[155]报道在 J 形钢丝导引下，将直电极插入右心耳，成功安置 AAI 永久起搏 5 例，随访 1～3 年，电极稳定，起搏良好。天津医大总院[156]* 介绍不同类型心房起搏电极 56 例安置经验，采用螺旋电极 21 根(内收式 19 根，暴露式 2 根)，倒叉 J 形电极 35 根，均于首次手术时安置成功，随访期 1 例倒叉电极移位，2 例螺旋电极和 1 例倒叉电极阈值升高。认为 X 线定位和起搏参数定位均达标方有助于提高成功率和减少并发症。广州孙逸仙纪念医院[157]为 12 例病人安置了 Premier 起搏器，安置时起搏阈值(0.44±0.1)V，阻抗(506±98)Ω，R 波振幅(8.58±6.3)mV。随访 2～8 个月，以 0.8V 起搏，测得脉宽值 0.18～0.24ms，示有良好的低阈值性能。取电压 1.6V、脉宽 0.3～0.36ms 即可保证安全起搏。山西医学院一院等[158]报道 7 例 AAI 起搏器临床应用体会，4 例采用螺旋电极固定在右房不同部位，7 例采用 J 形电极置于右心耳。随访 3～48 个月，均无并发症。河北保定市一院[159]根据患者病情程控 20 例起搏器工作参数，措施包括降低频率尽量维持窦性心率、提高频率抑制室性早搏、改善起搏综合征、延长心房不应期和消除起搏器介导性心动过速等。江西医学院二院[160]报道经锁骨下静脉同时导入心房和心室电极，给 3 例病窦综合征患者安置了 DDD 起搏器，效果良好。北京友谊医院[161]对 246 例埋藏式起搏器的静脉路径进行评估，头静脉路径 122 例，成功 100 例，电极脱位 9 例，局部感染 3 例；颈外静脉路径 12 例，成功 11 例，导线外露 2 例；锁骨下静脉路径 112 例，成功 109 例，局部感染、气胸和脱位各 1 例。认为锁骨下静脉应作为首选。上海胸科医院[162]总结 14 例 DDD 和 DDDR 起搏器临床应用经验，认为老年患者采用双腔起搏不易并发心脏扩大，电极定位时若 P 波振幅和起搏阈值不能兼顾，应先考虑前者。北京阜外医院[163]对 5 例患者埋藏的每分通气量感知频率适应性起搏器(RAPM，Meta Ⅱ-1204)与非频率适应性起搏进行比较，频率适应性起搏时运动起搏频率和心输出量分别增加 57%和 49%，运动耐量提高 40%，摆动上肢时起搏频率加快 23 次/分，且频率适应启动时间为 36 秒。上海胸科医院[164]分别采用一根单通电极为 2 例房室阻滞患者安置 VDDR 起搏器，术后 3 周～1 个月，在 Holter 监测下进行运动试验，心房感知和抗干扰能力均正常。北京阜外医院[165]分析 26 例 RAPM 的频率适应特点，认为体动振动感知 RAPM 和体动加速度感知的频率适应速度相同，运动时起搏频率显著增快，但后者的频率适应程度与运动负荷相关性以及频率适应特异性均明显优于前者。新疆医学院一院[166]1993 年以前安置起搏器 100 例次，并发感染 4 例。1993 年以后安置的 68 例次均使用立止血处理囊袋，无 1 例并发感染。北京阜外医院[167]* 报道 18 例恶性心律失常患者经静脉植入单根电极埋藏式心脏复律除颤器(ICD)，以除颤器外壳为除颤阳极，以右室弹簧电极为阴性，除颤阈值均＜24J。随访 3～123 个月，5 例患者接受了除颤治疗。苏州医学院一院等[168,169]报道 2 例恶性心律失常经埋藏式心脏自动复律除颤器(AICD)治疗。例 1 为扩张性心肌病，发作时伴昏厥；例 2 为冠心病，行搭桥术后反复发作恶性心律失常。2 例均经开胸安置心外膜除颤电极，围手术期共放电 10 次，能量 6～30J。平均随访

35个月。术后1年发生室速分别为9次和1次，其中9次由AICD识别并终止，1次识别后5次除颤未终止，由医生体外除颤。2例均使用了抗心律失常药。解放军总院[170]随访23例心室起搏后出现室房逆传者，其中15例仅呈逆行传导的P波，8例出现反复心律，11例有起搏综合征，后者的症状与反复心律有关，而与S-P间期无关，表现有右房压升高而动脉压下降。武汉协和医院[171]采用程序胸壁刺激试验S2正向扫描法，观察12例植入DDD起搏器的心室空白期(VBI)，发现实测VBI较出厂额定值明显延长，认为VBI延长可能导致竞争心律，故VBI设置应以实测值为准，不宜过长。天津医大总院[172]*比较三种60条永久起搏电极的慢性起搏域值，激素电极26条，平均随访18个月。靶头电极14条及螺旋电极20条，平均随访64个月。电压输出2.5V时，激素、靶头和螺旋电极的脉宽阈值分别为(0.07±0.03)ms，(0.11±0.05)ms和(0.25±0.13)ms；若脉宽分别置0.2ms，0.4ms和0.8ms，则80%以上的病例可达能量阈值3倍以上的安全起搏范围。山东医大附院[173]对74例安置起博阈值自动测量功能(Vario)的起搏器病人进行随访，术后3个月和12个月起搏阈值分别为(1.25±0.21)V和(1.26±0.26)V，慢性起搏阈值约为急性起搏阈值的2倍，认为按慢性阈值设定起搏器输出电压安全有效。苏州医学院一院[174]对78例起搏器91根起搏电极参数进行随访测定，慢性起搏阈值在42根心房电极为(1.17±0.35)V/0.5ms，在49根心室电极为(1.27±0.38)/0.5ms，19根电极慢性阻抗为(585±150)Ω，11根心房电极慢性感知阈值与植入时一致。解放军总院[175]观察了外科手术时高频电刀对9例埋藏起搏器的影响，其中心脏直视手术1例。术中起搏器不被电刀的高频电流抑制，术后电路无故障，随访(4.5±2.2)个月，起搏正常，无阈值升高。南京军区南京总院[176]采用二维脉冲多普勒超声心动图对比测定AAI和VVI起搏器血流动力学各14例，心脏射血分数、心搏量和心排量在AAI组分别较VVI组增加8.3%、11.7%和17.3%。河北医大等[177]应用计算机-核素心室造影对20例AAI和VVI起搏器进行对比研究。AAI起搏可保持正常心室激动顺序(VAS)，增加心室收缩同步性(VSS)，提高左室收缩功能(LVSF)和舒张功能(LVDF)。而VVI起搏使VAS异常，VSS和LVSF降低，但LVDF代偿增加。解放军305医院[178]对37例VVI起搏器进行观察，起搏频率为70～80次/分时，心室收缩舒张功能最好，心排量最佳，且有创和无创血流动力学测定结果一致。中山医大三院等[179]经核素心室造影比较观察安置VVIR和VVI起搏器患者的心功能，VVIR起搏使单位时间内泵血效应和心功能储备增加，运动时血流动力学改善明显优于VVI起搏。上海海员医院[180]对VVIR起搏患者运动耐量进行观察，6例起搏器依赖者VVIR状态的运动时间(8.79分)显著长于VVI状态(4.47分)，其差异与频率应答有关。湖北医大一院[181]在2例起搏器安置术中同时行冠状动脉造影，检出2例冠状动脉狭窄，围术期除1例股动脉出血外，余均无并发症，认为两术可同时进行，天津胸科医院[182]观察31例安置起搏器患者的内分泌变化，18例VVI起搏无室房逆传者血浆去甲肾上腺素(NE)、肾上腺素(E)和心钠素(ANP)升高；5例VVI起搏伴室房逆传者NE、E、多巴胺(DA)和ANP明显升高，而肾素、血管紧张素Ⅱ和醛固酮却降低；8例DDD起搏，上述激素均无明显变化。北京复兴医院[183]观察9例双腔起搏器A-V间期对血流动力学的影响，见心率80次/分时A-V间期在120～180ms，心排量最大；A-V间期＞180ms时心排量下降。江苏镇江市一院[184]采用ATP静注检测18例非程控埋藏式VVI起搏器按需功能，均揭示起搏心电图，显示按需起搏功能良好。北京阜外医院[185]运用血管内锁定钢丝牵引法成功取出感染性起搏电极导管2例。电极植入时间分别为3年和16年，1例电极顶端脱落并游走，持久嵌于肝静脉。术后随访2～6个月，感染均得到控制，无其他并发症。西安医大一院[186]分析15例永久起搏术后晕厥原因，昏厥发生率15/491。其中起搏系统故障5例，起搏综合征1例，恶性心律失常3例，中枢神经病变3例以及血管抑制性晕厥3例。上海长海医院[187]报道8例VVI起搏器安置术后并发症。其中囊袋并发症5例，包括感染、破溃、出血和积液；起搏器与电极导管连接松动2例；起搏阈值升高1例。均经处理治愈。

（赵　学）

（十二）抗心律失常药

湖北医大一院[188]用膜片钳全细胞记录技术发现关附甲素可明显抑制豚鼠单个心室肌细胞钠离子通道电流，致最大峰值降低，电流-电压曲线上移和钠通道灭活后恢复过程减慢，认为是其抗心律失常作用的主要机制。北京友谊医院[189]以缓释丙吡胺治疗室性或房性心律失常，0.5g/d组有效率分别为82.5%(33/40)与83.3%(10/12)，用药后QTc与JTc间期分别延长9.3%与10.9%；0.25g/d组为73.3%(11/15)与72.7%(8/11)，QTc与JTc用药前后无明显差异。主要副作用有视觉和排尿障碍，两组发生率分别为20.5%与10.1%。杭州邵逸夫医院[190]以氟卡胺100mg,2次/天,治疗20例阵发性房性心律失常(无明显器质性心脏病)老年患者。多普勒超声心动图发现可显著降低左室舒张期顺应性。威海市环翠区医院[191]报道1例急性心肌梗死患者在病程第15天反复发生室颤、室速、房颤和室上速,经电击除颤、心肺复苏、利多卡因、普鲁卡因胺静脉给药等治疗难以控制,经普罗帕酮静注及维持静滴后渐趋稳定,最大用量达1 120mg/d。北京阜外医院[192]报道2例因药物等因素频发室早及反复室速无器质性心脏病的年轻女性,普罗帕酮静脉给药可抗心律失常,但口服则加重心律失常。认为该药口服后经肝脏代谢的部分产物有加重心律失常的作用。广州医学院二院等[193]对24例心室晚电位(VLP)阳性的冠心病患者进行急性药物试验27例次。单剂口服妥卡尼800mg或普罗帕酮400mg均不能消除VLP,但可延长滤波后QRS波群时限(分别为4.39%和14.67%);普罗帕酮尚能选择性延长振幅信号持续时间(24.04%)。认为抗心律失常药物可能通过这些作用防治恶性室性心律失常。河南省医院等[194,195]观察美托洛尔、乙吗噻嗪或普罗帕酮常规剂量治疗VLP阳性的室性心律失常46例,42例和40例,疗程均为4周。三种药物均能有效控制心律失常,但仅美托洛尔可使VLP转阴,转阴率为83.9%。海南省医院[196]对围麻醉期出现的窦速42例与频发室早4例静注美托洛尔0.05~0.1mg/kg,窦速39例(92.9%)心率在平均19.3分内减慢并恢复正常,4例室早均消失。江苏徐州精神病院[197]报道因服氯丙嗪、氯氮平等抗精神病药物引起的窦速,普萘洛尔10mg,3次/天,疗效优于维拉帕米20mg,3次/天,有效率分别为100%和80%,显效时间为2.8天与5.6天。白求恩医大三院等[198]给12例各类早搏按15mg/kg的负荷量单次服用胺碘酮,用药后4.7小时早搏减少一半者占83%,疗效与血药浓度相关性好($r=0.74, P<0.01$)。浙江绍兴市医院[199]对静脉注射过1~3种抗心律失常药无效的房颤、房扑、室上速、室速等难治性、快速型心律失常24例改用胺碘酮150mg静注,继以静滴或口服维持,总有效率为91.7%,未见严重毒副反应。上海新华医院[200]以胺碘酮治疗5例冠心病难治性室上速,疗程3个月。发现维持量200mg/d组较400mg/d组有效率高,分别为81.3%与42.1%;窦房结功能抑制也明显减少。兰州军区乌鲁木齐总院[201]对9例房室结双径路者静注25%硫酸镁溶液,5分钟内注入0.15mmol/kg后,继以0.1mmol/(kg·h)剂量维持静滴10分钟,经食管心房调搏观察较用药前窦房传导时间、房室结快径路有效不应期,慢径路传导时间及心电图的P-R间期均延长,但室上速仍可被诱发。哈尔滨铁路医院[202]报道急性心肌梗死溶栓后冠脉再通38例。其中30例发生再灌注心律失常,20例以硫酸镁2g静注后续以10mg/min静滴维持,10例以利多卡因80mg静注后续以3mg/min静滴维持,有效率分别为95%和60%($P<0.01$)。上海市九院等[203]对108例房性或室性早搏患者以随机单盲对照法在原用抗心律失常药物疗效欠佳情况下分别加服葡萄糖酸镁10ml(含镁58.6mg)或门冬氨酸钾镁10ml(含镁34mg,钾103mg),均为3次/日,4周后房早组有效率分别为65%和58%,室早组为79%和72%,二者疗效相近。

尚有关于抗心律失常药致心律失常的文献若干篇,分别是服用乙吗噻嗪150~200mg,3~4次/日致室性心律失常加重[204];普罗帕酮口服[205]或静注[206]引起窦性停搏与室性停搏[207];尼莫通(含尼莫地平10mg)静滴致窦房结功能抑制[208]。

(张国元)

参考文献

[1]* 张元春等. 心脏起搏与心电生理 1996;10(2):97
[2] 张 薇等. 心脏起搏与心电生理 1996;10(1):34
[3] 周木华等. 临床心血管 1996;12(1):31
[4] 任在镐等. 中华心血管 1996;24(2):119
[5] 刘品明等. 心脏起搏与心电生理 1996;10(1):36
[6] 徐浩东等. 心脏起搏与心电生理 1996;10(2):93
[7] 曲秀芬等. 中华心血管 1996;24(1):52
[8] 鲁 翔等. 中华老年医院 1996;15(5):302
[9]* 袁文俊等. 二军医大学报 1996;17(2):138
[10] 向世勤等. 同济医大学报 1996;25(1):32
[11] 何建新等. 广东医学 1996;17(1):44
[12] 向世勤等. 1996;25(2):111
[13] 叶鸿瑁等. 中华儿科 1996;34(3):155
[14] 钱永如等. 中华儿科 1996;34(3):152
[15] 鲁 端等. 心电学杂志 1996;15(3):71
[16] 孙毅平等. 中华儿科 1996;34(4):249
[17] 曹冠毓等. 心电学杂志 1996;15(2):85
[18] 王 翔等. 心电学杂志 1996;15(3):97
[19] 金 超等. 中华超声影像 1996;5(3):97
[20] 伍 卫等. 中华内科 1996;35(8):558
[21] 林加锋. 中国循环 1995;10(11):699
[22] 赵玉生等. 中华老年医学 1996;15(5):316
[23] 邵康明. 铁道医学 1996;24(4):256
[24] 邓大为等. 心功能杂志 1996;8(1):40
[25] 张元春等. 心脏起搏与心电生理 1996;10(3):153
[26] 赵 玉等. 临床心血管 1995;11(6):355

[27] 齐书英等. 心功能杂志 1995;7(4):246
[28] 叶行舟等. 铁道医学 1996;24(3):131
[29] 叶玲娣等. 心电学杂志 1996;15(2):75
[30] 陈志坚等. 临床心血管 1996;12(1):13
[31] 王业松等. 心电学杂志 1996;15(3):86
[32] 赵龙生等. 解放军医学 1995;20(5):343
[33] 赵龙生等. 心脏起搏与心电生理 1996;10(1):28
[34] 陈元秀等. 心脏起搏与心电生理 1996;10(3):133
[35] 邹建刚等. 心脏起搏与心电生理 1996;10(3):136
[36] 黄捷英等. 心电学杂志 1995;14(4):200
[37] 侯世瑞等. 中国循环 1996;11(4):217
[38] 张旭明等. 中山医大学报 1995;16(4):51
[39] 王志辉等. 临床心血管 1996;12(1):45
[40] 李培杰等. 中国循环 1995;10(12):716
[41] 唐子铭等. 中国危重病急救医学 1996;8(2):107
[42] 陈正喜. 中国危重病急救医学 1996;8(7):423
[43] 彭金亮等. 青海医药 1996;26(5):58
[44] 李德宏等. 中国循环 1995;10(12):746
[45] 张志昂等. 中西医结合急救 1996;3(1):28
[46] 祁广烈. 中西医结合急救 1996;3(3):129
[47] 王凤铬等. 山东医药 1996;36(1):57
[48] 娄彩云等. 湖南医学 1996;13(1):12
[49] 赵克玲等. 中国危重病急救医学 1996;8(8):497
[50] 常 阳等. 辽宁医学 1996;10(1):46
[51] 张中正等. 山西医学院学报 1996;27(1):44
[52] 郭新贵等. 中国介入心脏 1995;3(4):178
[53] 王锡三等. 心脏起搏与心电生理 1995;9(4):203
[54]* 刘小青等. 中国循环 1996;11(10):626
[55]* 孙衍庆等. 中华胸心外科 1996;12(5):284
[56]* 李 莉等. 中华心血管 1996;24(1):24
[57] 刘小青等. 临床心血管 1996;12(1):22
[58] 毕爱华等. 心功能杂志 1996;8(3):149
[59] 杨艳敏等. 临床心血管 1996;12(1):19
[60] 宋执敬等. 中国危重病急救医学 1996;8(5):284
[61] 钟敬泉等. 中华超声影像 1996;5(3):137
[62] 曲秀芬等. 心电学杂志 1995;14(4):228
[63] 吴平彬等. 中国介入心脏 1996;4(3):117
[64] 冀石梅等. 中华儿科 1995;33(6):368
[65] 夏 光等. 中华儿科 1996;34(2):111
[66] 刘艳秋. 临床心血管 1996;12(3):145
[67] 谭慧琼等. 中国循环 1996;11(7):423
[68] 贺丽霞等. 中国循环 1996;11(3):158
[69] 刘 菁等. 中国循环 1995;10(12):728
[70] 吴永华等. 苏州医学院学报 1995;15(6):1086
[71] 慕朝伟等. 中国循环 1996;11(7):437
[72] 潘明康. 铁道医学 1996;24(5):270
[73] 王秀芬. 临床心电学 1995;4(4):185
[74] 张京梅等. 兰州医学院学报 1995;21(2):74
[75] 杜日映等. 心脏起搏与心电生理 1995;9(4):199
[76] 李 莉等. 心脏起搏与心电生理 1996;10(3):151
[77] 强三海等. 中华心血管 1995;23(5):363
[78] 王军英等. 中国循环 1996;11(1):51
[79]* 王齐冰等. 中华内科 1996;35(3):153
[80] 杨新春等. 心脏起搏与心电生理 1996;10(2):87
[81] 张树龙等. 临床心电学 1996;5(2):55
[82] 张 玮等. 苏州医学院学报 1995;15(5):825
[83] 徐峰坡等. 苏州医学院学报 1995;15(5):827
[84] 赵龙生等. 中国循环 1996;11(10):631
[85] 惠 杰等. 中华心血管 1996;24(5):397
[86] 庄亚纯等. 心电学杂志 1996;15(2):71
[87] 陈丽萍等. 临床心电学 1995;4(4):182
[88] 陈海泉等. 上海医学 1996;19(7):387
[89] 卢全兴. 临床心血管 1996;12(2):95
[90] 杨春梅等. 南京医大学报 1996;16(5):486
[91] 单其俊等. 江苏医药 1996;22(10):713
[92] 刘晓惠等. 中华心血管 1996;24(5):396
[93] 刘永宁等. 中华内科 1996;35(3):191
[94] 赵 芙. 中国循环 1996;11(9):554
[95] 都鹏飞等. 中国循环 1995;10(10):616
[96] 秦永文等. 中华心血管 1996;24(3):217
[97] 祝新民等. 心功能杂志 1996;8(3):190
[98] 尹 来等. 江苏医药 1996;22(4):282
[99] 殷 华等. 青海医药 1996;26(4):39
[100] 李万银. 山西医药 1996;25(2):106
[101] 郭素清等. 中华妇产 1996;31(4):225
[102] 华仁娟. 江苏医药 1996;22(1):30
[103] 林 为. 临床心电学 1996;5(1):38
[104] 刘 敏等. 中华儿科 1996;34(3):245
[105] 梁苏女. 心电学杂志 1996;15(2):100
[106] 王新兰等. 心电学杂志 1996;15(1):41
[107] 高晓贤等. 心电学 1995;14(4):211
[108] 刘泽生. 临床心电学 1996;5(1):23
[109] 刘尚武. 中国循环 1995;10(12):751
[110] 张永庆等. 心脏起搏与心电生理 1996;10(2):112
[111] 赵月星. 心脏起搏与心电生理 1995;9(4):224
[112] 白爱国等. 铁道医学 1996;24(3):153
[113] 王敏武等. 中华老年医学 1996;15(5):283
[114] 唐海沁. 心电学杂志 1996;15(2):81
[115] 黎 莉等. 临床心电学 1996;5(2):66
[116] 孟 浦等. 武汉医学 1996;20(2):70
[117] 徐 耕等. 临床心电学 1996;5(2):51
[118] 宋安齐等. 陕西医学 1996;25(2):90
[119] 林加锋. 临床心电学 1996;5(1):41
[120] 王邦宁等. 安徽医大学报 1996;31(1):3
[121] 于建月等. 中西医结合急救 1996;3(3):133
[122] 王扬淦等. 中华物理医学 1996;17(4):241
[123]* 屠 洪等. 中华心血管 1996;24(5):387
[124] 许俊堂等. 心脏起搏与心电生理 1996;10(3):135
[125] 孙宁玲等. 中国循环 1996;11(10):618
[126] 刘文辉等. 心脏起搏与心电生理 1996;10(2):64

[127] 杜日映等. 心脏起搏与心电生理 1996;10(2):62
[128] 杨延宗等. 心脏起搏与心电生理 1996;10(2):75
[129] 马　坚等. 心脏起搏与心电生理 1996;10(2):91
[130] 王玉堂等. 中华心血管 1996;24(1):19
[131] 杨延宗等. 心脏起搏与心电生理 1996;10(3):139
[132] 马长生等. 中华心血管 1995;23(5):364
[133] 江　洪等. 中华心血管 1996;24(5):390
[134] 高连君等. 临床心血管 1996;12(3):154
[135] 刘世玉等. 中华内科 1996;35(7):481
[136] 马长生等. 中华内科 1995;34(11):734
[137] 黄从新等. 心脏起搏与心电生理 1996;10(3):125
[138] 高连君等. 中华心血管 1996;24(3):205
[139] 马长生等. 心脏起搏与心电生理 1996;10(2):85
[140] 马长生等. 临床心血管 1996;12(2):104
[141] 李　莉等. 中华心血管 1996;24(5):363
[142] 张树龙等. 临床心血管 1996;12(5):295
[143] 杨延宗等. 心脏起搏与心电生理 1996;10(1):5
[144] 李　莉等. 心脏起搏与心电生理 1995;9(4):201
[145] 杨延宗等. 中国介入心脏 1996;4(2):55
[146] 杨新春等. 心脏起搏与心电生理 1995;9(4):179
[147] 屈百鸣等. 中华心血管 1996;24(2):145
[148]* 黄国明等. 心脏起搏与心电生理 1996;10(3):149
[149] 杨新春等. 中华心血管 1996;24(1):28
[150] 曹克将等. 中华心血管 1996;24(4):311
[151] 丁燕生等. 中国介入心脏 1995;3(4):148
[152] 李小梅等. 心脏起搏与心电生理 1996;10(3):129
[153] 马长生等. 中华老年医学 1996;15(1):47
[154] 胡大一. 中国介入心脏 1996;4(3):97
[155] 镡红印等. 中国循环 1995;10(11):685
[156]* 万　征等. 心脏起搏与心电生理 1995;9(4):194
[157] 朱纯石等. 心脏起搏与心电生理 1996;10(1):26
[158] 赵秀芬等. 山西医学院学报 1996;27(3):205
[159] 任振祥等. 中国循环 1996;11(6):358
[160] 徐金汤等. 江西医药 1995;30(5):259
[161] 那开宪等. 首都医学院学报 1995;16(4):282
[162] 诸　宁等. 上海医学 1996;19(3):175
[163] 马　坚等. 中国循环 1996;11(4):204
[164] 诸　宁等. 心肺血管 1996;15(2):121
[165] 马　坚等. 心脏起搏与心电生理 1995;9(4):183
[166] 张爱伦等. 心脏起搏与心电生理 1995;9(4):217
[167]* 华　伟等. 心脏起搏与心电生理 1996;10(3):131
[168] 杨　伟等. 苏州医学院学报 1995;15(5):842
[169] 宋建平等. 苏州医学院学报 1996;16(2):267
[170] 耿仁义等. 心脏起搏与心电生理 1996;10(2):82
[171] 冯义柏等. 心脏起搏与心电生理 1996;10(1):19
[172]* 周金台等. 心脏起搏与心电生理 1996;10(1):16
[173] 王苏加等. 心脏起搏与心电生理 1996;10(1):32
[174] 刘志华等. 心脏起搏与心电生理 1995;9(4):191
[175] 耿仁义等. 心脏起搏与心电生理 1996;10(1):22
[176] 陈锐华等. 中国循环 1996;11(4):200
[177] 傅向华等. 中华物理医学 1996;18(1):36
[178] 蒋志嘉等. 人民军医 1995;(11):29
[179] 程木华等. 中华心血管 1995;23(5):369
[180] 蔡杏林等. 交通医学 1995;9(3):17
[181] 陈元秀等. 心脏起搏与心电生理 1996;10(2):89
[182] 许　静等. 天津医药 1996;24(10):593
[183] 王　青等. 中国介入心脏 1996;4(2):87
[184] 何国平. 南京医大学报 1995;15(4):810
[185] 马　坚等. 心脏起搏与心电生理 1996;10(3):147
[186] 张全发等. 中国循环 1996;11(2):107
[187] 丁鸿钧等. 二军医大学报 1995;16(6):592
[188] 裴德安等. 心脏起搏与心电生理 1995;9(4):207
[189] 郑平渝等. 中国循环 1996;11(2):66
[190] 王建安等. 浙江医大学报 1996;25(1):19
[191] 任末翎. 临床心血管 1996;12(2):80
[192] 谭慧琼等. 中国循环 1995;10(11):692
[193] 熊龙根等. 中国循环 1996;11(4):207
[194] 高恩民等. 综合临床 1995;11(6):317
[195] 高恩民等. 中国危重病急救医学 1996;8(3):166
[196] 吴多志等. 海南医学 1995;6(4):231
[197] 魏贤玉等. 新药与临床 1995;14(6):336
[198] 杨　萍等. 白求恩医大学报 1996;22(1):69
[199] 杨澜帆等. 中西医结合急救 1996;3(10):442
[200] 孙伟成等. 新医学 1996;27(9):475
[201] 赵　玉等. 新疆医学 1995;25(4):205
[202] 高守信等. 铁道医学 1995;23(5):311
[203] 徐济民等. 新药与临床 1995;14(6):338
[204] 刘晓红等. 心肺血管 1996;15(3):165
[205] 叶遵诚. 临床心电学 1995;4(4):186
[206] 朱六金等. 临床心血管 1996;12(2):122
[207] 倪凤英. 心电学杂志 1996;15(1):44
[208] 王宗瑜等. 临床心血管 1996;12(3):180

八、心力衰竭

(一) 基础研究

苏州医学院一院[1]应用玻璃微电极技术和膜片钳全细胞记录，研究了内皮素(ET-1)致豚鼠心室肌细胞早期后除极(EADs)的作用及发生机制。结果显示 50nmol/L ET-1 灌流能明显延长动作电位时程 APD_{50}，诱发 EADs。上海长征医院[2]用心肌匀浆药物抑制法测定心衰患者和心功能正常者心肌细胞的钙泵活性。结果显示心衰患者心肌细胞的钙泵活性显著低于心功能正常者。山西医学院二院[3]观察了卡托普利和氨苯喋啶联合治疗充血性心衰时血浆和红细胞内 K^+、Mg^{2+} 的变化。治疗前心功能Ⅲ～Ⅳ级者血浆和红细胞内 K^+、Mg^{2+} 均低于正常对照组；治疗4周和6个月，心衰组血浆和红细胞内K^+、Mg^{2+}明显升高，与对照组无显著差异。北京阜外医院[4]分析92例心力衰竭(CHF)患者及51例健康人的心率变异性(HRV)，并对部分患者进行血浆去甲肾上腺素(NE)、肾上腺素(E)浓度测定及HRV随访。发现CHF患者HRV夜间＞白天，且明显低于健康组，近期死亡者降低更明显。血浆NE及E浓度明显高于健康组。苏州医学院二院[5]测定26例正常人和44例CHF患者血浆ET浓度；观察24例CHF患者静注氨力农(Am)前后的血流动力学参数和ET浓度的变化。结果示CHF患者血浆ET浓度明显升高，与心功能受损程度相一致；Am可改善心功能，降低肺动脉压及血浆ET浓度。河北省医院[6]通过对CHF患者心电图QT离散度(QTd)与JT离散度(JTd)的测定、随访，在47例中发现10例猝死患者QTd及JTd均显著高于存活者。南京市一院[7]对49例正常人及116例CHF患者进行血管活性肠肽(VIP)放免分析测定，发现心功能Ⅲ～Ⅳ级者VIP明显高于心功能Ⅰ～Ⅱ级者。武汉江汉石油局医院[8]用放免法测定53例CHF患者和20名正常人血清内源性洋地黄样物质(EDF)，结果肺心病伴心衰组患者EDF浓度明显高于风心伴心衰、高心病、冠心病和先心病伴心衰组。山东医大附院[9]观察到心衰病人伴肝大者较无肝大者血浆ET浓度显著降低，认为其机制可能是钠水潴留致ET浓度稀释。南京军区南京总院[10]用放免法测定51例左室功能不全患者及33名健康者血浆脑钠素(BNP)和心钠素(ANP)水平。心功能Ⅱ～Ⅳ级患者血浆BNP、ANP和BNP/ANP比值明显增高，且与心衰程度相关，提示心衰时血浆BNP水平明显高于ANP，BNP比ANP更敏感。安徽医大附院[11]观察心衰患者中性粒细胞氧化代谢变化，发现心衰组中性粒细胞化学发光(PMN-CL)较心血管疾病心功能正常组增强，但仍低于急性心肌梗死组，而心血管疾病心功能正常组较正常对照组无差异。石家庄白求恩国际和平医院等[12]应用氨力农静脉制剂治疗34例心衰患者，治疗前后用放免法测定血浆环核苷酸含量及血浆肾素活性、血管紧张素Ⅱ(AngⅡ)和醛固酮浓度，结果表明氨力农可明显抑制严重心衰时过度激活的神经激素系统。辽宁中医学院等[13]观察CHF大鼠神经体液因素变化及卡托普利对其干预的影响。结果显示卡托普利可降低CHF大鼠交感神经系统活性及ANP、AngⅡ、醛固酮及ET水平，使血浆肾素活性增高。河南省医院[14]应用三维经颅多普勒对45例心衰患者进行颅内动脉血流的观测，显示心衰患者的大脑中动脉、前动脉、后动脉的收缩期峰值流速、平均流速、舒张末期流速明显减低，脉动指数增高。同济医大[15]探讨了阻抗血流图对监测CHF患者心功能的意义，结果表明心阻抗血流图检测的心功能程度与临床心功能分级吻合，具有可量度性、可重复性及简便、安全的优点。北京协和医院[16]建立了地高辛血药浓度测定的酶联免疫吸附试验方法，该法具有简单、快速、特异和敏感度好的特点。广州市一院等[17]*用放免法测定36例CHF患者和20名健康人血小板膜表面α-颗粒膜蛋白(GMP-140)含量和血浆血栓素B_2(TXB_2)浓度。结果CHF患者血小板膜表面GMP-140及血浆TXB_2较正常对照组明显升高。西安医大一院[18]对23例CHF患者血浆内源性类洋地黄物质进行部分纯化与鉴定。表明CHF患者血浆第二份高压液相色谱洗脱物对红细胞摄取^{86}Rb具有强烈的抑制作用，并提示部分纯化的血浆内源性类洋地黄物质与哇巴因结构相似。重庆新桥医院等[19]以红参、附子、川芎、葶苈子等制成冲剂治疗实验性兔心力衰竭，可明显降低兔的体重，减慢心率，提高心脏功能，降低血浆心钠素水平。安徽芜湖市一院[20]观察老年男性心衰与性激素水平的关系，发现心衰控制后血浆睾酮(T)略有回升，雌二醇/T比值略有下降，血浆T对绒毛膜促性腺激素刺激的反应增高；心衰组血浆T显著低于对照组，表明心衰患者存在原发性睾丸储备、排泄T能力降低。遵义医学院二院[21]观察实验性CHF时肝组织还原性谷胱甘肽(GSH)、丙二醛及病理形态学变化，发现CHF 2周后肝组织丙二醛含量增加，GSH减少；电镜见中间带、中央带肝细胞胞浆有空泡、凝集、自溶改变，内质网扩大，线粒体结构模糊、髓样变，嵴消失或不清。解放军476医院[22]测定60例非甲状腺疾病所致CHF的治疗前后T_3、T_4值。结果示T_3值随心衰进展而下降，心衰纠正后T_3逐渐恢复。同济医大[23]用斑点杂交法测定20例心脏病患者右心房心肌肌球蛋白重链(MHC)的mRNA表达，结果显示超负荷的心房肌MHC mRNA表达异常，表现为α-MHC下降，β-MHC升高。提示α-MHC向β-MHC基因转化与心房重塑程度相关。广东公安厅门诊部等[24]分析28例心衰病人猝死原因，发现心衰患者发生恶性心律失常是猝死的最常见危险因素。北京阜外医院[25]探讨背阔肌心肌成形包裹本身及背阔肌收缩对正常及急性心力衰竭犬心功能的影响。在犬心功能正常和急性心衰时，分别用DDD起搏器刺激背阔肌，其在收缩时能明显增强左、右心室的收缩力，对右心室的影响大于左心室。解放军总院[26]测定心衰患者T淋巴细胞亚群和体液免疫功能指标，发现心衰组$CD4^+$及$CD4^+/CD8^+$比值显著低于对照组。

（二）临床分析及治疗

北京急救中心[27]总结115例老年急性左心衰患者的院前急救，认为硝酸甘油、酚妥拉明作用迅速安全，可作为老年急性左心衰院前救治首选药物之一。吉林市医院[28]观察硝普钠加多巴胺治疗心衰60例疗效，总有效率88.3%，显效率70%。广西梧州工人医院[29]和贵阳花溪医院[30]观察美托洛尔治疗心衰的疗效，报道在常规抗心衰基础上加用美托洛尔均能取得满意疗效。北京友谊医院[31]用乌拉地尔治疗老年CHF 30例，以50mg加入500ml液体中静滴，每日1次，持续1～2周，有效率90%，安全可靠。有报道将氨力农与卡托普利联合用于治疗老年严重心衰及难治性心衰，取得满意疗效，并认为这种联合用药非但对肾功能无损害，而且有一定程度的改善[32,33]。江苏扬中市医院[34]用氨力农合并大剂量速尿（1 000～2 000mg/d）治疗难治性心衰50例，总有效率66%。河南林州市医院[35]用糖皮质激素佐治难治性心衰，总有效率88.7%。重庆医大儿童医院[36]和河南医大一院[37]在常规处理上加用苯那普利或卡托普利治疗小儿或成人心衰均取得满意疗效。武汉铁路医院[38]报道小剂量卡托普利联合消心痛治疗老年心衰112例。随访2年，病死率较对照组明显降低。湖南湘潭市二院[39]用中西医结合治疗顽固性心衰100例（治疗组加用刺五加注射液），有效率比对照组明显增高。解放军总院[40]用静脉滴注硝酸异山梨酯治疗急性左心衰13例。血流动力学监测表明，PcwP及肺动脉压、右房压均明显下降，心输出量增加，心率无明显变化。上海华山医院[41]*用放射性血池造影术观察黄芪甙Ⅳ（XGA）注射液治疗19例CHF疗效。结果提示XGA是非洋地黄类的有效正性肌力药物。有报道[42,43]用含镁极化液协同治疗CHF，疗效优于对照组。新疆医学院一院[44]观察到静注卡托普利后甲状腺激素（TT_3、TT_4）明显降低，rT_3无明显变化。也有报道[45～47]大剂量辅酶Q_{10}静注、葡萄糖酸镁及门冬氨酸钾镁、大剂量胰岛素含镁极化液（RI：18～24U）对佐治心衰均有较好的辅助作用。昆明医学院一院[48]用荧光偏振免疫法监测110例心衰患者应用地高辛治疗过程中的血药浓度，表明在0.8～2.0ng/ml血药浓度范围内临床疗效佳。湖州市二院等[49]分析43例洋地黄中毒患者。死亡6例，其中仅2例可完全归因于洋地黄中毒，余4例分别与应激性溃疡、休克、主动脉瓣脱垂、呼吸衰竭、高血钾和胺碘酮致长QT有关。北京医大三院等[50]用进口发光试剂和自制地高辛IgG建立了化学发光酶免疫测定血清地高辛浓度方法，最低检测限为0.056μg/L；平均回收率98.7%；批内变异系数≤8.8%；临床常用甾体药物无明显干扰；与荧光偏振免疫法相关良好。

许多作者探讨了大剂量肾上腺素在心肺复苏（CPR）中的应用。用量2～5mg/次，每3～5分钟重复1次，自主循环恢复率显著高于对照组[51]。也有先用标准剂量1mg后，递增用量，直至自主循环恢复。累积用量最少6mg，最多22mg[52]。在一组36例患者抢救中，采用1、2、4、8mg递增法，复苏成功率达75%[53]。按3～5分钟间隔，分别用1、3、5或2、4、8mg递增法，一般用量4～5mg时心率可达100～120次/分。认为在抢救初始时的剂量以2～3mg为宜[54]。每次用5mg稀释成20ml持续缓慢注射5分钟左右，必要时可不间断地反复推注，复苏成功率也显著高于对照组[55]。亦有每次静注2mg，累积量4mg成功的报道[56]。大剂量肾上腺素（每次0.1～0.2mg/kg）对114例CPR患儿的即时存活率达61.49%[57]。武汉同济医院[58]观察了川芎嗪在犬模型心肺脑复苏中的作用，发现川芎嗪能显著增加脑血液量和心输出量。浙江省医院[59]对32例心脏骤停患者进行体外无创性心脏起搏，成功率56.3%，阈电流为60～100mA，其中以无心脏原发病、无心功能损害的多发伤、脑血管意外者成功率最高。武汉同济医院[60]报道冠脉造影术中6例心脏骤停患者的抢救经过。提出术中加强导管尖端压力监测，避免或减少使用碘离子型造影剂是防止发生室颤的有效方法。四川遂宁市医院[61]对9例麻醉期间心跳停止患者紧急复苏，其中8例完全恢复意识，包括1例心跳停止15分钟的患者。另有报道成功抢救因触电呼吸心跳停止45分钟成功1例[62]。江西抚州地区医院[63]分析76例CPR结果，其中严重心律紊乱、触电、中毒生存率较高；肾上腺素或甲氧胺静注较“心三联”有效。汕头大学医学院一院[64]观察肾上腺素与甲氧胺对心脏骤停抢救结果，显示甲氧胺优于肾上腺素。银川市一院[65]报道抢救急性前间壁心梗致心跳呼吸骤停18分钟成功1例。解放军157医院[66]报道心脏骤停50分钟经胸内心脏挤压术抢救成功1例。随访9年，无任何后遗症。青海省医院[67]总结21例CPR成功经验，提出尽早实施有效的最初的CPR将大大提高成功率；脑复苏和呼吸循环稳定是关键。另有报道静注胺碘酮、三磷酸腺苷致心脏骤停1例[68]及低钾综合征致反复呼吸心脏骤停1例[69]。西安医大一院[70]总结13例因严重低钾血症导致心跳呼吸停止抢救成功的经验，认为高浓度（80～133mmol/L）、快速度（25～30mmol/h）补钾，避免使用糖液，同时补镁是治疗的关键。广州孙逸仙纪念医院[71]报道经皮穿刺钢丝钩状电极抢救频发阿斯征成功2例。另有报道心脏骤停复苏成功后伴脊髓横贯性损害1例[72]、ST段抬高时心脏骤停2例[73]、经食管行心房起搏抢救心脏骤停成功1例[74]。

（三）其他

解放军304医院[75]通过运动实验对创伤后多器官功能障碍综合征（MODS）模型进行了系列研究，提出实验运动MODS诊断和评分标准；找出复制MODS模型的关键因素；成功地复制出符合MODS发病因素、病理过程和临床特征的标准化的动物模型。西宁市一院[76]对30例多系统器官衰竭（MSOF）患者的诊断和治疗进行了探讨。吉林市儿童医院[77]报道腹透治疗MSOF成功1例。安徽医大附院[78]分析成人MSOF 144例，衰竭的器官数越多，病死率越高。主要死亡原因为呼吸、循环衰竭。宁夏医学院附院等[79]对45例MSOF进行分析和治疗探讨。感染居原发病的首位（71.1%），始动因素为ARDS、微循环障碍及DIC，透析治疗可减低伴有肾衰MSOF的病死率。海南省医院[80]探讨应激状态下血清IL-2含量变化及其与MOSF的关系，结果示MOSF患者于应激早期IL-2呈显著下降，IL-2下降与应激程度呈负相关，提示动态观察IL-2含量变化有助于了解患者病情和预后判断。解放军304医院[81]以出血性休克复合输入内毒素，复制出标准化的羊MOSF模型，并进行病理形态学观察。结果提示失血、感染、再灌流与支持治疗等复合因素引起的临床MOSF一旦发生，其实质脏器多发生难以修复的损伤。二军医大等[82]应用放射配体结合法检测MOSF患者外周血单核白细胞糖皮质激素受体（MNL-GR）。结果见单一器官衰竭时MNL-GR的最大结合容量（R_0）下降，MOSF时下降更显著。浙江温岭市一院等[83]总结133例次慢性阻塞性肺病（COPD）呼衰患者MOSF的发生及对预后的影响。在呼衰各并发症中，中枢神经系统受累占91%，肾脏占34.6%，心血管系统占15.8%，经适当机械通气治疗后，大部分并发症均可恢复。解放军514医院[84]提出腹部外科疾病并发MOSF的9大临床特点及3大死亡原因，采用"四大一支持"综合疗法取得较好疗效。福建省医院[85]总结54例重症感染患儿并发MOSF的治疗体会，治愈37例，死亡17例；病死率与脏器衰竭数目呈正相关。空军总院[86]测定28例内科急症中MOSF患者的血浆肾素活性（PRA）、血管紧张素Ⅱ（AT-Ⅱ）和醛固酮水平。结果AT-Ⅱ及醛固酮均较对照组明显升高；PRA及醛固酮随衰竭器官数增多而升高；而AT-Ⅱ则随衰竭器官数增多而降低。上海市一院[87]分析MOSF并发混合性酸碱失衡81例的251例次血气监测结果，显示128例次不能以动脉血气分析确诊，提出除血气分析外，需结合原发病、治疗措施、水和电解质变化、计算代偿预测公式和阴离子间隙，作出综合判断。解放军304医院[88]应用顺磁共振技术表明烧伤患者及烧伤鼠模型的各种组织细胞膜脂质过氧化而致氧自由基过度产生，小肠似对低灌注-再灌注损伤特别敏感；回肠二胺氧化酶活性降低并有菌群迁移，表明肠粘膜屏障功能衰竭，同时血浆内毒素及肿瘤坏死因子水平亦均显著升高。上海长征医院[89]测定36例MOSF患者血白细胞糖皮质激素受体（GCR）和血浆皮质醇（F）的变化，结果GCR较正常人明显下降，F浓度升高；MOSF患者衰竭器官数与GCR关系密切，与F浓度无关。广东南海市医院[90]对31例MOSF进行临床分型探讨，分为功能型、感染型和混合型。发现功能型抢救成功率高于其他两型，混合型100%死亡。衡阳医学院二院[91]报道MOSF伴肾上腺出血14例，临床除原发疾病表现外，均有2个以上器官衰竭。仅呈心、肺衰竭者2例，另12例败血症发生早期休克8例，DIC 6例。白求恩医大一院[92]分析38例MOSF患者，重要诱发因素是创伤和感染，强调应采取早期支持脏器功能、控制感染及支持全身营养和代谢措施。该校直属医院[93]分析15例老年MOSF患者，其中11例以肺部感染为首发症状，后迅速发展至呼衰和循环衰竭，死亡率为73%。天津医大总院[94]分析体外循环术后9例MOSF患者危险因素，认为发生率与术前各系统器官功能、手术时间、体外循环管理、术后低心排的处理有密切关系。上海长海医院等[95]在动物MOSF模型上动态观察肿瘤坏死因子（TNF）变化，发现TNF水平明显高于非MOSF动物；衰竭器官数≥3个者明显高于2个器官衰竭者；36小时内死亡动物明显高于36小时以后死亡的动物。内蒙古医学院一院[96]对28例MOSF中急性肾功能衰竭（ARF）患者作预后分析，其影响因素有器官衰竭的数目、年龄和是否并发感染，提出治疗中尤其对缺血性ARF应尽早采取透析等有效治疗。广州军区总院[97]对41例MOSF患者氧代谢的监测显示脏器衰竭数目与平均混合静脉血氧饱和度（SvO_2）的变化有相关性，且与患者预后亦有一定相关性，即SvO_2越低，病死率越高。解放军157医院[98]在肯定酵母多糖鼠MOSF模型早期各器官病理变化基础上，观察TNF含量变化，表明肺、肝组织含量呈再度升高，中性粒细胞百分比的变化与肺组织TNF含量变化呈显著相关。广东心血管所[99]总结体外循环心脏手术后MOSF 38例，初发受损器官以心脏最多（71%），全组感染率79%，病程1周以上100%，23例死亡病例受累器官均在3个以上。解放军304医院[100]在对MODS概念、发病过程和临床特征重新认识的基础上，提出了MODS新的早期诊断依据：诱发因素＋全身炎症反应＋多器官功能不全，认为动态监测炎性介质水平、组织分解代谢程度及“敏感器官”功能对MODS早期诊断有重要意义。该院[101]对MODS血浆游离氨基酸代谢的研究表明，甘氨酸、脯氨酸、精氨酸和支链氨基酸/芳香族氨基酸值显著降低，苯丙氨酸/酪氨酸值显著升高。北京安贞医院等[102]采用RT-PCR和血清学检测方法对IL-2、IL-2R mRNA在早期诊断心脏移植免疫排斥反应中的价值进行了探索研究。认为IL-2和IL-2R的监测有早期诊断意义，适用于临床。上海医大金山医院等[103]观察心脏原位移植术后非排异期多普勒超声心动图特征并与正常组比较，发现右心室舒张期内径显著扩大，右室内径/左室内径比值、左室心肌重量、左室舒张期室间隔厚度及左室后壁厚度均显著增加。上海长征医院[104]采用大鼠腹部心脏移植模型，研究抗CD4单抗、环孢素A(CsA)和供体脾细胞(DSC)诱导大鼠移植心特异性免疫耐受的作用，结果术前短期静注抗CD4单抗鼠长期存活率达43%；联合用亚治疗剂量CsA的长期存活率达83%。哈尔滨医大二院[105]报道2例原位心脏移植术患者，已分别存活3年和1年，心功能情况良好。武汉同济医院[106]报道脾细胞IL-2R在大鼠心脏移植术后急性排斥反应时明显升高，且早于心功能及结构改变1～4天。上海长征医院等[107]报道自制的CZ-1多器官保存液可有效保存兔心脏18小时。中山医大一院[108]的大鼠异种心脏移植的实验研究表明，血浆置换法可明显减少抗体的含量，同时可显著延长使用环磷酰胺和脾切除组异种移植物超急性排斥反应的发生，平均存活时间也延长。同济医大等[109]将SD大鼠预注射脾细胞4～7天后行异位同种心脏移植，术后1周每日注射CsA 10mg/kg，平均存活期较对照组显著延长。

（韩星海）

参 考 文 献

[1] 黄亚莉等. 中华心血管 1995;23(5):381
[2] 杨兴易等. 中国危重病急救医学 1996;8(1):44
[3] 王凤芝等. 中华心血管 1995;23(6):446
[4] 胡桃红等. 临床心电学 1996;5(1):4
[5] 洪小苏等. 江苏医药 1996;22(10):683
[6] 彭应心等. 中华心血管 1996;24(4):304
[7] 夏小杰等. 江苏医药 1996;22(10):721
[8] 沈永强等. 武汉医学 1995;19(4):245
[9] 纪求尚等. 山东医药 1995;35(11):15
[10] 吴振国等. 江苏医药 1996;22(10):692
[11] 汪太平等. 上海医学 1996;19(5):257
[12] 朱旅云等. 天津医药 1995;23(12):737
[13] 胡小平等. 中国循环 1996;11(1):45
[14] 袁建军等. 中国超声 1995;11(12):897
[15] 顾世芬等. 临床心血管 1996;12(5):346
[16] 林其燧等. 中华医学检验 1996;19(3):148
[17]* 潘宜智等. 中华心血管 1996;24(3):214
[18] 丁国良等. 临床心血管 1996;12(3):131
[19] 晋献春等. 中西医结合 1996;16(7):424
[20] 潘庆丰等. 心功能杂志 1996;8(2):92
[21] 朱大江等. 贵州医药 1996;20(3):136
[22] 徐国焱等. 福建医药 1996;18(1):17
[23] 姜 红等. 中华心血管 1996;24(5):370
[24] 马晓红等. 广东医学 1996;17(6):394
[25] 王水云等. 中国循环 1996;11(3):176
[26] 李 红等. 中国循环 1996;11(8):477
[27] 杨萍芬. 中国危重病急救医学 1996;8(7):416
[28] 宋崇巍等. 中国危重病急救医学 1996;8(7):419
[29] 高 永. 广西医学 1996;18(3):253
[30] 赵 鸣. 贵州医药 1996;20(3):177
[31] 祝 萱. 首都医大学报 1996;17(2):110
[32] 朱旅云等. 中国危重病急救医学 1996;8(9):528
[33] 郭富山等. 中国危重病急救医学 1996;8(9):548
[34] 张 敏等. 天津医药 1996;24(1):50
[35] 高兰梅. 中西医结合急救 1996;3(9):389
[36] 钱永如等. 四川医学 1996;17(4):211
[37] 黄振文等. 中华心血管 1996;24(1):12
[38] 周凤英等. 湖北医大学报 1995;16(4):334
[39] 李树云等. 中西医结合急救 1996;3(1):13
[40] 计 达等. 解放军医学 1995;20(6):443
[41]* 罗海明等. 中西医结合 1995;15(12):707
[42] 严金胜. 中国急救医学 1995;15(6):35
[43] 陈俊秀. 心功能杂志 1996;8(2):115
[44] 汤宝鹏等. 中华内分泌 1996;12(2):125
[45] 郭富山等. 中国危重病急救医学 1996;8(6):334
[46] 徐济民等. 新药与临床 1996;15(3):140
[47] 邱 方等. 综合临床 1996;12(4):187
[48] 廖淑清等. 云南医药 1995;16(6):422
[49] 谢 波等. 中国急救医学 1996;16(5):26
[50] 李呈瑞等. 中华医学检验 1996;19(1):25
[51] 欧世宁等. 中国危重病急救医学 1996;8(1):25
[52] 王玉宁等. 青海医药 1995;25(10):28
[53] 李树正等. 中国危重病急救医学 1996;8(2):121
[54] 汤菊英等. 苏州医学院学报 1995;15(4):754
[55] 彭寒林等. 内科急危重症 1996;2(2):73
[56] 斯重阳等. 中西医结合急救 1996;3(6):287

[57] 祝益民等. 湖南医学 1996;13(3):162
[58] 李树生等. 急诊医学 1996;5(2):72
[59] 蒋国平. 心电学杂志 1996;15(2):91
[60] 郭小梅等. 内科急危重症 1996;2(2):68
[61] 吴光祺. 华西医学 1996;11(2):183
[62] 王金玲. 综合临床 1996;12(4):195
[63] 邹立丹等. 中国急救医学 1996;16(3):44
[64] 宋德富. 中国危重病急救医学 1996;8(5):307
[65] 曹秀华等. 宁夏医学 1995;17(6):352
[66] 吴印爱等. 广东医学 1995;16(10):713
[67] 董书明等. 青海医药 1996;26(2):21
[68] 任振祥等. 中国循环 1996;11(2):121
[69] 王育民. 中国介入心脏 1996;4(2):82
[70] 王 雪等. 综合临床 1995;12(3):127
[71] 朱纯石等. 新医学 1996;27(9):479
[72] 张丽君等. 河北医药 1996;18(2):129
[73] 唐丽萍. 综合临床 1995;12(2):110
[74] 刘桂琴等. 中国介入心脏 1996;4(2):54
[75] 胡 森等. 解放军医学 1996;21(1):5
[76] 哈青兰. 青海医药 1996;26(10):3
[77] 李桂花等. 吉林医学 1996;17(5):310
[78] 张 曙等. 安徽医学 1996;17(5):18
[79] 郑亚莉等. 宁夏医学 1996;18(5):262
[80] 何振扬等. 中国危重病急救医学 1996;8(9):525
[81] 陆江阳等. 中华外科 1996;34(2):117
[82] 许金廉等. 中国危重病急救医学 1996;8(3):164
[83] 江荣林等. 中国实用内科 1996;16(2):102
[84] 岳茂兴. 中国危重病急救医学 1996;8(3):185
[85] 陈斯一等. 福建医药 1995;17(6):33
[86] 罗南辉等. 中国危重病急救医学 1995;7(6):374
[87] 郑乐君等. 中国危重病急救医学 1995;7(6):382
[88] 徐世豪等. 中国危重病急救医学 1995;7(6):365
[89] 马 钧等. 中国危重病急救医学 1995;7(6):371
[90] 刘鹏明等. 广东医学 1995;16(10):660
[91] 章培锋等. 湖南医学 1995;12(6):366
[92] 韩 巍等. 白求恩医大学报 1996;22(4):415
[93] 张 颖等. 白求恩医大学报 1996;22(4):417
[94] 宋世辉等. 天津医药 1996;24(6):367
[95] 方国恩等. 二军医大学报 1996;17(3):219
[96] 龚 莉等. 内科急危重症 1995;2(2):75
[97] 吴恒义等. 中国危重病急救医学 1996;8(7):427
[98] 周 慧等. 中国危重病急救医学 1996;8(7):390
[99] 熊卫萍等. 广东医学 1996;17(7):459
[100] 胡 森等. 解放军医学 1996;21(1):13
[101] 黎君友等. 解放军医学 1996;21(1):27
[102] 李 岩等. 中华医学 1996;76(7):505
[103] 王亚芬等. 中国超声 1996;12(7):13
[104] 徐志云等. 中华器官移植 1996;17(2):85
[105] 田伟忱等. 中华器官移植 1996;17(2):53
[106] 夏仁品等. 中华器官移植 1996;17(3):137
[107] 郑军华等. 中华器官移植 1996;17(4):169
[108] 陈规划. 中华器官移植 1996;17(4):158
[109] 夏仁品等. 中华器官移植 1996;17(4):155

九、心包炎

(一)病因

河北沧州市医院[1]1989～1994 年用纤维心包镜检查 60 例心包积液患者,病理活检诊断癌性 29 例,非特异性心包炎 23 例,结核性 5 例,化脓性 3 例。山东文登县医院[2]1985～1995 年收治的 292 例心包积液中有 41 例血性,其中肿瘤性 26 例,结核性 8 例,尿毒症性 3 例,系统性红斑狼疮性 2 例,非特异性、农药中毒性各 1 例。江苏大丰县医院等[3]报道 135 例心包积液中肿瘤性 34 例,化脓性 27 例,病毒性 20 例,结核性 17 例,风湿性 16 例,粘液性水肿 14 例和心肌病 7 例。中山医大一院[4]分析 35 例儿科心包炎病因,其中化脓性 19 例,结核性 4 例,结缔组织病 3 例,特发性和肿瘤性各 2 例,其他 5 例。解放军 12 医院等[5]报道 1988～1993 年的每年 6～9 月共有 138 名军官在 1～3 天内由海拔 1 200m 进至 3 600～6 100m 高原,在高原生活 11～64 天后,18 人出现心包积液,下高原后 5～45 天积液吸收。湖北郧阳医学院附院[6]报道 17 例肺吸虫性心包炎,其中 10 例合并胸腔积液。山西大同南郊区医院[7]报道 1 例高嗜酸粒细胞性心包炎,血嗜酸粒细胞计数为(5.43～17.0)$\times 10^9$/L。重庆新桥医院[8]1978～1995 年进行心包炎手术 100 例,其中化脓性 11 例,缩窄性 89 例,后者中 76 例病理诊断结核性 41 例(53.9%),非特异性瘢痕组织 35 例(46.1%)。上海中山医院[9]分析近 10 年经手术证实的缩窄性心包炎 75 例。临床诊断 31 例(41%)为结核性,3 例(4%)为化脓性,41 例(54%)不明原因;病理诊断 9 例为结核性,63 例为非特异性。

(二)诊断与治疗

广东顺德市一院等[10]利用经皮穿刺心包腔内置管引流心包积液,于 8～12 小时内尽量抽完积液,计为累计引流总量,除以从超声心动图测得的右室前壁之前、左室后壁之后和心尖区心包脏层与壁层之间液性暗区毫米宽度之和的均值,求得超声心动图每毫米宽度的液性暗区相当于 52ml 的心包积液量。天津胸科医院[11]在超声心动图监测下,为 80 例心包积液患者行经皮心包多部位活检、引流、灌洗治疗,病因诊断率达 86%以上,治愈率达 90%,无明显并发症。兰州军区总院[12]为58例结核性心包炎大量心包积液患者，在全身短程化疗基础上分两组治疗。30例采用留置导管引流，28例常规心包穿刺，两组消除心包填塞症状的时间分别为(1.2±0.5)天及(7.9±2.2)天，前组无缩窄性心包炎发生，后组有2例发生心包缩窄。广西南宁心血管病医院等[13]经皮穿刺心包内留置导管治疗15例化脓性心包炎，采取吸尽脓液、甲硝唑冲洗、心包腔内及全身抗生素疗法，心包内留管7～18天，患者全部治愈，随访0.5～1年无缩窄性心包炎发生。四川肿瘤医院[14]用超声引导经皮剑突下心包穿刺置管引流治疗恶性心包积液21例，置管时间2～53天，拔管后随访2～8个月无心包积液复发。山东单县医院[15]采用假单胞菌心包腔内注射治疗恶性心包积液10例，其中完全缓解3例，部分缓解4例，好转2例，无效1例。绍兴市五院等[16]用顺铂心包腔内灌注治疗癌性心包积液14例，总有效率78.6%。新疆医学院一院[17]回顾48例经手术证实的缩窄性心包炎，术前超声诊断准确率82.9%，漏诊率17.1%，失误原因是对缩窄合并中，大量心包积液的认识不足。作者认为超声诊断缩窄性心包炎依据可分为直接和间接征象两类，兼有两项直接征象者即可确诊。沈阳胸科医院[18]对40例缩窄性心包炎患者行早期心包切除，39例康复出院。32例随访1～9年，无复发，无晚期死亡。北京安贞医院等[19]用分子杂交和放射自显影技术证明了在3例先心手术时取得的心包膜中存在心包心钠素基因的转录和表达。

（章同华）

参 考 文 献

[1] 韩立宪等. 中华心血管 1996;24(2):136
[2] 王锦乾等. 山东医药 1996;36(4):9
[3] 戴天华等. 南通医学院学报 1996;16(1):33
[4] 陈国桢等. 临床儿科 1995;13(5):356
[5] 周建忠等. 中国超声 1996;12(4):69
[6] 潘同国等. 中国实用儿科 1996;11(1):60
[7] 高新泽等. 临床内科 1996;13(3):封三
[8] 闵家新等. 三军医大学报 1996;18(3):274
[9] 周南芳等. 上海医学 1996;19(1):22
[10] 吴焱贤等. 中国超声 1996;12(3):45
[11] 吴建国等. 中国循环 1996;11(5):279
[12] 张绍仪等. 中国防痨 1995;17(4):167
[13] 樊志勇等. 内科急危重症 1996;2(3):104
[14] 谢贤桂等. 中华超声影像 1996;5(5):238
[15] 白厚喜等. 癌症 1996;15(3):180
[16] 葛　鸣等. 肿瘤防治研究 1996;23(3):180
[17] 周　欣等. 新疆医学 1996;26(2):65
[18] 吴峻峰等. 中国循环 1996;11(10):620
[19] 张维君等. 中华心血管 1996;24(1):49

十、动脉疾病

宁夏医学院附院[1]报道主动脉夹层动脉瘤25例，男女患病率之比为4∶1，近端型与远端型之比为0.78∶1，近端型手术治疗优于内科治疗，远端型则相反。海南省医院[2]报道主动脉夹层的CT表现为：显示假腔和内膜片，钙化的内膜片内移和主动脉增宽。宁夏自治区医院[3]报道18例急性主动脉夹层分离，其中Daily A型12例、B型6例。6例(33%)于诊断后1个月内死亡。上海中山医院[4]对12例主动脉病变Bentall手术后患者进行超声检查，认为超声可用于评价人工升主动脉和主动脉瓣的形态和功能，为手术疗效判断和随访提供依据。

南京军区南京总院[5]对39例微型动脉炎(MPA)患者进行不同抗原抗中性粒细胞胞浆抗体(ANCA)检测，39例中64.1% ANCA阳性，认为ANCA对MPA不仅具有诊断意义，而且是疾病活动和进展的标志之一。西安医大一院等[6]报道56例多发性大动脉炎，其中头臂动脉型24例，混合型及腹主动脉型各12例，肺动脉型5例，肾动脉型2例，冠状动脉型1例。北京阜外医院[7]发现107例大动脉炎患者中有眼底改变者63例，其中呈慢性缺血性改变18例，病变均累及头臂动脉；呈高血压性改变45例，病变均累及胸腹主动脉和(或)肾动脉。哈尔滨医大二院等[8]报道242例多发性大动脉炎患者44例具有眼部表现，均见于头臂型。其中结膜巩膜血管扩张3例，虹膜萎缩及新生血管5例，并发白内障11例，眼底改变27例，视神经改变者7例。西安医大二院[9]应用彩色多普勒血流显像诊断大动脉炎62例，超声显示动脉血管狭窄-闭塞和(或)扩张性改变，彩色多谱勒于血管狭窄部位出现五彩镶嵌湍流或单色明亮细窄彩柱，狭窄口取样录得高速宽频湍流信号，部分患者伴有心脏损害征象。北京安贞医院[10]用升主动脉-颈动脉转流术治疗1例重症头臂动脉型大动脉炎获得成功。

（郑　兴）

参 考 文 献

［1］ 杜晓红等. 宁夏医学 1996;18(5):272
［2］ 何书杰. 海南医学 1996;(2):78
［3］ 刘 瑛等. 宁夏医学 1996;18(4):227
［4］ 朱慧君等. 中国超声 1995;11(11):811
［5］ 王金泉等. 肾脏病与透析肾移植 1996;5(5):1
［6］ 马爱群等. 临床心血管 1996;12(3):175
［7］ 尚 慧等. 中国循环 1996;11(4):210
［8］ 原慧萍等. 哈医大学报 1995;30(4):367
［9］ 赵晓兰等. 陕西医学 1995;24(11):675
［10］ 陈 忠等. 心肺血管 1996;15(3):189

十一、心脏血管肿瘤

(一) 心脏肿瘤

新疆医学院一院[1]1981～1994 年行心内直视手术 1 620 例,其中 30 例为原发性心脏肿瘤(良性 24 例,恶性 6 例),良性肿瘤中 23 例为粘液瘤。江西医学院一院[2]1987～1995 年收治心脏肿瘤 10 例,9 例为左房粘液瘤,1 例为右房间皮肉瘤。中国医大二院[3]1990～1996 年治疗 10 例原发性心脏肿瘤,其中 9 例为粘液瘤(左房 7,左室 2),1 例为右房淋巴瘤。北京阜外医院[4]1982～1994 年手术治疗 7 例左心室原发肿瘤,其中淋巴管瘤、粘液瘤各 2 例,脂肪瘤、淋巴管囊肿和横纹肌肉瘤各 1 例。术后 6 例症状消失,1 例减轻,无手术死亡。福建心血管病所[5]报道 6 例心脏原发恶性肿瘤,占该所同期心脏原发肿瘤的 11.5%。天津医大等[6]用流式细胞仪分析 21 例心脏粘液瘤 DNA,观察肿瘤细胞 DNA 倍体的变化和细胞动力学指标。结果显示 17 例(81%)为二倍体肿瘤(其中有 3 例细胞增殖周期时相明显升高并伴栓塞现象),4 例(19%)为非整倍体肿瘤(其中 3 例有栓塞现象)。表明非整倍体肿瘤或二倍体伴 $S+G_2M$ 明显升高者肿瘤细胞增殖活性增高,提示该肿瘤有潜在恶性的可能。山东医大附院[7]分析该院 36 例心脏粘液瘤临床病理,均为单发,左房 33 例,右房 3 例。浙江医大二院[8]手术治疗 33 例左房粘液瘤,手术死亡 2 例。31 例出院后随访 1 个月～14 年,其中复发 3 例,均为家族性。福建心血管病所等[9]1984～1992 年手术治疗左心房肿瘤 30 例,其中 27 例为粘液瘤,3 例为恶性肿瘤。解放军总院[10]报道 1 例 38 岁男性多发复发性心脏粘液瘤,自 1978～1993 年先后 4 次行心内手术。河北唐山工人医院[11]为一对母女心脏粘液瘤患者行手术治疗,母亲在 6 年内 3 次复发,3 次手术,女儿首次术后 13 年复发再次手术。黑龙江佳木斯市医院[12]报道 1 例产前超声检查胎儿为左右心房粘液瘤,产后尸检证实为双心房粘液瘤。福州协和医院[13]手术病理证实 1 例巨大原发性心包粘液瘤。北京安贞医院[14]报道 1 例 42 岁男性高血压患者,超声发现右心房占位病变,手术病理证实为副神经节瘤。出院后未服降压药,随访 13 个月,血压平稳。新疆医学院一院[15]手术活检证实 1 例右心室巨大雪旺氏瘤(神经鞘瘤)。广东佛山市一院[16]为一血性心包积液患者开胸探查,病理证实为右心耳恶性间皮细胞瘤。中山医大等[17]报道 1 例 8 岁男孩因意外死亡尸检发现的房室结间皮瘤。河北沧州地区医院等[18]用纤维支气管镜代替心包镜对 42 例心包积液患者进行检查,16 例病理诊断为心包肿瘤(腺癌 12 例,间皮瘤 3 例,肉瘤 1 例)。北京军区总院[19]报道 2 例原发性心包内胸腺瘤,均伴有血性心包积液。白求恩医大一院[20]1984～1993 年共收治急性心包填塞 51 例,首位病因为心包肿瘤(38 例,占 70.7%),且以心包转移癌为主(35 例,92.1%),其中 27 例来源于肺癌转移。

湖北荆沙市一院[21]1980～1995 年手术治疗 24 例室间隔膜部瘤,其中真性膜部瘤 4 例(用加垫片缝合加固),假性膜部瘤 20 例(>10mm 者用补片修补,<10mm 者直接褥式缝合)。21 例随访 6 个月～9 年,无残余分流,心脏杂音完全消失。西安医大一院[22]手术治疗 2 例先天性左房壁瘤,近期疗效良好。西安唐都医院[23]1994～1995 年在常温转流并行循环心脏不停跳条件下,采用室壁瘤切除、心内膜标记、室性心律失常折返灶切除、左心室成形治疗 2 例巨大左室壁瘤并室性心动过速患者。

(二) 血管肿瘤

北京协和医院[24]1986～1995 年收治 42 例腹主动脉瘤和 7 例胸腹主动脉瘤(男 37 例,女 12 例),平均年龄 65 岁,70 岁以上 11 人(22.4%)。主要病因为动脉硬化(38 例),其次是大动脉炎(4 例),马凡综合征及中层变性(各 2 例),结核性及原因不明(各 1 例)。40 例腹主动脉瘤手术,无手术死亡;4 例胸腹主动脉瘤手术,1 例死于低温麻醉致室颤;3 例胸腹主动脉瘤行非手术治疗,2 例死于动脉瘤破裂。湖南医大二院[25]1988 年以来为 6 例升主动脉瘤病人行带瓣导管替换术,无死亡。南京鼓楼医院[26]手术治疗 13 例主动脉瘤(腹主动脉瘤 8 例,胸主动脉瘤 5 例),手术死亡 1 例。病因为动脉粥样硬化 10 例,先天性血管畸形、马凡综合征、动脉中层囊性变各 1

例。北京中日友好医院[27]分析10例主动脉夹层动脉瘤的CT表现，直接征象显示病变主动脉呈不同密度的双腔（真、假两腔）征，间接征象有病变动脉扩张、管径增粗、外形不规则、动脉壁增厚和边缘较粗糙等。解放军总院等[28]对照CT、MRI及胸部大动脉X线血管造影分析16例食道超声心动图对评估胸主动脉瘤的诊断价值。15例诊断正确，并能检出合并的主动脉瓣关闭不全、左室扩大及左室功能不全。河北医大二院[29]1982～1994年手术治疗20例瓦氏窦瘤破裂。窦瘤起自右冠窦18例，无冠窦2例；破入右室15例，右房5例。随访10个月～12年，无1例死亡。北京医大三院等[30]*1987～1994年在1 400例选择性冠状动脉造影患者中发现冠状动脉瘤12例，发生率为0.86%。北京安贞医院[31]报道动脉导管未闭合并肺动脉瘤2例。

（章同华）

参 考 文 献

[1] 王幼平等. 中国循环 1995;10(11):689
[2] 万于华等. 江西医药 1996;31(3):158
[3] 郑有仁等. 中国医大学报 1996;25(4):428
[4] 胡盛寿等. 中华胸心外科 1996;12(3):140
[5] 陈问泓等. 福建医药 1996;18(2):38
[6] 王新允等. 天津医药 1996;24(3):140
[7] 王绪洲等. 山东医药 1996;36(4):10
[8] 何忠良等. 中国胸心血管外科临床 1996;3(3):152
[9] 林乌拉等. 中华胸心外科 1996;12(1):47
[10] 王冬青等. 中华胸心外科 1996;12(1):38
[11] 余永昌等. 中国循环 1996;11(1):56
[12] 赵 莉等. 中华妇产 1995;30(10):630
[13] 郑曲彬等. 实用放射 1995;11(10):634
[14] 张慧信等. 中华病理 1995;24(5):335
[15] 高晓明等. 中国肿瘤临床 1996;23(2):150
[16] 谭家驹等. 中华老年医学 1996;15(1):54
[17] 罗 斌等. 中华肿瘤 1996;18(3):233
[18] 陈树平等. 内镜 1995;12(6):351
[19] 李巅远等. 中华外科 1995;33(11):694
[20] 董均树等. 白求恩医大学报 1995;21(6):622
[21] 田长庚等. 中华外科 1996;34(8):495
[22] 李兆志等. 中华胸心外科 1996;12(4):232
[23] 孙国成等. 四军医大学报 1996;17(4):313
[24] 管 珩等. 心肺血管 1996;15(1):2
[25] 胡建国等. 湖南医大学报 1995;20(5):457
[26] 刘长建等. 江苏医药 1996;22(8):522
[27] 李连民等. 中日友好医院学报 1996;10(2):145
[28] 刘金耀等. 中国超声 1996;12(3):38
[29] 谢英奎等. 河北医大学报 1996;17(3):138
[30]* 郭静萱等. 中华心血管 1996;24(1):36
[31] 陈宝田等. 心肺血管 1996;15(1):43

十二、其他

（一）心电图检查

南通医学院附院[1]采用程控双时值放大器非叠加实时检测法，检测116名健康大学生的体表窦房结电图。结果有96例检测到P前波，成功率82.8%。此检查对于窦房结疾病、房性心律失常的诊断有一定帮助，但不稳定。济宁医学院附院[2]报道1例成对出现的窦性心律，认为可能是由于自主神经张力改变所致。浙江医大二院[3]应用食管法在113例病人中发现随着起搏周期的缩短，窦房结有效不应期先缓慢缩短，达最小值后变为缓慢延长。为减少起搏周期对测定窦房结有效不应期的影响，建议将起搏周期/窦性周期=0.90作为测定窦房结有效不应期的最适起搏周期。广东潮州市医院[4]在117例动脉心电图资料中观察到P波振幅与心率成正比。苏州医学院一院[5]分析了213例患者的213份动态心电图，结果表明窦性间歇≥2 000ms伴平均窦性心率<60次/分、最快窦性心率反应<100次/分，提示窦房结功能低下；窦性间歇≥2 000ms，伴平均窦性心率≥60次/分、最快窦性心率反应≥100次/分，提示间歇由迷走神经张力增强所致。北京红十字朝阳医院[6]*分析71例经电生理研究确诊的宽QRS心动过速的资料，结果与Brugada鉴别宽QRS心动过速的标准基本相符。武汉长航总院[7]分析200例左室肥大者心电图，电轴轻度左偏73例，占36.5%；中度左偏39例，占19.5%；无论Rv_5+Sv_1电压多大，左偏的最高度数为$-30°$；如左室肥大及电轴左偏，同时RavL小于$R_Ⅰ$，目测即可排除左前分支阻滞。江西省医院[8]对340例病人采用超声对照法，提出心电图诊断左室肥大的“新综合记分法”（$\sum QRS \geq 175mm$，$Rv_6 > Rv_5$，$PTFv_1 \leq -0.04mm \cdot s$，$QRS \geq 0.16s$各记3分，ST-T改变、电轴左偏$+29°\sim-30°$各记2分，总记分≥5分判为左室肥大），诊断的敏感性和准确性分别为66%和81%。

福建省级机关医院等[9]报道1 506名（男1 112名，女394名）健康状况基本正常的老年人心电图特征。检查心电图异常483例，占32.07%，其中窦房结及其传导系统异常者约占半数，其次为ST-T变化；尚检出病理性Q波7例。泸州医学院附院[10]报道年龄3～13岁正常儿童24小时动态心电图的心率范围为45～197次/分，室上性早搏和室性早搏总次数均小于10次/24小时。福州儿童医院等[11]分析50例年龄6～14岁小儿非特异性ST-T改变，在I、avL、V_5、V_6导联的6例ST-T改变者均为器质性心脏病所致，而在Ⅱ、Ⅲ、avF导联单纯性T波异常无1例器质性心脏病。河南省医院等[12]借助微机分析心室复极差力及有关参数，提出T面积向量、最大T向量与X轴夹角大于60°作为原发T波改变的指标，以与继发性者鉴别。山东东营胜利石油管理局医院[13]报道56例1～14岁先心病小儿心内希氏束电图，其各项参数均在正常范围内，常规心电图亦正常。

桂林市二院[14]检查了108名正常人高频心电图，显示切迹数(1.28±0.94)个，扭结数(2.74±1.72)个；切迹数和扭结数与年龄和性别无关。福建老年医院等[15]介绍了心电电话远程监测的临床应用。80例受检者共传输心电408例次，传输距离＞1 000km 93例次，信号接受成功率100％，对心律失常及ST-T异常的诊断敏感度分别为90.3％和78.2％。武汉同济医院[16]分析23头猪静注阿托品(0.04mg/kg)和普萘洛尔(0.1mg/kg)混合液前、后心率功率谱，完全阻断自主神经活动开始于用药后4～6分钟，持续12～16分钟。解放军304医院[17]介绍了时间和连续心电图的图形、标记和识别，并通过800例临床检测证明其诊断心律失常的准确性不亚于心电图，且可对P、QRS、T环的瞬时向量图改变作出诊断。

北京同仁医院[18]应用动态心电图定量观察了30名健康老人和35名青年人的心率变异性(HRV)，两组高峰时间均出现在清晨3～5时。除R-R间期外，老年人HRV各项指标均明显低于青年人。成都核工业416医院[19]在33例成年健康者中观察到HRV有随年龄增加而降低的趋势。正常人日间HRV以低频成分为主，夜间以高频成分为主，表明迷走神经支配占优势。深圳孙逸仙心血管病医院[20]分析157例年龄20～69岁正常健康成人的HRV，结果各年龄组性别间HRV无显著性差异，HRV随年龄增大而逐渐下降；年龄≤40岁组与年龄≥60岁组的HRV相差具有高度显著性。

西安医大一院[21]记录100名健康成人体表同步12导联心电图，发现QT间期激动离散度为(21±4)ms，QT离散度(QTd)范围在10～50ms(平均28±8ms)。安徽六安市医院[22]通过对室速、心肌梗死与正常人体表心电图的QTd对比，认为在各种心脏病中，当QTd接近或超过100ms时，应高度警惕致命性心律失常的发生。报道3例临终室颤发生前QTd均在200ms以上。

(二) 核素检查

上海徐汇区医院等[23]和广州孙逸仙纪念医院[24]将^{99m}Tc-MIBI心肌断层显像中应用多巴酚丁胺与潘生丁的结果进行比较，发现在同一病人，多巴酚丁胺引起的心肌灌注异常较潘生丁更明显和广泛，其半衰期短，对哮喘及慢性肺部疾病患者较安全。山西医学院一院[25]通过模型和临床研究发现断层床是影响^{99m}Tc-MIBI心肌断层显像的一个值得重视的因素，特别是对下、后壁显像的影响，容易出现假阳性，斜板插入法斜卧位采集有助于减少这种影响。上海中山医院[26]通过31例冠心病患者研究表明，门控和非门控心肌断层显像在冠心病诊断方面无显著性差异，但门控断层显像可提高对小范围灌注异常的检出率。广东心血管病所[27]*对照分析80例^{99m}Tc-MIBI心肌灌注断层显像与冠脉造影结果，显示冠心病组(57例)两者符合率91.2％，非冠心病组(23例)为48.0％；冠脉正常的心肌肥厚者，特别是在运动中亦可出现阳性灌注显像结果。

(三) 超声波检查

上海中山医院[28,29]应用三维体元模型超声重建法定量测定7个左室模型和17只离体猪心的容积和容量，结果与实测值非常接近。但二维法测量不规则左室腔的测值比实测值低。北京同仁医院等[30]通过体外实验结果分析，认为三维超声所测值不受超声近场、远场及超声深度的影响。武汉同济医院[31]应用多普勒超声组织成像技术(DTI)对15名正常人和10例扩张性心肌病及8例心肌梗死患者的室壁运动进行了观察，证实DTI是判断心肌运动功能和室壁运动异常的一种较敏感的检测方法。空军总院[32]应用超声心动图观察，报道16只犬在冠脉内注射麦角新碱诱发左、右冠状动脉痉挛后均可引起右室功能异常，左冠脉痉挛对右室功能影响更为突出。福建心血管病所[33]应用超声图像光流场检测系统观察20名正常成人左心室壁运动，认为在评价左室各壁节段性运动时，可以平均速度＜2.15mm/0.1s、峰速度＜5.9mm/0.1s、峰速度出现于收缩期后1/3作为判断节段性室壁运动低下的综合参考指标。南京医大一院[34]对22例经胸超声心动图(TTE)检查未能明确的主动脉瓣及胸主动脉病变者进而行食道超声心动图(TEE)检查，发现主动脉瓣赘生物11例，其他主动脉瓣及主动脉病变11例，表明TEE可弥补TTE的限制和不足。北京阜外医院[35]在8例不同类型胸主动脉病变术中应用TEE，认为可即刻评价手术效果，术中TEE还显示了2例胸降主动脉内的粥样硬化斑块。

解放军105医院[36]报道多普勒获取Q-VP间期(从心电图Q波始至多普勒主动脉血流频谱峰值止)与超声心动图双平面面积长度两法估测的左室射血分数(EF)间存在良好的负相关($r=0.79$)。山东医大附院[37]报道Q-VP与核素心室造影所获得左室射血分数(LVEF)呈显著相关。解放军105医院[38]应用多普勒获取的右室射血前期(PEP)/右室射血时间(RVET)、Q-VP、RVET/TRD(三尖瓣返流持续时间)与超声测得的RVEF存在良好的线性相关,认为这些指标可用于评价右心室收缩功能。江苏扬州市一院[39]应用脉冲多普勒技术测定正常人和器质性心脏病患者二尖瓣口及瓣下3cm处的舒张早期充盈速度比值与常规方法测得的舒张功能指标存在良好的相关性,可弥补E/A法的不足。北京军区总院[40]应用超声心动图测定胎儿、新生儿、婴儿和幼儿的左室EF、EDV、ESV、FS、SV和CO,显示这些参数与年龄具有显著的相关性,出生后呈渐进的演变规律。湖北老年医研所[41]用多普勒超声心动图研究139名正常人的心脏收缩和舒张功能,显示心脏收缩功能与年龄无相关性变化;舒张功能呈显著的年龄相关变化,变化在40岁以后开始,60岁以后更加显著。

解放军105医院[42]应用多普勒获取的左室射血时间(LVET)与二尖瓣返流持续时间(MRd)比值来评价左室收缩功能,认为该法有较高的敏感性、特异性及准确率。武汉协和医院[43]*报道应用四维超声心动图检查138例患者,不仅可以观察心脏与大血管的形态、位置、厚度、内径,而且有助于了解各结构的空间关系和活动状况,对先心病与瓣膜病的诊断有重要价值。上海中山医院[44]在4条开胸犬模型中应用超声心动图自动边缘检测(ABD)技术评价心功能,结果与电磁流量计和X线造影及心导管测得的心功能指标相关($r=0.44\sim0.96$),其中以ABD测定的心排量与电磁流量计测得的心排量相关性最好($r=0.96$)。西安军工医院[45]应用超声心动图引导心内希氏束导管18例,17例获得成功。认为二维超声心动图引导心内希氏束导管检查比X线引导有很多优点,有推广使用价值。

广州南方医院[46]经周围静脉注射声振人白蛋白溶液对9例患者行左心声学造影,16次造影过程中左室显影13次,左室腔中度充盈显影11次,左室显影效果与经静脉注入造影剂量有关,全部病例均未见心肌显影。西安西京医院[47]对14条犬静注声处理的5%人白蛋白,造影前后未见明显的血流动力学变化和局部心功能改变,认为是一种安全有效的造影剂。广州南方医院[48]用自制1%人体白蛋白葡萄糖溶液声学造影剂进行经静脉左心声学造影,60例病人左心室全部显影,其中达2+以上者56例,占95%,性能与进口试剂Albunex相似。该院[49]对30例疑诊冠心病患者行常规平板负荷试验前后静注声学造影剂使左心室内膜边界的可辨率分别提高25.4%和29.4%,21例中肺静脉多普勒频谱信号明显增强,二尖瓣返流信号也显著增强。

(四)晚电位检查

广西自治区医院[50]报道在44例行冠脉造影显示狭窄≥75%的34例中,18例心室晚电位阳性。其中5例行经皮穿刺冠状动脉腔内成形术(PTCA)后,复查心室晚电位阴性;冠脉正常或狭窄≤75%的10例中1例阳性。

(五)心导管检查

广西玉林地区医院[51,52]应用美国OEC生产的小C臂X光机行冠状动脉造影和PTCA,结果表明能满足冠脉造影的要求。沈阳军区总院[53]报道在冠脉造影显示冠脉狭窄≥75%的41例中,CT扫描示冠脉钙化者38例,说明CT扫描显示钙化对冠心病有诊断价值。北京安贞医院[54]在1 264例选择性冠脉造影中确诊冠心病561例,血管受累依次为前降支、3支血管病变、2支血管病变、单支右冠和单支回旋支。北京友谊医院[55]报道在373例冠脉造影中发生严重并发症37例,其中室速或(和)室颤6例,急性心肌梗死2例,动脉栓塞2例,穿刺部位血肿26例。广东心血管病所[56]报道358例次婴幼儿心导管检查和心血管造影并发心律失常164例,发热41例,股动脉栓塞12例,缺氧发作、休克及造影剂外溢至心肌各1例。空军沈阳医院[57]报道1例采用进口端侧孔导管行右室造影,管尖由右室中部后退到冠状窦口处射出造影剂,导致冠状静脉窦破裂。

(六)心内膜心肌活检

南京胸科医院[58]对13例室性心律失常患者行心肌活检,正常1例,12例显示心肌有组织病理学改变,其中心肌炎3例,心肌炎心肌病5例,心肌病4例。随访2~7年,症状呈进行性加重3例,猝死2例。

(秦永文 尉 挺)

哈尔滨医大等[59]发现大剂量Vit D_3可致心肌损伤,心肌呼吸酶活性降低,脂质过氧化物增加;而预先给于Vit E则有保护作用。山东地方病所等[60]以阿霉素致鼠心肌损害,补充3价Cr可明显减轻心肌超微结构病变,使肌丝排列整齐,并保持心肌电生理指标QRD时限,动作电位正常。上海新华医院[61]

发现培养的鼠心肌细胞加阿霉素致细胞损害后，加用1,6-二磷酸果糖（FDP）可显著减少心肌细胞LDH释放，具保护作用。山东医大附院[62]以阿霉素致大鼠心肌损害，腹腔给FDP后心肌病变减轻，线粒体损伤减轻，心肌酶释放减少，自由基和脂质过氧化减轻。西安医大一院[63]报道大鼠腹腔内注射阿霉素所致的轻中度心肌损害，血浆中血管紧张素Ⅱ（AngⅡ）显著升高，但心肌中增高较缓；重度损害时血浆AngⅡ不升高而心肌中升高明显。培哚普利可显著抑制心肌和血浆中AngⅡ的增加，减轻心功能损害。

西安西京医院[64]报道心肌结核1例，为结核性心包炎侵及心肌并累及右房和右室，非常罕见。

（丁继军　章同华）

（七）直立倾斜试验

南京医大一院[65]测定35例不明原因晕厥病人和15名正常人直立倾斜试验（HUT）前后血浆去甲肾上腺素（NE），结果显示HUT不能仅根据血浆NE水平来判断体内交感神经张力的高低。苏州医学院二院[66]分析6例HUT阳性和10例阴性患者在HUT后、阳性反应前或试验结束前各4分钟的心率变异功率谱，发现阳性组3个时间段的低频成分段逐渐增高，于阳性反应前达高峰；高频段呈进行性降低，各时间段明显低于阴性组。上海新华医院[67]在100例晕厥患者中行心率变异性的时阈和频阈法分析，显示晕厥病人与正常人的频阈法指标有显著差异，但时阈法指标无显著性差异。解放军总院[68]对35例不明原因晕厥患者和20例窦性心动过速患者采用多阶段倾斜试验（MITTT），观察4个阶段试验结果，35例晕厥患者中阳性28例，20例窦缓患者中阳性2例，提示MITTT有较高的诊断价值。北京医大一院等[69]观察到在倾斜试验中静滴异丙肾上腺素可使HUT的敏感性提高，特异性下降，且随剂量增加这种变化更为显著。该院[70]还分析了110例不明原因晕厥患者及37名正常人的HUT结果，显示血管迷走性晕厥的反应先有血压变化，心率变化较迟或不明显。

（八）高原性心脏病

解放军18医院[71]应用心电图、X线和超声心动图对81名移居高海拔地区一年以上后返回平原生活者作动态观察，发现入高原后心率明显增快，心电图异常，右心室及右室流出道均有不同程度的扩大，随返回平原时间的延长心脏改变可逐渐恢复。西藏军区总院[72]报道了14例急性成人高原心脏病。解放军18医院等[73]报道某部482人由平原（海拔1 400m）进驻海拔3 700m，经过40天的阶梯适应性训练，然后快速（48小时）进驻海拔5 270m。而另一支部队自平原5天内进驻海拔5 010m、5 200m和5 380m。前组急性高原反应发生率为32.4％，无急性重症反应；后组急性高原反应发生率85.7％，其中重症反应为32.8％。西藏军区总院[74]在30例高原性心肌低氧症患者中观察到血浆肾素活性、血管紧张素Ⅱ较正常对照组及慢性高原性心脏病患者明显增高。该院[75]还分析了680例成人高原性心脏病的临床资料，依据其临床表现、X线、心电图等项检查，提出成人高原性心脏病可分为心肌肥厚型、心肌缺血型及心律失常型。

（九）心脏移植

北京宣武医院[76]用鼠进行异体器官移植实验，将经过处理的供体脾细胞经肠系膜静脉输入受体，14天后行心脏移植，不用抗排异药物，平均存活时间（141.4±25.6）天，而对照组仅存活（11.7±3.48）天。

（十）川崎病

西安医大一院[77]在45例川崎病患者中应用两维超声心动图检出冠状动脉病变（CAD）25例，其中冠状动脉扩张19例，3～12个月后全部消失；冠状动脉瘤6例，24个月后消失2例。西安医大二院[78]报道川崎病238例，超声心动图示冠状动脉扩张145例，冠状动脉瘤38例，冠状动脉血栓4例，心肌梗死2例；患者急性期血液呈高粘滞、高凝聚和低血色素贫血。湖北宜昌红十字会医院[79]分析118例川崎病的心血管损害，主要表现为心律失常、心脏杂音、心包积液、冠状动脉一过性扩张等；心脏受累率占总发病率的23％。湖北中医药研究院附院[80]报道一家姐弟俩同患川崎病。北京儿童医院[81]将128例川崎病住院患者分为静注丙种球蛋白加阿司匹林和单独阿司匹林两治疗组，结果前组退热迅速，冠状动脉病变的比率显著下降。重庆医大儿童医院[82]采用一次大剂量（2g/kg）静注免疫球蛋白联合阿司匹林治疗15例儿童川崎病，与13例单用阿司匹林患者比较，前者急性期症状和体征迅速改善，未发现冠状动脉扩张；单用阿司匹林组3例急性期发生冠状动脉扩张。北京儿童医院[83]应用超声心动图检查川崎病537例，发现冠状动脉病变242例，其中冠状动脉扩张209例，冠状动脉瘤33例；冠状动脉病变90％在病程2周内出现。

（十一）其他

上海中山医院等[84]对1948～1989年上海中山和上海华山医院住院病人病种构成比进行分析，显示心脏病病例在内科住院病人中所占比例逐年增高。其中冠心病在心脏病病种构成比中的序位已排至第1位，先天性心血管病、心肌炎、原因不明的心律失常、心肌病和细菌性心内膜炎的构成比亦呈上升趋势；风湿病、高血压性心脏病的构成比显著下降，梅毒性心脏病已属罕见。乌鲁木齐铁路医院等[85]调查该地区1985～1994年24～35岁119 889人，死亡人数424人，其中死于恶性肿瘤、心脏病和脑卒中的百分比分别为33.4%、21.6%和16.0%。陕西汉中心血管病所[86]通过对汉中农民13年的人群监测资料分析，表明男、女平均总死亡率分别为728.1/10万和538.8/10万，男性死亡率高于女性；农村心血管病发病率低于城市，而死亡率高于城市。

上海中山医院[87]*报道用奎尼丁转复心律和电复律后维持窦性心律216例中，20例发生奎尼丁晕厥，占9.26%；19例发生于单剂0.2g时。青岛医学院二院[88]报道1例75岁脑梗死患者静注尼莫地平出现结性心律，45次/分，停药12小时转为窦性心律。2天后再小剂量服药，3小时后又出现结性心律，3小时后恢复为窦性心律。辽宁铁岭市清河发电厂医院[89]报道7例消化性溃疡患者口服甲氰咪胍(600mg/d)后2小时～4周出现窦性停搏、Ⅰ～Ⅱ度房室传导阻滞等，停药后6～18天恢复。浙江平湖市二院[90]报道2例无哮喘史患者口服卡托普利后发生哮喘，停药后哮喘停止。认为可能与该药使缓激肽降解灭活受阻而蓄积于局部组织有关。解放军12医院[91]报道该院在1987～1992年收治梅毒性心脏病7例。中山医大等[92]应用计算机显微图像分析测量106例尸解心脏窦房结最大面积，显示在20岁以前随年龄增加，其面积逐渐增大，20～40岁为最大，40岁以后逐渐变小。

上海二医大[93,94]在实验性腹主动脉缩窄10周的大鼠心肌切片上发现心肌细胞闰盘间隙增宽，并和附近扩张的T管相连通，在T管、闰盘间隙及细胞外间质有膜样物质，且证实这些物质为溶酶体的降解产物。表明在心肌肥大过程中，细胞成分的自体吞噬降解起重要的调节作用。西安医大一院[95,96]对腹主动脉-腔静脉造瘘造成慢性容量负荷大鼠给予卡托普利，证明在容量负荷早期应用卡托普利会妨碍间质胶原的适应性重建，对心室功能不利；于造瘘1个月后用药能减轻心肌线粒体膜磷脂的损伤，心室功能也有所改善。内蒙古医学院一院[97]随访2年伴有左心室肥厚(LVH)的老年心血管病患者50例和无LVH者50例。结果显示伴有LVH者更易发生心力衰竭、严重心律失常、心肌梗死、脑血管意外及心源性休克。

海军总院等[98,99]给6只大鼠长期应用内皮源舒张因子(EDRF)抑制剂——L-硝基精氨酸(L-NNA) 15mg/(kg·d)腹腔内注射，共28天，大鼠血压明显增高、心率减慢、心功能增强，血浆和组织内皮素升高，主动脉组织环磷酸鸟苷活性减低，ATⅡ和肾素活性减低，血浆丙二醛增高，病理显示肾入球小动脉的内皮细胞增生、内膜增厚和内皮下玻璃样变。解放军91医院等[100]在开胸麻醉犬心脏模型上发现应用N-单甲基左旋精氨酸抑制内源性NO后，内皮素的血管收缩作用增加，并引起左室收缩压下降，舒张末期压明显升高，心电图ST压低。广州珠江医院[101]给右颈动脉去内皮大鼠口服L-精氨酸1g/kg后，内皮源舒张因子(EDR)明显增强，血管内膜增厚明显减轻。同济医大[102]在培养的兔主动脉平滑肌细胞(SMC)上观察到极低密度脂蛋白(VLDL)和氧化型VLDL能增加SMC的单核细胞趋化蛋白(MCP-1)mRNA表达，尤以氧化型VLDL作用更强。提示它们通过单核细胞在动脉粥样硬化的形成中起重要作用。北京红十字朝阳医院等[103]在大鼠主动脉球囊损伤模型上观察到在术后不同时间应用内皮素抗血清能使血管壁细胞增生的程度明显减轻。

山东医大附院[104]对20例左室舒张功能障碍患者在静脉注射维拉帕米前后进行左、右心导管和超声心动图检查，结果显示维拉帕米具有明显的负性肌力作用，可显著改善左室松弛性、僵硬度和舒张早期充盈。北京医大[105]通过对正常雄性大鼠和自发性高血压大鼠的实验研究，表明降钙素基因相关肽(CGRP)具有的扩血管和降压作用至少部分是通过促进NO的生成而产生的。哈尔滨医大一院[106]报道阻滞自主神经前、后静脉注射缓激肽，可引起总外周阻力减小，左室收缩末期压力下降，心率、每搏量、冠脉流量、左室充盈率和左室舒张速率均增加，表明上述作用不受自主神经的影响。中科院上海生化所[107]人工合成6种心房肽Ⅲ类似物，其中1种的利尿作用接近心房肽Ⅲ的10倍，降压作用增加50%；用于20例妊娠高血压患者亦获得良好疗效。

武汉协和医院[108]应用经典的和改良的Langendorff方法，观察到离体和在体灌流下的豚鼠心脏应用汉防己甲素能扰乱去甲肾上腺素在神经细胞的囊泡代谢从而使之失去活性。哈尔滨医大[109]采用膜片钳全细胞记录法，观察到卡托普利10μmol/L能显著缩短豚鼠心肌单细胞的动作电位时程，具有类似维拉帕米样L-型钙通道阻滞剂的作用。苏州医学院一院[110]应用常规电极技术在豚鼠乳头肌上观察到二氢奎尼丁对心肌动作电位的影响大于奎尼丁，从电生理上表明它为有效的抗心律失常药物。该院[111]还应用微电极技术和膜片钳全细胞记录观察到莫雷西嗪能降低豚鼠心室肌 0 相上升速率和动作电位幅度，缩短动作电位时程，阻断心肌快钠流和 L 型钙流；对细胞电生理影响系通过对钠、钙通道的阻滞而实现的，提示基本属 I_B 类药物。广州孙逸仙纪念医院[112]报道静脉注射三七皂甙 Rg_1（20mg/kg）能延长心室有效不应期及心室单项动作电位时程。哈尔滨医大[113]在正常豚鼠心室乳头肌上观察到磷酸肌酸（CP）从 10^{-8} mol/L 开始，浓度越大，对 APD_{50} 时程影响也越大。提示 CP 可能是一种钙拮抗剂。

浙江医大等[114]采用常规微电极技术观察到缺血与非缺血豚鼠乳头肌细胞横向电场梯度舒张期兴奋阈（DET）均显著高于纵向。缺血开始后纵、横向 DET 迅速降低，复灌期得以恢复，重复缺血对 DET 的影响差别不明显。有效不应期在第 2 次缺血开始后缩短明显，复灌后恢复。上海中山医院等[115]发现新生及成年大鼠培养心肌细胞感染柯萨奇 B 组病毒早期 Ca^{2+} 内流显著增加，提示可能是产生异常动作电位的重要原因。同济医大[116]观察到成人静脉注射葡萄糖酸钙后，经食道调搏测定的 SNRT、CSNRT、SACT 均有明显延长，静脉注射硫酸镁后可使房室结 1∶1 下传和文氏下传频率下降，有效不应期明显延长。兰州军区乌鲁木齐总院等[117]给 16 例窦房结功能正常和 6 例窦房结病变患者静注氨茶碱 5.6mg/kg 后，经食道调搏测得的固有窦房结恢复时间缩短，窦房结病变者缩短率更大，并且固有心率亦增加，表明腺苷很可能参与窦房结恢复时间的形成。

武汉同济医院等[118]在培养的 Wistar 乳鼠心肌细胞上观察到国产氨力农使其环腺苷酸含量和胞浆游离钙浓度显著升高，且呈剂量依赖性，普萘洛尔不能阻止氨力农所致的环腺苷酸含量上升。

解放军总院[119]在 9 只大鼠颈动脉血栓模型上观察到蚓激酶对动脉血栓形成有显著的抑制作用。

（秦永文　尉　挺）

参 考 文 献

[1] 金伟东等. 南通医学院学报 1996;16(2):182
[2] 王友武等. 心脏起搏与心电生理 1996;10(1):12
[3] 徐　耕等. 心电学杂志 1996;15(2):66
[4] 吴平彬等. 中华心血管 1995;23(6):459
[5] 赵　莉等. 心脏起搏与心电生理 1996;10(1):24
[6]* 刘晓惠等. 中华心血管 1996;24(2):96
[7] 周承娟. 交通医学 1995;9(3):13
[8] 但　苏等. 心电学杂志 1996;15(3):78
[9] 林金莺等. 福建医药 1996;18(4):12
[10] 杨丽霞等. 心功能杂志 1996;8(2):83
[11] 陈青松等. 福建医药 1996;18(1):77
[12] 高恩民等. 中华物理医学 1996;18(1):43
[13] 刘传木等. 中国循环 1996;11(4):246
[14] 谈志强等. 心电学杂志 1996;15(2):87
[15] 柯文沅等. 福建医药 1996;18(3):24
[16] 姚晓宙等. 心电学杂志 1995;14(4):226
[17] 王云翔等. 临床心电学 1995;4(4):160
[18] 常志文等. 心肺血管 1996;15(3):166
[19] 朱冠翔等. 临床心血管 1996;12(2):108
[20] 田小园等. 临床心电学 1995;4(4):171
[21] 王现青等. 新医学 1996;27(8):411
[22] 李荣成等. 安徽医大学报 1995;30(4):315
[23] 严　建等. 中华核医学 1996;16(2):123
[24] 蒋宁一等. 中华核医学 1995;15(4):251
[25] 任志刚等. 中华核医学 1996;16(1):46
[26] 沃金善等. 中华核医学 1995;15(4):253
[27]* 饶珈明等. 广东医学 1995;16(11):741
[28] 洪　涛等. 中国超声 1996;12(3):5
[29] 洪　涛等. 中国超声 1996;12(4):1
[30] 朱宗昌等. 中国超声 1996;12(8):4
[31] 黎春蕾等. 中国超声 1996;12(9):8
[32] 刘朝中等. 中华超声影像学 1996;5(5):227
[33] 林皓平等. 福建医学院学报 1996;30(1):41
[34] 陆凤翔等. 江苏医药 1996;22(4):230
[35] 袁定华等. 中国循环 1996;11(2):76
[36] 章仁品等. 中国超声 1996;12(2):16
[37] 季晓平等. 心功能杂志 1995;7(4):248
[38] 章仁品等. 中国超声 1996;12(9):41
[39] 杨　华等. 中国超声 1996;12(6):37
[40] 黄小琴等. 中国超声 1996;12(6):41
[41] 王美婵等. 中国循环 1996;11(7):419
[42] 章仁品等. 中国超声 1995;11(12):918
[43]* 王新房等. 中华心血管 1996;24(1):5
[44] 朱　伟等. 中国超声 1996;12(7):1
[45] 刘宪恩等. 中国循环 1996;11(10):611
[46] 查道刚等. 中国超声影像 1996;5(3):117
[47] 邵　波等. 中国超声 1996;12(2):5
[48] 梁文华等. 中国循环 1996;11(10):614
[49] 谢晋国等. 中国超声 1996;12(9):15
[50] 徐广马. 广西医学 1996;18(5):535
[51] 陈丽芬等. 广西医学 1996;18(5):613
[52] 陈丽芬等. 中国介入心脏 1996;4(1):26
[53] 佟　铭等. 中华心血管 1996;24(3):230
[54] 张维君等. 心肺血管 1996;15(2):79
[55] 那开宪等. 首都医大学报 1996;17(1):40
[56] 徐衍梅等. 中国实用儿科 1996;11(5):289

[57] 杨满光等. 辽宁医学 1996;10(3):164
[58] 朱　美等. 江苏医药 1996;22(10):709
[59] 郭文萃等. 中国地方病 1995;14(6):348
[60] 相有章等. 中华预防医学 1996;30(4):225
[61] 陈天适等. 上海医学 1996;19(8):453
[62] 赖　平等. 中国循环 1996;11(2):105
[63] 卢显弟等. 中国循环 1996;11(3):172
[64] 郜发宝等. 中华结核和呼吸 1996;19(5):285
[65] 陈　椿等. 南京医大学报 1996;16(5):442
[66] 洪小苏等. 中华内科 1996;35(3):163
[67] 陈天适等. 心电学杂志 1995;14(4):224
[68] 巩维如等. 中华内科 1996;35(3):166
[69] 李淑敏等. 心电学杂志 1995;14(4):218
[70] 李淑敏等. 中华内科 1996;35(3):160
[71] 丁志恒等. 高原医学 1996;6(2):9
[72] 张进军等. 高原医学 1995;5(4):4
[73] 张西洲等. 高原医学 1995;5(4):27
[74] 李英悦等. 中华内科 1995;34(12):812
[75] 牟信兵等. 高原医学 1995;5(4):2
[76] 乐效翚等. Chin Med J 1995;108(12):887
[77] 刘志刚等. 陕西医学 1996;25(9):525
[78] 赵晓兰等. 中国皮肤性病 1996;10(1):5
[79] 曹光兰. 重庆医学 1996;25(1):17
[80] 贺传芬. 武汉医学 1996;20(3):176
[81] 冀石梅等. 中华心血管 1996;24(2):133
[82] 孙　涛等. 上海免疫 1996;16(5):290
[83] 金兰中等. 中华心血管 1996;24(1):38
[84] 陈灏珠等. 中华内科 1996;35(7):451
[85] 李春华等. 铁道医学 1996;24(4):237
[86] 刘志国等. 慢性病预防与控制 1996;4(5):213
[87]* 陈灏珠等. 中华医学 1996;76(8):624
[88] 尹作民等. 中华老年医学 1996;15(4):245
[89] 李晓东等. 辽宁医学 1996;10(3):158
[90] 胡弛雄. 中国循环 1996;11(7):437
[91] 周建忠等. 人民军医 1996;(3):25
[92] 罗　斌等. 中山医大学报 1995;16(4):14
[93] 韩玉升等. 中国循环 1996;11(6):367
[94] 韩玉升等. 中国循环 1995;10(11):675
[95] 封启明等. 中国循环 1996;11(3):38
[96] 袁祖贻等. 中国循环 1996;11(3):179
[97] 屈惠杰等. 内蒙古医学 1995;15(5):265
[98] 高连如等. 中国循环 1996;11(5):300
[99] 高连如等. 解放军医学 1996;21(4):267
[100] 刘庆军等. 临床心血管 1996;12(5):340
[101] 吴志坚等. Chin Med J 1996;109(8):592
[102] 阮秋蓉等. Chin Med J 1996;109(3):206
[103] 刘　勃等. 中华心血管 1995;23(6):460
[104] 张　运等. 中华心血管 1996;24(2):101
[105] 谭敦勇等. Chin Med J 1994;107(10):745
[106] 李为民等. 中华心血管 1996;24(3):219
[107] 王　进等. Chin Med J 1995;108(4):255
[108] 冯义柏. 高血压 1996;4(1):24
[109] 徐长庆等. 哈医大学报 1996;30(4):322
[110] 叶　丹等. 中国循环 1996;11(5):304
[111] 黄亚莉等. 心电学杂志 1996;15(3):91
[112] 伍　卫等. 中山医大学报 1996;17(2):99
[113] 李　芳等. 哈医大学报 1996;30(4):329
[114] 陈于法等. 心脏起搏与心电生理 1996;10(1):42
[115] 郭　棋等. 上海医大学报 1996;23(2):157
[116] 李裕舒等. 临床心血管 1995;11(6):358
[117] 赵　玉等. 中华心血管 1995;23(6):444
[118] 林国生等. 中国循环 1995;10(11):681
[119] 张丽萍等. 中国循环 1995;10(11):679

文　选

宁波渔区 80 例年轻人冠状动脉壁结构及粥样硬化早期病变的研究(中华病理 1996;25(5):273)

解放军 113 医院王爱忠等收集宁波渔区意外死亡年轻人(15～39 岁)新鲜冠状动脉标本 80 例(男 56 例,女 24 例),按组距 5 岁分为 5 组,进行病理组织学、免疫组化和图像分析研究。结果:75 例右冠脉嗜苏丹病变检出率为 18.67%,其中近、中、远三段分别为 14.7%、2.7%和 1.3%。80 例冠状动脉粥样硬化(AS)检出情况:前降支脂纹为 25%,斑块为 5%;左旋支脂纹为 7.5%,斑块为 3.9%;前降支内膜厚度男性大于女性($P=0.05$),30～39 岁组尤为明显($P<0.01$),中膜厚度男性大于女性($P<0.01$),中、内膜厚度在男性均随年龄增长而增厚,女性无明显差异。冠脉中、内膜细胞核数密度均随年龄增长而降低,面密度由大变小。前降支内膜中硫酸软骨素蛋白聚糖相对含量为(23.3±8.8)%,中膜为(12.0±4.0)%。结果显示宁波渔区年轻人冠脉 AS 病变检出率,特别是斑块病变明显低于 AS 高发的北京地区。根据两地居民的动物蛋白年人均消耗量的差异,作者推测渔区居民多食海鱼可能会影响冠脉内脂质

沉积、内膜厚度、平滑肌细胞增生及蛋白聚糖含量，是冠心病发病率低的重要原因之一。

(陈金明)

述评 近年来我国对冠心病高发区和低发区人群的冠状动脉进行了病理学研究，上文是对一组宁波渔区80例年轻人分年龄、性别和病变部位对冠状动脉进行病理组织学、免疫组化和图像分析的结果，是对有关冠心病冠脉病理学研究的进一步完善和补充。近年多有对鱼制品调节脂质作用的研究，上文作者从膳食结构角度，比较了渔区居民和冠心病高发区北京地区居民动物蛋白年人均消耗量的差异，将渔区居民冠心病发病率低归因于多食海鱼，这对于冠心病研究具有较重要的流行病学和临床意义。

(陈金明　吴宗贵)

动脉粥样硬化斑块组织中血小板衍化生长因子基因表达的研究(中华心血管 1995;23(6):453) 北京西苑医院李静等用高脂饮食复制家兔动脉硬化(AS)模型，在用透射电镜观察升主动脉根部血管平滑肌细胞(SMC)超微结构的基础上，又用组织原位杂交技术检测血小板衍化生长因子(PDGF)基因在主动脉壁表达水平及分布。结果显示高脂饮食AS家兔主动脉内膜增厚，斑块内SMC大量积聚，呈灶性增生，有明显形态改变，为典型合成型SMC，吞噬大量脂质形成泡沫细胞。在AS斑块边缘区及新生斑块区SMC可见PDGF-A mRNA表达的阳性颗粒，呈片状或星点状，深蓝色，AS斑块中心区杂交信号较少，非斑块区未见PDGF-A基因阳性颗粒。AS斑块内增生的SMC内未见PDGF-B mRNA阳性杂交信号。正常家兔主动脉内膜光滑，SMC呈收缩型，血管壁未见PDGF-A、B基因表达阳性颗粒。作者认为动脉SMC在体内受高脂血清刺激可由收缩型转变为合成型并增生，而SMC增生似受PDGF的调节，PDGF可能是在AS斑块形成的初始阶段起作用。

(陈金明)

述评 细胞因子在血管SMC迁移和增殖中的促进作用近年受到关注，其中血小板衍化生长因子(PDGF)、成纤维细胞生长因子(FGF)、上皮生长因子(EGF)、胰岛素样生长因子(IGF)、转化生长因子(TGF)、白细胞介素1、6(IL-1、IL-6)等均有报道。上文报道在动脉粥样硬化家兔动脉壁增生的SMC内有大量PDGF-A mRNA表达阳性颗粒，也有在实验鼠中观察到PDGF-B mRNA过度表达的报道(Volkhard L, et al. Cir Res, 1995;76(6):951)。这些基础研究结果均有助于增加动脉粥样硬化与再狭窄发病机制的深入认识。

(张国元)

人尿激酶原cDNA在牛内皮细胞中的表达(中国介入心脏 1996;4(3):136) 北京阜外医院康宁玲等利用磷酸钙盐沉淀法将重组逆转录病毒载体pN2-CMV-尿激酶导入包装细胞PA317，获得含有重组逆转录病毒尿激酶原(Pro-UK)RNA序列的培养上清。常规培养胎牛主动脉内皮细胞(EC)，用重组逆转录病毒感染7代以内的EC，并经G418筛选得到抗性细胞。Southern Blot分析表明Pro-UK cDNA已整合进EC基因组。以鼠抗人Pro-UK单克隆抗体为一抗，作细胞免疫组化分析，抗性细胞胞浆中出现阳性棕色颗粒，用琼脂糖-纤维平板法测得转导细胞Pro-UK分泌量24小时约为23U/10^6细胞。结果表明含Pro-UK cDNA的EC能向胞外分泌具有免疫活性和纤溶酶原激活作用的Pro-UK蛋白，但该转导细胞植入体内后能否防止血栓形成有待进一步研究。

(陈金明)

Nd:YAG激光心肌再血管化远期效果实验研究(中华胸心外科 1996;12(5):270) 四军医大王忠华等结扎犬冠脉左前降支建立心肌梗死模型，用Nd:YAG激光在5只犬左室壁中心缺血区各打孔20～25个，孔间距5～10mm，另5只犬作为对照，8个月后行放射性核素心肌扫描、左室造影及左心功能测定。结果心肌核素扫描实验组仅1只犬有心肌缺血，4只正常，对照组均示左室前壁严重心肌缺血($P<0.01$)。左室造影实验组2只犬显示左室前壁运动减弱，其余3只正常，对照组均显示左室前壁及尖部室壁瘤形成。左心功能测定显示总体射血分数、节段射血分数、左室短轴缩短率实验组均高于对照组($P<0.05\sim0.01$)，左室收缩压峰值(24.9±1.08对20.1±2.75kPa)、$+dp/dt_{max}$(649.82±1020.04对489.57±134.34kPa/s)及$-dp/dt_{max}$(528.94±43.30对420.15±101.62kPa/s)则高于对照组，左室舒张末压两组无差异。结果表明Nd:YAG激光贯穿室壁对缺血心肌直接血管重建能改善缺血心肌的血供。

(陈金明)

c-sis、c-myc癌基因反义寡核苷酸抑制动脉平滑肌细胞增殖(中国介入心脏 1996;4(3):139) 广东心血管病所唐其东等用DNA合成仪选择癌基因翻译起始区域碱基序列为模板，合成得到c-sis、c-myc癌基因15～20个碱基的反义寡核苷酸(AODN)，与兔动脉平滑肌细胞(SMC)共同培养，动态观察AODN对SMC增殖的影响。结果c-sis或c-myc AODN与SMC作用1～4天能明显减少SMC细胞计数和抑制^{3}H-TdR参入率，其抑制作用随浓度增加而加强。10μmol/L c-sis AODN 可最大限度地抑制 SMC 增殖及 ^{3}H-TdR 参入，其抑制百分率达 60.27%和 61.78%。10μmol/L c-myc AODN 最大抑制百分率分别是 58.99%和 58.2%，抑制作用至少持续 4 天。c-sis AODN+c-myc AODN 对 SMC 生长及 ^{3}H-TdR 参入抑制具有协同作用，10μmol/L 浓度时对 SMC 增殖及 ^{3}H-TdR 参入的抑制率分别达 65.36%和 67.56%。而正义寡核苷酸与对照组比较无显著差异($P>0.05$)。作者认为在 SMC 增殖过程中可能有 2 个或 2 个以上癌基因协同作用，同时抑制多基因表达的结果在防治以 SMC 为主的血管增殖性疾病中具有重要意义。

(陈金明)

述评 反义寡核苷酸的核苷酸链可与相应的靶基因或所表达的 mRNA 按照碱基互补的配对原则进行特异性结合，并使其失去翻译蛋白质的功能。上文观察到 c-sis、c-myc 癌基因 AODN，尤在合用时可抑制血管 SMC 增殖，从而为与动脉 SMC 增殖密切相关的动脉粥样硬化与冠脉再狭窄等疾病的防治提供了探索的途径。反义核酸技术的基础研究近年来有较多报道。但在应用中有关其合成、转化效率、转移方式、成本等问题仍待进一步解决。

(张国元)

缺血预处理限制心肌梗死范围的作用与腺苷受体的关系(中国介入心脏 1995;3(4):174) 北京医大一院陈健等将 20 只家兔分为预缺血组(PC)、拮抗剂组(PT，预缺血前 5 分钟静注非特异性腺苷受体拮抗剂 8-苯基茶碱)和单纯缺血对照组(IS)，比较各组缺血和梗死范围并探讨其发生机制。缺血及梗死范围的测量采用 2%伊文斯蓝染色，计算机图像分析；缺血范围以缺血区占左心室体积百分比〔AR/LV(%)〕表示；梗死范围以坏死区占缺血区体积百分比〔AN/AR(%)〕表示。结果 PC 组与 IS 组及 PT 组之间缺血区范围无显著性差异(32.7%±2.0%，35.0%±1.1%和 32.6%±2.1%，$P>0.05$)；坏死区范围 PC 组明显低于 IS 组(14.1%±1.1%和 36.6%±2.7%，$P<0.01$)，下降约 60%，PT 组尽管经过预缺血处理，但坏死范围却与 IS 组无显著差异(32.1%±2.0%和 36.6%±2.7%，$P>0.05$)。以上结果表明，缺血预处理并不减少冠脉阻断后的缺血范围，但增强了心肌细胞对缺血的耐受性，从而挽救了一部分濒临死亡的心肌细胞，使心梗范围缩小。腺苷是心肌缺血后重要的代谢产物，主要作用于嘌呤能 P_1 受体的 A_1 和 A_2 腺苷受体，对再灌注损伤具有很强的保护作用。本实验在预缺血前先给予腺苷受体拮抗剂 8-苯基茶碱，阻断了预缺血降低梗死坏死范围的保护作用，说明缺血预处理限制心梗范围的作用与腺苷受体有关。

(宋 维)

人群血清胆固醇水平与膳食营养的关系(慢性病预防与控制 1996,4(5):195) 国家"八五"攻关专题组赵连成等抽样调查城市人群、较发达地区农村人群、内地农村人群及浙江舟山渔民等 13 个人群 1 670 人膳食营养对人群血清胆固醇(TC)水平的影响，全组年龄 35～59 岁，男女各半。结果各人群的 TC 平均水平不尽相同，除四川德阳外，城市人群及较发达农村人群 TC 水平(男 17.24～19.94mg/L，女 17.18～19.82mg/L)高于内地农村人群(男 15.00～16.86mg/L，女 14.61～17.10mg/L)及浙江舟山渔民(16.09mg/L，女 15.84mg/L)。四川德阳 TC 水平(男 16.63mg/L，女 16.44mg/L)低于其他城市人群。男性胆固醇摄入量城市及较发达农村人群(106～244mg/1 000kcal)明显高于内地农村人群(24～58mg/1 000kcal)，舟山渔民(121mg/1 000kcal)介于两者之间。动物蛋白质(APro)、脂肪(Fat)、饱和脂肪酸(SFA)及 Keys 分值在各人群间的分布与胆固醇相似。女性人群上述营养因素水平与此相似。在控制性别及人群平均体重指数后，经多元回归分析，人群平均 APro、Fat、SFA、膳食胆固醇及 Keys 分值等摄入量以及肉类、蛋类及糕点类食物的平均食用量分别与人群 TC 均值正关联，人群平均糖的摄入量与 TC 均值负关联。作者认为在血清 TC 及膳食脂质相对较低的人群间，膳食脂质仍是影响人群血清 TC 水平的重要因素。

(陈金明)

述评 现已公认，高胆固醇血症特别是低密度脂蛋白胆固醇是冠心病的主要危险因子之一，膳食是影响血清总胆固醇的重要因素。随着我国城乡居民生活水平的提高，近年来我国冠心病的发病率有升高趋势，而膳食结构和血清总胆固醇水平也发生了很大变化。对此，我国组织了专门的攻关组进行研究，以期对冠心病的预防提供依据。该文是该课题中的一部分，研究对象是我国部分地区有代表性的 13 个城乡人群，采用分层随机抽样的方法，总胆固醇测定采用标准化方法，因此结果具有较好的可比性和可靠性，基本上反映了我国城乡居民血清总胆固醇水平与膳食营养的关系。如果在地域上更广一些，如增加东北地区，则可能会更完善。

(陈金明 吴宗贵)

性激素及其比例关系在冠心病发病中所起作用的研究(中华心血管 1996;24(3):191) 山东医大附院贺红等用放免法测定了 1993～1994 年住院的

59 例男性和 57 例绝经后女性冠心病(CHD)患者血清雌二醇(E_2)、孕酮(P)和睾酮(T)水平。结果显示，男性 CHD 组血清 P 水平显著高于正常对照组(6.87 ± 6.5nmol/L 对 3.91 ± 2.7nmol/L，$P<0.05$)，E_2/P 显著低于对照组(77.1±60.6×1 000 对 144.2±138.8×1 000，$P<0.01$)，E_2、T 及 E_2/T 与对照组无显著差异。绝经后女性 CHD 组血清 P 和 T 水平显著高于对照(分别为 5.7±5.4nmol/L 对 3.1±2.8nmol/L 及 4.3±3.2nmol/L 对 2.9±2.1nmol/L，P 均 <0.05)，E_2 无显著差异，E_2/P[(56.0±45.5)×1 000 对(115.4±96.0)×1 000，$P<0.01$]及 E_2/T[(57.4±38.8)×1 000]对(96.8±76.8)×1 000，$P<0.01$)]显著低于对照组。作者认为孕激素水平过高及绝经后女性雄激素水平过高是 CHD 的危险因子，性激素比例失衡与 CHD 发病有密切关系。

(陈金明)

述评 人们早就注意到男女两性冠心病发病有差异，如上海地区 20 年来心肌梗死发病率男性约为女性的 2.75 倍，男性发病的年龄要比女性早约 5 年。造成这一差异的原因很多，而性激素水平的变化可能是更为重要的因素。从该文结果看，孕激素水平过高及绝经后女性雄激素水平过高是冠心病发病的危险因子，性激素比例失衡与冠心病发病有密切关系。这就为雌激素在临床上的应用提供了依据。作者如能同时测定绝经前女性的性激素水平，计算各组性激素水平与冠脉病变的相关关系，则更具说服力。

(陈金明 吴宗贵)

老年冠心病和高血压患者再发心脏事件的临床危险因素(中华老年医学 1996;15(1):29) 北京安贞医院谢英等选择 390 例住院治疗的老年冠心病和高血压患者，其中男 327 例，女 63 例，年龄 60～94 岁，平均(67.8±6.1)岁。记录年龄、性别、糖尿病、吸烟、心电图 ST-T 异常、总胆固醇与高密度脂蛋白胆固醇比值≥4.5、冠心病合并高血压、左室肥厚、无痛性心肌缺血和复杂心律失常等临床特征。随访 2～8.5 年，追踪再发心脏事件，包括初发或再发急性心肌梗死和 SCD(指临床情况稳定，未预料到的、发生于症状出现前 1 小时内的心源性死亡)。结果：在随访期中，共有 48 例再发心脏事件，其中 28 例为初发或再发 AMI，20 例为 SCD。Kaplan-Meier 分析表明无再发心脏事件率逐年下降到第 8 年末的 78.2%；8 年累积再发心脏事件率为 21.8%。单因素分析表明 70 岁以上患者再发心脏事件较 69 岁以下患者多，但差异无显著性；男性和吸烟者再发心脏事件率为 13.8%和 14.7%，分别高于女性和不吸烟者；冠心病合并高血压或糖尿病患者的再发心脏事件率为 21.7%和 21.4%，均高于无糖尿病患者；TC/HDL-C≥4.5、心电图 ST-T 异常、无痛性心肌缺血、复杂室性心律失常和左室肥厚患者的再发心脏事件率分别为 17.0%、19.5%、28.6%、23.0%和 24.4%，分别高于无异常者。Cox 多元分析表明复杂室性心律失常、无痛性心肌缺血、左室肥厚、冠心病合并高血压和 TC/HDL-C≥4.5 是预防再发心脏事件的 5 个重要独立因素。作者指出，如果对这些老年冠心病和高血压患者的上述危险因素给予足够的关注和积极治疗，有可能减少或延缓心脏事件再发，达到改善预后的目的。

(赵 君)

心电图运动试验对判断经皮冠状动脉腔内成形术后再狭窄的意义(中华心血管 1996;23(6):411) 北京医大一院李大元等对 46 例临床高度怀疑有经皮腔内冠状动脉成形(PTCA)术后再狭窄的患者，在 1～47 个月随访期间行冠脉造影复查，其中 41 例有 PTCA 术前、后踏车运动试验资料。该 41 例患者分为再狭窄组和无再狭窄组。结果：46 例患者共扩张 63 支血管，再狭窄 33 支，左前降支比其他冠脉易发生再狭窄。无再狭窄组 PTCA 术后心电图运动试验的各参数均比术前明显改善，但再狭窄组与术前比较无显著性差异，再狭窄组 PTCA 术后运动试验各参数比无再狭窄组差异有显著性。41 例患者 PTCA 术后 31 例(75.6%)发生心绞痛症状，其中再狭窄组占 70.9%，无再狭窄组占 29.1%，前者明显高于后者。运动试验阳性对预测再狭窄的敏感性为 79.2%，特异性为 58.8%，阳性预测值为 72.4%。作者指出，若 PTCA 术后心电图运动试验各参数好转后出现明显恶化、临床有心绞痛症状者要高度警惕术后再狭窄，建议做冠脉造影检查；若心电图运动试验各参数好转后出现轻度恶化，或 PTCA 术前、后变化不明显，则应结合临床表现及核素心肌灌注显像结果，决定是否重复冠脉造影及作进一步治疗。心电图运动试验虽有其局限性，但简单易行、无创，可对 PTCA 术后患者进行定期追踪。

(赵 君)

述评 PTCA 已广泛成功地应用于冠心病患者的治疗，估计每年约达 80 万人。随着手术经验的积累、技术与设备的不断完善，即刻成功率已超过 90%。但术后 6 个月内约有 35%左右的患者发生再狭窄、症状复发或需再次介入治疗。重复冠脉造影虽有助于再狭窄的确定，但检查属损伤性，对设备、技术要求高、花费大，病人不乐意接受。上文对心电图运动试验在判断与预测 PTCA 术后再狭窄中的意义进行了评价，提供了一种非创、经济、易行的方法，有助于需行冠脉造影者的筛选。

（张国元）

运动试验心肌显像正常者的预后评价（中华核医学 1996;16(1):8） 北京医大一院林景辉等选择有胸痛或运动试验阳性而运动负荷心肌显像基本正常者154例(男110例，女44例)，平均年龄(53.9±10.7)岁。50例作了冠脉造影，4例证实为单支病变。显像后随访时间>1年(12～98个月)。每例患者按Bayesian分析法估算其心肌显像前后患冠心病的可能性。结果心肌显像前估测患冠心病可能性为19%(中性数)，显像后下降为13%，差异有显著性(U=6.0198，$P<0.01$)。在长期随访中仅1例发生心脏事件，显像前估测患冠心病可能性为90%。心脏事件总发生率为0.7%(1/154)，年发生率为0.2%。4例单支冠脉病变者随访中无1例发生心脏事件，20例显像可疑异常者也未发生心脏事件。154例患者中55例(35.7%)运动心电图阳性，随访中无1例发生心脏事件。作者认为冠状动脉造影虽是诊断冠心病最可靠的方法，但它是一种形态学检查方法，不能反映心肌血流灌注量的变化，对指导治疗、判断预后有一定局限性。心肌显像则能直接反映心肌血流灌注量的变化，对指导治疗、评价预后能提供重要信息。运动心电图假阳性与假阴性约占30%，判断冠心病人的预后是不满意的。只要心肌显像基本正常，即使运动试验阳性，预后也良好。

（赵　君）

冠状动脉造影评价女性冠心病心绞痛的诊断问题（中华内科 1996;35(4):239） 北京人民医院陈步星等分析100例临床诊断冠心病心绞痛行冠脉造影检查的女性患者的临床资料。患者年龄27～74岁(平均55.9±9.2岁)，病程1周至20年。以冠脉造影管腔狭窄≥75%或冠脉狭窄50%～75%伴有心肌缺血证据者诊断为冠心病；冠脉狭窄<50%或正常者为非冠心病。结果：100例中确诊冠心病48例，非冠心病52例。冠心病组平均年龄明显大于非冠心病组；伴高血压病、糖尿病、高甘油三酯血症、有吸烟史和绝经者亦明显多于非冠心病；有高胆固醇血症、肥胖及冠心病家族史两组无显著差异。有上述2个或2个以上危险因素者，冠心病组41例(85%)，非冠心病组24例(46%，$P<0.01$)。胸痛伴特异性心电图改变者冠心病组占75%，非冠心病组仅1例(2%)。作者指出48例冠心病患者中已绝经者45例，占93.8%，说明绝经是女性冠心病特殊危险因素，原因可能与停经后失去雌激素保护有关。认为女性绝经后出现典型或不典型胸痛、伴明显冠心病危险因素者患病可能性大；绝经后仅有胸痛但无危险因素者则可能性小。

（赵　君）

人群血压水平对急性心肌梗死及脑卒中患病率的影响（高血压 1995;3(4):314） 南京医大一院朱杰等按照《1991年全国高血压流行病学抽样调查计划》的人口抽样方法，于1991年抽取江苏省南北城乡12个点，其中城市15岁以上应查人数26 125名，实查23 156名，调查应答率为86.3%；农村15岁以上应查人数26 377名，实查22 770名，调查应答率为88.6%。资料完整纳入统计者计45 574人，城市23 021人，农村22 553人。血压计采用汞柱式，以mmHg为计量单位。急性心肌梗死(AMI)及脑卒中的患病状况采用询问式调查表获得。AMI及脑卒中诊断标准按照WHO-Monica方案要求，资料统一输入计算机，采用SPSS数据软件处理，分别计算城乡男女人群平均血压水平、AMI及脑卒中的患病率，采用t检验对比城乡人群血压水平、AMI及脑卒中患病率之差异。结果城市15岁以上人群平均血压水平为(120.1±21.1)/(73.4±11.5)mmHg；AMI和脑卒中患病率分别为182.4/10万和816.6/10万；农村15岁以上人群的平均血压水平、AMI和脑卒中患病率分别为(115.5±17.8)/(70.7±10.7)mmHg、44.3/10万和190.7/10万。城市人群与农村人群相比，前者均明显为高($P<0.01$)。结果显示城市较农村人群血压水平高，AMI及脑卒中患病率也明显为高。作者提出要开展高血压人群防治工作，降低AMI和脑卒中患病率。

（宋　维）

心肌梗死患者血管紧张素转换酶基因缺失多态性分析（中华医学遗传 1996;13(1):15） 上海华山医院卢卫新等应用血管紧张素转换酶(ACE)基因内含子16多态区两侧的序列作为引物，用多聚酶链反应方法检测ACE基因多态性，对我国40例心肌梗死(MI)患者和40例非冠心病患者进行比较。两组在年龄、性别、合并糖尿病、血脂、血压及吸烟、饮酒等均无明显差异。结果MI组DD型20例、DI型11例、II型8例；对照组中DD型8例、DI型14例、II型18例。两组构成比有显著性差异($P<0.05$)。作者指出，ACE基因的内含子16中，有1个250bp DNA片段存在插入和缺失的多态性。DD型ACE基因是白种人冠心病的危险因子。本文表明国人MI患者ACE基因DD型发生率达50%，明显高于对照组的20%，提示ACE基因DD型是国人MI一个重要危险因子。

（宋　维）

硝酸甘油介入超声心动图判定心梗后心肌细胞存活性(中国超声 1996;12(7):17) 山西医学院一院刘望彭等应用硝酸甘油介入超声心动图对 20 例 MI 患者(AMI 13 例,OMI 7 例)进行梗死后心肌细胞存活性研究。方法为先行静态二维超声检查,观察各切面及各节段室壁运动情况,然后给患者舌下含服硝酸甘油 0.5～1.0mg,并作血压、心率和 ECG 监测,含化 7 分钟后作第 2 次二维超声检查,观察室壁运动情况,重点观察静态时已确定的运动异常心梗节段。图像分析将左室壁分为 16 个节段(前壁、间隔、侧壁及下壁各分为基底、中部及心尖三部分,前间隔及后壁各分为基底部中部两部分)。静态检查时室壁运动情况分四级:正常、运动减弱、运动消失及反常运动。给予硝酸甘油介入后室壁运动改善情况分为三级:①运动无改善;②运动增强:静态时运动异常节段硝酸甘油介入后室壁运动及收缩期增厚增强,但尚未达到正常水平;③运动明显增强:静态时运动异常节段硝酸甘油介入后室壁运动及收缩期增厚达到或接近正常水平。结果 20 例 MI 患者中静态二维超声共发现运动异常 89 个节段,其中减弱 72 个(81%),消失 15 个(17%),反常 2 个(2%)。硝酸甘油介入后 62 个节段(70%)运动呈不同程度改善。在减弱的 72 个节段中,增强 48 个节段(67%),明显增强 8 个节段(11%),16 个节段(22%)无改善。运动消失的 15 个节段中增强 3 个(2%),明显增强 3 个(2%),无改善 8 个(53%)。反常运动的 2 个节段硝酸甘油介入后运动无变化。结果表明硝酸甘油介入超声心动图在估价 MI 后心肌细胞存活性方面敏感、简便、费用低,有较高的临床应用价值。

(宋　维)

急性心肌梗死早期左室心功能及其重塑的研究(中华心血管 1995;23(6):407) 北京阜外医院杨跃进等将 34 例初发 AMI 患者分为两组:前侧壁组(18 例)和下后壁组(16 例)。于发病后早期(平均 4.6 小时)行左心室造影,分析其心功能和重塑指标。结果:①与正常相比,两组左室舒张末容积无明显变化,而收缩末容积显著增加(28.69±6.25ml 对 67.15 ± 26.07ml 和 52.17 ± 24.84ml, P 均 $<$ 0.001);每搏量、左室射血分数、心输出量均明显降低($P<0.05$～0.001);上述参数在 AMI 两组间均无显著差异。②前侧壁 AMI 患者已有梗死区膨出、变形,而无扩展和左室扩大为左室重塑的最早表现,左室收缩末容积增加在前侧壁 AMI 是由于收缩末弧长增加所致,而在下后壁 AMI 患者则是收缩末形状变得更圆的结果。③上述左室心功能变化和重塑特点均与室壁节段运动异常的范围和程度显著相关。

(宋　维)

急性心肌梗死尿激酶临床应用研究(1 138 例)(中华心血管 1996;24(3):169) "八五"国家攻关课题组 37 所医院于 1993 年 5 月～1995 年 1 月根据:①胸痛超过半小时;②心电图相邻两个或两个以上的导联 ST 段抬高≥0.2mV 且含服硝酸甘油不恢复;③年龄不超过 70 岁等标准选出 1 138 例 AMI 患者。发病 6 小时以内入院者 1 023 例,随机分为尿激酶低剂量组(539 例)和高剂量组(484 例);发病 6～12 小时仍有胸痛伴 ST 段抬高 0.2mV 的 115 例为延迟治疗组。低剂量组尿激酶总量不低于 90 万 IU,高剂量组总量不超过 180 万 IU,延迟治疗组按 2.0 万 IU/kg 给药。用尿激酶前开始口服阿司匹林 300mg/d,3 天后改为 50mg/d 持续服用。疗效评定采用临床间接指标再通标准。结果:①尿激酶应用 120 分钟后,低剂量和高剂量组血管再通率分别为 67.3%和 67.8%,4 周病死率分别为 9.5%和 8.7%,各种心脏严重并发症发生率相近。高剂量组 3 例死于脑出血,其中 2 例与溶栓剂有关。作者认为 1.7 万 IU/kg 是安全有效的剂量;②延迟治疗组治疗后 120 分钟的血管再通率为 40.0%,显著低于 6 小时内治疗者,重度心衰的发生率显著升高,4 周病死率虽较高但无显著差异(13.9%对 9.1%),可能与病例数较少有关,疗效明显低于发病 6 小时内治疗者。作者认为对来院较晚但发病仍在 6～12 小时内,如仍有胸痛和 ST 段抬高并无其他溶栓禁忌证的 AMI 患者,可考虑给予溶栓治疗。

(吴宗贵)

急性心肌梗死溶栓治疗梗死相关冠状动脉再通对急性期预后的影响(中华心血管 1996;24(3):174) "八五"攻关课题组应用国产尿激酶治疗 1 138例急性心肌梗死患者并根据临床指标判断血管是否再通。1 138 例中再通者 757 例,占 66.5%,其中男 588 例,女 169 例,平均年龄(58.3±8.7)岁。未通者 381 例,占 33.5%,其中男 297 例,女 84 例,平均年龄(58.7±8.5)岁。性别、年龄两组无差异。结果:再通组和未通组 4 周病死率分别为 3.4%和 21.8%($P<0.001$);各种严重并发症前组显著低于后组($P<0.01$～0.001)。两组的死亡原因相近,主要为心脏骤停、心衰和休克,其次为心脏破裂。Cox 回归模式 4 周死亡风险分析,未通组是再通组的 6.69 倍,年龄、有无心衰和梗死面积均明显增加死亡风险。作者认为血管再通与否是最重要的独立因素,梗死相关血管再通对改善心肌梗死急性期预后起十分重要的作用。

(吴宗贵)

急性心肌梗死溶栓治疗梗死相关冠状动脉再通对长期预后的影响(中华心血管 1996;24(3):178) “八五”国家攻关课题组36所医院自1991年7月～1995年1月对急性心肌梗死溶栓治疗生存出院者1 267例进行随访。溶栓药物除20例为蛇毒去纤酶外均为尿激酶。急性期血管再通按统一的临床标准。再通组843例,未通组424例。患者出院后每半年进行一次门诊随访。随访终点为死亡或到1995年3月随访截止日。随访时间1～49个月,再通组随访(16.0±10.4)个月,未通组随访(19.2±12.2)个月。36所医院随访的1 267例的随访率为84.5%,随访率较低,而其中18所医院观察的826例随访率为95.2%,故单独分析。结果:未通组的3年生存率(73.9%)与北京阜外医院1959～1979年无溶栓治疗时的急性心肌梗死治疗结果(72.9%)相近,而再通组的3年生存率(91.6%)显著增加;未通组心因性死亡(4.72%)高于再通组(2.85%);再梗死发生率两组相近。Cox回归分析血管再通者生存机会较未通者多33.5%,再梗死三次生存机会减少36.5%,年龄和梗死部位也是独立危险因素。作者认为急性心肌梗死溶栓治疗使梗死相关冠脉再通,既能改善急性期的预后,又能明显增加长期生存率。

(吴宗贵)

述评 急性心肌梗死溶栓治疗已有许多大规模国际间协作的临床试验,但国内类似的报道尚不多。以上3篇文献是我国“八五”国家攻关课题研究组关于急性心肌梗死尿激酶临床应用、梗死相关动脉再通对急性期和长期预后影响的多中心研究报道,是目前国内同类研究中规模最大的,对于中国人心肌梗死后应用尿激酶的疗效、安全性及用药剂量和时机具有重要的参考价值。该课题组提出的尿激酶低剂量和高剂量的疗效相似,但并发症较少,值得进一步研究。

(吴宗贵)

冠脉内镜和冠脉内超声显像结果与再狭窄之间的关系(Chin Med J 1996;108(10):743) 解放军514医院等徐世全等用冠脉造影、血管镜(CASC)和血管内超声(IVUS)观察17例经皮腔内冠状动脉成形(PTCA)术后即刻和3个月时扩张部位血管形态,并分别计算狭窄部位和邻近正常血管内径、球囊充气后的截面积(S1)、PTCA术后扩张部位血管截面积(S2)、扩张指数(DI=(S2/S1)、回弹(ER=S1－S2)和回弹率(ERR=(S1－S2)/S1)。冠脉造影和IVUS测得的S2分别是(3.96±1.21)mm² 和(4.74±1.84)mm²,呈良好的正相关($r=0.814$,$P<0.05$),冠脉造影测得的扩张指数(DIc)和IVUS测得的扩张指数(DIu)也呈良好的正相关($r=0.762$,$P<0.01$)。血管内镜观察到11例病人有冠脉内血栓,其DIu为0.69±0.22,6例病人血管镜和IVUS均未发现血栓,DIu 0.55±0.24,两组的DIu无明显差异。4例出现内腔撕裂活瓣的病人DIu为0.54±0.10,另13例DIu为0.66±0.24,两组间DIu无明显差异。再狭窄组(7例)的DIu明显低于非再狭窄组(10例,0.42±0.08对0.78±0.16,$P<0.01$),ER明显高于非再狭窄组(4.51±1.42mm² 对1.63±1.20mm²,$P<0.01$),ERR也明显高于非再狭窄组(57.3±8.07%与21.80±16.84%,$P<0.01$)。IVUS发现再狭窄组冠脉内膜撕裂4例(57%),非再狭窄组7例(70%);撕裂发生率两组间无明显差异。血管镜发现再狭窄组血栓发生率3/7(47.8%),非再狭窄组为7/10(70%),两组间无显著差异。另外斑块形态、钙化程度和内膜颜色在两组间无差异。结果表明PTCA扩张部位血管回弹是术后再狭窄的主要原因之一。

(黄 佐)

述评 再狭窄严重影响了PTCA对冠心病治疗的远期效果,目前其发生机制未明。主要的假说有新生内膜过度增生和血管回弹重构两种。上文作者用血管镜和血管内超声观察了17例PTCA术后即刻和3个月时的扩张部位血管情况。例数虽少,但结果有较大的实用价值。发现再狭窄与既往一般认为和再狭窄有关的因素如撕裂、斑块形态和钙化程度等无明显的相关性,而主要与扩张部位血管回弹有关。这为血管内支架能防止血管回弹,从而防止再狭窄提供了依据。

(黄 佐)

血管紧张素Ⅰ转移酶基因与中国人冠心病、糖尿病及高血压的关系(中华内分泌 1995;11(4):201) 上海市六院项坤三等分析231例中国人的血管紧张素Ⅰ转换酶(ACE)基因,该组病例由冠心病(CHD)、非胰岛素依赖型糖尿病(NIDDM)及原发性高血压(HTN)呈不同组合而成。结果表明:(1)ACE基因与中国人CHD关联;(2)此种关联表现于ACE基因插入/缺失(I/D)型多态中DD、DD+DI基因型及D等位基因频率在CHD中显著增高;(3)中国人普通群体中呈DD型者发生CHD风险率为Ⅱ型的9倍;(4)在中国人中ACE基因与CHD的关联是一种普遍存在情况,此种关联亦见于HTN或NIDDM合并CHD中,亦即HTN或NIDDM患者ACE基因I/D基因多态呈DD型者易合并CHD;(5)ACE基因I/D多态是中国人CHD发病独立风险因素。作者指出,CHD、NIDDM、HTN常在某个体中并存,构成多发代谢病综合征，它们既有共同的、亦有各异的遗传因素参与其病理生理基础，ACE基因仅参与CHD发病而不是这些疾病集结存在的遗传学基础，阐明这些遗传因素是对这些常见病进行发病前诊断及一级预防的前提。在CHD高危人群中，尤其对ACEI/D多态DD型者是否可用ACE抑制剂进行CHD一级预防，人种DD型频率差异是否影响各人种CHD患病率均值得进一步研究。

（黄高忠）

动脉血压参数正常参照值协作研究（中华心血管 1995；23(5)：325） 上海高血压所等国内7个单位按统一方案协作检测临床健康者的动脉血压。检测对象均为无高血压史、近2周内3次非同日血压在正常范围、超声心动图无异常者共283名（男165名、女118名），年龄20～79岁。受试者在安静休息5～10分钟后应用标准汞柱式血压计测量坐位右上臂偶测血压。每次测定3遍，相隔2分钟，取2次较低读数的平均值。血压监测前及监测后（均在上午）的2次偶测血压读数的平均值作为该例的偶测血压值。无创性携带式动脉血压监测仪使用美国Spacelabs、Accutracker或Del Mar产品。测压间隔20～30分钟，24小时内有效读数少于80%或每小时区间内有缺漏数据者不列入统计分析。获得的数据经计算机处理，以$\bar{x}\pm s$表示，正常值为$\bar{x}\pm 2s$。结果24小时平均血压为(14.8±1.3)/(9.8±0.8)kPa，上限为17.4/10.7kPa；白昼(6～10am)血压为(15.3±1.4)/(9.5±0.9)kPa，上限为18.11/11.2kPa；夜间(10pm～6am)为(13.7±1.4)/(8.4±0.9)kPa，上限为16.6/10.3kPa（1mmHg＝0.133kPa）；收缩压和舒张压夜间血压下降幅度分别为10%和11%。动态血压值与偶测血压值有明显差异，显然不能采用公认的正常血压标准来评价动态血压。在应用大规模自然人群调查和预后追踪的方法确立动态血压正常参照值之前，本研究采取多地区协作、按统一方案检测临床健康者的动态血压，具有临床实用性。作者建议暂定的动态血压正常参照值为24小时均值＜17.3/10.7kPa，白昼均值＜18.0/11.3kPa，夜间均值＜16.6/10.0kPa，夜间血压下降率≥10%。此结果与国外汇总资料比较处于范围的低值区。

（黄高忠）

述评 动态血压监测日趋普及，对高血压的诊断、血压昼夜变化规律、治疗选择以及预后判断均具有意义。但有关其正常范围与标准尚待制定。上文通过国内多地区协作，按统一方案检测283名年龄20～79岁临床健康者后提出的国人正常参考值建议，可供借鉴。但这项工作仍有必要进行更多地区、更大样本的自然人群调查，以获取具有更广泛代表性的正常人数据。

（黄高忠 张国元）

人工重组促红细胞生成素导致高血压机制的研究（中华肾脏 1996；12(2)：67） 上海华山医院董菲等对30例慢性肾衰和贫血患者（Hb 69.5±2.1g/L，血压≥21.3/14.7kPa）停用降压药物，给予人工重组促红细胞生成素（r-HuEPO）治疗，首剂100U/kg（iv），以后根据Hct每周上升0.02剂量，每周3次，剂量个体化。以Hb 80～100g/L、Hct 0.3为靶目标，疗程3～4个月。于用药前后观察心脏血流动力学、血液粘滞度以及血管活性物质肾素（RA）、血管紧张素（AII）、醛固酮（ALD）、内皮素（ET）、心钠素（ANP）、去甲肾上腺素（NA）等的血浆浓度和离体阻力血管条对上述活性物质敏感性的改变。结果：r-HuEPO能有效纠正肾性贫血，30例患者的Hct均有明显升高，ΔHct＝0.092±0.036；高血压的发生率为23.3%（7/30），平均血压升高(7.2±2.4)/(3±0.9)kPa；发生高血压组与未发生高血压组之间心脏血流动力学无明显差异；随着贫血的纠正，Hct升高，全血粘度亦上升，两组的血液粘滞度随时间上升曲线几乎重叠；使用EPO前后血浆RA、AII、ALD无明显改变。为了排除遗传、环境等诸因素的影响，又观察了SD大鼠使用EPO后血浆PRA、AII、ANP和ET值，与对照组相比无明显升高。使用EPO鼠肠系膜前动脉对ET、NA收缩作用较对照鼠明显升高，但EPO鼠动脉对AII的收缩作用却低于对照鼠，表现为其浓度-效应曲线的右移。作者认为：①心搏出量改变在EPO所致的高血压中不起作用，因为在使每例Hct上升速率大致相等的情况下，只有7例发生高血压；用药后血浆ANP无变化亦提示心房内压无明显改变，而超声心动图的结果表明发生高血压的病例在贫血纠正后，心搏出量反而有所下降；②血液粘滞度改变在EPO所致高血压中亦不起主要作用，因为在控制了Hct上升的速度后，两组的血液粘滞度随时间上升曲线一致；③用EPO后阻力血管对ET、NA等缩血管物质的反应性过高可能是造成高血压的重要原因之一，这从动物实验中得到了证实，但其机制尚待进一步研究。

（黄高忠）

小剂量双氢克尿塞复方降压剂控制人群高血压5年观察（高血压 1996；4(2)：153） 南京市高血压人群防治协作组在该市心血管防治区内6个企事业单位的3万名职工中，自1985～1986年收集35～64岁Ⅰ～Ⅱ期原发性高血压1 005例，进行有计划的长期治疗。药物为自制的复方降压药，每片含双氢克尿塞 12.5mg、氨苯喋啶 12.5mg 和利血平 0.05mg。初量为 1～2 片/天，维持量减半。治疗期间每 2～4 周随访 1 次，治疗前及治疗后第 1、第 5 年测定身高、体重、心电图、眼底、尿常规、空腹血糖、肌酐及血脂。结果：随访 5 年，可列入统计分析者共 905 例(男 604 例，女 301 例)。治疗前血压：男(21.5±2.7)/(13.7±1.2)kPa，女(22.7±2.9)/(13.6±1.3)kPa，治疗后分别下降 3.3/2.1kPa 和 4.3/1.5kPa。其中血压达满意控制者(治疗后每季度血压均值≤18.6/12.0kPa)557 例(61.5%)，基本控制者(血压均值在临界水平)252 例(27.8%)，未控制者(血压均值≥21.3/12.1kPa)96 例(10.6%)。5 年间脑卒中的发生率在三组中分别为 0.54%、2.78%和 13.54%($P<0.01$)，而冠心病事件三组间无明显差异。用药期间患者无明显不适，顺从性良好。治疗后血钾轻微下降，但仍保持在正常范围。血肌酐及空腹血糖亦在正常范围。血清 TC 及 HDL-C 轻度降低，但 HDL-C/TC 保持不变。TG 于治疗后 1 年轻度增高，但 5 年后改变不明显。Ⅰ期高血压心电图左室肥大的出现率、Ⅱ期伴左室肥大者的左室电压均有不同程度下降。目前利尿降压治疗对防止心血管并发症的效果已确定，但大剂量利尿剂对血钾和血脂代谢有明显不利影响，故推荐应用小剂量利尿剂于轻型高血压的治疗。本文采用以小剂量排钾和保钾药联合的复方降压制剂，随访 5 年表明 90%的病人平均血压稳定在正常或临界水平，并能有效阻止与逆转左室肥厚，减少脑卒中发生率，而副作用轻微。作者认为，由于我国高血压人群以低肾素型居多，更适用于利尿剂治疗。

(黄高忠)

述评　尽管钙拮抗剂和转换酶抑制剂应用日益广泛，利尿剂作为降压治疗的一线药物仍被推荐，且经长期对照证明可减少心血管并发症。小剂量噻嗪类利尿剂(6.25～12.5mg，qd)长期应用对血电解质、糖和脂质代谢无明显不利影响，且可增强其他类降压药的疗效。以小剂量利尿剂为主的复方降压药由于价廉、服用方便、疗效肯定，比较适合我国国情而受欢迎。继续探讨更合理的药物组合，改进配方仍具意义。

(黄高忠　张国元)

原发性高血压综合心理治疗的远期疗效观察(中华精神 1996;29(3):170)　北京安定医院张志锐等将 60 例Ⅰ、Ⅱ期原发性高血压随机分为研究组和对照组各 30 例，研究组在停用降压药 2 天后进行综合心理治疗，包括生物反馈治疗(用 SFK-Ⅰ型肌电生物反馈仪行声音信号反馈，同时播放神经肌肉渐进放松训练指导语)、支持性心理治疗和音乐治疗，对照组服用复方降压片、降压灵、降压 0 号或阿替洛尔等降压药。2 个月后观察近期疗效，随访 2 年为远期疗效。结果：远期降压及对一般临床症状(头痛、眼花、心悸、恶心、乏力)的有效率、血压下降值两组相似，对焦虑和抑郁情绪的远期有效率研究组高于对照组。研究组收缩压远期疗效不如近期疗效，但仍保持在正常范围，舒张压保持在近期水平。研究结果表明综合心理疗法治疗高血压病可达到与药物治疗相似的疗效，但无药物的毒副作用，且对促进整个神经系统的生理功能、内分泌系统、神经递质的平衡等均有助益，并能促进心身健康，在这方面似优于药物治疗。作者认为综合疗法之所以有与药物治疗相似的效果，说明其对机体的生理病理过程起作用。提示医学模式须从生物-医学模式转变为生物-心理-社会模式，重视心理、社会因素在疾病治疗中所起的作用。

(黄高忠)

风湿性心脏病二尖瓣和心肌间质病理组织学及免疫组化观察(中华医学 1996;76(3):183)　西安西京医院樊宏等用 HE、胶原纤维(VG)、弹力纤维(Weigerts 间苯二酚-品红)、淀粉样物质(碱性刚果红)和Ⅰ、Ⅲ、Ⅳ型胶原免疫酶标染色，对 26 例风湿性二尖瓣病变(RHD)和 10 例正常心脏二尖瓣进行病理形态学及Ⅰ、Ⅲ、Ⅳ型胶原免疫组化研究。结果 RHD 患者瓣叶和腱索均呈弥漫性纤维结缔组织增生，胶原纤维排列紊乱，伴有玻璃样变和粘液样变。心肌间质亦见结缔组织明显增生伴玻璃样变，小血管管腔变窄、管壁增厚和血管周围炎性细胞浸润。弹力纤维比对照组明显减少，出现溶解、断裂甚至消失。对照组刚果红染色全为阴性，而 RHD 组 23 例(88.5%)阳性(强阳性 14 例，弱阳性 9 例)，淀粉样物质多沉积在玻璃样变明显区域。免疫组化染色显示 RHD 组病变瓣叶、腱索及乳头肌心肌间质结缔组织中Ⅰ、Ⅲ型胶原呈明显增生，且随炎症程度加重，呈脑回状或泡沫样分布，在炎细胞浸润、纤维素样坏死及不典型 Aschoff 小体周围胶原增生尤为活跃，在瘢痕化玻璃样变区胶原纤维粗大或融合成片，排列紊乱，趋于老化。钙盐沉积多位于一些胶原纤维退变区。心肌间质小血管周围可见大量增生的Ⅰ型胶原围绕。24 例心肌细胞显示出较强Ⅰ型胶原阳性表达。作者认为瓣膜及心肌间质胶原纤维广泛增生、退变、弹力纤维破坏，甚至出现灶性坏死和钙化是风心病的显著病理特征之一，胶原的异常合成和增生、Ⅰ/Ⅲ型胶原纤维比例失调，可加重心脏和瓣膜功能障碍。

述评 心肌组织是由心肌细胞、非心肌细胞和细胞外间质组成。胶原是心肌间质的主要成分，心肌间质胶原组成复杂的网状结构，在维持心脏功能方面起重要作用。在病理状态下，如心脏的压力和(或)容量负荷过重，除心肌细胞发生改变，心肌胶原网亦会发生重构，从而影响心脏功能。上文作者用免疫组化观察到风心病心肌间质胶原增生，Ⅰ/Ⅲ型比值增加。杨军民等(二军医大学报，1996;17(1):37)用生化方法在瓣膜组织亦发现类似的变化，而且这种变化可能受mRNA转录水平的调控。研究风心病心肌间质胶原网的改建及其调控因素，对风心病心衰的防治具有重要的意义。

(郑　兴)

风湿性心脏病心房颤动电生理机制的研究(心脏起搏与电生理 1996;10(2):78)　上海长海医院李莉等对21例风湿性心脏病(风心病)慢性房颤患者(CAf组)进行心外膜标测及心电生理检查，并与14例非风心病阵发性房颤(PAf组)和12例无房颤者(正常对照组)进行对照，对房颤机制进行研究。结果CAf组右房传导时间延长发生率为80%，显著高于PAf组(42.9%)和正常对照组(8.3%，$P<0.05$和$P<0.001$)。CAf组和PAf组窦性心律时的房间传导时间显著长于正常对照组(分别为103.0±24.5ms和113.3±26.1ms对78.7±18.1ms，P均<0.01)。CAf组和RAf组的高位右房有效不应期均显著短于正常对照组(225.9±22.2ms和210.0±39.3ms对28.8±31.4ms，$P<0.001$和$P<0.01$)。CAf组和RAf组易损性发生率均为50%，显著高于正常对照组(0，P均<0.01)。CAf组心外膜标测房颤时的波长指数显著小于房扑时的波长指数(1.42±0.2对2.42±0.41，$P<0.01$)，右房多为致密的颤动波，左房多为规则的扑动波，但激动模式多变。风心病CAf病人右房传导时间延长、有效不应期短、易损性高是发生多发性子波功能折返导致房颤的电生理基础。房间传导时间长，左房以规则扑动波居多，提示左房多有大折返环存在。

述评 心房颤动用药物或电复律，尽管即时成功率较高，但复发率亦很高。近年来用射频消融和外科迷宫手术为治疗房颤提供了新的方法，但尚处在摸索阶段，成功率低。房颤的防治困难与对其发生机制的了解不够有关。上文作者应用心外膜和心内电生理标测方法对风心病房颤患者进行研究，探讨房颤发生的电生理和解剖机制，对房颤的消融及外科治疗将会有很大的指导意义。

(郑　兴)

风湿性心脏病二尖瓣狭窄患者经皮二尖瓣球囊扩张术前后血浆β-内啡肽改变(Chin Med J 1995;108(11):812)　广西医大尹瑞兴等应用放免法测定35例风心病二尖瓣狭窄患者行经皮二尖瓣球囊扩张术(PTMC)血浆β-内啡肽(β-EP)含量。PTMC前血浆β-EP浓度在肘静脉和股静脉明显高于正常对照组(28.91±5.59pg/ml和28.20±5.44pg/ml对22.59±3.86pg/ml，$n=34$)，股静脉血β-EP含量与术前的平均左房压和平均右房压之间有显著相关性($r=0.77$，$P<0.001$)，心功能Ⅱ级和Ⅲ级者血浆β-EP含量明显高于对照组(26.45±5.39pg/ml，32.21±4.02pg/ml对22.59±3.86pg/ml，$P<0.001$)；PTMC后72小时，肘静脉血β-EP含量降至(24.37±2.59)pg/ml，但合并房颤者血浆β-EP仍维持在较高水平，明显高于不合并房颤者。在PTMC前和PTMC后72小时，肘静脉血β-EP与心率($r=0.502$，$P<0.001$)，平均跨瓣压差($r=0.534$，$P<0.001$)和二尖瓣口面积($r=-0.710$，$P<0.001$)明显相关。结果表明二尖瓣狭窄合并房颤者血浆β-EP含量增高，二尖瓣球囊扩张可引起血浆β-EP的突然升高，血浆β-EP水平与心功能状态、房颤和血流动力学参数有明显相关，提示这些因素可能参与β-EP的释放调节。

(郑　兴)

动脉导管未闭三种堵闭方法的比较(中华儿科 1996;34(2):116)　广东心血管病所张智伟等自1989～1994年分别应用改良Porstmann法、Rashkind动脉导管未闭法和Sideris法堵闭动脉导管未闭(PDA)25、23和8例，成功率分别为92%(23/25)，100%(23/23)和100%(8/8)，总成功率96.4%(54/56)。Porstmann法术后24小时及3年随访无残余分流发生，术中发生塞子脱落2例，股动脉撕裂1例，足背动脉减弱5例。Rashkind法术后24小时残余分流发生率为26%(6/23)，其中3例有连续性杂音，另有机械性溶血1例。Sideris法术后24小时残余分流为25%(2/8)，无并发症发生。作者认为Porstmann法疗效最好，但适应证较窄(适于＞7岁，PDA内径较小者)，并发症较多，操作复杂。Rashkind法适用于年龄＞6个月、体重＞10kg者，但PDA内径大于5.5mm者术后有少量残余分流发生，如连续性杂音超过1年以上可能要放置第2个双面伞器。Sideris法适用于任何年龄、任何类型、任何大小的PDA，并发症少，是最有希望的PDA堵闭方法。

述评 国内应用改良Posrtmann法堵塞PDA已10年，疗效肯定，费用低。有人主张体重20kg以上、PDA伸长直径不超过自身股动脉内径1.5倍者可用此法，术中只要用球囊导管测出PDA的伸长直径，再用导管尺选择塞子大不，毋需考虑PDA的形态，一次堵塞成功率极高(中华心血管 1996;24(2):131)。但由于适应证较窄，操作较复杂，尚难在一般医院推广应用。Rashkind法及Sideris法应用时间较短，器械价格高，对术后残余分流的结局有待更长时间观察，总体看Sideris堵闭PDA前景良好。

(丁鸿钧)

经皮纽扣式补片治疗左向右分流先天性心脏病的初步报道(中华心血管 1995;23(6):434) 广东心血管病所陈传荣等自1994.6～1995.1应用经皮纽扣式补片法治疗未闭动脉导管(PDA)5例，室隔缺损(VSD)5例，继发孔型房隔缺损(ASD)4例，其中男6例，女8例，年龄15～49(26.8±10.3)岁，心功能2～3级，除1例ASD为双向分流外，余均为左向右分流。PDA内径5.4～24(12±7.7)mm，VSD缺口4～10(6.6±2.4)mm，ASD为10.5～31(23.3±6.8)mm。结果：14例手术全部成功。术后第2、4天复查，肺淤血有不同程度减轻，补片位置良好，各房室腔无明显变化。PDA组中3例杂音消失，2例减弱，主动脉造影PDA 4例见微量左向右分流；VSD组杂音均消失，4例ASD杂音明显减弱。全组14例彩超示0.6～1.3mm的左向右分流5例。随访1～8个月，症状改善，5例残余分流中2例消失，2例面积缩小，1例不变。作者认为本法适用于有外科手术指征的不同类型及大小的PDA、缺口≤30mm的ASD和有外科手术指征且缺口上缘至主动脉瓣的距离大于或等于缺口长度的VSD。补片的大小宜用对角线大于或等于实际缺损直径2～2.5倍以上者。本法简单、安全，可望代替PDA的大部分手术；对VSD和ASD可部分替代开胸手术，有双向分流者是否用本法尚待探讨。

述评 Sideris经皮纽扣式补片法是当今堵闭PDA较好的方法，今后要进一步降低术后残余分流的发生率及降低手术费用。对关闭ASD和VSD必须考虑缺损口周围有否足够间隔组织让补片贴附及补片不妨碍邻近的瓣膜、腱索活动，不影响心室收缩。对VSD有人主张只需考虑VSD与主动脉瓣间的距离(从VSD上缘或中心点至主动脉瓣下缘)，此距离应≥植入闭合装置的半径(中华心血管 1996;24(2):132)。

(丁鸿钧)

经导管法堵塞治疗先天性冠状动脉瘘(中华儿科 1996;34(4):243) 上海新华医院周爱卿等自1993.5～1995.8经导管应用弹簧圈堵塞先天性冠状动脉瘘4例，年龄2.5～11岁，其中右冠脉右室瘘3例，左冠脉右室瘘1例。结果：3例成功，1例因弹簧圈过小而漂至左肺小动脉，后经手术取出。作者认为：①所选弹簧圈直径必须大于冠脉最小直径的20%；②堵塞前应先做球囊冠脉堵塞试验，以预测堵塞后是否会引起心肌缺血直至梗死；③多发性冠脉瘘开口者和所需堵塞冠脉分支下游有侧支发出且该处心肌血供正常者不适合堵塞。结果表明本法经济、方便、安全，可作为替代开胸手术治疗先天性冠脉瘘的一种有效方法。

述评 应用不同堵塞材料治疗先天性冠状动脉瘘是近几年介入疗法治疗先心病的又一进展，国内开展尚少。为防止堵塞部位以下心肌发生缺血、梗死或堵塞物脱落，应严格掌握适应证，精确测定瘘口的大小和位置，并需积累更多病例和经验。

(丁鸿钧)

金黄色葡萄球菌心内膜炎的特征及治疗(中华内科 1996;35(7):455) 重庆医大一院邹启园等为了解金黄色葡萄球菌(金葡菌)心内膜炎(IE)的临床变迁，分析了1977～1994年该院确诊的金葡菌IE 21例(甲组)，并与1957～1977年的11例(乙组)进行比较。结果：甲组金葡菌IE占同期IE的18.1%，而乙组则占8.6%，甲组右心IE占同期IE的4.3%。甲组细菌入侵途径有外伤、感染、静脉导管感染和药瘾共8例，不详者13例；乙组中外伤1例，皮肤化脓性4例，不详者6例。甲组无基础心脏病12例，风心病6例，先心病2例，病窦1例；乙组无基础心脏病7例，风心病4例。发热及起病情况甲乙两组相差不大。甲组二尖瓣(MV)杂音4例，MV和主动脉瓣(AV)均有杂音者10例，三尖瓣(TV)杂音3例，TV和MV同时有杂音2例；乙组MV和AV同时受累者8例，MV受累者3例。甲组赘生物在MV者10例，MV合并AV 3例，左室壁2例，TV 4例，右心起搏器导管1例，TV合并MV 1例；乙组无超声资料。甲组并发症多达13种，乙组只有6种。甲组WBC总数(10～20)×10^9/L者13例，(20～30)×10^9/L者8例，中性白细胞均升高，尿蛋白卌以上者共8例，21例中均有2次或2次以上血或骨髓培养发现金葡菌生长，大多数对耐青霉素、第1代头孢菌素、氨基糖甙类、红霉素等敏感。乙组病死率72%，甲组为29%。作者指出金葡菌IE近年有上升趋势，以右心IE增加明显，后者与静脉毒瘾、血管介入性操作有关。右心IE在其高危因素、基础心脏病、临床表现及预后等方面与左心IE有明显区别，甲组病死率下降与有效抗生素的应用有关。治疗原则为：选用杀菌剂，联合应用两种具有协同作用的抗生素，剂量应高于一般剂量，疗程4～6周或更长。对有较大赘生物或瓣膜破坏严重者应早期行瓣膜置换术。

（郑 兴）

病毒性心肌炎及扩张型心肌病白细胞糖皮质激素受体的变化和意义（天津医药 1995；23(12)：731） 山东省医院董波等取20例病毒性心肌炎(VMC)、30例扩张型心肌病(DCM)和20例对照者(NC)外周血白细胞，以〔^{3}H〕-Dex一点分析法测白细胞糖皮质激素受体(GR)和放免法测血浆皮质醇(F)，发现VMC组GR为(3 050.90±1 039.50)位点/细胞，DCM组为(2 997.43±892.80)位点/细胞，均较NC组(4 153.10±669.26)位点/细胞显著降低($P<0.001$)，VMC与DCM组比较无差异；三组的F值分别为(106.9±10.6)μg/L，(110.4±14.5)μg/L和(111.8±17.5)μg/L，无显著性差异。随访12例VMC和14例DCM的GR水平、激素疗效和近期预后，发现VMC、DCM激素敏感组GR水平为(3 708.60±459.70)位点/细胞和(3 659.67±665.09)位点/细胞，分别高于激素非敏感组GR(2 114.14±653.69位点/细胞和2 109.25±512.97位点/细胞)水平($P<0.001$)。一般认为VMC和DCM发病是与病毒感染后的免疫反应和自身免疫反应有关，免疫损伤为主要发病机制，糖皮质激素(GC)有治疗意义，本文表明两种疾病均存在GR数量下降，导致了受体水平的GC功能不全，使GC不能充分发挥抗自身免疫反应的作用，产生一系列免疫病理损害。GR的数量和亲和力是决定靶细胞对GC反应强弱的关键因素，数量过低，GC治疗无效。因而治疗前检测GR水平有助于疗效和预后的判断。

（丁继军）

述评 糖皮质激素(GC)是自身免疫性疾病的重要治疗药物，自身免疫损害是病毒性心肌炎和扩张型心肌病的主要致病因素，但GC治疗的效果评价不一。该研究通过检测外周血白细胞糖皮质激素受体(GR)，发现VMC和DCM组GR数量均下降，GC敏感组GR水平较非敏感组高，表明GR在受体水平起作用，可有助于判断疗效和预后。今后仍需进一步研究GR的病理生理意义和预计疗效的确切价值。

（章同华）

扩张型心肌病与线粒体DNA缺失片段的研究（哈医大学报 1996；30(5)：436） 哈尔滨医大一院富路等取扩张型心肌病(DCM)心肌活检组织4例，石蜡包埋心肌组织切片6例，血样10例，对照组各4例，分别提取心肌线粒体DNA(mtDNA)，用引物L_{8531}、H_{381}、H_{601}和H_{9312}，PCR扩增未发生缺失的mtDNA，然后酶解和染色。结果显示以相距8.4kb的引物L_{8531}、H_{381}配对，在10例DCM心肌mtDNA中检出4例7.4kb缺失，对照组8例中1例肥厚型心肌病(HCM)和2例心肌梗死亦检出mtDNA缺失。用L_{8531}和H_{381}，L_{8531}和H_{601}配对，均能扩增出1.0kb片段，证明1.0kb片段非引物退火错误所产生。本文证明DCM患者心肌中存在mtDNA 7.4kb的缺失，缺失范围在ATP酶6基因和D袢区域之间。从基因水平说明，DCM的基因突变可使氧化磷酸化障碍，ATP产生不足，使心肌细胞功能异常。但是，发生mtDNA缺失的标本均能扩增出正常mtDNA片段，说明mtDNA具有异质性。外周血淋巴细胞未检出mtDNA缺失，说明mtDNA缺失分布的不一致性。HCM和心肌梗死患者亦发现mtDNA缺失，说明心肌老化过程中损伤了mtDNA。mtDNA缺失与DCM发病关系有待进一步研究。

（丁继军）

述评 扩张型心肌病的病因至今未明，许多家族性DCM证实有遗传机制参与，也可能是病毒感染。对散发的DCM遗传学探讨是个热点，上文通过对DCM mtDNA分析，证实DCM有基因水平的缺失，是一个很好的研讨方向。今后需进一步研究mtDNA缺失与DCM的发病关系，包括mtDNA缺失与DCM的因果关系、缺失的程度与表达异常的量化关系，以及其他疾病的缺失如何解释等。

（章同华）

血管紧张素转化酶基因缺失多态性与肥厚型心肌病的关系（临床心血管 1996；12(3)：137） 上海瑞金医院陆林等选择肥厚型心肌病(HCM)35例和正常对照32例，观察身高、体重、心率和血压，计算体表面积，以Penn氏法测定并计算左室重量，凡左室重量指数≥132g/m^{2}属左室肥厚；取外周血提取白细胞DNA，以PCR法扩增血管紧张素转化酶(ACE)基因16内含子目的片段，并进行凝胶电泳分析。结果可扩增出490bp和190bp两种DNA片段，前者为人类基因组ACE基因16内含子存在287bp Alu顺序的片段(纯合子为II基因型)，后者为缺失该Alu顺序的片段(纯合子为DD基因型)，两种片段并存为杂合子(ID基因型)。HCM的II、ID和DD基因型分别为8、15、12例，正常对照为16、11、5例，两组基因型频数构成上有显著差异，HCM组的DD基因型频数显著高于对照组($P<0.05$)。3种基因型HCM和对照组组内和组间，在年龄、性别、收缩压、舒张压、病程和体表面积上均无差异。但HCM左室重量II组为(168±16)g/m^2，ID组(180±38)g/m^2，

DD组(237±37)g/m²,DD组显著高于II组和ID组($P<0.01$),II与ID组无差异。以上结果表明HCM发病与ACE基因缺失多态性存在相关性,证明DD基因型与心肌肥厚程度相关。由于血清ACE水平约50%受控于ACE基因的"主要基因S等位基因",而后者可能与ACE基因缺失/插入多态性间存在紧密连锁不平衡,DD基因型心肌中ACE水平较高,产生高水平AngⅡ与心肌表面的AT1受体结合,有可能以较强的信号传递方式导致心肌细胞增生肥厚。

(丁继军)

述评 肥厚型心肌病病因未明,可能与遗传有关,可能是一种基因病。该研究从ACE基因缺失/插入多态性水平证实HCM的外周血白细胞中的确有缺失ACE基因16内含子中Alu顺序的纯合子和杂合子型,纯合子型与左室肥厚有关,由于包括心肌在内的许多器官存在局部肾素-血管紧张素系统,心肌也可能有ACE基因缺失,从而导致心肌肥厚。该研究为一较新的视角,不但从病因上探讨了HCM,而且也为ACEI治疗HCM提供了依据。

(章同华)

用原位核酸杂交法探讨柯萨奇B组病毒与克山病的关系(黑龙江省急型克山病)(中国地方病 1995;14(6):323) 哈尔滨医大钟学宽等用缺口平移法制备生物素标记的柯萨奇B_3病毒的cDNA探针与黑龙江省13例急型克山病(急克)尸检心肌组织、10例意外死亡正常人心肌组织、10例非病区7~8个月引产胎儿心肌组织石蜡切片进行原位杂交,加酶促反应底物,避光显色,苏木素复染,封片镜检。结果显示8/13急克出现阳性杂交信号;阳性率达61.5%,杂交信号呈灶状分布,坏死区未见有杂交信号,非正常死亡成人和胎儿对照组均未见有阳性杂交信号。结果表明柯萨奇B组病毒RNA的确存在于黑龙江省急型克山病人心肌标本中,该病毒感染与急克高度相关。关于此病毒RNA是原发感染还是继发感染,有待进一步探讨。

(丁继军)

用原位核酸杂交法探讨柯萨奇B组病毒与黑龙江慢型克山病的关系(中国地方病 1996;15(2):68) 哈尔滨医大周令望等用生物素标记的柯萨奇B_3病毒cDNA探针检测黑龙江病区慢型克山病尸检心肌组织、非正常死亡成人心肌组织、非病区7~8个月引产胎儿心肌组织进行原位杂交,结果13例慢型克山病中有9例呈阳性杂交信号,阳性率达69.2%,两对照组均为阴性,表明黑龙江省慢型克山病心肌中有柯萨奇B组病毒RNA的存在,提示黑龙江病区慢型克山病与柯萨奇B组病毒的感染呈高度相关。

(丁继军)

述评 生物因子是克山病的发病原因之一。本年度除上述两位作者外,还有李延文等对黑龙江省、云南楚雄、山东等地的克山病心肌标本,用原位核酸杂交法和PCR法等证实存在肠病毒RNA,且活检标本和尸检标本肠病毒感染率基本一致,提示肠病毒感染是克山病发病的主要原因之一,对克山病的认识和防治提供了新的方向。

(章同华)

缺血性室性心动过速折返机制的实验研究(心脏起搏与心电生理 1996;10(2):97) 汕头大学医学院一院张元春等对缺血性室速的折返机制进行研究。体重13~20kg犬18条,常规麻醉,人工呼吸,暴露心脏,距冠状动脉前降支起始部1cm处结扎该动脉复制急性心肌缺血模型,将6组双极电极分别安放在缺血区、边缘区、正常区的心内膜及心外膜,同步记录心外膜、心内膜和体表心电图。18条犬中6条发生室速,于结扎后3及6分钟发生室速者各2条,8及12分钟发生各1条,4条由室速演变为室颤。6条室速犬在缺血区心外膜和心内膜下心肌局部电图上出现延迟电位和碎裂波。室速的激动顺序为缺血区心内膜(作参照,为0ms)、缺血区心外膜(10±0.1ms)、边缘区心内膜(10±0.12ms)、边缘区心外膜(16±0.2ms)、正常区心内膜(27±0.2ms)。有2条犬当体表Ⅱ导联心电图和心外膜、心肌局部电图均出现室颤时,心内膜仍为室速。急性心肌缺血所致的室速与折返激动有关,本文在缺血区心外膜和心肌内记录到传导延迟和碎裂波,碎裂波可能参与心外膜和缺血心肌与正常心肌间的两个平面的折返激动。从室速的激动顺序可以推测,缺血区心内膜与边缘区心内膜之间以及缺血区心内膜与心外膜之间形成了两个不同平面、两个同步的连续折返激动,且均以缺血区心内膜为室速起源点。作者认为,缺血性室速是多个不同方面、不同平面所形成的立体折返激动,主要在心内膜及从心内膜到心外膜和心外膜三个平面上形成折返环,这对探索如何寻找折返环入口作为室速射频消融的靶点将有重要意义。

述评 射频消融用于治疗特发性室速具有较高的成功率和较大的安全性。然而,冠心病室速折返环复杂,标测定位难度高,消融效果不尽理想。上文作者认为缺血性室速是多个不同方向不同平面所形成的立体折返激动。这些基础理论研究结果在指导冠心病室速消融、治疗中的意义与价值值得深入探讨。

(赵 学 张国元)

内皮素 A 受体拮抗剂 BQ_{123} 预防内皮素-1 的致心律失常作用（二军医大学报 1996;17(2):138） 二军医大袁文俊等研究观察内皮素 A 受体拮抗剂 BQ_{123} 预防内皮素(ET)-1 的致心律失常作用。采用雄性 SD 大鼠 35 只，随机分为 ET-1 组（对照组）、BQ_{123} 和 BQ_{123}+ET-1 组。尿酯麻醉，监测股动脉血压。经右颈总动脉插入给药导管，尖端抵达主动脉根部近冠状动脉口处。在 ET-1 组，注入 ET-1 900pmol/kg 后 30 分钟内 5/6 只发生室早、室速或室颤，2 只发生Ⅱ～Ⅲ度 AVB，5 只死亡，心律失常积分 5.81±1.61；BQ_{123} 组分别注入 BQ_{123} 0.11、0.44、1.75、7.0μg/kg，均无心律失常发生，积分为 0；BQ_{123}+ET-1 组在用 BQ_{123} 0.11～7.0μg/kg 预处理后再注射 ET-1，其心律失常严重程度、发生率、死亡率均呈剂量依赖性降低，BQ_{123} 为 7.0μg/kg 时，心律失常积分为 0，与 ET-1 对照组差异非常显著。本实验结果表明，BQ_{123} 可预防大鼠冠状动脉口注射 ET-1 引起的心律失常，心律失常积分呈剂量依赖性降低。认为 ET-1 引起的心律失常很可能通过 A 受体介导。结合文献认为，ET-1 致心律失常作用不单有其收缩冠状动脉的间接机制，还与 ET-1 对心肌细胞的直接作用有关。

（赵 学）

述评 ET-1 的缩血管作用已受到普遍关注，但其促心律失常作用却散见报道。文献认为 ET-1 的致心律失常作用并不依赖其缩血管机制。上文显示 ET-1 的致心律失常作用很可能是通过 ET_A 受体介导，提前给予 ET_A 受体拮抗剂 BQ_{123} 可预防 ET-1 引起的心律失常。上文对心律失常发生机制与防治提供了新思路。

（赵 学 张国元）

经心房内迷宫式射频消融术治疗心房颤动的实验研究（中国循环 1996;11(10):626） 解放军 155 医院刘小青等探讨经心房内迷宫式射频消融术治疗房颤的可行性。采用体重 15～20kg 犬 18 只，经股静脉和左颈静脉及卵圆孔穿刺房间隔，插入 5 根电极导管，分别至高右房、低右房、希氏束、冠状窦和左心房。经股静脉插入 2 根射频消融导管，按预定消融径线，在心房内交替消融。间隔 0.5～1.0cm，能量 20～30W，时间 30～60s。急性组 12 只犬于术前及术后即刻进行房颤诱发；慢性组 6 只犬于术前及术后 1 个月进行房颤诱发。房颤诱发方法是在左右心房和心耳处采用 5 次 S_1S_1 或 S_1S_2 刺激。按房颤持续时间分为阵发性房颤（<30s）和持续性房颤（>10min）。平均手术时间(4.5±0.4)小时，平均消融时间(35.3±4.1)分，平均消融(45.7±8.4)次，均无心房穿孔、瓣膜和冠状动脉损伤。心房、房室结不应期及窦房结功能不受影响。术前全部犬均可诱发出阵发性房颤，术后急性组和慢性组的阵发性房颤以及低浓度乙酰甲胆碱静脉滴注时，持续性房颤的诱发犬数显著降低。作者指出，外科房颤迷宫术创伤很大，较难被患者接受。经心房内迷宫射频消融术能达到根治房颤的目的，避免了开胸及复杂的心房切口，并发症少，安全性大，但耗时较长，值得进一步研究。

（赵 学）

述评 射频消融术用于治疗室上性心动过速正风靡世界，探讨房颤消融的可行性已成为目前心律失常介入治疗领域的热点之一。经导管房颤迷宫消融术由 Swartz 医师率先用于临床。该术式根治房颤的成功率报道不一，虽比外科手术创伤小，但技术要求高且费时，故不易推广。上文作者通过运动实验进行了有益的探索，改良设计出一种便于心内射频消融术操作的方法，初步认为可行、有效、安全，值得借鉴。

（赵 学 张国元）

慢性心房纤颤的外科治疗——窦性心律重建手术（中华胸心血管外科 1996;12(5):284） 北京安贞医院孙衍庆等将窦律重建术用于临床，治疗房颤 20 例，男 8 例，女 12 例，年龄 26～63 岁。房颤病程 3 月～15 年。其中风心病 18 例，退行性瓣膜病 1 例，先心病 1 例。房颤时心室率持续大于 110 次/分者 8 例，合并左房血栓者 8 例。常规建立体外循环，中、低温下心脏停搏。切开心房，用高频电刀按预定径线进行电凝，电凝功率为全刻度的 40%～45%，电凝径线包括顶线、瓣旁线、双下线和房底线。随后再沿电凝径路缝合房壁。有 19 例在窦律重建术中同时行瓣膜置换术，1 例行房室管畸形修补，8 例清除心房血栓。主动脉断流时间(130±42)分，窦律重建术时间约 36 分，无住院死亡，无心房麻痹，无心房出血，18 例病人心脏复跳后立即恢复窦性心律。术后 3 个月 18/20 例维持窦性心律，术后 1 年 8/9 例维持窦性心律。外科窦律重建术与外科迷宫术不同，它对肺静脉开口之间的组织扩大操作，以彻底消除房颤根源，而使心房内其他解剖开口周围组织保持完整，避免过度损伤心房。另采用电凝加缝合的方法，基本可防止心房切口严重出血，可更多地保留心房和窦房结功能，窦性心律维持率高，并发症少，手术操作简化，手术时间缩短。

（赵 学）

述评 房颤的根治目标在于恢复窦性心律和心房收缩功能。在风心病合并慢性房颤的病人，于瓣膜置换术中同时实施窦性心律重建术可谓一举两得，外科窦律重建术较外科迷宫术的操作更为简化，但窦性心律的维持率有待进一步随访观察。

（张国元　赵　学）

心房纤颤迷宫手术及其电生理评价（中华心血管 1996；24(1)：24）　上海长海医院李莉等对房颤迷宫术疗效进行评价。10例风心病，病程6～20年，持续房颤3个月～3年。男5例，女5例，平均年龄41岁。心功能Ⅲ级9例，Ⅳ级1例。在二尖瓣修复和置换术同时进行迷宫术。在右心耳、低右房、侧右房心外膜放置4对钮扣电极，在左心耳、左房侧壁、左房下部引出4对双极电极，在右室前壁、左室心尖各缝置1对钮扣电极。同步电除颤恢复窦律，行电生理检查。手术在Cox迷宫手术基础上改良为七刀四冻术式。心肺转流时间(216.3±30.9)分，主动脉阻断时间(139.8±17.6)分，术前心外膜标测10例右房均为颤动，左房多为扑动。窦房结功能和房室结传导功能术前、术后均正常。右房内传导时间和房间传导时间于术前、术后无显著差异。术后10例均恢复窦性心律，其中1例术后有短阵房速，1例房扑经电击复律。7例术后1个月电生理检查房室激动顺序正常，不能诱发房扑房颤。10例随访1～6个月，无1例复发。与Cox等迷宫术效果比较，本组10例有如下优点：窦房结功能及房室传导均保持正常；心功能由Ⅲ～Ⅳ级转为Ⅰ级；术后不用抗心律失常药且无复发。本组资料说明迷宫术是安全有效的，对于风心病合并慢性房颤病人可选择在二尖瓣手术同时行迷宫术。

（赵　学）

述评　上文作者将Cox迷宫经典术式改良为七刀四冻术式，初步应用经1～6个月随访效果较好。外科房颤迷宫术由Cox医师首创并不断得到改良与推广，近期手术效果得到承认，远期效果尚待进一步观察。该手术成功的关键是术式的选择，采用复杂术式可提高成功率但心房创伤大；采用简化术式心房创伤小，且可缩短心肺转流时间，但易于复发。故该手术方法仍在不断探索与改良中。

（赵　学　张国元）

预激综合征并发心房纤颤或心房扑动的临床特征和预后（中华内科 1996；35(3)：153）　上海中山医院王齐冰等回顾分析1979年2月～1992年2月间住该院确诊为连续性预激并发房颤或房扑(Af/AF)患者26例。按Af/AF发作时心电图QRS波有无预激表现分为Ⅰ组（宽QRS波）17例，男13例，女4例，平均年龄(53±15)岁，合并器质性心脏病9例；Ⅱ组（窄QRS波）9例，男7例，女2例，年龄(46±12)岁，合并器质性心脏病5例。结果：Af/AF发作时，Ⅰ组17例中15例收缩压(SBP)降低至＜12kPa（其中7例SBP≤8kPa），8例伴昏厥，4例诱发急性左心衰竭，4例演变为室颤，1例冠心病患者发生心绞痛。Ⅱ组9例中2例SBP＜12kPa，但均无昏厥、急性左心衰竭或室颤。Ⅰ组平均心室率(198±43)次/分，明显快于Ⅱ组的(144±22)次/分，其最短R-R间期(247±47ms)短于Ⅱ组(393±80ms，P均＜0.01)。Ⅰ组发生昏厥者的心室率(221±45次/分)快于无昏厥者(178±33次/分，$P<0.05$)。Ⅰ组3例行心内电生理检查(PES)证实为左侧旁道2例，右侧旁道1例。右侧旁道经程序电刺激可诱发Af，Af时最短R-R间期280ms，平均心室率170次/分，旁道前传有效不应期(ERP)260ms，Af自行终止。另1例左侧旁道者可诱发逆向房室折返性心动过速，其旁道前传ERP＝240ms，自动演变为Af，最短R-R间期120ms，平均心室率达352次/分，并迅即导致室颤，经电击后转为窦律。Ⅱ组2例行PES，均为右侧旁道，程序电刺激未能诱发Af。电复律、Ⅰ类及Ⅲ类抗心律失常药能有效终止Ⅰ组Af/AF发作或减慢心室率，而西地兰和维拉帕米无效，且可致低血压(4例)、昏厥及室颤(各1例)。Ⅱ组西地兰及维拉帕米疗效良好。26例平均随访4.4年(53±44个月)，随访期间Ⅰ组死亡5例，其中猝死3例，慢性心衰死亡1例，非心源性死亡1例，除5例（有2例行介入治疗）未再发作外，余有复发。Ⅱ组均存活，仅1例无复发，2例演变为持续性Af。作者认为预激综合征并发Af/AF患者的临床危重程度、治疗反应和远期预后因Af/AF发作时是否伴旁道前向传导而不同，宜区别对待。

（廖德宁）

射频消蚀心肌温度分布的实验研究（中华心血管 1996；24(5)：387）　上海中山医院屠洪等观察不同的功率、时间和导管进行射频消蚀时心肌组织的温度分布变化。家兔14只、杂种犬4只，迅速处死后将左、右心室肌分别制成2.0cm×2.0cm心肌组织块，固定于支架后置于恒温灌注室内。以Webster 7F大头电极或USCI 4F双极电极垂直接触心肌进行消蚀，以固定于三维调节器上的半导体探针插入心肌组织，实时测定消蚀时组织温度变化，并观察不同的输出功率、阻抗升高前后以及不同消蚀电极的组织温度变化和升温速率。结果：①温度分布：以20W×60s消蚀时，距消蚀中心点1.5mm处组织温度为(82.5±3.8)℃、4.0mm处为(48.2±3.1)℃、4.5mm处为(45.2±2.1)℃、5.0mm处为(42.7±1.8)℃；8.0mm处与灌注室温度相似。②阻抗升高前后的温度变化：10W组为(55.4±2.1)℃ vs

(42.3±3.1)℃;20W 组为(60.4±3.4)℃ vs (44.2±2.1)℃;30W 组为(65.2±3.7)℃ vs (45.1±2.2)℃;各组阻抗升高后组织温度均有显著下降,P均<0.05。③不同功率升温情况:5W 组在 8 秒前逐步上升,8 秒后变化较小;20W 组与 50W 组在 6 秒前升温较快,6 秒后变小。④不同面积电极消蚀时心肌阻抗及温度情况:以 7F 大头电极消蚀时,10 秒和 30 秒时阻抗为(108±10)Ω 与(122±22)Ω,$P>0.05$;以 4F 双极电极消蚀时,10 秒和 30 秒阻抗为(110±25)Ω 与(190±32)Ω,$P<0.05$。作者认为射频消蚀的心肌组织损伤温度有效半径为 4.5mm;不同消蚀功率在近点温度不一是热源不同所致,在远处(5mm)温度相近是因热源作用减弱而热传递相同。期望加大功率、增加热源传递来损伤靶点并不一定奏效。阻抗升高后,由于较多的电位降在高阻层上,故组织温度出现明显降低。消蚀功率对于组织升温速度有一定影响,低功率时,升温较慢,但可避免较大功率时因升温过快而出现气泡及爆裂现象。增大消蚀电极面积可避免阻抗过早升高并增加直接加温面积,但若电极面积过大,则可导致单位电流密度下降。

(廖德宁)

述评 一般认为 45℃以上温度时心肌细胞会永久丧失传导功能。因此,了解射频消融(RFCA)时心肌组织的温度分布对提高成功率、减少复发具有重要意义。目前临床常用的温控消蚀导管、热敏电阻多装在导管端侧,测定的是被消蚀组织表面的温度,不能直接反映组织内部的温度分布。上文设计以半导体探针插入心肌组织中,实时测定不同的输出功率、阻抗升高前后,以及不同消蚀电极面积消蚀时的组织温度分布和升温速度,结果较详尽,对临床有一定的指导作用,并为临床改进 RFCA 方法提供实验依据。

(廖德宁 张国元)

射频消融治疗频发单源性室性期前收缩(心脏起搏与心电生理 1996;10(3):149) 解放军 94 医院黄国明等采用射频消融(RFCA)治疗 3 例频发单源性室性期前收缩(VPC),男 2 例,女 1 例,年龄 20～37 岁,病程 2～9 年。X 线及多普勒超声心动图检查正常;24 小时动态心电图(DCG)检出 VPC 8 900～21 400 次,心电图示 VPC 呈左束支阻滞图形 2 例,QRS 时限 120～130ms,另 1 例 VPC 无束支阻滞图形,QRS 时限 90ms;均有明显心慌、胸闷症状,服用多种抗心律失常药物难以奏效。按 Josphson 提出的 18 个常规起搏标测点进行标测。靶点定位标准为起搏标测时体表 12 导联心电图至少 11 个导联的 QRS 波形态与 VPC QRS 波形态一致。2 例定位于右室流出道,1 例定位于左室间隔。放电前每例 VPC 12～40 次/分,以 30～40W 放电 6～15 秒后,若 VPC 消失则持续放电 30～90 秒,观察 1 小时,如 VPC 不再出现即认为消融成功。每例放电 6～12 次,消融部位 4～17 个。术后心电监护 2 例无 VPC,1 例术后 3 小时出现 VPC 3～4 次/分,与原形态相似,持续 14 小时后消失。随访 1～11 个月,2 例症状消失,心电图及 DCG 未发现 VPC;1 例术后 1 个月偶感心悸,DCG 检出 VPC 200 次。作者认为:RFCA 治疗 VPC 是有效和可行的,对有明显临床症状、影响正常工作、生活,抗心律失常药难以控制或不能耐受药物副作用的单源频发 VPC 患者,可考虑 RFCA 治疗。

述评 尽管 RFCA 已被公认为是治疗室上速及特发性室速的安全、有效方法,但是否可用于治疗 VPC 存在不同意见。上文作者对症状明显、药物难以奏效的顽固单源性 VPC 3 例作了 RFCA 治疗的初步探索,取得了可贵的经验。但由于考虑到许多远期随访证实单源 VPC 对患者无害,其 RFCA 治疗的远期效果、后期并发症、标测方法及疗效评价等均有待进一步观察与探讨,故目前开展这一治疗仍宜慎重。

(廖德宁 张国元)

不同类型心房起搏电极的安置经验(心脏起搏与心电生理 1995;9(4):194) 天津医大总院万征等总结了不同类型心房电极的安置经验。该院截至 1995 年 1 月共安置生理性心脏起搏器 56 例,男 40 例,女 16 例,平均年龄 60(31～85 岁);安全性房室阻滞(AVB)20 例,Ⅱ度Ⅱ型 AVB 2 例,病窦综合征 34 例,安置 DDD 起搏器 25 例,DDDR 25 例,AAI 4 例,AAIR 2 例。心房电极包括内收式螺旋单极电极 11 根,内收式螺旋双极电极 8 根,暴露式螺旋单极电极 2 根,倒叉 J 形电极 35 根。心房电极经锁骨下静脉插入,J 型电极定位勾挂于右心耳。电测试指标应满足:脉宽 0.5ms 时心房阈值<1.5V 和 4.5mA,P 波振幅>2mV。螺旋电极定位后,旋转数圈,以便固定。倒叉 J 型电极依靠头部倒叉固定于右心耳肌小梁。56 例患者的心房电极均为首次安置成功,住院期间无电极脱位、心肌穿孔及阈值升高。埋置心房电极平均阈值 0.86(0.4～1.6)V、1.34(0.5～3.8)mA(0.5ms),阻抗 644(342～1 400)Ω,P 波幅度 3.1(1.4～7.6)mV,斜率 0.95(0.46～2.5)V/s。随访期有 1 例 DDD 起搏器心房倒叉 J 形电极脱位而重新放置;1 例 DDD 起搏器心房倒叉 J 形电极 7 年后阈值增高为 4.4V(0.5ms);1 例 DDDR 起搏器心房内收式螺旋电极于术后5个月阈值为3.9V,2年半后为3.0V;1例DDD起搏器心房内收式螺旋双极单极3年后阈值增加为5.0V,以VDD起搏。其余病例近期随访起搏和感知功能均良好。心房电极较右室电极易出现电极脱位、阈值升高或感知不良。术者的技术和方法是影响电极安置成败的重要因素之一。本文56例心房电极,随访仅见1例电极移位,3例晚期阈值升高,说明成功率很高。作者体会,心房电极首选右心耳部定位,安置后常规顺和逆时针转动导管360度,若电极头不动且阈值不变,则指示电极定位牢固可靠。双极内收式螺旋电极在螺旋未旋出时,改锥状固定钢丝尾部呈不规则的微细抖动,待螺丝旋入心肌后,其尾部呈约45度的顺和逆时针规律性转动。暴露式电极应从锁骨下静脉插入,推送和提拉时要保持缓慢逆时针转动电极,若顺时针缓慢转动,将使电极旋入心肌。安置倒叉形电极时,要提拉适当,保持一定的自然U型弯度才易嵌入肌小梁。

(赵　学)

述评　保持房室顺序收缩功能的人工心脏起搏如AAI、AAIR、DDD及DDDR等具有增加心脏泵血功能、避免室房逆传和起搏综合征等诸多优点,但心房起搏电极的安置、定位和固定较心室电极难度大且易于脱落,成为应用受限的因素。上文作者总结了56例不同类型心房起搏电极的安置经验,值得读者借鉴,建议有条件者最好选用生理性起搏。

(赵　学　张国元)

经静脉非开胸植入单根电极埋藏式心律转复除颤器(心脏起搏与心电生理 1996;101(3):131)　北京阜外医院华伟等报道18例经静脉非开胸植入单根电极埋藏式心律转复除颤器(ICD)的应用情况。18例恶性心律失常患者,男14例,女4例,平均年龄(62±6)岁。室颤14例,顽固性室速4例;冠心病13例,其中6例有冠状动脉搭桥史;扩张型心肌病5例。采用新一代经静脉非开胸植入的单极ICD,其外壳与心内除颤电极构成除颤电路,心内除颤电极为一根集感知、起搏和除颤的三极电极。安置术在全麻下经左侧头静脉或锁骨下静脉送入三极电极导管,固定于右室心尖部。测试心内起搏和感知。测试除颤阈值,要求除颤阈值<24J。对顽固性室速还测抗心动过速起搏及低能量转复。将ICD埋藏于胸前皮下囊袋内。18例患者均成功植入了单极ICD,3例除颤阈值为24J,6例为20J,9例<16J,心内起搏阈值为0.8(0.4～1.3)V,R波高度为9.6(7～16)mV,4例顽固性室速中3例抗心动过速测试有效。1例发生囊袋血肿,其余无明显并发症。平均随访6.4个月,5例患者接受了除颤治疗,其中4例为电击,1例为抗心动过速。本组经静脉非开胸植入单极ICD 18例,均获得满意除颤阈值。操作相对简单,除颤效果满意,并发症少。电极ICD应用除颤器外壳作为除颤电极,大大增加了除颤电极面积,降低了阻抗,提高了除颤效果。此系统除颤电流为双相脉冲,其效果优于单相脉冲,单极ICD除颤电极一个在右室,一个在胸前,电流方向更为合理。

(赵　学)

述评　ICD的诞生给恶性心律失常患者带来了福音。然而,早期的ICD系统需要开胸安置,创伤较大。近年已发展改进为经静脉安置,创伤和手术并发症大为减少,而且仍可获得满意除颤效果。因ICD系统造价昂贵,国内仅少数医院开展了此项工作,上文报道经静脉非开胸植入单极电极成功安置ICD 18例成功,提供了我国医师的初步经验。

(赵　学　张国元)

三种永久起搏电极慢性阈值的比较(心脏起搏与心电生理 1996;10(1):16)　天津医大总院周金台等将三种永久起搏电极慢性阈值进行分析比较,对象为Medtronic公司生产的起搏器(仅有5V输出者不包括在内)及电极。接受起搏器治疗45例,男31例,女14例,平均年龄61.6岁,完全房室阻滞15例,快慢综合征7例,病窦综合征23例。共埋置激素电极26条:第一代电极(4003、4004、4503型)13条,为铂包钛结构的多孔电极,含有1mg氟美松磷酸钠盐的硅胶结合体;第二代电极(4023和4523型)13条,系镀铂的多微孔电极。非激素电极34条:其中靶头电极14条,系铂合金材料制成;螺旋电极20条,为铂铱合金。配用起搏器45台,其中19台为DDDR,有15台的心房和心室电极慢性阈值均列入观察范围。采用5311B型起搏系统分析仪测定起搏参数,用9710A型程控器测定急性期和慢性期阈值。起搏频率为100ppm,固定电压输出时递减脉宽至最低值仍夺获心房30s以上被确认为阈值。能量阈值计算公式为$E=V^2t/R$,其中E为能量,V为电压(V),t为脉宽(ms),R为心肌阻抗。电压输出2.5V时,激素电极的脉宽阈值(0.07±0.03ms)低于靶头电极(0.11±0.05ms),后者又低于螺旋电极(0.25±0.13ms,P均<0.01)。全部病例心房和心室感知良好。当电压输出采用2.5V,激素电极、靶头电极和螺旋电极起搏分别置脉宽输出于0.2,0.4和0.8ms,80%以上的病例可达到能量阈值的3倍以上的安全范围。激素电极有19条可置于1.6V和0.3ms起搏,其耗能仅为5V和0.5ms的6.1%,即每个脉冲可节能93.9%。激素电极和非激素电极分别平均随访18和64个月。比较研究表明,激素电极

的慢性阈值显著低于靶头电极，后者又低于螺旋电极。由于激素使电极周围炎症反应轻，还能抑制电极周围的纤维细胞释放促使阈值增高的介质，因此可降低慢性阈值。能量阈值比较说明，起搏器的输出设计仅有 2.5V 或超过 2.5V 已不能适应临床的需要。多数学者主张以电压阈值×2，或脉宽阈值×3，或能量阈值×3 作为永久起搏的安全输出，以达到延长起搏器寿命的目的。所以提出若 2.5V 时慢性脉宽阈值≤0.4ms，则以脉宽×3 作为最佳输出；若脉宽≥0.5ms 则选择电压×2 作为能量输出。

（赵　学）

述评　永久起搏电极慢性阈值升高会缩短起搏器寿命，甚至导致起搏失效。如何阻滞慢性阈值的升高是起搏工程学的重点课题之一，近年激素电极的应用部分成功地克服了这一难题。永久起搏的能量输出要求是，既要保证安全起搏，又要延长起搏器寿命。上文作者通过比较 3 种永久起搏电极的慢性阈值，提出了确定起搏器能量输出的新见解，有一定实用价值。

（赵　学　张国元）

心力衰竭患者体内血小板活化状态的临床研究（中华心血管 1996；24(3)：214）　广州市一院潘宜智等用放免法测定 36 例充血性心力衰竭(CHF)患者和 20 名健康人血小板膜表面 α-颗粒膜蛋白(GMP-140)含量和血浆血栓素 B_2(TXB_2)浓度。心衰组男 20 例，女 16 例，年龄 35～77 岁，心功能(NYHA)Ⅱ级 14 例，Ⅲ级 10 例，Ⅳ级 12 例，包括冠心病 9 例，高血压性心脏病 19 例，扩张型心肌病 8 例。正常对照组男 12 例，女 8 例，年龄 45～68 岁。两组试验前 2 周内均未服用影响血小板功能和前列腺素代谢的药物，受试日清晨空腹 1 次取外周静脉血 6ml，缓慢注入备有 2% EDTA-Na_2 的塑料试管中(1：9 抗凝)，小心混匀，计数血小板。取 1ml 抗凝血与等量固定剂混匀，室温下作用 30 分钟，即制成固定的全血，按吴国新等放免方法测定血小板膜表面 GMP-140。余血以 3 000r/min 离心 15 分钟，取上层贫血小板血浆按王兆钺等方法测定血浆 TXB_2 浓度。结果：心力衰竭组血小板膜表面 GMP-140 水平及血浆 TXB_2 浓度较正常对照组明显升高，心功能愈差，升高愈明显。36 例心衰患者中 8 例合并严重心律失常，其血小板膜表面 GMP-140、血浆 TXB_2 较无室性心律失常组明显升高。4 例顽固性心衰死亡者较存活组明显升高。本研究结果显示心衰患者血小板高度激活并大量释放 TXA_2 等生物活性物质；血小板活化与心衰病人病情的严重程度有一定的联系。目前，对心衰与血小板活化之间的因果关系及血小板活化的机制均不十分清楚，推测心衰时交感神经机能亢进、释放儿茶酚胺激活血小板或(和)缺氧引起血管内皮细胞损伤，致多种细胞因子释放激活血小板，并可能导致心衰时的血栓发生率增高。

（韩星海）

述评　心衰病理生理过程复杂，治疗涉及心脏、血管、神经、体液等诸多因素。上文通过测定血小板膜表面 GMP-140 和 TXB_2，显示心衰时血小板高度激活，TXA_2 释放增加，且与病情严重程度有一定的关系，为临床在心衰治疗中加用抗血小板活性药物提供了依据。当然，心衰与血小板活化之间的关系尚有待进一步研究。

（韩星海　张国元）

黄芪有效成分治疗充血性心力衰竭的核心脏病学研究（中西医结合 1995；15(12)：707）　上海华山医院罗海明等应用黄芪有效成分黄芪甙Ⅳ(XGA)注射液治疗 19 例充血性心力衰竭患者。每例用量为 6 支(每支含 XGA 不少于 0.94mg)加入 5%葡萄糖液 250ml 中静滴，每天 1 次，连续 2 周。治疗前后用放射性核素心血池造影术观察左心室构型。2 周后 15 例患者胸闷、气急症状好转，活动能力有所提高。放射性核素心血池造影术示左心室构型改善：左室舒张末期容积缩小(从 101.24±45.36ml 到 89.86±44.13ml，$P<0.05$)，左室收缩末期容积也缩小(从 78.70±42.25ml 到 61.68±33.41ml，$P<0.05$)；心率减慢(从 88.21±17.19 次/分到 64.55±13.06 次/分，$P<0.05$)；峰射血率增加(从 1.80±0.86U/s 到 1.95±0.85U/s，$P<0.05$)；左室射血分数、峰充盈率有所升高，但无统计学意义。本研究应用核心脏病学方法证实 XGA 注射液是非洋地黄类的有效正性肌力药物，连续应用一段时间后可改善充血性心力衰竭患者的左室构型和射血功能。

（韩星海）

述评　黄芪具有增加心排血量、改善血液流变学的作用。有关研究表明，在黄芪有效成分中，黄芪甙Ⅳ对大鼠右室乳头肌增强心肌收缩的作用最强，与黄芪生药中钙离子浓度无关。上文所设自身对照(稳定期)的临床治疗试验采用的核医学方法先进，结果示可改善充血性心力衰竭患者左室构型和射血功能，为临床充血性心衰的治疗提供了新的可供选择的方法。

（韩星海　张国元）

冠状动脉瘤 12 例临床报道（中华心血管 1996；24(1)：36）　北京医大三院郭静萱等根据在冠状动

脉树中有局限性冠状动脉扩张、扩张的冠状动脉直径大于紧邻其前后正常管腔的直径或大于病人最大正常冠状动脉直径1.5倍为冠状动脉瘤(CAA)的诊断标准,从1987～1994年1 400例选择性冠状动脉造影病人中发现12例CAA,其发生率为0.86%。12例中男11例,女1例,年龄21～65岁,有心绞痛11例,既往有高血压病史7例,糖尿病史3例。12例中6例合并有心肌梗死(急性2例,陈旧性4例)。心电图有缺血性改变8例,超声心动图见室壁运动减弱或消失7例,6例平板运动试验中4例阳性。12例CAA共累及16支冠状动脉,其中左前降支8支,右冠5支,左旋支2支,左主干1支;单支受累10例,2支1例,3支冠脉并主干均受累1例;CAA与冠脉>75%狭窄发生在同一支血管者10例(11支),发生在<75%狭窄冠脉3例(5支),造影显示动脉呈囊状扩张者4例6支血管,呈梭状扩张者8例10支血管。

述评 冠状动脉瘤少见,国内报道更少。究其原因部分是与国内开展选择性冠脉造影不够普及和尸检资料较少有关。CAA不是一种独立性疾病,其病理基础是冠状动脉弹力肌层受破坏后使其弹性减退或消失并在不良血流动力影响下形成。其病因也不单是动脉粥样硬化,还可由于是先天性动脉中层缺陷、梅毒、感染、外伤、感染粘膜淋巴腺综合症、结缔组织病并发动脉炎等。由于CAA可导致冠脉血栓形成或因病变血管破裂诱发冠脉急性事件甚至猝死等严重后果,故对本病的诊治应进一步深入研究。

(章同华)

宽QRS心动过速的鉴别诊断(摘要)(中华心血管 1996;24(2):96) 北京红十字朝阳医院刘晓惠总结71例经电生理研究确诊的宽QRS心动过速资料。男41例,女30例,平均年龄41岁。除4例有器质性心脏病外,余67例心脏无异常。发作时12导联心电图QRS波≥0.12s。71例中2例心动过速时$V_{1\sim6}$导联QRS为QS波形,1例电轴正常,1例电轴左偏,电生理证实为右室心尖部室速;余69例中46例呈RBBB,23例呈LBBB。在RBBB的46例中27例为室上速,19例为室速;V_1呈单向R波的10例中,室速占9例,室上速1例;V_1R波呈M型的16例中,左突耳征有6例,均为室速,右突耳征有10例,3例为室速;余20例V_1呈三相波,室上速15例,室速5例。在RBBB 46例中,V_5或V_6导联QRS呈RS型有38例,其中RS>100ms的15例均为室速,室上速23例只有3例RS>100ms。LBBB的23例中室上速10例,室速13例;V_1或V_2 QRS呈RS型21例,其中室上速10例中R波宽度≤30ms,RS≤60ms占9例,只有1例R>30ms、RS>60ms,而R>30ms、RS>60ms的另11例均为室速。LBBB 23例中3例V_6导联QRS波为QS或QR型,均为室速。研究结果与Brugada鉴别宽QRS心动过速的标准基本相符,即①宽QRS心动过速时胸前导联$V_{1\sim6}$无RS波,而呈QS者均为室速,特异性100%。②心动过速时呈LBBB时,V_6导联有QS或QR波则为室速;V_1或V_2呈RS形时,R波宽度>30ms或RS>60ms均为室速;敏感性76%,特异性90%。③心动过速呈RBBB时,V_1呈单向R波,诊断室速的敏感性47%,特异性96%;V_1 R波呈M型左突耳征诊断室速的特异性为100%,而M型右突耳征对鉴别室速诊断无帮助;胸前导联QRS呈RS型时,RS>100ms诊断室速的敏感性73%,特异性88%。

(秦永文)

80例核素心肌灌注断层显像与冠状动脉造影结果对照分析(广东医学 1995;16(11):741) 广东心血管病所饶珈明等无选择收集心肌核素断层显像(SPECT)和冠脉造影及临床资料完整的80个病例,男59例,女21例,年龄35～85岁。冠心病组57例(其中心绞痛34例,心肌梗死23例)和非冠心病组23例(其中肥厚性心肌病2例,高血压心脏病16例,风心病5例,马凡氏综合征2例,病毒性心肌炎1例),分别在安静状态下和踏车分级运动试验后注射^{99m}Tc-MIBI 740MBq (20mCi),取心脏长轴、水平长轴和心脏短轴3个断层显像,并以冠脉造影阳性为冠心病的确诊标准。结果冠心病组心肌SPECT与冠脉造影的符合率高(91.2%),敏感性达97.5%,特异性75.0%;而非冠心病组两者的符合率低(48.8%),敏感性100%,特异性21.4%。心肌SPECT对诊断冠脉前降支病变的阳性率为92.0%,回旋支60%,右冠脉76%。在经冠脉造影证实冠脉未见明显病变的14例中,有11例的心肌SPECT结果示心肌缺血,而这些病例经心脏超声检查证实有不同程度的心肌肥厚,提示除冠脉因素外,其他原因引起的心肌肥厚亦可能在心肌SPECT表现阳性结果。其原因可能为心肌肥厚时心肌供血相对不足;冠脉血管阻力相对增高;冠脉血管壁结构的改变导致冠脉血流储备障碍以及心室充盈压增高而使冠脉灌注压降低。本文结果显示核素心肌灌注显像对冠心病的诊断有较高的敏感性,对冠脉各支病变的定位亦有较准确的诊断价值。应用时要注意排除可能存在的非冠脉因素的影响,特别是心肌肥厚的影响。

(秦永文)

述评 根据上海市几所医院的流行病学调查

(中华内科 1996;35(7):451),当前冠心病在住院心脏病病种构成比中已上升至第1位。临床工作中,遇有中、老年人胸闷,常怀疑冠心病,但真正用心电图及运动负荷试验证实者为数不多。冠状动脉造影为创伤性检查,一般无此必要。SPECT是近年来常用的一种无创性冠心病检查方法。上文以冠状动脉造影为对照,探讨SPECT的准确率、敏感性及特异性。结果证明SPECT对冠心病诊断有较高价值,但它也有非创伤性检查假阳性的共同缺点,要排除非冠心病的因素,特别是心肌肥厚。相对于心电图对冠心病的诊断而言,SPECT属于直观显像,受非冠心病干扰因素的影响要比心电图少得多。

(尉 挺)

四维超声心动图的临床应用(中华心血管 1996;24(1):5) 武汉协和医院王新房等应用四维超声心动图检查138例患者(男81例,女57例),年龄在3个月~69岁之间。检查时将超声探头置于胸前或插入食管,选定最佳探头位置后,固定管体及换能器的中轴。再启动扫描装置,采集一系列轴心不变、夹角均为2°的90个方位的二维图像,由三维通向重建计算机将此图数字化并储存,而后依据其时相和位置建成具有灰阶进行总体显示的动态立体心脏结构图。应用于风湿性二尖瓣病患者,可见瓣叶反射增强,舒张期开口减小,收缩期后叶关闭欠佳,其间留有缝隙。房室间隔缺损在立体图像上能准确显示缺损大小、形状与位置等。法乐四联症患者图像上显示骑跨与缺损征象清晰,并可观察到将右心室分为两腔的呈管状狭窄的右室流出道。5例Valsalva窦瘤图像上可见有与主动脉相连的圆球形囊状物突入右室或右房,立体感甚为明显。初步经验表明,四维超声心动图不仅可以观察到心脏与大血管的形态、位置、厚度、内径,而且有助于了解各结构的空间关系与活动状况。这一方法对先天性心脏病与瓣膜疾病的诊断有重要价值。

(秦永文)

述评 四维超声心电图是利用三维图像重建计算机将一系列连续的静态三维超声心脏图像依次数字化并储存,而后依据时相和位置建成具有灰阶进行总体显示的动态立体心脏结构图,所以它本质上是动态的三维超声心动图,是把连续的立体图片构成立体电影。正如上文报道的四维超声心电图不仅可以观察心脏及大血管的形态、位置、厚度、内径,而且有助于了解各结构的空间关系与活动状况。

(尉 挺)

奎尼丁晕厥20例临床经验(中华医学 1996;76(8):624) 上海中山医院陈灏珠等报道在用奎尼丁转复心律和电复律后维持窦性心律的216例中发生奎尼丁晕厥20例。15例发生在服药后3日内,其中在第2天发作者9例,在5~8天发作5例。发作在服药末次剂量后2~6小时内出现,此时病人服用奎尼丁的总剂量在0.8~6.4g之间。19例在单剂量为0.2g时发病,只有1例单剂量用到0.3g。发作时17例心电图均显示室性心动过速(5例由扭转型转为心室扑动和颤动,9例始终显示尖端扭转性室速,3例室速持续时间较短);3例抢救时未记录心电图,发作后心电图示多源性室性早搏。7例发作时测定奎尼丁浓度为0.31~3.36μg/ml,均未超出正常有效浓度范围。发作前QTc延长者15例(0.44~0.60s),其中8例兼有T波减低和U波增高,3例频发室早并有R波在T波上的现象;T波减低或出现切凹、U波明显者3例,其中1例有室早,2例心电图与以往比无变化。经复苏及药物抢救19例完全控制,病人恢复出院,1例死亡。作者指出,发生晕厥原因不是奎尼丁过量或过敏,而是与其抑制心脏的自律性、传导性、延长心脏不应期等有关,在性别(女性)、年龄(青、壮年)、心功能不全、洋地黄作用、副交感神经张力增高和血钾降低等因素的影响下强化了上述抑制异位心律失常的药理作用,反而使心室发生异位激动。异丙肾上腺素的疗效满意,可列为抢救、复苏药物的首选,用量要足够大,静脉注射用到0.125~1mg,静滴用到3~120μg/min,时间最长用到4天。用量不足(<3μg/min)不能终止发作;用量过少(1~2μg/min)反可诱致发作;停药过早亦可导致发作。如需纠正酸中毒以用三羟甲基氨基甲烷为宜。心脏起搏也能诱致发作,似不宜应用。

(秦永文)

述评 奎尼丁晕厥抢救不及时、不恰当可发生不幸,由于一些危险性小的抗心律失常药物问世,总的讲奎尼丁现已较少应用,但在新抗心律失常药物无效的情况下,仍有被迫应用奎尼丁的情况,故需对奎尼丁晕厥有所掌握。上文详细报道了抢救的成功经验,很值得学习和借鉴。

(尉 挺)

消化系统疾病

收集1995年11月～1996年10月文献4428篇，纳入回顾1408篇（占31.79%），列入文选59篇（占1.33%）。

一年回顾

一、食管疾病

（一）食管炎

浙江医大一院[1]通过24小时食管pH监测，结合食管钡餐、内镜、粘膜活检等方法，确诊不典型反流性食管炎24例，其中心绞痛型7例，慢性咽炎型8例，背痛型1例，神经衰弱型3例，哮喘型3例，无症状型1例及心绞痛加慢性咽炎型1例。广州医学院二院[2]对80例具有胃食管反流（GER）症状患者行食管测压，A组33例内镜及粘膜活检正常，B组47例证实为食管炎，均给予吗丁啉口服。结果显示：A、B两组与正常组相比，食管下括约肌压力（LESP）及松弛率明显降低，松弛时间延长，食管蠕动波压力明显降低。同时前2项指标B组明显低于A组（$P<0.05$）。吗丁啉可使B组LESP及胃食管屏障压升高。内蒙古消化病所[3]通过对100例反流性食管炎行24小时pH监测来观察症状指数（SI）的价值，发现烧心与酸反流的定量参数密切相关，而胸痛与酸反流关系不密切。该所[4]还对58例十二指肠球部溃疡合并反流性食管炎（DU-GERD）患者用磁性示踪法测定胃排空时间，发现复发组和初发组胃排空时间分别为89.3±41.2分和49.3±16.3分，胃排空正常分别为7.5%（3/40）和44.4%（8/18），两组相比有显著差异（$P<0.01$），表明DU-GERD系胃排空延长使食管LES功能下降所致。福建省立医院[5]对26例GER患者监测食管LESP及胃肌电图变化，结果反流组的LESP及胃电活动频率均明显低于对照组，且胃肌电频率正常者的LESP高于频率降低者，表明LESP低下者易发生GER，异常的胃肌电活动与食管LES功能减退及GER的发生有关。内蒙古消化病所[6]观察内镜和24小时食管pH监测反流性食管炎43例，两者符合率81.4%，并发现其中胃排空延缓者达62.8%。武汉协和医院[7]对12例确诊的GER患者进行食管pH及压力监测，发现直立位与卧位时的酸反流次数、pH值＜4的百分时间、酸清除时间以及与LES松弛有关的反流频率相比较，均无显著性差异，表明体位对GER无明显影响。浙江医大儿童医院[8]对12例疑诊为GER的新生儿进行24小时食管pH监测，发现7例为生理性反流，5例为病理性反流，与钡餐结果极不一致，认为钡餐检查新生儿GER正确率低，应选用24小时食管pH监测。内蒙古霍林河矿务局总院[9]分析468例反流性食管炎的内镜表现，主要为粘膜充血、红斑样改变（占78.4%），其他为齿状线上移或边缘不清、粘膜颗粒样变或不光滑等。天津市肿瘤医院[10]总结10例轻度食管炎、贲门炎气钡双重造影结果，多数显示多发颗粒状息肉样改变或称“气泡征”，认为这是与早期食管贲门癌鉴别的重要征象。陕西汉中地区医院[11]分析314例具有GER症状者，其中150例有典型临床症状者内镜诊断符合反流性食管炎78例（52%），而无典型症状的164例中有24例内镜检查阳性（14.6%）。宁波市一院[12]将确诊的反流性食管炎随机分成2组，以法莫替丁（40mg/d）＋西沙比利（40mg/d）为治疗组25例，单纯法莫替丁（40mg/d）为对照组21例，连续用药8周。内镜复查发现治疗组治愈18例，好转6例；而对照组仅治愈9例，好转4例。汕头大学医学院肿瘤医院[13]用单纯西药（多潘立酮加西咪替丁）和中

西医结合(西药及以桔皮、茯苓、半夏、竹茹等为主的加味温胆汤)随机治疗食管贲门癌术后并发GER患者各40例,结果中西医结合组有效率95.0%,明显高于单纯西药组的62.5%。解放军301医院[14]总结了37例老年人反流性食管炎治愈后随访结果,发现停药后无维持治疗者在第1、3、6个月累计复发率分别为35%、65%及85%,高于维持治疗组;维持治疗者在第3、6、12个月累计复发率分别为奥美拉唑组5.6%、11.1%和22.2%,显著低于雷尼替丁组的26.3%、36.8%和57.9%。长春空军医院[15]用以维生素B_{12}为主要成分的维斯克溶液治疗放射性食管炎(粘膜溃疡)44例,治愈43例,明显高于抗生素组和空白对照组,平均缓解天数3.8天。江苏扬中市中医院[16]在94例贲门癌行根治术的同时行幽门成形术,术后仅发生反流性食管炎4例(4.3%),明显低于单纯行贲门癌根治术者(15.8%)。无锡市一院[17]对15例贲门癌行根治术的同时,采用食管残胃间插入带蒂空肠并附加贲门再造术,术后该组反流指数<2%,对照组为20%($P<0.05$);该组食管下段平均pH值6.6,明显高于对照组的4.4($P<0.05$);而且该组术后均无烧心及反胃症状,表明该术式具有单向性屏障作用,可有效预防反流性食管炎发生。湖北当阳市医院[18]报道食管粘膜剥脱症19例,内镜下见剥脱粘膜呈膜状皱缩,移位于创面一侧或见灰色膜状物浮于管腔内,创面渗鲜血。2周后复查痊愈9例,好转7例,8周后全部痊愈。武汉协和医院[19]*对23例Barrett食管(BE)、16例Ⅰ级和21例Ⅱ~Ⅲ级反流性食管炎行24小时食管pH监测,结果显示:Ⅰ级反流性食管炎组与BE组在24小时pH<4总百分时间、总反流次数、持续5分钟以上的反流次数及最长的反流时间4项参数间均存在显著性差异($P<0.01$);而Ⅱ~Ⅲ级反流性食管炎组与BE相比,均无显著性差异。表明酸反流量并不是导致胃食管反流发展为BE的主要原因。

(邹晓平)

参考文献

[1] 向荣成等.浙江医大学报 1996;25(2):69
[2] 丁元伟等.胃肠病学和肝病学 1996;5(2):27
[3] 梁国土等.新消化病 1996;4(10):556
[4] 梁国土等.新消化病 1996;4(10):566
[5] 林志辉等.新消化病 1996;4(10):550
[6] 卢 干等.新消化病 1996;4(10):564
[7] 许军英等.中华内科 1996;35(3):175
[8] 江米足等.浙江医大学报 1996;25(2):66
[9] 樊跃飞等.内蒙古医学 1995;15(6):364
[10] 刘 方等.中国肿瘤临床 1995;22(11):805
[11] 李晓林等.陕西医学 1996;25(2):77
[12] 严清和等.浙江医大学报 1996;25(2):72
[13] 陈于平等.新消化病 1996;4(10):568
[14] 宫桂华等.新消化病 1996;4(10):552
[15] 杨晓钰等.中华放射与防护 1995;15(5):336
[16] 张贞香.陕西医学 1996;25(9):539
[17] 李明秋等.肿瘤 1995;15(6):435
[18] 陈建梅.中国实用内科 1996;16(5):276
[19]* 许军英等.中国实用内科 1996;16(5):289

(二)食管癌

南京医大[1]报道淮安市食管癌高发的主要危险因素之一为居民喜食自制的腌菜中N-亚硝酸盐的含量在0.01~0.45g/kg之间,超标率为37.5%;其次为饮水污染,其程度与微核出现率有剂量效应关系;另外,食管炎也为当地食管癌高发的原因之一。河北肿瘤所[2]通过食管拉网普查,共查出食管上皮重度增生648例。将其随机分为两组,治疗组口服复方苍豆丸(苍术、山豆根、绿茶按3:1:1组成),对照组服安慰剂。服药5年后,治疗组癌变率7.1%,低于对照组的13%($P<0.05$)。华西医大等[3]将120只大鼠分为3组,甲基戊醛亚硝胺(MANA)组和实验组(绞股蓝+MANA)每周肌注5mg/kg MANA一次,共18次,对照组不作任何处理。每隔6周各组处死大鼠10只,20周结束实验。结果实验组和MANA组大鼠食管乳头状瘤的例数、每鼠平均荷瘤数及食管癌发生率虽无显著性差异,但发癌时间明显延后。该所[4]还用同样方法将大鼠分为MANA组、实验组、空白组,每组50只。实验组实验开始即饮用2%绿茶液持续至实验结束,12周统计癌前病变及癌,实验组为40%及6.6%,低于MANA组的66%和25%。南京医大[5]报道淮安食管癌高发区高危人群中慢性食管炎检出率最高(24.88%~30.25%),不典型增生和变异较低(4.39%~3.20%),当粘膜增生和变异已形成时,有约1/2~1/4者可进一步恶性转化。通过分析得出慢性食管炎发展到食管癌所需的平均时间为23~26年。协和医大[6]采用双标记荧光原位杂交技术,增加了标记分子的掺入率,提高了检出成功率,将分化相关基因RA538定位于人8号染色体的长臂2区。河南医科所[7]*对河南辉县食管癌高发区331名居民进行内镜普查,发现Barrett食管(BE)患病率为0.91%。患

者食道粘膜活检标本p53阳性表达率为42%，其中50%伴有不典型增生。表明p53阳性表达可能是BE上皮发展到食管腺癌过程中一个极早期改变。河北医大四院[8]采用流式细胞术，应用单克隆抗体对50例食管鳞癌组织定量检测显示其ras p21、p53的阳性率分别为88%和80%，高于正常食管的64%和56%。39例食管癌残端病理证实阴性34例。残端阴性、不典型增生及原位癌的ras p21、p53表达和DNA指数值3项指标依次呈增高趋势。中山医大[9]用免疫组化法检测高发区河南省43例食管鳞状细胞癌中的p53蛋白。结果以CM-1为一抗的阳性率为60.5%；以D0-7为一抗的阳性率为79.1%。证实p53积聚是食管鳞癌中一种常见现象。医科院肿瘤所[10]对197例食管内镜活检组织进行p53蛋白免疫组化分析，发现38.8%的轻度不典型增生、52%的中、重度不典型增生、61.1%的原位癌和62.5%的食管浸润癌组织中有p53蛋白的高表达。9例高表达食管癌中，8例癌旁不典型增生组织也有p53蛋白的高表达。正常鳞状上皮和慢性炎症上皮中很少有p53蛋白的聚积。提示p53蛋白聚积是癌变的早期过程。新乡医学院等[11]用流式细胞术研究80例食管鳞癌DNA倍体，报告DNA指数范围为0.77～1.74，DNA异倍体检出率为88.8%；47.5%瘤体内表现为倍体异质现象；DNA倍体异质性与肿瘤浸润深度、淋巴结转移及预后有关，而与组织学分级及瘤体大小无关。该院[12]随访结果表明DNA倍体异质性肿瘤患者的5年生存率(34.2%)极显著地低于非异质性肿瘤患者(64.3%)。广西柳州市一院[13]用SP免疫组化法对52例食管鳞状细胞癌进行人乳头瘤病毒(HPV)16、18E_6和ras p21、p53检测。结果显示：鳞癌组织中E_6的阳性率为67.31%，明显高于对照组($P<0.01$)；p21 ras与p53，p53与E_6的阳性表达均具相关性。表明HPV16、18感染与该地区食管癌病因学密切相关。河南医大一院[14]用PCR法发现20例正常新鲜食管粘膜组织中HPV DNA检出率为9.1%，40例新鲜标本和51例石蜡包埋标本的食管癌组织HPV DNA为36.2%；鳞癌以16型感染为主，腺癌以18型为主。河南医大等[15]还发现HPV感染者食管上皮由Langerhans细胞(LC)数量明显少于无感染者，且残存的少量LC的分布及形态也有改变。他们检测30例食管鳞癌癌旁上皮内OKT6阳性LC和S-100蛋白阳性LC，发现从食管正常上皮→不典型增生→原位癌，OKT6阳性LC数目逐渐减少，并上移至上皮的表层；食管正常上皮内OKT6阳性LC明显多于S-100蛋白阳性LC，而重度不典型增生及原位癌时，OKT6阳性LC明显少于S-100蛋白阳性LC[16]。沈阳军区总院等[17]用免疫组化S-100染色观察了食管鳞癌活检标本中LC在癌巢内、巢周、间质、癌旁组织及淋巴滤泡中的形态、数量及分布特点，并结合随访3年以上127例患者资料进行LC与患者存活时限关系的研究。发现LC在癌巢内及淋巴滤泡中的数量随食管癌的TNM分期增大而明显增多；癌巢内LC多的患者生存期较短；巢周、癌旁粘膜及间质内LC多的患者生存期较长。新疆医学院[18]用PCR、RFLP等技术测定22例食管癌患者3号染色体短臂3p14～24，17号染色体短臂17 p13.1杂合缺失(LOH)。结果显示：3p24和17p13.1位点的LOH较高，分别为8/11和6/6，提示该位点总LOH检测可成为食管癌早期诊断的分子标志。该院[19]还发现哈萨克族食管癌患者3p24 LOH为100%(11/11)，汉族为42.8%(3/7)，维吾尔族为33.3%(1/3)，说明该位点等位基因杂合缺失可能与种族遗传有关。石河子医学院[20]观察了36例食管癌、31名患者子女及30名正常人的外周血淋巴细胞染色体畸变率(CAR)和脆性部位(FS)的变化。发现食管癌及其子女的CAR、FS明显增高，且两者的FS与癌基因、癌断点一致符合率明显高于对照组($P<0.01$)。中国协和医大等[21]通过36对来自北京和山西阳泉的散发食管癌标本和相应正常组织的检测，发现染色体9p22-23、3p14.2、2p22、3p24-26、11q13.1、3p23、3p21.3、7q35、3q21-22等染色体位点处存在较高频率(>20%)的杂合性丢失，染色体位点特异的微卫星DNA不稳定。山东医大附院[22]对50例食管鳞癌标本进行核仁组成区嗜银蛋白(AgNOR)染色，发现AgNOR计数越高，肿瘤分化越差($P<0.01$)，淋巴结转移率越高，预后也越差($P<0.05$或$P<0.01$)。汕头大学医学院[23]对30例食管小细胞癌用2种上皮性和6种神经内分泌标志物进行免疫酶标检测。发现小细胞癌在光镜下呈现多种不同的组织形态，免疫组化染色以神经内分泌标记率较高，尤以嗜铬颗粒蛋白A和神经元特异性烯醇化酯阳性率最高。广州南方医院[24]测得60例食管癌组织中表皮生长因子受体(EGF-R)和相关原癌基因C-erbB-2表达阳性率分别为58%和18%，明显高于25例正常组织含量(24.0%、0%)。

军医科院放射所[25]发现20例食管鳞癌均表达人类白细胞抗原Ⅰ(HLA-Ⅰ)类分子及β_2-微球蛋白，60%表达HLA-Ⅱ类分子。河北医大[26]报道人食管癌上皮细胞系Eca109细胞可异位表达癌胚基因产物胎盘型碱性磷酸酶，其活性可被强的松龙诱导升高。重庆新桥医院[27]用IL-2Rα cDNA探针对42

例食管癌外周血单个核细胞(PBMC)IL-2R mRNA的表达水平进行研究。发现其表达为无转移组>转移组>对照组(P 均<0.001)，提示食管癌患者存在免疫抑制，其抑制可能存在细胞活化阶段或IL-2R的转录水平。河南医大一院[28]用人胎盘型谷胱甘肽-S转移酶GST-π抗体的ABC免疫组化检测50例食管癌、68例癌旁组织和51例正常对照组的GST-π表达，并对其中30例食管癌和20例正常组织进行组织和血清GST活性检测。结果正常食管组织的GST-π阳性率为3.9%(2/51)，不典型增生组为77.9%(53/68)，食管癌组为86.0%(43/50)；食管组织和血清GST活性均值也明显高于正常组(P<0.01)。提示GST-π可作为食管癌早期诊断的酶学指标。福建漳州市医院[29]检测25例食管贲门癌患者手术前后外周血T淋巴细胞亚群。发现患者术前T_3、T_4值显著低于正常组，而T_8值显著高于正常组(P<0.01)；术后5周手术根治组T_3、T_4值明显高于术前，T_8明显低于术前(P<0.05)；手术探查组T_3、T_4和T_8值与术前无差异(P>0.05)。河北医学院四院[30]观察27例食管鳞癌间质中浸润巨噬细胞的分布，发现巨噬细胞主要分布于癌周间质内并与淋巴样细胞混杂存在；癌组织侵犯深、前缘退变程度轻和有局部淋巴结转移者巨噬细胞浸润数量少，反之则较多。西安医大二院等[31]报道Cathepsin D在20例表浅鳞状细胞食管癌的阳性表达率为62.1%；表达阳性组的淋巴结转移率明显高于表达阴性组(P<0.05)；阳性表达指数与癌细胞分化程度无相关性。福州协和医院[32]*分析200例食管癌手术切除病例，淋巴结转移率为54.5%(109/200)，转移途径主要为区域性和上下双向性转移，亦可呈跳跃性转移。四川省肿瘤医院[33]报道该院根治性切除的食管癌278例中有淋巴结转移109例(39%)；肿瘤浸润越深、分化越低淋巴结转移率越高；肿瘤长度与淋巴结转移无关。广东汕头市医院[34]发现胸段食管癌淋巴结转移具有如下规律：胸上段者以向上转移为主；胸中段者多发生双向或向下转移；胸下段者以向下转移为主。解放军总院[35]对26例胸段食管癌患者MRI检查结果、手术及病理进行对比分析，发现MRI对判断肿瘤浸润深度及肿瘤是否侵犯周围重要脏器均有较大帮助，对术前切除可能性判断准确率也较高。但中国医大二院[36]的同类研究结果表明MRI无论是估价食管癌外侵程度，还是判断肿瘤的可切除性均不可靠，对纵隔及食管旁淋巴结检出率低，不能鉴别食管肿瘤的良恶性。汕头大学医学院肿瘤医院[37]将58例食管癌患者术前CT所见与术后病理比较，报道CT估价食管癌外侵程度的准确率达86.2%～98.3%。解放军467医院[38]用B超观察胃后壁蠕动波是否存在及胃与胰腺界线是否清楚来作为癌肿是否外侵及可切除性的指标，35例贲门癌患者结果显示判断符合率90.3%，明显高于常规方法的53.3%(P<0.05)。西安唐都医院[39]测38例食管贲门癌患者手术前后血清肌酸激酶(CK)和同功酶CK-MB值，发现术后血清总CK升高主要来源于胸壁骨骼肌损伤，但CK-MB可作为围术期急性心肌梗死诊断的特异性酶学指标。

河南医大一院[40]用联合化疗治疗100例晚期食管癌，DF(顺铂、氟脲嘧呤)、DMF(顺铂、甲氨蝶呤、氟脲嘧啶)和CEP(卡铂、足叶乙甙、平阳霉素)三种方案常规静脉给药的有效率分别为60%(24/40)、40%(8/20)和52%(12/23)；用DMP(顺铂、丝裂霉素和平阳霉素)食管动脉灌注治疗的有效率为47%(8/17)，副作用相对较轻。该院[41]用DMP方案食管动脉灌注治疗32例晚期食管癌，近期疗效：完全缓解1例，部分缓解12例，稳定14例，进展5例，2例出现脊髓损伤。福建省肿瘤医院[42]将82例晚期食管癌分为化疗加放疗(综合)组和单用放疗(单放)组，结果综合组与放疗组1年生存率分别为68.3%和46.3%，3年生存率为34.8%和8.7%，两者差异均有显著性意义。河南省肿瘤医院[43]用食管腔内加温合并体外照射(R+H)和单纯照射(RT)分别治疗食管癌59例和66例，腔内加温每周1～2次，每次45分钟，要求达到肿瘤表面温度>43℃。结果R+H组完全缓解率为46%，明显高于RT组的24.0%(P<0.05)；R+H组的1年和3年生存率分别为81%和42%，显著高于RT组的59%和24%。该院[44]用单纯放疗加光动力学疗法治疗食管癌的近期疗效和1年生存率分别为83%(25/30)和77%(23/30)，明显高于单纯放疗组的67%(20/30)和47%(14/30)。山西长治医学院附院[45]用腔内放疗配合体外照射治疗30例食管癌，96%有吞咽功能改善，明显优于单纯体外照射组的73%，该法除疼痛外未出现其他严重并发症。解放军总院[46]用同样方法治疗42例食管癌，出现食管大出血1例，食管气管瘘1例，认为并发症的产生与腔内放疗有关。安徽省肿瘤医院[47]选择80例食管癌患者进行超分割放疗的适宜剂量研究：A组总量为60～70 Gy/6～7周，每天1次2Gy；B组总量为51Gy/23天，每天2次，每次1.5Gy；C组总量为50Gy/23天，每天3次，每次1Gy。结果3组的5年生存率分别为11%、37%和23%，B组显著高于A组(P<0.05)。苏州医学院三院[48]采用10.5%低氧吸入加放疗治疗食管癌16例，疗效与常规放疗相比，近期疗效差别不大，但吸

氧组消化道反应轻，体重下降少。中国协和医大肿瘤医院[49]对180例具有手术指征组因各种原因未能手术的食管癌患者行单纯放疗，1、3、5年生存率分别为64.4%、34.4%、23.3%，与手术切除疗效相似，仅上段癌放疗疗效稍好于手术，中段癌稍差于手术，下段癌则明显差于手术。吉林肿瘤医院[50]报道放疗时服用高聚金葡素(BM828)可明显减轻放疗反应，升高血白细胞数，有辅助治疗作用。山东肿瘤医院[51]对70岁以上老年食管癌76例行放疗，1、3、5年生存率分别为51.3%、25.0%、11.8%，影响老年食管癌患者生存率的主要因素是病变范围和放疗剂量。河南肿瘤医院[52]对83例食管癌行CT检查，发现肿瘤外侵75例(90%)，最大横径≥6cm；超出常规射野宽度者54例(65%)；判断淋巴结有转移25例(30%)。认为食管癌放疗前行CT检查可使放疗更准确。沈阳军区总院[53]*行电视胸腔镜食管癌切除术8例。1例因肿瘤外侵，术中转为剖胸手术；7例手术顺利。认为Ⅰ～Ⅱ期食管癌适宜用胸腔镜手术；凡已显示肿瘤外侵或纵隔淋巴结肿大者，均不作为胸腔镜手术适应证。河南肿瘤医院[54]对食管癌分别行食管胃颈吻合术108例，胸内吻合术444例。结果两组术后并发症发生率和手术死亡率基本相同。颈吻合口瘘较多，但瘘致死率较低，胃食管反流发生率低于胸内吻合术。江苏武警医院[55]采用不开胸食管内翻拔脱术治疗食管癌25例，其中颈段15例，胸上段1例，胸下段9例。无1例手术死亡，术后吻合口瘘1例，吻合口狭窄1例。术后1、3年生存率为100%、80%。表明此手术创伤小，并发症少，生存率高。河北医大四院[56]82例食管癌将术后预防性放疗与单纯手术患者进行对比，发现Ⅱ期术后加放疗患者5年生存率为42%，显著高于单纯手术组的26.0%($P<0.01$)，Ⅲ期患者5年生存率两组间无差异。上海市胸科医院[57]手术治疗食管未分化癌39例，术后6个月内死亡42%，7～24个月又死亡42%，术后中位生存期7个月，术后5年生存率仅15%。表明单纯手术切除预后较差。山西肿瘤医院[58]手术治疗原发性食管腺癌28例，手术切除率100%，1、3、5年生存率分别为77.8%、48.1%、29.6%，与同期食管鳞癌相比，差异无显著性。济南军区总院[59]采用人胎胸腺和脾联合移植治疗晚期食管贲门癌8例，发现移植组术后E玫瑰花结形成率和淋巴细胞转化率均显著高于未移植组，且移植组患者的自觉症状明显好转，存活时间也较长。汕头大学医学院肿瘤医院[60]认为食管癌切除术后并发脓胸的主要原因是手术过程中食管肿瘤破裂或行胸内食管胃吻合时食管胃肠液污染胸腔所致。北京协和医院等[61]分析10例食管癌术后急性呼吸衰竭患者，发现高龄、长期吸烟、慢性肺部疾患及合并术后胸内并发症者容易发生，多出现于术后48～72小时内。除辅助通气外，彻底清除气道内分泌物、控制肺内感染、早期发现并处理是抢救成功的关键。河南洛阳医专附院等[62]对26例食管贲门癌根治术患者分别在术后3、5、7、10天抽取十二指肠引流液中的胆汁进行分析，发现胆汁总固体量由术前102.25±13.78mg/ml降至术后51.49±2.47mg/ml；胆盐及磷脂总固体量百分比及其类脂质比率均明显下降；胆汁成石指数由术前1.38～1.67升至术后2.0～3.52。认为胆汁成分的变化，加之胆道动力学改变是食管贲门癌根治术后胆石症发病率增高的重要原因。武汉协和医院[63]观察218例食管贲门癌术后1～3年生存的158例，发现食欲减退、食量减少、脂肪泻和体重下降在158例中均存在；顽固性呕吐、胃滞留、胆汁淤滞和胆囊结石分别为15例、135例、128例和69例。认为上述改变与现行手术中切断迷走神经有关。河北医学院四院[64]报道食管贲门癌术后单纯腹壁转移2例。上海长海医院[65]*用Ultraflex支架治疗食管狭窄12例。所有患者置管均成功，术后狭窄部直径由1.00±0.60扩至(3.08±0.51)cm($P<0.01$)；食管再狭窄发生率为41.67%，2例为肿瘤复发入网，1例为肉芽组织入网，1例为食物嵌顿，1例为支架扩张不良。南京医大一院[66]用国产TiNi记忆合金支架治疗良恶性食管狭窄18例次。支架置放均一次成功；术后吞咽困难积分由术前3.35下降至1.05($P<0.01$)。陕西省肿瘤医院[67]用内镜微波凝固及局部注射化疗药治疗晚期食管癌性狭窄81例。其中微波治疗69例，有效率95.7%；局部注射加微波12例，有效率100%。解放军154医院等[68]用YAG激光烧灼晚期食管癌组织，再植入自制食管硅胶扩张模，治疗6例。6例术后1个月均能正常进食，仅1例肿瘤组织向上浸润，超过扩张模上缘，部分阻塞管腔。苏州市三院[69]用电化疗治疗晚期食管癌26例，总有效率达84.0%，能改善进食困难，提高生活质量。江西医学院一院[70]内镜下用激光、电凝电切加微波联合治疗晚期食管癌严重梗阻20例，并配以局部化疗。结果一次治疗后总有效率为75%，二次治疗后为100%，未发现明显合并症。河南医科所等[71]对内镜激光治疗后癌细胞消失的32例食管贲门早期浅表癌进行随访，发现5年生存率为97%，显著高于未经治疗的早期食管贲门癌5年生存率67%($P<0.01$)。西安医大二院[72]分析25例表浅食管鳞癌。其中7例无任何症状；16例为孤立癌，余为多发癌；病灶直径为1.5

～7.9cm，平均3.4cm；11例存在淋巴结转移。山东肿瘤防治院[73]对27例原发性食管腺癌行手术治疗。术后组织学显示其残端受侵率为26.0%，肿瘤外侵率为40.7%，淋巴结转移率51.9%；术后5年生存率Ⅰ、Ⅱ期者为45.5%，Ⅲ、Ⅳ期6.7%；根治性切除术加用放疗者5年生存率为45.5%，未加用放疗者则为零。表明术后加放疗可改善预后。四川肿瘤医院[74]治疗老年人原发性食管小细胞未分化癌12例，单纯手术4例，手术结合化疗2例，单纯放疗6例。平均生存期为5～6个月。治疗失败的主要原因是远处转移。河南肿瘤医院[75]报道食管癌胃内转移7例，转移灶均位于贲门部。山西肿瘤医院等[76]发现44例食管多中心癌及上消化道重复癌；同时性27例，异时性17例；2个癌的间距最短4cm，最长10cm。

（邹晓平）

参 考 文 献

[1] 叶本法等．南京医大学报 1996;16(3):228
[2] 侯 浚等．中国肿瘤临床 1996;23(2):117
[3] 王朝俊等．华西医大学报 1995;26(4):430
[4] 王朝俊等．华西医大学报 1996; 27(2): 206
[5] 沈 靖等．癌症 1995;14(5):321
[6] 郑文岭等．中华医学 1996;76(4):305
[7]* 赵立群等．中华消化内镜 1996;13(1):11
[8] 郑建国等．中华物理医学 1996;18(2):68
[9] 张锦霞等．肿瘤 1996;16(1):15
[10] 董琰滨等．中华肿瘤 1996;18(1):58
[11] 原志庆等．中华病理 1996;25(3):159
[12] 原志庆等．肿瘤防治研究 1996;23(2):72
[13] 任占平等．临床与实验病理 1996;12(3):203
[14] 徐 芸等．河南医大学报 1996;31(3):53
[15] 李 静等．中华病理 1996;25(2):83
[16] 郝志芳等．胃肠病学和肝病学 1996;5(2):19
[17] 侯维平等．中华外科 1996;34(7):430
[18] 赵学信等．新疆医学院学报 1996;19(1):1
[19] 赵学信等．新疆医学院学报 1996;19(3):143
[20] 曹 新等．癌症 1996;15(5):349
[21] 李卫东等．中华医学遗传 1996;13(4):194
[22] 杨国涛等．中华胸心外科 1995;11(5):288
[23] 吴名耀等．临床与实验病理 1995;11(4):275
[24] 刘国龙等．新消化病 1996;4(2):86
[25] 谢 玲等．军医科院院刊 1996;20(1):33
[26] 张牧霞等．中华肿瘤 1996;18(3):186
[27] 王志新等．中国实验临床免疫 1996;8(3):9
[28] 徐 峰．胃肠病学和肝病学 1996;5(2):23
[29] 黄文献等．中国肿瘤临床与康复 1995; 2(4): 22
[30] 马玉祥等．肿瘤防治研究 1995;22(5):276
[31] 张 军等．陕西医学 1995;24(12):726
[32]* 林若柏等．中华肿瘤 1996;18(4):292
[33] 陈利华等．中国胸心血管外科临床 1996;3(2):84
[34] 傅俊惠等．癌症 1996;15(4):283
[35] 张全亮等．中华胸心外科 1996;12(1):22
[36] 尹兴家等．中华胸心外科 1995;11(6):346
[37] 杨卫平等．癌症 1996;15(1):48
[38] 周连亚等．河北医大学报 1996;17(5):272
[39] 孟 毅等．中华胸心外科 1995;11(5):290
[40] 王志良等．实用癌症 1995;10(3):188
[41] 王志良等．综合临床 1996;12(2):88
[42] 陈 梅等．肿瘤防治研究 1996;23(4):232
[43] 王建华等．中华肿瘤 1996;18(1):51
[44] 张景伟等．上海医学 1996;19(10):573
[45] 张占书等．上海医学 1996;9(10):578
[46] 周桂霞等．肿瘤防治研究 1995;22(6):372
[47] 彭开桂等．中国肿瘤临床 1996;23(7):461
[48] 朱兆荣等．苏州医学院学报 1996;16(3):526
[49] 陈东福等．中华肿瘤 1996;18(3):195
[50] 赵 玲等．实用肿瘤学 1995;9(4):41
[51] 孙新东等．实用癌症 1996;11(3):187
[52] 黎海亮等．河南医大学报 1996;31(3):106
[53]* 曲家骐等．中华外科 1996;34(2):84
[54] 陈建华等．中华肿瘤 1996;18(2):131
[55] 孙 江等．南通医学院学报 1996;16(3):352
[56] 刘俊峰等．实用癌症 1996;11(3):182
[57] 吴怀申等．中华肿瘤 1995;17(6):447
[58] 原和平等．肿瘤研究与临床 1996;8(1):21
[59] 寇仁业等．中国肿瘤临床和康复 1996;3(3):66
[60] 杨捷生等．中华胸心外科 1996;12(2):95
[61] 张志庸等．中华胸心外科 1995;11(5):277
[62] 张灿斌等．中华胸心外科 1996;12(2):97
[63] 冯伦高等．同济医大学报 1996;25(3):219
[64] 张 逊等．肿瘤防治研究 1996;23(5):322
[65] 许国铭等．中华消化 1996;16(3):139
[66] 赵志泉等．中华消化内镜 1996;13(2):279
[67] 李崇沧．肿瘤研究与临床 1996;8(2):99
[68] 范良清等．人民军医 1996;(9):15
[69] 倪川明等．苏州医学院学报 1995;15(5):846
[70] 刘 俊等．实用癌症 1995;10(4):256
[71] 杨观瑞等．中华消化内镜 1996;13(2):269
[72] 张 军等．中华消化 1996;16(1):58
[73] 韩俊庆等．中华胸心外科 1996;12(5):293
[74] 吉 林等．中华老年医学 1996;15(4):205
[75] 卫功铨等．癌症 1996;15(1):40
[76] 程宝贞等．山西医药 1996;25(3):186

(三)其他

上海长海医院[1]*对50名健康成人进行24小时食管pH监测。结果显示正常成人平均有98.6%的时间食管pH＞4,故以pH4作为酸反流阈值,得出95%正常值范围:pH＜4的总时间百分率为3.4%;pH＜4的立、卧位总时间百分率均为4.3%;反流持续≥5分钟的数≤2次;最长反流持续时间为16分钟;pH＜4的反流次数为60次;总计分为12.7分钟。上海华东医院[2]用食管测压法及食管运动图谱研究食管源性胸痛、间歇性吞咽困难34例。结果发现:高压型食管下端括约肌(LES)8.8%,低压型LES52.9%,其余正常;高压型蠕动2.9%,低压型蠕动38.2%,失调型蠕动58.8%。提示LES异常及食管体部蠕动异常均为产生胸痛、间歇性吞咽困难的主要因素之一。西安医大二院[3]对33名健康老年人进行食管功能测定。发现老年组食管LES静息压、体部下段蠕动压及蠕动波持续时间明显下降;食管LES静息压有随年龄增长而下降的趋势,但差异无显著性。该院[4]还用自制的24小时食管pH监测系统监测有胃食管反流症状的患者82例。发现24小时胃食管反流性疾病组食管pH监测各项参数均明显高于正常组,反酸、反胃症状的出现与pH≤4的时间相吻合,但与烧心、胸骨后疼痛发作时间不完全一致。该院[5]还发现在69例功能性吞咽困难者中,26%LES松弛不全,平均松弛压1.45kPa;食管体部呈高幅蠕动,同步收缩明显增加;而LES静息压下降。兰州军区总院[6]在49例贲门良性疾病中,发现食管LES运动障碍22例(44.9%),主要为LES张力下降(13例),LES松弛微弱或消失(17例),在高压区近侧发现第2个高压区(5例)。广东省医院[7]比较西沙比利(C组,20名)和多潘立酮(D组,17名)对食管运动功能的影响。发现C、D组用药后15分钟LES压力值较用药前均显著提高($P<0.01$),而45分钟后C组较D组更显著;且C、D组均使食管蠕动压增加,但两组间无差异。北京宣武医院[8]对贲门失弛缓症57例行内镜检查,表现为食管存有潴留物和食管扩张(100%);食管壁轮状收缩环(38.6%);食管伸长(门齿至贲门距离＞40cm者31.6%);食管腔扭曲(22.8%)。河北医学院四院[9]用核素显像技术观察贲门失弛缓症Heller术后的食管通过功能。发现术后患者食管清除率明显优于术前,但又显著低于正常对照组。表明此手术能够改善食管通过功能,但达不到正常人水平。山东淄博市医院等[10]用自制的气囊扩张器治疗儿童贲门失弛缓症19例,患儿平均年龄11岁,共扩张75次,平均每例3~7次,治愈18例。首都医大宣武医院[11]用气囊扩张治疗贲门失弛缓症57例。扩张后LES压由(5.2±1.6)kPa下降到(2.1±1.1)kPa,1例于扩张当天发生食管下端穿孔,经开胸缝合治愈。随访4~52个月,2例复发,远期疗效96.5%,复发2例经再次扩张治疗后症状消失。江苏如东中医院等[12]手术治疗贲门失弛缓症28例。采用胸途径19例,腹途径9例。结果良好15例,好转9例,改善3例,无效1例。术后并发反流性食管炎8例。北京友谊医院[13]手术治疗31例食管憩室。对其中26例随访1~5年,远期疗效优良率为92.3%,复发2例(7.7%)。中国医大一院[14]对49例食管平滑肌瘤行手术治疗,47例行食管粘膜外肿瘤摘除术,2例行病变部位食管部分切除、食管胃吻合术。上海胸科医院[15]分析食管胃连接部平滑肌瘤10例,术前误诊为贲门痉挛2例,纵隔肿瘤2例,贲门癌4例。海军总院[16]报道弥漫性食管痉挛10例,食管测压发现其LES压力和松弛状态正常,6例有非蠕动性高振幅多峰状收缩,并且时间延长,另4例仅收缩时间延长;食管pH监测发现存在胃食管反流4例;内镜发现食管局部痉挛性收缩1例,食管扩张2例,裂孔疝1例。解放军85医院[17]报道食管贲门类癌2例。广西梧州工人医院[18]报道罕见的食管鳞状上皮乳头状瘤3例,其中2例人类乳头状瘤病毒阳性。山东千佛山医院等[19,20]报道原发性食管非何杰金淋巴瘤2例。

(邹晓平)

参考文献

[1]* 高　萍等. 中华消化 1996;16(1):32

[2] 于晓峰等. 上海医学 1996;19(9):501

[3] 董　蕾等. 中华老年医学 1995;14(5):306

[4] 朱有玲等. 新消化病 1996;4(10):560

[5] 董　蕾等. 新消化病 1996;4(10):548

[6] 张世范等. 中华胸心外科 1996;12(2):102

[7] 王启仪. 广东医学 1996;17(2):120

[8] 张泰昌. 内镜 1995;12(6):328

[9] 刘俊峰等. 中华核医学 1995;15(4):228

[10] 卢清鑫等. 中华医学 1996;35(1):45

[11] 张泰昌等. 中华内科 1996;35(1):45

[12] 陆士仁等. 南通医学院学报 1996;16(1):55

[13] 田　锋等. 中华胸心外科 1996;12(1):26

[14] 张　林等. 中国医大学报 1995;24(6):590

[15] 罗清泉等. 中国肿瘤临床 1996;23(2):100

[16] 李　辉等. 中华消化 1996;16(2):123

[17] 崔安明等．中华胸心外科 1996;12(4):253
[18] 郑赓唐等．中国实用内科 1996;16(7):430
[19] 蒋仲敏等．中华胸心外科 1995;11(6):341
[20] 阎晓勇．中华消化 1995;15(6):335

二、胃、十二指肠疾病

(一)慢性胃炎

浙江医大二院[1]*报道慢性胃炎和胃癌患者幽门螺杆菌(Hp)感染阳性率及血清Hp抗体水平显著高于正常对照组；不同分化程度的胃癌Hp感染阳性率及Hp抗体水平基本相同。重庆西南医院[2]*对Hp相关性胃炎的内镜随访研究表明：Hp阳性患者其慢性萎缩性胃炎、肠化生、Ⅲ型肠化生和异型增生的发生率显著高于Hp阴性患者；Hp阳性胃粘膜增殖细胞核抗原(PCNA)标记指数和核仁组成区嗜银蛋白(Ag-NOR)数也显著高于Hp阴性胃粘膜。上海市五院[3]报道96例结节性胃炎患儿的Hp感染率为66.67%；慢性浅表性胃炎病变越重Hp的感染率越高；慢性萎缩性胃炎Hp感染的阳性率随萎缩程度而依次降低；活动性胃炎的Hp感染率明显高于非活动性胃炎。西安医大一院[4]报道1910例慢性胃炎的Hp阳性率为25.9%，萎缩性胃炎的阳性率高于浅表性胃炎；423例消化性溃汤的Hp阳性率为48.5%，不同部位与不同分期溃疡患者的阳性率间无差异性。南京医大二院[5]报道69例伴胆汁反流的上消化道疾病中，慢性胃炎、消化性溃疡的Hp检出率分别为15.6%、33.3%，明显低于对照组。武汉梨园医院[6]发现慢性胃炎的严重程度与Hp感染量有关，并随Hp感染量的增加而有加重的趋势。福建省医院[7]报道单纯性胆汁性胃炎的Hp阳性检出率明显低于并发病组；胆汁性胃炎病程越长，Hp感染率越高；炎症越重，阳性率也越高。重庆西南医院[8]报道以大黄、黄连素等中药和小剂量三联疗法治疗慢性胃炎和消化性溃疡，对Hp根除率高，溃疡复发率低，疗效与传统三联疗法相同，价廉，副作用少。广西医大一院[9]测定76例慢性胃炎和消化性溃疡患者全血和胃液乙酰胆碱(Ach)，同时测定18例健康对照全血Ach。结果Ach测定值在各检测组间均无差异。北京宣武医院[10]报道胃粘膜血流量(GMBF)随年龄增加而减低；重症胃炎和溃疡病患者血浆内皮素明显高于单纯浅表胃炎及正常人，但与年龄无关，与GMBF均值呈负相关。湛江市医院[11]报道不同饮食习惯与慢性萎缩性胃炎的发病率和Hp感染率有关，以常食剩饭者为高，常食大蒜Hp感染率最低。上海二医大[12]报道40例Hp阳性的慢性萎缩性胃炎经德诺、甲硝唑、氨苄青霉素治疗，炎症明显消退，Hp消失，平均PCNA标记指数下降。提示Hp感染引起胃粘膜活动性炎症时胃粘膜上皮处于高增殖状态。海军总院[13]报道B型萎缩性胃炎的胃窦与胃体神经内分泌细胞明显减少，并出现在正常胃粘膜没有的胰高血糖素阳性细胞。广州医学院附院[14]报道慢性胃炎患者血清sIL-2R水平较对照组高；RBC免疫功能降低，RBCC$_{2b}$受体花环率降低，RBC免疫复合物花环率增高。浙江金华医院[15]分析254例胆汁反流性胃炎(轻度26例，中度188例，重度44例)的胃镜下特征：粘液湖黄疸加胃粘膜炎性变，半数以上病例幽门呈持续开放状态。上海长海医院[16]报道胃切除术后碱性反流性胃炎和食管炎12例经Roux-en-Y或Tanner-Ronx-19型手术后患者均恢复正常工作与生活，再次手术距首次胃切除时间为3～6个月。上海市四院[17]6年中经胃镜随访82例疣状胃炎，有向不典型增生→息肉→早期胃癌过度的特点。河北职工医学院附院[18]报告1例放射性胃炎，^{60}Co剂量为8周60Gy/35次。内镜所见除有一般粘膜炎症病变外尚有以下特点：粘膜皱壁增厚、增粗、坚实；胃腔狭小，扩张度差；胃远端病损较近端严重。解放军532医院[19]报道3例急性化脓性胃炎，其特点是：起病急，持续上腹部胀痛伴阵发性加剧，早期出现全身中毒症状，全腹肌紧张；B超显示胃体积增大、胃扩张、胃壁水肿增厚。福州大学医院[20]对150例慢性萎缩性胃炎(CAG)患者进行10年内镜随访，癌变5例(3%)。5例癌变者随访前萎缩、不典型增生(ATP)、肠化生(IM)均为(卄～卅)，且均位于胃小弯处。上海龙华医院[21]报道1994年CAG发病率较1984年有较明显的下降，但在50岁以下年龄组中，CAG伴IM、CAG伴ATP及中度CAG等指标则呈上升趋势，说明CAG的发生有年青化倾向。福建石狮市医院[22]报道51例CAG贫血患者合并胃出血32例，合并肠钩虫感染12例，合并肠上皮化生18例。山西离石地区医院[23]回顾分析2000例胃炎，按悉尼系统胃炎新分类标准，急性胃炎占0.3%，慢性胃炎占96.9%，特殊胃炎占2.8%。汕头大学医学院一院[24]对21例残胃炎用四联疗法(德诺、瑞贝克、吗丁啉和云南白药)治疗6周后，患者临床症状体征消失，胃镜示残胃急性炎症消退、胆汁反流控制。北京医大一院[25]用替普瑞酮治疗53例慢性浅表性胃炎，发现该药能缓解症状，改善胃粘膜组织病理学表现，显著提高胃粘膜氨基己糖水平，增加胃粘膜前列腺素E_2含量及胃粘膜血流量，为理想的胃粘膜保护药。福建医学院二院[26]报道西沙比利及吗丁啉均能降低胆汁反流性胃炎患者胃内 pH 值和胃内胆汁酸浓度，并能改善临床症状。兰州医学院[27]报道胃康（主药为白屈菜、大枣）能使实验性慢性胃炎大鼠的胃粘膜厚度增加，壁细胞计数增多，细胞内 AB/PAS 阳性物增加，粘膜上皮病变减轻。西安西京医院[28]报道治疗小儿 Hp 感染性胃炎的疗效为思密达组＞丽珠得乐组＞益胃冲剂（黄芪、当归等）组，其中思密达对血清 HpIgG 的阴转率达 92%。吉林市中医院[29]用清热解毒药治疗 24 例慢性胃炎，服药 1～2 个月后，22 例症状消失，胃粘膜充血水肿消退。

（金震东）

参 考 文 献

[1]* 吴勤动等．浙江医大学报 1996;25(3):112

[2]* 肖丽萍等．中华消化内镜 1996;13(2):273

[3] 肖丽萍等．上海医学 1996;19(9):526

[4] 吴玉蛾等．新消化病 1996;4(3):146

[5] 浦福兴等．江苏医药 1996;22(8):558

[6] 杨桂芳等．临床消化 1996;8(2):83

[7] 刘臣璋等．内镜 1995;12(6):358

[8] 徐采朴等．三军医大学报 1995;17(5):373

[9] 邹　刚等．临床消化 1996;8(3):110

[10] 李雅君等．中华消化 1996;16(3):185

[11] 李志伟．新消化病 1996;4(4):239

[12] 秦兰芳等．上海二医大学报 1996;16(3):177

[13] 虞积耀等．二军医大学报 1996;17(2):154

[14] 陈　垦等．新消化病 1996;4(9):509

[15] 余丽文．河北医药 1996;18(4):259

[16] 华积德等．中国实用外科 1996;16(5):275

[17] 姚忆蓉等．河南医大学报 1995;30(4):425

[18] 陈贤栎等．内镜 1995;12(6):375

[19] 王维高等．中国实用外科 1995;15(12):746

[20] 陈秀锦等．福建医药 1995;17(5):58

[21] 郑嘉岗．上海医学 1996;19(7):409

[22] 许真真．福建医药 1996;18(1):81

[23] 薛育新等．新消化病 1996;4(5):296

[24] 陈伟达．中华消化 1996;16(1):53

[25] 刘新光等．中华内科 1996;35(1):12

[26] 陈胜坚等．福建医药 1995;17(6):42

[27] 潘兴斌等．兰州医学院学报 1996;22(1):6

[28] 姜静雯等．陕西医学 1996;25(7):428

[29] 张玉乾等．白求恩医大学报 1996;22(5):520

（二）消化性溃疡

北京协和医院等[1]报告了北京地区 23 所医院近 10 年（1984～1993 年）358 644 例胃镜检查结果，消化性溃疡（PU）检出率为 16.0%。其中十二指肠溃疡（DU）占 75.7%，胃溃疡（GU）占 23.1%，二者之比为 3.3∶1，男女之比为 3.4∶1。表明 PU 在性别、血型、年龄、发病季节、伴随症状及并发症等方面都有流行病学的特征。大庆市五院[2]报告该院近 6 年 7 973 例胃镜检查中 PU 检出率为 23.1%，其中 GU、DU 和复合溃疡（CU）检出率分别为 4.0%、17.8%和 1.3%。广西柳州市一院[3]报告了柳州地区 1980～1992 年间 27 424 例胃镜检查中 PU 检出率为 40.2%，高于国内其他地区，在部位、性别、发病季节等流行病学上亦有其特点。宁夏煤炭职工医院等[4]报告该地区 PU 检出率 21.6%（2 354/10 982），高于北京地区，低于武汉地区。溃疡部位、发病年龄、性别及种族与国内其他报道相似。西藏军区总院[5]分析了高海拔地区（3 000～3 600m）1 346 例 PU 流行病学特征。PU 检出率为 23.4%；发病高峰年龄（21～30 岁），较平原地区提前；并发症检出率高（73.6%）；藏族 GU 检出率高于 DU（2.8∶1）。表明 PU 除与高原环境因素有关外，还与不同民族的生活习惯、种族遗传特性等因素有关。广东新会市医院[6]对 1982～1991 年 2 032 例住院 PU 和 1984～1993 年内镜检出 1 056 例 PU 患者作流行病学调查。PU 占同期住院总人数的 3.0%，前 5 年为 3.8%，后 5 年为 2.4%；死亡率分别为 3.5%和 1.5%；84.8%PU 患者自然病史＜10 年；春冬两季为高发季节；出血、穿孔及幽门梗阻发生率分别为 35%、4.3%和 4%；Hp 感染率为 86.3%；手术治疗占 8.6%。解放军 152 医院[7]对近 10 年该院检出的 PU（6 801 例）、食管癌（1 353 例）和胃癌（613 例）作流行病学分析。发现 PU 在秋冬季节检出率较高（分别为 26.0%和 77.8%），男女之比为 2.1∶1，＜40 岁者占 58.0%；食管癌和胃癌在秋冬季节检出率高于春夏，男女之比分别为 3∶1 和 2.2∶1，年龄＞40 岁者分别占 89.7%和 78.8%。苏州医学院附属儿童医院等[8]采用心身健康调查表 EPQ、SCL-90、生活事件量表对 60 例儿童 PU 作配对相关研究。发现不良饮食行为、内向性格、情绪不稳定、负性情绪、生活事件（考试紧张、同学矛盾、学习压力、师生对立、家庭矛盾等）等心理社会因素与 PU 的发生密切相关（$P<0.05\sim0.01$）。尤其是负性生活事件、心理压力是 PU 的重要危险因素。江西南丰县医院[9]探讨了 103 例 PU 显性出血与气候的关系。发现 12 月至次年 2 月、5 月及 6 月为 PU 出血高峰期，发病率分别

为 37.9%(39/103)和 21.4%(22/103)。推测可能与气温、大气压、日照时数、降水量等环境因素有关。南京扬子石化公司医院[10]分析了1943例胃镜检查资料，发现≥200年支吸烟组PU检出率为25.8%，其中43.9%合并出血；<200年支组PU仅为14.7%；吸烟组溃疡难愈率为27%；而非吸烟组PU检出率仅为9.0%。表明吸烟者PU发生率明显高于非吸烟者，且与吸烟量有关。福建省立医院[11]报告该地区PU季节性变化规律为DU检出高峰在冬季(235/753, 21.2%)、春季(248/753, 17.8)；GU检出高峰在冬季(130/381,11.7%)；Hp感染检出高峰在秋季(54.7%)，明显高于其他季节($P<0.05$)。表明Hp感染与PU检出高峰不平行。西安医大一院[12]分析了1990～1991年PU1473例。占同期胃镜检查人数的12.8%(1473/11 587)；GU和DU之比为1:1.6；GU检出率无明显季节差异，但DU在12月及1月检出率最高，7、8月最低，表明气候因素对DU影响更明显。贵阳医学院附院[13]分析56例十二指肠球后溃疡临床特点：以上腹痛(93%)、夜间痛(68%)及放射痛(32%)为主要临床症状；89%及32%的患者合并有出血及反复出血史；内镜检查80%溃疡位于上曲部，溃疡直径≤1cm者占80%。上海新华医院等[14]采用计算机内镜图像系统随机研究了117例140个GU周边、底部的微细形态变化并作病理对照研究。结果117例中113例130个GU经单色和双色实时色彩处理，红、绿双色图像可清晰显示溃疡周边的光整性，经选择最佳活检点，确诊早期胃癌(Ⅱc)7例及进展期胃癌9例。作者认为此法对GU良、恶性鉴别及提高早期胃癌的诊断率有较高的价值。北京天坛医院[15]报告了老年人(≥60岁)GU的特点及与Hp的相关性。发现老年人GU的胃镜检出率为8.0%(315/3975)，明显高于青年人组(798/12 881,6.2%)；临床上以症状少、溃疡大、出血率高为特点；Hp感染率(67.2%)亦高于青年组(52.0%)。河北唐山工人医院[16]亦报道了老年人PU(120例)以症状少、出血率高及高位溃疡多为其特点，并发现年龄越大溃疡发生部位越高。四川科学城医院等[17]报告了老年人PU54例内镜及病理特征：GU占54.8%，明显高于中青年组(28/97, 28.8%)；Hp感染率为48.4%(30/62)，低于中青年组(62.9%)；病理学发现老年人PU粘膜淋巴滤泡增生、腺体萎缩、肠上皮化生、非典型增生等发生率明显高于中青年对照组；霉菌感染亦高于对照组。广州市二院[18]总结分析小儿PU66例(DU39例，GU27例)，男39例，女27例，平均年龄8.3岁(3～13岁)。主诉为腹痛占96.6%，但仅43.8%患儿呈规律性腹痛；39.4%患儿并发出血；溃疡直径0.2～2.0cm间；除2例外科手术治疗外，余经内科治愈。湖南儿童医院[19]报告了小儿急性危重症合并应激性溃疡(SU)71例。<1岁44例，>1岁27例；原发病为颅内感染19例，重症肺炎17例，感染性休克12例，重症营养不良6例，颅内出血5例，其他10例；发生时间为入院后1～5天，均以胃管内引流出咖啡色液体为准；死亡36例(50.7%)。SU为急性危重症极期的重要表现之一。胜利石油管理局医院[20]对20例脑损伤患者作胃液酸度及潜血动态检测。报告发病后24～48小时胃液平均总酸度和游离酸度分别为118.5单位和48.3单位；潜血阳性16例，弱阳性9例。给予洛赛克或H_2受体阻滞剂后存活的14例中，在第3～7天和第15～20天期间，胃酸度均降至正常；潜血阴性。20例患者，无一死于消化道出血，14例存活者溃疡出血均得到控制或治愈。北京宣武医院[21]报告该院外科ICU患者合并SU 22例，男14例，女8例，平均年龄63岁(38～72岁)。原发病为重症胰腺炎、胆管炎各4例，肝、胆、胰癌共7例，腹部多发外伤5例，胆囊炎2例；19例为术后患者；14例伴有休克；9例有严重缺氧；发生SU最早为手术当天，最迟为术后11天，平均4.9天；主要表现为呕血、黑便、便血或胃管引流咖啡色液体。22例中除2例手术治疗外，余均行内科治疗；11例死亡，其中2例因出血导致死亡。河南柘城县医院[22]报告糖皮质激素致PU100例，男68例，女32例，年龄15～78岁。从服药至出现溃疡症状最长6个月，最短20天；GU41例，DU45例，CU14例；6例合并穿孔。青海医学院附院[23]报告胃壁异位胰腺合并GU3例，男2例，女1例；>60岁2例，48岁1例。3例溃疡大小分别为$3\times2m^2$、$3\times2m^2$及$2\times1cm^2$；3例均在溃疡附近见$2cm^3$以上大小的肿物，质硬、边界清楚，病理证实为胃壁异位胰腺。衡阳医学院一院[24]报告GU继发霉菌感染73例，男67例，女6例，年龄25～72岁，农民占53例，平均病程7.5年。73例均有上腹痛，59例有呕血及黑便；溃疡直径为0.8～6.5cm，平均直径3.3cm，形态多不规则，边缘呈围堤或结节状，底深不平，表面覆盖灰黄或污秽苔。霉菌种类：53.4%为毛霉菌，34.4%为白色念珠菌，12.3%为曲霉菌。深圳福田医院[25]分析了216例PU出血患者进一步出血及死亡原因。发现合并有心血管、肝脏疾病及恶性肿瘤者易发生进一步出血，48小时内输血量>4个单位者易进一步出血及死亡。

山西医学院汾阳专科部[26]用放免法测定13例GU、12例DU及6例胃癌患者胃窦粘膜中胃肠激素含量。发现GU组生长抑素(SS)(25.1±19.4pg/mg)明显低于胃癌组(129.3±53.2pg/mg)和DU组(47.0±17.9pg/mg);胃癌组(464.5±17.9pg/mg);胃癌组胃泌素(Gas)(464.5±294.4pg/mg)显著高于GU组(410.0±278.2pg/mg)和DU组(378.2±168.3pg/mg);DU组P物质(SP)含量明显低于胃癌组和GU组。结果表明3种胃肠激素在PU及胃癌的发生中有重要作用。北京天坛医院等[27]*观察大鼠实验性SU时血清Gas、胰高血糖素和SS的变化。发现应激状态0～96小时Gas水平明显升高,以48小时明显;0～48小时SS明显低于对照组;12～48小时胰高血糖素明显高于对照组。表明3种激素可能从不同角度参与了SU的发生过程。四川省医院[28]应用特异性放免法测定了活动期GU22例、DU33例患者血浆内皮素(ET)水平。结果GU组为81.2±12.2pg/ml,DU组为94.7±28.5pg/ml,明显高于对照组(50.8±7.6pg/ml,$P<0.001$),而GU与DU两组间无明显差异。表明ET与PU发生有密切关系。北京医大[29]采用高效液相色谱电化学法测定实验性溃疡大鼠胃肠道粘膜组织单胺类神经递质的变化。发现大鼠胃体及十二指肠粘膜中多巴胺持续较长时间减少,同时伴有胃体组织中5羟色胺(5-HT)减少和址二指肠5-HT升高。表明多巴胺在PU发生中起重要作用,5-HT亦参与了溃疡的形成。中国医大一院[30]测定了35例GU患者组织、血清及血细胞中锌及酮含量。结果GU组患者血清锌含量为0.6±0.1mg/L,明显低于对照组(0.9±0.1mg/L),而组织及血细胞中锌及酮与对照组无明显的差异。白求恩医大二院[31]检测了24例PU(GU 12例,DU12例)、42例胃癌及40名正常人sIL-2R及纤维结合素(FN)。结果GU组二者分别为212.9±122.3U/ml和298.1±33.5ng/ml,正常人分别为240.0±97.1U/ml和323.6±28.2ng/ml,胃癌组分别为559.3±234.0U/ml和336.7±39.2ng/ml。表明胃癌组sIL-2R水平明显高于其他两组($P<0.001$),而PU组与正常人无明显差异。提示此项检测可做为胃癌病情判断及良、恶性溃疡的鉴别。广州医学院二院[32]*应用内镜和多功能消化道检测仪对100例DU及43例GU患者食管粘膜及食管动力学作了研究。发现DU患者反流性食管炎的发病率(22%)明显高于GU患者(14%);DU组食管下端括约肌压力(LESP)明显低于正常对照组($P<0.01$),GU组食管动力学各项指标与正常对照组无差异。上海市六院[33]应用放射性核素技术检测了14例GU和20例DU患者的胃排空时间,并与11名正常健康人作了对照。正常健康人组为51.5±12.8min;DU组中14例<30min,4例>90min,2例在正常人范围内;GU组4例>90min,1例<30min,9例在正常人范围。杭州红十字会医院等[34]研究了21例GU及23例DU患者胃壁内肥大细胞数量、分布、脱颗粒数及与PU的关系。结果两组肥大细胞计数分别为42.4±28.4mm^{2}和38.1±21.6mm^2,二组无明显差异;DU组肥大细胞脱颗粒率为19.0%,明显低于GU组($P<0.05$)。说明DU与胃壁内的肥大细胞无明显关系。福建省立医院[35]分析了491例PU患者(GU155例,DU336例)胃粘膜病变特点。发现性别、年龄因素对病变发生率无影响,粘膜炎症较之萎缩与溃疡的关系更为密切;DU以广泛粘膜炎症及体部慢性轻度炎症为特点,而GU以广泛萎缩、窦部重度萎缩及重度慢性活动性炎为特点。江西上饶地区医院[36]分析GU伴嗜酸性肉芽肿21例,男18例,女3例,年龄31～58岁,76.2%患者病史>5年,6例X线钡餐诊断为GU并癌变,10例胃镜检查发现胃巨大溃疡(90%,>2.5cm),7例患者合并大出血。21例均手术治疗。病理学检查证实均为胃嗜酸性肉芽肿伴溃疡形成,其中8例伴霉菌感染。上海黄浦区医院[37]应用奥美拉唑20mg,每早一次口服,连续4～8周,治疗DU64例,GU23例,CU8例及吻合口溃疡5例。结果服药后第1、3及17天疼痛缓解率分别为12%、97%及100%;溃疡愈合率DU为97%,GU为87%,未发现严重的毒副反应。江苏常熟市六院[38]应用国产奥美拉唑20mg,每日一次口服治疗活动期DU22例,GU8例,4周为一疗程。结果DU愈合率和总有效率分别为86%和95%;GU分别为75%和88%;5天疼痛缓解率为100%。疗效与进口产品无差异,亦未发现严重毒副反应。贵阳医学院附院[39]比较了质子泵抑制剂(PPI)及非PPI对不同病理生理状态下DU 204例疗效。发现溃疡面积是影响疗效的因素之一,溃疡直径大于1.5cm者愈合率明显下降;病程对溃疡愈合无影响;主药类别与疗程长短与溃疡愈合关系密切,PPI愈合率为79%,非PPI为55%,2周疗程为44%,4周为72%;性别、年龄、工作性质、烟酒嗜好、贫血、溃疡程度对溃疡愈合无明显影响;非PPI药物对体力劳动患者疗效好于脑力劳动者。广东新会市医院[40]比较了奥美拉唑20mg及40mg每天1次(均服8周)治疗难治性PU 68例(DU 53例,GU 17例,CU 8例)效果。发现两组溃疡愈合率分别为92.5%(37/40)和89.4%(34/38);3天疼痛缓解率为100%。结果表明2种方案疗效无明显差异,建议对难治性PU每天1次20mg,连服8周,足可收到较好的疗效。苏州医学院一院[41]随机把活动性PU262例分为3组，A组用奥美拉唑(20mg，每天1次)，B组雷尼替丁(150mg，每天3次)加甲硝唑(0.2g，每天3次)，C组奥美拉20mg，每日2次)加阿莫西林(0.5g，每天3次)加CBS(110mg，每天3次)。各组连服4周。结果3组愈合率分别为96.25%(77/80)、66.7%(52/78)和100%(102/102)，雷尼替丁组疗效明显差于其他两组；治疗3个月和10个月后复发率C组为0.98%和1.98%，明显低于其他两组(分别为40.3%、45.7%和48%、85.2%)。南京医大一院[42]用奥美拉唑治疗颅脑疾病导致的应激性溃疡并出血16例，疗效并与甲氰咪呱(20例，对照组)作了比较。结果在12、24、48、72小时内总止血率分别为25%、56.3%、87.5%和93.8%，明显高于对照组(0%、5%、30%和65%)；总出血量(403.8±175.3ml)明显少于对照组(808±216.2ml)。北京医大一院[43]随机将56例PU及急性胃粘膜病变所致的上消化道出血患者分为用奥美拉唑组(每天40mg静注)和法莫替丁组(每天40mg静注)，疗程均为5天。结果奥美拉唑组3、5天止血率分别为84.6%和92.3%，显效率明显高于法莫替丁组(46.7%和83.3%)；总有效率(92.3%)与法莫替丁组(83.3%)无明显差别。贵阳医学院附院[44]检测了45例男性PU患者奥美拉唑治疗前后血清睾酮(T)、雌二醇(E_2)和促黄体生成素(LH)、催乳素(PRL)等性激素变化。结果发现活动期PU患者血清T、E_2及LH分别为2.3±1.6mmol/L、105.0±51.8pmol/L和6.8±2.2IU/L，明显低于健康男性对照组及奥美拉唑治疗组($P<0.05\sim0.01$)；治疗后各组间(不同剂量相同时间及相同剂量不同时间)血清性激素水平无显著差异；PRL治疗前后无变化。作者认为血清T、E_2及LH在奥美拉唑治疗后显著升高并非药物所致，而是PU活动期垂体一性腺轴功能的保护性抑制作用。经治疗后随着溃疡愈合而恢复正常。解放军135医院[45]用雷尼替丁300mg睡前一次服治疗GU78例，12周为一疗程。服药6周及12周溃疡愈合率分别为76%和91%，明显高于安慰剂组(分别为38%和70%)。内蒙古消化病所[46]实验发现小檗碱0.1g/(kg·d)连续灌胃10天，能明显缩小大鼠实验性GU面积，疗效优于对照组($0.11\pm0.02mm^2$，对$0.37\pm0.08mm^2$，$P<0.05$)；小檗碱十二指肠灌注60、90、120分钟后，总酸排出量分别为0.04±0.01mmol/30min，0.03±0.01mmol/30min及0.02±0.01mmol/30min，明显低于对照组($P<0.01$)。表明小檗碱抗溃疡作用是通过抑酸达到的。重庆医大一院[47]实验研究发现硝苯啶能有效抑制胃酸及胃蛋白酶活性。5mg、10mg及20mg剂量对大鼠实验性胃溃疡的抑制率分别为55.4%、63.2%和83.7%；临床治疗DU42例、GU20例，40mg/d，分4次口服，6周后溃疡愈合率分别为64.3%和75.0%，总有效率分别为92.9%和95.0%。北京医大三院[48]报道大鼠实验性GU经阿莫西林(羟氨苄青霉素)治疗后其再生粘膜宽度、粘膜肌层缺损宽度、囊状扩张的腺体数目均明显低于对照组；灌服强的松后，上述各种指标与灌服强的松前相比无明显改变。提示阿莫西林不仅可改善溃疡瘢痕组织结构的成熟度，还可增强抗强的松再损伤能力。山西医学院二院等[49]应用维敏胶囊(胶体果胶铋)治疗DU 80例和GU 54例，每次3粒(每粒含0.33g)，每天4次，连服4周，并随机与得乐冲剂对照。结果DU组溃疡愈合率明显高于对照组(88.7%对70%，$P<0.05$)；GU组愈合率与对照组相近(分别为83.6%和76%，$P>0.05$)；1周内腹痛缓解率为89.6%，优于对照组(66%，$P>0.05$)；Hp转阴率两组分别为77.8%和73.8%，无明显差异。广州经济开发区医院等[50]用甲硝唑0.2g，每天3次，连服4周治疗PU 118例(DU 108例，GU 10例)，并与西咪替丁(0.2g，每日3次，0.4g，每晚1次，连服4周)作了比较。结果表明两组DU愈合率分别78.8%和75.9%($P>0.05$)；甲硝唑组GU愈合率为100%，明显高于对照组(60%，$P<0.05$)，其3年复发率(6.8%)亦明显低于对照组1年的复发率(72.0%)。上海中山医院等[51]*用硫糖铝混悬液，每日4次，每次5ml(含硫糖铝1.0g)治疗DU 69例及GU 35例，并与该片剂作了随机对照(1.0g，每天4次)。结果GU 6周愈合率为82%，明显高于片剂组(54%)；DU 4周愈合率为90%，亦显著高于片剂组(47%)；两组均未发现明显的毒副反应。武汉市三院[52]用思密达治疗活动性DU 31例及GU 32例，每次3g，每天3次，并与雷尼替丁(0.15g，每日2次)作了对照，疗程均为4周。结果1、2、4周腹痛缓解率分别为19%、30%和81%，与对照组相近；GU愈合率为88%，优于对照组(60%，$P<0.05$)；DU愈合率两组差异无显著性意义(分别为75%和73%)；Hp转阴率为59%，明显高于对照组的25%($P<0.01$)。华西医大一院[53]比较了麦滋林-s与泰胃美治疗PU的效果。54例活动性PU(DU 46例，GU 8例)分别给麦滋林-s(17例)1包，每日3次，泰胃美(18例)0.4g，每天2次；及麦滋林-s+泰胃美联合用药(19例)。结果4～6周溃疡愈合率分别为65%、64%和79%。表明联合用药组明显优于单用药组。武汉同济医院等[54]应用多中心研究方法观察

了赛姆斯口服液(胸腺蛋白)治疗 221 例 PU(GU 51 例,DU 170 例)的疗效。剂量为 6ml(30mg),每天 2 次,4 周为一疗程。结果 GU 及 DU 愈合率分别为 74.5%和 65.9%;腹痛消失率均为 75.2%;未发现明显的毒副反应。北京医大一院等[55]观察了国产醋氨乙酸锌治疗 PU219 例(GU 61 例,DU 158 例)疗效。剂量为 300mg,每天 3 次,以西咪替丁(200mg,每天 3 次,400mg,每晚 1 次)作对照,GU 6 周、DU 4 周为一疗程。报道 GU 及 DU 溃疡愈合率分别为 54.2%和 55.8%,与对照组相近(56.7%和 51.9%,$P>0.05$);未发现明显的毒副反应。解放军 222 医院等[56]在内镜下行溃疡清创后,于溃疡外缘正常胃粘膜内注射人表皮生长因子(hEGF)100μg/2ml,并将庆大霉素 16 万 U + 0.5%普鲁卡因 2ml + anisodamini 10mg 共 8ml 复合液分多位点注射于幽门前一圈,每周 1 次,配合全身抑酸及突击杀 Hp 辅助治疗:奥美拉唑 20mg,每晚 1 次,氨苄青霉素 5.0g,静注,每周 1 次;De-Nol 120mg,每天 3 次,连服 3 周,快速治疗 Hp 阳性 PU(GU 32 例,DU 68 例)。结果 100 例 PU 全部治愈,平均治愈时间 12.8 ±6.7 天(GU 14.7±7.0 天,DU 11.9±6.0 天);Hp 根除率为 91.0%;1 年内复发率为 9.0%。认为此联合用药方法尽管较复杂,但疗程短,疗效高,复发率低。辽宁鞍山市医院[57]经内镜胃内喷洒自制的 FN 液(人血浆中分离出冷沉淀生物调理素,含纤维接着素)治疗活动性 PU50 例(DU 36 例,GU 14 例),一次胃内喷洒 50ml 后每周口服 3 次,DU 患者 2 周为一疗程,GU 3 周为一疗程。结果 PU 愈合率为 76%(38/50);总有效率为 98%(49/50);未发现明显的毒副反应。山东枣庄中医院等[58]用珍珠、硼砂、黄连、白及等 7 种中药制成散剂治疗 PU 151 例(GU 90 例,DU 61 例)。6.0g 加蜂密 20ml 调匀,吞服,每天 2 次,连续服用 30 天。结果治愈率和总有效率分别为 88.1%和 96.0%,与西咪替丁对照组相同;复发率(19.1%)明显低于对照组 946.4%,$P<0.010$。江西宜春地区医院[59]用补肾抗溃疡(仙宇、淫羊藿、白及、茯苓、砂仁、生甘草)治疗 PU62 例(GU 17 例及 DU 41 例),连服 1 个月。结果治愈率及总有效率分别为 82.3%和 98.4%,与西咪替丁对照组相似;并发现补肾抗溃疡能明显升高血浆 PGE_2 水平。深圳市罗湖区医院[60]用自血光量子疗法配合雷尼替丁 0.15g,每天 2 次治疗顽固性 PU 29 例,隔天 1 次,5 天为一疗程,连续 2 个疗程。结果第 1、2 疗程腹痛缓解率分别为 92.5%和 100%;GU 及 DU 溃疡愈合率为 85.7%和 69.2%;总有效率为 93.1%;未出现任何副作用。认为作用机制可能与改善胃粘膜微循环有关。

(李兆申)

参考文献

[1] 陆星华等.中华消化 1996;16(3):152
[2] 孙起荣.哈医大学报 1996;30(3):276
[3] 秦昌平.内镜 1996;13(1):22
[4] 朱凤溪等.宁夏医学 1996;18(3):173
[5] 冯大成等.新消化病 1996;4(3):148
[6] 莫大澍.新消化病 1996;4(3):151
[7] 崔国亭等.中华消化内镜 1996;13(2):300
[8] 刘高金等.苏州医学院学报 1996;16(2):241
[9] 江锋先.江西医药 1996;31(2):77
[10] 程 畔等.内镜 1996;13(3):157
[11] 林志辉等.福建医药 1996;18(2):64
[12] 吴玉娥等.西安医大学报 1995;16(4):459
[13] 李丽滨等.贵阳医学院学报 1996;21(1):44
[14] 许幼如等.内镜 1996;13(1):3
[15] 朱玉群等.首都医大学报 1996;17(2):113
[16] 王瑞林等.综合临床 1996;12(2):84
[17] 廖常奎等.中华消化内镜 1996;13(2):313
[18] 李洁玲.广东医学 1996;17(3):195
[19] 祝益民等.湖南医学 1996;13(4):205
[20] 张建跃等.山东医药 1996;36(3):12
[21] 孙家邦等.北京医学 1995;17(6):375
[22] 王念夫.临床消化 1996;8(3):132
[23] 张成武等.青海医药 1996;26(10):60
[24] 石 巍等.湖南医学 1995;12(6):358
[25] 隋 梁等.临床消化 1996;8(1):11
[26] 徐军全等.临床消化 1996;8(1):8
[27]* 梁丕霞等.首都医大学报 1995;16(4):287
[28] 张初民等.临床消化 1996;8(3):108
[29] 邓小英等.中国医科院学报 1996;18(3):229
[30] 孙明军等.中国实用内科 1996;16(7):417
[31] 叶红军等.胃肠病学和肝病学 1996;5(1):39
[32]* 丁元伟.新医学 1996;27(9):467
[33] 滕天申等.中华消化 1996;16(3):155
[34] 陈立红等.临床与实验病理 1995;11(4):292
[35] 蔡立勉等.临床消化 1996;8(1):16
[36] 刘宜现.江西医药 1996;31(4):223
[37] 曹榴娣.新药与临床 1996;15(1):49
[38] 庞寿玉.新药与临床 1996;15(1):46
[39] 刘大男等.贵阳医学院学报 1995;20(4):303
[40] 黄艳兰.广州医药 1996;27(5):29
[41] 郭广祥.苏州医学院学报 1996;16(3):489
[42] 胡卫星等.南京医大学报 1996;16(1):106
[43] 白 歌等.中国临床药理 1995;11(4):206
[44] 陈晓琴等.贵州医药 1996;20(2):72

[45] 吴秀忠等．新药与临床 1996;15(1):47
[46] 卢 干等．新消化病 1996;4(3):130
[47] 周旭春等．临床消化 1996;8(3):103
[48] 杨雪松等．中华消化 1996;16(2):105
[49] 郭文栋等．中国实用内科 1995;15(12):732
[50] 瞿蔚娟等．新消化病 1996;4(3):135
[51]* 阮美娟等．新药与临床 1995;14(6):322
[52] 方向明等．武汉医学 1996;20(2):117
[53] 王一平等．华西医学 1996;11(2):139
[54] 杨若才等．临床消化 1996;8(3):116
[55] 胡伏莲等．中国临床药理 1996;12(2):65
[56] 杨思凤等．新消化病 1996;4(3):132
[57] 李雅彬等．内镜 1996;13(2):114
[58] 万清信等．中西医结合 1996;16(2):78
[59] 杨 宜等．中西医结合 1995;15(10):583
[60] 管业伟等．广东医学 1996;17(2):114

(三)胃其他良性病变

甘肃平凉地区医院[1]报道1例胃窦复合憩室合并幽门管溃疡。临床表现为上腹疼痛伴上消化道反复出血发作25年，内镜下可见幽门小弯侧及大弯侧各有一憩室，幽门近十二指肠前壁可见一溃疡。天津二院[2]报道消化道X线造影7713例。发现消化道各部位憩室347例(占4.5%)，其中憩室位于食管占27.9%，胃为0.6%，十二指肠为68.0%，空回肠为0.6%，结肠为3.0%；绝大多数憩室呈囊袋状、乳头状，三角形楔状较少。吉林市医院[3]报道18例经胃镜及病理检查诊断为胃石的患者中，有6例曾被临床及X线钡餐检查误诊为胃癌，误诊率高达33.3%。广州南方医院[4]采用胃镜下液电冲击波碎石治疗8例胃石症患者，均1次碎石成功。山东宁阳县一院[5]经内镜微波治疗胃石症10例(直径2～4cm)。选择微波电级功率为60～100mA，治疗后1周复查，8例胃石消失，2例较大的胃石减少一半以上，再次治疗后胃石消失。安徽医大附院[6]分析了上消化道息肉530例。有不规则上腹隐痛及腹胀不适者占59.6%，黑便呕血占10%；单发息肉占89.4%，多发占10.6%；胃息肉占87.2%，炎性增生性息肉占91.3%，腺瘤性息肉占8.7%。广州南方医院[7]报道黑色素斑-胃肠道多发性息肉病(P-J综合征)12例。主要症状为腹痛，便血；11例有不同程度的口腔粘膜、口唇、肢端皮肤黑色素沉着；12例行全消化道钡餐检查，4例发现有胃肠道息肉；经胃肠镜检查及病理活检，12例均证实为P-J综合征。北京医大三院[8]报道P-J综合征合并卵巢粘液性囊腺瘤恶变1例。女性，23岁，其家族中有9位成员患肠息肉或伴黑斑。山东肿瘤防治院[9]对1例P-J综合征患者进行随访调查，发现其家庭成员均发病，先证者是该家庭中的父亲，每位患者均有口周、口腔粘膜、手掌和足底的色素沉着，其中1例有肛周色素斑，5例中发生胃癌及直肠癌各1例，有2例伴发腺瘤性息肉，其中1例恶变。河南医大一院[10]对271例消化道息肉进行了内镜下微波或高频电治疗。经微波治疗的216枚息肉，随访复查中有9例局部仍有隆起，2例发生溃疡，其他均表面光滑；经高频电凝切的93枚息肉除1例胃窦息肉发生大出血外，其余均愈合良好。西安唐都医院[11]首次沿用内镜下食管静脉曲张结扎术治疗上消化道带蒂或无蒂型息肉患者10例，全部获成功。息肉直径0.5～3.0cm不等，对直径＜1.5cm的全部一次结扎成功；对直径＞1.5cm的息肉，需分次进行。甘肃庆阳长庆石油勘探局医院[12]用内镜下微波治疗消化道息肉105例，1次内镜下治愈101例，治愈率96.2%，4例较大息肉经第2次内镜下治愈。上海瑞金医院[13]采用4种不同的治疗方法治疗21例5～12岁患儿消化道息肉。其中圈套器电凝切除7颗，圈套分段切割1颗，电凝电灼6颗，热活检镜摘除7颗，活检镜咬除3枚；无1例发生严重并发症；胃镜随访仅有1例息肉再发。芜湖弋矶山医院[14]总结经病理证实为胃嗜酸性肉芽肿12例。术前X线钡餐诊断为胃窦癌8例，胃体癌2例，巨大胃溃疡2例，其中9例曾行胃镜检查，均诊断为胃癌。湖北十堰市东风汽车公司医院[15]报道33例经手术证实的胃嗜酸性肉芽肿。其中28例曾行胃镜检查，溃疡直径0.5～7 cm，＜2cm 9例，2～7 cm者19例(67.9%)。青海省医院[16]报道6例胃嗜酸性肉芽肿。胃镜检查均有巨大溃疡，以胃角、胃窦及胃小弯侧为多。广西医大一院[17]报道胃浆细胞瘤1例。表现为反复剑突下疼痛伴黑便，左中上腹可及包块，B超及胃镜检查疑诊为恶性淋巴瘤，术后病理证实为胃及胃外浆细胞瘤。广州军区广州总院[18]报道12例经病理证实的胃平滑肌瘤的内镜表现。9例发现胃内肿块，4例直径≥5 cm者可见粘膜桥；肿块表面光滑者4例，表面有单个或多个溃疡者5例；有3例内镜未发现肿块者手术见肿块较小或向胃浆膜面生长。武汉同济医院[19]报道了27例胃平滑肌肿瘤良恶性的鉴别诊断。认为年龄、消化道出血、体重下降、腹部包块、腔外型生长及肿瘤长径可作为鉴别胃平滑肌瘤良恶性的参考指标。南京军区南京总院[20]报道48例胃肠道平滑肌瘤并发消化道出血，均行外科手术治疗；术前明确诊断为平滑肌瘤或腹块者35例，另13例经剖腹探查明确诊断并获得治疗。河北医大二附院[21]*应用流式细胞术对84例胃肠道平滑肌瘤的细胞DNA含量及其倍体特征进行定量分析。平滑肌瘤30例无1例异倍体,平滑肌肉瘤40例均为异倍体,而14例潜在恶性平滑肌肿瘤出现4例异倍体,且异倍体肿瘤患者的5年生存率明显低于2倍体肿瘤患者。山东滨州地区医院[22]报道胃内脂肪瘤2例。均位于胃窦部,X线钡餐检查表现为充盈缺损,内有龛影,边缘较平整,无指压痕征象。河北沧州市医院[23]报道胃内脂肪瘤2例。其中1例为浆膜下巨大胃脂肪瘤。上海海员医院[34]从1 301例胃镜活检标本中检出19例胃黄色瘤,检出率1.46%;胃镜下可见边缘不整稍高出粘膜面的黄色或黄白色的平坦小斑块,单发14例,多发5例。南京市儿童医院[25]报道6例胃畸胎瘤影像学改变。发现腹部平片可见左中上腹巨大肿块,伴不规则骨样钙化影或砂粒样钙化;钡剂检查见胃及小肠向右前方移位,结肠下移显著;CT横断面扫描见左上腹囊实性肿块。广州肿瘤医院[26]报道胃巨大神经鞘瘤合并胃出血1例。临床表现为上腹饱胀、低热、黑便、头昏乏力,体重减轻;影像学及胃镜下均见胃内巨大包块,且穿透胃粘膜形成大溃疡出血;病理证实为胃小弯神经鞘瘤。浙江诸暨城关医院[27]报道1例胃小弯巨大血管淋巴管瘤。B超表现为囊实性肿块,肿块由胃小弯近贲门向腹腔内生长,胃腔内无包块。上海医大儿科医院[28]报道小儿胃肿瘤8例。其中胃畸胎瘤、胃息肉及胃腺癌各2例,胃弥漫型非霍杰金淋巴瘤及胃平滑肌瘤各1例。山东省立医院[29]经手术切除和病理证实胃良性肿瘤45例。术前行胃镜检查37例,确诊17例(46%);钡餐33例,确诊15例(45%);B超32例,确诊17例(53.5%);CT 4例,确诊3例(75%);而用2种或3种方法同时进行检查,确诊率平均在65%以上:胃镜+钡餐+B超检查22例,确诊19例(87.9%)。浙江医大二院[30]检测sIL-2R在良恶性胃疾病血清及胃液中的变化及与CEA、CA50、NK细胞活性的关系。发现血清sIL-2R在胃癌组中显著高于良性胃病组($P<0.01$),而在各良性胃病组之间无明显差异;胃液内sIL-2R与血清中sIL-2R无相关性;胃癌血清sIL-2R与CEA、CA50无关,与NK细胞活性呈负相关。江西医学院一院[31]以C-erbB-2单抗测定p185在100例胃良恶性疾病中的表达。发现良性病变及早期胃癌p185不表达,中晚期胃癌p185阳性率24%。广东顺德市一院[32]报道胃粘膜下恒经动脉破裂出血(Dieulafoy病)4例,均经多次手术或胃镜检查方确诊。江苏常州中医院[33]报道了经病理确诊的胃结核4例。2例为溃疡型,1例为肿块型,1例为弥漫型;幽门梗阻与上消化道出血是主要症状;多合并胃肠道外结核。贵州黔东南州医院[34]对急性胃粘膜病变45例进行临床分析。20例在发病前2~24小时曾大量饮烈性酒(0.4~0.75kg);病前服用阿司匹林及抗生素9例;消炎痛加强的松6例;速效伤风胶囊加复方新诺明5例;单用头痛粉3例;用草药2例;服药超常规剂量者8例。西安唐都医院[35]报道上消化道粘膜撕裂伤并大出血7例。均在呕血后24小时内行胃镜检查,发现食管下段裂伤2例,食管贲门裂伤4例,胃角粘膜裂伤1例;裂伤长度小于1.0cm2例,2~3cm3例,大于5cm2例,深度多为0.2~0.3cm,裂伤最深达肌层1例。苏州医学院儿童医院[36]分析了40例经手术证实的先天性肥厚性幽门狭窄患儿的钡餐造影表现。40例均有胃排空延长;31例(77.5%)有鸟嘴征;8例(20%)出现大小弯侧肩样征,仅小弯侧肩样征者28例(70%);有幽门小突征者31例(77.5%);线样征34例(85%);幽门龛征3例(7.5%);蘑菇征20例(50%);婴儿针刺状胃窦1例。上海市儿童医院[37]应用B超对66例临床可疑肥厚性幽门狭窄(HPS)患儿进行检查。B超诊断HPS 46例,除1例B超诊断为幽门痉挛的患儿外,其余45例均由手术证实为HPS。B超诊断的准确性达98.5%,敏感性和特异性分别为98%和100%。

(纪徐淮)

参考文献

[1] 张天成等. 内镜 1996;13(1):59

[2] 刘鸿军等. 天津医药 1996;24(9):575

[3] 谢延侠等. 吉林医学 1995;16(6):372

[4] 智白朝等. 内镜 1996;13(2):69

[5] 张 伟等. 中国实用内科 1996;16(1):32

[6] 林惠珍等. 中化消化 1995;15(6):353

[7] 朱鹏程等. 新医学 1996;27(9):473

[8] 吴 燕等. 中华妇产 1996;31(2):126

[9] 宋希林等. 实用癌症 1995;10(3):201

[10] 张连峰等. 中国实用内科 1996;16(1):54

[11] 黄裕新等. 内镜 1996;13(1):10

[12] 王证玉等. 上海医学 1996;19(7):411

[13] 许春娣等. 中华儿科 1996;34(5):298

[14] 王金生等. 中华外科 1995;33(12):770

[15] 王子强等. 中国实用内科 1996;16(1):37

[16] 王德增等. 内镜 1996;13(1):27

[17] 姜海行. 临床消化 1996;8(1):44

[18] 孙桂华等. 内镜 1995;12(6):357

[19] 韦 伟等. 中国实用外科 1995;15(12):739
[20] 刘福坤等. 江苏医药 1996;22(8):534
[21]* 蔡建辉. 中华病理 1995;24(6):378
[22] 宋振龙等. 实用放射 1996;12(3):171
[23] 吴国柱等. 中华肿瘤 1996;18(3):172
[24] 江秋华. 交通医学 1995;9(3):79
[25] 陈 豹等. 临床医学影像 1996;7(3):184
[26] 林秉勋等. 中华外科 1996;34(6):373
[27] 石 如等. 实用癌症 1995;10(4):255
[28] 周以明等. 上海医大学报 1996;23(1):25
[29] 徐 健. 山东医药 1996;36(6):19
[30] 王彩花等. 中华消化 1995;15(6):356
[31] 王金林等. 实用癌症 1996;11(1):12
[32] 冯家宁等. 中国实用外科 1996;16(2):112
[33] 王厚泽等. 中国实用外科 1996;16(2):79
[34] 谢玉华等. 贵阳医学院学报 1996;21(2):154
[35] 赵宝民等. 陕西医学 1996;25(4):223
[36] 陈 方等. 江苏医药 1996;22(1):25
[37] 朱慧毅等. 中国超声 1996;12(2):47

(四)胃恶性病变

空军总院[1]报道 Wistar 大鼠饮用 0.06%盐酸二甲胺和亚硝酸钠混合水溶液 56 周后,腺胃粘膜肠上皮化生率为 88.9%(40/45),轻、中、重度异型增生率分别为 44.5%(20/45),33.3%(15/45)和 22.5%(10/45),认为二甲胺和亚硝酸盐可能是胃癌的病因之一。上海瑞金医院[2]报道硒、锗对 Wistar 大鼠癌前病变有治疗作用,治疗组肿瘤发病率及浸润深度均低于对照组($P<0.01$)。大连医大[3]报道膳食维生素 C 和 A 的营养素密度(nutrient density, ND)可降低胃癌危险度(OR 值分别为 0.34 和 0.46),而糖类 ND 高可升高胃癌危险度(OR=2.20)。北京医大[4]报道人胚胃成纤维细胞长期暴露于胃癌高发区饮水中时,其 S 期和 G_2M 期细胞比例和增殖指数明显增加,且 DNA 指数超出正常范围,提示胃癌高发区饮用水中可能含有致癌物质。中国医大[5]*对胃癌高发区辽宁庄河市咸猪肉与胃癌之间关系进行研究。发现咸猪肉有强致突变作用,且胃粘膜糜烂、化生、异型增生及癌变程度与食用咸猪肉年限成正相关。天津医大总院[6]报道老年消化系统肿瘤患者血浆、红细胞内微量元素锌、硒均下降明显,与 T 细胞亚群变化有显著差异。广西医大一院[7]报道肠化生及胃粘膜萎缩发生率在伴 Hp 感染者分别为 14.9%和 9.1%,显著高于无 Hp 感染者(8.1%,3.3%)。山东泰山医学院[8]以 PCR 法测得 56 例胃癌组织的 Hp 阳性率为 41.07%,以胃窦部及小弯区阳性率较高(68%,37.5%),且与癌组织分化程度相关。宁波镇海龙赛医院[9]报道肠型胃癌及弥漫型胃癌 Hp 检出率分别为 36.67%和 57.75%;Hp 阳性的浅表性胃炎发生弥漫型胃癌的危险性高于肠型胃癌。西安西京医院[10]建立表皮生长因子(EGF)受体放射分析法并检测一组消化系肿瘤细胞,发现 EGF 对肿瘤细胞生长具促进作用。上海中山医院[11]用放免法测定胃癌组织人 EGF 含量,胃癌组织为 4.29±2.35ng/g 湿重,正常对照组为 1.49±0.95ng/g 湿重,两组之间有显著差异($P<0.01$),并与肿瘤浸润、组织分化程度及淋巴结转移相关。空军 466 医院[12]采用免疫组化方法证实人胃癌 SGC-7901 细胞株雌激素受体阳性。在细胞培养期分别给予雌二醇及雌二醇+三苯氧胺处理 12 小时,结果增殖指数在雌二醇组、对照组和三苯氧胺组分别为 0.5705,0.4787 和 0.4830,提示 17-β 雌二醇可刺激人胃癌细胞生长,此作用可被雌激素受体抑制剂三苯氧胺所抑制。北京军区总院[13]观察了次黄嘌呤核苷对 BGC-823 人胃癌细胞株的作用。结果显示次黄嘌呤核苷作用后,肿瘤细胞内乳酸脱氢酶反应颗粒较对照组明显减少,细胞数目亦减少;大剂量药物作用时细胞出现变小及萎缩现象。华西医大[14]报道维胺酸作用于胃癌细胞系 SGC-7901 后,肿瘤细胞从形态结构、生长特性和生物化学等方面均显示其恶性度降低。西安医大[15]报道氯化镓可使 MGc_{80-3}人低分化胃癌细胞系^{3}H-TdR 掺入减少,抑制癌细胞 DNA 合成,此种作用可被氯化铁抑制。广东医学院[16]对人胃低分化腺癌细胞系 MGc_{80-3}及其克隆株体外粘附能力进行定量研究。发现同一母系及不同克隆株之间增殖力、粘附力存在异质性。西安西京医院[17]以 λgt11 为载体构建了含重组子 3×10^6 的人胃癌 cDNA 文库。

北京中日友好医院[18]分析 35 例胃粘膜层和粘膜下层胃癌。淋巴结转移率分别为 0 及 33.3%;5 年生存率分别为 100%及 76.9%,伴有淋巴结转移的只有 66.7%。浙江肿瘤医院[19]报道 47 例早期胃癌中浸润粘膜下层者 9 例,其中Ⅱc 型 6 例,Ⅲ型 3 例,且以低分化腺癌及粘液腺癌为主(77.8%)。重庆西南医院[20]分析 33 例进展期胃癌的血管构筑。发现癌中心为缺血区,癌周为多血管区,血管构筑可提示进展期胃癌的 Borrmann 类型。安徽医大[21]报道胃癌组织形态、粘液含量、CEA 分布及生物学行为均存在异质性。癌组织 CEA 阳性患者 5 年生存比例为 30/71,较阴性组(10/14)低。西安医大一院[22]报道 41 例多发胃癌。男性占 38 例,平均年龄 60.03,31

例系早期胃癌，分化较好的腺癌占84.96%，淋巴结转移率(35.48%)较同期单发癌高(17.40%)。沈阳军区总院[23]对90例胃癌作透射电镜观察，其中未分化癌和类癌各1例被光镜误诊为淋巴瘤和腺癌，经电镜检查后纠正；另1例未分化癌电镜确诊为神经内分泌未分化腺癌。解放军81医院[24]对38例胃肠道印戒细胞癌行超微结构观察，发现印戒细胞癌可呈粘液型、微囊型与糖原型。

解放军81医院[25]对24例胃肝样腺癌行光镜、免疫组化、超微结构观察，发现其病理形态与临床生物学行为与肝细胞癌相似。安徽医大[16]观察了60例胃癌手术标本中LDH同工酶的含量与分布，发现胃癌细胞LDH升高主要是LDH_5增加，认为LDH_5可增强酸性水解酶作用并与胃癌的浸润转移有关。浙江医大[27]报道胃癌组织MG_7抗原表达较非癌组织高($P<0.01$)，且大肠型肠化MG_7抗原表达高于小肠型肠化($P<0.05$)。重庆西南医院[28]报道胰腺癌相关抗原Span-1和Ypan-1在胃癌组织的阳性率分别为72.7%和65.5%，两种抗原在Ⅲ型肠化上的阳性率为79.0%和75.2%，显著高于Ⅰ型和Ⅱ型。福建医学院一院[29]测得81例胃癌组织P-糖蛋白阳性率为28.4%。西安西京医院[30]用免疫组化及计算机图像分析系统分析72例胃粘膜不典型增生组织MG_7抗原表达阳性率，癌变组为70.6%，高于非癌变组(18.4%)；MG_7Ag阳性的胃粘膜不典型增生病例，其灰度值>0.19者有潜在癌变倾向。西安医大一院[31]将MG_7抗原与AgNOR联用检测胃癌及萎缩性胃炎，结果胃癌检出率可达90%，高于单用任何一项者(53.3%和60.0%，$P<0.025$)。北京军区总院[32]应用抗嗜铬蛋白A及9种激素抗体检测161例胃癌组织神经内分泌(NE)细胞，阳性率为45.3%，NE阴性组与阳性组的癌转移发生率无明显差别。该院等[33]测定63例胃癌旁粘膜NE细胞，结果表明在G细胞增生组多为弥漫型胃癌(64.3%)；在G细胞减少、胰高血糖素细胞增生组多为肠型胃癌(90%)。青岛医学院附院[34]检测114例胃癌组织的雌激素受体(ER)，阳性率23.7%，主要见于TNMⅢ、Ⅳ期，BorrmannⅣ型及Lauren弥漫型胃癌，5年生存率与ER阳性率呈负相关($P<0.05$)。湖北医大[35]用俾士麦棕法与免疫组化法检测74例胃癌组织中肥大细胞(MC)和ER。发现胃癌MC高计组ER阳性率较低计组者低($P<0.05$)；MC高计组5年生存率(60.5%)高于低计组(36.1%)。上海铁道大学甘泉医院[36]报道38例进展期胃癌活检标本中尿型纤溶酶原活化素受体表达阳性率为34.2%；BorrmannⅢ、Ⅳ型胃癌表达阳性率(50.0%)高于BorrmannⅠ、Ⅱ型者(22.7%)。上海瑞金医院[37]测得60例胃癌组织中P-选择素表达阳性率为53.3%，其中晚期胃癌组阳性率为80%，明显高于早期胃癌组(26.7%，$P<0.01$)。北京军区总院[38]研究发现嗜铬粒蛋白(ACCgA)表达阳性的73例胃癌组织中，15例蛙皮素(BOM)表达阳性，且均为分化差的胃癌。河南医大二院[39]报道老年人胃癌组织中内分泌细胞表达阳性率(19%)与非老年人胃癌组(17%)无明显差别。北京军区总院[40]报道胃癌组织中NE细胞形态上具有恶性肿瘤细胞的特征，但大多数细胞处于G_0期。河南新乡医学院[41]报道122例胃癌术后标本肠上皮化生切缘中伴硫酸型肠化(SIM)切缘73例，其中5年以下生存组和复发组中的SIM切缘(81.2%，78.3%)均显著高于5年以上生存组和未复发组(32.1%，55.6%)，表明切缘SIM可能与患者术后切缘复发有关。

上海华东医院[42]检测97例胃癌组织c-erbB-2蛋白表达，阳性者淋巴结转移率为89.7%，明显高于c-erbB-2阴性者。军医科院附院[43]用免疫组化与斑点杂交法分析胃癌组织c-erbB-2蛋白表达与基因扩增的关系，发现两者间存有相关性($r=0.404$，$P<0.05$)。解放军81医院[44]检测51例胃癌组织c-erbB-2蛋白与MG-3c7抗原表达。发现高、中分化型胃管状、乳头状腺癌有较高阳性率，分别为52%(12/23)和83%(25/30)。重庆西南医院[45]用PCR-RFLP法检测69例石蜡包埋胃癌组织K-ras第12密码子点突变。突变率为7.2%，肠型胃癌为13.9%(5/36)，显著高于弥漫型胃癌(0/33，$P<0.05$)。华西医大[46]报道胃癌组织Src基因产物$pp60^{c\text{-}src}$表达阳性率为83.3%(40/48)，高于成人正常胃上皮的60%(12/20，$P<0.05$)；肠型胃癌较弥漫型胃癌阳性率高(100%对68.8%，$P<0.05$)。北京医大[47]报道c-met基因蛋白表达阳性率在肠化生(54.8%)、异型增生(56.7%)、胃癌(53.3%)明显高于浅表及萎缩性胃炎($P<0.05$)。解放军454医院[48]报道胃癌组织p170蛋白表达与肿瘤组织学类型有关：管状腺癌表达最高，转移组阳性率高于非转移组($P<0.01$)。上海新华医院[49]用免疫组化法同时检测胃癌组织c-erbB-2、p53、EGFR和ras蛋白表达。发现ras蛋白与EGFR表达呈正相关($P<0.01$)，与c-erbB-2表达呈负相关($P<0.05$)。北京医大[50]*用Southern杂交、PCR-SSCP和DNA测序技术检测33例胃癌组织癌基因(c-met，EGFR，c-Ha-ras，c-rebB-2，AKT-2)的扩增和重排，以及抑癌基因(p53，p16，nm23-H_1)的突变与缺失。发现70%胃癌组织存在1个或1个以上基因改变，且不同个体基因异常

的种类与方式不同。解放军203医院[51]用原位分子杂交(ISH)检测88例胃癌组织中K-ras，H-ras，c-myc，nm23基因mRNA，发现除nm23外，胃癌组织中其他3种癌基因，mRNA表达均高于癌旁移行区粘膜及正常胃粘膜上皮($P<0.01$)。北京肿瘤所[52]报道硝基胺类化合物MNNG可诱导人胃粘膜上皮细胞系CES-1及正常胃粘膜上皮原癌基因激活，如c-Ha-ras基因第12位密码子点突变、c-met基因重排与c-erbB-2基因的扩增等。重庆西南医院[53]报道c-myc蛋白表达和PCNA标记指数在正常胃粘膜、肠化生、异型增生与胃癌中依次递增，且两者呈显著正相关。哈尔滨医大[54]用PCR-SSCP法检测23例胃癌组织p53基因第5，7外显子突变。2例(8.7%)第7外显子存在突变，均为低分化腺癌。北京医大[55]*报道胃癌组织p53基因点突变率为58%，多见于低分化与高转移癌，患者术后生存期低于无突变组。上海新华医院[56]报道胃癌异型增生及肠化生p21和突变型p53蛋白表达阳性率较高，而正常组织全部阴性；在所有组织中Hp阳性患者的p21与p53阳性率高于阴性者($P<0.01$，<0.05)。重庆西南医院[57]用PCR-RFLP和RT-PCR技术分析51例胃癌组织大肠癌丢失基因(DCC)杂合性丢失(LOH)及mRNA表达。发现LOH率为35.3%，Ⅲ～Ⅳ期胃癌LOH率高于Ⅰ～Ⅱ期者(50.0%，14.3%，$P<0.05$)；DCC基因mRNA表达缺失率30.7%。西安西京医院[58]报道胃癌组织存在APC和MCC基因LOH，阳性率分别为27.6%(8/29)和8%(2/25)。重庆西南医院[59]报道胃癌组织DCC与APC/MCC基因LOH率分别为33.3%(15/45)与30.0%(9/30)。北京医大[60]*用DNA、RNA分子杂交和PCR技术检测85例胃癌组织p16基因缺失，频率为3.1%，且均为低分化、有转移的进展期胃癌。福建医学院一院[61]报道胃癌组织存在p53蛋白高表达与nm23蛋白低表达，两者均与淋巴结转移和肿瘤浸润深度密切相关($P<0.01$)。上海仁济医院[62]报道胃癌组织总基因组DNA甲基化与癌基因位点甲基化水平明显低于癌旁和正常粘膜，且与分化程度及胃周淋巴结转移有关。北京医大[63]报道胃癌组织c-H-ras基因第12位密码子点突变率、p21 ras蛋白表达率和DNA含量均高于癌前病变组织。军医科院附院[64]以流式细胞仪分析41例胃癌，DNA非整倍体率为58.5%，癌基因c-myc，c-erbB-2，EGFR基因与非整倍体之间存在相关性($r=0.802$，$P<0.005$)。

苏州医学院一院[65]测定36例胃癌组织中微量元素并用Logistic回归分析，揭示胃粘膜锌含量下降、铜含量升高，喜食咸菜可能与胃癌发生有关，其相对危险度分别为16.149、1.576、19.809。长沙湘雅医院[66]用胃镜随访879例胃癌前病变10年。发现总癌变率为胃癌3.87%；胃粘膜不典型增生癌变率高达14.28%；早期胃癌检出率占胃癌变总数的41.18%。上海市六院[67]对1 175例胃癌随机抽样240例行Cox多因素分析。发现浸润深度、淋巴结转移、大体类型、肿瘤部位和组织学类型及分化程度等5项中，以前2项对预后影响最显著；而单因素分析以远处转移对预后的影响最为显著。中国医大[68]根据组织化学检测结果将112例胃癌手术标本分为5种功能类型：吸收功能分化型、粘液分泌功能分化型、吸收-粘液产生功能双向分化型、特殊功能分化型和无功能分化型。发现具有吸收功能分化并伴有产生和结合层粘连蛋白能力的胃癌具有亲血管性并因而易发生血行转移。常州市二院等[69]用流式细胞仪(FCM)测定110例胃癌标本细胞DNA。异倍体的检出率为65%；异倍体型胃癌5年生存率(22.2%)显著低于2倍体型胃癌(55.3%，$P<0.01$)。衡阳医学院一院[70]报道血清AFP阳性胃癌12例。肿瘤位于胃窦9例，胃体3例，有肝转移8例，1年生存率50%，2年生存率16.7%，5年生存率8.3%。河北医学院四院[71]对438例经根治或姑息性切除的胃癌行回顾性研究。显示在50～59岁之前胃癌随年龄而呈直线上升趋势；50～59岁之后呈近似直线下降趋势；30岁以下以女性多见；高分化癌随年龄而增加；青年及老年人胃癌预后欠佳。北京中日友好医院[72]分析51例青年人胃癌，男女比为1：1.32，病程平均2个月，病理以低分化癌多见(38例)。随访45例，1年生存率11.2%，5年生存率为零。表明青年人胃癌的恶性程度高，预后差。华西医大一院[73]总结35岁以下的胃癌68例。其中低分化腺癌40例(64.5%)，粘液腺癌17例，印戒细胞癌5例。南京医大一院[74]报道青年人胃癌102例。组织学以低分化癌及粘液腺癌占多数，分别为32.4%和29.4%，浸润至浆膜及浆膜外者占72.6%。昆明医学院一院[75]报道44例青年人胃癌。年龄最小15岁，平均病程15.4%个月，77.27%以上腹痛为主要表现，胃镜以溃疡型为多见(65.9%)，组织学类型以低分化腺癌为主(65.91%)。青海省医院[76]回顾28例青年女性胃癌。占同期胃癌的1.83%，最小年龄21岁，病程在6个月内者18例，未婚及妊娠期妇女占40%(妊娠期易误诊)，胃窦部病变占67.8%。福州协和医院[77]分析1 609例进展期胃癌。老年组占24.78%，中年组10.62%，青年组0.83%；中老年组以高分化型腺癌多(占73.86%～80.97%)；青年组以低分化

癌多(占33.32%)。上海长宁区医院[78]报道癌灶在10mm以下胃癌51例。男女比为3.6∶1,平均年龄54.9岁,高分化腺癌占76.47%,癌灶多数位于粘膜内,所有病例均无淋巴结转移。该院[79]还报道胃癌伴其他消化道恶性肿瘤12例。占同期手术胃癌的1.3%,16例为同时性癌瘤,2例为异时性癌瘤。中国医大[80]报道妊娠及哺乳期胃癌17例。占同期胃癌的0.97%,病理上以未分化腺癌为主,呈弥漫性生长,淋巴结转移率100%,术后平均生存期为13.58个月。福建古田县医院[81]报道胃、十二指肠溃疡术后残胃癌6例。首次手术至残胃癌确诊平均为14.5年,最短为6.5年,病理均为腺癌;再手术后最短存活10个月,最长已超过4年;本组首次术式均为毕Ⅱ式。福州协和医院[82]对57例残胃癌进行分析。首次手术病因为消化性溃疡42例,胃息肉9例,胃癌6例;确诊残胃癌距首次手术时间平均13.5年;毕Ⅱ式发生率是毕Ⅰ式的7倍,男女比27.5∶1。中山医大[83]报道残胃癌13例,残胃再发癌26例。残胃癌均发生在胃、十二指肠溃疡术后2～25年,平均12.3年;残胃再发癌再发时间平均25.3个月。济南军区总院[84]对109例胃癌术前采用彩超估计有无胃左动脉旁淋巴结转移,其与手术符合率为85.3%,总敏感性81.4%,特异性90.3%。西安西京医院[85]对44例胃癌标本进行免疫组化研究。发现伴淋巴结转移者增殖细胞核抗原(PCNA)高表达者占76.2%,低分化型胃癌PCNA高表达者占68.4%。表明PCNA可作为判断胃癌淋巴结转移的良好指标。解放军145医院[86]从36例卵巢克鲁根伯格瘤中检出4例原发性胃转移癌。山东栖霞县一院[87]报道胃多原发性癌1例。贲门胃底为印戒细胞癌;胃体上部、胃角及胃窦小弯均为腺癌。安徽滁州市一院[88]报道消化道多原发癌4例。吉林东丰县医院[89]报道胃大弯外生型腺癌误诊为卵巢瘤1例。青海红十字医院[90]报道溃疡型胃癌假性愈合1例。第1次胃镜表现有溃疡型胃癌特征,1个月后胃镜复查溃疡虽有愈合,但活检证实为腺癌。解放军187医院[91]报道少年胃癌3例。均为女性,分别为11、14、14岁。解放军12医院[92]报道胃巨细胞癌2例。甘肃敦煌市医院[93]报道2例52岁孪生弟兄同时患胃癌(中分化腺癌),均在胃体小弯侧,其有胃癌家族史。湖北医大[94]报道胃炎样胃癌15例,占同期胃癌的16.85%。北京医大[95]抽查胃癌高发区40岁以下人群2612名,吞入自行设计的尾部带细硅管中空金属小球,抽取胃液测定pH、CEA和IgG,如pH值≥5、CEA≥11ng/ml、IgG≥6ng/ml中任何一项满足,则行胃镜检查。发现胃癌14例,其中8例无临床症状。浙江医大一院[96]检测89例胃癌患者血清脱氧核糖核酸聚合酶(DNA-P),阳性率为70.78%。解放军222医院[97]用PCR法检测36例胃癌血清中的胃癌相关抗原,阳性率为80.5%。河南医科所[98]*采用金葡菌A蛋白标记辣根过氧化酶(HRP-SPA)免疫组化法,对62例胃癌活检切片及94例胃涂片行CEA染色。发现CEA存在于胃癌细胞及胃粘膜上皮细胞内,呈极性分布,胃癌与正常胃组织CEA含量存在显著性差异($P<0.01$);胃癌涂片细胞CEA含量显著高于慢性浅表性胃炎和胃溃疡等胃良性疾患。福建医大[99]对30例胃癌患者进行血清CA50、CA19-9、CEA和唾液酸(SA)联合检测。胃癌诊断的敏感性为83.3%,特异性为96.7%,准确性为92.2%。河北医科院[100]用考马斯亮蓝法和ELISA双抗体夹心法检测69例消化道恶性肿瘤治疗前后血清酸溶性蛋白和癌胚抗原。发现术后2周较术前明显降低;有复发转移时再次升高。新疆人民医院[101]测定32例胃癌患者血清中的碱性磷酸酶含量,发现低分化组明显高于高分化组($P<0.01$)。浙江医大一院[102]用ELISA法检测胃癌活检组织抽提液中的纤溶酶原激活剂(PAs)。其中尿激酶型与肿瘤的分化程度、病灶大小及淋巴结转移明显相关。山东医大[103]测定多种消化道肿瘤患者血清α_1-抗胰蛋白酶(α_1-AT)水平,胰酶活性抑制法和火箭免疫电泳法测定值均高于正常对照组血清,而各肿瘤组间无明显差异。海军401医院[104]检测161例消化道肿瘤患者血清中的肿瘤相关寡糖G。结果胃癌组阳性率达64.0%。河南肿瘤所等[105]测定54例胃癌患者血清及胃液中的铁蛋白。其血清值明显低于正常人血清,两者结合诊断胃癌的敏感性为83.3%,特异性为90.4%。白求恩医大等[106]用电感等离子原子发射光谱仪测定22例胃癌患者头发中的24种元素。结果表明头发元素谱Cu、Zn、Cd、In、Fe、Ni、Al、B、Cr用于胃癌辅助诊断的确诊率为94.03%。石家庄白求恩国际和平医院[107]采用抗上皮细胞膜单克隆抗体对65例胃癌患者的骨髓血行组化染色。阳性细胞检出率为58.46%;阳性细胞与原发癌的分化程度、部位、TNM分期及患者的年龄相关。解放军454医院[108]检测83例胃癌患者血清及组织的单克隆抗体癌相关抗原。阳性率分别为82.5%和62.9%,胃癌术后抗原滴度下降。苏州医学院二院[109]采用胃癌单克隆抗体金标免疫斑点渗滤试验检测118例胃病患者的胃液,其检测胃癌的敏感性、特异性和正确性分别为85.7%、76.9%和81.4%。中国医大一院[110]用放免法测定30例胃癌患者血清、唾液中的人类表皮生长因子(hEGF),其值分别为(217±93)pmol/L和(273

±108)pmol/L，明显高于正常对照组（182±74pmol/L，119±61pmol/L）。上海瑞金医院[111]对60例胃癌组织行P-选择素免疫组化研究。总阳性率为53.3%，有淋巴转移者为70.3%，Ⅲ、Ⅳ期者为80%；P-选择素阳性者平均生存期为(25.5±21.8)个月，5年生存率为10.7%，低于阴性者的(51.3±20.31)个月和78%。南京军区南京总院[112]连续测定43例胃癌患者血浆胃动素及血清CEA，发现两者呈正相关($r=0.375$)。福建中医药研究所[113]对709名胃癌高发区人群行唾液CEA测定。对58例CEA阳性者行胃镜检查，发现早期胃癌4例，晚期癌1例和癌前病变47例。表明唾液CEA测定可用于胃癌的普查。江苏南通二院[114]测定不同胃部疾病患者血清及胃液CEA。结果胃癌组明显高于其他各组。山西肿瘤医院[115]测定消化道肿瘤患者粪便中癌相关抗原。胃癌和贲门癌的阳性率分别为60%(6/10)和61.54%(8/13)。医科院肿瘤医院等[116]将吞入隐血珠结合胃镜检查，普查25877人次，胃镜检查18730人次，查出食管癌、贲门癌及胃癌682人；3年随访隐血阴性者无癌肿发生，而隐血阳性者每年均有1%被检出为早期癌。解放军211医院等[117]对胃粘膜活检组织行光谱分析，诊断胃癌156例，与术后病理诊断符合率为97.4%。北京医大三院[118]对18例粘膜内早期胃癌及中重度异型增生的X线表现进行回顾性分析。发现隆起型病变较易检出，周围胃粘膜有胃小区者病变易显示。上海杨浦区医院等[119]研究10例小胃癌和微小胃癌的X线表现。主要改变有腔壁线增粗、稍僵、不光整和双边征，胃小区破坏、颗粒状影及龛影等。认为用低张、清胃、俯卧吞钡、近身操作能获得较好的双对比片。西宁钢厂医院[120]用胃双对比造影法对病理确诊的早期胃癌11例进行对比分析。11例造影均发现病变，其中6例诊断为糜烂性、萎缩性胃炎和良性溃疡，3例疑为早期胃癌。上海中山医院[121]用水充盈低张胃CT动态扫描对75例胃癌行术前疾病分期。病变检出率为100%，<0.6cm淋巴结检出率为23.81%，>1cm为91.67%；判断各器官受累准确率为97.33%；与病理分期吻合率为85.33%。兰州医学院二院等[122]对14例胃癌患者行CT薄层或重叠扫描。该法能准确测定胃壁厚度、判断有无淋巴结转移及邻近脏器浸润情况；对6例未发现淋巴结转移及邻近脏器浸润者行手术治疗。南京鼓楼医院[123]分析100例经手术证实的胃癌CT表现。报道87例有各组淋巴结肿大，17例有肝及脾肿大，结果在术前分期上有重要意义。北京医大三院[124]采用VXR-300超导核磁共振仪测量胃癌血清标本56例，以谱峰a与谱峰b和c的面积积分值之比为标准，诊断胃癌的敏感性和特异性分别为80.36%和81.03%。白求恩医大三院[125]将^{99m}Tc-ccM4 McAb对10例胃癌、4例非胃癌患者以放射免疫显像法检测血清肿瘤相关糖蛋白抗原。胃癌阳性率为60%，肝转移检出率为50%。上海长海医院[126]*对8例早期胃癌患者术前行超声胃镜检查。诊断与病理完全一致2例，基本一致3例，失误3例；失误中2例为溃疡癌变误诊为进展期癌。上海长征医院[127]用灰阶超声直方图测定胃癌与自体胃平滑肌层的平均值。发现胃癌平均值明显低于自体胃平均值，提示癌灶回声低于平滑肌；术后病理显示癌灶内胶原纤维大量增生，认为癌内胶原的增生、排列方式及紧密程度与超声表现相关。南京铁道医学院[128]回顾60例胃癌B超诊断。术前B超淋巴结发现率为23.4%(11/47)，阳性符合率为100%(11/11)，阴性符合率为26.5%(13/49)。北京协和医院[129]用超声内镜对36例胃癌行术前分期，同时对19例胃癌术前活检组织行表皮生长因子受体(EGFR)分析。结果对T分期判断准确性为81%，N分期为72%；有肿瘤浸润及淋巴结转移者EGFR含量明显升高；两者结合对胃癌的分期与预后判断有较大价值。河南医大二院[130]用X线造影结合B超对贲门癌可切除性进行评估。报道B超预见肿瘤可切除性与术中病变符合率为79.2%。

广东惠州市医院[131]观察了17例行根治性全胃切除的贲门癌患者术后静脉营养(TPN)对机体免疫功能的影响，观察对象随机分为对照组(非TPN组)和TPN组。结果表明术后TPN支持可提高患者的NK细胞活性，提高$CD3^+$细胞、$CD4^+$细胞、$CD4^+/CD8^+$比值，增强机体免疫力。哈尔滨医大肿瘤医院[132]总结了355例胃癌手术患者的远期疗效。认为影响5、10年生存率的主要因素为临床病理分期、组织类型、病灶大小、淋巴结转移、浸润深度及手术方式，R3式优于R1式。中国医大一院[133]回顾了109例手术治疗的早期胃癌。术后复发转移率为10.09%，其中血行转移占45.5%，残胃再发癌和淋巴结转移各占27.3%。甘肃省肿瘤医院[134]在胃癌根治术中将活性炭微粒分点注入胃癌周围胃壁组织，后将黑染淋巴结逐一清除。结果淋巴结肉眼黑染率85.18%，便于术中淋巴结清除；镜下黑染率为100%。医科院肿瘤医院等[135]采用COX多因素模型分析了736例影响贲门腺癌术后预后因素。发现对预后影响最大因素依次为：肿瘤最大直径2(<4.5cm，≥7cm)、手术性质、肿瘤浸润深度、贲门旁淋巴结转移和肿瘤最大直径1(<4.5cm，4.5～7cm)。中国医大[136]随访143例行全胃切除胃癌患

者。5年生存率上部胃癌组为36.6%，中部胃癌组56.3%，全胃组17.0%。上海邮电医院[137]报道胃癌切除术切端癌残留23例(残留率7.2%)，以食管切端癌残留最多，占69.6%；术后平均生存期15.6个月。上海长征医院[138]对50例胃癌手术前后和化疗前后行免疫功能测定。发现NK细胞活性、$CD4^+$细胞和$CD4^+/CD8^+$比值术后均较术前明显增加，$CD8^+$含量下降；化疗前后上述结果则相反。广东省医院[139]报道293例胃癌根治术患者术后近期并发症发生率为12.5%，主要为外科感染。上海长征医院[140]发现胃癌术后第2周和第3周患者的NK细胞活性和T细胞亚群水平均有明显升高(但无明显差异)，故认为术后1周左右开始化疗是合适的。解放军211医院等[141]观察到顺铂与鱼甘油酸钠对人胃癌细胞SGC-790的体外杀伤有协同效应，明显高于单一用药。江苏省肿瘤医院[142]用羟基喜树碱(CPT)、阿霉素(ADM)、丝裂霉素(MMC)联合应用治疗晚期胃癌，有效率40%(8/20)，高于5-氟尿嘧啶(5-FU)、ADM、MMC治疗组(30%，6/20)。解放军总院[143]用温热和OPT联合观察对胃低分化腺癌细胞系SGC 7901作用。证明联合效果较单用加热或药物强。上海瑞金医院[144]用表阿霉素作用于不同的胃癌细胞系。结果分化差的癌细胞对表阿霉素敏感性高于分化好的癌细胞。上海新华医院[145]发现维拉帕米可增强阿霉素抑制体外人胃癌细胞系MKN 28细胞增殖的作用，比阿霉素单独使用时增强5.8倍；也可增强5-FU及长春新碱的作用。浙江医大一院[146]观察了热疗联合顺铂对人胃癌细胞株的细胞毒作用。热疗对顺铂的剂量增强效率在41.5℃、30分钟时最强，到43℃、30分钟时反而下降。上海仁济医院[147]用盐酸嘧啶亚硝脲(ACNU)和甲环亚硝脲(Me-CCNU)分别联合5-FU和ADM治疗进展期胃癌。B组：ACNU、5-FU和ADM有效率为17.4%，A组：Me-CCNU、5-FU和ADM为0。中国医大一院[148]比较了有无淋巴结癌栓胃癌的生物学特征，证明有癌栓者预后差，认为对亚临床病灶应进行淋巴管化疗。石家庄白求恩国际和平医院[149]用皮下埋藏化疗泵治疗中晚期胃癌和直肠癌16例，随访12～18个月均健在。西安医大一院[150]对12例进展期胃癌患者行术前选择性动脉灌注化疗，化疗后10～20天再行手术。术中发现癌灶周围均有不同程度的纤维化，浸润粘连程度减轻，肿瘤易剥离切除。上海长征医院[151]对20例手术不能切除的晚期胃癌，手术将DDS泵置入肿瘤供血动脉，通过术后定期注入化疗药物来治疗。其半年、1年生存率分别为75%和18%，明显高于对照组。武汉同济医院[152]对27例不能手术切除的晚期胃癌患者先行经动脉直接灌注抗癌药物和栓塞化疗以提高晚期胃癌切除率，1个月后再分别采取Ⅰ期或Ⅱ期手术。手术治疗后随访满2年者15例，满1年5例。术后1年病死率15%(3/20)，2年病死率20%(3/15)。中国医大一院[153]对39例晚期胃癌术前行动脉栓塞化疗，化疗后1周手术切除率达92.1%，同期非化疗者手术切除率为84.4%。河南新乡市医院[154]对54例贲门癌行术中化疗，其1、3、5年生存率分别为87%、63%和39%，高于单纯手术的生存(84%，39%和21%)。河北邢台市医院[155]观察了60例胃贲门区癌动脉灌注化疗与不同X线大体分型的关系。结果表明动脉灌注化疗对蕈伞型癌疗效优于溃疡型。新疆自治区医院[156]对胃肠癌22例采用国产多功能腹腔投药器腹腔联合化疗，取得满意效果。华西医大一院[157]将热低渗顺铂灌注荷瘤小鼠腹腔内，可明显破坏腹水肿瘤细胞，抑制腹水生成，并无1例发生癌腹膜转移。汕头大学医学院肿瘤医院[158]用丙谷胺辅助治疗贲门癌术后患者73例，1、3、5年生存率为87.7%、75.3%和43.8%，明显高于单纯手术组。衡阳医学院[159]研究发现大蒜对甲基硝基亚硝基胍诱发的大鼠腺胃癌及癌前病变有显著的抑制和逆转作用。上海消化所[160]对43例中、重度萎缩性胃炎患者分别口服天然及合成β-胡萝卜素。发现天然胡萝卜素可明显提高患者血浆β-隐黄素、α-胡萝卜素、全反式及顺式β-胡萝卜素水平，两者均显著提高细胞DNA甲基化水平。重庆西南医院[161]用真核表达载体将IL-2、IL-4基因转染人胃癌细胞株。发现其并不改变胃癌细胞株的体外生长特性和MHC抗原表达；可增强LAK细胞的肿瘤杀伤作用；IL--2、IL-2和IL-4基因联合转染可消除转染细胞的致瘤性。西安西京医院[162]对杂交瘤细胞在胃癌相关抗原及胃癌疫苗方面的作用进行了初步研究。该院[163]*构建了人野生型TP53逆转录病毒真核表达载体，初步观察了其转染胃癌细胞后对胃癌细胞的影响。上海仁济医院[164]建立了细小病毒非结构蛋白(NS)转基因小鼠模型。发现转染NS基因的胃癌细胞接种裸鼠后生长速度减慢，2周后平均瘤重为0.155g，明显低于对照的0.855g。北京医大临床肿瘤学院[165]用^{131}I标记的胃癌单克隆抗体3H11进行导向治疗，证明有效抑制裸鼠腹膜种植瘤的发生。四川大学等[166]研究了^{211}At标记的抗胃癌单克隆抗体3H11及其Fab片段对人胃癌细胞的免疫结合和杀伤作用。扬州大学医学院[167]用肿瘤浸润淋巴细胞治疗晚期胃癌55例，总有效率为35.1%。河北承德医学院等[168]研究认为消痞灵冲剂(主要成分为太子参、炙百合、三七粉、蒲公英、白花蛇舌草等)可以改善胃癌前病变的异常血液流变学,为活血化淤中药治疗胃癌前病变提供了一定的实验依据。南通医学院附院[169]报道复方参七汤(当归、木香、陈皮、甘草、茯苓、西洋参、黄芪、黄精、半枝莲等)对人胃癌细胞株的细胞分裂和集落形成有明显抑制作用。

天津市肿瘤医院[170]回顾分析23例胃平滑肌肉瘤。常见症状为上腹不适或腹痛、腹部肿块及上消化道出血;误诊18例,分别误诊为胃癌、胰体、尾囊肿,平滑肌瘤等;手术切除率96%(22/23);5年生存率为57%(17/23),10年生存率13%(3/23)。山东梁山县医院[171]报道5例胃底后壁巨大平滑肌肉瘤。瘤体最大直径26cm,最小直径17cm;术前均未获确诊,有3例误诊为巨脾症、脾囊肿。南京南化公司医院[172]回顾556例原发性胃恶性淋巴瘤。发病年龄35～45岁,临床表现、内镜、X线检查易误诊为胃癌,术前诊断率10%～30%。白求恩医大三院[173]对50例原发性胃肠道非何杰金淋巴瘤(NHL)进行免疫分型。B细胞型(B-NHL)占45%,T细胞型(T-NHL)占10%,后者侵袭性高,预后不良。深圳蛇口医院[174]报道52例胃肠道类癌8种多肽、胺类神经内分泌激素表达均阳性,表达强度与组织分化、肿瘤浸润转移有关。福建泉州市医院[175]回顾分析消化道恶性黑色素瘤8例。均有黑色素形成,肿瘤恶性程度高,患者预后差。福建厦门市一院[176]回顾胃神经鞘瘤7例。中老年人(41～62岁)多见,肿瘤多位于胃底、胃体粘膜下,直径2～8cm,肉眼与其他良性肿瘤无法鉴别,合并大溃疡者易被误诊为胃癌,但本病较少转移,预后较好。

(李淑德　张文俊)

参考文献

[1] 李春启等. 癌症 1996;15(1):24
[2] 明学志等. 中华外科 1996;34(4):221
[3] 李东光等. 中华预防医学 1995;29(6):339
[4] 高振强等. 中华预防医学 1996;30(4):199
[5]* 袁　媛等. 中华肿瘤 1996;18(4):270
[6] 张　蕴. 中国肿瘤临床 1996;23(8):562
[7] 姜海行等. 中国实用内科 1996;16(1):21
[8] 李　伟等. 肿瘤防治研究 1996;23(3):135
[9] 施敏明等. 临床消化病 1996;8(1):135
[10] 王雨田等. 四军医大学报 1996;17(5):336
[11] 王　宇等. 上海医大学报 1996;23(4):243
[12] 谭端军等. 新消化病 1996;4(2):64
[13] 杨学军等. 中华肿瘤 1996;18(1):10
[14] 陈俊霞等. 华西医大学报 1996;27(3):286
[15] 田东萍等. 西安医大学报 1996;17(2):175
[16] 姚运红等. 癌症 1996;15(4):250
[17] 徐　立等. 解放军医学 1996;21(2):139
[18] 王　岩等. 中日友好医院学报 1996;10(1):73
[19] 鲁志诚等. 肿瘤研究与临床 1996;8(1):15
[20] 丁仕义等. 中国肿瘤临床与康复 1996;3(2):8
[21] 张　红等. 安徽医大学报 1995;30(4):263
[22] 潘曼丽. 实用癌症 1995;10(4):236
[23] 唐谊海等. 解放军医学 1996;21(3):204
[24] 苏长青等. 实用癌症 1996;11(1):4
[25] 李祥周等. 中华病理 1996;25(5):276
[26] 宋育林等. 中华肿瘤 1996;18(4):266
[27] 姚根有等. 浙江医大学报 1996;25(3):108
[28] 房殿春等. 胃肠病学与肝病学 1996;5(1):27
[29] 叶圣华等. 福建医学院学报 1996;30(2):129.
[30] 刘　杰等. 中华预防医学 1996;30(5):286
[31] 王巧银等. 西安医大学报 1996;17(2):179
[32] 王鲁平等. 癌症 1996;15(5):379.
[33] 王鲁平等. 肿瘤研究与临床 1996;8(1):1
[34] 李玉军等. 肿瘤防治研究 1995;22(6):363
[35] 张友元等. 实用癌症 1996;11(3):165
[36] 陈锡美等. 中华消化 1996;16(1):39
[37] 陈金联等. 上海二医大学报 1996;16(5):328
[38] 王鲁平等. 实用癌症 1996;11(2):85
[39] 崔广林等. 中华老年医学 1995;14(6):333
[40] 王鲁平等. 临床与实验 1995;11(4):261
[41] 原志庆等. 癌症 1996;15(4):247
[42] 龚志军等. 中华肿瘤 1996;18(4):299
[43] 黄　焰等. 临床与实验病理 1996;12(3):239
[44] 张苏玲等. 新消化病 1995;3(4):195
[45] 房殿春等. 新消化病 1996;4(2):80
[46] 王修杰等. 华西医大学报 1996;27(1):71
[47] 王金莹等. 中华医学 1996;76(5):359
[48] 徐　萍等. 中华消化内镜 1996;13(2):288
[49] 朱日林等. 中华肿瘤 1996;18(3):199
[50]* 高崇峰等. 中华医学 1996;76(9):671
[51] 李　功等. 临床与实验病理 1996;12(1):27
[52] 王　冰等. 中华肿瘤 1996;18(1):6
[53] 梁后杰等. 中华物理医学 1996;18(2):65
[54] 王　琪等. 中华医学遗传 1995;12(6):351
[55]* 吕有勇等. 中华医学 1995;75(11):679
[56] 陈军贤等. 癌症 1996;15(4):253
[57] 王东旭等. 中华肿瘤 1996;18(5):331
[58] 刘宝瑞等. 中华肿瘤 1996;18(1):3
[59] 王东旭等. 中华医学遗传 1996;13(5):269
[60]* 吕有勇等. 中华肿瘤 1996;18(3):189
[61] 张　声等. 中华肿瘤 1995;17(6):418
[62] 房静远等. 肿瘤 1996;16(2):92

[63] 于　君等．中华内科 1995;34(11):739
[64] 黄　焰等．军医科院院刊 1996;20(2):132
[65] 陈卫昌等．苏州医学院学报 1995;15(5):903
[66] 张桂英等．湖南医大学报 1995;20(6):591
[67] 高仁中等．四川医学 1995;16(5):277
[68] 辛　彦等．中华病理 1995;24(5):320
[69] 鲍永仪等．苏州医学院学报 1996;16(3):467
[70] 李汉贤．实用癌症 1995;10(4):239
[71] 阙永丰等．中国肿瘤临床与康复 1996;3(1):23
[72] 赵洪川等．中国肿瘤临床 1996;23(5):368
[73] 韩　文等．四川医学 1996;17(5):301
[74] 孙　亮等．南京医大学报 1996;16(4):349
[75] 张　林等．临床消化 1996;8(3):131
[76] 马国忠等．青海医药 1995;25(7):40
[77] 陈红绉等．内镜 1996;13(1):32
[78] 张国维．新消化病 1996;4(2):74
[79] 赵根宝等．上海医学 1996;19(2):103
[80] 戴冬秋等．中华外科 1995;33(12):768
[81] 李忠随等．福建医药 1996;18(2):128
[82] 陈红绉等．中华消化 1995;15(6):355
[83] 吴雪强等．中华消化内镜 1996;13(1):51
[84] 董　磊等．中国超声 1995;11(11):880
[85] 戴　林等．四军医大学报 1996;17(3):169
[86] 徐廷香等．实用癌症 1996;11(1):67
[87] 柳冬梅等．新消化病 1996;4(2):103
[88] 黄厚章等．安徽医学 1995;16(6):74
[89] 赫士英等．辽宁医学 1996;10(4):223
[90] 刘存保等．青海医药 1996;26(1):42
[91] 邓世荣等．内镜 1996;13(1):57
[92] 谭德银等．中华病理 1995;24(6):389
[93] 司长源．中华内科 1996;35(6):399
[94] 余鸣娇等．湖北医大学报 1996;17(2):149
[95] 郭文斌等．肿瘤防治研究 1995;22(6):396
[96] 杨云梅等．实用癌症 1995;10(3):166
[97] 任彩文等．新消化病 1996;4(2):76
[98]* 杨　波等．中国肿瘤临床 1996;23(9):647
[99] 蔡文秀等．福建医学院学报 1996;30(3):239
[100] 薛玉凤等．中国肿瘤临床与康复 1996;3(3):10
[101] 王旭林等．中国肿瘤临床与康复 1996;3(1):28
[102] 许国强等．中华消化 1995;15(6):321
[103] 崔　行等．实用癌症 1996;11(3):160
[104] 郑　刚等．新消化病 1996;4(2):69
[105] 牛青霞等．癌症 1996;15(5):381
[106] 张　立等．实用肿瘤学 1996;10(1):7
[107] 赵增顺等．中华消化 1995;15(6):342
[108] 徐　萍等．胃肠病学与肝病学 1996;5(1):63
[109] 沈　丹等．苏州医学院学报 1996;16(1):61
[110] 刘光明等．中华消化 1996;16(2):79
[111] 陈金联等．上海医学 1996;19(5):249
[112] 李　玺等．实用癌症 1996;11(1):10
[113] 熊洪翔等．中国免疫 1995;11(6):352
[114] 王一平等．临床内科 1996;13(5):28
[115] 柏秀英等．中国肿瘤临床 1996;23(5):341
[116] 秦德兴等．癌症 1996;15(1):78
[117] 李增灿等．中国实用内科 1996;16(7):410
[118] 王爱英等．实用放射 1995;11(12):713
[119] 焦天铎等．中华放射 1996;30(5):340
[120] 徐　明．青海医药 1996;26(10):20
[121] 秦新裕等．中国实用外科 1996;16(3):144
[122] 郭景岳等．实用放射 1996;12(5):269
[123] 朱　斌．实用放射 1996;12(4):204
[124] 周丽雅等．中华消化 1996;16(1):35
[125] 刘淑清等．白求恩医大学报 1996;22(4):362
[126]* 邹晓平等．中华超声影像 1996;5(4):145
[127] 章建全等．中国超声 1996;12(1):19
[128] 张炽敏等．铁道医学 1996;24(5):291
[129] 杨爱明等．中华内科 1995;34(11):743
[130] 寿化山等．中华胸心外科 1996;12(2):93
[131] 陆　巧等．中国肿瘤临床 1996;23(5):338
[132] 张殿忠等．中国肿瘤临床 1996;23(10):736
[133] 单吉贤等．中华医学 1996;76(10):750
[134] 李玉田等．中国肿瘤临床 1996;23(5):331
[135] 李　鉴等．中华肿瘤 1996;18(2):134
[136] 齐春莲等．中国医大学报 1995;24(5):524
[137] 张公馥．实用癌症 1995;10(4):243
[138] 施靖华等．二军医大学报 1995;16(5):454
[139] 万　进等．广东医学 1996;17(8):505
[140] 施靖华等．实用癌症 1996;11(1):43
[141] 侯　鹏等．中华消化内镜 1996;13(1):23
[142] 洪　专．江苏医药 1996;22(5):349
[143] 李继华等．中国肿瘤临床 1996;23(2):134
[144] 陈　军等．肿瘤 1996;16(3):409
[145] 葛成华等．新消化病 1996;4(2):66
[146] 陈卫星等．中华肿瘤 1996;18(2):116
[147] 萧树东等．中华肿瘤 1996;18(1):30
[148] 齐春莲等．中国医大学报 1996;25(2):200
[149] 谭海东等．中国肿瘤临床 1996;23(8):596
[150] 刘亚民等．实用放射 1995;11(12):716
[151] 施靖华等．中国肿瘤临床与康复 1995;2(4):17
[152] 赵翠兰等．同济医大学报 1995;25(5):395
[153] 路　平等．中华医学 1996;76(2):146
[154] 李启驹等．中华肿瘤 1996;18(2):137
[155] 李孟增等．实用放射 1996;12(10):602
[156] 朱丽萍．中国肿瘤临床与康复 1996;3(1):39
[157] 陈志新等．中国肿瘤临床 1996;23(7):464
[158] 杨捷生等．中华胸心外科 1996;12(4):214
[159] 苏　琦等．癌症 1996;15(3):172
[160] 朱舜时等．中华消化 1996;16(1):56
[161] 周志强等．三军医大学报 1996;18(4):354
[162] 张筱茵等．四军医大学报 1996;17(4):305

[163]* 赵亚刚等．四军医大学报 1996;17(4):300
[164] 沈锡中等．中华消化 1996;16(1):59
[165] 吕大鹏等．北京医大学报 1996;28(2):154
[166] 刘　宁等．中华核医学 1996;16(1):43
[167] 徐立春等．中华医学 1995;75(11):704
[168] 张旭晨等．新消化病 1996;4(4):208
[169] 沈洪薰等．南通医学院学报 1995;15(4):532
[170] 李　理等．中国肿瘤临床 1996;23(5):348
[171] 赵兴长等．肿瘤 1996;16(5):569
[172] 王国品等．中国实用内科 1995;15(12):734
[173] 卢振霞等．中国免疫 1996;12(1):62
[174] 徐　洪等．河南医大学报 1995;30(4):2358
[175] 黄景华等．福建医学院学报 1996;30(3):283
[176] 商少宏等．福建医药 1996;18(4):16

(五)十二指肠疾病

湖北襄樊市一院[1]对十二指肠炎患者进行组织学形态定量研究后认为:内镜下轻度充血和红斑不足以诊断十二指肠炎,需病理组织学证实。固有层炎性细胞密度,特别是圆细胞密度是诊断的依据。石家庄白求恩国际和平医院[2]观察52例胃镜咬取的十二指肠粘膜标本,组织学显示98%有慢性炎,其中80%为萎缩性炎。组化染色证实十二指肠杯状细胞含混合性粘液,中、重度萎缩性十二指肠炎可作为小肠吸收不良的诊断依据。北京医大三院[3]报道大鼠注射MPTP后一氧化氮合成酶明显减弱,硝基精氨酸能加剧MPTP减少粘膜血流,并削弱多巴胺逆转血流减少的作用。南京医大[4]发现十二指肠传入信息不仅可调节生理性胃酸分泌,而且在十二指肠内灌注高渗盐溶液对五肽胃泌素刺激胃酸分泌和胃粘膜血流量的抑制效应中亦有作用。北京医大一院[5]用奥美拉唑+阿莫西林(或巴氨西林)2周治疗43例Hp相关性十二指肠溃疡(DU)。结果Hp根除的患者溃疡愈合率明显高于Hp未根除者,溃疡复发率亦明显低于Hp未根除者。广州医学院一院[6]*报道DU患者的血浆促肾上腺皮质激素(ACTH)、8Am和0Am血清皮质醇及胃窦粘膜组织胞质糖皮质激素受体明显低于正常人。空军总院[7]报道DU活动期患者的胃液、唾液中表皮生长因子的含量显著低于慢性浅表性胃炎;DU愈合期组则明显高于活动期组;Hp感染和吸烟对表皮生长因子含量无明显影响。广州军区157医院[8]发现DU组Hp检出率、十二指肠炎及十二指肠胃化生发生率高于非溃疡者;Hp阳性DU平均基础血清胃泌素与Hp阳性非溃疡性消化不良无明显差异。滨州医学院附院[9]观察到在用西咪替丁治疗DU的头3个月中,吸烟者和非吸烟者一样有效;在6个月时戒烟者溃疡的复发率(28%)较吸烟者(61%)低。海军总院[10]报道DU患者G细胞的比例、单位面积数量等与正常胃窦粘膜比较并无明显变化,而D细胞则明显低于对照组。北京医大三院[11]报道阿莫西林可增加大鼠胃十二指肠粘膜血流,防止半胱胺诱发的十二指肠粘膜血流下降;该药灌胃后十二指肠粘膜前列腺素E_2有高于对照组的趋势。北京红十字朝阳医院[12]用奥美拉唑20mg,每天1次,治疗DU共4周。在治疗后溃疡粘膜醌还原酶含量(89.82±4.01)nmol/(min·mg)高于治疗前(32.52±1.86)nmol/(min·mg)。上海仁济医院[13]*发现17例活动性DU患者中有10例患者的胃固体食物的延迟相消失,起始排空较快,继后的排空变缓,液体和固体半排空均延迟;并发现DU患者胃泌素并无过度释放,而空腹及餐后胃动素水平均高于对照组。上海长征医院[14]报道十二指肠球部溃疡患者胃液中前列腺素E_2(PGE_2)含量(327.14±35.16 ng/L)明显低于对照组(485.73±27.49 ng/L),血栓素B_2则相反,则说明球溃的产生可能与PGE_2缺乏密切相关。浙江临海市一院[15]报道8例原发性十二指肠癌术前均被误诊。西安西京医院[16]1994年4～6月内镜检查患者1 300例,发现2例原发性十二指肠球癌(中分化腺癌)。浙江医大一院[17]报道42例原发性十二指肠恶性肿瘤(球部8例,降部29例,水平部2例,升部3例)。其中溃疡癌变2例,平滑肌瘤恶变2例。南京军区南京总院[18]分析12例术前内镜诊断为Vater乳头癌的患者,提出发现Vater乳头处出现自发性出血灶或糜烂应常规做活检和细胞刷检。上海瑞金医院[19]报道23例原发性十二指肠肿瘤(乳头上部4例,乳头部18例,乳头下部1例),占同期住院消化道肿瘤的0.32%。其中腺癌19例,平滑肌肉瘤4例。上海长征医院[20]报道1例原发性十二指肠球部分化性鳞癌,73岁,男性。沈阳军区总院[21]报道36例合并梗阻性黄疸的十二指肠乳头癌,术后病理诊断均为腺癌。新疆自治区医院[22]报道20例原发性十二指肠癌(腺癌16例,印戒细胞癌1例,粘液腺癌3例),其内镜所见为浸润型6例,息肉型5例,溃疡型9例。北京医大一院[23]分析120例婴幼儿十二指肠球部溃疡的X线特征。其中90例有明显龛影,部位以球尖部最多,其次分别为球前、后壁和球大、小弯侧。苏州医学院一院[24]报道60例老年DU。其中无腹痛者占41.67%,25例合并上消化道出血,均显著高于青年组。唐山开滦林西矿医院[25]对80例胃、十二指肠溃疡行胃镜下喷洒2%碘甘油,每次2～

4ml，间隔 2～5 天，愈合率 100%，最长治愈时间 35 天；复发 3 例，均为穿孔后溃疡复发。吉林铁路医院[26]内镜诊断 DU 慢性穿孔 18 例，手术病理证实 15 例，且均为球后壁穿孔；Hp 均为阳性。湖北襄樊市一院[27]对 70 例十二指肠粘膜活检标本进行炎症细胞及胃上皮化生的定量研究。发现固有层间质炎性细胞数＞4 000 个/mm^2 是诊断十二指肠炎的依据，十二指肠粘膜胃上皮化生是十二指肠炎的另一个组织学特点。浙江医大一院[28]报道 92 例十二指肠憩室。其中 84 例为单发憩室，8 例为多发憩室；60 例为单纯憩室，32 例伴有其他消化系统病变；手术治疗 35 例，死亡 1 例，治愈率 94.29%。安徽医大附院[29]报道 9 例经手术证实的十二指肠结核患者，女 7 例，男 2 例。术前 7 例有十二指肠梗阻症状，3 例有梗阻型黄疸，5 例伴低热、乏力、贫血，3 例有明显结核病史。湖南益阳地区医院[30]分析 DU 二个家系 15 例的特点：发病年龄逐代提前；男女发病机会均等；病程长，并发症为消化道出血，均为男性；Ⅰ、Ⅱ、Ⅲ代均有患者出现；二家系的遗传发病率分别为 71.3%和 90.9%。江苏海安中医院[31]报道 2 例经病理证实的十二指肠胃体腺异位，例 1 内镜示十二指肠球部有簇状鹅卵石样新生物，易出血；例 2 球腔内有葡萄串状肿块，质脆嫩。解放军总院[32]发现 1 例十二指肠球后孤立巨大静脉瘤，63 岁，男性。胃镜示食管及胃底无静脉曲张，十二指肠球部正常，球后 2cm 处见 3cm×3cm 蓝色囊性隆起，表面光滑，触之有波动感，周围见小静脉分布。解放军 47 医院[33]报道 16 例胃十二指肠嗜酸性肉芽肿。多有上消化道出血；所有病例均无变态反应史；末梢血嗜酸粒细胞分类计数 2 例增高；8 例有上腹包块。深圳武警广东边防总队医院[34]普查发现 3 050 名深圳边防士兵中 65.1%有不同程度的慢性胃十二指肠疾病，其中边防执勤人员发病率(79.5%)明显高于非执勤人员(34.3%)；驻守时间越长，发病率越高；病变以慢性浅表性胃炎和十二指肠球部溃疡为主，大部分病例 Hp 阳性。北京医大一院[35]动物实验证实尼古丁可加重酒精引起的大鼠胃肉眼损伤，单用尼古丁仅引起大鼠胃组织学损伤，尼古丁和/或酒精均可加重标有萤光素的异硫氰酸盐白蛋白通过毛细血管漏入组织间隙；大鼠预先用洛赛克处理后，上述损伤均减轻。提示洛赛克有粘膜保护作用，可能由血管保护介导。广州南方医院[36]将活动性 DU 伴 Hp 阳性 69 例分 3 组治疗。结果表明单用洛赛克(抑酸组)能迅速缓解症状，但 Hp 根除率及溃疡愈合率(9.5%，52.4%)不如用得诺＋甲硝唑＋四环素(抗菌组，69.2%，80.8%)；洛赛克＋羧氨苄青霉素效果最好，溃疡愈合率 90.9%，Hp 清除率 63.6%。上海长海医院[37]* 报道 30 例 DU 患者服兰索拉唑后胃内 24 小时 pH 指标明显升高，pH＞4 的总时间和平均 pH、中位 pH 均明显高于对照组；pH 密度分布曲线显示兰索拉唑组呈明显右倾单峰(pH6～8)，白天的抑酸作用较夜间强。武汉协和医院[38]用奥美拉唑、泰胃美、胶体次枸橼酸铋(De-NOL)治疗 DU 4 周后，测定溃疡愈合者壁细胞敏感度(PCS)。发现奥美拉唑组仅引起 PCS 的轻微减低，奥兰拉唑、泰胃美和 De-NOL 停药 8 周后早期溃疡复发率相符合，分别为 33.3%、44.4%和 22.0%。吉林市医院[39]报道奥美拉唑、羟氨苄青霉素、表皮生长因子联合治疗 DU，有效率达 96.03%，明显优于奥美拉唑＋羟氨苄青霉素组。广州市一院[40]用得诺、羟氨苄青霉素、甲硝唑联合治疗 Hp 感染的活动性 DU。溃疡愈合率 92%，Hp 根除率 80%，两者均显著高于单用德诺组。北京邮电医院[41]报道羟氨苄青霉素＋四环素＋甲硝唑联合治疗活动性 DU，Hp 清除和溃疡组织的愈合最优，奥美拉唑组次之，雷尼替丁组上述变化不明显。上海华山医院[42]用兰索拉唑治疗 37 例 DU 4 周后，溃疡愈合率 89.19%，Hp 清除率 52.38%。天津市一院[43]采用奥美拉唑＋庆大霉素治疗 Hp 相关性 DU 4 周，溃疡愈合率达 100%，Hp 清除率达 90%，均显著高于单独用奥美拉唑或庆大霉素组。西安西京医院[44]报道奥美拉唑＋阿莫西林治疗 Hp 相关性 DU4 周的溃疡愈合率(94.1%)与奥美拉唑组(90.7%)差异无显著性；但停药后前者的累积复发率显著低于后者；Hp 清除率及半年和 1 年根除率均显著高于后者。云南大理自治州医院[45]报道大黄白芨汤治疗急性胃、十二指肠出血的有效率为 98.1%，高于对照组的 96.0%。齐齐哈尔医学院一院[46]报道 60 例十二指肠球后溃疡并发出血的内镜特点是出血组的多发溃疡、后壁溃疡，溃疡直径 1～2cm 者明显高于对照组。

(金震东)

参 考 文 献

[1] 乔传虎等．新消化病 1995；3(4)：121
[2] 邓平非等．临床与实验病理 1996；12(1)：46
[3] 邓小英等．北京医大学报 1995；27(6)：433
[4] 顾　洛等．南京医大学报 1996；16(1)：13
[5] 胡伏莲等．中华消化 1996；16(2)：106
[6]* 彭仲生等．内镜 1996；13(2)：82

[7] 杨春敏等．中华内科 1996;35(3):148
[8] 李子旭等．新消化病 1996;4(3):153
[9] 陈传福等．新消化病 1996;4(3):144
[10] 虞积耀等．新消化病 1996;4(3):128
[11] 夏志伟等．北京医大学报 1996;28(4):301
[12] 王世鑫等．中华内科 1996;35(7):470
[13]* 王承党等．上海二医大学报 1996;16(2):80
[14] 胡和平等．二军医大学报 1995;16(5):462
[15] 崔　融等．中国实用内科 1996;16(7):438
[16] 王　萍等．陕西医学 1995;24(10):585
[17] 楼石济．浙江医学 1996;18(2):90
[18] 沈国钧等．江苏医药 1996;22(8):542
[19] 鲍昭方等．新消化病 1995;3(4):232
[20] 沈云芳等．新消化病 1996;22(8):542
[21] 朱善德等．中国实用外科 1996;16(1):30
[22] 张凤玉等．新疆医学 1996;26(3):162
[23] 崔爱国等．北京医大学报 1996;28(2):131
[24] 朱兰香等．苏州医学院学报 1996;16(1):64
[25] 胡莹彬等．内镜 1996;13(1):48
[26] 杨桂枝等．中国实用内科 1996;16(7):403
[27] 乔传虎等．新消化病 1996;4(4):214
[28] 王　正．浙江医大学报 1996;25(4):188
[29] 孟翔凌．中华结核和呼吸 1996;19(4):246
[30] 杨安家等．湖南医学 1996;13(2):108
[31] 周　倩．内镜 1996;13(1):59
[32] 杜　红等．中华内科 1996;35(1):53
[33] 李发中等．新消化病 1996;4(2):77
[34] 王　华．中华预防医学 1995;29(6):382
[35] 陈宝雯等．中华消化 1996;16(1):50
[36] 李子旭等．中国实用内科 1996;16(6):355
[37]* 叶　萍等．中华消化 1996;16(4):210
[38] 宋　军等．中华消化 1996;16(1):54
[39] 曲　伸等．中华消化内镜 1996;13(1):13
[40] 李瑜元等．新医学 1996;27(5):245
[41] 李尚勤等．新消化病 1995;3(4):204
[42] 刘　菲等．上海医大学报 1996;23(3):238
[43] 周玉玲．天津医药 1996;24(10):614
[44] 赵亚刚等．新医学 1996;27(9):463
[45] 李嘉福等．中西医结合急救 1996;3(6):246
[46] 武景连等．中华消化内镜 1996;13(1):41

（六）其他

河南医大等[1]报道在 464 名教职工中幽门螺杆菌(Hp)检出率为 64.63%，年龄越大，感染率越高，60 岁组占 52.17%；近 1 年来有上消化道症状者阳性率为 62.29%，较无症状者(40.65%)为更高；文化程度、家庭经济收入、饮酒与 Hp 感染有一定的联系，但无显著性差异。广州南方医院[2]用 PCR 技术在胃 Hp 阳性患者的 18 份牙斑标本中检出 8 份阳性，22 份大便标本中检出 4 份阳性。提示 Hp 有经口-口传播的可能。河南郑州市五院[3]报道郑州地区人群血清 Hp 抗体阳性率为 42.83%，10 岁以下者为 32.14%；有明确的消化性溃疡、慢性胃炎者 Hp 感染率分别为 81.39%、82.05%，明显高于无症状人群(33.5%)。北京协和医院[4]用 ^{13}C-尿素呼气试验对山东临朐县 218 名村民进行 Hp 感染调查。Hp 感染率为 71.10%；重度萎缩性胃炎患者 Hp 感染率(89.66%)高于轻度萎缩性胃炎患者(53.93%)。内蒙古哲盟防疫站[5]报道 599 例慢性胃炎和胃溃疡患者的 Hp 检出率为 53.9%；家庭成员有胃病史和接触牲畜可能是该地区 Hp 感染的重要危险因素。蚌埠医学院[6]扫描电镜发现 Hp 的 L 型形态不规则，呈多形性，细胞壁部分或完全缺失，菌体内部结构稀疏，部分菌体含有大量原生小体。预防医科院微流所[7]从 Hp 超声粉碎物离心上清中一次提取尿素酶抗原，产物接近电泳纯并保持良好的抗原性，经免疫印渍及 ELISA 法确认其诊断 Hp 符合率为 100%。福建医学院[8]通过延长培养时间和应用亚抑菌浓度的灭滴灵，分别获得两类球形 Hp。发现 Hp 球形变时尿素酶活性降低，且在常规培养基上不能生长。扬州大学医学院[9]运用水抽提、盐析及凝胶过滤色谱法对 Hp YC-11 株的致空泡毒素进行提纯，SDS-PAGE 鉴定表现为单一条带，分子量约为 87kDa。北京医大临床肿瘤医院[10]对 Hp 的致突变作用进行研究。发现 Hp 可使胃粘膜上皮细胞微核形成率增加，明显高于对照组。表明 Hp 对人胃粘膜上皮细胞存在直接的遗传学毒性作用。医科院微流所[11]选择 6～7 个月龄胎儿胃粘膜进行 Hp 粘附部位及菌株间粘附能力差异的研究。发现 CAPMD23 菌株对胃窦及胃体下部粘膜组织有很强的粘附能力；CAMPE4 菌株对胃体、胃窦及胃底部粘膜上皮具有很强的粘附能力。提示 Hp 感染的发生部位及严重程度与 Hp 粘附素及不同部位细菌粘附受体表达有关。浙江医大[12]报道免疫电镜发现 65.4%的胃粘膜活检组织中有 Hp 内毒素存在，粘膜有超微结构改变。北京市儿童医院[13]内镜检查 245 例胃病患儿 Hp 感染情况。11 例急性胃炎 Hp 阳性 5 例；111 例慢性胃炎 Hp 阳性 72 例；74 例消化性溃疡 Hp 阳性 67 例；49 例十二指肠球炎 Hp 阳性 41 例。Hp 感染总阳性率为 63.3%。解放军总院[14]对 40 例胃原发性淋巴瘤、104 例胃粘膜淋巴滤泡增生及 412 例无淋巴滤泡增生的慢性胃炎进行组织学比较研究。发现慢性胃炎 Hp 阳性率为 58.9%，出现淋巴滤泡时 Hp 阳性率达

96.2%；40例胃原发性淋巴瘤中，36例为粘膜相关淋巴组织淋巴瘤（MALT淋巴瘤），胃MALT淋巴瘤Hp阳性率100%。上海市一院[15]*测得256例胃粘膜活检标本的Hp阳性率为70.7%，其中有淋巴滤泡形成者Hp检出率显著高于无淋巴滤泡形成者（84.48%比65.49%，$P<0.001$）；伴有淋巴滤泡形成的慢性胃炎肠上皮化生的发生率（22.94%）显著高于不伴有淋巴滤泡形成者（11.61%）。北京酒仙桥医院[16]对760例组织学证实的Hp相关性胃炎的研究发现，Hp感染可同时累及胃窦、胃体或胃底；Hp感染相关的肠上皮化生发生率以糜烂性胃炎最高（达62%），非典型增生以残胃发生率最高（100%）。首都儿科所[17]测得有中上腹痛症状患儿的血清Hp IgG检出率（53%）高于对照组（34.6%～35%），IgG滴度与病程长短及病情严重程度无明显关系。浙江医大二院[18]对41例Hp感染性胃炎、消化性溃疡治疗后不同时间的血清Hp抗体进行随访研究。发现抗体滴度3个月后即有轻度下降，5个月后平均下降幅度可达50%以上。江苏盐城市一院[19]观察33例胃部分切除术对血清Hp抗体水平的影响。术后Hp阴转24%，该部分病例术后2周抗Hp IgA显著下降，证明比抗Hp IgG更能敏感反映当前Hp感染状态。上海消化病所[20]建立了检测人血清抗Hp抗体IgG的免疫印迹方法，并与Hp培养、胃粘膜涂片及尿素酶试验比较。发现免疫印迹法的敏感性为100%，特异性为90%，阳性预测值和阴性预测值分别为97.2%和100%。该所[21]还采用胃粘膜体外培养和免疫印迹方法测定胃粘膜局部抗Hp IgA。40例Hp阳性者中39例粘膜抗Hp IgA阳性，与常规方法检测Hp的符合率92.2%。解放军307医院[22]用PCR结合长臂光敏生物素杂交（PCR-Sb）检测79份胃活检标本Hp，阳性率99%，灵敏度达到1fg，而单纯PCR及细菌培养阳性率分别为95%和65%。上海消化病所[23]对80例受试者进行^{14}C-尿素呼吸试验，发现其对胃Hp感染诊断的敏感性为91.2%，特异度为100%，准确度为93.8%。中山医大一院[24]*分两个阶段对两批Hp感染患者抗Hp治疗前后的效果进行随访与验证。发现呼气试验敏感性为100%，特异性为95.5%～100%；血清学敏感性为100%，特异性为50.0%～83.3%。提出不同时期采用^{14}C尿素呼气试验或血清学检测对治疗Hp感染进行疗效监测的联合方案。上海新华医院[25]测定Hp感染患者胃液和血清抗坏血酸及脂质过氧化物-铜锌超氧化物歧化酶（CuZnSOD）的变化。发现Hp阳性组抗坏血酸及CuZnSOD水平显著低于对照组，且胃癌组含量与消化性溃疡、慢性胃炎比较具有显著差异。重庆西南医院[26]测定98例Hp感染与治疗后胃液磷脂酶A_2（PLA）活性。发现Hp阳性慢性胃炎及消化性溃疡胃液中PLA_2活性显著高于Hp阴性者；Hp根除后胃液PLA_2活性显著低于治疗前。该院[27]同时测定160例Hp相关胃炎、溃疡病患者治疗前后胃窦粘膜及血浆胃泌素（Gas）、生长抑素（SS）及精氨酸加压素（AVP）变化。发现Hp阳性患者SS水平显著低于Hp阴性者，而Gas高于Hp阴性者；根除Hp治疗后可使SS及Gas恢复正常。上海卢湾区医院[28]用化学发光分析法测定胃窦部粘膜氧自由基（ROM）。84例Hp阳性标本发光值为36.64，54例Hp阴性标本为2.88；胃粘膜ROM值与炎症密切相关。浙江医大儿童医院[29]报道309例具有消化道症状患儿，其Hp感染随年龄增长而增加，铋剂与抗生素联合抗Hp治疗对促进溃疡愈合、控制胃炎具有重要作用。北京医大三院[30]发现慢性胃溃疡大鼠经兰索拉唑处理溃疡指数小于对照组，可明显抑制Hp的生长，其作用强于奥美拉唑和泰胃美。全国多中心临床研究协作组以改良三联疗法（得诺120mg，阿莫西林250mg，甲硝唑200mg同服，每日两次，连服14天）根除Hp。结果Hp的根除率89.1%，与每日4次服药临床疗效相似，但不良反应少，有较好的依从性。福建医学院用7种抗生素对44株临床分离Hp进行耐药性体外研究，并对其中19株进行质粒检测。发现Hp对氨苄青霉素及痢特灵敏感，对庆大霉素、链霉素、甲硝唑等有不同程度耐药；质粒检出率为31.6%；亚抑菌浓度抗生素可引起Hp发生球形变。

重庆大坪医院[33]研究了高度选择性迷走神经切断术加胃窦粘膜切除术（HSV-MA）对狗胃窦运动功能的影响。发现术后4个月，胃及十二指肠形态正常；胃排空起止时间分别为5.0±0.06分钟及4.0±0.4小时，与对照组类似；胃窦肌电活动为3.11±0.65循环/分钟，显著低于对照组；胃窦内压力值差异不大。说明HSV-MA术对重建的胃窦功能影响不大。重庆西南医院[34]用^{99m}TC-植酸钠试餐行放射性核素显像，对60例非溃疡性消化不良（NUD）患者的胃运动功能进行研究。发现试餐后60分钟和90分钟胃排空率明显低于对照组，吗丁啉对胃排空率降低者的疗效优于胃排空率正常者。湖北医大二院[35]对31例老年人NUD的胃动力学进行超声研究。测得患者组胃液排空$T_{1/2}$为（38.8±10.5）分钟，胃窦收缩频率为（3.3±1.0）次/2分钟，胃窦运动指数为（1.5±0.9），正常组上述三指标分别为（29.4±7.7）分钟、（4.4±1.7）次/2分钟及

(2.7±1.9)，均有显著差异($P<0.05$)。安徽省立医院[36]观察了NUD患者胃电图和双核素标记胃排空特点。发现27例NUD患者的节律紊乱率、恢复时间和餐后振幅降低率较20名健康人显著增高并延长，NUD患者固相胃排空较对照组亦显著延长。武汉协和医院[37]对37例口服西沙必利NUD患者用B超测定胃排空及胆囊收缩功能，并进行临床症状计分评估。结果西沙必利可有效改善NUD症状，促进胃排空及部分胆囊排空功能。石家庄白求恩国际和平医院[38]对20例吸收不良综合征患者的十二指肠降部粘膜进行病理及超微结构观察。发现其绒毛高度降低、宽度增加、隐窝加深；微绒毛密度减低、高度减低、表面积缩小。两者与对照组相比有显著差异。甘肃酒泉地区医院[39]分析了513例残胃病变。胃镜及病理证实有残胃炎及吻合口炎者482例(93.96%)，残胃及吻合口溃疡62例(12.06%)，其中41例与毕氏Ⅰ式手术有关；残胃癌29例(5.56%)，多发生于术后10年以上。北京中日友好医院[40]报道24例白塞病(Behcet病)的消化道表现。以腹痛最多见(60%)，尤以右下腹痛者为多，另有便血(29%)、腹泻(20%)、吞咽困难(8%)等；小肠型4例，小肠结肠型8例，结肠型4例，胃十二指肠型7例，食管型2例；好发部位以回肠末端至盲肠升结肠多见。山东滨州医学院[41]报道2例Menetrier病癌变病例。分别为低分化癌和高分化腺癌，活检切片中均可见到正常→不典型增生→癌的移行过程，支持癌是在Menetrier病基础上发生的。空军兰州473医院[42]测定胃病患者血清及胃液中胃泌素、胃动素及亮-脑肽含量。发现25例胃癌患者三者含量均显著高于正常对照组及胃良性病变组。广州军区广州总院[43]发现脾虚组患者胃粘膜超氧化物歧化酶(SOD)活性与前列腺素(PG)含量明显低于肝气犯胃组。苏州消化与营养所[44]报道三种非侵入性胃泌酸功能试验在消化性溃疡病中的应用。表明口服金属镁胃酸呼气氢测定、尿天青A含量测定及^{99m}Tc腹部扫描法测定胃酸排出量与插管法五肽胃泌素刺激试验相比均有显著相关性。西安西京医院[45]用抗胃癌单抗MG7随访检测72例胃粘膜异型增生标本。癌变组阳性率为70.6%，未癌变组阳性率18.4%。解放军148医院[46]发现gaslon N可明显降低乙醇致大鼠胃粘膜损伤的损伤指数，增加胃粘膜血流(GMBF)，升高跨膜电位，增加胃粘膜氨基己糖及磷脂含量，有良好的胃粘膜保护作用。湖北医大二院[47]发现丹参水溶液对实验性大鼠急性乙醇胃粘膜损伤具有粘膜保护作用。空军总院[48]研究证明鼠表皮生长因子(EGF)主要来源于颌下腺；内源性EGF在维持胃粘膜完整性及抗乙醇损伤方面起重要作用，此保护作用不通过抑制胃酸分泌，亦非通过PGE和SS介导。北京中日友好医院[49]用麦滋林S颗粒治疗大鼠急性胃炎，结果胃粘膜充血水肿、糜烂及炎细胞浸润明显改善并基本恢复正常。北京医大三院[50]发现阿莫西林可增强乙酸溃疡大鼠胃粘膜抗乙醇再损伤的能力。上海华山医院[51]通过建立*ex-vivo*鼠胃腔模型，观察硝普钠(Nitro)对内皮素(ET)所致的胃粘膜损伤指数。发现Nitro组大鼠胃粘膜损伤程度比ET组轻，Na-K-ATP酶活力高于ET组。说明硝普钠具有减轻ET所致的胃粘膜损伤作用。北京医大三院[52]动物实验发现阿莫西林除能杀灭Hp外，还具有粘膜保护作用。临床观察60例活动性十二指肠溃疡患者，治疗组溃疡4周愈合率(86.7%)明显高于安慰剂组(50%)。上海长征医院[53]报道盐酸损伤大鼠胃粘膜后，其表面粘液凝胶层中总磷脂明显减少，磷脂结构破坏。

重庆西南医院[54]采用胶原酶消化的方法成功地分离了人胎儿胃粘膜上皮细胞并进行传代培养，经电镜、粘蛋白和角蛋白免疫组化染色证明其确系胃上皮细胞。该院[55]同时对甲基硝基亚硝基胍(MNNG)在诱发体外培养的人胃粘膜上皮细胞恶性转化中的作用进行了研究。发现MNNG组细胞的增殖速率、非程序DNA合成水平、脂质过氧化酶和ras p21蛋白含量均高于对照组。西安西京医院[56]应用抗结肠癌单克隆抗体MC5检测64例胃粘膜异型增生标本，发现癌变组中阳性表达占66.7%，未癌变组仅23.5%；MC5抗原表达阴性的病例胃粘膜病变具有可逆性。该院[57]*同时选择测定具有完整随访资料的62例胃粘膜异型增生的随访前、后标本，发现DNA含量均值、AgNOR测定均数×均径、MG7Ag测定的灰度值等三个参数可分性测度值最大，并用此最佳参数组合建立了胃粘膜异型增生癌变概率>0.5为癌变的判别标准，进行样本的回代验证，发现胃粘膜异型增生随访癌变组与未癌变组预测判别符合率均在90%以上。北京肿瘤所[58]将野生型和突变型p53基因导入体外培养的人胃粘膜上皮细胞系GES-1，发现外源p53基因改变了GES-1细胞的形态及生长状态：突变型p53基因使细胞有选择生长优势，对细胞恶性度有促进作用；野生型p53基因使转染的细胞克隆形成降低。该所[59]同时研究了糖皮质激素诱导p53基因转染的人胃粘膜上皮细胞的凋亡反应。发现在浓度为0.2～0.8 g/L氢化可的松的诱导下，转染p53基因的EGS-1细胞发生凋亡，转染野生型p53基因的GES-1细胞凋亡反应明显强于突变型p53基因转染的细胞。上海长征医院[60]对97例重症监护患者进行大黄对胃肠功能衰竭治疗的临床研究。发现其对应激性胃粘膜病变伴出血、中毒性肠麻痹治疗优于常规方法;对22例大黄治疗前后患者进行胃肠粘膜内pH测定,发现大黄能显著提高胃肠粘膜内pH值。结果显示大黄能有效防治应激性胃肠粘膜病变,促进胃肠蠕动恢复,保护胃肠粘膜屏障。

(纪徐淮)

参考文献

[1] 王凯娟等.中华流行病 1996;17(2):99
[2] 王继德等.胃肠病学与肝病学 1996;5(1):24
[3] 马应杰等.河南医大学报 1996;31(3):79
[4] 江 骥等.中国医科院学报 1996;18(2):129
[5] 佟伟军等.新消化病 1996;4(4):217
[6] 贾继辉等.中华微生物和免疫 1996;16(1):19
[7] 张建中等.中华微生物和免疫 1995;15(5):344
[8] 余菲菲等.福建医学院学报 1996;30(1):26
[9] 王正祥等.中国人兽共患病 1996;12(4):18
[10] 宁 涛等.中华预防医学 1996;30(3):139
[11] 张建中等.中华微生物和免疫 1996;16(1):15
[12] 方平楚等.中国人兽共患病 1996;12(2):14
[13] 闫慧敏等.北京医学 1996;18(3):183
[14] 纪小龙等.人民军医 1996;(9):33
[15]* 黄自平等.中华内科 1996;35(9):609
[16] 张 文等.中华内科 1996;35(10):698
[17] 李 敏等.中华流行病 1996;17(1):33
[18] 吴勤动等.浙江医学 1996;18(4):196
[19] 时 坤等.中华消化 1996;16(2):88
[20] 潘志军等.中华内科 1996;35(1):9
[21] 潘志军等.上海免疫 1996;16(2):94
[22] 王 勇等.中华医学检验 1996;19(4):226
[23] 张达荣等.上海医学 1996;19(7):373
[24]* 胡品津等.中华内科 1995;34(12):819
[25] 陈军贤等.中华消化 1995;15(6):339
[26] 陈洁平等.三军医大学报 1996;18(4):362
[27] 胡文华等.三军医大学报 1996;18(2):102
[28] 屠柏强等.上海医学 1995;18(12):693
[29] 吴秀英等.中华儿科 1996;34(5):301
[30] 董秀云等.北京医大学报 1996;28(2):118
[31] 刘新光等.中华消化 1996;16(4):192
[32] 余菲菲等.中国人兽共患病 1995;11(6):9
[33] 王代科等.Chin Med J 1995;108(12):923
[34] 刘明懿等.中华核医学 1995;15(4):225
[35] 朱瑞平等.中华老年医学 1995;14(6):327
[36] 张开光等.中华内科 1996;35(5):317
[37] 刘永革等.中国实用内科 1996;16(7):404
[38] 谷成明等.中华消化 1996;16(3):145
[39] 张正坤等.临床消化 1996;8(3):135
[40] 张 岚等.新消化病 1996;4(6):339
[41] 张祥盛.中华医学 1996;76(2):86
[42] 李秀贤等.新消化病 1995;3(4):199
[43] 沈 鹰等.新消化病 1995;3(4):215
[44] 郑家驹等.江苏医药 1996;22(8):519
[45] 刘 杰等.四军医大学报 1996;17(3):175
[46] 刘海军等.新消化病 1996;4(4):189
[47] 黄梅芳等.中华消化 1996;16(2):82
[48] 杨春敏等.中华消化 1996;16(4):200
[49] 邵国红等.中日友好医院学报 1995;9(4):199
[50] 杨雪松等.北京医大学报 1995;27(6):467
[51] 陈员根等.上海医学 1996;19(5):266
[52] 顾 芳等.中华消化 1996;16(2):85
[53] 马述春等.二军医大学报 1996;17(4):370
[54] 刘 卫等.三军医大学报 1996;18(3):255
[55] 刘 卫等.三军医大学报 1996;18(4):330
[56] 刘 杰等.癌症 1996;15(2):121
[57]* 胡家露等.中华消化 1996;16(1):14
[58] 张建明等.中华医学遗传 1996;13(4):203
[59] 张建明等.中华肿瘤 1996;18(5):328
[60] 陈德昌等.解放军医学 1996;21(1):24

三、小肠疾病

(一)小肠肿瘤

苏州医学院一院[1]分析57例原发性小肠肿瘤。36例恶性,以腺癌、平滑肌肉瘤及恶性淋巴瘤为主;良性肿瘤中平滑肌瘤多见,回肠多发,其次为空肠,临床常见腹痛,部分可见腹块及急腹症等表现。江苏启东肝癌防治所[2]分析回盲部恶性肿瘤42例,误诊率达44.2%,误诊为慢性阑尾炎、阑尾脓肿最多见(59.5%),误诊的主要原因是缺乏特异性临床表现,并提出降低误诊率的关键是重视大便隐血试验及钡剂灌肠、纤维结肠镜检查等。浙江金华市医院[3]报道27例原发性小肠腺癌。其中十二指肠19例,空、回肠8例;大体上前者主要为隆起结节型,后者则为浸润型;两者主要表现分别为阻塞性黄疸、腹块,误诊率分别高达84.2%、62.5%;作者同时分析了不同分化程度肿瘤组化染色特征及与预后的关系。上海长海医院[4]分析38例小肠良性肿瘤。平滑肌瘤、脂肪瘤、腺瘤及血管瘤多见;位于十二指肠15例,其中胆胰管壶腹周围8例;临床主要表现为消化道出血、腹痛、肠梗阻及肠套叠等;术前误诊率达57.9%,尤其位于空肠者;X线诊断阳性率45.7%,血管造影及内镜检查价值较大，且内镜可摘除某些肿瘤。浙江医大一院等[5]应用血管造影检查诊断小肠平滑肌瘤12例。其中11例有典型表现：供血动脉增粗，见肿瘤血管、肿瘤染色和引流静脉的增粗和早显。认为血管造影对平滑肌瘤诊断有较高价值，但对其良恶性鉴别意义不大。北京铁路总院等[6]报道14例肠道血管瘤。其中海绵状血管瘤10例，毛细血管瘤2例，混合性血管瘤2例；主要症状为消化道出血；消化道钡剂双对比造影及选择性血管造影有重要价值；手术可治愈。上海瑞金医院[7]对48例不明原因出血、呕吐和腹痛的患者进行超长型电子小肠镜检查，空肠插入率为79.1%，常达到屈氏韧带以下40～100cm，发现小肠疾病19例。其中肿瘤5例，此5例进行胃镜、钡餐摄片、结肠镜等检查，但均未发现病变，表明小肠镜是诊断小肠肿瘤的首选检查方法。长沙湘雅医院[8]对29例小肠肿瘤行B超检查。肿块显示率为86.2%(25/29)；声像图的特征性表现为"假肾征"或"靶环征"，恶性肿瘤诊断符合率达89.5%，良性肿瘤易误为恶性肿瘤；4例漏诊，漏诊率为3.4%，其原因可能系肿瘤较小、肠气多有关。认为超声显像不失为小肠肿瘤的主要检查方法。成都军区总院[9]测得肠恶性肿瘤组血清脂质结合唾液酸(LSA)癌症组显著高于良性肿瘤及息肉组以及其他疾病组，诊断敏感度、特异性、准确度均高于CEA，且癌转移组显著高于未转移组，癌术后复发转移全部阳性，未复发或转移者均为阴性。认为LSA对肠癌的诊断、转移及根除术后监测有价值。中国医大一院[10]应用免疫组化研究72例小肠癌p21蛋白表达。小肠癌p21蛋白阳性率为38.89%，癌旁组织为68.42%，正常小肠组织阴性；同时观察到p21蛋白表达与小肠癌的分化程度、发生部位、浸润及预后无关。认为ras基因主要发生在癌前病变，对早期诊断有价值。该院[11]*还观察到小肠癌p53蛋白阳性率高达75%，癌旁组织为21.2%，小肠腺瘤阳性率较低，正常组织阴性；同时发现p53蛋白表达与肿瘤分化程度、发生部位、浸润转移及预后明显相关。认为p53基因与肿瘤发生、发展及预后有密切关系。

(二)小肠出血性疾病

深圳市医院[12]分析103例出血性小肠疾病，病因以感染性疾病为主，余为肿瘤等；少量出血多见，大量出血少见，少量出血以感染和肿瘤为主，中等量及大量出血以憩室及延误诊断的感染性疾病为主；下段出血较上段出血多见，下段以感染及憩室病为主，上段则主要为肿瘤。认为诊断应首先排除感染性疾病。上海消化所[13]分析了50例小肠出血的病因。认为肿瘤为小肠出血的主要原因；小肠灌肠阳性率较高，尤能显示肿瘤和Meckel憩室，结合其他检查可提高诊断率。广东湛江市医院等[14]报道47例隐匿性小肠出血。病程3个月～5年，误诊率达78.6%；出血原因以血管病变及肿瘤等为主，均手术治疗。作者同时分析了误诊原因并提出诊断程序。

(三)小肠移植

南京军区南京总院[15]观察了低温保存实验猪小肠能量物质与移植物活力的关系。测得存活小肠粘膜ATP含量为(0.67±0.16)nmol/g湿重，非存活小肠(0.28±0.11)nmol/g湿重；以肠粘膜ATP含量4.0nmol/g湿重判断可否移植，敏感性、特异性分别是91.1%、73.3%。广州南方医院[16]对24头猪实施了二步法节段性小肠移植。一期手术作移植肠段在受体腹壁作外造口移植，第5周行二期手术，将异位移植肠段置于受体肠连续性中。结果20头猪生存≥10天，应用免疫抑制剂的10头猪中9头存活>90天。天津医大总院[17]探讨了远交系大鼠小肠移植的免疫反应。原位移植(OIT)较异位移植(HIT)及用或不用CsA的小鼠在存活时间上有显著差异；HIT大鼠不同品系组织相容性抗原差异愈大，排斥反应愈迅速，移植免疫反应可以同时出现排斥移植物和移植物抗宿主反应。该院[18]同时报道大鼠小肠移植后外周血T细胞亚群的变化。排斥反应时先出现$CD4^+$阳性细胞增高，随后$CD8^+$阳性细胞下降及$CD4^+/CD8^+$阳性细胞比值增高，后期其比值下降，CsA对此无明显影响。认为$CD4^+$及$CD8^+$阳性细胞均参与排斥反应，根据其比值可判断受体免疫状态和排斥反应的阶段。南京军区南京总院[19]应用含丹参的保存液保存移植猪小肠24小时。发现术后10天移植小肠缺血再灌注损伤基本恢复，对照组则不能；再灌注0.5小时肠粘膜双糖酶的活性明显高于对照组；术后14天D-木糖吸收试验明显高于对照组。表明丹参能促进低温保存小肠移植术后的吸收功能。

(四)克隆病

浙江安吉县一院等[20]分析34例克隆病。以腹痛为主30例，腹泻20例，余有不全梗阻、低热、乏力、便血等；X线检查30例次，20例有肠管狭窄、结肠袋消失，9例有节段性跳跃狭窄，卵石征7例；并讨论了误诊原因及早期诊断问题。广东医学院二院等[21]分析12例克隆病X线表现。单发病变9例，长度6～8cm，肠管痉挛、狭窄、边缘不规则、肠壁僵硬、缩短，并见小龛影与卵石征；多发病变1例，X线表现为跳跃征；广泛侵犯病变2例，X线表现呈"雪花状"或"皱带状"。天津医大[22]研究了克隆病神经内分泌变化。发现肠固有层血管活性肠肽(VIP)神经纤维明显增粗，粘膜下层VIP阳性神经元肥大，神经纤维呈瘤样增生，肌层VIP改变不显著；病变周围肠嗜银细胞、5-HT阳性细胞明显减少，多数病例生长抑素(SS)细胞减少。结果提示VIP中介的调节出现紊乱，影响粘膜免疫，SS、5-HT阳性细胞减少也可能影响粘膜免疫调节。此外，尚有克隆病致急性脑病[23]及合并MDS[24]等报道。

(五)其他

郑州铁路医院等[25]分析220例回盲部疾病。其中炎性疾病137例，癌肿46例，息肉30例；X线诊断率55.9%，纤维结肠镜诊断113例；临床表现无特异性，易误诊。解放军169医院[26]分析164例回肠末端炎内镜病理表现。浅表型可见上皮损害及淋巴滤泡增生，增殖型则有大量淋巴滤泡增生，萎缩型可见粘膜腺体减少，各型均有炎细胞浸润。中国医大二院[27]等进行芍药甘草汤、四逆散对胃排空及小肠推进功能影响的拆方研究。发现甘草为前一方剂中的抑制成分，芍药可加强其抑制作用；柴胡、枳实为四逆散中的增强成分，其合煎剂有明显增强功能性消化不良患者胃排空及小肠推进功能的作用。广州南方医院[28]报道正常国人小肠腔菌群与膜菌群分布。发现空肠梭菌、回肠乳杆菌及双歧杆菌的腔菌群与膜菌群有显著差异；大肠杆菌在空肠的腔菌群与膜菌群中分别为53.3%、33.3%；类杆菌为40.0%、33.3%，空肠内容及粘膜组织均未培养出肠球菌。本年度尚有原发性淋巴管扩张症[29]、肠道灭菌综合征[30]等报道。

(胡和平)

参 考 文 献

[1] 朱 麟等．苏州医学院学报 1996;16(5):954

[2] 黄 飞等．中国肿瘤临床与康复 1996;3(2):41

[3] 楼善贤等．中国肿瘤临床 1995;22(12):893

[4] 桑九高等．二军医大学报 1996;17(2):193

[5] 彭志毅等．中华放射 1995;29(12):877

[6] 李力军等．肿瘤防治研究 1995;22(6):367

[7] 吴云林等．肿瘤 1996;16(1):18

[8] 童卫华等．中国超声 1996;12(1):23

[9] 王天然等．新消化病 1996;4(6):323

[10] 葛春林等．中国医大学报 1996;25(4):384

[11] 葛春林等．中华肿瘤 1996;18(4):279

[12] 杜文礼等．中华消化 1996;16(2):69

[13] 冉志华等．中华消化 1996;16(2):66

[14] 李 荣等．中国实用外科 1996;16(6):346

[15] 李幼生等．中华器官移植 1996;17(4):166

[16] 廖彩仙等．一军医大学报 1996;16(2):110

[17] 刘 彤等．天津医药 1996;24(10):607

[18] 刘 彤等．中华器官移植 1996;17(1):15

[19] 李幼生等．解放军医学 1996;21(4):296

[20] 韩正良生等．中国肿瘤临床与康复 1995;2(4):46

[21] 黄文权等．实用放射 1996;12(5):293

[22] 吕世军等．中华病理 1995;24(5):323

[23] 陈晓南等．临床神经 1995;9(1):49

[24] 王九湘等．临床血液 1996;9(3):141

[25] 普长生等．中国实用内科 1995;15(12):765

[26] 周国华等．中华消化内镜 1996;13(1):40

[27] 李 岩等．中华消化 1996;16(1):18

[28] 潘令嘉等．中华内科 1996;35(10):686

[29] 张顺财等．中华消化 1996;16(3):159

[30] 裘雨林等．中国实用内科 1996;16(1):51

四、大肠疾病

(一)大肠癌

病因及病理 浙江医大等[1]从3166例大肠癌新发病例与3003名人群对照研究发现，大肠息肉发生大肠癌的危险度是非息肉人群的22倍；血吸虫是溃疡性结肠炎发生大肠癌的危险因素；胆囊切除、肝炎和糖尿病可能不是大肠癌的危险因素。浙江医大[2]对245例大肠癌进行1:1配对的病例对照研究和单因素及多因素统计分析。发现饮酒、饮自来水、慢性腹泻、血便史和重体力劳动与大肠癌发生有关。福建医学院[3]对30例大肠癌肠粘膜细菌作定性和定量分析，发现类杆菌检出率为66.67%，梭状菌属检出率76.67%，对照组未检出上述厌氧菌。说明厌氧菌在大肠癌的发生、发展中起一定作用。浙江医大[4]用二甲肼诱发ICR小鼠大肠癌，发现服用0.4%茶多酚20周的小鼠结肠腺瘤和腺癌发生率显著增高；认为可能与降低肝脏细胞色素P450含量和增加超氧化物歧化酶活性有关。沈阳军区总院[5]对390例大肠癌患者和150例对照者饮食习惯进行调查，发现蛋白、脂肪和淀粉的消耗与大肠癌发病无关，而高脂肪和低纤维素膳食并存时大肠癌的发病危险性增加。

湖南怀化地区一院[6]对354例大肠癌进行临床分析。发现早期症状以慢性肠道炎症和腹痛为主，职业以务农者为多，部位以直肠癌最多(占67.2%)，组织学以腺癌最多(占48.1%)。认为环境污染和慢性炎症是大肠癌的主要病因。广东粤北医院[7]报道202例大肠癌的5年存活率46.53%，其中高、中、低分化癌的5年生存率分别为63.33%、45.71%和

22.86%；肿瘤侵犯肌层及浆膜层的5年生存率为52.74%和28.30%；有淋巴结转移与无淋巴结转移的5年生存率为56.80%和29.87%。开封淮河医院等[8]报道91例大肠癌中有7例为髓样癌(7.69%)，髓样癌患者平均年龄59岁，癌细胞呈多形性，核异型明显，核分裂像多见，癌周淋巴组织增生明显者淋巴结转移率较低。浙江医大二院[9]对742例大肠癌进行Cox回归分析，结果表明淋巴结受累及肠壁浸润深度是影响大肠癌预后的独立性指标。河北医大四院[10]对32例青年大肠癌与35例老年大肠癌进行比较。发现青年组大肠粘液腺癌发生率较老年组高，并多浸润到周围组织，肿瘤组织分化变异性大。天津医大[11]用免疫组化法发现47例结肠癌肠系膜淋巴结中S-100蛋白阳性细胞在癌周区高于残存区，无转移组高于转移组和非癌组，提示S-100阳性细胞直接参与肿瘤免疫。黑龙江省肿瘤医院[12]对100例进展期结肠癌淋巴转移进行分析，发现各站淋巴结转移为N_1 42%，N_2 14%，N_3 8%，N_4 10%；扩大淋巴结清除术后，本组病例术后5年生存率达76%。中山医大一院[13]*报道大肠癌癌周间质中以淋巴细胞浸润为主，以$CD8^+$占优势，肿瘤原位浸润淋巴细胞处于低活性状态。上海瑞金医院[14]用自动图像分析仪对大肠癌、大肠腺瘤、正常粘膜进行形态学指标测定，建立了以核面积、面积差异度、核长轴、核形状因子为判别指标的判别公式，其临床应用符合率为84.6%。

基础研究 重庆西南医院[15]*对41例大肠癌组织APC/MCC和DCC基因的杂合缺失(LOH)进行研究。结果APC基因LOH率为28.0%，MCC基因LOH为36.4%，DCC基因LOH为55.3%。提示上述三个基因的LOH是大肠癌常见的基因改变。广州军区总院[16]报道61例大肠癌表皮生长因子受体(EGFR)和p53基因高表达(77.04%和55.75%)，表达与Dukes分期有关，患者生存率随EGFR和p53表达增高而降低。重庆西南医院[17]报道30例大肠腺瘤和74例大肠癌的p21阳性率分别为53.3%和72.9%，p53阳性率分别为26.7%和37.8%，ras基因突变率为26.7%和33.3%。结果提示ras、p53、c-erbB-2基因改变参与了大肠癌的发生、发展过程。中国协和医大肿瘤医院[18]报道120例结肠癌p53和p185阳性表达分别为57%和46%，表达与性别、年龄、肿瘤分化程度无关；p53阳性者生存期低于阴性者。北京医大人民医院[19]报道15例大肠癌中探针p10-5(17p13.1)在检出的8个信息个体中有5例发生了的LOH(发生率为62.5%)；10例大肠癌有6例p53 mRNA表达高于配对的正常组织，3例则降低。表明p53基因突变有明显异质性，LOH与大肠癌发生有关。该院[20]报道Dukes D期大肠癌组织中nm-23-H_1基因表达显著低于Dukes A、B、C期；有远处转移者表达显著低于无远处转移者。提示nm23-H_1基因参与大肠癌的恶性进展。浙江医大[21]报道35例结直肠癌组织Ki-ras-12突变率为31.4%，Ki-ras-61突变率为2.9%；18例患者粪便DNA中6例有ras基因突变。结果提示从粪便DNA检测ras基因突变对早期发现结直肠癌有实际应用价值。上海职工医学院等[22]应用二甲肼诱发Wistar大鼠结肠癌，诱癌率达71.05%(27/38)；p21和CEA在肠道良、恶性病变中的阳性率有显著差异($P<0.05$)；AgNOR计数在肠良性病变、不典型增生和肠癌中的区别也有显著差异($P<0.05$)。湖南医大[23]报道111例大肠癌组织c-erbB-2增殖细胞核抗原(PCNA)阳性分别为48.6%和72.1%，而57例癌旁组织的阳性率仅为28.1%和14.8%。结果表明c-erbB-2与PCNA表达与癌组织分化程度及淋巴结转移相关。广州军区总院[24]报道54例大肠癌c-myc阳性率为70.49%，表皮生长因子受体(EGFR)阳性率为77.04%；随访结果表明c-myc与大肠癌生存率无关，EGFR高表达组4年生存率明显低于低表达组。浙江医大[25]报道15例大肠癌组织HSU 17714基因表达明显低于癌旁正常粘膜，说明HSU 17714在大肠癌组织中发生了不同程度的表达缺陷，是一个新的大肠癌候选抑癌基因。北京医大一院[26]测得16例原发性大肠癌MDR-1 mRNA表达与淋巴结转移有关，而与患者年龄、性别、肿瘤大小、浸润深度、组织形态等因素无关。说明MDR-1 mRNA高表达提示癌细胞具有更强的扩散转移能力。厦门中山医院[27]报道200例大肠癌nm23-H_1基因的阳性表达率为28.5%，其中在乳头状腺癌、高分化腺癌、粘膜内癌及无淋巴结转移者阳性率显著高于其他各型($P<0.01$)；阳性率高者，生存率高，复发率低。西安唐都医院[28]报道68例大肠癌c-erbB-2阳性表达为61.8%。其中高分化腺癌组阳性表达为40%，中分化腺癌组为50%，低分化腺癌组为81.2%，粘液细胞癌组为85.7%；有淋巴结转移者阳性率显著高于无淋巴结转移者($P<0.01$)。江西医学院一院[29]报道有淋巴结转移的45例大肠腺癌中p21 ras表达阳性率为75.6%，无淋巴结转移的45例阳性率为31.1%，淋巴结转移数越多，p21 ras表达阳性率越高。提示该基因表达与淋巴结转移密切相关。重庆西南医院[30]报道38例大肠癌的DCC基因杂合缺失率为55.3%，有淋巴结转移及Dukes C、D期者明显增高。提示该检测对

大肠癌预后有判断价值。福建医学院一院[31]报道83例大肠癌HLA-DR阳性表达率为47%，12例大肠腺瘤为16.6%，正常粘膜无表达。HLA-DR表达强者肿瘤转移发生率低，并与Dukes分期和肿瘤浸润深度有关。上海长海医院等[32]将目的基因片段HSV-tk克隆入pUC 118质粒载体中，酶切后取合适片段与CEA 5′转录调控序列相连接，重组成逆转录病毒载体G_1CEAtkNa，以期进一步研究大肠癌组织特异性基因治疗。广西医大护校[33]报道68例大肠癌的雌激素受体(ER)和孕激素受体(PR)阳性率为36.8%和20.6%，高分化癌的阳性率明显高于低分化癌。广州市二院[34]报道90例大肠癌ER、PR阳性率分别为65.6%和57.8%；大肠癌分化程度越高，两者阳性率也越高；Dukes C期肿瘤阳性率低；女性及大于50岁患者阳性率增高。无锡市一院[35]报道80例大肠癌的ER和PR阳性率分别为45.0%和36.3%，年龄越大和肿瘤分化程度越高者阳性率越高，与患者性别、肿瘤部位、大体类型和淋巴结转移无关。上海医大肿瘤医院[36]将人结肠癌异种移植于BALB/c nu/nu系无胸腺裸鼠并传5代。结果各代移植瘤均保持原人结肠癌相同的病理学特征，阳性雌、孕激素受体表达及稳定的胞核DNA倍体。南通医学院附院[37]用圆盘等电聚焦电泳将大肠组织中芳香基酰胺酶(AAD)分离出10条带。测得12例大肠癌中AAD Ⅵ阳性率为75%，癌旁组织为50%，远癌组织仅为9.1%，AAD Ⅵ与Dukes分期和肿瘤分化程度无相关性。河南医大二院[38]报道20例大肠癌中移行粘膜上皮细胞核DNA大于4C的异倍体细胞占58.4%，其核面积及核周长介于正常上皮及癌细胞之间，反映移行粘膜上皮细胞核有一定的异型性。上海长征医院[39]报道正常成年小鼠结肠上皮以二倍体细胞(2C)为主，在N-甲基-N-亚硝基胺作用下，发生不典型增生时以4C细胞为主，癌变早期开始出现异倍体干系的增殖，进展期以异倍体干系生长为主。一军医大[40]报道人大肠癌细胞HR-8348对人羊膜基膜有较强的粘附率和浸润力，加入Laminin后作用显著增强；其多细胞球体具有更高的粘附率和浸润力。广州市二院[41]报道60例大肠癌患者有肠外转移组和无转移组AgNOR数量分别是15.24±4.83和10.58±2.25，差别明显($P<0.01$)；CEA标记两组间无显著差别，但转移组强阳性表达明显多见于无转移组；CEA与AgNOR联合检测更能反映大肠癌的生物学行为。中国医大[42]报道维甲酸(RA)可诱导大肠癌细胞系CCL-187细胞成熟分化和提高碱性磷酸酶的活性，使内质网的结构及标志酶G6PA的细胞化学分布趋向于正常分化细胞。上海长征医院[43]报道48例大肠癌血清胃泌素和生长抑素显著升高，肿瘤切除后血清胃泌素明显下降，生长抑素在癌组织近旁表达最高，远旁粘膜次之，癌组织最低，而胃泌素在肠粘膜测不出。山东医大[44]报道13例大肠癌，LDH总活性为62.70±13.50U/g组织，LDH比活性为63.41±12.41U/mg蛋白，均显著高于癌旁组织；其同工酶谱也明显高于癌旁组织。重庆大坪医院[45]测得43例大肠癌癌旁粘膜胃泌素含量增高，癌组织生长抑素降低，亚精胺含量明显增高。长沙湘雅医院[46]报道34例大肠癌患者外周血$CD3^+$和$CD4^+$降低，$CD8^+$增高，$CD4^+/CD8^+$比值下降；TNF活性水平增高；术后第1周$CD4^+$和$CD8^+$降低，TNF下降；第2周$CD4^+$上升，$CD4^+/CD8^+$回升，TNF降至正常。广州军区总院[47]报道45例大肠腺瘤和61例大肠癌的Bcl-2和p53阳性率分别为73.33%、73.77%和53.33%、55.73%；大肠癌细胞凋亡指数与Bcl-2表达呈负相关。

临床表现 解放军总院[48]报道102例老年人大肠癌中，38.2%有血便史；26.5%在健康查体时发现癌肿；术中21.6%发现多原发癌；术后35.3%存活5年以上，58.8%存活3年以上；3年内死亡者88.2%，为Dukes C期；化疗可延长生存期。解放军161医院[49]报道52例老年人大肠癌中60～69岁者占76.9%；69%有腹痛、腹胀，64%有大便习惯改变，62%有血便；癌肿位于直肠和乙状结肠者占74.9%。河南医大一院[50]分析64例40岁以下青年大肠癌。57.8%位于直肠，18.7%位于乙状结肠；100%结肠癌患者有腹痛，60.5%有便血，45.3%有腹块，37.5%有腹泻；直肠癌患者80.5%有脓血便，59%有便血，61%有腹泻，59%有里急后重。北京肿瘤所[51]在20年收治的959例大肠癌中，发现多原发性大肠癌20例。其中同时多原发大肠癌7例，5年生存率100%；异时多原发大肠癌13例，5年生存率83.3%。福州协和医院[52]在收治的756例大肠癌中，发现多原发癌28例。其中同时多原发大肠癌5例，根治术后5年存活3例；异时多原发大肠癌6例，5年存活4例；大肠癌合并其他部位恶性肿瘤18例，12例根治术后5年存活10例。湖北肿瘤医院[53]分析了105例左半结肠癌转移特点。有直接扩散的36例经B超和纤维结肠镜检查仅5例提示肠外脏器受损，12例粘液腺癌全部发生局部直接扩散和淋巴结转移，32例发生血行转移者中28例是高分化腺癌，29例低分化腺癌中18例发生淋巴道转移。贵阳医学院附院[54]报道176例大肠癌误诊病例。误诊为菌痢59例(44.3%)，痔出血47例(76.6%)，肠道炎性疾病 21 例(12%);79 例直肠癌误诊病例中,未作过肛指检查者 75 例。江苏泰州市医院[55]报道 12 例 30 岁以下大肠癌患者,临床有血便 10 例,腹泻 10 例,腹痛 9 例,病变均位于左半结肠;9 例被误诊为肠炎或菌痢;11 例未作肛指检查,误诊率达 91.7%。浙江金华市医院[56]报道 31 例 20 岁以下大肠癌临床表现有腹痛 28 例,肠功能紊乱 19 例,病变位于直乙状结肠 16 例;印戒细胞癌和粘液腺癌共 17 例;3 年存活 10 例,无 1 例存活 5 年。山东章丘市医院[57]报道 40 例因结肠癌引起的急性肠梗阻手术。对梗阻近端肠减压既彻底又不污染腹腔,吻合口两端系膜血管有搏动或活动性出血,无张力缝合,术中置引流管和术后定期扩张可预防吻合口瘘。福州市一院[58]分析 32 例大肠癌合并肠梗阻 X 线特点:梗阻区近端肠腔扩大,肠边缘呈波浪状;钡灌肠可发现狭窄及充盈缺损,梗阻端呈锥状杯口或袖口状。

诊断 福建三明市职防院[59]用大肠癌单抗 CMu16、CMu15 和 CMu13 建立金标斑点夹心法,从粪便中检测大肠癌抗原。结果对大肠癌的敏感性为 76%,特异性为 92.6%。北京军区总院[60]采用免疫胶乳法检测人粪便中大肠癌相关抗原,阳性率 92.9%,特异性 100.0%,正确指数 92.8%。解放军 331 医院[61]对 99 例大肠良、恶性肿瘤进行大肠粘液双糖残基及粪便 CEA 检测,前者阳性率 82.7%,假阴性率 17.3%,后者阳性率 96.9%,假阴性率 23.1%。中国医大一院[62]以抗坏血酸(AA)为还原剂进行 ^{99m}Tc 直接标记抗人大肠癌单抗(McAb)SC13A,产物稳定,标记率高,免疫活性达 95%~98%,适用于人结肠癌检查和制备一步法药盒。西安西京医院[63]应用大肠癌新型相关抗原 MC3-Ag,结合敏感的生物素链霉亲和素(BSA)技术,建立了一种快速 ELISA 法,对大肠癌诊断的敏感性 68.4%,特异性 91.2%。湖南医大[64]用抗大肠癌单抗 Hb3,以免疫亲和层析法从大肠癌细胞株 HRT-18 中提取纯化大肠癌相关抗原 CA Hb3,以 ELISA 法定量检测大肠癌及其他消化道肿瘤患者血清 CA-Hb3。结果大肠癌阳性率 68.9%,胃癌 56.7%,消化道良性疾病 11.8%。上海二医大[65]应用针对 CEA 分子上不同表位的单克隆抗体,建立了检测血清 CEA 的滴金免疫测定法。该法敏感度 20μg/L,与放射免疫法比较,相对敏感度 100%,相对特异性 96.8%,两法符合率 97.13%。医科院肿瘤医院[66]术前检测 63 例结直肠癌患者血清 CEA 和 CA_{242},发现 CA_{242} 阳性率高于 CEA,结肠癌的检出率明显高于直肠癌,两者联合测定能明显提高诊断的准确率。河北省医院[67]报道恶性肿瘤组 CEA、CA19-9 和 CA50 水平明显高于良性组,3 组肿瘤标志物联合检测进展期肿瘤组阳性率达 96.67%。湖南株州市一院[68]以 Messer 生化方法检测肠粘膜糖酶。发现腺瘤内蔗糖酶随腺瘤增大和异型程度增加而活性递增,测定有助于预测腺瘤恶变。安徽滁州市一院[69]报道近 10 年经病理证实的大肠癌 122 例。以直肠癌及乙状结肠癌占多数;X 线表现为乳头状或息肉状充盈缺损,肠壁僵硬,管腔狭窄,粘膜中断或形成龛影。苏州医学院二院[70]用 ^{131}I 标记的抗 CEA 单抗(C50)静脉滴注后 SPECT 显影,发现 14 例原发性大肠癌和 4 例远处转移病灶放射免疫显像阳性,诊断符合率 100%。湖南医大二院[71]应用 ^{99m}Tc 标记单抗 Hb3 片断 $F(ab')_2$,对 10 例大肠癌进行放射免疫显影(RIA)。4 例显像阳性,3 例可疑,3 例阴性。广州孙逸仙纪念医院[72]* 对 22 例可疑肠癌和肠癌术后 5 例患者进行放射自显影,应用 ^{99m}Tc 标记 CEA 单抗(C_{50})与手术及病理对照,其灵敏度 75%~80%,特异性 83.3%。广州从化太平镇医院[73]报道 1657 例纤维结肠镜检查结果。大肠癌检出率 6.76%,活检确诊率 95.5%。北京军区总院[74]用粪便微量白蛋白(OA)与粪便隐血(OB)互补方法检测 338 例受检者。结果:大肠癌 OA 阳性 66.7%,OB 阳性 61.3%,互补 92%;大肠腺瘤 OA 阳性 36.6%,OB 阳性 7.6%,互补 39.4%。认为 OA 和 OB 互补检测可提高肠肿瘤检出率。上海二医大[75]使用大肠癌高危人群调查表及隐血试验方法,对 35 岁以上 13846 人进行填表筛检,初筛阳性率 17.10%,其中肛指受检率 75.30%。建议肠镜受检者 636 例,受检率 83.96%,肠癌检出率 21.67/10 万。

治疗 广州南方医院[76]对 36 例中晚期结直肠癌患者在术后早期进行大剂量 5-Fu 腹腔内化疗,化疗期间无明显毒性反应,对肝肾功能无影响,未发生严重并发症,近期疗效满意。英国纳菲尔德临床医学院等[77]为探讨 5-Fu 门静脉化疗是否能减少肿瘤肝转移和改善患者生存率,在中国对 3300 例大肠癌进行了手术加 5-Fu 门静脉插管化疗与单纯手术随机对照的临床试验,结果住院并发症率在化疗组 15%,对照组 13%,化疗疗程完成率 87%。安徽省医院[78]对 113 例晚期胃、结肠癌患者应用卡铂腹腔给药联合全身化疗,结肠癌有效率(62%)显著高于胃癌(40%);结肠癌随访 2 年中位生存期 15.8 个月,显著高于胃癌 9.4 个月。广州南方医院[79]报道 5-Fu 腹腔化疗可有效防治裸鼠腹腔内人结肠癌移植瘤的生长扩散,在 36 例中晚期结肠癌术后患者中应用未发现严重毒副作用及并发症,近期疗效满意。上海瑞金医院[80]报道262例结直肠癌术后用亚叶酸和5-Fu联合化疗,5年生存率66.67%,治疗组总有效率52.88%。江苏张家港市一院[81]分析106例大肠癌手术治疗效果。发现病变部分越低,越早发现,越能根治,预后越好;肿块距肛门7cm以上者应保留肛门。浙江医大二院[82]报道结直肠癌联合脏器切除60例。5年生存率30.0%;手术并发症率46.6%。江西肿瘤医院[83]报道4年中大肠癌术后局部复发率10%,复发时间6个月~2年;手术因素、肿瘤分期、病理类型及自身因素均为影响复发的因素。解放军371医院[84]报道内镜微波介入治疗高龄老人大肠癌24例,近期有效率83.3%。常州市二院[85]报道大肠癌并发急性肠梗阻57例,占同期大肠癌患者的19.0%;40岁以上者占94.7%,70岁以上占50.5%;一期切除吻合率77.0%,病死率5.3%。天津工人医院[86]报道58例结肠癌致急性肠梗阻,癌肿一期切除率74.13%;术后吻合口瘘发生率3.44%;手术死亡率10.35%。上海瑞金医院[87]以5-Fu腹腔化疗,可使人结肠癌细胞大鼠模型的肝转移率降低40%,转移瘤数减少50.89%,生存时间延长48.21%。中山医大一院[88]*分析大肠癌肝转移196例。87.8%患者血清CEA升高;B超与CT对检测原发灶复发性肝转移十分必要;转移灶可与大肠癌同时或分期切除,单个孤立或局限于肝段的多个转移灶在行楔形或肝段切除后,其预后不逊于肝叶切除。上海医大[89]分析11例手术切除后生存5年以上伴肝转移的结直肠癌患者,认为早期诊断和早期手术切除亚临床孤立性复发和转移灶,争取再切除,对肝转移灶可提高远期疗效。天津市肿瘤医院[90]报道182例手术治疗的大肠癌患者中,67.6%有可证实的危险因素,其中息肉占54.9%;主要症状为排便习惯改变(50.5%)和便血(40.1%);98.9%接受根治或姑息性肿瘤切除术;47.8%出现术后并发症;手术死亡率6%;3年生存率65.1%。

(二)大肠腺瘤

广州孙逸仙纪念医院[91]用S-100蛋白抗体进行免疫细胞化学染色和定量分析。结果大肠腺瘤和大肠癌组织中S-100阳性树突状细胞较正常组织明显增多,腺瘤组织树突状细胞和组织学类型与不典型增生程度有关。白求恩医大一院[92]应用三维结构再构成计算机系统,研究大肠腺瘤各种异型增生上皮的体积及分布规律。表明腺瘤体积大小与平均异型增生程度无相关关系。广州孙逸仙纪念医院[93]用银染色技术证实结肠腺瘤不典型增生细胞核内嗜银蛋白的数量、形态、大小和分布均不同,随不典型增生程度的加重呈现等级性变化。广西医大肿瘤医院[94]以免疫组化法证实抗Ki-67单抗MIB-1的阳性表达与大肠上皮性肿瘤的组织学分级、大小及转移的预后均呈正相关,对判断肿瘤的恶性度及估计预后有一定价值。解放军174医院[95]报道118例大肠性息肉内镜下摘除后随访,息肉再检出率为42.3%,息肉的复发与年龄、性别及息肉大小无关。上海长海医院[96]在纤维结肠镜下摘除息肉60 091枚,无肠穿孔和大出血等严重并发症;摘除巨大息肉时,每次圈套的组织应小于2.0cm;视全身情况可增加一次摘除息肉的数量。广西自治区医院[97]采用内镜下微波治疗结肠息肉614枚,出血率0.65%,穿孔率0.16%。北京友谊医院[98]对146例老年(大于60岁)大肠息肉研究表明,老年肠道疾病中大肠息肉发生率较高,占同期结肠镜检者的24.3%,其中炎性息肉占76.0%,大肠腺瘤占18.3%,增生性息肉占5.7%,复合性息肉占30.1%,腺瘤癌变占26.9%。汕头大学医学院一院[99]报道家族性结肠息肉病一家7例,家系四代患病率53.8%,癌变率100%。

(三)溃疡性结肠炎

北京友谊医院[100]以1.5%葡聚糖硫酸钠水溶液建立一种新的溃疡性结肠炎大鼠模型,在病程及病理特点上近似于人类的慢性溃疡性结肠炎。白求恩医大一院[101]以大鼠正常菌群为抗原免疫大鼠,建立溃疡性结肠炎模型且观察到大鼠细胞免疫机能低下及循环免疫复合物增加。湖北医大二院[102]调查75例溃疡性结肠炎及54例克隆病和30例健康人的淋巴毒素α(LTα)AspH I等位基因频率分布,发现无显著差异。天津医大[103]应用图像分析仪发现炎症性肠病治疗前粘膜粘液含量显著低于正常对照,治疗后粘液含量增多,但腺体萎缩。西安医大一院[104]报道溃疡性结肠炎患者大肠湿热组和脾虚挟湿组CD4、CD8均低于对照组;大肠湿热组红细胞免疫粘附(RCLA)、红细胞膜免疫复合物(RCIC)均低于对照组;大肠湿热组血清免疫复合物、MDA、SOD均高于对照组。华西医大一院[105]采用固定中性粒细胞ELISA法检测抗中性粒细胞胞浆抗体,发现与间接免疫荧光(IIF)法无显著差异。湖北医大二院[106]报道14例溃结内镜活检与手术诊断符合率为100%,18例克隆病符合率为78%;它们的病理特征性改变为隐窝结构紊乱,粘膜面呈宽绒毛样改变,杯状细胞减少,固有层单个核细胞和中性粒细胞大量浸润,基底层淋巴细胞聚集以及上皮样肉芽肿形成。上海华东医院[107]报道溃疡性结肠炎占20年镜检总数的3.51%,平均年龄42.4岁,病程少于10年占88.9%,临床表现为粘液脓血便和腹泻,镜检粘膜充血、水肿伴糜烂及浅表溃疡占80.8%，直、乙状结肠类型占55.3%，慢性活动型占82.3%，癌变占0.82%，结肠镜下对溃结确诊率96.4%。北京友谊医院[108]*报道锌、硒联合灌肠治疗溃疡性结肠炎大鼠，可使病情明显改善，疗效与地塞米松相仿；治疗后结肠粘膜SOD活性显著高于对照，耐MDA含量明显下降；外周血NK细胞活性也显著提高。无锡市一院[109]采用鱼油烯康胶囊口服治疗溃结16例，总有效率81.5%。治疗前血TXB2、6-Keto-PGF1α均高于正常，治疗后前者显著降低，后者降低不明显。解放军152医院[110]报道西咪替丁静滴加微波治疗溃结51例，4周后复查溃疡愈合24例。河北邯郸市一院[111]采用聚肌胞加左旋咪唑治疗溃结14例，总有效率92.9%，无严重副作用。常州市一院[112]用锡类散和硝呋拉唑混合液保留灌肠治疗溃结35例，14天为一疗程，1～4个疗程后全部病例有效。上海静安区医院[113]对58例溃结进行中西医结合治疗。1年后结肠镜随访和组织学病理检查表明93.6%内镜下粘膜仅表现为充血水肿，病理活检为粘膜慢性炎症。提示中西医结合治疗溃结疗效明显。

(四)肠道易激综合征

河南洛阳医专附院[114]应用超声显像证实肠道易激综合征(IBS)患者空腹胆囊容积、服脂餐后胆囊达最大收缩时残余容积及收缩时间均大于对照组，而胆囊最大排空率小于对照，提示IBS患者的胆囊收缩功能有明显异常。江苏兴化中医院[115]报道184例IBS。56.5%有发病前精神刺激史；腹泻型占72%；肠外表现中精神症状占81.5%，尿道症状占58.2%，自主神经功能紊乱占31.5%，皮肤症状占20%；心痛定和阿米替丁疗效明显优于复方苯乙哌啶，阿米替丁对肠外症状又明显优于心痛定。河北迁西中医院[116]采用硝苯吡啶加谷维素治疗118例IBS，痊愈率71.2%，好转率19.5%，无效9.3%。江苏宝应县医院[117]报道腹泻型IBS经多虑平加硝苯吡啶，总有效率92.5%，显著高于两药单用。广东广宁县医院[118]报道酮替芬治疗IBS 68例，疗效显著优于安慰剂Vit B_1组。南京医大一院[119]用痛泻要方加味治疗IBS 108例，随访半年，69例大便1次/日，成形；23例1～2次/日；17例2～3次/日，基本成形或软便，个别病例偶而见稀便；大便常规检查均正常，其他症状亦消失或显著减轻。

(五)其他

兰州军区乌鲁木齐总院[120]报道180例新生儿腹泻的病原菌中大肠杆菌占30.5%，变形杆菌占18.9%，白色念珠菌占12.0%，产气杆菌占8.9%，金葡菌占7.8%。福州协和医院[121]报道169例小儿慢性腹痛。胃电图异常率98.0%，肠电图异常率30.6%，与胃肠钡餐透视对照，诊断符合率达92%；临床治疗应至胃肠电图恢复正常为止。广东汕头市医院[122]应用培菲康治疗婴幼儿腹泻114例，对缩短病程疗效优于百炎净或氟哌酸对照组，但对退热无明显差异。上海新华医院[123]用米雅利桑爱儿A活菌制剂治疗30例小儿急性和迁延性或慢性腹泻，总有效率83.3%，最长疗程10天，无不良反应。重庆市九院[124]报道139例小儿腹泻。农村患儿占60.3%，城市患儿占39.7%；秋冬季发病占76.5%；春夏季占23.5%；小于1岁内发病占79.56%，1～3岁者占20.44%；病程短于1周占83.9%，大于1周占16.1%；水样便占82.1%；镜检阴性占59.7%；使用抗生素占93.4%，使用O.R.S液占18.2%。

太原钢铁公司胜利桥医院[125]报道35例妇科肿瘤患者放射治疗后所致放射性肠炎。照射剂量在7000～9000Gy，在疗程结束后1～2年内起病，直肠受累居多，其次为乙状结肠；33例有便血，均有下腹压痛；诊断根据有放射治疗史和肠镜下毛细血管扩张、充血、溃疡和狭窄。湖北医大一院[126]报道26例结肠多发性、节段性溃疡。其中克隆病占42.3%，肠结核26.9%，溃结19.2%，血吸虫肠病7.7%，Behcet病3.8%。山东医大附院[127]报道3例孤立性结肠巨大溃疡，均位于乙状结肠以上肠段，溃疡大于2cm，慢性炎症侵及邻近器官及肠浆膜，诊断困难。太原市西山矿务局总院[128]报道4例误诊为结肠癌的降结肠及乙状结肠结核。镜下表现多样性是误诊的主要原因，确诊主要依据组织病理学。解放军471医院[129]报道1例溃疡性直肠结核，经手术及抗结核治疗后无复发。北京宣武医院[130]报道17例缺血性结肠炎，16例为一过型，1例为狭窄型；补液及口服潘生丁、复方丹参片和川芎嗪等治疗，平均2.8天症状消失，1个月内钡灌肠和结肠镜复查均正常。长治医学院附院[131]报道2例结肠气囊肿，均有大便次数增加及反复便血史；X线征如气腹征、气囊肿征和气囊肿间位征有诊断价值。北京友谊医院[132]*报道7例结肠血管扩张症。其病理特征是粘膜下血管异常扩张、淤血及多灶性粘膜出血，多发生于老年人；手术切除范围应包括内镜、血管造影手术探查所见三者病变范围相加，以防再出血。上海卢湾区医院[133]报道18例结肠黑变病，平均年龄62.6岁，均有不同程度便秘及服泻药史，结肠镜检可确诊。北京丰台铁路医院[134]报道10例肠道脂肪瘤。认为对原因不明的间断性发作性腹痛或腹泻经药物治疗不见好转者；成人慢性肠套叠，无明显诱因反复发作性肠梗阻者；钡灌肠造影见圆形或椭圆形肿瘤和内镜检查提示有蒂或无蒂性粘膜下隆起性病变，表面光滑或形成浅表性溃疡者应怀疑此病。上海长海医院[135]报道3例大肠海绵状血管瘤，通过腹部平片、钡灌肠、气钡双重造影、血管造影、肠镜以及CT和MRI等综合检查确诊；提倡行保留肛门括约肌功能的手术切除治疗。广州南方医院[136]报道23例原发性大肠恶性淋巴瘤。多以腹痛起病，初起时为间歇隐痛，继而可出现腹泻、脓血便、消瘦、腹块、发热；大肠恶性淋巴瘤最多见于盲肠，可同时发生于多段结肠；内镜下表现为单纯溃疡型、弥漫浸润型和结节型；诊断依赖肠镜及活检病理学。天津肿瘤医院[137]报道28例结肠原发性恶性淋巴瘤，均经手术切除辅以放疗，肠系膜淋巴结阳性者加化疗，以COPP方案，连用4～6个疗程，5年生存率58.3%。汕头大学医学院二院[138]报道13例大肠肉瘤临床表现为腹部肿块、粘液血便、贫血、腹痛；X线表现为"脐样溃疡"肠外压性改变加相应部位肿瘤影；内镜表现为粘膜点状糜烂或串珠状小溃疡；手术范围应包括病灶在内的区域淋巴结及被累及的周围脏器。

（刘　苏　张忠兵）

参考文献

[1] 杨　工等．肿瘤 1996;16(2):74
[2] 周　伦等．浙江医大学报 1996;25(5):204
[3] 傅冷西等．中华消化 1996;16(2):114
[4] 潘宏铭等．中华预防医学 1995;29(6):356
[5] 贺西征等．实用肿瘤学 1996;10(2):64
[6] 王淑华等．新消化病 1996;4(6):325
[7] 刘文清等．癌症 1995;14(5):377
[8] 景　红等．新消化病 1996;4(9):534
[9] 黄　建等．中国肿瘤临床 1996;23(3):156
[10] 王小玲等．河北医大学报 1996;17(3):166
[11] 孙保存等．中国肿瘤临床 1996;23(3):153
[12] 佟金学等．中国肿瘤临床 1995;22(12):866
[13]* 谭　敏等．癌症 1996;15(4):287
[14] 张浩波等．上海医学 1995;18(12):686
[15]* 罗元辉等．中华内科 1996;35(7):439
[16] 庄小强等．临床与实验病理 1996;12(3):206
[17] 梁智勇等．中华病理 1995;24(6):352
[18] 胡敬群等．中华肿瘤 1996;18(4):247
[19] 姜　达等．癌症 1995;14(5):331
[20] 骆成玉等．中华医学遗传 1996;13(5):277
[21] 干月波等．浙江医大学报 1995;24(6):241
[22] 张志刚等．上海医学 1996;19(2):80
[23] 文继舫等．湖南医大学报 1996;21(4):361
[24] 庄小强等．实用肿瘤学 1996;10(1):16
[25] 莫益群等．中华肿瘤 1996;18(4):241
[26] 李　勇等．北京医大学报 1996;28(3):213
[27] 王盛乾等．癌症 1996;15(5):324
[28] 刘　节等．实用癌症 1995;10(4):219
[29] 涂云忠等．实用癌症 1996;11(2):88
[30] 罗元辉等．解放军医学 1996;21(2):109
[31] 杨春康等．福建医学院学报 1995;29(4):341
[32] 崔　龙等．二军医大学报 1996;17(3):216
[33] 陈细珍．广西医学 1996;18(2):122
[34] 彭文明等．癌症 1996;15(5):335
[35] 孙荣超．肿瘤防治研究 1996;23(1):32
[36] 傅　红等．中华消化 1996;16(3):148
[37] 葛政举等．南通医学院学报 1996;16(2):173
[38] 任景丽等．新消化病 1996;4(6):312
[39] 王　强等．解放军医学 1996;21(4):273
[40] 李学农等．癌症 1996;15(1):29
[41] 彭文明等．实用肿瘤学 1996;10(1):39
[42] 葛常辉等．中华物理医学 1995;17(4):223
[43] 赵荣华等．中国肿瘤临床 1996;23(10):688
[44] 赵春华等．山东医大学报 1996;34(1):12
[45] 何双梧等．中华医学 1996;76(2):151
[46] 许湘宁等．湖南医大学报 1996;21(2):147
[47] 庄小强等．临床消化 1996;8(1):1
[48] 宫桂华等．中华老年医学 1995;14(6):323
[49] 张秀珍等．临床消化 1996;8(1):42
[50] 陈　健等．中国肿瘤临床 1996;23(3):219
[51] 王宏志等．中华外科 1995;33(12):765
[52] 吴心愿等．肿瘤 1996;16(2):103
[53] 朱国清．肿瘤防治研究 1996;23(5):325
[54] 崔德炎．贵阳医学院学报 1996;21(2):146
[55] 朱家沂等．内镜 1995;12(6):365
[56] 朱再生等．天津医药 1996;24(5):302
[57] 李日才等．肿瘤防治研究 1995;22(6):386
[58] 黄昭銮等．福建医药 1996;18(2):29
[59] 张瑞鉴等．江西医药 19995;30(5):269
[60] 王桂云等．实用癌症 1996;11(3):158
[61] 李定明．癌症 1996;15(1):35
[62] 陈　涛等．中华核医学 1996;16(3):202
[63] 陈　兵等．中华内科 1995;34(11):725
[64] 李官成等．中国肿瘤临床 1996;23(3):173
[65] 韩　松等．上海免疫 1995;15(5):284
[66] 吴健雄等．中华肿瘤 1995;17(6):438
[67] 赵双罗等．天津医药 1996;24(6):401
[68] 陈维顺等．中国肿瘤临床 1996;23(8):542
[69] 陈培忠等．新消化病 1996;4(9):534
[70] 邢春根等．苏州医学院学报 1996;16(3):427
[71] 吴永刚等．中华核医学 1996;16(3):205
[72]* 卢献平等．中华核医学 1995;15(4):208

[73] 邱建民等.广州医药 1996;27(2):20
[74] 韩　英等.中华消化 1995;15(6):360
[75] 丘新尧等.肿瘤防治研究 1995;22(5):317
[76] 卿三华等.中国实用外科 1996;16(3):142
[77] 陈铮鸣等.中华肿瘤 1995;17(6):467
[78] 胡　冰等.肿瘤研究与临床 1996;8(3):167
[79] 卿三华等.一军医大学报 1996;16(1):22
[80] 郁宝铭等.中国实用外科 1995;15(12):725
[81] 黄月琴.苏州医学院学报 1996;16(3):540
[82] 方士昌等.实用癌症 1996;11(3):199
[83] 瞿义成等.江西医药 1995;30(6):349
[84] 李拴位等.内镜 1996;13(1):37
[85] 刘建汉.江西医药 1996;22(11):56
[86] 姜　戎.肿瘤防治研究 1995;22(6):388
[87] 冯国光等.上海二医大学报 1996;16(4):237
[88]* 谭　敏等.肝胆外科 1996;4(2):89
[89] 蔡光荣等.中华肿瘤 1996;18(3):218
[90] 梁　寒等.中国肿瘤临床 1996;23(3):198
[91] 刘思纯等.癌症 1996;15(5):330
[92] 张元德等.中华病理 1995;24(6):363
[93] 周曾芬等.中山医大学报 1996;17(1):24
[94] 罗　元.肿瘤研究与临床 1996;8(1):5
[95] 戴益琛等.临床消化 1996;8(2):94
[96] 孟荣贵等.中国肿瘤临床 1996;23(3):163
[97] 白先慧.广西医学 1996;18(4):384
[98] 孙瑞提等.首都医大学报 1996;17(3):215
[99] 王乙容等.中华医学遗传 1996;13(5):288
[100] 李　芳等.内镜 1996;13(2):67
[101] 黄永年等.中华病理 1995;24(6):392
[102] 夏　冰等.中华医学遗传 1995;12(6):368
[103] 王新允等.天津医药 1996;12(6):368
[104] 高亚菲等.西安医大学报 1996;17(3):356
[105] 马洪升等.中华内科 1996;35(6):404
[106] 夏　冰等.中华消化内镜 1996;13(2):276
[107] 项　平等.中华消化 1996;16(3):136
[108]* 李　芳等.中华医学 1996;76(10):756
[109] 郭继忠等.苏州医学院学报 1995;15(6):1174
[110] 崔国亭等.新消化病 1996;4(6):345
[111] 武彩娥等.综合临床 1995;11(6):320
[112] 沈云志等.新消化病 1996;4(6):346
[113] 李　琦等.新消化病 1996;4(9):535
[114] 王金梁等.胃肠病学和肝病学 1996;5(2):57
[115] 吴为逊.宁夏医学 1996;18(3):175
[116] 回炳义等.综合临床 1996;12(2):103
[117] 李海良.苏州医学院学报 1996;16(5):920
[118] 郑千和.内镜 1996;13(3):158
[119] 陈德珍等.南京医大学报 1995;15(4):924
[120] 李志荣等.新消化病 1996;4(9):538
[121] 林秋君等.福建医药 1995;17(5):3
[122] 卜景芝.广东医学 1996;17(7):490
[123] 王　玲等.临床儿科 1996;14(4):244
[124] 罗康玲.重庆医学 1996;25(3):179
[125] 程太纲等.中华消化内镜 1996;13(2):314
[126] 罗和生等.中国实用内科 1996;16(6):357
[127] 赵殿昌.山东医大学报 1996;34(3):236
[128] 宋树杲等.中华结核和呼吸 1996;19(3):151
[129] 胡春运等.中华结核和呼吸 1996;19(4):246
[130] 曹　涛等.新消化病 1996;4(6):348
[131] 何广大等.山西医药 1996;25(2):140
[132]* 张仲良等.北京医学 1996;18(3):134
[133] 陈宗永等.新消化病 1996;4(6):343
[134] 庞有成等.铁道医学 1996;24(4):225
[135] 屠　岳等.中华外科 1996;34(10):639
[136] 徐国良等.中华消化内镜 1996;13(2):302
[137] 崔庆贵等.中国肿瘤临床 1996;23(6):449
[138] 吴俊伟等.中国实用外科 1996;16(2):105

五、消化道出血

(一)上消化道出血

武汉市三院[1]应用放免法测定 50 例上消化道出血患者的血浆内皮素(ET)含量。出血患者的 ET 水平为(147.35±9.72)ng/L,较对照组(90.20±10.26)ng/L 有明显升高($P<0.01$),ET 水平与失血程度呈正相关。华西医大二院[2]报道 51 例小儿上消化道出血,其中溃疡病 24 例;27 例下消化道出血,其中肠息肉 14 例;胃镜检查 45 例,40 例有阳性发现;肠镜检查 17 例,阳性 14 例。X 线钡剂造影 4 例,2 例肠套叠,2 例为肠息肉;^{99m}Tc 核素扫描 5 例,4 例诊断为美克尔憩室。海南省医院[3]报道 128 例小儿消化道出血者,能明确诊断出血部位有 83 例,占 64.8%。湖南省儿童医院[4]报道 71 例危重症患儿并发上消化道出血者均有器官功能不全。其中 1 个器官功能不全者占 21.1%,2 个占 35.2%,3 个占 33.8%,3 个以上占 9.9%;其中 55.0%有应激性高血糖,45.8%有皮质醇水平增高,37.5%有胰岛素水平增高。江苏如东县中医院[5]分析 130 例老年人上消化道出血病因,消化性溃疡和急性胃粘膜病变占 68.0%和 35.0%,居病因的第 1、2 位,与中青年组相同;而癌肿占 14.6%,明显高于中青年组(7.54%,$P<0.01$)。广东汕头市医院[6]以十二指肠侧视镜检查 11 例胃镜未发现明确病灶患者。发现乳头旁憩室出血 4 例,降段息肉出血 2 例;其中 5 例经镜下喷洒抗生素和止血药物或微波治疗而止血。北京积水潭医院[7]3 450 例纤维结肠镜检查发现大肠血管畸形 36 例,明显高于同期 222 000 例胃镜检查

胃肠道血管畸形的检出率(8例)。上海长海医院[8]报道术中内镜诊断6例保守治疗无效者消化道出血的病因。内镜插入途径:经口1例,胃体前壁1例,小肠切口4例。发现胃溃疡1例,空肠局灶性出血性肠炎2例,回肠结肠吻合口溃疡1例,十二指肠脂肪瘤1例,美克尔憩室出血1例。广州南方医院[9]报道2例以上消化道出血为首发症状的原发性脾恶性肿瘤,病理报道分别为脾脏类癌并胰、胃转移和脾平滑肌肉瘤并胃转移。解放军总院[10]报道28例有病理诊断的胃肠道血管畸形、血管瘤出血病例。其中血管畸形11例,血管瘤17例;2处病灶以上5例;术前内镜、选择性腹腔动脉造影、胃肠道钡餐和术中内镜检查的阳性率分别为63%(12/19)、79%(7/9)、61%(8/13)和100%(11/11)。大连铁路医院[11]报道8例Dieulafoy病,均经剖腹探查和病理检查确诊。7例病灶为溃疡,1例为糜烂;Dieulafoy病的小动脉直径、管壁厚度均明显粗于、厚于出血性胃溃疡,且小动脉的数量亦为后者的1.5~2.0倍。重庆市三院[12]报道药物诱发的上消化道出血292例。诱发药物(有2种或3种药物同服者)包括解热镇痛药(237例)、肾上腺皮质酮(9例)、抗微生物药物(33例)、中药(62例)、氨茶碱(3例);失血量<500ml者203例,500~1000ml者23例,>1000ml者66例。湖北荆门市一院[13]报道1例服用中成药"乳癖消"和"乳核散结片"后发生急性直肠粘膜出血病例。南京江浦医院[14]报道糖尿病合并上消化道出血42例。胃镜观察胃窦部充血、出血、糜烂22例,窦部散在小溃疡8例,胃窦、体部均充血糜烂12例。浙江衢县医院[15]报道强力宁致上消化道出血1例。患者因慢性乙型肝炎静脉滴注强力宁200mg/天,7天后出现上腹不适及柏油样便,停用强力宁加用西米替丁3天后大便转黄。其后3个月和5个月又分别于应用强力宁后出现上腹不适和柏油样便。海军414医院[16]报道4例胃肠道血管畸形致消化道出血。例1为回肠末端粘膜下多发性血管瘤伴血管畸形;例2为乙状结肠海绵状血管瘤;例3、4为胃粘膜下横径动脉出血。中国医大二院[17]报道一坏死性胰腺炎病灶清除术后4个月出现间断黑便患者,再次手术发现脾肿大,贲门下胃后壁广泛怒张屈曲血管,脾静脉血栓形成并机化,术后诊断为胰腺炎致孤立性脾静脉血栓形成及肝外型门静脉高压症。武汉协和医院[18]用核素显像诊断消化道出血62例。该法对表现为血便或黑便的活动性出血患者的阳性率为83%,而对仅表现为大便隐血试验阳性者阳性率为30%;11例手术治疗者中,诊断符合率为82%。苏州医学院一院[19]以^{99m}Tc-RBC对34例急、慢性胃肠道出血患者作放射性核素检查,阳性率为64.7%。其中急性出血8例,慢性出血14例;对小肠出血的诊断率为92.3%。中山医大一院[20]分析37例上消化道大出血术后近期再出血的原因,主要为:术中找到一个病灶后即急于决定术式而遗漏真正的出血病灶;术式选择不当;出血灶处理不妥;术中探查未找到出血灶而盲目行胃部分切除。有14例出血时行胃镜检查,发现出血病灶12例(85.5%)。武汉协和医院[21]* 报道选择性血管造影诊断24例动脉性消化道出血,20例作了介入治疗。其中经动脉灌注治疗11例,早期止血率为72.7%;经靶动脉导管栓塞治疗9例,均未出现复发。福建晋江市医院[22]报道526例急性上消化道大出血并发脑梗死6例,占1.14%。除1例49岁外,其余均为60岁以上。脑梗死出现时间最早为发病后8小时,最迟为发病后4天。福建省立医院[23]报道7例上消化道出血并发腔隙性脑梗死,年龄62~78岁,均有高血压病史5~29年。治疗后,6例痊愈,1例遗留近期记忆力减退。哈尔滨医大一院[24]报道1900例胸心外科术后发生14例上消化道出血,发生率为0.74%。出血多发生在术后1~10天;保守治疗11例,7例痊愈;死亡率为36%。牡丹江铁路医院[25]对86例急性上消化道出血行紧急胃镜检查,确诊80例(93.1%);同时作内镜治疗24例,成功22例,一次止血成功率为91.1%。江苏启东市启西卫生院[26]以冷生理盐水代替气体注入三腔管囊内,并取侧卧位治疗食管、胃底静脉曲张破裂出血21例次,19例次有效(90.5%),同期对照组13例次有效(65.0%)。上海纺二医院[27]以LHS-E混合液(10%氯化钠10ml+2%利多卡因5ml+蒸馏水5ml+1:1000肾上腺素1mg+美蓝少许)局部注射治疗120例上消化道出血。117例注射后即刻有效,2例经2次止血有效,1例无效。江苏海安南莫医院[28]行内镜下微波凝固加凝血酶喷洒治疗上消化道出血30例。第1次治疗后出血均停止,48小时后再出血2例。上海东南医院[29]内镜下注射巴曲酶治疗14例严重上消化道出血。完全止血11例,暂时止血2例,无效1例。山东淄博市医院[30]以三七粉治疗上消化道出血36例。其中消化性溃疡34例,急性胃粘膜病变1例,胃癌1例;21例显效,14例有效,1例无效,总有效率为97%。山东寿光市医院[31]用云南白药治疗上消化道出血,总有效率为94.97%,与对照组(78.57%)比较有显著性差异;两组住院天数也有显著差异(13.0±1.4天和16.8±1.5天,$P<0.01$)。解放军总院[32]以生长抑素类似物——施他宁(Stilamin)治疗31例34次食管静脉曲张出血。30次止血有效,3例溃疡病出血全部止血成功;止血时

间为4～25小时，平均16.2小时。广州孙逸仙纪念医院[33]以立止血(Reptilase)静脉和/或肌肉注射治疗上消化道出血90例，其中溃疡病85例，急性胃粘膜病变5例，共85例有效。贵州省医院[34]以凝血酶和立止血联用治疗上消化道出血58例。显效48例，有效9例，总有效率为98.3%，无效1例为球溃出血并穿孔。青海红十字医院[35]应用内镜下喷洒凝血酶混合液治疗亚高原地区急性上消化道出血30例，有效率为93.3%，仅2例喷射性动脉出血无效。温州市三院[36]用西咪替丁合并抗血纤溶芳酸治疗上消化道出血40例，并与单用西咪替丁对照组(40例)相比，两组大便隐血阴转中位数时间分别为4.0天和4.09天，无显著差异。广州孙逸仙纪念医院[37]静脉用洛赛克治疗上消化道出血86例。轻度出血8例全部有效；中度出血61例，其中59例有效，2例无效；重度出血17例，14例有效，3例无效。总有效率为94.1%。河南遂平县公疗医院[38]以洛赛克0.6mg/(kg·d)治疗21例上消化道出血患儿，72小时止血有效率达100%；另20例采用西米替丁治疗，72小时止血有效率为60%。广东鹤山市医院[39]手术治疗126例老年人急性上消化道大出血，平均年龄67.2岁。其中合并慢性支气管炎、肺气肿、肺心病38例；高血压冠心病、陈旧性心肌梗死29例；频发室早、右束支传导阻滞12例；糖尿病8例；前列腺肥大伴尿潴留3例。术后死亡15例均为急诊接受手术者。内蒙古自治区医院[40]报道6例腹部手术后反复呕血、黑便的患者，经选择性动脉造影后，采用不锈钢圈及明胶海绵栓塞3例(5例次)，3例经导管灌注止血剂(立止血或止血敏)8例次，均完全止血。

(二)下消化道出血

济南军区总院[41]总结123例小儿下消化道出血病，急性大出血者25例，占20.3%；其中美克尔憩室8例，结肠息肉5例，小肠血管瘤3例，其他疾病9例。南京军区南京总院[42]报道2例胃腺体回肠异位引起消化道大出血。患者反复血便，均行剖腹探查病理活检明确诊断。浙江丽水地区医院[43]报道3例下消化道出血患者，经术中大肠镜检查明确诊断。无锡市一院[44]应用凝血酶灌肠治疗结肠癌、息肉及炎症引起的出血18例，每例平均治疗9次，均在1～7天止血。成都军区总院[45]结肠镜检查250例下消化道出血患者。发现大肠息肉89例(35.6%)，大肠癌66例(26.4%)，大肠炎症性疾病92例(36.8%)，其他3例(1.2%)；青年组以大肠炎症性疾病居首位(60.2%)，中年组以大肠息肉为首位(40.2%)，老年组则以大肠癌居首位(40.0%)。

(谢苏庆)

参考文献

[1] 谢晳宏等．临床内科 1995;12(6):23

[2] 王增贵等．华西医学 1996;11(3):258

[3] 冯小伟．海南医学 1996;(2):104

[4] 祝益民等．中华儿科 1996;34(2):138

[5] 孙中云等．南通医学院学报 1995;15(4):573

[6] 郑永平等．中国危重病急救医学 1996;8(10):595

[7] 李文东等．中国实用外科 1996;16(6):342

[8] 王恩湘等．中华消化内镜 1996;13(2):305

[9] 许壮举等．中国实用外科 1996;16(6):333

[10] 宋少柏等．中国实用外科 1996;16(8):482

[11] 徐大昆等．中国实用内科 1995;15(10):633

[12] 彭　渝等．重庆医学 1996;25(3):174

[13] 吴　防．临床消化 1996;8(3):102

[14] 王德勋．临床消化 1996;8(2):87

[15] 黄菊秀等．浙江医学 1996;18(3):183

[16] 唐云先等．内镜 1995;12(6):366

[17] 王　强等．中国医大学报 1995;24(6):623

[18] 高再荣等．中国实用外科 1996;16(6):340

[19] 苏成海等．交通医学 1995;9(4):10

[20] 陈正煊等．中国实用外科 1996;16(6):331

[21] 冯敢生等．中国实用外科 1996;16(6):334

[22] 庄耀东等．福建医药 1995;17(6):52

[23] 季祖雄等．福建医药 1996;18(2):125

[24] 冯树新等．中华胸心外科 1996;12(4):216

[25] 张晓梅等．中华消化内镜 1996;13(2):317

[26] 王国富．南通医学院学报 1995;15(4):623

[27] 王　波．临床消化 1996;8(2):92

[28] 刘裕志．南通医学院学报 1996;16(2):229

[29] 邵柏生等．新药与临床 1995;14(6):369

[30] 于建军等．山东医药 1996;36(1):56

[31] 王卫东等．中西医结合急救 1996;3(2):51

[32] 程留芳等．内科急危重症 1996;2(1):5

[33] 詹　俊等．广东医学 1996;17(1):23

[34] 曾德珍等．贵阳医学院学报 1996;21(1):62

[35] 郭德忠．青海医药 1996;26(3):9

[36] 郑　亮．浙江医学 1996;18(1):48

[37] 詹　俊等．临床消化 1996;8(1):24

[38] 周青云等．实用儿科临床 1996;11(5):301

[39] 张坚强等．广东医学 1996;17(7):470

[40] 马和平等．中华放射 1996;30(7):486

[41] 许圣献等．中华小儿外科 1996;17(1):15

[42] 许莲娥等．中华老年医学 1995;14(6):335

[43] 李万树等．中华消化内镜 1996;13(1):53

[44] 邹淑洁．苏州医学院学报 1996;16(5):917

[45] 陈宏彬等．四川医学 1996;17(3):168

六、消化道内镜

(一)上消化道内镜

江苏灌云县医院[1]报道7000例纤维胃镜检查结果。发现食管癌235例(3.35%),胃癌226例(3.22%),表明该地区上消化道癌发病率较高。兰州医学院二院[2]用胃液pH和粪隐血试验等从146920名农民和矿工中筛选出高危人群6756例,再用胃镜和现场快速细胞学诊断2226例。检出胃癌41例,食管癌9例。内蒙古医学院一院[3]采用胃癌单抗金标免疫斑点试剂盒对127例患者进行胃癌抗原检测并与胃镜病理作对照。其敏感性为100%,正确性为51.18%,阳性预测值为12.6%。武汉协和医院[4]测试209例患者体表胃电活动,并与内镜结果比较。显示峰值频率不随病变程度的变化而变化,平均振幅与病变程度不存在相关关系。南通医学院附院[5]报道1887例老年人胃镜检查结果,以慢性胃炎(45.3%)、胃癌(27.4%)及消化性溃疡(19.9%)为常见。武汉市儿童医院[6]对153例有各种不同消化道症状的儿童作胃镜检查。慢性浅表性胃炎的发病率为39.87%,消化性溃疡为9.8%。浙江永康市一院[7]随访70例胃粘膜上皮异型增生者2~5年。胃溃疡中2例,疑早期胃癌2例和1例萎缩性胃炎伴有重度异型增生者均转变成癌,癌变率7%。浙江省早期胃癌协作组[8]报道胃镜诊断并经手术病理证实的早期胃癌340例,其中微小胃癌检出率7.65%,小胃癌检出率25.59%,其中隆起型占15%,平坦型占8.2%,凹陷型占61.6%,混合型15.2%。南京鼓楼医院[9]分析37例早期胃癌内镜下形态,认为直径小于20mm者、Ⅰ、Ⅱa或Ⅱb型及组织学分化程度较好者可视为粘膜层癌,适合作内镜下粘膜切除。河北省医院[10]对1974~1994年胃镜检查的26188例和病理证实的2275例胃癌资料每三年为一阶段统计分析。发现胃镜检查例数、活检率和早期胃癌检出率逐年上升;胃癌检出率、活检阳性率和胃潜隐癌所占比率逐年下降。河南商丘市医院[11]内镜诊断上消化道癌649例。其中食管癌230例,贲门、胃底癌186例(占胃癌的79.86%)。北京武警部队总院[12]报道胃镜检出溃疡型胃癌51例,占同期检出胃癌的49.1%。其中来自溃疡癌变9例,癌变率8.4%,其边缘或/和周围可见到环堤、或似毒蛇咬伤时点状或片状隆起的结节状毒疹。江苏太仓市一院[13]报道30例上消化道癌内镜误漏诊分析。误诊为良性溃疡和胃炎16例,其中12例因貌似良性溃疡未活检,4例因1次活检阴性而误诊,其余因胃镜滑过或未抵病灶处而漏诊。江苏海安县医院[14]内镜检查207例因良性胃十二指肠疾病作胃切除术之残胃,发现残胃癌14例(6.8%)。其中毕Ⅰ式手术4例,毕Ⅱ式手术10例;位于吻合口7例,残胃体1例,胃底贲门口6例;距手术时间平均7~23年。吉林医学院附院[15]应用5%Lugol液对食管疾病进行染色检查。13例食管癌病灶处均不染色(2例早期食管癌),3例食管溃疡和4例食管炎病灶呈棕褐色浅染色区。上海长海医院[16]*报道超声内镜对178例上消化道隆起病灶的总诊断符合率为97.75%,明显高于胃镜检查(64.61%)和钡餐造影(52.8%),是目前确诊粘膜下肿瘤的最佳方法。湖北医大一院[17]报道胃肠道类癌11例。经内镜结合活检确诊8例,并经内镜高频电摘除,余2例误诊为结、直肠癌,1例误诊为回肠息肉,后经外科手术和病理活检为类癌。其中直肠类癌8例,占同期内镜检查的0.02%。福建省立医院[18]*对28例32个胃、十二指肠及结肠病灶行内镜下粘膜切除术。病理证实胃腺癌10例,腺瘤6例,中、重度异型增生7例,十二指肠类癌1例,结肠腺癌6例及类癌2例;病变小于2.0cm和大于2.0cm者完全切除率分别为68.75%和33.33%。河南医大一院[19]内镜下微波治疗消化道息肉、食管癌、消化道出血的有效率分别为100%、16.7%和71.8%。南京市一院[20]内镜下治疗上消化道癌致重度狭窄36例。经扩张器扩张加用微波及局部化疗有效率为25%,若加用激光或再加局部化疗,则有效率为100%。解放军一院[21]报道内镜诊断胃扭转36例。内镜下钩拉旋转复位法治疗34例,1次治愈30例,2次治愈3例,3次治愈1例;充气复位法治疗2例,均1次治愈。湖南衡阳市五院[22]采用内镜诊断并复位慢性胃扭转8例成功。江苏省医院等[23]报道内镜诊治40例上消化道异物。38例内镜下取出成功,无并发症;1例义齿(含3枚义齿及金属齿钩)及1例胃内巨大柿石未能经内镜取出。重庆大坪医院[24]对胃镜检查是否可造成Hp医源性传播进行了探讨。他们均采取:①进镜后取胃液并于距幽门2cm处取粘膜活检标本;②胃镜清洗消毒后冲洗活检孔道的生理盐水流出液和擦试棉签为消毒后可能污染区的采样,分别用尿素酶快速试剂盒、培养法和PCR法检测,任何一方法阳性即判为Hp阳性。结果表明经胃镜传播Hp的可能性很小。广州经济技术开发区医院[25]发现115例患者在行内镜检查插镜时血压升高、心率加快,110例拔镜后3分钟内血压、心率复原;3例检查前有心肌慢性缺血者插镜后出现心绞痛;10例老年人行胃粘膜活检时心率变慢,其中1

例窦性停搏。苏州市四院[26]报道1 504例接受胃镜检查的老年人中有各种合并症1 168例(占77.7%),其中合并心血管系统疾病725例(62.67%),呼吸系统疾病208例(17.81%)。术前根据病情作了必要的处理,术中操作仔细,均一次插镜成功,无并发症。江苏如皋市医院[27]在3054例胃镜检查中诱发Mallory-Weiss综合征5例,发生率0.16%,均为单个贲门粘膜撕裂,2例位于侧壁,3例于小弯侧;经喷洒去甲肾上腺素液止血。

(二)下消化道内镜

牡丹江铁路医院[28]报道55例纤维结肠镜检查结果。结肠癌检出率6.28%,结肠息肉6.10%;46例结肠活检组织的癌胚抗原测定结果为恶性肿瘤组高于对照组($P<0.05$)。解放军总院[29]对133例便血患儿在静注氯胺酮(1mg/kg)全麻下进行纤维结肠镜检查。行息肉电切术86例,切除息肉103枚,无肠穿孔等并发症发生。南京军区福州总院[30]应用体表WDT-4A智能型胃肠电图仪检查59例肠道疾患患者并与纤维肠镜检查对比。发现肠电图对13例肠易激综合征均能显示异常的J型痉挛波,符合临床诊断,而纤维肠镜检查阴性,但未能发现肠镜检出的结肠息肉、结肠癌和溃疡性结肠炎。湖南益阳市医院[31]分析乙状结肠镜检查结肠疾病2 704例的年龄分布。发现溃疡性结肠炎在25～54岁最高;肠息肉在25～34岁最高;大肠癌在45～54岁最高。浙江中医院[32]通过纤维结肠镜检查诊断结肠血管畸形伴出血12例,7例行镜下紧急电凝止血成功。

(孙振兴)

参考文献

[1] 王余芳. 铁道医学 1996;24(4):244

[2] 马　力等. 中华消化 1995;15(6):357

[3] 冷雪芹等. 内蒙古医学 1996;16(2):75

[4] 谢小平等. 新消化病 1996;4(4):231

[5] 徐正府等. 南通医学院学报 1996;16(2):185

[6] 梅　红等. 临床消化 1996;8(3):125

[7] 吕璧华. 临床消化 1996;8(1):25

[8] 唐训球等. 内镜 1996;13(1):16

[9] 祝其凯等. 内镜 1996;13(2):89

[10] 赵双罗等. 中华消化内镜 1996;13(2):285

[11] 程　琳等. 内镜 1996;13(1):42

[12] 牟善坤等. 临床消化 1996;8(2):77

[13] 顾　超. 南通医学院学报 1996;16(2):231

[14] 孙源源等. 南通医学院学报 1995;15(4):540

[15] 温春阳等. 中华消化内镜 1996;13(1):39

[16]* 金震东等. 中国超声 1995;11(11):839

[17] 于皆平等. 中华消化内镜 1996;13(1):20

[18]* 何利平等. 内镜 1996;13(1):6

[19] 陈玉龙等. 内镜 1996;13(1):33

[20] 田　韧等. 实用癌症 1996;11(3):198

[21] 罗清然等. 新消化病 1996;4(4):237

[22] 郑新平. 湖南医学 1996;13(4):208

[23] 黄霞玥等. 铁道医学 1996;24(2):94

[24] 彭安国等. 三军医大学报 1995;17(5):463

[25] 瞿蔚娟等. 新消化病 1996;4(4):198

[26] 任伯良等. 苏州医学院学报 1995;15(4):678

[27] 陈正言. 临床内科 1995;12(6):42

[28] 柏广平等. 铁道医学 1996;24(2):96

[29] 彭少林等. 中华儿外科 1996;17(1):12

[30] 陈　冬等. 人民军医 1996;(1):28

[31] 吴　蝶等. 新消化病 1996;4(6):319

[32] 黄小民. 浙江医学 1996;18(4):224

七、肝脏疾病

(一)肝硬化

病因　牡丹江医学院三院等[1]报道1988年1月～1994年12月收治酒精性肝硬化54例。认为:每日摄入酒类饮料折合酒精>100g、持续10年以上;肝质地较硬且不平;r-GT、AST、ALT、免疫球蛋白等显著增高者有助于本病的诊断。华西医大一院[2]报道1988～1991年收治184例肝硬化,其中酒精性肝硬化23例,占12.5%,饮酒量在100～500g/天有22例,另1例多达1 000g/天,饮酒史10～60年。广东佛山市一院[3]报道1991年以来的酒精性肝硬化48例,占同期住院肝硬化总数的9.3%,仅次于肝炎后肝硬化。饮酒者多数饮本地40°～50°白酒为主,仅有2例饮12°～40°啤酒或葡萄酒,每日摄入酒精量150～1 500g,平均每日摄入酒精量达350g,酒肴多为较高脂肪类,饮酒的方式多为一次大量或酗酒,持续饮酒时间8～38年,平均为15年。

病理　解放军88医院[4]报道240例肝硬化患者活检切片中,除肝硬化的病理特征外,尚存在广泛肝实质损害和弥漫性炎症反应。北京友谊医院[5]报道结扎大鼠胆总管后3天,可见肝小叶周边部出现小胆管样上皮细胞增殖,其管泡状结构的基底侧有基底膜和胶原纤维层;21～35天,肝脏广泛结缔组织增生伴结节形成从而演变成胆汁性肝硬化。认为小胆管样上皮细胞和小胆管上皮细胞是参与小胆管周围纤维化形成的主要细胞成分之一。上海医大[6]报道婴儿慢性肝炎(CH)8例,肝硬化(Cl)7例,肝细胞癌(HCC)4 例。7 例 CH、6 例 Cl 及 4 例 HCC 癌旁 Cl 有 HBV 感染的形态学表现，且均见卵圆细胞增生，能表达 AFP。认为 HBV 感染、Cl 与 HCC 发生有关。华西医大一院[7]报道经尸检证实的肝硬化 44 例，其肝外脏器受累依次为：胃肠道 93.2%，脑 89.9%，肺胸膜 84.1%，肾 75.6%，心 45.5%，胰 20.5%；同时有 2 个脏器受累者占 13.6%；3 个 15%；4 个 43.2%；5 个 15.9%及 6 个 11.4%。表明肝硬化合并全身多系统脏器损害甚为常见。武汉同济医院[8]报道 30 例肝硬化门脉高压病例，术中取胃冠状静脉组织，切片 HE 及 Masson 三色染色观察到静脉内膜明显受损，中膜平滑肌明显增殖肥大，并向内膜下迁移，血管外膜及周围组织的细胞明显增多，出现淋巴滤泡，滋养血管受压伴血栓形成；免疫组化示胃冠状静脉全层均有纤维连接蛋白、层粘蛋白、Ⅳ型胶原的阳性及强阳性反应物，平滑肌肌动蛋白阳性和强阳性反应物位于血管中膜及内膜下，并明显增厚。

肝纤维化　西安医大二院[9]报道 30 例急性肝炎患者，其血清 γ-干扰素(IFN-γ)及前列腺素 E_2(PGE_2)水平分别为(256.60±9.50)U/ml 及(143.58±1.11)U/ml，与正常对照组无明显差异，31 例乙型肝炎后肝硬化，其 IFN-γ(1 218.33±8 293)U/ml 明显高于正常对照组，PGE_2(75.60±1.71)U/ml 明显低于正常对照组。认为急型乙肝分泌 IFN-γ 及 PGE_2 的巨噬细胞功能正常；PGE_2 分泌降低，巨噬细胞异常活化，产生纤维母细胞生长刺激因子促进纤维组织增生，因此机体内 PGE_2 明显下降时，预示着乙肝由急性向慢性纤维化方向进展。上海市一院[10]报道犬总胆管结扎后血浆前列环素(PGI_2)水平在肝硬化形成过程中(第 0、1、3、5、7、9 周)呈进行性升高(13.30±6.95)、(82.54±71.58)、(108.40±77.15)、(166.13±71.80)、(173.15±124.10)和(209.56±151.63)pg/ml，并与血清白蛋白水平呈负相关，与基础门脉压呈正相关。上海曙光医院[11]以地高辛标记的 cRNA 探针，对 CCl_4 所致鼠纤维化肝进行分子原位杂交。发现纤维化早期在肝细胞及间质细胞中有前胶原 $pro\alpha_1$(Ⅰ)、$pro\alpha_1$(Ⅲ)mRNA 存在；随着肝纤维化加重，门脉区、中心静脉周围、肝实质内都出现大量阳性细胞。结果表明肝细胞和间质细胞均具有合成胶原的能力，对肝纤维化形成有重要作用。上海医大[12*,13]报道肝病组织内转化生长因子(TGF)β_1 mRNA 含量随肝病活动程度而增高，而活动性肝病时血小板源性生长因子(PDGF-BB)及碱性成纤维细胞生长因子(bFGF)阳性细胞增多，所在部位与单核巨噬细胞及胶原生成细胞一致，提示 TGF-β_1、PDGF-BB、bFGF 可作用于这些细胞，生成细胞外基质并大量沉积。他们报道 Ito 细胞经肝素作用后，生长明显受抑制，并呈剂量依赖性。北京医大人民医院[14]用流式细胞仪观察到 4 种钙离子拮抗剂汉防己甲素、硝苯啶、维拉帕咪及脑益嗪，不但能阻断培养的 3T3 成纤维细胞的 G_1→S 期进程，而且抑制 S 期细胞 DNA 合成，增加 G_1 和 G_2 期细胞蛋白质含量，使细胞出现不平衡生长而最终死亡。认为这可能是钙离子拮抗剂抗肝纤维化的机制之一，其中以汉防己甲素作用最强。中国医大二院[15]报道 3 例先天性肝纤维化患儿行脾切除、贲门胃底断流术效果满意。该病以肝脾肿大、门脉高压、上消化道出血为主要症状，但肝功能基本正常；组织学特点为汇管区纤维组织明显增生，肝小叶结构正常。北京友谊医院[16]在白蛋白免疫损伤性肝纤维化大鼠腹腔内注射黄曲霉素 B_1(AFB_1)，第 8 周就可观察到肝细胞出现增生性病变，如仅以 AFB_1 诱癌而不先致纤维化或仅形成纤维化而不以 AFB_1 诱癌，均仅出现少量肝细胞增生性病变，且病变轻微。湖北中医学院[17]报道以鸭乙型肝炎病毒(DHBV)强毒株感染 6 只 1 日龄鸭，85 天后均出现纤维增生(6/6)，120 天后 3/5 出现肝纤维化，与感染 + CCl_4 注射、感染 + 牛血清白蛋白攻击组肝纤维组织增生程度相似。提示强毒株 DHBV 是引起肝脏纤维化病变的主要原因。军事医科院[18]取经 ^{60}Co γ 射线照射后 0.5、1、2、3、6、9 及 12 个月鼠肝，HE、肝细胞内糖原、胶原纤维及网状纤维染色，并以图像分析仪行定量观察。发现肝细胞内糖原含量进行性减少，间质中胶原纤维及网状纤维明显增加。解放军 89 医院[19]报道用 CCl_4 致小鼠急性肝损伤后，血清脯肽酶(PLD)明显升高，并与谷丙转氨酶(ALT)相关；健康人组 PLD 为(1 107.4±195.0)U/L，静止期慢活肝和肝硬化患者均显著升高(2 292.5±1 288.5)U/L 和(1 720.1±562.0)U/L，$P<0.01$，而 ALT 正常；PLD 峰值与组织学显示的肝细胞损伤一致，且随着肝损伤的恢复，PLD 逐渐下降，3 天恢复正常，其变化较 ALT 敏感。PLD 是胶原降解代谢的关键酶，其血清水平主要反映胶原纤维增生和肝硬化形成过程。广州珠江医院[20]报道用 ELISA 法测得 30 例健康人血清免疫反应性脯氨酰羟化酶(SIPPH)为(73±23)ng/ml，急性乙型肝炎(15 例)、慢性乙型肝炎(35 例)、肝硬化(20 例)及肝细胞癌(12 例)分别为(126±41)、(148±35)、(207±60)、(170±69)ng/ml，显著高于对照组，酶水平高低与纤维化程度相关。重庆西南医院[21]报道 CCl_4 致肝纤维化大鼠肝组织匀浆中Ⅲ型前胶原、透明质酸、层粘连蛋白随实验时间延

长而逐渐升高，并与相对应的血清水平呈正相关。表明血清水平能较好地反映肝纤维化进程。

实验室检查 中国医大二院[22]报道用PCR方法检测67例HBV血清学标志物阴性的患者，HBV DNA阳性为50.7%。四军医大[23]用HCV-5′-NC cDNA及HBV X基因探针对79例肝硬化(LC)及64例肝细胞癌(HCC)组织行原位杂交。HCV RNA在LC及HCC组织中的阳性率分别是48%及39%，主要位于肝细胞及癌细胞的胞质内；HBV X基因的阳性率分别是72%及81%，以胞质型为主，也见核型或核浆型。他们[24]以抗HCV C单克隆抗体观察到98例LC及104例HCC组织中HCV C抗原阳性率分别为67%及83.6%，细胞核内阳性率分别为34.7%及58.6%($P<0.05$)，表明HCV C抗原可以进入肝细胞和癌细胞的胞质中，提示HCV可能通过其C基因表达影响肝细胞基因组的调控。南京医大[25]用cDNA探针检测11例肝硬化肝脏，10例有c-H-ras异常表达，5例c-fos异常表达，1例c-jun异常表达，提示c-H-ras和c-fos基因的异常表达是肝硬化组织中基因异常的一部分。北京佑安医院[26]报道32例肝硬化患者9例增殖细胞核抗原阳性，明显少于急性重型肝炎和重型慢性活动性肝炎组织($P<0.05$)。表明肝硬化时肝细胞的增殖状态是相当低下的。北京中医院[27]在慢性迁延性肝炎、慢性活动性肝炎和肝炎后肝硬化患者中同时检测血清Ⅳ型前胶原肽、Ⅳ型胶原肽、板层素和透明质酸，观察到四项指标与转氨酶升高无显著相关性，与血清中γ-球蛋白增高有显著相关性。北京医大人民医院[28]用^{3}H-哌唑嗪测得9例肝硬化组织α_1受体结合容量及亲和力下降。该院[29]以^{3}H-吡拉明和^{3}H-甲氰咪胍测得肝硬化大鼠肝组织中组织胺H_1、H_2受体的含量及亲和力亦明显降低。推测可能与组织胺受体复合物移入细胞内有关；其下降可能会导致肝细胞糖及磷脂代谢紊乱。贵阳医学院附院[30]报道34例肝硬化患者血浆NO水平及内皮素(ET)水平明显高于对照组，在失代偿期高于代偿期，且在失代偿期肝硬化者NO与ET呈显著相关。重庆大坪医院[31]报道50例肝癌、肝硬化患者血浆ET明显增高，肝癌组为(115.4±31.2)ng/L，肝硬化组为(80.35±24.3)ng/L，肝硬化组ET水平与门、脾静脉宽度、总胆红素水平皆成正相关，与血清白蛋白呈显著负相关。南京医大二院[32]报道32例肝硬化患者NO代谢产物亚硝酸盐和硝酸盐(NO_2^-/NO_3^-)水平为(101.1±23.5)mmol/L，显著高于正常对照组。西安医大二院[33]报道30例肝硬化患者血浆血栓烷B_2(TXB_2)和6-酮前列腺素$F_1\alpha_1$(6-$PGF_1\alpha$)均显著高于正常对照组，与血小板数量及肝功损伤程度无关，无助于肝硬化病情观察和预后估计。河北医大三院[34]报道83例急、慢性肝炎患者T_4、rT_3、rT3/T_3升高，T_3/T_4降低；25例肝硬化患者T_3、T_3/T_4降低，rT_3、rT_3/T_3升高，肝硬化后期肝功能严重受损时，T_4下降。结果表明血清T_3、T_4与肝病患者血清胆红素、血浆白蛋白密切相关，尤其是T_4含量可作为临床判断肝病患者病情程度和预后的重要参数。中国医大一院[35]报道38例肝炎后肝硬化患者血清胃泌素、胰岛素及胰高糖素水平显著升高，有腹水者明显高于无腹水者；生长抑素水平无变化；血清胰岛素水平与血清白蛋白水平呈负相关。解放军总院[36]报道11例肝硬化者肝静脉血中铁含量明显高于门静脉血和外周血，提示在没有肠道吸收铁的情况下，肝脏动员自身贮藏的铁来满足人体的生理需要；肝静脉血及外周血的铜含量高于门静脉，提示体循环中的铜含量增加与出肝血中铜增加有关。温州医学院一院[37]报道39例肝硬化失代偿期患者血小板表面相关抗体(PA-IgG、PA-IgM、PA-IgA)水平显著高于正常组，并与血小板计数呈负相关。提示肝硬化患者血小板计数与PA-IgG和PA-IgA水平的升高有关。重庆西南医院[38]测得50例肝硬化患者血小板计数、平均血小板体积及血小板压积均显著降低。哈尔滨医大二院[39]测得78例肝硬化患者空腹血胰岛素水平显著高于正常组；原发性肝癌组(24例)明显低于肝硬化组。认为该指标可反映肝功能障碍及门脉高压、门体分流的程度，在鉴别肝硬化和肝癌中有意义。中国医大二院[40]报道26例肝硬化空腹血清表皮生长因子含量(3.93±1.62)mg/L，尿液中为(17.39±2.81)mg/L，显著高于正常对照组；肝癌患者空腹血清及尿液水平分别为(523.33±104.48)mg/L及(26.93±8.45)mg/L，也明显高于健康对照组与肝硬化组。重庆西南医院[41]*报道以流式细胞仪测肝硬化大鼠部分肝叶切除术(C-PH)后的肝脏Kupffer细胞(KC)DNA和RNA含量，发现G_2期及M期KC DNA合成高峰时间明显落后于正常大鼠肝叶切除术(N-PH)后组，说明肝硬化肝KC再生启动时间落后；KC RNA合成水平在术后1周内低于N-PH组，表明KC功能受到抑制。认为KC合成DNA和RNA功能降低可能是肝硬化术后肝细胞再生能力低下和肝功衰竭的一个重要原因。河北医学院三院[42]用ELISA法检测15例慢性迁延性肝炎、33例慢性活动性肝炎及22例肝炎后肝硬化患者血清TNF水平，分别为(4.73±3.38)ng/ml，(13.71±12.68)ng/ml，(7.08±5.37)ng/ml，与肝细胞受损程度及病毒复制密切相关。河南省医院[43]

报道45例肝炎后肝硬化腹水患者合并自发性细菌性腹膜炎(SBP)时,腹水中IL-6水平显著升高,认为是诊断肝硬化合并SBP的敏感、特异指标:死亡组腹水的TNF-α及IL-6水平显著高于存活组。认为IL-6和TNF-α可能参与全身过度炎症反应。南京医大一院[44]报道12例肝硬化失代偿期患者外周血淋巴细胞IL-2 mRNA表达及IL-2分泌明显减弱,经植物血凝素(PHA)转化后,IL-2 mRNA表达增强,但仍低于正常组。认为肝硬化患者淋巴细胞IL-2减少主要是由于IL-2 mRNA表达不足所致,原因可能系各种有害因素致淋巴细胞损伤,导致肝硬化患者易患各种感染。河北医学院二院[45]报道41例肝炎后肝硬化患者外周血淋巴细胞IL-2明显低于对照组;7例并发肝细胞癌者IL-2水平还与肝脏的损害程度密切相关,较单纯肝硬化者低。认为肝硬化时IL-2活性过度低下时应注意并发肝细胞癌的可能。青岛市立医院[46]报道以双抗体夹心ELISA方法测定不同肝病患者sIL-2R,重型肝炎组(6例)为(869.96±185.04)kU/L,急性肝炎组(40例)为(665.83±156.94)kU/L,慢性活动性肝炎组(33例)为(582.40±167.83)kU/L,慢性迁延性肝炎组(24例)(303.20±105.47)kU/L,肝硬化活动期组(19例)(594.03±187.73)kU/L,肝硬化代偿期组(14例)(337.41±107.42)kU/L,肝细胞癌组(13例)(406.30±123.70)kU/L,均高于正常对照组(50例),(250.04±96.98)kU/L,且各组sIL-2R水平与肝损害程度相一致;乙型肝炎病毒携带者(31例)sIL-2为(294.20±74.52)kU/L,与正常组无显著差异。

治疗 上海长征医院[47]以秋水仙素作用于培养的大鼠肝细胞、贮脂(Ito)细胞,以^{3}H-TdR、^{3}H-脯氨酸掺入的dpm数分别代表细胞内DNA及胶原合成。发现秋水仙素在10^{-7}~10^{-5}mol/L浓度范围内,肝细胞、Ito细胞生长良好;但两种细胞的DNA及胶原合成均受到不同程度抑制,且呈浓度依赖性,但这种抑制作用持续时间较短。湖南医大二院[48]报道川芎嗪使CCl_4致大鼠肝损伤及纤维化程度减轻,脂质过氧化物含量降低,过氧化物歧化酶含量增加。提示川芎嗪具有抗脂质过氧化和防止或延缓实验性肝纤维化的作用。贵州医学院附院[49]用促肝细胞生长素治疗15例肝硬化患者,其血清Ⅲ型前胶原由(328.6±167.0)mg/L降至(236.7±92.5)mg/L($P<0.05$);血清透明质酸由(1 455.2±722.8)mg/L降至(1142.8±556.0)mg/L。浙江宁波传染病院[50]以促肝细胞生长素治疗活动性肝硬化,在缩小肝脾、消除腹水方面优于对照组。上海中山医院[51]报道口服复合氨基酸和维生素胶囊可提高肝硬化组低蛋白血症,有显著的疗效。

(马述春)

并发症 武汉同济医院[52]采用一氧化氮(NO)合成酶阻滞剂左旋硝基精氨酸(LNNA),研究NO在肝硬化鼠动脉扩张中的作用。结果LNNA可部分纠正肝硬化鼠降低的平均动脉压、外周血管阻力,使高心脏指数有所下降。表明NO在高动力循环状态中起重要作用。西安唐都医院[53]*用放免法测定肝硬化鼠门静脉血及外周血内皮素(ET)浓度。结果ET在肝硬化早期与正常组无显著差别;中、晚期较正常组明显升高;ET与血清谷丙转氨酶(ALT)不相关,与门脉压力呈正相关。表明ET在肝硬化门脉高压的发病机制中起重要作用。武汉同济医院[54,55]*用免疫组化方法研究肝硬化和非硬化患者胃冠状静脉壁中4种生长因子的表达和分布。发现肝硬化者4种生长因子均呈强阳性,非硬化者均阴性。提示门脉高压时,胃冠状静脉壁的细胞能产生多种生长因子,作用于自身管壁,引起血管构形改建和功能障碍,加剧了门脉系统血流动力学紊乱。

白求恩医大一院等[58]用核素动态显像测定肝血流量,研究肝动脉和门静脉血流(Qa、Qp)比例。发现Child-Pugh A、B和C级肝硬化患者的Qa均明显高于对照组,而Qp明显降低;各组间Qa和Qp比较,除A与B两组间无显著差异外,其余均有显著差异。表明此法可早期发现肝硬化患者Qa/Qp失常,并可以失常程度对病情作出判断。河北医大二院等[57]用超声多普勒检测100例肝硬化门脉高压患者胃左静脉血流动力学参数。结果25例食管静脉轻度曲张者均为向肝血流;75例中至重度曲张者均为离肝血流,且流速随曲张程度加重而增加,较对照组显著加快;离肝血流者门脉压显著高于向肝血流者;口服葡萄糖后30秒向肝血流患者中18例转为离肝血流,35例离肝血流者中30例血流显著加快,而对照者无变化。提示胃左静脉血流为离肝型且流速过快者具有食管静脉曲张出血的高度危险性。上海市一院等[58]对11例门脉高压输注当归注射液并观察全身及门脉血流动力学指标。结果全身血流动力学无明显变化,肝静脉嵌塞压(WHVP)和肝静脉压力梯度显著下降,门静脉和脾静脉血流量显著减少,其降压效果与基础WHVP呈反比。广州市一院[59]用直肠^{99m}Tc门体循环显影术检测40例肝炎后肝硬化患者的门体分流指数(SI),并与胃镜下食管静脉曲张(EV)分级比较。结果出血组的SI显著高于非出血组,EV组SI显著高于非EV组,且EV分级与SI

呈正相关;SI>60%的23例中20例存在三级以上EV,16例于半年内出血。认为SI达60%为预测出血的依据之一。北京医大人民医院[60]用同法研究发现肝硬化鼠的心肝比(H/L)与自由门脉压(FPP)呈正相关,由H/L推算的FPP与实测FPP有良好相关性。福建省立医院[61]监测食管静脉曲张出血患者心得安治疗前后H/L和SI值。结果治疗后H/L、SI值明显降低,表明H/L与SI可用于治疗监测。黑龙江省医院等[62]的研究表明门脉主干内径(PVD)>12.0mm、脾静脉内径>8.0mm、胃左静脉内径(LGVD)>4.0mm提示门脉高压;LGVD>5mm为预测上消化道出血危险性的一项指标。中山医大一院[63]测定肝硬化患者血清透明质酸(HA),同时B超测量PVD,胃镜或X线吞钡检查食管静脉曲张程度。结果表明HA水平除可反映肝功损害程度外,还和门脉压力增高相关,HA>400ng/ml诊断轻度门脉高压的敏感性80%,特异性73.9%,准确性76.7%;HA>600ng/ml诊断明显门脉高压的敏感性69%,特异性79.1%,准确性75%。

上海瑞金医院[64]对食管曲张静脉出血作硬化剂治疗(EIS),217例平均随访63.15个月。再出血率15.27%(33例);5年生存率59%,其中Child A～B级和C级各为65%和34%;死亡率10.6%(23例),12例死于再出血。该院[65]还报道采用连续皮圈结扎器治疗食管静脉曲张出血6例(1次结扎5处)均获成功,结扎成功率93.3%。上海华山医院等[66,67]比较EIS治疗36例与内科治疗33例的远期疗效,5年生存率分别为71.4%与27.3%,10年生存率分别为41.7%与12.1%,再出血率分别为27.8%与75.7%,均有显著差异;EIS治疗45例(A组)、内科治疗52例(B组)及手术治疗38例(C组)的疗效比较,再出血率A组(15%)显著低于B组(69%),与C组(32%)无显著差异;5年生存率A组(79%)显著高于B组(19%),与C组(73%)无显著差异。济南军区总院[68]应用内镜下直接注射法、内镜附带气囊法、食管静脉结扎法治疗800例肝硬化食管静脉曲张患者,其中542例急诊止血率达95.5%以上;硬化治疗者1、3、7年生存率分别为93.3%、84.0%、78.8%;再出血率分别为5.3%、6.2%、3.1%。四川绵阳市四院[69]用U型倒镜法作EIS或套扎治疗胃底静脉曲张8例,术后加药物治疗,2周内无再出血。西安医大一院等[70～72]分析80例食管曲张静脉结扎(EVL)的疗效。68例曲张静脉平复;30%门脉高压胃粘膜病变加重;62例2～26个月随访,近80%无出血或再出血,因再出血死亡者2例(3.2%)。北京友谊医院[73]报道用硬化加结扎法治疗食管静脉曲张,使治疗次数从4次以上减至2次,疗效相同。黑龙江消化病所等[74,75]对EVL组(15例)、EVL+EIS组(15例)作比较,结果EV消失率和再出血率EVL组分别为40.0%和26.3%,而EVL+EIS组为80.0%和6.6%,表明EVL+EIS的疗效优于EVL;EVL+EIS治疗102例与EIS治疗88例比较,总止血率分别为96.1%和81.8%,曲张静脉消失率分别为83.3%和51.7%,EVL+EIS疗效显著优于EIS。解放军总院[76]对EIS术后再出血分析,认为再出血与肝功及门静脉主干宽度无明显关系,而与静脉曲张消失率低及其他门体侧支循环未建立有关;再出血多为小中量,可再行EIS。

石家庄白求恩国际和平医院等[77～81]报道了用经颈静脉肝内门体分流术(TIPSS)治疗门脉高压症。认为TIPSS创伤小,并发症少,近期疗效显著;但术后随访4个月～1.5年,各组分流道狭窄再出血发生率为17%～25%,其中远期疗效不容乐观。安徽省立医院[82]在26例TIPSS术中用B超引导穿刺,安全简便,定位准确穿刺成功率高。南京军区南京总院[83]用自制内支撑行TIPSS治疗60例门脉高压症,成功率94.5%,并发症发生率18.2%,死亡率5.5%;分流道血流速术后1周为(83.42±31.54)cm/s,术后1～10个月为(82.55±32.44)cm/s;随访10个月,再出血1例,肝功衰竭死亡1例。武汉协和医院[84]用TIPSS治疗12例食管静脉曲张患者,术后内镜观察食管静脉曲张明显减轻,胃底静脉曲张消失。上海中山医院[85]对1例TIPSS术后分流道完全闭塞患者行经颈静脉将导管穿过闭塞部位送至门静脉灌注尿激酶,首剂25万U加肝素5000U,30秒造影示分流道部分开通,再以1万U/小时加肝素800U滴注18小时后完全开通。北京铁路总院等[86]采用经皮肝穿曲张静脉栓塞术及部分脾栓塞术治疗17例食管胃底静脉曲张出血及脾功能亢进。近期止血效果良好(82.3%),术后门脉压与术前无显著差异;外周血细胞及血小板较术前明显回升。

上海中山医院[87]分析门脉高压症术后死亡47例。认为感染是最常见原因,上消化道大出血是术后近期死亡的主要原因,完善的围手术期处理才能确保手术成功。哈尔滨医大二院等[88]分析脾切除加断流术后再出血27例,认为手术遗漏食管支、术式选择错误和应激性溃疡是再出血的主要原因。重庆西南医院[89,90]观测不同术式对肝硬化门脉高压大鼠肝功能的影响。表明肠腔侧侧分流术后门体分流率明显高于远端脾肾分流术和门奇断流术,对硬化肝脏线粒体呼吸功能的影响明显大于后两者,认为后两者是较理想的术式。西安西京医院等[91~93]采用食管胃底静脉栓塞加脾切除术治疗门脉高压症106例。术后3、5、7年生存率分别为93.5%、88.0%和88.0%;术后1、3、5年再出血率分别为1.9%、7.8%和18.0%;食管静脉曲张减轻、消失率达84.2%。认为此法较安全,栓塞效果持久,尤其适用于急诊出血内科治疗无效者。南京钟阜医院[94]对门脉高压大出血32例行急症切脾或非切脾断流术。术前Child B级15例、C级17例中术后死亡10例,均为切脾组;22例随访6个月~2年无再出血。解放军16医院等[95]调查肝炎后肝硬化632例脾切除术后5年内有291例发生肝癌(46%),较肝硬化自然癌变率(10%~30%)显著为高。中国医大二院[96]采用单克隆抗体APAAP检测法分析肝硬化切脾前后末稍血中T细胞亚群分布特点。术后第4周,CD_8^+T细胞百分率显著增加,CD_4^+/CD_8^+比值显著下降,提示切脾可致机体细胞免疫功能降低。新疆医学院一院等[97,98]用脾部分栓塞术治疗肝硬化脾亢,表明能改善脾亢,降低门脉压。白求恩医大一院[99]对42例肝硬化"脾亢"患者作骨髓活检,32例有不同程度的骨髓脂肪化、纤维化、肉芽肿及浆细胞异常增多,提示骨髓病变是肝硬化"脾亢"全血细胞下降的重要原因之定。西安医大二院[100]检测30例肝硬化脾切除术前后血流动力学指标。结果除红细胞滤过指数外,术后血流动力学指标均有显著增高。认为脾切术后应作有关检查,必要时可予治疗,以防并发症。

中国医大二院等[101~103]用奥曲肽治疗食管曲张静脉出血并以垂体后叶素作对照。结果治疗组24小时内止血率90%,显著高于对照组(61.1%),且副作用小;超声观察奥曲肽能缩小门脉内径,减少门脉血流,降低门脉压力。北京协和医院等[104,105]用施他宁治疗食管曲张静脉出血17例。起效时间为2~26小时,出血停止时间为3~52小时,有效15例中3例在用药中再出血,另2例停药8小时内再出血,无不良反应。认为可用此药稳定病情争取手术时机。上海瑞金医院[106]对三腔管气囊压迫无效者4例用施他宁后1~15小时内止血,认为简便有效,可望替代三腔管气囊压迫法。北京宣武医院等[107~109]比较善得定(22例)、硬化剂(21例)及两者联合应用(26例)三组疗效,72小时止血率分别为68.2%、85.7%及92.6%;1周内再出血率分别为33.3%、16.7%和4.2%。联合应用组疗效优于前两组。河南省医院[110]用祛聚、抗凝、溶栓序贯疗法治疗门脉血栓(PVT)105例。20%缩小,60.9%消失;与未治疗组比较,PVT治疗组的再出血率显著降低,而1、3、5年生存率显著提高。上海中山医院[111]对比螺内酯与硬化剂疗法预防食管曲张静脉破裂再出血的疗效。结果螺内酯组再出血率及生存率与硬化剂组无显著差异,两者疗效相同,但前者无硬化疗法的副作用。上海新华医院等[112]给321例门脉高压者服用钙通道阻滞剂2年,观察食管曲张静脉压力及再出血率。结果表明钙通道阻滞剂可显著降低食管曲张静脉压力,减少其血流,其中汉防己甲素组的无再出血率为87.9%,显著高于尼群地平、维拉帕米、普萘洛尔和桂利嗪组。

中国医大一院[113]用放免法测定60例肝硬化的尿缓激肽(U_{BKV})排泄量、血浆肾素活性(PRA)和血浆醛固酮(PAC)。结果肝硬化有腹水组U_{BKV}显著低于无腹水组及正常组,PRA、PAC则显著升高。提示肾激肽释放酶-激肽系统和肾素-血管紧张素-醛固酮系统共同参与肝硬化水钠潴留和腹水的形成。上海长海医院等[114,115]报道Denver腹腔颈静脉分流术治疗肝硬化顽固性腹水12例。治疗后腹水减少,尿钠增高,血肌酐、尿素氮减少,肝功好转;1例无效,1例合并DIC死亡。重庆西南医院[116]观察12例肝硬化张力性腹水于单次大量放腹水(LVP)前后血浆肾素活性、醛固酮、心钠素及肾功能的动态变化。结果表明单纯LVP能暂时改善肝硬化患者的肾功能,但可能继发有效血容量下降,宜补充胶体扩容。江西九江市一院[117]对21例肝硬化腹水患者在常规治疗基础上加服甲状腺素,可改善患者食欲,缩短腹水消退时间,提高血清白蛋白。安徽中医学院附院[118]在西药治疗基础上加用中药(大黄12g、黄芪15g、黄连10g、丹参30g、赤芍30g、川芎15g)煎汤保留灌肠治疗肝硬化腹水合并原发性腹膜炎24例,总有效率显著高于西药对照组。认为中药保留灌肠对肠粘膜屏障可能有修复和保护作用。解放军451医院[119]分析晚期肝硬化并发自发性细菌性胸膜炎(SBPL)8例次,认为及早诊断、及早用抗生素治疗预后良好。

重庆医大二院[120]和山西省医院[121]分别观测肝硬化患者儿茶酚胺、甲状旁腺素和肾血流动力学,探讨肝肾综合征(HRS)发病机制。结果表明肝硬化失代偿期有显著水钠潴留,晚期肾功异常;肝硬化时交感肾上腺系统活动增强,以HRS患者为明显;甲状旁腺素在肝硬化各期及HRS时均显著升高;肝硬化患者确有肾血流量和肾滤过率降低等血流动力学改变,从而影响肾功能,且随肝功能损害程度的加重肾功能损害的机会亦增加。哈尔滨医大一院[122]*应用智力测验和多种诱发电位检查对60例肝硬化患者进行亚临床肝性脑病的诊断分级研究。结果智力测验异常12例,诱发电位异常9例,定为亚临床肝性脑病Ⅰ级；二项均异常21例，定为Ⅱ级。随访1年，16例Ⅱ级患者未经治疗者发生了临床型肝性脑病。浙江中医院[123]对25例肝硬化患者作脑干听觉、视觉和体感诱发电位(BAEP、VEP、SEP)检查，表明肝硬化患者在临床肝性脑病发生前已有脑电活动异常，VEP可反映肝硬化的严重程度，SEP是较敏感的指标。

武汉同济医院等[124]用超声检测25例肝硬化的胃动力学。与对照组比较肝硬化者胃半排空时间延长1.95倍，胃全排空时间延长1.5倍；胃窦收缩频率减慢65.4%，胃窦收缩幅度下降65.4%，胃窦运动指数下降88%。提示肝硬化患者存在胃动力障碍。西安医大二院[125]用单光子发射型计算机断层显像检测40例肝硬化和18名正常人的胃食管反流(GER)和胃液体排空(GE)时间($GET_{1/2}$)。结果：肝硬化GER阳性率、GE延缓发生率及$GET_{1/2}$明显高于正常组；肝硬化GER(＋)组上消化道出血和腹水发生率明显高于GER(－)组；随访1年，GER(＋)组平均出血次数高于GER(－)组，指出肝硬化GER发生率增高，胃排空迟缓，且GER(＋)与上消化道出血关系密切。南京医大一院[126]用电子自旋共振技术测定门脉高压(PHT)大鼠胃粘膜缺血再灌注前后及丹参治疗后胃粘膜中氧自由基及脂质过氧化物和超氧化物歧化酶的变化。表明PHT鼠胃粘膜更易受缺血再灌注损伤，早期使用丹参可减轻损伤。徐州医学院[127]报道汉防己甲素可改善胃粘膜屏障功能，还能改善肝功能。上海市一院等[128]通过血管铸型研究门脉高压性胃血管病。见胃壁全层动脉扩张，粘膜肌层动-静脉及交通支增多、增粗，粘膜层毛细血管纡曲等病理变化。广州军区广州总院[129]报道62例门脉高压患者并发门脉高压性结肠病38例。门脉高压病程1～5年41例，并发17例；6～10年22例，并发16例；11～15年5例，并发5例。武汉同济医院[130]采用实时超声显像技术观察肝硬化患者的胆囊排空功能。结果肝硬化患者空腹胆囊容积和脂餐后剩余容积较对照组明显增大，单位时间内胆囊排空率显著降低。表明肝硬化患者胆囊排空功能受损。福建医大二院等[131～133]给肝硬化患者作肝胆B超检查。分别报道288例中发现胆囊壁毛糙、增厚189例(65.6%)，合并胆结石74例(25.7%)，其发生率与病程、肝功能分级有关；437例肝硬化检出胆结石40例(9.15%)，对照组257例慢性肝炎检出胆结石9例(3.5%)；60例肝硬化发现胆结石18例(30%)，对照组其他内科患者100例发现胆结石8例(8%)。华西医大一院[134]测定87例肝硬化患者空腹血糖。结果提示肝硬化患者发生高血糖概率显著高于低血糖，高血糖多在合并消化道出血、感染、水电失衡而肝功相对较好时发生；而肝功失代偿尤其肝功衰竭、肝癌时易发生低血糖。苏州医学院一院[135]分析肝硬化合并糖尿病56例。表明肝性糖尿病与性别无关；随年龄增长、总胆红素增高及食管静脉曲张的加重，其发病率显著升高。兰州化学工业公司医院[136]报道了11例肝硬化并呼碱型三重酸碱失衡(TABD)，认为呼碱是肝硬化并发TABD的基础；11例均合并高阴离子隙(AG)代酸(AG是判断代酸的重要指标之一)，若AG＞16mmol/L，在排除其他因素后可诊断为高AG代酸；"潜在"HCO_3^-(实测HCO_3^-＋△AG)是判断代碱的指标之一(＞HCO_3^-代偿预计值上限)；LC并TABD提示病情严重，预后差。上海杨浦区医院等[137～139]分析43例肝硬化腹水并低钠血症患者。结果表明死亡组入院时血钠显著低于腹水消退组，且死亡前较入院时又明显降低；血钠正常者无1例死亡；中～重度血钠降低者29例死亡(死亡率为82.6%)。提示持久低钠血症预后不良。比较69例肝硬化腹水并低钠血症和39例血钠正常组，前者低钾血症、肝性脑病、肾功能减退的发生率及死亡率均显著高于血钠正常组。肝硬化腹水患者的高钠血症、低钠血症和高钾血症大多在肝功减退时因治疗不当所致。广东农垦医院[140]对52例肝硬化患者作血气分析，结果表明肝肺综合征(HPS)的发生率和严重程度随肝功损害的加重而增加，总发生率为59.61%；皮肤蜘蛛痣阳性者HPS发生率高于阴性者；有并发症者HPS发生率高于无并发症组。陕西佳县医院等[141]报道肝硬化患者肺部X线可见：胸水，斑片状阴影，双肺纹理增多和盘状肺不张。山东东明县医院等[142]应用硝苯吡啶和利尿剂治疗25例肝硬化失代偿期肺通气功能减退患者，治疗后肺通气功能有明显改善。海南省医院等[143]对278例肝硬化失代偿期患者中42例合并多器官功能衰竭(MOF)者进行诱发因素及治疗转归分析。认为必要的监护、对内环境失衡的及时处理、对诱发因素及时有效的去除和治疗会降低MOF的发生率。

(朱　梁)

参考文献

[1] 王　琦等．新消化病 1996;4(1):49

[2] 林世富．四川医学 1995;16(5):282

[3] 许燕萍．中华消化 1996;16(3):176

[4] 张光曙等．解放军医学 1996;21(2):98

[5] 洪明理等．首都医大学报 1996;17(1):36
[6] 胡锡琪等．临床与实验病理 1996;12(1):1
[7] 陈德珍等．中华消化 1996;16(3):173
[8] 杨 镇等．中华外科 1996;34(3):138
[9] 邓 红等．临床消化 1996;8(2):60
[10] 黄自平等．临床消化 1996;8(2):49
[11] 赵 刚等．中西医结合肝病 1996;6(1):18
[12]* 徐冬波等．上海医大学报 1996;23(3):203
[13] 袁桃霞等．上海医大学报 1996;23(2):90
[14] 刘玉兰等．北京医学 1996;18(1):26
[15] 王慧贞等．中华小儿外科 1996;17(5):258
[16] 于 洁等．中华医学 1996;76(10):788
[17] 聂 广等．中西医结合肝病 1996;6(3):33
[18] 彭瑞云等．军医科院院刊 1996;20(1):36
[19] 杨 伟等．解放军医学 1996;21(1):42
[20] 吴秉毅等．一军医大学报 1996;16(1):34
[21] 陈东风等．三军医大学报 1996;18(3):234
[22] 窦晓光等．中国医大学报 1995;24(5):526
[23] 王春杰等．癌症 1996;15(2):99
[24] 王春杰等．四军医大学报 1995;16(6):460
[25] 刘 平等．南京医大学报 1996;16(2):121
[26] 朗振为等．临床肝胆 1996;16(3):141
[27] 韩纯学等．中西医结合肝病 1996;6(1):1
[28] 张有成等．中华医学 1996;76(3):236
[29] 彭吉润等．中华外科 1996;34(2):113
[30] 黄永辉等．中华内科 1996;35(7):479
[31] 陈东风等．三军医大学报 1996;18(2):168
[32] 许宏岳等．南京医大学报 1995;15(4):825
[33] 张 军等．陕西医学 1996;25(7):424
[34] 赵衫彦等．河北医大学报 1996;17(5):261
[35] 徐秀英等．中国医大学报 1995;24(5):514
[36] 李 闻等．中华内科 1996;35(8):550
[37] 黄智铭等．中国实用内科 1996;16(2):98
[38] 王英杰等．临床肝胆 1995;11(4):190
[39] 王曾锋等．哈医大学报 1996;30(1):65
[40] 何凤云等．中国实用内科 1996;16(1):42
[41]* 陈 平等 中华外科 1996;34(10):634
[42] 甄 真等．临床肝胆 1996;12(1):29
[43] 张炳勇等．中华传染 1996;14(1):49
[44] 徐顺福等．南京医大学报 1996;16(5):452
[45] 冯志杰等．中华消化 1995;15(6):354
[46] 宣世英等．中华医学检验 1996;19(5):278
[47] 范列英等．上海医学 1996;19(1):15
[48] 李友元等．湖南医大学报 1995;20(6):579
[49] 吴亚云等．贵州医药 1996;20(5):272
[50] 缪正秋．中华传染 1996;14(2):123
[51] 傅志君等．新药与临床 1996;15(4):211
[52] 张丕利等．中华消化 1995;15(6):333
[53]* 褚延魁等．四军医大学报 1996;17(4):274
[54]* 杨 镇等．同济医大学报 1996;25(3):216
[55]* 杨 镇等．同济医大学报 1996;25(4):309
[56] 迟玉荣等．中华核医学 1996;16(1):52
[57] 白文元等．中华内科 1996;35(5):335
[58] 黄自平等．中华内科 1996;35(1):15
[59] 贾 林等．内镜 1996;13(1):18
[60] 张有成等．中华外科 1995;33(12):754
[61] 唐明灯等．福建医药 1996;18(3):16
[62] 杨秀华等．中华超声影像 1996;5(2):72
[63] 刘思纯等．新医学 1995;26(11):581
[64] 李宏为等．中华外科 1996;34(3):154
[65] 吴云林等．上海医学 1996;19(5):277
[66] 汪一虹等．上海医大学报 1996;23(1):10
[67] 袁祺肇．内镜 1995;12(6):342
[68] 王要军等．新消化病 1996;4(1):19
[69] 文黎明等．中华消化内镜 1996;13(2):299
[70] 黎庶熙等．内科急危重症 1996;2(1):3
[71] 庞志锋等．中华消化内镜 1996;13(1):47
[72] 郭文栋等．中华消化内镜 1996;13(1):48
[73] 于中麟等．中华消化 1996;16(2):122
[74] 朱春兰等．新消化病 1996;4(10):558
[75] 姚礼庆等．中国实用外科 1996;16(8):475
[76] 程留芳等．中华消化内镜 1996;13(1):14
[77] 崔进国等．解放军医学 1996;21(1):69
[78] 薛 挥等．西安医大学报 1996;17(1):116
[79] 单 鸿等．中山医大学报 1996;17(2):132
[80] 晋援朝等．四军医大学报 1995;16(6):469
[81] 彭志毅等．浙江医大学报 1996;25(2):83
[82] 李美光等．临床医学影像 1996;7(2):89
[83] 吴性江等．中华外科 1996;34(5):303
[84] 刘 诗等．内镜 1996;13(2):74
[85] 王建华等．中华放射 1996;30(6):420
[86] 刘福全等．中华放射 1995;29(11):773
[87] 徐维刚等．上海医学 1996;19(6):355
[88] 张 滨等．哈医大学报 1995;29(6):498
[89] 马宽生等．中国实用外科 1996;16(8):489
[90] 徐新宝等．三军医大学报 1996;18(1):48
[91] 马 中等．四军医大学报 1996;17(2):127
[92] 芮宗道等．铁道医学 1996;24(1):17
[93] 高云生等．山西医药 1995;24(6):377
[94] 易永祥等．南京医大学报 1995;15(4):866
[95] 薛 越等．临床消化 1996;8(3):129
[96] 冯国和等．辽宁医学 1996;10(3):132
[97] 王成红等．新疆医学院学报 1995;18(4):267
[98] 刘福全等．中华放射 1996;30(9):638
[99] 朴云峰等．临床肝胆 1996;12(1):31
[100] 杭月娥等．新消化病 1996;4(1):28
[101] 李森林等．中国急救医学 1996;16(2):10
[102] 罗葆明等．中华医学 1996;76(3):200
[103] 古兆宸．上海医学 1995;18(12):722
[104] 方秀才等．中华内科 1996;35(1):46

[105] 胡品津．新医学 1995;26(12):632
[106] 吴云林等．中华消化 1996;15(6):368
[107] 张泰昌等．内镜 1996;13(2):76
[108] 诸葛传德等．中国实用内科 1996;16(3):180
[109] 张莉莉等．江苏医药 1996;22(8):568
[110] 田建国等．肝胆胰外科 1996;8(3):132
[111] 王吉耀等．新药与临床 1996;15(1):31
[112] 李定国等．Chin Med J 1995;108(11):803
[113] 黄玉红等．中国医大学报 1996;25(1):58
[114] 阎军红等．二军医大学报 1995;16(5):489
[115] 杨晋辉等．中华内科 1996;35(7):476
[116] 陈文生等．中华消化 1995;15(6):361
[117] 刘桂青等．临床肝胆 1996;12(3):164
[118] 高　健．中西医结合急救 1996;3(9):399
[119] 陈仕珠等．新消化病 1996;4(1):22
[120] 张　练等．重庆医学 1996;25(5):262
[121] 王大骏等．山西医药 1996;25(5):330
[122]* 杨幼林等．哈医大学报 1995;29(6):463
[123] 吕　宾等．浙江医学 1996;18(4):201
[124] 胡望明等．中国超声医学 1996;12(6):30
[125] 王进海等．新消化病 1996;4(10):554
[126] 徐泽宽等．南京医大学报 1996;16(6):530
[127] 穆　毅等．中华消化 1996;16(4):213
[128] 黄自平等．中华消化 1996;16(4):237
[129] 杨汉勤等．中华消化 1996;16(2):109
[130] 胡望明等．中国实用外科 1996;16(5):285
[131] 许朝祥等．福建医药 1996;18(4):18
[132] 徐宜楠等．安徽医大学报 1996;31(2):163
[133] 曹建新等．南通医学院学报 1995;15(4):538
[134] 邹天然等．华西医学 1996;11(2):141
[135] 陈祖涛等．苏州医学院学报 1995;15(5):918
[136] 王德义．兰州医学院学报 1996;22(1):57
[137] 倪德明等．新消化病 1996;4(7):411
[138] 徐　钊等．新消化病 1996;4(7):375
[139] 李　明等．苏州医学院学报 1996;16(4):641
[140] 黄力言．临床内科 1996;13(5):29
[141] 乔卓妮等．新消化病 1996;4(7):410
[142] 张改明等．中国实用内科 1996;16(1):39
[143] 韦　红等．中华消化 1996;16(1):52

(二)肝脓肿

浙江温州市二院[1]报道肝脓肿的早期CT表现为“蜂窝征”，增强CT“蜂窝征”及伴随的低密度范围缩小为早期肝脓肿的重要征象。上海华山医院[2]报道8例克雷白肺炎杆菌肝脓肿，死亡3例，以起病急、病情重、合并症多及病死率高为其特征。兰州军区总院[3]报道1例经电视腹腔镜肝脓肿引流获得成功。安徽省立医院[4]报道248例化脓性肝脓肿经皮置管引流及抗菌药物治疗后治愈率98.4%。郑州铁路医院[5]报道46例细菌性肝脓肿采用带蒂大网膜填塞治疗，并与41例置管引流治疗比较。结果表明大网膜填塞组具有并发症少、病程短、费用低、疗效好等优点。浙江湖州市二院[6]报道介入治疗肝脓肿29例。经肝动脉推注抗生素，肝动脉血药物浓度高于肘静脉。认为介入治疗具有控制中毒症状快、脓肿吸收快及明显缩短病程等优点。四川绵阳市医院[7]报道1例肝脓肿并发A-S综合征，经16次复苏，抢救成功。

（刘　苏　陈士葆）

参　考　文　献

[1] 洪瑞镇等．实用放射 1996;12(4):226
[2] 尹有宽等．中华传染 1996;14(2):120
[3] 顾树南等．中华消化内镜 1996;13(2):319
[4] 王永征等．肝胆外科 1996;4(1):40
[5] 曹艳玲等．铁道医学 1996;24(4):221
[6] 褚美琦等．山东医药 1995;35(10):15
[7] 焦荣芳等．四川医学 1996;17(4):266

(三)原发性肝癌

病因　乙肝病毒血清标志检测[1]、HBV-DNA的PCR检测[2]及肝癌组织内HBV X抗原的免疫组化测定[3]均证实原发性肝癌(PHC)与HBV感染有密切关系。血清HBV及抗HCV的检测[4,5]包括PCR方法对肝癌组织HBV DNA和HCV RNA的检测[6~9]及免疫组化观察肝癌组织HBsAg、HBcAg及HCV NS5抗原的表达[10~12]亦表明HBV、HCV感染与PHC发生有关。现阶段我国PHC大多数由HBV感染引起，两种病毒混合感染引起者占少数。上海长海医院[13]应用双重原位杂交定位检测，发现HBV、HCV可同时感染同一宿主细胞，结果为两种病毒感染在肝细胞癌(HCC)发生中起协同作用提供了线索；提出HCV可分成6个基因型及11～12个基因亚型。上海中山医院等[14,15]通过混合引物法检测发现HCV-1b型较其他亚型具有更强的致肝硬化及肝癌的作用，与HCC的发生关系密切。

中山医大三院等[16]在HCC的肝组织中检出3.65～89.06ng/g肝组织黄曲霉毒素(AFB_1)；HBV DNA和HCV RNA检出率分别为90.5%和

12.7%;AFB_1 和 HBV DNA 重叠检出率为 61.5%;HBV DNA 和 HCV RNA 重叠检出率为 7.9%;三者重叠检出共 4 例。表明 AFB_1、HBV 和 HCV 均与人类肝癌关系密切,并可能存在协同致癌效应。广西医大[17]测得桂西南 AFB_1 高污染区 HCC 组织中突变型 p53 蛋白阳性率为 68.8%,血清 HBsAg 阳性率为 84.2%;p53 蛋白及 HBsAg 均阳性者占 57.0%;而 HBsAg 阳性、P53 蛋白阴性者为 26.0%。说明 AFB_1 高污染区 HBV 仍是 HCC 发生的主要原因,且 p53 基因突变在致癌过程中有重要作用。

上海医大[18]测定肝癌高发区江苏海门居民饮水中微囊藻毒素(MC)含量。发现沟塘水、河水中 MC>50pg/ml 的阳性率分别为 17.3%和 31.9%,明显大于浅井水和深井水;阳性样本中 MC 平均含量也明显大于浅井水和深井水。表明有必要对饮水中 MC 与 PHC 的关系作进一步研究。他们[19]给氨基偶氮苯诱癌的大鼠饲以低胆碱食料,发现诱癌率、转移程度、腹水发生率均明显高于对照组。认为低胆碱的促癌作用可能由于影响磷脂酰胆碱合成及 DNA 甲基化。上海医大等[20]在研究肝癌与遗传的关系中发现谷胱甘肽-S-转移酶 M_1($GSTM_1$)基因内三核苷酸重复序列长度多态与肝癌遗传易感性有密切关系。

发病机制　汕头大学医学院[21]对 32 例手术肝癌切除组织作癌及癌旁组织巢式 PCR,证明肝癌细胞有 HBV 复制模板-cc cDNA,是肝癌细胞有 HBV 复制的可靠证据。山东医大等[22]采用 HBV 全基因及亚片段基因探针,对 44 例肝癌组织标本进行斑点杂交、Southern 转膜杂交检测。发现 75%肝癌组织中有 HBV-DNA 存在,其中纯整合型为 63.6%,混合型 36.4%。纯整合型标本中,HBx、HBs 整合阳性率分别为 90.5%和 61.9%。证实 HCC 的发生与 HBV 整合密切相关。HBV 的整合多伴有病毒基因组的缺失,HBs、HBx 亚基因整合阳性率的差异提示 HBx 亚基因在 HCC 发生中有重要的潜在作用。然而南京医大[23]取 HCC 手术切除标本癌、癌旁、癌外肝组织作 HBV DNA 电泳转移杂交,未见 HBV DNA 整合,均为游离的呈复制状态的 HBV DNA。故认为 HBV DNA 在肝细胞染色体基因组中的整合不是 HBV 导致肝癌发生的主要原因。中国医大二院[24]采用免疫组化技术观察了 HBxAg、HBsAg、HBcAg 及 p21 ras 的表达。结果 HBxAg 在癌周与癌组织内均有高频率表达;癌内 HBxAg 阳性组 p21 的阳性率显著高于阴性组。提示 HBxAg 与肝细胞癌变有密切关系,在调控 ras 癌基因表达上起重要作用。四军医大[25]以免疫组化法对 102 例 PHC 组织作 HCV 及 HBV 抗原定位研究。HCV C_{33C} 抗原及 HBxAg 在 PHC 中的检出率分别是 81.4%及 74.5%,两者阳性总数占所检病例 94.1%;癌旁肝组织 C_{33c} 和 HBxAg 的阳性率分别为 62%和 92%;C_{33c}抗原阳性细胞抗原定位于肝癌细胞的胞质内;C_{33c}抗原在 PHC 中以散在、局灶分布为主,癌旁肝组织中以弥漫分布为主。研究表明 HCV 和 HBV 是我国 PHC 发生的主要生物致病因素之一。C_{33c}及 HBxAg 在癌旁肝组织的表达明显高于癌组织中的表达,并与肝硬化、慢性活动性肝炎的病变相一致,提示 HCV 感染造成肝脏的持续损害可能是 HCV 致癌的主要途径。

江苏启东肝癌所等[26]以免疫组化方法观察 58 例 PHC 组织切片 c-myc 蛋白的表达。显示其在肝癌组织及癌周组织的阳性率分别为 68.97%及 65.52%;发现 c-myc 表达增加与 HBsAg 阳性、肝硬化及明显肝细胞不典型增生、癌周肝内转移、肿瘤无纤维包膜密切相关。上海长海医院[27]以双重原位杂交法研究 myc、ras 基因在人 HCC 中的表达。表明肿瘤的发生涉及多种癌基因的激活:首先是 ras 的“启动”激活,而 myc 的激活是在癌变过程中发生较晚的重要步骤。新疆石河子医学院等[28,29]在二乙基亚硝胺(DENA)诱发大鼠肝癌变过程中,以原位杂交方法观察 N-ras、c-myc、H-ras 三种基因的原位表达。显示在诱癌早期增生的肝细胞及变异肝细胞灶中已有 N-ras 和 c-myc 的过度表达,并随增生肝细胞结节的形成和演进,两者过度表达细胞增多且相伴而存;诱癌中期出现 H-ras 的过度表达。结果提示 N-ras、c-myc 的异常表达是大鼠肝癌变过程中的早发事件,可能与肝癌的启动有关,N-ras 和 c-myc 基因具有协同作用;H-ras 的异常表达可能对癌前病变的发展具有促进作用;肝细胞的恶性转化需要多个癌基因的协同作用。他们还发现 γ-GT 酶的出现晚于 c-myc、N-ras 的表达,在病变中的分布与癌基因相似;诱癌 12 周后,酶异常病灶数较癌基因多。认为癌基因激活后可能诱导 γ-GT 酶的表达,一旦 γ-GT 基因启动后,可能不受癌基因活动的影响。三军医大[30]同时用高高辛标记探针原位杂交检测 HBV DNA 和用 PCR、PCR-单链构象多态性(PCR-SSCP)分析 p53 基因突变。结果表明重庆地区 HCC 与 HBV 感染密切相关,HBV 可能与黄曲霉毒素具有协同作用,引起 p53 基因突变,进而在 HCC 发生发展中起作用。解放军总院等[31,32]以免疫组化和原位杂交方法对肝癌组织标本作 c-myc 和 p53 基因检测。提示 p53 基因突变和 c-myc 基因激活均参与了人肝癌的发生发展过程,但两者间并无依存关系。四军医大[33]报道p16在癌组织中阳性率明显低于癌旁组织，说明p16蛋白对细胞周期抑制作用的丧失可能与HCC的发生有关。解放军总院等[34]报道Northern杂交证明DCC在人HCC中表达极低；在癌组织与癌旁组织中表达无明显差异；表达与HCC分期、肿瘤直径、HBsAg和AFP的阳性与否、门静脉有无癌栓等均不相关。提示DCC缺失是参与肝癌发生发展的基因改变之一。

近来认为，肿瘤的发生与生长因子、生长因子受体和癌基因及其蛋白产物间相互网络调节障碍有关。同济医大等[35]在大鼠DENA诱癌中发现早期肝细胞内有同时高表达的血小板源性生长因子(PDGF)-β多肽和p21，且阳性细胞数随诱癌过程而增多，形成灶和结节，并与AFP表达重合。提示异常表达的PDGF是早期肝癌变过程中的特定现象。上海医大[36]为探索HCC的起源，观察11例肝癌初发灶和再发灶p53基因249编码子点突变和未突变的基因型，以及p53基因点突变与肝癌再发之间的关系。研究表明肝癌具有两种起源，p53基因249编码子点突变易导致肝癌的转移性复发。有报道肝癌组织的增殖细胞核抗原(PCNA)阳性率明显高于癌旁肝组织，且与肝癌细胞的分化、肿瘤分级有关；PCNA表达与表皮生长因子受体表达相一致[37~39]。四军医大[40]报道p21蛋白表达率与HCC的分级密切相关。有研究证明硬脂酸和苹婆酸与大鼠肝癌细胞的分化有关，可促使其形态向正常逆转[41]。地塞米松[42]及联苯双酯[43]对人肝癌细胞有明显诱导分化作用。

上海医大[44,45]以裸小鼠肝被膜下植入法从30例人肝癌标本中筛选出一株肝癌高转移瘤株LCI-D20，经传代12次，移植生长率100%，宿主生存期40天，传代周期20天；转移初始于肝内，3周后发生淋巴结与肺转移，转移率100%；血清AFP水平呈曲线递增，移植瘤光镜与电镜显示人肝癌细胞特征。表明由原位移植建立的裸鼠人肝癌转移模型是一株研究人肝癌转移较理想的模型。他们[46,47]经2种人肝癌细胞株和19例肝细胞癌标本的观察，发现3种HBV DNA阴性的细胞株其p53第249密码子无突变，19例癌组织(84.2% HBV DNA阳性)中，10例有p53点突变，其中包膜不完整、有肝内播散或多发结节者p53突变率明显高于包膜完整、无肝内播散或单发结节者，所有癌周肝组织均无突变。提示第249密码子是国人肝癌p53基因的突变热点，可能与HBV感染有关，p53突变可能与肝癌的侵袭性密切相关；p53阳性率与PCNA指数在HCC合并肉眼门静脉癌栓(TTPV)、镜下TTPV以及无TTPV3组间有显著性差异，且两者表达密切相关。结果提示p53基因突变和PCNA活性增强，提高了HCC增殖活性，可能是HCC细胞获得更强侵袭性及形成TTPV的重要机制之一。二军医大等[48~51]报道肝癌转移与H-ras和突变型p53基因的异常表达有关；与转移抑制基因nm23及其二种(H_1-H_2，H_1)NDPK亚型有关。上海医大[52]报道高分化HCC整合蛋白$\alpha_5\beta_1$和纤维连结蛋白(FN)的表达与正常及癌旁组织相近；在中、低分化HCC中明显减弱或消失；肿瘤浸润包膜处两者表达减少；在血管内癌栓外侧缘两者表达较强，其相应受累血管内皮也呈强表达。故认为整合蛋白$\alpha_5\beta_1$和FN可能与HCC的转移有密切关系。上海市一院等[53~58]报道肝癌细胞核DNA含量、PCNA标记指数、CD44剪接变异体mRNA、基质溶解素mRNA、岩藻糖转移酶与内皮细胞选择素等均与HCC的转移有密切关系。

病理 中国医大三院[59]对7例小肝癌进行病理学观察，报道小肝癌多为高分化癌，在病理诊断时应与腺瘤样增生及肝腺瘤等鉴别。昆明医学院等[60]以图像分析技术对31例肝癌标本进行了13项形态参数的定量分析。发现Ⅱ～Ⅲ级肝癌可根据细胞核大小分为小核(Ⅱa和Ⅲa)和大核(Ⅱb和Ⅲb)两种亚型，认为不同亚型具有不同的生物学行为；形态参数中有12项指标可用于鉴别良恶性，其中核直径等5项指标可作为肝癌分级的参数。上海长海医院[61]报道1例双结节混合细胞性肝癌。

临床表现 辽宁朝阳市传染病院等[62,63]分别报道PHC 250及242例。由于PHC多继发于慢性肝炎、肝硬化，故临床表现难以区分，认为以下几点可作为诊断PHC的参考：①具有10年以上的慢肝病史或肝硬化患者伴明显肝脾肿大或出现血性腹水；②如兼有男性、年龄≥50岁、HBsAg阳性、嗜酒等因素应多考虑PHC。吉林肿瘤医院[64]报道较少见的外生型肝癌4例。江苏启东肝癌所等[65]对AFP阴性肝癌患者作临床病理分析。表明AFP阴性者其性别、临床症状、肿块部位、有无包膜及肿瘤细胞分化等均与AFP阳性组肝癌无明显差异；而>50岁老年患者、Ⅱ期患者、单个及≤5cm肿块、术后1、3年生存率、血清HBsAg阳性和γ-GT升高等情况明显多于AFP阳性组。重庆肿瘤医院[66]报道AFP阴性肝癌中女性明显多于男性，HBsAg阳性率明显低于AFP阳性组。河南医大一院[67]报道小儿PHC 11例。患儿年龄小，男性多，均不伴有肝硬化；癌肿多为巨块型，癌细胞分化差，病期晚，肝组织HBV DNA均为阳性，γ-GT同工酶Ⅱ及AFP阳性率高。华西医大一院[68]报道小儿原发性肝恶性肿瘤48例。其中经病理证实的HCC 24例。HCC多为巨块型,合并肝硬化者少,多以上腹包块为首发症状,可在短期内出现纳减、消瘦、乏力,乃至低热、贫血、黄疸、腹水等征象。手术切除仍为主要治疗措施,生存率及生存期较肝母细胞瘤差;肝母细胞瘤20例,又称幼儿型肝癌,手术切除机会大,5年生存率高,预后明显优于HCC。华西医大一院[68]及解放军202医院等[69]亦报道肝母细胞瘤患者发病年龄明显<HCC,腹部包块常最早发现,肝功多属正常,AFP多呈阳性反应,手术切除是主要治疗方法。四川肿瘤医院[70]及长城特殊钢公司总院等[71]各报道PHC转移至脾脏2例,较罕见。安徽医大一院[72]报道44例PHC自发破裂出血。术前该并发症易误诊为阑尾炎、宫外孕或腹水。肝癌破裂出血肝切除病死率虽高于择期肝切除组,但无统计学意义,故治疗应持积极态度。手术尽可能一期切除,或先行止血措施,再争取二期作肝切除术。武汉同济医院[73]分析36例PHC自发破裂出血。认为采取肝动脉栓塞(TAE)或肝动脉结扎(HAL)加TAE组的效果最好。适应证是破裂前无腹水,全身一般情况可;肿瘤单发;门静脉无癌栓者应首选TAE或加用HAL。江苏启东肝癌所[74]总结283例PHC自发破裂出血。表明手术治疗优于非手术治疗;肝叶切除优于止血治疗;止血后并用肝动脉插管治疗优于单纯止血治疗。上海长海医院[75]分析择期肝癌手术进腹前PHC破裂出血3例。破裂出血原因与肿瘤位于肝表面及麻醉时患者肥胖、体位变动、按压上腹部等有关;认为诊断一旦明确,应迅速纠正全身一般情况,在肝门阻断下行肿瘤切除术,用蒸馏水反复冲洗腹腔,以防种植转移,术中、术后注意保护肝肾功能。

诊断　血清AFP检测对PHC定性诊断有重要价值。四川肿瘤医院[76]对8例血清AFP阴性的HCC患者作胆汁AFP检测,结果5例阳性。提示胆汁AFP阳性对血清AFP阴性HCC患者有一定诊断价值。温州医学院[77]及成都军区总院等[78]分别检测358例及327例血清α-L岩藻糖苷酶(AFU)在慢性肝病患者中的水平。结果前者AFU对PHC的阳性率为74.5%,假阳性率为11.6%,其中慢活肝组阳性率达25.6%;后者HCC组的AFU平均测值明显高于慢性肝炎、肝硬化、肝脏良性肿瘤及胃肠道恶性肿瘤组,并对AFP阴性HCC也有较高的检出率。天津肿瘤所等[79,80]的观察表明,AFU和AFP联合检测可使PHC诊断阳性率达93.9%,并可发现部分早期肝癌。沈阳军区总院等[81]*用豌豆凝集素亲和双相免疫电泳法检测血清α_1-抗胰蛋白酶(α_1AT)异质体,肝癌患者明显高于良性肝病和正常对照组,阳性率达81.0%;PHC组中11例血清AFP浓度在正常范围,但9例α_1-AT异质体测值达到PHC诊断水平。贵州黔南医专[82]从人骨骼肌纯化醛缩酶(ALD)A制备单克隆抗体,建立了测定血清ALD-A的竞争性ELISA。PHC 45例,测值554±193ng/ml,超过上限值阳性率达95.5%。南通医学院附院[83]报道定量同步检测68例PHC患者γ谷氨酰移换酶同工酶Ⅱ(GGTⅡ)对PHC的诊断价值。PHC患者GGTⅡ定量(≥5.5U/L)诊断阳性率为85.3%,23例AFP阴性PHC中定量阳性率为78.3%,在12例小肝癌中为75%,明显优于AFP测定。河南肿瘤所[84]*用聚丙烯酰胺凝胶电泳结合激光凝胶扫描半定量测定5′-核苷酸磷酸二酯酶同工酶Ⅰ。310例PHC中阳性率达79.68%,AFP阴性PHC组半定量阳性率为68.75%。南通医学院附院[85]测定55例PHC的血清甘氨酰脯氨酸二肽氨基肽酶(GPDA)。发现GPDAⅡ/Ⅱ′的阳性率为41.8%;其对PHC诊断的特异性为89%;AFP阳性与阴性PHC、小肝癌与中晚期肝癌,其血清GPDAⅡ/Ⅱ′的阳性率均无显著差异。广州南方医院[86]报道38例PHC的血清肿瘤相关性胃寡糖(TAO-G)检测在诊断PHC中的应用。以TAO-G ELISA值>0.02为阳性,测得PHC患者的阳性率为68.4%,与胃肠肿瘤患者的阳性率相当;如与AFP或CA-50联合检测,其综合阳性率分别达97.3%及96.4%。中国医大二院等[87]测定34例PHC尿液假尿苷值,以正常对照组$\bar{x}\pm 2s$为诊断值标准。PHC诊断阳性率达55.9%;在AFP低浓度或阴性PHC 22例中,假尿苷测定阳性者达12例。河南医大一院等[88]以免疫组化法检测PHC 13例,表明肝癌细胞存在表皮生长因子受体(EGFR),但其表达不高于正常组织;雄激素受体(AR)在正常肝组织中很少表达,肝癌时表达显著增高,而EGFR显著减少,AR与EGFR两者表达无平行关系。福建肿瘤医院[89]测定肝组织核仁组成区嗜银蛋白(AgNOR)。40例肝癌的均数显著高于肝硬化及正常组,且癌组织分化愈高,AgNOR数愈少;分化愈低,AgNOR数愈多。上海长征医院等[90]检测45例PHC的血清可溶性白介素2受体(sIL-2R)水平,其值明显高于健康人组,升高幅度与肿瘤体积有关,与AFP及HBsAg阳性与否无关。上海仁济医院等[91]检测45例PHC患者血浆前列腺素E_2(PGE_2)、T细胞亚群和NK细胞活性。结果PHC患者血浆PGE_2含量和CD_8^+细胞明显增高,两者呈密切正相关;CD_4^+/CD_8^+细胞比值和NK细胞活性显著下降,与PGE_2呈负相关;吲哚美辛治疗使PHC患者血中PGE_2含量降至正常,部分恢复T细胞亚群比例和 NK 细胞活性。表明高水平 PGE_2 是 PHC 患者细胞免疫功能抑制的原因之一，消炎痛可起辅助治疗作用。兰州军区总院[92]在 PHC 患者中发现 HBV 阳性、抗 HCV 阳性及两者双阳性者的 NK 活性明显下降，sIL-2R 水平明显升高，NK 活性与 sIL-2R 两者呈明显负相关；此外，HBV 阳性及 HBV 与抗 HCV 双阳性患者的 sIL-2R 水平明显高于抗 HCV 阳性者，ALT 异常 PHC 患者的 sIL-2R 水平明显高于 ALT 正常者。提示在 PHC 患者中，sIL-2R 的分泌不仅反映了 HBV 与 HCV 介导的细胞免疫抑制状态，并可为临床应用生物学调节治疗提供参考。上海长海医院等[93]应用 RT-PCR 法检测 15 例 PHC 外周静脉血游离的肿瘤细胞 CD44 剪接变异体(CD44v) mRNA，6 例阳性。表明外周静脉血中游离肿瘤细胞表达的 CD44v mRNA 可能从一个侧面反映了肿瘤侵袭转移潜能，此法有可能作为恶性肿瘤监测及诊断的辅助手段。血清超微弱发光是有机体本身所固有的属性，是脂质过氧化所引起。山东医大附院等[94]对 17 例 PHC、30 例肝硬化(LC)进行检测，发现 PHC、LC 患者血清自发化学发光(SCL)、电诱导发光(ECL)、鲁米那诱导发光(LCL)均明显高于正常组；PHC 组的 SCL 明显高于 LC 组。初步认为血清超微弱发光检测对 PHC 及 LC 的诊断具有重要价值。上海肿瘤所等[95]采用 Northern 印迹法分析 8 例多结节肝癌及相应癌旁组织中的 IGF-Ⅱ、c-myc、N-ras 3 种癌基因的表达。提示 IGF-Ⅱ和 c-myc 基因与肝细胞增生有关，而 N-ras 过量表达具有诊断意义。山东省立医院[96]以免疫组化法观察了 bcl-2 癌基因在 HCC、胆管细胞癌、肝母细胞瘤及肝转移癌中的表达，表明以胆管细胞癌阳性率最高。

B 超是 PHC 定位诊断的首选方法。重庆西南医院等[97]报道彩色多普勒超声(CDFI)检出肝癌 5 例(5/6 例)，另 1 例位于右后叶顶部，经术中 B 超(IOUS)检出；CDFI 测定中，16 例作为对照的良性肝占位病变(包括海绵状血管瘤、肝囊肿、炎性假瘤、非均匀性脂肪肝、肝脓肿 、肝结核、脂肪瘤)的中心部均无搏动性频谱及“网篮”征，表明 CDFI 尚有助于定性诊断；CDFI 与 IOUS 联合检查有助于小肝癌的检出。重庆新桥医院[98]经 35 例 HCC B 超及病理检查对比，认为膨胀型肝癌具有四种独特的超声表现，分别称为弱回声型、声晕型、外生型和小结节型；一般认为膨胀型肿瘤生长相对缓慢、转移倾向小、手术切除率较高、预后相对较好。黑龙江鸡西矿务局总院[99]经 48 例门脉癌栓的血流状况多普勒超声检测显示：肝癌患者在有癌栓的门脉周围均可见扩张的肝动脉分支；部分可见进入栓子内的滋养动脉；少数形成动脉-门脉分流；原门静脉向肝血流可转变为离肝或双向交替出现。认为以上征象为肝癌合并门脉癌栓的诊断并与血栓等鉴别诊断提供了可靠的依据。上海中山医院[100]复习了 100 例病理证实的 HCC 的 CT 资料。发现 6 例有肝包膜凹陷征，该征分两种类型：局部肝包膜增厚不规则及包膜无明显增厚，凹陷边缘光整。肝脏良性肿瘤不出现该征，但肝脏炎性病变，尤其是肝脓肿可出现此征，应引起注意。广东省医院[101]经 8 例周围型肝内胆管细胞癌及 2 例肝吸虫并发肝脓肿的观察，认为若 CT 显示肝内占位病灶内具有胆管，应首先考虑胆管癌、肝脓肿、局灶结节增生及门静脉内血栓海绵样变，再进行鉴别诊断。上海长征医院[102]报道 4 000 余例腹部核磁共振(MRI)检查，肝占位性病变中误诊 33 例。其中 PHC 误为转移性肝癌(MHC)5 例，MHC 误为 PHC 6 例，PHC 误为肝血管瘤(HHE)5 例，MHC 误为 HHE 2 例，HHE 误为 PHC 6 例，肝硬化结节误为 PHC 2 例，炎性假瘤误为 PHC 3 例，肝结核误为 PHC 1 例，肝囊肿误为 HHE 3 例。武汉同济医院[103]报道了经病理对比的 30 例肝肿瘤的肝动脉超声血管造影的检测结果。由于该检查能动态显示肝肿瘤的动脉血流灌注，因此在肝肿瘤的良恶性鉴别诊断及小肝癌诊断中有重要价值，在对 PHC 的诊断率上明显优于普通超声。他们[104]还采用肾上腺素作药物性血管造影，肝内占位性病变显示率达 96.1%(25/26 例)。

对 PHC 侵及胆管与否，重庆西南医院等[105]认为直接胆系造影中，包括内镜逆行胆胰管造影(ERCP)、经皮经肝胆管造影(PTC)、T 管造影等检查中以 ERCP 为佳。福建医学院二院[106]报道超声引导针吸活检造成针道肿瘤种植转移 2 例。

治疗　PHC 的治疗仍以手术切除为主。南京医大一院等[107,108]分别总结 588 例、418 例的手术治疗效果。认为近 8～10 年与 1986 年前的 25 年相比，收治的小肝癌病例增加，手术切除病例增加，手术死亡率降低，肝段及局部切除病例增加，二期手术者增加，术后综合治疗者增加，术后 1、3、5 年生存率也明显增加。上海中山医院[109]总结 30 年间收治的 2388 例 PHC 以手术为主的多模式治疗的远期疗效。手术切除(1 650 例)后 5 年、10 年生存率分别为 39.3%、29.2%，其中小肝癌(≤5cm，569 例)为 61.9%、45.4%；液氮局部冷冻(191 例)后 5 年生存率为 37.9%，其中小肝癌(56 例)为 53.1%；不能切除肝癌缩小后二期切除(71 例)，5 年生存率为 66.0%；复发再切除(147 例)后 5 年生存率为 34.5%；全组生存 5 年以上 214 例，其中小肝癌 113 例(占

52.8%)，生存10年以上57例。唐山市医院[110]对19例PHC合并门静脉高压患者在肝切除同时行脾切除、贲门周围血管离断术。术后30天内无死亡病例。分别在8、11、15、18、19、22和25个月死亡7例，均死于肿瘤复发，无因食管静脉曲张破裂出血致死者。12例仍存活，其中2例存活已超过36个月。二军医大东方肝胆外科医院[111]报道手术治疗70岁以上PHC30例，手术切除率93.3%，无手术死亡；术后并发症发生率20%，均痊愈；术后1、3、5年生存率分别为100%、60%、26.7%。江苏启东肝癌所[112]总结133例巨大PHC手术切除经验。认为对此类患者除改进手术方法、保护肝功能外，术后予以综合治疗、消灭残癌非常必要。该所[113]还总结292例多结节性肝癌的治疗。其中全身化疗111例，肝动脉栓塞化疗(TAE)58例，多次局部切除67例，局部切除后并用肝动脉、门静脉插管化疗56例。结果表明多结节性肝癌手术切除优于药物治疗；切除后并用肝动脉、门静脉插管化疗优于单纯局部切除或非手术治疗；碘油抗癌药物乳化液栓塞治疗优于全身化疗。浙江医大二院[114]作77例HCC术前是否行TAE及瘤体大小分组观察。发现直径<8.0cm以下可切除肝癌术前不宜作TAE，对直径>8.0cm HCC术前行TAE有利于降低术后复发率，提高5年存活率。北京中日友好医院[115]对直径<5cm PHC在B超引导下作各类肝癌切除术。共18例25个肿瘤，术前B超检出率92%，术中检出率为96%；6个肿瘤位于肝实质内，常规手术探查不能发现，但均被术中B超检出。上海中山医院等[116]对39例小肝癌(≤3.0cm)切除术后是否行动脉内化疗栓塞分二组进行观察。治疗组17例，其1、3、5、年生存率分别为100%、94.1%、82.4%，而对照组分别为95.5%、72.7%及40.9%，差异显著。提示小肝癌切除术后预防性予以动脉化疗栓塞很有必要。南京医大一院[117]分析90例复发性肝癌，认为进行手术切除、无水酒精注射及TAE是提高肝癌术后长期生存的途径。二军医大等[118]对156例PHC患者癌及癌旁肝组织进行淋巴细胞群型和间质及基膜糖蛋白(纤维粘蛋白、层粘连蛋白、Ⅳ型胶原)的检测并联系术后肿瘤复发及切除肿瘤的病理变化进行分析。结果表明肝癌局部浸润的免疫活性细胞主要是T淋巴细胞，尤以抑制性T淋巴细胞为多，提示细胞免疫在其中起重要作用；间质和基膜糖蛋白主要分布于癌细胞外周、巢团间质、血管及血窦壁、肿瘤包膜等处，范围与染色强度可随肝癌的去分化而递减或变化，间质或基膜糖蛋白表达明显者，术后预后较佳，无瘤存活时间长(平均63.2个月)，肿瘤复发较晚，反之，肿瘤复发早，预后差；肿瘤数、体积、有无包膜浸润和子瘤形成及肝门血管是否受累等是可切除肝癌术后肿瘤复发的主要危险因素。中山医大肿瘤医院[119]经免疫组化检测，表明高指数肿瘤增殖细胞核抗原(PCNA)或高表达p53蛋白的肝癌患者术后复发率高，预后差，这些患者术后应接受积极的辅助治疗，以提高生存率。北京医院等[120]以BUF7316A肝癌细胞接种于BUF大白鼠制成荷瘤模型，并作单开腹、70%肝切除及以上两种手术加术中输血等三组观察。结果提示肝部分切除和术中输血是术后残余肿瘤迅速生长的原因。可能由于术后体内产生免疫抑制因子，抑制了免疫活性细胞的增殖，而术中输血加重这种免疫抑制状态，从而有利于肿瘤细胞生长。武汉同济医院[121]*将中晚期PHC行TAE后二期手术切除50例与42例单纯重复作TAE治疗的中晚期PHC相比，前组的1、2年累计生存率分别为71%、50%，后组为73%和43%，两组间无显著差异，故认为中晚期肝癌行TAE后二期手术切除的必要性尚有待研究。上海医大肝癌所[122]报道了二期切除直径>12cm PHC 12例。中山医大一院[123]报道了3例PHC采用原位肝移植治疗，3例均存活>3个月，其中1例于移植后92天死于巨细胞病毒感染，另2例仍存活。

解放军155医院等[124]将30例晚期PHC分A、B、C三组，各采用常规化疗、化疗加蝎素抗癌因子及单用蝎素抗癌因子。三组治疗有效率无明显差异，临床症状均明显改善，肝肾功能均无明显损害，C组较A组白细胞增高明显，B、C二组AFP下降及体力增强均优于A组。上海市一院[125]报道3例巨大PHC，肿块占整个肝脏60%～80%，在肝动脉灌注5-Fu、ADM、MMC及DDP后4～5天内因低血糖昏迷而死亡。中山医大一院[126,127]采用肝动脉阻断器短暂、反复阻断肝动脉血流治疗晚期PHC 20例，取得了较满意的效果，优于肝动脉结扎组(20例)。河南肿瘤医院[128]用同轴导管对24例局限于一段的肝癌患者进行32次肝亚段化疗栓塞，取得了初步的效果。认为该法可最大限度减少肝功能损伤，避免了化疗药物经侧支循环反流入胃十二指肠动脉引起的毒副作用。西安唐都医院[129]用自制阿霉素(ADM)脂质体与碘油混合栓塞犬肝动脉后，该组犬血浆ADM浓度明显低于ADM溶液灌注组和ADM-碘油栓塞组；而其血浆ADM消除半衰期和肝组织中ADM浓度则显著高于后两组。表明ADM脂质体与碘油混合作肝动脉栓塞可显著提高ADM对肝脏的靶向性并延长ADM消除的半衰期。无锡市四院等[130]使用榄香烯辅以碘油与明胶海绵条经肝动脉化疗栓塞治疗PHC 71例。近期有效率56.3%，不良反应轻微，疗效优于ADM、MMC及顺铂(DDP)。上海长征医院等[131]从肝动脉注入羟基喜树碱明胶微球用于大鼠移植性肝癌模型，其疗效明显优于常规羟基喜树碱单纯肝动脉化疗和空白明胶微球的单纯肝动脉栓塞。他们[132]以甲氨蝶呤明胶微球(MTX-ms)灌注大白鼠肝动脉，MTX-ms能显著在小动脉水平有效地阻断肝动脉血流，小剂量微球不引起明显的肝组织损害。南京铁道医学院附院[133]报道自制的华蟾酥精明胶微球可选择性地栓塞肝窦前动脉，能达到末梢动脉栓塞的目的，并可缓慢释出药物，使局部保持较高的药物浓度。解放军总院[134]*总结不能切除的PHC 240例经二次以上TAE的疗效。全组1、2、3、5、7年生存率分别为61.0%，39.2%、30.7%、18.9%、16.0%；TAE加手术组1、2、3、5、7年生存率分别为95.2%、90.4%、85.0%、59.0%、59.0%；TAE组分别为58.1%、34.0%、24.4%、13.7%及9.1%。多因素回归分析表明，临床分期、乙肝病程、肿瘤分型、肝外转移、TAE次数、手术切除等因素对生存率有显著影响；亚临床期、单发结节型疗效最好，肝外转移组效果最差。上海长海医院[135]总结621例经二次以上介入治疗的PHC。表明单结节型生存率最高，弥漫型最差；门静脉无癌栓者生存率明显高于有癌栓者；介入治疗以药物灌注加碘油及明胶海绵栓塞效果最佳；治疗次数和间隔时间视患者情况而定；肿瘤形态、门脉癌栓、治疗方法、次数和间隔时间对PHC累积生存率影响很大，应行"个案化治疗"。武汉协和医院[136]观察52例PHC在TAE后肝功能的变化。结果表明治疗后肝功能均有不同程度损害；大部分肝功能在1个月内恢复至治疗前水平或正常，3例肝功能持续恶化直至衰竭而死亡；栓塞组的肝功能损害较化疗组严重。故提出介入治疗中应兼顾抗癌和护肝。湖南肿瘤医院[137]报道肝动脉导管治疗后发生脾梗死、胆囊梗死、及毛细血管渗漏综合征各1例。前2例因栓塞物进入脾动脉及胆囊动脉引起缺血所致，后1例可能与过继免疫治疗有关，可因毛细血管壁通透性增加、体液外渗、组织肿胀导致低血压、心绞痛，影响肺部可致呼吸窘迫、休克，应予重视。广东省医院[138]分析408例PHC行肝动脉化疗栓塞术后2周内发生的上消化道出血病例。表明消化道出血与栓塞物反流、术后未使用甲氰咪胍及肝功能差有关，由于有些病例不能超选择插管以避免栓塞物反流至胃十二指肠动脉所致。故他们[139]对60例PHC在TAE前进行胃十二指肠动脉栓塞。其中55例胃十二指肠动脉血流被阻断，TAE时无栓塞物反流至胃十二指肠动脉，亦无直接并发症；4例导管导丝不能插入，1例失败，其中2例于胃十二指肠动脉栓塞后1～4个月分别作第2和第4次TAE后发生胃十二指肠穿孔，两者均有长期溃疡病史。西安医大一院[140]采用经腹置管肝动脉、门静脉同步双相化疗栓塞治疗PHC 51例。表明此法操作简单、安全可靠、术后并发症少、疗效确切。1、2年生存率分别为66.6%、31.3%，3例存活超过3年，疗效明显优于单纯TAE。肝动脉与门静脉通过直接连通、胆管周围动脉丛、肝窦及门静脉滋养动脉等4种途径相互交通，武汉同济医院[141]*通过实验证实肝动脉、门静脉间存在交通支，栓塞剂经动脉可反流至周围门脉分支，可经动脉途径完成双重栓塞的目的。他们采用无水乙醇碘油乳剂作栓塞剂，对34例PHC进行肝节段动脉栓塞术，使肿瘤所在部位达到动脉、门脉双重栓塞的效果。结果显示此法对非癌肝实质损伤少、副作用少，较常规TAE更适合于肝功能差的患者。四川肿瘤医院[142]经埋植式给药装置，对14例PHC于肝动脉、门静脉交替输注自体LAK细胞及化疗药物，其疗效明显优于肝动脉、门静脉输注化疗药物的对照组。安徽宿县地区医院[143]对48例晚期巨块型PHC进行多途径综合治疗。一期探查中采用肝动脉结扎、碘化油化疗药物灌注和液态硅胶栓塞；术后行肝动脉、门静脉分期灌注化疗；化疗间期经皮向癌灶内分点注射无水酒精。治疗半年，瘤体缩小＞50%占66.7%，＞25%、＜50%占22.8%，＜25%占10.4%。治疗后行二期手术切除23例(占47.9%)，6、8、10个月和1、3、5年生存率分别为93.8%、87.5%、79.2%和75.0%、56.1%、25.9%，疗效显著。唐山市卫校[144]采用肝脾动脉化疗治疗并发门静脉癌栓的PHC 43例、继发性肝癌7例。治疗后1年生存率64%，1年6个月为20%。中国医大一院[145]采用TAE和部分脾栓塞术(PSE)治疗30例合并肝硬化、门脉高压和脾功能亢进的肝癌患者。结果27例脾栓塞面积＞50%，25例脾功能亢进缓解；26例食管静脉曲张者5例于PSE后1年内未再发生出血；无脾脓肿等并发症；3例脾栓塞面积＜50%者中2例脾功能亢进未缓解。

兰州医学院[146]报道苯丙氨酸解氨酶对体外培养的肝癌BEL-7402细胞生长增殖有显著的抑制效应，并随酶浓度的增加和作用时间延长而明显加强。吉林肿瘤医院等[147]报道双β-羟己基锗氢氧化物在浓度为0.1mmol/L、1.0mmol/L及2.5mmol/L时对人肝癌细胞分裂有明显抑制作用，在浓度1.0mmol/L时其抑制作用较有机锗类化合物Ge-132强。解放军466医院[148]研究了中华眼镜蛇毒(CV)抗肝癌作用。体外CV浓度0.02μg/L对人肝癌细胞有杀伤作用；浓度在0.4～0.8mg/kg对小鼠腹水型肝癌细胞有抑瘤效果而无毒性作用；蛇毒明胶微球靶向给药治疗肝癌10例，取得了初步效果。北京中日友好医院[149]的研究显示促肝细胞生长素(pHGF)对肝癌细胞BEL-7402增殖有抑制作用，并与剂量和时间有关；DNA凝胶电泳及流式细胞仪证明pHGF可诱导BEL-7402细胞停留在G_0/G_1期，进而诱导其凋亡。白求恩医大二院[150]以pHGF用于晚期PHC患者静脉化疗组及肝动脉门静脉双置泵化疗组，显示pHGF与化疗药物合用可改善症状、减少化疗副作用、缩小肿瘤及延长生存期。上海长海医院[151]选用人肝癌SMMC-7721细胞株对四氮唑化合物(MTT)比色分析法测定肝癌化疗药物敏感性的试验进行方法学研究，表明MTT法快速、简便、经济、灵敏，可作为肝癌体外药物敏感性的测试法。中药治疗肝癌具有一定的疗效，包括启东肝癌所[152]报道的健肝软坚丸、湖北中医学院[153]报道的肝回春丸及海南省医院等[154]的消淤养肝汤等。

广东梅州市医院[155]采用移动条照射野技术治疗中晚期PHC 52例，其1、2、3、5年生存率分别为38.5%、15.4%、13.6%及11.1%。上海医大肿瘤医院[156]以放射治疗为主治疗转移性肝癌36例，其中以结直肠癌肝转移者为最多(19例)，6个月及1、2、3年生存率分别为75.0%、55.6%、28.1%及9.7%。华西医大一院等[157]以^{32}P-玻璃微球肝动脉灌注治疗晚期肝癌24例。术后1～3个月，肿瘤缩小＞50%者17例，＜50%者5例，增大2例；术后半年、1年、2年生存率分别为75%、54%、29%。解放军总院[158]*对70只带瘤小鼠和28例HCC、5例肝转移癌，在超声引导下行瘤内注射$^{90}\gamma$-玻璃微球($^{90}\gamma$-GTMS)。动物实验显示，当肿瘤边缘吸收剂量＞176Gy/g时，可使肿瘤细胞完全坏死；随访12～32个月，28例患者存活，90.6%肿瘤缩小，9例治疗后再次活检，8例示肿瘤细胞完全坏死。表明瘤内注射$^{90}\gamma$-GTMS是治疗肝癌的一种很有效的方法。

中山医大一院等[159,160]以受体放射配基结合分析法检测23例PHC手术患者的雄激素受体(AR)含量。胞核或胞质AR的平均浓度为癌瘤＞癌周组织＞正常肝组织，差异显著；肝癌及癌周组织的AR浓度与患者的性别、年龄、酗酒、HBsAg、抗HCV、AFP、病理类型、细胞分化程度及基础肝病均无关系；男性HCC患者血清中睾酮水平明显低于正常男性，表明部分HCC具有雄激素依赖性。广西医大[161]用酶联亲和组化法检测41例小PHC的雌、孕激素受体。显示癌组织雌激素受体(ER)、孕激素受体(PR)显色强度明显低于癌周肝组织；PR、ER的阳性率与癌组织分化程度无相关性，但与患者存活时间有关，存活时间较长者ER、PR的阳性率较高。南通医学院附院等[162]用乙烯雌酚联合治疗35例男性晚期PHC，并与未用乙烯雌酚的37例作对照。结果乙烯雌酚组疼痛缓解显著，腹水减少，黄疸减退，生存期延长。

二军医大肝胆外科所[163]将小鼠PHC癌细胞(H_{22})经γ射线照射灭活后，与新城疫病毒(NDV)共同孵育，制备病毒瘤苗，以病毒瘤苗皮内注射治疗H_{22}肿瘤荷瘤小鼠。显示病毒瘤苗能抑制肿瘤生长，对荷瘤小鼠有主动特异性免疫治疗作用，治疗组小鼠存活时间明显延长，肿瘤缩小。海军总院等[164]应用强化移植排斥免疫法达到抗肿瘤的目的。用人K562细胞强化免疫小鼠，其存活期明显长于对照组；用人Raji细胞或异种肿瘤RA795肺癌细胞、大鼠脾细胞加BCG强化免疫昆明系小鼠，10天后接种H_{22}肝癌细胞，存活期也均明显延长，尤以大鼠脾细胞加BCG强化免疫的昆明系小鼠预防肿瘤的效果为好，有一半小鼠的肿瘤消退或局限，且以上过程不影响肝、脾、胸腺等主要免疫器官功能。上海医大[165]报道在肝癌大鼠腹腔注射济南假单胞菌苗(PJV)后，大鼠肝枯库普弗细胞、肺巨噬细胞、腹腔巨噬细胞、脾巨噬细胞、血液单核细胞等5种单核巨噬细胞的抑癌作用均显著增强，且不因肝癌病情进展而减弱。

上海医大肝癌所[166]用乙肝病毒X蛋白免疫BALB/c小鼠，制备抗HBx单克隆抗体，将此单抗为载体，标记放射性核素后备用。18.5MBq ^{131}I-抗HBx腹腔内给药用于荷人肝癌裸鼠，其生存期明显延长，肿瘤生长明显抑制，经肝动脉导管用于2例肝癌患者，治疗后症状明显改善，AFP明显下降，B超及CT显示肿瘤显著缩小，1例患者因而获得二期手术切除，切除标本除边缘尚有少量癌细胞外，其余部分均呈干酪样坏死。二军医大肝胆外科所[167]以人PHC细胞株HepG2免疫BALB/c小鼠，获得分泌抗人肝癌单抗的杂交瘤细胞株，并筛选出3株能分泌抗人PHC细胞膜单抗的杂交瘤，其分泌的单抗均可特异地识别人PHC细胞，该抗人PHC特异性单抗有可能应用于导向显像和导向治疗。广西医大肿瘤医院[168]*研制大鼠抗人甲胎蛋白单克隆抗体(抗AFP McAb)，并以此为载体，携带放射性核素^{131}I及丝裂霉素C(MMC)两种弹头，成为^{131}I-抗AFP McAb-MMC结合物。经静脉用于12例中晚期PHC，并与14例PHC进行TAE治疗者对照。导向组肿瘤缩小率、血清AFP下降率及1年生存率分别为45.5%、83.3%和45.5%，均明显高于对照组。四军医大[169]以肝癌单抗HAb18、HAb25为载体，以

^{131}I、阿霉素（ADM）为弹头，组成偶合物[^{131}I-HAb18-ADM]/[^{131}I-HAb25-ADM]。经荷肝癌裸鼠导向治疗实验，治疗效果显著。他们[170]将具有高亲和性的抗肝癌单抗HAb18F(ab′)2与抗单核-巨噬细胞单抗MAb7F(ab′)2联结成双特异性单抗HAb18F(ab′)2-MAb7F(ab′)2，经纯化，再用间接免疫荧光法鉴定其特性。结果显示该双特异性单抗可介导单核-巨噬细胞对肝癌细胞起杀伤作用。广东惠州市医院[171]对23例中晚期PHC采用转铁蛋白受体单抗偶联化疗药物和碘油制成导向碘油混悬剂经介入途径进行治疗，总缓解率为69.6%。

肿瘤的基因治疗发展迅速，有关肝癌基因治疗的实验研究有不少报道。上海医大肝癌所等[172]研究针对H-ras 5′端非翻译区的一段反义寡脱氧核苷酸(ODN)对高表达蛋白p21 H-ras的人肝癌高转移裸鼠模型LCI-D20细胞的影响。显示反义H-ras ODN对H-ras表达有选择性阻抑，不仅诱导LCI-D20细胞的凋亡，抑制其体内、外的生长速率，并改变该细胞的成瘤性与转移潜能。他们[173]采用逆转录病毒介导TNFα基因在肝癌细胞中表达，经G418筛选获得稳定表达细胞株，经裸鼠体内实验表明转导TNFα基因的肝癌细胞致瘤性明显降低，提示逆转录病毒介导TNFα基因对人PHC可能有一定的治疗作用。中科院上海生化所等[174,175]采用转导有单纯疱疹病毒胸苷激酶(HSV-TK)基因的人肝癌SMMC-7721细胞株建立裸鼠移植瘤模型，并进行在体和体外试验性丙氧鸟苷(GCV)及无环鸟苷(ACV)治疗，提示HSV-TK/GCV及HSV-TK/ACV系统在肝癌基因治疗中确有一定作用，且对宿主细胞的表型及生长性质无影响。二军医大等[176]切除逆转录病毒载体pMNSM内部的SV40启动子使成为pMNM；从真核表达载体pBPBK-tk质粒中游离带有磷酸甘油酸激酶基因(pgk)启动子调控的HSV-tk片段，克隆到pMNM的pL位点上，构建成普通型pMNP-tk逆转录病毒载体；从pGEM72-AFP2质粒中游离人AFP基因增强子核心序列，克隆到pMNP-tk的pgk启动子上游，构建成人肝癌特异型pMNA-tk逆转录病毒载体。所构建的pMNAP-tk具有对肝癌特异性的前药转换作用，因此该载体对肝癌特异性前药转换基因治疗有重要意义。他们[177,178]将肝癌相对特异合成AFP的增强子插入已构建的SV40启动子驱动的IFN-β基因的逆转录病毒载体系统，经转染到高合成AFP的肝癌细胞株后获得IFN-β的特异性高效表达，从而为肿瘤组织特异性基因治疗的可行性提供了依据；采用IL-2基因修饰的鼠肝细胞作脾内移植，可使转移性肝癌小鼠的存活期显著延长。显示肝细胞脾内移植是肝脏靶向性基因治疗的途径之一。南京军区上海临床肝病研究中心等[179]以阳离子脂质体介导含人IL-2基因的真核表达质粒pME18 S-IL-2转染体外培养和体内成瘤的小鼠肝癌HAC细胞。结果体外转染IL-2基因48小时后在培养上清中可测得人IL-2活性；瘤体内转染后，治疗组小鼠生存时间明显延长，肿瘤体积明显缩小。实验表明，脂质体-IL-2基因复合物直接注入瘤体后可获局部IL-2基因表达，并诱生机体抗肿瘤效应，为肝癌基因治疗提供一种简便实用的模式。

二军医大肝胆外科所[180]报道超声引导肝穿刺瘤内注射无水酒精治疗肝癌188例，疗效肯定，1、3、5年生存率为85.9%、44%、19%。湖南肿瘤医院[181]报道经皮酒精注射治疗HCC致肿瘤皮下种植1例。解放军总院等[182]以超声引导经皮穿刺导入微波以凝固深部肿瘤而不影响正常肝组织。经动物实验后治疗12例人肝癌，治疗后全部病例肿瘤缩小、回声减低、血流消失，疗效满意。广西医大肿瘤医院[183]以超声引导对32例PHC进行插入式深低温冷冻治疗。术后全部病例恢复顺利，25例肿瘤缩小，其中13例肿瘤缩小≥50%。

预后 重庆西南医院等[184]的研究表明HCC c-myc的甲基丢失可导致c-myc基因异常高表达；c-myc基因低甲基化状态可反映肝癌的恶性程度，有助于判断患者的预后。二军医大等[185]以免疫组化法观察肿瘤转移抑制基因nm23蛋白类似物在PHC 128例的表达。表明nm23表达与HCC转移及预后有关。二军医大等[186]以Cox模型对经介入治疗的621例晚期PHC的预后因素进行分析。显示影响肝癌预后最明显的因素是肿瘤大小、门脉内癌栓和治疗方法。3种治疗方法中，含药碘油加明胶海绵复合性化疗栓塞的疗效较碘化油与抗癌药混合化疗栓塞或单纯动脉内抗癌药灌注为好。浙江医大一院等[187]经25例小肝癌细胞核形态学参数及DNA含量检测，表明细胞核增大程度是反映肝癌细胞分化程度与恶性程度的有效指标，核形态参数与DNA指数对判断小肝癌预后及复发有意义。上海医大肝癌所[188]采用多因素分析回顾1248例PHC资料，表明术前r-GT水平、根治性切除、肿瘤大小及数目是影响预后的重要因素。

预防 广西肿瘤所[189]经体外培养证实茶多酚对肝癌细胞的生长有明显的抑制作用。南京医大[190]比较茅山茶区与启东非产茶区男性肝癌死亡率之间的关系。显示茅山茶区常饮绿茶有显著降低肝癌死亡率的作用，而在非产茶的启东地区，绿茶的保护作用不明显;血硒测定表明,饮茶量大小与血浆硒含量成平行关系。

(张贤康)

参 考 文 献

[1] 劳 逸等. 肿瘤防治研究 1995;22(5):326
[2] 高 瞻等. 南京医大学报 1996;16(5):433
[3] 杨少波等. 临床肝胆 1996;12(2):68
[4] 赵悦友等. 癌症 1995;14(5):383
[5] 王爱林等. 白求恩医大学报 1996;22(1):79
[6] 曾文链等. 中华实验和临床病毒 1995;9(4):306
[7] 曲 波等. 哈医大学报 1996;30(3):213
[8] 刘玉兰等. 中华病理 1996;25(1):27
[9] 张惠忠等. 中华病理 1996;25(2):70
[10] 朱争艳等. 天津医药 1996;24(10):582
[11] 汪荣泉等. 中华医学 1996;76(8):623
[12] 汪荣泉等. 三军医大学报 1996;18(3):237
[13] 刘彦君等. 二军医大学报 1996;17(2):105
[14] 张顺财等. 临床肝胆 1996;12(3):135
[15] 李平川等. 广西医学 1996;18(5):511
[16] 周元平等. 中山医大学报 1996;17(1):20
[17] 马 韵等. 临床与实验病理 1996;12(3):185
[18] 陈 刚等. 中华预防医学 1996;30(1):6
[19] 袁胜涛等. 临床与实验病理 1996;12(1):57
[20] 边建超等. 中华医学遗传 1996;13(3):135
[21] 梁英锐等. 新消化病 1996;4(8):424
[22] 孙汶生等. 中华微生物和免疫 1996;16(4):275
[23] 冷 静等. 江苏医药 1995;21(12):793
[24] 戴朝六等. 中国医大学报 1996;25(2):136
[25] 王春杰等. 中华消化 1996;16(2):72
[26] 王能进等. 癌症 1996;15(1):18
[27] 刘彦君等. 二军医大学报 1996;17(1):6
[28] 郑 杰等. 中华病理 1995;24(5):309
[29] 郑 杰等. 肿瘤 1995;15(6):462
[30] 王 东等. 三军医大学报 1995;17(6):474
[31] 杨少波等. 中华肿瘤 1995;17(6):415
[32] 余中逊等. 一军医大学报 1995;15(4):313
[33] 顾广玉等. 四军医大学报 1996;17(2):151
[34] 刘 荣等. 中华医学 1996;76(6):461
[35] 郑 杰等. 中华病理 1996;25(2):79
[36] 贺 斌等. 中华肿瘤 1996;18(5):335
[37] 黄杰雄等. 癌症 1996;15(2):102
[38] 张新立等. 三军医大学报 1996;18(1):36
[39] 李代强等. 临床肝胆 1996;12(2):70
[40] 张晓晖等. 四军医大学报 1996;17(1):封三
[41] 黄晓峰等. 四军医大学报 1996;17(5):321
[42] 谭湘陵等. 江苏医药 1996;22(6):383
[43] 刘志毅等. 中华医学 1995;75(11):676
[44] 孙 宪等. 中华肿瘤 1996;18(2):109
[45] 孙 宪等. 中华医学 1995;75(11):673
[46] 钦伦秀等. 中华肿瘤 1995;17(6):405
[47] 郑亚新等. 中华消化 1996;16(2):75
[48] 宝建中等. 二军医大学报 1996;17(2):147
[49] 王 东等. 临床与实验病理 1996;12(1):8
[50] 陈晓东等. 中华病理 1996;25(2):76
[51] 倪灿荣等. 肿瘤 1996;16(5):528
[52] 赵景民等. 上海医大学报 1996;23(5):336
[53] 郑亚新等. 上海医大学报 1996;23(4):257
[54] 叶颖江等. 实用癌症 1996;11(3):148
[55] 王 东等. 癌症 1996;15(2):112
[56] 刘鹏飞等. 肿瘤 1996;16(5):532
[57] 谢天培等. 中华肿瘤 1996;18(3):180
[58] 方石岗等. 中华病理 1996;25(2):73
[59] 洪生明等. 新消化病 1996;4(8):442
[60] 章宗籍等. 中华消化 1995;15(6):327
[61] 丛文铭等. 中华病理 1996;25(2):124
[62] 刘淑珍. 新消化病 1996;4(8):472
[63] 王德增等. 青海医药 1996;26(2):5
[64] 张啸天等. 实用肿瘤学 1996;10(3):79
[65] 许炳华等. 天津医药 1996;24(8):454
[66] 何 晶等. 重庆医学 1996;25(5):271
[67] 史成章等. 中华肿瘤 1996;18(5):371
[68] 钟 麟等. 华西医学 1996;11(1):82
[69] 李京宁等. 实用肿瘤学 1996;10(2):67
[70] 王在国等. 中国肿瘤临床与康复 1995;2(4):57
[71] 姜淮芜等. 四川医学 1996;17(1):52
[72] 熊奇如等. 安徽医大学报 1996;31(5):420
[73] 王天才等. 内科急危重症 1996;2(1):9
[74] 张志浩等. 肿瘤研究与临床 1996;8(2):95
[75] 严以群等. 中国实用外科 1996;16(3):154
[76] 王在国等. 中国肿瘤临床与康复 1996;3(2):58
[77] 陈莜菲等. 肝胆胰外科 1996;8(1):12
[78] 曾维政等. 新消化病 1996;4(7):377
[79] 何 敏等. 中国肿瘤临床 1996;23(1):21
[80] 张瑞鉴等. 肿瘤研究与临床 1996;8(2):85
[81]* 孟冬娅等. 中国实用内科 1996;16(1):27
[82] 舒建德等. 中国肿瘤临床 1996;23(10):704
[83] 黄中伟等. 中华消化 1996;16(4):245
[84]* 牛青霞等. 临床肝胆 1996;12(2):89
[85] 朱 薇等. 南通医学院学报 1995;15(4):528
[86] 薛 磊等. 中国肿瘤临床 1996;23(10):710
[87] 鞠新华等. 中国医大学报 1996;25(2):142
[88] 程计林等. 癌症 1996;15(4):303
[89] 吴秀红等. 实用癌症 1995;10(3):156
[90] 朱瑞龙等. 中国肿瘤临床 1996;23(1):18

[91] 范建高等. 上海免疫 1995;15(5):298
[92] 张方信等. 临床肝胆 1996;12(2):82
[93] 刘鹏飞等. 二军医大学报 1996;17(3):226
[94] 郝洪升等. 中国实用内科 1996;16(7):415
[95] 钱连芳等. 肿瘤 1996;16(5):538
[96] 王万忠等. 中华医学 1996;76(6):470
[97] 贾树蓉等. 三军医大学报 1995;17(6):537
[98] 刘 政等. 中华超声影像 1995;4(6):247
[99] 王淑云等. 中国超声 1996;12(1):13
[100] 曾蒙苏等. 实用放射 1996;12(6):327
[101] 梁长虹等. 实用放射 1996;12(5):295
[102] 王 俭等. 胃肠病学和肝病学 1996;5(2):41
[103] 黄道中等. 同济医大学报 1995;24(6):439
[104] 朱 芳等. 胃肠病学和肝病学 1996;5(2):31
[105] 巫北海等. 中华放射 1996;30(7):444
[106] 吕国荣等. 中华超声影像 1996;5(4):173
[107] 钱建民等. 江苏医药 1996;22(2):75
[108] 陆云飞等. 癌症 1996;15(4):296
[109] 周信达等. 中华外科 1996;34(9):518
[110] 李 华等. 中国肿瘤临床 1996;23(8):597
[111] 曾普元等. 肝胆外科 1996;4(2):102
[112] 黄 飞等. 天津医药 1996;24(2):114
[113] 张志浩等. 中国肿瘤临床 1996;23(10):720
[114] 陆才德等. 中华外科 1996;34(7):413
[115] 黄林平等. 肿瘤防治研究 1996;23(3):133
[116] 李茂全等. 中国实用外科 1996;16(9):539
[117] 李相成等. 江苏医药 1996;22(8):529
[118] 戴益民等. 中华医学 1995;75(11):666
[119] 李锦清等. 癌症 1996;15(1):45
[120] 孙建华等. 中华肿瘤 1996;18(2):113
[121]* 汪 阳等. 胃肠病学和肝病学 1996;5(2):37
[122] 樊 嘉等. 中国实用外科 1995;15(11):664
[123] 黄洁夫等. 中国实用外科 1995;15(12):722
[124] 孙立东等. 河南医大学报 1996;31(3):25
[125] 吴 晴等. 肿瘤研究与临床 1996;8(1):10
[126] 汪维生等. 肝胆外科 1995;3(4):219
[127] 黄洁夫等. 中华外科 1996;34(9):522
[128] 李 辛等. 河南医大学报 1996;31(3):116
[129] 朴相浩等. 四军医大学报 1996;17(1):42
[130] 肖立森等. 中国肿瘤临床 1996;23(10):757
[131] 董 生等. 中华放射 1996;30(1):45
[132] 郝楠馨等. 临床医学影像 1996;7(1):33
[133] 范 健等. 癌症 1995;14(6):434
[134]* 程留芳等. 中华肿瘤 1996;18(5):362
[135] 刘 崎等. 中华肿瘤 1996;18(5):359
[136] 郑传胜等. 临床消化 1996;8(3):112
[137] 许若才等. 中国肿瘤临床 1995;22(12):869
[138] 汤 毅等. 临床肝胆 1996;12(1):26
[139] 陈晓明等. 实用放射 1996;12(9):530
[140] 宁蔚青等. 中国肿瘤临床 1996;23(8):565
[141]* 汪 阳等. 中华放射 1996;30(2):85
[142] 王在国等. 新消化病 1996;4(8):448
[143] 夏井泉等. 实用癌症 1996;11(3):179
[144] 邓福生等. 河北医学院学报 1995;16(6):340
[145] 韩铭钧等. 中华放射 1996;30(9):616
[146] 王晓华等. 肿瘤 1996;16(2):99
[147] 任迎春等. 实用肿瘤学 1996;10(3):15
[148] 朱坤祥. 新消化病 1996;4(8):436
[149] 魏育林等. 上海免疫 1996;16(1):33
[150] 叶红军等. 临床肝胆 1995;11(4):192
[151] 尤迎春等. 癌症 1996;15(3):219
[152] 吴 燕等. 中西医结合肝病 1995;5(4):19
[153] 杨勤建等. 中西医结合肝病 1996;6(2):32
[154] 武 伟等. 中西医结合肝病 1996;6(3):25
[155] 黄国栋等. 癌症 1996;15(4):302
[156] 黄 挺等. 肿瘤 1996;16(3):406
[157] 严律南等. 中华外科 1996;34(9):526
[158]* 徐白萱等. 中华核医学 1996;16(2);103
[159] 梁力建等. 中华肿瘤 1996;18(3):214
[160] 贺青卿等. 山东医药 1995;35(11):33
[161] 李凡 等. 肿瘤防治研究 1996;23(3):145
[162] 俞智华等. 南通医学院学报 1995;15(4):535
[163] 曲增强等. 实用癌症 1996;11(2):73
[164] 黄晋生等. 肿瘤防治研究 1996;23(4):206
[165] 顾云娣等. 上海医大学报 1996;23(4):278
[166] 李 君等. 中华医学 1996;76(4):271
[167] 施乐华等. 二军医大学报 1996;17(4):313
[168]* 李志革等. 中华肿瘤 1996;18(5):368
[169] 隋延仿等. 癌症 1996;15(3):168
[170] 王 茜等. 中华医学 1996;76(2):96
[171] 肖铣德等. 中国肿瘤临床 1996;23(9):651
[172] 廖 勇等. 中华医学 1996;76(9):650
[173] 冯学胜等. 中华微生物和免疫 1996;16(1):33
[174] 戈 凯等. 中华医学 1996;76(3):226
[175] 李 旭等. 西安医大学报 1996;17(3):279
[176] 高 军等. 二军医大学报 1996;17(2):101
[177] 曹广文等. 二军医大学报 1996;17(4):301
[178] 曹雪涛等. 中华医学 1996;76(9):646
[179] 傅青春等. 中华消化 1996;16(4):196
[180] 李 波等. 中国实用外科 1996;16(2):84
[181] 许若才等. 中华超声影像 1996;5(2):17
[182] 董宝玮等. 中华医学 1996;76(2):87
[183] 刘剑仑等. 中国超声 1996;12(6):27
[184] 肖文华等. 中华医学 1996;76(7):501
[185] 倪灿荣等. 中华医学 1996;76(1):53
[186] 贾雨辰等. 中华放射 1996;30(2):80
[187] 赵文和等. 浙江医大学报 1996;25(4):162
[188] 周信达等. 中华内科 1996;35(8):527
[189] 郭建霞等. 癌症 1995;14(6):425
[190] 徐耀初等. 南京医大学报 1995;15(4):749

(四)其他

南京医大[1]* 在 CCl_4 致大鼠亚急性肝损伤模型中以牛磺酸作保护剂，证实 CCl_4 染毒组大鼠肝脏谷胱甘肽和丙二醛含量增加，DNA-蛋白交联物含量降低，CCl_4＋1.5%牛磺酸组则相反，提示 DNA-蛋白交联物作为肝细胞 DNA 损伤的生物学标志物在反映 DNA 损伤方面有实用价值。中山医大[2]报道 CCl_4 致大鼠肝微粒体丙二醛升高，蛋白巯基降低和钙泵抑制。用巯基供剂 DTT、自由基清除剂 SOD 均能部分地拮抗 CCl_4 引起的肝微粒体脂质过氧化，从而保护蛋白巯基及钙泵；钙泵的活性下降机制可能是 CCl_4 先经微粒体 P_{450} 裂解，产生自由基，引发脂质过氧化，消耗蛋白巯基继而引起钙泵活性降低。南京医大[3]以 CCl_4 亚慢性染毒大鼠后肝脏明显脂质过氧化，肝损伤加重及凋亡小体明显增加；牛磺酸干预组脂质过氧化较轻。福建医学院[4]报道以 CCl_4 为阳性诱导物，同时以 14 种新鲜果蔬进行干预。表明 14 种果蔬对 CCl_4 致大鼠肝脂质过氧化有阻抑效应，其阻抑率在 11.7%～52.3%，以瓠瓜汁最高，其次为芥蓝菜汁、白萝卜汁和香蕉叶。上海长征医院[5]在 D-氨基半乳糖致大鼠急性肝损伤模型中证实 TNFα 单抗可部分中和内源性 TNFα，显著减轻肝细胞损伤，使血浆丙氨酸转氨酶、天门冬氨酸转氨酶活性下降，肝丙二醛及水含量降低。医科院药物所[6]在卡介苗(BCG)与大肠杆菌内毒素(LPS)致免疫性肝损伤小鼠模型中证实 NO 合成酶抑制剂——单甲基精氨酸在抑制 BCG、LPS 诱导的血浆 NO 升高同时，可加重肝损伤，NO 合成酶底物——左旋精氨酸可部分逆转之。提示 NO 在此种肝损伤中起保护作用。

哈尔滨医大一院[7]对误诊的 9 例肝结核进行分析，认为临床表现及辅助检查结合 B 超引导下肝穿刺可提高诊断率。河北职工医学院附院[8]分析 7 例经病理证实的肝结核的 CT 表现。粟粒型结核表现为肝弥漫性肿大，密度减低或肝肿大伴多发性粟粒状低密度影，增强扫描无明显强化；结节型结核表现为肝内局灶性低密度，可有周边强化或肝内结节状混杂密度灶，病灶中心高密度，尤其可伴“粉末”状钙化；结核性胆管炎为沿胆管走行的钙化、管状结石。北京海淀医院[9]报道 1 例膀胱癌术后 BCG 灌注引起肝结核，诊断经病理证实。

浙江医大一院[10]在 4 513 名职工体检中发现脂肪肝 269 例(5.96%)，男性多于女性；59 岁以下随年龄增长患病率增高；超重、饮酒、肝炎、高脂血症及糖尿病等与脂肪肝发病有关。中山医大三院[11]报道 69 例非酒精性脂肪肝 HCV 感染率为 11.6%，明显高于对照组的 1.4%。提示 HCV 感染与脂肪肝有关。内蒙古民航急救中心[12]报道 294 名职工体检中发现单纯高甘油三酯及合并高胆固醇血症者脂肪肝发生率分别为 37.5%和 31.8%，单纯高胆固醇血症脂肪肝发生率仅 12.0%。福建省立医院[13]报道 511 例东南亚华人脂肪肝患者均伴有高血脂，其中高胆固醇占 43.7%，高甘油三酯为 20%，两项均高占 36.5%；B 超对诊断脂肪肝有一定价值。滨州医学院附院[14]报道了 34 例酒精性脂肪肝 CT 表现为不同程度及范围的无占位性低密度区，忌酒后可逆转。苏州医学院一院[15]* 报道 10 例妊娠期急性脂肪肝诊治体会。及早诊断、大量血浆与白蛋白交替应用、留置腹腔引流管等综合措施可提高孕妇存活率。浙江台州医院[16]报道 1 例肝脏局灶性脂肪变性出血，可能与局部组织脂肪变性坏死损伤血管有关。

青海省医院[17]报道 16 例超声引导下经皮穿刺诊治肝肾囊性占位病变，成功率 100%，确诊率 100%，治疗总有效率为 95.65%，治愈率 56.52%，无严重并发症。河南武警医院[18]报道 18 例腹腔镜肝囊肿开窗引流术，均获成功，无并发症。解放军 89 医院[19]报道 21 例经皮肝穿置管引流、硬化剂治疗肝囊肿，术后 30 天内囊腔均闭合，3 个月后复查无复发。南京钟阜医院[20]报道 1 例肝脾肾多发性囊肿，颇为少见。

南昌市九院[21]报道 Budd-Chiari 综合征 B 超表现，特点为肝脏肿大，包膜回声光滑，内部回声均质，管道结构清晰，肝静脉增宽，肝静脉及下腔静脉肝段腔内阻塞的增强回声团块影，中度以上腹水，早期门脉血管内径不增粗，脾肿大不明显；继发者可见肝内占位及压迫征。陕西省医院[22]报道 12 例 Budd-Chiari 综合征，血管造影诊断的灵敏度、特异性及准确性均较高，且可分型，对指导选择手术或非手术治疗有重要意义。解放军 89 医院[23]报道 11 例 Budd-Chiari 综合征应用双工多普勒超声检查，可以无创地获取病损血管血流动力学改变信息，准确反映下腔、肝静脉及门静脉内血流循环状态。北京协和医院[24]报道 1 例抗磷脂抗体致 Budd-Chiari 综合征。安徽省立医院[25]报道 18 例 Budd-Chiari 综合征者应用单球囊扩张下腔静脉治疗取得良好效果，其中 15 例下腔静脉通畅，症状缓解。本方法简便、安全、有效，可用于膜型和段型 Budd-Chiari 综合征的治疗。河南医大二院[26]报道 74 例 Budd-Chiari 综合征经皮球囊血管成形术(PTA)治疗，近期治愈率 94.59%；平均随访 15.2 个月，94.14%无复发。石家庄白求恩国际和平医院[27]报道介入治疗12例节段性狭窄闭塞Budd-Chiari综合征，认为此型综合征患者应在PTA后置入内支架，防止再狭窄发生；对合并肝静脉阻塞的患者，若肝内侧支循环较好，开通1支肝静脉也能获满意疗效；若下腔静脉闭塞段长，侧支循环较好，只需开通阻塞的肝静脉即可解除肝后性门脉高压。河南省医院[28]报道手术治疗小儿Budd-Chiari综合征4例，效果良好。山东省立医院[29]报道在超声引导下经皮经肝肝静脉内支架成形术治疗肝静脉阻塞型Budd-Chiari综合征8例，术后肝静脉平均直径0.91cm，肝静脉压由3.67kPa降至1.32kPa，肝静脉血流恢复正常，门静脉血流明显改善，症状体征明显缓解。贵州省医院[30]报道腔房转流术治疗Budd-Chiari综合征1例，近期疗效满意。

武汉同济医院[31]总结631例新生儿高间接胆红素血症的病因及临床特征。表明早期围产因素占33%，新生儿溶血占17.43%，延期母乳性黄疸占30%，此外部分病因为早发性母乳性黄疸、细菌感染及TORCH综合征。芜湖戈矶山医院[32]总结60例老年黄疸。结果病因36.7%为急性肝炎，慢活肝、肝硬化为20%，胆石症20%，胆管癌10%，肝癌6.7%，胰头癌6.7%。福建省立医院[33]报道1例原发性旁路高胆红素血症，烟酸试验有助于诊断。中山医大一院[34]报道高胆红素血症新生儿AST、LDH、ALP明显升高，ALT和γ-GT亦升高，但升幅较低，血白蛋白、球蛋白基本正常；高胆红素血症新生儿低血糖发生率为43.5%，与血清胰岛素水平无明显关系。广州孙逸仙纪念医院[35]报道25例新生儿溶血性高胆红素血症红细胞SOD活性明显下降，血浆丙二醛水平上升，提示红细胞受过氧化损伤增强。南京市儿童医院[36]* 观察蓝光光疗对新生儿姊妹染色体交换及微核率的影响，提示光疗时间应控制在72小时之内为宜，以避免光疗对染色体的损伤。北京医大三院[37]报道用高效液相法分析血清胆红素构成，Gilbert病结合胆红素/总胆红素明显低于溶血性黄疸和正常人，有助于鉴别诊断。内蒙古伊克昭盟二院[38]报道大剂量门冬氨酸钾镁(40ml/d)及654-2(60～200mg/d)治疗13例肝细胞性高胆红素血症取得良好效果。天津市三院[39]报道58例肝病患者经熊去氧胆酸600mg/d辅以水溶性维生素、支链氨基酸治疗后，血清总胆红素、蛋白及ALT水平明显降低，白蛋白无明显改变。认为可能与该药的免疫调节作用有关。浙江医大儿童医院[40]对90例新生儿高间接胆红素血症患儿在5～8岁时随访，表明25.6%有程度不等的智商低下；20.0%有轻度听力障碍，以低频为主；3.3%有神经系统异常。故对高胆酸红素血症新生儿应积极治疗。南通妇产医院[41]报道80例妊娠肝内胆汁郁积症。37～40孕周的新生儿窒息率、围产儿死亡率及高胆酸发生率最低；剖宫产新生儿窒息率及死亡率低于阴道分娩组。认为终止妊娠最佳在37～40孕周，以剖宫产为好。

山东潍坊市医院[42]报道1例肝固有动脉瘤合并肝脏及胆系多发性出血。江苏丹阳市肿瘤医院[43]报道1例肝血管瘤引起微血管病性溶血性贫血，经大剂量维生素E、糖皮质激素治疗，贫血好转。吉林医学院附院[44]报道1例经手术止血的全肝几乎完全呈海绵状血管瘤患者。福州协和医院[45]报道22例肝海绵状血管瘤的治疗体会。认为B超检查直径<5cm、单发者可定期随访，无法确诊者应尽早手术探查以便与AFP阴性的小肝癌鉴别；一旦确诊，首选手术切除，无法切除者可行肝动脉结扎或肝动脉栓塞术治疗。哈尔滨医大二院[46]报道1例门静脉海绵状血管瘤合并胆石症，属少见病例。福建医学院二院[47]报道120例肝血管瘤治疗经验。认为直径≤5cm不必手术，可在超声引导下行酒精注射治疗；直径5～8cm者，可选用光动力作用法治疗；直径>8cm者，首选手术治疗；巨大肝海绵状血管瘤病情复杂，手术危险，应谨慎处理。

吉林省肿瘤医院[48]报道1例肝嗜酸细胞肉芽肿。本病因无典型临床表现、影像学与肝内其他占位性病变无法鉴别，故诊断依赖于手术活检病理报道。广西医大肿瘤医院[49]报道3例肝细胞腺瘤。本病多为良性，手术切除预后好，不易复发。兰州军区总院[50]报道1例成人肝间叶性错构瘤，B超、CT检查对诊断有意义。本病罕见，预后好，完整切除无复发。南京鼓楼医院[51]报道1例肝库普弗细胞肉瘤。影像学及AFP等生化检查结合临床可初步诊断，确诊依赖于手术活检病理诊断。重庆西南医院[52]报道5例肝小脂肪瘤。本病B超呈强回声、CT呈极低密度为其特征。中国医大二院[53]报道2例原发性肝脂肪肉瘤。MRI能显示瘤内脂肪成分、肿瘤分化程度及在肿瘤定位、明确与周围结构关系方面优于CT。上海医大肝癌所[54]报道15例肝转移性平滑肌肉瘤。无典型临床表现及影像学特征，亦无特异性标志物，诊断依据原有平滑肌肉瘤病史及鉴别诊断方能确立，以手术切除治疗为主。沈阳军区总院[55]分析8例肝囊腺癌的影像学诊断价值。认为本病影像学检查首选B超，配合CT有助提高诊断及鉴别诊断水平。中国医大二院[56]报道1例手术切除肝后巨大滑膜肉瘤，获得成功。浙江湖州市一院[57]报道1例肝原发性血管活性肠多肽瘤。该症少见，主要发生于胰，常伴水样腹泻。天津医大[58]报道1例伴软骨、鳞状上皮分化、疑有腺上皮分化的多向分化的肝门部恶性周围神经鞘膜瘤。本病可有三种变异型：上皮样型、伴间叶和/或上皮样分化型、黑色素型。广州军区广州总院[59]报道1例肝癌肉瘤，癌肉瘤混合存在的发生机制及相互关系尚不明确。

上海医大[60]报道氨可使分散培养的胚鼠大脑神经细胞产生光镜及电镜下病理改变，对体外培养神经元有一定毒性，病变的神经元因影响了正常功能可加速肝性脑病的发生。浙江嘉兴市二院[61]检测129例亚临床型肝性脑病患者脑脊液中的SOD，其值递增与肝性脑病的严重程度明显相关。长沙湘雅医院[62]报道2例以双目失明为首发症状的肝性脑病，可能与氨中毒有关。北京佑安医院[63]报道3例肝性脑脊髓病，可能与血氨升高、低蛋白血症、营养不良等因素有关。海军总院[64]报道肝硬化大鼠应用从小牛肝中提取的肝细胞刺激物质(HSS)长期治疗后受损肝细胞DNA增生，增殖的肝细胞循环周期以G_0/G_1期为主，细胞倍体变化以4、8倍等整倍体细胞为主，未发现有促进受损肝细胞畸变作用。重庆西南医院[65]在大鼠部分肝叶切除模型中观察到库普弗细胞(KC)术后6小时RNA合成达高峰；术后24～48小时KC分泌的表皮生长因子出现明显增长高峰，且出现在肝细胞再生之前，说明库普弗细胞在肝细胞再生启动中起重要作用。南京医大[66]报道大鼠肝部分切除术后24小时和48小时血浆内毒素和丙二醛含量明显高于术前，术后72小时恢复正常，提示此两项指标动态测定可作为观察肝细胞再生及疗效的指标。上海医大肝癌所[67]对活体兔肝进行高功率相控聚焦超声(HIPFU)杀伤研究。发现HIPFU能有效破坏肝组织，致靶区肝细胞凝固性坏死，使用脉冲串式照射方式可达到杀伤肝内深部组织的目的。北京中日友好医院[68]测得89例不同肝病患者血清sIL-2R均明显增高，以急性丙型肝炎、慢性活动性乙型肝炎升高最为显著，慢性乙肝患者HBV DNA阳性组sIL-2R水平显著高于阴性组。认为检测sIL-2R有助于了解病情变化和判断预后。西安唐都医院[69]测得74例慢活肝和肝硬化患者血清TNFα、IL-8水平明显高于对照组，且与血清胆红素和ALT呈正相关。提示TNFα和IL-8均参与慢性肝脏损害过程，能反映病情活动程度。北京友谊医院[70]报道103例肝病患者中54.3%有凝血酶时间延长，且延长的百分率与肝脏损伤程度一致，延长程度依次为重肝＞肝炎后肝硬化＞慢活肝＞慢迁肝＞肝癌＞急黄肝。广西玉林红十会医院[71]报道肝硬化患者腹水中葡萄糖含量低于血糖，提示患者合并细菌性腹膜炎；若为原发性肝癌则提示合并了细菌性腹膜炎或有癌腹腔转移；腹水中Ca^{2+}高于血Ca^{2+}、K^+低于血K^+提示为漏出液，腹水Ca^{2+}低于血Ca^{2+}、Na^+高于血Na^+提示为渗出液。宁波妇儿医院[72]报道21例慢活肝、肝炎后肝硬化的血象、骨髓象分析：42.9%有血象三系减少，二系减少占42.9%，一系减少占14.3%，程度均较轻；骨髓象：再障19%，造血功能减低42.9%，脾亢19%，单纯巨核系再障9.5%，大致正常9.5%。解放军323医院[73]报道慢性乙肝、肝硬化、肝癌ras-p21蛋白阳性率呈成倍递增，提示ras基因活化、p21蛋白过度表达发生在癌变前，是预测肝细胞癌变的危险信号，但不是确诊肝癌的特异性指标。昆明医学院一院[74]采用前列腺素E_1(PGE_1)和654-2行药物性经动脉门静脉造影数字减影血管造影(DSA)，共33例47次，有助于提高门脉造影影像质量。西安西京医院[75]应用超声多普勒探测70例肝弥漫性病变及21例肝炎病毒携带者静脉血流频谱及参数，表明肝硬化及脂肪肝肝中静脉血流频谱异常率为82.6%，充盈指数≤0.03，诊断肝弥漫性病变及肝炎病毒携带者的敏感性、特异性和准确性分别为87.9%、91.1%和89.1%。白求恩医大一院[76]检测288例肝病患者血清胆碱脂酶，发现其升降与血清白蛋白高低呈正相关，表明胆碱脂酶是反映肝细胞损害的敏感指标。蚌埠医学院附院[77]报道慢性肝病尤其是肝硬化和慢活肝患者，其血清CA_{50}阳性率分别为67.7%和45.8%，故影响其作为肝癌及其他恶性肿瘤标志物的诊断特异性。华西医大一院[78]检测200例不同疾病血清鸟嘌呤脱氢酶(GD)活性，发现血清GD检测是反映肝功能的一项特异、灵敏的指标，并有助于对急、慢性肝炎、肝硬化的鉴别诊断。福建省立医院[79]测定了60例各种肝病及23例对照组的咖啡因清除试验，结果表明该试验对肝功能异常的敏感度、特异性及准确性分别为88.33%、86.96%和91.25%，是一方便可靠的肝脏贮备功能指标。四川临床检验中心[80]报道谷胱甘肽S-转移酶(GST)在急性肝炎早期、重症肝炎及慢性肝炎活跃期明显上升，可作为肝炎早期诊断、疗效动态观察以及监测肝炎复发的一种敏感指标。武汉市三院[81]测得51例肝病患者的血清铁蛋白呈递增、血清叶酸水平呈递减依次为：急性肝炎、慢迁肝、慢活肝、肝硬化、肝癌，认为血清铁蛋白检测对肝癌有特殊意义。海南海口市医院[82]报道血清酸性铁蛋白在肝病诊断中较血清铁蛋白更具敏感性，在慢活肝和慢迁肝的鉴别诊断中亦有参考价值。北京友谊医院[83]* 随访1197例肝硬化患者，认为影响预后因素中以白蛋白、腹水和脑病意义较大。

解放军总院[84]报道102例经颈静脉途径肝内门体分流术，成功率92.2%；81例平均随访8.5个月，首次通畅率88.9%，第2次处理后通畅率达95.1%，是治疗门脉高压症的有效方法。解放军180医院[85]应用酚妥拉明与门冬氨酸钾镁治疗21例次肝源性肠胀气，8小时内有效率为95.2%。青岛市立医院[86]报道思密达治疗57例肝源性腹泻，有效率为82.38%。南京军区南京总院[87]报道1例肝结节性再生性增生，其病因和发病机制尚待阐明。解放军252医院[88]检测210例病毒性肝炎、肝硬化患者血清中4种甲状腺激素。结果急性肝炎多呈高T_4、rT_3型，肝硬化多呈低T_3、高rT_3型，两者甲状腺激素水平异常率分别为93%和99%；而慢活肝和慢迁肝异常率降低。山东滨州地区医院[89]报道1例克鲍综合征，其病理基础为门静脉肝静脉先天性发育异常。南京医大一院[90]报道54例慢性肝病合并低氧血症患者的低氧程度与肝功能破坏程度呈正相关。浙江南湖医院[91]报道49例药源性肝病，肝细胞型占30.6%，淤胆型占22.4%，混合型占47%；药源中抗结核药物诱发占32.7%，抗生素占18.4%，抗精神病药占12.2%，解热镇痛药占10.2%，呋喃类药占8.2%，磺胺类药占4.1%；两药并用占16.3%，长期用药占47%；多种疾病并存占16%。

北京医大三院[92]将猪肝细胞于液氮中冻存150天后移植给切除80%肝叶的大鼠，其存活率及存活鼠生存状况明显优于对照组，表明冻存猪肝细胞移植可治疗急性肝功能衰竭。上海长海医院[93]进行了54次大鼠减体积性肝移植(RSLT)，建立了稳定的大鼠RSLT模型，适于研究各种外加因素，特别是免疫抑制剂对减体积性供肝植入后再生和功能的影响。同济医大[94]成功地施行了1例腹部多器官联合移植术。天津市一院[95]对1例乙型肝炎肝硬化患者进行原位肝移植，存活期已超过500天，为目前国内报道生存期最长的病例。

（刘　苏　陈士葆）

参考文献

[1]* 周建伟等. 中华劳卫 1996;14(1):4
[2] 符立梧等. 职业医学 1995;22(6):2
[3] 周建伟等. 工业卫生与职业病 1996;22(1):1
[4] 廖惠珍等. 福建医学院学报 1996;30(2):117
[5] 陈岳祥等. 中华医学 1995;75(11):703
[6] 王根生等. 中华医学 1996;76(3):203
[7] 陈淑香等. 哈医大学报 1995;2(6):507
[8] 侯明辉等. 中华放射 1996;30(3):151
[9] 张家宝等. 新药与临床 1996;15(4):255
[10] 邓银泉等. 浙江医学 1996;18(4):254
[11] 邓子德等. 新医学 1996;27(9):471
[12] 唐继光等. 内蒙古医学 1995;15(6):357
[13] 翁秀云. 福建医药 1996;18(4):93
[14] 张培功等. 临床消化 1996;8(2):62
[15]* 杨伟文等. 苏州医学院学报 1996;16(2):336
[16] 邱振明等. 肝胆外科 1996;4(1):48
[17] 宋书邦等. 青海医药 1996;26(1):7
[18] 赵玉亭等. 新消化病 1996;4(5):295
[19] 孙学军等. 肝胆外科 1995;3(4):214
[20] 陈锦飞等. 江苏医药 1995;21(12):845
[21] 王水庚. 江西医药 1995;30(6):369
[22] 王智民等. 实用放射 1996;12(9):537
[23] 毕素栋等. 中华超声影像 1996;5(2):56
[24] 何　进等. 中华内科 1996;35(1):31
[25] 胡何节等. 肝胆外科 1996;4(2):112
[26] 初佩俊等. 综合临床 1996;12(3):134
[27] 崔进国等. 中华放射 1996;30(9):611
[28] 薛涣洲等. 中华儿外科 1996;17(4):241
[29] 张春清等. 中国超声 1996;12(8):18
[30] 何明鑫等. 贵州医药 1996;20(2):125
[31] 常立文等. 中国实用儿科 1995;10(6):357
[32] 朱　潜. 临床内科 1996;13(2):45
[33] 陈　良等. 临床肝胆 1995;11(4):223
[34] 庄思齐. 新医学 1995;26(11):583
[35] 麦友刚等. 广东医学 1996;17(5):332
[36]* 周晓玉等. 中华儿科 1996;34(4):226
[37] 王天成等. 北京医大学报 1996;28(1):67
[38] 聂清莲等. 内蒙古医学 1996;16(2):90
[39] 王凤梅等. 天津医药 1996;24(9):548
[40] 俞惠民等. 中华儿科 1996;35(5):324
[41] 丁家怡. 交通医学 1995;9(4):95
[42] 王春光等. 中国超声 1996;12(8):35
[43] 盛荣昌. 中国实用内科 1996;16(6):346
[44] 徐礼梅等. 中国超声 1996;12(8):42
[45] 沈　娟等. 福建医药 1995;17(6):28
[46] 崔云甫等. 哈医大学报 1996;30(5):441
[47] 陈　骥等. 肝胆外科 1996;4(1):8
[48] 王　斌等. 实用肿瘤学 1996;10(3):34
[49] 陈　刚等. 肿瘤防治研究 1996;23(1):7
[50] 王湘辉等. 中华肿瘤 1996;18(3):238
[51] 张炜炜等. 江苏医药 1996;22(6):374
[52] 杨美玉等. 胃肠病学与肝病学 1996;5(2):65
[53] 孟令平等. 中华放射 1996;30(7):484
[54] 周予民等. 中华肿瘤 1996;18(3):191
[55] 关长群等. 解放军医学 1996;21(1):70
[56] 赵海鹰等. 中国医大学报 1996;25(3):326

[57] 石鹿麟. 中国肿瘤临床与康复 1996;3(1):81
[58] 孙保存等. 中国肿瘤临床 1996;23(8):607
[59] 詹世林等. 广东 医学 1996;17(1):66
[60] 朱建辉等. 中华病理 1996;25(3):139
[61] 顾金森等. 中华内科 1996;35(8):549
[62] 唐丽安等. 湖南医大学报 1996;21(1):77
[63] 王冬梅等. 北京医学 1996;18(3):188
[64] 李 楠等. 临床肝胆 1996;12(1):11
[65] 陈 平等. 中华医学 1996;76(8):612
[66] 戚晓红等. 江苏医药 1995;21(12):804
[67] 程树群等. 中国超声 1996;12(2):1
[68] 常春燕等. 中日友好医院学报 1996;10(1):25
[69] 王 新等. 临床肝胆 1996;12(2):99
[70] 刘贵健等. 临床肝胆 1995;11(4):194
[71] 赵胜利等. 广西医学 1996;18(4):410
[72] 戚利群. 上海医学检验 1996;11(1):11
[73] 程新宪等. 解放军医学 1996;21(4):287
[74] 赵 卫等. 云南医药 1996;17(3):196
[75] 阮 力等. 中国超声 1996;13(1):10
[76] 迟宝荣等. 临床肝胆 1996;12(2):108
[77] 张 弘等. 临床内科 1996;13(4):38
[78] 李 萍 等. 华西医大学报 1996;27(2):189
[79] 林志辉等. 福建医学院学报 1996;30(2):148
[80] 陈光荣等. 华西医学 1995;10(4):426
[81] 叶 军. 中西医结合肝病 1995;5(4):24
[82] 高丽娟等. 新医学 1996;27(5):253
[83] 钱林学等. 中华消化 1996;16(4):217
[84] 王茂强等. 中华消化 1996;16(3):128
[85] 张江灵等. 人民军医 1996;(6):42
[86] 宣世英等. 胃肠病学和肝病学 1996;5(2):60
[87] 印洪林等. 临床消化 1996;8(2):85
[88] 芦学军等. 人民军医 1996;(6):18
[89] 王佩珍等. 临床肝胆 1996;12(2):1
[90] 谭谓仙等. 南京医大学报 1996;16(2):193
[91] 娄家驹. 综合临床 1996;12(4):197
[92] 林 丛等. 北京医大学报 1996;28(1):4
[93] 严以群等. 中华器官移植 1996;17(2):55
[94] 周 平等. 同济医大学报 1996;25(4):305
[95] 沈中阳等. 中华器官移植 1996;17(1):25

八、胆道疾病

(一)急性胆囊炎

急性非结石性胆囊炎是指不是因结石梗阻而致的胆囊炎,因其起病急、病情发展快、诊断困难、容易发生胆囊坏死、穿孔率高等特点正日益受到重视。全年5篇文献[1~5]共185例,占同期急性胆囊炎的2.5%~6.71%,误诊率20%~50%。合肥铁路医院报道31例,发病平均年龄42.8岁;安徽医大附院报道37例中22例发生于60岁以上的老年人,19例合并有糖尿病及心血管疾病;中国医大一院报道49例中6例胆道畸形梗阻,10例发生于外伤、烧伤及大手术后。认为40岁以下的健康人患此病易误诊,其主要原因:(1)本病无特殊临床表现;(2)病情凶险,易出现全腹腹膜炎,腹部病灶难定;(3)老年人反应差,症状、体征与病情不相符。诊断首选B超:(1)胆囊壁厚>3.5mm;(2)胆囊周围有液体,浆膜下水肿;(3)囊壁内有气体;(4)腹腔穿刺或诊断性腹腔灌洗获得胆汁样液有诊断意义。治疗应选择及早手术,若病情允许,首选一期胆囊切除。对严重休克、患者状态差、Calot三角区局部解剖关系不清者,可行胆囊造瘘术,二期胆囊切除。青海省医院[6]分析高海拔地区60例急性坏疽性胆囊炎的临床特点:除发病急骤、剧烈的右上腹痛及一般止痛剂难以缓解和反复的呕吐外,寒战、高热及黄疸的发生率达40%以上,处于慢性低氧状态的高海拔地区的人发生急性坏疽性胆囊炎时,产生的低氧血症更为严重。细菌的侵人使胆囊坏疽的转归更趋恶化,或胆囊穿孔造成胆汁性腹膜炎,或穿破胆囊床发生肝脓肿,以及胆肠内瘘等极严重的并发症。解放军总院[7]将126例因急性或亚急性胆囊炎发作而行胆囊切除术的胆囊标本与术前胆囊超声表现进行对照研究,把厚度>3mm作为胆囊壁增厚的标准,胆囊缺血性坏死和粘膜出血作为病情严重的指征。结果胆囊壁厚薄在急性及慢性胆囊炎的分布上、在胆囊壁局灶性缺血和坏死中所占的比例及发生率均无显著差异。认为不能仅凭胆囊壁增厚与否作出是否胆囊炎的诊断,更不能以胆囊壁的厚度来估计病情的严重程度和因胆囊壁薄而认为病情不重而作为推迟手术的唯一标准。通州市医院[8]外科治疗高龄急性胆囊炎86例,伴胆囊结石74例,其中伴继发性胆管结石9例,手术死亡率9.3%;并存疾病49例,以心血管疾病为首位(25例,占51.0%);发生胆囊积脓34例和穿孔11例。浙江诸暨城关医院[9]收治老年急性胆囊炎103例。手术治疗80例,痊愈72例,死亡8例,病死率10%;保守治疗23例,痊愈19例,死亡4例,病死率17%。死亡主要原因为急性重症胆管炎(ACST)继发多器官衰竭(MOF)。认为(1)老年人一般发病较急,常伴有多种疾病,对手术耐受性差。但保守治疗的死亡率高于手术治疗,故年龄并非手术的绝对禁忌证;(2)手术操作应轻巧,尽可能缩短手术时间,术中行腹腔神经封闭可防止反射性诱发心律失常;(3)术前应作全面检查，采取预防治疗措施防止术中发生意外；(4)术后抗生素的选用应特别慎重，应避免使用有损肝肾功能的抗生素，多种抗生素联合使用时，更应防止因菌群失调而产生的严重后果。浙江遂昌县医院[10]报道急性胆囊炎致腹腔内出血1例。

(二)胆石症

重庆医大二院[11]将重庆地区20年间手术治疗的胆石症1747例全部病例资料按1971～1981年，1982～1991年分二组进行对比分析，结果表明后10年胆石症性质有如下特征：(1)：胆石症患者迅速增加；(2)胆囊结石患者明显增多；(3)女性及老年人患胆石症的比例明显上升；(4)手术死亡率明显降低。沈阳医学院附院[12]分析40例胆石症患者HLA-A，B，DR，DQ抗原分型，发现中国东北汉族胆石症患者与HLA的相关抗原为HLA-B13，胆囊结石与DR3，胆管结石与A3、B35，胆固醇结石与DR3，胆色素结石与A3、DR7等不同的HLA抗原关联。提示胆石症的易感基因可能存在于HLA不同的位点上。上海市一院[13]* 应用亲和层析等方法对胆汁ConA结合蛋白(CPs)进行定量。发现色素结石及非胆石患者的成核活性、CPs浓度明显低于胆固醇结石患者及胆固醇息肉患者；胆固醇结石患者的CPs与泡相结合量显著高于色素性结石患者。认为胆汁中CPs量的升高及促成核活性增强，尤其是亲泡相CPs的增加是胆囊结石形成的重要原因。武汉协和医院[14]对60例胆囊结石患者及正常人进行液体脂肪餐后用B超测定胆囊功能。结果表明结石组胆囊最大排空率明显降低，胆囊收缩至最小的时间延长，与对照组比较差异显著($P<0.01$)，而单发结石与多发结石之间排空功能无显著性差异，提示胆囊排空功能异常可能是胆囊结石的原因之一。北京宣武医院[15]报道胆囊 结石超声学诊断总体符合率99.45%，诊断正确率97.24%，其中Ⅰ型(单纯胆囊结石)的诊断正确率最高，为98.46%，Ⅴ型(胆囊结石同时伴有病变)的诊断正确率也达75%。浙江省医院[16]报道61例胆道结石病例术中常规器械取石后胆总管残石率20.8%(5/14)，肝内胆管残石率51.1%(19/37)，胆道总残石率39.3%(24/61)；术中应用纤维胆道镜取石和在纤维胆道镜指引下作器械取石后，胆总管无结石，肝内胆管残石率18.9%(7/37)，胆道总的残石率11.5%(7/61)。山西医学院一院[17]用中药胆复康治疗胆囊内直径<0.5cm及泥沙样结石，胆囊有收缩功能的排石率达62%。北京天坛医院[18]经内镜逆行插管至胆囊或胆总管内留置鼻胆管7天，灌注中药溶石1号治疗结石，40例中30例胆囊结石全溶，无生化、溶血、胆管炎、胰腺炎等不良反应。上海瑞金医院[19]对胆囊的形态学和动力学以及血清生化各种指标进行优化组合，应用Logistic回归模型对胆固醇结石高危人群进行筛选，根据模型判别得出男性52例中有成石危险的33例，女性16例中10例。24至30个月后B超复查发现其中7例新发胆石，发病率10%，预测正确率71%(5/7)。北京医大三院[20]报道结石组apo A1、C2、E显著升高，而总胆固醇(TC)、甘油三酯(TG)、低密度脂蛋白-胆固醇(LDL-C)、高密度脂蛋白-胆固醇(HDL-C)、HDL-C/TC、LDL-C/HDL-C和Apo A2、B、C3水平结石组与对照组之间差异均无显著意义。表明apo是较血脂更为敏感的指标；胆固醇结石组以LDL-C、LDL-C/HDL-C、apo B水平升高为特点，胆色素结石组以TG，apo C2升高为特点，血清中TC、LDL-C、apo B，C2，C3与胆汁胆固醇含量和/或胆固醇饱和指数呈正相关，apo E与胆总管胆汁卵磷脂含量呈负相关，均系成石的高危险因素；HDL-C与胆囊、胆总管胆汁中卵磷脂和胆盐含量呈正相关，系防石因素。广州军区广州总院[21]实验研究表明红霉素可预防兔胆囊结石形成。

(三)胆囊息肉样病变

安徽医大附院[22]对110例胆囊切除标本作组织病理检查和雌激素受体(ER)及孕激素受体(PR)测定，ER、PR阳性率在结石性胆囊炎(87例)分别为87%和78%；胆囊息肉(11例)分别为90%和81%；胆囊癌、胆囊上皮不典型增生、胆囊肌腺病及囊腺病(共12例)分别为100%和91%其中胆囊癌及不典型增生近乎全部阳性。表明从胆囊炎→胆囊息肉→上皮不典型增生→胆囊癌，其组织学变化可能是一个连续的病理过程；对胆囊息肉的手术指征应从宽掌握，以免胆囊良性病变向恶性转化。西安医大一院[23]应用全自动图像分析仪对45例胆囊切除标本的DNA含量和AgNOR计数定量。结果表明随粘膜增生→不典型增生→原位癌→癌浸润的变化，二倍体细胞减少直至消失，增殖倍体随异型增生程度的加重而递增，并出现非整倍体细胞；腺瘤样增生与不典型增生Ⅰ级、Ⅱ级与Ⅲ级DNA含量和倍体变化以及AgNOR计数无明显差异，反映了它们之间可能重叠或相近关系。西安医大一院[24]报道胆囊息肉样病变(PLG)52例，21例合并结石，非肿瘤34例，真性肿瘤18例，炎性息肉恶变1例。徐州市三院[25]报道82例PLG病理结果：良性病变74.4%；肿瘤病变中，腺瘤和腺瘤恶变、腺癌占25.6%。上海长海医院[26]报道112例PLG中2例恶变，认为PLG的恶变率低，腹腔镜切除胆囊送病理检查是确诊PLG良恶性的有效方法；如为恶性，应开腹行根治术，但要严格掌握适应证。成都军区总院[27]通过对98例PLG患者的10年随访，主张胆囊胆固醇息肉原则上不强调手术，出现下列情况可考虑外科治疗：(1)伴有明显症状或结石存在；(2)息肉直径＞8mm；(3)息肉增大、生长较快者；(4)定期观察中对诊断产生怀疑者；(5)多发性息肉合并急慢性胰腺炎者。认为行单纯息肉摘除、保留胆囊疗效优于胆囊切除，是较理想的外科治疗模式。杭州市四院[28]报道30例经皮胆镜息肉摘除前B超筛选标准为：(1)息肉直径＜12mm；(2)近年内无明显增大，基底不宽，胆囊壁局部无增厚改变；(3)胆囊壁厚度＜3mm、胆囊无慢性炎症。中国医大三院[29]对PLG及其增殖细胞抗原(PCNA)的表达研究表明，PCNA可作为腺瘤恶变及腺癌辅助诊断指标。南京军区南京总院[30]检查34例胆囊腺瘤，10例癌变，癌变腺瘤平均直径为16.20±12.27mm，其中3例瘤体直径＜5mm。认为腺瘤具有潜在恶变可能，属癌前病变，以尽早手术为宜。

(四)胆道恶性病变

上海闸北区医院[31]分析经手术与病理证实的原发性胆囊癌75例，合并结石54例(69.3%)，胆囊结石合并胆囊癌发生率为2.2%(54/2450)，认为胆囊结石是诱发胆囊癌的危险因素之一。南京医大一院[32]报道原发性胆囊鳞状细胞癌6例，占同期收治胆囊癌147例的4.1%，发病年龄以50岁以上多见，男女比为1：1。病因与慢性胆囊炎、胆结石等有关。西安西京医院[33]采用S-P法免疫组化检测42例胆囊癌标本，19例(44.1%)有EB病毒ZEBRA基因表达。北京铁路总院[34]报道节段型胆囊腺肌病的癌变率为17.10%(8/44例)，非节段型腺肌病的癌变率为4.1%(1/16例)，其他胆囊病变的癌变率为1.1%。内蒙古自治区医院[35]应用组织化学和免疫组织化学技术对134例胆囊良恶性病变的各类化生及化生与胆囊癌的关系进行研究。报道24例胆囊粘膜上皮异型增生均发生在化生区内，其中21例发生在肠上皮化生区内，癌旁组织的化生与异型增生的化生相似，63例胆囊癌中41例有化生改变。提示多数胆囊癌发生于肠上皮化生区内的异型增生组织。四军医大[36]应用酶联亲和组织化学方法对28例胆囊癌组织进行雌激素受体(ER)及孕激素受体(PgR)检测。12例显示女性激素阳性(42.85%)，其中ER阳性11例(39.28%)，PgR阳性3例(10.71%)，ER及PR同时阳性2例(7.14%)。提示部分患者的胆囊癌具有女性激素依赖特点，在胆囊癌的发生、发展中具有重要的作用。西安唐都医院[37]报道胆囊癌中突变p53蛋白表达阳性率为50%，其表达与病理分级、淋巴结是否转移相关，表达阳性率高的胆囊癌预后不良。山西医学院一院[38]用ABC法对胆囊炎胆石症和胆囊癌患者作PCNA测定。结果阳性率分别为44%(18/41例)和80%(4/5例，$P<0.01$)；PCNA阳性胆石症患者的病史在5年以上，胆囊癌患者的年龄在60岁以上。提示年龄在60岁以上、病史超过5年的胆石症患者需作手术治疗，尤其是女性。解放军17医院[39]报道胆囊癌并纤维肉瘤1例。贵阳市一院等[40]报道胆囊、胆管重复癌2例，认为一旦发现胆囊癌或胆管癌要警惕重复癌的存在，防止遗漏。本年度原发性胆囊癌报道较多，30例以上有11篇[41~51]：北京医院等报道胆囊癌占同期胆囊手术(2462例)的1.4%，男女比例1：1；男女发病比例以苏州、新疆最高(1：5.85～3.8)，西安、昆明居中(1：2.9～3.2)，北京、吉林、青海为1：1，1.4，1.9；目前认为原发性胆囊癌的病因不明，可能与胆结石、慢性胆囊炎、腺瘤恶变、胆胰管汇合有关；本病早期诊断率低，仅10%左右，误诊的主要原因：(1)发病率低，易被忽视；(2)常满足于胆囊炎、胆石症的诊断，忽略并存的胆囊癌；(3)早期无特殊症状，一旦出现腹部包块、黄疸等已为晚期；(4)术中对大体标本重视不够，遗漏粘膜病变；(5)无特异性的实验室检查，诊断主要靠影像学检查，尤以B超为首选。南通医学院附院[52]结合CT和口服胆囊造影检查，分析25例经手术病理证实为原发性胆囊癌患者的术前B超检查资料，表明B超对原发性胆囊癌的诊断符合率为70%，漏误诊率为28.0%，CT和口服胆囊造影的漏误诊率分别为25.0%和54.5%；B超漏误诊的原因为：(1)无典型临床表现并多在胆石掩盖下发展是误诊的主要原因；(2)原发性胆囊癌恶性程度高，转移早，声像图多样化，特别是晚期实块型，癌肿浸润肝脏使肝与胆囊之间正常强回声带破坏，胆囊轮廓不清，易误诊为肝内肿瘤；(3)慢性萎缩性胆囊炎合并细小结石时，声像图显示胆囊内液性暗区消失，呈实质不均质等回声，胆囊壁毛糙、增厚，显示模糊，易误诊为实块型胆囊癌；(4)胆囊腺病的声像图为弱回声实性团块自胆囊壁向胆囊腔内突入，表面光滑，绝大多数＜1cm，忽视肝内部实质性占位的来源。苏州医学院一院[53]认为在B超检查时采用多角度、多体位、多部位观察，适当调节仪器的增益，注意观察胆囊壁的厚度、内部回声，并结合病史及其他检查综合分析能提高诊断的准确率。西安医大二院[54]总结了18例经手术病理证实的胆囊癌CT表现，并对其中4例漏误诊的原因进行了分析。认为胆囊壁不规则增厚、胆囊腔内结节和胆囊区肿块是胆囊癌不同阶段的主要征象，薄层增

强扫描是提高CT诊断率和减少漏、误诊的有效方法。深圳南油集团公司医院[55]对8例经手术病理证实的厚壁型胆囊癌的CT诊进行分析，认为胆囊壁增厚的程度无明显鉴别诊断意义，而增厚的形态及向周围组织浸润的特性有鉴别诊断意义。上海二医大[56]对45例原发性胆囊癌中22例(48.9%)被延误诊断进行分析。认为主要原因是临床医生对其认识不足容易忽视，仅满足胆石症的诊断；检查手段的局限及家属对手术的顾虑。提高疗效和改善预后的关键是提高早期诊断和及时处理癌前病变，对50岁以上、结石＞2cm、有胆囊萎缩、胆囊壁局限性增厚、磁瓶样胆囊、单发性胆囊息肉＞1cm者应积极手术，并在术中剖检每例标本，发现可疑之处应立即冰冻活检，除明确良、恶性外，还应了解肿瘤侵犯深度以及有无邻近脏器和远处转移，以便采取适当根治性切除术。

中国医大二院[57]报道华支睾吸虫感染合并肝门部胆管癌1例。重庆西南医院[58]报道原发性肝胆管结石术后迟发性肝胆管癌12例。四军医大[59]*在40例肝内胆管细胞癌及其癌旁肝组织内检测HBV DNA、HBV的pre-S基因、S基因、R基因、C基因。结果33例HBV DNA阳性，31例R基因阳性，26例pre-S基因阳性，24例S基因阳性，27例C基因阳性。表明人原发性肝内胆管细胞癌的发病与HBV感染密切相关，X基因在细胞癌变过程中可能起着重要作用。重庆西南医院[60]应用免疫组化及多聚酶链反应和限制性片段长度多态性(PCR-RFLP)检测32例新鲜组织和石蜡包埋组织胆管癌的p53蛋白过度表达及p53抑癌基因248、249位点的突变。结果胆管癌p53蛋白过表达率40.6%，显著高于慢性炎症胆管壁粘膜，p53抑癌基因248、249位点的突变率分别为25%(8/32)和3.1%(1/32)。提示p53基因突变与维持胆管癌的恶性表型有关，其过表达可作为临床上诊断胆管癌的辅助方法之一。福州协和医院[61]测得胆管癌p53蛋白的表达阳性率43.3%(13/30)，三期胆管癌p53蛋白阳性组平均生存期10.2个月，阴性组34个月，认为p53蛋白可作为判断胆管癌预后的一项指标。重庆西南医院[62]将胆管癌细胞系QBC_{939}接种于羊膜浸润培养系统，发现QBC_{939}细胞能分泌尿激酶型纤维蛋白溶酶原激活物(u-PA)，并具有体外浸润羊膜能力。u-PA抑制剂反-对氨基环己酸及纤维蛋白溶酶抑制剂6-氨基己酸能够降低u-PA活性，并显著抑制QBC_{939}细胞体外浸润能力，表明u-PA是参于胆管癌浸润过程的重要蛋白酶之一，同时提示抑制u-PA或其作用产物纤维蛋白溶酶在肿瘤治疗中可能具有良好的应用前景。湖南医大二院[63]应用免疫组化方法研究胆管癌组织中上皮膜抗原(EMA)、细胞内角蛋白(CK)表达及其意义。42例胆管癌22例EMA阳性(54.8%)，CK阳性32例(72.6%)，高分化腺癌EMA、CK阳性率及半定量分级明显高于低分化腺癌和未分化癌；20例癌旁上皮EMA阳性18例，CK均阳性，而其癌组织EMA阳性13例，CK阳性17例；转移组EMA、CK阳性率低于未转移组。提示EMA、CK可能是反映胆管癌生物学行为的重要标记物；EMA、CK阴性胆管癌可能预后不良。重庆西南医院[64,65]观察了外源性层粘素(LN)对胆管癌细胞系QBC_{939}细胞分泌Ⅳ型胶原酶及体外浸润能力的影响。发现不同剂量的LN均明显刺激QBC_{939}分泌Ⅳ型胶原酶，且5μg/ml剂量的LN即能显著增强QBC_{939}细胞的体外浸润能力；与LN同时加入LN抗体，则能不同程度地抑制LN对QBC_{939}细胞Ⅳ型胶原酶分泌的刺激效应，并抑制LN增强QBC_{939}细胞体外浸润能力的作用。提示LN是通过刺激癌细胞分泌Ⅳ型胶原酶增强癌细胞浸润能力，在介导肿瘤细胞的浸润过程中发挥重要作用。他们[66]从人胆管癌组织中提纯了一种新的胆管癌相关抗原(CCRA)，免疫组化显示CCRA主要分布在胆管癌组织中，在胰腺癌和肝癌组织中为弱阳性，在其他肿瘤和正常组织中无CCRA着色。福建肝胆外科所[67]采用高灵敏度的免疫组化SP法检测了9例胆管癌(CC)、100例肝胆结石(HL)及15例正常肝胆组织的癌胚抗原(CEA)表达。发现正常胆管不表达CEA，9例CC的CEA阳性率为100%，呈阳性度较高的非规则性分布，100例HL中伴异型增生的有27例，其CEA阳性率为59.3%，呈极性分布。提示CEA检测将有助于HL并发CC的诊断，对HL胆管增生性病变性质的判别具有一定的参考价值。重庆西南医院[68]*对40例胆管癌标本切片进行血管内膜下弹力纤维VB：HE，FVmRAg：VB：H及HE染色。结果31例显示血管受侵犯(77.5%)，表现为4种类型即血管壁受侵、游离癌细胞侵入、部分栓塞和完全栓塞；肿瘤血管密度(TVD)与癌转移明显相关；33例发生神经间隙浸润者(82.5%)神经周围浸润指数(PNI)与器官或组织转移发生率相关。表明血管和神经间隙均是重要的转移途径，肿瘤血管生成是浸润、转移发生必不可少的环节，TVD和PNI对于判断患者术后预后具有一定的参考意义。湖南医大二院[69]应用自动图像分析技术对36例胆管癌组织的石蜡切片进行细胞核DNA原位定量测定。结果胆管癌细胞核DNA显著升高，其中二倍体型7例(19.4%)，异倍体型29例(80.6%)，胆管癌异倍体率平均 28.7%±20.4%，其与胆管癌分化程度、发生部位、生长方式和转移状态有关。提示胆管癌细胞核 DNA 定量测定有助于胆管癌预后的评价。沈阳军区总院[70]报道 5 例肝内胆管囊腺癌的超声诊断结果。其中 4 例发生在肝右叶，1 例发生在肝左右交界部；单发肿瘤较大，多发病变较小；囊壁不规则或有乳头状突起，囊内有不规则光团和散在光点漂浮是本病的主要声像图特征。长沙湘雅医院[71]回顾分析 116 例肝外胆管癌超声显像表现。确诊或拟诊胆管癌 96 例，漏诊 6 例，误诊 14 例；将 96 例胆管癌声像图分成 5 类：乳头型、团块型、充填型、壁厚型和截断型；96 例胆管癌中呈低回声者 37 例，中等回声者 22 例，高回声者 37 例，各种回声水平在各型中所占比例无显著差异。上海甘泉医院[72]对 55 例肝外胆管癌的影像学特征进行分析。病变位于肝外胆管上、中、下段各为 24、12、19 例；其中 41 例病理诊断：浸润型 24 例，结节型 6 例，乳头型 6 例；直接胆道造影显示有狭窄型、阻塞型和息肉型；PTC、ERCP、CT、B 超的诊断准确率分别为 93.33%、71.43%、66.67%、58.18%，以 PTC 检查的准确率最高；黄疸患者应首选 B 超检查，一旦发现胆管扩张应作 PTC 检查，并酌情选用 ERCP、CT 或选择性血管造影。山东医大附院[73]对 135 例明确病因的阻塞性黄疸患者的 CT 进行回顾性分析。报道扩张的肝外胆管在腹部扫描所见为低密度环形，依据末环的形态、结石和肿块的出现，CT 确定梗阻水平的准确率为 100%，梗阻原因为 90.5%。黑龙江省医院[74]对 32 例梗阻性黄疸作 ERCP，结果与 B 超和 CT 进行对比。发现恶性胆道梗阻 18 例(56.3%)，良性梗阻 14 例(43.7%)；ERCP、B 超及 CT 定位诊断率分别为 93.7%、87.5%和 81.3%，三者之间差异无显著性；病因诊断率分别为 90.6%、62.5%和 56.3%，ERCP 与 B 超和 CT 比较差异显著；误诊率分别为 9.4%、9.4%和 3.1%，三者比较差异无显著性。认为 ERCP 对梗阻性黄疸的病因诊断率明显优于 B 超和 CT，是一种安全且不可缺少的诊断方法。上海东方肝胆医院[75]分析 75 例肝门部胆管癌的影像分型和治疗间的关系。按 Bismuth 分型法，Ⅰ型 19 例，Ⅱ型 8 例，Ⅲ型 18 例(Ⅲa 7 例，Ⅲb 11 例)，Ⅳ型 30 例；总切除率为 20%(15 例)，其中Ⅰ型 7 例，Ⅱ型 3 例，Ⅲa 2 例，Ⅲb 3 例及Ⅳ型胆管癌失去手术切除机会，Ⅰ、Ⅱ型胆管癌切除率较高；60 例未切除者中，48 例行引流管引流，9 例行胆肠 Roux-en-Y 吻合术，未切除的主要原因有局部或远处转移、侵犯肝动脉和/或门静脉，放置引流管是一种较好的姑息性疗法。安徽省立医院[76]超声诊断胆管癌，其中 55 例经手术和病理证实，超声诊断符合率 84%。55 例中除 2 例为早期癌能手术切除外，其余大部分仅作了姑息性手术，其中 8 例高位胆管癌手术中放置 U 型管，术后行后装 ^{192}Ir 腔内照射治疗，获得满意疗效，平均存活期延长 2～3 倍。黑龙江省医院[77]对 28 例恶性胆道梗阻(MBO)患者行经内镜胆管内引流术(EBD)。25 例插管成功，23 例(92%)减黄有效，EBD 后第 3 天胆红素平均下降 46.3%，肝外胆管径平均回缩 58.6%，减黄有效者腹胀迅速消失或减轻，40%中期并发胆管炎，17%生存 1 年以上腹胀再现，有胆道感染症状及 B 超见肝外胆管扩张为通管的指征。EBD 适合高龄或高危人群的 MBO 患者，对延长生存期有重要价值。上海东方肝胆医院[78]* 经内镜为 24 例无法手术切除的恶性胆道梗阻患者放置金属胆道支架 27 次，成功率 88.9%，术后黄疸完全消退 7 例，明显减退 8 例，3 例患者后期出现黄疸及胆管炎复发，失访 6 例。南京鼓楼医院[79]以经皮、经肝介入法放置胆道 EMS 治疗 6 例胆道狭窄患者(恶性 5 例，良性 1 例)，共放置 EMS 8 枚。首次放置 EMS 技术成功率 75%，发生支架错位 2 例次，经追加 EMS 得以纠正。随访 5 例恶性狭窄患者，存活 1～7 个月，退黄效果满意。1 例良性狭窄患者随访 24 个月，支架通畅，无并发症。北京友谊医院[80]用介入法诊治梗阻性黄疸 100 例(ENBD 60 例，PTCD 40 例)，引流 PTCD 成功率在肝内胆管扩张的病例达 100%，ENBD 成功率 94%，PTCD 引流效果明显高于 ENBD。华西医大等[81]报道胆管癌根治术后肝多处转移，中西结合治疗，随访 9 年 1 例。

(五)急性重症胆管炎

重庆西南医院[82]* 采用大鼠急性重症胆管炎模型，观察肝肺巨噬细胞吞噬活大肠杆菌及分泌 TNF 变化。发现急性胆道感染后 12 小时开始，肝 Kupffer 细胞(KC)对 ^{14}C 标记的活大肠杆菌吞噬功能持续下降，而肺泡巨噬细胞(AM)吞噬功能进行性上升；KC 在感染后 12 小时 TNF 分泌达到高峰，此后耐受；AM 在感染 12 小时后 TNF 分泌持续上升，并保持在高水平直至 48 小时。成都军区总院[83]用不同剂量前列腺素 E_1(PGE_1)注入急性梗阻性胆管炎(AOC)大鼠腹腔并设立生理盐水对照组，观察动物不同时间死亡率，并检测血液内毒素、TNF 浓度变化趋势。结果大剂量 PGE_1 组死亡率明显低于生理盐水对照组；各组血液内毒素变化无显著差别，但随时间延续呈上升趋势；三组 TNF 浓度先上升后下降，治疗组趋势平缓，高峰推迟。证明大剂量 PGE_1

对TNF有抑制作用，可降低大鼠AOC死亡率。天津中西结合急腹症所[84]采用^{35}S标记大肠杆菌为示踪物观察肠道细菌易位；^{125}I标记的牛血清白蛋白测定肺微血管通透性(PMA)；电子自旋共振仪测定组织中氧自由基(OFR)含量；生化方法测定组织中磷脂酶A_2(PLA_2)活性。结果急性重症胆管炎(ACST)时肠道内细菌可通过门静脉向肺大量易位，诱发肺功能损伤；ACST的PMA显著增加，并与肺组织中OFR和PLA_2水平呈平行关系，提示OFR和PLA_2在肠源性感染造成的肺损伤中发挥重要作用；中药活血清解灵合剂组的治疗效果最佳，减压组和氨苄青霉素组的治疗效果较差，甚至会加重组织的功能损伤。黑龙江省医院等[85]对原发病为胆总管结石17例，胆道、胰腺肿瘤9例引起的急性梗阻性化脓性胆管炎(AOSC)共26例采用EST治疗11例，NBD 6例，EBD 4例以及PTCD 5例；24例(92.3%)治疗有效，2例(7.7%)死亡。认为胆道非手术减压法治疗AOSC能迅速有效地改善症状，降低手术死亡率。

浙江丽水市医院[86]分析200例ACST及其中70例并发多器官衰竭(MOF)病例临床资料。发现具有早期休克、营养不良、肺部感染、败血症及长期胆道梗阻等病例的MOF发生率明显升高，认为早期监护高危患者和综合治疗是降低MOF病死率的关键。江苏张家港市一院[87]分析农村医院治疗ACST 84例。认为24小时内手术，胆道减压，使用足量高效抗生素，激素，抗休克，纠正水、电解质紊乱，保护肝功能，防止MOF是减少死亡率的有效措施。芜湖弋矶山医院[88]PTCD抢救ACST 25例，21例引流获得较好效果，其中18例施行择期手术，余3例症状缓解出院；4例引流无效，其中2例中转手术，1例自动出院，1例病情恶化死于MOF。上海长征医院[89]报道超声引导下经皮经肝穿刺胆汁引流术及胆管内灌注抗生素救治AOSC 4例。患者胆汁均已脓性变，细菌培养3例绿脓杆菌，1例大肠杆菌；PTCD及胆管内灌注抗生素后，最快于4小时内退热、黄疸减退，白细胞计数和ALT也逐渐降至正常，在各种抗菌药配伍中，以甲硝唑和丁胺卡那霉素联合应用效果较好。福建省立医院[90]对105例ACST临床分析表明；结石是主要病因(75例)；保守治疗19例，死亡率57.9%；手术86例，死亡率29.1%($P<0.01$)，休克时手术死亡率38%(20/52)，意识障碍时死亡率47%(8/17)，发病后手术越早死亡率越低。解放军467医院[91]报道AOSC 86例，其中并发感染性休克54例(62.8%)，死亡12例，非手术和手术治疗死亡各6例，感染性休克合并MOF是主要死亡原因。山东青岛市医院[92]报道163例ACST中Ⅰ级(单纯型)102例，Ⅱ级(休克型)42例，Ⅲ级(胆源性肝脓肿型)9例，Ⅳ级(MOF型)10例。Ⅰ级病例中45例非手术治疗，57例急症手术治疗，病情均缓解。全组死亡20例，Ⅱ级8例，Ⅲ级5例，Ⅳ级7例。

(六)先天性胆道系统疾病

四川自贡市四院[93]报道胆总管胆囊管重复畸形1例。山东荷泽地区医院[94]报道胆囊壁淋巴管瘤1例。安徽医大附院[95]报道52例先天性胆管囊肿(CBD)患者中表现腹痛40例，黄疸36例，右上腹肿块34例，有腹痛、黄疸、腹块三联征者23例；术前51例B超检查，确诊49例(94.4%)，发现肝内胆管扩张17例，肝内多发性囊性占位3例，PTC 2例，CT 1例；静脉胆道造影6例，4例阳性，2例未显影。认为B超检查是最方便而有价值的诊断方法，治疗应尽可能行囊肿全切术。西安医大一院[96]手术治疗45例CBD，表明囊肿切除、肝(胆)总管空肠Roux-en-Y吻合术是最理想的治疗方法。上海华东医院等[97]将37例CBD肝脏病变分成三组：肝硬化15例，肝硬化前期20例及正常肝细胞组。结果肝硬化组患儿年龄明显小于肝硬化前期组，前者平均年龄17.37个月，后者为70.25个月；肝硬化组患儿均有持续黄疸史，肝硬化前期组仅3例有黄疸史；肝硬化组囊肿直径平均7.8cm，肝硬化前期组平均4.7cm ($P<0.05$)；肝硬化组9例获长期随访，8例恢复满意。结论：①CBD患儿出现症状越早，肝硬化可能性越大；②胆道梗阻是CBD导致肝脏病损的主要原因；③CBD Ⅰ型患儿囊肿越大，对胆流动力学影响越大，对肝脏的影响也越大；④对已出现严重肝硬化的CBD患儿仍应持积极态度，胆道梗阻解除后肝硬化仍有逆转的可能。解放军254医院等[98]对79例异常胆管连接(APBDU)合并的先天性胆管囊肿(21例)和胆系癌(14例)的临床和ERCP表现特征分别作系统分析并与59例正常胰胆管连接所合并的同类病例比较。发现先天性胆管囊肿和胆系癌在APBDU组的发生率分别为26.6%和17.7%，明显偏高；前者多在囊状扩张的胆总管下段见明显的缩窄段(9/11例)；肝外胆管囊状扩张的复杂型APBDU较多合并其他胰胆病变；APBDU所合并的胆系癌以胆管癌多见(10/14例)。

(七)其他

空军西安医院[99]测得20例梗阻性黄疸(阻黄)患者外周血及门脉血中转铁蛋白低而铜蓝蛋白高于单纯胆囊结石患者，表明梗阻性黄疸时机体这二种蛋白代谢紊乱。湖北医大一院[100]报道100例梗阻性黄疸患者的红细胞免疫功能降低，血中循环免疫复合物增加，注入精氨酸能有效地延缓免疫功能降低，减少血中循环免疫复合物。同济医大等[101]实验研究表明丹参能有效地防止阻黄时肝脏脂质过氧化损伤。山东千佛山医院等[102]报道恶性阻黄患者外周血 CD_4 细胞减少，CD_8 细胞增多，CD_4/CD_8 降低，sIL-2R 含量增加，与正常对照及良性阻黄差异显著。南京医大一院等[103]离体实验表明，血管抑制肽(VIP)对胆囊条有浓度依赖性舒张作用，垂体腺苷酸环化酶激活肽(PACAP)则呈现浓度依赖性收缩反应。贵州医学院二院[104]研制成一种中药胆囊胆道造影剂，能排除胃肠道气体干扰，改变声阻抗差异，促进肝细胞胆汁分泌，使胆道充盈，显示病变性质，对肝外胆管中段以下病变的诊断率从过去的 45.5%提高到 82.5%。武汉同济医院[105]应用快速自旋回波、重 T_2 加权成像技术及三维图像处理对 26 例患者进行 31 次磁共振成像(MRC)。表明 MRC 能显示胆道狭窄部位、程度及扩张的胆管，与 MRI 结合能更准确地诊断阻塞部位及原因。江苏江阴市医院等[106]分析阻黄患者十二指肠病变，发现低位阻黄患者十二指肠炎和溃疡的检出率明显高于对照组和高位阻黄组，认为对低位阻黄患者应给适量的制酸剂，以预防其并发溃疡。汕头大学医学院一院[107]采用胆总管 T 管引流加小剂量氨甲喋呤治疗原发性硬化性胆管炎 3 例，取得满意疗效。苏州医学院一院等[108]将 32 只兔剖腹直视下闭塞胆囊管后，底部造口分组灌注下列硬化剂：G1 组，95%乙醇＋5mol/L 三氟醋酸；G2 组，95%乙醇＋2mol/L 三氟醋酸；G3 组，95%乙醇＋3mol/L 四环素；G4 组，生理盐水。4 周后，胆囊完全纤维瘢痕化，与手术切除等效，纤维化成功率各组分别为 100%、87.5%、37.5%和 0%。G1 组肝脏毒性大，G2 出现胆囊粘膜上皮再生，为最佳硬化剂。

（张兴荣）

参 考 文 献

[1] 钱国栋. 南通医学院学报 1996;16(3):377

[2] 杨文奇. 肝胆外科 1996;4(3):174

[3] 郭 磊等. 辽宁医学 1995;9(4):205

[4] 吴 坚等. 肝胆外科 1996;8(2):94

[5] 刘建汉. 江苏医药 1995;21(12):837

[6] 郑大为. 青海医药 1996;26(5):35

[7] 李俊来等. 中国超声 1996;12(4):44

[8] 沈野飞. 南通医学院学报 1996;16(1):35

[9] 赵毓琪. 中国医科院学报 1996;18(3):封三

[10] 戴德年. 肝胆外科 1996;8(2):55

[11] 刘长安等. 重庆医学 1995;24(6):321

[12] 吕会仁等. 中华微生物和免疫 1995;15(5):315

[13]* 陈雨强等. 中华消化 1996;16(4):204

[14] 刘永革等. 临床消化 1996;8(1):14

[15] 吴 静. 首都医大学报 1996;17(2):121

[16] 赵大建等. 浙江医大学报 1996;25(4):170

[17] 牛树凯等. 中西医结合 1996;16(5):277

[18] 杨昭徐等. 新消化病 1996;4(9):489

[19] 韩天权等. 中华消化 1995;15(6):313

[20] 傅贤波等. 中华医学 1995;75(11):656

[21] 张继红等. 广东医学 1996;17(1):46

[22] 刘 弋等. 肝胆外科 1996;4(3):188

[23] 张学斌等. 陕西医学 1996;25(4):238

[24] 石景森等. 肝胆外科 1996;4(3):140

[25] 刘志发等. 南京医大学报 1996;16(1):75

[26] 黄 海等. 中国实用外科 1996;16(1):34

[27] 田伏州等. 肝胆外科 1996;4(3):142

[28] 屠伶伶等. 中国超声 1996;12(3):36

[29] 洪生明等. 中国医大学报 1996;25(4):352

[30] 石群立等. 江苏医药 1996;22(8):527

[31] 王约青等. 上海医大学报 1996;23(4):266

[32] 王九文等. 南京医大学报 1996;16(1):107

[33] 窦科峰等. 四军医大学报 1996;17(1):59

[34] 石国强. 实用癌症 1995;10(3):211

[35] 高维实等. 肿瘤防治研究 1996;23(1):16

[36] 张惠中等. 四军医大学报 1996;17(1):49

[37] 张 东等. 肝胆外科 1996;4(3):182

[38] 武 华等. 肿瘤研究与临床 1996;8(3):149

[39] 杨如俊等. 新消化病 1996;4(5):261

[40] 赵建勇等. 贵州医药 1996;20(4):253

[41] 王宏生等. 综合临床 1996;12(4):201

[42] 梁秀芝等. 实用肿瘤学 1995;9(4):67

[43] 郭文堂等. 天津医药 1996;24(1):56

[44] 张天玉等. 云南医药 1995;16(5):377

[45] 王约青等. 上海医学 1996;19(8):475

[46] 陈国善. 中国肿瘤临床与康复 1995;2(4):20

[47] 蒋新卫等. 苏州医学院学报 1995;15(5):850

[48] 马家莲等. 肝胆外科 1995;3(4):217

[49] 过兆基等. 苏州医学院学报 1996;16(2):339

[50] 李波澍等. 中国肿瘤临床与康复 1996;3(1):66

[51] 孟宪魁等. 陕西医学 1995;24(11):653

[52] 卞凤英. 南通医学院学报 1996;16(2):230

[53] 郑爱英等. 苏州医学院学报 1996;16(2):377

[54] 刘希明等. 西安医大学报 1995;16(4):451

[55] 武昭军等. 陕西医学 1996;25(6):328

[56] 祝高明等. 肝胆胰外科 1996;8(1):17

[57] 戴显伟等. 寄生虫学与寄生虫病 1996;14(1):81

[58] 顾红光等. 三军医大学报 1995;17(6):534

[59]* 王文亮等. 中华肿瘤 1996;18(2):127

[60] 王征旭等. 三军医大学报 1996;18(1):40

[61] 许春森等. 福建医学院学报 1996;30(1):21
[62] 王曙光等. 中华医学 1996;76(8):594
[63] 杨竹林等. 临床肝胆 1996;12(1):22
[64] 王曙光等. 中华医学 1995;75(11):660
[65] 王曙光等. 三军医大学报 1996;17(5):389
[66] 梁　平等. 三军医大学报 1996;18(4):298
[67] 陈燕凌等. 肝胆外科 1996;4(3):185
[68]* 王曙光等. 临床与实验病理 1996;12(2):91
[69] 黄生福等. 湖南医大学报 1996;21(3):245
[70] 王占江等. 中华超声影像 1995;4(6):251
[71] 廖锦堂等. 中国超声 1996;12(4):41
[72] 王宝昌等. 铁道医学 1996;24(1):10
[73] 马素贞等. 实用放射 1996;12(8):478
[74] 任　旭等. 中华消化内镜 1996;13(1):17
[75] 程红岩等. 中华放射 1996;30(4):233
[76] 李美光等. 中华超声影像 1996;5(4):155
[77] 任　旭等. 中华消化内镜 1996;13(2):262
[78]* 胡　冰等. 内镜 1996;13(2):70
[79] 周建新等. 肝胆外科 1996;4(3):152
[80] 李振领等. 中华内科 1996;35(4):270
[81] 谭厚生等. 中国肿瘤临床与康复 1995; 2(4):47
[82]* 李　锐等. 中华消化 1995;15(6):317
[83] 赵铁军等. 中国危重病急救医学 1996;8(3):145
[84] 许　锋等. 中国危重病急救医学 1996;8(7):386
[85] 任　旭等. 新消化病 1996;4(9):507
[86] 李殿菊等. 中国危重病急救医学 1995;7(6):369
[87] 黄月琴. 苏州医学院学报 1996;16(3):538
[88] 房淑彬等. 肝胆外科 1996;4(3):176
[89] 章建全等. 中国危重病急救医学 1996;8(10):629
[90] 陈修溥等. 福建医药 1996;18(2):48
[91] 赵振蒙等. 肝胆外科 1996;4(3):166
[92] 刘世卿等. 中国危重病急救医学 1996;8(10):618
[93] 邓　靖. 肝胆外科 1996;4(3):133
[94] 李建军等. 临床肝胆 1996;12(1):44
[95] 彭　程等. 肝胆外科 1996;4(3):172
[96] 姚德茂等. 西安医大学报 1996;17(3):377
[97] 吴晔明等. 中华小儿外科 1996;17(5):270
[98] 吕维富等. 实用放射 1996;12(1):28
[99] 方驰华等. 天津医药 1996;24(8):464
[100] 王竹平等. 中国实用外科 1996;16(1):22
[101] 刘　海等. 云南医药 1995;16(5):332
[102] 李　凯等. 山东医药 1996;36(3):17
[103] 魏睦新等. 新消化病 1996;4(5):243
[104] 陈　刚等. 中国超声 1996;12(7):43
[105] 夏黎明等. 中华放射 1996;30(7):448
[106] 刘鹏飞等. 新消化病 1996;4(4):196
[107] 李　威等. 云南医药 1995;16(5):363
[108] 管洪庚等. 苏州医学院学报 1996;16(1):35

九、胰腺疾病

(一)胰腺炎

急性胰腺炎　白求恩医大一院[1]采用胆总管末端结扎法制备大鼠急性胰腺炎(AP)模型,认为较 Nevalainen 法更符合胆源性 AP 的病理过程,可避免发生胃潴留。遵义医学院二院[2]报道胰管压力升高程度及其持续时间与犬发生不同类型 AP 可能有关。南通医学院附院[3]观察维生素 E 对 AP 大鼠氧自由基及血栓素 A_2(TXA_2)、前列环素的影响,证实 AP 大鼠花生四烯酸的代谢紊乱与氧自由基有关。上海市一院等[4]*证实急性出血坏死性胰腺炎(AHNP)犬早期血小板呈高度活化状态,纤溶功能降低,而四甲基吡嗪可有效纠正上述改变。南京医大一院[5]报道给予外源性胰磷脂酶 A_2(PLA_2)可致大鼠血脑屏障通透性增高,脑实质损害,提示其与AHNP时胰性脑病有关。北京协和医院[6]报道 AP 猫腹腔渗液中的淀粉酶明显升高,并与胰腺病变程度呈正比,与生存时间呈反比,认为可作为 AP 严重程度和预后判断的重要指标。该院[7]还报道生长抑素可显著降低 AHNP 猴血浆 TXB_2 和 6-keto-PGF1α 含量,减轻炎症反应程度。苏州医学院一院[8]和福建医学院一院[9]均报道善得定对防治大鼠 AP 及其并发症有效。重庆西南医院[10]报道丹参注射液能显著减轻 AHNP 大鼠胰腺病变,机制可能与改善胰腺微循环有关。大连医大等[11]证实中药栀子可明显减轻 AHNP 大鼠胰腺细胞亚细胞器的损害,减轻胰腺病变。南京军区南京总院[12]报道钙通道阻滞剂维拉帕米可显著降低 AHNP 大鼠肺毛细血管通透性及髓过氧化物酶活性和脂质过氧化水平,减轻肺损伤。

上海中山医院[13]对 12 例 AP 患者的静脉血、胆汁、腹腔渗液及胰腺组织分别作需氧菌和厌氧菌培养,除胆汁和胰腺组织需氧菌培养各有 4 例阳性外,其余均阴性。昆明医学院一院[14]报道 AP 患者的全血比粘度、血浆比粘度异常升高与氧自由基损伤有关。河南医大一院[15]检测 AP 患者血浆血小板 α 颗粒膜蛋白、TXB_2、6-keto-PGF1α 和血管性假血友病因子含量。结果除 6-keto-PGF1α 外,余均显著升高。提示 AP 患者血小板处于活化状态,血管内皮细胞功能受损。

上海瑞金医院[16]报道 AP 患者血清 C-反应蛋白(CRP)明显升高,球蛋白及纤维连接蛋白明显降低,且与胰腺病变程度一致。南通医学院附院[17]指出血清 LPA_2 对 AP 诊断缺乏特异性。北京医大三院[18]分析45例AHNP的临床资料，发现若存在发热≥38℃、呼吸困难(>36次/分)、休克、胰外表现、尿蛋白≥卄、尿素氮>9.4mmol/L的其中3项以上者，预后差。天津医大总院[19]提出了包括具有严重伴随疾病、动脉氧分压、剩余碱、血糖、血钙、血尿素氮、白细胞总数、重度肠麻痹、第一天输液量和年龄等10项判断重症AP预后的指标，其灵敏度、特异度、预测阴性率、预测阳性率和准确率分别为93.3%、92.6%、87.5%、96.2%和92.9%，认为优于国外Ranson、Imrie及国内黄自强、姚榛祥等提出的评估系统。北京宣武医院[20]分析86例AP的CT表现，认为胰周蜂窝组织炎可作为重症AP早期的CT诊断标准，其准确性明显优于Ranson分类。北京医大三院[21]将AHNP患者胰腺坏死的CT表现分为点片状、段状及全胰腺坏死三级，认为有助于预后判断。

华西医大一院[22]报道AHNP猝死110例，尸检显示胰外多脏器损害发生率高，其中肺损害占81.1%，心脏损害73.6%，脑损害25%，肝、脾、肾、肾上腺及胃肠道等均有广泛淤血或出血坏死。北京医大三院[18]分析AHNP 45例的胰外脏器受累情况，依次为肾(46.7%)、肝(43.6%)、心(42.1%)、肺(40%)、脑(13.3%)、DIC(12.2%)及胃肠道(6.7%)。广州孙逸仙纪念医院[23]分析46例AP的肝功能变化，发现肝功能损害与AP严重程度相关，指出严重肝功能损害提示预后不良。南京医大一院[24]检测AP患者的血清β_2-微球蛋白、铁蛋白和甘胆酸含量，认为上述3项指标可反映胰外器官(肾、肝)损害程度。解放军260医院[25]报道重症AP术后并发胰性脑病7例，占重症AP手术病例的29.2%(7/20)；7例均有不同程度精神症状，3例有脑膜刺激征，3例早期有双眼球震颤。中国医大[26]报道水肿型AP合并急性心包填塞、多浆膜腔积液1例。上海铁路医院[27]报道AP继发糖尿病酮症酸中毒3例。

北京医大三院[28]分析37例AHNP早期非手术治疗的转归，其中30例痊愈，1例死亡，6例转手术。认为AHNP早期行正规非手术治疗，大部分患者可获痊愈。上海市一院[29]非手术治疗重症AP70例，与同期早期手术治疗的58例比较，前者死亡率(8.6%)显著低于后者(43.1%)，指出早期手术应限于有严重胆道梗阻或感染以及保守治疗无效者。南通医学院附院[30]采用内科综合治疗加用善得定抑制胰腺外分泌，治愈13例(13/15)重症AP。浙江省医院[31]报道生长抑素对重症AP有明显疗效，可缩短总住院日。海军总院[32]报道生长抑素能较好抑制胰液及胰酶分泌，在重症AP早期应用可控制病情发展。解放军324医院[33]报道用前列腺素E_1治疗合并严重肝损害的AP有效。解放军309医院[34]采用电视腹腔镜治疗胆源性AP 10例，均获痊愈。

慢性胰腺炎　上海长海医院[35]报道超声内镜检查慢性胰腺炎30例，诊断正确率为90%，较超声(US)正确率高，其对胰实质回声强度的变化、内部回声均匀性的改变以及胰边缘形态、狭窄主胰管的显示均优于US。云南省医院[36]报道US、CT检查慢性胰腺炎的确诊率分别为75%和79%。南京铁道医学院附院[37]将数字减影技术与经内镜逆行胰管造影(ERCP)相结合，检测47例，发现慢性胰腺炎7例。表现为胰管扩张、扭曲；胰实质染色浓淡不均；胰轮廓不清、毛糙。认为该方法对诊断慢性胰腺炎优于ERP。杭州市临安中医院等[38]报道丙谷胺可降低慢性胰腺炎患者胰、胆管压力，对治疗本病可能有益。

(二)胰腺癌

上海肿瘤所[39]进行胰腺癌的病例对照研究，证实吸烟是本病一个主要危险因素；饮酒与本病无关；绿茶对本病有保护作用。北京协和医院[40]用基因重组、基因导入和分子杂交技术证实胰腺癌细胞中有MDM_2基因的表达；该基因对野生型p53的功能有拮抗作用，可部分地解除野生型p53对胰腺癌细胞生长的抑制作用，促进癌细胞生长。南京医大一院[41,42]采用PCR-SSP检测胰腺癌K-ras基因点突变。在25例冰冻胰腺癌组织及31例石蜡包埋组织中的检出率分别92.0%和74.2%；正常胰腺组织、胰腺良性疾病、胆管癌及十二指肠乳头癌中均未检出。上海医大[43]报道43.7%(7/16)胰腺癌患者的T淋巴细胞对突变ras D12多肽(多肽合成仪合成)呈阳性反应，进一步研究其中4例患者，3例能识别ras D12蛋白(突变ras基因编码)，而11例正常人均无反应。表明突变ras基因编码的突变片段具免疫原性。上海长海医院[44]测得胰腺癌胚胰腺泡蛋白(FAP)阳性率为73.7%(14/19)；慢性胰腺炎为60.0%(6/10)；6例胚胎胰腺全部阳性；1例肝胰壶腹癌、1例胰岛细胞瘤及5例胰腺转移癌均阴性。认为FAP表达可能与胰腺细胞增殖分化有关。该院[45]还报道胰腺癌依组织学Ⅰ级、Ⅱ级、Ⅲ级次序，其DNA非整倍体型的检出率显著增高；非整倍体型组患者的预后明显较整倍体型组差。成都军区成都总院[46]报道HER-2/neu基因在21例胰腺导管癌中有10例(47.6%)呈过表达，过表达者的平均生存时间明显短于无过表达者。华西医大一院[47]报道p16蛋白在胰腺癌组织中的表达率为56%(28/50)；有淋巴结转移者显著高于无转移者。湖南医大二院[48]研究雌激素受体(ER)、孕酮受体(PR)和表皮生长因子受体(EGFR)在胰腺癌中的表达。表明ER、PR多见于高分化腺癌和组织学分级Ⅰ级病例，EGFR则相反，且阳性病例易发生转移。该院[49]还研究增殖细胞核抗原(PCNA)评分和Bcl-2、p53蛋白表达。发现Bcl-2蛋白阳性者p53多阴性，两者与PCNA评分密切相关。华西医大[50]证实胰腺癌细胞ABH物质(被认为是一种肿瘤相关抗原)减少的程度与癌细胞的分化程度呈正相关，分化程度越低，其含量越少。

中国医大一院[51]检测23例患者Span-1抗原，若以30U/ml为界值，其对胰腺癌诊断的敏感性、特异性和准确性分别为86.9%、89.5%和88.1%。西安医大二院[52]研究表明血清CA242测定有助胰腺癌的诊断。江苏肿瘤所[53]制备了一株抗胰腺癌单克隆抗体PCA_2，并用ELISA法检测31例胰腺癌患者的血清PCA_2抗原、阳性率为77.4%(24/31)，特异性为95.7%。重庆新桥医院[54]评价13项血清学指标对胰腺癌的诊断价值，认为胰腺癌胚抗原、小分子量胰腺癌胚抗原、结肠胰腺癌相关抗原、胰腺特异性抗原、CA19-9、核糖核酸酶及其同功酶Ⅰ有较好的诊断价值，敏感性为66.7%～80.8%，特异性为88.5%～96.6%，选择其中3～4项联合检测可显著提高检出率。上海长海医院[35]报道50例胰腺癌的超声内镜检查结果：肿瘤显示率为100%，诊断正确率为94%，均高于US、CT和ERCP；胰前被膜、胰后组织和门静脉浸润以及淋巴结转移的诊断正确率分别为72%、74%、80%和76%。广州孙逸仙纪念医院[55]分析经病理证实的75例胰腺癌的CT检查资料，其异常显示率为97.3%，诊断正确率为84.0%。吉林省医院[56]用磁共振成像(MRI)检查7例胰腺癌，均见肿块样异常信号，其信号强度T_1加权像与正常胰腺信号无明显差别，T_2加权像则偏高或高，且不均匀，轮廓不规则。重庆医大一院[57]报道术中细针穿刺活检对诊断可切除性胰头、壶腹部癌的阳性率明显高于胰切取活检和胰周淋巴结活检。北京中日友好医院[58]报道CT引导下细针穿刺对胰腺癌的诊断率为96.7%。北京协和医院[59]应用PCR-RFLP技术对超声引导下细针穿刺标本作C-ki-ras第12密码子点突变检测，20例胰腺癌的检出率达95%，5例慢性胰腺炎、4例壶腹癌、3例胰岛细胞瘤均未检出。指出超声引导下细针穿刺基因检测可作为胰腺癌诊断和鉴别诊断的有效方法。

苏州医学院一院[60]对无法手术切除的胰腺癌患者，采用腹腔动脉或肠系膜上动脉灌注化疗，21例症状改善，1例肿瘤缩小50%以上，3例缩小25%～50%；随访16例，6个月生存率为62.5%。解放军153医院[61]采用术中置管近距离照射加外照射治疗7例晚期低分化腺癌，6例肿瘤缩小50%以上，患者生存期延长。北京协和医院[62]*构建能表达单纯疱疹病毒胸腺嘧啶激酶(HSV-TK)的逆转录病毒质粒pNTK，经病毒包装细胞PA317包装后，感染人胰腺癌细胞系PC-2细胞，发现pNTK转化的PC-2细胞可使无毒性前身药物无环鸟苷或更昔洛韦具有明显的细胞毒性，细胞杀伤率>90%，并观察到"旁观者效应"。该院[63,64]还构建了能表达反义Ki-ras RNA或反义c-myc RNA的重组逆转录病毒载体，证实反义Ki-ras RNA和反义c-myc RNA均可使PC-2细胞的生长速率、^{3}H-胸腺嘧啶掺人、软脂集落形成能力及裸鼠致瘤能力显著下降，表明反义Ki-ras RNA和反义c-myc RNA均可部分逆转胰腺癌细胞的恶性表型。

(三)其他

本年度共报道有经手术和病理证实的胰腺囊性肿瘤133例[65～78]，其中囊腺瘤61例，囊腺癌52例，乳头状腺瘤5例，囊性胰岛细胞瘤10例，乳头状腺瘤、平滑肌肉瘤、低分化腺癌、未分化癌以及胰管扩张症各1例，临床易误诊为假性囊肿。北京医大一院[65]报道的误诊率术前为55%(11/20)；术中经大体判断及部分冰冻活检误诊率仍达20%；ERCP有助与此鉴别。有关假性囊肿治疗，有报道采用B超引导下穿刺抽液并注入无水乙醇[79]、消痔灵[80]、四环素[81]等。此外，本年度还有胰腺结核10例[82～84]和胰腺VIP瘤[85]、胰腺肺吸虫病[86]、胰腺类癌[87]、胰腺实性乳头状上皮瘤、蔓状血管瘤[88]和Von-Hippel lindau病各1例报道[78]。胰管出血[89]、胰管结石[90～92]、异位胰腺[93,94]以及胰腺分裂[95,96]等亦有报道。

(陈岳祥　李　石)

参 考 文 献

[1] 王广义等. 白求恩医大学报 1995;21(6):605

[2] 石承先等. 贵州医药 1996;20(3):138

[3] 周新泽等. 肝胆胰外科 1996;8(3):121

[4]* 王兴鹏等. 中华消化 1996;16(1):22

[5] 钱祝银等. 南京医大学报 1995;15(4):776

[6] 赵　平等. 中国医科院学报 1996;18(3):195

[7] 杨志英等. 中国医科院学报 1995;17(5):386

[8] 张泳康等. 苏州医学院学报 1996;16(4):620

[9] 何庆良等. 福建医学院学报 1996;30(2):177
[10] 范林军等. 三军医大学报 1996;18(4):334
[11] 贾玉杰等. 中西医结合 1996;16(6):355
[12] 孙春亮等. 解放军医学 1996;21(3):186
[13] 金中强等. 上海医大学报 1996;23(4):252
[14] 马永福等. 云南医药 1996;17(3):190
[15] 张连峰等. 河南医大学报 1995;30(4):385
[16] 王建承等. 上海医学 1995;18(11):624
[17] 姜战武等. 南通医学院学报 1996;16(3):326
[18] 丁士刚等. 综合临床 1996;12(4):194
[19] 齐清会等. 中华消化 1995;15(6):364
[20] 梅其在等. 中华放射 1995;29(11):777
[21] 宋世兵等. 北京医大学报 1996;28(4):310
[22] 陈德珍等. 新消化病 1996;4(9):503
[23] 黄开红等. 广东医学 1995;16(10):666
[24] 曹红勇等. 中华外科 1996;34(5):269
[25] 马长华等. 中华外科 1996;34(3):192
[26] 王　玮等. 中华内科 1996;35(6):374
[27] 顾　耀等. 内科急危重症 1996;2(2):91
[28] 宋世兵等. 北京医学 1996;18(5):266
[29] 李宝华等. 上海医学 1995;18(11):621
[30] 芮　理等. 肝胆胰外科 1996;8(3):101
[31] 施　敦等. 新药与临床 1996;15(4):218
[32] 白　钢等. 中华外科 1996;34(8):482
[33] 郭航东等. 解放军医学 1995;20(5):370
[34] 许红兵等. 解放军医学 1996;21(2):150
[35] 金震东等. 临床医学影像 1996;7(2):105
[36] 郭　强等. 云南医药 1996;17(1):18
[37] 陈　峰等. 临床医学影像 1996;7(1):11
[38] 吴培俊等. 新消化病 1996;4(9):528
[39] 戴　奇等. 肿瘤 1996;16(1):5
[40] 郭洪涛等. 中华病理 1996;25(4):232
[41] 戴存才等. 南京医大学报 1996;16(4):330
[42] 戴存才等. 中华病理 1996;25(5):296
[43] 秦慧莲等. 中华肿瘤 1996;18(3):173
[44] 张文俊等. 二军医大学报 1996;17(1):47
[45] 胡育新等. 新消化病 1995;3(4):207
[46] 雷士泽等. 解放军医学 1996;21(4):276
[47] 胡颖川等. 华西医大学报 1996;27(3):258
[48] 杨竹林等. 中华消化 1996;16(2):94
[49] 杨竹林等. 中华医学 1996;76(6):462
[50] 李荣华等. 癌症 1996;15(1):15
[51] 王立明等. 中国医大学报 1996;25(1):64
[52] 陈　熹等. 新消化病 1996;4(9):501
[53] 张国安等. 中国实验临床免疫 1995;7(6):41
[54] 赵晓晏等. 三军医大学报 1996;18(1):26
[55] 周径兴等. 临床医学影像 1996;7(3):155
[56] 陈志仁等. 白求恩医大学报 1996;22(5):473
[57] 吴诚义等. 中国肿瘤临床 1996;23(9):625
[58] 张雪哲等. 中华放射 1996;30(10):675
[59] 常　欣等. 中华超声影像 1996;5(2):60
[60] 邵国良等. 江苏医药 1996;22(2):83
[61] 蒋玉友等. 上海医学 1996;19(10):611
[62]* 李和伟等. 中华病理 1995;24(6):345
[63] 李和伟等. 中华病理 1995;24(5):288
[64] 李和伟等. 中华病理 1996;25(1):13
[65] 杨尹默等. 北京医大学报 1996;28(2):134
[66] 季　福等. 肝胆胰外科 1996;8(3):103
[67] 邵永孚等. 中国肿瘤临床与康复 1996;3(1):1
[68] 王育国等. 中国肿瘤临床与康复 1995;2(4):58
[69] 郭宏伟等. 四军医大学报 1996;17(5):397
[70] 蔡寿兴. 实用放射 1996;12(6):375
[71] 刘爱莲等. 临床医学影像 1996;7(1):17
[72] 章　阳等. 综合临床 1996;12(4):204
[73] 邓世荣等. 新消化病 1996;4(8):441
[74] 叶谢智华等. 青海医药 1995;25(7):34
[75] 孙卫红等. 肝胆胰外科 1996;8(3):106
[76] 吕民生等. 中国肿瘤临床 1995;22(11):833
[77] 杨六成等. 肝胆外科 1996;4(2):109
[78] 王树棠等. 中国超声 1995;11(12):902
[79] 李新丰等. 中华小儿外科 1996;17(5):304
[80] 刘广庆等. 肝胆胰外科 1996;8(3):114
[81] 吕国荣等. 中华超声影像 1995;4(6):250
[82] 钟守先等. 中华外科 1996;34(8):476
[83] 张　骥等. 中国实用外科 1996;16(9):548
[84] 李国熊等. 临床消化 1996;8(2):80
[85] 庞有成等. 中华病理 1995;24(5):302
[86] 李三君等. 中国超声 1996;12(4):11
[87] 刘　勃. 实用放射 1996;12(1):51
[88] 全显跃等. 中华放射 1996;30(10):715
[89] 杨艳敏等. 中华内科 1996;35(2):127
[90] 陈　平等. 肝胆外科 1996;4(2):86
[91] 薛佩莲等. 中华内科 1996;35(7):488
[92] 苗　毅等. 南京医大学报 1996;16(4):388
[93] 高晓红等. 中华消化内镜 1996;13(2):320
[94] 林珍梅等. 临床消化 1996;8(3):141
[95] 吕维富等. 中华放射 1996;30(3):175
[96] 孙振兴等. 内镜 1995;12(6):334

十、腹水及腹膜、肠系膜疾病

北京协和医院[1]报道通过检测乳糜腹水患者腹水及呼气中^{13}C的含量，可以确定肠干淋巴管的漏出，并有助于判断漏出部位和阻塞程度。山西医学院一院等[2]分析不同腹膜活检方法的应用价值。认为Vim-Silverman双分叶针适用于有腹水而无粘连或肠胀气者，方法简便，但盲目性大，诊断率仅6.7%；

腹腔镜用于无广泛腹腔粘连及能耐受气腹者，诊断率 97.2%；腹部小切口开窗活检无明显禁忌证，损伤小，诊断率 100%，但观察范围小，有时不能确定病变来源。上海长海医院[3]* 测定了良、恶性胸腹水中红细胞免疫功能状态，发现恶性胸腹水中红细胞免疫抑制因子活性明显升高，促进因子活性明显下降，免疫粘附功能明显下降；良性胸腹水中红细胞免疫功能则无明显变化。三军医大三院[4]观察到腹水/血浆肌酐比值(A/pCrR)≥1.0 时，对肝硬化腹水的阳性预测值为 77%，阴性预测值为 90%，认为 A/pCrR 对鉴别漏出性或渗出性腹水有一定价值。南通医学院附院[5]报道超声诊断 49 例腹膜疾病的诊断正确率为：结核性腹膜炎、腹膜转移癌及原发性腹膜肿瘤分别为 71%、75%及 90%。认为超声有助于辨别病变性质，且可行引导穿刺，获取病理诊断。华西医大一院[6]搜集 60 例确诊的腹腔积液的 CT 扫描资料，发现根据积液在腹腔的分布、量、CT 值及合并腹膜改变等差异，有助于判断积液的性质与来源。

医科院浙江分院[7]分析中药对腹膜孔的调控作用。发现白术和党参均有显著开大腹膜孔的作用，且开放数量增加，分布密度提高，认为是其治疗腹水的机制；黄芪的作用不明显。河北医大[8]比较人胎肝提取液与 SD 大鼠肝组织提取液(SDR-1)对小鼠腹水型 S-180 细胞的抑制作用，发现注射后者较注射前者的荷癌小鼠寿命延长，有的小鼠可无病存活 60 天，认为 SDR-1 对肿瘤细胞具有较理想的抑制作用。湖北医大二院[9]发现电化学(ECR)结合阿霉素(ADM)及大蒜素对小鼠移植瘤的抑制作用为 53.66%，明显高于电化学结合阿霉素的抑瘤率，认为大蒜素能明显提高 ECT+ADM 的治疗效果，且不良反应少。广州南方医院[10]用光镜、免疫化学及扫描电镜观察经 LAK 细胞治疗后的人癌性胸腹水涂片，观察到 LAK 细胞能“识别”瘤细胞，并形成复合体，使瘤细胞中间丝重新分布和排列，从而破坏瘤细胞内部支持连接及运动功能，使成团的癌细胞被游离、分散及破坏。上海市晚期肿瘤专题组[11]用 MMC、5-FU 及 DDP(MFR 方案)腹腔化疗晚期肿瘤，总有效率为 39.2%；此方案对治疗原发灶不明癌腹腔转移有效率为 100%，对胃癌、胰腺癌和胆囊胆管癌有效率为 50%，但对原发性肝癌以及肝癌、乳腺癌腹腔转移无效；不良反应轻。青岛医学院附院[12]观察单剂量 5-HT_3 受体拮抗剂康泉与枢复宁对预防腹腔内化疗(PDD、5-FU、地塞米松)所致胃肠道反应的作用。发现两者对控制急性恶心、呕吐及迟发性恶心、呕吐有效率均在 94%以上，两者作用无显著差异，不良反应均较轻。

湖南医大二院[13]分析了 11 例腹腔内实质器官结核，指出感染途径大致相同，少数病例(27%)有明显肺结核病灶，表现主要为腹痛及结核中毒症状，体征各异，诊断主要方法是腹腔镜，诊断困难或伴有并发症时应手术，术后应抗结核。新疆医学院一院[14]报道 191 例结核性腹膜炎。其中 40 岁以下 142 例，男女之比为 1：2.18；临床表现复杂多样，误诊率 3.66%；并提出诊断标准及治疗原则。华西医大一院[15]分析了腹部结核 CT 表现。认为肿大淋巴结环状强化为淋巴结结核特征性表现，且可有融合成多房样肿块及优势解剖分布的特点；高密度腹水，网膜、系膜粘连、增厚等可提示结核性腹膜炎的诊断。他们[16]报道腹腔结核与恶性淋巴瘤的误诊率分别为 55.5%和 90%，前者根据临床、实验室检查及 CT 特征表现，大多数病例可以确诊，且可与后者鉴别。

哈尔滨医大三院[17]分析腹腔原发恶性淋巴瘤 40 例。术前误诊率 60%；仅 13 例肿瘤完全切除；术后辅助化疗及未辅助化疗者中位生存期分别为 27、12 个月。认为术后化疗应列为常规，且含阿霉素或表阿霉素的方案优于不含此类药的方案。

广州南方医院[18]观察细菌毒素和 TNF-α 诱导人腹膜间皮细胞(HPMC)产生 IL-1 的作用。发现 HPMC 能自发分泌 IL-1，在细菌毒素和 TNF-α 刺激下，IL-1 明显升高，其中细菌毒素组明显高于对照组，而 TNF-α 刺激组与对照组无明显差异。认为 HPMC 直接参与了腹膜炎症反应及抗感染免疫过程。他们[19]探讨了表皮生长因子(EGF)对 HPMC 增殖的影响。发现 HPMC 表面有 EGF-R 存在，EGF 能促进 HPMC 增殖，且 HPMC 的增殖程度与 EGF 呈时间、剂量依赖。提示 EGF 可能与 HPMC 表面的 EGF-R 结合，促进其 DNA 合成，加速增殖，对损伤腹膜的修复起重要作用。

北京航天工业总公司 711 医院[20]总结了国内 236 例腹膜间皮瘤。基本无石棉接触史；大体分型以弥漫型最多，组织学以混合型最多；临床症状与体征均无特异性，误诊率较高，本病诊断以组化、免疫组化及电镜检查为重要。甘肃天水市二院[21]分析恶性腹膜间皮瘤 41 例，全部病例术前或生前均未确诊，本病易被误诊为腹腔内脏器肿瘤及炎性包块、结核性腹膜炎、胰岛素瘤和/或低血糖昏迷、肝硬化腹水及腹股沟疝等，并提出误诊原因。北京妇产医院[22]分析了腹膜播散性平滑肌瘤病的临床病理，认为本病是发生在生育期妇女腹腔内的良性平滑肌增生性疾病，但需与分化好的平滑肌肉瘤相鉴别。

吉林市医院等[23]分析 30 例原发性肠系膜肿瘤，小肠系膜最常受累，17 例良性肿瘤均发生于此；

良、恶性肿瘤之比为1.2：1；良性中以囊性肿瘤（淋巴管瘤及单纯性囊肿）常见，儿童及青年男性多发；恶性肿瘤均为实体瘤，平滑肌肉瘤居首，青年女性多见。

广西医大肿瘤医院[24]报道97例原发性腹膜后肿瘤。其中良性24例，恶性73例；临床表现无特异性，术前诊断率为72.2%；诊断主要依靠B超、CT等检查；肿瘤完全切除49例（良性20例，恶性29例），认为应积极手术，以延长生存期。

本年度少见疾病的报道有：腹部放射菌病[25]、腹膜原发性砂粒体癌[26]、大网膜横结肠黄色肉芽肿[27]、原发性腹膜后黄色肉芽肿[28]、特发性腹膜后纤维化[29]及原发性盆腔腹膜后腺癌[30]等。

（胡和平）

参 考 文 献

[1] 王景平等. 中华内科 1996;35(6):382

[2] 安子元等. 中国实用内科 1996;16(1):35

[3]* 郭 峰等. 上海免疫 1996;16(5):304

[4] 桂先勇等. 临床消化 1996;8(2):91

[5] 成建萍等. 南通医学院学报 1995;15(4):572

[6] 伍定平等. 中华放射 1996;30(1):11

[7] 李继承等. 中国医科院学报 1996;18(3):219

[8] 姚玉霞等. 河北医大学报 1996;17(2):79

[9] 解云涛等. 肿瘤 1996;16(2):113

[10] 陆药丹等. 一军医大学报 1996;16(1):48

[11] 孙才坚等. 肿瘤 1996;15(6):485

[12] 修元德等. 肿瘤防治研究 1996;23(5):311

[13] 李铁钢等. 湖南医学 1996;13(4):209

[14] 王志凤等. 新疆医学院学报 1996;19(2):115

[15] 杨志刚等. 中华放射 1996;30(3):155

[16] 罗 锋等. 四川医学 1996;17(3):159

[17] 崔淑珍等. 实用肿瘤学 1996;10(1):63

[18] 臧 燕等. 中华肾脏 1996;11(5):258

[19] 臧 燕等. 中华内科 1996;35(2):92

[20] 彭德银. 中国肿瘤临床与康复 1996;3(2):73

[21] 常保旺. 中国实用内科 1996;16(1):48

[22] 朱 力等. 中华病理 1996;25(5):270

[23] 张玉华等. 中国肿瘤临床与康复 1996;3(1):26

[24] 刘剑仑. 云南医药 1995;16(5):334

[25] 张玉定. 湖南医学 1996;13(2):106

[26] 朱有华. 中华病理 1995;24(6):351

[27] 陈玉祥等. 新消化病 1996;4(9):540

[28] 谷 江. 肿瘤防治研究 1996;23(4):205

[29] 钱家鸣等. 中华消化 1996;16(1):5

[30] 刘 明等. 中国肿瘤临床与康复 1996;3(2):31

文 选

酸反流量在Barrett食管发病中的作用（中国实用内科 1996;16(5):289） 武汉协和医院许军英等对一组反流性食管炎和Barrett食管(BE)患者进行持续24h食管内pH监测，以了解酸反流量在BE发生中的作用。将研究对象分为：(1)正常对照组(15例)，均无胃食管反流症状及其他器质性疾病；(2)反流性食管炎组(37例)，具有典型反流症状，内镜检查按Savary-Miller分级分成二组，Ⅰ级食管炎16例，Ⅱ～Ⅲ级食管炎21例；(3)BE组23例，全部由内镜活检证实，其中合并Ⅰ级食管炎14例，合并Ⅱ～Ⅲ级食管炎9例。所有受试者在检查前1周停用所有抗酸剂、抑酸剂及胃肠动力药物，将pH监测电极定位于下食管括约肌上方5cm处，监测24小时，以pH<4至少持续10秒钟为1次反流，得出以下4项参数：pH<4总百分时间(%)，总反流次数反流持续5分钟以上的反流次数和最长的反流持续时间(分)。结果显示，BE组的4项参数分别为22.1±19.20、87.91±71.87、8.91±10.42和62.4±71.59，均显著高于反流性食管炎组的10.96±19.46、34.08±42.6、3.89±8.05和22.94±42.74。而反流性食管炎组又分成Ⅰ级和Ⅱ～Ⅲ级两组，结果Ⅰ级食管炎组与BE组比较，4项参数差异均有显著性意义，而Ⅱ～Ⅲ级食管炎组与BE组比较，除反流次数外，其他参数差异均无显著性意义。BE合并Ⅰ级食管炎者与BE合并Ⅱ～Ⅲ级食管炎者各参数差异均无显著性意义。结果表明酸反流量并不是导致胃食管反流发展为BE的主要原因。

（邹晓平）

述评 Barrett食管是公认的食管癌前病变，其发生与胃食管反流有关。上组材料就是明证。反流性食管炎发病率人群普查为3.0%左右，但BE发生率较低，说明还有其他因素存在，文献报道除酸反流外，尚有碱反流、碱性食物过多、化疗及遗传因素等，均可能与BE有关。最近有人认为Hp更可能参与

BE 形成，但尚须更多的研究予以证实。

（许国铭）

食管高发区 Barrett 食管检出率和 p53 蛋白的表达（中化消化内镜 1996；13(1)：11）　河南医科所赵立群等通过对河南农村无症状自然人群的内镜普查及活检病理组织学检查，调查食管癌高发区自然人群中 BE 和反流性食管炎的患病率，并对确诊的 BE 标本进行 p53 蛋白表达的检测，探讨 p53 蛋白阳性表达在 BE 发生发展中的作用。研究对象共 331 名，其中男性 145 名，女性 186 名，年龄为 23～75 岁。BE 的内镜诊断标准按 Monnier 等的标准，即在食管远侧胃食管交界至少 3cm 呈天鹅绒样红色的胃样粘膜，形态分为舌型、岛型和环周型。疑 BE 者活检标本均取自距门齿 38cm 以上食管-胃交界线下缘的粘膜。对 14 例确诊的 BE 标本用免疫组化染色法检测抗癌基因 p53 蛋白的表达，结果判定以胞核着黄色为阳性，阳性细胞数在 10%以下为＋，50%以上为卌，两者之间为卄，未着色者为阴性。结果发现，在 331 例自然人群中，有 11 例（0.91%）表现为交界线上移，但达到 3cm 者仅 3 例；11 例活检标本均见腺上皮被覆，其中 3 例伴活动性炎症，2 例伴轻度不典型增生；内镜下显示反流性食管炎 25 例（占 7.6%）。在另 14 例 BE 标本中，组织学见鳞状上皮与腺上皮共同被覆者 11 例，单纯腺上皮被覆者 3 例；6 例检测到 p53 蛋白阳性表达，其中在鳞状上皮内阳性表达者 3 例，腺上皮内阳性表达者 1 例，两者共同表达 2 例，共有 3 例伴有不典型增生。结果表明该人群 BE 患病率为 0.91%，反流性食管炎的检出率为 7.6%，Barrett 食管标本中 p53 蛋白阳性表达率为 42%。提示 p53 蛋白阳性表达可能是 BE 上皮到食管腺癌发生过程中一个极早期的改变。

（邹晓平）

述评　食管癌发生过程中，p53 蛋白的积聚先于肿瘤的浸润，是癌变过程中早期变化。BE 发展为食管腺癌的发生率为 86%。BE 高度异型的上皮与 Barrett 腺癌显著相关，监测 BE 之 p53 蛋白可能成为早期诊断方法。（许国铭）

食管癌淋巴结转移规律的临床研究（中华肿瘤 1996；18(4)：292）　福州协和医院林若柏等对资料完整的 200 例食管癌手术病例进行分析，探讨各种病理改变对淋巴结转移的影响及食管癌转移的途径和范围，以期找出规律和特点。全组患者 200 例，男 148 例，女 52 例，年龄 30～76 岁。病灶位于颈段 6 例，胸上段 47 例，胸中段 100 例，胸下段 47 例；T_1 2 例，T_2 45 例，T_3 117 例，T_4 36 例。全部病例淋巴结参考国际食管癌规约按引流分区清扫，以较常见的 16 组登记。结果显示，200 例中有淋巴转移者 109 例（54.5%）；共清除淋巴结 1 660 个，其中有 243 个转移（14.6%）。各组淋巴结转移度以颈部各组最高（＞45%），胸上、中、下段食管旁和贲门旁、胃左动脉干、肝总动脉干（均＞10%）也是常见的淋巴结转移站。颈段及胸上段病例淋巴结转移率都大于 65%，明显高于胸中、下段的 50%左右。病变越长发生淋巴结转移越多，病变长度≥5cm 转移率大于 60%。各段病变除易出现该段食管旁淋巴结转移外，胸上段向上转移多见，胸中段和胸下段是既有向上也有向下的双向转移，但前者以上行转移多见，后者以下行转移多见。病变浸润越深，发生连续性转移的机会越多；而病变浸润浅，发生连续性转移的机会少，但发生跳跃性转移的机会却较多。淋巴结转移方向与肿瘤浸润深度无明显关系。结果表明，有远处淋巴结转移的病例并非就是手术禁忌，并且清扫淋巴结应当广泛，那种认为肿瘤小或浸润浅、不必作淋巴结清扫或只作肿瘤周围的局部清扫的观点是不合适的。

（邹晓平）

电视胸腔镜食管癌切除术 8 例初步报道（中华外科 1996；34(2)：85）　沈阳军区总院曲家骐等经胸腔镜切除食管癌 8 例，1 例因肿瘤外侵周围组织术中转剖胸手术，7 例手术经过顺利，取得满意的近期效果。本组男 6 例，女 2 例，年龄 42～72 岁。中下段食管癌 2 例，中段食管癌 6 例。肿瘤长度 4.0～8.0cm，术中清除胸部淋巴结 16 组，2 例共有 4 组淋巴结转移。按国际食管癌分期标准判定 $Ⅱ_A$ 期 5 例，$Ⅱ_B$ 期 2 例，$T_4N_0M_0$ 1 例（此例术中转常规剖胸手术）。手术时间 65～130 分钟，平均 83.6 分钟；术中出血量 150～500ml，平均 270ml。6 例胸腔引流管在术后 3 天内拔除，1 例因术中清除淋巴结较多，创面大，第 6 天拔除引流管。本组术后并发症 2 例；1 例术后腹部切口裂开，1 例颈部切口感染，均治愈出院，无手术死亡。电视胸腔镜手术行食管癌切除分三步进行：(1)胸腔镜游离胸段食管和淋巴结清除；(2)腹部切口游离胃和切断食管；(3)颈部胃、食管吻合。作者认为，本组手术病例没有发生胸部并发症，手术时间和术中出血量也不多于常规剖胸手术，电视胸腔镜食管癌切除避免了常规剖胸手术给患者带来的神经和肌肉损伤，使经右胸三切口食管癌切除对患者的损伤降低到普通外科手术的创伤。手术病例主要限定在Ⅰ～Ⅱ期食管癌。凡胸部 CT 显示有肿瘤外侵或纵隔淋巴结肿大者，均不作为电视胸腔镜手术的适应证。

（邹晓平）

述评　电视腹腔镜在国内已较普及，已成为腹部外科手术中重要成员。上文报道的电视胸腔镜治疗食管癌成功经验，为难以手术的高位食管癌治疗提供了方法。除此以外，电视胸腔镜在治疗食管气管瘘、肺大泡、肺叶切除术等方面均可有所作为。

（许国铭）

50名正常中国成人食管24小时pH监测结果分析（中华消化 1996；16(1)：32） 二军医大长海医院高萍等为获得我国正常成人食管酸暴露的正常值范围，对50名健康成人进行24小时pH监测。50名健康成人志愿者，男性37名，女性13名，平均年龄34±11岁。所有受试者无任何上胃肠道疾病的症状和病史，无食管、胃肠和胆道疾病手术史，内镜、B超和肝功能检查全部正常，检查前3天禁用任何药物。检测方法是将pH梯度电极经鼻处置在LES以上5cm处，连接携带式pH记录仪进行24小时pH连续测定，将记录资料输入装有pH分析程序的微型计算机中进行分析和统计学处理。结果显示，50名正常成人中平均98.6%的时间食管pH>4，故以pH4作为酸反流的阈值，观察6项食管酸暴露指标，得出95%的正常值范围为：pH<4的总百分率为3.4%；pH<4的立位总时间百分率为4.3%；pH<4的卧位总时间百分率为4.3%；反流持续≥5分钟的次数≤2次，最长反流时间16分钟；pH<4的反流次数为60次；总计分12.7分。门诊与住院检查结果比较，两者差异无显著性（$P>0.05$）。在监测中，仅少数人有咳嗽、喷嚏等不适，无其他不良反应。本结果与国外资料不同，可能与种族、地区差异、人群生活习惯、饮食结构不同以及LES功能有关。因此食管酸暴露的pH指标国人不宜沿用国外标准。

（邹晓平）

幽门螺杆菌与慢性胃炎和胃癌（浙江医大学报 1996；25(3)：110） 浙江医大二院吴勤动等对胃癌、慢性胃炎和正常对照组进行了Hp感染比较研究。慢性胃炎224例，胃癌84例，正常对照32例。采用ELISA定量法测定血清Hp抗体水平。ELISA定量法以Hp抗体滴度2.5ng/ml为分界点，≥2.5ng/ml判为阳性，<2.5ng/ml判为阴性。结果：(1)慢性浅表性胃炎、慢性萎缩性胃炎、胃癌三组患者Hp感染阳性率均高于70%，三组间无显著性差异（$P>0.05$），但与对照组比较均有显著性差异（$P<0.05$），(2)慢性浅表性胃炎、慢性萎缩性胃炎、胃癌患者血清Hp抗体滴度均明显高于正常对照组（$P<0.001$）；慢性萎缩性胃炎组患者血清Hp抗体滴度最高，平均为8.11ng/ml，高于慢性浅表性胃炎、胃癌组患者（$P<0.05$）；(3)将胃癌患者依细胞分化程度不同分为中、高分化组和低、未分化组，对两组间Hp感染程度作比较，发现胃癌低、未分化组Hp抗体水平和Hp感染阳性率均高于胃癌中、高分化组，但无统计学意义（$P>0.05$）。说明Hp感染与病理学检查中、高分化与低、未分化各型胃癌细胞分化有关，但不同恶性程度的胃癌Hp感染阳性检出率基本相同（$P>0.05$）。本研究表明：慢性浅表性胃炎、慢性萎缩性胃炎、胃癌与Hp感染均有关，而慢性萎缩性胃炎作为一种癌前病变与Hp感染关系更密切；Hp与胃癌前病变的发展和胃癌的发生均存在密切的关系；不同分化程度的胃癌患者均存在高Hp感染率，但统计学分析无显著性差异，说明Hp与胃癌的恶性程度无关。

（金震东）

述评 Hp感染与慢性胃炎的关系比较明确，近年来它与胃癌的关系亦日益受到重视。胃粘膜上皮增生程度及癌基因表达均表明Hp感染可能是胃癌发病的始动因素。上文检测了血清抗体滴度，从流行病学角度出发提示慢性胃炎、萎缩性胃炎与胃癌有相似的Hp感染率，虽然Hp不能在肠化生上皮与腺癌细胞中找到，但胃癌患者Hp血清抗体滴度增高，表明了在病变演变早期已感染了Hp，Hp感染促动了胃炎→癌前病变→胃癌演变过程

（许国铭）

幽门螺杆菌相关性胃炎内镜随访研究（中华消化内镜 1996；13(2)：273） 重庆西南医院梁后杰等为了解Hp长期感染是否促进胃粘膜萎缩、肠上皮化生和异型增生的形成与发展，对首次胃镜检查诊断为慢性胃炎而不伴有肠化生和异型增生的120例Hp阳性患者和87例Hp阴性患者进行内镜随访。随访时间3～8年，平均4.8年，随访次数2～10次。对活检组织进行Hp检查、病理学检查和AgNOR银染及增殖细胞核抗原(PCNA)免疫组化染色。结果：(1)胃粘膜PCNA免疫组化和AgNORs计数结果：对首次胃镜活检标本进行PCNA免疫组化和AgNORs银染结果表明，Hp阳性胃粘膜PCNA标记指数和AgNOR计数均显著高于Hp阴性胃粘膜；(2)随访的最后转归：在随访期间，两组病均有一定数量的好转、不变和加重的病例。随访3～8年后，Hp阳性组萎缩性胃炎、肠生化、Ⅲ型肠化生和异型增生的发生率均显著高于Hp阴性组。本研究表明：在初诊时无肠化生的患者经3～8年的随访，发现在Hp阳性患者中萎缩性胃炎和肠化生显著增多，有力地说明Hp感染加速了萎缩性胃炎和肠化生的形成与发展，可能是加速胃癌形成的一个重要的危险因子；Ⅲ型肠化生更多发生于Hp阳性患者，进一步从组织学角度说明Hp感染的胃粘膜处于高增殖状态，可能具有更高的癌变易感性。考虑到Hp感染的

长期持续性，作者认为Hp感染所致的细胞增殖加速可能是其重要的促癌机制之一。

（金震东）

述评 上组随访材料表明Hp感染可刺激胃粘膜细胞过度增殖，此与爱尔兰Cahill报道相吻合(Gut 1996，38：177)。他们应用体外溴化脱氧尿苷免疫组化技术(Brdu)评价胃窦上皮细胞增生（用标记指数LI表示），发现Hp阳性胃炎LI为(4.98±0.2)%，正常对照组为(3.08±0.2)%，Hp阴性胃炎组为(3.83±0.2)%，前者与后两者相比，差异有显著性意义($P<0.01$)。Hp感染虽然增加慢性胃炎LI%，但并不影响在癌前病变或胃癌患者中所见到的上皮细胞数增加，提示Hp可能仅在胃癌早期阶段起作用，而在疾病的后期可能作用不大，因而Hp可能是触发导致胃癌发生的启动因子。

（许国铭）

大鼠应激性溃疡与胃泌素、胰高血糖素及生长抑素的相关性研究（首都医学院学报 1995;16(4):287） 北京天坛医院梁丕霞等采用放免法检测了冷束缚法导致的大鼠应激性溃疡发生过程中血清胃泌素、胰高血糖素、生长抑素水平的变化，以探讨胃肠激素与应激性溃疡发生的相关性。结果：(1)血清胃泌素的变化：冷束缚后0～96小时应激组血清胃泌素明显高于对照组($P<0.01$或$P<0.05$)，以48小时胃泌素水平最高，120小时后两组水平相近（表1）。(2)血清生长抑素的变化：冷束缚后0～48小时应激组血清生长抑素明显低于对照组($P<0.01$)，72～120小时应激组仍低于对照组，但相差不显著($P>0.05$)，12小时后始渐升高，逐渐接近对照组水平（表2）。(3)血清胰高血糖素的变化：冷束缚后0～12小时应激组血清胰高血糖素与对照组无显著差异，12～48小时则明显高于对照组($P<0.01$)，72小时后两组水平相近无明显差异（表3）。

表1 对照组与应激组血中胃泌素水平

(ng/L $\bar{x}\pm s$)

组别	时间(h)						
	0	12	24	48	72	96	120
对照组	122.3	122.0	133.3	144.6	148.6	132.1	139.3
	±15.6	±12.5	±11.2	±18.3	±27.0	±19.0	±10.1
应激组	169.4	189.5	180.2	203.6	193.3	166.1	142.8
	±34**	±8**	±33**	±22*	±28*	±21	±16

与对照组相比，*$P<0.05$，**$P<0.01$

结果表明在应激性溃疡发生过程中，胃泌素、生长抑素及胰高血糖素或充当神经递质，或作为激素参与胃酸分泌的调节，从不同角度参与了应激性溃疡的消长过程。

（李兆申）

表2 对照组与应激组生长抑素水平

(ng/L $\bar{x}\pm s$)

组别	时间(h)						
	0	12	24	48	72	96	120
对照组	28.2	40.1	42.1	43.5	34.5	36.8	42.1
	±10.4	±12.1	±22.0	±23.8	±8.1	±16.3	±22.0
应激组	4.7	6.4	18.3	10.7	18.6	20.9	37.3
	±1**	±2**	±21.2	±6	±9*	±17*	±21

与对照组相比，*$P<0.05$，**$P<0.01$

表3 对照组与应激组胰高血糖素水平

(ng/L $\bar{x}\pm s$)

组别	时间(h)						
	0	12	24	48	72	96	120
对照组	239.2	170.8	134.4	132.7	134.5	108.7	112.3
	±15.1	±16.4	±28.6	±14.5	±21.2	±11.5	±10.3
应激组	250.6	297.8	316.6	220.1	162.6	131.1	142.2
	±34	±30**	±22**	±39**	±118	±12	±13

与对照组相比，*$P<0.05$，**$P<0.01$

述评 应激性溃疡的发病机制比较复杂，有中枢性、血管性及胃肠激素等参与。上文研究材料表明，生长抑素水平在降低发病中起了重要作用。在应激状态下脑-肠轴功能改变，引起生长抑素等脑肠肽分泌改变可能是本病发生的主要机制之一。

（许国铭）

消化性溃疡患者的食管粘膜与动力学研究（新医学 1996;27(9):467） 广州医学院二院丁元伟应用内镜和多功能消化道检测仪对100例十二指肠溃疡(DU)和43例胃溃疡(GU)患者的食管粘膜和食管动力学作了观察，并以200名正常人作对照，以探讨消化性溃疡(PU)患者的食管粘膜、食管动力学改变及与病程、年龄的关系。结果：(1)DU组有22%并发反流性食管炎(REI)，高于GU组的14%。DU组及GU组中有食管粘膜充血、水肿者分别占22%和14%；糜烂、质脆易出血占4%和4.7%，上述表现病理证实为食管炎，但DU组发病率与年龄无密切关系，而GU组40岁以下者无发生REI，40～49岁及≥50岁组发生REI者分别为16.7%(3/18)和25%(3/12)。PU病程与REI发生率呈正相关，DU组、GU组病史10～19年者分别有32.8%、20.8%合并

REI，而两组病史1～9年者只有7.3%、5.3%合并REI。(2)PU患者食管动力学特点，DU组食管下端括约肌压(LESP)和胃、食管屏障压(2.5±0.8kPa、1.4±0.6kPa)明显低于正常对照组(3.7±0.7kPa、2.5±0.6kPa，$P<0.01$)，三峰波及重复收缩波发生率(18%、20%)明显高于正常对照组(5%、6%，$P<0.01$)。其病程≥10年者LESP及胃食管屏障压障碍更明显。GU组食管各项动力学指标与正常对照组无明显差异，DU组或GU组食管动力学各项指标在年龄间、性别间无明显差别($P>0.05$)。结果表明DU患者食管运动功能及屏障功能明显减弱，易并发反流性食管炎，且与病程呈正相关；GU组食管动力学的各项指标与正常人相比无明显改变，表明GU并发反流性食管炎与食管运动功能无关，可能是由于胃排空减慢所致。

(李兆申)

述评 DU患者常合并有胃排空的加速。上组材料表明22%之DU合并有反流性食管炎，提示消化性溃疡发病除与酸分泌增加有关外，可能还有胃肠动力障碍的参与。DU患者LESP降低还可能有体液调节因素参与，因在高胃酸分泌情况下，胃泌素分泌减少，使LESP降低，有利反流性食管炎的发生。

(许国铭)

硫糖铝混悬液与片剂治疗消化性溃疡的疗效比较(新药与临床 1995；14(6)：322) 上海中山医院阮美娟等观察了硫糖铝混悬液对PU的疗效，并与片剂作了比较。方法：将156例患者随机分为两组，硫糖铝混悬液组(悬液组)104例，对照组52例，两组患者的性别、年龄、溃疡大小、病程等各项指标均有较强的可比性。悬液组用硫铝混悬液(上海旭东海普药业有限公司，批号940101)，每次5ml，每天4次，于餐前0.5～1小时及睡前2小时服用，DU患者连服4周，GU患者连服6周；对照组用硫糖铝片剂，每次4片(0.25g/片)，每天4次，服用方法及疗程同悬液组。治疗期间定期随访。治疗前后分别查血、尿常规，肝、肾功能，治疗结束后3天内复查胃镜。结果：(1)症状改善情况：两组患者均在服药后2～15天内症状逐步改善，尤其是上腹痛和上腹不适。在DU患者中，上腹痛缓解率混悬液组为85%，明显高于片剂组的59%，DU患者腹痛的消失时间为7±6天，明显短于对照组(11±7天，$P<0.01$)；(2)愈合率：悬液组DU和GU溃疡愈合率均为71%，明显高于对照组43%和46%，显效者(溃疡进入瘢痕期，仍有炎症)悬液组DU和GU分别为19%和11%，片剂组DU为4%，GU为8%，故悬液组DU和GU的总愈合率分别为90%和82%，明显高于片剂组(47%和54%)；(3)不良反应：两组常见不良反应为便秘、口干，治疗组发生率为10.6%，对照组为19%，差异无统计学意义。结果表明硫糖铝混悬液治疗PU效果优于片剂，且无严重的不良反应，服用方便，用途广泛。

(李兆申)

胃肠道平滑肌肿瘤DNA含量与临床病理的关系(中华病理 1995；24(16)：378) 河北医大二院蔡建辉等应用流式细胞术对84例胃肠道平滑肌瘤(GISMT)的细胞DNA含量及其倍体特征进行定量分析。肿瘤发生于胃29例，小肠48例，结直肠7例，5例正常胃肠道平滑肌组织作对照。组织学分类平滑肌瘤(LM)30例，潜在恶性平滑肌瘤(PMSMT)14例，平滑肌肉瘤Ⅰ级(LS-Ⅰ)18例，Ⅱ级(LS-Ⅱ)22例。恶性生长方式41例，良性生长方式43例，肿瘤直径0.3～5.9 cm 28例，6～10cm 34例，>10cm 22例。制备流式细胞样品，DNA染色，进行DNA含量及倍体分析，并计算DNA指数(DI)及细胞增殖指数(DI)。所有病例逐一随访。结果：细胞分裂象为0、1、2～4、5～9和≥10个/10个高倍视野(HPF)时，异倍体率分别为0、50%、75%、92.8%和100%；细胞异型性为0、+、++和+++时，异倍体率分别为3.2%、60%、95.8%和100%。LM 30例无1例异倍体，LS 40例均为异倍体，但LS-Ⅰ和LS-Ⅱ间的DNA含量无明显差别。PMSMT14例中出现4例异倍体(25.57%)。异倍体率在肿瘤直径≥6cm时(64.5%)较<6cm时(28.6%)明显增高。本组84例GISMT中除2例因其他原因死亡外，其余82例随访资料完整，异倍体肿瘤患者术后5年生存率明显低于二倍体肿瘤患者。14例PMSMT中4例术后发生广泛转移死亡，其中只有1例是二倍体。恶性生长方式肿瘤患者中20例术后死亡，仅1例是二倍体。良性生长方式肿瘤中，4例术后死亡，且全部为异倍体。结果提示，细胞分裂象在1个/10HPF以上，出现轻度细胞异型性；肿瘤直径≥6cm、恶性生长方式、或肿瘤中心有坏死时，DNA含量均有显著增高，异倍体肿瘤患者预后明显变差。以DNA含量及其倍体特征作为判断GISMT患者预后的客观指标具有重要的临床意义。

(纪徐淮)

述评 GISMT临床变异较大，临床和组织学对其良恶性的鉴别有一定的困难，尽管目前仍主要依据组织学指标，但受一定的主观因素影响。DNA含量及其倍体指标客观性、精确度及可重复性均较强，对GISMT的辅助诊断及判断预后均具有一定的临床应用价值。

（许国铭）

胃癌高发区庄河市咸猪肉致突变及胃粘膜损伤作用研究（中华肿瘤 1996；18(4)：270） 中国医大肿瘤所袁媛等为探讨食用咸猪肉与胃癌发生的关系，对胃癌高发区辽宁庄河市咸猪肉进行了：(1)咸猪肉致突变性；(2)咸猪肉致人体胃粘膜损伤作用及其暴露水平与胃粘膜病变的关系；(3)咸猪肉致犬胃粘膜损伤作用的实验研究。结果：(1)Ames 致突变实验：咸猪肉未经亚硝酸处理以及经亚硝酸处理，加与不加 S_9 条件下均可见沙门菌 TA98 突变菌数明显增加，呈现强致突变性；(2)咸猪肉诱导 V_{79} 细胞微核率实验：咸猪肉上清除菌液在 20～80μl/ml 剂量范围内有直接诱导 V_{79} 细胞微核率(MNR)和微核细胞率(MNCR)上升作用，两者存在量效关系。80μl/ml 剂量组 MNR 为对照组的 2 倍以上，当 S_9 活化系统存在时，未观察到这种现象；(3)人体胃粘膜病理组织检查：实验组 150 例中，55 例可见胃粘膜变性、糜烂灶形成(36.6%)，31 例胃粘膜上皮腺体增生(20.6%)，9 例胃粘膜上皮肠上皮化生(6.0%)，1 例重度异型增生癌变，2 例低分化腺癌。按食用咸猪肉年限不同，胃粘膜病变程度呈现明显差别，食咸猪肉年限越长，胃粘膜上皮变性、糜烂、异型增生等病变越重。对照组 150 例，仅见慢性胃炎伴肠上皮化生 4 例，慢性萎缩性胃炎 7 例；(4)犬胃粘膜胃镜及组织学检查：摄取咸猪肉一定时间后，实验犬与对照犬相比，胃粘膜呈现损伤性变化，包括糜烂、再生、炎症反应等，且随着喂养时间延长，损伤加重。本研究表明，胃癌高发区庄河市咸猪肉有强致突变作用。在膳食结构基本相同条件下，常年食用自腌咸猪肉居民胃粘膜病变与对照组比较有明显不同。胃粘膜病变程度，特别是糜烂、化生、异型增生及癌变等与食用咸猪肉年限呈正相关，提示胃粘膜上皮在致突变咸猪肉长期作用下，反复损伤、修复，发生重度变异乃致癌变。

（李淑德）

述评 高脂肪及高肉类饮食能增加消化道肿瘤的危险性。它能使胃肠蠕动减慢、细菌毒素吸收增加，高盐使胺的形成机会增多；肠道厌氧菌数目显著增加，将初级胆汁酸降解为次级胆汁酸，这些都是胃肠道肿瘤的促进因子，因而饮食因素在胃肠道肿瘤中不可忽视。

（许国铭）

胃癌组织中多种癌基因变异的观察（中华医学 1996；76(9)：671） 北京医大临床肿瘤学院高崇峰等用分子杂交、聚合酶链反应/单链构象多态性(PCR/SSCP)和 DNA 测序技术检测 33 例胃癌组织中多种癌基因(c-met，c-erbB-2，AKT2，c-Ha-ras)和抑癌基因(p53，p16，nm23-H_1)的结构改变。结果：(1)胃癌组织中存在重排、扩增、突变和缺失等多种方式的基因变异。基因重排较罕见，仅见于 c-met 基因。用 EcoR Ⅰ 酶解的 DNA 与 pmet 1 探针杂交产生 5kb 的杂交带；在第 2 和第 28 号癌组织标本除正常 c-met 杂交带以外还出现 10kb 的异常杂交带。基因扩增在 c-met 基因常见(8/33)，在 c-erbB-2(1/33)和 AKT-2(2/18)基因扩增频率较低。抑癌基因的缺失包括 p16 基因纯合性缺失 6 例，p53 和 nm23-H_1 基因的杂合性缺失分别有 2 例和 5 例。所有抑癌基因缺失的肿瘤都是分化程度低、有淋巴结转移的进展期胃癌。61%胃癌存在 p53 基因点突变，突变多发生于第 5 外显子。p53 基因杂合性缺失的 2 例个体及 nm23 基因缺失的 5 例个体都有 p53 基因的点突变。(2)胃癌组织中有 23 例(70%)有 1 个或多个基因变异。有 1、2 和 3 个以上基因变异的个体分别为 9 例、9 例和 5 例，其余的 10 例没有检出基因异常。基因的变异发生于不同的临床分期，但晚期癌中检测出较多。没有检出基因改变的 10 例患者与检测出 1 个基因异常的 9 例患者相比，在临床病理特征等方面无差异。但检测出 2 个或 2 个以上基因改变的病例大多数是分化程度低、有淋巴结转移、临床分期为Ⅲ期的患者。有随访结果的 14 例患者中，生存 2 年以上的有 8 例，其中 2 例未检出基因异常，6 例有 1 个基因异常。而只存活 2 年以内的 6 例患者，除第 14 例未检出基因异常外，都有 2 种或 2 种以上的基因异常。本研究表明，大多数(70%)胃癌组织中有 1 个或多个基因变异，有些存在 3 个以上的基因变异，进一步证实基因变异是肿瘤发生发展的根本原因。胃癌的发生、发展是多基因异常积累的结果。遗传损伤程度与肿瘤的恶性表型密切相关。p53 基因点突变是胃癌组织最常见的变异类型，在胃粘膜细胞癌变过程中起重要作用。

（李淑德）

述评 最近众多学者认为胃癌发生、发展过程中伴有多基因的变化，并将肿瘤的分了病理学分为三类：(1)协助诊断(如 p53，c-erB-2 等)；(2)判断恶性程度(EGF、TGF)及预后判断等(nm23 和 CD44)，但各家报导差异仍较大。基因诊断对实体肿瘤而言目前尚有一定距离。

（许国铭）

p53 基因点突变与胃癌细胞恶性程度及临床预后的关系（中华医学 1996；75(11)：679） 北京医大临床肿瘤学院吕有勇等采用聚合酶链反应/单链构

象多态性(PCR/SSCP)、限制性内切酶长度多态性(RFLP)、DNA 序列分析、DNA、RNA 分子杂交和免疫组织化学等方法,分析胃癌及胃粘膜病变标本及胃癌细胞系中与胃癌发生发展有关基因的结构和表达异常,以及 p53 基因异常与胃癌细胞恶性表型的关系。结果:(1)胃癌细胞 p53 基因结构及表达异常:①经染色体显带分析确定 4 株胃癌细胞系中染色体结构有明显异常,其中 5 号长臂(5q)、17 号短臂(17p)缺失的频率较高,其中 BGC-823、MGC-803 有不同程度 17p3.3 区带的丢失;②DNA 的杂交证明 BGC-823 有 p53 缺失,RNA 杂交分析证明 p53 表达水平明显降低,另一细胞系 PAMC-82 除表达 2.8kb mRNA 外,有约 1kb 的杂交条带;③PCR/SSCP 和测序分析证明,在 BGC-823 和 MGC-803 两个细胞系,p53 第 5～8 外显子没有发现点突变,PAMC-82 的第 5 和第 8 外显子的 174 和 280 位突变,GC-7901 第 6 外显子的 204 位发生丢失 G、GC→CG、AT→CG 转变。(2)p53 基因点突变与胃癌细胞恶性表型的关系:在 67 例癌组织中,39 例上述 4 个外显子有不同程度的点突变,突变频率为 58%,多发生在第 143、174、175、181、245、280 几个位点。突变的方式为 AT→GC 转换,缺失 G 或 C。在 p53 基因突变的病例,细胞病理学诊断多伴有淋巴结转移、瘤栓或低分化癌,患者的术后生存期明显低于 p53 基因未突变者。(3)基因异常与肿瘤生物学行为的关系:胃癌组织中 ras 基因低甲基化及过量表达率分别为 45%和 38%;AKT-2、EGFR 和 erbB-2 扩增频率分别为 11%、21%、29%;met 基因扩增、重排和过量表达率分别为 24%、6%和 53%;erbB-2 过量表达率为 36%。met 基因过量表达在肠上皮化生和异型增生中阳性率分别为 54.8%和 56.7%;p53 基因点突变频率在肠化生和异型增生分别为 6%和 20%。研究结果提示,肠型胃癌癌变是一个多基因、多阶段的复杂病变过程。ras、met 基因的持续高水平过量表达发生在胃粘膜病变的肠化生和异型增生阶段,提示在肠化生和异型增生阶段细胞增殖活跃,对病变的进一步恶化起重要作用;胃癌组织中 p53 基因点突变发生的频率远远高于其他受检的基因,由此确定 p53 基因变异是导致细胞癌变的重要原因。同时在胃粘膜病变、肠化生和异型增生中也可检测到 p53 基因的突变,提示 p53 基因的突变与胃粘膜病变的进一步恶化有关。

(李淑德)

述评　p53 基因是一个肿瘤的易感基因,上组材料显示 p53 基因突变率为 58%,突变热点集中在 5～8 外显子,第 7 外显子突变多见于低分化腺癌。p53 能通过程序性细胞死亡引发细胞自杀,阻止有癌变倾向的细胞增生。p53 发生基因突变后,便失去了此种调控能力,因而 p53 基因突变可能是胃癌发生的早期变化。

(许国铭)

胃癌中 MTS1/p16 基因缺失及表达异常的研究(中华肿瘤 1996;18(3):189)　北京医大临床肿瘤学院吕有勇等用 Southern、Norhtern 杂交和 PCR 技术,分析 85 例胃癌组织和 5 株胃癌细胞系 p16 基因缺失和表达水平的变化。结果(1)胃癌细胞系 MKN45 第 1 外显子为半合子缺失,而 2、3 外显子为纯合缺失,另外 4 株细胞系没有缺失。Southern 杂交结果与 PCR 结果一致。Northern 杂交检测 p16 基因的转录,结果:在 5 株胃癌细胞系中,有 3 株细胞有 p16 基因表达异常,其中 MKN 45 杂交信号完全消失,PAMC 82 和 BGC 823 杂交信号明显减弱,GC7901 和 MGC803 表达 1 000bp 的正常 p16 mRNA。(2)85 例胃癌组织中有 14 例(16.4%)存在 p16 基因缺失。对这 85 例标本中的 26 例用 Southern 杂交检测,有 6 例(23.1%)癌组织中 p16 基因的杂交信号消失或减弱,进一步验证了 PCR 的结果。本研究结果表明,p16 基因的缺失与胃癌的发生发展密切相关,而且 p16 基因缺失的病例都属于低分化、有淋巴结转移的进展期胃癌。p16 表达完全消失的 MKN45 和 PAMC82 细胞分别来自胃癌肝转移和舌转移肿瘤,提示 p16 基因异常是胃癌癌变的晚期事件,可能与胃癌转移有关。

(李淑德)

述评　基因异常表达有提示预后意义,上文研究结果提示胃癌中 MTS1/p16 基因变异与胃癌转移有关,p16 是一类新发现的抑癌基因,它能与 CDK4 结合,从而抑制细胞增生与转移,因而生存年限长者有 p16 高表达趋势。

(许国铭)

癌胚抗原定量研究在胃癌早期诊断中的作用(中国肿瘤临床 1996;23(9):647)　河南医科所杨波等采用新的金葡菌 A 蛋白标记辣根过氧化酶(HRP-SPA)方法,定性观察 62 例胃癌切片和 94 例胃涂片癌胚抗原(CEA)反应,并经细胞分光光度计多视野随机检测各标本多个细胞 CEA 显色吸光度值。结果:高分化胃癌细胞内 CEA 显色强度明显低于低分化胃癌,而且其 CEA 呈极性分布,即集中排列于细胞游离缘侧,后者 CEA 弥散分布于细胞内且呈强阳性反应,尤其是多核、畸形核的瘤巨细胞 CEA 反应最强。而正常胃粘膜上皮及杯状细胞呈弱阳性反应,对照组均为阴性反应。癌灶组织切片

CEA 含量 OD 值低分化癌(1.063±0.052)高于高分化癌组(0.662±0.39),且不同分化程度胃癌CEA 含量均显著高于正常胃组织($P<0.01$)。另外胃涂片 CEA 定量检测结果显示胃癌涂片细胞 CEA 含量 OD 值为 0.989±0.012,显著高于慢性浅表性胃炎和慢性胃溃疡(0.198±0.033,0.87±0.011,$P<0.05$),而与慢性萎缩性胃炎(0.679±0.023)、多发性胃息肉(0.681±0.021)之间无明显差异。该法诊断胃癌与病理诊断符合率为 93.3%(28/30)。提示定量检测细胞内 CEA 含量能够辅助胃癌病理及临床诊断。对于慢性萎缩性胃炎、胃息肉等癌前病变,应动态、定量检测胃组织细胞 CEA 含量变化,以提高早期胃癌的检出率和确诊率。

(张文俊)

述评 CEA 血清学检测及体液内检测对消化系肿瘤诊断有一定帮助,但阳性率不高,特异性不强。上文所介绍的免疫组化定量法对病理切片及涂片均有较高的诊断价值,尤其是对涂片细胞学检查。若能辅以 CEA 免疫组化检测,则对胃癌诊断有较大帮助,值得推广应用。

(许国铭)

超声胃镜对早期胃癌的诊断价值(中华超声影像 1996;5(4):145) 上海长海医院邹晓平等报道 8 例早期胃癌的超声胃镜(EUS)检查结果。EUS 检查的 84 例胃癌中,病理证实早期胃癌 8 例,该 8 例均先行胃镜检查,病灶位于胃窦 4 例,胃角 2 例,贲门 1 例,吻合口 1 例。超声胃镜为 OLYMPUS GF-UM3 型,具 7.5MHz 和 12MHz 2 种超声频率,可换用。EUS 判断早期胃癌的标准:低回声病灶使胃壁第 1、2、3 层发生缺损、增厚、欠规则、中断;而第 4 层回声未发生改变,即可分别判断肿瘤侵犯粘膜层、粘膜肌层或粘膜下层。EUS 判断准确性的标准:准确——EUS 判断的侵犯深度与病理完全一致;基本准确——EUS 判断与病理结果均为早期胃癌,但侵犯层次有差别;其余均为判断失误。结果:EUS 对早期胃癌判断准确 2 例,基本准确 3 例,准确率 62.5%,判断失误的 3 例均将早期胃癌过度判断为进展期胃癌(其中 2 例为溃疡癌变)。早期胃癌的 EUS 表现可因不同类型而异:平坦型癌可见粘膜增厚,呈低回声区;凹陷型癌粘膜层可有部分缺损。对早期胃癌过度判断的主要原因是病灶深层纤维化,而低估进展期胃癌主要由于未发现粘膜下层以外的微小浸润。另外位于胃窦和胃角的早期胃癌判断较为困难,因为注水不能盖没病灶,只能用水囊压迫病灶观察,不易准确判断病变层次。经验是将水囊尽量注水,使水囊与病灶紧贴,同时选择 12MHz 超声频率,将图像放大,这样可以比较清晰地观察肿瘤的浸润深度。总之,早期胃癌的 EUS 表现主要是不规则低回声使粘膜和粘膜下层增厚、中断或缺损。EUS 对早期胃癌的诊断明显优于胃镜,但 EUS 较难区分低回声病灶是肿瘤还是炎症或纤维化,还需依靠胃镜活检。

(张文俊)

述评 胃癌侵犯深度判断对术前手术方法及预后判断均有较大帮助。EUS 是手术前判断唯一方法,其正确率达 62.5%。对溃疡型胃癌,由于纤维化组织呈低回声,故可能将早期胃癌误判为进展期胃癌。在有条件的单位,应提倡术前作 EUS 检查。

(许国铭)

人野生型 p53 基因真核表达载体的构建及其转染胃癌细胞后对胃癌细胞的影响(四军医大学报 1996;17(4):300) 西安西京医院赵亚刚等构建了人野生型 p53 逆转录病毒真核表达载体,并初步观察了其转染胃癌细胞后对胃癌细胞的影响。结果:质粒 pArg p53 为 2.0kb 的片段,逆转录病毒载体 pDOR-neo p53 cDNA 为 6.5kb,符合其物理图谱。重组质粒经酶切后,电泳呈 2.0kb 与 6.5kb 两条 DNA 带,该质粒命名为 pDT p53。用 Lipofectin 法分别将 pDT p53 和 pDOR-neo 转染胃癌细胞 SGC 7901,转染细胞经 G418(600μg/ml)筛选 2 周,将抗性细胞扩增,而未经转染的 G418 作用 6 天全部死亡。经 pDT p53 或 pDOR-neo 转染的 SGC-7901 细胞基因组 DNA 均出现阳性杂交信号,而未经转染的 7901 细胞则无杂交信号,说明 pDT p53 已转入 7901 细胞,并已整合在细胞染色体上。SGC 7901 细胞周期测定结果为:G_1 期 59.1%,S 期 32.7%,G2 期 8.2%。pDTp53 转染的 SGC 7901 细胞 G_1 期为 72.1%,S 期 16.5%,G_2 期 11.4%,且在该组细胞周期峰前出现凋亡细胞峰,约占总细胞数的 9.2%。FCM 测定结果显示:转染前 SGC 7901 细胞表面的 MG7 和 MGb2 相关抗原及细胞内 p53 蛋白的 FITC 值分别为 40.1%、56.2%和 63.2%,而转染后相应的 FITC 值分别为 13.4%、22.5%和 85.4%。说明经 pDTp53 转染后,胃癌细胞表面的 MG7 和 MGb2 相关抗原表达明显降低,而细胞内 p53 蛋白表达明显增高。研究结果说明野生型 p53 可在体外成功地抑制肿瘤生长和诱导肿瘤细胞的分化。

(张文俊)

十二指肠溃疡垂体-肾上腺皮质轴及相关受体的研究(内镜 1996;13(2):82) 广州医学院一院彭仲生等用放免方法和受体放射配体基单点饱和结合分析法分别测定血浆促肾上腺皮质激素(ACTH)、血清皮质醇和胃窦粘膜组织胞质糖皮质激素受体

(GCR)正常人组和十二指肠溃疡(DU)组各10例。结果:(1)两组血浆ACTH含量比较:正常人组为28.22±8.7ng/L,DU组为17.46±7.6ng/L,DU组血浆ACTH含量显著低于正常人组($P<0.05$)。(2)两组血浆皮质醇含量比较:8Am、4Pm、0Am血清皮质醇含量正常人组分别为188.7±39.7μg/L、111.4±42.9μg/L、66.0±29.9μg/L,DU组分别为143.5 ± 26.9μg/L、83.7 ± 22.4μg/L、40.0 ± 17.9μg/L,可见DU组8Am、0Am皮质醇含量较正常人组明显降低,统计学上有显著差异($P<0.05$)。男女之间血清皮质醇含量无明显差异($P>0.05$),正常人组4Pm皮质醇含量较DU组高,但无统计学差异($P>0.05$)。(3)两组胞浆GCR含量比较:正常人组为21.93±6.0mmol/kg蛋白,DU组为10.49±3.8nmol/kg蛋白,可见DU组胃窦粘膜GCR含量较正常人明显降低($P<0.01$)。(4)两因素相关分析:以ACTH为X量,皮质醇为Y量分别对两组8Am的ACTH与皮质醇含量作相关分析。结果:正常人组$\gamma=0.7965$($P<0.05$);DU组$\gamma=0.8571$($P<0.05$),说明两组同一时间的血中ACTH与皮质醇含量呈正相关关系;ACTH、皮质醇含量分别与GCR含量无相关关系;ACTH、皮质醇、GCR与年龄亦无相关关系。以上结果提示:ACTH降低,除了影响皮质醇分泌外,还可能不利于溃疡的愈合;皮质醇含量和GCR含量降低可能会导致胃粘膜保护作用下降,有利于溃疡形成;DU患者血清皮质醇含量降低的原因可能来自垂体分泌ACTH的不足。作者认为:DU患者垂体-肾上腺皮质轴和胃窦粘膜组织胞质GCR的异常,可能参与溃疡的形成。

(金震东)

述评 一般认为DU发病与胃酸分泌过多及Hp感染关系密切。该研究从内分泌异常角度出发,探讨DU发病机制,资料令人信服。表明DU患者存在垂体-肾上腺皮质轴和胃窦粘膜组织胞质GCR的异常,该异常可导致胃粘膜细胞保护因子降低,使侵袭因子(胃酸与Hp等)导致十二指肠球部溃疡的形成。

(许国铭)

十二指肠患者胃排空、血浆胃泌素及胃动素的变化(上海二医大学报 1996;16(2):80) 上海仁济医院王承党等以核位素标记试餐单光子发射计算机体层摄影术(SPECT)检测17例活动性十二指肠溃疡(DU)患者和17名健康志愿者的胃排空功能,并以放免法测定其空腹和餐后胃泌素(GAS)和胃动素(MOT)水平。结果:(1)胃排空参数:两组的液体胃排空和胃内分布模式相似。DU在摄食后即达到远端胃内最大活性(AMF)为28.4%,随着排空的进行,AMF逐渐降低;pT_{50}为(46.3±14.2)分,对照组为(39.4±10.6)分,液体的全胃半排空时间慢于对照组,T_{50}为(59.0±17.3)分,对照组为(41.6±9.6)分。DU组的固体食物排空曲线有别于对照组的双相性曲线,10例(58.8%)患者的T_L消失,摄食后30分达到AMF33.2%,对照组为20分钟时达到AMF34.5%;pT_{50}为(60.1±9.2)分,对照组为(67.3±11.8)分;全胃T_{50}为(95.2±26.5)分,慢于对照组的(70.4±15.8)分。以对照组T_{50}的$\bar{x}\pm2s$为正常范围,12例(70.6%)患者T_{50}延长,其中单纯液体和固体T_{50}延长者各4例,两者均延迟者4例。T_{50}延迟者与T_{50}正常者之食物胃内分布无统计学差异。(2)血浆GAS、MOT水平:不论空腹或餐后30min,DU组MOT水平均高于以对照组的$\bar{x}\pm2s$为正常范围,DU组的空腹和餐后GAS水平均在正常范围;空腹MOT水平超过正常上限者11例,餐后MOT水平超过上限者10例。T_{50}延迟之DU者餐后MOT水平稍高于T_{50}正常之DU者,但无显著差异。(3)血浆GAS、MOT水平与胃排空参数的关系:空腹和餐后胃肠激素水平与上述胃排空参数之间均无显著相关性。结果表明活动性DU患者以食物胃排空延迟为主,MOT水平的改变可能是胃排空延迟反馈调节的结果,但胃排空延迟并未导致GAS过度释放。

(金震东)

述评 DU患者除有胃酸分泌过多外,尚有运动功能及胃肠激素分泌异常。上组材料显示DU患者有固体与液体排空延迟,胃动素水平升高。更多的文献研究资料表明,随着DU的愈合,胃运动功能可恢复正常,因而胃排空延迟可能与DU形成后幽门与十二指肠协调运动异常有关;而胃动素的升高则是胃排空延迟的结果。根据此理论,在DU活动期加用促胃肠动力药应是有益的。

(许国铭)

兰索拉唑治疗十二指肠球部溃疡胃24小时pH监测(中华消化 1996;16(4):208) 上海长海医院叶萍等为了观察兰索拉唑对胃酸分泌的影响,对62例十二指肠溃疡(DU)患者,分别给予兰索拉唑(30例)和空白对照(32例),监测服药后胃内24小时(8Am~8Am时间窗)pH变化。结果:(1)兰索拉唑组胃内24小时pH:服药组与空白对照组相比差异有非常显著性。兰索拉唑组pH>4的总时间、平均pH和中位pH分别为(1 348.58±18.72)分、7.30±0.15和7.30±0.56,对照组分别为(230.21±12.15)分、2.10±0.41和1.60±0.32,提示前者对胃酸的抑制作用明显。(2)兰索拉唑对胃内pH的密度分布变化：兰索拉唑组在服药5天后，pH在6～8之间呈明显右倾单峰形态26例（占86.66%），呈双峰、多峰形态者2例；pH为3～6之间者2例。空白对照组pH在1～2左右形成高峰30例（占93.75%），pH在2～4左右形成高峰2例。说明前组的抑酸作用强。(3)兰索拉唑对白天和夜间pH的影响：白天组的pH>4的总时间、平均pH和中位pH分别为(1348.58±18.72)分、7.30±0.15和7.30±0.56，明显高于夜间组的(1230.15±12.31)分、7.51±0.39和7.21±0.42，但差异无显著性，说明每日一次晨服给药，晚间也可达到理想的抑酸效果。(4)兰索拉唑组胃镜检查：24例2周后溃疡面白苔消失，表现为红色瘢痕愈合期，愈合率为100%。研究还表明：兰索拉唑服药5天后，白天抑制胃酸的作用较夜间明显，白天受进食的影响，发现有62%～83%的患者进食后可出现pH轻度下降，最低可达3.5，但1～2小时后即可回升；夜间虽排除了进食的影响，但常可发现夜间出现多次反复的pH骤降骤升表现，有时甚至可达到pH1～2水平，但持续的时间很短，而且兰索拉唑在夜间对pH的维持和波动时间差异较大。作者认为兰索拉唑作为一种新型的泵离子阻滞剂，能特异性地抑制胃壁细胞H^+-K^+-ATP酶，阻断胃酸分泌的最后环节，能有效地治疗DU和任何酸相关性消化道疾病，如胃泌素瘤、反流性食管炎等。

（金震东）

述评　应用24小时胃内pH监测是研究抑酸药物药效学的一个有效而简便的方法。上组材料表明质子泵阻滞剂有强大的持久抑制胃酸分泌作用。与H_2受体阻滞剂不同，它在服药初期有类似质子泵阻滞剂的作用，但数月后抑酸作用明显反弹，此种差别亦与临床上治疗效果相吻合。

（许国铭）

幽门螺杆菌感染与胃粘膜淋巴组织增生（中华内科 1996；35(9)：609）　上海市一院黄自平等对256例因上腹症状而接受胃镜检查者进行Hp感染及相应胃粘膜组织学研究。其中正常胃粘膜35例，慢性浅表性胃炎(CSG)87例，慢性浅表-萎缩性胃炎(CS-AG)57例，慢性萎缩性胃炎(CAG)77例，诊断均经胃镜及组织学证实。胃粘膜Hp检测方法包括培养、涂片Gram染色、快速尿素酶试验、涂片吖啶橙染色、24小时尿素酶试验及HE染色细菌学观察等；组织病理学检查采用常规石蜡切片，Hp染色，光镜观察。结果发现，6种方法中有1项及1项以上阳性者181例，总检出率70.7%。组织学正常者没有Hp感染，CSG的Hp检出率为65.5%，CSAG为73.7%，CAG为81.8%，呈依次升高趋势。活动性胃炎的Hp检出率亦明显高于非活动性者(87.7%比66.2%，$P<0.001$)。胃粘膜组织学基本正常者淋巴滤泡检出率为5.7%，CSG为26.4%，CSAG为64.9%，CAG为63.4%。有淋巴滤泡形成者Hp检出率高于无淋巴滤泡形成者(81.5%比65.5%，$P<0.001$)。胃粘膜淋巴组织增生与腺体萎缩后肠上皮化生关系密切，慢性胃炎胃粘膜淋巴滤泡多见、密集，多在粘膜肌层附近，几乎全部有生发中心，淋巴滤泡周围有大量单核细胞聚积，且只要是淋巴滤泡所到达的区域其内绝无胃粘膜腺体。伴有淋巴滤泡形成的慢性胃炎其肠上皮化生的发生率亦显著高于不伴有淋巴滤泡形成者(22.9%比11.6%，$P<0.05$)，而且淋巴滤泡形成与肠上皮化生往往发生在同一区域。结果表明，从正常胃粘膜至CAS，Hp感染和淋巴滤泡形成的基本分布规律相同，均呈进行性增加趋势，CAG时才属于粘膜相关淋巴样组织(MALT)增生。Hp感染诱导的胃粘膜淋巴组织增生及其伴随的免疫反应可能是Hp相关性胃炎出现胃粘膜腺体萎缩的主要机制。

（纪徐淮）

述评　近来发现Hp是胃MALT淋巴瘤的可能病因，其特征性病理改变为淋巴滤泡形成。固有层腺体出现淋巴上皮样改变(LEL)，淋巴滤泡中心尚可存在中型淋巴样细胞(CCL)。Hp感染引起MALT淋巴瘤的机制尚不明确，可能与Hp诱导IgA、IgG细胞因子、热休克蛋白(HSP)等炎性免疫损害引起细胞凋亡(apoptosis)有关。总的认为，Hp感染与胃粘膜反应性淋巴样增生(RLH)密切相关，其向MALT淋巴瘤转化与发展尚需其他因素参与。

（许国铭）

血清学与呼气试验结合监测治疗幽门螺杆菌感染的疗效（中华内科 1995；34(12)：819）　中山医大一院胡品津等为评价血清学及^{14}C-尿素呼气试验在治疗Hp感染疗效监测中的价值，分两个阶段对接受抗Hp治疗的Hp感染者进行长期随访。第一阶段对接受三联疗法治疗的Hp感染患者，在治疗前、停药1、3、6及12个月同期进行胃镜检查、^{14}C-尿素呼气试验及血清学检查，共42例。第二阶段则对另一批停药1个月证实为Hp已被根除者进行长期^{14}C-尿素呼气试验及血清学随访，于停药6个月胃镜复查27例，12个月36例。以Hp侵入性检测法即胃粘膜尿素酶试验、组织学检查及Hp培养3项检查中2项或2项以上阳性诊断为Hp阳性。结果发现，以^{14}C-尿素呼气试验界限值为标准，对42例患者治疗前、后不同时期Hp检测结果的敏感性与特异性分别为100%及98.5%。随访血清中Hp-IgG抗体测定吸光度(A)值的变化显示,Hp根除后其血清吸光度A值逐渐下降,停药6个月下降幅度明显增加,至停药12个月下降更明显,平均A值已在界限值以下,平均下降幅度在40%左右;Hp持续阳性者A值几乎无变化;Hp阴转后又阳性者,其A值明显升至接近甚至超过治疗前水平。以血清A值下降≥15%为界限值,全监测敏感性均为100%,特异性随着随访时间延长而增加,停药12个月达100%。对呼气试验及血清学疗效监测标准验证进行第二阶段研究结果发现,停药6个月复查27例中,对Hp阴性监测的特异性分别为95.5%及50.0%,停药12个月则分别为100%及83.3%,对Hp转为阳性的患者其监测敏感性则为100%。作者认为,可根据^{14}C-尿素呼气试验及血清学检查在疗效监测中的优缺点,结合胃镜检查,在不同时期采用不同的方案对抗Hp治疗的疗效进行随访监测,该方案理论上可达100%准确性,适用于临床实际工作,特别是研究Hp根除后重新感染率的长期追踪。

(纪徐淮)

述评 随着对Hp与其相关性疾病关系认识的深入,对Hp根除疗法的应用和研究愈加广泛。采用传统侵入性Hp检测方法进行Hp根除疗效鉴定,尤其是进行根除后Hp复发或再感染的长期追踪,可操作性差。^{14}C-尿素呼气试验与血清学Hp-IgG抗体检测均为非侵入性方法,敏感性与特异性均很高,患者容易接受,且简便易行,便于重复及长期监测,结合胃镜检查制定并完善在治疗不同时期的联合监测方案,必将推动Hp感染的临床根治治疗研究。

(许国铭)

胃粘膜异型增生多项生物标志定量观察及癌变概率模糊判别研究(中华消化 1996;16(1):14) 西安西京医院胡家露等对胃镜检查粘膜活检病理诊断为异型增生且资料完整、具有随访结果的62例患者进行随访。62例中癌变组及非癌变组各31例,随访时间6~74个月。胃癌单抗MG由该院自制,免疫组化按ABC法进行,DNA染色按Feulgen法进行,AgNOR按嗜银染色法进行,采用德国TAS-PLHS型自动化图像分析仪进行MG_7Ag阳性物质、AgNOR颗粒、DNA含量等8个参数定量检测,并进行多参数模糊判别分析。结果选取可分性测定值最大的前三个指标进行模式判别,以癌变概率>0.5为癌变的判别标准。用AgNOR单一指标进行判别,异型增生的判别率癌变组和非癌变组分别为83.9%和87.1%;用DNA含量进行判定,非随访符合率均为80.6%。选取计算机图像处理获得的两个参数,用MG_7Ag定量的平均区度值进行模糊判别,其符合率分别为74.2%和77.4%。以AgNOR、MG_7Ag和DNA含量三个指标的最佳参数即AgNOR的均数$\bar{x}$均征、DNA含量的均数和MG_7Ag的灰度值的组合为最佳组合,判别分析的符合率最高,随访前癌变组及未癌变组的判断正确符合率分别为93.5%及90.3%,随访癌变组判别正确率为100%。提示随着随访时间的延长,可能病变加重并且有癌变倾向。作者认为,建立计算机软件,通过人机交互过程,可以实现任一指标的分布图、隶属度函数曲线描绘,以及样本参数的输入,能对参数实现自动分析判断。本研究结果表明,用选用的三种生物学标志进行定量图像分析所建立的判别模式具有预测价值,可初步预测胃粘膜异型增生是否具有癌变倾向,并能计算出其癌变概率,在对异型增生的随访、监测、逆转治疗效果观察等方面可能具有较大的临床实用价值。

(纪徐淮)

述评 胃粘膜上皮异型增生是公认的重要癌前病变,判别其癌变危险性是临床的难题。对胃粘膜异型增生进行形态图像分析及生物标志表达与癌变的关系研究,有助于癌变高危性判定。作者首次在国内选用癌相关抗原MG、DNA含量及AgNOR等多种生物标志进行动态定量分析,并应用模糊数学的理论和模式进行计算机多参数分析,初步建立了一个癌变概率的判别模式,具有一定的临床参考价值。但研究样本较少,缺少充分的回代验证,因此尚有待进一步充实完善这一模糊判别的模式。

(许国铭)

小肠癌p53蛋白表达与其临床及预后关系的研究(中华肿瘤 1996;18(4):279) 中国医大一院葛春林等研究p53基因突变与小肠癌发生与预后的关系。方法:获取手术小肠癌标本72例,癌旁组织19例,淋巴结及肝转移癌6例,小肠腺瘤7例,正常小肠组织16例。应用免疫组化方法检测各标本中p53蛋白的表达,并对64例小肠癌根治术后随访57例。结果:小肠癌p53蛋白阳性率75%,癌旁组织为21.1%,小肠腺瘤阳性为14.3%,而正常小肠组织无p53蛋白表达,各组间阳性率差异有显著性意义。在中、低分化腺癌中阳性细胞数量明显增多,部分可达95%以上,而在高分化腺癌中阳性细胞数较少。肝和淋巴结转移癌、粘膜下浸润癌及血管内癌栓p53蛋白均呈阳性表达,多为强阳性。同时发现p53蛋白阳性患者的累积生存率明显低于阴性者,并随着p53蛋白表达强度的增加累积生存率逐步降低。作者认为p53基因突变缺失在小肠癌的发生、发展过程中可能起重要作用，p53 蛋白的表达强度与小肠癌的分化程度、浸润、转移及预后明显相关，表明 p53 基因突变是肿瘤具有较强浸润性及高转移率的标志，且有基因突变的患者预后较差。因此对 p53 蛋白表达阳性者，尤其是强阳性者应进行术后辅助治疗，并长期随访。

（胡和平）

述评 野生型 p53 基因是重要的抑癌基因，能抑制正常细胞的癌变。当野生型 p53 基因本身由于某种原因发生突变后即成为突变 p53 基因。上文对小肠腺癌的研究结果与胃癌和结肠癌相似，突变型 p53 基因表达越高，则肿瘤分化程度越低，转移越早，预后越差，有一定临床随访价值。

（张忠兵）

大肠癌患者癌周组织免疫细胞的分布及其意义（癌症 1996；15(4)：287） 中山医大一院谭敏等以 CD3、CD4 和 CD8T 淋巴细胞单抗，CD25、IL-2R 单抗，CD56NK 细胞单抗和 DakoM 巨噬细胞单抗及免疫组化技术对 1992～1994 年间 70 例大肠癌患者癌周肿瘤浸润淋巴细胞进行研究。男 43 例，女 27 例，平均年龄 53 岁，Dukes B 期 36 例，C 期 14 例，D 期 20 例。对照组为结肠炎性病变患者 20 例，男 14 例，女 6 例，平均年龄 43 岁。手术时取距肿瘤边缘 1cm 处无明显出血、坏死的癌周粘膜约 1.0cm×1.0cm 组织切片用 ABC 免疫组化方法进行染色，以细胞边缘有棕褐色标记者为阳性细胞，在癌周间质中随机计数 5 个高倍视野，求出平均每高倍视野网格内阳性细胞的百分率。结果显示：肿瘤周围浸润的单个核细胞主要为淋巴细胞，以肿瘤与正常组织交界处最多。大肠癌间质中 CD3 细胞为 46.5±21.3，与炎症疾病比较无差异。CD_4 细胞（23.3±15.9），NK 细胞（4.6±6.1），巨噬细胞（6.6±3.3）和 IL-2R 细胞（7.3±3.8），均显著小于炎症疾病，但 CD8 细胞显著增加。随着 Dukes 分期增高，CD4 细胞显著减少，CD8 细胞显著增加，CD4/CD8 比例明显下降，NK、Mφ 及 IL-2R 细胞数均明显降低。不同病理组织分型的 TIL 亚群分布无明显差异。肿瘤转移的患者癌周 CD4 细胞（26.3±11.2）和 CD8 细胞（38.3±11.2）与非转移组比较明显增加。NK 细胞（2.2±1.8）、巨噬细胞（1.7±1.2）和 IL-2R 细胞（2.7±1.9）显著减少。作者认为尽管肿瘤间质有大量淋巴细胞浸润，但多以抑制性 T 淋巴细胞为主，且多处于明显的低活性状态。不能单纯根据肿瘤病灶周围单个核细胞浸润来判断肿瘤的局部免疫功能。癌旁粘膜 TIL 数目及活性作为临床判断局部免疫功能的敏感指标，对制定治疗方案有指导意义。随着肿瘤浸润深度、肿瘤 Dukes 分期的增高及肿瘤转移的发生，TIL 大部分处于明显抑制以及异常表达状态。切除原发病灶可降低肿瘤本身对机体免疫功能的抑制作用。

（戴益琛 张忠兵）

大肠癌组织 APC/MCC 和 DCC 基因杂合缺失的研究（中华内科 1996；35(7)：439） 重庆西南医院罗元辉等在 1993.1～1994.10 将 41 例新鲜大肠癌组织及手术切缘处的正常粘膜组织分别提取基因组 DNA，然后取 1μg 组织 DNA 加入 20μgPCR 反应液中，分别以 APC 第 11 外显子、MCC 第 10 外显子、DCC1、DCC2 和 DCC3 为引物进行 PCR 扩增，再将扩增产物进行酶切和电泳分离。正常组织 DNA 的 APC 第 11 外显子出现 133bp、85bp 和 48bp 三条带者；MCC 第 10 外显子出现 93bp 和 79bp 两条带者；DCC1 出现 396bp，257bp 和 139bp 三条带者；DCC2 出现 240bp、137bp 和 103bp 三条带者；DCC3 出现 200bp 和 160bp 两条带者为杂合子（信息个体）。癌组织 DNA 以同样的引物进行 PCR-RFLP 分析，比较同一患者癌组织及正常组织 DNA 电泳片断大小及量的差异，推算杂合缺失（LOH）情况。结果 41 例大肠癌中，APC 基因属信息个体者 25 例，检出 LOH 7 例（28.0%）；MCC 基因属信息个体者 22 例，检出 LOH8 例（36.4%），将 APC、MCC 综合分析，属信息个体 36 例，检出 LOH 14 例，占 38.9%。采用 DCC1、DCC2 和 DCC3 三组引物检测 DCC 基因的 LOH，属信息个体 38 例，检出 LOH 21 例，占 55.3%。将 41 例大肠癌信息个体按组织学类型、肿瘤大小、有无浆膜浸润和淋巴结转移及临床分期的不同进行分组，各组间 APC 和 MCC 基因的 LOH 率无显著差异。DCC 基因在有淋巴结转移组的 LOH 率（80.0%）显著高于无淋巴结转移组（39.1%，$P<0.05$）；在 Dukes C、D 期组的 LOH 率（71.4%）显著高于 A、B 期组（35.3%，$P<0.05$）。作者认为 APC、MCC 和 DCC 基因 LOH 是大肠癌发生及发展过程中的常见改变。大肠癌无论肿瘤大小、有无淋巴结转移及属何临床分期各组间 APC 和 MCC 的 LOH 率差异均无显著性，DCC 基因的 LOH 是大肠癌发生及发展过程中的晚期改变，且与大肠癌有无淋巴结转移密切相关。

（戴益琛 张忠兵）

^{99m}Tc-C50 肠癌放射免疫显像的初步临床应用（中华核医学 1995；15(4)：208） 广州孙逸仙纪念医院卢献平等用 ^{99m}Tc 标记 CEA 单克隆抗体（C50）进行大肠癌放射免疫显像（RII）。受检者为 22 名临床怀疑肠癌患者（经手术和病理证实 20 例）和疑肠

癌术后复发者5例(证实4例有局部复发)。采用高汝桢改良Schwarz法进行标记,制备^{99m}Tc,标记率大于90%方可使用。先给患者静滴地塞米松4mg,30分钟后缓慢注入^{99m}Tc-C50 500~700MBq(约含IgG1.2mg),然后分别于4、6、24小时行平面显像,6小时加作断层显像。结果:24例确诊为肠癌,经手术和病理检查发现癌灶43个;RII发现34个癌灶有放射性浓集,灵敏度79.1%;其中原发性肠癌20例,RII16例见肿瘤处有放射性浓庥,灵敏度80%。9例肝外腹腔转移者,经手术和病理检查发现转移灶20个,其中15个RII见放射性浓集,灵敏度75%;18例无腹腔转移者有15例RII阴性,特异性83.3%。3个盆腔转移灶RII均呈阳性。RII检出最小病灶为2.0cm,有3个小于2.0cm的病灶均未检出。肝脏虽然有较多的放射性分布,但大部分放射性分布较均匀,不应有明显的局部放射性浓集或稀疏缺损。本组6例肝转移,其中2例见局部放射性浓集灶,其余4例为肝内放射性分布欠均匀。作者认为^{99m}Tc-C50RII对原发性肠癌、肠癌术后复发的诊断及肠癌转移灶的发现均有意义。

(戴益琛　张忠兵)

述评　结肠癌的诊断,除了用内镜、B超、CT和血清结肠癌标记物监测等方法外,用CEA等单抗标记同位素进行免疫显影对原发灶和转移灶的定位诊断有较大价值。目前研制的单抗多针对结肠癌相关抗原,使诊断的特异性和敏感性具有一定局限性。今后的任务在于发现结肠癌真正的特异性抗原。

(张忠兵)

大肠癌肝转移的诊断及外科治疗(肝胆外科 1996;4(2):89)　中山医大一院谭敏等在1985.1~1995.6收治大肠癌肝转移患者196例,其中术后复发转移至肝脏者121例,术前已有肝转移者75例。男102例,女94例,乙状结肠48例,降结肠31例,横结肠11例,升结肠14例。在术后复发转移患者中,Dukes B期43例,Dukes C期78例;腺癌72例,粘液癌31例,未分化癌12例。转移部位:肝左叶44例,肝中叶26例,肝右叶63例;不规则转移41例,广泛转移22例。196例患者中只有51例接受肝脏病灶手术切除,其中121例术后复发转移组,在再次接受复发病灶切除及肝脏手术的37例患者中存活1年者21例,存活3年者8例,存活5年以上者4例;在75例术前转移组中,有14例同时接受原发灶及肝脏转移灶手术切除,术后存活1年者4例,3年者2例,5年以上者1例。在肝动脉插管一次性冲击化疗的78例患者中,平均存活12.8个月;肝动脉结扎置泵化疗者9例,平均存活14个月;肝动脉-门静脉双重结扎置泵化疗者存活17个月;16例行无水酒精注射的平均存活期为8.5个月。血清及影像检查发现γ-GT、SGPT、ALP 3项中1项异常者46.9%,AFP均阴性。120例术后复发肝转移患者首次检测CEA阳性19例(占15.7%);出现肝转移后CEA阳性101例(占83.5%),其中37例病灶切除后CEA值下降,但仅12例(3.4%)降至正常。75例术前有肝转移者CEA异常71例(占94.7%),病灶切除后明显下降,但降至正常只有3例。196例患者术前B超检查确诊174例(占88.8%)。肝转移灶多为强回声光团,18例术前B超未发现肝脏占位(占9.2%),129例患者CT检查发现肝转移灶124例(占96.1%),单结节为62.3%,多结节为33.8%。作者认为:将AFP、CEA、SGPT、ALP、γ-GT、A/G等作为了解肝功能情况、监测有无肝转移有积极意义。CEA监测对早期发现肝转移癌术后复发有肯定价值,动态观察可观测疾病的演变及转移。B超仍是普查和随访的首选方法。CT阳性率较高,其多发、低密度不规则病灶可提供鉴别诊断依据,并可发现门静脉癌栓及其他部位转移。在大肠癌首次手术时应尽量同时作肝转移灶切除;不能同期手术者,须仔细探查,手术后尽早再次切除,切缘距癌灶不小于1cm即可。

(戴益琛　张忠兵)

硒和锌对实验性溃疡性结肠炎的疗效观察(中华医学 1996;76(10):756)　北京友谊医院李芳等取7周龄的Wistar大鼠,予1.5%的右旋糖酐硫酸钠水溶液自由饮用,8周后将已形成溃疡性结肠炎(UC)样病变的40只大鼠随机分为:(1):对照组(C组),给生理盐水6ml/d;(2)硒治疗组(Se组),给希力口服液6ml/d(含硒60μg);(3)锌+硒治疗组(ZS组),给硫酸锌/希力口服液6ml/d(其中硫酸锌180mg/kg,硒60μg);(4)地塞米松治疗组(D组),给地塞米松7mg/(kg·d)。每组10只,每日二次灌肠,共15天。治疗结束后取2~3ml外周血测NK细胞活性,并行内镜检查,最后处死实验大鼠,剪取病变最明显处结肠段行组织病理学检查,并检测肠粘膜SOD活性和MDA含量,测定结肠组织锌和硒含量。结果显示:经硫酸锌、硒联合治疗,病情明显改善,内镜下粘膜充血、水肿消退,溃疡愈合;组织学检查见炎性细胞浸润减轻,溃疡面修复,其疗效与地塞米松组相仿,而Se组疗效不明显。ZS组结肠粘膜局部SOD活性明显增高,DMA含量明显降低。Se组亦能降低粘膜MDA含量,但SOD活性影响不大。Se组大鼠外周血NK细胞活性较对照组明显升高(44±13比22±9,$P<0.05$),但单用Se组与ZS组

硒元素的影响。经锌和硒灌肠治疗后，结肠粘膜锌、硒含量均有明显升高，在粘膜局部浓聚。作者认为：应用锌、硒联合灌肠治疗能提高结肠粘膜SOD活，降低MDA含量，明显改善UC的局部粘膜损害，疗效与地塞米松相仿，是一类治疗UC的有前途的药物。锌和硒液灌肠主要是通过局部作用而非吸收后全身作用的结果，可能是锌和硒渗入到结肠粘膜细胞或细胞间质中发挥其生物活性作用。

（戴益琛　张忠兵）

述评　溃疡性结肠炎是一种原因不明的炎症性肠病，临床上抗炎、抗过敏和收敛等治疗取得良效，但复发率高。微量元素硒和锌能抗自由基对粘膜的损伤，增强免疫监视功能，为UC的治疗提供新的途径。如能深入研究硒和锌在溃结病因中的作用，可能对其根治有价值。

（张忠兵）

结肠血管扩张症（北京医学 1996；18(3)：134）　北京友谊医院张仲良等在1982～1994年手术治疗结肠血管扩张症7例，男4例，女3例，年龄51～77岁，病史1～14年。主要临床表现为间断便血，色暗红或鲜红，术前平均血红蛋白70g/L，平均输血量4 500ml，有5例术前发生过失血性休克。6例术前行钡灌检查，5例未发现病灶，1例误诊为结肠癌。纤维结肠镜检查7例，6例诊断正确，1例误诊为结肠癌。行肠系膜动脉造影6例，5例诊断正确，1例未发现病灶。病变分布情况：局限于升结肠者4例，行右半结肠切除术治愈；局限于降结肠1例，行左半结肠切除术治愈；病变分布全结肠1例，两侧结肠1例，由于内镜、血管造影和手术探查所发现病变部位不一致，而分别行盲肠切除和右半结肠切除，2例术后均发生再出血。7例手术标本经病理证实为结肠血管扩张症。2例再出血者，例1，女，77岁，术前结肠镜见升结肠、横结肠、降结肠、肝区毛细血管扩张。肠系膜动脉造影示结肠脾曲末梢动脉增粗，手术时仅见盲肠系膜浆膜下3～4支小静脉增粗、扩张，行盲肠切除7天后再出血。肠镜检查见吻合口结肠侧、肝区、降结肠均有血管扩张，患者拒绝再次手术。例2，男性，54岁，术前结肠镜见降乙状结肠毛细血管扩张，管径增粗，肠系膜动脉造影未见异常。术中见升结肠浆膜下血管迂曲扩张，切开见盲肠粘膜有散在的出血灶，行右半结肠切除。术后5个月患者再次便血，结肠镜见降乙状结肠病灶，肠系膜血管造影见乙状结肠动脉和直肠上动脉毛细血管密集、迂曲、扩张，行左半结肠和直肠上段切除后治愈。作者认为：结肠血管扩张症作为下消化道出血的一种原因应引起高度重视，尤其是老年人的下消化道出血，钡灌肠结果阴性应考虑本病。反复结肠镜检查可使诊断正确率提高至85%，而肠系膜上、下动脉造影是诊断的主要手段。充分切除有病变的肠段是彻底治愈本病的关键。纤维结肠镜、血管造影和手术探查互相对照、补充，可以确定手术切除范围。

（戴益琛　张忠兵）

24例动脉性消化道出血的选择性和超选择性血管造影及介入治疗分析（中国实用外科 1996；16(6)：334）　武汉协和医院冯敢生等报道了对24例经血管造影证实为急性动脉性消化道出血患者的血管造影和介入治疗情况。男性19例，女性5例，年龄23～72岁。造影前平均输血约1600ml，其中7例处失血性休克状态。16例造影时在出血活动期。造影采用Seldinger穿刺技术，插管部位分别为腹腔动脉，肠系膜上、下动脉，采用数字减影技术摄片或电影摄影。在发现出血部位后，导管则超选择性插入靶血管内。依据具体情况分别采取动脉栓塞术或动脉内灌注血管加压素止血。栓塞一般选用明胶海绵、金属钢圈或自制白芨粉。造影结果：16例活动性出血患者均有造影剂外溢，其中7例为小片状造影剂血管外集聚，9例为点状或线状造影剂外溢。在出血静止期8例中可见间接征象，如动脉增粗迂曲、呈结节状，或发现动脉瘤，或有局部粘膜充血的表现。24例中有20例在造影后作了介入治疗。经动脉灌注治疗的11例中，8例经灌注治疗后24小时内出血停止，3例无效而行手术治疗。8例中有2例在治疗后1周内复发黑便。在灌注病例中，灌注后初期有效率为72.7%，长期有效率为54.5%。行导管栓塞治疗的9例术后均未出现复发。

（谢苏庆）

超声内镜诊断胃隆起病灶的价值（中国超声 1995；11(11)：839）　上海长海医院金震东等采用Olympus GF-UM3型超声内镜（EUS）探头频率7.5MHz与12MHz可调。对178例上消化道隆起病灶进行检查，并与胃镜、钡餐透视、CT进行比较。其中男114例，女64例，平均年龄45.2岁。病种包括粘膜下平滑肌瘤60例，平滑肌肉瘤15例，粘膜下囊肿5例，消化道息肉21例，迷走胰腺2例，壁外脏器压迫35例，壁外肿瘤压迫18例，静脉曲张22例。除静脉曲张由内镜确诊外，其余病例均由剖腹、内镜下手术病理证实。比较各种影像学检查发现：(1)EUS对病灶总诊断符合率97.75%。对息肉的诊断略低于胃镜，对迷走胰腺和静脉曲张的诊断与胃镜相当；(2)钡餐造影能清楚显示较大的病灶，尤其是胃外压迫性病灶，对十二指肠病灶显示率低，对所有病灶均难以确诊。EUS对各种隆起性病灶的图像特征：壁外脏器压迫为消化管壁结构完整，层次清楚，脏器与消化管壁浆膜层间可见清晰的低回声带。壁外肿瘤压迫，良性者为消化管壁完整，恶性者管壁结构破坏，由浆膜层到粘膜层见不规则低回声灶侵犯。粘膜下肿瘤95%呈低回声，5%呈中等强回声。平滑肌瘤均有完整和基本完整的强回声包膜，内部大多(73.33%)呈均匀的低回声，5例为无回声，8例病灶中心欠均匀，3例见不规则无回声区。发现最小粘膜下平滑肌瘤仅0.5cm。平滑肌肉瘤包膜完整者占60%，其内部呈不均匀回声(93.37%)，且多有无回声区，其所在胃壁多有"断裂征"。EUS系目前诊断上消化道粘膜下肿瘤的最佳方法，它不仅能对平滑肌瘤进行确诊和分期，还能对肿瘤切除术后进行随访，能进行EUS引导下肿瘤的组织学活检和细胞学针吸穿刺。

（孙振兴）

内镜粘膜切除术诊治32个早期消化道癌及癌前病变结果分析(内镜 1996;13(1):6)　福建省立医院何利平等对28例32个胃、十二指肠及结肠病变进行内镜粘膜切除术(EMR)，其中男21例，女7例，平均年龄51.48岁。采用单纯剥切法24个，吸引剥切法8个。所有患者均未出现术中及术后并发症。32个病灶中，胃腺癌10个，腺瘤6个，中、重度不典型增生7个，十二指肠类癌1个，结肠腺癌6个及类癌2个。形态分型：Ⅱa 13个，Ⅱb 2个，Ⅱc 5个，Ⅰs型6个，Ⅰsp型5个及Ⅰp型1个。19个恶性肿瘤中粘膜癌14个，粘膜下癌5个。经EMR完全病灶切除率在病变小于1.0cm、1.1cm～2.0cm、大于2.1cm三组中分别为77.78%、57.14%及33.33%，表明病灶越小，完全切除率越高；各形态学类型中，Ⅱa、Ⅰsp型及Ⅰs型三组的完全切除率分别为66.6%、75%及100%，而Ⅱc型三个均未完全切除，提示隆起型病灶易于完全切除；胃病变位于小弯侧6个中5个完全切除，而前后壁3个病灶均未完全切除；完全切除病灶中均为粘膜癌，病灶完全切除率83.33%。随访：12个完全切除病灶中5个未再行手术切除，其中胃癌1个、结肠癌2个及结肠类癌2个。分别随访4～22个月，复查内镜及病理学检查2～7次，均未见复发癌及残余癌。通过本组治疗结果分析，病变越小完全切除率越高；隆起病灶易于完全切除，前后壁病灶不易切除；正确粘膜下注射是EMR成功的关键。本组应用结果表明：EMR是一种安全的内镜技术，有助于提高消化道早癌诊治率。

（孙振兴）

述评　胃癌的传统治疗方法是作次全胃切除与淋巴结清扫(根除术)。近年来由于内镜技术的进步，早期胃癌的检出率占胃癌的比例逐年增高。对胃癌而言，单纯粘膜切除是要达到治疗目的，其类同息肉摘除术，在技术上无多大困难，问题在于术前要弄清楚：切除的病灶是否是早癌？通常有三种方法：(1)视病灶大小；(2)超声胃镜检查；(3)术后病理检查。

（许国铭）

细胞因子TGF-B_1、PDGF-BB、bFGF在人肝纤维化中的作用(上海医大学报 1996；23(3)：203)　上海医大徐冬波取19例因肝肿瘤切除的标本中远离肿瘤灶部位，按病变及炎性活动程度分为对照组(甲组，5例)、非活动性或轻度活动性肝病组(乙组，8例)及活动性肝病组(丙组，6例)。以Northern分子杂交法测肝组织TGF-β_1 mRNA含量，以免疫组化法显示组织原位血小板源性生长因子(PDGF)-BB、碱性成纤维细胞生长因子(bFGF)，同时做溶菌酶Lz、α平滑肌肌动蛋白α-SMA、CD3、结蛋白Dm、Ⅰ型胶原、PⅢP的免疫组化，并做半定量分析。结果显示：(1)肝病组织内TGF-β_1 mRNA含量随肝病活动程度而增高；(2)PDGF-BB、bFGF在活动性肝病时两者无增高，PDGF-BB主要为细胞内着色，分布在汇管区及间隔内间质细胞、炎细胞以及血管内皮细胞。bFGF以细胞外为多，见于汇管区、间隔内基质；(3)病变区域Lz、CD3阳性细胞及Dm、α-SMA、PⅢP阳性细胞显著增多，Ⅰ、Ⅲ型胶原沉积也相应增多，并与PDGF-BB、bFGF分布一致，数量相关。作者认为：(1)TGF-β_1、PDGF-BB和bFGF与胶原沉积关系密切；(2)这些因子刺激细胞外基质(ECM)的生成细胞活化、增生，合成ECM增多；(3)肝病组织的间质细胞、炎性细胞和窦旁细胞可能是人肝纤维化时PDGF-BB、bFGF等细胞因子的来源；(4)TGF-β_1、PDGF-BB、bFGF的共同效应是组织内ECM的大量沉积。

（马述春）

肝硬化大鼠部分肝叶切除术后Kuffer细胞DNA和RNA合成功能的变化(中华外科 1996;34(10):643)　重庆西南医院陈平等分别将肝硬化大鼠及正常大鼠切除中及左叶(C-PH及N-PH)，于术后0、6、24、48、72小时及1周分离出Kuffer细胞(KC)，经吖啶橙处理后用流式细胞仪测定KC的DNA含量、细胞周期和RNA含量。结果：(1)术后48小时内，C-PH及N-PH组的大鼠残肝增长速度较慢，术后3～7天增长速度明显加快，1周时达到高峰。但C-PH组残肝重量明显轻于N-PH组；(2)两组KC增殖系数于6和48小时各出现一次高峰，以后N-PH呈缓慢下降，而C-PH组则持续升高，明显高于对照组；(3)C-PH组术后6小时KC的DNA含量明显低于对照组，而术后24小时及1周时高于对照组;(4)C-PH 组各时期 RNA 合成几乎均低于 N-PH 组,于术后 1 周时恢复到术前水平。作者认为:(1) C-PH 组 KC DNA 峰值推后,表明肝硬化时 KC 再生启动时间落后;(2) 虽然术后 1 周内 KC 增殖活跃,但 RNA 合成量一直低于 N-PH 及假手术组,表明 KC 细胞功能受到抑制,KC 细胞合成 DNA 及 RAN 功能减低,可能是肝细胞再生能力低下和肝细胞功能衰竭的一个重要原因。

(马述春)

肝硬化大鼠门脉高压形成中血浆内皮素的变化(四军医大学报 1996;17(4):274) 西安唐都医院褚延魁等采用放射免疫测定法测定早、中、晚期肝硬化鼠的门静脉血和外周血内皮素(ET)浓度,以阐明 ET 在门脉高压发病机制中的作用。复制 CCl_4 中毒性肝硬化模型。分期为:早期为脂变坏死期(25 天),中期为纤维增生期(45 天),晚期为假小叶形成期(65 天)。分别于第 25、45、65 天取实验鼠 15 只及对照鼠 5 只,麻醉、剖腹、观察,穿刺门静脉测压,取门静脉血及心脏血冻存。同时测定血 ET,肝功(ALT,白、球蛋白),并作肝脏病理学检查。结果表明:肝硬化早期 ET 即升高,但与对照组无显著性差异($P>0.05$),中、晚期均显著高于对照组($P<0.05$),晚期门静脉血 ET 浓度较中期无明显下降($P>0.05$)。肝脏病理学检查结果均符合各期病理特征。ET 与 ALT 无相关性($r=0.2170$, $P>0.05$)。早、中、晚三期门脉压力(PVP)均显著高于对照组,三期 PVP 逐步升高,各组间有显著差异。各期 ET 与 PVP 呈正相关($r=0.4539$, $P<0.05$)。作者认为,实验结果表明血清白、球蛋白在三期及对照组间无差异,而 ALT 在三期均高于正常,各组间无显著性差异,故 ET 水平的上升并非肝功损伤的结果。与对照鼠比较,实验鼠早期 ET 升高,以中、晚期更为明显,晚期又略有下降,两者并非线性关系。ET 上升使门静脉收缩,血管阻力增加,门脉压力升高,直接影响门脉血流动力学,为导致门脉高压的重要因素。至于晚期 ET 略有下降的原因可能为内皮损伤加重,部分丧失功能,或受其他细胞因子的抑制。

(朱 梁)

述评 ET 是目前已知的缩血管活性最强的多肽物质,它参与调节机体多种生理功能,在许多疾病的发生、发展中可能起着重要作用。除血管内皮细胞外,人和哺乳动物的许多组织、器官均能产生 ET。ET 的清除主要在肺、肝、肾等。ET 作用于靶细胞的 ET 受体(ETR)而发挥效应。1991 年 Loffler 首次证明人肝脏有 ET-1,2,3 受体存在。许多研究表明在肝门脉系统、肝细胞表面及其内部均有丰富的 ETR。肝脏既是 ET 产生之处,又是 ET 的靶器官,故 ET 可能在调节肝脏血流动力学及细胞代谢功能方面有重要作用。由于病因、所用测定方法及抗体不同、所选择病例的不同,肝硬化(LC)患者血浆 ET 的检测结果以及与肝功、腹水间的关系尚有争议,但目前多数研究结果示 LC(尤其是晚期)ET 水平显著升高。外源性 ET 能收缩门静脉而升高门脉压;ET 抗血清降低门脉压的作用显著;LC 门脉高压患者血浆 ET 显著升高均表明 ET 可能与门脉高压形成有密切关系。上文对早、中、晚期肝硬化鼠血浆 ET 测定结果与多数研究报道一致。ET 与 PVP 关系的研究进一步证实了在 LC 门脉高压的发病机制中可能有 ET 的参与。

(朱 梁 张贤康)

肝硬化患者胃冠状静脉壁生长因子对胃冠状静脉构形改建的影响(同济医大学报 1996;25(3):216) 武汉同济医院杨镇等采用免疫组织化学技术,研究血小板源性生长因子(PDGF)、碱性成纤维细胞生长因子(bFGF)、表皮生长因子(EGF)和转化生长因子 α(TGFα)在肝硬化(30 例)和非肝硬化患者(10 例)胃冠状静脉壁的表达和分布。光镜下见胃冠状静脉内膜受损,内皮细胞脱落,血管内膜下层裸露伴组织水肿和细胞成分增多,白细胞、血小板等与血管内膜粘附,中膜平滑肌增厚。免疫组化结果:肝硬化患者上述生长因子的强阳性检出率分别为 93%、88%、70%和 67%,强阳性反应物位于管壁的内、中、外膜及平滑肌的细胞膜和胞质,而非硬化者均为 0。作者认为:肝硬化门脉高压时,胃冠状静脉以及整个门脉系统血管壁的内皮细胞、平滑肌细胞和内膜聚积并入侵的被激活的血小板可产生多种生长因子,以旁分泌和自分泌的方式作用于血管壁本身,引起血管中膜平滑肌增厚,胶原等细胞外基质增多,发生构形改建,门脉系统血管的构形改建反过来又加剧了门脉系统血流动力学紊乱。因此,可采用生长因子阻断/拮抗疗法防治血管构形改建,并预料以基因治疗法抑制平滑肌增生因子的释放,可抑制平滑肌过度增生。

(朱 梁)

门脉高压性血管病变研究(同济医大学报 1996;25(4):309) 武汉同济医院杨镇等研究多种生长因子在肝硬化和非肝硬化患者胃冠状静脉壁表达与分布的同时,又采用 HE 染色,Masson 三色染色和免疫组化染色研究肝硬化患者胃冠状静脉壁形态结构的改变。结果发现:其内膜受损,组织炎症水肿,中膜平滑肌增生肥大,细胞外基质增多,管壁纤维化、硬化并增厚,血管周围组织中的细胞增多;免疫组化染色显示：纤维连接蛋白(FN)、层粘连蛋白(LN)、Ⅳ型胶原和单克隆鼠抗人平滑肌肌动蛋白(Actin)在非肝硬化患者胃冠状静脉壁均呈弱阳性，仅为一薄层，而肝硬化患者则均呈强阳性，且显著增厚。作者指出，导致上述病理变化的原因可能有：(1)门静脉高压力、高流量及血管壁剪切力增加，压迫管壁滋养血管，使血管壁供血不足，内皮细胞及管壁发生缺血性损伤；肠粘膜屏障受损，细菌移位，门脉血中有害物质增多而损伤血管内膜。(2)管壁可能存在"间质效应细胞"，各种损伤反应可使其转化为成纤维细胞，合成与分泌过多的胶原和细胞外基质，导致管壁纤维化和硬化。(3)血液中增多的血管活性物质对血管壁的作用。以上多种因素导致"门脉高压性血管病变"，后者又可参与门脉高压的形成和发展，形成不良循环。

(朱　梁)

述评　以上两文证实了肝硬化患者胃冠状静脉的构形发生改变，壁内纤维连接蛋白、层粘连蛋白、Ⅳ型胶原等显著增多，同时其管壁有血小板源性生长因子、碱性成纤维细胞生长因子、表皮生长因子和转化生长因子α的表达与分布。这对系统深入地了解肝硬化门脉高压时门静脉系统血管构形改建及其发生的机制提供了很有价值的资料。

(朱　梁　张贤康)

亚临床肝性脑病的诊断研究(哈医大学报 1995;29(6):463)　哈尔滨医大一院杨幼林等应用智力测验和诱发电位检查作了亚临床肝性脑病的分级研究。肝硬化组，男50例，女10例，年龄19～60岁；对照组为溃疡病愈合期患者，男25例，女5例，年龄19～59岁。智力测验的正常参考值按对照组均值2倍标准差划定，诱发电位的正常参考值按2.5倍标准差划定。诊断分级标准：亚临床肝性脑病Ⅰ级为仅有智力测验或诱发电位1项异常者；Ⅱ级为智力测验和诱发电位检查2项均异常者。两组同时作智力测验和诱发电位检查，并随访。结果发现肝硬化组9例仅有诱发电位异常，12例仅有智力测验异常，共21例划为亚临床肝性脑病Ⅰ级；21例诱发电位和智力测验均异常，划为亚临床肝性脑病Ⅱ级。随访1年，亚临床肝性脑病患者16例未经治疗，发生了肝性脑病。作者认为，智力测验异常和诱发电位异常分别反映了皮层病变和皮层下受损。本研究发现亚临床肝性脑病可有单纯皮层或皮层下异常和皮层与皮层下均异常三种情况，而后者易发展为临床肝性脑病。存在智力缺陷的亚临床肝性脑病患者工作能力下降，对某些职业，如驾驶等，具有一定的危险性，对此类患者的诊治、随访应予重视，而亚临床肝性脑病的分级研究为之提供了较为客观的依据。

(朱　梁)

述评　1970年Zeegen等首先提出了亚临床肝性脑病，近年对它的研究有不少新进展，但对其发病机制还了解不够，诊断还缺乏金标准，治疗仍需继续研究。对亚临床肝性脑病的研究，在我国尚处起步阶段。上文的诊断分级研究和吕宾等(浙江医学 1996;18(4):201)及李桂萍等(临床内科 1996;13(2):41)的有关工作对亚临床肝性脑病的早期诊治、观察随访均有较大价值。

(朱　梁　张贤康)

肝癌、良性肝病患者及正常人血清α_1-抗胰蛋白酶异质体变化的研究(中国实用内科 1996;16(1):27)　沈阳军区总院等孟冬娅等采用豌豆凝集素(PSA)亲和双相免疫电泳法对肝癌、良性肝病及正常人血清α_1-抗胰蛋白酶(α_1-AT)异质体进行检测。Ⅰ组45例，其中乙型肝炎21例、肝硬化16例、肝血管瘤6例、肝囊肿和肝脓肿各1例；Ⅱ组41例，均为原发性肝癌；Ⅲ组为肝转移癌17例；Ⅳ组为正常对照30例。结果：PSA结合型α_1-AT占总α_1-AT的百分比为良性肝病组为(17±6)%，原发性肝癌为(35±8)%，肝转移癌为(36±8)%，正常对照为(10±5)%。肝脏是合成、分泌α_1-AT的主要脏器，肝癌患者血清α_1-AT含量显著高于正常人和各种良性肝病患者。以PSA结合型α_1-AT 25%为界，良性肝病绝大多数在此范围内，而肝癌组大于此限者为47例(47/58，81%)。因此，PSA结合型α_1-AT异质体大于25%可作为肝癌的一项重要诊断指标。对血清AFP $\geqslant 50\mu g/L$的标本进行PSA结合型α_1-AT异质体及PSA结合型AFP异质体检测，各以>25%为阳性，41例原发性肝癌阳性率分别为82.9%及80.5%，且PSA结合型AFP与PSA结合型α_1-AT之间无相关性。故两者异质体联合检测对提高原发性肝癌的诊断率，尤其是AFP阴性的肝癌有重要价值。

(陈伟忠)

述评　人肝癌细胞具有合成和分泌α_1-AT的功能。采用PSA亲和双相免疫电泳法检测α_1-AT异质体较为简便，且国内未见报道。研究表明以PSA结合型α_1-AT 25%为界，良性肝病绝大多数在此范围内，肝癌组>25%者占81%。因此，α_1-AT异质体对诊断肝癌有重要价值，如与AFP异质体联合检测可进一步提高肝癌的检出率，值得在临床上作进一步观察和应用。

(张贤康)

血清5'-核苷酸磷酸二酯酶Ⅰ对原发性肝癌的诊断价值(临床肝胆 1996;12(2):89)　河南肿瘤所

牛青霞等采用聚丙烯酰胺凝胶电泳结合激光凝胶扫描半定量进行血清5'-核苷酸磷酸二酯酶(5'-NPDase)Ⅰ检测。正常对照组68例,良性疾病组121例,恶性肿瘤组包括原发性肝癌(PHC)310例、继发性肝癌44例、肝外恶性肿瘤253例。结果:5'-NPDaseⅠ阳性率在PHC组为79.7%,AFP阴性(≤20μg/L)PHC组为68.8%,以慢性乙型肝炎和肝硬化患者5'-NPDaseⅠ带面积积分均值为阳性界值,PHC、继发性肝癌及肝外恶性肿瘤的阳性率分别为69.4%、59.1%和19.4%。310例PHC患者中AFP阳性率为74.19%,5'-NPDaseⅠ阳性率为79.68%,两者联合测定的阳性率达91.94%。作者指出,5'-NPDaseⅠ、Ⅴ、Ⅵ为癌胚同工酶带,该种酶带的出现是肝细胞逆分化,使控制胚胎期蛋白质合成、出生后受阻遏的基因重新开放的结果。5'-NPDaseⅠ在PHC中阳性率很高,由于存在一定的假阳性和假阴性,故有必要与其他肿瘤标志物进行联合测定。虽然激光凝胶扫描半定量有助于疾病的诊断,但因操作繁琐、设备昂贵,临床难以应用。5'-NPDaseⅠ若与AFP联合检测,阳性率可达91.94%。研究表明5'-NPDaseⅠ对PHC有较大诊断价值,与AFP联合测定可提高PHC检出率。

(陈伟忠)

述评 血清5'-NPDaseⅤ对PHC的诊断应用已有多年。5'-NPDaseⅠ的研究相对较少,对肝癌(包括原发性、继发性)亦有较高的阳性率。但这一检测同样存在一定假阳性和假阴性率的问题,因此作者同时应用激光凝胶扫描半定量方法测定5'-NPDaseⅠ面积积分,以其上限值为诊断标准给予评价,但在假阳性和假阴性方面未作更深入的研究。由于5'-NPDaseⅠ的测定较为方便,如与AFP联合检测可明显提高肝癌的检出率,值得临床采用。

(张贤康)

原发性肝癌栓塞后二期手术切除与单纯栓塞治疗的疗效比较(胃肠病学和肝病学 1996;5(2):37) 武汉同济医院汪阳等将肝动脉化疗栓塞(TAE)治疗中晚期肝癌481例中进行二期手术切除的50例作为甲组,另外收集单纯接受TAE治疗的中晚期肝癌42例作为乙组进行比较。两组患者接受TAE治疗的方法相同,包括应用化疗药物、碘油乳化剂或无水乙醇碘油乳化剂。甲组作TAE治疗平均1.6次,乙组平均4.3次。两组患者的性别、临床分期、肿瘤形态及AFP阳性情况均无明显差别,但甲组平均年龄46.2±8.3岁,明显大于乙组41.2±8.8岁,乙组肿瘤平均体积显著大于甲组。结果甲组首次TAE后1、2年累计生存率分别为71%和50%;乙组为73%和43%,两组间无显著差异。甲组OkudaⅠ期患者生存率优于乙组,但OkudaⅡ期患者的生存率乙组优于甲组。2年内复发率乙组明显高于甲组,但在肿瘤呈单块型和单结节型者甲、乙两组间复发率无明显差异。作者认为,由于二期手术不等于根治术,手术本身可引起肝内转移和复发,且可加重病情,故提出二期手术并非适宜于所有患者。对于OkudaⅡ期患者肿瘤呈单个孤立病灶,应放弃二期手术,而应采用多次TAE治疗。此外,研究表明TAE后2个月内不宜行二期切除手术,因此时肿瘤仅部分坏死,如作切除手术则复发率高。

述评 中、晚期肝癌TAE后因残癌率高故应积极争取二期切除手术。但TAE后二期切除手术是否一定能延长患者的生存期呢?上文研究结果似乎并不完全支持上列看法。由于研究中甲、乙两组肿瘤平均体积有显著差异,有必要进一步作更大系列的对照研究。

(张贤康)

240例不能手术切除的原发性肝癌肝动脉化疗栓塞生存期分析(中华肿瘤 1996;18(5):362) 解放军总院程留芳等对经肝动脉插管化疗栓塞(TAE)治疗2次以上240例不能手术切除的PHC进行总结。240例中亚临床期37例,临床期203例。肿瘤呈块型166例(单一块状122例,多发块状44例);结节型69例(单发37例,多发32例);弥漫浸润型5例。<3cm小肝癌13例。治疗前门脉系统有癌栓32例,治疗中出现癌栓41例,门静脉受侵及73例。治前已有肝外转移26例,治疗中肺转移63例。240例中TAE为主综合治疗219例,TAE加手术治疗21例。21例中7例作肝叶切除,术后复发作TAE;14例TAE后二期切除,术后11例因复发或转移再作介入治疗。化疗药物为丝裂霉素、阿霉素、5-Fu及卡铂等,一般用2或3种药物联合治疗。栓塞剂用40%碘化油,少数用明胶海绵。各临床因素经SAS软件Weibull多因素生存回归分析。中位生存期12个月。全组生存率1、2、3、5及7年分别为61.0%、39.2%、30.7%、18.9%及16.0%。TAE加手术组1、2、3、5及7年生存率为95.2%、90.4%、85.0%、59.0%及59.0%。TAE组1、2、3、5及7年生存率为58.1%、34.0%、24.4%、13.7%及9.1%。分析表明临床分期、乙肝病程、肿瘤分型、肝外转移、TAE次数、手术切除等因素对生存率的影响有显著意义。亚临床期、单发结节型疗效好,肝外转移效果最差。TAE仍是中晚期肝癌治疗的首选方法。

述评 目前在我国临床发现的无法手术切除的肝癌仍占大多数,且TAE治疗可明显延长生存期,故 TAE 仍是不能手术切除的中晚期肝癌的首选治疗方法。如何提高介入治疗的效果值得进一步研究和提高。临床分期、乙肝病程、肿瘤分型、肝外转移等因素无法选择，只能从及早发现肝癌患者着手。TAE 的次数、间隔时间与二期手术的关系、化疗药物种类、剂量及栓塞物的选择，超选择插管、肝节段动脉栓塞、肝动脉门静脉双灌注栓塞及其他免疫、中药等辅助治疗的配合均值得深入研究，以不断提高疗效。

（张贤康）

肝节段动脉栓塞治疗原发性肝癌（中华放射 1996;30(2):85） 武汉同济医院汪阳等采用无水乙醇碘油乳剂作栓塞剂，行肝节段动脉栓塞治疗 PHC。以无水乙醇碘油乳剂选择性栓塞 4 只正常狗肝动脉。栓塞前后经门静脉造影发现肝动脉栓塞后门脉分支减少，呈残根状改变；肝实质有不规则充盈缺损，其部位和程度与栓塞剂沉积的部位和剂量相一致。光镜下见栓塞剂沉积于终末动脉分支及扩张的肝窦内，在周围汇管区门脉内也见到滴状栓塞剂，动脉栓塞剂沉积量与门脉内栓塞剂出现率相对应。34 例 PHC 中单结节型 24 例，多结节型 10 例。肿瘤最大直径 3～14cm（平均 7.8±3.3cm）。经股动脉穿刺插管，以同轴导管法（7 例）、直接法（13 例）及药物辅助法（14 例）3 种栓塞技术，注入无水乙醇碘油乳剂。22 例栓塞后 1～2 个月血管造影显示肿瘤血管消失或基本消失，无肿瘤染色，未见侧支循环形成。10 例患者经 1 次栓塞治疗后 14～57 天接受二期手术切除。切除标本中，肿瘤组织完全坏死 4 例，坏死组织中有许多栓塞剂残留；绝大部分坏死 6 例。癌旁正常肝细胞呈不同程度变性、坏死，伴纤维化及炎细胞浸润，无栓塞剂残留；残癌组织散布于坏死区周边，周围被大量纤维结缔组织包裹。术后多数患者出现栓塞后综合征，处理后均恢复正常。34 例中 30 例出现栓塞后一过性肝功能异常，治疗后均恢复至术前或正常水平。作者认为肝节段动脉栓塞的优势在于不仅对主瘤而且对以门脉供血为主的肝内转移灶和包膜内外浸润灶等均有极强致坏死作用，对非瘤组织损伤小，副反应低于常规 TAE。10 例二期切除者中肿瘤 40%完全坏死，效果不及国外报道，可能与本组肿瘤偏大，栓塞剂不易逆流入所有的供血门脉分支，使双重栓塞效果不充分有关。

述评 上文经动物实验证明，进入肝动脉的栓塞剂可通过交通支进入门静脉分支，起双重栓塞作用。由于该法对非瘤组织损伤小，更适用于肝癌伴有肝硬化、肝功能损伤严重的患者，初步用于临床有一定的效果。今后如按肿瘤大小分组，进行较大系列观察，并与肝动脉、门静脉双灌注栓塞病例进行对比，可能会提供更多更好的依据。

（张贤康）

超声引导瘤内注射 $^{90}\gamma$-GTMS 治疗肝恶性肿瘤的研究（中华核医学 1996;16(2):103） 解放军总院徐白萱等对带瘤 BALB/c 小鼠 70 只和经病理证实的肝癌 33 例在超声引导下进行 $^{90}\gamma$-玻璃微球（$^{90}\gamma$-GTMS）瘤内注射。70 只小鼠随机分为对照组及 A、B、C、D、E、F 各种不同治疗剂量共 7 组。患者 33 例，其中 HCC 28 例，肝转移癌 5 例；单发结节 24 例，多发结节 8 例，弥漫性生长 1 例；肿瘤直径大多＜5cm。一般隔 3～4 周治疗 1 次，视肿瘤大小用 2～5 个疗程，每个疗程用药量一般不超过 1 110MBq。治疗后 γ 显像显示小鼠放射性全部集中于肿瘤部位。给药剂量＞14.8MBq，各组动物肿瘤明显缩小。当肿瘤边缘吸收剂量＞176Gy/g 时，可使肿瘤细胞完全坏死，并由胶原纤维替代。33 例患者放射性集中于注射点。绝大部分患者可见肝脏轻度显影，6 例（21.4%）肺轻度显影，4 例（14.3%）有少量示踪剂进入肠道。随访期内未发生相应并发症。随访 12～32 个月，5 例死亡，28 例存活，全身症状改善，体重增加，肝区痛减轻。90.6%病例肿瘤缩小，9 例 12 个肿瘤缩小率＞50%。9 例治疗后瘤内多位点标本显示 8 例肿瘤细胞完全坏死并纤维化，无残存瘤细胞。研究表明，瘤内注射 $^{90}\gamma$-GTMS 对治疗肝恶性肿瘤效果很好。

述评 采用 $^{90}\gamma$ 内照射治疗肝癌已有不少研究，该治疗有一定疗效，但是否安全有不同的意见。上文经动物实验及临床观察肯定了该治疗的效果。将 $^{90}\gamma$-GTMS 由肝动脉插管给药改为瘤内注射，使用药剂量减少，避免发生副作用，提高了安全性，且能加强局部的放射性强度。研究病例瘤体大多＜5cm，对瘤体较大的或病变弥漫的疗效如何，有待进一步观察。此外，如何保证瘤体内有较均匀、足够的治疗剂量，有待积累更多的经验。

（张贤康）

^{131}I-抗 AFP McAb-MMC“双弹头”免疫导向治疗原发性肝癌的临床观察（中华肿瘤 1996;18(5):368） 广西医大肿瘤医院李志革等以大鼠抗人甲胎蛋白单克隆抗体为载体，丝裂霉素 C 和 ^{131}I 为双弹头，经直接偶联和改良氯胺 T 法制备成 ^{131}I-抗 AFP McAb-MMC，将此结合物注入荷人肝癌裸鼠腹腔，第 3 天肿瘤部位见放射性浓集区，第 5 天肿瘤图像更清晰，表明抗 AFP McAb 能携带药物定位于肿瘤。结合物在患者血浆清除半衰期约 24 小时，尿半排时间约为 120 小时。表明结合物在体内稳定，脱碘作用少，滞留时间长。给药后第 5 天，除甲状腺外，肝

表面放射剂量测值不低于理论值。若无抗体携带，经衰变和排出，至第5天实测值应远低于理论值。12例（其中9例在导向治疗前曾作介入治疗）晚期PHC患者静脉给该结合物，并与同期用TAE的PHC14例比较。导向组11例，部分缓解2例(1例单作导向治疗)，轻度缓解3例，稳定5例，进展1例；对照组14例，部分缓解1例，轻度缓解2例，稳定3例，进展8例。导向组肿瘤缩小率、血清AFP下降率及1年生存率分别为45.5%、83.3%和45.5%，均分别高于对照的21.4%、38.5%和7.1%。导向组首次治疗后，1例肺转移，1例腹主动脉旁淋巴结肿大，但均在第2或第3次导向治疗后消失；对照组治疗后出现门脉癌栓4例，腹主动脉旁淋巴结肿大1例，腹水1例，肝内静脉癌栓4例，经再次治疗，新病灶未消失。研究表明导向综合治疗的效果优于单一导向或单一TAE治疗。

述评 导向治疗的实验研究文章较多，而用于临床的报道很少。除上文外，仅广东惠州市医院（中国肿瘤临床 1996;23(9):651)报道用转铁蛋白受体单克隆抗体与导向碘油混悬剂治疗中、晚期肝癌23例。单克隆抗体技术用于临床导向治疗困难的原因主要有二，1是抗体的异源性，即单克隆抗体均是鼠源性，用于人体很快被当作异物而排斥，在人体内的时间极短，局部很难达到有效浓度，且再次应用效果更差；2抗体是个大分子，很难通过毛细血管到达局部，更难进入细胞。目前除加强弹头的工作以提高导向治疗的效果之外，将组合抗体文库技术用于单克隆抗体的制备进行导向治疗，可能会收到显著的效果，值得进一步研究。

（张贤康）

光疗对新生儿姊妹染色体单体交换及微核频率的研究（中华儿科 1996;34(4):226） 南京市儿童医院周晓玉等为探讨蓝光治疗对新生儿姊妹染色体单体交换及微核频率的影响，将34例高间接胆红素血症新生儿分甲组（16例，光疗>72小时）和乙组（18例，光疗≤72小时）进行蓝光照射，并与同期体检正常的20名新生儿作对照，采用双面蓝光照射，前后及恢复期（平均日龄16±1.2天）及对照组（平均日龄15±1.4天）检测姊妹染色体单体交换(SCE)，每份标本至少计数30个核分裂像，Giemsa染色显微镜下计数微核。结果：①光疗前甲组SCE低于对照组，甲、乙两组间比较无显著性差异；②甲组光疗后，SES恢复期均高于光疗前，且恢复期高于光疗后(P均<0.01)；乙组光疗后、恢复期均有所下降；③光疗后，恢复期微核细胞阳性率差异显著($P<0.01$)，且甲组高于乙组及对照组。作者认为SCE是敏感、且最易计数的方法之一，可用于检测化学物质等对DNA的损伤。光疗过程中胆红素以及血液中血卟啉、细胞色素等均在可见光作用下产生单线态氧及超氧阴离子，选择性破坏DNA上鸟嘌呤碱基，使DNA断裂并易被酶降解，超氧阴离子可直接或间接造成DNA损伤。甲组在光疗后和恢复期SCE明显高于乙组，提示光疗>72小时对染色体有一定损伤。微核可作为染色体断裂的指标，本组微核阳性率甲、乙组与对照组无显著性差异，说明高胆红素血症对微核影响不大。本实验微核在光疗后、恢复期阳性率之间有显著性差异，且甲组高于乙组及对照组，提示光疗时间以<72小时为宜。

（刘 苏）

肝功能分级及其对预后的影响（中华消化 1996;16(4):217） 北京友谊医院钱林学等用BAS统计软件分析对1197例肝硬化患者有关资料。(1)选择临床和实验室指标的单因素分析中对生存有意义的21个指标，引入Cox回归模型，进行多变量分析，以$P<0.001$为标准，确定预后因素，按肝功情况分为四级：总分3分为一级，4～5分为二级，6～7分为三级，>7分为四级；(2)应用Kaplan-Meier法分析，比较各级肝功能；(3)应用相关分析统计法分析肝功能与生存时间相关性；(4)将多变量分析中有意义的因素，每一患者的不同肝功能分级引入Cox回归模型进行分析，以相对危险度比较其对生存的影响。结果表明(1)血清白蛋白、脑病、腹水、出血次数、胆红素、年龄和血小板等7项指标对预后有独立作用($P<0.001$)，前三项危险度明显大于其他预后因素；(2)新分级一～四级中数生存时间分别为8.6、5.0、2.0和0.1年，随着分级的增加，中数生存时间明显变小，各级间差异显著($P<0.0001$)；(3)肝功分级和对生存有意义的指标与存活时间相关分析表明新分级的相关系数$r=0.43$，明显高于6项指标分级$r=0.41$，Pugh分级$r=0.38$，Child分级$r=0.36$，以及各项临床和实验室指标$r<0.36$；(4)新分级危险度明显高于其他分级。作者认为，Child-Pugh分级中凝血酶原时间及胆红素未被选入新分级，可能因为我国以肝炎后肝硬化为主的群体中此二项异常的发生率较少，其对生存的影响的相对危险度远远小于血清白蛋白、腹水和脑病。根据3～12分之间各种总分和中数生存时间的关系，选择4级分法，并用Cox回归模型比较各种分级对预后的影响，说明新分级法较为合理，简单易行，能客观地反映肝硬化的预后。

（刘 苏）

述评 在我国，由乙肝和/或丙肝病毒引起的肝硬化发病率较高，长期以来沿用 Child-Pugh 等分级方法来评估预后。上文的工作指出，血清清蛋白、腹水和脑病是对预后有较大影响的 3 个因素，值得参考借鉴。肖波等（新消化病 1996;4(2):389）按 Child 分级将 103 例肝炎后肝硬化分为 A、B、C3 级，并检测其空腹血清胆汁酸水平，结果表明 B、C 级肝硬化的 CG 水平明显高于 A 级，有助于肝功能的初步判断。

（陈士葆）

胆汁刀豆蛋白 A(Con A)结合蛋白在胆固醇性结石早期形成阶段的作用：胆汁 ConA 结合蛋白量与质分析（中华消化 1996;16(4):204） 上海市一院陈雨强等测定 43 例胆石症（胆固醇性结石 36 例，色素性结石 7 例）与 23 例非胆石症患者（胆固醇性息肉 9 例，胆囊肌腺病及腺瘤各 2 例，非胆系疾病 10 例）的胆汁中总蛋白、ConA 结合蛋白及其与泡结合蛋白部分的量及其成核活性，旨在了解胆汁 Con A 结合蛋白量和质的改变与成石的关系，以及 ConA 结合蛋白在泡相中的分布，从而使能在整体上了解 ConA 结合蛋白在泡相中的分布和结合蛋白的成石重要性。结果：胆固醇性结石组和/或胆固醇性息肉患者的胆汁总蛋白浓度与其他组相比，差异无显著性；胆固醇性结石和/或息肉组的胆汁 ConA 结合蛋白明显高于其他组（$P<0.05$），其中胆固醇性息肉组与色素性结石及非胆系疾病组间的差异显著（$P<0.01$）；胆固醇性结石和/或息肉患者的成核时间（NT）明显快于色素性结石及/或其他组（$P<0.001$）。有结晶的胆石症患者的总蛋白含量高于无结晶者，非胆石症有结晶的总蛋白含量高于结晶者；其中胆石症有结晶者高于无结晶非胆石症者的差异显著（$P<0.05$）；胆石症或非胆石症有结晶者的 ConA 结合蛋白均明显高于相应无结晶者（$P<0.05$）。胆固醇性结石和胆固醇性息肉患者胆汁 ConA 结合蛋白的 NT 快于非胆系疾病及色素性结石患者（$P<0.05$），其中胆固醇性息肉与色素性结石和非胆系疾病对照比较，差异非常显著（$P<0.01$）。在最终胆固醇结晶浓度上，胆固醇性结石与息肉患者强于色素性结石与非胆系疾病对照者（$P<0.01$）。自然胆汁 ConA 亲和染色后，电镜下可见大小不一、染成黑褐色的球形泡结构，表明泡上具有 ConA 结合胆白。模拟胆汁中加入 ConA 结合蛋白 2 周后，测得泡相与蛋白分布在胆固醇结石者为（2.4±0.9）%，高于色素性结石者的（0.9±0.5）%（$P<0.01$）。微胶粒相蛋白两者差异无显著性。作者认为胆汁中 ConA 蛋白是成核效应蛋白，其浓度增高是决定胆汁胆固醇成核的主要原因，部分泡结合蛋白在胆固醇成核中可能起关键作用。

（张兴荣）

人原发性肝内胆管细胞癌及其癌旁肝组织内乙型肝炎病毒的表达及意义（中华肿瘤 1996;18(2):127） 四军医大王文亮为了从分子水平探讨乙型肝炎病毒（HBV）与肝内胆管细胞癌的发病关系，采用原位分子杂交技术检测 40 例肝内胆管细胞癌及其癌旁肝组织 HBV DNA，HBV X 基因，Pre-S 基因，S 基因及 C 基因的存在与分布，探讨 HBV 在肝内胆管细胞癌发病中的作用，试图从分子水平证明 HBV 感染与肝内胆管细胞癌发生上的关系。结果 40 例肝内胆管细胞癌标本中 30 例为肝内胆管细胞癌，10 例为肝胆管细胞混合型癌。33 例癌旁肝组织伴有，慢性活动性肝炎（CAH）22 例，慢性迁延性肝炎（CPH）7 例，肝硬化（CIR）4 例。在 40 例肝胆管细胞癌中，HBV DNA 阳性 33 例（82.5%）；X 基因 31 例（77.5%）；Pre-S 基因 26 例（65.0%）；S 基因 24 例（60.0%）；C 基因 27 例（67.5%）。9 例癌组织内同时有 X、Pre-S、S、C 4 种基因阳性表达；6 例 X 和 S 基因同时阳性；4 例只有 X 基因阳性。在癌旁肝组织内，有 16 例 X、S、Pre-S 和 C 4 种基因同时阳性，5 例 X 和 S 基因同时阳性，2 例只有 X 基因阳性。在癌及癌旁肝组织内，HBV DNA 及 X 基因阳性杂交信号为蓝紫色细颗粒状，定位于细胞浆、细胞核、细胞膜或它们联合存在，以核型或核浆型为主，单纯泡浆型少见。阳性细胞的分布以局灶型（即少数阳性细胞呈簇状分布于切片的某一区域）多见，其次为弥漫型（即阳性细胞弥漫分布于切片内）。在癌旁组织内，这种蓝紫色颗粒主要位于胞质及核浆内，少数位于胞膜上。在胞质内，阳性物质多充满整个胞质。阳性细胞主要呈局灶型分布，弥漫型次之，散在型少见。作者认为，HBV 慢性感染不仅对肝细胞性肝癌发生有重要作用，而且与肝内胆管细胞癌的发生有极密切关系。所不同的是肝内胆管细胞癌的发生发展主要不是经过肝硬化阶段，而是经过慢性肝炎阶段。

（张兴荣）

述评 众多研究表明，我国是世界上原发性肝癌发病率和死亡率最高的国家之一。在原发性肝癌，包括肝内胆管细胞癌中，80%左右是由环境因素如 HBV、HCV、黄曲霉毒素、某些微量元素（锌、硒）缺乏等所引起，遗传因素亦起到一定作用。上文从分子水平进一步证实原发性肝内胆管细胞癌的发生与 HBV 感染密切相关，这符合我国人群中 HCC 发病的客观情况。但此种胆管细胞癌临床上相对少见，与 HCC 的发病之比约为 1∶9，其平均发病年龄比肝细胞癌患者大 10 年左右，预后与进展期肝癌相仿，平均约存活6.5个月。

（陈士葆）

胆管癌对血管和神经周围间隙的侵犯及肿瘤血管生成在浸润和转移中的意义（临床与实验病理 1996;12(2):91） 重庆西南医院王曙光等为了解血管和神经周围间隙途径在胆管癌转移中的地位，肿瘤血管密度与浸润、转移的关系以及其在术后预后判断中的意义，对40例胆管癌标本切片进行血管内膜下弹力纤维VB:HE、FVⅢRAg:VB:H及HE染色。结果：在40例胆管癌中，术中和病理学检查发现向邻近组织和器官浸润或转移者共25例(62.5%)。受累的器官和组织主要为肝脏、胰腺、肝十二指肠韧带、肝门及胰周围和腹主动脉旁淋巴结群等；发现血管侵犯31例(77.5%)，表现为4种类型，即血管壁受侵、游离癌细胞侵入、部分栓塞和完全栓塞。合并其他器官、组织浸润或转移者肿瘤血管密度(TVD)大于无浸润转移者($P<0.01$)，且随着TVD增加，转移发生率也增加；发生神经周围间隙浸润者33例(82.5%)，表现为神经周围间隙完整性破坏、癌细胞侵入神经周围间隙及神经纤维或沿神经周围间隙扩散。合并器官组织浸润或转移者神经周围浸润指数(PNI)明显高于无器官组织浸润或转移者($P<0.01$)。作者认为血管和神经周围间隙是胆管癌重要的转移途径；肿瘤血管生成是浸润、转移发生必不可少的环节；TVD和PNI对于判断术后预后具有一定的参考意义。

（张兴荣）

述评 近年来随着分子生物学及影像学技术的发展，胆管癌检出率有所增高，但由于早期诊断困难及易发生局部浸润和早期转移等，预后颇差，这与胆管的高分化腺癌、低分化腺癌及单纯型胆管癌均在胆管壁内浸润生长，且常侵犯神经有关。上文的工作进一步证实血管和神经周围间隙是重要的转移途径，影响预后。目前认为B超可作为诊断本病的首选方法，ERCP/PTC检查能比较准确地了解胆管肿瘤的性质、部位及形态。早年尸检资料显示胆管癌肝内转移率为50%～66%，肺内转移率为32%左右，但手术时已侵犯血管者达80%。

（陈士葆）

经内镜放置金属胆道支架24例的体内（内镜 1996;13(2):70） 上海东方肝胆外科医院胡冰等为24例恶性胆道梗阻患者（胆管癌15例，胆囊癌3例，肝癌3例，结肠癌肝转移1例）放置金属胆道支架。结果：24例患者置管27次，成功率88.9%，3例首次置管失败。支架远端放置于胆总管1例，肝总管2例，左肝管11例，右后叶肝管8例，左前叶肝管2例；近端放置于胆总管21例，十二指肠3例。全组失访6例。随访患者2周内黄疸完全退净7例，明显减退8例，效果不显著3例。与操作有关的近期并发症有：2例出现一过性胰淀粉酶升高，经保守治疗48小时后恢复正常；1例术后发生胆管炎，抗炎治疗后好转。远期并发症为胆管炎及黄疸复发，共3例。1例2个月肿瘤长入支架腔内，再行PTCD；例2肿瘤生长超出支架端部，经鼻胆管引流后好转；例3 7个月时发生胆汁淤塞，经胆道清洗后好转。随访患者中，1例术后12天死于肾衰，1例51天死于肝衰、消化道出血，1例150天死于肿瘤脑转移，前2例死亡时均无黄疸，最长1例存活1年未出现黄疸，至发稿时仍健在。作者认为，经内镜放置胆道支架为无法切除的恶性胆道梗阻患者解除黄疸、改善全身情况能起较大作用，其引流效果按Bismuth肝门部胆管肿瘤分型法为Ⅰ型较好，支架端部置于左、右肝管均可；Ⅱ、Ⅲ型引流效果不佳，仅能引流半边胆管，多数情况下右肝管可能引流效果略好；Ⅳ型引流效果最差，需根据左、右半肝的代偿情况及胆管引流范围决定引流部位。支架长度的选择为支架放置好后肿瘤两端支架的长度不宜短于2cm，如近端置于十二指肠腔内，支架可长些。鼻胆管引流在支架放置过程中有很大的作用，其意义在于了解胆管引流效果和控制胆道炎症。结合我国具体情况，提出以下条件可作为置管指征：(1)不能根治性切除的恶性胆管梗阻；(2)引流胆系较丰富，估计引流效果较好；(3)无重要器官功能障碍（如肝、肾等）；(4)预计至少可存活2个月的患者；(5)经济条件许可。

（张兴荣）

急性重症胆管炎时肝肺巨噬细胞吞噬活菌与分泌TNF的研究（中华消化 1995;15(6):317） 重庆西南医院李锐等采用向胆管内注入大肠杆菌，结扎胆总管炎后在结扎线远端剪断胆总管，造成大鼠急性重症胆总管炎后在结扎远端剪断胆总管胆管炎模型，观察肝肺巨噬细胞吞噬活大肠杆菌及分泌TNF变化，探讨这些改变与胆管炎时肝肺损害的关系。结果胆管炎6小时肝肺Kupffer细胞(KC)对^{14}C标记的活大肠杆菌吞噬功能增强($P<0.05$)，12小时转为抑制，48小时降至最低点($P<0.01$)；肺泡巨噬细胞(AM)吞噬功能6小时无明显改变($P<0.05$)，12小时开始明显增强($P<0.01$)，24小时达到高峰，48小时开始下降但仍高于0时组。胆管炎6小时KC分泌TNF增多($P<0.05$)，12小时达到高峰($P<0.01$)，24小时后迅速降至0时水平($P<0.005$)；AM分泌6小时无明显变化，12小时开始明显升高($P<0.05$)，24小时升至高峰($P<0.01$)，48小时仍

保持在高水平。作者认为梗阻性化脓性胆管炎时胆道压力升高，病原菌及其毒素自胆道进入肝血窦，刺激KC吞噬功能一度增强，继而转为持续抑制，由于KC吞噬功能衰竭，细菌及其毒素可经血循环到达肺脏，肺巨噬细胞吞噬标记活菌明显增加，在消除病原菌方面起到一定代偿作用，但同时也成为AM分泌细胞因子的主要刺激物。胆道感染早期KC即产生大量TNF，可造成邻近的肝细胞损害，这可能是胆道感染早期发生肝功能障碍的原因之一。在KC对TNF生成变得耐受后，AM在细菌毒素刺激下TNF分泌增加，并一直保持到48小时，这种现象可能与体内不同器官巨噬细胞功能上的异质性有关。胆管炎时，AM分泌TNF增加，不仅持续时间长，而且活性比同样数目KC分泌者高1倍左右，这可能造成肺微环境中出现TNF积累，并诱导IL-1、IL-8等细胞因子、趋化中性粒细胞至肺脏，加重肺损害，促进ARDS的发生。因此在治疗中，一方面应及时而充分地引流胆道，降低胆管压力，减少细菌及毒素入血；另一方面应注意支持KC吞噬功能，抑制TNF等因子释放，从而预防和减少MOF的发生，提高治疗效果。

（张兴荣）

急性出血坏死性胰腺炎犬血小板、纤溶功能的变化及四甲基吡嗪的作用（中华消化 1996；16(1)：22） 上海市一院等王兴鹏等为探讨急性出血坏死性胰腺炎(AHNP)时血小板和纤溶功能的变化及四甲基吡嗪(TMP)对它们的影响，将17条犬分为假手术组(5只)，AHNP生理盐水处理组和TMP治疗组(各6只)，于造模前和造模后1、6、24小时检测血浆血小板颗粒膜蛋白140(GMP-140)含量、血小板电泳时间、组织型纤溶酶原激活物(t-PA)和纤溶酶原激活抑制物(PAI)活性。结果：AHNP生理盐水处理组与假手术组相比，血浆GMP-140含量和PAI活性均显著为高，血小板电泳时间显著延长，t-PA活性显著降低；TMP治疗组与生理盐水处理组相比，血浆GMP-140含量和PAI活性均显著为低，血小板电泳时间显著缩短，t-PA活性显著为高。作者指出，GMP-140为反映血小板活化和释放反应的特异标志物，t-PA则使纤溶酶原激活物转化为纤溶酶进而溶解血栓，而AIP可与t-PA结合使t-PA失活。实验结果表明犬AHNP早期血小板即处于高度活动、释放状态，纤溶功能则相对不足，此可能为AHNP时胰腺微血栓形成、微循环障碍的重要原因，而TMP可使之显著改善。认为临床上动态监测AHNP患者血浆GMP-140、PAI或t-PA变化，有助于病情及预后的判断，早期应用TMP可望改善患者的预后。

（陈伟忠）

述评 在AHNP的发病机制中，除自身胰酶的消化作用外，胰腺微循环障碍所致的组织缺血也受到重视。可引起胰腺微循环障碍的因素很多，如血容量不足、血管壁损害、血粘度增高以及某些介质(TXA_2/PGI_2、β-脑啡肽、内皮素等)的作用。上文的研究结果表明血小板活化和纤溶活力降低也是因素之一，而四甲基吡嗪有改善作用。目前临床上用于改善微循环的药物有低分子右旋糖酐、钙通道阻断剂、纳洛酮、丹参、川芎嗪（四甲基吡嗪）等，它们均可通过不同的作用机制改善微循环，临床可根据病情选用。

（李　石）

单纯疱疹病毒胸腺嘧啶激酶基因对人胰腺癌细胞的杀伤作用（中华病理 1995；24(6)：345） 北京协和医院李和伟等在构建了能表达单纯疱疹病毒胸腺嘧啶激酶(HSV-TK)的逆转录病毒质粒pNTK，并经PA317细胞包装为具有感染力的重组病毒基础上，用以感染人胰腺癌细胞系PC-2细胞，然后加入不同浓度的无环鸟苷(ACV)或更昔洛韦(GCV)，观察它们对细胞的杀伤作用。结果：经Northern blot杂交证实，转染的PA317细胞及PC-2细胞均有重组病毒的表达；ACV或GCV对转染的PC-2细胞的杀伤率＞90%，而对未转染的PC-2细胞(对照组)杀伤率＜10%；GCV对含10%以上转染细胞的混合细胞的杀伤率与对100%转染细胞的杀伤率无显著性差异。作者指出，“自杀”基因是指来源于一些病毒或细菌中编码某种特殊酶的基因，将其导入靶细胞后，其表达的酶可使外源性对细胞无毒性的某些药物转变为有毒，从而杀伤细胞。本实验以HSV-TK基因作为自杀基因导入PC-2细胞，结果使转染后的细胞对ACV和GCV敏感，细胞死亡率＞90%；对混合有转染细胞的未转染细胞亦具有杀伤作用，即所谓“旁观者效应”。以上结果为人胰腺癌的基因治疗开辟了新的途径。

（陈伟忠）

述评 在肿瘤的自杀基因（药敏基因、前药基因）疗法中，最常用的自杀基因是HSV-TK基因。目前，TK基因已试用于治疗脑胶质瘤和卵巢癌等肿瘤，也在其他肿瘤中进行了实验研究。上文首次报道用于人胰腺癌细胞PC-2的体外实验，取得了良好的效果。上海长海医院还用于人胰腺癌裸鼠皮下移植瘤，也获得了类似结果（未发表资料）。这些都为今后的应用提供了有价值的实验依据。当然，该疗法用于临床治疗胰腺癌还有不少工作需做，但看来是具有良好前景的。

（李　石）

良性和恶性胸腹水中红细胞免疫功能分析(上海免疫 1996;16(5):304) 上海长海医院郭峰等研究了红细胞免疫在恶性胸腹水中的意义。方法:取临床确诊的恶性肿瘤患者胸腹水标本 32 例,外周血标本 8 例,良性疾病患者胸腹水标本 84 例,外周血标本 9 例。用红细胞 C3b 受体花环抑制试验及用红细胞 C3b 受体花环促进试验分别测定良、恶性胸腹水中红细胞免疫抑制因子及红细胞免疫促进因子,同时用红细胞 C3b 受体花环及用红细胞免疫复合物花环试验分别测定良、恶性疾病患者胸腹水和外周血中红细胞 CR1 活性及红细胞携带免疫复合物。结果:恶性胸腹水中红细胞抑制因子明显升高($P<0.01$),而红细胞促进因子则明显降低($P<0.01$);恶性胸腹水中红细胞 CR1 活性明显降低,红细胞免疫复合物略降低,且恶性胸腹水中红细胞 CR1 活性及红细胞免疫复合物均明显低于同一个体外周血;恶性肿瘤患者外周血中红细胞 CR1 活性明显低于良性疾病,而恶性肿瘤外周血中红细胞免疫复合物则明显高于良性疾病;良性疾病患者胸腹水中与外周血相比,红细胞 CR1 活性与红细胞免疫复合物能力低下不显著。作者认为:恶性肿瘤患者外周血红细胞免疫功能低下表现为继发性免疫功能低下,渗入胸腹水中的红细胞免疫功能低下表现为原发性免疫功能低下,红细胞粘附肿瘤细胞能力更为下降,对肿瘤细胞的粘附已无杀伤能力,肿瘤细胞继续分裂繁殖。在临床上检测红细胞免疫功能对恶性肿瘤患者的预后、疗效、转归等有辅助价值。

(胡和平)

DNA-蛋白质交联物与肝损伤的关系(中华劳卫 1996;14(1):4) 南京医大公共卫生学院周建伟等以 CCl_4 经口染毒,每周 2 次,共 5 周,诱导大鼠亚急性肝损伤;以牛磺酸(Tau)为保护剂,在首次染毒时给予至实验结束。末次染毒后 24 小时处死动物并分离肝脏,制成 10%肝匀浆,分别用 DTNB 法测定谷胱甘肽(GSH);TBA 法测定丙二醛(MDA)的每 100mg 蛋白质含量;肝组织用 PBS 洗涤后冻存,以 ^{125}I 后标记法测定肝组织中 DNA-蛋白交联物(DPC)含量,数据进行 F 和 Q 检验。结果:①肝脏 GSH、MDA 含量:CCl_4+Tau 组明显低于 CCl_4 组($P<0.05, 0.01$);②肝脏 DPC 含量:CCl_4 组明显高于对照组和单纯 Tau 组(均 $P<0.01$),CCl_4 组显著低于对照组($P<0.01$),CCl_4+Tau 组与对照组接近,Tau 组显著低于对照组($P<0.05$),各组 DNA 纯度在 1.9～1.93 之间;③病理:CCl_4 组有以中央静脉为中心的肝细胞水样变性,在变性坏死区与正常细胞交界处凋亡小体明显增多,而 CCl_4+Tau 组病变明显减轻,接近正常。作者认为 CCl_4 在体内代谢生成自由基,引发脂质过氧化产生 MDA,两者可能先与蛋白分子的-SH 和-NH_3 反应,使蛋白变性失去与 DNA 交联的能力;凋亡小体出现及坏死、增生灶交替出现说明 CCl_4 可能直接导致肝细胞基因水平损伤或致肝细胞核蛋白合成异常,使肝细胞 DNA 与蛋白构形发生改变;另外在细胞死亡过程中,DNA 与蛋白质消化降解均使肝脏 DPC 下降;CCl_4+Tau 组 GSH、MDA 明显低于 CCl_4 组、DPC 水平接近对照、形态学亦基本正常,提示 Tau 对 CCl_4 氧化损伤具有保护作用;DPC 是一个能较好地反映 DNA 损伤的生物标志物。

(刘　苏)

妊娠期急性脂肪肝的临床研究(苏州医学院学报 1996;16:336) 苏州医学院一院杨伟文等报道 10 例妊娠期急性脂肪肝(AFLD)。均发生于妊娠后期,初产妇 9 例。共同临床表现为:起病急,恶心乏力,上腹痛继之黄疸,呈进行性加重,胆红素增高,AST、ALT、肌酐均升高,DIC 试验阳性,血清乙肝标志阳性。治疗:(1)及时终止妊娠。一旦诊断 AFLP,宜剖宫产终止妊娠;对已进入产程者,宜阴道助产,缩短产程,防止产后出血。(2)治疗 DIC:新鲜冰冻血浆静滴。(3)输注白蛋白,与血浆交替使用。(4)腹腔留置橡皮引流管。在整个疗程中,动态观察实验室检查指标,如 DIC 筛选试验、血小板计数等。作者指出,临床上还未对 AFLP 引起足够重视,故对妊娠后期出现严重黄疸伴上腹痛等消化道症状者应警惕 AFLP 可能,同时应注意多脏器的损害,早做 DIC 试验,以尽早诊断轻型病例,一旦确诊勿需等待肝穿,立即行剖宫产终止妊娠。大量冰冻新鲜血浆能清除血液内的激惹因子,增补体内缺乏的血浆因子,减少血小板聚集,促进血管内皮细胞愈复。血浆与白蛋白交替输送,有助于减轻黄疸,但肾衰时白蛋白慎用。输血浆前常规应用激素,防止过敏反应。

(刘　苏)

造血系统疾病

收集1995年11月～1996年10月文献2 002篇，纳入回顾696篇(占34.76%)；列入文选26篇(占1.29%)。

一年回顾

一、红细胞疾病

(一)实验研究与临床分析

西安成人教育学院等[1]用电泳法结合特异组织酶染色技术，研究190名汉族无血缘关系献血员红细胞谷氨酰转氨酶(GPT)的遗传多态性。结果显示GPT酶谱有1-1、2-2和2-1三型，认为GPT分型可作为一种遗传标记。上海市儿童医院等[2]介绍从少量培养红系细胞中测定微量珠蛋白链生物合成的方法，并进一步在珠蛋白肽链生物合成水平上观察培养红系细胞珠蛋白基因表达转换的特征。结果显示该方法有助于利用少量外周血进行地中海贫血基因调控治疗的研究。西安唐都医院[3]、山东泰安市医院等[4]及湖北荆沙市医院[5]分别用全自动血液分析仪检测各种贫血患者的红细胞体积分布宽度(RDW)、平均红细胞体积(MCV)等参数。认为MCV/RDW对贫血的病因诊断很有价值：缺铁性贫血MCV↓/RDW↑；再生障碍性贫血MCV↑或正常，RDW正常；混合性贫血MCV↑/RDW↑；溶血性贫血MCV正常而RDW↑；肾性贫血MCV/RDW与再障相似；骨髓异常增生综合征时MCV、RDW均增高；轻型地中海贫血和慢性病所致贫血MCV↓，而RDW正常。广州市一院[6]用ELISA法检测45例次急、慢性白血病、恶性淋巴瘤等恶性血液病的血清红细胞生成素(EPO)水平，较20例正常人明显升高($P<0.01$)，且EPO水平与Hb浓度和红细胞比容呈负相关。上海长海医院[7]研究32例老年人和65例中青年人的红细胞免疫功能，显示老年人红细胞免疫功能减弱与多种影响因素的变化有关。老年人血清中红细胞免疫抑制因子较中青年人显著为高($P<0.01$)，红细胞免疫促进因子和红细胞粘附肿瘤细胞促进因子则较中青年显著为低($P<0.01$)。上海瑞金医院[8]发现在自然衰老及氧化损伤过程中，红细胞P_{50}值逐渐降低，周围溶液中K^+及Hb浓度升高。麦芽醇不能防止上述情况下的K^+外漏，但对防止Hb从细胞内渗出有保护作用。安徽医大等[9]则发现麦芽酚可防止氧化损伤引起的红细胞内ATP含量下降。北京军区医研所[10]发现红细胞对人自体血LAK细胞的DNA合成有抑制作用，但对LAK细胞的杀伤活性有明显增强效应，并呈浓度依赖关系。山西医学院一院[11]分析199例非造血系统疾病全血细胞减少的原因。急慢性肝病占56.8%，结缔组织病占10.1%，感染占17.1%，恶性肿瘤占15.6%，克隆氏病占0.5%。安徽省立医院[12]分析46例非造血系统全血细胞减少症，其中感染性疾病、结缔组织病、恶性肿瘤、急、慢性肝病分别占26.1%、24.0%、21.7%、及17.4%。河北省医院[13]、四川绵阳市医院[14]共分析211例全血细胞减少患者的病因，以再生障碍性贫血和营养不良性贫血最常见。

(二)再生障碍性贫血

流行病学和病因学　山东济宁市中医医院[15]报道服用抑氮磺胺吡啶致急性再生障碍性贫血(AAA)1例。浙江衢县医院[16]报道肝炎患者肌注病毒唑致再生障碍性贫血(AA)样贫血18例，患者既往无贫血史及使用骨髓抑制药物史。河南医大二院[17]分析18例肝炎相关性再障(HAAA)的氧自由基水平，其增高幅度较37例非HAAA组大，而抗氧化酶类水平的下降则较非HAAA组明显。

发病机制　大连医大二院[18]检测10例慢性AA(CAA)和10例正常对照的粒-巨噬系祖细胞(UFU-GM)和骨髓基质细胞集落(CFU-SC)。发现6例CAA CFU-GM生长欠佳，CFU-SC 8例欠佳，正常骨髓单个核细胞加患者血清其 CFU-GM 及 CFU-SC 数亦低于正常对照组。但剔除患者血清中 IgG 后，并不能明显改善对正常骨髓 CFU-GM 和 CFU-SC 的抑制作用。剔除患者骨髓中 CD_4^+ 细胞后，GFU-GM 及 CFU-SC 生长明显受抑；而剔除患者骨髓 CD_8^+ 细胞后，CFU-GM 及 CFU-SC 生长抑制得以改善。山东医大附院[19]用 APAAP 法检测 42 例 AA 患者外周血淋巴细胞中 HLA-DR 和 CD_{57}抗原表达，AA 组 HLA-DR 和 CD_{57}阳性率分别为(20.62±3.12)%和(6.5±2.34)%，前者较对照组(8.64±1.82)%明显升高，后者较对照组(14.62±6.2)%明显降低。经 ATG 或 CsA 治疗后，上述指标得以部分纠正。哈尔滨医大二院[20]测得 14 例 AA 患者血 sIL-2R 水平较 30 例正常对照明显为低($P<0.05$)。重庆医大一院[21]检测 18 例 AA 患者外周血单个核细胞诱生的 IL-6、TNF 活性及血浆 TNF 活性，三者均明显增高($P<0.05$)，诱生的 IL-6 活性在 8 例 AA 高于 10 例 CAA($P<0.05$)。山东医大附院等[22]报道抗 T 淋巴细胞单抗在体外能明显增加 AA 患者骨髓 CFU-GM 的产生率，用其治疗 63 例 AA 患者，总有效率 79.3%。北京生物制品所[23]研究抗胸腺球蛋白(ATG)/PHA 在体外对淋巴细胞增殖的影响。显示 ATG 主要促进 CD_4 细胞的增殖，而 PHA 则主要刺激 CD_8 细胞增殖，ATG 诱导的 T 细胞上清对 CFU-GM 的生长有促进作用。湖南医大等[24]采用反相高效液相色谱法和分光光度法检测 18 例 CAA 患者外周血红细胞中 5-磷酸核糖-1-焦磷酸(PRPP)合成酶和腺苷脱氨酶(ADA)活性，PRPP 于 CAA 组较正常对照明显降低($P<0.01$)，而 ADA 活性差别不显著。

诊断与鉴别诊断 解放军 148 医院[25]检测 18 例难治性贫血(RA)，20 例 CAA 患者的红细胞肿瘤花环形成率(TRR)及红细胞免疫粘附促进因子(RFER)。结果 RA 组 TRR 明显低于 CAA 组及正常对照组($P<0.01$)，而 RFER 则 RA 组明显高于 CAA 组。空军兰州医院等[26]报道 AA 患者血清 TNFα 水平明显高于正常($P<0.05$)，而骨髓增生异常综合征(MDS)患者则明显低于正常($P<0.05$)。

治疗 温州医学院一院[27]报道以雄激素为主的联合方案治疗苯中毒性 AA 54 例，总有效率 74.1%，其中单用雄激素组有效率为 44.4%。兰州军区总院[28]以大剂量激素冲击疗法治疗 3 例重型 AA，均有疗效反应，但不持久。天津血液病医院[29]*观察雄激素治疗贫血对肝功能的影响。浙江工业大学等[30]用鸡血藤复方治疗 AA 31 例，并观察了治疗前后骨髓微血管数目和形态的改变，结果表明鸡血藤复方有改善骨髓微循环功能。江西医学院二院[31]报道慢性难治性 AA 行部分脾栓塞术后基本治愈 1 例。济南军区总院等[32]以抗 T 细胞单抗治疗 AA 32 例，有效率 75%。治疗后外周血 CD_4/CD_8 比例倒置得以纠正，HLA-DR 抗原表达下降，无严重毒副作用。天津天和医院等[33]采用 ATG 联合雄激素治疗 AAA 4 例，3 例基本治愈，1 例死亡。上海华山医院[34]以 CsA 合并雄激素治疗 AAA 14 例，近期有效率 64.3%。苏州市四院[35]以 CsA 治疗 AA 8 例，总有效率 62.5%。温州医学院一院[36]比较 CsA 与大剂量甲基泼尼龙(HDMP)合并雄激素治疗 AA 22 例，并与 11 例单用雄激素者比较，结果 CsA 组有效率 71.4%，HDMP 组 62.5%，单用雄激素组为 18.2%。山东聊城地区医院[37]以脐血输注合并其他药物治疗 AA 16 例，总有效率 87.5%，比不输注脐血的对照组明显为优($P<0.05$)。天津血液病医院[38]对比 ALG、CsA 与合并应用 GM-CSF、Epo 治疗重型再障(SAA)28 例的疗效。显示 SAA 患者在 ALG 治疗 1 个月后或 CsA 治疗同时加用足量的 GM-CSF 和 Epo，3 个月及 1 年后的疗效均明显高于不加 GM-CSF、Epo 者。白求恩医大一院[39]以大剂量免疫球蛋白静脉滴注治疗 SAA 10 例，有效 5 例。

转归 本年度共报道 AA 转变为急性白血病 6 例[40~43]，其中 4 例在转变过程中经过 MDS 过程。河北沧州市医院[44]报道 1 例 AAA 经 ATG 和 HDMP 治疗，并发急性心肌梗死和糖尿病。

(三) 急性造血功能停滞

西安市儿童医院[45]报道 16 例急性造血功能停滞(AHA)患儿血清中均可检出微小病毒(PV)B_{19}-DNA。苏州医学院儿童医院[46]以 PCR 技术检测 15 例 AHA 患儿骨髓片，9 例检出 PV B_{19}-DNA。河南南阳市医院[47]报道金葡菌感染所致纯红细胞再障型 AHA 3 例。河北儿童医院等[48]探讨 5 例 AHA 的骨髓象，所有病例均见巨大原始细胞。黑龙江省医院[49]报道 10 例 AHA 的骨髓象中均见巨大网状细胞，其中 8 例见巨大原始细胞，6 例可见巨大原红细胞。

(四)纯红细胞再生障碍

华西医大一院[50]对 37 例纯红细胞再生障碍性贫血(PRCA)进行分析，其中原发性 28 例，继发性 8 例，3 例继发于胸腺瘤；免疫学检查的 28 例中 17 例有体液或细胞免疫异常，14 例曾作 CFU-E 培养，7 例未灭活血清对自身骨髓 CFU-E 有明显抑制；11 例单用泼尼松治疗，另 6 例采用雄激素加泼尼松治疗，有效率无显著差异(63.64%与 62.50%)。上海瑞金医院等[51]对2例继发性PRCA作BFU-E培养，均明显受抑，患者外周血淋巴细胞对正常人BFU-E生长也有抑制作用。廊坊中医院[52]报道胸腺切除术后发生PRCA 1例。四川资中县医院[53]报道妊娠并发PRCA 1例。山东临沂地区医院等[54]报道病毒感染并发PRCA 3例，其中2例为流行性出血热，1例为病毒性肝炎。

（五）巨幼细胞贫血

北京协和医院[55]研究显示叶酸缺乏所致的巨幼细胞贫血（MA）患者，其血清可溶性叶酸受体明显高于正常（$P<0.001$），骨髓有核细胞膜叶酸受体也升高（$P<0.01$）。广州中医药大学等[56]报道17例MA中5例伴有黄疸。新疆医学院一院[57]报道伴环形铁粒幼细胞增多的MA 1例。北京医大三院[58]报道MA治疗后并发低钾性麻痹1例。

（六）铁缺乏症

流行病学和病因学　云南妇幼保健院等[59]对云南高原地区3个月～6岁的1 202名儿童作铁营养状况调查，有463名（38.51%）患铁缺乏症（ID），其中大多数无贫血。ID高发年龄段在1岁以前。山东医大[60]调查章丘县700名学龄前儿童，1～3周岁的194人中有97人（50%）患贫血，3～5周岁有41%患贫血，5～6周岁有24%患贫血，铁耗竭率（血清铁蛋白浓度<16 μg/L）亦呈相同趋势。青海湟中县一院[61]于1987～1989年3次对该县0～7岁7 690名小儿进行营养性贫血调查。结果表明膳食结构不合理所致缺铁仍是贫血的主要原因。青海省医院[62]报道嗜茶癖所致的缺铁性贫血（IDA）16例。西安医大一院[63]对该院94名正常孕妇进行IDA调查，报道早、中、晚妊娠期的IDA发病率分别为7.14%、24.24%及42.55%，膳食中铁吸收不良可能是导致IDA的主要原因。

实验与临床研究　华西医大二院[64]*采用双抗体夹心ELISA研究血清可溶性转铁蛋白受体（sTfR）在缺铁患儿中的变化和意义。该院[65*,66]还探讨了中期孕胎肝和骨髓可染铁及幼红细胞TfR表达与孕母ID的关系。此外，该院等[67]并报道孕母患轻度IDA时，胎盘绒毛膜铁蛋白受体（TnR）数为正常孕妇的2.53倍（$P<0.01$），但去铁铁蛋白与TnR结合的Ka值仅为正常组的57%。三军医大[68]以RNA斑点杂交方法研究在培养条件下ID时和高铁负荷时淋巴细胞铁反应子结合蛋白（IRE-BP）mRNA表达的变化。结果低铁组淋巴细胞IRE-BP较正常增强，而高铁组表达受抑。华西医大[69]以放射免疫竞争结合法测定18例IDA患儿单纯铁剂治疗前后及11名正常对照的血清25-(OH)D_3浓度。结果提示缺铁可能削弱肠道对维生素D的吸收。武汉军区总院[70]报道18例IDA患者较50例正常组谷胱甘肽过氧化物酶活性明显下降，而血清丙二醛及超氧化物歧化酶活性明显升高。北京军区总院等[71]测得17例女性IDA患者中性粒细胞髓过氧化物酶（MPO）活性较正常组（50例女性）明显降低（$P<0.05$），并与红细胞内铁蛋白呈正相关，与红细胞游离原卟啉呈负相关，补铁后MPO活力得以纠正。山东医大附院[72]以低铁饮食建立IDA大鼠模型，用GM-2型三等分辐射式迷宫检测大鼠的学习记忆能力。结果显示IDA大鼠达标所需反应次数显著多于对照组，正确反应率显著低于对照组；同时IDA大鼠脑组织铁含量及单胺氧化酶活性均降低，而大脑皮层去甲肾上腺素（NE）及5-羟色胺（5-HT）含量增高，海马组织中NE含量也增高，5-HT的代谢产物5-羟吲哚乙酸降低。华西医大等[73]以免疫细胞化学多参数流式细胞术及Y探针的原位杂交，证明孕妇外周血循环TfR^+细胞中含有胚胎幼红细胞和滋养层细胞，这一研究为从母体外周血采集标本对胎儿进行产前诊断提供了理论依据。西安医大一院[74]和浙江医大二院[75]共报道伴有溶血的IDA 6例，经单纯补铁后贫血纠正，间接胆红素恢复正常。天津血液病医院[76]比较口服右旋糖酐铁与硫酸亚铁治疗IDA的疗效，治疗2周和8周时前者有效率分别为39.1%和89.4%（$P<0.01$），均高于后者的19.0%和87.9%（$P<0.01$），对轻、中度贫血二组总有效率无显著差异（$P<0.05$）。口服右旋糖酐铁的副反应率（1.2%）明显低于口服硫酸亚铁（20.7%）。

（七）铁粒幼细胞性贫血

贵阳市肺科医院[77]报道抗结核药引起铁粒幼细胞性贫血（SA）2例。山东威海市医院[78]报道1例原发性SA，因误诊为IDA给予硫酸亚铁导致继发性血色病，并引起糖尿病酮症酸中毒。河北省医院[79]报道原发性SA 1例，12年后发展为MDS并转化为急性单核细胞性白血病（AML）。

（侯　健）

（八）溶血性贫血

膜缺陷所致溶血病　白求恩医大二院[80]报道一家系三代12人中有4人患遗传性球形红细胞增多症（HS），膜收缩蛋白分别较正常对照减少46%、42%、34%及46%。合肥市一院等[81]报道1例以骨痛为首发症状的尼曼-匹克病伴HS。上海医大儿科医院[82]对42例HS脾切除病例作回顾分析，所有患儿术后临床症状缓解，20例获远期随访，未发

现严重感染病例。

阵发性睡眠性血红蛋白尿 医科院基础所[83]*用抗 C_9-Sepharose 亲和层析柱进行阵发性睡眠性血红蛋白尿(PNH)患者红细胞膜缺乏自身限制因子(HRF)的研究。结果表明纯 PNH III 型细胞上缺乏 HRF,使细胞对补体敏感。河南医大一院等[84]检测 32 例正常人及 32 例 PNH 患者外周血大颗粒淋巴细胞(LGL)计数。结果 PNH 患者 LGL 百分率及绝对值显著低于正常对照组($P<0.001$),发作期 PNH 患者显著低于缓解期,缓解期与正常对照组无显著差异($P>0.5$)。西安医大一院[85]报道1例5岁 PNH 患儿。

酶缺陷所致溶血病 中山医大[86]在调查云南少数民族葡萄糖 6-磷酸脱氢酶(G-6-PD)缺乏症时,首次发现傣族中一家系母子 3 人为 G-6-PD cDNA 突变型:1388G→A。该校[87]还在黔西县 33 例 G-6-PD 缺乏症患者及 1 例携带者中筛查出中国人中 9 种 G-6-PD 基因突变,其中 C_1 突变 9 例、C_2 突变 8 例、C_4 突变 1 例、C_6 突变 9 例、C_6 突变携带者 1 例、C_7 突变 1 例、CT_2 突变 2 例、未定型 3 例,其中 CT_2 突变为大陆首次发现。广州医学院一院[88]为探讨 G-6-PD 缺乏所致新生儿黄疸的机制,测定 40 例足月新生儿 G-6-PD 正常和缺乏患者红细胞过氧化氢酶、谷胱甘肽过氧化物酶的活性及还原型辅酶 II (NADPH)、丙二醛(MDA)的含量。结果:G-6-PD 缺乏组 NADPH 显著低于 G-6-PD 正常组,MDA 高于 G-6-PD 正常组($P<0.01$)。广东佛山市一院[89]报道 G-6-PD 缺陷所致新生儿胆红素脑病 34 例,病死率高达 47.1%。重庆医大儿童医院[90]对 183 例新生儿红细胞 G-6-PD 缺陷进行分析及部分随访,表明该地区 G-6-PD 缺陷是新生儿高胆红素血症的重要原因(高胆红素血症的 G-6-PD 缺陷率达 62.0%)。

珠蛋白合成异常所致溶血病 一军医大[91]运用 PCR 产物直接 DNA 序列分析法在 1 例表型阳性的 β-地中海贫血(β-地贫)中发现 1 种未见报道的 β-地贫基因——β 珠蛋白基因密码子 37 无义突变($β^{37}$TGG→TAG)。广西医大一院[92]用银染法单链构象多态性分析和化学发光直接测序法检出 3 种中国人罕见的 β-地贫突变型,即 CD30(AGG→GGG)、CD95(+A)和 CDs27-28(+C),其中 CD30 (AGG→GGG)为国内外首次报道。该院[93]还在壮族人中检出一种罕见的 β-地贫基因,是 β 基因 14-15 (+G)合并 β-29(A→G)突变双重杂合子。兰州军区乌鲁木齐总院等[94]用 PCR 结合 ASO 探针点杂交技术,对新疆布依族一家系的 β-地贫基因进行分析,其中 2 例为 CDs-28(A→G)和 CD17(A→T)的双重杂合体,为同一染色体上的双重突变。该院等[95]还在新疆维吾尔族学生中首次发现 3 例基因移码突变型密码子 8/9(+G)杂合子。上海市儿童医院等[96]对一个同时具有 β 和 α 珠蛋白基因变异家系中的成员进行分子诊断,结果显示先证者的基因型为 β IVS-II-654(C→T)杂合子复合 $ααα^{anti4.2}/αα$;而母亲的 α 珠蛋白基因型为 $ααα^{anti4.2}/α^{-3.7}$。该院[97]还研究了羟基脲对 βIVS-II-654 C→T 基因表达的影响。重庆医大[98]体外实验显示异烟肼可明显抑制 β-地贫患儿网织红细胞 α 肽链的合成。重庆医大儿童医院[99]首次将异烟肼[20~30mg/(kg·d),7~14 天]试用于 6 例 β-地贫患儿,治疗后患儿 Hb、RBC、红细胞比容、网织红细胞计数均显著增高,肝脾缩小。体外肽链合成结果显示患儿 α 肽链合成明显抑制,β/α 肽链合成速率比率升高。解放军 303 医院等[100]用从红参提取的颗粒纯品抗氧化 Ⅱ 号治疗 14 例 Hb H 病,其中 10 例 Hb 和 RBC 增加,网织红细胞上升, Hb 平均增加 10.3g/L。广东江门市医院[101]施行脾切除治疗 Hb H 病 12 例。其中 Hb E 复合 β-地贫 2 例,贫血明显改善;重症 β-地贫 9 例,疗效不满意,但生存时间延长。广州南方医院[102]采用大部分脾动脉栓塞治疗重型地贫 120 例,收到较好疗效。其中 6 例出现并发症,经及时处理均恢复。并发症发生率为 5%,低于国外报道。

自身免疫性溶血性贫血 北京协和医院[103]探讨 63 例自身免疫性溶血性贫血(AIHA)的病因。在 38 例继发性 AIHA 中,系统性红斑狼疮 18 例,占 47.4%。对 20 例初诊为原发性 AIHA 患者进行了 2~5 年随访。在此期间,纠正诊断为继发性 AIHA 者共 14 例(占 70%),多继发于免疫系统疾病。内蒙古红十字医院[104]报道继发性 AIHA 2 例,分别继发于结肠绒毛状腺瘤恶变及平滑肌瘤,原发肿瘤手术后贫血均很快消失。上海华山医院[105]报道血管免疫母细胞淋巴结病伴 AIHA 1 例。四川攀枝花攀钢公司密地医院[106]报道母女 3 人同患多发性神经纤维瘤合并类风湿性关节炎,且继发 AIHA。深圳东湖医院[107]报道在 23 例溶血性贫血合并病毒性肝炎的患者中,有 G-6-PD 缺乏症 13 例,Coombs 试验直接阳性 8 例,异丙醇试验阳性 2 例。提示溶血性贫血合并病毒性肝炎者以 G-6-PD 缺乏最常见,其次为 AIHA。

(九)高铁血红蛋白血症

南京军区福州总院[108]以双抗体夹心 ELISA 法测得 30 例成人红细胞胞质的 NADH-细胞色素 b_5 还原酶(b_5R)含量为(25.63±8.54)ng/mg Hb;5 份

新生儿脐血 b_5R 含量为(6.07±0.95)ng/mg Hb,显著低于正常成人水平;1 例遗传性高铁血红蛋白血症(HMHb)未检出 b_5R。表明 b_5R 减少是新生儿和 HMHb 患者红细胞 b_5R 活性降低的机制之一。沈阳铁路医院[109]报道 1 例 3 岁患儿服复方新诺明,一日 3 次,累计 30 余片后发生药源性 MHb,静滴美蓝和维生素 C 后好转。

(十)真性红细胞增多症

西安医大一院[110]报道 9 例真性红细胞增多症(PV),6 男 3 女,发病年龄 31~61 岁,从出现症状到确诊时间为 3~14 年。其中 1 例长期间断使用马利兰 13 年后并发骨髓纤维化死亡;另 1 例多次静脉放血后用 ^{32}P 治疗,长期缓解,19 年后并发急性非淋巴细胞白血病(M_2)死亡。青海中医院[111]报道 3 例 PV 伴多发性痛风,X 线表现为手足多处骨质破坏。中山医大一院[112]报道在 3 例合并神经系统损害的 PV 患者中 2 例为缺血性脑卒中,例 3 除脊髓损害外还出现腰骶部多发性神经根损害。青岛市立医院[113]报道 1 例 37 岁男性,有胸闷、心前区痛、心电图示急性前壁、高侧壁心肌梗死,入院后查 Hb 206 g/L,红细胞比容 66.5%,诊断为 PV 并发心肌梗死。北京医院[114]用 rh α-2b IFN 治疗 PV 6 例,300 万 U/d 皮下注射,血液学缓解后改为 300 万 U,3 次/周,维持 6~10 个月均获血液学缓解,缓解时间(18.3±6.15)个月,最长已 39 个月。

(十一)高原红细胞增多症

西藏军区总院等[115]以高压氧(HBO)综合疗法治疗高原红细胞增多症(HAPC)75 例,并同时以常规疗法 30 例进行对照。结果 HBO 组近期临床治愈率(94.67%)明显高于对照组(56.67%,$P<0.01$)。青海高原医科所[116]用蝮蛇抗栓酶治疗 HAPC 32 例,每天 0.5~0.75U,15 天为一疗程,重症患者用 2~3 个疗程。治疗后全血粘度、血浆粘度、全血还原粘度、红细胞比容、Hb、RBC 及血脂均有明显降低,微循环改善。西宁市一院等[117]采用中药益气活血法治疗 HAPC 13 例,总有效率 84.62%。

(李艳红)

参 考 文 献

[1] 王惠玲等. 西安医大学报 1996;17(3):304

[2] 顾小锋等. 中华血液 1996;17(8):437

[3] 梁英民等. 陕西医学 1995;24(10):598

[4] 李春伟等. 上海医学检验 1996;11(2):103

[5] 黄知平等. 武汉医学 1996;20(2):124

[6] 毛　平等. 广东医学 1996;17(2):77

[7] 郭　峰等. 中华老年医学 1996;15(4):220

[8] 杨伟宗等. 上海医学检验 1996;11(2):71

[9] 徐　镜等. 安徽医大学报 1996;31(2):96

[10] 郝京生等. 中国实验临床免疫 1996;8(3):25

[11] 安子元等. 中国实用内科 1996;16(3):149

[12] 刘　欣等. 安徽医学 1996;17(3):52

[13] 张凤奎等. 河北医学 1996;18(3):149

[14] 吴华新等. 华西医学 1996;11(1):47

[15] 别庆收. 新消化病 1996;4(1):11

[16] 黄菊秀等. 浙江医学 1995;17(6):370

[17] 元阿萍等. 中华血液 1996;17(8):427

[18] 宋振岚等. 中华血液 1996;17(4):173

[19] 宋　强等. 上海免疫 1996;15(5):285

[20] 王京华等. 哈医大学报 1996;30(1):82

[21] 王俊容等. 临床血液 1996;9(1):10

[22] 张明珙等. 山东医大学报 1995;33(4):312

[23] 蒋盘宏等. 中华微生物和免疫 1995;15(6):390

[24] 彭　岚等. 中华血液 1996;17(8):419

[25] 孙黎飞等. 临床血液 1996;9(1):23

[26] 杜亚利等. 宁夏医学 1996;18(1):21

[27] 陈寿权等. 中华血液 1996;17(8):424

[28] 欧英贤等. 新医学 1996;27(1):26

[29]*邵宗鸿等. 中国实用内科 1996;16(9):532

[30] 苏尔云等. 中国实用内科 1996;16(9):539

[31] 杨碧云等. 中华血液 1996;17(4):203

[32] 王鲁群等. 解放军医学 1996;21(3):171

[33] 由清秀等. 中华血液 1996;17(4):200

[34] 陈琳军等. 临床血液 1996;9(3):98

[35] 茹脐华等. 苏州医学院学报 1995;15(6):1059

[36] 陈寿权等. 中华血液 1996;17(8):422

[37] 王景霞等. 临床血液 1996;9(3):135

[38] 邵宗鸿等. 中华血液 1996;17(4):176

[39] 宋艳秋等. 中华血液 1996;17(4):201

[40] 孙英莉等. 山东医药 1996;36(3):38

[41] 张奕加等. 福建医药 1996;18(1):35

[42] 胡妮妮等. 白血病 1995;4(4):234

[43] 贾庆瑞等. 中华内科 1995;34(12):836

[44] 王　钧等. 中华血液 1996;17(1):30

[45] 陈　玮等. 临床儿科 1995;13(5):292

[46] 丁云芳等. 苏州医学院学报 1995;15(5):930

[47] 李继华等. 临床血液 1996;9(1):44

[48] 张云端等. 上海医学检验 1996;11(1):47

[49] 彭中宜等. 中国急救医学 1996;16(3):49

[50] 徐功敕等. 中华血液 1996;17(4):179

[51] 孙关林等. 中华血液 1996;17(4):198

[52] 庞爱军等. 临床血液 1996;9(1):45

[53] 刘成桂等. 中华妇产 1996;31(6):360

[54] 贾庆瑞等. 中华内科 1995;34(11):738

[55] 陈嘉林等. 中华血液 1996;17(8):430
[56] 李振波等. 广东医学 1996;17(5):336
[57] 李　玲等. 新疆医学 1996;26(3):172
[58] 赵　昕. 中国实用内科 1995;15(12):737
[59] 陈　利等. 云南医药 1996;17(2):101
[60] 张春玲等. 中国公共卫生 1996;12(1):16
[61] 赵大虎等. 青海医药 1996;26(7):15
[62] 李　文等. 新医学 1995;26(12):635
[63] 金　辉等. 西安医大学报 1995;16(4):437
[64]*李　强等. 中华儿科 1996;34(1):25
[65]*张　眉等. 中华血液 1995;16(11):582
[66] 廖清奎等. 中华儿科 1996;34(5):333
[67] 罗春华等. 中华血液 1996;17(6):290
[68] 官　军等. 三军医大学报 1996;18(1):33
[69] 黄　梅等. 中华儿科 1995;33(6):355
[70] 陈加琳等. 武汉医学 1996;20(3):188
[71] 王景文等. 中华内科 1996;35(3):194
[72] 胡瑞梅等. 中华血液 1996;17(6):283
[73] 马　旭等. 中华血液 1996;17(6):286
[74] 李满祥等. 陕西医学 1996;25(6):378
[75] 卢兴国等. 临床血液 1996;9(1):26
[76] 储榆林等. 中华血液 1996;17(1):41
[77] 陈永立等. 贵州医药 1996;20(2):112
[78] 王毅力等. 临床内科 1996;13(5):41
[79] 张凤奎等. 天津医药 1996;24(9):518
[80] 兰继毓等. 白求恩医大学报 1996;22(1):109
[81] 金运松等. 中华血液 1996;17(6):307
[82] 吕志葆等. 临床儿科 1995;13(5):294
[83]*周凤兰等. 中华血液 1995;16(11):586
[84] 姜中兴等. 河南医大学报 1996;31(2):87
[85] 帖利军等. 陕西医学 1996;25(9):573
[86] 蒋玮莹等. 中华医学遗传 1996;13(4):231
[87] 杨　明等. 中华血液 1996;17(4):188
[88] 张瑶苹等. 中华儿科 1996;34(4):229
[89] 麦智广等. 中华儿科 1996;34(5):346
[90] 漆正常等. 实用儿科临床 1996;11(4):208
[91] 徐湘民等. 中华医学遗传 1996;13(4):216
[92] 李　卫等. 中华血液 1996;17(8):399
[93] 苏承武等. 中华血液 1996;17(4):185
[94] 周常文等. 中华医学遗传 1996;13(1):5
[95] 余伍忠等. 中华医学遗传 1996;13(1):22
[96] 陈　坚等. 中华血液 1996;17(8):402
[97]*黄淑帧等. 中华血液 1996;17(8):395
[98] 钟　永等. 临床儿科 1995;13(5):345
[99] 钟　永等. 中国实用儿科 1996;11(1):22
[100] 黄有文等. 实用儿科临床 1996;11(4):211
[101] 余永芳等. 广东医学 1996;17(2):109
[102] 程少杰等. 中华血液 1996;17(4):202
[103] 许　莹等. 中华血液 1996;17(8):428
[104] 琪格琦等. 中国肿瘤临床与康复 1996;3(1):78
[105] 祝志勤等. 临床血液 1995;8(4):176
[106] 范建春. 中华血液 1996;17(1):9
[107] 胡毅文等. 中华血液 1996;17(7):381
[108] 兰风华等. 中华血液 1996;17(6):292
[109] 于春英. 中国实用儿科 1996;11(2):108
[110] 侯抗日等. 陕西医学 1995;24(10):602
[111] 曹增忠等. 实用放射 1996;12(1):58
[112] 尹鹭峰等. 临床神经 1996;9(2):89
[113] 王正忠等. 中国循环 1996;11(7):425
[114] 常乃柏等. 中华内科 1996;35(9):620
[115] 贺　彪等. 中华血液 1996;17(6):316
[116] 刘品发等. 高原医学 1995;5(4):35
[117] 邵守俊等. 高原医学 1996;26(2):60

二、白细胞病

(一)骨髓增生异常综合征

解放军总院[1]及山西晋中地区二院等[2]分别报道父女及孪生兄弟同患骨髓增生异常综合征(MDS)。前者例1转为急性单核细胞白血病、例2转为慢粒单白血病;后者例1转为急性单核细胞白血病。新疆石油管理局总院[3]、北京职业病所[4]及上海市四院[5]报道慢性有机溶剂及苯导致MDS 6例,其中难治性贫血型(RA)3例,难治性贫血伴原始细胞过多型(RAEB)2例,难治性贫血伴转变中型(RAEB-t)1例。天津血液病医院[6]报道几种血液病骨髓幼稚前体细胞异位(ALIP)的组织学表现。结果显示,ALIP现象不是MDS骨髓组织所特有;MDS患者ALIP阳性率为92.9%,巨幼细胞贫血为83%,夜间阵发性血红蛋白尿为70%等。广西医大一院[7]进行MDS骨髓粒单祖细胞(GM-CFU)和急性非淋巴细胞祖细胞(L-CFU)培养。结果显示RA组GM-CFU集落低于正常组,集落、集丛和丛/落比高于再障;L-CFU培养集落多于正常和再障。认为该指标可作为MDS的RA与再障鉴别的指标。天津血液病医院[8]报道,MDS患者超氧阴离子($O_2^{\cdot-}$)及中性内肽酶(NEP)水平明显低于正常人,与良性增生性贫血有明显差别。提示MDS髓系终末细胞有质的缺陷,可能是其趋化、吞噬及消化功能异常的原因。山西医学院二院等[9]测定MDS外周血T细胞亚群,显示$CD4^+$细胞分值及$CD4^+/CD8^+$比值均显著低于正常。北京中日友好医院[10]测得MDS患者外周血T淋巴细胞亚群T_2百分比和绝对值较对照组均低($P<0.01$),T_8均高($P<0.05$)。认为该检测

对了解 MDS 免疫功能是有价值的指标。山东医大等[11]分析 MDS p53 基因突变的临床意义。5/67 例 MDS 患者有 p53 基因突变，5 例中 4 例为 RAEB 或 RAEB-t。表明是有 p53 基因突变的 MDS 患者转变成白血病的危险性大，病程进展快。MDS 高发年龄多为成人。哈尔滨医大等[12]及南京医大一院[13]共报道儿童 MDS 53 例，最小年龄 2 岁。广东省医院[14]报道 MDS 合并骨髓纤维化 7 例。湖北沙市一院[15]及南通医学院附院[16]分别报道骨髓增生异常骨髓纤维化综合征 5 例及 12 例。后者认为该征是一种独特的临床病理学实体，是 MDS 的一个新亚型。上海市六院[17]报道用维甲酸联合诱导治疗 MDS，治疗后病态造血有不同程度改善。安徽省立医院[18]用阿糖胞苷、维甲酸治疗 MDS 6 例，3 例完全缓解，2 例部分缓解。山东淄博一院[19]用极小剂量 G-CSF 治疗 MDS 17 例，对粒细胞缺乏及减少者的有效率分别为 66.7%及 60.0%。白求恩医大一院等[20]用 GM-CSF 与 Epo 治疗 4 例 MDS，粒系均有明显改善，2 例红系改善。上海市六院[21]用维甲酸、1,25-$(OH)_2$ 维生素 D_3 及 α-干扰素联合治疗 MDS 15 例，有效率 57.1%。北京军区总院等[22]报道 γ-干扰素对 MDS 患者的红系祖细胞(CFU-E)和粒系祖细胞(CFU-GM)有促进增殖作用。

(孟沛霖)

参 考 文 献

[1] 孟凡义等. 中华血液 1996;17(2):112
[2] 郭丽蓉等. 白血病 1996;5(3):156
[3] 吴克雄等. 新疆医学 1996;26(2):79
[4] 郝凤桐等. 中华劳卫 1996;14(2):112
[5] 陈 健等. 职业医学 1995;22(6):28
[6] 陈辉树等. 临床血液 1996;9(1):1
[7] 余永卫等. 新医学 1996;27(2):74
[8] 邵宋鸿等. 中华血液 1996;17(6):296
[9] 苏丽萍等. 山西医学院学报 1995;26(4):282
[10] 龙 红等. 中日友好医院学报 1996;10(2):157
[11] 江继发等. 中华血液 1996;17(2):90
[12] 陈学新等. 哈医大学报 1996;30(3):278
[13] 刘晓红等. 南京医大学报 1996;16(2):200
[14] 杜 欣等. 中华内科 1996;35(4):272
[15] 夏乐三等. 中华血液 1996;17(2):82
[16] 徐瑞容等. 临床内科 1996;13(2):35
[17] 李志强等. 上海医学 1996;19(7):376
[18] 王宁玲等. 安徽医大学报 1996;31(4):277
[19] 马尚民等. 临床血液 1996;9(3):134
[20] 李 薇等. 白求恩医大学报 1996;22(4):411
[21] 李志强等. 白血病 1996;5(1):18
[22] 贾志凌等. 解放军医学 1996;21(3):168

(二) 急性白血病

基础研究　西安西京医院等[1~3]采用原位杂交方法检测急性白血病骨髓活检标本及白血病细胞系的 bcl-2 基因表达水平。结果 22 例白血病患者骨髓中 21 例存在 bcl-2 mRNA 表达增强，6 株白血病细胞系中 5 株 bcl-2 mRNA 阳性细胞比例达 90%以上。采用脂质体 Lipofectin 法，将 bcl-2 基因逆转录病毒载体转入人 T 淋巴细胞白血病细胞系 CEM 中，并使其稳定、高效地表达。这种高表达 bcl-2 蛋白的 CEM 细胞经足叶乙甙处理后，产生梯状 DNA 的量明显低于对照。表明高水平 bcl-2 蛋白对白血病细胞程序性死亡具有抑制作用，而反义 bcl-2 基因瞬时表达能有效地降低 CEM 内源性 bcl-2 蛋白水平，并使其对足叶乙甙的细胞毒效应更为敏感。上海瑞金医院等[4]应用分子生物学技术探讨免疫球蛋白超基因家族及其相关基因在急性淋巴细胞白血病微小残留病(MRD)检测中的意义。结果显示 11 例 B-ALL 均有 IgH 基因重排，且均能用 IgH 基因 CDRⅢ区及 J 区引物得到 PCR 扩增条带。合成的 2 个针对 IgH-V-D-J 结合部的寡核苷酸探针检测 MRD，其灵敏度为 10^{-4}。对 1 例 T-ALL 所作的 TCRγ 基因和 SIL-TAL-1 融合基因研究比较显示，两者具有相同的 MRD 阳性检出率，但后者的敏感度更高。广州南方医院[5]采用 PCR 联合地高辛标记 JH 探针 Southern 杂交，检测 41 例急非淋患者 IgH 基因 CDR-Ⅲ区域。7 例 PCR 扩增阳性，并均经 Southern 杂交证实。12 例完全缓解病例中 3 例重排阳性，此 3 例均于半年内临床复发。表明 IgH 基因重排并非局限于 B 淋巴细胞系肿瘤，亦可发生于急非淋患者。暨南大学医学院[6]从 1 例 AML 中发现 1 种在白血病中未报道过的 TCRδ 基因重排。上海华山医院等[7]采用重组逆转录病毒载体介导的人野生型 p53 cDNA 转移 HL60-n 细胞，发现野生型 p53 基因可以诱导HL60-n细胞凋亡，但并不伴有细胞周期 G_1 期的生长阻滞。北京医大三院[8]以脂质体为载体，把突变的抗甲氨蝶呤(MTX)的耐药基因转染到小鼠造血干细胞中，结果显示在同一 MTX 浓度下转基因的细胞接种率大于未转基因的细胞接种率。天津血液病院[9]的一项实验显示，对高三尖杉酯碱耐药的 K562/H20 细胞对长春新碱、柔红霉素、阿霉素交叉耐药，而对马法兰耐药的 K562/Mel 细胞对氮芥、噻替派交叉耐药。耐药的机制前者主要是MDR-1基因过度表达，后者则主要由于GSTα基因表达升高所致。作者还另外报道α-IFN能明显逆转K562/Mel对马法兰的耐药[10]*。西安医大[11]报道采用他们新建立的^{35}S-dATP(^{35}硫-脱氧三磷酸腺苷)掺入RT-PCR法检测多药耐药基因，具有所需标本量少、灵敏、特异、重复性好等特点。白求恩医大一院[12]对26例白血病患者采用流式细胞仪测定治疗前白血病细胞内柔红霉素浓度及应用原位杂交技术测定MDR-1表达水平。结果显示初治完全缓解组MDR-1阳性细胞内柔红霉素浓度明显高于难治、复发组。环孢素A对MDR-1阳性细胞有逆转作用。医科院血液所[13]应用半定量RT-PCR技术和间接荧光法分别检测29例白血病患者骨髓细胞中多药耐药相关蛋白(MRP)基因和P糖蛋白的表达。结果表明，将两者联合作为预测临床耐药的指标，其准确性比单一指标有明显提高。作者还报道MRP基因表达与白血病FAB亚型无关，但在$CD13^+$与$CD13^-$组间有显著差异[14]。广州南方医院等[15]报道小剂量IFN-α(500U/ml)可增加柔红霉素对多药耐药细胞系K562/AO2的毒性作用，但对该细胞的MDR-1 mRNA表达水平无明显影响。浙江医大一院[16]报道多药耐药糖蛋白p170在白血病细胞的过度表达以M_1、M_5及慢粒急变最显著，而CsA能有效逆转p170高表达细胞的耐药性。南京铁道医学院附院[17]采用ATP生物发光法和MTT比色分析法同时测定13例急性白血病患者对8种化疗药物的敏感性。两法的符合率为53.8%～84.6%；ATP生物发光法预测临床疗效优于MTT比色法。安徽省立医院等[18]使用改良染料排斥法测定17例20人次的白血病患者对常用9种化疗药物的体外敏感性，显示与体内疗效总符合率为59.2%。该法具有操作简便、标本用量少、实验时间短等优点。暨南大学医学院附院[19]观察重组人粒细胞集落刺激因子(rhG-CSF)对多药耐药细胞系K562/AO2增殖的影响，rhG-CSF浓度分别为24ng/ml和96ng/ml时，细胞增殖活力与无rhG-CDF组比较有显著下降。提示rhG-CSF不但不会促进多药耐药白血病患者缓解后的复发，且本身还可能有治疗作用。军医科院[20]采用体外细胞培养和DNA电泳及超微结构等方法证明邻苯二甲酸正丁酯可诱发HL-60和U937细胞的程序性死亡。大连医大[21]观察到在依赖美州商陆凝集素的单核细胞介导细胞毒活性实验中，靶细胞U937和Raji细胞均呈现以DNA断裂为特征的细胞程序性死亡。抗TNFα的单克隆抗体和乙酰基葡萄糖胺单糖可分别阻断单核细胞所诱导的细胞程序性死亡。上海二医大[22]使用DNA断端标记法定量比较3种抗肿瘤药物诱导白血病细胞系凋亡的敏感性。显示HL-60细胞对顺氯氨铂敏感，U937细胞对羟基喜树碱及长春新碱敏感。浙江医大[23]*报道从中药莪术中提取的有效抗癌成分榄香烯能诱导HL-60和K562细胞的凋亡。医科院药物所[24]、山东医科院[25]分别报道联苯双酯、淫羊藿具有诱导HL-60细胞向成熟中性粒细胞分化的作用。浙江医大一院[26]报道在HL-60细胞的体外培养中去除RPMI 1640中的L-缬氨酸，可明显抑制HL-60细胞的生长及纤维结合蛋白的合成，并使成熟单核细胞和粒细胞的比率增加。重庆大坪医院[27]的一项研究显示，经全反式维甲酸处理48小时以上的HL-60细胞随着分化的基本成熟，其原来的僵硬和高粘附状态得到明显改善。北京师大[28]观察到星状孢子素和金雀异黄素在体外诱导HL-60细胞分化的过程中，胞质及膜的酪氨酸蛋白激酶活力受到抑制，而酪氨酸蛋白磷酸酶的活力则有不同程度的激活。提示这两种分化诱导剂可使HL-60细胞内的酪氨酸磷酸化水平提高。二军医大[29]应用分子杂交及PT-PCR证明人原始巨核细胞白血病细胞系HIMeg中有1,25-$(OH)_2D_3$受体mRNA的表达。此外还发现1,25-$(OH)_2D_3$及其类似物维甲酸在调节HIMeg细胞分化过程中伴有c-myc mRNA表达水平的迅速下降。重庆医大[30]实验研究证明急性白血病细胞存在IL-6和TNFα的自分泌作用。小剂量TNFα和IL-6对白血病细胞有诱导分化作用，大剂量TNFα和IL-6则对白血病细胞分别起增殖抑制和促进作用。中科院上海细胞所[31]对重组人转化生长因子-$β_1$(TGF-$β_1$)诱导前单核细胞白血病细胞系THP-1向巨噬细胞分化过程中细胞表面特异性抗原表达变化进行研究。流式细胞仪分析表明，经TGF-$β_1$诱导的分化细胞表面单核细胞标志4F2表达下降，巨噬细胞特异抗原Mac-1α、Mac-1β、Mac-2表达上升。西安西京医院[32]采用增殖细胞核抗原(PCNA)基因探针对急性白血病、MDS-RA和贫血患者骨髓中PCNA RNA含量进行比较。发现PCNA RNA的水平在急性白血病最高，其次为MDS-RA。提示PCNA基因的表达水平与细胞的恶变程度密切相关。海军总院等[33]以PCR及限制酶图谱分析研究急性淋巴细胞白血病患者病程中白血病克隆TCRγ基因重排是否发生变化。结果在18例重排的患者中，观察到4例初诊与复发时重排方式发生变化。上海瑞金医院[34]对1例急性早幼粒细胞白血病(APL)患者的衍生15号染色体和17号染色体的断裂点区域进行了顺序分析，并将已发表的21个t(15;17)接合部附近顺序与拓扑异构酶ⅡDNA结合位点的一致顺序进行比较，提出拓扑异构酶Ⅱ可能在t(15;17)异常重组中起重要作用。沈阳医学院等[35]使用人工合成的与白血病抑制因子(LIF)基因转录启始序列互补的反义寡核苷酸片段处理髓母细胞系Med-3，结果被处理的细胞生长速度明显减缓。军医科院基础所[36]报道采用电击转移法建立的高表达人IL-6R的LT12细胞在体内外传代1年后，外源性IL-6R cDNA仍能稳定整合及表达。二军医大[37,38]将人IL-6基因转染FBL-3红白血病细胞，建立了高分泌IL-6的FBL-3细胞克隆株。该细胞株体外生长能力和集落形成能力均减弱，给小鼠皮下接种后肿瘤形成率降低，荷瘤小鼠存活期延长。作者还将FBL-3-IL-6^+细胞经丝裂霉素C灭活制备成瘤苗，接种小鼠能显著增强小鼠骨髓和脾脏的造血功能。上海长海医院等[39]观察到IL-1α、IL-3、SCF联合应用能有效地提高小鼠CFU-GM基因转移效率。SCF单独应用能有效地促进K562细胞的基因转移效率。中科院上海细胞所等[40]报道IL-13单独或与IL-3合用在体外能促进巨核细胞集落的形成。重庆医大等[41]的实验研究显示当归多糖促进造血的机制可能与直接或间接刺激造血诱导微环境中的巨噬细胞、成纤维细胞、淋巴细胞等分泌较高活性的造血生长因子有关。北京医大[42]的体外实验研究显示人重组血管生成素(Ang)对人红白血病细胞株TF-1和正常人骨髓细胞具有生长促进作用。流式细胞仪分析证明荧光素标记的Ang可特异地与TF-1细胞结合。推测TF-1细胞膜上存在着Ang的特异性受体。浙江中医院[43]报道胎肝溶解细胞上清液中的中分子蛋白具有IL-3、GM-CSF及Epo活性。湖南医大[44]研究证明5月龄人胎肝造血基质细胞条件培养液(HFLSC-CM)能促进小鼠粒单白血病细胞系$WEHI_3$的增殖与分化。7月和9月龄HFLSC-CM则抑制$WEHI_3$细胞增殖，促进其分化。浙江医大等[45]报道经G-CSF动员的小鼠外周血单个核细胞较骨髓细胞含有更多的祖细胞，而多能造血干细胞的含量仅为后者的1/10。上海华山医院[46]观察11例急性白血病、非霍杰金淋巴瘤及肾盂癌患者化疗后外周血干细胞的动态变化，认为化疗后第11～15天为外周血中收集干细胞的最佳时机。军医科院等[47]利用FACS分选系统将$CD34^+$细胞分为$CD34^+CD38^+$和$CD34^+CD38^-$两个亚群，并比较骨髓，脐带血及外周血两亚群细胞的数量及造血性能。结果表明骨髓$CD34^+$及其亚群细胞的比例最高，脐带血次之，外周血最低。造血增殖能力则以脐带血来源的$CD34^+CD38^+$和$CD34^+CD38^-$细胞最强，骨髓次之，外周血最弱。该单位还报道6种造血生长因子经不同组合后对脐血$CD34^+$细胞具有良好的扩增效应[48]。医科院血液所[49]采用细胞培养法和RT-PCR检测证明IFN-α能明显增强IL-2激活的骨髓对K562细胞的净化作用。浙江医大[50]报道当效靶细胞比例为20：1、60：1、100：1时，程控冻存后即刻、冻存7天和冻存30天的单个核细胞中NK细胞杀伤活性与冻存前无显著差异。军医科院[51]利用基因重组技术成功获得带有人CD_{34}抗原基因的重组痘苗病毒，该病毒能特异地表达人CD_{34}抗原。山东医大附院[52]报道采用Dynal M-450CD_{34}免疫磁珠分离脐血$CD_{34}{}^+$细胞，其纯度可达85%～95%。作者还探讨了不同细胞因子组合对脐血$CD_{34}{}^+$细胞的体外培养和扩增作用。北京医大[53]经细胞集落培养证明脐血早期祖细胞含量高于骨髓，晚期祖细胞含量接近骨髓。作者认为用1份脐血重建成人造血在理论上是可能的。广州南方医院[54]的研究显示，脐血细胞4℃低温保存不宜超过3天，液氮与－80℃冰箱较长时间保存回收率均较稳定。军医科院等[55]将不同剂量的低分子量硫酸葡聚糖作为Beagle狗造血干细胞的动员剂进行实验研究。结果以15mg/kg或30mg/kg组外周血中各系祖细胞升高幅度最大。湖南医大[56]采用RT-PCR方法成功地从人骨髓基质细胞中克隆出人干细胞因子基因。医科院血液所等[57]的免疫电镜研究结果表明GM-CSF、G-CSF和b-FGF可由长期培养的基质细胞产生。上海华山医院等[58]采用体内和体外传代相结合的方法建立了裸小鼠高成瘤性的两株人白血病细胞系，并对其生物学特性作了初步观察。医科院血液所[59]将正常人去贴壁细胞的骨髓单个核细胞与食管癌患者骨髓基质细胞单层共同培养，经共生5周后可脱离基质独立传代生长，命名为B3HM细胞系。该细胞系移植和细胞匀浆移植均可引起小鼠白血病。北京中日友好医院等[60]报道发现5例不典型嗜人T细胞病毒Ⅰ型相关性成人T细胞白血病/淋巴瘤患者。

（许小平）

参 考 文 献

［1］ 陈协群等．中华血液 1995；16(12)：631

［2］ 陈协群等．中华血液 1996；17(10)：538

［3］ 陈协群等．中华医学 1996；76(2)：112

［4］ 董　硕等．中华医学 1996；76(10)：742

［5］ 徐　兵等．中华内科 1996；35(9)：587

［6］ 李扬秋等．癌症 1996；15(2)：90

[7] 许小平等. 中华血液 1996;17(3):138
[8] 陈卫红等. 癌症 1996;15(3):186
[9] 钱其军等. 中华血液 1996;17(7):354
[10]* 钱其军等. 中华医学 1996;76(7):485
[11] 杨居祥等. 中华医学检验 1996;19(2):99
[12] 李舜华等. 中华内科 1996;35(9):591
[13] 杨仁池等. 中华血液 1996;17(2):67
[14] 杨仁池等. 中华血液 1996;17(7):339
[15] 平宝红等. 中华血液 1996;17(1):13
[16] 孟海涛等. 中华血液 1996;17(6):319
[17] 金宝翠等. 江苏医药 1996;22(10):688
[18] 孙自敏等. 白血病 1996;5(3):145
[19] 祁明芳等. 中华血液 1996;17(7):380
[20] 王立生等. 中华血液 1995;16(12):639
[21] 董海东等. 中华血液 1995;16(12):636
[22] 李宁丽等. 肿瘤 1996;16(3):391
[23]* 杨 骅等. 中华肿瘤 1996;18(3):169
[24] 刘志毅等. 中华医学 1996;76(3):214
[25] 赵 勇等. 中华血液 1996;17(2):98
[26] 季 峰等. 浙江医学 1996;18(4):215
[27] 周向东等. 白血病 1996;5(1):11
[28] 董光宇等. 中国肿瘤临床 1996;23(2):84
[29] 宋亮年等. 二军医大学报 1995;16(6):507
[30] 罗云萍等. 上海免疫 1996;16(3):169
[31] 虞冠华等. 上海免疫 1996;16(4):193
[32] 杨 岚等. 癌症 1996;15(1):38
[33] 吴南海等. 白血病 1996;5(2):83
[34] 董 硕等. 中华肿瘤 1996;18(2):88
[35] 刘 佳等. 中华病理 1996;25(3):132
[36] 奚永志等. 解放军医学 1995;20(6):408
[37] 葛林阜等. 中华血液 1995;16(11):591
[38] 葛林阜等. 中华肿瘤 1996;18(2):93
[39] 宋献民等. 二军医大学报 1996;17(1):10
[40] 韩忠朝等. 中华血液 1996;17(3):128
[41] 王亚平等. 中华医学 1996;76(5):363
[42] 张颖妹等. 中华血液 1996;17(4):195
[43] 高瑞兰等. 浙江医学 1996;18(1):29
[44] 刘建英等. 湖南医大学报 1995;20(5):419
[45] 邵传森等. 中华医学 1996;17(6):308
[46] 蓝丰硕等. 肿瘤 1996;16(2):95
[47] 裴雪涛等. 中华血液 1996;17(1):16
[48] 裴雪涛等. 中华血液 1996;17(6):304
[49] 李成文等. 中华血液 1996;17(10):518
[50] 黄 河等. 浙江医学 1996;18(1):27
[51] 舒翠玲等. 中华血液 1995;16(12):623
[52] 隋星卫等. 中华血液 1995;16(11):588
[53] 张林生等. 中华血液 1996;17(5):233
[54] 朱为国等. 中国输血 1996;9(2):58
[55] 马恩普等. 中华血液 1996;17(5):251
[56] 成光杰等. 湖南医大学报 1996;21(4):301
[57] 刘杰文等. 中华血液 1995;16(12):619
[58] 许小平等. 中华血液 1996;17(3):142
[59] 姜学英等. 中华肿瘤 1996;18(2):105
[60] 马一盖等. 中华实验和临床病毒 1996;10(2):104

流行病学及有关发病因素 福建福清市医院等[1]报道福建部分沿海地区嗜人T细胞病毒Ⅰ型(HTLV-I)血清流行病学调查结果。1 703 人 HTLV-I 抗体阳性率为 2.3%,其中白血病患者抗体阳性率为 71%,明显高于其他疾病。福建血液病所[2]检测 282 名儿童血清 HTLV-I 抗体,阳性率为 1.78%。鞍钢肿瘤所等[3]对鞍钢工厂 74 625 名男性职工作白血病、淋巴瘤等死亡调查,1971～1993 年间肿瘤死亡共 2 864 例,其中白血病 76 例,占肿瘤死亡患者的 2.65%,居第 6 位。新疆石油管理局总院[4]调查克拉玛依油田 1988～1993 年累计 1 042 163 人,发现白血病患者 82 例,年患病率为 7.87/10 万,标化患病率为 12.41/10 万。安徽医大一院[5]报道 8 个家系 16 例白血病。贵阳医学院附院[6]报道 2 例宫颈癌患者接受 γ 射线照射治疗后,分别于 24 个月及 11 个月发生急性白血病。河南焦作市医院[7]报道 3 例因甲状腺功能亢进服用他巴唑治疗的患者在 5～8 个月后发生急性白血病。

诊断及检测方法 细胞形态及有关分型方法:北京中日友好医院等[8]报道 6 例急性白血病,其骨髓红、白、巨三系增生异常,有称“全髓白血病”。作者认为诊断此型白血病其骨髓巨核细胞总数应超过正常 10 倍,原幼巨核细胞占 10%或/和病态巨核细胞占 30%。湖北医大一院[9]及南京军区南京总院等[10]分别回顾分析初发急性白血病 353 例及 275 例,伴三系增生异常(病态造血)者分别为 43 例及 36 例。作者认为三系增生异常者贫血重,白细胞数低及血小板数高,预后差。同济医大[11]认为用抗髓系过氧化物酶(MPO)单抗建立的 APAAP 法检测 MPO,对急性白血病分类有较高的特异性,其阳性率为 93.2%,高于过氧化物酶染色(POX)的 78.7%。上海瑞金医院[12]对 22 例急性早幼粒细胞白血病(APL)以细胞培养法观察巨核系祖细胞集落(CFU-Meg)形成的影响。结果 APL 患者血清对 CFU-Meg 生长有抑制作用,随病情好转其抑制作用减轻。该院等[13]对 219 例急性非淋巴细胞白血病(ANLL)患者染色体进行检查。结果伴 t(15;17)易位组预后最佳,伴 t(8;21)易位组及正常核型组次之,染色体数目异常组预后最差。苏州医学院一院等[14]对 42 例 t(8;21)染色体改变作回顾分析,包括

M_2b、M_2a、M_1、M_4 和 MDS，认为 t(8;21)为 ANLL 的特征，以用 M_2/t(8;21)来表示较为恰当。江苏血研所等[15]报道 9 例 Ph 染色体阳性成人急性淋巴细胞白血病(ALL)，占同期 31 例成人 ALL 的 29%。该组患者白细胞数较高，治疗反应较差，治疗上应有别于 Ph^-的 ALL。苏州医学院二院[16]报道 8 例 Ph 染色体阳性 ALL，其预后与上文相似。江苏血研所等[17]采用形态学、免疫学和细胞遗传学(MIC)相结合的分型方法，分析 82 例 AML。结果显示 MIC 方法的诊断正确率高于任何一种单一方法，尤其在诊断 HAL、AUL、Mo 等亚型时较为可靠。江苏医学院一院[18]用 MIC 综合分型方法分析 98 例初治成人急性白血病。结果形态学与 MIC 分型符合率为 90.8%，ALL 免疫学与 MIC 分型一致率为 95.6%，而 AML 仅为 70.8%。山东医大等[19]用 APAAP 法测定 426 例急性白血病细胞的表面标记，显示免疫分型不仅能提高白血病的确诊率，而且能指导临床治疗及判断预后。济南军区总院等[20]用 APAAP 法对 25 例免疫学无法分型的急性白血病作动态观察，结果显示初诊标记仅为非系限性分化抗原或无反应者，化疗或复发后共有 17 例表达了 T 或 B 细胞相关表面标记。苏州医学院一院[21]对 86 例成人 AML 作免疫分型观察。结果 31.4%有淋系抗原表达，无单抗标记者占 16.3%，有 CD34 表达者为 47.6%。太原铁路医院[22]对 10 例 APL 进行免疫分型，结果 $CD33^+$ 4 例，$CD13^+$ 3 例，$CD9^+$2 例，$CD15^+$ 1 例。江苏血研所[23]检测 340 例成人 AML 细胞 CD34 抗原的表达。结果阳性表达 17 例(42.5%)；$CD34^+$组 CR 率为 41.48%，$CD34^-$组为 73.91%。提示 $CD34^+$ AML 可能起源于早期造血干细胞，预后较差。同济医大[24]用正常人及 AML 骨髓作体外培养，同时作 APAAP 检测。发现 AML 培养 6～10 天不能象正常骨髓细胞一样分化成熟，却表现为 $CD34^+$、$CD38^+$、$CD13^+$细胞持续升高，证明 AML 细胞自身存在独特的调控失常。上海新华医院[25]分析 58 例儿童 ALL 免疫分型与预后的关系。以 3 年生存概率的统计处理，T-ALL 生存期明显低于 B-ALL；淋、髓或 T、B 同时表达的 ALL 又低于 T-ALL 和 B-ALL。

生物化学：大连医大二院[26]测定血清酸性铁蛋白(AIF)，正常组及良性血液病组分别为 110.5±50ng/ml 及 160±95ng/ml，两者无统计学差别，而白血病组为 447±236ng/ml，比前两组明显升高。解放军 85 医院等[27]及广州医学院二院[28]观察结果与前文一致，并且显示白血病缓解期 AIF 水平与正常组无明显差异。作者认为 AIF 可作为白血病诊断及判断预后的一项参考指标。河南濮阳市二院等[29]观察各类白血病、MDS 患者治疗前后 $β_2$ 微球蛋白($β_2$-MG)检测结果，显示血清 $β_2$-MG 显著高于正常对照组，于疾病缓解期则下降。济南军区总院[30]检测结果与前文相似。广西自治区医院[31]及福州协和医院[32]测得儿童白血病患者血中 $β_2$-MG 含量与前文成人结果一致。哈尔滨医大一院[33]用双抗体夹心 ELISA 法检测 30 例白血病患者血清可溶性白细胞介素 2 受体(sIL-2R)水平。白血病组显著高于正常组，急性白血病组高于慢性白血病组。山东乳山市医院[34]检测结果与前文相仿，并显示急性白血病缓解期 sIL-2R 水平下降。中国医大一院[35]观察儿童 ALL 患者血清及 CSF 中 IL-2R 含量。结果显示除 sIL-2R 升高外，合并中枢神经系统白血病者脑脊液(CSF)中 IL-2R 也明显升高，且治疗缓解后 CSF 中含量也降至正常。武汉同济医院[36]及南京医大二院[37]分别检测 65 例及 39 例儿童急性白血病血清 IL-2R 含量。结果急性期组及复发组明显升高，完全缓解组与正常对照组无明显差异，认为 sIL-2R 含量可作为白血病患儿病情监测的指标。解放军 464 医院等[38]观察成人急性白血病 sIL-2R 含量，结果与前文儿童急性白血病一致。山西医学院二院[39]测定白血病患者血浆内皮素(ET)含量，结果白血病患者明显高于正常对照，且缓解期下降。同济医大[40]测得急性白血病血浆 ET 含量与前文结果一致，而且并发出血者水平更高。

分子生物学及基因表达：上海瑞金医院等[41]用 MIC 及分子生物学(M)分型方法，对 71 例 APL 进行分型研究。结果 APL 免疫学粒细胞抗体中 CD13、CD13 有很高的表达；染色体核型为 t(15;17)(q22;q11～21)；TR/PCR 可测得 PML/RARα 融合基因。这种 APL 占本组病例的 95.8%。该院等又[42]对 48 例急性白血病的白血病细胞进行 Southern 印迹分析，发现 9 例患者有 HRX 基因重排。解放军 307 医院[43]采用 N-ras、H-ras、K-ras、myc、Sis 和 Src 6 种癌基因探针，经斑点杂交检查白血病患者癌基因表达水平。结果 N-ras 基因表达阳性率最高，为18/35。上海长海医院[44]对 35 例 ANLL 患者进行 N-ras 基因突变的研究。结果显示初发 4/15、复发 3/10、缓解 1/10 有突变。北京医大[45]对髓性白血病细胞 p53 基因表达进行研究。发现其 p53 mRNA 水平明显低于正常对照。暨南大学医学院等[46]对 36 例不同类型白血病 p53 基因点突变进行研究。结果提示该基因点突变导致功能失活在淋巴细胞白血病的发病中可能起一定作用。天津血液病医院[47]研究了 p53 基因的拮抗基因 MDM_2 在急性白血病中的表达，发现 52.5%的患者有较高水平的表达，ALL 及 ANLL 之间无明显差异。山东济南市医院等[48]用PCR方法测得20例ALL、15例B细胞白血病均发生IgH基因重排,5例T细胞白血病中有2例发生TCRγ基因重排。济南军区总院等[49]研究ALL基因重排也发现与上文相似的结果。福建血液病所[50]研究10例ALL TCRγ基因重排认为该基因可作为ALL克隆的标记,用于检测微小残留病(MRD)。北京医大人民医院[51]对28例初治B前体细胞白血病患儿作TCRδ基因检测,阳性率为75%,经化疗缓解后绝大部分可转为阴性。表明该法可用于前B白血病残留检测。海军总院等[52]通过检测IgH和TCRγ基因,动态研究18例ALL的MRD。结果提示MRD阴性可作为临床停药的一个客观指标。上海二医大等[53]*应用多种分子生物学技术对65例ALL患儿进行多种基因标记的动态研究,并对用不同基因标记作MRD跟踪检测的临床意义进行评价。沈阳军区总院[54]用流式细胞仪对4例巨核细胞白血病抗原分布及巨核细胞DNA的倍体性进行分析。结果提示DNA倍体化过程受阻及巨核细胞的周期堆积可能与其凋亡减少有关。

特殊类型:同济医大[55]报道1990～1995年间297例初治急性白血病中,诊断急性双表型白血病18例,为6%。其完全缓解率(CR)为38.5%。四川省医院[56]报道组织细胞白血病5例。病例血片20%～97%有异常组织细胞,骨髓片为30%～91%。新疆医学院一院[57]报道浆细胞白血病4例。血片中浆细胞25～67(%),骨髓片为36～84(%)。泰山医学院附院[58]报道嗜碱粒细胞白血病2例,其中慢性1例,急性1例。解放军187医院[59]及安徽医大一院[60]报道大颗粒型ALL各1例。医科院血研所[61]*报道成人T细胞白血病16例,并检测23 668份血清,HTLV-I抗体阳性者127份,为0.54%。

并发症 中山医大一院[62]对1990～1994年间住院的410例白血病进行了医院感染回顾调查。139例发生感染(33.9%),病原菌以革兰氏阴性杆菌和念珠菌为多。哈尔滨医大二院等[63]对急性白血病199例进行回顾性调查,发生医院感染者64例,共77例次,感染率38.69%。以上呼吸道感染为最多,其次是肺部。遵义医学院附院[64]住院病人感染率为3.36%,其中急性白血病院内感染率为81.2%。华西医大二院[65]报道儿科急性白血病合并感染68例,其中革兰氏阴性菌占66.6%,革兰氏阳性菌为27%。福州协和医院[66]用PCR法对急性白血病106例进行CMV检测。正常对照组阳性率为16.67%,急性白血病组为75%。内蒙古哲里木盟红十字血站等[67]收治白血病62例,其中合并真菌感染者15例,经酮康唑加5-氟胞嘧啶或达克宁治疗后14例得到控制。北京医院[68]用国产氟康唑治疗真菌感染35例,其中34例痊愈。安徽省立医院[69]用丙种球蛋白(丙球)防治急性白血病化疗后感染。随机分组,治疗组丙球100 mg/kg,对照组未用丙球。治疗组感染率为68.8%,对照组为85.7%,两组差异显著。北京宣武医院[70]用氟康唑治疗急性白血病等真菌感染31例,用其他抗真菌药物治疗24例。结果氟康唑组有效率87%,其他抗真菌药物有效率29%。

同济医大[71]对53例急性白血病合并DIC作回顾分析,其中APL 28例,ANLL 15例,ALL 10例。发生于初诊期25例,诱导化疗期11例,化疗间歇期17例。广东佛山市一院[72]用微量肝素治疗急性白血病并发DIC 11例,取得了良好的效果。其用量为8～24 mg/d,静滴,直至DIC治愈。广西医大一院[73]对47例急性白血病脑出血死亡作回顾分析。ANLL脑出血死亡占同期ANLL住院死亡的35.29%;ALL脑出血占同期ALL死亡的36.67%。同济医大[74]对23例急性白血病并发颅内出血死亡者作临床研究。在诸多因素中,主要与血小板减少和白血病细胞浸润淤滞有关。安徽淮南市一院等[75]报道急性白血病细胞睾丸浸润11例,占该院同期住院成人急性白血病的9.4%。山西医学院一院[76]收治急性白血病216例,其中X线胸片证实有肺部浸润者41例,占19%。

维甲酸治疗APL获得了较好疗效,但应用维甲酸治疗的并发症也不少见。湖北鄂州市一院[77]用维甲酸治疗APL过程中发生2例脑梗死。北空机关医院等[78]报道1例维甲酸致浆膜腔积液。四川省医院[79]用维甲酸治疗APL并发皮下包块1例。广州医学院二院[80]及江西景德镇二院[81]各报道2例应用维甲酸后出现发热、胸闷、呼吸困难、WBC升高等,停用该药加用地塞米松后症状改善,诊断为维甲酸综合征。江苏省医院[82]及山东济宁市一院[83]分别报道用维甲酸治疗APL致高颅压综合征。

治疗 哈尔滨医大一院[84]*用三氧化二砷注射治疗APL 72例。初治30例,CR率为73.3%;复发及难治42例,CR率为52.3%,而且与维甲酸无交叉耐药。哈尔滨医大一院[85]研究三氧化二砷治疗APL的机制。细胞形态学及HL-60细胞系实验研究表明三氧化二砷对APL细胞有诱导分化作用,可能是通过"原浆毒"作用同时诱导细胞凋亡。上海瑞金医院[86]观察小剂量全反式维甲酸(ATRA,30～40mg/d,分3～4次口服)治疗APL 20例,并用普通剂量(60～80mg/d)ATRA治疗20例作对照。结果:

小剂量组19例CR，普通剂量组18例CR。医科院血液所[87]观察用ATRA加化疗诱导缓解后，用6～12疗程强烈化疗，不进行维持化疗。其3年和5年的无病生存率均为(58.8±13.3)%，结果提示服用ATRA 15天再化疗诱导APL是安全的。上海瑞金医院[88]用ATRA诱导APL，观察血清G-CSF水平与白细胞数相关性。发现给ATRA后第9天G-CSF水平达高峰，第11天白细胞数达高峰。认为白细胞升高的机制与G-CSF有关。该院等[89]又分析100例用ATRA治疗缓解5年以上的APL。认为缓解后治疗阶段采用ATRA与化疗交替方案有助于患者长期缓解。上海医大等[90]追踪观察17例缓解期APL，认为PML-RARα转录阳性患者仍需化疗。兰州军区总院[91]用吡喃阿霉素加HA方案治疗ANLL；用吡喃阿霉素加COP方案治疗ALL，两者共20例。其CR率为75%。山东医大附院[92]用吡喃阿霉素加阿糖胞苷治疗难治性急性白血病14例，CR 6例。上海中山医院[93]及苏州医学院一院[94]用胺苯吖啶为主的方案分别治疗急性白血病23例及25例。结果：前者CR率为57%，后者25%。上海新华医院[95]、解放军211医院等[96]、河北北峰矿务局一院[97]分别用米托蒽醌为主方案治疗难治性急性白血病20例、15例及9例，CR分别为8例、6例及2例。东风汽车公司医院[98]用环胞素A、异搏定辅助化疗治疗难治性白血病22例。结果：17例CR、3例部分缓解(PR)、2例无效，提示该法是治疗难治性白血病的有效方法。广州红十字会医院[99]用阿克拉霉素联合阿糖胞苷及VP16方案治疗难治和复发性白血病10例，CR率70%。天津天和医院等[100]用米托蒽醌联合VP16及Ara-C方案治疗难治性白血病16例，CR率43.8%。河北医大二院[101]及解放军307医院[102]分别用威猛(VM26)为主的联合方案治疗难治性急性白血病13例及20例。CR率分别为47%及50%。湖南宁远县医院等[103]用大剂量三尖杉酯碱(8 mg/d)联合Ara-C(100～150 mg/d)治疗ANLL 20例，CR率为75%。上海仁济医院[104]用大剂量Ara-C治疗AML 12例，3.0g/12h，3天为一疗程，共5个疗程。结果：8例持续CR达10～117个月。山西医学院二院[105]对51例缓解期ANLL用大剂量Ara-C加柔红霉素强化巩固治疗。结果无病生存≥3年者21例，为41.18%；普通化疗对照组为12.5%。南京军区福州总院[106]用EA(VP16+阿糖胞苷)方案治疗难治性淋巴细胞白血病12例，CR率41.5%。北京市儿童医院[107]及北京医大二院[108]用去甲氧柔红霉素联合阿糖胞苷方案治疗儿童急性白血病21例及31例。前者9例CR，后者也取得了良好效果。

造血干细胞移植 北京医大[109]*比较异基因骨髓移植(allo-BMT)中全身照射(TBI)和改良马利兰(BUCY)两个预处理方案的优缺点。结果肝脏损害、出血性膀胱炎发病率前者多于后者。解放军307医院[110]分析65例allo-BMT TBI剂量、生物效应及毒性反应，12.0Gy组30例，9.9Gy组35例。结果显示移植后无病生存期前者长于后者，白血病复发率低于后者。解放军307医院[111]及广州南方医院[112]采用可变串联重复区(VNTR)PCR法检测allo-BMT后嵌合状态，证明该法具有简便、快速、灵敏度高的优点。北京医大[113]检测随访9例APL allo-BMT前后RAR_{α}/MYL融合mRNA动态变化。结果3例BMT后由阳性转阴，4例持续阴性，此7例患者均获得了长期无病生存，1例BMT后持续阳性表达最终复发。上海长海医院[114]用allo-BMT治疗1例乙双吗啉相关性白血病。结果：allo-BMT成功、白血病CR及银屑病临床治愈。解放军307医院[115]报道16例APL经ATRA治疗CR后进行allo-BMT 8例，自体骨髓移植(ABMT)8例，结果各6例获得长期CR，显示APL适合allo-BMT或ABMT。

天津血液病医院[116]对成人ALL 20例作早期连续强化巩固治疗后进行ABMT。结果3年无病生存率为68.5%，复发率30.8%。山西医学院二院[117]用MAC(马法兰、环磷酰胺、阿糖胞苷)预处理方案对15例AML及9例ALL进行ABMT。结果显示该方案预处理AML比ALL更为适用。河南医大一院[118]用MAC预处理方案进行ABMT治疗急性白血病17例，5年无病生存率为50.5%，AML为61.2%。北京医大三院[119]比较3种方案(化疗+四氢叶酸+氟美松、化疗+GM-CSF+氟米松、化疗+G-CSF+氟米松)对24例血液肿瘤进行自身外周血干细胞移植(APBSCT)的动员和采集。结果表明G-CSF组PBSC产率最高，回输PBSC数与造血重建时间呈正相关。江苏常州市一院[120]用APBSCT治疗恶性肿瘤5例，回输单个核细胞(MNC)数为(0.32～1.02)×10^8/kg，造血重建需19～27天。解放军307医院[121]用HLA相合的同胞异基因外周血干细胞移植(allo-PBSCT)治疗白血病5例，回输MNC数为(2.46～7.70)×10^8/kg，回输$CD34^+$/$CD33^-$细胞为(0.59～1.11)×10^6/kg，白细胞恢复至0.5×10^9/L历时11～15天，血小板升至20.0×10^9/L为13～20天。北京医大[122]用allo-PBSCT治疗白血病2例，白细胞数升至1.0×10^9/L分别为14～15天，血小板升至20.0×10^9/L为9～10天。医科院输血所等[123]用HLA部分相合的脐血干细胞移植治疗儿童高危型 ALL 1 例，获得植活证据。

上海长海医院[124]报道 allo-BMT 治疗白血病及急性放射病 5 例。其中有 2 例急性放射病为 HLA 半相合供体，除 1 例早期死亡外，4 例移植成功。北京医大[125]应用胎肝与胸腺输注预防 GVHD，取得了较好的疗效。治疗组 allo-BMT 均为 HLA 不完全相合的供体，严重 GVHD 发生率显著低于对照组。该所[126]*又报道 BMT 后出血性膀胱炎(HC)与白血病类型、预处理方案和巨细胞病毒感染等因素无明显相关性，并提出了防治措施。兰州军区总院[127]采用 ABMT 混合半相合 allo-BMT 治疗恶性血液病 16 例。结果 11 例未复发，5 例复发。

（孟沛森）

参 考 文 献

[1] 薛守贵等. 中华实验和临床病毒 1996;10(1):42
[2] 胡建达等. 中华血液 1996;17(5):259
[3] 曹润琛等. 工业卫生与职业病 1996;22(5):301
[4] 阎建华等. 新疆医学 1995;25(4):249
[5] 昌斌等. 中华血液 1996;17(2):99
[6] 曾小菁等. 贵州医药 1996;20(3):182
[7] 李建平等. 临床血液 1996;9(1):37
[8] 陈艳荣等. 中华血液 1996;17(2):93
[9] 郑映红等. 内科急危重症 1996;2(3):105
[10] 姚海勤等. 中华血液 1996;17(4):215
[11] 胡俊斌等. 武汉医学 1996;20(1):2
[12] 周荣富等. 中华医学 1996;76(4):278
[13] 陈赛娟等. 中华血液 1996;17(2):61
[14] 薛永权等. 中华医学遗传 1996;13(1):18
[15] *刘征辉等. 中华血液 1995;16(11):575
[16] 傅晋翔等. 苏州医学院学报 1995;15(6):1051
[17] 刘征辉等. 中华内科 1996;35(6):392
[18] 李建勇等. 中华肿瘤 1996;18(2):150
[19] 张明珙等. 内科急危重症 1996;2(1):18
[20] 王鲁群等. 中华内科 1996;35(9):595
[21] 李建勇等. 江苏医药 1996;22(10):671
[22] 张晋萍等. 白血病 1995;4(4):230
[23] 李建勇等. 白血病 1996;5(3):135
[24] 刘凌波等. 中华血液 1996;17(2):79
[25] 王玉龙等. 中华血液 1996;17(2):70
[26] 李　杰等. 肿瘤防治研究 1996;23(2):83
[27] 饶灵宁等. 中华内科 1996;35(8):559
[28] 曾波航等. 中华核医学 1996;16(2):102
[29] 丁现超等. 临床血液 1995;8(4):159
[30] 马晓星等. 白血病 1996;5(3):174
[31] 严碧芸. 广西医学 1995;17(6):512
[32] 沈建箴等. 实用癌症 1995;10(4):229
[33] 邱凤琴等. 哈医大学报 1995;29(6):500
[34] 郭玉伟等. 上海医学检验 1996;11(2):99
[35] 张瑞英等. 中华儿科 1996;34(5):348
[36] 彭光洁等. 同济医大学报 1995;24(6):436
[37] 葛　娟等. 南京医大学报 1996;16(4):343
[38] 王丽峰等. 白血病 1996;5(2):92
[39] 马梁明等. 中华血液 1996;17(2):87
[40] 刘　莉等. 同济医大学报 1996;25(5):389
[41] 熊树民等. 上海医学检验 1996;11(1):1
[42] 马志贵等. 中华血液 1996;17(1):3
[43] 董陆佳等. 军医科院院刊 1996;20(1):77
[44] 章卫平等. 二军医大学报 1996;17(3):269
[45] 王申五等. 中华肿瘤 1996;18(2):102
[46] 王　嵘等. 中华血液 1995;16(11):579
[47] 晁恒军等. 中华医学 1995;75(11):686
[48] 赵忠信等. 临床血液 1996;9(2):86
[49] 王鲁群等. 解放军医学 1996;21(3):200
[50] 杨旭伟等. 福建医学院学报 1996;30(3):247
[51] 张乐萍等. 北京医学 1996;18(3):155
[52] 吴南海等. 中华儿科 1995;33(6):352
[53]* 况少青等. 中华血液 1996;17(5):243
[54] 马东初等. 中华血液 1995;16(12):628
[55] 胡俊斌等. 中华内科 1996;35(9):624
[56] 陈志明等. 四川医学 1996;17(1):37
[57] 李　玲等. 新疆医学 1996;26(2):110
[58] 晋红梅等. 白血病 1996;5(2):91
[59] 李以贵等. 海南医学 1995;6(4):276
[60] 程昌斌等. 安徽医大学报 1996;31(1):6
[61]* 卓家才等. Chin Med J 1995;108(12):902
[62] 刘　利等. 中华医院感染 1996;6(1):15
[63] 陈晓琳等. 哈医大学报 1995;29(5):409
[64] 陈　琦等. 贵州医药 1996;20(4):231
[65] 符仁义等. 实用儿科临床 1996;11(4):198
[66] 石奇珍等. 中华血液 1996;17(1):38
[67] 李兆华等. 内蒙古医学 1996;16(2):83
[68] 魏建平等. 临床血液 1996;9(1):35
[69] 朱薇波等. 中国输血 1996;9(3):128
[70] 田　丁等. 白血病 1996;5(2):80
[71] 胡俊斌等. 临床血液 1996;9(3):102
[72] 李精明. 临床血液 1996;9(3):138
[73] 杨日楷. 广西医学 1996;18(3):252
[74] 刘新月等. 临床血液 1995;8(4):149
[75] 王　军等. 临床血液 1996;9(1):29
[76] 范星火. 山西医药 1996;25(3):173
[77] 朱衍清等. 内科急危重症 1996;2(3):141
[78] 郑晓华等. 白血病 1996;5(1):35
[79] 缪世锟. 白血病 1996;5(3):134
[80] 曾波航等. 中国实用内科 1996;16(9)534

[81] 孙鹤年.江西医药 1996;31(3):190
[82] 吴汉新等.江苏医药 1996;22(4):229
[83] 郝云良等.白血病 1996;5(1):10
[84]* 张　鹏等.中华血液 1996;17(2):58
[85] 张　鹏等.白血病 1996;5(3):131
[86] 沈志祥等.上海医学 1996;19(3):146
[87] 孟庆祥等.白血病 1996;5(1):7
[88] 吴　文等.中华肿瘤 1996;18(4):273
[89] 孙关林等.内科急危重症 1996;2(3):101
[90] 吴兴中等.Chin Med J 1996;109(4):295
[91] 钟建庭等.中华血液 1996;17(2):85
[92] 宋　强等.中华血液 1996;17(7):368
[93] 王宝珍等.上海医学 1996;19(7):406
[94] 曾慧兰等.苏州医学院学报 1996;16(2):270
[95] 卞锦国等.上海医学 1996;19(10):618
[96] 王　力等.中华血液 1996;17(2):102
[97] 郭洪涛等.临床血液 1996;9(3):126
[98] 程范军等.武汉医学 1996;20(1):8
[99] 麦柏坚等.广东医学 1996;17(3):150
[100] 由清秀等.临床血液 1996;9(2):75
[101] 艾辉胜等.解放军医学 1996;21(3):193
[102] 董作仁等.中华血液 1996;17(7):342
[103] 裴迎东等.临床血液 1995;8(4):177
[104] 邵念贤等.中华血液 1996;17(7):375
[105] 乔振华等.中华内科 1996;35(8):545
[106] 杨瑞芬等.解放军医学 1996;21(3):240
[107] 石慧文等.北京医学 1996;18(4):211
[108] 殷慧君等.中华血液 1996;17(4):205
[109]* 周　洁等.中华血液 1996;17(2):64
[110] 曹履先等.中华血液 1996;17(1):26
[111] 刘变玲等.中华血液 1996;17(7):357
[112] 冯晓勤等.中华医学遗传 1996;13(1):36
[113] 黄晓军等.中华器官移植 1996;17(4):163
[114] 于　敏等.解放军医学 1996;21(3):234
[115] 曹履先等.白血病 1996;5(1):14
[116] 邱录贵等.中华血液 1996;17(10):507
[117] 乔振华等.中华血液 1996;17(10):511
[118] 宋永平等.中华血液 1996;17(10):513
[119] 王良绪等.中华血液 1996;17(5):254
[120] 华　铮等.江苏医药 1996;22(4):233
[121] 曹履先等.白血病 1996;5(2):66
[122] 刘开彦等.北京医大学报 1996;28(4):241
[123] 兰炯采等.中华输血 1996;9(3):151
[124] 杨建民等.临床血液 1996;9(2):52
[125] 陈　欢等.中华血液 1996;17(2):73
[126]* 郭乃榄等.中华血液 1996;17(10):532
[127] 达万明等.中华血液 1996;17(10):542

(三)慢性白血病

西安医大一院[1]应用逆转录-多聚酶链反应(RT-PCR)将50例Ph阳性的慢性粒细胞白血病(慢粒)分为两种亚型,b_2a_2型27例,b_3a_2型23例,两组的临床表现、分期、分组及生存曲线均无差异。天津血液病医院[2]建立了非放射性标记探针原位杂交检测BCR/ABL基因表达,方法简便,适于一般临床应用,但不宜于检测残留白血病细胞。该院[3]采用RT-PCR对27例Ph阳性的慢粒进行检测,发现p53基因的拮抗基因MDM_2基因在少数病例中过高表达,且和急变有关。武汉协和医院[4]检测136例慢粒的Ph染色体,阳性率95%,其中3例为变异型易位。同济医大[5]*报道慢粒患者各期外周血单个核细胞CD34抗原表达差异显著,监测其阳性率变化对慢性期预后的评估及急变的预测有一定意义。长沙湘雅医院[6]观察慢粒外周血粒细胞的超微结构及阴离子位点,发现幼稚细胞的表面阴离子位点明显增多,且分布不匀。提示白血病细胞的分化障碍可能与唾液酸含量增高有关。上海华山医院等[7]测得慢粒红细胞丙酮酸激酶在慢性期与加速期活性明显增高,急变时进一步增高;缓解期与正常水平一致;急性白血病的活性减低。这可用于鉴别未见慢性期的慢粒急变和急性白血病。苏州医学院一院[8]采用HA方案治疗28例慢粒,结果获CR 23例,PR 5例,CR中4例Ph阳性率有所下降,未发生严重骨髓抑制。徐州医学院附院[9]应用HA方案治疗慢粒38例,获CR 16例,PR 15例,认为HA(3+7)疗法对避免严重骨髓抑制比HA(7+7)疗法更优越。南京军区福州总院[10]应用HA方案治疗慢粒12例,7～10天为一疗程。结果1疗程CR率66.6%,2疗程CR率100%,达CR中位时间为30天;HA+马利兰方案可使部分慢粒较早获得CR。苏州医学院一院[11]以脉冲羟基脲治疗慢粒12例,用法为6g/d,分3次口服,2～4天为1疗程,间歇1～3周后重复。结果CR 11例,PR 1例,有5例Ph阳性细胞率下降。天津血液病医院等[12]*观察用基因重组α干扰素(1FN-α)治疗慢粒48例,29例复查Ph染色体治疗后1例由100%降至8%,全部病例均未达到完全转阴;IFN-α合用甲异靛或和羟基脲维持治疗36例,随访16个月,1例急变,而单用甲异靛或羟基脲35例中,2例急变,4例进入加速期。四川绵阳市医院[13]应用IFN-α治疗慢粒13例,获长期缓解3年以上的5例中无1例发生急变;用马利兰治疗的5例中,2例急变,3例复发。广州南方医院等[14]报道异基因骨髓移植治疗慢粒3例,均植活成功。河南安阳地区医院等[15]报道4例存活17年以上的慢粒。

山东荷泽地区医院[16]报道兄弟俩均患先天性慢粒。广州军区总院等[17]报道慢粒伴皮肤T细胞淋巴瘤1例。浙江金华市医院[18]报道慢粒伴门脉高压症12例。军医科院附院[19]分析30例慢粒急变形态学、细胞化学和免疫表型联合诊断分型，结果显示免疫表型和形态学诊断符合率为76%，提倡三者联合应用。烟台毓磺顶医院[20]报道1例慢粒生存10年相继急粒、急淋变。北京协和医院[21]报道慢粒髓外淋巴结急变1例。南京医大一院[22]分析20例慢性淋巴系白血病(慢淋)的临床及细胞形态学和生物学特征，认为国内现行的慢淋诊断标准中淋巴细胞绝对值超过6×10^9/L、持续增高超过3个月的规定不利于早期诊断。江苏血研所等[23]应用荧光原位杂交法检测慢淋12号染色体三体12例，认为是一种快速而敏感的方法。北京医大一院[24]分析1例慢淋伴多发性骨髓瘤的免疫表型及Ig重链V-D-J基因重排变化，显示该患者的2种疾病来源于同一个B-淋巴系统的祖细胞。河北医大二院[25]分析28例慢淋的诊断、变异和治疗。在接受化疗的26例中，完全缓解9例，部分缓解4例，另13例病情稳定，有4例变异后预后不良。海军总院[26]报道1例慢性中性粒细胞白血病急变。四川省医院[27]报道1例Ⅱ型毛细胞白血病。

(闵碧荷)

参考文献

[1] 季延红等. 中华血液 1996;17(1):35

[2] 靳卫东等. 天津医药 1996;24(7):387

[3] 孟庆祥等. 中华血液 1996;17(5):262

[4] 何美娟等. 武汉医学 1996;20(2):107

[5]* 操州虹等. 中华血液 1996;17(1):10

[6] 李晓林等. 湖南医大学报 1995;20(6):607

[7] 谢彦晖等. 中华血液 1996;17(1):31

[8] 周　晋等. 苏州医学院学报 1996;16(3):470

[9] 黄一虹等. 临床内科 1996;13(3):44

[10] 陈为民等. 临床血液 1996;9(1):13

[11] 周　晋等. 中华内科 1996;35(9):621

[12]* 万岁桂等. 中华血液 1996;17(7):344

[13] 周棠馨等. 临床血液 1996;9(3):115

[14] 黄志光等. 白血病 1995;4(4):221

[15] 丁现超等. 中华血液 1996;17(2):111

[16] 滕秀兰等. 白血病 1995;4(4):252

[17] 肖　扬等. 临床血液 1996;9(2):94

[18] 何定珠等. 白血病 1996;5(3):191

[19] 骈淮媛等. 白血病 1996;5(3):138

[20] 秦友平等. 临床血液 1996;9(3):133

[21] 李　莉等. 北京医学 1996;18(5):315

[22] 盛瑞兰等. 江苏医药 1996;22(10):667

[23] 潘　涌等. 中华血液 1996;17(7):363

[24] 朱　平等. 中华内科 1996;35(5):326

[25] 林凤茹等. 河北医大学报 1996;17(2):71

[26] 汪声恒等. 白血病 1996;5(2):99

[27] 蹇启政等. 临床血液 1995;8(4):175

(四)其他白细胞病

中山医大一院[1]分析药源性中性粒细胞减少症和缺乏症51例，后者15例中死亡3例。其病因以解热镇痛药为首，其次为甲硫咪唑、H_2受体阻滞剂、抗生素、磺胺及其他抗菌药等。上海华山医院[2]比较氧氟沙星或氧哌嗪青霉素与丁胺卡那霉素联合治疗粒细胞减少症合并发热的有效性和安全性，主要原发病为白血病、淋巴瘤和再障，感染部位以下呼吸道较多，其次为上呼吸道和消化道。两组有效率分别为47.7%和52.4%，发生不良反应者各为15%和19%，经停药或减量均可恢复正常。苏州市四院[3]应用万古霉素治疗粒细胞缺乏并发危重感染32例，总有效率32.5%。革兰阳性菌检出率40.6%，以耐药性葡萄球菌为多。中山医大一院[4]应用重组人粒细胞集落刺激因子(rhG-CSF)治疗6例甲巯咪唑所致粒细胞缺乏症，治疗后第3、7天粒细胞数较6例普通治疗组患者有明显升高($P<0.05\sim0.01$)，普通组2例出现败血症。本年度较多报道是将rhG-CSF应用于放、化疗后的白细胞减少症，认为具有促进粒细胞恢复作用[5~10]。唐山市职业病院[11]以人参补血灵治疗70例职业病性血细胞减少症，疗效明显优于对照组($P<0.001$)。青海精神卫生院[12]及北京医大临床肿瘤医院[13]分别报道中药古汉养生精、扶正复方对防治白细胞减少症有显著作用。合肥市一院[14]报道1例单纯性白细胞再生障碍。辽宁朝阳市医院等[15]报道1例一家三代人患先天性白细胞颗粒异常综合征。

(闵碧荷)

参考文献

[1] 张国材等. 新医学 1995;26(12):630

[2] 管剑龙等. 上海医学 1995;18(11):673

[3] 李汉冲等. 南京医大学报 1996;16(2):159

[4] 胡国亮等. 新医学 1996;27(4):180

[5] 傅晋翔等. 新医学 1996;27(1):14
[6] 黄泛舟等. 中日友好医院学报 1996;10(1):60
[7] 罗德云等. 华西医学 1996;11(2):177
[8] 吴 伟等. 中国医大学报 1996;25(4):380
[9] 石远凯等. 中国肿瘤临床 1996;23(4):252
[10] 樊安银等. 中国肿瘤临床与康复 1995;2(4):4
[11] 吴德江等. 综合临床 1995;11(6):309
[12] 林华华等. 青海医药 1996;26(3):29
[13] 章新奇等. 中西医结合 1996;16(1):27
[14] 甄长庆等. 安徽医学 1996;16(6):17
[15] 王振明等. 中华血液 1996;17(1):45

三、出血性疾病

(一)原发性血小板减少性紫癜

白求恩医大三院[1]检测28例急性原发性血小板减少性紫癜(ITP)患儿泼尼松治疗前后血清可溶性白介素2受体(sIL-2R)值,治疗前对泥尼松敏感和不敏感组患儿的sIL-2R值均比对照组显著升高,而不敏感组高于敏感组。西安医大一院[2]测定15例慢性ITP患者外周血T细胞亚群及白介素-2(IL-2)活性。结果显示患者CD3细胞及CD4细胞均减少,CD8细胞增多,CD4/CD8比值降低,IL-2活性明显降低,其变化与CD4/CD8比值呈正相关。青海儿童医院[3]测得20例ITP患儿外周血T淋巴细胞亚群CD4值略有增高,CD8值明显增高,CD4/CD8值明显下降。哈尔滨医大二院[4]测定12例慢性ITP患者的T淋巴细胞亚群,结果4例CD3、CD4和CD4/CD8值减少,8例CD3、CD4及CD4/CD8值与正常对照组无明显差异。重庆医大[5]测得43例ITP患者血浆中蛋白C(PC)活性显著低于正常对照组。华西医大一院[6]检测31例慢性ITP患者血浆环磷酸腺苷(cAMP)和环磷酸鸟苷(cGMP),其cAMP/cGMP显著高于正常对照组,而c AMP值与血小板数呈负相关。安徽医大附院[7]检测44例ITP患儿外周血中人巨细胞病毒(HCMV)DNA,并做病毒分离和HCMV-IgG、IgM测定。结果HCMV-DNA阳性率为32%,病毒分离阳性率为18%,HCMV-IgG、IgM阳性率分别为39%和23%。中国医大二院[8]检测31例ITP和6例AA患儿外周血及骨髓中人微小病毒B_{19}DNA,阳性率为27%。四川省医院[9]测定48例ITP患儿血清抗心磷脂抗体,阳性率为23%。南通医学院附院[10]*观察了24例ITP患者的异常免疫对骨髓巨核祖细胞的影响。重庆西南医院[11]观察14例ITP患者脾切除自体脾移植再生后的超微结构和免疫组织化学改变。患者移植脾再生后的脾脏边缘带(MZ)和红髓(RP)内浆细胞和巨噬细胞数量减少,而RP内淋巴细胞增生,成纤维细胞增多;免疫组化显示单位面积内$CD3^+$和$CD4^+$细胞总数减少,$CD8^+$细胞总数增加,$CD20^+$细胞数亦明显减少。提示全脾切除自体脾块移植对保留脾功能及改善ITP脾脏的免疫调节紊乱有一定作用。中国医大一院[12]动态观察了30例ITP患儿血小板平均容积(MPV)与血小板数(BPC)。发现患儿病初BPC明显减少,MPV明显大于健康儿童对照组;随病情好转,BPC上升,MPV变小。山东医大附院[13]报道农药久效磷、朴雷灵诱发ITP 1例。哈尔滨医大二院等[14]报道新生儿免疫性血小板减少性紫癜1例。新疆医学院二院[15]报道ITP并发脾脏泡沫状组织细胞增多症1例。苏州医学院二院等[16]采用大、小剂量地塞米松冲击治疗300例ITP患儿,总有效率93%;大、小剂量两组疗效比较无显著差异。武汉同济医院[17]用大剂量地塞米松冲击治疗31例ITP患儿,近期疗效明显。江苏兴化安丰医院[18]用地塞米松与硫唑嘌呤联合治疗13例ITP患儿,有效率达84.6%。南京市一院[19]采用长春新碱(VCR)缓慢静注加小剂量泼尼松治疗23例慢性ITP患者,显效6例,总有效率82.5%。福建泉州儿童医院[20]应用长春地辛和VCR各治疗20例ITP患儿,有效率分别为80%和20%。安徽省立医院[21]采用VP_{16}偶联血小板治疗20例ITP。结果17例难治性患者中,显效4例,良效7例,进步5例,无效1例,3例初治患者均达显效。福建血研所等[22]分别采用4种方案治疗79例难治性ITP,其中VCR组16例,达那唑组20例,大剂量泼尼松组18例和大剂量维生素C组25例。有效率分别为87%、85%、100%和92%,而显效率分别为50%、40%、22%及48%。江苏常州市一院[23]用大剂量维生素C治疗28例ITP患儿,显效17例,有效11例。浙江长兴县医院等[24]用大剂量维生素C治疗15例慢性ITP患儿,总有效率73.3%。河南卫辉市医院等[25]应用静滴大剂量丙种球蛋白(丙球)治疗9例ITP,有效率达77.8%。此外,江苏常熟市医院[26]、济南铁路医院[27]和湖北荆沙市一院[28]分别应用大剂量丙球治疗ITP 5例、13例和5例,均取得显著疗效。安徽医大附院[29]采用脾动脉栓塞治疗13例ITP,有效率达84.6%。兰州军区总院[30]采用脾切除治疗24例重度难治性ITP,近期总有效率87.5%,远期总有效率86.3%。北京医大一院[31]报道脾切除治疗42例ITP,经1年以上随访,完全缓解率64.3%,总有效率76.2%。江苏血研所等[32]

采用脾切除治疗 17 例 Evans 综合征，近期总有效率 88%，远期总有效率 75%。重庆西南医院[33]采用脾切除自体脾移植治疗 24 例 ITP，总有效率 87.5%。

(二)过敏性紫癜

新疆石河子医学院一院[34]测定 57 例过敏性紫癜(HSP)急性期患儿的免疫球蛋白(Ig)、补体及淋巴细胞转化率(LBR)值，并与正常儿童作对照。结果显示血清 IgA 明显高于对照组($P<0.01$)，IgG、IgM 低于对照组，总补体 CH_{50} 明显高于对照组；LBR 与对照组无明显差异($P>0.05$)。空军兰州医院[35]检测 23 例 HSP 患者血清和骨髓 IgG、IgA、胃动素(MTL)和铁蛋白(FRT)含量。结果血清 IgG 和 IgA 明显升高，MTL 和 FRT 与正常对照组无明显差异，患者自身血液和骨髓间上述各值无统计学差异。青海医学院附院[36]报道安乃近致混合型 HSP 及肾病综合征 1 例。内蒙古伊克昭盟中医院[37]报道六神丸引起家族性 HSP 2 例。开封中西医院[38]报道霍乱疫苗引起 HSP 1 例。吉林桦甸市医院[39]报道 HSP 合并脑出血致死 1 例。甘肃庆阳中医院[40]报道 HSP 并发带状疱疹 1 例。此外，尚有报道 HSP 合并克隆病[41]、肠系膜动脉栓塞肠坏死[42]各 1 例。山东文登县医院[43]应用甲氰咪胍治疗 12 例皮肤型 HSP 患儿，1 周治愈率为 41.6%，2 周为 83.3%。南昌铁路医院[44]采用甲氰脒胍治疗 30 例 HSP 患儿，并与同期用氢化考的松(激素组)和丹参(中药组)分别治疗 15 例 HSP 患儿作对照。结果甲氰咪胍组有效率为 97%，激素组为 73%，中药组为 67%，前者优于后两者。四川省医院[45]用美达松和氢化可的松各治疗 30 例 HSP 患者，有效率前者为 93.3%，后者为 80%。山东诸城市医院[46]应用山莨菪碱治疗 288 例 HSP 患儿，显效率达 95.14%。

(三)血友病

医科院基础所[47]对中国人群中凝血因子Ⅷ(FⅧ)基因 13 内含子(CA)n 二核苷酸重复序列多态性进行了研究。结果显示中国人群中该位点存在明显多态性，利用该位点多态性对 10 个甲型血友病家系进行连锁分析，其中 5 个家系可用该多态性区分携带者的正常和有缺陷的 FⅧ1680 A→G 基因，诊断率为 50%。上海瑞金医院等[48]*报道 1 例 FⅧ点突变。苏州医学院[49]应用 PCR 和变性梯度凝胶电泳(DGGE)分析 28 例血友病甲患者 FⅧ基因的第 8、第 14 号外显子。结果 1 例轻型患者 FⅧ基因第 8 号外显子为 T(GAT)→G(GAG)突变，导致第 349 位 ASP 被 Glu 替代。安徽省立医院等[50]应用 Southern 印迹杂交对 10 例血友病甲家系共 22 例成员进行内含子 22 倒位分析。发现重型血友病甲中有 83.3%发生倒位。武汉市儿童医院等[51]应用 PCR 及基因扩增转录序列检测 8 例血友病乙患儿及 7 例家系女性成员的凝血因子Ⅸ(FⅨ)基因突变。结果 4 例为单碱基替换，3 例为单碱基、双碱基或三碱基丢失，1 例为碱基插入。5 例患儿母亲和 1 例患儿的姐和妹携带有与患儿相同的突变基因。佳木斯医学院[52]调查 53 例美国白人、96 例美国黑人、425 例墨西哥人和 102 例中国人群凝血因子Ⅴ(FⅤ)基因点突变 1 691 A 分布情况。发现突变基因 1 691 A 的杂合子为美国白人 1 例、墨西哥人 8 例、中国人 2 例，没有发现突变纯合子。江苏血研所[53]应用 PCR 和 DGGE 技术首次在中国人群中发现 1 例血管性血友病(vWD)患者的 Von Willebrand 因子(vWF)基因外显子 28 发生错义点突变，该突变使 611 位 Arg 被 His 替换，导致 2 型 vWD。上海瑞金医院等[54]采用高保真长逆转录-PCR 技术，从人脐静脉内皮细胞总 RNA 中扩增出 5 个相互重叠的 DNA 片段，经体外拼接，终产物长度为 8 515 bp，包含 vWF cDNA 编码区全长。体外翻译表明该基因克隆具有正确的读框，在被转染的 CHO 细胞浆及培养上清液中均可检出 vWF 抗原。上海仁济医院[55]报道 1 例获得性血友病甲，可能与全身荨麻疹有关。广东省医院[56]报道 1 例大疱性天疱疮引起获得性血友病甲。上海瑞金医院等[57]报道 1 例抗凝血酶Ⅲ缺乏症。武汉同济医院[58]对 4 例采取亲属脾移植治疗的血友病甲作长期追踪。除 1 例术后移植脾功能丧失外，余 3 例移植脾均有功能，最长已达 4 年。现 4 例患儿均在上学，生活基本能自理。

(四)其他

华西医大一院等[59]研究人血小板上中国蕲蛇毒(CAAV)受体的定位，证明 CAAV 受体位于人血小板膜的 GPIb 上。武汉同济医院[60]应用原位杂交和免疫组化方法证实凝血酶可促进猪主动脉内皮细胞 C-sis mRNA 转录和血小板衍生长因子-B 链蛋白表达。华西医大[61]对 51 例正常无血缘关系的内蒙古地区的配对血浆 DNA 标本进行了抗凝血酶Ⅲ(ATⅢ)IEF 表型测定和 ATⅢ 5′基因座 PCR 扩增片段长度多态性分析。显示 ATⅢ变异体和 ATⅢ 5′基因座扩增片段长度多态性相互独立。提示 ATⅢ 5′基因座长度多态性不是产生 ATⅢ变异体的分子生物学基础。长沙湘雅医院等[62]检测 46 例静脉血栓和下肢动脉血栓，58 例心、脑梗死，74 例冠心病及 40 例正常人的抗活化蛋白(APCR)及其基因型。结果表明血栓性疾病患者与正常人的 APCR 无明显差异，亦未发现与 APCR 相关的基因型。同济医大[63]应用高效液相色谱法检测49例妊娠高血压综合征(妊高征)尿中纤维蛋白肽A(FPA)值。结果显示轻、中度妊高征组尿FPA显著高于正常孕妇，先兆子痫发生率显著高于轻、中度妊高征组，而子痫组又明显高于先兆子痫组。医科院输血所[64]应用圆二色光谱、荧光光谱及紫外差光谱研究镁钙离子诱导的凝血因子Ⅸ(FⅨ)、蛋白C(PC)的结构象变化，并通过蛋白负染电镜及光偏振实验观察了各构象与FⅨ、PC特异单抗的连接状况。发现FⅨ、PC在镁钙离子诱导下，其3种光谱均发生显著变化，且与缓冲液中的金属浓度有关；FⅨ、PC的特异单抗仅与FⅨ、PC的某种特定构象发生连接反应。上海瑞金医院[65]以氩离子激光诱导的大鼠微血管血栓形成模型，对不同剂量阿司匹林的作用进行研究。发现在超低剂量(10^{-18}、10^{-30}、10^{-60}mg/kg)时，可促进血栓形成。北京医大等[66]*采用RT-PCR方法成功地从人胎肝中克隆出全长的血小板生成素(TPO)基因，为生产TPO奠定了良好基础。

(黄隆安)

参 考 文 献

[1] 蔡灵芝等. 中华血液 1996;17(3):151
[2] 郑成云等. 陕西医学 1996;25(5):298
[3] 田根全等. 青海医药 1996;26(3):31
[4] 李晓云等. 哈医大学报 1996;30(5):471
[5] 刘国卿等. 临床血液 1996;9(2):65
[6] 薛 梅. 宁夏医学 1996;18(5):265
[7] 张广民等. 中华儿科 1996;34(4):252
[8] 史金阳等. 中国医大学报 1996;25(4):418
[9] 李 戈等. 四川医学 1996;17(1):30
[10]* 俞智华等. 南通医学院学报 1996;16(2):178
[11] 梁志清等. 解放军医学 1996;21(3):222
[12] 巴 静等. 辽宁医学 1996;10(3):134
[13] 管向东等. 中华劳卫 1996;14(3):190
[14] 阎淑清等. 哈医大学报 1995;29(6):451
[15] 谭 虹等. 中华病理 1995;24(5):281
[16] 陈小义等. 苏州医学院学报 1995;15(5):936
[17] 胡 群等. 武汉医学 1996;20(2):74
[18] 王志凌等. 临床儿科 1995;13(5):304
[19] 张 红等. 江苏医药 1996;22(2):123
[20] 郑天文等. 福建医学 1996;18(2):102
[21] 潘理明等. 中华血液 1996;17(9):489
[22] 沈建箴等. 福建医学院学报 1996;30(1):69
[23] 曹晓军. 南京医大学报 1995;15(4):944
[24] 倪美良等. 新医学 1996;27(1):27
[25] 付 磨等. 河南医大学报 1996;31(3):126
[26] 周剑峰. 临床血液 1996;9(1):30
[27] 于宝姝. 铁道医学 1996;24(5):269
[28] 袁承泰等. 武汉医学 1996;20(1):19
[29] 杨明珍等. 中国实用内科 1996;16(9):547
[30] 钟建庭等. 兰州医学院学报 1996;22(2):40
[31] 严仲瑜等. 北京医大学报 1995;27(6):469
[32] 朱琬莹等. 中华血液 1996;17(3):146
[33] 梁志清等. 解放军医学 1996;21(1):59
[34] 俞雪华. 实用儿科临床 1996;11(2):86
[35] 许昌泰等. 宁夏医学 1996;18(2):68
[36] 崔 森等. 青海医药 1996;26(1):13
[37] 何来福. 宁夏医学 1995;17(6):343
[38] 刘瑞芳等. 中华血液 1996;17(9):457
[39] 赵 凯. 吉林医学 1996;17(5):314
[40] 王锐锋. 中国皮肤性病 1996;10(5):311
[41] 王鹏等. 中国皮肤性病 1996;10(2):97
[42] 王 馥等. 哈医大学报 1996;30(1):43
[43] 毕国宽等. 临床儿科 1995;13(5):309
[44] 游志华. 江西医药 1996;31(2):94
[45] 夏邦志等. 四川医学 1996;17(5):315
[46] 于桂明等. 山东医药 1996;36(7):16
[47] 陈 中等. 中华血液 1996;17(3):121
[48]* 张宇舟等. 中华血液 1996;17(9):455
[49] 李震宇等. 中华血液 1996;17(9):466
[50] 吴竟生等. 中华医学遗传 1996;13(4):250
[51] 张纪平等. 中华儿科 1996;34(1):22
[52] 罗佳滨等. 中华医学遗传 1996;13(4):219
[53] 阮长耿等. 中华血液 1996;17(9):451
[54] 诸 江等. 中华血液 1996;17(9):475
[55] 王燕婷等. 上海医学 1996;19(5):封三
[56] 陈江声等. 新医学 1996;27(6):313
[57] 朱立红等. 中华血液 1996;17(9):478
[58] 陈知水等. 中华器官移植 1996;17(2):51
[59] 牛 挺等. 中华血液 1996;17(3):132
[60] 王宏伟等. 中华血液 1996;17(9):485
[61] 苟 清等. 中华医学遗传 1996;13(1):25
[62] 郑艳玲等. 中华血液 1996;17(9):479
[63] 刘 莉等. 临床血液 1996;9(1):5
[64] 王海龄等. 中国输血 1996;9(1):2
[65] 王学锋等. 中华血液 1996;17(9):469
[66]* 侯纬敏等. 北京医大学报 1996;28(1):1

四、其他造血系统疾病

(一)恶性淋巴瘤

病理、分期、分型 解放军总院等[1]复习38年间1 289例恶性淋巴瘤(ML)的活检材料。认为我国ML的特点是:男性多见于女性,仅有一个年龄高峰;结外病变多见;缺乏逐年发病率增高趋势;霍奇金病(HD)少见。青岛医学院附院[2]对59例ML进行研究,表明ML是一组高度异质性恶性肿瘤。哈尔滨医大三院[3]以流式细胞术研究62例非霍奇金淋巴瘤(NHL),异倍体出现率及平均S期细胞比例随组织恶性度增高而增加,非整倍体或高S%对NHL诊断有帮助。山东医大附院[4]以APAAP法研究33例NHL,表达T细胞标记者20例,B细胞标记者8例,T、B双标记者4例,非T非B 1例。济南军区总院等[5]研究14例NHL并发白血病的免疫表型,4例表达B细胞标记,10例表达T细胞标记。中国医大一院等[6]*研究5例Ki-1阳性NHL,CD30(Ki-1)、CD25(IL-2R)均阳性,而CD15均阴性。南京医大一院[7]报道32例原发性皮肤T细胞ML,其中多形细胞性(PCL)15例、皮肤蕈样霉菌病(MF)7例、淋巴母细胞性(LBL)5例、免疫母细胞性(IBL)及肉芽肿性(GL)各2例,透明细胞性T淋巴瘤(CCL)1例。免疫组化均显示T细胞单克隆性,32例中7例伴反应性噬血组织细胞增生。该院等[8]又报道5例皮肤B细胞ML:中心细胞-中心成细胞性淋巴瘤(CCBL)2例,皮肤免疫细胞性(CIL)、中心细胞性(CL)、中心母细胞性(CBL)各1例;全部病例CD45、CD20阳性,CD45 RO阴性。河北医学院二院等[9]报道鼻及鼻咽部ML 60例,其中属中线恶组41例,中线NHL 19例。前组见肉芽组织结构,内有异型细胞,并有淋巴上皮病表现及容易侵犯血管壁等特点,后组形态与淋巴结内ML无异。

基础研究 广东中山市医院等[10]*检测40例HD及20例淋巴结良性病变标本中的EB病毒(EBV)-DNA和潜伏感染膜蛋白,结果鼻咽癌高发区半数以上HD肿瘤细胞中有EBV潜伏感染。北京医院等[11]以EBER-1原位杂交研究127例非免疫缺陷相关B淋巴瘤,检出率仅6.3%,提示EBV在该类淋巴瘤发病中的作用不大。南京铁道医学院附院[12]以半套式PCR检测B细胞NHL活检标本中的bc1-2/JH融合基因,15例滤泡型NHL中60%阳性,30例弥漫型中10%阳性,5例反应性淋巴组织增生均阴性。该院[13]又检测10例滤泡性淋巴瘤(FL)患者骨髓与外周血标本,认为检测bc1-2/JH融合基因有利于早期发现FL患者的骨髓侵犯。华西医大[14]应用PCR及免疫组化法对28例FL和18例反应性滤泡增生(RFH)进行bc1-2/IgH融合基因及bc1-2蛋白检测,结果RFH组中bc1-2/IgH融合基因6例阳性(33%),与FL组的57%阳性率无显著差异($P>0.05$);肿瘤性滤泡与反应性滤泡中bc1-2蛋白表达的分布不同。西安西京医院[15]以PAP法研究FL与RFH的bc1-2蛋白表达见10例RFH bc1-2阳性细胞密集于套区,生发中心的细胞为阴性;7例FL的阳性细胞主要密集于滤泡中央。南京金陵医院[16]以ABC法观察16例原发性中枢神经B细胞ML的bc1-2蛋白表达,总阳性率为81.3%。四军医大[17]以PAP法观察26例口腔粘膜相关淋巴瘤的bc1-2蛋白表达。73%患者为阳性,其中6例小裂细胞性淋巴瘤5例为阳性。

湖北医大一院[18]以PCR法检测11例T细胞ML骨髓细胞的TCRVδ_1-Jδ_1基因克隆性重排,5例阳性,6例B细胞ML及10例正常骨髓均为阴性。北京医大三院等[19]以PCR法检测60例皮肤淋巴细胞浸润患者的TCR-β和/或TCR-γ基因克隆重排,认为该法有助于确立皮肤T细胞淋巴瘤的克隆性及细胞源性。北京医大一院等[20]以TCR-γ基因重排为标志分析73例淋巴瘤和白血病的克隆性,认为异源双链形成实验可迅速确定TCR-γ重排基因的单克隆、寡克隆和多克隆性。武汉协和医院[21]以半套式PCR对70例淋巴结活检组织作IgH基因CDRⅢ片段的体外扩增。46例B细胞NHL的克隆重排检出率为87%,其余病例均为阴性。

p16基因是一种抑癌基因,华西医大一院等[22]以ABC法检测45例NHL的P16蛋白表达,阳性率为37.8%,其中15例低度恶性组的阳性率(66.7%)与14例高度恶性组(7.1%)之间有显著差异($P<0.01$)。南京医大一院[23]以ABC法检测7例皮肤T细胞ML的突变型p53基因蛋白表达,2例阳性(28.6%),9例皮肤鳞癌中8例阳性(88.8%)。

青岛医学院[24]对36例ML进行细胞遗传学研究。异常核型检出率100%(35例良性疾病为8.6%),数目异常有+3,+5,+7,+8,+12,+16,+18,-Y;结构异常有$14p^+$,t(8:14),t(11:14),t(14:18),$1p^-$,$3p^-$,$7q^-$,$13q^+$,及i(17q)。浙江医大等[25]分析8例粘膜相关淋巴组织ML的染色体变化,分别涉及$2p^{11-13}$,$7q^{21}$,$10p^{13-15}$,$11q^{13}$,$12p^{11-12}$,$14q^{32}$及$16q^{24}$等部位。上海医大肿瘤医院[26]以ABC法测得SRS鼠白血病/淋巴瘤克隆株的c-fos和c-myc呈强表达;c-jun,ras-p21和c-erbB-2呈中度表达。

临床报道 北京医大一院[27]分析51例经病理证实的ML,临床表现多种多样,原发于结外者占27%,结外病变误诊率高达86%。上海医大肿瘤医院[28]对29例NHL患者尸体作肝脾穿刺,肝侵犯率79.3%,脾侵犯率76.9%,临床未提示肝累及的15例中12例有肝侵犯,16例临床无脾大者11例有脾累及。该院[29]又分析ML合并骨髓侵犯57例,其中HD仅1例,低、中、高度恶性NHL分别占22.8%、36.8%及22.8%。珠海市医院[30]报道该地区13年间22例NHL,发病率明显低于华东地区,90%为B细胞性,95%属高、中度恶性类型。北京铁路总院[31]报道1例复合型淋巴瘤,于2年内先后出现淋巴细胞为主型HD及大细胞型NHL。北京医院等[32]报道1例NHL出现巨球蛋白血症。广东省医院[33]报道1例NHL合并Ig A型多发性骨髓瘤。柳州铁路医院[34]报道1例伯基特淋巴瘤合并淋巴细胞白血病。山东聊城中医院[35]报道1例HD于患病8年后合并胃癌及胰腺癌。北京肿瘤医院[36]报道1例HD与左肾透明细胞癌并存。甘肃平凉市医院[37]报道1例淋巴结B细胞淋巴瘤合并转移性肝癌。天津血液病医院等[38]报道1例间变性大细胞Ki-1阳性NHL,瘤细胞CD30、CD45RO阳性,CD45R、CD15、MAC 387,lysozyme、S-100、Bcl-2均阴性。北京医院[39]报道1例血管免疫母细胞淋巴结样T细胞淋巴瘤。柳州市一院[40]报道1例HD合并噬血细胞综合征。本年度共报道蕈样肉芽肿47例[41~48]。青岛医学院二院[49]及常州市一院[50]各报道1例非MF原发性皮肤T细胞淋巴瘤,预后较MF差。解放军456医院[51]报道1例Lennert淋巴瘤,肿瘤性淋巴细胞CD_{45}阳性,上皮样细胞Iysozyme阳性。解放军总院[52]报道2例特殊类型HD,例1为滤泡间HD,例2为黄瘤型HD。杭州市三院[53]报道1例泛发性皮肤假性淋巴瘤,临床表现为多处皮肤结节,并有局部淋巴结肿大。上海市一院[54]分析3例误诊为ML的病例,例1为脾结核、胰头部淋巴结结核;例2为系统性红斑性狼疮;例3为伴有陈旧性出血的纵隔单纯囊肿。

原发性结外病变 白求恩医大三院等[55]报道50例原发性胃肠道NHL,中位发病年龄39岁,90%为B细胞性,弥漫型占92%,T、B-NHL 5年存活率分别为20%及48.6%。解放军总院[56]*报道54例原发性胃肠道NHL,占同期结外ML的46.2%;多因素分析示疾病分期及治疗措施与生存期显著相关。南通医学院附院[57]报道8例胃原发性ML,其中HD 3例,NHL 5例;肿块型1例,溃疡型4例,浸润型3例;位于胃体3例,胃窦小弯侧5例。

北京天坛医院[58]报道40例原发性颅内ML(PCNSL)。以儿童及老年人多见;主要表现为颅压增高及随部位而异的神经功能障碍;CT显示均匀高密度影像;MRI在T_1加权为低信号,T_2加权信号明显增高。南京金陵医院[59]研究14例PCNSL。瘤细胞单一、异型、早期常围绕血管呈袖套样排列,中晚期呈弥漫性分布;免疫组化及电镜显示多数为B细胞性。上海长海医院[60]报道1例PCNSL,强调在CT、MRI上肿瘤征象自发性或经皮质激素治疗后暂时消失是诊断PCNSL的重要线索。

白求恩医大三院等[61]报道22例骨原发性ML,20例为单骨病变,X线上91%为溶骨型;15例作免疫组化,B细胞标记阳性者10例。苏州医学院[62]报道15例骨原发性ML。股骨占33%,椎骨26%;B及细胞性9例,T细胞性5例,组织细胞性1例。

北京医大一院[63]报道6例原发性乳腺NHL。平均年龄50岁;肿瘤平均直径为3.7 cm;针吸阳性率68%;5、10年存活率分别为50%及33%。广东肇庆市一院[64]报道1例双侧乳腺原发性ML。北京医大一院[65]及长沙湘雅医院[66]各报道1例原发性乳腺ML多次复发,前者行乳腺单纯切除,术后辅以化疗,存活23年;后者行肿块局部切除。

白求恩医大三院[67]报道脾原发性ML 8例。均为弥漫型NHL均以上腹肿块为首发症状。哈尔滨医大三院等[68]报道7例脾原发性ML,1例为HD,脾切除后辅以COPP化疗,生存8年;余均为弥漫型NHL,均于术后12个月内死亡。江苏省医院[69]报道3例肝脏粘膜相关ML,起源于汇管区淋巴细胞,均为B细胞性。

胜利石油管理局医院[70]报道6例甲状腺粘膜相关淋巴瘤,均为B细胞性,其中5例瘤细胞表达IgA。贵州省医院[71]报道2例原发性甲状腺ML,均为T细胞性NHL,且均伴有淋巴细胞性甲状腺炎。空军总院[72]报道1例经尸检证实的双侧肾上腺原发性ML,生前疑为肾上腺结核。本年度共报道2例骨骼肌间原发性ML[73,74],例1发生于右侧股四头肌,例2发生于右臀梨状肌。原发性性腺ML十分少见,本年度共有15例原发性卵巢ML[75~77]及13例原发性睾丸ML[78~81]报道。

诊断 山东医大附院等[82]检测25例NHL及10例淋巴结反应性增生,认为IgH和TCRr基因的克隆性重排对鉴别良、恶性淋巴结肿大有重要价值。北京北太平路医院等[83]*检测35例NHL患者骨髓标本的IgH和TCRr基因克隆性重排,结果表明此法的骨髓浸润检出率明显高于骨髓涂片($P<$

0.01)。青岛医学院等[84]对71例淋巴结石蜡切片作AgNOR定量研究,良、恶性病变的计数差别十分显著($P<0.01$)。一军医大[85]用自动图像分析技术检测74个典型R-S细胞及71个增生性免疫母细胞,4个判别函数对两者的判别符合率为71.23%～86.11%。兰州军区乌鲁木齐总院[86]对比结外ML与小细胞未分化癌,认为ML细胞均表达LCA,核轮廓多不规则,染色质粗而不匀,核立体感强,核仁明显,EMA对两者的鉴别帮助不大。重庆西南医院[87]检测23例ML,其血清脂质结合唾液酸显著高于20例正常健康者($P>0.001$)。山西肿瘤所[88]及上海华东医院[89]分别测得ML患者血清sIL-2R显著高于正常($P<0.001$)。西安西京医院[90]检测ML患者脑脊液sIL-2R,5例合并中枢神经系统(CNS)浸润者明显高于15例无CNS浸润者($P>0.01$),后者与20例对照组无显著差异($P>0.05$)。天津医大总院[91]报道96例ML的超声显像结果,除肝脾肿大外,其余病变均表现为实性低回声。福建医学院一院[92]以^{99m}Tc-Dextran为30例ML作全身淋巴结显像。结果20例腋、锁骨上淋巴结显像异常,10例胸骨旁淋巴结及15例腹主动脉旁淋巴结显像异常。上海医大肿瘤医院[93]报道100例ML的胸部CT表现,78例表现异常,包括纵隔肺门淋巴结肿大、肺部侵犯、胸膜病变、心包渗出及胸壁侵犯等。南京铁道医学院附院[94]通过对10例胸部ML的观察,认为MRI对后纵隔病变的诊断有独到价值(跨越横膈上、下纵行生长)。首都医大等[95]对47例常规诊断困难的病理标本作电镜检查,4例在光镜下疑为横纹肌肉瘤、未分化癌等的ML得以确诊。

治疗 四川肿瘤医院[96]对比各18例NHL CHOP与CNOP(以国产米托蒽醌替换阿霉素)的疗效,两组相似($P>0.05$)。该院等[97]又分析NHL 108例的疗效,COPP、CHOP、BACOP及EPCOP 4组方案的总缓解率(CR+PR)无显著差异($P>0.5$)。福建肿瘤医院[98]应用PROMACE-MOPP方案治疗NHL 108例,Ⅰ～Ⅳ期患者的CR率分别为100%、90.5%、55.8%及36.1%。四川肿瘤医院等[99]随机以PROMACE-CytaBOM及CHOP方案治疗NHL 64例,两组的总缓解率无显著差异($P>0.05$),但对初治者而言,前者优于后者($P<0.05$)。湖北肿瘤医院等[100]以CHOP方案治疗中、高度恶性NHL 30例,其中27例初治者的CR率为70.3%。广州珠江医院[101]以CHOPE方案(E为足叶乙甙)治疗ML 27例,CR率为70%。上海瑞金医院[102]以EMCOP(VP-16、MX、CTX、VCR、Pred)治疗33例NHL,19例初治者CR率68.4%,14例复发和难治者CR率28.6%。医科院肿瘤医院[103]总结4组含足叶乙甙的联合方案治疗ML的疗效,共91例,总有效率75.7%,CR率25.7%,以COPEP疗效最好,CR率44.4%。白求恩医大三院[104]报道用淋巴管注入多联抗癌药治疗ML 74例,CR率69.7%,药代动力学提示淋巴管注药后肿瘤局部药物浓度较静脉用药为高,停留时间长。

空军总院[105]以VM_{26}、卡铂、阿糖胞苷、地塞米松配合自体外周血干细胞输注治疗14例CHOP方案抗拒的ML,CR率71.4%。天津肿瘤医院[106]以马法兰为主的大剂量化疗联合全身照射及自体骨髓移植(ABMT)治疗ML 11例,中位随访35个月,持续完全缓解率81.8%,无移植相关死亡。中国医大一院[107]以ABMT治疗10例晚期、复发、高度恶性型ML,均获CR;中位随访32个月,80%无病生存。兰州军区总院[108]以大剂量化、放疗及ABMT治疗15例HD,均获CR,5年生存率53.3%。该院等[109]报道28例ML经ABMT后的远期并发症,14例有性腺功能减退,1例甲状腺功能低下,2例淋巴管阻塞,2例肌萎缩。上海长海医院[110]以大剂量放、化疗结合胎肝细胞移植治疗晚期ML 8例,3年无病生存率50%。

(余润泉)

参 考 文 献

[1] 纪小龙等.肿瘤防治研究 1996;23(5):268

[2] 谷仁凯等.中华血液 1995;16(11):567

[3] 张清媛等.哈医大学报 1996;30(1):59

[4] 宋 强等.上海免疫 1996;16(1):14

[5] 王鲁群等.临床血液 1996;9(2):80

[6]*肖卫国等.中华肿瘤 1996;18(4):302

[7] 周 青等.江苏医药 1996;22(3):167

[8] 周 青等.临床皮肤 1996;25(1):15

[9] 魏守礼等.肿瘤防治研究 1996;23(3):151

[10]*储 兵等.中华病理 1996;25(3):155

[11] 周小鸽等.中华病理 1996;25(1):4

[12] 吴开达等.中华病理 1996;25(3):152

[13] 吴开达等.中华血液 1996;17(6):311

[14]*王 洁等.中华病理 1995;24(6):337

[15] 陈协群等.中华医学 1996;76(4):309

[16] 石群立等.中华病理 1996;25(3):171

[17] 高玉好等.中华口腔 1996;31(5):278

[18] 陈友华等.武汉医学 1996;20(1):4

[19] 张春雷等. 中华皮肤 1996;29(5):346
[20] 朱　平等. 中华血液 1996;17(7):348
[21] 刘树茂等. 中华医学遗传 1995;12(6):334
[22] 张尚福等. 华西医大学报 1996;27(3):254
[23] 庄丽华等. 中华皮肤 1996;29(2):121
[24] 周　容等. 中华血液 1996;17(4):211
[25] 张颜明等. 癌症 1996;15(2):110
[26] 郑颂国等. 上海医大学报 1996;23(1):7
[27] 吴晶新等. 北京医学 1995;17(6):344
[28] 许立功等. 肿瘤 1995;15(6):455
[29] 金杏泉. 白血病 1995;4(4):229
[30] 张　莹. 肿瘤防治研究 1995;22(5):273
[31] 郭绍纶等. 中华放射 1995;29(11):802
[32] 周小鸽等. 中华病理 1996;25(2):126
[33] 杜　欣等. 中华老年医学 1996;15(4):216
[34] 韦志宏等. 中华肿瘤 1996;18(1):9
[35] 许　慧等. 中国肿瘤临床 1996;23(2):133
[36] 蒋力明等. 中华肿瘤 1996;18(2):118
[37] 韩永杰等. 中华肿瘤 1996;18(2):112
[38] 陈辉树等. 中华病理 1996;25(3):158
[39] 明树红等. 中华老年医学 1996;15(4):247
[40] 黄锦雄等. 临床血液 1996;9(2):79
[41] 高淑娟等. 南京医大学报 1995;15(4):878
[42] 吴为群等. 中国实用内科 1995;15(11):697
[43] 王迎林等. 中华皮肤 1996;29(2):133
[44] 董训兰等. 安徽医学 1996;17(2):57
[45] 黄　岚等. 中华皮肤 1996;29(2):98
[46] 张万岭等. 中国肿瘤临床 1996;23(6):446
[47] 张锡芹等. 中国肿瘤临床与康复 1996;3(3):65
[48] 陈江声. 新医学 1995;26(11):594
[49] 李　红. 中国皮肤性病 1996;10(4):250
[50] 康定华. 临床皮肤 1996;25(2):102
[51] 桂开林等. 临床与实验病理 1996;12(3):217
[52] 纪小龙等. 临床与实验病理 1996;12(2):154
[53] 沈　宏等. 中国皮肤性病 1996;10(3):161
[54] 周　柱. 上海医学 1995;18(12):714
[55] 卢振霞等. 中国免疫 1996;12(1):62
[56]* 汪月增等. 中华血液 1995;16(11):563
[57] 李　勇等. 南通医学院学报 1996;16(1):40
[58] 杨　峻等. 中华外科 1996;34(2):102
[59] 陈海玲等. 临床与实验病理 1996;12(2):98
[60] 胡小吾等. Chin Med. J. 1996;109(5):414
[61] 杨　华等. 中华病理 1995;24(5):300
[62] 吴德明等. 苏州医学院学报 1996;16(2):211
[63] 段学宁等. 中国实验临床免疫 1996;8(2):插页
[64] 雷伟华. 临床与实验病理 1996;12(3):220
[65] 廖晓耘等. 中国肿瘤临床 1995;22(11):775
[66] 冯雪萍等. 中国肿瘤临床 1996;23(4):286
[67] 王　杨等. 中华血液 1996;17(1):36
[68] 崔淑珍等. 肿瘤防治研究 1996;23(3):163
[69] 张智弘等. 临床与实验病理 1996;12(1):34
[70] 李新功等. 中华病理 1995;24(5):322
[71] 谭诗生. 贵州医药 1996;20(3):144
[72] 左献民等. 中华放射 1996;30(8):557
[73] 沈金辉等. 临床与实验病理 1996;12(3):267
[74] 苏雁彬等. 吉林医学 1996;17(2):116
[75] 戴爱娣等. 癌症 1996;15(3):237
[76] 陈立平等. 中华病理 1996;25(4):227
[77] 白　萍等. 中华妇产 1995;30(10):614
[78] 王　仪等. 临床与实验病理 1996;12(2):180
[79] 孙燕妮等. 中华泌外 1996;17(4):247
[80] 钟国英等. 实用癌症 1996;11(2):125
[81] 朱喜田等. 铁道医学 1996;24(5):266
[82] 宋　强等. 山东医大学报 1996;34(2):128
[83]* 张伟京等. 中华医学 1996;76(3):207
[84] 卢　洁等. 白血病 1995;4(4):214
[85] 赵　彤等. 白血病 1996;5(2):95
[86] 卢开柏等. 临床与实验病理 1996;12(2):128
[87] 梁大强等. 癌症 1995;14(5):343
[88] 曾小澜等. 中华医学检验 1996;19(5):307
[89] 潘祖玉等. 上海医学 1996;19(8):461
[90] 王丽峰等. 中华血液 1996;17(6):318
[91] 田　平等. 中华超声影像 1996;5(2):62
[92] 杨　芳等. 福建医学院学报 1996;30(1):71
[93] 王玖华等. 中华放射 1995;29(12):824
[94] 刘万花等. 临床医学影像 1996;7(3):182
[95] 孙永平等. 首都医学院学报 1995;16(4):271
[96] 张应潮等. 中国肿瘤临床 1996;23(6):447
[97] 郑智元等. 癌症 1996;15(3):208
[98] 黄雪珍等. 癌症 1996;15(3):198
[99] 侯　梅等. 中国肿瘤临床 1995;22(12):857
[100] 杨国庆等. 肿瘤防治研究 1995;22(5):312
[101] 张家华等. 中华血液 1996;17(7):379
[102] 糜坚青等. 临床内科 1996;13(4):23
[103] 冯奉仪等. 中华肿瘤 1996;18(3):227
[104] 张秀梅等. 中国肿瘤临床 1995;22(12):852
[105] 纪树荃等. 中华血液 1995;16(11):596
[106] 崔秀珍等. 中华血液 1996;17(10):521
[107] 翟　明等. 白血病 1996;5(2):77
[108] 钟建庭等. 中华血液 1996;17(10):550
[109] 钟建庭等. 白血病 1995;4(4):203
[110] 杨建民等. 白血病 1995;4(4):200

(二)浆细胞病

本年度共报道有关多发性骨髓瘤(MM)及其他恶性浆细胞病 191 例[1~28]。包括不分泌型 MM 2 例[1]、重链病 2 例[14,15]、POEMS 综合征 13 例[9~11]、孤立性骨髓瘤(SPB)26例[16~18,20,21]、髓外浆细胞瘤(EMP)25例[18,19,21]、MM合并ML 2例[22,23]。北京中日友好医院[11]报道1例POEMS综合征伴肾上腺皮质功能减低。北京航天医院[12]报道1例POEMS综合征伴长时间窦性停搏,频发晕厥。天津医大[15]报道1例小肠α-重链病,显示肠管多处狭窄,肠壁僵硬,小肠绒毛萎缩,肠壁有弥漫性浆细胞浸润,绝大多数浆细胞胞质内含有α-重链阳性物质。重庆医大一院等[24]报道兄弟2人同患IgG型MM。解放军总院[25]报道9例IgD型MM,占该院同期MM的10.1%,发病年龄较轻,髓外浸润、贫血、氮质血症、溶骨性损害等较多见,约90%为IgD-λ型。南京金陵医院[27]分析11例MM伴肾损害的临床特点。10例于确诊时已为病程Ⅲ期,5例已发展至不可逆的终末期肾衰;7例肾活检显示病变以肾小管-间质为主,肾小球仅有系膜增生。华西医大一院分析75例MM性肾病,76%有肾炎样尿异常(其中6例为肾病综合征),2例为急性肾功能衰竭,53例为慢性肾功能不全(氮质血症35例,尿毒症18例)。

南京金陵医院[21]报道4例SPB及3例EMP的X线和CT表现。SPB X线主要为边界清楚的单发膨胀性骨破坏,CT显示局部由软组织肿块充填;EMP主要为局部软组织肿块,邻近骨骼受侵犯呈囊状破坏。苏州医学院二院[30]通过对12例MM及21例转移瘤的观察,认为MRI检查对两者的脊柱病变有较高的鉴别诊断价值。

北京红十字朝阳医院[31]*用PCR技术检测35例MM患者外周血(其中8例同时测骨髓)及1例未定性单克隆丙球蛋白病(MGUS)患者外周血及骨髓的IgH基因克隆性重排。8例MM的骨髓标本7例阳性,35例外周血标本23例阳性,骨髓与外周血同时阳性有3例,其IgH基因重排带均在同一碱基位置上。上海长征医院[32]从常规保存的骨髓涂片中抽提DNA,PCR扩增后观察MM与反应性浆细胞增多症(RP)患者IgH基因重排方式,36例MM中有29例检出单克隆性IgH基因重排,8例RP均为多克隆性重排。该院[33]又从16例MM患者的外周血中测得6例有单克隆性IgH基因重排,且均与骨髓的单克隆性重排带一致,说明两者来自同一克隆。中国医大一院[34]以间接免疫荧光法对36例MM的外周血作T细胞亚群及CD38$^+$细胞检测,结果提示MM患者存在细胞免疫功能紊乱,外周血中存在肿瘤前体细胞。上海长征医院[35]以放射配体结合一点法检测23例MM的外周血白细胞糖皮质激素受体(GR);认为GR的表达水平有助于预测糖皮质激素疗效。沈阳医学院等[36]观察IL-6对小鼠B-杂交瘤7TD1细胞凋亡的调控作用,结果提示IL-6通过抑制细胞凋亡来促进细胞存活和生长,其抑制作用需要有新的蛋白质合成。西安医大[37]以EL4+CTLL-2及7TD1细胞株增殖法分别检测MM患者的IL-1和IL-6,并观察rIL-1α和rIL-1β对IL-6的影响。结果提示IL-1可诱导人类MM细胞产生IL-6。北京协和医院[28]以RT-PCR法检测MM患者骨髓细胞MDR-1基因的表达,化疗前阳性率为0(0/6例),化疗后为70%(7/10例);MDR-1表达阴性者的化疗有效率显著高于阳性者($P=0.02$)。

广州南方医院[39]以改良的VAD方案(阿霉素减为10 mg/d,地塞米松减为15~20mg/d)治疗老年难治性MM 9例,4例显效,总有效率66.7%。上海华山医院[40]观察MM患者血浆置换(PE)的疗效,8例IgG型及7例IgA型于PE前后M蛋白均有显著下降($P<0.05$)。浙江医大二院[40]对24例骨孤立性浆细胞瘤及20例髓外浆细胞瘤进行随访,平均112个月。前者有54%、后者有40%发展为MM,作者建议按肿瘤细胞的分化程度分为潜伏型与侵袭型,治疗上除彻底切除或刮除病灶、术后辅以放疗外,侵袭型尚需进行化疗。武汉同济医院[41]对5例华氏巨球蛋白血症进行PE,同时予以小剂量瘤可宁治疗。统计8次PE,IgM较治疗前平均减少43%($P<0.005$)。

(余润泉)

参 考 文 献

[1] 李银水等. 北京医学 1995;17(6):332
[2] 李振玲等. 中日友好医院学报 1996;10(3):268
[3] 方 机. 新医学 1995;26(11):592
[4] 苏木荣等. 海南医学 1995;6(4):271
[5] 王学文等. 中华血液 1996;17(8):439
[6] 张丽杰等. 哈医大学报 1995;29(5):431
[7] 陈媛清. 广东医学 1995;16(10):680
[8] 邱发麒. 四川医学 1996;17(5):324
[9] 詹淑琴等. 中华神经精神 1996;28(5):309
[10] 张启宇等. 中华内科 1996;35(1):54
[11] 杨文英等. 北京医学 1996;18(5):298
[12] 靳维华. 综合临床 1996;12(3):133
[13] 鲁志英. 临床血液 1995;8(4):170
[14] 袁有忠等. 中华血液 1995;16(11):566
[15] 孙保存等. 中华医学 1996;76(4):316
[16] 颜式可等. 临床血液 1995;8(4):161
[17] 叶 红等. 临床血液 1995;8(4):181
[18] 杨迪生等. 中华肿瘤 1996;18(1):41

[19] 张永康. 中华神经精神 1995;28(5):259
[20] 杨惠芬等. 哈医大学报 1996;30(3):298
[21] 许 健等. 中华放射 1996;30(2):121
[22] 郭述玲等. 白血病 1996;5(2):98
[23] 戚国堡等. 临床血液 1996;9(3):117
[24] 彭玉芳等. 中华血液 1996;17(6):299
[25] 边志华等. 中国实用内科 1996;16(2):108
[26] 黄梓伦. 广东医学 1996;17(5):357
[27] 胡伟新等. 肾脏病与透析肾移植 1996;5(3):28
[28] 陈惠萍. 肾脏病与透析肾移植 1996;5(3):86
[29] 付 平等. 华西医学 1996;11(3):276
[30] 宋建荣等. 中华肿瘤 1996;18(4):249
[31]* 陈文明等. 中华血液 1995;16(11):572
[32] 吕 鸣等. 中国免疫 1996;12(2):118
[33] 吕 鸣等. 中华内科 1996;35(5):342
[34] 于锦香等. 中华血液 1996;17(11):572
[35] 吕 鸣等. 二军医大学报 1996;17(3):266
[36] 刘 佳等. 中华微生物和免疫 1995;15(6):382
[37] 鲍德虎等. 上海免疫 1996;16(4):227
[38] 齐君原等. 中华血液 1996;17(4):210
[39] 徐 兵等. 中华老年医学 1996;15(4):201
[40] 谢彦晖等. 上海医学 1996;19(5):282
[41] 李志雄等. 临床内科 1995;12(6):34

(三)其他

本年度共报道恶性组织细胞病(MH)113例[1~22]。南京医大[22]对17例MH尸检材料进行临床及病理分析。平均年龄26岁,男女之比4.7∶1,临床误诊率65%,平均生存期不足6个月,病理诊断依据为镜下3个以上造血器官有吞噬性异型组织细胞浸润,细胞互不粘聚。山东医大附院[23]对21例经临床及形态学诊断的MH以APAAP法作细胞表面分化抗原检测,17例表达淋巴细胞标志(T细胞标志11例,B细胞标志4例,T、B双标志2例);4例表达粒-巨噬细胞标志。表明根据形态学诊断的MH实为一组具有不同性质和细胞来源的异质性疾病。

湖南省医院等[24]对330例经骨髓活检确诊的骨髓纤维化(MF)进行分析,142例为原发性,188例为继发性,共继发于11种疾病,但以继发于慢性粒细胞白血病为多(占54.7%),其他依次为骨髓转移癌、急性非淋巴细胞白血病、骨髓增生异常综合征、真性红细胞增多症等。解放军254医院[25]报道1例肠型白塞病合并MF。

本年度共报道骨髓坏死24例[26~33]。除4例外[26,27,32,33],均由恶性肿瘤引起。

内蒙古自治区医院[34]及上海长海医院[35]共报道嗜酸性淋巴肉芽肿8例,患者有无痛性淋巴结肿大或皮下组织肿胀,肿块生长缓慢;外周血中嗜酸性粒细胞显著增高;淋巴结结构存在或部分存在,有大量嗜酸性粒细胞浸润;发生于皮下组织者表现为炎性肉芽组织背景上的嗜酸性粒细胞浸润。江苏省医院[36]报道5例嗜酸性淋巴肉芽肿,免疫组化显示T细胞为单克隆性,认为该病实为低度恶性T细胞淋巴瘤。

本年度共报道坏死增生性淋巴结病105例[37~49]。患者年龄6~56岁,绝大多数为青年,男女之比为1.5∶1。表现为发热,热程2天~5个月,肿大的淋巴结有轻度触痛或自发痛,活检均有凝固性坏死,无中性粒细胞浸润。

天津医大总院[50]以PCR技术对28例中线恶性网织细胞增多症(MMR)的病理石蜡切片进行EB病毒检测,结果68%为阳性。华西医大一院[51]*以PCR技术检测14例MMR的T细胞受体β链(TCR-β)基因重排,结果显示12例(85.7%)有单克隆性TCR-β基因重排。

泰山医学院[52]报道2例50岁左右女性因甲状腺结节而行甲状腺手术切除,瘤体印片经瑞氏-姬姆萨混合染色证实为海蓝组织细胞增生症。

(余润泉)

参 考 文 献

[1] 廖 宁等. 新医学 1995;26(11):587
[2] 李玉明等. 中国肿瘤临床 1996;23(8):605
[3] 郑曼蕾等. 广东医学 1996;17(4):261
[4] 闵秀全等. 中华血液 1996;17(6):322
[5] 李玉明等. 中华血液 1996;17(8):436
[6] 陈 森等. 广东医学 1996;17(5):337
[7] 吴润晖等. 首都医大学报 1996;17(3):233
[8] 陈卫民等. 中华口腔 1996;31(2):127
[9] 石玉珍等. 中华血液 1995;16(11):578
[10] 蔡惠芬等. 中华结核和呼吸 1996;19(1):43
[11] 张春芳等. 哈医大学报 1995;29(5):427
[12] 李艳秋. 天津医药 1995;23(12):736
[13] 孙桂珍等. 临床血液 1996;9(1):19
[14] 李亚军等. 陕西医学 1996;25(8):497
[15] 赵燕力等. 河北医药 1996;18(5):328
[16] 郑周万等. 贵州医药 1996;20(5):319
[17] 王来慈等. 哈医大学报 1996;30(5):407
[18] 唐少宏. 肿瘤研究与临床 1996;8(1):4

[19] 邓 军等. 中国皮肤性病 1996;10(4):221
[20] 章华光. 天津医药 1995;23(11):655
[21] 鞠文东等. 中华血液 1995;16(11):610
[22] 吴树扬等. 南京医大学报 1996;16(1):36
[23] 宋 强等. 上海免疫 1996;16(5):308
[24] 李华珠等. 湖南医学 1996;13(4):226
[25] 陈 曦等. 天津医药 1996;24(7):442
[26] 占竹英等. 湖北医大学报 1996;17(2):154
[27] 于晓东等. 中华儿科 1996;34(3):202
[28] 道立金. 中国肿瘤临床与康复 1996;3(3):53
[29] 何大双等. 内科急危重症 1996;2(2):89
[30] 徐立卓等. 中华血液 1996;17(6):303
[31] 陈红新等. 福建医药 1996;18(4):131
[32] 罗更新等. 广东医学 1996;17(9):646
[33] 张雅丽等. 山西医药 1995;24(6):382
[34] 高凤英等. 内蒙古医学 1995;15(5):262
[35] 居发明等. 二军大学报 1996;17(1):24
[36] 徐天蓉等. 临床与实验病理 1996;12(3):214
[37] 曹广信等. 中国医大学报 1995;24(6):620
[38] 马业耕. 实用儿科临床 1996;11(5):285
[39] 李秀清等. 白求恩医大学报 1996;22(3):269
[40] 郭良耀等. 福建医药 1996;18(4):58
[41] 张玉芳. 兰州医学院学报 1996;22(2):47
[42] 赵年丰等. 浙江医大学报 1996;25(5):230
[43] 刘惠莲等. 华西医学 1995;10(4):429
[44] 于 波等. 宁夏医学 1995;17(6):350
[45] 欧阳建华等. 临床儿科 1995;13(5):328
[46] 潘娅君. 苏州医学院学报 1995;15(4):797
[47] 杨广才等. 陕西医学 1996;25(1):58
[48] 张守权. 四川医学 1996;17(1):35
[49] 林丽娥. 海南医学 1996;(3):202
[50] 万 宏等. 中国肿瘤临床 1996;23(8):573
[51]* 李甘地等. 华西医大学报 1996;27(3):261
[52] 王克强等. 中华内分泌 1996;12(1):11

五、输血与血型

(一)血源质量调查

中国医大一院[1]检测献血员8项血细胞相关指标。显示献血后较献血前测值显著降低,可能与献血前大量饮水有关,认为饮水量以500 ml为宜;献血年限长短对献血员血细胞影响除平均红细胞体积减小外,其他相关指标均无显著变化。山东血液中心等[2]测得连续献血4年以上献血员的血清铁蛋白较初次献血者明显降低,每年献血4次以上者IgG、IgA、IgM及C_3较3~4次者明显降低。广州血液中心[3]观察连续献血5年以上的献血员,其血浆丙二醛含量比初次献血者明显增多,而红细胞内超氧化物歧化酶活力则明显减弱,血浆K^+浓度亦明显偏低。安徽医大附院[4]研究献血年限对血脂代谢的影响,显示5年以内献血员总甘油三脂和极低密度脂蛋白胆固醇降低;献血10年以上者,总胆固醇和低密度脂蛋白胆固醇降低;献血6~10年者上述指标无明显变化。福建医学院一院[5]观察到脂血血浆中K^+增加值及pH下降值均较大,但无统计学意义,游离血红蛋白量明显增高($P<0.01$)。青岛医学院附院[6]研究反复献血5次以上者的血液流变学变化,认为长期血液稀释状态对心脑血管系统有良好的远期影响。军医科院放射所[7]应用PCR及Southern杂交方法对78例HBsAg阴性献血员进行HBV检查,结果14例标本观察到有特异扩增带,总阳性率提高17.9%。解放军457医院[8]在290例HBsAg阴性的献血员中采用PCR法检测出HBV-DNA 35例,阳性率为12.1%。中山医大三院[9]测得442例慢性HBV感染者中HCV重叠感染率为9.73%,其发生主要与治疗性输注血浆有关。武汉同济医院[10]测得144例血液病患者HBV与HCV重叠感染占12.5%。江苏南通市血站等[11]对4 273份袋血进行输血前复检,检出抗-HCV阳性4份,HBsAg阳性2份,ALT异常2份。贵州安顺地区医院[12]调查3 110名献血员献血前抗-HCV,其阳性检出率在供全血的献血员为0.96%,在供血浆的献血员中随献浆次数的增多,由0.19%逐月上升至15.55%。武汉同济医院[13]分析湖北省不同地区献血员HCV感染状况。证实抗-HCV阳性率增高与单采血浆有关;在HCV感染高发的献血员集聚地,密切的生活接触亦是HCV传播的重要途径。白求恩医大三院[14]调查长春市献血员抗-HCV阳性率为9%,而受血者的阳性率则与受血量及受血次数成正比。安徽六合防疫站[15]检测该地区献血员中抗-HCV阳性率为34.2%,而自然人群为2.0%。北京医大人民医院[16]应用Ortho第二代酶联诊断试剂筛选献血者,北京地区HCV RNA阳性者漏检率为13.3%。武汉协和医院[17]采用PCR法检测200份抗-HCV(一)血样本,发现HCV-RNA(+)4份,阳性率为2%。江西医学院二院[18]应用PCR法检测有受血史的117例血液病患者HCV-RNA,阳性检出率为15.4%。医科院输血所等[19]观察7名HCV感染献血员的肝组织学变化,均呈现病毒性肝炎早期的病理特征。济南军区总院[20]对960名献血者检测HDV标志物,阳性率13.2%,具有明显的地区性及家庭聚集性。认为应将HDV检测纳入献血者常规检查项目。四川寄生虫所等[21]调查输血后疟疾的流行病学,献血者多

来自疟疾流行区，说明献血员疟疾筛选的必要性。杭州市血站等[22]报道1 197名献血员中弓形体cAg阳性率为1.3%，IgM阳性率为1.3%，IgG阳性率18%，表明有必要对献血员进行弓形体感染的血清学检测。

(二)输血及输血反应

广西南宁市血站等[23]分析554例ABO新生儿溶血病，表明改良直接抗球蛋白试验、游离ABO血型抗体测定、抗体释放试验等3项试验及母亲IgG抗A(B)效价测定是诊断ABO溶血病的重要实验室依据。贵州省医院[24]采用光疗为主方案治疗新生儿ABO溶血病130例，均获痊愈。北京儿童医院[25]分析新生儿ABO溶血病102例，分别采用光疗、白蛋白或血浆、地塞米松等治疗，同时换血3例。其中死亡2例，有核黄疸后遗症者2例。上海国际和平妇幼保健院等[26]测定1 000对血型不合夫妇所生新生儿的血型及胆红素值。提示产前夫妇血型不合，如为O-A、O-B或O-AB时应予以重视，警惕可能发生的新生儿高胆红素血症。陕西省医院[27]对IgG血型抗体效价在1∶128的21例孕妇采用中药茵陈汤治疗，能起到预防新生儿溶血病的作用。广州市妇婴医院[28]认为结合产前血清学检测，开展以脐血为主的新生儿溶血病的早期诊断十分必要。北京儿童医院[29]统计母子血型不合溶血病中，ABO溶血病占96.2%，Rh溶血病占3.8%。后者黄疸、肝功能损害及晚期贫血程度等均较前者为重。西安医大一院[30]测定2 342例孕妇的Rh血型，阴性率为0.56%，Rh阴性孕妇的Rh新生儿溶血病发病率为15.38%。新疆医学院一院[31]报道1例产前胎儿腹腔内输血治疗Rh溶血病。四川成都市血站等[32]报道1例由抗-C、抗-E、抗-JK^{a}引起的溶血性输血反应。南京金陵医院[33]报道1例抗-D、抗-C、抗-E致溶血性输血反应。广东医学院附院[34]报道3例因输血感染香味沙雷氏菌败血症，病人均系免疫功能低下的易感者。广东澄海市医院[35]应用透析器输血172例次，输血反应发生率仅为1.16%，均为过敏反应，无发热反应。解放军89医院[36]采用紫外线血辐射充氧回输治疗输血过敏反应5例，收到良效。兰州军区总院[37]研制了泵式自体输血过滤引流系统并在急症救护中应用3 152例，起到缓解血源矛盾、赢得抢救时间的重要作用。武汉协和医院[38]采用紫外线照射充氧灭活血液中T淋巴细胞活性，可起到减轻输血所致移植物抗宿主反应的作用。南京军区福州总院[39]对紫外线照射血液前后进行染色体比较，表明淋巴细胞微核率和姐妹染色单体互换照射后明显高于照射前，认为应重新评价紫外线照射自体血回输疗法。河北医学院二院等[40]观察紫外线照射充氧自体血回输疗法对淋巴细胞膜的流动性影响，结果显示无明显淋巴细胞膜损伤效应。解放军401医院[41]在紫外线照射充氧自体血回输前后测定与氧自由基有关的红细胞丙二醛水平，结果表明回输后可使红细胞丙二醛含量高者降低，而对正常者无明显影响。天津市血液中心等[42]*报道112例因骨髓衰竭长期输注血小板者产生同种抗体的比率为53.6%，其抗体属中国人高频的HLA抗原的抗体，并证实HLA抗体是血小板输注无效的重要原因之一。上海长征医院等[43]从血小板中抽提RNA并以RNA为模板合成cDNA，建立人血小板cDNA文库，有望应用于临床。医科院输血所[44]采用离心结合手工分离方法，成功地获得年轻红细胞，质量不亚于血细胞分离机所采，前者操作简便，利于推广。无锡市一院[45]报道24例系统性红斑狼疮等8种疾病患者采用血浆置换疗法，取得明显效果。

(三)血型

合肥市血站[46]挑选1 000名献血员组成谱细胞库，从中再优选出11名献血员组成标准谱细胞，鉴定出10个血型系统20余种抗体。经临床试用成功地鉴定出40余例不规则抗体。采用谱细胞库提供的不同类型血液为6例患者进行输注，均取得满意的效果。华西医大一院[47]应用手工凝聚胺技术检测盐水交叉配血阴性200例，出现2例阳性结果，经鉴定为同种免疫抗体IgG所引起。北京友谊医院[48]利用聚二乙醇的聚合性增强抗原抗体反应，可快速发现Rh血型不完全抗体。牡丹江市血站等[49]报道ABO亚型有Am、Ax、Bm、Bx、AB_3及A1Bx等。山西省医院等[50]报道1型O，ccdee血型并对其家系之间的血型遗传关系进行了调查。河南省血液中心等[51]报道1例罕见血型开米拉。安徽省医院[52]研究化疗药物对红细胞血型抗原强度的影响，结果肿瘤患者化疗后血型抗原强度减弱较明显，认为输血时应同时采用正定红细胞抗原和反定血清中血型抗体两种方法鉴定血型。山东医大附院[53]及解放军117医院[54]分别报道急性粒细胞白血病及急性淋巴细胞白血病血型变异各1例。湖南医大等[55]应用PCR-SSCP方法区分HLA DNA纯合基因型与杂合空白基因型，认为较PCR/SSO方法优越，并保证了等位基因频率或单倍型频率的精确统计。福建医学院附院等[56]建立了一种基于PCR-RFLP技术的HLA-DPB1分型方法，优于其他分型系统。特别适用于异基因骨髓移植供者的选择。上海市一院[57]建立了顺序特异引物聚合酶链反应(PCR-SSP)方法用于当地汉族人群HLA-DRB1基因分型，具有高分辨度、高特异性和快速、精确的特点。同济医大等[58]用 PCR/SSP 技术分析 52 例湖北汉族人系统性红斑狼疮(SLE)患者的 HLA-DRB1 基因型别，结果提示 HLA-DRB1 * 0301 基因与 SLE 有关联。北京医大人民医院[59]建立了 HLA-DQA 位点的反相杂交基因分型法，并与 PCR/SSCP 配型相比较，结果一致，认为后者是一种骨髓移植时快速可靠的供、受体配型方法。

（闵碧荷）

参 考 文 献

[1] 朱　波等. 中国医大学报 1996;25(4):440

[2] 马京香等. 中国输血 1995;8(4):208

[3] 崔徐江等. 中国输血 1995;8(4):207

[4] 张循善等. 安徽医学 1996;17(3):39

[5] 卢赛玉等. 中国输血 1996;9(3):160

[6] 张　镛等. 临床神经 1995;8(6):332

[7] 步恒富等. 军医科院院刊 1995;19(4):297

[8] 欧阳鸿等. 中华实验和临床病毒 1996;10(3):288

[9] 邓子德等. 中山医大学报 1995;16(4);47

[10] 陈丽嘉等. 中华流行病 1996;17(2):74

[11] 窦志华等. 南通医学院学报 1996;16(2):296

[12] 董钧铭等. 贵州医药 1996;20(4):209

[13] 李方和等. 武汉医学 1996;20(3):146

[14] 于晓春等. 白求恩医大学报 1996;22(4):425

[15] 陈乃好等. 安徽医学 1995;16(6):57

[16] 王　宇等. 中国输血 1996;9(1):13

[17] 余敬卿等. 中国输血 1996;9(2):92

[18] 杨桂玲等. 中华传染 1995;13(4):223

[19] 史宜玲等. 中国输血 1996;9(2):64

[20] 李金星等. 新消化病 1996;4(1):53

[21] 陈怀录等. 中国输血 1995;8(4):101

[22] 孟忠华等. 中国输血 1996;9(1):43

[23] 申卫东等. 广西医学 1996;18(2):112

[24] 徐艳华等. 贵州医药 1996;20(1):42

[25] 钟　雁等. 北京医学 1996;18(2):89

[26] 蒋文姝等. 中国输血 1996;9(1):20

[27] 原　惠. 陕西医学 1996; 25(3):140

[28] 吴　文等. 广东医学 1996;17(1):55

[29] 钟　雁等. 北京医学 1996;18(4):217

[30] 王新阳等. 西安医大学报 1995;16(4):400

[31] 蔡　霞等. 新疆医学院学报 1996;19(2):72

[32] 祝　君等. 中国输血 1996;9(2):88

[33] 朱培元等. 中国输血 1996;9(1):39

[34] 陈光远等. 中国输血 1996;9(1):6

[35] 黄国安等. 中国输血 1996;9(3):131

[36] 杨洪达. 人民军医 1996;(9):49

[37] 张世范等. 中国输血 1995;8(4):177

[38] 余敬卿等. 中国输血 1995;8(4):185

[39] 张宝珍等. 中国实用内科 1996;16(9):535

[40] 高玉林等. 中华理疗 1995;18(4):195

[41] 施庆忠等. 人民军医 1996;(7):41

[42]* 金宗骧等. 天津医药 1995;23(11):645

[43] 王华粱等. 中华血液 1996;17(3):125

[44] 袁　理等. 中国输血 1995;8(4):180

[45] 朱华淳. 苏州医学院学报 1995;15(5):971

[46] 徐玉珊等. 中国输血 1996;9(1):16

[47] 田兴国等. 华西医学 1996;11(3):368

[48] 梁晓林等. 首都医大学报 1996;17(2):134

[49] 刘丙献等. 中国输血 1995;8(4):204

[50] 韩战英等. 中国输血 1996;9(2):96

[51] 赵　军等. 中国输血 1995;8(4):200

[52] 胡兆平等. 安徽医学 1996;17(1);9

[53] 宋　强等. 临床血液 1996;9(2):96

[54] 张伟强等. 中国输血 1995;8(4):202

[55] 张修武等. 中华微生物和免疫 1996;16(5):343

[56] 吴　铭等. 中华微生物和免疫 1996;16(5):335

[57] 谭建明等. 中华微生物和免疫 1996;16(5):331

[58] 杨　颖等. 中华微生物和免疫 1996;16(5):340

[59] 李国选等. 中华血液 1996;17(1):23

文　选

雄激素治疗贫血并发肝功能损害的临床观察（中国实用内科 1996;16(9):532）　天津血液病医院邵宗鸿等观察 79 例口服雄激素治疗各类贫血对肝功能的影响及治疗情况。其中再生障碍性贫血 45 例，骨髓增生异常综合征 16 例，阵发性睡眠性血红蛋白尿症 10 例，自身免疫性溶血性贫血 6 例，骨髓纤维化 2 例。用康力龙(6mg/d)治疗 40 例，达那唑(0.6mg/d)39 例，治疗前血清 ALT、γ-GT 均正常，治疗后 ALT>500nmol/(L·s)者判为肝功能异常。结果肝功能损害总体发生率为 57%(45/79)，康力龙组为 52.5%(21/40)，达那唑组为 61.5%(24/39)，两组间无显著性差异($P>0.05$)；肝功能损害程度与用药总量呈负相关($\gamma=-0.47, P<0.05$);肝功能损害发生率与贫血病因无关,但随年龄增长发生率增高,男性患者高于女性。对有肝功损害者分两组治疗:①强力宁组。60～80mg/d 静脉滴注;②肝泰乐组。0.6g/d,加用肌苷(0.6g/d)、联苯双酯(75mg/d)。治疗 2 个月后,强力宁组患者纳差,肝区不适等症状消失,其中 12 例 ALT 恢复正常;肝泰乐组患者症状也改善,4 例 ALT 恢复正常,两组间有显著差异($P<0.01$)。另外,强力宁组肝功能平均恢复时间为 30 天,肝泰乐组为 55 天,前者明显短于后者($P<0.05$)。根据以上结果,作者认为影响雄激素肝毒性的主要因素可能是患者的内在体质。对不同年龄、性别的患者应区别对待,切忌千篇一律。由于康力龙与达那唑对肝功能损害大小无差别,在临床上不宜用达那唑代替康力龙,以减低雄激素的肝毒性。对口服雄激素治疗过程中发生肝功能损害者,有条件应尽量采用静脉滴注强力宁治疗。

述评 雄激素是临床上用于治疗多种原因引起的贫血及特发性血小板减少性紫癜等常用的药物,其疗效较为肯定。雄激素治疗的主要毒副反应为肝功能损害和男性化作用。尤其是前者严重地限制了雄激素的应用。上文的观察提示康力龙与达那唑的肝功损害发生率相似,建议临床上不宜用达那唑替代康力龙以减轻雄激素治疗的肝毒性。此外,尚提示静脉滴注强力宁的保肝疗效优于肝泰乐、肌苷和联苯双酯。以上两点对于指导临床工作具有非常重要的意义。作者在分析各种贫血的病因对雄激素治疗中肝功能损害的影响时发现,自身免疫性溶血性贫血者口服雄激素肝功能损害发生率较高(5/6),上文虽无统计学意义,但是否有待于进一步扩大病例继续观察,值得商榷。

(侯 健)

缺铁小儿血清转铁蛋白受体变化及其意义(中华儿科 1996;34(1):25) 华西医大二院李强等用人胎盘为原料经纯化获得转铁蛋白受体(TfR),以此为抗原免疫动物获得兔抗人 TfR 抗血清,并建立了夹心 ELISA 方法检测人 sTfR 浓度。结果显示正常组($n=30$)、隐性缺铁(ID)组($n=12$)、红细胞生成缺铁(IDE)组($n=9$)、轻度缺铁性贫血(IDA)组($n=22$)和中度 IDA 组($n=20$)小儿中 sTfR 浓度分别为(4.0±1.1)、(5.3±1.1)、(7.2±1.2)、(9.4±2.6)和(14.9±5.2)mg/L。经统计学检验,各组间均有显著性差异($P<0.01$)。分析 sTfR 及血清铁蛋白(SF)在各组间的动态变化,发现正常对照组与 ID 组间 SF 浓度相差较大,sTfR 浓度则远不及 SF,但随着缺铁程度加重,sTfR 则迅速升高。作者认为 SF 是早期诊断 ID 最敏感的指标,sTfR 则为诊断 IDE 及 IDA 的可靠指标,并可判断贮存铁耗竭后继续铁缺乏的严重程度。

(王东星)

述评 人体内铁的转运是通过转铁蛋白(Tf)实现的。Tf 携带铁通过细胞膜上的转铁蛋白受体(TfR)进入细胞内。可溶性转铁蛋白受体(sTfR)是其对应的膜型受体经丝氨酸蛋白酶水解后,脱落的 N-瑞 1～100 个氨基酸,分子量约为 85 000。近年来研究表明,测定 sTfR 对评估体内铁代谢的状况及骨髓红系细胞生成有很重要的价值,是继 SF 诊断贫血性疾病的又一重大进展。上文为国内首次报道 sTfR 在小儿不同期铁缺乏症(ID)中检测的意义,并探讨其与 SF 测定在缺铁小儿中的变化规律,结果对指导临床工作有重要参考价值。

(侯 健)

中期孕胎肝可染铁及幼红细胞转铁蛋白受体(TfR)表达与孕母铁缺乏症关系研究(中华血液 1995;16(11):582) 华西医大二院张眉等采用 41 例非病理性、非药物引产中期孕胎儿肝脏制备单个核细胞悬液,进行幼红细胞分类计数、铁粒幼红细胞计数及细胞外铁观察,同时采用放射性配基结合分析法测定胎肝幼红细胞 TfR 数目和结合亲和常数。根据胎儿对应母体 Hb、血清铁、总铁结合力、铁饱和度和血清铁蛋白浓度将其分为正常组、隐性缺铁组、轻度 IDA 组和中度 IDA 组。结果各组胎肝幼红细胞中,以晚幼红细胞为主,其次为中幼红、早幼红,原红细胞少见,各组间各类有核细胞比例无显著差异(P 均>0.05)。总铁粒幼细胞及Ⅰ、Ⅱ和Ⅲ型铁粒幼细胞在正常组、ID 组、轻度 IDA 组、中度 IDA 组均呈递减趋势。胎肝细胞外铁与孕母铁缺乏有显著等级相关($r=0.550, P<0.01$),随孕母 ID 加重,细胞外铁逐渐减少,中度 IDA 组细胞外铁全部阴性。轻度 IDA 组胎肝细胞 TfR 位点数为$(9.01\pm3.65)\times10^5$/细胞,高于正常组的$(4.96\pm2.46)\times10^5$/细胞和 ID 组的$(4.24\pm2.04)\times10^5$/细胞(P 均<0.05),而轻度 IDA 组与中度 IDA 组、正常组与 ID 组之间 TfR 位点数无显著性差异。26 例标本的 TfR 的位点数与铁粒幼细胞计数间有明显负相关($r=-0.484$, $P<0.01$)。作者根据以上结果推论中期孕母患 IDA 对胎儿肝脏铁代谢有直接的不良影响。

(侯健)

阵发性夜间血红蛋白尿患者红细胞膜缺乏自身限制因子的研究(中华血液 1995;16(11):586) 医科院基础所周凤兰等用抗 C_9-Sepharose 亲和层柱,

从正常人红细胞膜分离出自身限制因子(HRF),SDS-PAGE电泳条带经蛋白染色,测得分子量为6.5万;并用细胞亲和层析法从混合阵发性血红蛋白尿患者(PNH)细胞群中分离出纯而完整的PNH Ⅲ型细胞,其细胞膜上未见HRF染色条带;用兔抗人HRF抗体、兔抗人补体9抗体处理正常人红细胞,溶血率随抗体浓度增加而上升;而HRF处理PNH Ⅲ型细胞,随浓度增高溶血率下降。实验说明HRF有限制末端补体溶血功能,而PNH细胞膜上缺乏HRF。

(李艳红)

述评 上文的研究结果明确显示PNH Ⅲ型细胞上缺乏HRF,使我们对PNH Ⅲ型红细胞对末端C成分溶血过敏的机制有了更深入的了解。相信随着分子生物学的发展,人们还将会发现PNH膜缺陷与溶血之间更深入的机制,为临床防治溶血提供实验依据。

(钱尚华)

羟基脲对βⅠVS-Ⅱ-654C→T基因表达的影响(中华血液 1996;17(8):395) 上海市儿童医院黄淑帧等应用成人红系细胞体外液体培养模型,测定微量珠蛋白肽链生物合成速率并用逆转录-多聚酶链反应介导的珠蛋白mRNA定量测定技术,研究了2例βIVS-Ⅱ-654C→T剪接缺陷型β^+地贫患者的培养红细胞在低浓度(50μmol/L)HU作用下珠蛋白基因表达的变化。在正常人和2例携带IVS-Ⅱ-654C→T剪接缺陷β^+地贫患者的红细胞培养体系中加入终浓度为50μmol/L的HU进行培养。结果:正常人β/γ合成速率与未加HU者比较,变化不十分明显;而剪接缺陷型β^+地贫患者的培养红细胞在各个不同发育时期,其β/γ合成速率在加入HU后比未加者均明显升高。珠蛋白mRNA相对定量测定显示HU对正常人的mRNA比值(β/γ)无明显影响,而对剪接缺陷型总的βmRNA($\beta+\beta^{※}$)与γmRNA的比值比未加HU者显著增加。进一步分析正常剪接和异常剪接的βmRNA变化,表明加入HU后$\beta/\beta+\beta^{※}$的比率较未加HU者明显升高。如以未加HU时mRNA的β/γ或β^{*}/γ比值为1,则HU加入后第9天,其比值增加1.50倍,第12天增加1.25倍。尽管尚不能确定其增加是否为正常剪接的mRNA的单纯性增加,还是异常剪接的mRNA纠正为正常剪接,或者是两者兼而有之,但总的效应是使有功能的mRNA的产量增加,β-珠蛋白的肽链合成也随之增加,使接受HU治疗的患者能部分恢复γ与β链合成速率的平衡,从而对患者产生治疗作用。此项研究结果不仅在分子水平上阐明了HU临床治疗效果的作用机制,而且对于开拓新的β地贫治疗方案,以及深入探讨珠蛋白基因表达的调控均具有重要意义。

(李艳红)

白血病细胞株对马法兰的耐药机制与α干扰素的逆转作用(中华医学 1996;76(7):485) 医科院血液所钱其军等采用逐渐增加马法兰剂量的方法建立了一株耐马法兰白血病细胞系(K562/Mel),并对该细胞系耐药相关基因的表达及α干扰素(IFN-α)对其耐药的逆转作用进行研究。实验结果显示,K562/Mel耐药倍数为K562敏感株(K562/S)的8.0倍,并对氮芥和噻替派存在明显交叉耐药,而对卡氮芥和阿霉素无明显交叉耐药。K562/S和K562/Mel的谷胱甘肽-S-转移酶(GST)总量按每10^7细胞计分别为(0.1470±0.0423)μmol/(L·min)和(0.2280±0.0300)μmol/(L·min),两者有显著性差异($P<0.05$)。应用Dot blot法检测GST 3个基因的表达水平,发现K562/Mel的GSTα基因mRNA水平明显增高GSTπ和μ基因mRNA水平无明显变化,表明GSTα基因与K562/Mel的耐药性有密切关系。以RT-PCR检测K562/S、K562/Mel和K562/HHT(耐高三尖杉酯碱K562细胞株)的MDR-1的mRNA,K562/HHT明显增加,而K562/Mel与K562/S相似。采用P170糖蛋白特异性单克隆抗体JSB-1检测K562/S和K562/Mel,结果两者皆为阴性。ID_{50}测定显示,马法兰对K562/Mel为(6.28±0.24)mg/L,马法兰+利尿酸为(3.08±0.21)mg/L,马法兰+αIFN为(3.03±0.23)mg/L,三者差异有显著意义($P<0.01$)。K562/Mel用利尿酸(20μmol/L)孵育1小时后,其GST总量由每10^7细胞每分钟(0.2280±0.0298)μmol/L下降至(0.1710±0.0115)μmol/L,而K562/Mel细胞在α-IFN(5×10^5U/L)中孵育24和72小时后,其GST总活性虽无明显改变,但GSTα mRNA水平在24小时明显下降,72小时开始回升。作者由此推论,利尿酸通过抑制K562/Mel细胞的GST活性起到逆转耐药作用,αIFN则通过GSTα基因表达来降低其耐药性。

(许小平)

述评 肿瘤细胞对化疗药物产生耐药是恶性肿瘤治疗失败的主要原因之一。有关耐药的机制和克服耐药的方法近十几年来国内外都投入了大量的人力、物力进行研究。上文的结果表明人白血病细胞系K562对烷化剂马法兰耐药的机制与GST的总活性及GSTα表达增强有关,而与MDR-1无明显相关性,且α-IFN能通过下调K562/Mel细胞的

GST αmRNA 水平达到逆转耐药的效果。提示肿瘤细胞耐药及克服耐药的机制是较为复杂的。由于马法兰是治疗多发性骨髓瘤的首选药物，α-IFN 对于该病也有肯定的疗效，因此上文对于临床工作者如何在实践中更合理地应用这两种药物有一定的启示。

（孟沛霖）

榄香烯抗癌作用与诱发肿瘤细胞凋亡（中华肿瘤 1996;18(3)：169） 浙江医大杨骅等应用噻唑蓝还原试验(MTT 法)、细胞周期分析、琼脂糖凝胶电泳和透射电镜观察等方法分析研究了我国自行开发研制的抗肿瘤新药榄香烯(Elemene，由中药莪术中提取)抑制白血病细胞生长的机制。体外实验结果显示：经榄香烯处理 72 小时，HL-60 和 K562 细胞的生长受到明显抑制，其中 HL-60 细胞的 IC_{50}值为 27.5μg/ml，K562 细胞的 IC_{50}值为 81μg/ml，而正常人外周血白细胞为 254.3μg/ml。HL-60 细胞经榄香烯 10μg/ml 处理 4、24、48 小时后凋亡细胞的百分率分别为 41.5%、35.3%和 47.7%，而 G_2M 期细胞百分率分别为 14.2%、11.9%和 3.9%。DNA 凝胶电泳观察发现榄香烯处理 HL-60 细胞 2 小时后即出现清晰的 DNA 梯状带，其第 1 条为 180bp，依次倍增。透射电镜观察还显示 HL-60 细胞经榄香烯处理 24 小时，可出现细胞凋亡的形态学改变，且与剂量呈依赖关系。作者根据以上实验结果分析认为，榄香烯诱发肿瘤细胞凋亡是其抗肿瘤作用机制的重要方面之一。HL-60 细胞比 K562 细胞对榄香烯更为敏感，提示不同的肿瘤细胞对榄香烯的敏感性并不一致。

（许小平）

述评 国外数年前已有实验研究证明，化疗药物如某些烷化剂、抗代谢剂及拓扑异构酶抑制剂在体外可诱导恶性肿瘤细胞的凋亡，但这些药物在体内的作用机制是否完全与体外一致，目前似乎还难以定论。令人鼓舞的是国内最近报道采用三氧化二砷治疗急性早幼粒细胞白血病，CR 率达 77.33%，其机制也是诱导白血病细胞的凋亡，这称得上是开创了凋亡诱导剂治疗恶性肿瘤取得成功的先河。由于细胞凋亡时形成的凋亡体可被吞噬细胞清除，不会引起机体的剧烈反应。因此，凋亡诱导剂似乎比细胞毒药物更受到学者们的青睐。设想如能广泛发掘凋亡诱导剂取代细胞毒药物，肿瘤治疗的毒副作用必定大大降低，这将是人类与癌症长期斗争过程中的一项重大突破。上文的结果为我国学者在中草药中寻找肿瘤凋亡诱导剂起到积极的推动作用。

（孟沛霖）

9 例 Ph 染色体阳性成人急性淋巴细胞白血病的临床和实验研究（中华血液 1995;16(11)：575） 江苏血研所刘征辉等报道 9 例 Ph 染色体阳性的急性淋巴细胞白血病(Ph^+ALL)的临床和实验研究结果。Ph^+ALL 占该单位同期研究的 31 例成人 ALL 中的 29%。9 例 Ph^+ALL 患者中，除 1 例 Ph 染色体系 22 号长臂部分缺失所致外，其余 8 例的 Ph 染色体皆系典型的 9 号和 22 号易位所致，即 t(9;22)(q34;q11)。其中 3 例仅见 Ph 染色体，4 例为 Ph 染色体伴额外染色体异常，4 例为 Ph 染色体与正常核型嵌合，3 例可见＋17。完全缓解(CR)后 2 例 Ph 染色体消失，1 例 Ph^+细胞百分比减至 18%。免疫学表型检测显示，9 例 Ph^+ALL 中的 8 例诊断为 B-ALL，主要表达 $CD10^+$、$CD19^+$、CD22（或 CD20)$^{-/+}$，同时有 CD2 和 CD34 的高表达。另 1 例为无标志型 ALL。临床观察显示，Ph^+ALL 组平均 WBC 110.6×10^9/L，明显高于 Ph^- ALL 对照组的 33.2×10^9/L。8 例 Ph^+ALL 住院患者诱导缓解治疗 1 个月时达 CR 者仅 2 例(25%)，明显低于 Ph^- ALL 对照组的 7/9 例(78%)。Ph^+ALL 已获 CR 的 5 例中，有 2 例分别于 CR 后 2、6 个月复发，而 Ph^- ALL 组获 CR 的 8 例患者，CR 期平均 8.5 个月，目前尚无 1 例复发。作者分析认为，Ph^+ALL 为一预后不良的特殊亚型，可能是导致成人 ALL 治疗反应差的主要原因之一，治疗上应和 Ph^- ALL 有所区别。

（许小平）

述评 Ph 染色体是慢性髓性白血病的标记染色体，在成人 ALL 中有 30%左右的发生率。深入的研究显示，两者的分子遗传学基础并非完全相同。如半数左右的 Ph^+ALL 22 号染色体上的断裂点不是位于 5.8kb 的 bcr 区域内，而是位于 BCR 基因第一内含子 3′端，其融合基因的表达产物并非为 P210 蛋白，而是 P190 蛋白，临床观察发现，Ph^+ALL 与 Ph^- ALL 比较，具有 CR 率低、预后差等特点，显而易见，前者的治疗方法亦应与后者有所不同。但目前国内外尚未总结出对 Ph^+ALL 专门有效的化疗方案，这非常不利于成人 ALL CR 率的提高。血液学工作者有必要对此作进一步努力。

（孟沛霖）

急性淋巴细胞白血病基因重排及其用于微量残留白血病检测的研究（中华血液 1996;17(5)：243） 上海二医大况少青等报道采用多种分子生物学方法对 65 例急性淋巴细胞白血病(ALL)患者抗原受体基因重排、肿瘤融合基因及微量残留白血病(MRD)检测的结果。对 30 例初诊 B-ALL 进行了 TCRγ 基因重排的检测，结果 16 例出现 $Vγ_1$-$Jγ_1$ 重排，其中 2 例呈 TCRγ 双等位基因重排，最常使用的 Vγ 片段为 $V\gamma_1$家系（$V\gamma_{1\sim8}$），其次为 $V\gamma_9$、$V\gamma_{11}$。对 46 例患者进行了 TCRδ 基因重排检测，18 例出现 $V\delta_2$-$D\delta_3$ 重排，其中 4 例为 $V\delta_2$-$D\delta_3$ 双等位基因重排，3 例为 $V\delta_2$-$D\delta_3$ 伴 Dδ-$D\delta_3$ 重排，1 例 $V\delta_1$-$J\delta_1$ 重排。对 25 例患者进行 IgH 基因重排检测，23 例出现 1 条或 2 条以上的 IgH 等位基因重排，另 2 例发生缺失。在 12 例 T-ALL 中，TCRγ 以及 TCRδ 基因的 $V\delta_1$-$J\delta_1$ 重排分别为 8 例（66%）和 5 例（41%）。在 16 例患者中检测到肿瘤融合基因标记，其中 4 例 T-ALL 为 SIL-TAL-1；在 B-ALL 中具有 bcr/abl、HRX/AF_4 或 HRX/ENL 阳性者分别为 8 例、3 例和 1 例。在作者所测定的 22 例 TCRγ、18 例 TCRδ、2 例 IgH 基因重排标本的 V-(D)-J 结合部顺序（N 顺序）结果显示，每例抗原受体基因 N 顺序都不相同。应用 PCR 方法检测 MRD 的结果表明以 SIL-TAL-1、bcr/abl 和 HRX/AF4、HRX/ENL 融合基因为标记的患者敏感度为 10^{-4}～10^{-6}，以 TCRδ 基因中的 $V\delta_1$-$J\delta_1$ 重排为标记的患者敏感度为 10^{-5}，以 $V\delta_2$-$D\delta_3$ 和 $D\delta_2$-$D\delta_3$ 不完全性重排及 TCRγ 基因重排为标记的敏感度为 10^{-2}～10^{-4}，以 IgH 基因重排为标记的敏感度为 10^{-4}。作者对以上结果分析总结如下：①B-ALL 中 92%的患者发生 IgH 基因重排，53%发生 TCRγ 重排，41%发生 TCRδ 重排，且多为 $V\delta_2$-$V\delta_3$ 和 $D\delta_2$-$D\delta_3$ 不完全重排。虽然 IgH 重排发生率最高，但仍宜选用 TCRγ 和 δ 作为 B-ALL 患者 MRD 检测的靶基因标记。这是因为 TCRγ 和 δ 的双等位基因重排及克隆衍化现象较 IgH 大为少见。②融合基因标记直接反映白血病的病理特征，特异性强、敏感性高，不会出现象抗原受体基因类似的继发性重排。③如用抗原受体基因标记进行 MRD 检测，不能仅凭 PCR 扩增带作为判断标准，一定要与相应的克隆特异性寡核苷酸探针杂交，否则易出现假阳性。④对存在多种抗原受体基因重排方式的患者，应同时选用两种克隆标记，这对于动态观察 MRD 尤为重要。

（许小平）

述评 采用 PCR 方法扩增特异性的标志基因是检测 MRD 的有效手段。近年来国内外有许多单位在致力于这方面的研究。但由于急性白血病是一种高度异质性的疾病，对于患者个体来说，遗传学变异的范围较大，至少目前还难以采用单一的基因作为急性白血病某一亚型所有患者的特异标记。作者针对这一情况，选用多种基因标记对 ALL 患者进行有步骤、多方位筛查。上文不但工作量大，研究深入细致，而且所得结论对于进一步开展 ALL MRD 的研究具有很好的指导意义。

（孟沛霖）

我国人类 T 细胞白血病病毒 I 型抗体的流行病学和成人 T 细胞白血病特征（Chin Med J 1995；108(12)：902） 医科院血研所卓家才等总结分析了我国 1984～1994 年期间来自全国 28 个省市、自治区 23 668 份血清样本的人类 T 细胞白血病病毒 I 型（HTLV-I）抗体的检测结果和 16 例成人 T 细胞白血病（ATL）患者的临床特征。被检测的血清来自正常人或白血病及非白血病患者。ATL 的诊断按高月清教授提出的标准。在全部所检标本中，发现 127 例 HTLV-I 抗体阳性，阳性率为 0.54%，阳性者的出生地和居住地主要分布于沿海地区，这些地区的阳性率（0.93%）明显高于全国平均数（$P<0.01$）。福建省东部一些县市的阳性率（2.1%）更显著高于全国（$P<0.01$），提示前者为中国的 HTLV-I 小流行区域。中国东北地区的阳性率（1.04%）也高于全国（$P<0.01$）。有 5 例阳性标本来自少数民族。有 7 例阳性者与日本人有关。16 例 ATL 患者（男女各 8 例）年龄 31～81 岁。除 1 例与日本人有密切接触外，其余均未接触过外国人。患者的出生和居住地绝大部分分布于沿海省份。16 例患者中 13 例为急性、3 例慢性。临床症状最多见的是发热、浅表淋巴结肿大、肝脾肿大及皮肤损害。贫血、白细胞减少和血小板减少也较多见。白血病细胞形态以多形性为特征，核多为花状或其他畸形。外周血多形性白细胞在白血病型患者均超过 10%，2 例淋巴瘤型分别为 3%及 0%。骨髓内多形性白血病细胞在大部分患者都低于外周血。白血病细胞的免疫学标记检查发现，CD_3 阳性为 5/5，CD_4 阳性为 5/6。8 例作 HTLV-I 抗体检测，5 例阳性，1 例弱阳性，2 例阴性。高钙血症者 3/8，血清乳酸脱氢酶异常升高者 4/7。13 例诊断为急性型，2 例淋巴瘤型，1 例慢性型。主要的并发症为感染和出血，有 2 例发生中枢神经系统白血病。10 例采用联合化疗方案治疗，无 1 例获 CR，5 例仅获较短时间的 PR。中数存活期为 3.5 个月（17 天～11 月）。病人死于严重感染、呼吸衰竭、DIC 及颅内出血。

（许小平）

述评 HTLV-I 是 C 型逆转录病毒，主要侵犯成熟的 T 淋巴细胞而引起 ATL。目前发现在世界上的流行区域主要有 3 个：日本西南部、加勒比海地区及非洲中部。上文作者指出我国沿海省份特别是福建沿海地区存在着 HTLV-I 小流行区，值得有关部门重视。此外，作者对我国已发现的 16 例 ATL 患者作了临床资料的较详细分析，这对于广大医务人员提高对ATL的认识具有十分重要的意义。鉴于HTLV-I抗体的检测难度并不很大，笔者建议我国沿海地区省市级防疫机构或医疗单位应尽快开展这项工作。

（孟沛霖）

三氧化二砷注射液治疗72例急性早幼粒细胞白血病（中华血液1996；17(2)：58）　哈尔滨医大一院张鹏等报道在1992年1月至1995年3月间采用三氧化二砷注射液治疗急性早幼粒细胞白血病(APL)的结果。APL患者共72例，年龄5～63岁，中位年龄32岁。初治30例，复治及难治42例，其中包括全反式维甲酸(ATRA)治疗完全缓解(CR)后复发18例，ATRA加化疗CR后复发15例。M3a 65例，M3b 7例。三氧化二砷注射液10ml用5%葡萄糖溶液300～500ml稀释，成人每日一次静脉滴注，儿童酌减。连续28天为1疗程，间歇期为1～2周。结果显示，初治患者的CR率为73.33%，复发、难治患者CR率52.38%。72例中有44例经1～3个疗程达CR，其中1个疗程达CR 14例，2个疗程达CR 26例，3个疗程达CR 4例。CR的44例有34例治疗后白细胞数逐渐上升，于7～20天达高峰，较治疗前增多8倍左右，持续6天左右后下降，白细胞降至正常需38.11±9.02天。治疗后血小板及血红蛋白逐渐上升达正常。CR的44例中无1例因贫血而输血。44例中35例治疗后出现骨髓中有核细胞上升，持续14～28天后下降。随着骨髓中早幼粒细胞比例的下降，中、晚幼粒细胞比例增多，最后达到骨髓CR。有效的54例中有35例出现形态学的改变：胞质及核空泡变性、核染色质固缩、凝聚不均及核破裂等，基本符合细胞凋亡的形态学特征。6例因肝、肾功能异常而停药，2例出现胸腹水。其余毒副作用包括恶心呕吐(8.1%)、食欲减低及腹部不适(20.8%)、轻度腹泻(5.6%)、手足麻木(9.7%)、颜面及下肢水肿(11.1%)、皮肤色素沉着(5.6%)。作者根据以上结果认为三氧化二砷注射液对APL疗效较好，毒副作用较轻，与ATRA及其他化疗药物无交叉耐药，是一种新的较理想的分化诱导剂。

（许小平）

述评　细胞凋亡是目前肿瘤研究的热点之一，已经证明某些恶性肿瘤的发生与凋亡过程受阻有关。体外实验研究显示，许多化疗药物可以诱导肿瘤细胞的凋亡。上文所报道的三氧化二砷治疗急性早幼粒细胞白血病的成功为临床应用凋亡诱导剂治疗恶性肿瘤提供了很好的范例。笔者以为，这项成果如同80年代我国学者首创ATRA治疗急性早幼粒细胞白血病一样，必将引起国内外学者的普遍重视与兴趣。

（孟沛霖）

异基因骨髓移植两种预处理方案的比较（中华血液1996；17(2)：64）　北京医大血研所周洁等报道该单位自1981～1994年10月间异基因骨髓移植两种预处理方案比较的结果。病例共计179人次，其中全身照射组(TBI)159人次，改良马利兰(BUCY)20人次。根据病情将患者分为疾病早期及进展期，前者包括急性白血病第1次完全缓解期，后者指多于1次的完全缓解期、加速或急变期。结果显示，所有患者中，除TBI组1例免疫缺陷和1例急性白血病首次移植排斥外，其余均一次植活。出血性膀胱炎的发生率改良BUCY组(50%)明显高于TBI组(19%)，胃肠道反应和口腔粘膜炎以TBI组较严重，间质性肺炎两组发病率无显著性差异。肝功能异常改良BUCY组明显高于TBI组。两组各发生1例肝静脉阻塞综合征。两组总的复发率大致相似，但对进展期患者而言，改良BUCY的复发率(1/16)要明显低于TBI组(15/39)。作者根据以上比较，在讨论中认为异基因骨髓移植如能结合具体病例选择适宜的预处理方案，将有助于提高骨髓移植后的无病存活率。

（许小平）

述评　CY＋TBI及BUCY十几年来一直被血液学工作者称为骨髓移植的经典预处理方案，但临床实践证明两者的毒副反应均较大。为此，国外不少骨髓移植中心对这两种方案进行修订改良。其目的不外乎：①降低毒副反应；②提高移植后的长期无病存活率。上文资料来源于国内最早开展骨髓移植的单位，病例数较多，观察深入系统，结论也十分明确，即在选择骨髓移植预处理方案时，对于不同的患者决不可千篇一律。

（孟沛霖）

骨髓移植后出血性膀胱炎病因与治疗的探讨（中华血液1996；17(10)：532）　北京医大血研所郭乃榄等对该所1994年1月～1995年12月67例骨髓移植(BMT)后发生出血性膀胱炎(HC)者进行分析，探讨BMT后HC的发病原因及其治疗措施。67例患者中急性髓系白血病(AML)26例，急性淋巴细胞白血病(ALL)19例，慢性髓细胞白血病(CML)21例，非霍奇金淋巴瘤(NHL)1例。异基因BMT 56例，同基因BMT 2例，HLA配型半相合亲代骨髓加自体骨髓混合移植5例，自体外周血干细胞移植(PBSCT)4例。预处理方案包括全身照射(TBI)方案和改良马利兰、环磷酰胺(BUCY)方案。HC预防措施为充分水化、碱化尿液。HC的诊断以尿急、尿频、尿痛及镜下或肉眼血尿为标准，严重程度分为3级：Ⅰ度为镜下血尿；Ⅱ度为肉眼血尿；Ⅲ度为肉眼血尿伴血块。本组共发生HC 16例，发生率为23.8%。其中Ⅲ度6例，Ⅱ度8例，Ⅰ度2例。急性HC 3例，迟发性HC 13例。2例严重顽固性HC均为腺病毒(ADV)持续阳性，ADV阳性时间与HC发病一致。巨细胞病毒(CMV)阳性者HC发病率高于CMV阴性者。发生GVHD者32例，其中10例发生HC(32.3%)，而无GVHD的29例仅3例发生HC(10.3%)。ALL组比AML组HC发生率高。预处理方案BUCY组比TBI组发生率高，混合BMT组HC的发生率高于其他类型BMT组。经多元回归分析，HC的发生与BMT类型、腺病毒感染及GVHD的发生呈明显相关性。全部HC患者症状出现后立即给予大量输液、碱化尿液及间断利尿。14例Ⅱ度以上HC患者应用PGE_1；6例迟发性HC伴ADV阳性者应用病毒唑；2例在全身应用PGE_1和病毒唑的同时，还采用连续膀胱冲洗。大部分病例可在用药后1周内血尿明显减轻，4例在用药后10天内痊愈。2例严重顽固病例经坚持膀胱冲洗、全身和局部应用PGE_1及/或病毒唑和抗生素治疗后均治愈，无1例死于HC。

（许小平）

述评 HC是骨髓移植患者的严重并发症之一，早期认为本病的发生与预处理方案中应用大剂量环磷酰胺有关，而对其他致病因素认识不足。近年来，病毒感染和GVHD作为本病的病因日益受到重视。上组资料对这两种病因作了较为深入系统的观察分析并提出有效的防治措施，很值得正在开展骨髓移植单位的同道参考借鉴。

（孟沛霖）

不同病期慢性粒细胞白血病CD34阳性细胞的临床意义（中华血液 1996；17(1)：10） 同济医大操州红等应用APAAP法检测34例慢性粒细胞白血病(慢粒)患者外周血和/或骨髓单个核细胞(MNC)的CD34抗原表达，并分析其与分期及预后的关系。其中男16例，女18例，年龄中位数34(13～59)岁，属慢变期20例，加速期6例，急变期8例。检测结果表明，慢粒外周血MNC CD34阳性细胞与白细胞总数及原始细胞数均无相关性；慢性期与加速期、急变期之间的CD34抗原阳性率差异非常显著($P<0.001$)；慢性期CD34抗原表达与慢粒的风险函数值呈正相关，即高危组的CD34抗原阳性率为最高，中危组次之，低危组最低，经马利兰治疗1个月的慢性期患者外周血CD34阳性细胞较初诊者为低。由于慢粒患者骨髓及外周血MNC CD34抗原的表达无显著性差异，故可用静脉血代替骨髓穿刺液，因此监测慢粒外周血MNC CD34抗原阳性率的变化，对慢粒慢性期患者预后的评估及预测急性变的发生有一定意义。

述评 CD34阳性细胞的检测在造血干细胞移植中占有相当重要的地位，而观察慢粒不同病期CD34阳性细胞的变化则少见报道。上文内容为慢粒提供了一项新的预后指标。

（闵碧荷）

基因重组α干扰素治疗48例慢性粒细胞白血病的临床观察（中华血液 1996；17(7)：344） 医科院血研所万岁桂等为观察干扰素的疗效，应用基因重组α干扰素(IFN-α)治疗48例慢性粒细胞白血病(慢粒)，其中慢性期(CP)43例，加速期(AP)3例，慢性期完全缓解(CR)2例。CP 43例中，初治14例，复治29例，用药时病程平均为11.5个月；AP 3例的平均病程为32.7个月。治疗组用IFN-α2b 42例，用IFN-α_1 6例，剂量多为隔日300万U，有4例每日600万U。平均疗程8.6个月(3～39个月)。除7例单用IFN-α外，均合用其他药物(甲异靛、羟基脲或联合化疗)。对照组分别用甲异靛75～150mg/d及羟基脲1.5～2.5g/d连续服用。结果显示单用IFN-α治疗的7例获CR 1例，PR 1例，NR 4例。联合用药的36例中，17例合用甲异靛，有效率94.1%；9例合用羟基脲，有效率55.6%，与单用甲异靛或羟基脲者比较无显著差异。联合用药者平均2.5个月后开始减少合用药物剂量，有12例完全停用而单用IFN-α维持，2例呈持续缓解，4例于维持治疗5、6、10、12个月后复发。联合用药者随访16个月后1例急变；单用甲异靛或羟基脲治疗者，观察17.7个月后2例急变，4例进入加速期。AP 3例均并用联合化疗，无1例有效，治疗后29例复查染色体，均未完全阴转，其中1例由100%降至8%，9例由100%降至70%～90%，总有效率34.5%，Ph染色体阳性率开始下降的平均时间为12个月，对照组则无变化。43例CP患者中，IFN-α使用时间超过6个月者有效率显著高于3～6个月者，但细胞遗传学缓解有效率两者则无显著差异。长期应用IFN-α并未发现骨髓抑制，仅见发热，关节、肌肉酸痛，皮疹等反应，停药后消失，无1例发生远期副作用。

述评 慢粒的传统药物马利兰和羟基脲可使70%～80%的CP患者获得血液学缓解，但不能消除恶性克隆，对生存期没有或仅有很小影响。异基因骨髓移植可望根治慢粒，但移植相关死亡率高，且受年龄、供体来源等限制。IFN-α治疗慢粒CP患者疗效肯定，中位生存期可望达60～65个月，优于常规及强烈化疗，并有14%～20%Ph染色体转阴率。上文疗效不及国外文献报道，可能与用药量偏小、用药时间偏短有关。

（闵碧荷）

一例凝血因子Ⅷ1680A→G点突变（中华血液1996；17(9)：455）　上海瑞金医院张宇舟等为研究在无内含子22倒位的甲型血友病中的凝血因子Ⅷ(FⅧ)的基因遗传性点突变，应用变性梯度凝胶电泳(DGGE)、单链构象多态性(SSCP)对51例无内含子22倒位的甲型血友病患者的Ⅷ基因外显子14 3′端进行了研究。51例患者均由临床表现及血浆FⅧ促凝活性(FⅧ:C)、血管性血友病因子(vWF:Ag)测定而确诊。其中FⅧ:C＜2%为重型，共25例；FⅧ:C 2%～5%为中型，共9例；FⅧ:C 5%～25%为轻型，共17例。标本用蛋白酶消化法抽提基因组DNA，进行靶基因的分离、测序。结果显示：PCR-SSCP检测未发现任何泳动异常条带；PCR-DGGE检测发现1例轻型血友病甲患者有泳动异常带，其外甥亦发现有同样的泳动异常情况。该异常条带经PCR直接测序，显示密码子1 680位点发生A→G的转换突变，使TAT→TGT，致酪氨酸残基转变为半胱氨酸残基，导致FⅧ功能不稳定。作者等认为检测该基因点突变能够进一步了解FⅧ蛋白的精细功能域，为阐明甲型血友病的发病机制、检测携带者和为产前诊断提供一种有价值的方法。

（黄隆安）

ITP患者的异常免疫对骨髓巨核祖细胞的影响（南通医学院学报1996；16(2)：178）　南通医学院附院俞智华等运用改良的体外血浆凝块培养法，研究了24例成人原发性血小板减少性紫癜(ITP)骨髓在体外形成巨核细胞集落的能力，同时观察ITP患者血清IgG和T淋巴细胞对骨髓巨核祖细胞(CFU-MK)生长的影响。24例ITP患者中，男10例，女14例，年龄16～67岁，平均34岁；正常对照组骨髓取自18例血液学检查正常的胸外科手术患者。骨髓培养时同时检测其外周血血小板数量及骨髓涂片中单位面积巨核细胞数。结果显示24例ITP患者和18例对照组的骨髓巨核细胞集落生成率分别为(70.64±40.83)/5×10^5BMMC(骨髓单个核细胞)和(103.33±59.88)/5×10^5BMMC，两者无显著性差异($P>0.2$)。患者外周血血小板数和骨髓巨核细胞数与CFU-MK的生长率无明显相关。20例ITP患者新鲜血清对自身骨髓CFU-MK的抑制率为(35.8±31.3)%，灭活后仅为(2.3±33.8)%；15例ITP患者的未灭活血清对异体正常骨髓CFU-MK的抑制率为(31.73±27.97)%。显示患者的新鲜血清对自身骨髓或异体正常骨髓CFU-MK均有不同程度的抑制作用($P<0.01$)，血清经热灭活后这种抑制作用明显减弱。患者血清的抑制程度与其血清PAIgG的量呈正相关。9例患者的IgG加补体对自身骨髓CFU-MK的抑制率为(60.3±33.4)%，而正常IgG加补体的抑制率仅为(10.0±9.8)%，两组有显著性差异($P<0.01$)。表明ITP患者血清的抑制作用主要由自身抗体所致，而且依赖补体。ITP的骨髓细胞悬液经CD_3加补体孵育后抑制率达(45.7±16.4)%；而经CD4、CD8处理则无明显抑制。提示ITP的完整T淋巴细胞可能分泌MK-CSF样物质，对自身CFU-MK生长有支持作用。

（黄隆安）

分子克隆人血小板生成素基因（北京医大学报1996；28(1)：1）　北京医大侯纬敏等应用RT-PCR方法成功地从人胎肝中克隆出全长的血小板生成素(TPO)基因。胎肝来自中期引产的5个月女性胎儿。取1g左右人胎肝组织按改进的一步法提取的总RNA产量约为100μg，经甲醛变性胶电泳鉴定28S、18S、5S带清晰，OD 280/260＝1.86。cDNA的合成以Oligo-dT为引物，逆转录酶在42℃反应30分钟后，经99℃5分钟，使逆转录酶从cDNA上脱落。RT-PCR扩增到1条约1kb片段与报道的人TPO基因大小吻合。将此产物经酶切后插入PUC 118的Eco RI位点，转化后挑选无色菌落用酶切证实扩增片段已插入PUC 118。经TPO序列测定，表明已克隆到全长的TPO cDNA，包括5′端的编码信号肽序列。序列全长为1 062 bp，编码353个氨基酸，与报道的人TPO氨基酸序列完全一致。

评述　临床工作中常会遇到因肿瘤放疗、化疗和造血干细胞移植等原因引起的全血细胞减少。近年来，由于重组红细胞生成素、粒细胞集落刺激因子等应用于临床，贫血和粒细胞减少相应得到了治疗，但对纠正血小板减少目前只能依赖血小板浓缩液的输注。数十年前就有人证明血小板减少患者的血浆中存在一种体液因子，其注射到实验动物可增加血小板数量，该体液因子被命名为TPO。由于TPO来源不足和缺乏适当的纯化手段，对TPO分子结构、生物特征及基因结构均无法进行深入探讨。1994年国外学者首次克隆和表达了TPO基因，为TPO的研究和应用打开了新局面。上文作者在国内首次克隆了全长的TPO基因，为我国利用基因工程技术大量生产TPO打下良好的基础。

（黄隆安）

Ki-1阳性非Hodgkin淋巴瘤特点的研究　（中华肿瘤1996；18(4)：302）　中国医大一院肖卫国

等报道5例Ki-1阳性非Hodgkin淋巴瘤(NHL),均为男性,年龄15～78岁,初诊时4例表现为浅表淋巴结肿大,伴有皮肤病变者2例。5例中2例死亡,该2例生前有发热、肝脾肿大和骨髓浸润,临床分期均为Ⅳ期。5例中原发于颈淋巴结2例,腹股沟淋巴结1例,咽及扁桃体各1例。组织学所见:淋巴结组织结构破坏,肿瘤细胞呈弥漫性或集簇性增生,细胞较大,有明显多形性,胞质丰富,嗜碱或嗜酸,胞核多不规则,核仁明显,有些酷似Reed-Sternberg细胞(R-S细胞),可见多核巨细胞。肿瘤细胞周围可见浆细胞、小淋巴细胞、组织细胞等混在。免疫学表型除CD_{30}(Ki-1)阳性外,CD_{25}(IL-2R)也阳性,而CD_{15}(Leu M1)则均为阴性。5例均为T细胞性。作者等强调HD和R-S细胞同时表达CD_{30}、CD_{25}和CD_{15},而Ki-1阳性的NHL CD_{15}多阴性,该点在鉴别上有重要意义。

(余润泉)

鼻咽癌高发区霍奇金病EB病毒DNA及潜伏感染膜蛋白检测的意义(中华病理 1996;25(3):155) 广东中山市医院储兵等以PCR和LSAB免疫组化法结合微波处理技术,检测选自鼻咽癌高发区的40例霍奇金病(HD)、20例淋巴结良性病变存档标本中的EB病毒(EBV)-DNA及其表达产物——潜伏感染膜蛋白(LMP-1)。结果显示:65%的HD中EBV-DNA阳性,淋巴结良性病变阳性率也达50.0%,两者无显著差异($P>0.05$);而LMP-1在HD的检出率为52.5%(混合细胞型HD达60.9%),20例淋巴结良性病变则均为阴性。从年龄因素看,20岁以下HD中,EBV-DNA和LMP-1的检出率分别为84.6%和76.9%,均明显高于20岁以上年龄组($P<0.05$)。作者认为EBV潜伏感染可能在HD的发病中起一定作用。

述评 EB病毒不仅可引起传染性单核细胞增多症,与非洲Burkitt淋巴瘤、鼻咽癌、免疫缺陷相关淋巴瘤、HD及中线T细胞淋巴瘤等也有密切关系。上文探讨了国内鼻咽癌高发区EBV感染与HD的关系,显示HD患者EBV潜伏感染的检出率确实高于普通人群,而在20岁以下年龄组及混合细胞型HD则关系更为密切,以上结果对HD的病因研究颇有参考意义。

(余润泉)

滤泡型淋巴瘤的t(14:18)染色体易位与bcl-2蛋白的表达(中华病理 1995;24(6):337) 华西医大王洁等以PCR技术和免疫组化方法检测28例滤泡型淋巴瘤和18例反应性滤泡增生的bcl-2/IgH融合基因和bcl-2蛋白的表达。DNA扩增使用的引物为针对18号染色体主要断裂点区(mbr)及14号染色体Ig重链J区(JH)的序列。bcl-2蛋白染色用微波处理及ABPAP法。结果28例滤泡型淋巴瘤中16例(57%)检出bcl-2/IgH融合基因,18例反应性滤泡增生病例中6例(33%)检出bcl-2/IgH融合基因,两者无显著差异($P>0.05$),提示bcl-2/IgH融合基因的形成可能不是滤泡型淋巴瘤发生的唯一条件。18例反应性滤泡增生病例中,bcl-2蛋白的表达主要集中于滤泡外套层小淋巴细胞胞质内,生发中心为阴性,而28例滤泡型淋巴瘤中78%有bcl-2蛋白阳性表达,阳性细胞多分布于肿瘤性滤泡内。bcl-2蛋白的异常表达与bcl-2/IgH融合基因之间并无对应关系。作者认为肿瘤性滤泡与反应性增生滤泡中bcl-2表达的不同分布有助于两者的鉴别。

述评 bcl-2/JH融合基因形成于14号染色体与18号染色体的交换易位,多见于B细胞性滤泡型淋巴瘤。曾有作者认为bcl-2/JH融合基因对淋巴组织良、恶性增生的鉴别有重要意义。上文的结果显示滤泡型淋巴瘤的bcl-2/JH检出率虽高于反应性增生病例,但两组间差别并无统计学意义,而bcl-2蛋白在组织学上的不同分布却有助于两者的鉴别,很有参考价值。

(余润泉)

54例原发胃肠道非霍奇金淋巴瘤的临床及预后分析(中华血液 1995;16(11):563) 解放军总院汪月增等报道1984年5月～1994年4月收治的成人原发胃肠道非霍奇金淋巴瘤(NHL)54例,占同期成人总NHL患者的19.8%,占同期原发性结外淋巴瘤的46.2%。年龄14～72岁,平均43岁,男女之比为1.3:1。54例中28例原发于胃(1例同时累及十二指肠),20例原发于小肠,6例原发于结肠。经分期的51例中Ⅰ～Ⅳ期分别为17、21、7及6例。有病理分型的46例中,低、中、高度恶性分别为6、27及13例。30例术前曾通过胃-肠镜作活组织检查,23例与术后病理一致。该组病例随访率75.9%,中位随访时间20个月。多因素分析表明诊断时疾病分期及治疗措施与生存期有明显相关。手术切除+化疗或放、化疗的生存期明显长于单纯手术切除或单纯放疗和/或化疗者。S期细胞比例也是影响预后的重要因素。年龄、性别、病理类型、病变部位及肿块大小与预后无明显相关性

(余润泉)

非霍奇金淋巴瘤骨髓微小病灶的检测及其临床意义(中华医学 1996;76(3):207) 北京北太平路医院张伟京等应用PCR技术和PCR加限制性内切酶图谱分析法分别检测35例NHL患者骨髓标本

的免疫球蛋白重链(IgH)和T细胞受体γ链(TCPγ)基因的克隆性重排。35例中初治33例,复治2例;B细胞性28例,T细胞性7例;Ⅰ期4例、Ⅱ期8例、Ⅲ期8例、Ⅳ期13例。结果:骨髓肿瘤细胞微小病灶(BMMD)总阳性率为66%(23/35),IgH阳性率为51%(18/33),TCRγ阳性率49%(17/35),双项阳性率(IgH+TCRγ)为34%(12/35),光镜下骨髓涂片的骨髓浸润阳性率为26%(9/35)。多数NHL患者已有BMMD,而且Ⅰ、Ⅱ期患者也有58%发生BMMD,BMMD与NHL的恶性程度和全身症状相关,与临床分期、近期疗效、病死率和复发率之间的关系,虽无明确统计学意义,但有较明显的变化趋势。作者认为NHL基本是一个全身性疾病,而BMMD可能有助于预后判断。

(余润泉)

用多聚酶链反应技术检测多发性骨髓瘤患者免疫球蛋白重链基因重排的研究(中华血液 1995;16(11):572) 北京红十字朝阳医院陈文明等用PCR技术检测35例多发性骨髓瘤(MM)患者的外周血(其中8例同时检测骨髓)及1例未定性单克隆丙球蛋白病(MGUS)患者的外周血和骨髓的免疫球蛋白重链(IgH)基因重排。35例MM中IgG型20例,IgD型8例,IgA型6例,K轻链型1例;临床分期为Ⅰ期8例、Ⅱ期16例、Ⅲ期11例。PCR扩增用的引物序列为:FR3H:5′-ACACGGCTGTGTATTACTGT-3′,LJH:5′-TGAGGAGACGGTACC-3′。同时以Namalwa细胞株作阳性对照,正常人外周血作阴性对照,另设空白对照。结果:8例MM的骨髓标本7例有克隆性IgH基因重排,阳性率87.5%,34例外周血标本(1例K轻链型未测)23例阳性,阳性率67.6%,其中Ⅱ、Ⅲ期的阳性率明显高于Ⅰ期($P=0.015$),IgG型阳性率高于IgD及IgA型($P=0.024$)。骨髓与外周血同时阳性的3例,其IgH基因重排带均在同一碱基位置上。1例MGUS患者的外周血及骨髓均未测出克隆性IgH基因重排。作者认为IgH基因重排的检测对MM的诊断有一定价值,结合临床、血清学及骨髓细胞形态学可提高确诊率,而骨髓标本明显优于外周血。

述评 克隆性IgH基因重排是B淋巴细胞克隆增殖性疾病的基因标志。利用PCR技术检测克隆性IgH基因重排,无疑将使B细胞恶性肿瘤的诊断提到一个新的高度。理论上所有B细胞恶性肿瘤均有特异的克隆性IgH基因重排带,MM亦属如此,但由于目前PCR扩增中应用的引物多根据IgH CDR_3序列两端的保守序列设计,不可能包括所有IgH基因的重排,因此本身就有20%左右的假阴性。换言之,阴性结果并不具有否定意义。

(余润泉)

中线恶网的T细胞受体基因重排分析——14例PCR研究(华西医大学报 1996;27(3):261) 华西医大一院李甘地等应用PCR方法对14例中线恶网(MMR)进行T细胞受体β链(TCRβ)基因重排分析,并与10例淋巴结的T细胞淋巴瘤进行比较。作者等用常规酚-仿法抽提DNA,以PCR技术进行DNA扩增,所用引物为针对TCR-β链基因V、D、J片段的D_1J_1,D_1J_2,D_2J_1,D_2J_2,VJ_1和$VJ_2$6个组,以2例肠道淋巴组织及2例反应性增生淋巴结作为正常对照,以人T细胞淋巴瘤细胞株Jurkat作为阳性对照,并于反应体系中略去模板DNA作为阴性对照。结果显示14例MMR中12例(85.7%)有单克隆型TCR-β基因重排,其中检出完全重排(V-D-J重排)者7例,不完全重排(D-J重排)5例,10例淋巴结T细胞淋巴瘤中有6例出现单克隆型重排(V-D-J重排1例,D-J重排5例),而正常肠道淋巴组织及反应性增生淋巴结均为多克隆性重排。该实验从基因水平证实MMR为T细胞的克隆增殖性疾病。

述评 MMR是一种初期局限于中线面部的进行性、破坏性、非结核性肉芽肿性病变。病理形态上以凝固坏死、混合炎细胞浸润及出现肯定间变的异型淋巴细胞(ALC)为特征。有关ALC的属性至今尚有争论,上文结果表明绝大多数的ALC来自克隆增殖的T淋巴细胞,有参考价值。

(余润泉)

血小板输注无效的免疫原因与临床防治(天津医药 1995;23;(11):645) 天津血液中心等金崇骧等报道112例骨髓衰竭需长期反复输注血小板,发生输注无效的血液病患者,研究其同种免疫产生白细胞和血小板抗体的频率、抗体种类以及部分抗体阳性患者血小板交叉配型输血的临床效果。其中白血病80例,再障25例,其他血液病6例,消化道肿瘤1例。男70例,女42例。一般每次输注量为6~8袋,每袋为2U,血小板含量≥5.5×10^{10}。血小板输注后效果评价采用血小板增加修正值(CCI),输后1小时CCI>7.5×10^9/L,24小时>4.5×10^9/L为有效,否则为无效。112例患者中53.6%产生同种抗体,男性患者占男性患者总数的51.4%,女性患者占女性患者总数的71.4%。白血病患者抗体阳性率47.5%,再障88.0%。其抗体为非血小板专有抗体,而属中国人高频HLA抗原的抗体。抗体阳性者CCI值大部分在血小板输注无效范围内。10例白血病患者抗体阳性输注前做血小板配型,配型后输注,7例效果良好,CCI值上升,1小时>7.5×10^9/L,临床止血效果明显。8 例再障患者抗体阳性，在输注前做血小板配型，其中 6 例效果良好。效果较差者排除非免疫因素影响，可能与存在多价抗体而难于找到相配合的血小板有关。

述评 反复输注来源于随机供血者的血液成分常会发生同种免疫反应，发生率一般在 8%～100%，平均 70%左右。主要表现为临床常见的血小板反复输注后的血小板增值减少，即血小板输注无效以及反复输血后发生的非溶血性输血反应。其中 HLA 抗体引起者占 80%以上，而血小板抗体不足 10%。上文结果再次证实了这点。目前采用血细胞分离机单采血小板以及使用各种型号的血细胞过滤器，可有效地减少同种免疫反应的发生。唯价格较昂贵，给临床推广带来一定限制。上文采用输注前做血小板配型法，有其临床实用价值。

（闵碧荷）

肾 脏 病

收集 1995 年 11 月～1996 年 10 月文献 1 236 篇，纳入回顾 440 篇（占 35.6%），列入文选 16 篇（占 1.3%）。

一年回顾

一、原发性肾小球疾病

（一）急性肾小球肾炎

南京军区福州总院[1]报道 17 例成人急性肾炎（AGN）中有典型的 AGN 综合征 7 例，病理诊断为膜增殖性肾炎（MPGN）和系膜增殖性肾炎（MsPGN）。认为伴新月体形成及表现为肾病综合征（NS）者可用激素和雷公藤。广州军区总院[2]报道 42 例成人急性感染后肾小球肾炎呈肾炎综合征和 NS 者分别为 59.5%和 40.5%。肾活检病理示 MsPGN 28.2%，轻微病变（ML）23%，毛细血管内增殖肾炎（EnPGN）及 IgA 肾病（IgAN）均为 16.7%，微小病变（MCD）、MPGN 和新月体肾炎（CGN）各为 4.8%。福州市一院[3]测小儿 AGN 54 例及对照组 40 例血清涎酸（SA），结果对照组为 1.61±0.91mmol/L，AGN 急性期为 4.08±1.17mmol/L，恢复期为 2.76±1.08mmol/L，SA 与症状及病程有关。湖北沙市二院[4]用巯甲丙脯酸（Capt）和心痛定分别治疗 AGN 15 例和 13 例，发现 Capt 有很强的清除自由基及抗脂质过氧化作用，能缩短病程。中山医大一院[5]报道 AGN 急性期 B 淋巴细胞 SIg^{+}-C4 亚群均被激活，恢复期 BC 亚群及血清 Ig 降低，表明激活为暂时过程，BC 活性下降与病情恢复一致。南京市儿童医院[6]测得 AGN 尿中 Alb、IgG、SIgA 含量均有不同程度升高，以 IgG 升高显著；以血尿为主要首发症状时测尿微量 Alb、IgG、SIgA 有助于排除肾外性血尿。西安医大二院[7]报道 30 例小儿 AGN 甲皱微循环与健康儿童明显不同，随病情加重甲皱微循环异常程度亦增加。解放军 281 医院[8]对 52 例 AGN 肾活检分析，发现荧光 C3 强度与病期相关，与严重蛋白尿无关。北京房山区一院[9]测 AGN 血清胃动素水平为 1 295.0±445pg/L，比对照组（259.76±94.41pg/L）明显升高，可能是 AGN 胃肠症状的原因之一。

（二）急进性肾小球肾炎

南京金陵医院[10]分析肾活检确诊的新月体肾炎 72 例，占全部肾活检的 1.4%。免疫病理分型为Ⅰ型 9 例（12.5%），Ⅱ型 48 例（66.7%），Ⅲ型 15 例（20.8%）。原发病因以狼疮性肾炎最多见（25 例），急进性肾小球肾炎（RPGN）次之（18 例），血管炎居第 3 位（10 例）。该院[11]用甲基强的松龙及环磷酰胺（CTX）双冲击治疗 15 例免疫复合物型新月体肾炎 3 个月，肾功及尿检异常明显改善占 66.7%。随访 11 例，3 例需透析，4 例肾功正常，无 1 例死亡。

（三）肾病综合征

南京鼓楼医院[12]测得原发性肾病综合征（NS）23 例发作期血清总涎酸（TSA）及脂质结合涎酸（LSA）显著高于正常，强的松治疗有效组 TSA 及 LSA 较治疗前显著下降，与尿蛋白排量显著相关。上海医大儿科医院[13]用 PCR 及顺序特异寡核苷酸（SSO）探针法对 23 名上海地区激素敏感 NS 患儿行 HLA-DRB1 等位基因频率分析，发现 HLA-DRB1＊07 与该病相关，HLA-DRB1＊09 与该病频复发相关。该院[14]对 38 例 NS 患儿随访 1.5～2 年，发现 $HLA\text{-}DR_4$ 组镜下血尿例数多，用激素后 $HLA\text{-}DR_7$ 组 92.9%在 4 周内显效，$HLA\text{-}DR_4$ 组 75.0%耐药，$HLA\text{-}DR_9$ 组 88.3%频复发。解放军总院[15]*用 PCR 及 SSO 探针检测 36 例 NS 患儿 HLA-DR 基因频率分布并与 255 名汉人比较。9 例 IgAN 的 $HLA\text{-}DR_4$ 频率明显高于正常人，而非 IgAN 组 $HLA\text{-}DR_{12}$ 频率明显高于正常人。北京协和医院[16]测得 20 例 NS 患者血小板表面颗粒膜蛋白（GMP-140）、血栓素 B_2（TXB_2）及 6-酮-前列腺素 F（6-Keto-PGF）较正常人显著增高,治疗后均降低。华西医大一院[17]测定22例原发性肾病综合征(PNS)高亲和力IL-2R表达及IL-2活力,PNS发病组均显著低于对照组,缓解组则介于两组之间,表明PNS患者细胞免疫功能低下。解放军281医院[18]测PNS 103例,发现MsPGN及IgAN的IL-2R表达显著高于正常,其他病理类型增高不显著。南京市儿童医院[19]报道8例肾炎性NS患儿在CD4/CD8比值下降同时,血清IgG含量呈正相关性下降;单纯性NS患儿血清IgG含量与CD4/CD8比值下降则无相关性。青岛医学院附院[20]观察NS患儿37例,发现单纯性和肾炎性NS存在不同的红细胞免疫功能改变,后者在NS发病机制中可能起重要作用。解放军281医院[21]报道小儿NS 89例,认为IL-2R表达增强可作为判定肾病复发的一项参考指标。广州医学院二院[22]检测12例PNS血、尿血小板活化因子(PAF)。结果PNS尿PAF较健康对照组高,血PAF与对照组类似,尿PAF与尿蛋白排量正相关。解放军281医院[23]报道35例NS用激素8周以上,血清生长激素(GH)、催乳素(PRL)、促皮质素(ACTH)和皮质醇水平下降,而促甲状腺激素(TSH)、甲状腺激素(T_3、T_4)水平与对照组无显著差异。中国医大[24]检测17例NS患儿血红细胞磷脂过氧化氢谷胱甘肽过氧化物酶(PHGPX)活力及脂溶性荧光色素(LSFP),并与15例健康儿对照。结果NS组PHGPX降低,LSFP增高。南京军区福州总院[25]报道59例小儿NS,发现血清胆固醇(TC)升高持续时间长者肾病理多为局灶节段硬化性肾小球肾炎及弥漫性肾小球硬化。北京协和医院[26]检测23例NS患儿血脂(TC、TG、LDL-C、apoB100、HDL-C、apoA1及LDL-C与HDL-C比值)。结果单纯性NS血TC、LDL-C及apoB100均较肾炎型NS高,复发者血脂异常较初发者重。济南军区总院[27]检测17例NS患儿血清锌、铜水平,并与100例正常对照。结果NS血铜显著降低。浙江医大儿童医院[28]检测20例活动期NS患儿和31名健康儿童血清中肿瘤坏死因子(TNF),结果NS组TNF明显升高。新乡医学院一院[29]测成年男性原发性NS和健康人各30例血浆黄体生成素(LH)、卵泡刺激素(FSH)、睾酮(T)、雌二醇(E_2)、催乳素(PRL)及孕酮(P)的浓度。结果NS组T、E_2及P明显降低,PRL明显升高。沈阳军区总院[30]测79例PNS血IgE。结果MsPGN、MCD及局灶性节段性肾小球硬化(FSGS)者血IgE显著升高;升高组治疗缓解率92.7%,明显高于不升高组(5%)。重庆大坪医院[31]测15例PNS血清一氧化氮(NO)、内皮素(ET)和TXB_2。结果PNS治疗前NO降低,ET及TXB_2升高,治疗后NO升高,ET及TXB_2降低。太原市医院[32]检测31例小儿血锌(Zn)及IgG。结果24例NS血Zn及23例NS血IgG降低,两者间有回归关系。山东医大附院[33]测36例PNS患儿血糖皮质激素受体(GCR)、ACTH及皮质醇水平,结果单纯性NS的GCR增高,对糖皮质激素疗效好。青岛市儿童医院[34]检测20例NS患儿尺桡骨骨密度(BMC)及血钙(SCa)水平,NS初发组及足量用激素组BMC及SCa降低,激素减量组与对照组相比差异无显著性。认为NS须用钙剂及Vit D。兰州医学院一院[35]检测50例NS患儿血钙离子(ICa)、25-羟胆骨化醇(25-$(OH)_2D_3$)及骨源性环磷酸腺苷〔NcADM(13~52)P〕,认为25-$(OH)_2D_3$对NS持续蛋白尿及继发性甲旁亢的骨病有一定防治作用。北京医大一院[36]检测78例NS患儿血ICa、25-$(OH)_2D_3$、肾性cAMP(NcAMP)、尿型胶原交联氨基末端及骨钙素,认为大剂量强的松是促成NS患儿骨代谢紊乱的重要因素。有报道PNS组治前93% TNF水平超正常水平上限,治疗后大多恢复正常[37]。中山医大[38]检测20例PNS血、尿及外周血单个核细胞PHA刺激培养上清液中TNF-α浓度。结果增生性肾病者尿TNF-α较非增生性者显著增高;治疗缓解后尿TNF-α较缓解前降低。北京医大一院[39]分析42例NS,以肺血栓、栓塞合并症最为常见,其中少数病情凶险。膜性肾病是发生肺血栓、栓塞最常见病理类型。哈尔滨医大一院等[40]分析PNS患儿合并脑损害17例。原因为脑水肿、激素致高血压脑病、用利尿剂治疗水肿引起的水电解质失衡。2例发生脑萎缩失语、智力低下。北京医大妇儿医院[41]回顾222例NS,报道15例伴继发红细胞增多,与肾病状态及激素应用有关。上海医大[42]对频复发47例NS随访,频复发率13.7%。认为起病年龄(<7岁)及初治后首次复发时间与频复发有关,感染是主要诱因。上海仁济医院[43]报道儿童NS严重并发症12例。其中感染性休克8例,血管栓塞2例,严重低血钠2例,经治疗均存活。新疆自治区医院[44]报道77例NS患儿中69例并发感染,共发生感染174例次,以呼吸道感染最多(62.6%),泌尿系感染占12.1%;16例检测HCV-IgG,8例阳性,其中输过血浆者7例,8例阴性中仅2例输过血浆。白求恩医大二院[45]分析住院NS患儿238例,发生感染104例。认为感染率与肾病类型、年龄、血浆蛋白量无关,而与住院天数及体液免疫状态有关。中山医大[46]分析成人NS 156例,感染率21.8%。认为低丙球蛋白血症和肾功能不全是NS并发感染的危险因素。该院[47]报道12例PNS合并ARF,经激素冲击、

CTX及血透、血滤治疗，9例肾功恢复。认为需高度警惕以ARF为首发症状的NS。北京医大一院[48]报道335例NS患儿中发生ARF 17例。ARF多发于肾病活动期，常以感染为诱因，大多为少尿型，水肿加重及血压增高多见，肾病理有多种改变。死亡4例。潍坊医学院附院[49]观察NS患儿31例，至少21例对一种食物变应原呈嗜碱细胞脱颗粒反应阳性，食物变态反应可能在肾病发生机制中起作用。中山医大一院[50]观察29例微小病变NS，认为静脉输注人体白蛋白对微小病变NS起不利作用。佳木斯医学院附院[51]观察84例NS患儿，蝮蛇抗栓酶治疗组远期复发率明显低于对照组，近期治疗完全缓解率高于对照组，但无统计学意义。湖北医大二院[52]观察25例NS患儿肝素疗效与12～24个月后对激素或CTX治疗反应的关系，认为肝素近期疗效可预测远期预后。上海仁济医院[53]报道15例NS患儿，其发病与复发和患儿治疗前、治疗中血浆皮质醇(F)水平低下，低锌、低铜、锌/铜比率变化、总IgE升高相关；治疗中测血F有利于防止肾上腺皮质功能不全，指导合理用药及预防复发。山西临汾妇幼保健所[54]用肝素联合激素治疗难治性NS患儿63例，并与单纯使用激素的64例对照。治疗组76.2%完全缓解，部分缓解20.6%，对照组分别为48.4%和18.7%。泉州市儿童医院[55]用异搏定与强的松联合治疗儿小难治性NS 16例，完全缓解2例，无效4例，总有效率75%。北京医大一院[56]用超声心动图及多普勒转换仪观察NS患儿18例。患者在不伴高血压及尿毒症前提下，存在左、右心室舒张充盈异常，舒张早期快速充盈低，晚期心房收缩代偿性强。江苏沭阳县医院[57]用依那普利(enalapril)2.5～5.0mg/d，治疗对激素和/或免疫抑制剂无效的NS 11例，用药24小时后平均尿蛋白量由4.71g降为0.59g，6例肾功不全者平均血肌酐由219.5μmol/L降为172.7μmol/L。武汉市四院[58]用主要成分为111号的保肾康治疗成人NS 38例，显效率为86.85%，优于对照组。山东医大[59]检测NS 32例GCR、血ACTH及F，患者GCR水平高于正常人，血ACTH及F水平低于正常人，GCR水平与皮质激素疗效有关。浙江中医院[60]报道21例NS患儿并发低钠血症的原因为低蛋白血症、长期忌盐，用利尿剂、吐泻、输液不当、急性感染及低钾血症，采取限进水及适当补钠治疗。浙江医大儿童医院[61]观察强的松与静注白蛋白联合治疗小儿NS 43例，与单用强的松治疗的43例NS作对照。治疗组尿蛋白转阴率69.8%，对照组88.4%；转阴时间治疗组25.2±10.6天，对照组14.3±4.8天；水肿消退时间治疗组20.4±9.5天，对照组9.8±4.1天。广西自治区医院[62]以大剂量CTX冲击治疗难治性NS 21例，完全缓解8例，部分缓解10例，总有效率85.7%。上海市一院[63]报道262例成人NS，原发性肾小球疾病215例，其中MsPGN 34.4%、MG 24.7%、MPGN 16.3%。认为小剂量多种免疫抑制剂联合使用疗效好。

微小病变性肾病　厦门中山医院[64]报道成人微小病变性肾病(MCN)36例，激素治疗缓解28例，缓解率78%；8例并用CTX，缓解7例，占75%，两者相似。

系膜增殖性肾小球肾炎　湖南医大二院[65]测定30例系膜增殖性肾小球肾炎(MsPGN)患儿及15例非MsPGN尿中IL-6活性，认为该指标能间接反映肾病类型及程度，对MsPGN病理诊断预计有意义。上海长征医院[66]分析36例MsPGN Ⅲ、Ⅳ型胶原及层粘蛋白(LN)的变化及与病理关系。认为该型肾炎的病变主要为系膜基质中固有成分含量明显增多并有间质胶原的参与，两者相互作用致肾小球硬化。解放军总院[67]观察非IgG系膜增殖性肾小球肾炎44例，肾内细胞间粘附分子-1(ICAM-1)随病变进展明显增加，与系膜细胞增殖程度显著相关。

膜增殖性肾小球肾炎　西安医大一院[68]报道膜增殖性肾小球肾炎(MPGN)29例，镜下血尿和低补体血症为主要表现，1/3患者有肾小球硬化、新月体或小管间质病变等病理损害。单用强的松与联合抗凝药、细胞毒药疗效无显著差别。

(四) IgA肾病

上海瑞金医院[69]在有病理诊断的75例汉族IgA肾病(IgAN)中发现HLA-DR_4抗原阳性频率明显增高，且在大量蛋白尿和眼观血尿组亦增高，HLA-DR_5表型频率降低。南京金陵医院[70]测28例肾小球单纯IgA沉积及32例IgG、IgA、IgM沉积(GAM)组IgAN患者肾组织膜攻击复合物(MAC)及CD59的分布。结合补体成分及病理和临床分析，表明单纯IgA组的病理及临床表现较GAM组轻，认为与补体激活途径不同有关。中山医大一院[71]分析90例IgAN。结果表明IgAN肾小管间质病变在肾小球功能损害过程中起重要作用。该院[72]研究20例原发性IgAN肾组织中增殖细胞核抗原(PCNA)表达，认为肾脏细胞增殖程度作为一项判断肾小球肾炎组织学损害程度和预后的指标值得注意。贵阳医学院附院[73]测得42例IgAN患者血小板聚集率较正常显著降低，但不能依此指导临床行抗血小板药物治疗。上海中山医院[74]检测85例IgAN血及肾组织HBV抗原。血清HBsAg阳性15例，肾组织HBV抗原阳性26例，其中肾小球阳性18例，HBcAg在肾小管和肾间质中阳性分别为9例和2例；其中2例检测HBV DNA，1例肾内发现整合型HBV DNA。认为乙型肝炎病毒与IgAN发病密切相关。北京医大[75]将83例IgAN按肾小球基底膜(GBM)厚度分为弥漫性薄GBM组(TGBM)及非TGBM组，发现前者临床表现与肾病理改变较轻。北京军区总院[76]检测127例IgAN及25例非IgAN的MsPGN的血清抗内皮细胞抗体(AECA)。结果IgAN组与非IgAN组AECA均较正常组高，前者又高于后者。IgAN组中AECA阴、阳性两组间肾小球硬化面积之比未见明显差异。南京金陵医院[77]对63例IgAN伴扁桃体炎患者行超短波激发试验，结果眼观血尿型IgAN较非血尿型激发阳性率显著为高，激发阳性组扁桃体摘除后症状改善率83.3%，阴性组56.6%，但无统计学差异。西安医大[78]报道西安地区116例IgAN，发病率高达40.3%，可能与该地区HBV感染率高有关。解放军总院[79]检测203例IgAN肾小球内纤维蛋白相关抗原(FRA)沉积，阳性率61%，且FRA沉积强度与蛋白尿及肾小球系膜硬化有关。济南军区总院[80]用计算机图像分析系统对IgAN行组织学定量分析，认为小管间质病变是决定IgAN预后的重要因素。广州军区总院[81]分析10例IgAN。病理改变较重者多见于NS及镜下血尿组；伴肾功受损者以NS组多见；肾小球硬化者，其肾功减退发生率明显高于无硬化者；大量蛋白尿病变较严重，预后较差。

(五) IgM肾病

北京友谊医院[82]将表现为NS的IgM肾病(IgMN)23例与16例单纯MsPGN比较，IgMN年龄较轻、病程较长、激素疗效较差。认为IgMN为一组独立的肾小球病。西安医大一院[84]报道44例IgMN。认为IgMN临床表现以NS多见，临床表现与免疫球蛋白沉积强度、类型无明显关系，治疗反应及预后与病理有关。

(六) 其他

北京市儿童医院等[84]报道37年来该院肾小球疾病类型变化。1956年以来AGN减少，NS显著增多，虽然过敏性紫癜逐年增多，但紫癜性肾炎发病率37年来始终为29%。北京医大妇儿医院[85]分析全国20个单位共2 315例患儿肾活检，病理改变以MsPGN (36.4%)为最多见；一般临床诊断可满足治疗要求；治疗困难、不典型病例须病理诊断。南京铁道医学院[86]报道免疫类晶团聚体性肾病5例。肾活检示肾小球中有特殊沉积物，刚果红染色阴性，免疫荧光检查免疫球蛋白和补体成分阳性，电镜下呈序化原纤维或微管状结构；主要临床表现为蛋白尿、肾病综合征、高血压、血尿和肾功能不全。北京医大一院等[87]报道触须样免疫性肾小球病3例。超微病理特点：在肾小球不同部位及电子致密物中见大量微管状纤维(直径35～47nm)，并伴有直径约20nm的紊乱排列的纤维样物质沉积，刚果红染色阴性。患者均为中青年男性，有蛋白尿、镜下血尿及高血压，2例出现肾功能不全。北京医大[88]动物实验发现转化生长因子(TGF)是系膜细胞又一个自分泌因子，ET和TGF协同作用引起系膜细胞(MC)增生和系膜基质(MM)增多，对肾小球肾炎及肾小球硬化有一定意义。解放军总院[89]发现正常内皮细胞与系膜细胞共培养后MC膜上ICAM-1表达无明显变化；而IL-1及TNF-α刺激后的内皮细胞与MC共培养后MC上ICAM-1表达明显增强。北京医大[90]动物实验发现MC可产生ET，并受ET作用；ET通过MC收缩作用，参与调节肾小球滤过率；ET刺激MC增生，进而MM增多，造成肾小球病变。北京医大妇儿医院[91]动物实验证明阿霉素肾病极期的肾小球系膜细胞条件培养液(GMC-CM)能明显促进肾小球上皮细胞(GEC)增殖及合成含硫化合物、蛋白质的功能，反之肾病极期GMC-CM则明显刺激GMC增殖；GMC和GEC可通过其可溶性产物相互作用。湖南医大二院[92]发现人胎肾小球MC可在无刺激状态下产生和表达IL-6；IL-2可抑制MC产生与表达IL-6；TNF促进MC产生与表达IL-6。南京医大[93]实验发现低密度脂蛋白(LDL)具有低浓度促进GMC生长、高浓度抑制其生长的双向作用。解放军281医院[94]检测133例肾小球疾病血清骨钙素(BGP)，结果AGN与正常组无显著性差异；NS、IgAN、CGN及紫癜性GN血GBP比正常明显减少。认为GBP可作为肾小球疾病时亚临床代谢骨病的指标。解放军总院[95]研究认为CTX免疫抑制剂治疗可能与诱导免疫细胞凋亡有关，也可为临床判断CTX冲击治疗疗程和疗效提供参考依据。上海长征医院[96]*分析49例肾活检病理，发现Ⅳ型胶原在重度硬化组随病变加重而增加；PCNA表达与病变发展负相关；肾小球硬化组中的肌动蛋白、结蛋白表达增加，而第Ⅷ因子表达减少，证实毛细血管内皮细胞可转化为平滑肌样细胞。上海瑞金医院[97]检测90例各期肾病患者Ⅳ型胶原(CL-IV)并与30名正常人对照。发现CL-IV在肾病时均有不同程度增高，并与疾病严重程度关系密切。贵阳医学院附院[98]检测61例肾脏病患者血清岩藻糖苷酶(α-FU)并与50

名正常人对照。发现肾脏病患者 α-FU 均有不同程度增高。北京医大等[99]研究中性粒细胞(PMN)介导蛋白尿机制,证实了髓过氧化酶-过氧化氢-卤素系统对肾小球白蛋白通透性的作用。南京市儿童医院[100]随访用雷公藤多甙片(T)、瘤可宁(CB)治疗的肾病患儿 20 例,并与单用强的松治疗的 18 例肾病患儿作比较,随访 6～13 年。结果试验组 10/11 例精液异常(无精或量少)。认为若 T＞135mg/kg 或 CB＞9mg/kg,其中任一种药累积量超过此限就会导致精液异常,严重者可不育。湖北医大一院等[101]观察 34 例肾小球疾病患儿红细胞超氧化物歧化酶(SOD)、全血谷胱甘肽过氧化物酶(GSH-PX)活力和血沉的变化。发现 AGN 及 NS 患儿 SOD 与 GSH-PX 活力均下降,且与血沉呈负相关。洛阳市四院等[102]检测 78 例小儿肾脏病血补体对免疫沉淀的抑制作用(IIPC),并与 20 名健康儿对照。发现 AGN 组及 NS 组 IIPC 均明显降低。南京鼓楼医院[103]检测 35 例肾脏病血 SA 并与 30 名正常人对照。AGN 及 PNS 发作期血 SA 显著高于正常,缓解期较发作期显著下降,未缓解者血 SA 持续升高。上海市儿童医院等[104]检测 115 例肾脏病患儿尿视黄醇结合蛋白(RBP)。肾病、过敏性紫癜、糖尿病和肾功不全组与对照组比较 RBP 均显著升高,认为上述肾小球疾病同时伴有近曲小管受损。上海仁济医院[105]用间接免疫荧光法(IF)检测 36 例肾脏病患儿抗中性粒细胞胞浆抗体(ANCA),紫癜性肾炎阳性率 75%,认为 ANCA 与疾病活动度有关。上海市九院[106]用 IF 法检测 36 例肾脏病人血 ANCA,发现阳性者临床症状一般较重,有不同程度血管炎及肾功损害,病变活动时 ANCA 阳性率增高。南京金陵医院[107]对 479 例肾脏病人同步检测 IF-ANCA 及抗髓过氧化物酶抗体(MPO-ANCA)。结果 MPO-ANCA 阳性 40 例,IF-ANCA 阳性 17 例,双项阳性多见于肾血管炎。认为 MPO-ANCA 比 IF-ANCA 敏感性高,两者同步检测可减少假阳性。上海瑞金医院[108]检测 89 例肾脏病人和 30 名正常人抗心磷脂抗体(ACA)。AGN 组及 NS 组阳性率明显增高,AGN 以 IgG-ACA 为主,NS 以 IgM-ACA 为主。徐州医学院附院等[109]报道刺五加(AS)对大鼠阿霉素肾病(AN)具保护作用,AS 能减少 AN 大鼠蛋白尿,减轻肾病变,使肾 GSH-PX 活性增加。天津医大总院[110]报道 SOD 和 Vit E 能使大鼠阿霉素肾病的尿、血生化指标和病理损害明显改善,且能抑制血脂质过氧化物升高,增强红细胞 SOD 活性。北京医大[111]报道切除鼠一侧肾、多次足垫皮下注射含牛血清白蛋白(BSA)的福氏佐剂和腹腔短时注入递增浓度的 BSA,并从尾静脉和腹腔注射 BSA,隔日交替免疫,尾静脉注射大肠杆菌内毒素,能加快慢性血清病性大鼠 MsPGN 模型建立。广州市儿童医院[112]测得 NS 肾脏病患儿血 T_3、T_4 显著降低,TSH 增高,但不伴甲减症状。黑龙江省医院等[113]测定 37 例无合并症的肾脏病血清载脂蛋白 A1、B、HDL-C,报道肾脏病患者在合并动脉硬化性心血管病之前就已有血脂变化。广东省医院[114]报道妊娠合并慢性肾炎 15 例。均有不同程度水肿、贫血,9 例血压高,7 例血肌酐＞176.8 μmol/L;3 例 ARF 行血透,1 例死亡,此例产前已出现 ARF;6 例临床治愈,余 8 例产后转肾内科。中国医大一院等[115]以阳离子多聚体为示踪剂,电镜观察 GBM 负电荷,认为负电荷改变与肾小球疾病病理和临床密切相关。上海仁济医院[116]分析 41 例老年肾脏病,其中 38 例为肾小球疾病。病变以原发性局灶性节段性硬化最多,继发性以糖尿病性肾病及淀粉样变最常见;临床上多表现为 NS。苏州医学院[117]检测 78 例老年肾病血、尿 β_2-MG,异常检出率分别为 41.0%与 52.6%,明显高于尿常规、血肌酐的异常检出率。解放军 281 医院[118]报道 570 例小儿肾脏病,原发性者 479 例,继发性 88 例,先天和遗传性 3 例。原发性中 MsPGN 占 34.9%,IgAN 占 12.9%,IgMN 占 14.8%,三者共占 62.6%。温州医学院一院[119]报道成人原发性肾小球疾病 205 例,其中 NS 102 例,无症状尿检异常 59 例,CGN 35 例,AGN 5 例,RPGN 4 例。病理分类 MsPGN 占 40.5%,MCD 占 14.6%,FSGS 占 12.7%,MGN 占 7.8%,IgAN 占 7.8%,SGN 占 4.9%,ML 占 4.4%,EnPGN 占 2.4%,CGN 占 2.4%,FGN 占 2.0%,MCGN 占 0.5%。北京中日友好医院等[120]观察反应性氧代谢产物(ROM)在阳离子化牛血清白蛋白(C-BSA)诱发大鼠膜性肾病中的损伤作用。羟自由基清除剂能减轻脂质过氧化,保护抗氧化酶活性,改善尿蛋白,表明 ROM 参与 C-BSA 诱发的鼠膜性肾病(MN)损伤。天津医大总院等[121]观察到高糖(30.6mmol/L、41.7mmol/L)使培养的大鼠肾小球及肾小球系膜细胞(GMC)分泌 TNF 明显增加。西安医大一院[122]报道经皮肾活检 650 例,成功率为 98.9%。术后并发眼观血尿 14 例、腹痛 5 例、ARF 3 例、肾包膜下血肿 5 例。该校[123]报道 51 例小儿肾活检。结果 37 例为原发性肾小球疾病,继发性 9 例均为紫癜性肾炎,急性肾小管坏死 5 例。MsPGN 占原发性肾病的 86.5%,其中 IgAN 21 例。广西医大一院[124]报道肾活检 100 例,1 次成功率 86.3%,总成功率 100%。病理分析 MsPGN 占 64%,FSGS 占 14%。安徽医大一院[125]报道肾活检 106 例,成功率

95.3%。31.7%的病人改变了原诊断,24.8%的病人改变了原来的治疗。兰州军区乌鲁木齐总院[126]报道肾活检80例,成功79例。上海长征医院[127]报道肾活检138例,血尿和肾周或肾被膜下血肿是仅见的并发症,总发生率约80.4%;以血尿最多见,为57.2%;13%同时合并血肿,单纯性血肿约占10.2%。

(张本立)

参 考 文 献

[1] 黄少翠等. 中华肾脏 1996;12(4):198

[2] 张晓峰等. 临床内科 1996;13(3):37

[3] 林敦彬等. 实用儿科临床 1995;10(6):347

[4] 康国贵等. 实用儿科临床 1995;10(6):361

[5] 牟一坤等. 中华儿科 1996;34(3):196

[6] 吴红梅等. 江苏医药 1996;22(1):53

[7] 杨玉凤等. 陕西医学 1996;25(1):28

[8] 李 凯等. 湖南医学 1996;13(1):26

[9] 宋振辉等. 北京医学 1996;18(3):147

[10] 曾彩虹等. 肾脏病与透析肾移植 1996;5(2):10

[11] 唐 政等. 肾脏病与透析肾移植 1996;5(3):1

[12] 胡万进等. 中华肾脏 1996;12(1):48

[13] 周国平等. 中华肾脏 1995;11(6):347

[14] 周国平等. 中华儿科 1995;33(6):358

[15]* 陈香美等. 中华儿科 1996;34(1):15

[16] 康子琦等. 中国医科院学报 1996;18(4):320

[17] 傅 平等. 肾脏病与透析肾移植 1996;5(4):19

[18] 马 路等. 中华肾脏 1996;12(3):157

[19] 余惠兰. 中国免疫 1996;12(5):323

[20] 张秋业等. 中华儿科 1996;34(2):101

[21] 马 路等. 解放军医学 1995;20(5):367

[22] 任国辉等. 中华内科 1996;35(2):83

[23] 马 路等. 中华肾脏 1996;12(5):268

[24] 庞希宁等. 中国医大学报 1996;25(3):274

[25] 任榕娜等. 中国实用儿科 1996;11(3):155

[26] 宋红梅等. 中华儿科 1996;34(4):267

[27] 许 波等. 实用儿科临床 1995;10(6):346

[28] 曹 敏等. 实用儿科临床 1995;10(6):330

[29] 郭明好等. 中华肾脏 1996;12(4):220

[30] 郑红光等. 解放军医学 1995;20(5):368

[31] 李开龙等. 三军医大学报 1996;18(1):79

[32] 孟保平等. 山西医药 1996;25(4):277

[33] 王培荣等. 中国实用儿科 1996;11(3):163

[34] 王慧娟等. 实用儿科临床 1995;10(6):343

[35] 金 玉等. 中华肾脏 1996;12(4):239

[36] 金 玉等. 临床儿科 1995;13(6):384

[37] 申洪达等. 中华肾脏 1995;11(6):360

[38] 韩蜀莲等. 中华肾脏 1995;11(5):237

[39] 章友康等. 中华肾脏 1996;12(4):237

[40] 孙玲娣等. 哈医大学报 1995;29(6):534

[41] 王 倩等. 中华儿科 1996;34(2):108

[42] 吴 莉等. 中国实用儿科 1996;11(3):151

[43] 郑慧玲等. 上海二医大学报 1996;16(3):179

[44] 赵桂臣等. 新疆医学 1995;25(4):213

[45] 马永威等. 中华医院感染 1996;6(1):12

[46] 李幼姬等. 中华肾脏 1996;12(2):76

[47] 许乃贵等. 肾脏病与透析肾移植 1995;4(5):426

[48] 齐慧茹等. 中华儿科 1996;34(2):105

[49] 牛余宗等. 临床儿科 1996;14(1):37

[50] 张道友等. 中华肾脏 1996;12(3):144

[51] 胡云清等. 实用儿科临床 1995;10(6):331

[52] 陈重义等. 湖北医大学报 1995;16(4):370

[53] 车丽芬等. 临床儿科 1996;14(3):196

[54] 张志敏等. 中华肾脏 1996;12(3):188

[55] 洪建东等. 福建医药 1996;18(3):64

[56] 秦瑞香等. 中华儿科 1996;34(2):133

[57] 卢振华等. 中国实用内科 1996;16(5):278

[58] 郑德灏等. 临床内科 1996;13(3):39

[59] 杨柳松等. 山东医大学报 1996;34(1):15

[60] 张九成等. 浙江医学 1996;18(1):52

[61] 林道隆等. 中国实用儿科 1996;11(2):118

[62] 彭小梅. 中华肾脏 1996;12(3):190

[63] 刘智辉等. 上海医学 1996;19(6):330

[64] 韩蜀莲等. 新医学 1996;27(10):530

[65] 易著文等. 中华肾脏 1996;5(5):32

[66] 叶廷军等. 上海医学 1996;19(7):394

[67] 师锁柱等. 临床与实验病理 1996;12(1):31

[68] 李 健等. 陕西医学 1996;25(1):13

[69] 陈 楠等. 中国免疫 1996;12(2):85

[70]* 王金泉等. 肾脏病与透析肾移植 1996;5(4):23

[71] 张国强等. 中华内科 1996;35(7):471

[72] 李成进等. 中华肾脏 1996;12(1):43

[73] 俞 雷等. 贵州医药 1996;20(5):257

[74] 汪年松等. 中华肾脏 1996;12(5):276

[75] 章友康等. 中华肾脏 1995;12(2):82

[76] 段永刚等. 中华肾脏 1995;11(6):351

[77] 唐军凯等. 中华理疗 1996;19(1):43

[78] 于琳华等. 中华肾脏 1996;12(5):320

[79] 徐启河等. 中华内科 1996;35(1):40

[80] 杨剑辉等. 解放军医学 1995;20(6):446

[81] 黄建榕等. 中华肾脏 1996;12(2):108

[82] 陈海平等. 中华肾脏 1996;5(2):24

[83] 张亚莉等. 陕西医学 1996;25(7):413

[84] 张毓文等. 中华肾脏 1996;12(1):28

[85] 杨霁云等. 中华儿科 1996;34(5):319

[86] 张建民. 中华肾脏 1995;11(5):265

[87] 王素霞等. 中华医学 1996;76(9):688
[88] 陈建康等. 中华肾脏 1996;12(5):285
[89] 傅　博等. 中华医学 1996;76(5):388
[90] 陈建康等. 中华病理 1996;25(4):206
[91] 王　丹等. 中华肾脏 1996;12(3):166
[92] 孙　林等. 中华肾脏 1995;11(5):278
[93] 王晓燕等. 中华医学 1996;76(3):238
[94] 李长荣等. 中华内分泌 1995;11(4):224
[95] 董　柯等. 中华医学 1996;76(5):375
[96]* 叶廷军等. 二军医大学报 1996;17(4):358
[97] 周　同等. 上海免疫 1995;15(6):363
[98] 杨国辉等. 贵州医药 1996;20(1):15
[99] 李惊子等. 中华肾脏 1995;11(5):283
[100] 张维真等. 中西医结合 1996;16(2):113
[101] 陆　军等. 铁道医学 1995;23(5):273
[102] 王冰心等. 实用儿科临床 1995;10(6):326
[103] 胡万进等. 临床内科 1996;13(5):37
[104] 朱光华等. 临床儿科 1996;14(3):195
[105] 姚培元等. 临床儿科 1996;14(4):268
[106] 盛宏光等. 上海医学 1996;19(6):343
[107] 孙　凯等. 肾脏病与透析肾移植 1996;5(4):35
[108] 周　同等. 上海免疫 1996;16(1):54
[109] 尹忠诚等. 江苏医药 1996;22(4):239
[110] 郑荣秀等. 中华医学 1996;76(6):463
[111] 贾　慧等. 肾脏病与透析肾移植 1996;5(3):21
[112] 曹穗生. 广东医学 1995;16(10):681
[113] 洪景范等. 中华医学检验 1996;19(3):154
[114] 余惠娟. 广东医学 1995;16(12):816
[115] 王宗谦等. 中国实用内科 1996;16(6):331
[116] 张伟明等. 上海二医大学报 1996;16(5):343
[117] 吴星红等. 苏州医学院学报 1995;15(5):862
[118] 周柱亮等. 天津医药 1995;23(12):754
[119] 黄朝兴等. 中华肾脏 1995;11(5):297
[120] 刘　杰等. 中日友好医院学报 1996;10(1):11
[121] 于德民等. 天津医药 1996;24(9):532
[122] 冯学亮等. 陕西医学 1995;24(10):594
[123] 于琳华等. 陕西医学 1996;25(9):558
[124] 孙安远等. 广西医学 1996;18(5):528
[125] 乔孝儒等. 安徽医大学报 1996;31(2):119
[126] 刘新英等. 新疆医学 1996;26(3):184
[127] 章建全等. 中国超声 1996;12(5):45

二、继发性肾小球疾病

(一) 狼疮性肾炎

南京军区南京总院[1]* 观察 9 例狼疮性肾炎(LN),血小板源性生长因子(PDGF)是致 LN 病变活动的重要介质之一,但 PDGF 对肾小球固有细胞增殖无明显影响。北京医大一院[2]实验证实 LN 肾小球毛细血管壁可见血管细胞粘附分子(VCAM-1)荧光;肾小球系膜区 VCAM-1 表达增强;与轻度 MsPGN 比较,LN(Ⅱ、Ⅳ型)血中 VCAM-1 水平显著增高。上海瑞金医院[3]检测 35 例 LN 淋巴细胞及粘附分子表型,T 细胞($CD8^+$)与 B 细胞($CD20^+$)的 CD11a/CD18 与 CD54 表达紊乱,提示粘附分子在 LN 发病机制中可能具有重要作用。中山医大一院[4]检测 39 例 LN 血 DNA-抗-DNA 免疫复合物(抗 DNA-IC),活动期 LN 患者血清抗 DNA-IC 类型,分布与肾病理类型有关,IgG 型抗单链 DNA-IC 与 24 小时尿蛋白定量呈正相关。该院[5]还发现有明显肾间质损害及肾功能异常的 LN 患者,肾间质容量明显增加,与肾功改变相关;肾小球病变类型、病变活动性指数及有无 IgG 在小管基膜上沉积对肾间质容量及肾功均无明显影响。上海瑞金医院[6]检测 35 例 LN,发现血浆中 P 选择素较正常增高;临床表现为 NS 及肾功不全型 LN 者 P 选择素水平又明显高于无症状型及肾炎型;治疗后病情改善者血浆 P 选择素水平降低。中山医大一院[7]观察 26 例 LN 尿中 ET 变化,发现活动性 LN 尿中 ET 水平明显增高,表明尿中 ET 水平与狼疮活动明显相关。上海仁济医院等[8]检测 LN 56 例尿中视黄醇结合蛋白(RBP)。发现尿 RBP 含量能敏感反映 LN 肾小管间质损害程度,可作为监测 LN 活动、指导治疗的指标。南京金陵医院[9]对 86 例 LN 随访 5 年以上,发现持续血尿、贫血、高血压及肾组织病变活动或慢性化指数及升高均提示预后不良,病理类型不能完全反映预后。该院[10]还观察 LN 118 例眼底,有改变者 66 例,占 56.0%。并发高血压者眼底改变发生率 89.1%,血压正常者眼底改变发生率 33.1%。北京医大一院[11]观察男性 LN 50 例。起病年龄较晚者肾病变发生率高且重;肾病变以Ⅳ、Ⅴ型多见,Ⅱ型较女性少。随访 1～12 年,男性 LN 改善、好转率较女性低,而复发、病死率较女性高。北京儿科所等[12]分析 27 例小儿 LN,发现多数在起病后一年内发生肾损害。NS 型占 74%,该型治疗效果较差。中山医大[13]分析 71 例 LN。发现男性、血清肌酐增高、补体下降对 5 年肾存活有明显不良影响。该系列 5 年存活率为 62%。广州军区总院[14]认为 LN 活动指标(AI)与临床表现关系密切,AI 高者症状多且重;慢性指数(CI)与病理类型有关,CI 愈高,肾功受损愈重,难逆转,故 CI 可判断预后。南京金陵医院[15]报道环孢素(CsA)治疗 16 例重症 LN。治疗后血、尿中

sIL-2R 明显下降，外周血 $CD4^{+}$ 细胞下降，血清免疫异常及临床肾损害明显改善。上海新华医院[16]用静注丙种球蛋白冲击治疗 3 例重症 LN，患者感染控制，体温正常，尿量增多，心包及胸腔积液吸收，肝、肾功能好转，尿蛋白减少，ANA 及 dsDNA 降低，近期疗效满意。

（二）乙型肝炎病毒相关性肾炎

上海医大等[17]检测 246 例肾炎肾组织中三种 HBV 抗原，发现肾小球内 HBsAg、HBcAg、HBeAg 单一或复合阳性者 27 例(总阳性率 15.43%)。肾小管 HBcAg 阳性率 21.54%。18 例行肾组织 Southern 印迹杂交，测得 15 例 HBV DNA 阳性，其中 8 例成人均为整合型，7 例儿童中 4 例为整合型，另 3 例属非复制游离型。肾组织中 HBV 抗原抗体复合物除来自血循环外，还有肾源性。HBcAg 阳性的肾炎病变明显重于阴性组。上海医大儿科医院[18]* 用国产人基因工程干扰素治疗 8 例小儿乙型肝炎病毒相关性肾炎(HBV-GN)，剂量 300 万 U/m^2 体表面积，隔天肌注。4 个月后改为每周肌注 2 次，持续 2 个月，总疗程 6 个月。结果：5 例尿蛋白消失，2 例尿蛋白减少，3 例血 HBV 抗原转阴，1 例无效。该院等[19]比较 21 例成人及 22 例小儿乙型肝炎相关性肾炎，成人病程较长，肾病 11/21 例，慢性肾炎 9/21 例；小儿则以肾病为主 21/22。两组病理均以膜性肾炎占首位。4 例患儿接受干扰素治疗。随访 1～3 年，2 例血 HBV 抗原转阴。广州南方医院[20]用 HBV DNA 探针原位杂交(ISH)及直接原位 PCR 检测 12 例血清 HBV 标志物阳性肾炎病人肾活检组织。结果两种检测相符。HBV DNA 最常见于肾小管上皮细胞内，其次为肾小球系膜区和毛细血管袢。HBV 可能直接侵犯肾。重庆医大儿童医院等[21]观察 HBV-GN 23 例，肾小球 HBsAg 阳性 18/23 例，HBcAg 阳性 5/23 例，血 HBsAg 阳性 20/23 例，尿 HBsAg 阳性 18/23 例，三者 HBsAg 阳性率间无显著差别。北京医大一院[22]检测 19 例 HBV-GN 血丁型肝炎抗原(HDAg)和抗-HD，均阴性，19 例肾组织中 HDAg 检测也为阴性。认为 HDV 感染可能对 HBV-GN 的肾损伤无作用。南京军区福州总院[23]用干扰素及无环鸟苷联合治疗 HBV-GN 24 例。2 周时尿检正常 2 例，好转 17 例；4 周时尿检正常 14 例；8 周时尿检全部正常。

（三）丙型肝炎病毒相关性肾炎

南京金陵医院[24]用大剂量静注干扰素 300 万 U，3 次/周，治疗 4 个月后 2 例丙型肝炎病毒相关性肾炎(HCV-GN)临床症状缓解，尿蛋白减少，血清 HCV-RNA 转阴。停药后易复发。

（四）过敏性紫癜性肾炎

重庆医大儿童医院等[25]分析过敏性紫癜性肾炎(APN)患儿 18 例。临床上出现无症状血尿或蛋白尿占 4/18 例，表现为肾炎综合征 12/18 例，NS 2/18 例。病理分类：MsPGN 10/18 例，MPGN 3/18 例，EnPGN 3/18 例，FPGN 1/18 例。平均随访 7 年 11 个月，存活 17 例。西安市儿童医院[26]观察 25 例 APN 患儿血液流变学变化，患儿血液粘度较正常增高，但反应红细胞聚集力的几项指标增高不如 NS 明显。济南市儿童医院[27]用胸腺免疫抑制物治疗 APN 患儿 24 例，设对照组 24 例。实验组有效率 95.8%，对照组 87.4%。白求恩医大三院[28]用 ^{125}IUdr 全血法检测 25 例 APN 的 NK 细胞活性，急性期 NK 细胞活性明显低于对照组，恢复期与对照组无明显差异。开封淮河医院等[29]随访 APN 40 例，平均随访时间 16.6 个月。严重 MsPGN、局灶节段性增殖性肾炎伴新月体＞50%及 MPGN 者临床多表现为 CGN、NS 或 RPGN，其肾功减退，预后不良，共 8 例。

（五）糖尿病性肾病

苏州医学院二院等[30]* 观察 42 例无临床蛋白尿的Ⅱ型糖尿病病人和 20 名健康人血小板膜表面 α-颗粒膜蛋白(GMP-140)分子数和 24 小时尿白蛋白量(UAE)。认为 GMP-140 可作为Ⅱ型糖尿病肾病早期诊断指标，较 UAE 敏感。南京金陵医院[31]观察非胰岛素依赖性糖尿病(NIDDM)26 例，发现肾小管间质及功能弥漫受损。肾小管间质病变出现在肾小球功能受损前，并随肾功恶化而加重。

（六）尿酸性肾病

上海瑞金医院[32]用益肾宝(基本成分：大生地、米仁根、枸杞根、天花粉、麦冬、淮山药、泽泻、甘草)治疗原发性痛风性肾病 47 例，显效 16 例，有效 26 例，无效 5 例。

（七）其他

上海瑞金医院[33]报道 2 例轻链肾病。认为对类似糖尿病结节性硬化而临床无糖尿病者，应考虑轻链肾病。马鞍山钢铁公司医院[34]报道继发于银屑病的肾脏病变 5 例，均有轻度氮质血症，3 例尿蛋白＞3.5g/24h，2 例符合肾小球肾炎，1 例肾活检为 MsPGN。激素治疗有效。

（张本立）

参 考 文 献

[1]* 郑 丰等. 中华内科 1996;35(9):601
[2]* 马利军等. 中华肾脏 1995;11(6):326
[3] 周 同等. 中华肾脏 1996;12(4):199
[4] 王 丹等. 中华肾脏 1995;11(6):354
[5] 姜 悦等. 中华肾脏 1995;11(5):261
[6] 周 同等. 上海免疫 1996;16(3):173
[7] 徐学清等. 中华内科 1996;35(5):337
[8] 刘 立等. 中华肾脏 1995;11(6):344
[9] 沈克勤等. 肾脏病与透析肾移植 1996;5(2):14
[10] 蔡江怀等. 肾脏病与透析肾移植 1996;5(2):38
[11] 王彩丽等. 中华内科 1995;34(1):2827
[12] 殷文渊等. 北京医学 1996;18(4):199
[13] 孙玉玲等. 中华肾脏 1996;12(4):230
[14] 朱起之等. 解放军医学 1996;21(2):128
[15] 唐 政等. 肾脏病与透析肾移植 1995;4(6):528
[16] 马济民等. 肾脏病与透析肾移植 1995;4(6):519
[17] 周士东等. 中华病理 1995;24(5):296
[18]* 方利君等. 肾脏病与透析肾移植 1996;5(2):27
[19] 方利君等. 中华传染 1996;14(2):92
[20] 张爱平等. 中华肾脏 1996;12(5):273
[21] 张恒言等. 实用儿科临床 1995;10(6):321
[22] 王 丽等. 中华肾脏 1996;12(4):242
[23] 叶礼燕等. 人民军医 1995;(11):19
[24] 唐 政等. 肾脏病与透析肾移植 1996;5(1):11
[25] 张恒言等. 中国实用儿科 1996;11(3):149
[26] 周 南等. 陕西医学 1996;35(1):31
[27] 薛爱芝等. 临床儿科 1996;14(1):32
[28] 楚海峰等. 临床儿科 1996;14(1):31
[29] 冯兰芬等. 中华肾脏 1996;12(4):233
[30]* 石永兵等. 肾脏病与透析肾移植 1996;5(3):26
[31] 沈克勤等. 中华肾脏 1995;11(5):272
[32] 傅秀兰等. 中华肾脏 1995;11(5):295
[33] 陈 楠等. 中华肾脏 1996;12(1):24
[34] 黄扬扬等. 中华皮肤 1996;29(2):84

三、遗传性和先天性异常肾脏病

(一) 遗传性肾炎

安徽六安地区医院[1]报道遗传性肾炎1例。男，29岁，合并原发性高尿酸血症。父母近亲结婚，生育子女7人，4人患遗传性肾炎。河北省医院[2]报道遗传性肾炎一家系，连续4代中共6人发病，男女各3人，可能为性连锁显性遗传。大连医大二院等[3]报道另一家系31人中11人发病。男2例，女9例，可能为常染色体显性遗传。湖北安陆普爱医院[4]报道一家系四代28人中4对为近亲结婚，12人发病，6人死于尿毒症，符合常染色体显性遗传。

(二) 先天性肾病综合征

辽宁朝阳市二院[5]报道先天性肾病综合征2例，1例死亡。

(张本立)

参 考 文 献

[1] 唐玉华等. 安徽医学 1996;17(3):40
[2] 王英荣等. 中华医学遗传 1996;13(4):254
[3] 张怡玲等. 中华医学遗传 1995;12(6):383
[4] 程光雍等. 中华医学遗传 1996;13(5):261
[5] 魏艳秋等. 辽宁医学 1996;10(2):105

四、肾小管间质疾病

(一) 间质性肾炎

遵义医学院等[1]用兔肾小管基底膜免疫大鼠，建立了肾小管间质性肾炎(TIN)模型；肯定了细胞免疫和Ia抗原表达在TIN发生发展中的作用。解放军总院[2]证实了抗肾间质细胞间粘附分子-1(ICAM-1)可减轻小鼠输尿管梗阻后肾间质病变，并延迟或减弱ICAM-1及Mac-1的表达。中山医大一院[3]*的研究结果显示，肾间质纤维化的发病机制不仅与成纤维细胞增殖过度、分化异常有关，也与其凋亡减少有关。北京医大一院[4]发现8/12例(66.7%)间质性肾炎(IN)冰冻标本中EB病毒DNA检测呈阳性。

(二) 肾小管酸中毒

湖北医大一院[5]报道日龄3～24天远端肾小管性酸中毒(dRTA)6例。临床表现不典型，5例经治疗4～6周后病情稳定，1例多囊肾患婴死亡。广西医大一院等[6]报道6个月～8岁、病程1年～1年4个月dRTA与肾钙化8例，经服用碱性药物治疗，患者尿钙排泄均恢复正常。天津医大总院[7]报道不完全性远端肾小管酸中毒(idRTA)3例，曾分别误诊为神经官能症、周期麻痹和双肾结石。上海中山医院[8]随访1～13年RTA患者30例，5例死亡，其中狼疮性肾炎3例，混合结缔组织病和多发性骨髓瘤各1例；3例接受维持性血透(硬化性肾炎并IN 2

例,IN 并 IV 型 RTA 1 例);21 例内生肌酐清除率(Ccr)为 59±4.48ml/min;1 例失访。淄博市医院[9]报道因用蚂蚁丸治疗类风湿而诱发 TIN 1 例。用蚂蚁丸 10 日后出现混合型 RTA,停用后 RTA 缓解。重用蚂蚁丸后再次出现 RTA。承德医学院附院[10]报道老年 RTA 28 例,尿钙、磷排泄量增多,腰椎松质骨密度减低。西安医大一院等[11]用 SD-100 单光子吸收骨密度仪检查 24 例 RTA 患者左侧桡骨中前 1/3 处,发现 95.8%的患者有骨矿物质含量下降,而 X 线异常仅占 33.3%。

(三) 其他

上海市儿童医院[12]用 B 超诊断胡桃夹现象(左肾静脉压迫综合征)28 例,其中非小球性血尿 19 例,蛋白尿 9 例。南通医学院附院[13]误诊儿童 Reiter 综合征 5 例,均经泼尼松治愈。青岛医学院附院等[14]对 38 例特发性高钙尿症患儿行细胞膜钙泵活性测定,结果示肠吸收型泵活性明显高于对照组,肾漏型则明显低于对照组。南京铁道医学院附院[15]报道尿中近曲小管刷状缘微绒毛抗原有助于急性肾小管损伤的早期定位诊断。重庆新桥医院[16]报道庆大霉素可引起肾小管上皮细胞膜流动性下降,并随时间推移更为明显。

五、泌尿道感染

(一) 尿路感染

昆明医学院一院[17]对 33 例女性尿道综合征(US)行尿动力学检查,18 例(54.5%)有不稳定膀胱。解放军 161 医院等[18]根据尿动力学异常,将 82 例女性 US 分为 6 种类型,并根据不同类型用药,同时行膀胱训练,疗效极佳。上海华山医院[19]在研究狗腹下、盆神经电活动的基础上,以电刺激治疗 US 20 例,有效率 90%。汕头大学医学院一院[20]发现男性 US 患者血黄体生成素、卵泡刺激素和睾酮均低于健康人;雌二醇和催乳素高于健康人。广东医学院附院[21]报道 96.9%急性肾盂肾炎(APN)患者尿吞噬细胞阳性;慢性膀胱炎和慢性尿道炎则为阴性。泉州市儿童医院[22]报道 3 年中 46.2%尿路感染(UTI)患儿尿培养埃希大肠杆菌阳性。该菌对复方新诺明、庆大霉素、呋喃坦啶和氨苄青霉素的耐药率呈显著上升趋势。广东省医院[23]报道 1992～1995 年 78 例 UTI 尿培养阳性率 82%,复合感染率 14%。尿培养大肠埃希杆菌与 D 群链球菌的阳性率分别为 48.4%和 30%。庆大霉素和丁胺卡那霉素对前者耐药率较低,万古霉素对后者耐药率最低。济南市四院[24]发现 UTI 急性炎症期尿菌以普通细菌型为主,慢性期以细菌 L 型为主。华西医大一院[25]用氧氟沙星静滴治疗复杂性 UTI 35 例,痊愈率 74.3%,有效率 97.1%,细菌清除率 100%。白求恩医大二院[26]用环丙沙星静滴治疗 32 例肾盂肾炎(PN)。11 例非复杂性 PN 均有效;复杂性 PN 有效率 80.9%。上海市一院等[27]用新氨基甙类抗生素——异帕米星(isopamicin)治疗尿培养阳性的 UTI 26 例,总有效率 88%。上海市儿童医院[28]对 68 例 UTI 患儿随访 8 年,17 例再发,14 例尿中 SIgA 下降,提示患儿局部免疫功能低下。武汉协和医院[29]对 URI 患者血清和尿 IL-8 水平进行检测,发现其对上、下 UTI 鉴别有参考价值。苏州医学院二院[30]测得 12 例 UTI 患者外周血 TNF 显著高于正常,表明其参与该病的发病过程。中山医大一院[31]建立了国产香江猪反流性肾病(RN)模型。提出尿渗透压是反映 RN 肾组织学改变的指标,蛋白尿可预测 RN 的预后。

(二) 肾结核

四川省医院[32]报道 52 例肾结核(肾 TB)超声显像,结果示低弱回声病灶占 92.3%。其中输尿管结核占 82.7%,钙化灶占 51.9%。北京中日友好医院等[33]认为中、重度肾 TB CT 检查的意义在于可显示静脉肾盂造影(IVP)不显影的患肾或某组肾盏的病变。云南省医院[34]用 PCR 检测 24 小时尿中结核杆菌 DNA,确诊肾 TB 尿标本的阳性率为 85.2%,疑诊尿标本的阳性率为 10.9%,均较涂片检查为高。

六、肾结石

四川广元市急救中心等[35]报道 4 例上尿路结石。分别于中药排石、体外冲击波碎石、肾盂逆行造影或左肾盂、输尿管上段切开取石术和左肾盂造瘘术后并发肾后性急性肾衰,均经血透和手术解除上尿路梗阻后治愈。广东从化市医院[36]报道双侧上尿路结石致肾功能不全 80 例,行一期双侧输尿管取石术 20 例,分期取石术 60 例,死亡 1 例。山东泰安市医院[37]报道肾结石合并肾鳞状细胞癌 14 例,术前漏诊 10 例。南京医大[38]用聚丙烯酰胺凝胶电泳分析 12 例尿石症患者尿中结晶抑制因子之一的糖蛋白。

(崔若兰)

参 考 文 献

[1] 郑 洪等. 中华病理 1996;25(1):36
[2] 程庆砾等. 中华肾脏 1996;12(1):3
[3]* 张国强等. 肾脏病与透析肾移植 1996;5(3):5
[4] 包丽华等. 中华内科 1996;35(8):542
[5] 唐红敏等. 湖北医大学报 1996;17(2):170
[6] 梁 瑾等. 实用儿科临床 1995;10(6):350
[7] 赵立全等. 天津医药 1996;24(4):239
[8] 吴兆龙等. 中华肾脏 1995;11(6):365
[9] 杨秀兰等. 中华肾脏 1995;11(5):260
[10] 黄 敬等. 中华老年医学 1996;15(2):120
[11] 姚孝礼等. 中华肾脏 1996;12(1):40
[12] 朱慧毅等. 临床儿科 1996;14(1):44
[13] 章俊爵等. 南通医学院学报 1995;15(4):617
[14] 张秋业等. 实用儿科临床 1996;11(4):195
[15] 李海浪等. 苏州医学院学报 1996;16(1):45
[16] 喻 陆等. 中华内科 1996;35(6):408
[17] 曹宁生等. 中华泌外 1995;16(11):658
[18] 张军卫等. 中华泌外 1995;16(11):654
[19] 黄 祥等. 中华泌外 1995;16(11):656
[20] 尹继明等. 中华肾脏 1996;12(3):189
[21] 曹穗春等. 广州医药 1996;27(3):65
[22] 吕华北等. 福建医药 1996;18(2):93
[23] 胡湘明. 广东医学 1995;16(11):777
[24] 苑广盈. 中国实用内科 1996;16(2):107
[25] 卢 毅等. 中国抗生素 1996;21(4):294
[26] 李艳辉等. 白求恩医大学报 1996;22(3):289
[27] 周 柱等. 新药与临床 1996;15(5):297
[28] 任志德等. 临床儿科 1996;14(1):41
[29] 范兴忠等. 肾脏病与透析肾移植 1996;5(2):14
[30] 沈华英等. 苏州医学院学报 1996;16(4):644
[31] 黄锋先等. 中山医大学报 1995;16(4):9
[32] 付庆国. 中国超声 1996;12(1):26
[33] 卢 延等. 中日友好医院学报 1995;9(4):203
[34] 刘 平等. 云南医药 1996;17(3):220
[35] 任中志等. 中国危重病急救医学 1996;8(8):498
[36] 王祺豪. 广东医学 1995;16(10):678
[37] 茅培新等. 山东医药 1996;36(5):6
[38] 宁丹谛等. 南京医大学报 1995;15(4):901

七、急性肾功能衰竭

急性肾功能衰竭(ARF)可见于各种疾病，北京中日友好医院[1]分析ARF病因中肾实质疾病占55%，其中肾小球疾病及肾小管间质病变居多，预后良好；肾小管坏死及肾前性ARF预后差。总死亡率68.4%。天津市肿瘤医院[2]分析梗阻性黄疸并发ARF的高危因素是感染、长时间黄疸、高胆红素血症和术后低血压等，及时预防可减少ARF发生。毒蛇咬伤[3]及蜂毒[4]所致ARF大多为多器官功能衰竭，病死率较高，综合治疗及及时透析可降低病死率。济南军区总院[5]1987～1995年收治低分子羟乙基淀粉代血浆(H)所致ARF 14例，虽经血液透析治疗仍有12例死亡，认为血透不能清除H，提出以血液滤过、血浆交换治疗较好。

南京金陵医院[6]*用双功能多普勒评价ARF不同时期血管阻力指数(RI)及肾皮质厚度。少尿期RI增高，皮质厚度增加，与多尿期及恢复期有显著差异。西安医大一院[7]对54例病因不明ARF进行肾活检，全部病例均得到确诊：43/54例为肾小球疾病；原诊断为RPGN之病例在活检后有较多病例修改了原诊断，得到了合理治疗。湖南医大二院[8]对比高渗与低渗造影剂肾毒性，发现低渗造影剂肾毒性小；氨氯地平对泛影葡胺引起的肾毒性有保护作用。重庆西南医院[9]观察急性缺血性肾衰后ET免疫组化改变。发现再灌注时ET-1对皮、髓质均有作用，对髓质作用强而持久；ET-1主要通过影响肾脏血流动力学而发挥作用。该院[10]研究了一氧化氮(NO)在急性缺血性肾衰(IARF)中作用，发现再灌注后NO生成减少，使用NO生成抑制剂后NO进一步减少，肾功能损害加重。兰州军区总院[11]报道黄芪防治ARF明显优于丹参。汕头大学医学院[12]报道三七皂甙对实验性急性肾小管坏死(ATN)具保护作用，机制可能与减少氧自由基损伤有关。南京军区福州总院[13]发现冬虫夏草能增加肾组织表皮生长因子(EGF)前体mRNA表达，促进肾内EGF合成，增加肾皮质EGF含量，加速肾小管再生和修复。西安唐都医院[14]用胎肾细胞移植治疗实验性ARF，可降低ARF死亡率，减轻ARF病变，但其恢复可能与该移植物分泌或刺激病肾分泌促生长因子有关。

南京金陵医院[15]用血透(HD)、腹透(CAPD)及连续动静脉血液透析滤过(CAVHD)治疗ARF，认为早期透析更重要；对有高分解代谢者，HD优于CAPD；对伴多器官功能衰竭者，以选用CAVHD为好。浙江医大一院[16]探讨ARF合并严重出血时透析抗凝方法。无肝素透析不加重出血危险；透析器凝血发生率15.6%；小剂量肝素化有加重出血危险，发生率为4.5%。认为对ARF伴活动性出血病人以无肝素透析为优。西安医大一院[17]用CAPD治疗ARF 100例，治愈率达58%；伴多器官功能衰竭者死亡率高，早期进行预防性透析可减低多器官衰竭患者并发 ARF，减少病死率。四川宜宾地区二院[18]用前列腺素 E1 治疗 ARF 22 例，有效率 95.5%，优于常规治疗组，两者有显著差别。湖北医大一院[19]对 96 例尿路结石引起之 ARF 进行急诊手术治疗。手术方法有输尿管插管引流、经皮肾穿刺肾盂造瘘引流及取石等，效果良好。北京市儿童医院[20]用甲基强的松龙冲击疗法治疗 5 例溶血尿毒综合征合并 ARF，取得全部缓解效果，未发现严重副作用。

（张国兆）

参考文献

[1] 李　安等. 中日友好医院学报 1996;10(3):249
[2] 李　强等. 中国危重病急救医学 1996;8(3):183
[3] 陈建青等. 急救医学 1996;5(2):104
[4] 樊均明等. 华西医学 1996;11(3):266
[5] 丁尧海等. 中国危重病急救医学 1996;8(3):177
[6]* 杨　斌等. 中华超声影像 1995;4(6):271
[7] 冯学亮等. 中华肾脏 1995;11(5):293
[8] 段绍斌等. 湖南医大学报 1996;21(3):209
[9] 刘　宏等. 中华泌外 1996;17(7):396
[10] 刘　宏等. 中华泌外 1996;17(6):349
[11] 胡利发等. 中华外科 1996;34(5):311
[12] 郑鸿翱等. 肾脏病与透析肾移植 1996;5(4):15
[13] 庄永泽等. 中华肾脏 1996;12(5):300
[14] 刘　凡等. 中华泌外 1996;16(12):716
[15] 季大玺等. 中国危重病急救医学 1996;8(3):176
[16] 陈江华等. 中国危重病急救医学 1996;8(3):162
[17] 冯学亮等. 陕西医学 1996;25(2):71
[18] 杜一平等. 重庆医学 1995;24(6):369
[19] 杨嗣星等. 中国危重病急救医学 1996;8(8):467
[20] 葛惠林等. 北京医学 1996;18(3):187

八、慢性肾功能衰竭

(一) 基础与临床研究

广州南方医院[1]实验发现慢性肾衰(CRF)患者的淋巴细胞在体外培养时，IL-2 产生及对丝裂素原和抗原刺激的增殖反应明显低于正常组；淋巴细胞表面和血浆中 IL-2R 增高。提示淋巴细胞增殖反应缺陷可能与 IL-2 水平低下有关。白求恩医大二院[2]报道 CRF 代偿期血清 sIL-2R 与正常无明显差异；氮质血症期及尿毒症期 sIL-2R 水平明显升高；sIL-2R 与血尿素氮(BUN)及 Scr 含量呈一定平行关系。解放军总院[3]发现 CRF 大鼠脾细胞 IL-2 mRNA 表达及脾细胞培养上清 IL-2 水平均低于正常，中药淫羊藿可使 IL-2 mRNA 表达恢复正常。白求恩医大一院[4]报道促红细胞生成素(EPO)治疗的 CRF 患者血清 IgG 水平接近健康人，明显高于非 EPO 组；但 IgM、IgA 及 C3 无明显差异。山东医大附院[5]测得 CRF 外周血 CD3、CD4、CD4/CD8 比值以及血清微量元素锌、铁、铜均明显低于正常；血清铝明显升高，血清锌与 CD4/CD8 比值正相关。认为 CRF 细胞免疫功能低下与微量元素有一定关系。北京复兴医院[6]报道 CRF 血清蛋白缺乏与体液免疫功能低下相关。上海瑞金医院[7]在 61 例 CRF 患者中检测到 86.9%的患者有血清粒细胞集落刺激因子(G-CSF)水平的升高。青岛医学院等[8~10]对 CRF 外周血红细胞形态变化及其影响因素进行研究，发现红细胞形态异常率明显高于正常对照；红细胞形态变化与膜 ATP 酶活性和脂质成分异常有关；红细胞变形能力降低与红细胞膜磷脂含量、收缩蛋白异常、ATP 酶活性降低和离子浓度异常有关。南通医学院一院[11]将人 EPO 基因构建到逆转录酶病毒载体 LXSN 中，再将重组载体转染到 PA317 细胞，获得 EPO mRNA 在 PA317 细胞中的表达，并测到培养上清体外 EPO 表达水平高达 40U/L，这为基因转移治疗肾性贫血提供了可能。武汉协和医院[12]测血小板糖蛋白(GP) $Ⅰ_b$、GP $Ⅱ_b$/$Ⅲ_a$ 和血浆纤维蛋白原含量后，认为 CRF 患者血小板功能缺陷主要与血小板数量减少及活性改变有关。长春空军医院等[13]观察到 CRF 患者血小板有结构改变。同济医大[14]报道尿纤维蛋白肽 A 与 CRF 的 Scr 水平正相关，认为尿纤维蛋白肽可以比较敏感地反映肾功能状态。西安医大一院[15]认为尿毒症和氮质血症期血清骨钙蛋白(BGP)明显升高可能是肾性骨代谢紊乱的表现之一。天津医大总院[16]测得铁蛋白在 CRF 代偿期无改变，但随 Scr 增加铁蛋白明显升高，叶酸随之减少。上海长征医院[17]在 57 例 CRF 中检测到 39 例血清淀粉酶有不同程度的升高，原因不明。南通医学院二院[18]报道 CRF 血清胰岛素、C 肽、胰高血糖素有不同程度的升高。该院[19]还报道非透析 CRF 患者的血清催乳素、卵泡刺激素、黄体生成素、雌二醇水平均升高，睾酮水平降低；血透患者的性激素水平与非血透患者无显著差异。贵阳医学院附院[20]也报道男性 CRF 患者性激素水平呈上述改变。湖南中医学院二院[21]在大鼠 CRF 模型中发现氧自由基介导的脂质过氧化损伤在 CRF 中起重要作用。解放军总院[22]报道早期应用尿激酶治疗肾切除大鼠 CRF 有一定疗效。南京医大二院[23]测得CRF外周血ET水平明显升高，NO水平无下降，ET水平与肾功能损害程度及肾性高血压的严重程度正相关。珠海市医疗中心[24]报道CRF大鼠肝脏和肌肉组织的蛋白质合成速率明显下降，中药冬虫夏草可显著提高组织蛋白质的合成速率。

南通医学院附院[25]测得CRF患者肾脏泌氨功能与内生肌酐清除率(Ccr)减退相平行。黑龙江大庆市一院[26]检查CRF患者的骨髓象，发现粒系和血小板基本无变化，红系减少以原始红细胞、早幼红细胞为主。中国医大三院[27]报道CRF均有明显高胃泌素血症，血透可使之迅速下降。北京石景山医院[28]研究认为高胃泌素血症可能是CRF胆囊运动功能紊乱的主要原因之一。上海长征医院[29]研究认为整体生物电阻抗是比其他指标更佳的由血清肌酐(Scr)推算Ccr指标。广州南方医院[30]随访830例CRF患者，发现既往有未经适当治疗结核史或接触史者结核发生率33.3%，并提出应给予预防性抗结核治疗的指征。解放军304医院[31]应用血仿膜吸附法无肝素透析加心包内置管连续放液，治愈尿毒症出血性心包炎1例。上海瑞金医院[32]认为铝制剂的应用及透析用水处理不当是CRF铝中毒的主要原因；多次检测血铝、祛铁胺(DFO)试验有助于铝中毒的诊断。上海长征医院[33]应用小剂量罗钙全冲击治疗CRF继发甲旁亢，结果血PTH、AKP、P^{3+}较常规治疗者下降明显，血钙上升，症状改善，无高钙血症发生。天津医大二院[34]报道血管紧张素转换酶抑制剂(ACEI)和钙拮抗剂治疗的两组CRF患者与进入终末期肾衰者无明显差异。西安医大二院[35]报道口服聚乙烯吡咯酮治疗CRF有一定疗效。南京军区福州总院[36]认为老年CRF从起病到进入肾衰的时间短，贫血难以纠正，死亡原因常为感染或多器官功能衰竭。华西医大一院[37]认为当老年CRF患者Ccr达到10ml/min或Scr 707μmol/L左右，即应开始透析治疗；心衰、感染、脑血管意外是老年CRF的主要死因。中山医大一院[38]认为对CRF妇女应劝其避孕；对坚持妊娠者，必须严密观察，透析宜慎用；胎肺成熟适时行剖宫产术，可避免死胎、死产。

（二）血液透析

基础研究 中山医大[39]测得血透患者sIL-2R水平明显高于正常。上海纺织一院[40]测得CRF血透患者血清sIL-2R及静息期和诱导后表达mIL-2R的活化T淋巴细胞百分率均明显高于正常，一次血透后可使之降低。广州南方医院[41]报道血透患者外周血单个核细胞分泌IL-2、TNF的能力低下与贫血有关；EPO可通过改善贫血增强单个核细胞分泌细胞因子。南京军区南京总院[42]*观察了无醋酸盐和碳酸氢盐血液透析对一些细胞因子和生化参数的影响，发现前者较后者清除血磷更充分，对细胞因子生成的影响更小。北京医大[43]*发现脂多糖是引起外周血单个核细胞产生和释放IL-1β、TNFα的重要因素，铜仿膜透析器亦可促进细胞因子的产生。上海纺织一院等[44]测得CRF白细胞粘附率、中性粒细胞吞噬、杀菌率均显著低于正常；罗钙全治疗后上述指标明显升高。天津医大二院[45]观察经透析液补锌治疗8周后，血清锌和T淋巴细胞转化功能可明显提高。上海仁济医院[46]报道不论使用何种透析膜血透，外周血单核细胞均有IL-1β mRNA的表达，铜仿膜表达比合成膜更为明显。天津医大二院[47]观察到血透血浆SOD水平先降后升，透析结束时明显高于透析前；红细胞内SOD则随透析时间推移逐渐下降。北京红十字朝阳医院[48]测得尿毒症患者血液透析过程中血浆型纤维蛋白溶解酶原激活物(t-PA)活性明显降低，纤溶酶原激活物抑制物(PAI)活性明显升高，并与透析时间相关。表明HD使纤溶系统受损，易于形成血栓。解放军59医院等[49]报道低氧血症在醋酸盐透析及碳酸氢盐透析前即已存在，其原因与贫血性缺氧有关。湖北宜昌红十字医院等[50]认为透析后左室充盈压降低可使心功能指标下降，并出现肺弥散功能损害。北京军区总院[51]认为CRF透析前均有不同程度的氨基酸谱异常，血透可丢失各种氨基酸，长期血透者应增加蛋白质摄入。中山医大一院[52]测得血透患者静息血小板胞内游离钙与甲状旁腺素(PTH)升高呈正相关，两者在透析后都降低。南京市一院[53]报道PTH在CRF早期即明显升高，血透可部分去除之。兰州军区总院[54]观察到CRF的PTH平均值约为正常人的10倍，肾性骨病组明显高于非骨病组，透析滤过对PTH的清除优于单纯HD。中山医大一院[55]报道CRF血清免疫活性全段甲状旁腺素(iPTH)水平高于正常，单次HD后可使之下降；全血离子钙(bCa^{2+})及血钙在血透后明显升高；iPTH变化与bCa^{2+}在透析前、后呈线性负相关，与Scr呈线性正相关。中山医大[56]报道HD及CAPD对脂质代谢具有不同影响。海南省医院[57]测得35例HD患者抗-HCV阳性率高达61.4%～80%，输血及血浆制品是血透HCV传播的主要途径。北京军区总院[58]报道10例HD前无HCV者透析后2～60个月有3例抗-HCV阳性，2例HCV-RNA阳性，所有抗-HCV阳性和HCV-RNA阳性者均有输血史。无锡市一院[59]对78例HD患者各型肝炎感染情况进行了调查。广州南方医院[60]分析有透析器及管道多次复用、有多次输血史的血透患者，乙型肝炎和丙型肝炎的感染率明显升高。解放军208医院[61]测得CRF血清巨细胞病毒(CMV)特异性IgM、IgA抗体的阳性率明显高于正常,与输血量及输血次数有关。

临床研究:中山医大一院[62]发现时间平均尿素浓度(TACurea)和蛋白质分解代谢率(PCR)是反映HD充分与否的重要指标,整体尿素清除率(KT/V)可直接反映单次透析效果。南京金陵医院[63]观察到慢性血液透析患者透析后尿素的肌酐的反跳取决于溶质的分子量、残余肾功能以及透析时间;血磷的反跳与残余肾功能无关。天津医大二院[64]提出β_2-微球蛋白周清除分数(R值)概念,认为可弥补KT/V或TACurea只对小分子进行透析充分性评价的片面性。该院[65]认为β_2-微球蛋白透析R值>40%可作为评价中分子物质清除充分性的指标。解放军304医院[66]证明血仿膜新透析器对肝素的平均吸附量为31.9mg,复用12次者为40.6mg。北京协和医院[67]用低分子肝素(Fragmin)一次性给药抗凝,结果透析器平均复用4.5次;每次用药前后血浆抗因子Xa活性变化显著,未发现严重出血病例。中山医大一院[68]*观察到单剂量低分子肝素对血液透析抗凝有效,完全可代替普通肝素。华西医大[69]根据Gotch肝素动力学模型,设计出新的数学模型计算肝素消除速率常数(K),它可以指导HD中肝素的应用。安徽省立医院[70]对25例经皮颈静脉插管血透者透析效果及并发症进行了总结。解放军461医院[71]对9例260例次颈内静脉插管血透资料进行了分析。重庆市急救医疗中心[72]认为血透临时血管通路动脉端可依次选用股静脉、颈内静脉或锁骨下静脉置管。天津医大二院[73]用含锌400μg/L的透析液进行HD,8周后患者血清锌较前明显升高。上海长征医院[74]报道一次透析用水中氯胺超标引起的严重不良反应。重庆西南医院[75]报道5例6例次透析管道及透析器中残存次氯酸钠引起的不良反应。中山医大[76]报道一次血透可部分清除血清中PTH和血磷,大剂量口服冲击疗法补充血钙(4μg/d×2次/周)优于常规口服疗法(0.25μg/d)。济南军区总院[77]采用每周3次,每次3.5μg罗钙全和碳酸钙口服,治疗血透甲旁亢患者,6个月中PTH下降幅度为57.5%±11.5%。南京金陵医院[78]将20例血透并发结核与同期进行血透而未并发结核的患者进行比较,发现前者Hb、血清白蛋白及KT/V值均低于后者,表明患者透析不充分;贫血及营养不良也与并发结核有关。南京医大一院[79]报道血压过高可能是HD患者眼底出血的主要原因。湖北荆沙市一院[80]报道血透患者HD前脑电图的异常率为85.7%,HD后为21.4%,脑电图异常与BUN、Cr呈正相关。

(三)腹膜透析

解放军总院[81]发现不同浓度的高渗葡萄糖可抑制大鼠腹膜间皮细胞的增殖并引起间质细胞死亡,增加层粘连蛋白和Ⅳ型胶原的产生。杭州红十字会医院[82]观察到随着注入腹透液时间的延长,小鼠腹膜间皮细胞游离面微绒毛与间皮细胞的损害逐渐加重。广州铁路医院[83]应用甘露醇代替葡萄糖进行常规CAPD,并与国内及进口葡萄糖透析液进行了比较。湖南医大二院[84]证实高浓度白蛋白溶液不能提高腹膜的净超滤率。华西医大一院[85]在大鼠腹透液中分别加入胆碱磷脂、新斯的明和内毒素,未发现腹腔淋巴回流量降低、净超滤量增加。杭州中医院[86]报道其自行研制的腹部电子按摩器可提高腹膜对β_2-微球蛋白的清除效能,增加水分超滤而不增加蛋白质丢失。中山医大[87]观察到腹透可明显减少TGF-β1 mRNA在肾次全切除大鼠残存肾中的表达,延缓残存肾小球的硬化。湖南医大三院[88]报道长期CAPD能降低血清载脂蛋白A(apoA)水平,改善患者的脂质代谢紊乱。南京军区南京总院[89]*观察到38例腹透患者的残余肾功能与腹透效能、营养状况呈正相关。上海市一院[90]证实腹膜平衡试验(PET)是测试腹膜转动能力的稳定指标。该院[91]还认为KT/V、Ccr是了解透析充分性、调节透析量的有效手段。北京医大一院[92]用PET、KV/T及PCR为指标制定出合理的CAPD治疗方案。南京金陵医院[93]认为KT/V和Ccr完全可以作为反映透析效能的可靠指标,若结合白蛋白及氮的变化,则更能反映患者情况。中山医大[94]报道O型管道方式CAPD患者的生活质量明显高于单接头方式,腹膜炎的发生率低于后者。

(四)其他

浙江医大一院[95]观察到血液透析滤过(HDF)对小分子物质和β_2-微球蛋白的清除效率在单位时间内大于HD和血液滤过(HF),内毒素反滤量显著低于高通量膜HD。深圳市医院[96]应用床边静-静脉血液滤过(CVVH)治疗急、慢性肾衰11例,疗效显著。天津民族医院[97]利用血透机附加二个血泵,行双滤过膜式血浆成分分离,认为可基本达到选择性血浆置换的目的。上海华山医院[98]认为血浆置换治疗血栓性血小板减少性紫癜(TTP)、重症肌无力(MG)效果显著,对重症黄疸肝功能衰竭者有部分疗效,治疗狼疮性肾炎也取得较满意效果。浙江东阳市医院[99]对2例CRF血透合并顽固性腹水患者进行腹水浓缩回输。安徽马鞍山马钢医院[100]应用无钾腹膜透析液进行床边无主机血透，抢救严重高钾血症 16 例。北京协和医院[101]报道下肢电阻率法测定人体干体重，方法简单准确、重复性好。解放军 455 医院[102]回顾分析 279 例透析患者的医院感染情况。总感染率为 44.8%，并对患者年龄、感染部位进行了分析。解放军总院[103]对北京 5 所医院血液净化中心的透析用水、反渗水出口、医护人员的手及透析室内空气进行细菌学监测。结果透析用水及反渗水基本合格率仅达 26%，认为必须加强血液净化中心的细菌学监测。

（尹　广　黎磊石）

参 考 文 献

[1] 林　斌等. 中华肾脏 1995;(5):269

[2] 徐淑芹等. 白求恩医大学报 1996;22(3):270

[3] 陈香美等. 解放军医学 1995;20(5):353

[4] 王志宏等. 中国实验临床免疫 1996;8(1):22

[5] 胡　昭等. 山东医大学报 1995;33(4):292

[6] 殷东斌等. 中国免疫 1996;12(5):322

[7] 吴　文等. 中华肾脏 1995;11(6):323

[8] 刘成玉等. 中华肾脏 1996;12(3):141

[9] 刘成玉等. 中华肾脏 1996;12(5):279

[10] 刘成玉等. 临床内科 1996;13(1):38

[11] 朱爱平等. 肾脏病与透析肾移植 1996;5(3):9

[12] 张玉金等. 武汉医学 1996;20(3):184

[13] 杨晓黎等. 中华内科 1996;35(9):626

[14] 宋善俊等. 临床血液 1996;9(2):68

[15] 李　健等. 西安医大学报 1996;17(3):353

[16] 阎铁昆等. 天津医药 1996;24(7):419

[17] 王爱华等. 二军医大学报 1995;16(5):499

[18] 邱志亮等. 江苏医药 1996;22(4):248

[19] 邱志亮. 中国实用内科 1995;15(12):726

[20] 朱春玲等. 贵阳医学院学报 1996;21(2):118

[21] 阳　晓等. 中国危重病急救医学 1996;8(8):455

[22] 卢英杰等. 中华肾脏 1995;11(6):339

[23] 金小红等. 肾脏病与透析肾移植 1996;5(5):35

[24] 刘　强等. 中华核医学 1995;15(4):250

[25] 陈伯华等. 南通医学院学报 1996;16(2):248

[26] 罗家琳等. 哈尔滨医药 1995;15(4):3

[27] 李少稚等. 中国医大学报 1996;25(3):320

[28] 王晓波等. 中华内科 1996;35(2):86

[29] 许　臻等. 中华肾脏 1996;12(3):151

[30] 侯凡凡等. 中华肾脏 1995;11(6):329

[31] 李翼军等. 中国危重病急救医学 1996;8(8):472

[32] 汪关煜等. 中华内科 1996;35(1):36

[33] 赵学智等. 肾脏病与透析肾移植 1996;5(5):20

[34] 苏如松等. 中华肾脏 1995;11(5):285

[35] 桂保松等. 陕西医学 1996;25(2):70

[36] 林　铮等. 福建医药 1996;18(4):27

[37] 陈天善. 华西医学 1996;11(3):268

[38] 谭丽君等. 中国医大学报 1996;17(1):76

[39] 刘亚光等. 中国实验临床免疫 1995;7(6):18

[40] 孙仲伦等. 上海免疫 1995;15(6):330

[41] 蒋建平等. 中华肾脏 1996;12(3):131

[42]* 谢红浪等. 中华肾脏 1995;11(6):335

[43]* 黄　雯等. 肾脏病与透析肾移植 1996;5(4):11

[44] 陈　烨等. 上海免疫 1996;16(2):104

[45] 于文慧等. 中国实验临床免疫 1996;8(3):15

[46] 钱家麒等. 中华医学 1996;76(5):380

[47] 姜埃利等. 中华内科 1996;35(1):52

[48] 陈世伦等. 北京医学 1995;17(6):341

[49] 王云生等. 中国危重病急救医学 1996;8(3):156

[50] 杨建平等. 中国危重病急救医学 1996;8(5):271

[51] 韩永新等. 临床内科 1996;13(3):32

[52] 章　俊等. 中华肾脏 1996;12(5):269

[53] 王淑文. 苏州医学院学报 1995;15(5):866

[54] 李平生等. 天津医药 1995;23(11):666

[55] 李希杰等. 中华肾脏 1996;12(3):175

[56] 余学清等. 中国医大学报 1996;17(2):120

[57] 李　洪. 海南医学 1995;6(4):224

[58] 安　萍等. 新消化病 1996;4(1):12

[59] 朱祯祥. 江苏医药 1996;22(6):436

[60] 杨　敏等. 一军医大学报 1996;16(2):76

[61] 冯雪梅等. 中国免疫 1996;12(5):316

[62] 叶脉安等. 肾脏病与透析肾移植 1996;5(1):30

[63] 季大玺等. 肾脏病与透析肾移植 1996;5(1):25

[64] 姜埃利等. 中华内科 1996;35(6):397

[65] 姜埃利等. 中华肾脏 1996;12(1):25

[66] 李翼军等. 中华医学 1996;76(1):38

[67] 李学旺等. 肾脏病与透析肾移植 1996;5(3):32

[68]* 朱兰英等. 中华肾脏 1996;12(1):32

[69] 陈玉珍等. 华西医大学报 1996;27(3):337

[70] 刁秀竹等. 安徽医学 1996;17(4):27

[71] 李艳华等. 吉林医学 1996;17(2):71

[72] 梁体苏等. 重庆医学 1996;25(3):156

[73] 于文慧等. 中华肾脏 1995;11(5):281

[74] 叶朝阳等. 中华肾脏 1996;12(3):173

[75] 彭罗民等. 三军医大学报 1995;17(6):531

[76] 章　俊等. 中华肾脏 1996;12(2):86

[77] 杨剑辉等. 中华内科 1996;35(2):89

[78] 胡伟新等. 肾脏病与透析肾移植 1995;4(5):434

[79] 俞香宝等. 南京医大学报 1996;16(2):184

[80] 黄荆钟等. 中华肾脏 1996;12(3):169

[81] 董　柯等. 解放军医学 1996;212(2):112

[82] 张　凯等. 肾脏病与透析肾移植 1996;5(1):20

[83] 黄　华等. 广东医学 1995;16(12):803
[84] 刘伏友等. 湖南医大学报 1996;21(4):289
[85] 张普生等. 中华肾脏 1995;11(6):332
[86] 徐　琳等. 中西医结合 1996;16(2):107
[87] 郑智华等. 中华肾脏 1996;12(5):262
[88] 伍　锟等. 湖南医大学报 1996;21(3):251
[89]* 俞雨生等. 肾脏病与透析肾移植 1996;5(4):31
[90] 汤金娣等. 肾脏病与透析肾移植 1996;5(4):28
[91] 汤金娣等. 肾脏病与透析肾移植 1996;5(1):22
[92] 姜　筠等. 中华肾脏 1996;12(5):259
[93] 俞雨生等. 肾脏病与透析肾移植 1996;5(5):14
[94] 汪　涛等. 肾脏病与透析肾移植 1995;4(5):419
[95] 陈江华等. 浙江医学 1994;18(5):257
[96] 戴　勇等. 中国危重病急救医学 1996;8(8):482
[97] 李宝顺等. 天津医药 1996;24(6):373
[98] 张　健等. 中华肾脏 1996;12(4):238
[99] 汤大明等. 浙江医学 1996;18(3):173
[100] 黄杨杨等. 中国危重病急救医学 1996;8(8):477
[101] 姜　枫等. 中华内科 1996;35(3):186
[102] 袁迎春等. 中华医院感染 1996;6(3):146
[103] 周　静等. 中华医院感染 1996;6(3):149

九、其他

南京军区南京总院[1]报道培养的大鼠系膜细胞可产生活性 TGF-β 及其前体物质，并证明 TGF-β 是一种自分泌的系膜细胞生长抑制剂。西安西京医院[2]利用^{3}H-TdR 及^{35}S-Na_2SO_4 双标记证明脂多糖样炎症介质可通过减少 HSPG (heparan sulfate proteoglycan)、IL-2 等细胞因子而使肾小球毛细血管壁孔径增大，与蛋白尿的发生有关。上海市一院[3]应用 PCR 方法对 112 例肾移植受者及供者的 HLA-DR 等位基因的基因类型进行快速诊断，发现该法无假阳性及假阴性，重复性达 100%。北京医大一院[4]在培养的大鼠肾小球系膜细胞(MC)系中观察内毒素(LPS)诱导的 IL-6 产生及其表达，证明正常情况下 MC 分泌微量 IL-6，低水平表达 mRNA，经 LPS 诱导后两者均明显增加。上海华山医院[5]*对大鼠及肾衰透析病人使用 γ-HuEPO 后发生高血压的发病机制进行研究，认为使用 EPO 后阻力血管对 ET、去甲肾上腺素(NA)等缩血管物质的反应性过高是造成高血压的重要原因。广州珠江医院[6]利用二肾一夹型肾血管性高血压大鼠，证明卡托普利可显著降低 TXA_2/PGI_2 比值及血小板内钙，参与降压过程。中山医大[7]对广东数十名汉族人的 WT33 cDNA 3′非翻译区内的 Hinf Ⅰ 酶切位点进行分析，证明该位点有遗传多态性，其中 A1 的多态性频率为 0.625，A2 为 0.375，与国外报道不同。

北京医大人民医院[8]对 41 例泌尿系统肿瘤患者的红细胞粘附功能进行检测，发现 C_{3b}受体降低，膜 IC 水平升高，肿瘤切除后可恢复正常。认为该法对评价肿瘤病人的预后有一定意义。兰州军区总院[9]研究发现肾细胞癌 P53 和 C-fos 蛋白表达均分布于肿瘤细胞核内，其表达强度随癌的分期而增高，并和预后密切相关。北京医大一院[10]检测 GRC-1 肾细胞癌细胞系和 BIU-87 膀胱移行细胞癌细胞系培养上清液中 IL-6 水平及 IL-6 mRNA 表达，发现这两种细胞均能表达并自分泌上述物质。上海长海医院等[11]对从肾细胞癌中分离到的肿瘤浸润淋巴细胞(TIL)培养后发现，活化的 TIL 有显著的杀伤肿瘤细胞特性，且对自身肿瘤细胞的杀伤活性更为显著。中国医大一院等[12,13]对肾癌组织中 c-erbB-2 蛋白进行检测，证明该基因可能参与了肾癌发生的初始阶段，与晚期阶段无关；肾颗粒细胞癌可能与其关系密切；在肾盂输尿管肿瘤中该基因表达阳性者有多器官发病倾向，易侵袭和转移，与肿瘤病理分期、细胞分级有关。北京医大一院等[14,15]对肉瘤样肾细胞癌 p53 基因进行检测，发现该基因突变频繁，可能是向肉瘤样癌细胞转化的关键之一；还进一步证明肾癌的发生发展可能是一个多基因变化过程，p53 基因在其发生发展过程中并不起主导作用或只是多种因素之一。上海仁济医院[16]研究认为增殖细胞核抗原的表达是评估肾细胞癌的有用指标，而 P53 蛋白表达可作为肾细胞癌的恶化依据。北京医大一院等[17,18]检测 30 例肾癌和 9 例配对肾组织，均获 IL-6 mRNA 阳性表达，癌组织为不同程度表达，1 例慢性肾盂肾炎为较强表达，8 例正常肾组织为低表达；肾肿瘤组织细胞间粘附分子(ICAM-1)的阳性表达率为 100%，血管细胞粘附分子(VCAM-1)的阳性表达率为 75%。提示恶性肾肿瘤中存在活化的 ICAM-1 和 VCAM-1 基因，并可影响肿瘤与宿主间的免疫反应。军医科院等[19]应用 PCR 方法检测到 31 例非乳头状肾细胞癌 3p21 杂合子丢失，该现象可能与非乳头状肾细胞癌的演化及预后有关。华西医大一院[20]用 IL-2 和 LAK 细胞输注治疗肾细胞癌 14 例，认为过继免疫疗法对中、晚期肾癌有一定效果。医科院肿瘤所[21]*用过继 TAK 细胞免疫治疗晚期肾癌 17 例，近期有效率达 23.5%；若配合手术治疗近期有效率达 37.5%。

广州南方医院等[22,23]通过狭窄双侧肾动脉复制出 SD 和 Wistar 两个种属大鼠的肾血管性高血压模型，与自发性高血压大鼠一样均能产生长期稳定的高血压；上述两种原发或继发性高血压所致的脑血管病理损害相似。该院[24]研究认为肾脏多巴胺(DA)生成与年龄有关，高血压病人不能相应增加DA的生成，这一缺陷与肾脏排钠异常有重要关系。贵阳医学院等[25]动物实验证明动脉血中血管紧张素(AT)浓度升高与肾血管性高血压的发生密切相关；血中6-Keto-$PGF_{1\alpha}$浓度降低及6-Keto/TXB_2比值减少有助于高血压的持续发展。海军总院[26]发现肾实质性高血压病人血浆肾上腺髓质素增高可能继发于高血压代偿性分泌增多，与肾功能减退代谢障碍、排泌减少有关。四军医大[27]证明Mc9204较硝苯地平对肾性高血压大鼠有更显著的降压及增加肾血流量的作用。上海瑞金医院[28]观察认为肾素-血管紧张素与缓激肽、前列腺素系统的相互调节在不同肾功能高血压患者的发病中起作用，应用enalapril有治疗意义。暨南大学医学院附院等[29]证明钙拮抗剂心痛定对双肾动脉狭窄高血压大鼠的血压及肾脏病变具有保护作用。武汉协和医院等[30]对肾动脉阻塞性病变采用Palmaz内支架治疗，获满意疗效，尤对肾动脉开口处病变可首选。天津市脑系科医院[31]亦采用该法治疗肾动脉狭窄，总有效率可达70%～90%。北京宣武医院[32]采用经皮肾动脉成形术治疗肾血管性高血压，成功率94.8%，治愈改善率73.4%，大动脉炎治愈改善率75.4%。北京阜外医院[33]对95例肾血管性高血压临床和血管造影结果对照分析，给临床诊断治疗提供依据。中山医大一院等[34]报道罕见的肾动脉瘤8例。手术治疗6例，术后血压均恢复正常，血尿消失。北京协和医院等[35]认为彩色多普勒超声对肾动脉狭窄的诊断有较高的敏感性和特异性，对肾动脉闭塞的诊断正确率为100%。苏州医学院一院[36]分析3例肾动脉狭窄数字减影血管造影(DSA)表现特点，评价DSA对定性、定位的诊断价值。解放军85医院[37]证明适当提高Mg^{2+}浓度能改善大鼠肾血流动力学和克服环孢素A(CsA)对肾脏的影响，适当补镁对防治CsA肾毒性具有一定意义。重庆大坪医院等[38]对急性CsA中毒大鼠应用中药汉防己甲素(Tet)和维拉帕米，均可使大鼠肾功能和脂质过氧化指标明显改善，Tet还可减轻CsA所致的组织学损害。中山医大一院[39,40]发现肾移植排斥反应者血浆因子Ⅶ降低，D-二聚体明显升高，两者可作为排斥早期诊断指标。该院[40]还发现肾移植患者血总胆固醇、甘油三脂、极低密度脂蛋白胆固醇和载脂蛋白(apo)B100明显升高，而apoAⅠ、apoAⅡ、apoCⅡ/apoCⅢ明显下降，表明肾移植后脂质代谢有明显变化。武汉同济医院等[41]利用大鼠皮肤移植模型发现FK506和CsA对肾组织有同样病理损伤，使ET_1、TXB_2和肾素(AⅠ、AⅡ)增高，GPI_2下降；异搏定对FK506肾毒性有防治作用。南京金陵医院[42]研究发现移植肾急性排斥时$CD4^+$、$CD8^+$细胞明显升高，当$CD4^+/CD8^+$比值＞1.3时对激素冲击治疗有效。上海长征医院[43]临床观察证明肾移植术后3个月血清垂体性腺激素及微量元素的异常多能纠正，60.94%性功能可以恢复，但妊娠易致肾功能恶化及诱发排斥反应。解放军455医院[44]发现肾移植排斥组TNF明显升高，且早于血肌酐升高1～3天，应用OKT_3/ATG时升高更加明显。认为TNF对急性排斥的诊断及鉴别诊断有一定指导意义。解放军总院[45]研究发现肾移植急性排斥时肾组织液中sIL-2R升高明显；急性CsA中毒时血清和肾组织中sIL-2R均明显升高；急性感染时只有血清中升高。常州市一院等[46]观察肾移植急、慢性排斥时颗粒膜蛋白及血栓烷B_2显著升高，排斥逆转或移植肾切除后渐下降，CsA中毒者无变化。广州南方医院[47]对移植肾患者术后即刻分别给予抗淋巴细胞球蛋白(ALG)、抗总T淋巴细胞单抗(OKT_3)及CsA，发现急性排斥发生率分别为11.5%、12.5%和23.8%；急性肾小管坏死分别为5.1%、6.3%和15.1%；肾功能3天正常率分别为83.3%、68.8%和57.5%。南京金陵医院[48]对肾移植病人从临床、肾脏病理及肾组织T淋巴细胞亚群的研究中发现，急、慢性排斥间有一定的内在联系。济南军区总院[49]发现肾移植术后2天血清及尿液TNF水平开始增高，以后渐下降。上海长征医院[50]总结肾移植肝功受损162例，发生率24.43%，三联免疫治疗者发生率高于二联免疫治疗者。广州南方医院[51]认为肾移植术后肝功能衰竭早期病情隐匿、起病急、病程短，与病人病毒性肝炎密切相关，并发症多，多伴有严重感染，预后极差。上海长征医院[52]认为开搏通是一种治疗肾移植术后红细胞增多症的安全、有效的药物。解放军309医院[53]采用PCR及ELISA法检测人巨细胞病毒(HCMV)感染，认为HCMV感染者排斥反应明显增加。中山医大一院[54]通过检测肾移植病人巨细胞病毒(CMV)IgM或/和血中CMV-DNA，认为确诊后给予丙氧鸟苷治疗，疗效较显著。该院[55]认为群体反应性抗体应作为术前组织配型的一种方法，对提高肾移植存活率有帮助。常州市一院等[57]发现在移植肾功能受损时，血β_2-微球蛋白变化出现较早且敏感。急性排斥反应以血中升高明显，CsA肾毒性及急性肾小管坏死以尿中升高显著，血、尿同时持续升高则预后不佳。广州南方医院[58]用康白等的菌群分类法，发现肠道菌群失调存在于肾移植术后早期，主要以双歧杆菌为主，是肾移植术后腹泻的主要原因。南京医大一院[59]认为肾移植术后糖尿病的发生与CsA的应用密切相关，高龄和移植后肥胖是发生移植后糖尿病的危险因素。上海长征医院[60,61]对168例移植肾作病理组织学观察，阻塞血管引起组织梗死且继发感染是移植肾失败的重要原因。分析认为，由于抗结核和抗排异药物的相互作用，肾移植术后并发结核感染的治疗具有特殊性和复杂性。广州南方医院[62]报道肾移植感染的发生率为62.96%，由感染致死的占44.44%；病原菌除细菌、结核杆菌外，还有真菌、病毒、放线菌等。南京军区福州总院[63]对469例肾移植病人中发生的4例恶性肿瘤者的发病年龄、发病时间及免疫抑制剂的应用量进行了分析。上海市一院[64]对127例肾移植患者术后5年CsA的应用及如何提高移植肾存活率、预防术后并发症等进行了回顾总结。苏州医学院一院[65]分析肾移植术后并发急性肾衰的原因，认为缩短冷缺血和热缺血时间及控制低血压是预防的关键，血液透析是主要的治疗手段。上海长征医院[66]*采用ELISA法对肾移植患者进行了抗HCMV IgM和IgG的检测。原发性CMV感染率为71%，继发性感染率为63.1%。认为测定可及时诊断肾移植后活动性CMV感染，指导抗病毒治疗。浙江鄞县医院[67]报道肾移植后并发高渗性非酮性糖尿病昏迷2例。武汉同济医院[68]认为对肾移植术后发生ARF患者，凡移植肾不继续肿大、血管阻力指数逐渐下降至0.8以下、不曾发生心力衰竭及高钾血症者，预后良好，反之预后不良。

解放军总院[69]对肾癌磁共振成像（MRI）与病理大切片对照观察。结果显示高场（1.0T）MRI肾癌假包膜征主要表现为T_2加权像上肿瘤内侧缘弧形低信号，显示率为62.9%；假包膜征的病理基础为癌周结构，当厚度＞0.62mm时MRI方能显示。北京空军总院[70]对7例非肿瘤CT占位图像与临床手术结果进行分析。咸宁医学院附院[71]发现肾炎病人血清镁、尿锌值明显升高，血清锌降低，上述指标检测对肾炎患者的治疗及与恶性肿瘤的鉴别有一定意义。安徽医大一院[72]对比了B超、CT、MRI等不同影像方法对肾肿瘤的诊断价值。天津肿瘤所[73]建立家兔肾被膜下移植人肿瘤组织模型，为放射免疫显像提供了较为理想的动物模型。天津医大总院[74]认为超声对肿瘤的病理定性完全准确达76%，不完全正确占2%，性质待查占14%，定性错误占8%。青海儿童医院[75]从静脉肾盂造影、肿瘤转移及病灶钙化三方面特点对小儿Wilms瘤和成神经细胞瘤的X线特点进行了分析。湖南医大二院[76]对12例肾血管平滑肌脂肪瘤的临床、影像学变化、手术表现及病理变化等进行对照研究。解放军94医院[77]发现影像学与手术病理的诊断正确率在静脉和逆行肾盂造影为88.2%，X线肾动脉造影为100%，B超为89.5%，CT扫描为96.6%。南京医大一院[78]通过回顾性分析认为B超、CT、MRI和DSA对肾血管平滑肌脂肪瘤的诊断有很大帮助，直径＞5cm者有手术指征。北京医院[79]对27例易误诊为小肾癌的良性占位性病变的CT诊断和鉴别诊断特征进行了分析。潍坊医学院等[80]报道肾盂肿瘤CT诊断与术后病理诊断符合率为92.3%；CT分期与病理对照准确率为85.7%。上海新华医院[81]对不同病理类型预后不良性肾成细胞瘤的治疗方法、生存率等进行了探讨。天津市肿瘤医院[82]对B超检查发现的10例无症状性肾癌患者进行术后随访，建议注重对肾B超的检查。南通医学院附院等[83]认为囊壁分隔、不规则增厚、出现结节和早期强化是CT诊断囊性肾癌的重要依据。苏州医学院二院[84]报道肾癌彩色多普勒血液类型以彩球型为主，散点型次之，肿瘤内出现动、静脉两种血流信号，较大肿瘤以动脉高速者居多，肿瘤血管流速大于同侧肾动脉流速。上海市六院等[85]对照B超及手术、病理结果，对肾癌的诊断分期进行了评价。本溪市钢铁公司总院[86]认为用于肾癌术前的动脉栓塞采用明胶海绵就能达到目的；用于姑息性栓塞无水酒精优于明胶海绵，如联合应用会提高疗效。武汉市三院[87]应用大剂量顺铂经超声选择性肾动脉化疗加碘化油、明胶海绵或钢丝环行肾动脉栓塞治疗肾癌，安全、有效，能最大限度保留肾组织和功能。哈尔滨医大三院[88]研究证明腺管侵袭阳性者孕激素受体（PR）强阳性率有明显增加。提示PR的增强表达有腺管侵袭的可能；同时PR与肿瘤大小、生物学行为及生存期有一定关系。北京宣武医院[89]认为肾动脉栓塞术对提高肾肿瘤病人的远期生存率无明显疗效。上海华山医院[90]认为B超和CT互补对肾细胞癌伴静脉癌栓可基本确诊，除肝上型和已有血管壁浸润者外大部分癌栓可采用松解游离渐渐拉出的方式取出，癌栓除肝上型外对预后影响不大。宁波李惠利医院等[91]利用B超、CT、MRI对肾癌下腔静脉栓塞的诊断准确性进行了对比分析。天津市肿瘤医院[92]认为选择性肾动脉化疗及栓塞术疗效确切并能提高晚期肾癌的存活率。上海华山医院等[93]用流式细胞仪对20例肾癌患者及40名正常人外周血T淋巴细胞亚群/NK细胞及mIL-2R进行定量检测，证明上述指标对细胞免疫功能、病情程度和预后的评价有益。上海中山医院[94]认为回输肿瘤浸润淋巴细胞（TIL）治疗晚期肾癌可提高患者体内外周血淋巴细胞中NK细胞的活性及淋巴细胞表面IL-2R的表达。上海长海医院[95]临床研究发现联合应用TIL-2和IL-2可提高病人免疫力,在质和量方面提高外周血淋巴细胞中的CD3、CD4和CD8水平。南京鼓楼医院[96]通过肾癌细胞的体外实验,应用MTT方法,证明异搏定对RCC-925肾癌细胞的多重耐药性具有显著的逆转作用。浙江医大儿童医院[97]对121例肾母细胞瘤手术及化疗的疗效进行了分析。解放军455医院[98]研究证明肾癌CD15、抗上皮细胞膜抗原、抗神经元特异性烯醇化酶的表达与否可作为判断肾癌异型性的一项指标。

连云港市一院[99]对95例肾囊肿的CT、B超、MRI及静脉肾盂造影(IVR)的影像学检查结果进行了分析。重庆新桥医院[100]对在B超引导下经皮穿刺分别注射无水乙醇或鱼肝油酸钠治疗肾囊肿,证明两组药物疗效无显著差异,不良反应前者明显大于后者。广州市一院[101]认为单纯性肾囊肿是引起尿路感染反复发作的原因之一。南京医大一院[102]对临床易误诊的副中肾囊肿的病因、类型及X线诊断的重要性进行了分析。青海省医院[103]使用实时超声引导下经皮穿刺肝、肾囊性病变,对部分病人行囊肿抽液注药或硬化剂,总有效率为95.65%。广州军区总院[104]对成人型囊肿性肾病的死因、囊肿类型、合并疾病及病理进行了讨论。上海新华医院[105]对肾囊肿去顶减压术的合理性进行了讨论。苏州医学院二院[106]对5例肾脓肿彩色多普勒检查的特点进行了描述,具有一定特征。解放军202医院等[107]对13例肾皮质脓肿治疗前后的变化、手术处理及术后病理资料、该病的病因、诊断、鉴别诊断、治疗及预后进行了讨论。

上海市六院[108]报道慢性肾病的彩色多普勒能量图(CDE)对测量肾皮质厚度和小叶间动脉的阻力指数(RI)有很大帮助,是评估肾功能损害程度的重要参数。南京金陵医院[109]认为彩色多普勒血流图对慢性肾病的鉴别诊断、肾功能及预后的判断有独到的优点。湖北十堰太和医院[110]认为当RI<0.7时,肾积水者肾功能正常;当0.7<RI<0.8时,肾功能可部分或完全恢复;当RI>0.8时,肾功能不能恢复。上海铁路医院[111]报道^{99m}Tc-DTPA肾图检出肾功能受损的灵敏度高于^{131}I-OIH肾图。中国医大一院[112]应用^{99m}Tc葡萄糖酸钙进行肾动态显像,并与同期IVP检查对比。发现核素检查简便、无损伤、灵敏,能准确反映肾功状态,但尚需与其他检查综合评价。该院[113]还用^{99m}Tc-DTPA动态显像评价分肾功能的临床价值。上海市六院[114]用彩色多普勒超声估测90名正常人肾血流,证明该法可靠性好。

(赵学智)

参考文献

[1] 姚　建等. Chin Med J 1995;108(11):82
[2] 张伯科等. Chin Med J 1996;109(8):609
[3] 谭建明等. Chin Med J 1996;109(9):720
[4] 于　力等. 肾脏病与透析肾移植 1996;5(5):7
[5]* 董　菲等. 中华肾脏 1996;12(2):67
[6] 魏向荣等. 高血压 1996;4(1):70
[7] 郭奕斌等. 中山医大学报 1996;17(1):73
[8] 张小东等. 中华泌外 1996;17(3):146
[9] 牛天力等. 中华泌外 1996;17(1):14
[10] 钟　华等. 中华泌外 1996;17(1):17
[11] 侯建国等. 中华泌外 1996;17(2):73
[12] 王立忠等. 中华泌外 1996;17(7):393
[13] 孔垂泽等. 中华泌外 1996;17(8):472
[14] 李　鸣等. 中华泌外 1996;17(8):457
[15] 王立忠等. 中国医大学报 1996;25(4):392
[16] 朱建善等. 上海二医大学报 1996;16(4):272
[17] 钟　华等. 中华泌外 1996;17(3):134
[18] 钟　华等. 中华泌外 1996;17(2):70
[19] 赵　坡等. 中华泌外 1996;17(3):230
[20] 张恩孝等. 中华泌外 1996;17(1):48
[21]* 马建辉等. 中华泌外 1996;16(12):713
[22] 彭　英等. 一军医大学报 1996;16(2):114
[23] 彭　英等. 中国神经精神 1996;22(5):281
[24] 侯凡凡等. 中华肾脏 1996;12(4):195
[25] 贾艾丽等. 贵阳医学院学报 1995;20(4):277
[26] 张昭馥等. 中华肾脏 1996;12(4):227
[27] 招明高等. 四军医大学报 1996;17(2):141
[28] 陈绍行等. 中华肾脏 1996;12(4):210
[29] 周　毅等. 广州医药 1996;27(5):8
[30] 杨建勇等. 中华放射 1996;30(5):306
[31] 靳　松等. 天津医药 1996;24(9):560
[32] 张　建等. 中华外科 1996;34(7):427
[33] 秦学文等. 中华内科 1996;34(11):757
[34] 陈凌武等. 中华泌外 1996;17(10):592
[35] 李建初等. 中华超声影像 1996;5(4):159
[36] 施毕旻等. 苏州医学院学报 1996;16(2):381
[37] 杨　黄等. 中华肾脏 1996;12(3):160
[38] 万江华等. 中华肾脏 1996;12(4):217
[39] 温春光等. 中华肾脏 1996;12(4):214
[40] 余学清等. 中华肾脏 1995;11(6):340
[41] 章咏裳等. 中华泌外 1996;17(6):345
[42] 季曙明等. 中华肾脏 1996;12(4):224
[43] 郑军华等. 中华器官移植 1996;17(3):120
[44] 路建饶等. 中华泌外 1996;17(10):599

[45] 宋 涛等. 中华泌外 1996;17(10):595
[46] 徐仁方等. 中华泌外 1996;17(7):399
[47] 徐 健等. 中华泌外 1996;17(6):341
[48] 季曙明等. 中华肾脏 1995;11(5):287
[49] 武翠华等. 上海免疫 1996;15(5):292
[50] 郑军华等. 肾脏病与透析肾移植 1995;4(5):429
[51] 马俊杰等. 肾脏病与透析肾移植 1995;4(6):522
[52] 王平贤等. 中华泌外 1996;17(2):82
[53] 廖利民等. 中华器官移植 1996;17(3):123
[54] 杨琼琼等. 肾脏病与透析肾移植 1996;5(5):10
[55] 吴培根等. 中华肾脏 1996;12(5):282
[56] 何小舟等. 中华泌外 1996;17(7):405
[57] 王荣江等. 浙江医学 1996;18(5):265
[58] 潘克辉等. 中华医学 1996;76(10):759
[59] 张 炜等. 南京医大学报 1996;16(2):165
[60] 李玉莉等. 中华肾脏 1996;12(3):138
[61] 郑军华等. 中华肾脏 1996;12(4):207
[62] 魏冬梅等. 肾脏病与透析肾移植 1996;5(3):35
[63] 杨顺良等. 中国肿瘤临床 1996;23(8):556
[64] 蔡晓晴等. 南通医学院学报 1996;16(3):412
[65] 侯建全等. 苏州医学院学报 1996;16(1):133
[66] 徐洪实等. 中华传染 1996;14(2):74
[67] 胡勤勇等. 中华器官移植 1996;17(4):188
[68] 刘郭贵等. 中华器官移植 1996;17(3):126
[69] 李 涛等. 中华放射 1995;29(11):781
[70] 洪 泉等. 中华泌外 1996;17(7):409
[71] 叶发青等. 实用癌症 1995;10(4):234
[72] 蒋云仙等. 安徽医学 1996;17(3):41
[73] 何景华等. 中国肿瘤临床 1996;23(5):350
[74] 田 平等. 中国超声 1996;12(6):14
[75] 贺明礼等. 实用放射 1995;11(10):608
[76] 王云华等. 湖南医大学报 1995;20(5):463
[77] 董其龙等. 实用癌症 1996;11(3):193
[78] 顾 昆等. 南京医大学报 1996;16(2):168
[79] 周 诚等. 实用放射 1995;11(11):658
[80] 卢洪凯等. 中华泌外 1996;16912):719
[81] 陈 方等. 中华小儿外科 1995;16(6):333
[82] 贾炜莹等. 中国肿瘤临床 1995;22(11):765
[83] 施裕新等. 中华泌外 1996;17(8):462
[84] 方军初等. 苏州医学院学报 1996;16(4):766
[85] 乔 勇等. 上海医学 1996;19(6):341
[86] 陈晓林等. 实用放射 1996;12(2):86
[87] 陈礼祥等. 中华泌外 1996;17(2):77
[88] 徐 媪等. 实用肿瘤学 1996;10(1):40
[89] 李 进等. 中华泌外 1996;17(6):336
[90] 袁 涛等. 中华泌外 1996;17(6):333
[91] 李仲宜等. 中华泌外 1996;17(8):459
[92] 李文录等. 中国肿瘤临床 1996;23(5):312
[93] 吴登龙等. 上海医学 1996;19(4):211
[94] 张永康等. 上海医学 1996;19(4):208
[95] 侯建国等. 中华泌外 1996;17(5):279
[96] 李 柚等. 江苏医药 1996;22(6):375
[97] 唐达星等. 浙江医大学报 1996;25(5):228
[98] 陈至善等. 中华泌外 1996;17(9):521
[99] 温 峰等. 中华泌外 1995;16(12):746
[100] 单忠雄等. 中国超声 1996;12(6):52
[101] 付君舟等. 新医学 1996;12(6):52
[102] 张维林等. 实用放射 1996;12(7):411
[103] 宋书帮等. 青海医药 1996;26(1):7
[104] 杨汉勒等. 中国实用内科 1996;16(7):420
[105] 叶 敏等. 上海医学 1996;19(4):233
[106] 方军初. 中国超声 1996;12(10):54
[107] 王立忠等. 中华泌外 1996;17(3):149
[108] 陈亚青等. 中国超声 1996;12(6):10
[109] 王 炼等. 中国超声 1996;12(5):43
[110] 姚启成等. 中国超声 1996;12(10):5
[111] 史建国等. 铁道医学 1995;23(5):265
[112] 李亚明等. 辽宁医学 1996;10(2):71
[113] 李亚明等. 中国实用外科 1996;16(7):406

文 选

肾病综合征患儿系膜增殖性肾炎人类白细胞抗原 DR 基因频率(中华儿科 1996;34(1):15) 解放军总院陈香美等用寡核苷酸(SSO)探针杂交技术及 PCR 技术,研究临床表现为 NS 的 36 例 IgAN 和非 IgA-MsPGN 患儿 HLA-DR 等位基因频率分布,以找出与本病明显关联的等位基因。36 例来自北方地区的肾炎患儿(男 26 例,女 10 例,2~14 岁,平均 8.6 岁),临床表现为 NS,肾活检光镜及免疫荧光确诊为 IgAN 9 例,非 IgA-MsPGN 27 例。经提取外周血淋巴细胞 DNA、PCR 扩增、SSO 探针及引物制备、SSO 探针标记、斑点杂交。结果与正常人比较,IgAN 患儿 HLA-DR_4 基因频率明显增高〔19.4% vs 9.02%, $Pc<0.05$,相对危险系数(OR)=2.98〕;非 IgA-MsPGN 患儿 DR_{12}(5)基因频率明显增高

(13.89% vs 3.92%，$Pc<0.01$，OR=4.52)。分别比较IgAN与正常人、非IgA-MsPGN与正常人、IgAN与非IgA-MsPGN患儿HLA-DR_4及DR_{12}(5)基因频率，结果示DR_4在IgAN组中明显增高，而在非IgA-MsPGN组中无明显增高；DR_{12}(5)在非IgA-MsPGN中明显增高。认为儿童PNS病因不明，但有体液免疫及细胞免疫异常，且有较明显的遗传素质。与疾病较密切的遗传系统是人类HLA系统。HLA-DR抗原主要在人B淋巴细胞、单核细胞和内皮细胞，与机体免疫调节功能密切相关。目前多数认为HLA抗原本身不直接致病，而某些致病的易感基因或致病因子与HLA的个别等位基因紧密连锁。已证实儿童PNS与HLA的某些等位基因有关，但各家报道不一。儿童PNS是一组不同病理GN的临床综合征，已知HLA分型与病理改变有关。本研究表明IgAN患儿以HLA-DR_4增高为主，非IgA-MsPGN以HLA-DR_{12}(5)为主。说明不同病理改变者HLA基因位点不一，不同免疫遗传基础导致的肾脏病理改变不同。

述评 用SSO探针杂交及PCR技术测定HLA抗原比血清学结果可靠。基因是生物体最基本的物质，从基因水平上阐明人类疾病的发生，大大地提高了人们对疾病认识的水平，也为临床上疾病分类提供了新的依据。

(张本立)

补体膜攻击复合物(MAC)和CD59在不同免疫病理类型IgAN发病机制中的作用(肾脏病与透析肾移植 1996;5(4):23) 南京军区南京总院王金泉等证实肾小球系膜区单纯IgA沉积者多为反复血尿，病理改变轻，预后好；IgG、IgA、IgM共同沉积者常有高血压、大量蛋白尿、肾功损害、肾小球硬化、间质小管损害、病理改变重，但机制不明。已知IgA免疫复合物(IgA IC)通过旁路活化补体，而IgG和IgM IC经经典途径和旁路活化补体。经典活化时有放大性C_3裂解，形成的肾组织膜攻击单位(MAC)比单纯旁路途径要多，造成肾小球损伤重。又知补体调节蛋白CD59可阻断补体激活，抑制MAC形成。作者从1990～1995年住院确诊的IgAN中随机选择单纯IgA沉积者28例(单纯IgA组)，IgG、IgA、IgM共同沉积者32例(GAM组)，用MAC及CD59单抗，MAC及CD59染色均用PAP四层法，最后按辣根过氧化酶着色强度分为A组(+)和B组(++)；用免疫酶标观察肾组织IgA、IgG、IgM、C_3、C_4、C_1沉积；肾小管间质半定量分析用MAPIS-400多媒体彩色分析系统处理。结果单纯IgA组反复眼观血尿者明显多于GAM组；GAM组尿检异常、血肌酐>177.2μmol/L者明显多于单纯IgA组；GAM组肾小球硬化百分率>25%，伴中、重度小管间质病变者及皮质区域间质面积明显高于IgA组；GAM组补体经经典途径活化成分C_1、C_4较单纯IgA组明显多见；GAM组MAC在系膜区、肾小球毛细血管袢沉积明显多于单纯IgA组，硬化肾小球MAC沉积较非硬化者明显多；肾小球内CD59强度两组间无统计学差异。作者认为不同免疫病理类型IgAN补体激活途径不同导致肾小球内MAC量分布不同可能是不同类型IgAN临床和病理有差异的原因。

述评 IgAN临床表现轻重不一。部分表现为反复血尿，病理改变轻，预后较好；另一部分表现为大量蛋白尿、高血压，肾功损害多见，肾小球硬化、间质小管病变重。上文从该病免疫病理角度阐明了上述临床表现差异的原因，这样就大大地提高了人们对不同IgAN的认识及预测水平，有利于采用适当的治疗措施。

(张本立)

肾小球硬化与系膜基质改变的关系(二军医大学报 1996;17(4):358) 上海长征医院叶廷军等用免疫组化法测定肾活检组织中系膜基质(MM)各成分含量，以探讨肾小球病变中MM变化，为治疗提供依据。采用1990～1994年该院肾小球肾炎患者肾活检49例，其中中度系膜增生性肾小球肾炎15例，重度系膜增生性肾小球肾炎14例，局灶性肾小球硬化20例，正常肾组织8例。以免疫酶标技术(ABC)法，用网格分析测量器，油镜下测量每个肾小球中着色系膜基质及各成分面积及整个肾小球面积，两者比值为每种成分在肾小球MM中相对含量(以每例切片上所有肾小球各比值的均值代表患者某成分在肾小球MM的相对含量)。结果正常肾组织Ⅳ型胶原和层粘连蛋白(LN)均弥漫分布于M及GBM；Ⅲ型胶原、肌动蛋白及结蛋白分布于肾间质和肾小血管，肾小球内呈阴性；第Ⅷ因子(F8)分布于肾血管内皮细胞及肾小球毛细血管内皮细胞。肾小球肾炎各成分变化：中度组与正常对照组Ⅳ型胶原、LN含量有显著差异；中度组MM中有少量Ⅲ型胶原，肌动蛋白、结蛋白均显著增加。MC及内皮细胞(ETC)的增殖细胞核抗原(PCNA)表达显著增加，F8在ETC中阳性率显著增加，重度Ⅳ型胶原、LN在MM中较中度组更为显著；PCNA增殖指数与中度组相比呈下降趋势，与正常组相比有显著差异；肌动蛋白、结蛋白含量与中度组比较也有显著差异；Ⅲ型胶原含量在MM中也较中度组增多。硬化组PCNA增殖指数为0，硬化区中Ⅳ型胶原、LN含量降低；Ⅲ型胶原、肌动蛋白、结蛋白含量均增加，与重度组、中度组比较差异显著;F8 表达与对照组接近。各阶段中 GBM 中Ⅳ型胶原、LN 含量无明显变化,无Ⅲ型胶原出现。作者认为肾小球正常细胞外基质过量聚积与肾小球硬化有关,Ⅲ、Ⅳ型胶原在肾小球硬化后期急剧增加。肾小球 MC 增殖是细胞外基质增多的主要原因,肾小球毛细血管 ETC 在肾小球硬化中趋向平滑肌化。

述评 肾小球硬化是 GN 的严重结果,探明其变化过程及重要方面有利于今后采取针对性的治疗措施,以减缓或逆转肾小球硬化。

(张本立)

血小板来源生长因子在活动性狼疮性肾炎肾小球病理改变中的作用(中华内科 1996;35(9):601)

南京军区南京总院郑丰等用反转录-多聚酶链反应(RT-PCR)和四层 PAP 免疫组化染色,探讨了血小板来源生长因子(PDGF)与狼疮性肾炎病变活动的关系。9 例狼疮女性(LN 病理按 WHO 1982 年标准分为 5 型,其中活动性 7 例,非活动性 2 例),正常对照 2 例。活检取肾组织经肾小球分离(每份标本 10 个以上肾小球),原位反转录获得 cDNA,行 PCR 反应,对其产物作相对定量。肾组织免疫组化观察 PDGF-A 链、PDGF-B 链、PDGF-B 受体、增殖细胞核抗原(PCNA)。结果正常肾小球 PDGF-A、B 链 mRNA 表达微弱;非活动型 LN 1 例上述表达较正常高,1 例表达正常;活动性 LN 1 例 PDGF 和 B 受体免疫组化染色弱阳性,1 例阴性。活动性 LN 肾小球 PDGF-A、B 链蛋白质表达较正常增多,PDGF-B 受体亦如此。PDGF 染色主要见于毛细血管袢(坏死区域增强)和系膜区,受体染色主要见于系膜区。光镜下计数活动性 LN 肾小球细胞数:活动性(168.97±36.73 个/肾小球)较非活动性(133.95±50.28 个/肾小球)增加。Ⅱ型、Ⅲ型和Ⅴ型以系膜为主,Ⅳ型以系膜和内皮增加为主,PDGF-A mRNA水平与肾小球细胞数正相关。未发现 PDGF 及受体水平与肾小球细胞增殖间有联系。局部浸润单核/巨噬细胞数与 PDGF-A 表达水平呈正相关,与 PDGF-B mRNA 及受体染色强度关系不明显。PDGF-A、B 表达水平与肾小球毛细血管袢坏死程度呈正相关,PDGF 受体染色强度也与袢死程度呈正相关。肾小球 PDGF 及 PDGF 受体表达与血尿程度呈正相关,与尿蛋白量无关。作者认为 PDGF 是造成活动性 LN 肾小球病理改变的重要介质之一。

述评 PDGF 为多功能生长因子,已知它与 PSPGN 模型肾小球损伤有关。上文工作已见到:无论是Ⅱ、Ⅲ、Ⅳ或Ⅴ型的 LN,当病变活动时,肾小球 PDGF-A、B 链 mRNA 和蛋白质以及 PDGF 受体表达增强;而 LN 静止时 PDGF 及受体表达明显减弱。但炎症介质是复杂的网络,有许多因子参与,不可能以一个因子解释全面。

(张本立)

血管细胞粘附分子在人类狼疮肾炎和新月体肾炎中的表达(中华肾脏 1995;11(6):326) 北京医大一院马利军等探讨了血管细胞粘附分子(VCAM-1)与肾小球炎症的关系。以狼疮肾炎(LN)和新月体肾炎(CGN)为对象,研究 VCAM-1 在肾组织和血清中表达。实验样本取自北京医大肾病研究所 1993.1～1994.8 间 21 例肾活检标本。其中 LN Ⅱ型、Ⅳ型、Ⅴ型分别为 6 例、9 例和 2 例,CGN 4 例。男女比为 1∶2,平均年龄 32(20～48)岁,3 例正常肾组织作为对照。同时选 10 例 LN(Ⅳ型 9 例、Ⅱ型 1 例)检测血清中 VCAM-1,与同期 5 例轻度 MsPGN 患者血清对照。用间接免疫荧光,按荧光强弱分 0(阴性),+(高倍镜下特异荧光),++(低倍镜下特异荧光),+++(低倍镜下较亮荧光),++++(低倍镜下很强荧光),另用膜免疫印迹法检测 VCAM-1 表达。结果正常肾组织中 VCAM-1 表达分布于肾小囊壁层上皮细胞(+～++)、肾小球系膜区(±)、肾小管上皮细胞(+～++),肾小球毛细血管壁和间质血管内皮均阴性。LN(Ⅱ、Ⅳ、Ⅴ型)和 CGN 沿肾小球毛细血管壁 VCAM-1 特异性荧光。LN(包括Ⅱ、Ⅳ、Ⅴ)患者强度介于+～+++间,CGN 介于+++～++++间。与正常人比,LN 及 CGN 系膜区 VCAM-1 呈增强,前者强度介于+～+++间,后者介于+++～++++间。LN 及 CGN 肾小管和肾小囊上皮表达 VCAM-1 强度与正常组比较无明显变化。CGN 的新月体表达 VCAM-1。膜免疫印迹显示:轻度 MsPGN 血清中有一定水平 VCAM-1,而 LN 血清中 VCAM-1 较前者显著增强。作者认为 LN 及 CGN 患者肾小球毛细血管壁表达 VCAM-1,提示患者肾小球内皮细胞处于活化状态。推测肾小球内皮细胞高表达 VCAM-1,作为受体,通过白细胞上 VLA-4 配体结合,参与介导淋巴细胞和单核细胞向肾小球内浸润,引起并加重肾组织损伤。血中高浓度的 VCAM-1 是否反映肾小球病变程度,须进一步研究。

(张本立)

干扰素治疗小儿乙型肝炎病毒相关性肾炎的远期疗效(肾脏病与透析肾移植 1996;5(2):27) 上海医大儿科医院方利君等鉴于皮质醇激素治疗小儿乙型肝炎病毒相关性肾炎(HBV-GN)的各种不良反应,自 1992 年 9 月起用国产人干扰素治疗 8 例小儿 HBV-GN。对象为 1992～1995 年住院患儿(4 岁半～11 岁,男 7 例,女 1 例)。临床表现为 NS,其中 5

例为肾炎性，3 例为单纯性。诊断 HBV-GN 条件为血 HBV 标志物 2 项以上阳性、肾组织 HBV 抗原阳性或 HBV DNA 阳性，除外其他继发性肾脏病。8 例中 5 例肝大，其中 3 例合并迁延性或慢性活动性肝炎。治疗方法为人干扰素(第 1 例)200 万 U/m² 体表面积，隔日肌注 1 次，2 周后加大至 300 万 U/m²，隔日肌注，4 个月后每周肌注 2 次，全程 6 个月。以后几例，开始用 300 万 U/m²。疗程中定期测血清乙肝抗原抗体、肝肾功能、尿蛋白定性定量、血红蛋白、白细胞计数分类等。随访最短 1 年，最长 3 年，平均 1 年 6 个月。前 5 例均已结束疗程，肾病缓解，尿蛋白消失，另 2 例尿蛋白减少，1 例改善。血浆总蛋白及白蛋白前 6 例均上升，后 2 例无改善。血清 HBV 抗原 2 例于用药 3 个月内转阴，至今持续 3 年和 1 年 6 个月；1 例出现抗 HBs，1 例于用药后 2 个月 HBeAg 转阴；余 5 例血 HBV 抗原始终阳性。1 例用药 5 个月，停药缓解 1 年 6 个月后肾病复发。作者认为，皮质醇激素用于小儿 HBV-GN 会增强乙肝病毒复制，引起迁延性、慢性肝炎复发。国产人干扰素治疗 8 例 HBV-GN，疗效与国外报道相似，疗程须坚持半年。本组 3 例治疗后 3 个月内血 HBV 抗原转阴，其中 2 例为 HBsAg、HBeAg 转阴，已持续 3 年和 1 年 6 个月。另 1 例仅 HBeAg 转阴，HBsAg 仍阳性。8 例患儿 HBV 抗原转阴率为 37.5%。该药副作用小。

述评　HBV-GN 用免疫抑制剂及激素治疗不仅疗效不好，反而加重。干扰素治疗乙型肝炎 25%～40%有效，HBeAg 转阴率 20%～30%。国内用于 HBV-GN 能使蛋白尿消失，肾病缓解。上文报道也大致如此。有用后出现自身免疫病者，须注意。

（张本立）

血小板 α-颗粒膜蛋白在Ⅱ型糖尿病肾病早期诊断中的意义（肾脏病与透析肾移植 1996；5(3)：26）　苏州医学院二院石永兵等用国内第 1 株抗人活化血小板 α-颗粒膜蛋白(GMP-140)单克隆抗体 SZ-51 测定 GMP-140 分子数。Ⅱ型糖尿病 42 例，均符合 WHO 诊断标准。其中男 26 例，女 16 例，平均 48.5(29～68)岁，病程 1 个月～8 年，平均 3.5 年。除酮症、泌尿系感染外，连续 3 次常规尿蛋白阴性，血清肌酐正常。其中 13 例并视网膜病变。另选性别、年龄与患者相匹配的体健者 20 名为正常对照组，均未用对血小板有影响的药物。用放免法测血小板膜表面 GMP-140 分子数，放免法测 24 小时尿白蛋白。结果 42 例糖尿病患者平均 GMP-140(M/plt)为 1 320±563，UAE(mg/24h)为 18.24±8.25。对照组 20 例平均分别为 780±301 及 9.54±4.02。以对照组 GMP-140 分子数、尿白蛋白排泄(UAE)测值之正常上限($\bar{x}\pm s$)作对照(GMP-140 正常上限为 1 081M/plt，UAE 正常上限为 13.56mg/24h)，糖尿病患者中 61.9%(26/42)病例 UAE 升高，76.2%(32/42)病例 GMP-140 分子数升高，与正常组相比两者差异显著。分别以 GMP-140 分子数、UAE 为变量作直线相关分析，两者呈正相关。在 UAE 升高的 26 例中，25 例 GMP-140 分子数升高，占 96.2%，而 GMP-140 分子数升高的 32 例中，22 例 UAE 升高，占 68.8%。有视网膜病变的糖尿病组中，92.3%(12/13)病例 GMP-140 分子数升高，69.2%(9/13) UAE 升高；在无视网膜病变的糖尿病中，GMP-140 分子数升高占 69%(20/29)，UAE 升高占 58.6%(17/29)，各组间差异均显著。作者认为，单抗 SZ-51 特异性识别活化血小板膜上 GMP-140，静止血小板无特异 GMP-140，直接测定不受机体代谢影响，准确且敏感。本文证实 GMP-140 升高早于 UAE 升高。血小板反应性增高在无肾病变时已存在，是参与肾微血管病变，而不是结果。故 GMP-140 可作为糖尿病肾病早期诊断指标。

述评　微血管病变是糖尿病并发症包括糖尿病肾病的基础，GMP-140 升高早于 UAE，有助于及早发现微血管病变，及时采取适当的治疗措施。

（张本立）

间质纤维化人肾成纤维细胞的异常生长及凋亡（肾脏病与透析肾移植 1996；5(3)：5）　中山医大一院张国强等成功地分离培养人肾间质成纤维细胞，并比较来源于间质纤维化肾脏和间质无纤维化肾脏成纤维细胞的增殖、分化及凋亡情况。肾组织均来自 20～40 岁原发性肾小球疾病患者的肾活检标本。病变组为 5 例经病理证实有间质纤维化的肾组织；对照组为 5 例经病理证实间质无纤维化的肾组织。上述肾组织在解剖显微镜下避开肾小球，切取富含间质小管部分进行原代培养。第 1 代细胞既行低密度细胞培养，并以形态学标准计数小管上皮细胞及 3 种不同分化类型的成纤维细胞；又行克隆细胞培养，以分离成纤维细胞和小管上皮细胞。实验所用成纤维细胞均经测抗Ⅷ因子抗原阴性。两组成纤维细胞经分离鉴定后，培养至足够数量(约 4～6 代)，用多头细胞收获器将细胞收集于玻璃纤维滤纸，烤干后进行液体闪烁计数。数据以增强指数(实验组 min^{-1}/对照组 min^{-1})表示。经流式细胞仪测量分析和统计，制成两组成纤维细胞 DNA 含量分布的直方图。由于细胞凋亡时 DNA 发生节段性裂解，故凋亡细胞的 DNA<二倍体。细胞凋亡用<二倍体峰的细胞百分数表示。电镜观察细胞凋亡的形态学改变与流式细胞仪检测结果相互验证。结果：①病变组成

纤维细胞数量多、增殖能力强，并以低分化的MF Ⅰ型为主；②病变组成纤维细胞中凋亡细胞占1.6%，少于对照组(3.6%)。

述评 间质纤维化在慢性肾衰竭中的作用日益受到重视，但其发病机制至今未明。上文首次提出其不仅与成纤维细胞增殖过度和分化异常有关，而且也与其凋亡减少有关，为今后有关研究指出一条新的途径。惜未明示"增殖过度、分化异常"和"凋亡减少"之间的关系，是并存，还是因果关系？另外，作者分离培养人肾间质成纤维细胞的方法学值得推荐。

（崔若兰）

急性肾功能衰竭的双功能多普勒评价——RI和肾皮质厚度(中华超声影像 1995;4(6):271) 南京军区南京总院杨斌等对双功能多普勒在急性肾小管坏死(ATN)中的应用价值进行了观察。12例ATN均为男性，诊断经肾活检证实。所有病例均在少尿期入院，在入院后48小时内进行双功能超声检查，定期随访直至恢复期。平均每人作双功能超声检查4～5次。双功能多普勒检查内容包括：双侧肾段动脉、叶间动脉和弓形动脉阻力指数(RI)及肾皮质厚度。检查期间同时测定血肌酐(Scr)及尿量等以确定ATN病情及分期。结果显示：少尿期内各小动脉RI为0.85±0.18(段动脉、叶间动脉及弓形动脉间RI无差异)，肾皮质厚度为12.1±2.3mm；多尿期小动脉RI为0.54±0.08，肾皮质厚度为9.2±1.2mm，恢复期RI为0.54±0.07，肾皮质厚度为7.7±1.2mm。以上数值显示RI在病情好转后减低($P<0.01$)；肾皮质厚度亦随病情恢复而恢复正常($P<0.01$)。ATN时因肾间质水肿，以致肾内血管受压，血流阻力上升，肾皮质厚度增加。随着ATN恢复，肾间质水肿减轻，RI下降十分明显，肾皮质厚度亦渐恢复正常。应用双功能多普勒检测ATN时RI及肾皮质厚度对ATN时病情变化、疗效评价及预后估计等均十分有用，尤其是RI在ATN各期变化尤为明显，是一个敏感的指标。

述评 上文用双功能多普勒测定ATN时RI及肾皮质厚度来观察ATN时病情变化及疗效，为临床判断ATN程度提供了一个较敏感指标，比以前用两维超声观察ATN时肾脏大小、皮质回声强度及锥体形态等所提供的信息准确可靠，有临床使用价值。但RI增加及肾皮质增厚仅反映了肾间质水肿及肾血管受阻情况，并非ATN特有，在肾移植病人急性移植物排异时同样有RI增高及肾皮质增厚，上文资料对RI在肾移植急性排异中的意义一文(中华器官移植 1991;12(1):25)有补充及修正，故予以介绍。（张国兆）

无醋酸盐和碳酸氢盐血液透析对外周血细胞因子浓度的影响(中华肾脏 1995;11(6):335) 南京军区南京总院谢红浪等研究无醋酸盐透析液血液透析(AFHD)和碳酸氢盐透析液血液透析(BHD)对一些细胞因子和生化参数的影响。随机选择透析时间超过半年的8例AFHD患者和8例BHD患者，平均年龄47±12岁，平均透析时间49±38个月，所有患者都未使用免疫抑制剂，心肺功能无明显异常，在观察的近1个月内无感染、发热和外伤史，透析参数显示透析充分。用Baxter 550型定容透析机，F6聚砜膜透析器(膜面积1.3m^2)，每周透析3次，每次4小时，透析器和透析管道不复用，血流量和透析液流量分别为每分钟200、300和500ml。透析液在透析前2小时内新鲜配制。8例AFHD和8例BHD患者在实验第1周采用原透析方法，第2周互相交换。于实验第1周和第2周的第一次透析前后分别从动脉端抽血，检查生化参数和细胞因子。结果显示，AFHD和BHD都能有效地清除尿毒症小分子物质，纠正低钙血症和高磷血症，但AFHD后血磷降低更明显；AFHD和BHD治疗前后外周血TNF-α和sIL-2R浓度无变化，BHD后IL-1活性显著增加，而AFHD后IL-1活性无变化；此外，AFHD更利于酸中毒的纠正，并发症少。结果表明，AFHD比BHD对血液中的TNF和IL-1影响更小，更有利于血磷的清除及酸中毒的纠正。

（尹 广）

述评 血液透析液在经历碳酸氢盐→醋酸盐→碳酸氢盐之后，现已认识到目前临床上应用的碳酸氢盐透析液中，为降低pH值及防止钙、镁沉淀所加入的3～4mmol/L非生理浓度的醋酸盐及其代谢产物仍可导致慢性代谢性酸中毒及细胞内无机磷的沉积，而后者可导致透析后高磷血症，刺激机体产生细胞因子，发生许多与透析液相关的并发症。上文通过比较无醋酸盐透析液及碳酸氢盐透析液对血透患者血磷和IL-1、TNF-α及sIL-2R等细胞因子的影响，证实在透析效能相同的前提条件下无醋酸盐透析液血液透析清除血磷更充分，对外周血IL-1的影响更小，更有利于纠正酸中毒，治疗并发症也更少。相信无醋酸盐透析液配方公开后，无醋酸盐透析液血液透析势必将在临床广泛应用。

（黎磊石）

血透相关因素对维持性血透患者外周血单个核细胞产生IL-1β、TNF-α的影响(肾脏病与透析肾移植 1996;5(4):11) 北京医大黄雯等研究血透相关因素对维持性血透患者外周血单个核细胞产生IL-1β、TNF-α的影响。14例维持性血液透析患者，男11

例，女 3 例，平均年龄 51.3 岁，平均透析时间 38(6～96)个月，用铜仿膜和血仿膜、醋酸盐和碳酸盐透析各 7 例。取 15 名健康人及献血员作为正常对照。结果：血透患者外周血单个核细胞在细菌脂多糖(LPS)刺激下，产生和分泌 IL-1β、TNF-α 的量明显高于正常；铜仿膜透析组血透 5 分钟时 IL-1β、TNF-α mRNA 的表达达到高峰，与透析前及正常对照组相比均有显著差异，其生物活性或蛋白质水平也相应升高，与正常对照及透析前水平也均有明显差异；血仿膜组 IL-1β、TNF-α 的表达和蛋白质水平虽较正常对照升高，但无统计学差异；醋酸盐与碳酸盐组 IL-1β、TNF-α 的表达和蛋白质水平无明显差异。结果表明，LPS 是引起血透患者外周血单个核细胞产生和释放 IL-1β、TNF-α 的重要因素，铜仿膜透析器可促进细胞因子的产生，血仿膜的生物相容性更好。

(尹　广)

述评　透析液、血管通路及透析膜生物相容性是近年血液净化治疗研究上的三大主要进展。对于透析膜生物相容性的研究，国内以往多未注意将研究结果用于临床。上文再次证实细胞脂多糖(LPS)对炎性细胞因子 IL-1β、TNF-α 的产生和分泌具有重要作用，不同生物相容性的透析膜对炎性细胞因子的产生和分泌具有不同的影响，血仿膜的生物相容性优于铜仿膜。为了减少炎性细胞因子的产生，血液净化治疗中应高度重视防止透析液污染，注重选用生物相容性好透析膜、透析器。

(黎磊石)

单剂量低分子量肝素在血液透析抗凝中的应用(中华肾脏 1996;12(1):32)　中山医大一院朱兰英等对 30 例血透患者进行随机交叉对照研究，比较单剂量低分子量肝素(LMWH)和持续输注普通肝素(SH)对血透抗凝的疗效和安全性。30 例维持性 HD 患者，男性 16 例，女性 14 例，年龄 34.7 岁。透析时间 4.2～80.2 个月，平均 24.3 个月。所有患者病情稳定，无高凝及出血倾向。肝素钙按平时个体化给予，平均首剂 2 097.17±487.9U，维持量 891.7±100.7U，HD 结束前半小时停用；LMWH (Fraxiparine，速凝，平均分子量 4 500，法国 Sanofl 公司产品)，HD 前一次性静脉注射 10 000U，不同维持量。结果：两组体外循环凝血发生率都很低，且无明显差异，但 LMWH 组透析器复用次数明显延长，第 4 次透析 2 小时的尿素氮、肌酐清除率及透析器血液间隙容量无明显下降，而肝素钙明显下降。两组虽都无出血征象，但 LMWH 组穿刺点压迫时间明显缩短；两组透析 2 小时，血浆肝素活性抗-低分子量肝素(FXa)水平无明显差别，但透析 4 小时 LMWH 组明显高于肝素钙组；LMWH 组部分凝血活酶活化时间、凝血酶时间仅透析 2 小时轻度延长，透析 4 小时基本恢复至治疗前水平，而肝素钙组明显延长。结果表明，血透前应用单剂量低分子量肝素能完全、有效地代替肝素钙。

(尹　广)

述评　普通肝素是血液净化治疗中常用的抗凝剂，但具有增加出血的危险，长期应用可致骨质疏松和高脂血症。低分子量肝素系肝素的分离或降解产物，平均分子量 4 000～6 000，半衰期长，抗凝作用强，对部分凝血活酶时间及凝血酶时间影响较小。国外业已将低分子量肝素较为普遍地应用于血透抗凝，但国内绝大多数单位还在应用普通肝素。上文研究结果表明，血透前应用单剂量低分子量肝素即能完全、有效地代替普通肝素，从而使血透抗凝更为简单有效。

(黎磊石)

残余肾功能对腹膜透析的影响(肾脏病与透析肾移植 1996;5(4):31)　南京军区南京总院俞雨生等研究残余肾功能对腹膜透析(CAPD)的影响。38 例进行 CAPD 治疗并作长期随访的慢性肾衰患者，男 21 例，女 17 例，年龄 46.6±14.5 岁。全部采用“O-Set”透析方式，进入观察前均行腹膜平衡试验(PET)，并根据结果制定透析方案。平均透析时间 11.5±10.1 个月(3～40 个月)。透析过程中，每 13 个月测定一次血液、透析液及尿液中尿素、肌酐值变化，根据结果计算尿素 KT/V、肌酐清除率(Ccr)值作为判断透析效能的指标，观察氮表现的蛋白质水平(nPNA)、血浆白蛋白等作为判断营养状况的指标。结果 80 例次观察显示残余肾功能(RRF)与透析效能、营养状况正相关，当 RRF＞2ml/min 时，经残余肾清除的尿素氮(BUN)和肌酐(Cr)占整个透析排出量的 30%以上，个别患者可高达 45%；RRF＞2ml/min 者，其血浆白蛋白(Alb)浓度明显高于＜2ml/min 者；有 RRF 者，整体生活质量明显高于无 RRF 者，且体液平衡及血压也较易控制；此外，透析剂量、透析液浓度与 RRF 呈负相关。结果表明，为保持良好的透析效能，必须注意保护 RRF，应根据 RRF 及体表面积确定适当的透析浓度及透析剂量。

(尹　广)

述评　残余肾功能对透析效能的作用日渐受到重视，但国内对此迄今认识不足。上文结果再次证实极少的残余肾功能在维持腹透效能中仍具有重要作用。表明即使是已经开始透析治疗的慢性肾衰患者，仍应继续高度重视残余肾功能的保护，切忌认为已经开始透析治疗，即可忽略残余肾功能，甚至采取诸如应用肾毒性药物等加剧损害残余肾功能的措施。

（黎磊石）

人工重组促红细胞生成素导致高血压机制的研究（中华肾脏 1996;12(2):67） 上海华山医院董菲等从心脏血流动力学、血液流变学、血管活性物质内皮素(ET)、去甲肾上腺素(NA)等几方面对人重组促红细胞生成素(r-HuEPO)替代治疗中出现的高血压机制进行研究。临床试验选择30例CRF和贫血患者，平均Hb 69.5±2.1g/L，不包括严重高血压病例。上述病例停用降压药物后，给予r-HuEPO治疗，首次100U/kg IV，以后根据Hct每周上升0.02调整剂量，1周3次，剂量个体化，以Hb 80～100g/L、Hct 0.3为靶目标，疗程3～4个月。其间观察血压、Hct、血液粘滞度、PRA、AⅡ、ALD及心脏血流动力学。动物实验选择SD大鼠，实验组背部皮下注射r-HuEPO 100U/kg，1周3次，用3周；对照组背部皮下注射同等量的生理盐水。上述实验鼠和对照鼠麻醉后取出肠系膜前动脉制成动脉环标本，置于含有20ml Krebs Ringers液的37℃水浴槽中，并分别加入r-HuEPO 10、100和200U/ml，观察大鼠肠系膜动脉和主动脉血管环的张力变化，以累积浓度给药法给予内皮素和NA，分别得到实验组大鼠和对照组大鼠肠系膜前动脉对两药的收缩作用曲线(CCRC)。取上述二组大鼠肠系膜前动脉制成4段血管环，分别置于浴槽中加入AⅡ，观察血管张力变化。结果显示试验组30例患者Hct均有明显升高，高血压的发生率为23.3%。r-HuEPO治疗前后其血浆肾素、血管紧张素及醛固酮水平无明显变化。A组心搏出量无明显改变，而B组的心搏出量略有增加。动物实验组用r-HuEPO大鼠的Hct与血压明显高于对照组。r-HuEPO无论剂量大小均对正常SD大鼠的肠系膜前动脉、主动脉无直接的收缩作用，而ET对离体模型鼠肠系膜前动脉作用的CCRC较对照鼠相应动脉的CCRC平行左移。模型鼠和对照鼠的血浆PRA、AⅡ、ANP、ET水平间无明显差异。因此使用EPO后阻力血管对ET、NA等缩血管物质的反应性过高可能是造成高血压的重要原因之一，而心脏血流动力学、血液粘滞度在其中不起主要作用。

（许　臻）

述评　r-HuEPO是纠正肾性贫血的有效药物。然而，随着贫血的改善，部分病例并发了高血压。上文较系统地研究了r-HuEPO导致高血压的机制，认为使用r-HuEPO后阻力血管对ET、NA等缩血管物质的反应性过高，外周阻力增大而引起高血压。结果提示纠正r-HuEPO所致高血压以选用扩张外周血管药物为宜，如钙离子拮抗剂，不宜使用血管紧张素转换酶抑制剂。上文研究设计严谨，实验方法先进，结果及推论令人信服，故推荐之。

（梅长林）

过继TAK细胞免疫治疗在晚期肾癌的应用价值（中华泌尿外科 1995;16(12):731） 医科院肿瘤所马建辉等报道用过继TAK细胞免疫治疗晚期肾癌17例，患者年龄38～74岁，平均58.5岁；按Robson分期，Ⅲ期2例，Ⅳ期15例。8例行根治性肾切除术后10天内开始加用TAK细胞过继免疫治疗，2例单纯用TAK细胞过继免疫治疗，7例是肾癌根治术后发生远处转移后采用本项治疗。具体方法：提取可溶性肿瘤抗原加抗CD3单克隆抗体共同刺激人外周血淋巴细胞，在含IL-2的10%人AB血清RPMI-1640液中培养，使细胞扩增到所需数量用于过继免疫治疗。(0.5～1)×10^9 TAK细胞悬浮于200ml生理盐水，含2%人血清白蛋白和适量rhIL-2静脉输入。手术组于术后7～9天开始，间隔3～5天一次，一疗程4次，共1～3疗程，输入TAK细胞总量(2～3)×10^9。观察治疗前后肝肾功能及胸片、B超、CT及CD3、CD4、CD8和IL-2受体α链。结果显示：17例中完全缓解(CR)1例，部分缓解(PR)3例，总有效率23.5%。治疗后平均生存期达10个月，免疫功能指标较治疗前有明显提高。作者认为此方法IL-2用量少、杀伤性T细胞增殖快、杀瘤亲和力高、副作用轻、费用低、见效快、疗效好，是治疗晚期肾癌的一种有效的辅助手段。

（许　臻）

述评　由于肾癌起病隐匿，出现典型症状时往往已属晚期，伴有转移，根治困难。采用过继TAK细胞免疫治疗不失为一种有效的辅助手段。但本疗法有效率仅为20%～35%，副作用较大，今后还需进一步提高体外培养细胞增殖速度，提高杀瘤特异性或亲和性，降低IL-2毒副作用。

（梅长林）

肾移植患者外周血巨细胞病毒抗体检测（中华传染 1996;14(2):74） 上海长征医院徐洪实等认为采用ELISA检测肾移植患者外周血抗巨细胞病毒(CMV) IgM和抗CMV IgG可及时诊断肾移植后活动性CMV感染，指导抗病毒治疗。选择该院肾移植患者45例，男36例，女9例，年龄26～64岁，平均39岁。移植前及移植后1～3个月，每月取血1次，共114份血标本。抗人巨细胞病毒(HCMV) AD_{169}株接种于5～20代单层人胚肺纤维母细胞(HELF)中，加2%小牛血清DMEM维持液，一般2

～3 天出现典型的灶性细胞病变(CPE)。经 7～10 天,加原液 1/5 量的 0.1mol/L 甘氨酸-氢氧化钠缓冲液(pH9.0),反复冻融三次后离心取上清液测蛋白浓度后即为 CMV-GE 抗原。用同样代次的正常 HELF 细胞,不接种病毒,同样按上述方法制备对照抗原,按常规 ELISA 进行。将病毒抗原和正常对照抗原分排交替包板,每孔含抗原蛋白 10μg,加复孔。若病毒抗原两孔平均光密度值减正常抗原两孔平均光密度值＞0.15 为 CMV IgM 阳性,＞0.1 为弱阳性;若同一患者每次血标本的 IgG A 值逐次增高,且维持时间长,说明有病毒活动。结果显示:45 例患者肾移植后抗-CMV-IgM 阳性者 19 例,阳性率为 42%;抗 CMV IgG 升高较明显者 15 例;45 例中有 29 例发生 CMV 感染,活动性 CMV 感染率为 60%;原发性感染率为 71%,继发性感染率为 63.1%。结果提示 ELISA 检测肾移植患者外周血抗-CMV-IgG 可及时诊断肾移植后活动性 CMV 感染,指导抗病毒治疗。

(许　臻)

述评　上文根据抗原检测抗体原理,用 ELISA 法检测抗-CMV IgM 和抗-CMV IgG,为肾移植后 CMV 感染的诊断和治疗提供了依据。但是,此法需要动态观察血清抗体效价,需时长,是其一大缺陷。今后还需建立新的检测 CMV 感染的方法,如用特异性抗体检测 CMV 感染早期或极早期抗原,或用 PCR 技术检测 CMV 早期抗原 mRNA 和 DNA,可弥补本法的不足。

(梅长林)

内分泌和代谢疾病

收集 1995 年 11 月～1996 年 10 月文献 1 623 篇，纳入回顾 488 篇（占 30.0%），列入文选 18 篇（占 1.1%）。

一 年 回 顾

一、下丘脑、垂体疾病

（一）垂体瘤概论

中山医大[1]分析 43 例垂体微腺瘤。临床上主要以闭经、溢乳为特点。病理分类亦以催乳素腺瘤为主（53.5%）。昆明医学院一院[2]报道垂体瘤患者半侧视野视觉诱发电位（VEP）发生改变，主要为 P100 波波形不清，潜时值延长及波幅降低。空军总院[3]报道罕见斜坡内巨大垂体瘤 1 例。齐齐哈尔精神病二院[4]报道垂体瘤因误诊导致卒中 4 例。分别误诊为冠心病、肺心病、双眼虹膜炎及神经症性抑郁。西安医大一院[5]报道垂体卒中 18 例。临床表现主要为头痛、恶心、呕吐，视力、视野障碍，眼肌麻痹及意识障碍。报道垂体瘤卒中以蛛网膜下腔出血为首发症状 1 例[6]。南京金陵医院[7]分析认为动态增强（DE）MRI 可提高垂体微腺瘤的检出率。中山医大肿瘤医院[8]报道高分辨率 CT 垂体区薄层轴面扫描加重建技术也能提高垂体瘤的检出率及提供病灶的准确三维信息。北京协和医院[9]分析部分空泡蝶鞍合并垂体瘤 15 例。其中 14 例经蝶窦显微外科手术，均治愈或缓解。上海长征医院[10]对复发性垂体瘤再次经鼻中隔蝶窦径路切除 15 例，取得满意疗效。解放军总院[11]经单鼻孔蝶窦直接入路切除垂体瘤 38 例，其中 36 例肿瘤近全切，术后无并发症。该术省时、简单、并发症少，值得推广。北京协和医院[12]分析经蝶窦显微外科手术治疗 Cushing 病 103 例。其中 41 例行选择性垂体腺瘤切除术，62 例行垂体瘤及瘤周垂体前叶大部切除。表明后一术式痊愈率高，复发率低。西安西京医院[13]报道手术治疗垂体瘤 260 例，其中 12 例术后发生癫痫持续状态。该 12 例均为巨大肿瘤。乌鲁木齐空军医院[14]分析 2 例垂体瘤术后发生高渗性昏迷，认为是使用高渗液致患者脱水等所致。山东省医院等[15]报道伽玛刀治疗垂体瘤 100 例，疗效显著。福建肿瘤医院[16]对 104 例垂体瘤行放射治疗，100 例采用双颞侧野对穿照射，4 例采用双颞侧野＋前额野 3 野照射，有效率达 73%。

（二）垂体催乳素瘤

新疆医学院一院[17]报道巨大垂体催乳素（PRL）腺瘤 15 例，PRL 微腺瘤 18 例及特发性高 PRL 血症 8 例。患者均口服溴隐亭治疗，86.5%患者月经恢复，妊娠率达 70.8%。郑州矿务局总院[18]把高 PRL 血症伴不育 107 例分成口服溴隐亭和手术两组治疗，前者妊娠率明显高于手术组。中国医大二院[19]用溴隐亭治疗 57 例，63.4%患者妊娠，足月顺产的 23 例婴儿无 1 例畸形。上海妇产医院等[20]报道服溴隐亭妊娠后继续口服溴隐亭，胎婴儿均无不良反应，哺乳期也服用该药，婴儿无异常。有报道一对孪生姐妹同患 PRL 腺瘤者[21]。

（三）垂体前叶功能减退症

福州协和医院[22]分析垂体前叶功能减退症（垂减）80 例（男 16 例，女 64 例）。因产后大出血 39 例、垂体肿瘤 25 例、糖尿病及脑外科各 4 例，其他原因所致者 8 例。其中 20 例发生垂体危象。河南登封市医院[23]分析席汉征误诊 22 例，其中误诊为慢性肾炎 11 例，低血糖及昏迷待查各 4 例。有报道席汉征危象 14 例[24]，席汉征并发肝豆状核变性 1 例[25]。西安医大一院[26]应用人卵泡激素（hMG）＋绒毛膜促性腺激素（hCG）治疗席汉征 3 例，均促排卵成功，1 例妊娠。中国医大二院[27]应用促黄体激素释放激素（LHRH）和 HCG 试验检测垂体性侏儒患者的性腺功能，发现功能低下发生率为 58%。

牡丹江医学院等[28]报道1名23岁女性，身高67cm，有多种染色体异常。青岛医学院附院[29]以吡啶斯的明(PD)刺激下丘脑，仅有少数患者对PD有反应。

（四）尿崩症

华西医大二院[30]分析小儿中枢性尿崩症120例(特发性90例，继发性30例)。继发性者以韩-薛-柯氏征(13例)及颅内肿瘤(9例)为主。锦州医学院一院[31]报道颅脑外伤性尿崩症15例，12例为暂时性。北京首钢总院[32]分析该症MRI成像特征，主要为垂体柄漏斗部异常及垂体后叶高信号消失。有报道该症继发巨输尿管、巨膀胱症1例[33]。

（五）垂体移植

江西宜春地区医院[34]对22例席汉征患者进行胸大肌、肱桡肌和三角肌内移植经短期培养的垂体、下丘脑、大脑组织和甲状腺或肾上腺组织，取得满意疗效。哈尔滨医大一院[35]对1例垂体瘤导致侏儒患者，垂体瘤切除后，将短期培养的人胎腺垂体植入正中隆起部位蛛网膜下腔，疗效显著。苏州医学院一院[36]应用活化脾细胞联合环磷酰胺诱导免疫耐受，进行垂体脑内和皮下移植，12周后垂体仍有分泌作用。南京医大一院等[37]将人胎垂体细胞经环孢霉素A预处理后，观察到其免疫原性显著降低。该院[38]还有2.2%海藻酸钠包裹胎垂体细胞，微囊移植于兔腹腔内。观察12周，微囊结构完整，囊内细胞活性良好。

（六）其他

有报道垂体脓肿1例，蝶鞍X线片见蝶鞍扩大，鞍底变薄；MRI鞍区信号不均；手术抽出脓液后痊愈[39]。尚有报道鞍内垂体旁曲霉菌感染1例[40]。解放军总院[41]报道纳洛酮使成年男子促黄体素(LH)脉冲分泌频率增加，脉冲幅度不变。白求恩医大[42]报道氯化镧及氯化镱可使血清中生长激素(GH)和胰岛素水平明显升高。福建医学院一院[43]采用放免分析法(IRMA)检测血清促甲状腺激素(TSH)，灵敏度较放免法高，并可区分甲亢、甲低及甲状腺功能正常三种情况。医科院基础所[44]*报道GH分泌过多患者外周血淋巴细胞CD2 mRNA表达下降。CD2是特异地存在于T淋巴细胞表面的粘附分子。

（刘志民）

参考文献

[1] 钟思陶等. 癌症 1996;15(5):327
[2] 袁琼芝. 云南医药 1996;17(3):212
[3] 王振宇等. 中华神经外科 1996;12(3):198
[4] 翟义荣等. 临床神经 1996;9(3):180
[5] 张晓东等. 陕西医学 1996;25(5):275
[6] 陈　兰等. 四川医学 1995;16(6):393
[7] 卢光明等. 中华放射 1996;30(5):329
[8] 卢丽霞等. 癌症 1996;15(5):368
[9] 苏长保等. 中华神经外科 1996;12(4):207
[10] 范静平等. 中华耳鼻咽喉 1996;31(5):263
[11] 魏少波等. 中华外科 1996;34(9):572
[12] 陆召麟等. 中华内分泌 1996;12(1):3
[13] 张文德等. 中国神经精神 1996;22(1):16
[14] 张文德等. 人民军医 1996;(7):27
[15] 尹连虎等. 山东医大学报 1996;34(1):76
[16] 张　春等. 福建医药 1996;18(4):28
[17] 张秀玉等. 新疆医学院学报 1996;19(3):204
[18] 郭华峰等. 综合临床 1996;12(5):264
[19] 张淑兰等. 中国医大学报 1996;25(2):168
[20] 程蔚蔚等. 中华妇产 1996;31(9):537
[21] 丁福荣等. 中华妇产 1996;31(1):14
[22] 黄培基等. 福建医学院学报 1996;30(3):277
[23] 常玉和等. 北京医学 1996;18(5):308
[24] 蔡万春. 宁夏医学 1996;18(1):35
[25] 崔荣太等. 中风与神经 1996;13(2):96
[26] 陈晓燕等. 西安医大学报 1995;16(4):403
[27] 辛　颖等. 中华儿科 1996;34(1):53
[28] 王　斌等. 中华医学遗传 1996;13(1):60
[29] 李　堂等. 实用儿科临床 1996;11(2):83
[30] 向承发等. 实用儿科临床 1996;11(5):274
[31] 齐　剂等. 中国神经精神 1995;21(6):345
[32] 赵　东等. 北京医学 1996;18(4):228
[33] 王建平等. 江苏医药 1996;22(6):426
[34] 陈智民等. 中华器官移植 1996;17(4):180
[35] 杨富民等. 中华器官移植 1996;17(1):44
[36] 周幽心等. 苏州医学院学报 1996;16(5):801
[37] 王一芳等. 南京医大学报 1996;16(3):233
[38] 王一芳等. 南京医大学报 1996;16(5):459
[39] 刁宏宇等. 中国医大学报 1996;25(4):426
[40] 张雪明等. 上海医学 1996;19(1):4
[41] 母义明等. 中华内分泌 1996;12(2):87
[42] 周　莉等. 白求恩医大学报 1996;22(2):116
[43] 谢志淳等. 福建医学院学报 1996;30(1):49
[44]* 吕文戈等. 中国免疫 1996;12(2):121

二、甲状腺疾病

(一) 地方性甲状腺肿及地方性克汀病

武汉同济医院等[1]调查缺碘地区孕妇生育的婴儿,表明母亲在孕期缺碘者不论是否在孕期补碘,其后代脑干听觉诱发电位(BAEP)各波潜伏期延长。由于研究对象中孕期超过6个月者占2/3,延迟补碘不能纠正BAEP。该院等[2]还调查70名无神经系统阳性体征的缺碘儿童,认为神经系统存在亚临床损害(BAEP Ⅰ波潜伏期延长,Ⅰ、Ⅲ、Ⅴ波波幅减低),补碘治疗半年,BAEP无明显改善。青海地方病所[3]调查1 197名儿童及青少年的智力,表明缺碘可使精神发育受损,致精神发育迟滞,平均智商低于非缺碘人群。广东防疫站等[4]发现补碘区小学生的骨密度(BMD)明显高于缺碘区,认为缺碘影响人体骨峰值,可能是造成人体低BMD的主要原因。

中国地方病防治中心等[5]报道新疆拜城县缺碘重病区除缺碘较为严重外,其小麦及饮水中高钙、低锰。辽宁地方病所[6]认为监测碘缺乏病(IDD)用容量比概率抽样法比常规定点监测法要好,具有随机性强、选择面大、分布均匀、点面兼顾等优点,同时可降低样本量。

河南地方病所[7]发现碘缺乏病区学龄儿童补碘后尿碘水平与非病区接近,但甲状腺肿大率仍明显高于非病区,发硒含量也明显偏低。贵州黔南防疫站[8]报道碘缺乏病区供碘13年后,儿童平均智商水平明显提高,骨龄延迟率明显下降,轻病区补碘疗效优于重病区。该站等[9]还调查了严重缺碘地方7~14岁664名儿童服碘盐13年后的IDD情况,发现病区由于补碘浓度不足和浓度不稳定及非碘盐冲击,使亚临床克汀病持续发生,重病区高于轻病区。山东地方病所[10]给缺碘病区受检者一次性口服碘油400mg,服药12、18和24个月后,甲状腺肿患病率降低,而甲状腺过氧化物酶抗体(TPOAb)和甲状腺球蛋白抗体(TGAb)阳性检出率增高,尤其是合并甲状腺肿的成年女性,但均无明显临床症状。

天津内分泌所等[11]报道地方性克汀病(地克病)病人尸检小脑、实验性缺碘及甲低大鼠小脑中神经微丝、髓鞘基本蛋白、突触蛋白和胶质原纤维酸性蛋白的分布数量及反应强度均比非地克病人小脑和大鼠小脑对照组明显减少和减弱,三组结果相似。该院等[12]*还发现克汀病和地方性甲状腺肿(地甲肿)患者红细胞超氧化物歧化酶(SOD)、全血谷胱甘肽过氧化物酶(GPx)活性明显下降,但红细胞脂质过氧化物(LPO)含量显著增高。辽宁地方病所等[13]发现地克病患者红细胞硒含量、红细胞SOD和GPx活性低于病区健康人,LPO水平则增高。吉林地方病二所等[14]报道地克病人上橄榄核、内侧膝状体及颞横回中的部分神经元变性坏死,可见卫星现象,且神经元胞体的体积密度和数密度均比正常人明显减少。山东地方病所[15]研究表明克汀病患者发碘含量明显低于正常人,认为发碘稳定,采样方便,比尿碘更能反映人体内的碘含量。天津医大等[16]发现新疆阿克苏地区地克病人存在明显甲低,且重度甲低病人存在甲状腺萎缩,典型粘液型地克病人血促甲状腺激素(TSH)显著增高(重度甲低)。

(二) 甲状腺功能亢进症

福建医学院一院[17]发现Graves病(GD)患者HLA-DR_1抗原频率明显增加。解放军303医院[18]则发现长江以南的汉族人HLA-DQA1-0401的频率明显降低。大庆市一院等[19]调查10万15~79岁的人群,发现GD总患病率为3.0‰,男女比为1∶4,主要致病危险因素有病毒感染、精神刺激、含碘食盐、含碘食物、含碘药物、家族史等。昆明延安医院[20]报道两个家系5例GD患者,有母子、父子及父女关系的遗传形式,认为GD可能属多基因遗传。江苏淮阴市三院[21]报道一家二代5例GD合并周期性麻痹,4男1女发病,支持上述观点。

上海瑞金医院等[22]*观察见甲亢期GD患者血清白介素-2受体(IL-2R)水平增高,外周血中有大量表达IL 2R α链的活化细胞,病情好转后,上述指标趋于正常。安徽医大附院[23]也有类似报道,即初诊时GD患者血IL-2R水平增高,治疗后下降至正常,且观察到甲减时血IL-2R水平显著低于正常组。南京医大一院[24]发现GD未治组、GD缓解组和桥本氏甲状腺炎患者血清肿瘤坏死因子浓度明显高于正常对照,但GD缓解组水平比另两组要低。中国医大一院等[25]认为α-干扰素对体外的T淋巴细胞呈普遍的抑制作用,此作用在抑制性T细胞(CD8/CD11b)亚群尤为显著,这种作用同样表现在自身免疫性甲状腺疾病(AITD)患者和正常对照组,CD8/CD11b功能低下可能是α-干扰素诱发AITD的机制。福清市医院等[26]研究表明,41例GD患者血清IgE、IgG、IgM、IgA水平均高于正常人,而且突眼患者血清IgE明显高于无突眼者。北京医大一院[27]*证实GD患者甲状腺组织的TSH受体mRNA表达高于甲状腺炎及正常甲状腺组织,而且其表达与HLA Ⅰ类、Ⅱ类抗原mRNA表达及淋巴细胞浸润程度间存在负相关。

中国医大一院[28]分析120例老年甲亢,82例行放射性^{131}I治疗;误诊冠心病48例,心肌炎7例,原发性高血压10例,低血钾麻痹4例,结肠炎4例,总误诊率达60.8%。该院[29]还认为促甲状腺激素释放激素(TRH)兴奋试验对诊断老年性甲亢有重要价值,TRH兴奋试验无反应型占89.1%。浙江丽水地区医院等[30]报道2例甲亢以呕吐为突出表现,甲亢控制后,恶心呕吐消失。南通医学院二院[31]分析50例高T_4血症,其中T_4甲亢7例,多伴有心血管症状;余43例为假性T_4甲亢,为全身疾病引起的一过性T_4增高。广东广宁县医院[32]报道1例25岁男性Pendred综合征合并甲亢,曾误诊为神经性耳聋,应引起临床各科注意。武汉同济医院[33]分析20例GD伴重症肌无力(MG),17例先有GD,2例二者同时出现,1例MG症状在前。经检查5例证实为胸腺疾病,其中4例术后证实为胸腺瘤,早查乙酰胆碱受体抗体有助GD伴MG的诊断。杭州市四院[34]分析16例甲亢伴隐灶性甲状腺瘤,仅1例术前考虑为腺癌,术后病理证实75%为乳头状腺癌,因瘤体小而漏诊。

南京医大一院[35]用冻存的甲亢病人甲状腺培养细胞检测血清甲状腺刺激性抗体(TSAb),与非冻存细胞比较,阳性符合率为100%。认为冻存细胞检测TSAb具有较高的敏感性、特异性,可同批测定,减少实验的批间误差。上海瑞金医院[36]用兔抗人TSHAb检测GD病人TSH抗独特型抗体(TSHAb2),TSH受体抗体阳性组和阴性组TSHAb2阳性率分别为52%和4%,差异显著,TSH受体抗体(TRAb)和TSHAb2呈正相关。天津内分泌所[37]检测抗TSH抗体(TSHAb1),也发现GD初发组和治疗组高于正常对照,两者都支持AITD发病机制中的新学说:独特型-抗独特型免疫网络学说。

长沙湘雅医院[38]发现GD病人血清铁蛋白(SF)明显增高,甲状腺功能正常后SF恢复正常。西安医大一院等[39]研究表明甲亢病人抗甲状腺药物治疗前血骨钙素(BGP)明显升高,治疗半年后基本恢复正常,而甲减病人则明显减低。北京中日友好医院[40]发现甲亢患者血脂降低,但随着T_3、T_4降低,血脂亦有部分恢复,认为血脂异常在甲亢控制后是可逆转的。南京市儿童医院[41]测得11例甲亢患儿24小时尿蛋白定量、血及尿β_2-微球蛋白均升高,但内生肌酐清除率(Ccr)降低,说明患者伴有不同程度的肾功能改变,应引起重视。

福建三明市二院[42]测定165例甲亢患者在服用他巴唑期间的吸^{131}I率,认为他巴唑并不影响吸^{131}I率的测定。海南省医院[43]建议可直接将初治阶段每天他巴唑30mg用量延长至1年半左右,再短期内减量停药。随访107例患者最短1.5年,用此方法治疗者,复发率仅11.7%,而副作用发生率未见升高。广东珠海机场医疗中心[44]用巯甲丙脯酸治疗42例GD患者,治疗后5~10周,心率、血清T_3、T_4水平均恢复正常,但未与他巴唑作对照,作用机制也不清。解放军95医院[45]应用巯甲丙脯酸(75mg/d)与小剂量他巴唑(15mg/d)联合治疗92例GD,临床症状迅速缓解,疗效较单用他巴唑为佳,血T_3、T_4下降速度快,提示二者在治疗甲亢中起协同作用。广州铁路医院[46]对甲状腺明显肿大的GD病人加用强的松10~15mg,隔天一次,治疗后甲状腺明显缩小,TGAb和甲状腺微粒体抗体(TMAb)也降低。武汉市四院[47]报道他巴唑治疗GD(累计剂量1.9g)出现肾病综合征1例,肾穿证实为膜性肾病I期,停用他巴唑后病情好转。马钢公司医院[48]报道1例甲亢患者,间断服甲基硫氧嘧啶,19年后发生急性单核细胞白血病,原因不明。海军421医院[49]报道2例甲亢患者服抗甲状腺药物(丙基硫氧嘧啶和他巴唑)后1个半月至4个月出现肝功能损害,迅速加重,最后死于肝昏迷。苏州医学院一院[50]观察40例甲亢伴肾功能损害病人,发现随甲亢治疗的延续,肾功能可逐步恢复,而且加用激素组(强的松30mg/d,共2个月)恢复更佳,建议激素应至少用2个月以上。华西医大一院[51]*发现未治甲亢患者白细胞糖皮质激素受体(GCR)显著降低,抗甲亢治疗后恢复正常,联用地塞米松白细胞GCR、血皮质醇、促肾上腺皮质激素(ACTH)均降低。提示甲亢患者使用糖皮质激素治疗时应注意调整剂量,以免在应激时发生肾上腺皮质功能不全。

福建三明市二院[52]用小剂量^{131}I治疗118例甲亢时辅以他巴唑治疗4个月。随访5~10年,治愈率与^{131}I常量组相似,但甲减发生率明显降低,而且复发率比单纯药物组低。云南省医院[53]分析70例GD接受^{131}I治疗后发生甲减的病人,认为甲状腺越小,甲减的发生率越高且容易成为永久性甲减,而近期永久性甲减的发生率女性明显高于男性。上海新华医院[54]发现^{131}I治疗后发生甲减的病人血降钙素(CT)分泌降低,而补充甲状腺素仅能纠正甲减状态,提示"C"细胞合成分泌CT的功能必须依赖于正常甲状腺组织。青岛医学院附院[55]随访86例^{131}I治疗的甲亢病人,血清TGAb、TMAb阳性组甲减的发生率远远高于阴性组,且多数发生在治疗后1年内,认为这种病人采用同位素治疗应慎重。解放军总院[56]报道Albright综合征合并甲亢及直背综合征1例,合并甲状腺多发性冷结节,抗甲状腺药物疗效不佳,宜选择手术或同位素治疗。

南京医大一院[57]报道Grawes眼病(GO)组眼

肌抗体尤其是抗64kD抗体61%阳性，提示体液免疫在GO的发病中也起重要作用。浙江医大一院[58]发现GO患者眼上静脉最大血流速度较对照组显著下降，且下降程度与突眼程度呈负相关。上海长海医院[59]测定41例GO患者血清β_2-微球蛋白水平，未缓解组含量明显高于缓解组和正常对照组，认为该值可作为观察GO患者疗效和预后的指标。

华西医大一院[60]用DMPA(地塞米松、甲氨蝶呤、强的松和硫唑嘌呤)方案治疗GO 35例，除2例无效外，其余33例均获得了不同程度的改善，未见明显副作用。广州南方医院等[61]用直线加速器治疗长期内科治疗无效或因严重不良反应停用皮质激素治疗的GO 30例，除复视恢复较慢外，其他眼部症状明显好转。

(三) 甲状腺功能减退症

山东德州中医院[62]分析18例甲状腺功能减退症(甲减)性心脏病，误诊为冠心病6例，非特异性心包积液5例，肾病综合征2例，贫血性心脏病2例及肝硬化3例。甲减患者心输出量减少，代谢过程也降低，很少发生心绞痛。但华西医大一院[63]报道2例甲减以心绞痛为突出症状，误诊时间达1～10年之久，应引起重视。汕头大学医学院一院[64]复习36例先天性甲减，误诊为新生儿病理性黄疸10例、先天愚型12例、营养不良性贫血并佝偻病7例、巨结肠症3例、慢性肝炎和粘多糖病各2例，误诊时间最长达8年。广州市妇婴医院[65]分析3例先天性甲减患儿，提出对有骨成熟障碍体征、生理性黄疸持久不退及皮肤干粗、舌大常伸出口外等表现者，应进一步检查骨龄和T_4、TSH，排除先天性甲减。

有报道原发性甲减伴胃粘膜皱襞粗大1例，同时合并有胸、腹水及心包积液，经甲状腺素替代治疗后，原粗大水肿的皱裂消失，应与menetrier病相鉴别[66]；甲减伴粘液性水肿性苔癣1例，经替代治疗后皮肤病变明显改善[67]；11岁女童甲减合并神经性厌食症1例，并出现顽固的窦性心动过缓，经替代治疗后好转[68]；因服用胺碘酮(0.2g/d，5个月)出现甲减1例，停药后未治疗症状逐步改善[69]；武汉同济医院[70]用多普勒超声检查16例甲减患者的甲状腺，见体积明显缩小，回声减低，血流信号减少。

(四) 甲状腺炎

北京医大一院等[71]*发现桥本甲状腺炎(HT)伴甲减患者末梢血淋巴细胞T_3核受体基因c-erbAα和c-erbAβ的mRNA表达增强，而GD患者无明显变化。天津医大[72]研究表明HT和亚急性甲状腺炎(SAT)的甲状腺间质中浸润的Ig阳性细胞及Ig重链、轻链各亚型细胞和T细胞的数量、比例相近，提示免疫反应在两病的发病中存在某些共同点。河南医大一院[73]*发现正常人甲状腺上皮细胞HLA-DR抗原不表达，而HT和GD患者均可见表达，尤以HT组多见，主要分布在淋巴细胞浸润区，表达程度与血清TGAb、甲状腺过氧化物酶抗体值呈正相关。

广州市二院[74]分析49例经术后病理证实为HT病人，术前仅4例怀疑为HT，误诊率高，应重视甲状腺自身抗体的检测。浙江医大二院[75]复习行外科手术治疗的95例HT，同时并存甲状腺癌(TC)6例，均为女性，术前5例并发癌被漏诊或误诊，术后随访1～17年，无癌复发或转移。

福建省立医院等[76]研究发现桥本氏甲状腺肿的甲状腺滤泡细胞处于增殖活跃状态(增殖细胞核抗原染色阳性)，而嗜酸性细胞有可能发生癌变，5CER(5C exceeding rate)＞10%可作为良恶性肿瘤的鉴别诊断标准。云南省医院[77]对108例经细针抽吸细胞学检查确诊的HT患者行^{99m}Tc扫描，87%甲状腺血流增多，89.8%静态显像放射性分布不均匀，16.8%有冷结节。故甲状腺血流增多、^{99m}Tc在腺体内分布不均匀(或有冷结节)高度提示HT。

上海医大儿科医院[78]分析77例儿童HT，存在不同的甲状腺功能(甲功)状态(可正常、代偿性甲减或甲减)。90%无需治疗，甲功可恢复正常，大部分预后良好。只有HT伴甲减或代偿性甲减时需接受2年左右替代治疗，若甲功恢复正常可停药。昆明医学院一院[79]对20例HT病人采用小剂量醋酸泼尼松局部注射治疗，全部病例甲状腺显著缩小，血清甲状腺球蛋白(TG)、甲状腺微粒体(TM)显著下降，无副作用。

华西医大一院[80]分析32例亚急性甲状腺炎(亚甲炎)，误诊为甲状腺瘤13例，TC 2例，GD、颈淋巴结炎、肺结核合并颈淋巴结结核各1例，误诊率达56.3%。福建省级机关医院[81]报道10例亚甲炎因误诊行手术治疗，随访7例，3例发生甲减，需长期服用甲状腺片。

有报道甲状腺结核1例，首次术前误诊为急性化脓性甲状腺炎，未彻底清除病灶。2年后再发，经再次手术清除病灶治愈，病理报道为甲状腺结核[82]。

(五) 甲状腺结节

本年度有较多应用彩超、B超或^{99m}Tc扫描诊断甲状腺结节的报道。一般认为B超对囊肿的诊断较好，核素显像对高功能腺瘤的判断很有价值，甲状腺结节^{99m}Tc-甲氧基异丁基异腈(MIBI)显像阳性者多为恶性肿瘤[83～86]。解放军175医院[87]对126例由甲亢与单纯性甲状腺肿引起的弥漫性甲状腺肿大做彩超检查，见甲亢甲状腺组织血流明显增加，而单纯性甲肿血流信号正常。北京协和医院[88]报道^{99m}Tc-MIBI能使功能受抑制的正常甲状腺组织显影，有助于鉴别甲状腺结节的自主功能性，方法简便，无任何副作用。中国石油天然气总公司医院等[89]分析417例甲状腺结节，单发结节以甲状腺肿、甲状腺囊性变多见，TC占14.8%；多发结节基本以结节性甲状腺肿多见，合并TC占9.2%，而多发性甲状腺瘤罕见。齐齐哈尔市二院等[90]报道1例右上颌骨异位甲状腺伴结节性甲状腺肿，实属罕见。随访3年，原位甲状腺未见异常。

安徽医大附院[91]治疗10例单发性甲状腺囊性结节，4例囊壁厚度＜2cm者均获治愈（结节消失或＜1cm）；囊壁厚度≥2cm的6例中4例好转（结节缩小50%），2例无效。福建医学院二院[92]报道15例甲状腺良性结节行经皮无水酒精注射治疗（PEIT），平均注射酒精量为治疗前体积的1.2倍，分2～4次进行，完全消失14例，1例明显缩小（＜1/5治疗前结节体积），无副作用。太原市卫校等[93]采用囊内针吸冲洗法（庆大霉素和强的松龙混合液冲洗囊腔）治疗良性甲状腺囊肿29例，全部治愈，随访1～4年无复发。解放军总院[94]复习20例胸内甲状腺肿，多发生在40岁以上女性病人，绝大多数是由颈部甲状腺肿大延伸而来，15例有压迫症状致呼吸困难和喘鸣。手术切除为首选治疗方法，术后10例病理证实为滤泡状腺瘤，9例为结节性甲状腺肿，1例为正常甲状腺组织。

（六）甲状腺癌

沈阳医学院附院[95]测得33例甲状腺癌p185和p21的阳性率分别为60.06%和100%，表达同时阳性者占60.6%；32例良性甲状腺病变的阳性率各为25%和56.3%，良恶性差异非常显著。南通医学院附院[96]应用p53蛋白单克隆抗体，检测42例甲状腺瘤和36例甲状腺癌，阳性率各为11.9%和52.8%，阳性产物多位于癌细胞核，在临床中、晚期甲状腺癌中表达显著增加。中国医大等[97]*用免疫组化法分析表皮生长因子受体（EGF-R）在38例甲状腺瘤和癌中的免疫定位，见免疫反应物大部分分布在甲状腺瘤细胞或癌细胞的细胞膜上，部分在细胞质内；EGF-R阳性染色在癌组织中较强，在腺瘤中较弱，说明EGF-R在甲状腺癌中有高水平表达。

上海医大肿瘤医院[98]分析24例侵犯前上纵隔的晚期甲状腺癌，5～10年生存率分别为64.7%和46.7%，生存5年以上者均为乳头状腺癌患者。湖北肿瘤医院等[99]分析30例甲状腺髓样癌，均表现为颈部肿块，部分患者可出现类癌综合征或顽固性腹泻，首选手术治疗，不主张行同位素治疗。有报道原发性甲状腺腺鳞癌1例，预后较单纯甲状腺腺癌或甲状腺鳞癌为差[100]。其他有一家系三代10人患甲状腺腺瘤，男女发病比例接近，推测可能系常染色体显性遗传[101]；以口渴、多饮、多尿为主要表现的良、恶性甲状腺肿瘤各1例，术后这些症状均消失[102]；2例儿童甲状腺癌，以细针穿刺细胞学检查辅以B超可提高早期诊断率[103]。北京医院[104]分析92例甲状腺癌和104例甲状腺良性病变，认为出现声嘶、呛咳等神经受侵症状，颈部淋巴结肿大，抗菌及抗结核治疗无明显缩小，结节质地硬，边界不清，表面不光滑，分叶状，活动度差，冷结节等对甲状腺癌有筛选意义。在这组病例中，甲状腺癌组85例均有至少以上一种表现（占92.39%），而在良性病变组中仅12.5%具有以上一种表现。

山东德州肿瘤医院[105]认为相关嗜银蛋白（AgNOR）计数与细胞的异型性及分化程度有关，对甲状腺癌的诊断有一定价值，但不能单独作为诊断依据。广州珠江医院[106]认为AgNOR图像定量分析对甲状腺良恶性病变的鉴别诊断有重要价值，每个细胞核的AgNOR颗粒面积与肿瘤细胞核面积比值是反映肿瘤细胞增殖程度较敏感的指标。内蒙古医学院等[107]研究发现甲状腺良恶性结节、有无转移、良性结节和正常甲状腺之间AgNOR计数均有明显差异，AgNOR从正常甲状腺→良性结节→癌逐渐依次增高，认为该计数对良恶性鉴别、监测病情及判定预后均有意义。哈尔滨医大三院[108]分析22例甲状腺肿瘤的CT影像特征，认为CT扫描对甲状腺肿瘤的早期发现与定位诊断具有重要价值，良、恶性肿瘤各有其不同的影像特征，2mm薄层CT扫描或增强扫描更有价值。广西医大肿瘤医院[109]总结30例各种甲状腺病变的CT表现，恶性组的定性诊断符合率达83.3%，良性组为75.0%，认为CT对良恶性定性诊断具有很高价值。辽宁肿瘤医院[110]复习184例超声图像，认为甲状腺癌具有弱回声型、形态不规则、边缘模糊、钙化征象等共性，尤以前三项为主要，但不能反映病理类型。

山西肿瘤医院等[111]观察62例甲状腺肿瘤间质中的肥大细胞，其数量比正常甲状腺明显增多，而且电镜下常有脱颗粒现象，但良、恶性肿瘤间无差别。上海甘泉医院等[112]测定54例分化性甲状腺癌病人血清甲状腺球蛋白（TG）水平，认为TG增高常见于分化性甲状腺癌，其升高程度与肿瘤大小及有否远处转移有关；术后监测TG，具有提示肿瘤复发或转移的价值。哈尔滨医大三院等[113]测得3例女性甲状腺乳头状癌术后转移患者的外周血淋巴细胞染色体数目和畸变率均明显增高，与肺癌结果一致。白求恩医大三院[114]分析150例甲状腺乳头状癌扩大切除术标本，其中55例共存有其他甲状腺疾病。认为结节性甲状腺肿可发展为乳头状癌，而腺瘤转变可能性小。

有报道女性甲状腺髓样癌引起库欣综合征1例[115]；高功能性甲状腺腺瘤用复方碘溶液作术前准备致甲亢病情加剧1例[116]；一甲状腺瘤患者术后23年出现左臀部肿块，病理证实为皮下转移性甲状腺滤泡性腺癌[117]；甲状腺海绵状血管瘤1例，颇似肿瘤，但质地较硬，预后较好[118]；卵巢甲状腺肿瘤8例[119~122]，该病预后良好，诊断必须具备卵巢甲状腺成分超过组织1/2（系肿瘤的主要成分），或肿瘤甲状腺成分虽未超过1/2，但伴明显甲亢症状。尚有报道卵巢甲状腺瘤致麦格综合征1例[123]；发生在甲状腺的神经鞘瘤（雪旺氏瘤）5例[124~126]（只能依靠病理检查确诊）；原发于甲状腺的恶性淋巴瘤6例[127~129]，患者均有颈前包块，伴或不伴有吞咽困难、声嘶及局部疼痛，主要依靠病理检查确诊。

山东五莲县医院[130]试用维生素E（100～200mg，每天3次，共16周）治疗甲状腺腺瘤69例，全程治疗组治愈（瘤体消失）率达96.6%，且年龄越大疗效越好。间歇用药者均出现严重反跳，瘤体迅速增大，突变。新疆医学院肿瘤医院[131]分析108例行放疗的甲状腺癌，认为放疗对术后残余癌和晚期癌的治疗价值较大，适宜的照射剂量一般在50～60Gy，再次放疗后遗症较大，应慎重。哈尔滨医大三院[132]认为^{131}I内照射对甲状腺癌术后转移病人可使其染色体结构及数目异常率明显增高，半年内畸变率未明显减少，说明内照射后染色体损伤修复较慢。中山医大一院等[133]随访26例因甲状腺乳头状癌行甲状腺次全或全切病人，发现降钙素（CT）均降低，并与骨密度降低的程度呈正相关。认为甲状腺癌术后病人应适当给予CT，并长期加服小剂量甲状腺片，对改善雌激素水平、防止骨质疏松非常重要。温州医学院一院等[134]分析甲状腺手术后发生甲状腺肿瘤18例，认为甲状腺术后须定期随访甲功情况，如发现TSH升高可适当应用甲状腺片，以阻断甲状腺术后残余腺体发生甲状腺肿瘤。解放军313医院[135]测10例甲状腺次全切除术病人，见术后血甲状旁腺激素明显高于术前，但血钙、磷变化不明显。

（七）甲状腺检查技术

南京铁道医学院[136]研制了超灵敏TSH免疫放射分析试剂盒，最小可测值为0.15mIU/L，特异性强，准确性高，初步应用于临床，结果满意。上海瑞金医院[137]建立人TSH ELISA检测，灵敏度为0.03mIU/L，重复性、准确性、线性相关均符合临床应用标准，但可能会受到血清内TSHAb2的干扰使测定值升高，有待解决。北京协和医院[138]报道HT甲减总T_4低于正常、TSH高于正常1例，因血清T_4自身抗体干扰致游离甲状腺素（FT_4）测定结果假性升高，值得注意。

上海瑞金医院[139]制备了人甲状腺过氧化物酶（TPO）单克隆抗体，对进一步研究AITD发病机制、建立高灵敏度TPO抗体固相放免测定法等有重要意义，目前国外已用抗TPO代替测定抗TM抗体。解放军97医院等[140]建立了抗TPO抗体酶免疫法，测定GD甲亢和HT病人血清阳性率分别为42.7%和77.7%，但未能证实是否存在假阴性。

（八）动物实验研究

山西医学院等[141]观察发现低碘甲低大鼠在脑发育临界期，甲状腺激素缺乏可使海马、大脑皮层、小脑胆碱能神经元的发育和成熟明显落后。而甲状腺激素水平增高对胆碱能神经元成熟的影响在各脑区有差异：大脑皮层增高，海马降低，小脑无明显变化[142]。他们[143]采用低碘大鼠模型，在仔鼠25日龄时给予丰富外环境强化训练，能改善上述脑区胆碱能神经元功能和突触结构，提示可采用环境疗法来治疗地克病。中国协和医大等[144]认为碘缺乏使小鼠小脑星形胶质细胞内纤维酸性蛋白明显减少，从而影响了小脑功能。天津医大[145]研究认为低碘甲低可在转录水平阻碍大鼠神经元特异性烯醇化酶（NSE）基因表达，影响脑发育。哈尔滨医大等[146]也发现甲低通过NSE影响小脑能量代谢，引起小脑发育障碍，这可以解释神经型地克病病人步态蹒跚、运动迟缓等临床表现。天津医大[147]研究表明随缺碘程度加深，大鼠脑组织抗氧化能力由代偿性升高变为低下，无法保护脑组织免受自由基损伤。

河南医大等[148]观察发现甲低小鼠耗氧率和脑β受体最大结合容量均显著低于正常动物，助阳药淫羊藿煎剂可使其恢复至正常水平。安徽医大[149]应用电镜观察甲低大鼠附睾上皮超微结构，见有明显的退行性变，提示附睾正常结构和功能的维持需要适当的甲状腺激素存在。

锂是否影响甲状腺摄碘功能见解不一。河南医科所等[150]观察发现小剂量锂（2～10mmol/L）就能明显抑制TSH刺激的体外培养甲状腺细胞（FRTL-5）摄取^{125}I，但对基础状态的FRIL-5细胞无影响。为了解乙醇注射对甲状腺功能的影响及其过程的演变，山西医学院一院等[151]以大鼠为观察对象，发现乙醇（每侧甲状腺10μl和5μl）注射后1天开始出现明显炎症反应，直接破坏甲状腺组织，炎症组织最终(注射后 30 天)被结缔组织取代；注射乙醇后 1 天出现一过性 T_3、T_4 增高，但未发生甲低。

北京医大一院[152]研究发现甲状腺激素对 T_3 受体 α 亚型 mRNA 表达的调节有一定的组织特异性，心脏和肾脏在甲亢大鼠表达降低，甲减大鼠则增高，而脑组织无明显变化。近年发现下丘脑-垂体-甲状腺轴分泌的激素对免疫系统有广泛影响。皖南医学院[153]研究见 TRH 能明显抑制小鼠 S180 腹水瘤移植物的生长，抑瘤率为 54.6%，并能明显提高荷瘤鼠 NK 细胞活性和 IL-2 产生能力。提示 TRH 可能是一种重要的抗肿瘤免疫调节因子。

(黄　勤　邹大进)

参考文献

[1] 史庭慧等. 临床脑电学 1996;5(1):20
[2] 王　群等. 中华神经 1996;29(2):85
[3] 唐艳萍等. 中国地方病 1996;15(4):229
[4] 钟　文等. 中国地方病 1996;15(3):139
[5] 刘守军等. 中国地方病防治 1996;11(4):199
[6] 王健辉等. 地方病通报 1996;11(3):80
[7] 刘玉娥等. 中国地方病 1996;15(4):236
[8] 左世明等. 中国地方病 1996;15(4):231
[9] 朱臣凯等. 中国地方病 1996;15(3):135
[10] 郭晓尉等. 中华预防医学 1996;30(3):183
[11] 阎玉芹等. 中国地方病防治 1996;11(2):68
[12]* 陈祖培等. 中国地方病 1996;15(5):276
[13] 白国卿等. 中国公共卫生 1995;11(11):488
[14] 王　洁等. 中国地方病防治 1996;11(4):201
[15] 姜瑞君. 地方病通报 1995;10(4):48
[16] 阎玉芹等. 中国地方病防治 1996;11(5):266
[17] 杨立勇等. 福建医学院学报 1996;30(1):39
[18] 黎南中等. 中华医学 1996;76(1):55
[19] 李昌祁等. 中华医学 1996;76(6):443
[20] 唐　哲等. 云南医药 1996;17(4):312
[21] 周永君. 新医学 1996;27(6):311
[22]* 刘建民等. 中华内分泌 1996;12(1):20
[23] 左祥生等. 中国实验临床免疫 1996;8(4):23
[24] 刘　超等. 江苏医药 1996;22(9):595
[25] 腾卫平等. 中华内科 1996;35(5):299
[26] 林　星等. 福建医学院学报 1996;30(1):73
[27]* 杨大木等. 中华医学 1996;76(10):753
[28] 刘　浩等. 中国医大学报 196;25(3):291
[29] 岳式君等. 中国医大学报 1996;25(4):414
[30] 韦铁民等. 浙江医学 1996;18(1):58
[31] 范文璇. 南通医学院学报 1995;15(4):585
[32] 梁如庆等. 新医学 1996;27(2):封三
[33] 张木勋等. 同济医大学报 1996;25(1):77
[34] 王永华. 中华内分泌 1995;11(4):210
[35] 刘　超等. 中国实用内科 1995;15(12):720
[36] 罗　敏等. 上海二医大学报 1996;16(1):14
[37] 陈秉锐等. 天津医药 1996;24(1):41
[38] 卢桂静等. 新医学 1996;27(8):416
[39] 姚孝礼等. 陕西医学 1996;25(6):365
[40] 李兆寰等. 中华内分泌 1995;11(4):247
[41] 石　星等. 江苏医药 1996;22(3):186
[42] 赖长雄. 福建医药 1996;18(4):56
[43] 陈　健. 海南医学 1996;(3):159
[44] 郦浙驰. 广州医药 1995;26(6):45
[45] 黄昭穗等. 中国实用内科 1995;15(10):615
[46] 周昭远. 广东医学 1996;17(7):487
[47] 郑德灏等. 中华内科 1996;35(4):264
[48] 郑　敏. 临床血液 1995;8(4):183
[49] 姜青锋. 中国实用内科 1995;15(12):729
[50] 蔡鑫元等. 新医学 1996;27(6):291
[51] 高勇义等. 华西医大学报 1996;27(1):75
[52] 赖长雄. 福建医药 1996;18(3):89
[53] 杨吉生等. 云南医药 1996;17(2):90
[54] 黄春福等. 上海二医大学报 1996;16(4):243
[55] 左书耀等. 中华核医学 1995;15(4):244
[56] 刘静芹等. 中华内科 1996;35(6):429
[57] 杨金奎等. 南京医大学报 1996;16(4):319
[58] 楼定华等. 中国超声 1996;12(7):37
[59] 龙建新等. 二军医大学报 1996;17(3):294
[60] 魏松全等. 华西医学 1995;10(4):398
[61] 徐爱华等. 中华内分泌 1995;11(4):243
[62] 汤一鹏等. 新医学 1996;27(2):89
[63] 冯雪华. 华西医学 1995;10(4):428
[64] 吴少之等. 临床儿科 1996;14(1):65
[65] 孙文英. 新医学 1996;27(1):28
[66] 朱　云等. 中华消化 1996;16(1):2
[67] 赵晓娟等. 中华内分泌 1996;12(2):77
[68] 洪凤阳等. 哈医大学报 1996;30(1):46
[69] 李　澍. 中国实用内科 1995;15(12):741
[70] 乐桂蓉等. 中华超声影像 1996;5(5):218
[71]* 刘玉珍等. 中华内科 1996;35(6):389
[72] 江昌新等. 中华内分泌 1996;12(3):147
[73]* 张会娟等. 中华内科 1996;35(5):303
[74] 李　穗等. 广东医学 1995;16(10):674
[75] 徐少明等. 中华外科 1996;34(7):424
[76] 陈　刚等. 福建医学院学报 1996;30(3):232
[77] 宋邦坤等. 中华核医学 1995;15(4):220
[78] 曾纪骅等. 中华儿科 1996;34(1):5
[79] 唐丽丽等. 云南医药 1996;17(1):67
[80] 何明海等. 华西医学 1995;10(4):413

[81] 廖张刚. 福建医药 1996;18(3):110
[82] 王树良. 河北医大学报 1996;17(2):114
[83] 浦　铨等. 江苏医药 1996;22(9):640
[84] 马孝银等. 中国超声 1996;12(1):65
[85] 高　硕等. 中华内科 1996;35(5):331
[86] 金　涛等. 苏州医学院学报 1995;15(4):796
[87] 郑玉凤等. 中国超声 1996;12(8):54
[88] 李　方等. 中华核医学 1996;16(1):31
[89] 王建利等. 哈医大学报 1996;30(2):188
[90] 马凌梅等. 中华病理 1996;25(2):125
[91] 朱化刚等. 安徽医大学报 1995;30(4):282
[92] 吕国荣等. 中华超声影像 1995;4(6):245
[93] 张雪爱等. 山西医学院学报 1996;27(1):62
[94] 梁朝阳等. 中华胸心外科 1996;12(2):74
[95] 王翠芳等. 中国肿瘤临床 1996;23(7):512
[96] 朱健伟等. 交通医学 1996;10(2):4
[97] 崔透娟等. 中华内分泌 1996;12(3):154
[98] 吴　毅等. 中华外科 1996;34(4):238
[99] 何家林等. 肿瘤研究与临床 1996;8(2):118
[100] 桂开林等. 解放军医学 1995;20(6):476
[101] 张爱华等. 中华医学遗传 1995;12(6):380
[102] 乔广贤等. 吉林医学 1996;17(3):190
[103] 国桂松等. 肿瘤研究与临床 1996;8(1):43
[104] 苏　伟等. 中国实用外科 1996;16(3):148
[105] 穆殿斌等. 肿瘤研究与临床 1996;8(2):82
[106] 余　力等. 癌症 1996;15(2):144
[107] 王越先等. 肿瘤研究与临床 1996;8(3):154
[108] 俞洒苓. 实用肿瘤学 1996;10(1):61
[109] 苏丹柯等. 中华放射 1996;30(9):620
[110] 梁　凯等. 中国实用外科 1996;16(9):555
[111] 李　光等. 中华耳鼻咽喉 1996;31(2):110
[112] 吴社华等. 中国实用外科 1996;16(1):41
[113] 许绵文等. 实用肿瘤学 1996;10(3):28
[114] 崔俊生等. 白求恩医大学报 1996;22(3):279
[115] 巩本刚. 中华内分泌 1996;12(2):73
[116] 施秉银等. 陕西医学 1995;24(10):封三
[117] 史忠民等. 天津医药 1996;24(9):538
[118] 孔广忠等. 中华肿瘤 1995;17(6):466
[119] 纪彦林等. 中华放射 1996;30(8):535
[120] 邓维成等. 湖南医学 1996;13(2):128
[121] 李芝芳等. 中国肿瘤临床 1996;23(7):522
[122] 曹引丽等. 陕西医学 1996;25(5):315
[123] 杨茂梧等. 中国肿瘤临床 1996;23(7):526
[124] 王天昌等. 中国肿瘤临床 1996;23(4):235
[125] 周湘兰等. 中华内分泌 1996;12(3):149
[126] 赵经郊等. 中华外科 1996;34(8):487
[127] 严永卿等. 苏州医学院学报 1996;16(2):363
[128] 徐　洁等. 上海医学 1996;19(5):304
[129] 谭诗生. 贵州医药 1996;20(3):144
[130] 董良全等. 山东医药 1996;36(1):19
[131] 张瑾熔等. 新疆医学 1996;26(2):87
[132] 许绵文等. 哈医大学报 1996;30(5):472
[133] 王艳林等. 中华肿瘤 1996;18(4):308
[134] 王怡淳等. 中国肿瘤临床与康复 1996;3(1):63
[135] 毕　亚等. 中华内分泌 1995;11(4):242
[136] 吴复平. 铁道医学 1996;24(2):70
[137] 罗　敏等. 上海免疫 1996;16(3):149
[138] 戴为信等. 中华内分泌 1996;12(1):43
[139] 陈春荣等. 中华内分泌 1996;12(2):100
[140] 徐荣佳等. 上海医学检验 1996;11(2):68
[141] 李昭瑛等. 中国地方病 19996;15(1):1
[142] 李昭瑛等. 中华内分泌 1996;12(3):165
[143] 李昭瑛等. 中国地方病防治 1996;11(?):80
[144] 刘家慧等. 中国地方病 1996;15(2):82
[145] 宋建良等. 中国地方病 1996;15(3):129
[146] 刘家慧等. 中国地方病防治 1996;11(5):269
[147] 项建梅等. 地方病通报 1996;11(3):19
[148] 赵胜利等. 河南医大学报 1996;31(2):45
[149] 范　强等. 安徽医大学报 1995;30(4):260
[150] 邵建华等. 中华核医学 1995;15(4):242
[151] 李昭瑛等. 山西医药 1995;24(6):365
[152] 刘玉珍等. 中华内分泌 1996;12(2):107
[153] 曲卫敏等. 上海免疫 1996;16(3):152

三、肾上腺疾病

(一) 皮质醇增多症

广西医大一院[1]报道妊娠合并柯兴综合征 2 例,均由肾上腺腺瘤引起,且合并妊高征。河南医大附院[2]报道带蒂肾上腺背部皮下移位术治疗柯兴病疗效满意。上海瑞金医院[3]报道右侧肾上腺带血管自体移植治疗柯兴病 2 例也取得较好疗效。北京协和医院[4]对 19 例异位促肾上腺皮质激素(ACTH)综合征患者的 CT 扫描、X 线平片、B 超、经股静脉插管分段取血测 ACTH 水平进行回顾性分析,结果诊断为支气管类癌 10 例,胸腺类癌 8 例,鼻腔肿瘤 1 例;95%异位 ACTH 瘤发生在胸部;分泌 ACTH 的支气管类癌比较小,放射诊断困难。合肥市一院[5]报道 1 例胃癌合并 ACTH 综合征。中国医大一院等[6]分析肾上腺皮质腺癌 17 例,有内分泌紊乱者 7 例,无内分泌紊乱者 10 例。福州协和医院[7]报道小儿肾上腺皮质腺癌 7 例。其中功能性 6 例,非功能性 1 例,性征异常 1 例,其余表现为糖皮质激素和性激素混合性分泌紊乱综合征。天津医大总院[8]报道 8 例病理证实的原发性肾上腺皮质癌的 CT 表现。通常显示为肾上腺区大肿块,其中 7 例平均瘤径大于

10cm，内有不规则低密度区，增强检查呈不均一强化。

（二）肾上腺皮质功能减退症

上海妇产医院[9]报道6例阿狄森病合并妊娠。5例患者孕期、产时、产后经过激素替代治疗，结局良好；1例未用激素治疗者产后因阿狄森危象死亡。华西医大一院[10]分析阿狄森病伴肾上腺肿大13例，均为结核所致，CT特征为肾上腺肿大或伴钙化。云南玉溪地区医院[11]报道肾上腺结核超声声像图表现根据病理时期而不同。坏死液化期为类圆形混浊液性包块；增生肉芽肿期为长椭圆形或带状低回声、实质不均肿块，并见强回声钙化点等。

（三）原发性醛固酮增多症

中山医大一院[12]报道原发性醛固酮增多症(PA)82例。其中醛固酮瘤70例，左侧及右侧分别为47例及23例，腺瘤0.4cm×0.4cm～3cm×5cm；特发性醛固酮增多症7例，其中结节样增生2例；腺瘤并球状带增生5例。昆明医学院二院[13]认为肾上腺静脉采血诊断PA为一精确的诊断及定位方法。上海瑞金医院[14]报道手术治疗的醛固酮瘤(APA)332例，其中13例为多发性肿瘤。多发性APA定性诊断与单发APA无区别；B超、CT及γ照像很难发现单侧肾上腺多发性APA，只有手术中全面探查肾上腺才能防止多发性APA漏诊，彻底切除多发性APA，其预后与单发APA一样良好。有报道一12岁女孩患左肾上腺醛固酮腺瘤[15]。

（四）先天性肾上腺皮质增生症

浙江医大儿童医院[16]报道新生儿先天性肾上腺皮质增生症(CAH)13例。患儿为出生后6小时～20天，主要表现厌食、呕吐、腹泻、脱水、抽搐、皮肤色素沉着、阴茎粗大、隐睾或阴蒂肥大。其中21-羟化酶缺陷失盐型12例，1例不能排除3β-羟脱氢酶缺陷型。上海儿科所[17]报道21-羟化酶缺乏的CAH患儿22例，用常规糖皮质激素治疗，其血浆肾素活性(PRA)、醛固酮(Aldo)、血17羟孕酮(17-OHP)、血睾酮(T)和尿17酮类固醇(17-KS)水平明显高于正常对照组。10例PRA或Aldo增高者经补充盐皮质激素6个月，其PRA、Aldo水平显著下降，17-OHP也明显下降。提示失盐型和非失盐型的CAH患儿体内均有不同程度的失盐，用小剂量糖皮质激素及稍大剂量的盐皮质激素联合用药可增强疗效。肾素系统检测是临床评估患儿体内钠平衡状态及调节盐皮质激素剂量的敏感的指标。

（五）肾上腺髓质疾病

上海瑞金医院[18]报道231例嗜铬细胞瘤(PHEO)，位于肾上腺173例，肾上腺外58例。恶性PHEO 28例，其中位于肾上腺7例，肾上腺外21例。7例表现为无症状的静止型PHEO。提出防治潜在儿茶酚胺性心肌病可减少手术死亡率；恶性PHEO的诊断要依靠长期随访。该院[19]还报道恶性PHEO 8例。病理报道瘤细胞有包膜浸润、淋巴管或血管瘤栓并不能确诊为恶性PHEO，只有病理证实肿瘤细胞播散到无副神经节的组织中才能确定其诊断。如能手术切除，恶性PHEO可获长期症状缓解；不能手术切除者可用α受体阻滞剂或^{131}I-MIBG（间位碘代苄胍）等方法治疗。上海市六院[20]应用^{131}I-MIBG对25例异位和（或）恶性PHEO定位诊断，检出率为100%；CT和B超的检出率各为45.5%和81.8%。CT检出率低主要由于小而分散的肿瘤在腹腔内不易与肠腔的断面相区分所致。^{131}I-MIBG诊断异位和（或）恶性PHEO及其转移灶，特别对腹腔内小而分散的肿瘤具有较高的灵敏性及特异性。福建省医院[21]报道双侧肾上腺PHEO 8例，同时发现及相继发生双侧肿瘤各4例。8例中5例为家族性。湖北医大一院[22]报道儿童PHEO 7例，7～15岁，男6例，女1例。天津医大总院[23]对48例PHEO及肾上腺髓质增生患者的心脏损害进行分析，结果表明有无心脏损害与年龄、病程、肿瘤部位和肿瘤大小无明显关联，但在24小时尿VMA含量和高血压发作类型上有明显差异。提示儿茶酚胺大量分泌易造成心肌损害；超声心动图是诊断该病较敏感的手段。西安西京医院[24]应用免疫组化方法测得16例肾上腺PHEO的瘤细胞胞浆中15例存在γ干扰素(INF-γ)样免疫反应阳性物；在26例PHEO瘤旁组织中仅2例在网状带细胞浆内有IFN-γ免疫反应阳性物。提示IFN-γ免疫反应物可能是一种与分化有关的抗原。苏州医学院二院[25]对23例儿茶酚胺症进行S-100蛋白标记，结果显示呈阳性反应的支持细胞在肾上腺髓质增生中的分布形式与PHEO不同，且检测S-100标记支持细胞对区别肿瘤分化程度有参考意义。武汉协和医院[26]报道弥漫性肾上腺髓质增生7例，结节样增生1例。苏州市二院[27]报道钙阻断剂与$α_1$受体阻滞剂联合使用对PHEO作术前准备效果较好。

（六）其他

昆明医学院二院[28]报道4例肾上腺皮髓质混合瘤，表现为皮质醇、儿茶酚胺增多症。青岛医学院附院[29]及中山医大一院[30]分别报道肾上腺囊肿9例及7例，包括内皮样囊肿、假性囊肿、上皮样囊肿及包虫囊肿等。有报道肾上腺成熟囊性畸胎瘤1例[31]。安徽医大一院[32]及空军总院[33]各报道28例及52例无功能肾上腺肿瘤。辽宁肿瘤医院[34]分析30例肾上腺转移癌B超资料，示低回声区、增强性回声区及混合回声区三种形式，形态基本规整，边界较清晰。其中有肺癌肾上腺转移者24例。

医科院等[35]证实体外培养的正常人肾上腺细胞除具有分泌醛固酮和皮质醇的功能外，还能分泌内皮素-1(ET-1)，并受血管紧张素Ⅱ调节，提示ET在肾上腺中可能起自分泌或旁分泌作用。西安西京医院等[36]报道ET-1免疫阳性物质存在于肾上腺皮质腺瘤（100%）、皮质腺癌（3/10）和瘤旁组织（100%）中，而不存在于髓质中。ET-1免疫阳性物质以环状和颗粒状存在于肾上腺皮质腺瘤、皮质增生组织和瘤旁细胞浆内和胞膜上，以粉尘状存在于肾上腺个别细胞胞浆内。免疫电镜下ET-1阳性物质存在于粗面内质网、线粒体、脂质体和细胞膜上。提示ET-1与肿瘤分化程度有关，其免疫组化染色可能具有鉴别肾上腺良恶性肿瘤的意义；ET-1阳性物质存在于粗面内质物，说明ET-1是由皮质细胞合成；存在于线粒体和脂质体，说明ET-1与皮质激素合成有关；存在于细胞膜上可能与ET-1受体有关。医科院等[37]用受体放射配体结合分析法测定人肾上腺及其肿瘤组织的内皮素-1受体(ET-R)，结果表明醛固酮瘤的ET-R数较正常肾上腺明显减少，Kd值相同；嗜铬细胞瘤的ET-R数较正常肾上腺、醛固酮瘤及特发性增生明显增多，受体亲和力稍有下降。四军医大[38]研究IFN-γ样物质在肾上腺皮质肿瘤中的表达，认为IFN-γ的存在与肾上腺皮质肿瘤的分化有关。分化越低，IFN-γ的阳性率越高，肾上腺皮质肿瘤内的毛细血管内皮细胞可能具有IFN-γ受体或能产生IFN-γ，同时在肿瘤组织内还发现一些树突状IFN-γ阳性细胞。重庆西南医院[39]应用细胞分光光度计测定肾上腺皮质细胞核DNA含量，结果表明正常和增生的肾上腺皮质DNA含量值相近，其倍体分布均为二倍体(2C)，肾上腺皮质癌DNA含量较腺瘤和增生显著升高，呈非整倍体和异倍体型。腺瘤中Ⅰ型DNA含量较低，呈2C分布；Ⅱ型DNA含量较高，呈非整倍体分布。北京医大一院[40]动物研究证明甘草次酸可促进大鼠肾上腺组织中3β-羟脱氢酶Δ5-4异构酶（3β-HSD mRNA）表达，增加脂类含量，促进肾上腺皮质激素的合成和分泌，从而拮抗外源性皮质激素所致的肾上腺皮质反馈抑制现象。

（顾明君　刘志民）

参 考 文 献

[1] 李慕军. 广西医学 1996;18(3):315
[2] 白悦心等. 中华泌外 1996;17(3):145
[3] 刘定益等. 中华外科 1996;34(2):110
[4] 张　涛等. 中华放射 1996;30(2):117
[5] 周培霞. 新消化病 1996;4(2):63
[6] 杨绍波等. 中国医大学报 1995;24(6):629
[7] 陈春元等. 中华小儿外科 1995;16(6):328
[8] 白人驹等. 天津医药 1996;24(1):23
[9] 夏燕萍等. 中华妇产 1996;31(4):226
[10] 罗崇文等. 华西医学 1995;10(4):406
[11] 胡幼琳等. 中国超声 1995;11(11):879
[12] 廖志红等. 新医学 1996;27(6):302
[13] 王剑松等. 云南医药 1995;16(5):353
[14] 刘定益等. 中华外科 1995;33(11):681
[15] 王树森等. 中华泌外 1996;17(4):212
[16] 傅君芬等. 浙江医大学报 1996;25(3):141
[17] 叶　军等. 中华内分泌 1996;12(2):67
[18] 吴瑜璇等. 上海医学 1996;19(4):230
[19] 刘定益等. 中国肿瘤临床 1996;23(10):730
[20] 马寄晓等. 中华核医学 1996;16(2):101
[21] 陈梓甫等. 中华泌外 1996;17(10):588
[22] 彭　翔等. 临床儿科 1996;14(1):51
[23] 高志红等. 中华内分泌 1996;12(1):6
[24] 李　青等. 中华内分泌 1996;12(2):90
[25] 李玲玲等. 苏州医学院学报 1996;16(4):629
[26] 庞自力等. 中华外科 1996;34(1):39
[27] 朱方立等. 江苏医药 1996;22(6):402
[28] 徐鸣毅等. 中华泌外 1996;17(5):276
[29] 刘　勇等. 中华泌外 1996;17(3):173
[30] 陈立中等. 中华泌外 1996;18(4):233
[31] 周昭贤等. 中华肿瘤 1996;18(3):176
[32] 方卫华等. 安徽医大学报 1996;31(5):433
[33] 王　东等. 实用放射 1995;11(12):720
[34] 梁　凯等. 实用肿瘤学 1996;10(2):58
[35] 浦泳冰等. 中国医科院学报 1996;18(1):5
[36] 李　青等. 中华医学 1996;76(2):128
[37] 汤旭磊等. 中华医学 1996;35(7):462
[38] 李　青等. 中华病理 1995;24(6):372
[39] 阎晓初等. 中华内分泌 1996;12(2):121
[40] 刘学辉等. 肾脏病与透析肾移植 1995;4(5):417

四、糖尿病

流行病学　武汉同济医院等[1]抽样调查湖北地区25岁以上的9 450名居民，非胰岛素依赖型糖尿病(NIDDM)与糖耐量减低(IGT)的患病率分别为2.62%和4.48%；城市NIDDM和IGT患病率高于农村，但与性别无关。南京医大等[2]普查锡山市张泾镇1994年常住人口23 596人，糖尿病(DM)、IGT患病率分别为4.11‰和2.33‰，高龄、热量摄入过多、运动不足是DM患病率增高的主要因素。湖南医大[3]抽样调查长沙市5 124人，DM和IGT标化患病率分别是3.06%和3.96%，年龄、体重、血压是DM患病的重要影响因素。同济医大等[4]对40岁以上显性DM的病例对照研究表明糖尿病家族史、父母肥胖、从事脑力劳动、体重超重、嗜油腻及甜食、病毒感染是DM的危险因素，体育锻炼是保护因素。北京中日友好医院[5]对638例非DM人群进行6年前瞻性观察，发现随着初访时空腹血糖(FBG)水平升高，6年后NIDDM发病率逐步增加，认为FBG是NIDDM发病的独立危险因素。天津医大[6]采用病例对照研究方法调查178例新发病的DM患者饮食情况，认为主食量多和嗜甜食是DM发病危险因素，多食蔬菜水果是DM保护因素。上海医大[7]运用俘获再俘获方法，回顾性调查了1989～1993年上海市儿童(0～14岁，1 401 446人)胰岛素依赖型糖尿病(IDDM)，平均每年粗发病率为0.83/10万，校正率为0.96/10万，其中9岁组发病率最高。白求恩医大[8]用同样的方法研究长春市1985～1994年儿童IDDM，平均年发病率为0.78/10万，以14岁组发病率最高。哈尔滨市儿童IDDM平均年发病率为0.5537/10万[9]。

遗传与基因　重庆医大一院[10]*调查有家族史的NIDDM先证者100例的家系，发现NIDDM有明显的家族聚集性，家系组DM患病率是群体患病率的26倍，遗传方式符合常染色体显性遗传，母亲传递DM明显多于父亲。中山医大[11]报道14岁前发病的IDDM组HLA-DQA_1链52位Arg(+)等位基因频率为87.5%，明显高于其他年龄组IDDM患者及正常对照组，HLA-DQA_1 52 Arg(+)/Arg(+)纯合子频率明显高于31岁以后发病组，提示HLA-DQA_1 52 Arg与IDDM易感性之间存在着起病年龄相关的异质性。该校[12]还报道14岁前发病的IDDM遗传易感性与HLA-DQA_1 52 Arg(+)呈正相关，发病年龄大的IDDM遗传易感性可能主要由DQA_1 52 Arg(+)以外的其他基因所决定。提示IDDM可能存在不同遗传学类型。山东高唐县医院[13]报道一家系连续四代均有DM患者，包括Ⅰ型与Ⅱ型糖尿病。山东聊城地区医院[14]报道1例2岁女婴患有21三体综合征合并IDDM。山西大同市五院[15]报道Wolfram综合征1例。北京结核病所[16]用PCR/SSP法分析74例IDDM HLA-DRB_1等位基因，表明IDDM DR_9频率明显升高，与IDDM易感呈正相关；DR_2频率明显降低，与IDDM抗性相关。解放军总院[17]检测中国北方汉族32例IDDM HLA-DR基因频率，表明IDDM DR_3和DR_4频率分别是25%和40.6%，明显高于正常组(8.6%和18.6%)，DR_3和DR_4相对危险率是3.51和3.10。认为DR_3、DR_4与IDDM易感性呈正相关。无锡市一院[18]测得江苏省20例汉族IDDM的HLA-DR_3和DR_4基因频率高于对照组，DR_2基因频率明显低于对照组；NIDDM组的HLA-DR基因频率分布与正常组相似。哈尔滨一院[19]用PCR/SSOPH法检测IDDM患者HLA分型，结果IDDM患者中DR_4B_1三种亚基因携带者高达56%，而正常人仅为17%。湖北医大二院[20]*报道125例NIDDM患者载脂蛋白E(apoE)基因型检测结果，发现apo ε4/4和ε4/3型NIDDM患者冠心病(CHD)患病率为72%，显著高于ε3/3型组(37%)及ε2/2、ε3/2型组(33%)。该院[21]测得老年组NIDDM ε4等位基因频率为8.6%，明显低于非老年组(17.9%)，并与总胆固醇(TC)、低密度脂蛋白(LDL-C)呈正相关。上海市六院[22]报道血管紧张素转换酶(ACE)基因不仅与中国人CHD关联，还与NIDDM或高血压合并CHD关联，表现为ACE基因插入/缺失(I/D)型多态中DD、DD+DI基因型及D等位基因频率在CHD中显著增高，NIDDM患者DD型者易合并CHD。上海瑞金医院[23]*检测ACE基因的缺失/插入多态性，发现中国人群ACE基因的几种基因型与NIDDM伴发高血压无相关关系；但具有D等位基因的NIDDM患者，尤其是携带DD基因型的患者，易出现异常心电图表现，具有较高的CHD易患性。中国医大二院[24]筛选56例NIDDM患者线粒体基因突变，发现2例线粒体$tRNA^{lev(VVR)}$基因突变糖尿病。该病患者均伴有神经性耳聋，母亲有NIDDM家族史，胰岛素释放曲线低于常见型NIDDM。上海医大儿科医院[25]报道DM大鼠肺表面活性物质蛋白质(SP)的基因表达增强，SP-A mRNA比对照组增加2倍，SP-B mRNA与SP-C mRNA比对照组增加1倍；控制血糖后SP mRNA与正常组相似。江苏省医院[26]观察到DM大鼠肌肉组织葡萄糖转运子4(GLUT-4) mRNA表达减少，胰岛素(Ins)治疗组表达增加，接近正常组。提示GLUT-4 mRNA表达减少是引起胰岛素抵抗(IR)原因之一。上海医大儿科医院[27]以IM-9淋巴母细胞株为模型,发现当IM-9细胞数增长缓慢时,胰岛素样生长因子(IGF)-Ⅱ受体mRNA水平也显著降低,生长激素(GH)、IGF-Ⅰ、IL-1均能在细胞增殖的某个阶段使IGF-Ⅱ受体基因表达水平增高。中国医科院[28]报道50～100U/ml肿瘤坏死因子(TNF)不能诱导小鼠胰岛细胞表达MHC-DR抗原;而500U/ml γ-干扰素(γ-IFN可诱导少量(8.5%)胰岛细胞表达MHC-DR抗原;若100U/ml TNF和100U/ml γ-IFN合并使用,表达MHC-DR抗原的胰岛细胞明显增多(80.25%);在50～100U/ml剂量范围内,胰岛细胞的胰岛素分泌量随TNF-α和IFN-γ合并应用的剂量增加而升高。

胰岛素抵抗 南京医大一院[29]报道用减少样本数(血标本在－15～180分钟间共取14次)的多样本静脉葡萄糖耐量试验(FSIGTT),通过最小数学模式研究机体IR,所测胰岛素敏感指数(ISI)与标准的FSIGTT(血标本在－15～180分钟间共28次)所得结果相似。提示前种方法可用于大规模调查NIDDM及易感人群的IR状况调查。桂林医学院附院[30]观察到NIDDM伴高血压患者口服葡萄糖耐量试验(OGTT)各时相胰岛素、胰高血糖素、C肽均明显高于不伴高血压组;而血糖/胰岛素值均低于不伴高血压组。解放军总院[31]调查543名正常对照组、647例IGT、396例新诊断的DM,表明175例原来诊断的DM的ISI呈逐渐递减;各组ISI与体重指数(BMI)、高密度脂蛋白(HDL-C)呈负相关;DM组和IGT组ISI与血压呈负相关;睾酮与ISI呈负相关;男性NIDDM患者随ISI下降,睾酮呈下降趋势。山东医大附院[32]研究表明女性NIDDM患者ISI与性激素结合球蛋白(SHBG)水平呈正相关。中国医大一院[33]报道NIDDM组BMI及腰臀比均高于正常组,而ISI低于正常组。提示IR及肥胖,特别是中心型肥胖是促发NIDDM的重要因素。海军总院[34]发现NIDDM患者血浆肥胖蛋白(OP)水平(81.5±17.5ng/L)明显低于正常组,OP＜145ng/L者较多出现多食症状。上海市一院[35]报道≥60岁的NIDDM合并胆石症组空腹Ins明显升高,与血清TC水平呈正相关。福建医学院一院[36]观察合并左心室功能障碍的NIDDM患者血Ins水平、Ins/C肽值均较左心室功能正常者高,而ISI降低。

实验室检查 北京首钢总院等[37]分析了经75g OGTT确诊的DM和IGT患者的FBG,认为FBG不是诊断DM的敏感指标,不能估价IGT。浙江医大一院[38]用气相色谱法测得46例DM患者血清1,5-脱水-D-葡萄糖醇(AG)值显著降低,并与果糖胺(FA)、糖基化血红蛋白(HbA_1c)值呈负相关;以AG 20μg/ml为DM与非DM的分界值。北京医大一院[39]测定42例NIDDM患者的游离Ins水平,发现NIDDM患者无论是否存在高胰岛素血症,血中游离Ins并不高甚或降低。大连医大一院[40]用放免法测定的DM患者馒头餐前后血浆胰升糖素样肽-1(7～36)值显著高于正常人。上海市一院[41]提出经福尔马林-蔗糖预处理的胰腺冰冻切片能较好保存胰岛抗原性,用ABC法检测胰岛细胞抗体的阳性率高于免疫荧光(IF)法。南京中医药大学二院[42]报道31例DM患者血脂蛋白LP-α浓度明显高于正常人,即使无高脂血症者也存在着高LP-α血症,并与FBG、血脂、性别无关。白求恩医大二院[43]测得DM患者泪液糖(0.32±0.18mmol/L)高于正常人(0.14±0.14mmol/L),且与血糖呈正相关($r=0.56$)。上海华山医院[44]用改良的Hanahan和Luthra法测得NIDDM患者红细胞膜Ca^{2+},Mg^{2+}-ATP酶活性降低,且与FBG、FA、HbA_1c及红细胞变形指数呈负相关。上海长征医院[45]报道静注5% NaCl后糖尿病患者血浆加压素(AVP)水平增高值明显低于正常组,AVP储备能力降低,无口渴多饮史的DM病人渴感强度不如有口渴多饮史的DM病人及正常人。表明可能有口渴中枢损害,表现为渴感减退。海军总院[46]发现正常胰岛的A细胞、PP细胞及良性胰升血糖素瘤、PP瘤含较多的第X因子样抗原阳性物质,某些胰岛素瘤第X因子样抗原阳性。重庆大坪医院等[47]用四唑氮蓝法测得糖尿病组血清糖化低密度脂蛋白(G-LDL)及LDL糖化率均高于健康组,增高约1倍,可作为诊断和监测体内非酶糖化水平的方法。上海华山医院[48]建立的酶标法能用于正常及不同非酶糖化HDL的受体结合测定,克服了碘标HDL法的放射污染和操作复杂的缺点。上海甘泉医院[49]报道DM患者糖化HDL(G-HDL)高于正常人;HDL糖化后与细胞受体结合下降,糖化程度越高下降越明显;糖化HDL使HDL在体内清除胆固醇的能力下降。上海华山医院[50]报道DM患者G-HDL及G-LDL水平明显升高,且与HbA_1c呈显著正相关。认为测定HbA_1c可间接反映G-HDL和G-LDH水平。包头医学院[51]报道DM患者糖化指甲蛋白含量(7.98±3.86nmol/L)高于正常人。

急性并发症 深圳市医院[52]分析115例DM酮症酸中毒(DKA)。诱因以感染(56.5%)、医源诱因(30.4%)及停用降糖药(30.4%)多见;临床表现以原有DM症状加重、消化道及脱水表现多见。

安徽六安地区医院[53]分析15例老年人DKA合并多脏器功能衰竭。特点有发病急、病情重、进展快，受累脏器以肾脏最多，预后取决于受累脏器数目。广东省医院[54]报道1例左旋门冬酰胺酶致DKA昏迷，可能与该药损害胰腺引起急性胰腺炎有关。黑龙江双鸭山市医院[55]用鼻饲普通饮用水（每隔10～20分钟注入200～400ml）治疗糖尿病高渗性昏迷（NKHDC）、糖尿病酮症酸中毒（DKA）昏迷20例，疗效好，副作用少。上海长征医院[56]报道1例DM渴感减退诱发NKHDC。安徽滁州市一院[57]报道25例NKHDC。10例并发癫痫，局灶性发作8例；7例原发病为脑梗死，用激素及甘露醇后诱发NHHDC并发癫痫；有2例以癫痫为首发症状的NK HDC，用脱水剂及苯妥英钠后症状加重。南京医大二院[58]报道DM伴癫痫发生率为1.04%（21/2 018），DKA伴发癫痫率为15.63%（5/32），NKHDC伴癫痫率为50%（2/4），DM治疗中低血糖伴癫痫率为100%（7/7）。福建漳州市医院[59]报道血糖≥16.7mmol/L的DM合并急性脑梗死，患者病情重，脑组织损害范围大，病死率高。广州市二院[60]报道DM并脑梗死组中，Apo B100在急性期及恢复期明显升高，对照组仅急性期升高；在两组中$ApoA_1$无明显变化。

慢性并发症　南京医大一院[61]研究胰岛素对培养的兔主动脉平滑肌细胞的影响，发现当Ins浓度>100mU/L时，细胞增殖明显，DNA增殖率与Ins浓度呈正相关，平滑肌细胞（SMC）呈合成型、收缩型两种形态学改变，部分细胞内出现脂滴，有利于泡沫细胞形成。表明高胰岛素血症与大血管并发病有关。哈尔滨医大一院[62]发现Ins促进人脐动脉血管SMC增殖，使c-fos和c-myc mRNA明显增高，且呈剂量-效应关系。提示某些原癌基因异常表达可能是高Ins血症促进动脉硬化发生的机制之一。广州医学院二院[63]*观察短期（4周）和长期（6个月）热量限制（大鼠接受的热量是自由进食的60%）可减轻大鼠的体重，降低血糖、Ins浓度，增强Ins敏感性和降低Ins抗性，结果支持热量限制可减少心血管疾病发生的观点。南京医大一院[64]发现高血压病患者与正常人相比存在明显高胰岛素血症及钠、钾、钙泵活性降低；NIDDM患者不论是否伴有高血压均存在上述异常。大庆市一院[65]对新诊断401例NIDDM进行研究，发现OGTT 2小时血浆Ins水平与收缩压呈显著正相关，与舒张压边缘相关，是致血压升高的独立危险因素。上海华山医院[66]分析54例NIDDM患者高血压的危险因素，认为21个危险因素中餐后血糖对血压影响最大，其次为24小时尿白蛋白/肌酐和血总胆固醇水平。北京医院[67]观察DM并发高血压及其他血管并发症时，LP-α浓度明显升高，与并发大血管病变和尿蛋白阳性呈正相关。认为LP-α升高可能是NIDDM易发和早发冠心病与脑血管病的独立危险因素。福建医学院[68]报道体外糖化LDL 250μg/ml可引起人脐静脉内皮细胞超微结构损伤，增殖率降低，培养液中ACE活性降低，Von Willbrand因子值升高。提示血管内皮细胞损伤可能是糖化LDL促发动脉粥样硬化的重要因素。重庆西南医院[69]造成大鼠糖尿病模型8周后，模型鼠有高血糖、高血脂、左室收缩和舒张功能下降、心肌高能磷酸含量降低、心肌超微结构损害等改变，但无冠状动脉病变。表明DM心肌病独立存在。湖北医大一院[70]分析80例经选择性冠状动脉造影诊断为冠心病的患者，发现其中40例DM患者的冠状动脉狭窄程度重，多支病变相对多，且以复杂性病变为主。北京医大一院[71]报道NIDDM并有微量白蛋白尿时，缺血性心电图异常发生率高，左室舒张期内径增大。提示微量蛋白尿是NIDDM发生缺血性心脏病的危险信号。华西医大一院[72]发现NIDDM患者无痛性心肌梗死发生率为非DM组的4.5倍，发生急性心梗时的并发症和死亡率较对照组高，认为其主要原因是有多器官衰竭。解放军254医院[73]发现无临床心脏病的NIDDM组心肌血流灌注异常显像发生率为83%，门控心血池显像、舒张功能减退的发生率为69.56%，收缩功能减退的发生率为34.8%。认为心肌血流灌注显像结合门控心血池显像有助诊断临床前期DM性心脏病。上海华山医院[74]用示踪剂^{99m}Tc体内标记红细胞，行放射性核素心室造影术。发现NIDDM患者在极量运动时峰射血率低于对照组，而在静息时其E/A值已降低，等容舒张时间延长。说明无心脏病的NIDDM患者已有心室收缩贮备功能降低，舒张功能在静息时已有异常。武汉同济医院[75]分析20例DM并发肢端坏疽患者，发现此症多见于病程长、伴有多种严重并发症的NIDDM患者。故对上述患者应严密监测足部轻微损伤及皮色改变。辽宁锦州铁路医院[76]报道脉络宁注射液治疗6例DM足趾坏疽，用法为20ml加生理盐水500ml，1次/天静滴，14天为1疗程，最长者用10个疗程。6例全部治愈。

贵阳医学院附院[77]测定DM患者的事件相关电位，发现其N_2和P_3潜伏期较对照组延长，P_3波幅降低，总异常率为24%。提示部分DM可能存在认识功能障碍，P_3的变化有助发现潜在性痴呆。青岛医学院附院[78]用临床记忆量表测定44例NIDDM患者的记忆力，发现患者存在语言、学习、抽象思维能力降低，并与病情程度有关。昆明医学院一院[79]报道以 Bell 麻痹为首发症状的 DM 2 例，治疗后随糖尿病好转 Bell 麻痹也恢复。上海消化研究所[80]报道 DM 患者存在固相胃排空延长(T_{50} 110 比 69)，同时胃电节律紊乱率显著增高，血糖水平与胃电节律紊乱无关，胃排空和胃电图无关。宜昌市医院[81]用醋氨酚吸收试验测定 43 例 DM 患者胃液排空时间，有 22 例延长(51%)，胃排空障碍在并发自主神经病变者显著增多，静滴红霉素能使胃液排空时间显著缩短，并能恢复到正常人水平。提示红霉素有治疗 DM 胃轻瘫的药理作用。绍兴妇幼保健院[82]报道 23 例 DM 患者 Caerulein 负荷试验后无植物神经障碍组 8 例胆囊截面积大于正常人，恢复慢；有植物神经功能障碍组 15 例，胆囊最大收缩率明显低于无植物神经障碍组。上海长海医院[83]报道 DM 阳萎患者血清性激素水平与非阳萎组相似，但植物神经病变明显增加。认为植物神经病变可能是 DM 阳萎的发病因素之一。湖北沙市一院[84]报道心脏植物神经功能异常的 DM 患者大多有尿流率异常(排尿量、最大尿流率、平均尿流率均降低)；病程长、病情重及伴有其他并发症者膀胱功能紊乱的发生率高。山东医大附院[85]报道 63 例 NIDDM 患者 24 小时动态心电图测定，证实心率变异性(HRV)明显降低，提示存在心脏植物神经病变；非老年(<60 岁) NIDDM 患者血糖控制后 HRV 显著改善，而老年(≥60 岁)NIDDM 患者改善不明显。西安医大[86]用 6-羟多巴胺(6-OHDA)损毁交感节后神经元末梢，再制备 DM 大鼠模型。6 周后这组大鼠伤害性爪回缩阈值和甩尾反射潜伏期无变化，但未用 6-OHDA 的 DM 大鼠则处于痛过敏状态。提示交感传出神经对 DM 大鼠外周痛觉感受有易化。南京医大一院[87]报道 IDDM 运动神经传导速度和感觉神经传导速度(SNCV)减慢较 NIDDM 显著，二者均以下肢明显，SNCN 减慢以隐神经最为明显，在 DM 周围神经检测中可作为首选。江西医学院一院[88]采用大活络丸(早、晚各 1 粒)和丙咪嗪(12.5mg，3 次/天)联合治疗 DM 痛性神经病变，总疗程 1～2 个月，有良好的止痛效果，对腱反射也有明显改善。济宁市一院[89]用西沙比利(5mg，3 次/天，共 4 周)治疗 48 例 DM 神经原性膀胱炎，治疗后每日平均排尿次数及膀胱平均残余尿量明显减少，平均尿量增加。前列腺素 E_1[90]和甲钴胺[91]对 DM 神经病变也有一定疗效。解放军 461 医院[92]报道蝮蛇抗栓酶治疗 DM 神经病变疗效优于前列腺素 E_1 和维生素 B 族。巴曲抗栓酶[93]治疗 2 例 DM 性动眼神经麻痹和周围神经病，临床症状改善。山莨菪碱(20～80mg)和门冬氨酸钾镁(40ml)静滴[94]联合治疗 32 例 DM 周围神经病变，疗效优于 B 族维生素。广东医学院附院[95]用尿激酶(1.5～2.0 万 U)静滴治疗 DM 周围神经病变 63 例，总有效率 92.1%，且有降血脂和降血糖作用。哈尔滨医大二院[96]用神经节苷脂药物康络素(20mg/d 肌注，20～30 天为一疗程)治疗 50 例 DM 周围神经病变患者，总有效率 88%，优于 B 族维生素。

武警江苏总队南京医院[97]测得 56 例 NIDDM 患者血小板 α-颗粒蛋白(α-GMP-140)和血浆 GMP-140 水平均高于正常组；NIDDM 伴微血管病变组上述指标又显著高于无微血管病变组。说明 DM 患者血小板活性增高。苏州医学院二院[98]测得 DM 组 GMP-140 和 24 小时尿白蛋白排泄(UAE)均升高；GMP-140 与 UAE 二者呈显著正相关；在 UAE 升高者中，96.2%患者 GMP-140 升高，而在 GMP-140 升高者中，有 68.8%患者 UAE 升高。山东临沂市医院[99]研究 13 例 IDDM 肾病红细胞膜钠锂交换活性(SLCA)〔0.46(mmol·h)/(L·RBC)〕显著高于正常白蛋白尿 IDDM 患者 SLCA〔0.30(mmol·h)/(L·RBC)〕。南京金陵医院[100]报道 26 例 NIDDM 患者肾组织学及肾小管功能检查结果。表明在肾小球滤过功能受损之前，小管间质功能已受损，且病变弥漫，既有近端小管功能受损，也有远端小管的损伤；形态学上表现为肾小管萎缩、基底膜增厚、间质炎细胞浸润和不同程度的纤维化。沈阳军区总院[101]报道 DM 肾病(DN)早期(微量白蛋白尿期)尿 IgG_4 明显增高，增高程度与白蛋白尿呈显著正相关，尿 IgG_4 在增殖型视网膜病最高，背景型次之，无眼底病变者最轻。中国医大一院[102]报道白蛋白尿正常的 DM 患者在中等强度的急性运动负荷试验前后，尿 N-已酰-β-D 氨基葡萄糖甘酶(NAG)及尿白蛋白排泄率(AER)无明显变化；而早期 DN 患者运动后 30 分钟，尿 NAG、AER 升高，运动后 90 分钟恢复运动前水平。解放军总院[103]研究发现尿白蛋白放免检测标本宜在 4℃条件下保存，至少 1 个月内不影响测定结果，温度过高或过低均会使白蛋白浓度降低，影响结果的准确性。该院[104]测得 772 例 IGT 患者 UAE、血压、BMI、总胆固醇(TC)、甘油三酯(TG)明显高于正常对照组，而高密度脂蛋白-胆固醇(HDL-Ch)则降低，且 IGT 和正常人的 UAE 与 BMI、血压、餐后 2 小时血糖呈正相关，与 HDL-Ch 呈负相关。该院[105]还报道 494 例新诊断的 NIDDM 患者微量白蛋白尿患病率、UAE、BMI、平均动脉压(MAP)、TC 及 TG 均明显高于正常人，HDL-Ch 明显降低，UAE 与 BMI、MAP、空腹血糖呈独立正相关，与 HDL-Ch 呈负相关。北京医大一院[106]报道

164 例 DM 患者血清Ⅳ型胶原(CⅠ～Ⅳ)明显增高，以合并 DN 和视网膜病变者尤为显著，在 95 例尿微量白蛋白(MAU)正常组，有 64 例血清 CI-Ⅳ高于正常。苏州医学院二院[107]用多普勒超声检测，发现 DN 组肾叶间动脉阻力指数高于无 DN 组，此种无创伤检查有助于 DN 诊断。福建医学院[108]报道 NIDDM 组中正常白蛋白尿患者肾小球滤过率(GFR)、有效肾血浆流量(ERPF)、肾脏指数(RI)均升高，微量白蛋白尿者仅 RI 降低，大量蛋白尿者 GFR、RI 均降低。认为联合测定上述指标可了解 DN 所处的不同阶段。南京军区福州总院[109]测得 17 例 NIDDM 患者红细胞抗过氧化酶超氧化物歧化酶(SOD)、葡萄糖-6-磷酸脱氢酶(G-6-PD)活力下降，SOD 活性与 GFR 呈显著正相关，G-6-PD 与 UER 呈负相关。湖南医大二院[110]报道中老年 DN 患者的 HDL、$apoA_1$、$apoA_2$ 和 $apoA_1$/apoB100 值明显降低，而 TC、TG、apoB100 和 $apoC_2$ 升高。沈阳军区总院[111]报道老年人 NIDDM 患者尿转铁蛋白排泄率〔7.17μg/(g・Cr)〕高于健康对照组〔0.42μg/(g・Cr)〕和非老年组 NIDDM 患者〔3.30μg/(g・Cr)〕，该指标是预测老年 DM 患者是否并发早期 DN 指标之一。南通医学院附院[112]观察 16 例 IDDM 患者，无论肌酐清除率(Ccr)正常或降低，其生长激素(GH)均高于对照组，NIDDM 组 Ccr＜50ml/min 者 GH 值显著高于对照组和 Ccr＞80ng/min 组；DM 伴微血管并发症者 GH 值高于无此并发症者。认为 GH 与 DM 微血管病变有关。上海华山医院[113]报道伴有白蛋白尿的 DM 患者尿内皮素(ET)排泄增加，与 24 小时尿白蛋白排泄量呈显著正相关。北京医大人民医院[114]测得 57 例 DM 患者血浆 ET 显著高于正常人，且与 UAE 及视网膜病变呈显著正相关，表明 ET 可能参与 DM 微血管病变的发病过程。导升明[115](1 000～1 500mg/d，共 2 个月)和肾安注射液[116](250ml/d 静滴，21 天为一疗程)能降低 DN 患者微量蛋白尿。南京医大一院[117]报道 23 例 NIDDM 患者长期服用小剂量培哚普利(2mg/d，共 2 年)，能改善肾小球高滤过状态，UAE 明显减少，血压稳定，胰岛素敏感性改善。上海瑞金医院[118]观察到 NIDDM 组、高血压病(EH)及 EH 合并 NIDDM 三组患者在运动状态下服用卡托普利后尿蛋白下降，但与血压无相关性。NIDDM 组对卡托普利有较好疗效，运动激发有助于使血压正常的 NIDDM 患者血压明显升高，服卡托普利后这种异常消失。上海长征医院[119]研究发现 NIDDM 微白蛋白尿患者服卡托普利 16 周后，能使已降低的红细胞 Na^+-K^+-ATP 酶及 Ca^{2+}-ATP 酶活力升高至正常，同时红细胞内 Na^+、K^+、Ca^{2+}浓度恢复正常，尿白蛋白排泄量减少。潍坊市医院[120]报道早期 DN 患者服用生大黄末 15g，每天 2 次，共 3 个月，Ccr 降低，增大的肾脏缩小，尿蛋白排泄减少，但有 3 例服药后有轻度腹泻。南京铁道医学院附院[121]观察大黄(新保肾康 3～8g/d，共 6 个月)能改善 DM 氮质血症期患者的有效肾血浆流量，降低肾小球滤过分数及尿素氮、尿白蛋白量，其疗效与巯甲丙脯酸相似。新乡医学院一院[42]报道 32 例 DN 患者服用中药糖肾康胶囊后尿白蛋白下降；尿白蛋白排泄量与血浆血栓素 B_2(TXB_2)/6-酮-前列腺素 F_{12}(6-keto-PGF_{12})比值呈正相关；使有效肾血浆流量增加，肾小球滤过分数下降，血浆过氧化物脂质(Lpo)水平降低。山东潍坊医学院附院[123]报道体外反搏(每天 1 次，每次 1 小时，15 次为一疗程)能降低早期 DN 的尿白蛋白的排泄率和 β_2-微球蛋白，明显降低血糖，但对临床期 DN 疗效不佳。北京医大三院[124]观察到 DM 鼠肾组织氧自由基水平及血浆 6-keto-PGF_{12}高于正常组，且肾组织氧自由基水平增加与 6-keto-PGF_{12}/TXB_2 呈正相关。认为氧自由基增加可能导致 6-keto-PGF_{12}合成增加，后者有强烈扩血管作用，是 DN 早期肾脏高灌注的重要诱因之一。山西医学院一院[125]报道橙皮苷能降低 DM 鼠尿蛋白和肾组织中糖基化终产物(AGEs)及 Lpo 水平，减轻肾小球系膜增生和基底膜增厚，这些作用与血糖无关。认为橙皮苷能抑制 AGEs 形成，与氨基胍作用类似。南京金陵医院[126]*观察了大黄提取物对 DM 大鼠肾小球内表皮生长因子(EGF)、转化生长因子(TGF-β)、血小板衍化生长因子(PGGFb)表达的影响。结果示 DM 大鼠上述生长因子表达明显增强，应用大黄醇后表达降低。认为大黄提取物抑制 DM 鼠肾脏肥大可能与肾小球内多肽生长因子表达"下调"有关。解放军总院[127]*报道胰岛素能增加 DM 大鼠和正常大鼠系膜细胞^{3}H-TdR 掺入率和白细胞介素 6(IL-6)的产生；卡托普利能抑制 DM 鼠系膜细胞^{3}H-TdR 掺入和 TNF-γ 的产生；当卡托普利 10^{-3}mol/L 时，对正常鼠系膜细胞有抑制作用。提示早期应用卡托普利可能对 DN 防治有益。北京医大三院[128]报道卡托普利能降低 DM 鼠已升高的肾小球滤过率(GFR)，使已降低的剩余抗坏血酸水平增高，降低 Lpo 含量。说明卡托普利除具有防止高滤过的效应外，还有清除自由基的作用。

武汉协和医院[129]报道 DM 兔模型形成后第 6 周，角膜去甲肾上腺素(NA)和乙酰胆碱(AChE)能神经的网状密度稀疏，神经分支变细，神经活性降低；电镜观察上述两种神经轴突肿胀、崩解，线粒体水肿、变性，病程越长，变化越明显。神经病变可能是角膜感觉减退的病理基础。该院[130]对DM兔角膜上皮修复过程进行研究，发现DM兔角膜上皮基底膜增厚；冷冻后，基底膜易缺失或断续不规则，新生上皮连接疏松。这些异常变化可能是DM患者角膜上皮愈合延迟和反复脱落的主要原因。北京中日友好医院[131]发现DM大鼠视网膜血管在3个月病程时已具有毛细血管曲张、管径不规则、微血管瘤和无细胞毛细血管等DM视网膜病变(DR)特征。病程至6个月时，上述病变进一步加重。中山医大[132]报道在增殖型DM视网膜膜病变(PDR)组织中，细胞间粘附分子的阳性率为90%，血管细胞粘附分子阳性率为80%，阳性细胞主要是淋巴细胞、视网膜色素上皮细胞和成纤维细胞。提示两种粘附分子在PDR组织中的高度表达，提示可能有免疫反应参与PDR的发生发展过程。上海华山医院[133]分析149例NIDDM患者DR发生的有关因素，结果示DR发生率随病程延长、血压升高、24小时UAE和NAG增加及肾功能降低而明显增加，血糖控制不良促进其发生。该院[134]还发现DR发生率及严重程度随尿白蛋白排泄增加而显著增高和加重，白蛋白尿发生率也随DR程度的加重而显著升高；伴白蛋白尿而无DR者常存在其他肾脏病变。提示DR和DN常相互并存，对DM患者应常规检查UAE和眼底。中国医大二院[135]测得28例DN和DR患者血浆蛋白C活性显著增高，认为DM血液高凝状态可能是蛋白C代偿性升高的原因。辽宁中医学院附院[136]用彩色多普勒测定42例DR患者的视网膜中央动脉血流参数(CRA)和静脉血流参数(CRV)，发现CRA流速减慢，CRV流速相对加快，表明DR有血流动力学动态平衡失调。山东医大附院[137]报道NIDDM患者视觉诱发电位的P_2波和n_2波峰潜时比正常人明显延迟，16.8%的病例n_2波缺失。说明DM可使神经中枢和视觉通路功能异常。上海仁济医院[138]报道40例NIDDM伴高血小板聚集和早期DR者服用抵克利得(250mg，每天1次；125mg，隔天1次，维持1年)后，血小板聚集全部解聚，视网膜黄斑水肿及出血消失或减少，有效率为83.3%；微血管瘤减少，有效率为75%。仅1例出现紫斑和紫癜。认为该药对早期DR有一定的疗效。解放军95医院[139]报道紫外线照射充氧自血回输治疗104例DR，患者两眼视力和视网膜病变明显改善，88例单纯型DR恢复正常(占57.9%)，46例Ⅰ期DR恢复正常(占93.5%)。中山医大眼科中心[140]观察15例(19只眼)DM性黄斑水肿经光凝治疗后的视功能，发现黄斑区光凝治疗对其光敏度影响不大，绝大多数患者视力保持稳定或提高。

白求恩医大[141]报道青春期(40日龄)DM大鼠睾丸间质细胞和精原细胞数低于对照组，未成熟的间质细胞数增多，间质毛细血管内皮不完整，管壁增厚，部分血管有玻璃样变。这可能是青春期DM性发育及性功能障碍的病理基础。该校[142]还报道青春期DM大鼠睾丸支持细胞在FSH刺激下，24小时分泌雄激素结合蛋白(ABP)显著低于对照组及DM胰岛素及时(3天内)治疗组，但胰岛素延迟治疗组(30天后注射胰岛素)不能完全逆转损伤。南京鼓楼医院[143]分析123例DM患者的骨病诊断与治疗，认为DM骨量减少发生率高(71例)，DM骨折(39例)是骨量减少的后果。提出控制血糖，并辅以相应的外科措施可以防治骨骼病变。

治疗 烟台毓璜顶医院[144]观察海带食品(100g/d，共20天)能明显降低DM病人餐后血糖Ins水平。湖南医大[145]报道单纯用碳酸锂(0.1g，每天1次，共6～24天)治疗13例轻型DM，患者餐后血糖明显下降；碳酸锂联合口服降糖药或胰岛素治疗25例DM，空腹及餐后血糖显著下降，但有1例血糖升高。该校[146]*还研究47例NIDDM患者口服碳酸锂的作用机制，发现碳酸锂治疗后能增加红细胞膜上胰岛素受体的结合位点数，但亲和力降低。同时空腹及餐后胰岛素、C肽水平均降低。北京市二院[147]报道46例磺脲类药物用至最大剂量疗效仍不理想的NIDDM患者，在原治疗基础上每晚10时左右加用一次混合Ins，可使血糖和HbA_1c得到良好控制，无低血糖和体重增加。安徽淮北市医院[148]观察脉络宁(20ml静滴，每天1次，共15次)治疗40例DM并发高凝状态，效果显著，血液流变学异常指标明显改善，认为该药有利于防止微血管病变。华西医大一院[149]观察银杏叶制剂治疗18例DM患者的疗效。经20天疗程，血浆TC、TG、LDL-C、VLDL-C、Lpo浓度有下降趋势，HDL-C、HDL_2-C、HDL_3-C浓度呈上升趋势，但与对照组相比并无显著差异。北京医大一院[150]通过培养大鼠β细胞观察到在无葡萄糖刺激时，优降糖(0.4～1mmol/L)引起Ins分泌作用的强度大于美吡哒(0.4～1mmol/L)，分泌高峰出现的时间也先于美吡达，且在高糖(16.7mmol/L)影响下优降糖作用强度更强，提示两药对β细胞的作用机制可能有差异。山西医学院一院[151]观察8周龄雌性NOD鼠经胰岛素(2U PZI/d)处理20周后，平均血糖和DM发病率较优降糖、降糖灵处理组及对照组低，胰岛炎的严重程度也显著低于其他三组，提示早期使用胰岛素可能会推迟和预防IDDM的发生。天津医大总院[152]发现微囊化猪胰岛生长良好，对高糖有刺激反应，移植入DM大鼠腹腔后，7天血糖降至正常，维持30天，无需用免疫抑制剂。北京医大三院[153]采用海藻酸钠、聚赖氨酸-海藻酸钠微囊化的大鼠胰岛异种移植到DM小鼠腹腔内，能长期维持小鼠血糖正常，最长可达160天，平均126天。山东医科院[154]用微囊化新生猪胰岛移植治疗5例IDDM患者，2例完全停止注射胰岛素，并维持血糖正常20天；余3例减少胰岛素用量，维持100天。移植后血清C肽水平明显升高。泰山医学院附院[155]报道肾囊内人胎儿胰岛移植治疗6例IDDM患者，结果2例停用胰岛素，其中1例已停用36个月；另4例胰岛素用量明显减少。空腹和餐后2小时血浆C肽水平升高。浙江医大一院[156]报道胰十二指肠及肾一期联合移植治疗2例男性IDDM并发尿毒症患者，1例停胰岛素存活已2年，另1例停胰岛素存活已11个月。深圳市医院[157]报道人双胚胎节段胰腺组合移植治疗1例男性IDDM患者，移植物有功能并长期存活已5年11个月，患者结婚生子。浙江中医院[158]试用人胎儿胸腺淋巴细胞治疗10例IDDM患者。滴注2～6次后，血糖全部正常，停用胰岛素最长者已达31个月，无明显不良反应。白求恩医大[159]将提取的胎胰岛全DNA转染给人胚肺成纤维细胞，获得胚肺成纤维细胞能表达胰岛素。

老年糖尿病　青海省医院[160]对1983～1994年337例住院中老年NIDDM统计分析，发现NIDDM除与冠心病、高血压、高TG血症有关外，高原环境也影响NIDDM发病，春、秋季比夏、冬季入院率低。广东建筑中心医院[116]分析42例老年人DM并发症，白内障占76%，视网膜病变占50%，高血压病占54.7%，泌尿系疾病占31%，神经病变占16%，脑梗死占9.5%，深部组织感染占5%。浙江望江山疗养院[162]分析234例老年人DM并发症，以心脑血管病变为主（91.1%），其次是眼部病变（50.4%）和感染（43.6%）。广州医学院二院[163]观察到28例老年NIDDM患者血压昼夜节律消失（夜间血压下降百分率低于10%），34例NIDDM合并HT患者夜间血压下降幅度进一步减少，提示器官缺血。湖北梨园医院[164]报道20例老年DM患者血浆纤维蛋白原、血浆粘度、血小板聚集率、甲皱微循环障碍高于正常组，在41例DM合并高血压患者，这种异常更加明显。福建医学院一院[165]观察到老年DM患者LP-α水平比对照组高，慢性并发症越严重，LP-α水平越高。江苏海门市医院[166]分析94例老年DM患者神经系统并发症。老年患者DM性昏迷、急性脑血管病和周围神经病变的发生率明显高于72例60岁以下NIDDM患者。南京鼓楼医院[167]报道19例以动眼神经麻痹为首发症状的老年人DM。瞳孔大多正常，无典型DM症状与病史，DM控制后本症恢复迅速。北京医院[168]观察18例老年NIDDM静止唾液总流率有5例低于正常，但涎腺的贮备功能无明显受累，涎腺造影可见体积增大，腮腺分支导管明显增生、密集。焦作市医院[169]报道51例老年NIDDM的牙周病发生率为89%，以牙齿松动、脱落最多（86.3%），其次为牙龈萎缩及大量牙石（82.4%和78.4%）。

妊娠及小儿糖尿病　中山医大一院[170]分析26例妊娠糖尿病（GDM）患者。出现病理妊娠者占57%，分娩期并发症占22%，胎婴儿并发症高达74%，若孕妇空腹血糖＞7.2mmol/L，胎婴儿并发症高达100%。湖南医大二院[171]报道146例DM孕妇妊高征的发生率为36.3%；孕期首次HbA_1c高于正常者占63.7%；HbA_1c积分≥6分及White分型为D-RF型患者的妊高征发生率较HbA_1c积分＜6分及White为B·C型患者高。青岛市立医院[172]测得GDM及妊娠糖耐量减低患者的体重指数、空腹血糖和胰岛素水平高于正常组，而糖化蛋白指数无显著差异。安徽淮北市医院[173]报道新生儿高血糖综合征11例。主要表现多吃、多尿、体温不升、消瘦、脱水等症状，空腹血糖为暂时性增高，胰岛素治疗效果佳。内蒙古达拉特旗医院[174]报道2例婴幼儿DM。主要表现发热、咳嗽、气喘、不思饮食等症状，易误诊为支气管肺炎。北京市儿童医院[175]观察IDDM患儿服用木糖醇奶糖（含木糖醇、明胶、黄油、奶粉、香豆素等）后血糖变化不明显。

其他研究　南京医大一院[176]观察维生素E能减少DM大鼠主动脉胶原非酶糖化产物AGEs含量、AGEs交联量及胶原含量。南京军区南京总院[177]*观察卡托普利（0.1%卡托普利饮水4周）治疗DM大鼠后血糖不变，但主动脉胶原及胶原AGE含量降低，说明卡托普利有不依赖降血糖的非酶糖化抑制作用。北京医大三院[178]发现白细胞介素-1β（IL-1β）对胰岛β细胞有细胞毒效应，主要由一氧化氮（NO）介导，氨基胍可通过抑制NO的合成阻断IL-1β对胰岛的损伤。湖北省医院[179]用国产牛/猪红细胞超氧化物歧化酶（SOD）处理DM大鼠，发现SOD预防组和治疗组DM发病率由100%降至40%、70%、75%和85%，死亡率也由60%降至15%，20%，20%及25%，葡萄糖耐量改善。南京医大一院[180]报道烟酰胺对四氧嘧啶诱发的DM大鼠有预防DM发病的作用，其预防作用与给药时间有关。在于四氧嘧啶用药前45分钟和90分钟给予烟酰胺有效，前1分钟无明显预防效果。北京医大三院[181]*报道烟酰胺对IL-1β所致胰岛损伤有一定的防护作用，其机制可能与烟酰胺促进胰岛细胞增殖和抑制IL-1β诱导NO合成有关。北京医大[182]还观察到睾酮对IL-1β损伤的胰岛有保护作用，它能促进胰岛细胞DNA和胰岛素的合成，用放线菌素D可阻断睾酮这一保护作用。重庆西南医院[183]报道钒酸钠在不刺激Ins分泌的情况下能纠正DM大鼠的糖脂代谢紊乱，并能改善骨骼肌葡萄糖摄取障碍，但对肌肉细胞膜胰岛素受体数目及亲和力影响不明显，提示该药降血糖作用可能与受体后效应有关。北京医大[184]报道雄性大鼠束缚应激15～18小时后具有对抗四氧嘧啶致DM作用，其机制可能与束缚应激产生的应激免疫抑制因子有关。北京宣武医院[185]研究发现脑室灌注溶于生理盐水的胰升糖素样肽GLP-1(7—36)对血糖无明显作用，但1小时后血胰岛素明显降低；脑室灌注溶于30%葡萄糖的GLP-1后，血糖明显升高，而血胰岛素仍低于对照组。该院[186]用同样的方法观察到给大鼠脑室灌注肾上腺髓质素可使血浆胰岛素C肽明显升高，胰升糖素和血糖浓度下降。重庆西南医院[187]报道DM兔早期(4周)左心功能已开始减退。电刺激颈迷走神经外周端，DM兔左心舒张末期内压、室内压波下降段最大速率和室内压波上升段速度皆下降。说明DM早期心脏迷走神经功能受损。解放军304医院[188]报道DM大鼠胃窦部内在神经丛的降钙素基因相关肽(CGRP)神经纤维明显减少，CGRP和血管活性肠肽神经的面积、光密度、光密度积分均下降。这些改变可能和DM胃轻瘫有关。重庆医大一院[189]观察到DM大鼠血糖持续3个月的甲状腺滤泡上皮细胞扁平，腔内胶质浓厚呈较强嗜酸性，表明甲状腺上皮细胞功能降低；垂体促甲状腺激素(TSH)分泌细胞虽无器质性改变，但细胞内分泌颗粒明显增多，说明TSH释放功能受损。同济医大[190]观察到饥饿5天大鼠胰岛α细胞内胰高糖素含量明显下降，但相对数量和体积无明显变化，提示饥饿可导致胰高糖素释放。

低血糖　广东电白县医院[191]报道17例过食荔枝所致低血糖，均呈昏迷状态。16例治愈，1例死亡。济南市五院[192]报道1例56岁女性NIDDM并胰腺占位(0.5cm×0.7cm)及严重低血糖。上海瑞金医院[193]报道1例36岁男性胰岛素自身免疫综合征所致低血糖昏迷。患者为Graves病，服他巴唑期间多次发生低血糖昏迷，血糖最低0.03mmol/L，测血清胰岛素均>160μU/L，改服丙基硫氧嘧啶后停止发作。

（高从容　邹大进）

参 考 文 献

[1] 金之欣等. 临床内科 1996;13(2):24
[2] 李建树等. 南京医大学报 1996;16(5):421
[3] 罗宏斌等. 湖南医大学报 1996;21(3):217
[4] 叶临湘等. 慢性病预防与控制 1996;4(2):53
[5] 邢小燕等. 中华内科 1996;35(9):612
[6] 王志静等. 慢性病预防与控制 1995;3(6):282
[7] 王红兵等. 中华预防医学 1996;30(2):74
[8] 邓义斌等. 中华预防医学 1996;30(4):228
[9] 王滨有等. 慢性病预防与控制 1996;4(4):160
[10]* 张素华等. 中华医学 1996;76(6):435
[11] 程　桦等. 中山医大学报 1996;17(3):205
[12] 张　莹等. 中华内分泌 1996;12(2):74
[13] 焦付丰. 综合临床 1996;12(5):245
[14] 温以良等. 中华医学遗传 1995;12(6):353
[15] 吴雅英. 中国糖尿病 1996;4(3):176
[16] 宋长兴等. 中国医科院学报 1995;17(5):321
[17] 毛正宽等. 解放军医学 1996;21(2):96
[18] 邓振霞等. 江苏医药 1996;22(9):604
[19] 史秀琴等. 中国糖尿病 1995;3(4):243
[20]* 杨香玖等. 中华内分泌 1995;11(4):206
[21] 杨香玖等. 中华老年医学 1995;14(6):345
[22] 项坤三等. 中华内分泌 1995;11(4):201
[23]* 高　梅等. 中华内分泌 1995;11(4):197
[24] 韩　萍等. 中国实用内科 1996;16(6):335
[25] 王晓川等. 中华内分泌 1996;12(3):162
[26] 王　华等. Chin Med J 1995;108(12):892
[27] 杨　毅等. 中华内分泌 1996;12(2):71
[28] 周湘军等. 中国医科院学报 1996;18(2):84
[29] 夏　红等. 中国糖尿病 1996;4(1):3
[30] 苏　珂等. 高血压 1995;3(4):287
[31] 陆菊明等. 中华内科 1996;35(10):678
[32] 江　蓓等. 中华内分泌 1996;12(3):189
[33] 袁凤山等. 辽宁医学 1996;10(3):125
[34] 郑　毅等. 解放军医学 1996;21(2):159
[35] 王仲祥等. 上海医学 1996;19(2):63
[36] 杨立勇等. 中国糖尿病 1996;4(2):69
[37] 陆小平等. 中国糖尿病 1996;4(3):135
[38] 叶英辉等. 浙江医大学报 1996;25(5):222
[39] 曹雪霞等. 中国糖尿病 1996;4(3):142
[40] 苏本利等. 中国糖尿病 1996;4(2):114
[41] 彭永德等. 中国糖尿病 1996;4(3):159
[42] 杜　琳等. 铁道医学 1996;24(2):112

[43] 李桂荣等. 白求恩医大学报 1996;22(4):375
[44] 俞茂华等. 上海医大学报 1996;23(2):131
[45] 顾明君等. 中国糖尿病 1995;3(4):193
[46] 虞积耀等. 中华内分泌 1996;12(2):81
[47] 吴丽娟等. 中华内分泌 1996;12(2):84
[48] 雷 涛等. 上海医大学报 1996;23(4):307
[49] 雷 涛等. 中华内科 1996;35(10):682
[50] 雷 涛等. 上海医大学报 1996;23(1):16
[51] 岳秀兰等. 内蒙古医学 1996;16(3):146
[52] 王新民等. 中国糖尿病 1996;4(1):54
[53] 赵有洲等. 新医学 1995;26(12):637
[54] 张 健等. 广东医学 1996;17(6):429
[55] 王 健等. 辽宁医学 1996;10(1):53
[56] 刘志远等. 二军医大学报 1995;16(5):414
[57] 冉守连等. 临床神经 1996;9(5):310
[58] 吴祖舜. 脑与神经 1996;4(3):155
[59] 陈诺琦等. 中国糖尿病 1996;4(1):18
[60] 曾杨滨等. 广东医学 1996;17(5):295
[61] 刘铨之等. 南京医大学报 1996;16(5):409
[62] 宋钦辉等. 哈医大学报 1996;30(3):223
[63]* 陈 澍等. 中华内分泌 1996;12(2):104
[64] 丁国宪等. 中华内分泌 1995;11(4):214
[65] 胡英华等. 中华内分泌 1995;11(4):211
[66] 史虹莉等. 中华内分泌 1996;12(3):157
[67] 迟家敏等. 中华内科 1996;35(4):246
[68] 刘 翼等. 福建医学院学报 1996;30(2):122
[69] 梁自文等. 三军医大学报 1996;18(4):306
[70] 唐其柱等. 中国糖尿病 1996;4(2):67
[71] 施曼珠等. 中国糖尿病 1996;4(3):131
[72] 童南伟等. 华西医大学报 1996;27(3):314
[73] 韩 露等. 中国糖尿病 1996;4(3):155
[74] 罗海明等. 临床心血管 1996;12(1):28
[75] 张木勋等. 内科急危重症 1996;2(2):57
[76] 张之仁等. 中西医结合急救 1995;2(6):261
[77] 谭兴林等. 临床脑电学 1996;5(2):89
[78] 王颜刚等. 中国糖尿病 1995;3(4):219
[79] 何长琦. 临床神经 1996;9(2):119
[80] 张开光等. 中华消化 1996;16(4):220
[81] 冯 波等. 中华内科 1996;35(3):178
[82] 解左平等. 中华超声影像 1996;5(2):52
[83] 徐 斌等. 二军医大学报 1996;17(4):380
[84] 向明珠等. 中华内分泌 1995;11(4):222
[85] 李 方等. 山东医药 1996;36(7):8
[86] 刘 健等. 西安医大学报 1996;17(3):288
[87] 姚朝亚等. 南京医大学报 1996;16(3):253
[88] 昌玉兰等. 中华内分泌 1996;12(3):192
[89] 谢颖光等. 新药与临床 1996;15(2):116
[90] 宋 杰等. 吉林医学 1996;17(1):39
[91] 陈红梅等. 广东医学 1996;17(9):593
[92] 吕大力. 吉林医学 1996;16(6):329
[93] 杨 雪等. 新药与临床 1996;15(5):291
[94] 李永祥. 河北医药 1996;18(3):173
[95] 黄贵心等. 中国实用内科 1995;15(12):738
[96] 孙予倩等. 哈医大学报 1996;30(2):177
[97] 姚兴土等. 中国糖尿病 1996;4(2):120
[98] 石永兵等. 肾脏病与透析肾移植 1996;5(3):26
[99] 高冠起. 中华肾脏 1996;12(5):265
[100] 沈克勤等. 中华肾脏 1995;11(5):272
[101] 梁琳琅等. 中华内分泌 1996;12(3):138
[102] 王大海等. 中国糖尿病 1996;4(3):139
[103] 卞茸文等. 中国糖尿病 1996;4(1):38
[104] 陆菊明等. 中国糖尿病 1995;3(4):210
[105] 刘艳芳等. 解放军医学 1996;21(4):270
[106] 冯晋光等. 中华医学 1996;76(9):707
[107] 方军初等. 中国超声 1996;12(6):21
[108] 赵淑好等. 中国糖尿病 1995;3(4):206
[109] 李忆农等. 中华内分泌 1996;12(2):78
[110] 龙兆丰等. 湖南医大学报 1995;20(5):460
[111] 梁琳琅等. 中华老年医学 1995;14(6):348
[112] 王粹芳等. 肾脏病与透析肾移植 1995;4(5):414
[113] 叶山东等. 上海医大学报 1996;23(4):271
[114] 李秀娟等. 北京医学 1996;18(2):69
[115] 罗佐杰等. 中华内分泌 1996;12(3):183
[116] 李明秋等. 四川医学 1996;17(4):267
[117] 夏 红等. 中华内科 1996;35(8):533
[118] 郭冀珍等. 临床心血管 1996;12(4):195
[119] 顾明君等. 中国糖尿病 1996;4(1):7
[120] 赵洪军等. 中西医结合 1996;16(7):429
[121] 葛祖恺等. 铁道医学 1994;23(5):282
[122] 桑 雁等. 中西医结合 1996;16(7):398
[123] 荣 文等. 中华内分泌 1996;12(1):52
[124] 朴忠浩等. 北京医大学报 1996;28(1):36
[125] 王新喜等. 中华内分泌 1996;12(1):34
[126]* 杨俊伟等. 中华内分泌 1995;11(4):228
[127]* 耿纪录等. 中华医学 1996;76(1):41
[128] 朴忠浩等. 中国糖尿病 1996;4(1):31
[129] 李金瑛等. 中华眼科 1996;32(4):258
[130] 姜冬玲等. 中华眼科 1996;32(4):255
[131] 李石良等. 中国糖尿病 1996;4(1):13
[132] 唐仕波. 中山医大学报 1996;17(3):185
[133] 叶山东等. 中国糖尿病 1996;4(1):10
[134] 叶山东等. 上海医大学报 1996;23(3):219
[135] 刘 聪等. 辽宁医学 1996;10(3):127
[136] 陆恩祥等. 中国超声 1996;12(2):38
[137] 乔 智等. 山东医药 1996;36(5):34
[138] 陆广华等. 上海医学 1996;19(8):442
[139] 黄昭穗等. 中华理疗 1996;19(3):163
[140] 赖一凡等. 中华眼科 1996;32(5):362
[141] 高绪兰等. 白求恩医大学报 1995;21(6):588
[142] 杨 力等. 白求恩医大学报 1996;22(2):113

[143] 林　华等. 江苏医药 1996;22(6):393
[144] 尚瑞云. 交通医学 1996;10(3):26
[145] 胡　敏等. 湖南医大学报 1995;20(6):588
[146]* 黄列军等. 中国糖尿病 1996;4(3):151
[147] 罗　平等. 中国糖尿病 1996;4(3):186
[148] 唐杨章等. 中西医结合急救 1996;3(5):193
[149] 陈　静等. 华西医学 1995;10(4):400
[150] 黄丹珊等. 中国糖尿病 1996;4(1):24
[151] 张志利等. 中国糖尿病 1995;3(4):225
[152] 于德民等. 中华医学 1996;76(5):367
[153] 周茂华等. 中华医学 1996;76(6):476
[154] 刘金生等. 山东医大学报 1996;34(2):112
[155] 东野光等. 中华器官移植 1996;17(4):183
[156] 郑树森等. 肝胆胰外科 1996;8(3):97
[157] 戴　勇等. 中华器官移植 1996;17(3):125
[158] 潘汝瑾等. 浙江医学 1996;18(1):33
[159] 王德林等. 中国实用内科 1996;11(4):237
[160] 滕长青等. 高原医学 1996;6(2):26
[161] 蔡方明. 广东医学 1996;17(9):622
[162] 丁进军. 浙江医学 1996;18(1):47
[163] 凌浩平等. 广东医学 1996;17(6):370
[164] 王雪萍等. 武汉医学 1996;20(1):45
[165] 王中心等. 福建医药 1996;18(2):35
[166] 朱树人等. 临床内科 1996;13(4):46
[167] 张　均等. 中华老年医学 1996;15(3):179
[168] 蔡业军等. 中华老年医学 1996;15(2):104
[169] 庞聪玲等. 河南医大学报 1996;31(3):101
[170] 秦婉文等. 新医学 1996;27(2):68
[171] 谈海英等. 中华妇产 1996;31(10):600
[172] 孙宝治等. 中华内分泌 1996;12(3):55
[173] 张清华等. 中国糖尿病 1995;3(4):205
[174] 刘殿英. 内蒙古医学 1996;16(4):252
[175] 吴玉筠等. 中国实用儿科 1996;11(1):39
[176] 朱文琴等. 中华医学 1996;76(1):57
[177]* 李　辉等. 中国糖尿病 1996;4(2):83
[178] 高洪伟等. 中国糖尿病 1996;4(2):79
[179] 文重远等. 中国糖尿病 1996;4(2):86
[180] 杨金奎等. 南京医大学报 1996;16(2):139
[181]* 高洪伟等. 中华医学 1996;76(7):497
[182] 方海立等. 中华内分泌 1996;12(3):144
[183] 张　平等. 三军医大学报 1995;17(6):499
[184] 高　珊等. 中国神经免疫神经病学 1996;3(2):95
[185] 赵咏梅等. 中国糖尿病 1995;3(4):222
[186] 齐红伟等. 中华内分泌 1996;12(3):160
[187] 王　毅等. 中国糖尿病 1996;4(2):90
[188] 刘剑锋等. 中国糖尿病 1996;4(3):167
[189] 刘　纯等. 中国糖尿病 1996;4(2):98
[190] 王小丽等. 同济医大学报 1996;25(2):100
[191] 吴济芳等. 广东医学 1996;17(5):323
[192] 王　皞. 山东医药 1996;36(1):61
[193] 王卫庆等. 上海医学 1996;19(3):141

五、其他

(一)单纯性肥胖症

海军总院等[1]采用放射免疫分析法测定了21名非肥胖正常人,41例成人肥胖患者及9例小儿肥胖患者血浆肥胖蛋白(OP),分别为194.3±17.7pg/ml、112.6±10.9pg/ml及124.5±9.6pg/ml,肥胖者明显低于非肥胖者。OP水平与体重指数呈显著负相关,提示人肥胖蛋白在调节体重及肥胖发病学上具有一定意义。福建医学院一院[2]通过正常血糖胰岛素钳夹技术测定葡萄糖代谢率(M),探讨高血压、肥胖与胰岛素敏感性之间的关系。结果发现肥胖、高血压非肥胖和高血压合并肥胖患者口服葡萄糖75g后,60和120分钟血糖及不同时间点胰岛素值均比正常血压者高;正常人、高血压非肥胖患者、单纯肥胖者、高血压合并肥胖患者M值分别为9.2±1.0、7.6±2.0、6.7±1.5、5.2±1.8mg/(kg·min),均有显著性差异;胰岛素敏感性降低在高血压病合并肥胖组为87.0%,单纯肥胖为69.6%,高血压非肥胖为41.1%,正常人为2.8%;多因素回归分析发现性别、年龄、舒张压对M值无明显影响,而体重指数每增加1kg/m^2,M值减少0.42mg/(kg·min),收缩压每增加1.3kPa,M值减少0.20mg/(kg·min)。认为胰岛素敏感性降低可能是肥胖与高血压病的发病因素;肥胖对胰岛素敏感性的影响比血压的影响更明显。浙江省医院等[3]报道男性肥胖患者血清睾酮水平明显下降,而空腹血清胰岛素水平明显升高,两者呈明显负相关。河南医大一院等[4]报道单纯性肥胖儿童血清生长激素明显下降,而胃泌素无明显变化。福建医学院一院等[5]报道单纯性肥胖症患者血清脂蛋白(a)明显增高。西安医大一院[6]报道单纯肥胖症儿童CD3$^+$、CD4$^+$及CD4$^+$/CD8$^+$细胞之比明显降低;CD19$^+$、CD56$^+$、HLA-DR$^+$细胞升高。苏州医学院儿童医院[7]对24例8~9岁肥胖女童性征发育随访表明,肥胖女童体格生长发育迅速,在8~9岁时乳房开始增大,以脂肪堆积多见,但在10岁时仍无月经初潮。认为乳房发育不是性早熟。北京儿科所[8]采用自行设计的心理行为问题问卷表对62例12~14岁的单纯性肥胖儿童进行问卷测验,与正常体重儿童比较,肥胖儿童行为及心理特点有:进食速度快,非饥饿状态下进食,临睡前进食,爱吃甜点心及甜饮料;不喜欢上体育课,课间、晚饭后很少去户外活动；看电视时间较长；存在自卑感和孤独感，有事情喜欢藏在心里，常因为身材被同伴取外号，不愿在集体活动中表现自己。常州市一院等[9]比较马吲哚与芬氟拉明对单纯性肥胖的疗效，降体重有效率前者为82.3%，后者为73.1%。

（二）多发性内分泌肿瘤

解放军89医院[10]报道家族性嗜铬细胞瘤并发甲状腺髓样癌3例，系胞兄妹，男2例，女1例，年龄分别为60、56、51岁。特征是发病有家族性、肿瘤有多发性及甲状腺髓样癌的双侧对称性。本病也被列为多发性内分泌肿瘤Ⅱ型。

（顾明君　刘志民）

（三）痛风与高尿酸血症

中山医大一院等[11]报道1979～1993年间我国城市21家医院住院痛风(GO)病人数呈直线上升，南方上升趋势较北方明显。江苏扬州市四院[12]对已有10年以上抗高尿酸血症(HUCM)治疗史的65例GO进行评估，发现单独血尿酸(SUA)测定不能监测GO病变的进展。北京积水潭医院[13]认为拇趾骨的骨密度定量分析可反映GO病变的进展。解放军292医院[14]认为^{99m}Tc-DTPA肾显像对确定GO合并肾病有较高的临床参考价值。沈阳军区总院[15]报道肾功能恢复良好的肾移植7例，术后9个月至10年中出现继发性GO，经控制饮食、减少或停用环孢素A治愈。浙江舟山普陀区医院[16]用青霉素治疗30例原发性GO急性发作，有效率76%，治疗前后SUA无变化。广州军区总院[17]用低功率氦氖激光内照射治疗GO 10例，临床治愈6例，显效3例，无效1例。上海瑞金医院[18]用中成药“益肾宝”治疗GO性肾病47例，总有效率89.3%。随访29例服药超过1年，3例超过2年，肾功能稳定，尿检正常，无毒副反应。

（四）肝豆状核变性

医科院基础所[19]应用DNA多态性对中国北方20个肝豆状核变性(WD)家系中23名表型正常的先证者同胞行症状前诊断，临床诊断率86.9%。福建医学院一院等[20]*应用WD基因位点毗邻的4个短串联重复序列多态标记，对20个WD家系121名个体进行基因单体型连锁分析，能快速、准确地检出WD家系的症状前患者和致病基因携带者。中山医大[21]利用3个DNA标记探针对15个WD家系85名成人进行连锁分析，其结果在80%可信限内。白求恩医大一院[22]报道WD死后尸检1例，并对基底节、大脑皮质、肝脏和角膜等病理及超微结构进行描述。上海医大[23]证实WD早期患者细胞质内铜明显高于溶酶体内铜；杂合子溶酶体内、外铜分布无差异。中山医大一院[24]发现经锌孵育后的WD患者皮肤成纤维细胞胞浆内铜含量增高，金属硫蛋白上的铜结合量也增高。宁波市儿童医院[25]报道以溶血性贫血为主要症状的WD 6例，误诊为溶血性贫血5例，肝病1例。福建医学院一院[26]报道骨-肌型WD 5例，误诊时间达2～10年。北京医大一院[27]报道以血尿为首发症状的WD 1例，病理示典型IgA肾病。山东文登县医院等[28]报道并发肾脏改变的WD 6例，尿蛋白+～卅。山东济宁市一院[29]报道急进型WD 1型，因突发恶心呕吐、神志不清3天人院，人院9天死亡。中国医大二院等[30]报道11例儿童WD颅脑磁共振成像改变，认为其与临床诊断的符合率优于脑CT。中山医大一院[31]发现WD的骨关节X线阳性率为92.1%，认为骨关节的X线检查是诊断WD的有益手段。上海医大[32]发现青霉胺对WD的临床有效率(94.2%)高于锌剂(58.8%)，且更能驱除体内蓄积的过量游离铜。安徽中医院[33]研究提示二巯基丁二酸钠在增加尿铜的同时可能引起体内铜离子的再分布。该所[34]用中药肝豆汤配合西药驱铜治疗WD 28例。2个月后，患者智力水平显著提高，以操作智商提高为突出。西安西京医院[35]对14例脑型WD进行局部脑血流量和经颅多普勒超声检查，显示患者存在脑缺血性改变，提出在驱铜治疗的同时应注意改善脑供血。

（五）苯丙酮尿症

北京儿科所等[36]分析30个苯丙酮尿症(PKU)家系的5种苯丙氨酸羟化酶(PAH)基因点突变，并完成1例PKU风险胎儿的产前诊断。医科院基础所等[37]完成16例经典PKU的产前基因诊断，其中10例已获验证，结果与产前诊断相符。该所等[38]认为单链构象多态性方法可用于PKU家系的突变基因检测和产前诊断。上海新华医院等[39,40]对中国南方人PKU的PAH基因外显子3突变和7突变进行分析，结果提示中国南、北方PKU分子遗传学存在差异。北京中日友好医院[41]研究表明母乳喂养的PKU患婴智商高于混合喂养者，混合喂养者高于人工喂养者。

（六）尼曼-匹克病

北京市儿童医院[42]*报道国内第1例酶制剂Ceredase（美国GENZYME生物治疗公司生产）替代治疗尼曼-匹克病(NPD)的用药方法和临床随访结果。江苏江阴市医院[43]报道姐弟2人同患NPD伴嗜铁组织细胞增生。江苏老年所[44]报道1例13岁女童因B型NPD肺部表现致呼吸衰竭，终因咯血窒息死亡。山东聊城地区四院[45]报道以癫痫发作为首发症状的 NPD 1 例。

（七）糖原累积病

江苏海安县医院[46]报道兄弟同患糖原累积病（GSD）Ⅰ型并发痛风，SUA 分别为 537.2 和 440μmol/L。北京军区总院[47]发现 GSD 肝组织中 RER 及线粒体等主要细胞器极度减少。广东医学院附院[48]以松二糖抑制法测定 GSD Ⅱ型一家系 3 例 2-1，4 葡萄糖苷酶活性，分别为正常的 23.6%、7.0%（均为纯合子）和 56.6%（杂合子）。

（八）粘多糖贮积病

广州市儿童医院[49]报道小儿粘多糖贮积病（MPS）13 例，其中Ⅰ型 6 例，Ⅳ型 3 例，Ⅱ、Ⅴ、Ⅵ、Ⅶ型各 1 例。泰山医学院[50]用双向电泳检查 MPS 一家系 15 人，发现杂合子 6 例，患者 9 例。福建南平造纸厂医院[51]报道 MPS 合并痛风 1 例，6 岁男童，SUA 及 24 小时尿尿酸均增高。

（九）血卟啉病

福建莆田市医院等[52]报道 1 例 31 岁已婚未育女性，于双侧卵巢巧克力囊肿切除后 6 小时出现下腹部弥漫性疼痛，尿卟胆原阳性，诊断子宫内膜异位合并卟啉病。大连医大二院[53]报道主要表现为周围神经软瘫及球麻痹的血卟啉病 1 例。大连医大一院[54]报道血卟啉病并发抗利尿激素分泌失调综合征 1 例，血钠最低至 94.1mmol/L，血渗透压 205.6mmol/L。

（十）其他

医科院基础所等[55]测定 24 种溶酶体贮积症患者血浆壳三糖苷酶活性。结果示 NPD 和其他 10 种病该酶活性呈轻度至中度增高。长沙湘雅医院[56]报道 2 例甘露糖沉积症患儿右侧额叶脑组织活检的超微结构所见。中国协和医大等[57]利用血清中芳基硫酸酯酶 A、β-半乳糖苷酶和皮肤成纤维细胞、羊水及羊水细胞多种溶酶体活性测定，诊断和产前诊断粘脂质贮积症Ⅱ型。南京医大一院等[58]利用外阴皮肤组织 5α-还原酶活性测定及雄激素受体的分析发现 5α-还原酶缺乏致男性假两性畸形 2 例。

（崔若兰）

参 考 文 献

[1] 朱智明等. 一军医大学报 1996;16(1):40
[2] 陈达光等. 中华医学 1996;76(7):519
[3] 皇甫梅生等. 浙江医学 1996;18(1):14
[4] 李安平等. 河南医大学报 1996;31(3):62
[5] 王中心等. 新医学 1995;26(12):626
[6] 雷春莲. 西安医大学报 1995;16(4):398
[7] 崔 伟等. 苏州医学院学报 1996;16(1):59
[8] 蒋竞雄等. 中华儿科 1996;34(3):186
[9] 陆德澄等. 新药与临床 1996;15(3):143
[10] 徐京团等. 中国超声 1996;12(1):68
[11] 杨岫岩等. 中华流行病 1996;17(1):10
[12] 华鸿宝等. 中华内分泌 1996;12(3):135
[13] 孟昭亨等. 中华内分泌 1996;12(3):153
[14] 张开富等. 中华核医学 1996;16(2):84
[15] 刘 龙等. 中华肾脏 1996;12(2):78
[16] 余 存. 综合临床 1996;12(2):108
[17] 刘凤云等. 中华理疗 1996;19(2):119
[18] 傅秀兰等. 中华肾脏 1995;11(5):295
[19] 乐俊河等. 中华儿科 1996;34(1):8
[20]* 吴志英等. 中华医学 1996;76(8):578
[21] 徐评议等. 中国神经精神 1996;22(2):69
[22] 刘亢丁等. 中风与神经 1995;12(6):353
[23] 金 洁等. 上海医大学报 1996;23(2):144
[24] 陈 嵘等. 中国神经精神 1996;22(1):13
[25] 赵桂清等. 浙江医学 1996;18(3):176
[26] 吴志英等. 中国实用内科 1995;15(11):669
[27] 王 倩等. 肾脏病与透析肾移植 1996;5(1):18
[28] 董崇娟等. 中国实用儿科 1996;11(1):36
[29] 刘传玉等. 中华医学遗传 1996;13(4):239
[30] 郝良纯等. 中国实用儿科 1995;10(6):371
[31] 张柏苹等. 中风与神经 1996;13(1):38
[32] 李乃忠等. 上海医大学报 1996;23(5):343
[33] 洪铭范等. 临床神经 1995;8(6):339
[34] 蔡永亮等. 中西医结合 1996;16(1):6
[35] 陈星琪等. 陕西医学 1996;25(9):523
[36] 宋 昉等. 中华医学遗传 1995;12(6):321
[37] 袁丽芳等. 中华医学遗传 1995;12(6):327
[38] 杨 涛等. 中华妇产 1996;31(7):401
[39] 张 眉等. 中华医学遗传 1995;12(6):324
[40] 张 眉等. 上海二医大学报 1996;16(4):229
[41] 李晓雯等. 中日友好医院学报 1996;10(3):269
[42]* 石慧文等. 中华医学遗传 1995;12(6):375
[43] 茅卫东等. 南通医学院学报 1996;16(2):283
[44] 陆 甘等. 临床儿科 1995;13(6):383
[45] 刘红军等. 临床神经 1996;9(5):267
[46] 王宝金等. 中华内分泌 1996;12(2):96
[47] 陈佩兰等. 解放军医学 1996;21(3):234
[48] 陆 美等. 中华医学遗传 1996;13(3):182
[49] 晏翠芳等. 广东医学 1996;17(5):293
[50] 李桂信等. 中华医学遗传 1995;12(6):377
[51] 梁福启等. 重庆医学 1996;25(1):8
[52] 罗宝珠等. 南京医大学报 1995;15(4):915
[53] 张怡玲等. 中国神经免疫和神经病学 1996;3(1):52

[54] 曹 萍等. 中华内分泌 1996;12(1):58
[55] 郭玉凤等. 中华医学遗传 1996;13(5):305
[56] 肖 波等. 中华神经 1996;29(5):280
[57] 张为民等. 中华儿科 1996;34(4):232
[58] 崔毓桂等. 南京医大学报 1996;16(5):437

文 选

生长激素分泌过多患者外周血淋巴细胞 CD2 mRNA 的表达(中国免疫 1996;12,121) 医科院基础所吕文戈等选取垂体生长激素瘤患者 12 例,23～60 岁,具备肢端肥大症或巨人症的临床表现,血清人生长激素(GH)口服葡萄糖抑制实验显示 GH 谷值>5.0μg/L,经 CT 证实垂体占位病变;另取健康成人 10 例作对照,应用 RNA 斑点杂交法测定上述病例外周血淋巴细胞 CD2 mRNA 的表达。将倍比稀释的不同含量的 CD2 cDNA 以及正常人、患者的总 RNA 样品点在同一张硝酸纤维素膜上,与 CD2 反义 RNA 探针行斑点杂交。结果显示正常人组为 0.843±0.203ng,患者组为 0.244±0.057ng,两组差异非常显著($P<0.05$),且 12 例患者 mRNA 含量均低于正常人均值。提示 GH 分泌过多对 T 淋巴细胞 CD2 mRNA 的表达有显著影响。此结果为研究内分泌系统产生的肽类激素对免疫系统的影响提供了新的资料。

(谢侃远)

碘缺乏病患者机体抗氧化能力的临床研究(中国地方病 1996;15(5):276) 天津内分泌所陈祖培等为进一步探讨地方性甲状腺肿(地甲肿)及地方性克汀病(地克病)患者的抗氧化能力,测定了新疆阿克苏缺碘地区这两种碘缺乏病(IDD)患者红细胞超氧化物歧化酶(SOD)和全血谷胱甘肽过氧化物酶(GPx)活性及红细胞脂质过氧化物(LPO)含量。A 组地克病患者 43 例,20～55 岁,其中神经型 23 例,粘肿型 11 例和混合型 9 例;B 组地甲肿患者 15 例,20～46 岁。正常对照 16 名,17～48 岁。GPx 活性采用 Hafman 改良法测定;SOD 活性用邻苯三酚自氧化抑制法测定;LPO 含量用硫代巴比妥酸比色法测定。抽血后即分离标本,－24℃冻存,所有标本一次测定。结果 A 组 SOD 活性(4 510.37±988.71U/g Hb)明显低于 B 组(8 569.31±12.23U/g Hb)和正常人(9 323.07±1 564.17U/g Hb,P 均<0.001),后两组间无明显差异;GPx 活性两组 IDD 患者(A 组为 7.41±3.00U/ml,B 组为 5.72±1.61U/ml)均明显低于正常人(9.23±2.52U/ml),虽 B 组活性比 A 组低,但无显著差别。LPO 含量两组 IDD 患者(A 组为 94.47±22.95nmol/g Hb,B 组为 91.57±7.89nmol/g Hb)明显高于正常组(57.95±6.81nmol/g Hb,P 均<0.001),但 A、B 两组间差异不显著。所有 IDD 患者 SOD/LPO 和 GPx/LPO 比值均明显低于正常人(P 均<0.001),以 A 组降低更明显,但 A 组三型间各项指标间均无明显差异。研究证实,碘缺乏病患者机体抗氧化能力下降,机体处于清除自由基的失代偿状态,自由基对机体的持续性损伤机制可能与碘缺乏病的发生与发展过程有关,可能是因缺碘而诱发的继发性病理因素。

(黄 勤)

述评 IDD 的发病机制一直受到重视,其中“甲状腺氧中毒”学说引人注目。过去在动物实验中证实 IDD 有甲状腺清除自由基能力下降,上文在临床研究中也证实了这一点。这一研究的重要意义在于在防治 IDD 的过程中,除了补碘外,早用自由基清除剂(如硒)可能有助于减轻 IDD 诱发的继发性病理损害。

(邹大进)

Graves 病患者 IL-2/IL-2R 系统的改变(中华内分泌代谢 1996;12(1):20) 上海瑞金医院刘建民等采用放免、间接免疫荧光和 ELISA 夹心法观察处于不同甲状腺功能(甲功)状态的 Graves 病患者外周血单个核细胞(PBMC)白介素-2(IL-2)及其受体(IL-2R)和血清 IL-2R(sIL-2R)的改变。病人分二组:(1)甲功亢进组(亢进组)25 例(男 6 例,女 19 例),平均 38±7 岁;(2)药物治疗后甲功正常组(缓解组)20 例(男 7 例,女 13 例),平均 41±11 岁。另设正常人 15 名(男 7 名,女 8 名),平均 37±8 岁。结果亢进组患者 PBMC 培养上清液中 IL-2 的量(6.51±2.69kIU/L)明显低于缓解组(26.12±20.44kIU/L)和正常对照组(28.38±24.71kIU/L,P 均<0.001);血清 sIL-2R 为 559.9±210.8kIU/L,明显高于缓解组(289.2±77.9kIU/L)和正常对照组(265.7±79.5kIU/L,P 均<0.001);亢进组病人外周血中可检出大量表达 IL-2R-α 链的活化 T 细胞

(22.72%±7.14%),而缓解组明显下降(9.86%±5.42%),但仍高于正常对照组(3.92%±1.66%);IL-2与IL-2R-α^+、sIL-2R均呈负相关,后两者间呈正相关。作者认为IL-2/IL-2R系统的异常可能是Graves病免疫发病机制之一,IL-2的缺乏可能影响抑制性T细胞的分化成熟和增殖,不能有效发挥免疫监视。但IL-2的产生不足与体内T细胞持续活化、功能逐渐耗竭有关。而且这些免疫学指标在一定程度上可反映疾病的活动性,有助于监测病情的转归。

(黄　勤)

述评　近年来细胞因子在自身免疫性甲状腺疾病(AITD)发病机制中的作用逐步受到重视。某些细胞因子(如IL-2等)的缺乏可能会影响抑制性T细胞的分化、成熟和增殖,使其不能有效地发挥免疫监护作用,致某些自身反应细胞脱抑制而功能亢进,最终发生AITD,上文及国外研究结果均证实了这一观点,而且随访这些免疫指标还有助于监测病情的转归。

(邹大进)

促甲状腺激素受体基因在自身免疫甲状腺病中的表达(中华医学 1996;76(10):753)　北京医大一院杨大木等采用Northern印迹杂交技术,观察了7例Graves病(GD)和2例桥本甲状腺炎(HT)患者甲状腺组织中促甲状腺激素(TSH)受体mRNA和HLA Ⅰ、Ⅱ类抗原mRNA表达情况,并比较了淋巴细胞的浸润程度,以探讨TSH受体mRNA在自身免疫甲状腺病(AITD)中的表达及与白细胞组织相容性抗原(HLA)Ⅰ类、Ⅱ类抗原mRNA表达的关系。所有甲状腺组织标本均来自外科手术患者,经临床及病理诊断证实。结果发现与HT和正常对照相比,GD组织TSH受体mRNA表达明显增高,而HT与正常对照组间相比差别不明显;GD、HT和正常甲状腺组织中均有HLA Ⅰ类、Ⅱ类抗原mRNA表达,两者呈密切正相关($r=0.974, P<0.01$),而且与甲状腺组织中淋巴细胞浸润程度(LI)呈正相关(HLA Ⅰ、LI,$r=0.881$;HLA Ⅱ、LI,$r=0.947$,P均<0.01)。但TSH受体mRNA表达与HLA Ⅰ类、Ⅱ类抗原mRNA和淋巴细胞浸润程度间呈明显负相关(TSH-R、HLA Ⅰ,$r=-0.816$,$P<0.01$;TSH-R、HLA Ⅱ,$r=-0.803$,$P<0.01$;TSH-R、LI,$r=-0.77$,$P<0.05$),如在TSH受体mRNA水平较高的甲状腺组织中,HLA Ⅰ类、Ⅱ类抗原mRNA表达较弱,淋巴细胞浸润较少。作者认为TSH受体mRNA表达与甲状腺功能状态密切相关,如淋巴细胞浸润越多,甲状腺功能越低,TSH受体mRNA表达较弱,反之,则较强。GD甲状腺组织TSH受体mRNA表达水平升高,可能是甲状腺刺激性抗体(TSAb)的上调作用,可使TSH受体合成增加,从而加强TSAb的刺激作用,这可能在GD甲状腺高功能的产生机制中起一定作用。总之,TSH受体mRNA表达与HLA Ⅰ类、Ⅱ类抗原的表达及淋巴细胞浸润程度间存在负相关。

(黄　勤)

述评　自身免疫性甲状腺疾病,特别是GD的发病与TSH受体抗体(TRAb)有关。正常的TSH受体为什么会成为自身免疫的抗原尚不清楚,上文结果只证明了TSH受体mRNA在GD患者的甲状腺上皮细胞有高度表达,但这是TRAb的调节作用,还是其他病变导致的异常?值得探讨。

(邹大进)

甲状腺功能异常患者末梢血淋巴细胞T_3核受体基因表达(中华内科 1996;35(6):389)　北京医大一院刘玉珍等以人c-erbAα和c-erbAβ(编码T_3核受体的原癌基因)的cDNA片段为探针,应用分子杂交技术,分别检测了5例Graves病(GD)(男1例,女4例,25~42岁)和7例桥本甲状腺炎伴甲减(HTH)患者(男2例,女5例,28~60岁)末梢血淋巴细胞c-erbAα和c-erbAβ mRNA相对含量,从分子水平探讨甲状腺激素水平与T_3核受体(T_3NR)亚型的关系。所有病人均为初发未治者。另设对照组7人(男3人,女4人,28~60岁)。激素测定应用放免分析试剂盒。结果人末梢血淋巴细胞c-erbAα mRNA有6.0kb和3.2kb两种形式,而c-erbAβ mRNA有5.0、3.0和2.0kb三种形式;与对照组相比,HTH患者末梢血淋巴细胞c-erbAα和c-erbAβ mRNA表达明显增强,但GD患者变化不明显。作者认为甲状腺激素对T_3NR亚型的调节至少有部分发生在mRNA水平,T_3NR总量增加与α和β亚型的合成增加有关。而甲减患者末梢血淋巴细胞c-erbAα和c-erbAβ mRNA表达增强可能是机体对循环中甲状腺激素浓度降低在分子水平上的一种调节,有利合成更多的T_3NR,增强T_3在核内积聚,对甲减进行最大限度的代偿。

(黄　勤)

述评　甲状腺激素对其受体的调节一直是重要的课题。临床研究发现血中甲状腺激素水平已有明显降低的低T_3综合征可以不出现甲减表现,是否是由于甲状腺激素水平下降导致了T_3NR向上调节的结果?上文证实了这一点。但Graves甲亢患者T_3NR却不受甲状腺激素的调节令人困惑。是疾病本身的影响，还是方法学的原因？值得深入探讨。

（邹大进）

桥本甲状腺炎和Graves病人类白细胞抗原-DR的免疫组化研究（中华内科 1996；35(5)：303） 河南医大一院张会娟等为探讨甲状腺上皮细胞异常表达人类白细胞抗原(HLA)-DR抗原与甲状腺自身免疫反应的关系，应用卵白素生物素复合物(ABC)免疫组化法对16例桥本甲状腺炎(HT，男1例，女15例，26～62岁)、14例Graves病(GD，男2例，女12例，18～59岁)和6名正常人(男1名，女5名，34～47岁)术后甲状腺组织标本中的DR抗原阳性甲状腺上皮细胞进行定位和定量研究，并与术前血清甲状腺球蛋白抗体(TGAb)、甲状腺过氧化物酶抗体(TPOAb)值进行相关分析。抗HLA-DR单克隆抗体为丹麦DAKO公司产品，免疫组化染色采用ABC过氧化物酶法，ABC试剂盒为美国Vector公司产品，甲状腺自身抗体用放免分析法检测。结果正常甲状腺组织内未见HLA-DR抗原阳性的甲状腺上皮细胞，而在所有被检HT和GD患者均可见不同程度表达DR抗原的甲状腺上皮细胞，主要分布在甲状腺组织内的淋巴细胞浸润区，而且表达程度与血清TGAb、TPOAb值呈正相关(P均<0.01)。与GD组相比，HT组HLA-DR抗原的表达程度明显增强($P<0.05$)，但GD组仍明显高于正常组($P<0.01$)。HLA-DR抗原定位于细胞膜和细胞质，细胞膜较细胞质着色强，滤泡腔侧细胞膜较基底膜侧细胞膜着色强。研究提示浸润淋巴细胞可能促使甲状腺上皮细胞异常表达DR抗原，免疫活性细胞直接攻击HLA-DR抗原阳性甲状腺上皮细胞，这可能与甲状腺自身免疫反应有关。而HT和GD患者血中出现TGAb和TPOAb与其甲状腺上皮细胞异常表达DR抗原易受到免疫炎性损伤，释放甲状腺球蛋白和甲状腺过氧化物酶有密切关系。

（黄　勤）

述评　GD和HT是最常见的器官自身免疫性疾病。关于其发病机制有过众多研究，甲状腺上皮细胞异常表达HLA-DR抗原，是导致自身免疫性甲状腺疾病特别是HT的重要原因之一。今后应通过分子生物学手段解决为何正常不表达HLA-DR抗原的甲状腺上皮细胞会异常表达此抗原这一课题，这对防治GD和HT有重要意义。

（邹大进）

表皮生长因子受体在人甲状腺癌的免疫定位（中华内分泌代谢 1996；12(3)：154） 中国医大崔秀娟等应用免疫组化方法研究表皮生长因子受体(EGF-R)在38例甲状腺肿瘤中的免疫定位，以探讨其临床意义。人甲状腺组织均为术后标本，其中甲状腺腺瘤8例，腺癌30例。使用的单克隆抗体为克隆31GηIgG，此抗体能与EGF-R分子细胞外区发生反应。结果EGF-R免疫反应主要定位于瘤或癌细胞膜上，呈均匀细小褐色颗粒，部分定位于细胞质内。EGF-R阳性染色在甲状腺瘤中仅1例，阳性率13%，染色较弱，呈区域性分布；而甲状腺癌中有19例阳性，染色较强，呈弥散分布，其中乳头状腺癌占67%(12/18)，滤泡型腺癌占58%(7/12)。光镜对比发现EGF-R在不同类型癌组织中的差异与癌细胞核的异型性有关，即癌细胞异型性小，EGF-R表达不明显；反之，癌细胞核大，染色深，EGF-R表达明显。作者认为EGF-R在癌细胞的DNA合成和癌细胞分裂、增生中起重要作用，可能与甲状腺癌的形成密切相关，检测EGF-R对甲状腺癌的早期诊断有重要意义。

（黄　勤）

述评　有关甲状腺癌的基因研究已做过不少工作，如p53、c-myc、c-erbB-2等癌基因的研究等。上文进一步说明EGF-R在甲状腺癌组织中有强烈表达，而且文献报道人宫颈癌、卵巢癌和乳腺癌组织中均存在EGF-R的高表达，这是否是恶性肿瘤的共同特性之一值得深入研究。今后研究的方向应是如何抑制EGF-R的高表达，从而防治甲状腺癌。

（邹大进）

家族性非胰岛素依赖型糖尿病患者的家系调查（中华医学 1996；76(6)：435） 重庆医大一院张素华等为探索家族性非胰岛素依赖型糖尿病(NIDDM)的遗传方式，对有糖尿病(DM)家族史的NIDDM先证者100例(男38、女62)、随机寻找与先证者性别相同、年龄相当的群体100例，分别进行三代家族史和血统成员的调查。检查空腹血糖、糖基化血红蛋白、血脂及血胰岛素，部分受试者行胰岛素释放试验，按WHO标准诊断血统成员中的DM患者，分别绘制成系统图。结果表明：在100个DM家系中，发现DM患者326例，其中NIDDM 319例，胰岛素依赖型糖尿病(IDDM)7例；而群体对照组仅12例，均为NIDDM。前组DM患病率为后组患病率的26倍(34.3%对1.3%)。无论DM家系组还是对照组，女性患病率显著高于男性(40%对28%，$P<0.01$)。先证者的一级亲属患病率是群体组家属患病率的18倍(28.3%对1.5%)，葡萄糖耐量异常是群体组的3倍。先证者的同胞患病率为44.4%，子女患病率为9.7%，一级亲属DM患病率大于二级亲属(28.3%对1.51%)。家族性DM系谱分析显示：(1)双亲之一或两者均为DM患者占核心家系的

83.9%,其中先证者的母亲为DM者占50.8%(57个家系),父亲为DM者占27.6%(31个家系),其父亲及母亲有DM者存在显著差别($P<0.01$),双亲均为DM者占5.3%。(2)先证者同胞几乎一半是DM患者。(3)16个系谱中可见连续3~4代都有发病,且存在隔代传递现象。(4)母亲是DM的子女DM患病率为46.2%,父亲是DM的子女中,DM患病率为44.4%,两者之间无显著差异。综上所述,作者认为:(1)有家族史的NIDDM患者有明显的家族聚集性;(2)家族性NIDDM遗传方式符合孟德尔的常染色体显性遗传;(3)母亲传递DM显著多于父亲,可能为患者性别患病的差异所致。

(高从容)

述评 NIDDM是一多基因遗传疾病,受遗传因素和环境因素的影响。上文结果提示有家族史的NIDDM患者有明显的家族聚集性,其遗传方式属常染色体显性遗传,部分患者存在母系效应。这是一种有益的探索,提示我们应对DM患者的非DM家属进行医学监护和必要的干预治疗,从而预防环境因素诱发NIDDM,也为NIDDM分子水平的病因研究提供了参考。

(邹大进)

武汉地区Ⅱ型糖尿病患者冠心病与载脂蛋白E基因型的关系(中华内分泌 1995;11(4):206) 湖北医大二院杨香玖等应用PCR技术,对随机选择的125例非胰岛素依赖型糖尿病(NIDDM)患者和50例非糖尿病患者进行apoE基因型检测,以研究NIDDM患者冠心病(CHD)与apoE基因型间的关系。NIDDM患者,男82例,女43例,45~67岁,其中56例伴有CHD。apoE基因型判别根据5种基因位点(H、D、E、F、G)确定,如ε3/3为E和F扩增阳性。结果表明:与对照组相比,NIDDM组apo ε4/3频率增高,ε3/3降低,但无显著性差异,两组等位基因频率分布相似。NIDDM患者中CHD组apo ε3/3和ε4/3基因型频率分别低于和高于非CHD组(71%,$P<0.05$,10%,$P<0.01$);CHD组ε4等位基因频率为21%,明显高于非CHD组(7%,$P<0.01$)。NIDDM患者心肌梗死和缺血性心电图改变在apo ε4/4和ε4/3型组发生率分别为21%和41%,但不同基因型组间差异无显著性。心绞痛在apo ε4/4和ε4/3型组中为52%,显著高于ε3/3型组(31%,$P<0.05$)。apo ε4/4和ε4/3型患者,任何证据的CHD发生率为72%,显著高于ε3/3组(37%),及ε2/2,ε3/2型组。NIDDM患者中,ε4/4、ε4/3型总胆固醇水平明显高于其他基因型组,甘油三酯、脂蛋白及载脂蛋白在各基因型组间无显著差异。作者认为apo ε4/3和apo ε4/4可作为NIDDM患者CHD发生的重要危险指标。

(高从容)

述评 NIDDM心血管并发症的分子发病机制研究是目前国际上的热门课题。对于apo E基因多态性与NIDDM心血管并发症之间的关系国内外报道较少。上文作者应用PCR技术,研究了武汉地区男女混合组NIDDM患者CHD与apo E基因型的关系,认为apo ε4/3和apo ε4/4可以作为NIDDM患者CHD发生的重要危险指标。此研究可以使我们对NIDDM最具有危险性的慢性并发症的分子发病机制有更新的认识,对临床进一步早期发现和及时防治NIDDM心血管并发症有重要指导意义。

(邹大进)

ACE基因多态性与NIDDM伴心血管疾病的相关性(中华内分泌 1995;11(4):197) 上海瑞金医院高梅等以血管紧张素I转化酶(ACE)基因为候选基因,用PCR方法检测135例(男66,女69)NIDDM患者和57名正常人的ACE基因的缺失/插入(D/I)多态性,旨在明确ACE基因与NIDDM伴心血管疾病有无相关性。PCR反应引物有A、B两种。结果表明:ACE基因有三种基因型:II型、DD型、D/I型。所研究人群基因型分布符合Hardy-Weinbery平衡(NIDDM:$\chi^2=0.50$,$P>0.25$;正常人对照组:$\chi^2=2.84$,$P>0.05$),且D,I等位基因频率在NIDDM患者及正常人中无差异($P>0.05$),三种基因型分布趋势也一致。调查本组正常人群中等位基因频率及基因型分布与法国白种人群一致(Allel $\chi^2=0.58$,$P>0.05$;Genotype $\chi^2=2.74$,$P>0.05$),而与日本人群有显著差别(Allel $\chi^2=20.07$,$P<0.01$;Genotype $\chi^2=21.18$,$P<0.01$)。ACE基因的几种基因型分布及等位基因频率与NIDDM伴或不伴高血压无相关关系,但NIDDM患者中D等位基因频率与出现典型心肌缺血的异常心电图之间有显著相关性($\chi^2=6.04$,$P<0.05$),同时DD基因型在该组有异常心电图表现的NIDDM患者中频率明显增高($\chi^2=3.93$,$P<0.05$),提示携带DD基因型的NIDDM患者具有冠心病的易感性。作者认为在高危人群中进行ACE基因型检查对早期发现和及时防治冠心病有十分积极的意义。

(高从容)

述评 ACE基因以前往往被认为是研究高血压的主要候选基因,近年来国际上关于NIDDM伴心血管并发症与ACE基因多态性的研究也渐增多。国外研究认为ACE具有的缺失多态性是发生心肌梗死的高危因素。上文作者用PCR方法检测ACE

基因的缺失/插入多态性，认为D等位基因是NIDDM易发冠心病的一个独立和高度危险的相关因素，携带DD基因型的患者具有冠心病易感性。希望能进一步扩大验证，并探讨对携带DD基因型NIDDM患者预防冠心病的方法。

（邹大进）

短期和长期热量限制对大鼠胰岛素抗性的影响（中华内分泌 1996；12(2)：104） 广州医学院二院陈澍等选取14周龄Fisher-344大鼠，随机分成热量限制(CR)组和自由进食(AL)组，其中短期CR组36只，AL组35只；长期CR、AL组各20只。CR组接受的热量为AL组的60%，其他营养成分相同。短期各组于18周龄时被处死，长期各组于9月龄时处死。结果发现，短期和长期CR鼠体重和肝重显著减轻，腹腔内脂肪含量减少。短期和长期CR鼠的血糖和胰岛素浓度在24小时期间部分时间点低于AL组，24小时平均浓度也显著低于AL组[分别是(3.31±0.10)比(3.74±0.11)mmol/L及(42.00±2.73)比(68.91±5.44)mU/L，$P<0.05$]。4组大鼠胰岛素抵抗指数由大至小的顺序为：长期AL＞短期AL＞长期CR＞短期CR，短期和长期CR鼠显著低于对应的AL组；短期AL、CR鼠显著低于长期AL鼠，其余各组间差异不显著。而胰岛素敏感性指数改变却相反，从大到小依次为：短期CR＞短期AL＞长期CR＞长期AL；短期和长期CR鼠显著高于对应的AL鼠，短期AL、CR鼠显著高于长期AL鼠，短期CR鼠显著高于长期CR鼠，其余各组间差异不显著。作者认为短期和长期CR鼠均能适应低浓度的葡萄糖与胰岛素环境，并能有效地利用葡萄糖，胰岛素抗性随鼠龄增加而增高，此现象可通过CR而延缓，CR可减轻大鼠体重、降低血糖和胰岛素浓度，也增强胰岛素敏感性和降低胰岛素抗性。

（高从容）

述评 NIDDM、肥胖、高血压、高血脂及冠心病之间存在着一个共同的遗传或获得性缺陷——胰岛素抵抗。上文表明短期或长期热量限制能改善大鼠胰岛素敏感性，降低胰岛素抗性，随着胰岛素抵抗的改善，大鼠心血管疾病发生率低，寿命延长，这可能是控制饮食、限制热量摄入治疗NIDDM和延长寿命的理论基础。重视后天环境因素(如饮食)对上述多基因遗传病阈值的影响，是预防学的途径之一。

（邹大进）

大黄抑制糖尿病大鼠肾脏肥大的作用与肾小球内多肽生长因子表达的关系（中华内分泌 1995；11(4)：228） 南京金陵医院杨俊伟等用链脲菌素(STZ)建立糖尿病大鼠模型，分为糖尿病组和糖尿病大黄治疗组，并设立正常对照组。大黄治疗组于实验前3日起灌服大黄醇提取物1.0g(生药)/kg。在注射STZ后的12、24、48及96小时分别随机从各组取大鼠6只，麻醉后分离血管，在左肾动脉下端插入动脉导管，结扎右肾动脉之上的腹主动脉，行原位灌洗后取下双肾，机械分离肾小球，用盐水胍/饱和酚法提取肾小球总RNA。利用多肽生长因子，如表皮生长因子(EGF)、转化生长因子(TGFβ)和血小板衍化生长因子(PDGFb)的cDNA探针，经斑点杂交进行半定量分析。结果表明：STZ注射后的第2天，糖尿病鼠体重降为正常组的87%，随后的第4天，糖尿病鼠体重稍有回升，但仍低于正常大鼠。其肾重量在STZ注射后6小时和24小时无明显变化，24小时后肾重量即开始呈增加趋势，72小时时肾重增加明显高于正常对照组(0.60±0.05g *vs* 0.49±0.08g，$P<0.05$)；96小时时肾重量增加约为基础正常值的38%(从0.505g至0.718g，$P<0.01$)。而大黄治疗组的肾重量在72小时和96小时时明显低于糖尿病组，但仍高于正常对照组。注射STZ后24小时，糖尿病大鼠肾小球中EGF前体、TGFβ和PDGFb三种生长因子的表达增强，与正常组比，其增加的倍数分别是3.11、2.78和7.33；STZ注射48小时后，EGF前体和TGFβ表达增加倍数最高。而大黄治疗组肾小球中EGF前体、TGFβ和PDGFb的表达在24、48和96小时后的不同时间均明显低于糖尿病非治疗组。作者认为大黄抑制糖尿病大鼠肾脏肥大的作用与肾小球内多肽生长因子表达被“下调”有关。

（高从容）

述评 糖尿病肾病(DN)早期病理生理改变是肾脏肥大，但肾脏肥大的机制并不清楚。上文结果表明大黄醇提取物能抑制糖尿病大鼠的肾脏肥大，并对其作用机制进行了研究，认为与肾小球内多肽生长因子表达“下调”有关，值得进一步从肾脏形态学和药物作用的具体环节来探讨其疗效和机制，对临床DN的防治也有一定意义。当然，毒副作用问题值得重视。

（邹大进）

胰岛素和卡托普利对糖尿病大鼠肾小球系膜细胞的影响（中华医学 1996；1(76)：41） 解放军总院耿纪录等通过对肾小球系膜细胞的体外试验，探讨了大鼠致糖尿病(DM)3周后肾小球系膜细胞在体外培养中的不同增殖反应以及药物的干预作用。结果表明：DM大鼠系膜细胞氚-胸腺嘧啶核苷(^{3}H-TdR)掺入的每分钟记数值为11 735±139/min，明显高于正常大鼠(10 156±610/min，$P<0.05$)。加入

不同浓度胰岛素 DM 大鼠和正常大鼠系膜细胞^{3}H-TdR 掺入每分钟记数值明显高于对照组，胰岛素浓度为 5×10^{-1}U/ml 时，^{3}H-TdR 掺入系膜细胞每分钟记数在 DM 大鼠高于 5×10^{-4}U/ml 和 5×10^{-3}U/ml；在正常鼠高于 5×10^{-4}U/ml。加入不同浓度卡托普利时，DM 大鼠系膜细胞^{3}H-TdR 掺入每分钟记数明显低于对照组，而正常大鼠系膜细胞仅在卡托普利为 10^{-3}mol/L 时，其^{3}H-TdR 掺入值低于对照组。加入不同浓度胰岛素时，DM 鼠和正常大鼠上清液中白介素-6(IL-6)含量明显高于对照组，但肿瘤坏死因子(TNF)差异不显著。加入不同浓度卡托普利时，DM 鼠和正常大鼠 IL-6 含量与对照组比较均无显著差异；DM 大鼠系膜细胞 TNF 含量显著低于对照组，随卡托普利浓度升高，TNF 含量呈下降趋势。研究显示高浓度胰岛素能刺激系膜细胞 IL-6 产生，促进系膜细胞的增殖，而卡托普利能减少系膜细胞产生 TNF，从而抑制系膜细胞增殖。因此，在 DM 早期，改善高胰岛素血症，及早使用卡托普利，对预防 DM 慢性并发症有积极意义。

（高从容）

述评 DN 的发生与发展与肾小球系膜细胞增殖密切相关。上文结果表明胰岛素对肾小球系膜细胞的增殖有促进作用，而卡托普利则有抑制作用。糖尿病的慢性并发症关键在于预防，因此在治疗糖尿病过程中，应避免高胰岛素血症，早期运用血管紧张素转化酶抑制剂，可能对 DN 防治有益。

（邹大进）

碳酸锂对 NIDDM 的作用及其机制探讨（中国糖尿病 1996；4(3)：151） 湖南医大黄列军等采用双盲、随机交叉试验，观察了 47 例 NIDDM 患者(男 19，女 28)口服碳酸锂或安慰剂治疗的前后变化。结果表明：31 例 NIDDM 患者加服碳酸锂后，其空腹及餐后血糖、24 小时尿糖均有降低。其中单用碳酸锂治疗 15 例，10 例有效，1 例显效，总有效率为 87%。合用碳酸锂治疗的 16 例中，4 例有效，9 例显效，总有效率为 81%。锂治疗后患者空腹及餐后血浆胰岛素、C 肽均有降低($P<0.05$)，而胰升糖素无变化。安慰组治疗前后均无变化($P>0.05$)。治疗组、安慰剂组在治疗前红细胞膜上的高和低亲和力胰岛素受体结合位点数(r_1 和 r_2)较正常组低〔r_1：11.5±1.5 及 11.7±1.5 比 22.6±6.5 个/细胞，r_2：796.5±228.3 及 799.0±251.8 比 1 889.6±419.0 个/细胞，$P<0.05$)；亲和常数 K_1、K_2 却高〔K_1：$(3.05\pm0.34)\times10^{9}$LM^{-1} 及 $(3.01\pm0.40)\times10^{9}$LM^{-1} 比 $(1.8\pm0.4)\times10^{9}$LM^{-1}，K_2：$(1.75\pm0.76)\times10^{7}$LM^{-1} 及 $(1.75\pm0.66)\times10^{7}$LM^{-1} 比 $(0.86\pm0.14)\times10^{7}$LM^{-1}，$P<0.01$〕。治疗后，治疗组 r_1、r_2 升高(r_1：19.5±6.7 比 11.5±1.5 个/细胞，r_2：1 027.7±297.5 比 796.5±228.3 个/细胞，$P<0.05$)；K_1、K_2 减低〔K_1：$(2.07\pm0.55)\times10^{9}$LM^{-1}比 $(3.05\pm0.34)\times10^{9}$LM^{-1}；$K_2$：$(1.22\pm0.39)\times10^{7}$LM^{-1}比$(1.75\pm0.76)\times10^{7}$LM^{-1}，$P<0.05$〕。治疗组治疗后 T_3、T_4、F 浓度均有降低($P<0.01$)，分别为 1.44±0.33 比 1.74±0.41nmol/L，89.70±22.03 比 124.20±28.26nmol/L，146.80±55.96 比 169.43±55.95nmol/L，而 TSH 无显著变化($P>0.05$)。作者认为碳酸锂降低 NIDDM 患者血糖可能与增加胰岛素受体的结合位点数，特别是高亲和力受体结合位点，改善机体胰岛素敏感性有关。

（高从容）

述评 胰岛素抵抗是 NIDDM 发病机制之一，治疗 DM 不仅要降低血糖，而且要改善机体胰岛素敏感性，目前已有胰岛素增敏剂问世。上文结果表明碳酸锂能降低 NIDDM 患者的血糖和胰岛素水平，改善机体的胰岛素敏感性，为临床上治疗 NIDDM 提供了新思路。值得进一步与胰岛素增敏剂比较，探讨其疗效和机制。

（邹大进）

卡托普利对糖尿病鼠主动脉胶原非酶糖化的抑制作用（中国糖尿病 1996；4(2)：83） 南京金陵医院李辉等用链脲菌素诱导糖尿病模型，分成糖尿病组和卡托普利(0.1%卡托普利饮水给药)治疗组，连续治疗 4 周后测定各组主动脉胶原和胶原糖化终产物(AGE)含量，以及血糖、游离胰岛素、载脂蛋白 B 及胰岛素抗体。结果发现，与正常组比，糖尿病组大鼠主动脉胶原含量、胶原 AGE 荧光值增加(为 35.89±7.89 比 22.85±1.49μg/mg 组织及 10.55±1.10 比 4.87±0.91AU/mg 组织，$P<0.01$)。同时伴有血糖、血浆载脂蛋白 B 显著升高和血浆游离胰岛素减低(分别为 23.31±3.58 比 5.68±1.25mmol/L，0.32±0.04 比 0.18±0.02g/L 及 9.10±2.41 比 34.28±13.36mU/L，$P<0.01$)。服用卡托普利治疗 4 周的糖尿病大鼠，其主动脉胶原含量和胶原 AGF 荧光值较糖尿病组显著降低(分别为 26.66±4.83 比 35.89±7.89μg/mg 组织及 6.65±1.95 比 10.55±1.10AU/mg 组织，$P<0.05$)。血浆游离胰岛素水平明显增加(为 24.80±15.53 比 9.10±2.48mU/L，$P<0.05$)。血糖和血浆载脂蛋白 B 则无明显改变，各组大鼠血浆胰岛素抗体均为阴性。以上结果提示卡托普利能减轻糖尿病大鼠血管胶原蛋白的非酶糖化损伤，其作用途径可能不依赖于血糖浓度的降低，这对防治糖尿病慢性

血管并发症具有潜在的临床价值。

（高从容）

述评　非酶糖化是糖尿病慢性并发症发病机制之一，国内外学者一直在寻找有效的、能运用于临床的非酶糖化阻滞剂。血管紧张素转换酶（ACE）抑制剂卡托普利常用于高血压、充血性心衰、糖尿病肾病等疾病。上文发现卡托普利能减轻糖尿病大鼠血管胶原的非酶糖化损伤，为临床使用ACE抑制剂防治糖尿病慢性并发症提供了实验依据。尚需深入探讨其作用机制。

（邹大进）

烟酰胺对白细胞介素1β所致胰岛损伤的防护作用及其机制（中华医学 1996；76(7)：497）　北京医大三院高洪伟等采用离体培养新生大鼠胰岛的方法，观察白细胞介素1β(IL-1β)和(或)烟酰胺对胰岛素分泌、亚硝酸盐的含量和^{3}H-胸腺嘧啶核苷(TdR)掺入量的影响。结果表明：0.5～5U/ml IL-1β对急性高浓度葡萄糖刺激的胰岛素分泌无明显影响，10～40U/ml IL-1β则可明显抑制胰岛素分泌，促进一氧化氮(NO)生成，抑制^{3}H-TdR掺入量，呈剂量依赖性，均有非常显著差异。10～50mmol/L烟酰胺对累积胰岛素释放和急性高浓度葡萄糖刺激的胰岛素分泌均无影响，但可明显增加^{3}H-TdR的掺入量，呈剂量依赖性，差异显著。25mmol/L烟酰胺可减轻40U/ml IL-1β对累积胰岛素分泌的抑制作用，但对IL-1β抑制急性高浓度葡萄糖刺激的胰岛素分泌无明显改善效应，而10～50mmol/L烟酰胺可完全扭转IL-1β对^{3}H-TdR掺入的抑制作用，均有显著差异。25、50mmol/L烟酰胺可部分抑制亚硝酸盐的生成，抑制率分别为34%和42%，呈剂量依赖性，差异显著。提示烟酰胺对IL-1β所致的胰岛损伤具有一定的保护作用，其机制可能与烟酰胺促进胰岛细胞增殖和抑制IL-1β诱导NO合成有关。

（高从容）

述评　国外已有报道烟酰胺可防止实验动物对化学试剂引起的胰岛损伤，并可促进人胎胰岛细胞的生长。上文证实了烟酰胺对IL-1β所致的胰岛损伤有一定防护作用，认为其机制可能与烟酰胺促进胰岛细胞增殖和抑制IL-1β诱导的NO合成有关。此项研究为临床上在IDDM的Ⅰ级亲属中应用烟酰胺预防或减慢IDDM的发病提供了理论依据。

（邹大进）

基因短串联重复序列多态标记诊断肝豆状核变性（中华医学 1996；76(8)：578）　福建医学院一院吴志英等在国内应用D13S316、D13S133、D13S301及D13S314四个跨越肝豆核变性(WD)基因，且被定位于300kb范围内的短串联重复序列(STR)多态标记，对20个WD家系作连锁分析，以探讨其在WD基因诊断中的应用价值。检测对象：①互无亲缘关系的正常人80名；②20个WD家系成员共121人，其中WD患者20例，可疑患者3例，均为先证者同胞。检测方法：①抽取上述对象外周静脉血，分离白细胞，抽提DNA。②寡核苷酸引物PCR扩增，即扩增4个STR的引物序列。③扩增产物聚丙烯酰凝胶电泳(PAGE)及银染法显色。WD家系的基因分析和携带者的基因诊断：①对80名正常人的上述4个基因频率进行检测，结果表明其在中国人群中具有高度多态性。②根据上述STR的频度特征及其在基因组的位置关系(cen→D13S316→D13S133→D13S301(WD)→D13S314→ter)，分析每个体的基因型。③通过同一家系各个成员单体型与先证者对比分析，明确所有成员的基因型诊断。④结果显示在先证者35名同胞中，检出正常人13名，携带者20例，症状前患者2例；在21名二级亲属中，检出正常人15名，携带者6例。另外，也可用于症状前患者的诊断和临床可疑患者的鉴别。作者认为该法具有灵敏、快速、周期短和DNA用量小及所用STR多态的PIC值高，且分布于WD基因内部及其旁侧，呈极其紧密的连锁关系，因而可大大提高WD基因诊断的准确性和成功率，并降低因重组造成的误诊。

述评　WD是少数可以有效对症治疗的遗传病之一，其疗效与开始治疗时间密切相关，早期发现，早期治疗，患者便可获得与正常人接近的生活质量及寿命。WD杂合子检出及症状前诊断是临床两大难题，上文研究为WD的基因诊断提供了重要的新手段，不仅是临床生化检测难于比拟，且优于80年代发展起来的限制性片段长度多态性分析技术。

（崔若兰）

酶制剂Ceredase替代治疗高雪氏病——附1例分析（中华医学遗传 1995；12(6)：375）　北京市儿童医院等石慧文等报道了国内第1例酶替代治疗高雪氏病(NPD)的用药方法及临床随访情况。①病例资料：9岁女性患儿，2岁时因肝脾大、贫血和骨髓发现Gaucher细胞，确诊为NPD。4岁时患儿易出血和感染，并因合并脾亢而行脾切除术。酶替代治疗前患儿活动受限，身高1.28m，体重23kg。肝左肋下6cm，右肋下11cm，剑突下14cm，ALT升高。脑电图轻度异常；X线示骨质疏松。1993年5月31日始行酶替代治疗。②用药方法和剂量：Ceredase

(Algucerase 注射)是从人胎盘组织中提取的β-葡萄糖脑脂酶经加工修饰后的制剂。分为 400U/瓶(80U/ml)和 50U/瓶(10U/ml),均含液量 5ml/瓶。加入生理盐水稀释后,于 1～2 小时内静滴完毕。用药剂量见附表。③结果:用药前患儿血β-葡萄糖脑苷脂酶活性为 0.51nmol/(h·mg)蛋白〔正常值 5～15nmol/(h·mg)蛋白〕,用药后 24 小时酶活性上升至 1.97nmol/(h·mg)蛋白,以后呈下降趋势,目前波动在 1.60nmol/(h·mg)蛋白左右。临床最早的疗效表现为精神和食欲改善,活动能力增强;治疗 2 个月后肝功能恢复正常;治疗第 6 个月身高增加 7cm,肝在左右肋下各缩小 2.5～3cm,脑电图恢复正常;治疗第 14 个月,患儿跑跳自如,体重较前增加 5kg,身高增加 15cm,肝左肋下未触及,右肋下 3cm,剑突下 9cm。骨 X 线摄片及骨髓复查无变化。

附表　Ceredase 剂量变化

总量(IU)/次	IU/kg	间期×次数
1 200	52	每周 1 次×3
1 200	52	每 2 周 1 次×9
800	32	每 2 周 1 次×7
450	17	每 2 周 1 次×6
450	17	每 4 周 1 次至今

述评　由于某种或某些酶的缺乏或活性低下造成的先天性或先天性遗传性代谢病,酶替代治疗不失为一种有效的临床措施。但最理想的治疗方法是基因治疗。

(崔若兰)

结缔组织病

收集 1995 年 11 月～1996 年 10 月文献 358 篇，纳入回顾 127 篇（占 35.5%），列入文选 6 篇（占 1.6%）。

一年回顾

一、系统性红斑狼疮

（一）临床研究

医科院皮肤所[1]* 报道 83 例未成年人系统性红斑狼疮（SLE）临床初发症状明显，中枢神经系统和肾损害早，治疗反应好。中山医大一院[2]发现 48 例女性 SLE 患者中 18.8%出现溢乳，且血清泌乳素水平升高。上海仁济医院[3]发现 SLE 合并妊娠，无论疾病处于活动期或稳定期，孕妇胎盘尤其是绒毛血管均有损害。南京军区南京总院[4]对 86 例初期肾功能正常，随访 5 年以上的狼疮性肾炎（LN）远期预后进行分析，发现持续性镜下血尿、贫血、初期高血压和肾组织病理活动性及慢性指标升高是预后不良的指标。中山医大一院[5]认为影响 LN 5 年肾存活的主要因素为男性、肌酐及尿素氮增高和补体下降。北京医大一院[6]发现男性 SLE 中 LN 发病率高，病变严重。中山医大一院[7]发现活动期 LN 患者血清 DNA-抗 DNA 免疫复合物（IC）的类型分布与患者肾脏病理类型有关。南京军区福州总院[8]认为 LN 活动性指数大于 10 和慢性指数大于 6 者预后不良。中山医大[9]发现 LN 中肾间质容量变化可直接反映肾小管间质损害程度乃至肾功能的变化。上海瑞金医院[10]检测 56 例 LN 患者尿中视黄醇结合蛋白（RBP）含量，认为能反映肾小管间质的损害程度。南京军区南京总院[11]发现 118 例 LN 眼底检查中高血压眼底改变占 89.1%。广州医学院二院[12]对 25 例神经精神狼疮初发和复发情况、疾病转归及治疗效果进行 1.5～5 年随访，显示甲基强的松龙和环磷酰胺（CTX）冲击治疗可迅速控制神经精神症状，降低病死率。上海华东医院[13]报道 12 例确诊为 SLE 患者肝活检未见狼疮特异性改变。昆明医学院一院[14]发现 SLE 患者扁桃体肿大的比例低于高血压病和类风湿性关节炎（RA）患者，接近健康人。广州孙逸仙纪念医院[15]用超声心动图检测 61 例 SLE 患者心脏，发现房、室扩大和瓣膜反流等异常。深圳蛇口医院[16]应用彩色多普勒超声诊断仪观察 LN 的肾血流频谱和肾血流动力学参数，未发现显著异常。北京协和医院[17]认为肌电图可发现 SLE 患者的早期周围神经病变。白求恩医大三院[18]总结 200 例 SLE 胸部 X 线表现，发现肺部表现多样性及以心肌损害为主的心脏改变。解放军总院[19]认为亚急性皮肤红斑狼疮是红斑狼疮的一种临床亚型，与 SLE 疾病谱之间有重叠。哈尔滨医大[20]报道 SLE 和其他结缔组织病患者外周血髓鞘素抗体分泌细胞增多，可作为 SLE 中枢神经损害的早期诊断指标之一。

（二）实验研究

医科院等[21]提示我国北方汉族人群人类白细胞抗原 DR2、DR3 及肿瘤坏死因子 B＊2 可能是 SLE 易感等位基因或易感等位基因标志。上海医大[22]对 251 例 SLE 病人及其家系遗传模式分析发现 SLE 可能属多因子疾病的遗传模式。医科院皮肤所[23]发现 HLA-DQA1＊0102 可能是江苏藉汉族 SLE 的易感基因。武汉同济医院[24]报道抗鼠白细胞介素 1 受体拮抗剂 α（IL-lrα）对具狼疮倾向的 NZB/WF1 小鼠的免疫功能有调节作用。北京医大三院[25]研究 BXSB 小鼠肝、肾、脾脏中 c-myc 和 N-ras 原癌基因的表达，结果提示 c-myc 可能与 LN 发生有关。白求恩医大一院[26]测得 22 例 SLE 患者淋巴细胞原癌基因 c-myc 表达明显高于正常人，并与疾病活动性呈正相关。医科院[27]发现活动期 SLE 病人 CD51mRNA 水平较非活动期为低，非活动期较正常为低。浙江医大二院[28]报道茶黄烷醇类物质可抑制各种诱导的 SLE 患者的血小板聚集。南京军区南京总院[29]发现 LN 肾小球内血小板来源生长因子及其受体蛋白表达较非活动性病变为高。上海瑞金医院[30]观察 LN 患者淋巴细胞及粘附分子的变化，认为有 T 细胞与 B 细胞的 CD11a/CD18 与 CD54 表达紊乱，粘附分子在 LN 发病机制中可能有重要作用。北京医大一院[31]发现血管细胞粘附分子(VCAM-1)在 LN 和新月体肾炎肾小球毛细血管壁和血清中显著高于轻度系膜增生性肾炎。白求恩医大一院[32]发现 SLE 患者皮损部表皮细胞表面细胞间粘附分子、血管内皮细胞表面内皮细胞粘附分子和血管细胞粘附因子-1 等的表达均增强。北京协和医院[33]测得 SLE 外周血单个核细胞(PBMC)培养上清中血清肿瘤坏死因子(TNF)和 TNFγ 蛋白含量的升高与疾病的活动无相关性，活动期病人白细胞介素 1(IL-1)分泌能力的降低和病情活动有关。北京中日友好医院[34]测得 SLE 病人血清和未经刺激的 PBMC 培养上清液中 TNFγ 含量均高于正常人，活动期病人升高相当明显。安徽医大一院[35]报道 SLE 和皮肌炎患者自然杀伤细胞和 IL-2 显著低于正常。武汉协和医院[36]报道 SLE 患者血清可溶性 IL-2 受体(sIL-2R)、IL-6 和 IL-8 水平显著高于正常。福建医科所[37]发现 SLE 的 sIL-2R 升高，而 IL-2 的产生、mIL-2R 的表达、淋转率、$CD4^+/CD8^+$ 比值均下降。江苏东台市医院[38]发现 SLE 患者纤维结合蛋白显著下降，并与抗 DNA 抗体呈负相关。天津医大总院[39]发现活动期 SLE 血浆脂质过氧化物(LPO)含量升高，红细胞超氧化物歧化酶(SOD)及过氧化氢酶(CAT)活性下降，并与抗 ds-DNA 抗体滴度密切相关。北京协和医院[40]报道 SLE 和类风湿关节炎(RA)患者血清 CuZn-SOD 含量较正常和非风湿病患者明显降低。南京医大一院[41]检测 50 例 SLE 患者的抗心磷脂抗体(ACA)，其阳性率为 76%，与 SLE 活动指数有显著相关性。北京儿童医院[42]测定 SLE 患儿的 ACA 和狼疮抗凝集物(LAC)，阳性率分别为 48%和 62%，认为 LAC 为 LN 优势病理抗体，ACA 为狼疮脑病及血管炎性病变的优势抗体。浙江医大二院[43]发现 ACA 阳性的 SLE 患者中有较多患者处于高凝状态或临界高凝状态。上海瑞金医院[44]报道 LN 患者血浆可溶性粘附分子 P 选择素含量明显增高。中山医大一院[45]报道 LN 尿中内皮素含量高于正常对照组和慢性肾炎组，并与狼疮活动相关。安徽省医院[46]对 191 例 SLE 患者的“正常”皮肤进行免疫荧光研究，发现 6.8%出现表皮细胞核染色。南京军区南京总院[47]测得 SLE 患者抗眼肌抗体阳性率为 28.6%。

(三)治疗

中山医大一院[48]* 认为每 2 周较每 4 周 1 次环磷酰胺(CTX)冲击治疗重症 SLE 更为有效。福建医学院[49]和扬州苏北医院[50]认为大剂量 CTX 加小剂量激素治疗效果优于单用激素治疗者。广州军区总院[51]根据不同病理类型采用不同治疗方案治疗 LN 45 例，总有效率达 89.2%。重庆西南医院[52]应用地塞米松和 CTX 序贯冲击治疗 LN 20 例，疗效优于单纯激素治疗组。华西医大一院[53]应用皮质激素、氨甲喋呤、环孢素 A(CsA)和硫唑嘌呤联合治疗 SLE 和 LN，具有疗效好、副作用少、复发率低的优点。该院[54]用口服低剂量 CsA[4mg/(kg. d)]治疗 10 例 LN，观察 3 个月，对缓解症状和体征、改善免疫指标均有效。南京军区南京总院[55]应用 CsA 治疗 16 例重症 SLE，临床症状和血清免疫学异常均有明显改善。武汉同济医院[56]以去淋巴细胞 -血浆疗法(LPE)和泼尼松以及 CTX 治疗 LN 18 例，临床缓解 11 例，死亡 7 例。上海新华医院[57]应用静注丙种球蛋白治疗重症 LN 3 例，近期疗效满意。北京医院[58]应用粒细胞集落刺激因子治疗因 CTX 引起的粒细胞减少症，疗效确切，无不良反应。华西医大一院[59]用藻酸双酯钠治疗 SLE 患者的雷诺现象和微循环障碍取得满意效果。北京中医院[60]总结中西医结合治疗 SLE 1 029 例，总有效率、显效率、远期疗效缓解率和存活率均明显高于单纯中药和单纯西药治疗组。同时行动物实验以探讨中药治疗的机制。

参 考 文 献

[1] 李慧珠等. 中华皮肤 1996;29(1):9

[2] 杨岫岩等. 中华皮肤 1996;29(1):12

[3] 李卫平等. 中华妇产 1996;31(10):627

[4] 沈克勤等. 肾脏病与透析肾移植 1996;5(3):14

[5] 孙玉玲等. 中华肾脏 1996;12(4):230

[6] 王彩丽等. 中华内科 1995;34(12):827

[7] 王　丹等. 中华肾脏 1995;11(6):354

[8] 庄永泽等. 肾脏病与透析肾移植 1996;5(5):22

[9] 姜　侻等.中华肾脏 1995;11(5):261
[10] 刘　立等.中华肾脏 1995;11(6):344
[11] 蔡江怀等.肾脏病与透析肾移植 1996;5(2):38
[12] 陶　怡等.中国神经精神 1996;22(4):218
[13] 竺　越等.上海医学 1996;19(9):535
[14] 辛西平等.云南医药 1996;17(2):97
[15] 翁书和等.中国超声 1996;12(1):39
[16] 李海燕.中国超声 1996;12(4):39
[17] 赵　恺等.中国神经免疫神经病学 1996;3(2):76
[18] 韩　邕等.白求恩医大学报 1996;22(1):96
[19] 肖玉兰.中华内科 1996;35(2):125
[20] 王维治等.中华内科 1996;35(1):49
[21] 张静波等.中华内科 1996;35(1):19
[22] 孟　炜等.中华预防医学 1996;30(1):30
[23] 彭学标等.临床皮肤 1996;25(4):196
[24] 孙汉英等.中华医学 1996;76(8):600
[25] 周　平等.中国皮肤性病 1996;10(2):72
[26] 王志宏等.中华皮肤 1996;29(4):267
[27] 李健宏等.中华微生物和免疫 1995;15(6):375
[28] 徐根波等.中华皮肤 1996;29(4):237
[29] 郑　丰等.中华内科 1996;35(9):601
[30] 周　同等.中华肾脏 1996;12(4):199
[31] 马利军等.中华肾脏 1995;11(6):326
[32] 马　刚等.中国皮肤性病 1996;10(4):195
[33] 甘晓丹等.中华微生物和免疫 1996;16(3):184
[34] 马　丽等.中华医学 1996;76(10):782
[35] 范　利等.安徽医大学报 1996;31(5):454
[36] 范兴忠等.中国实验临床免疫 1996;8(2):13
[37] 叶晓芬等.上海免疫 1995;15(5):281
[38] 冯启仁等.临床皮肤 1996;25(2):81
[39] 张素英等.临床皮肤 1996;25(3):131
[40] 于孟学等.中国医科院学报 1996;18(1):66
[41] 张缪佳等.南京医大学报 1996;16(2):177
[42] 腾　庆等.中华医学检验 1996;19(3):157
[43] 劳力民等.中华皮肤 1996;29(4):263
[44] 周　同等.上海免疫 1996;16(3):173
[45] 余学清等.中华内科 1996;35(5):337
[46] 吴向辉等.上海免疫 1996;16(1):29
[47] 马东生等.上海免疫 1995;15(5):314
[48]* 杨岫岩等.中华内科 1996;35(4):257
[49] 黄荣桂等.福建医学院学报 1996;30(1):68
[50] 徐建中等.临床内科 1996;13(5):35
[51] 朱起之等.中华肾脏 1995;11(5):299
[52] 叶　伟等.三军医大学报 1996;18(1):85
[53] 张　杰等.华西医学 1995;10(4):417
[54] 林懋贤等.华西医学 1996;11(3):280
[55] 唐　政等.肾脏病与透析肾移植 1995;4(6):528
[56] 孙汉英等.中华内科 1996;35(1):48
[57] 马济民等.肾脏病与透析肾移植 1995;4(6):519
[58] 王振刚.中华内科 1996;35(8):511
[59] 张　敏等.中华皮肤 1996;29(4):266
[60] 张志礼等.中华皮肤 1996;29(1):64

二、类风湿性关节炎

(一)临床研究

广东澄海市医院[1]回顾分析 11 例类风湿性关节炎(RA)死亡原因,再次提示长期应用皮质激素治疗的严重后果。北京友谊医院[2]报道 12 例确诊为 RA 患者的肾活检组织均见有肾损害,其中以轻度系膜增生性病变最多见。长沙交通学院医院[3]报道 135 例 RA 的 X 线均有骨质疏松表现,且 91.11%有关节间隙变窄。鞍山汤岗子医院等[4]检测 15 例 RA 肌电图变化,发现部分神经传导速度减慢。山西医学院一院等[5]分析 98 例幼年性 RA,发现全身型并不少见。青岛医学院附院[6]报道幼年型 RA 患者免疫学异常为 CD8 增多,IL-2 下降,红细胞受体花环形成率(RBCC3b)下降,免疫复合物花环率(RBCIC)上升。军医科院[7]改进传统的类风湿因子(RF)胶乳诊断试剂的制备方法,使试剂的灵敏度、特异性和稳定性明显提高。华西医大一院[8]统计 189 例 RA,RF 的阳性率为 60.31%,其中 84.21%滴度在 1:80 以上;干燥综合征患者 RF 阳性率为 40.86%。福建医大一院[9]探讨 IgM、IgA 及 IgG-RF 定量检测的意义,发现前两者与疾病的相关性更大。

(二)实验研究

复旦大学生命学院等[10]* 探讨上海地区中国汉人抗原肽运载体基因结构的多态性及其在 RA 易感性中的意义。预防医科院[11]检测了 RA 患者血清抗 EB 病毒抗体及周围血粒细胞、口腔和病变关节腔积液内 EB 病毒片段。汕头大学医学院一院[12]检测 98 例 RA 患者抗 EB 病毒壳抗原抗体(CVA),结果 IgG、IgM、IgA CVA 均明显高于正常。解放军总院[13]检测 35 例 RA 患者 HLA-DR1 和 DR4 基因,结果 DR4 频率较正常增高,而 DR1 频率无变化。大连医学院二院[14]采用生物素标记的 7 种植物凝集素和 T 细胞花环法检测 RA 患者外周血淋巴细胞凝集素受体表达和细胞亚群的变化。济南军区总院等[15]以 ELISA 法对 20 例 RA 患者血清和关节滑液进行抗组蛋白抗体(AHA)IgG、IgM 检测,发现滑液 IgG-AHA 显著高于血清。上海瑞金医院[16]测定 9 名正常人和 15 例 RA 患者血浆及 3 例 RA 关节滑液中纤维结合蛋白总量(FNT)、细胞型纤维结合蛋白(FNA^+)的含量,结果 RA 患者血浆 FNA^+ 含量高于对照组,关节液中 FNA^+ 与 FNT 的比值明显高于血浆中FNA+与FNT比值。河北医大三院[17]分析32例RA患者滑液和血清IL-6水平,均较正常对照组明显升高。中山医大三院[18]和福建医学院一院[19]测得RA患者sIL-2R较正常和强直性脊柱炎(AS)患者明显升高并与RA病情活动相关联。北京铁路总院[20]检测RA患者血清Ⅱ型胶原抗体,阳性率为33.33%,较其他关节炎和正常对照组高。广州医学院二院[21]检测46例RA患者RBC-C3bR和RBC-IC,前者下降,后者升高并与疾病活动性相一致。山东日照市医院等[22]发现RA患者接受雷公藤多甙治疗后红细胞C3b受体花环率增加,而IC花环率明显降低。表明该药可改善RA患者的红细胞免疫功能。扬州大学医学院等[23]初步分析了RA患者血小板参数的变化,认为与疾病活动性相关,有一定临床意义。

(三)治疗

上海仁济医院等[24]对46例RA患者服用金诺芬达30个月的多中心研究显示,该药疗效稳定,可长期服用。中国医大一院[25]认为早期氨甲喋呤(MTX)加静滴脉炎康并辅以非固醇类抗炎药是最佳治疗方案。成都市三院[26]对32例服用MTX 7.5mg/周达3月的RA病人行血清和滑液T淋巴细胞亚群、补体和免疫球蛋白检测,表明MTX治疗可使患者血清及滑液体液免疫及细胞免疫明显改变。苏州医学院一院[27]以得克湿(99mTc)静滴治疗RA 41例,总有效率为87.2%。湖北洪湖风湿类疾病所[28]报道雷公藤缓释片治疗RA的疗效与雷公藤片相似,但毒副反应明显减少。安徽地矿局疗养院[29]对比观察了矿泉浴和雷公藤多甙治疗RA的效果。同济医大[30]探讨了雷公藤甲素在体外对正常人细胞免疫功能的抑制效应。北京协和医院[31]发现雷公藤单体T4在体外对正常人和RA外周血单核细胞和滑膜单核细胞分泌TNF有抑制作用。山东医大[32,33]探讨IL-10对大鼠佐剂性关节炎(AA)的治疗和免疫机制的影响,结果示AA大鼠经IL-10治疗后症状明显改善,血清和关节液IL-6、IL-8、TNF水平下降,腹腔巨噬细胞和脾淋巴细胞分泌细胞因子能力受到抑制。安徽医大[34]应用口服含金抗RA新药KG881治疗大鼠佐剂性关节炎,能降低大鼠脾淋巴细胞增殖反应及IL-1的产生。

参考文献

[1] 许立德等.中华内科 1996;35(7):485
[2] 马骥良等.中华内科 1996;35(5):336
[3] 宾泽林.交通医学 1995;9(4):126
[4] 任　斐等.中华理疗 1996;19(2):124
[5] 阴怀清等.山西医药 1996;25(5):363
[6] 曲政海等.上海免疫 1996;16(2):106
[7] 史燕燕等.军医科院院刊 1996;20(2):138
[8] 刘　瑾等.华西医学 1996;11(2):133
[9] 陈　敏等.福建医学院学报 1996;30(3):252
[10]* 朱乃硕等.中华微生物和免疫 1996;16(5):309
[11] 纪志武等.中华实验和临床病毒 1996;10(1):56
[12] 黄立群等.上海医学检验 1996;11(3):154
[13] 袁国华等.解放军医学 1995;20(6):447
[14] 陈　静等.中国免疫 1996;12(4):250
[15] 陈常胜等.山东医药 1996;36(2):25
[16] 冯信忠.上海免疫 1995;15(6):333
[17] 汤慧华等.中华医学检验 1996;19(5):272
[18] 钱孝贤等.中华内科 1996;35(7):477
[19] 郑　玲等.福建医学院学报 1996;30(1):75
[20] 马东来等.中国实验临床免疫 1996;8(1):28
[21] 陶　怡等.新医学 1996;27(4):176
[22] 刘加军等.山东医药 1996;36(9):35
[23] 张　育等.临床内科 1996;13(3):6
[24] 陈顺乐等.中华内科 1996;35(8):551
[25] 王晓非等.辽宁医学 1996;10(4):191
[26] 毛伯勤等.四川医学 1996;17(5):291
[27] 董慎安等.苏州医学院学报 1995;15(4):713
[28] 李瑞琳等.中西医结合 1996;16(1):10
[29] 高昌静等.中华理疗 1995;18(4):228
[30] 邵静芳等.同济医大学报 1996;25(3):241
[31] 曾学军等.中国医科院学报 1996;18(2):138
[32] 范祖森等.上海免疫 1996;16(4):217
[33] 范祖森等.山东医大学报 1996;34(3):194
[34] 沈玉先等.安徽医大学报 1996;31(1):7

三、干燥综合征

北京协和医院[1~6]对北京郊区2 066名成年人行干燥综合征(SS)流行病学调查,发病率按Copenhagere标准率为0.77%,Fox标准为0.33%。分析116例原发性SS(PSS)患者和185例对照组的55项临床指标后提出了新PSS诊断标准,具有较高特异性(98.2%)和敏感性(94.1%)。他们发现SS病人自身免疫性小涎腺炎5种细胞因子mRNA的表达均高于对照组。对资料较完整的112例SS分析结果表明,其中71%有各种消化系统症状,但无特异性。观察到I期SS患者PBMC经抗CD2抗体、抗CD3抗体刺激的反应明显低于正常人,说明可能存在经CD2、CD3通道的功能异常。100例活检唇腺标本,结果显示对SS诊断的敏感性为78.8%,特异性为77.1%。新疆自治区医院[7]报道SS合并再生障碍性贫血1例。华西医大[8,9]建立闪烁显像定量研究唾液腺功能的方法,PSS患者腮腺功能明显低于正常。分析224例唇腺活检对诊断SS的意义,敏感性为83.98%。该院[10]报道腮腺造影中的主导管改变、末梢分支导管扩张、向心性萎缩等是诊断SS的依据。他们[11]创立了时间-压力曲线监视下涎腺造影诊断SS的新方法,并报道[12]252例SS龋病发生率为87.6%,龋均数为5.1,大大高于我国正常人。该院[13,14]观察分析125例PSS的免疫学变化,主要有T淋巴细胞亚群及比值异常,高球蛋白血症,抗SSA及抗SSB抗体阳性,泪液溶菌酶、转铁蛋白、IgA和纤维连接蛋白含量均较正常对照组降低。他们[15]用1%环孢霉素A眼液治疗10例有眼部损害的SS,临床症状改善。

参考文献

[1] 张乃峥.Chin Med J 1995;108(10):787

[2]* 董 怡等.中华内科 1996;35(2):114

[3]* 丁大成等.中华医学 1996;76(6):427

[4] 徐欣萍等.中华消化 1996;16(1):29

[5] 王笑漫等.中国医科院学报 1995;17(5):395

[6] 李小春等.中国医科院学报 1996;18(1):19

[7] 冯家麒等.中华血液 1996;17(4):221

[8] 潘明志等.华西医学 1995;10(4):380

[9] 何志秀等.华西医学 1995;10(4):383

[10] 王 虎等.华西医学 1995;10(4):387

[11] 王 虎等.华西医学 1995;10(4):389

[12] 陈秀梅等.华西医学 1995;10(4):394

[13] 黄雨梅等.华西医学 1995;10(4):373

[14] 吴晓梅等.华西医学 1995;10(4):391

[15] 吴晓梅等.华西医学 1995;10(4):393

四、皮肌炎和系统性硬化

河北医大四院用[1]用彩色多普勒血流显像对心肌炎(DM)行心脏检查,发现短期内血管壁及心肌即受到侵犯。北京儿童医院[2]报道12例儿童DM营养障碍性钙化。河南医大一院[3]报道DM患者24小时尿肌酸虽较正常显著升高,但与肌无力程度无相关性。安徽蚌埠市一院[4]分析52例系统性硬化(SSc)肺部病变,80.8%有胸部X线异常,61.5%有明显肺纤维化。南京医大一院等[5]应用PCR技术检测经临床和病理证实的31例来自美国的局限性硬皮病病人皮损中包柔疏螺旋体,未发现螺旋体的特异性DNA。重庆医大二院[6]比较前列腺素E_1(PGE_1)、藻酸双酯钠和复方丹参注射液治疗局限性硬皮病的疗效,结果示PGEI效果最好。江苏中医院[7]应用自体光量子血液疗法治疗SSc35例,临床症状明显改善。

参考文献

[1] 刘明瑜等.中国超声 1996;12(9):54

[2] 杨连元等.中华儿科 1996;34(1):61

[3] 于建斌等.河南医大学报 1996;31(1):75

[4] 周一平等.综合临床 1996;12(5):249

[5] 范卫新等.临床皮肤 1996;25(2):87

[6] 胡 敢等.中华皮肤 1996;29(4):284

[7] 钱 先等.中国输血 1996;9(2):80

五、其　他

南京军区南京总院[1]自猪肾皮质提取环孢素A结合蛋白(CyP),建立检测抗CyP的间接ELISA方法,其在SLE患者的检出率为53.3%。南京军区福州总院[2]建立的检测抗双链DNA抗体的新方法,快速斑点免疫金渗滤法,快速、简便、可靠,不需特殊设备,值得推广。河北医大三院[3]分析117例用免疫印迹法测定的ENA多肽抗体及其临床意义。北京市儿童医院[4]发现少年全身型类风湿性关节炎的抗心脂抗体水平明显高于关节型。上海仁济医院[5]认为混合结缔组织病(MCTD)三种诊断标准中以Sharp标准最可靠;MCTD是一独立疾病,其遗传背景与HLA-DR4、DR5密切相关。北京医大人民医院[6]调查73例AS患者和1 200名正常汉人HLA-B27及其亚型,发现HLA-B2704是我国汉人AS主要亚型。北京友谊医院[7]报道32例白塞病患者以系统症状为主诉者占31%,有系统损害的占34%。沈阳军区总院[8]测定白塞病患者血浆6-酮-前列腺素$F_{1\alpha}$比对照组明显降低,血栓素B2及因子Ⅷ相关抗原均明显升高。北京阜外医院[9]对马凡综合征心血管病变行核磁共振检查,认为能取代血管造影制订手术方案。白求恩医大一院[10]报道小儿结节性脂膜炎11例。解放军总院[11]总结96例四种常见结缔组织病和17例尸检的胸部病理改变及临床表现和X线胸片,认为胸部X线诊断在胸部受累的结缔组织病诊断中具有重要作用，胸片改变的非特异性是临床误诊的重要原因。

(蔡　青　崔若兰)

参　考　文　献

［1］　武建国等. 中华微生物和免疫 1996；16(1)：63

［2］　兰小鹏等. 中华医学检验 1996；19(2)：92

［3］　张艳玲等. 河北医大学报 1996；17(5)：280

［4］　腾　庆等. 中华儿科 1995；33(6)：367

［5］* 陈顺乐等. 中华内科 1996；35(10)：694

［6］　林剑浩等. Chin Med J 1996；109(4)：313

［7］　廖雁北. 首都医学院学报 1995；16(4)：308

［8］　张士发等. 中华皮肤 1996；29(1)：53

［9］　李坤成等. 中华放射 1996；30(7)：468

［10］　傅文永等. 白求恩医大学报 1996；22(5)：542

［11］　孙　红等. 中华放射 1995；29(12)：816

文　选

83例未成年人系统性红斑狼疮患者的临床分析(中华皮肤 1996；29(1)：9)医科院李慧珠等对照研究未成年人(＜18岁)系统性红斑狼疮(SLE)患者与成年人患者的临床特点。前者共83例，后者200例，全部符合SLE诊断标准；观察指标包括临床表现、病程、免疫学指标及临床疗效。结果显示：(1)83例未成年患者中，＜13岁患者25例，男：女为1：2.12；13～18岁者58例，男：女为1：3.88。成人组200例中男：女为1：10.11，即随年龄增长，女性患者的比例增加，至成年后，女性患者明显增多。(2)未成年组SLE初发症状中面部蝶形红斑、发热、雷诺现象、肝肿大等明显高于成年组，且发病至就诊时间平均为10.86个月，明显低于成年组(33.96月)。(3)中枢神经系统损害两组间无显著差异，但未成年组从发病至中枢神经系统症状出现的平均时间短于成年组。(4)肾脏受累的发生率两组间无显著差异，但未成年组受累的严重程度明显高于成年组，且从发病至出现肾脏损害的平均时间明显短于成年组。(5)未成年组血C_3、C_4降低的发生率明显高于成年组。(6)两组均以泼尼松和雷公滕制剂治疗，肾损害严重者加用硫唑嘌呤或环磷酰胺冲击，临床症状和实验室检查中关节痛、发热、血沉及ANA的阴转天数等成年组明显短于未成年组。结果提示，未成年时期SLE初发症状明显，中枢神经系统受累并不少见，肾受累的发生率虽与成年组相近，但损害程度重，病情发展迅速，但对治疗效果反应尚好。

述评　上文对比分析未成年和成年人SLE患者的临床表现，总结出前者特有的临床特征和实验室检查结果，并明确其对激素治疗的总体反应及主要临床症状和实验室检查指标阴转的天数，对该年龄组SLE的诊治具有一定的指导意义。惜未进一步探讨未成年人SLE临床表现与成年患者不同的机理所在。

(赵东宝　崔若兰)

系统性红斑狼疮环磷酰胺冲击治疗的最佳间期探讨(中华内科 1996；35(4)：257)中山医大一院杨岫岩等探索环磷酰胺冲击疗法(IV-CTX)治疗重症系统性红斑狼疮(SLE)用药间隔期与疗效及副作用的关系。52例SLE患者均属重症病例，即具备下列一项或多项条件，如临床肾损害、狼疮脑、狼疮肺、狼疮肝、狼疮性心肌炎、中等量浆膜腔积液及严重血管炎等。随机分成两组，分别给予每2周和4周一次IV-CTX，每次15mg/kg，同时口服泼尼松。疗效评价采用1992年欧洲统一的狼疮活动性指标(ECLAM)。在治疗开始3个月内，每2周行ECLAM积分评价，以后每月1次，病情缓解后每3个月一次。结果显示：(1)两组在皮疹与关节炎消退时间方面无显著性差异，在纠正贫血、血沉、血尿、蛋白尿、血清补体、r-球蛋白方面，2周组优于4周组，差异显著；(2)治疗6和12个月时，2周组病情缓解率分别为55.0％和88.5％，优于4周组的14.3％和52.4％；(3)病情活动性积分下降50％时，两组CTX累积量差异无显著性；(4)2周组有6例(23.1％)因白细胞下降需将冲击间期延长为4周，而4周组中5例(19.2％)因病情加重改为2周1次后得到控制。结果提示用IV-CTX治疗SLE对于急性期和多系统损害，尤其是严重的肾脏、神经系统和心脏损害者，2周1次有利于加速病情缓解，提高疗效，但治疗过程中应注意观察血象，病情控制后再改为4周以至3个月1次治疗。

述评　IV-CTX治疗包括SLE在内的自身免疫性疾病疗效肯定，但如何进一步提高疗效、避免毒副反应是目前对该疗法研究的热点。传统用药方法为每个月一次，持续6～12个月，以后每3个月1次。但也有每2周1次、每周1次、甚至每周2次的报道，孰优孰劣？上文的结论有较大的参考价值，关键要注意用药间期应个体化，注意风险/效益比率。

（赵东宝　崔若兰）

中国汉族人群抗原肽运载体（TAP）基因结构的多态性及其在类风湿关节炎（RA）易感性中的意义（中华微生物和免疫 1996;16(5):309）　复旦大学生命学院朱乃硕等利用我国汉人TAP基因结构多态性，探讨其与RA易感性的关系。检测对象共142人，均为上海地区汉人，其中88名为健康人，54例为典型RA患者。检测材料为周围血白细胞DNA。由于已知TAP基因具有TAP1和TAP2两个座位，故参照文献（Nature1990,348:741）分别合成各自的引物和探针。应用PCR法体外扩增TAP基因。探针以脱氧核苷末端转移酶催化Dig-ddUTP连接于探针3'末端作为标记。参照Boehringer Mannheim试剂盒说明略加改进，行PCR产物的杂交分析。结果显示：(1)TAP1基因至少存在A、B、C和D 4种亚型，其中D型尚未见报道；TAP2基因至少存在A、B、C、D、E、F、G和H 8种亚型，其中后5种亚型尚未见报道；(2)4.5%中国正常人DNA用白种人TAP1探针无法定型，2.3%的TAP2无法定型，呈杂交空白；(3)对RA病人TAP基因对比研究发现TAP2基因687位密码子在RA易感性中至关重要，如687位为终止码纯合子者（表型为短链TAP2纯合子）表现为RA易感性；而687位为终止码和谷氨酰胺杂合子者（表型为短链和长链TAP2杂合子）则呈RA低抗性。结果提示中国人TAP1可能至少有4种等位基因，TAP2有8种等位基因，可形成32种TAP表型，说明TAP基因与MHC基因一样具有高度多态性，且人种间差异较大，TAP2杂合子型个体对RA表现为明显抗性，而纯合子呈RA易感性。

述评　抗原肽运载体（Transporter of antigen peptides，TAP）是将降解成肽段的内源性抗原运输至内质网与MHC Ⅰ类分子结合，再输送其至细胞表面，从而将抗原提呈给CD_8^+细胞的运载体，是内源性抗原致自身反应过程的介导物质。国外文献已证实其基因的多态性及该基因与某些自身免疫性疾病易感性的相关性。上文不仅首次报道了上海地区汉人TAP基因多态性的特征，还进一步揭示了RA易感性的遗传学背景，为研究其他自身免疫性疾病的遗传学机理提出了一项新的检测基因。

（崔若兰）

原发性干燥综合征诊断标准的初步研究（中华内科 1996;35(2):114）　北京协和医院董怡等分析了116例"原发性干燥综合征（PSS）"和185例"非pSS"对照组的55项临床指标，提出了新的诊断标准，并与国际上常用的其他6种诊断标准进行比较。首先经风湿病专家根据临床及实验室表现确定PSS组（试验组）和非PSS组（对照组），然后由专人负责病史、体检及实验室检查等共55项指标的询问、检查和记录，经数据处理筛选出15项指标用于PSS诊断的敏感度、特异度和相应价值，进一步制订新的诊断标准，确立1项主要指标和9项次要指标。凡符合下述诊断标准中的主要指标及至少3项次要指标或符合至少5项次要指标即可以确诊为pSS，主要指标是：抗SSA抗体阳性和/或抗SSB抗体阳性。9项次要指标分别是：(1)眼干和/或口干（持续3个月以上）；(2)腮腺肿大（反复或持续性）；(3)猖獗龋；(4)Schirmer实验≤5mm/5min或角膜荧光染色阳性；(5)自然唾液流率≤0.03ml/min或腮腺造影异常；(6)唇腺活检异常；(7)肾小管酸中毒；(8)高球蛋白血症或高球蛋白血症性紫癜；(9)类风湿因子阳性（>1∶20）或抗核抗体阳性（>1:20）。诊断必须除外其他结缔组织病、淋巴瘤、艾滋病、淀粉样变和移植物抗宿主反应。该标准的特异度和敏感度分别为98.2%和94.1%，优于国际上其他6个诊断标准。

述评　干燥综合征是仅次于类风湿性关节炎的常见自身免疫性疾病，病变范围广，临床表现多样，涉及内科、眼科、口腔科及皮肤科等，易引起漏诊和误诊。上文拟定的诊断标准与国外不同之处在于突出了抗SSA和/或抗SSB抗体阳性的诊断意义，且包含多种临床和实验室指标。

（赵东宝　崔若兰）

干燥综合征病人小涎腺中细胞因子的表达（中国医学 1996;76(6):427）　北京协和医院丁大成等探讨5种细胞因子在干燥综合征（SS）病人自身免疫性小涎腺炎的发生和破坏过程中的作用。24例下唇腺活检标本中9例为原发性SS，9例为继发性SS，另6例非SS作为对照组。实验采用酶标记双重原位杂交方法检测肿瘤坏死因子（TNF_α）、白细胞介素1β（IL-1β）、白细胞介素6（IL-6）、血小板衍化生长因子α（PDGFα）和PDGFβ等5种细胞因子的mRNA表达。结果显示：(1)SS病人唇腺中所有细胞因子的表达均高于对照组，原发SS组唇腺TNF_α表达高于继发组；(2)细胞因子的表达与小涎腺病理分级相关，IL-6、$PDGF_\alpha$多出现在3～4级标本，

TNF_α表达高峰则出现在2级；(3)唇腺不同部位细胞因子表达率不同，以腺泡上皮细胞、浸润的炎症细胞和血管周围细胞表达多见；(4)同时表达两种细胞因子的细胞仅见于唇腺中浸润的单个核细胞，腺泡上皮细胞中表达TNF_α发生在间质淋巴细胞浸润之前；(5)病人唇腺中IL-6阳性者血清中的ANA阳性率显著高于阴性者，抗SSA和抗SSB抗体也有升高趋势。以上结果提示，在自身免疫性炎症反应的不同阶段起作用的细胞因子是不同的；腺泡上皮细胞在SS发病中并不是以前认为的"无辜旁观受害"；唇腺局部IL-6过量表达与SS的自身抗体升高相关。总之，原发SS的发病过程可能是某些始动因子活化了易感人群的腺泡上皮细胞，使之分泌TNF_α，后者又引起IL-1等细胞因子的表达，导致小涎腺的炎症和破坏。

述评 干燥综合征是我国最常见的弥漫性结缔组织病之一，唇腺活检是诊断本病的重要手段，从分子生物学水平探讨和研究其病理发生、发展过程有利于揭示本病的本质。

（赵东宝 崔若兰）

混合性结缔组织病是否为一独立性疾病（中华内科 1996；35(10)：694） 上海仁济医院陈顺乐等对50例初诊为混合性结缔组织病(MCTD)的患者进行临床随访，比较考核国际上仅有的三个诊断标准（Sharp、Kasukawa、Alarcon Segovia）的可靠性，并对其中38例进行HLA抗原分型，旨在确立本病是否为一独立性疾病并了解其遗传背景。随访期2～8年，其中5年以上占80%，HLA-A、B、DR抗原分型采用微量淋巴细胞毒方法。结果显示：(1)随访发现雷诺现象，IFANA和抗RNP抗体前后对比变化不大，而肌炎、多关节炎、肿胀手明显下降，抗ds-DNA阳性及补体C_3下降阳性率有所上升。(2)50例MCTD中有13例(26%)转变成其他结缔组织病(CTD)，其中7例为SLE，6例为硬皮病。(3)符合Sharp标准的23例中仅见1例(4.3%)转变为其他CTD；而符合Kasukawa标准、但不符合Sharp标准的23例中有7例(30.4%)转变为其他CTD；符合Alarcon-Segovia标准，但不符合Sharp标准的27例患者中有12例(44.4%)转变为其他CTD。(4)Sharp标准中肌炎、肺一氧化碳弥散功能<70%和抗Sm抗体阴性3项指标较为可靠，而雷诺现象、肿胀手和高滴度抗U1 RNP抗体阳性三项指标虽最为常见，但可靠性较差。(5)符合Sharp标准的患者$HLA\text{-}DR_4$、DR_5抗原频率较正常对照组明显增高，不符合Sharp标准者未发现与某种HLA抗原相关。结果提示Sharp标准在目前国际上诊断MCTD仅有的三个标准中可靠性最高，符合Sharp标准的MCTD不仅极少转变为其他CTD，而且有特定的免疫遗传学背景，表明MCTD为一种独立性疾病。

述评 目前MCTD国际上尚无统一的诊断标准。上文对比研究上述的三种标准，确认Sharp标准最为可靠，转变为其他CTD极少，且有特定的免疫遗传背景，故MCTD属独立性疾病。对Sharp标准的6项指标行可靠性研究尚未见类似报道，有助于临床医师对本病的诊治。

（赵东宝 崔若兰）

中毒和物理因素所致疾病

收集1995年11月～1996年10月文献1 347篇，纳入回顾468篇(占34.74%)，列入文选19篇(1.41%)。

一年回顾

一、金属中毒

铅中毒　青岛医学院一院[1]和山东烟台莱阳医院[2]报道服用樟丹、密伦僧、黄丹等含铅中药引起的急性铅中毒以急性胃肠炎和中毒性肝病的临床表现为主。黑龙江劳卫所[3]报道了32例铅绞痛患者被误诊为急性胆囊炎、胆道蛔虫病、急性阑尾炎、胃癌等。新疆医学院[4]报道铅接触男工的性机能障碍发生率、妻子自然流产率、死胎死产率及不育率增高。辽宁卫生职工医学院等[5]调查发现铅接触女工的自然流产率、总异常生育率明显高于非铅接触女工。上海二医大等[6]* 发现低水平铅暴露婴儿的血铅水平与3个月时精神发育指数和心理运动发育指数呈负相关。白求恩医大[7]认为环境铅暴露水平与儿童神经行为间存在剂量-反应关系。中国医大[8]研究铅对小鼠仔代活动性行为中枢多巴胺的影响，发现行为对铅的影响较敏感。南京医大[9]观察到胆碱能M和N型受体激动剂和阻断剂能改善或加重铅对长期记忆的损害。山西医学院[10]发现铅可直接影响心肌细胞的自发性收缩，硒可拮抗铅所致的心电图异常。南通医学院等[11]经对108名铅作业工人的血铅及血压行多元回归分析，发现收缩压、舒张压与血铅含量呈正相关。山东劳卫所[12]发现铅对接触者肾小球及肾小管均有损伤作用，且肾小管损伤比肾小球出现早、明显。南京医大公卫学院等[13]通过检测大鼠闪光视诱发电位(FVEP)，发现正常及42只铅染毒3个月的大鼠FVEP波形特征与人相似，当血、脑铅浓度分别达到(281.1±10.4)μg/L及(86.3±11.5)μg/L时，FVEP就已发生显著改变。河南白银公司劳卫所[14]观察了铅染毒大鼠铅毒性肾病急性期和慢性期病变特征。上海新华医院[15]用二巯基丁二酸胶囊(DMSA)驱铅治疗，效果极佳，发现35例患者尿排铅水平在服药一个疗程后上升2倍，2个疗程后上升1.35倍。上海杨浦区医院[16]报道5/52例女工在服DMSA行驱铅治疗时发生药疹，而62例男工却无1例发生。湖南医大二院[17]* 用碘化钾(KI)或DMSA治疗铅染毒大鼠6周，发现在驱出肾组织铅及线粒体修复方面KI较DMSA为佳。东北农大等[18]认为食用富硒粮是有效而方便的防治铅中毒的方法。湖南医大公卫学院等[19]报道大鼠停止铅染毒后血铅及尿铅逐渐降低，而肾铅含量却继续增加。

镉中毒　同济医大[20]发现镉接触工人桡骨远端骨矿含量与肾损伤有极好的相关性。贵阳医学院[21]发现慢性镉中毒小鼠精子头皮细胞核、顶体腔隙减小，而顶体的体表面积却明显增大。他们[22]还发现不同剂量给镉组小鼠均出现泡性肺气肿，停药后不能恢复正常，且发生细支气管乳头状腺癌并播散。中山医大[23]* 发现肾小管上皮细胞内能源系统受损可能是镉致肾损伤发病机制之一。山东医大[24]发现硒拮抗镉致胚胎和母鼠毒性作用的机制之一是硒能引起镉在血液和组织中的再分布，降低游离镉水平。

汞中毒　浙江嘉兴防疫站[25]发现氯化汞接触女工月经异常、妊娠恶阻、先兆流产及低体重儿发生的危险性增高。河南医大[26]发现长期接触汞蒸气可对男工生精上皮的支持细胞及精囊功能产生不良影响。白求恩医大基础学院等[27]发现汞染毒小鼠血清SOD活性显著降低，用Liposome-EDTA治疗后恢复正常。华北煤碳医学院附院[28]发现急性汞中毒兔血浆及肾组织LPO明显升高，复方丹参注射液可使其降低。中国医大等[29]* 检测不同汞接触者一次性服用二巯基丙磺酸钠(DMPS，300mg)6小时前、后尿汞排泄量，发现服后较服前显著增加。新疆医学院一院[30]应用血液灌流-血液滤过串联抢救汞中毒

1 例成功，二者联合使用可使汞清除率由单用血滤治疗的 18.1%上升至 52.4%，疗效提高 3 倍。广西兴安防疫站[31]报道 1 例用水银堕胎致金属汞入腹腔 20 年、以 DMPS 治疗，尿汞逐年减少，且胎儿生长发育正常。

锰中毒 沈阳医学院等[32]*发现 51 例锰接触工人血中游离三碘甲状腺原氨酸、游离甲状腺素、促甲状腺激素水平正常，而 10 年以上锰接触工龄者皮质醇含量明显降低($P<0.01$)。福州鹤龄医院等[33]发现电焊工精浆中 Mn、Cu、Cr、Ni 和 Fe 含量增高，精液量、精子数及活力降低；细胞微核率与染色体畸变率呈正相关。内蒙古医学院[34]报道锰中毒患者外周血淋巴细胞微核率达 6.55%，明显高于对照组(1.6%)。沈阳医学院等[35]发现锰电焊工血清丙二醛浓度增高，而全血谷胱甘肽过氧化物酶、红细胞超氧化物歧化酶活力与正常人相比无明显差异，但与接触锰工龄呈正相关。贵阳劳卫所[36]使用氨基水杨酸钠治疗 12 例慢性锰中毒 6 周，所有患者症状好转，可能与恢复被锰抑制的酶活性有关。

其他金属中毒 河南医大[37]发现较低剂量的氯化镍(10mmol/L)即可对离体大鼠肝脏产生毒性作用。哈尔滨医大公卫学院[38]发现硫酸镍和重铬酸钾两者共存时，细胞形态学转化的频率超过了分别诱发转化频率的总和。该院[39]还发现氯化钴能轻度促进硫酸镍致叙利亚地鼠胚胎细胞形态学转化。沈阳医学院[49]通过观察大鼠胎仔、胎盘、子宫重量及胎仔身长、尾长等指标，发现亚硒酸钠对硫酸镍所致的胚胎毒性有一定的保护作用。山东曲阜防疫站等[41]报道 118 例磷化铝接触工人常见嗅觉减退、鼻咽干燥、咳嗽、胸闷，胸片提示肺纹理粗乱及点网状、条状影等改变。陕西旬阳县医院[42]报道用大剂量细胞色素 C，辅以血管兴奋剂、激素等抢救急性磷化铝中毒 72 例，成功率高达 89%。乌鲁木齐市四院[43]报道 1 例重症碳酸锂中毒，经血透治疗(1 次/天)8 天后，血锂浓度降低，患者神志转清。硫酸铜常作为口服毒物中毒的早期的催吐药物，剂量不易掌握，对婴幼儿易致医源性铅中毒。江苏徐州市儿童医院等[44]报道 4 例儿童因怀疑有机磷中毒予 5～7 克硫酸铜催吐，出现肝脏肿大、血尿及肾功能受损。中山医大卫生学院[45]发现接触 6 价铬者血白细胞 DNA-蛋白质交联物明显高于接触 3 价铬者和对照组。江西劳卫所等[46]建议我国钨尘卫生标准应定为 $6mg/m^3$。吉林磐石市医院[47]报道急性氯化钡中毒 36 例，主要症状为呕吐、腹痛、腹泻、肢体麻木无力，并有心律失常、低钾血症等。铊属高毒性金属，其体内代谢少见报道。贵州劳卫所[48]报道血中铊浓度-时间曲线符合二室开放模型，具有快速周身分布、肾脏含量最高等特点，且消除缓慢，半衰期达 26.76 小时，故有蓄积毒性作用。

(梅小斌 袁伟杰)

参考文献

[1] 于维松等. 中国工业医学 1996;9(3):160
[2] 藏仁迅等. 中华内科 1996;35(9):608
[3] 刘福环等. 中国工业医学 1996;9(1):28
[4] 马 勇等. 职业医学 1996;23(4):12
[5] 邵 梅等. 工业卫生与职业病 1996;22(3):155
[6]* 沈晓明等. 中华儿科 1996;34(4):255
[7] 吕 毅等. 中国公共卫生 1996;12(10):447
[8] 郭纳新等. 工业卫生与职业病 1996;22(5):274
[9] 肖 杭等. 职业医学 1996;23(1):7
[10] 李金有等. 山西医学院学报 1996;27(3):161
[11] 翁诗君等. 南通医学院学报 1996;16(3):319
[12] 王刚剁等. 工业卫生与职业病 1996;22(2):89
[13] 肖 杭等. 南京医大学报 1996;16(3):250
[14] 张基美等. 中国工业医学 1996;9(5):257
[15] 金其林等. 中国工业医学 1996;9(2):103
[16] 徐明之等. 职业医学 1996;23(3):30
[17]* 蒋云生等. 湖南医大学报 1995;20(5):429
[18] 董陆陆等. 哈医大学报 1996;30(5):418
[19] 安飞云等. 中华劳卫 1996;14(2):89
[20] 徐顺清等. 职业医学 1995;22(5):8
[21] 李光鼎等. 中华物理医学 1996;18(2):91
[22] 杜卓民等. 贵阳医学院学报 1995;20(4):266
[23]* 姜 倪等. 中华预防医学 1996;30(2):84
[24] 姜会敏等. 山东医大学报 1996;34(2):117
[25] 孙晓楼等. 中国工业医学 1996;9(4):223
[26] 李 洪等. 中华预防医学 1995;29(6):351
[27] 刘吉民等. 工业卫生与职业病 1996;22(3):136
[28] 杨 秋等. 新药与临床 1996;15(4):214
[29]* 徐兆发等. 中国工业医学 1996;9(5):263
[30] 王秀玲等. 中华肾脏 1995;11(5):280
[31] 赵家晓等. 职业医学 1996;23(5):33
[32]* 崔金山等. 中国工业医学 1996;9(3):132
[33] 吴卫平等. 中华预防医学 1996;30(5):266
[34] 杨 茜等. 职业医学 1995;22(6):46
[35] 王薛君等. 中国工业医学 1996;9(5):268
[36] 赵德发等. 贵阳医学院院报 1995;20(4):327
[37] 陈琼宇等. 工业卫生与职业病 1995;21(6):340
[38] 张忠义等. 中华劳卫 1996;14(1):10
[39] 张忠义等. 中华劳卫 1996;14(1):13
[40] 马明月等. 工业卫生与职业病 1996;22(5):265

[41] 单庆祝等. 中国工业医学 1996;9(5):287
[42] 刘耀文等. 陕西医学 1996;25(1):46
[43] 李新敏. 新疆医学院学报 1996;19(2):98
[44] 王圣湖等. 湖南医学 1996;13(5):317
[45] 任泽舫等. 中华劳卫 1996;14(1):7
[46] 张天园等. 中华劳卫 1996;14(2):79
[47] 李逢润等. 吉林医学 1996;17(4):240
[48] 黄丽春等. 工业卫生与职业病 1996;22(2):77

二、气体及化学品中毒

(一) 一氧化碳中毒

解放军401医院[1]发现血浆内皮素E(ET-1)及心肌肌钙蛋白T(cTnT)与一氧化碳(CO)中毒程度有关，且ET-1与cTnT间有显著正相关。北京急救中心[2]报道103例急性CO中毒中有47例心电图有ST段下移、T波倒置，69例CPK及CPK-MB同步增高，24例表现有肺水肿。北京红十字朝阳医院[3]*发现30例急性CO中毒患者超声心动图EF、FS、SV等降低，表现心肌收缩功能受损。福建医大[4]报道大鼠急性吸入CO后血清心肌脂质过氧化物明显升高，且与血CO Hb呈正相关。上海化工职业病所[5]发现小鼠长期吸入CO后心肌细胞胞质混浊、细胞核着色浅，呈明显浊肿表现，高压氧治疗后电镜显示心肌细胞病变减轻。新乡医学院二院[6]认为免疫功能紊乱、5-羟色胺及自由基代谢异常在迟发性脑病的发生及发展过程中起重要作用。河南焦作市医院[7]对CO中毒患者行脑SPECT检查，发现单纯中毒者的病灶数远少于中毒后发生迟发性脑病者，左半球病灶数多于右侧。内蒙古乌盟医院[8]利用紫外线光量子血液充氧法防治迟发性脑病，16例急性期患者治愈15例，随访半年无1例发生迟发性脑病；而6例入院时就有迟发性脑病患者经此法治疗均好转或治愈。辽宁劳卫所[9]报道12例急性一氧化碳中毒性周围神经病，以运动障碍为主，神经肌电图均呈神经原性损害，受损神经传导速度轻者减慢，重者不能测出。新疆生产建设兵团医院[10]发现5例重症CO中毒患者合并血清CPK、GOT、LDH、GPT升高，推测4种酶的升高可能与骨骼肌损害有关。空军乌鲁木齐医院[11]报道1例以急性肾衰为主要表现的CO中毒，考虑与肾小管对缺氧敏感、耐受性差有关。新疆建工医院[12]强调早期使用高压氧治疗CO中毒，昏迷病人即使清醒后还应继续治疗。海军总院[13]报道CO中毒高压氧治疗过程中发生肺水肿2例，建议在高压氧治疗前预防性应用地塞米松及速尿可防止肺水肿的发生；如已发生应缓慢出仓，停止治疗。河南焦作市医院[14]*采用体外肺辅助循环治疗重度CO中毒，转流30～40分钟后患者神志清楚，60分钟后血碳氧血红蛋白降低到10%以下。湖南湘潭市医院[15]在高压氧治疗间隙使用高频喷射呼吸机给氧，治疗急性CO中毒所致低氧血症，可以弥补高压氧治疗时间限制的缺陷，能促进肺部炎症吸收。

(二) 其他气体中毒

安徽职业病所[16]发现长期接触低浓度氯气可损害气道通气功能，并有一定剂量-效应趋势。上海化工职业病所[17]调查545名接触氯气的作业工人健康状况，发现慢性病发生率及肺功能异常率显著升高。浙江温州市三院[18]随访一次氯气中毒事故后11年，发现约半数患者有呼吸道症状及胸片异常，Ⅱ度以上肺功能减退占1/10左右。福建三明市职业病院等[19]报道1例从事氯气作业19年，并发喘息性支气管炎、继发阻塞性肺气肿患者。哈尔滨化工二厂医院[20]应用碳酸氢钠、地塞米松、氨茶碱雾化吸入治疗急性氯气中毒，症状缓解快，疗效优于抗炎治疗。上海新华医院[21]报道儿童氯气中毒40例，经早期使用糖皮质激素、抗生素、镇静剂，1～6年后复查中、重度患儿的胸片，无异常。

上海医大[22]发现长期接触中、低浓度CS_2可致记忆、感知、协调及运动稳定性降低，尿2-硫代-噻唑啶-4-羧酸(TTCA)含量增加。中山医大[23]发现2种儿茶酚胺代谢产物与CS_2综合累积暴露指数及尿中TTCA间有相关关系。浙江医大[24]发现长期接触高浓度CS_2者血浆卵磷脂胆固醇酰基转移酶活力，铜、铜/锌比值在血脂未改变前已下降。

广州医学院一院[25]成功抢救1例极重型急性硫化氢(H_2S)中毒致心、肝、肾脏器功能衰竭，随访8年各脏器功能均恢复正常。山西新华化工厂医院[26]报道5例急性H_2S中毒，3例于中毒后20小时心电图出现异常。天津化工厂医院[27]报道17例急性H_2S中毒，14例并发心肌损害，6例并发中毒性脑病。用自血光量子疗法等综合治疗，疗效好。上海杨浦区医院[28]报道3例急性H_2S中毒致心肌损害，ECG类似于心肌梗死表现。南京医大一院[29]动物实验发现高压氧和硫代硫酸钠联合治疗效果优于单纯高压氧或单纯药物治疗。山东济宁市一院[30]报道用高压氧等综合治疗1例重度H_2S中毒，3天后神志转清，20天后痊愈。

上海化工职业病所[31]报道55例刺激性气体吸入性损伤，临床以间质性及肺泡性肺水肿多见，偶发中毒性脑病、休克、喉水肿。青岛医学院二院[32]报道急性刺激性气体中毒伴肝损害7例,考虑与严重组织缺氧引起肝细胞代谢障碍有关。山东劳卫所[33]发现橡胶、制鞋行业接触汽油女工的月经周期、经量异常,先兆流产、自然流产及难产率较无接触汽油史女工高。黑龙江劳卫所[34]发现急性汽油中毒对人体损害主要表现在呼吸、消化及神经系统,但预后较好。吉林劳改医院[35]报道急性汽车残气中毒致心电图异常2例,均有非特异性S-T段下移,其中1例致快速房颤。青海红十字医院[36]在海拔2 260m处以高压氧为主治疗汽车尾气中毒15例,全部治愈,随访1年未发现后遗症。济宁防疫站[37]发现磷化氢慢性接触对小气道功能有显著影响,且肺功能改变以阻塞性为主,异常率随接触年限增加而升高。

长沙湘雅医院[38]报道1例急性砷化氢、硫化氢混合中毒致急性溶血性黄疸、肾功能衰竭及消化管出血患者,经二巯基乙醇、美蓝及血透综合治疗4个月后痊愈。化工部晨光化研院医院[39]用地塞米松冲击治疗急性有机氟中毒3例,肺部病变改善快,无明显"反跳",后遗症轻。杭州邵逸夫医院[40]报道1例急性氨气中毒,3个月后电镜检查显示呼吸道粘膜表面细胞破坏、纤毛消失。南京海军医专[41]*发现小鼠在高压氧环境下可出现低氧血症、代谢性酸中毒及肺毛细血管内皮细胞钠-钾-ATP酶活性下降。

(三)无机化学品中毒

江苏如皋市医院[42]救治急性亚硝酸盐中毒52例,认为尽早洗胃和导泻是关键,静注低浓度美蓝是主要抢救措施。江苏泰兴市医院[43]报道重度亚硝酸盐中毒引起显著的缺血性ST-T改变。天津市四院[44]报道重度亚硝酸盐中毒致血糖升高1例。浙江龙泉市医院[45]用紫外线照射充氧自体血回输治疗急性亚磷酸钠中毒,可改善机体缺氧状态。

(四)有机化学品中毒

同济医大[46]发现苯中毒工人白细胞数量明显降低,血清SOD活性增高,两者之间呈负相关。该所[47]还发现苯中毒工人血热应激蛋白(HSP70)抗体水平增高,认为可能与苯及其代谢产物使细胞应激反应增强有关。广东职业病院[48]报道职业接触苯及同系物工人血抗DNA抗体、补体C3及C4显著增高,认为抗DNA抗体适应于污染浓度较高接触者的监测。南京扬子石化公司医院[49]*报道随作业环境苯浓度的增高,接触者血白细胞降低、淋巴细胞微核率增高。中山医大[50]*认为苯可诱导DNA氧化损伤,其作用可能是通过多位点、多作用机制、多遗传后果所致,人外周血淋巴细胞8-羟基-2-脱氧鸟苷可作为苯接触史的生物检测标志物。同济医大[51]发现苯中毒工人外周血淋巴细胞DNA损伤率随作业环境苯浓度升高而明显增加。上海化工职业病所[52]发现制漆女工的微核试验、基因位点突变及人淋巴细胞非程序DNA合成试验均阴性。福建泉州市一院[53]报道77例慢性苯中毒者血液学检查以再生障碍性贫血(AA)、不典型AA及全血细胞减少为主。天津职工医学院[54]发现苯中毒者及接触者记忆商下降显著。南京扬子石化公司医院[55]认为检查红细胞SOD活力和白细胞LPO水平比WBC计数敏感,而尿LDH活力也在苯中毒早期发生显著改变。广州军区医研所[56]及广东职业病院[57]发现尿粘康酸在苯生物监测中比尿酚具有更好的敏感性和特异性。马钢劳卫所[58]报道"FE-生物素"能改善苯中毒的症状,同时也有提高WBC、BPC及SOD的作用。福州职业病院[59]报道在常规治疗基础上输注葡萄糖醛酸内酯,血WBC、RBC及BPC上升明显加快。福建医学院二院[60]发现慢性再障及部分急性再障对雄激素疗效好,大部分可以治愈,且不复发。上海职业病医院[61]观察慢性重度苯中毒致AA 5例8年,未发现并发白血病,其染色体畸变率及淋巴细胞微核率均较发病时降低。山东省立医院[62]发现长期接触低浓度苯乙烯工人的神经衰竭发生率上升,尿β_2-MG、γ-GT及班后尿扁桃酸(MA)含量增加。安徽蚌埠职业病所[63]分析142名长期接触硝基氯苯工人的3年体检资料,发现高铁血红蛋白含量增高。华北煤炭医学院等[64]报道接触三硝基甲苯作业男工妻子的早产、自然流产及死胎死产率与非接触者妻子相比无明显差异。

山东潍坊化工厂医院[65]发现氯乙烯作业工人血SOD及同工酶降低,MDA下降。山东潍坊市医院[66]报道氯乙烯肝病患者的氯乙烯血清Ⅳ型前胶原及直应胆红素升高。唐山市职业病院[67]发现88例氯乙烯接触工人中有8例出现肢端溶骨症,其发病率及发病程度与工龄及车间氯乙烯浓度有关。大连医大[68]提出血清甘胆酸含量升高、谷胱甘肽过氧化物酶活性及血清铜蓝蛋白下降可能是接触氯丁二烯所致不良健康效应的生物标记。广东劳卫所[69]报道二氯乙烷职业性中毒致死2例,尸检主要表现为脑、肺水肿及肝脏损害。黑龙江劳卫所[70]发现硫酸二甲酯能引起职业接触人群淋巴细胞及动物骨髓细胞的畸变率和红细胞微核率增高,并可诱发基因突变。吉林劳卫所[71]报道1例急性甲醇中毒致心、肝、肾、周围神经及视神经损害。广西自治区医院[72]发现甲醇中毒的恒河猴眼球病变主要发生在视乳头及巩膜的筛板后视神经,视神经损害程度与眼底改变成正比。

(梅小斌　袁伟杰)

参 考 文 献

[1] 庞继恩等. 中国危重病急救医学 1996;8(8):462
[2] 李玲玲等. 北京医学 1996;18(4):239
[3]* 连 雪等. 中国介入心脏 1996;4(2):89
[4] 张文昌等. 职业医学 1996;23(4):51
[5] 张宗毅等. 中华劳卫 1996;14(4):233
[6] 张秀明等. 中华劳卫 1996;14(3):148
[7] 杨国仁等. 河南医大学报 1995;30(4):402
[8] 罗艳春等. 脑与神经 1996;4(2):118
[9] 孙素华等. 中华劳卫 1996;14(4):252
[10] 郭福岭等. 中国危重病急救医学 1996;8(8):465
[11] 周建华等. 中国危重病急救医学 1996;8(3):174
[12] 郝 玲. 新疆医学 1996;26(3):141
[13] 余旺节等. 中华劳卫 1996;14(4):239
[14]* 李全民等. 中国循环 1996;11(4):226
[15] 沈耀华等. 湖南医学 1996;13(1):58
[16] 王 维等. 中华劳卫 1996;14(5):274
[17] 李思惠等. 职业医学 1996;23(3):13
[18] 胡理明等. 中国工业医学 1995;8(6):338
[19] 王建平等. 中国工业医学 1996;9(5):262
[20] 苏 悸等. 哈医大学报 1996;30(3):306
[21] 曹钟兴等. 中国工业医学 1996;9(5):292
[22] 高艳华等. 中华劳卫 1996;14(5):284
[23] 杨杏芬等. 中华劳卫 1996;14(1):28
[24] 王 菁等. 职业医学 1996;23(1):24
[25] 梁子敬等. 中国实用内科 1995;15(11):676
[26] 吕军伍等. 工业卫生与职业病 1996;22(3):178
[27] 魏文增等. 中国工业医学 1996;9(4):218
[28] 倪为民等. 职业医学 1995;22(5):28
[29] 徐熙明等. 江苏医药 1996;22(5):315
[30] 张友明等. 职业医学 1996;23(5):34
[31] 金永才. 中华劳卫 1996;14(1):49
[32] 陈艳霞等. 中国工业医学 1996;9(4):242
[33] 王金娥等. 中国工业医学 1996;9(1):33
[34] 陈显军等. 工业卫生与职业病 1996;22(1):49
[35] 王德珊等. 白求恩医大学报 1996;22(1):95
[36] 刘建华等. 青海医药 1996;26(7):30
[37] 李 芳等. 中国工业医学 1995;8(6):349
[38] 罗 芳. 职业医学 1995;22(6):36
[39] 张兴善. 职业医学 1996;23(1):34
[40] 闻胜兰. 中华劳卫 1996;14(4):203
[41]* 董文度等. 中华劳卫 1996;14(1):19
[42] 王加林等. 苏州医学院学报 1996;16(2):365
[43] 陈宇清等. 南通医学院学报 1996;16(2):285
[44] 尹 力等. 中国危重病急救医学 1996;8(1):61
[45] 陈高梁等. 中华理疗 1996;19(3):146
[46] 袁 野等. 工业卫生与职业病 1996;22(2):86
[47] 袁 野等. 工业卫生与职业病 1996;22(2):83
[48] 陈嘉斌等. 职业医学 1996;23(5):22
[49]* 张 奔. 中华预防医学 1996;30(3):164
[50]* 刘 力等. 中华劳卫 1996;14(1):1
[51] 袁 野等. 工业卫生与职业病 1996;22(2):80
[52] 王 莹等. 职业医学 1996;23(2):25
[53] 李碧玲等. 中国工业医学 1996;9(2):101
[54] 董 宜等. 职业医学 1996;23(2):17
[55] 谢懋功等. 中华劳卫 1996;14(2):92
[56] 曾年华等. 职业医学 1996;23(5):8
[57] 杨爱初等. 职业医学 1996;23(2):6
[58] 于典琴等. 工业卫生与职业病 1996;22(4):232
[59] 林赛明等. 职业医学 1995;22(6):32
[60] 潘敬新等. 中华劳卫 1996;14(1):16
[61] 陶庭芳. 中国工业医学 1996;9(1):31
[62] 李汇华等. 职业医学 1995;22(5):14
[63] 朱业仙等. 职业医学 1996;23(5):15
[64] 任爱国等. 职业医学 196;23(2):2
[65] 任恒岩等. 中国工业医学 1995;8(6):334
[66] 侯光萍等. 中国工业医学 1996;9(2):91
[67] 刘玉华等. 工业卫生与职业病 1996;2(2):106
[68] 张 睿等. 中国工业医学 1996;9(2):79
[69] 李来玉等. 中国工业医学 1996;9(5):284
[70] 慈杰元等. 工业卫生与职业病 1996;22(2):75
[71] 王玲安等. 中华劳卫 1996;14(1):50
[72] 李琪瑶等. 广西医学 1995;17(6):507

三、农药中毒

(一)有机磷农药中毒

山东临清市医院[1]报道 657 例有机磷农药中毒(AOPD),其死因主要与呼吸肌麻痹致呼吸衰竭有关。江苏张家港市一院[2]分析 87 例 AOPD 致呼吸衰竭,表明肺水肿、呼吸肌麻痹、呼吸中枢抑制是呼吸衰竭致死的三大原因。浙江宁海县医院[3]发现中、下肺小片絮状影、两肺广泛絮状影及右肺斑点状相间分布是 AOPD 者肺部 X 线表现常见的三种形式,考虑其与肺水肿、吸入性肺炎和继发性感染有关。白求恩医大一院[4]观察 362 例 AOPD 者心电图,发现 70.7%有异常改变,其中 8 例死亡患者 QT 间期超过 0.4 秒。江西医学院一院[5]用心阻抗微分图观察 AOPD 者心功能,发现心输出量、心肌收缩力和收缩时间间期和正常相比差异明显。江苏溧阳市医院[6]报道 AOPD 致中间综合征 13 例,均发生在中毒后 2～4 天,表现为面肌、眼外肌、肢体近侧肌群及呼吸肌无力,甚至麻痹。江苏沛县医院[7]报道 35 例 AOPD 致迟发性周围神经病,肌肉活检证实有肌纤维萎缩、坏死，周围神经轴突肿胀。山东无棣县医院[8]观察到1例敌敌畏中毒后第5天出现去皮层综合征，表现为吞咽动作存在，但视线固定，视物及对各种刺激均无反应。浙江临海市一院[9]检测29例AOPD者的脑电图，均有异常，病情重者以高幅δ活动为主，轻者为弥漫性低幅θ活动。安徽医大一院[10]及湖北安康市一院[11]分别报道84例及52例AOPD反跳现象，考虑与洗胃不彻底、阿托品用量不足、中毒酶老化及毒物的种类有关。河北医学院二院[12]报道AOPD患者因消化管应激性溃疡、肠坏死及胰腺炎致弥漫性腹膜炎3例，2例痊愈，1例死亡。贵州遵义地区医院[13]检测19例口服乐果乳油中毒患者的肝功能，其中7例ALT升高，可能与乐果乳油主要成分乐果、苯及二甲苯在肝脏代谢有关。福建永泰县医院[14]发现41例AOPD者均有血清淀粉酶升高，病情愈重，血淀粉酶愈高，持续时间愈长，4例死亡者均超过1 000U，而小于1 000U者中无1例死亡，部分中毒反跳可能为并发急性胰腺炎所致，应常规监测血淀粉酶变化。山东莒南县医院[15]发现10/19例重度中毒者初期有T_3或/和T_4降低，其中2例出现反跳，3例发生呼吸肌麻痹，1例死亡，提示甲状腺激素测定可能有助于判断病情及预后。上海武警总院[16]报道因食含有甲胺磷的鸡毛菜致甲胺磷中毒22例，临床以毒蕈碱样及神经系统症状为主。上海浦东新区防疫站[17]统计敌百虫包装工人20年的监护资料，发现通过改革工艺、改善作业环境及减少毒物空气污染，中毒率由70年代初的25.26%下降到80年代末的1.85%。婴幼儿有机磷农药中毒常因病史不清、症状不典型较成人易误诊。江苏吴县市医院[18]报道19例AOPD中毒，早期即出现神经、呼吸或消化系统症状，因与其他小儿疾病相似而被误诊为脑炎、菌痢等。贵阳市一院[19]总结50例小儿AOPD，误诊率高达26%，并发现吸入、体表接触及误服为中毒的主要原因，强调妥善保管药品、普及农药常识是降低发病率的必要措施。军医科院毒研所[20]*发现乐果中毒时乙酰胆碱酯酶(AChE)老化并不快，临床难治性乐果中毒与中毒酶老化速度无关。广州职业病院[21]采用丁酰硫胆碱作底物，测定全血AChE，发现具有采样方便、操作简单、结果稳定的特点。阿托品仍是抢救AOPD最主要的药物。大连劳卫所[22]救治791例AOPD，发现生产中毒型以轻、中度为主，阿托品用量在20～50mg之间；口服中毒型以重度为主，阿托品用量在500～700mg之间。山东警官总院[23]采用"倍半减量"法治疗214例AOPD，即先将达到"化量"的间隔时间延长1倍，剂量不变，重复3～5次。然后间隔时间不变，将剂量减少一半，再重复3～5次，此后剂量不变，将间隔时间再延长1倍。安徽泾县医院[24]采用大剂量或较大剂量阿托品静脉滴注抢救AOPD 139例，治愈率达96.5%。浙江青田县医院[25]用苯克磷抢救AOPD 96例，其中轻、中度中毒15～30分钟，重度中毒2～4.5小时症状缓解，全血AChE活力在治疗后20分钟恢复60%～70%。苏州医学院一院[26]、南通医学院附院[27]分别报道12例及57例AOPD抢救中阿托品中毒，认为将中间综合征误诊为反跳、对阿托品观察不细及AOPD程度判断不准确等是造成阿托品中毒的常见原因。广东普宁华侨医院[28]采用山莨菪碱早期、足量、反复静滴和维持滴注，治疗AOPD 328例，重度中毒抢救成功率达86%。通州通海医院[29]应用纳洛酮治疗AOPD致呼吸衰竭24例，24小时内呼吸恢复18例，其中1小时内恢复15例。宁夏银川市一院[30]认为纳洛酮有吸收迅速、显效快的特点，且有兴奋血管中枢、升高血压、抗休克的作用。解磷注射液是AOPD的高效复合解毒剂。长航总院[31]用该药抢救11例AOPD，成功率达90%。湖南新宁县医院[32]救治AOPD 85例，发现其起效快、疗程短、疗效高，且能全面解除毒蕈碱样、烟碱样和中枢神经系统症状。浙江龙游县医院[33]比较26例剖腹洗胃及24例常规洗胃救治AOPD的效果，发现剖腹组阿托品用量少、时间短，无中毒反跳，治愈率达100%；而常规洗胃组阿托品化用量高于剖腹组2倍，治愈率仅为66.7%。天津黄河医院[34]摸索出在AOPD致食管贲门痉挛时插入胃管的方法：①局部使用利多卡因、阿托品及地塞米松；②气管导管导入；③金属食管镜导入。解放军175医院[35]采用常规洗胃结合内镜下洗胃、灌肠的全胃肠灌洗术，使AOPD存活率明显提高。江苏徐州四院[36]及山东莒南县医院[37]分别报道用高频喷射通气治疗AOPD致呼吸衰竭15例及10例，抢救成功率达80%以上。新鲜血置换是抢救重度AOPD的有效方法之一。河南周口地区医院[38]用新鲜血(300～1 200ml)置换治疗AOPD 85例，使58%患者胆碱脂酶活力达80%以上，并减少了阿托品用量及反跳次数。呼和浩特市一院[39]总结换血疗法的适应证为：①对AChE复合剂无效；②中毒时间超过1天；③必需用大剂量阿托品维持及病情有反跳。血液净化治疗AOPD是近年来开展的新疗法。山东邹城市医院[40]、福建漳州市医院[41]及解放军260医院[42]在应用胆碱酶复能剂的同时，分别采用血液灌流、血浆置换及血液透析技术抢救重度AOPD，均达到排除毒物、减少反跳、提高存活率的目的。上海医大[43]*发现异搏定可使乐果染毒大鼠存活时间延长、肌束震颤及抽搐症状明显缓解，且与阿托品合用效果更好。

（二）其他农药中毒

杀虫脒（氯苯胺）属有机氮类农药。苏州医学院一院[44]报道31例急性杀虫脒中毒，临床以血尿、紫绀、呼吸衰竭及意识障碍为主要表现。安徽宿州市三院[45]报道20例杀虫脒中毒的常见并发症是上消化道出血、溶血性贫血及心律失常。锦州职业病所[46]认为洗胃、导泻是抢救的关键，合理的使用美蓝、维生素C及激素是治疗的重要措施。双效灵通过铜离子毒害含巯基的酶起杀虫作用。山东平邑县医院[47]报道1例中毒致急性溶血性贫血，经大剂量地塞米松治疗2周后Hb升至110g/L。济宁医学院附院[48]治疗氨基甲酸酯类杀虫剂中毒32例，提出阿托品仍是首选药物，而碱性液洗胃可破坏毒物、减少其再吸收，应提倡使用。百草枯又名克芜踪，为吡联啶类除草剂。广东汕头市医院[49]报道34例百草枯中毒致肾损害，其中29例血肌酐大于176μmol/L，3例无尿。四川省医院[50]尸检发现百草枯中毒可致肺泡弥漫性损伤伴纤维化、肝小叶中心性坏死及心、肾灶性坏死和变性。云南楚雄州医院[51]收治5例肌注敌杀死致臀局部发生硬肿、剧痛伴全身中毒症状，经硫酸镁局部湿敷，全部治愈。

氟乙酰胺是一种内吸性很强的有氟灭鼠药。江苏盐城市三院[52]报道47例儿童中毒，经洗胃及使用乙酰胺、细胞色素C等，治愈44例。四川自贡市三院[53]收治1例因误服氟乙酰胺、治愈2周后发生癫痫患儿，服鲁米那有效。河南辉县医院[54]给21例氟乙酰胺中毒患儿行头颅CT检查，发现11例有脑低密度灶病变，部位分布在丘脑后角及左、右颞、枕叶区。湖南衡东县医院[55]救治1例误服氰化钾、氟乙酰胺而致昏迷、急性肾功能衰竭者。经解毒、利尿和血液透析治疗，4小时后抽搐减轻，3次血透后意识清醒。

敌鼠钠为凝血性杀鼠剂。安徽六安地区医院[56]报道2例敌鼠钠致大脑内囊出血。解放军260医院[57]报道6例氟乙酸钠经食物链致急性中毒。福建连城县医院[58]分析6例有机氯鼠药（敌鼠强）中毒的脑电图，4例表现为弥漫低幅δ、θ波，2例分别表现为中及高幅δ、θ波。

（袁伟杰）

参考文献

[1] 贾卫滨等. 中华内科 1996;35(5):333
[2] 吴纪南. 南京医大学报 1996;16(1):94
[3] 章家铭等. 实用放射 1996;12(7):432
[4] 吕　萍等. 中国循环 1996;11(10):606
[5] 刘汉名. 职业医学 1996;23(2):34
[6] 虞炳庆等. 临床内科 1996;13(5):43
[7] 邵素玲. 江苏医药 1995;21(12):789
[8] 董景阁等. 职业医学 1996;23(3):57
[9] 金力平等. 中国工业医学 1996;9(2):98
[10] 张　曙等. 安徽医大学报 1996;31(2):141
[11] 陈新华等. 陕西医学 1996;25(1):23
[12] 刘光茂等. 河北医学院学报 1995;16(6):361
[13] 郭智荣等. 贵州医药 1996;20(5):282
[14] 张君铨等. 中国实用内科 1995;15(11):672
[15] 张富成等. 中华内科 1996;35(2):117
[16] 吕有灵等. 上海医学 1996;19(8):471
[17] 孙东红等. 中国预防医学 1996;30(5):273
[18] 许淑珍. 苏州医学院学报 1995;15(6):1131
[19] 于世非. 贵阳医学院学报 1996;21(2):135
[20]* 李立君等. 中华劳卫 1996;14(5):264
[21] 黄明汉等. 广州医药 1996;27(1):63
[22] 孙艳翎等. 工业卫生与职业病 1996;22(3):180
[23] 张秀珍. 山东医药 1996;36(1):46
[24] 钟明珍等. 安徽医学 1995;16(6):54
[25] 周照雄等. 浙江医学 1996;18(5):314
[26] 戴建伟. 苏州医学院学报 1995;15(6):1118
[27] 印　彤. 南通医学院学报 1995;15(4):626
[28] 马燕山等. 广东医学 1996;17(8):535
[29] 陆顺兴等. 交通医学 1995;9(4):23
[30] 潘平华等. 宁夏医学 1996;18(2):99
[31] 王建婷等. 交通医学 1995;9(4):22
[32] 陈玉秀. 中西医结合急救 1995;2(6):266
[33] 莫文梅等. 人民军医 1996;(8):44
[34] 谢春鸿. 中西医结合急救 1996;3(9):400
[35] 仇日火等. 解放军医学 1996;21(3):219
[36] 李茂琴. 中国危重病急救医学 1996;8(4):237
[37] 刘　涛等. 中华内科 1995;34(11):760
[38] 杨克利等. 河南医大学报 1996;31(2):149
[39] 王尚德等. 中国危重病急救医学 1996;8(8):496
[40] 马建海等. 中国危重病急救医学 1996;8(8):479
[41] 刘文平等. 中国急救医学 1996;16(1):24
[42] 王丽娜等. 人民军医 1996;(1):24
[43]* 李　颖等. 职业医学 1996;23(1):4
[44] 陈建荣等. 苏州医学院学报 1996;16(4):791
[45] 刘洪泰. 安徽医大学报 1995;30(4):276
[46] 史玉刚等. 工业卫生与职业病 1996;22(1):50
[47] 王润理等. 中华血液 1996;17(4):199
[48] 丁伟利等. 急诊医学 1996;5(1):45
[49] 卢东生等. 中华肾脏 1996;12(5):320
[50] 徐玉川等. 中华劳卫 1996;14(1):51

[51] 张　梅. 云南医药 1996;17(3):246
[52] 董祖英. 南通医学院学报 1996;16(2):272
[53] 胡剑蔼等. 实用儿科临床 1996;11(2):126
[54] 马文浩等. 实用儿科临床 1996;11(5):290
[55] 旷秋怀等. 中国危重病急救医学 1996;8(8):475
[56] 姚　莉等. 新医学 1996;27(4):200
[57] 曹小敏等. 河北医药 1996;18(5):276
[58] 陈春梅等. 福建医药 1996;18(4):73

四、药物中毒

(一) 抗生素中毒及过敏

广西自治区医院[1]总结 236 例青霉素过敏反应,其中过敏性休克占 3.8%,风团、瘙痒等皮肤反应占 21.1%,头晕、心慌、恶心等一般表现占 72.1%。长春一汽医院[2]收治 2 例静脉注射青霉素后引起肌肉抽搐及癫痫样发作,考虑为脑脊液中药物浓度高致大脑皮层代谢紊乱所致。吉林四平市医院[3]报道一家族 3 例青霉素引起剥脱性皮炎,经大剂量激素、维生素 C 静滴,均在 20 天后皮肤反复剥脱停止。山东省委机关医院[4]观察到 1 例因静滴青霉素 10 分钟后出现气急、胸闷、双肺满布哮鸣音患者,经静注地塞米松 2 小时后发作停止。昆明医学院一院[5]发现 1 例静滴青霉素致邻床患者过敏性休克,推测为接受青霉素治疗患者呼出气中含有青霉素及其降解产物所致。广西中医学院一院[6]发现 11 例青霉素致过敏性休克,心电图均表现 U 波、QT 间期延长。

广东皮研所[7]报道 444 例接受氨苄青霉素治疗者发生药疹 17 例,以男性多见,皮疹潜伏期平均 8.2 天。河南镇平县医院[8]报道 1 例氨苄青霉素致药疹及红斑肢痛病样反应,表现为患者双足疼痛难忍,不能行走,冷水试验阳性。广东新会市医院[9]发生 15 例氨苄青霉素致过敏性哮喘,其中 4 例曾做青霉素皮试,11 例曾做氨苄青霉素皮试,均阴性。提示即使皮试阴性也有发生过敏的可能。解放军 251 医院[10]报道 2 例静脉推注氨苄青霉素 12～15 分钟后出现寒战、高热及皮肤发红、瘙痒等少见的类热源样过敏反应。陕西彬县医院[11]观察到 1 例连用氨苄青霉素 2 天(4g/d)出现皮疹及尿闭。山东枣庄医院[12]发现 1 例氨苄青霉素过敏性休克诱发非 Q 波型心肌梗死,血清肌酸磷酸激酶、乳酸脱氢酶呈典型急性心肌梗死变化。

哈尔滨医大[13]统计 9 年中有 12 例庆大霉素(GM)致少尿型急性肾功能衰竭,其中最长用药 20 天,最短 2～3 天(24～48 万 U/d)即有急性肾衰表现。江苏南通溢口医院[14]报道 8 例 GM 致非少尿型急性肾功能衰竭,其中 3 例年龄大于 65 岁,用药时间大于 10 天的患者死亡。辽源市妇婴医院[15]观察到 2 例 GM 中毒致小脑共济失调,表现为走路不稳、易倾倒,指鼻试验、反击试验阳性。解放军某医院[16]报道 1 例单侧肾切除患者注射 GM 致癫痫样发作,建议 GM 的给药时间及剂量应根据实际肾功能情况而定。北京中日友好医院[17]发现 GM 致大鼠损害时肾小管上皮细胞分泌层粘蛋白、纤维连接蛋白和Ⅳ型胶原增多,且与损害程度有关。重庆大坪医院[18]观察到 GM 中毒大鼠肾皮质线粒体、溶酶体膜流动性随时间延长下降,其标志酶琥珀酸脱氢酶及酸性磷酸酶活性亦同时降低。广州南方医院[19]报道 CD11a/CD18 单抗可明显减轻庆大霉素所致的大鼠肾小管坏死,改善肾功能。北京中日友好医院[20]研究提示人参总皂甙、去铁敏和丹参可通过清除反应性氧代谢产物而起到预防 GM 所致的急性肾衰作用。河南医大一院[21]发现 GM 可使豚鼠耳蜗神经动作电位阈值升高、潜伏期延长,耳蜗中 MDA 含量增加。他们[22]还发现 GM 所致内耳的损伤较为广泛,内毛细胞变性在外毛细胞之后,支持细胞变性晚于内、外毛细胞。该院[23,24]还观察到硫酸软骨素及二甲亚砜能缓解 GM 所致的耳蜗神经动作电位阈值的升高,缩短其潜伏期,并能改善内、外毛细胞受损的程度。硫酸小诺霉素属新型氨基甙类抗生素。河南西华县医院[25]报道 1 例肌注小诺霉素 60mg,10 分钟后出现面部痉挛、呼吸困难,查体见反常呼吸运动,间断呼吸暂停。安徽淮南矿业学院[26]抢救 1 例小诺霉素肌注 3 分钟后出现血压降低、全身冷汗的过敏性休克。山东枣庄王开结防院[27]观察到氟桂利嗪可使链霉素及卡那霉素所产生的头晕、耳鸣等毒性反应在 10 天内消失,有效率为 100%。南京铁道医学院[28]采用限制性内切酶酶切技术,分析 4 个链霉素致聋家系 11 例成员的外周血线粒体 DNA,发现有 9 例 12 Sr RNA 基因上核苷酸 1555 位点发生了 A→G 突变,推测该突变是人体对链霉素致聋遗传易感性的分子基础。

本年度头孢类抗生素引起的中毒及过敏反应以头孢拉定、头孢哌酮为多。广东南海市医院[29]、海南省医院[30]及吉林工业大学医院[31]分别报道头孢拉定致肉眼血尿,部分患者合并肾区绞痛及排尿困难。停用或换用其他药物肉眼血尿在 6～48 小时内消退。内蒙古哲里盟医院[32]收治 1 例静脉滴注头孢拉定 2 天后出现皮疹、第 4 天出现少尿、双下肢水肿,双肾 B 超示双肾增大、肾实质损害患者。河南开封市一院[33]及福建医学院一院[34]各报道1例头孢哌酮致严重过敏反应，表现为全身抽搐、意识不清、血压测不出等。陕西岐山县医院[35]报道2例静滴头孢哌酮期间血ALT升高，PT延长，分别在第5、8天出现上消化管大出血，停药并用维生素K_1出血停止病例。哈尔滨市一院[36]报道10例使用头孢哌酮期间饮酒所致戒酒反应，临床表现为头痛、头晕、呼吸困难、腹泻、腹痛等。其他尚有复达欣致骨髓抑制[37]、头孢唑啉钠引起溶血性贫血[38]、头孢氨噻肟皮试引起过敏性休克[39]的个案报告。

喹喏酮类具有抗菌谱广、给药途径方便等优点，但本年度其副作用报道较多。广东湛江农垦二院[40]报道1例静滴氟哌酸致难治性支气管哮喘，停药及抗过敏处理症状不缓解，并呈阵发性加重，病情迁延达4周。广州海珠中医院[41]收治1例服用氟哌酸致震颤麻痹征候群，表现为全身肌肉静止性震颤，肌张力增高。安徽宿县医院[42]抢救1例因患“红眼病”使用氟哌酸眼药水而致头、面部大疱性药疹1例。环丙沙星为第三代喹诺酮类药物。浙江绍兴市二院[43]报道1例静滴环丙沙星5分钟后病人丧失语言能力，不能构词，仅能以书写方式回答问题。交通部四航局医院[44]报道1例连续服用环丙沙星4次后(0.5g/次)感腹痛，随后解鲜血便，次日再次服用，上述症状又出现。浙江中医院[45]收治1例因严重腹泻而超量服用环丙沙星(1.0g/次，3次/天)致急性肾功能衰竭，考虑与有效血容量不足、血中药物浓度过高致肾小管损伤有关。吉林桦甸市医院[46]、广州医学院二院[47]及山东临沂地区胸科医院[48]分别报道1例环丙沙星致过敏性休克。其中2例原有青霉素过敏史，3例均在用药早期发生休克。建议临床医师对过敏体质患者慎用环丙沙星。其他尚有氧氟沙星致全身大疱性表皮松解萎缩型药疹[49]、致过敏性休克的个案报道[50]。

林可霉素、红霉素、白霉素均属大环内酯类药物，其抗菌谱同青霉素相似。湖北宜昌红十字会医院[51]报道1例2岁患儿肌注林可霉素0.2g后发生荨麻疹及血小板减少性紫癜。河北邯钢总厂医院[52]观察到6例林可霉素致呼吸循环衰竭，考虑与静滴速度过快、剂量过大有关。中国医大二院[53]发现1例静滴红霉素2天出现耳鸣、听力减退，电测听检测示双耳听阈中、重度增高。青岛市医院[54]观察到1例在服卡马西平期间加用红霉素使血卡马西平浓度升高，导致患者头晕、视物模糊、语言不清等。解放军280医院[55]及河北医学院二院[56]各报道1例白霉素致过敏性休克患者，认为为避免过敏反应，用药前应做皮肤试验。属个案报道的还有2次服用红霉素均出现球结膜出血[57]、口服乙酰螺旋霉素出现顽固性呃逆[58]等。

本年度甲硝唑不良反应报道较多。湖南常德市五院[59]及湖北医大一院[60]分别报道2例及9例致严重神经系统反应。表现为兴奋躁动、焦虑失眠、幻觉妄想等。上海黄浦区医院[61]收治2例服用甲硝唑第3及4天后出现心肌损害，心电图检查示频发性室性早搏，停药后症状迅速缓解。其他还有甲硝唑致严重口腔溃疡[62]、红斑性肢痛[63]及味觉障碍[64]等报道。哈尔滨红十字医院[65]总结甲硝唑不良反应主要为精神障碍、药疹、粒细胞减少、双下肢软瘫、出血性膀胱炎、心律不齐及小脑共济失调等。

山东邹平码头医院[66]报道3例服用SMZ-Co 5日致张口困难，头颈部右转及双侧腓肠肌阵发性痉挛等，每次持续约10分钟。广东东莞篁村医院[67]报道1例SMZ-Co致血压升高，停药3天后恢复正常，再次服该药3天，血压再次升高。安徽教育学院医院[68]观察到1例SMZ-Co致皮肤多处出现圆形及椭圆形红斑、水泡、糜烂，心电图示Ⅱ度1型房室传导阻滞、交界性逸搏。泻痢停属磺胺复合物，青海贵德县医院[69]报道1例口服10分钟后出现胸闷、心慌、呼吸困难及四肢麻木感。黑龙江双鸭山市医院[70]治疗1例因服用泻痢停致严重过敏性紫癜，建议有磺胺类药物过敏史者禁用该药。其他还有利福平致急性溶血性贫血[71]、异烟肼致癫痫大发作[72]、乙胺丁醇致四肢水肿[73]等报道。

(二)神经系统药物中毒

氯丙嗪是抗精神分裂的首选药。新疆中医学院附院[74]报道2例氯丙嗪致溢乳-闭经综合征，考虑与刺激催乳素的释放、抑制促性腺激素的分泌，使黄体生成素、卵泡刺激素水平下降有关。南京市脑科医院[75]观察到30例氯丙嗪致Q-T间期延长，最长达0.52秒，有14例ST-T异常，9例TU融合，6例发生尖端扭转型室性心动过速。湖南精神病院[76]抢救1例在低钾状态下服用氯丙嗪致阿斯综合征发作，心电图示室性扭转型心律。江苏南通通济医院[77]用维生素B_1治疗120例氯丙嗪致便秘，疗效满意。认为维生素B_1通过抑制胆碱酯酶活性、增加胃肠腺体分泌及蠕动发挥作用。浙江医大一院[78]用血液灌流抢救3例严重氯丙嗪中毒，发现活性碳竞争吸附效力与药物和蛋白质结合时间密切相关，时间愈长，吸附效率愈低，超过16小时者30%的血中药物成分不能经其清除。卡马西平目前广泛应用于治疗癫痫和三叉神经痛，浙江东阳市医院[79]、山东乳山市医院[80]分别报道卡马西平致表皮坏死松解症，其中2例死亡。空军兰州医院[81]报道1例服用卡马西平50

天致缺铁性贫血，血红蛋白由135g/L降至70g/L。氯氮平为一种新型抗精神病药物。山东东平县一院[82]报道1例口服大剂量氯氮平(100片，25mg/片)2小时后发生急性溶血尿毒综合征，经腹膜透析治疗痊愈。南京红十字医院[83]抢救2例服用大剂量氯氮平(45片及20片，25mg/片)，20～30分钟后出现急性左心衰竭，且心衰程度与神志状态一致。辽河油田二院[84]观察到1例长期服用氯氮平致颜面部及眼色素沉着，程度随药物剂量的增减而变深、浅，裂隙灯下可见角膜后、球结膜色素沉着。合肥市精神病院[85]发现氯氮平引起白细胞减少与抑制CD4有关，且当CD4、CD8同时下降时，白细胞减少更显著。山东临沂地区精神病院[86]总结赛庚啶治疗100例氯氮平流涎副反应，具有起效快、疗效好、不需停用氯氮平等优点。济南济源市医院[87]用大剂量山莨菪碱成功抢救氯氮平重度中毒1例，其机制与山莨菪碱阻滞M胆碱受体、改善微循环等有关。五氟利多为长效抗精神失常药。解放军33医院[88]及广东中山市医院[89]分别报道3例、1例小儿误服过量五氟利多而出现恶心、呕吐、腹痛、神志不清。陕西米脂县医院[90]收治1例因戒毒服用五氟利多致频发性室性早搏，认为虽未超过常规剂量，但患者的个体差异与发病有关。

山东文登县医院[91]收治1例因腹痛连续3次肌注杜冷丁(100mg/次)致一过性高胆红素血症。陕西商州市医院[92]抢救1例误用吗啡10mg致呼吸缓慢、颜面青紫、深昏迷患者。江苏溧阳中医院[93]总结6例苯妥因钠治疗癫痫大发作而致中毒，表现为共济失调、定向障碍及精神症状。其他还有口服三唑伦引起阵发性腹痛[94]、肌注安定致急性肺水肿[95]报道。纳洛酮为阿片受体拮抗剂，有多家医院用于抢救急性苯二氮类药物中毒。青海红十字医院[96]先后给9例患者应用纳洛酮0.4～2.4mg静注，0.5～6小时后病人神志转清，头晕、嗜睡、共济失调等症状缓解。天津市三院[97]报道用纳洛酮治疗患者平均清醒时间(9.10±3.88)小时，短于用血液灌流治疗者(37.5±26.1)小时，且费用低、简单易行。

(三) 心血管系统药物中毒

血管紧张素转换酶抑制剂最常见副作用为咳嗽[98]。然而，南京铁路医院[99]及乌鲁木齐石化总厂医院[100]均报道卡托普利可致急性肝功能损害，表现为血ALT升高，停药2～4周自行恢复。广西南宁市二院[101]观察到2例服用卡托普利3～4周致皮肤色素沉着，停药后逐渐消退。陕西电子工业厅406医院[102]报道1例卡托普利引起急性尿潴留，考虑与其引起血管扩张、静脉淤血、膀胱平滑肌麻痹致排空功能减弱有关。解放军174医院[103]收治3例卡托普利致迟发性剥脱性皮炎，认为可能与药物抑制血管紧张素转换酶，使血中激肽浓度升高及皮肤对组织胺的反应性增强有关。氟桂利嗪是一种选择性钙通道阻滞剂。解放军303医院[104]报道1例服药2次后(12mg/次)致急性尿潴留，停药2天排尿恢复正常。山东聊城东昌医院[105]用氟桂利嗪治疗3例偏头痛，3～5天后引起下肢剧痛，服止痛药无效。浙江绍兴市医院[106]在心电监护下用大剂量钙剂抢救1例服用过量维拉帕米(42片，40mg/片)中毒，获得成功。抗心律失常药物引起中毒有较多报道。河北任丘华北石油总院[107]收治1例过量服用普罗帕酮(4.3g)致双手震颤、癫痫样抽搐、神志恍惚、失语患者。海南文昌县医院[108]发现85例服用乙胺碘呋酮患者中有15例出现不良反应，其中窦缓5例，窦停、室速及I型房室传导阻滞各2例，发生时间在用药后11～30天最多，占53.3%。其他尚有乙胺碘呋酮致闭经-溢乳综合征[109]、乙吗噻嗪引起肢体震颤[110]报道。强心药物中毒以地高辛多见，包括反复短阵发作性阿斯综合征[111]、过敏性休克[112]及手足疱疹[113]。北京儿童医院[114]报道4例地高辛中毒，表现为Ⅱ度房室传导阻滞、右束支阻滞或色视、腹痛。

西宁铁路医院[115]观察到1例静脉点滴多巴酚丁胺致双侧腮腺肿大，认为与腮腺充血及腮腺瞬间分泌增加有关。南京空军医院[116]报道1例扩张性心肌病服倍他乐克100mg，1小时后出现心源性休克。西安西京医院[117]观察到5例静脉点滴硝酸甘油20分钟后出现低血压反应。海南三亚市医院[118]抢救2例酚妥拉明致严重鼻塞、呼吸困难、心衰患者。新疆哈密地区医院[119]收治1例新福林滴眼液致一过性脑缺血，认为与一过性血管痉挛所致。

(四) 消化系统药物中毒

胃复安常引起锥体外系症状[120]，其机制可能为破坏中枢神经介质多巴胺与乙酰胆碱的平衡，使胆碱能受体相对亢进的缘故。江苏沭阳县医院[121]认为锥体外系症状与胃复安剂量有关，当剂量>0.5mg/(kg·d)即可出现反应。小于6岁儿童每次剂量应小于0.1mg/kg，青少年最大剂量不应超过0.5mg/(kg·d)。山东德州市医院[122]报道4例胃复安致泌乳，推测为胃复安抑制脑多巴胺受体，使胆碱能受体作用相对亢进，同时解除多巴胺对PRL释放抑制所致。尚有胃复安引起双侧咀嚼肌痉挛性抽搐致双下颌关节完全脱位并阻塞气道的报道[123]。内蒙古伊克昭盟医院[124]报道1例吗丁啉致休克及双目失明，经40分钟抢救休克缓解，1.5小时后双眼视力恢复。广东梅县医院[125]报道2例服用10mg吗丁啉10～15

分钟后出现剧咳，伴气促、胸闷，认为与气管痉挛有关。西沙必利是新一代胃肠动力药物，皖南医学院二院[126]观察到1例服用5mg致双侧肢体肌肉阵发性痉挛性抽搐。重庆新桥医院[127]报道西沙必利致频繁遗精1例，表现为服用该药(5mg，3次/天)5天后每天遗精1～3次，停药4天遗精次数减少。

福建建宁县医院[128]观察到2例服用雷尼替丁5～7天后引起尿频、晨尿增多，停药后症状消失，再次用药，症状再次出现患者。江苏大丰龙堤医院[129]报道1例服用西咪替丁1周后出现一过性视物不清，眼底、角膜及晶状体检查均正常。法莫替丁是第三代H_2受体拮抗剂。上海仁济医院[130]观察到5例法莫替丁致过敏反应，表现为服用3～7天后出现发热、皮肤瘙痒、红斑，停药后消失。认为小剂量法莫替丁有增加超敏反应的可能。

（五）其他系统药物中毒

抗肿瘤药常引起中毒反应。兰州市一院[131]报道1例静滴氨甲喋呤10mg致昏迷、巩膜黄染，上腭、齿龈、舌等有多处溃疡。河北医大二院[132]观察到1例为治疗支气管哮喘而肌注氨甲喋呤2周(共65mg)致类白血病反应。昆明医学院二院[133]抢救1例肌注平阳霉素3mg致严重肺毒性反应，表现为高热、寒战、双肺干啰音、心率173次/分。阿霉素为蒽环类广谱抗癌药物。上海市一院[134]观察到2例低累积量阿霉素($160mg/m^2$，$200mg/m^2$)致心源性死亡，死亡前心电图示ST-T普遍压低，心肌广泛受损伴传导阻滞或频发房早。青岛市肿瘤医院[135]用异环磷酰胺(IFO)治疗晚期肺癌16例，其中3例出现中枢神经系统毒性症状，考虑与IFO的代谢产物氯乙醛及Aziridino有关。中山医大肿瘤医院[136]用Navelbine治疗肿瘤，发现1例致麻痹性肠梗阻，建议治疗剂量应为每次$25mg/(m^2)$，每周一次，一疗程2周。军医科院医院[137]*实验发现硒利生、亚硒酸钠、甘草锌可诱导金属硫蛋白合成，明显减轻顺铂所致的肾脏病理损伤，其中以硒利生作用最显著。河南医大一院[138]发现硫代硫酸钠对顺铂耳毒性有较好的保护效果，即使在使用顺铂6小时后给药，仍能有效地减轻耳毒性作用。

维生素A中毒多见于长期服用鱼肝油丸的婴幼儿。河北顺平县医院[139]及重庆市九院[140]各报道1例，表现为皮肤反复脱皮、阵发性抽搐、口吐白沫、意识丧失。河南医大一院[141]收治1例服用维生素B_2 10mg，2小时后出现耳廓、颜面及胸部皮肤潮红、瘙痒感患者。广州珠江管理区医院[142]观察到1例口服或肌注维生素B_1出现下腹剧痛、大汗淋漓、肌肉震颤等严重过敏症状患者。天津工人医院[143]报道1例维生素D中毒，表现为蛋白尿、尿频6年，经低钙饮食及强的松治疗，尿频缓解，24小时尿钙、尿蛋白量降低。北京儿科所[144]研究显示给兔肌注维生素D可使其血清25-羟维生素D_3及血清钙含量升高，部分兔肾及主动脉肌层有小灶性钙沉着。

甘露醇致急性肾功能衰竭有多篇报道。北京宣武医院[145]发现14例急性肾衰患者甘露醇平均使用4.8天，平均用量1 100g。浙江鄞县医院[146]认为甘露醇致急性肾衰机制可能包括：①高渗致肾小管上皮细胞肿胀、变性、管腔阻塞；②降低了近曲小管水、电解质重吸收致强烈的球管反馈；③血浆渗透压增高超过肾小球滤过压，使滤过停止。泰山医学院医院[147]总结甘露醇性肾衰的防治经验，认为静滴速度以10～15ml/min为宜，剂量不应超过300g/d。广西民族医院[148]报道3例口服甘露醇致不完全性肠梗阻，认为甘露醇使肠腔中水分迅速增加，及其本身被大肠杆菌分解产生大量气体是导致不完全性梗阻的原因。福建石狮市医院[149]抢救1例甘露醇致过敏性休克患者，强调在静滴甘露醇过程中应严密观察滴液速度和用药反应。

驱虫药常规量服用少有中毒报道。安徽颖上县医院[150]报道38例中、小学生口服肠虫清驱虫致中毒，大多于服药后4～24小时发生头痛、头晕、腹痛、视物模糊，其中10例脑电图有轻、中度弥散异常，20例视网膜水肿。福州市卫生局[151]观察了20例驱虫药致脑炎综合征患者的脑脊液细胞学象，发现6例细胞数轻度增高，2例中度增高，以小淋巴细胞比率增高为主。山东新泰市医院[152]及福建泉州市医专医院[153]各报道1例静滴10%葡萄酸钙10ml致呼吸、心跳停止，瞳孔扩大患者。认为钙作用于心肌的兴奋收缩偶联过程引起心律失常所致。安乃近是常见的吡唑酮类解热镇痛药。吉林桦甸市医院[154]及青海政府机关门诊部[155]分别报道致血尿46例及13例，最短于服药后8小时、最长于72小时后发生，一般停药10天肉眼及镜下血尿均能消失。广东陆丰县医院[156]救治1例安乃近致休克、急性肾功能衰竭罕见病例，考虑为Ⅰ型变态反应所致。

糖皮质激素是临床上常用的免疫抑制剂。浙江磐安县医院[157]报道12例单剂使用地塞米松引起低钾血症，推测与其促使细胞外钾转入细胞内、肾小管钾-钠交换致钾从尿路丢失有关。广东乐昌市医院[158]观察到1例注射醋酸氢化泼尼松致视力严重障碍，眼底检查示中心凹反光变淡、黄斑区呈樱桃红色。北京医大附院[159]抢救1例静脉输注甲基强的松龙琥珀酸钠致过敏性休克患者，考虑与琥珀酸酯反应有关。

蝮蛇抗栓酶是从蝮蛇毒中分离出以精氨酸酯酶为主的蛋白酶。湖南新田县医院[160]报道在皮试阴性下静注该药引起心跳、呼吸骤停1例。北京711医院[161]报道1例静注蝮蛇抗栓酶15天致血小板降低、伴牙龈及皮下出血患者,头颅CT发现枕叶有高密度出血灶。解放军258医院[162]给术后患者用蝮蛇抗栓酶治疗预防血栓形成,引起1例严重过敏反应。

感冒通引起血尿是常见的副作用。山东桓台县医院[163]及四川内江市一院[164]各报道32例及5例。考虑为其中成分双氯灭痛引起肾髓质和乳头损伤、坏死所致。还有致上消化道出血[165],引起溶血性黄疸[166]的个案报道。

(六)中药中毒

白求恩医大二院[167]报道4例饮用自配抗风湿药酒引起乌头碱中毒的严重心律失常与休克患者,心电图表现为左、右束支传导阻滞、阵发性室性心动过速等。新疆石河子市医院[168]发现服用乌头碱剂量过大、多种药物同时使用及炮制方法不当或煎药时间过短是引起乌头碱中毒的原因。浙江瑞安中医院[169]用阿托品抢救31例乌头碱中毒,既解除了迷走神经对于心脏的过度抑制,又能兴奋神经系统,松驰血管平滑肌。

安徽省立医院[170]报道1例因服用雷公藤120片(20mg/片)1小时后出现恶心、呕吐、腹痛、血压降低等急性中毒症状。广州军区武汉总院[171]报道2例长期服用复方青黛丸致腹痛、腹泻、便血及里急后重患者,纤维内镜示结肠粘膜充血、水肿、粘膜下出血、散在浅表溃疡。藜芦属百合科生草植物。陕西旬邑县医院[172]收治12例误食藜芦碱、致中毒,考虑主要是芦碱、胚芽儿碱及红藜芦碱引起心血管、神经等系统反应所致。广东蕉岭县医院[173]救治1例了哥王中毒,认为服药时应注意生药剂量,煎药时间需3小时以上。青岛港口医院[174]观察到1例苍耳子致急性肝、肾功能衰竭患者,以腹膜透析治疗痊愈。属个案报道的还有姜黄煎剂致一过性高血压[175]、鹅不食草局部注射引起心肌损害[176]、茵陈中毒致混合性心律失常[177]及中毒致死[178]报道。

(七)外用药物中毒

来苏儿为酚类外用消毒剂。黑龙江省医院[179]报道1例静脉滴注来苏儿致意识不清、颜面水肿、低血压、尿闭。贵阳乌当区医院[180]用植物油洗胃抢救1例来苏儿重度中毒患者,获得成功。认为选用植物油洗胃既可阻止酚在胃内的再吸收,又可降低酶的毒性。安徽安庆市立医院[181]报道1例用樟脑新鲜枝叶煎水、蒸熏50分钟后出现全身阵发性抽搐、间隙性意识不清、颈强直患者。广州职业病院[182]报道高温环境下急性戊二醇中毒4例,其中2例表现为癔病样发作。提示在气温高的工作环境中应加强通风措施,避免毒物过量吸收。一搽灵主要成分为亚硝酸盐,是治疗脚癣的常用药物。安徽阜阳市三院[183]共收治74例误服该药致中毒患者,其中重度中毒41例,经用美蓝和大剂量维生素C治疗,痊愈31例,病死率24.3%。

(袁伟杰)

参考文献

[1] 辛殊云. 广西医学 1996;18(3):313
[2] 王国芝. 吉林医学 1996;17(3):135
[3] 王 波等. 中华皮肤 1996;29(4):292
[4] 陈金玉等. 山东医药 1996;36(6):61
[5] 姚越苏. 云南医药 1996;17(1):72
[6] 张秀娟. 广西医学 1996;18(3):274
[7] 顾有守等. 中华皮肤 1996;29(1):54
[8] 仵天保等. 中华皮肤 1996;29(1):69
[9] 梁晚成. 广东医学 1995;16(12):850
[10] 赫成华等. 河北医药 1995;17(6):352
[11] 李晓玲等. 陕西医学 1996;25(2):128
[12] 赵建宝. 中华内科 1996;35(6):396
[13] 张洪丽等. 哈医大学报 1996;30(2):164
[14] 施 平等. 内蒙古医学 1995;15(5):304
[15] 刘晓霞等. 中风与神经 1996;13(3):165
[16] 范清连. 人民军医 1995;(11):61
[17] 刘 杰等. 肾脏病与透析肾移植 1995;4(6):525
[18] 何娅妮等. 三军医大学报 1996;18(3):243
[19] 刘 俊等. 中华微生物和免疫 1996;16(5):328
[20] 杜兆鹏等. 中华肾脏 1996;12(2):97
[21] 赵玉林等. 河南医大学报 1995;30(4):318
[22] 董明敏等. 河南医大学报 1995;30(4):290
[23] 董明敏等. 河南医大学报 1995;30(4):293
[24] 董明敏等. 河南医大学报 1995;30(4):300
[25] 董凤林等. 新医学 1996;27(8):412
[26] 卢长东等. 中国实用儿科 1996;11(5):314
[27] 张厚洋等. 新药与临床 1996;15(2):104
[28] 陈建明等. 中华内科 1996;13(3):152
[29] 黎 铿. 广州医药 1996;27(3):16
[30] 柳文兰等. 海南医学 1996;(1):60
[31] 郭淑文. 白求恩医大学报 1996;22(3):255
[32] 韩向中. 中国危重病急救医学 1996;8(8):500
[33] 韩春燕等. 中日友好医院学报 1996;10(2):174
[34] 周宜玲等. 福建医药 1996;18(1):128
[35] 王睿荣等. 新医学 1996;27(4):199
[36] 王延斌等. 哈尔滨医药 1996;16(1):17

[37] 赵 兰等. 四川医学 1996;17(4):271
[38] 夏 玫等. 中国实用内科 1996;16(3):144
[39] 吴志英. 安徽医学 1996;17(5):63
[40] 郭熙发. 湖北医大学报 1996;17(2):175
[41] 韦伟国. 新药与临床 1996;15(5):315
[42] 吴兰昌等. 安徽医学 1995;16(6):12
[43] 鲁国建. 新药与临床 1996;15(3):188
[44] 冯惠珍. 交通医学 1996;10(3):97
[45] 李一文等. 浙江医学 1996;18(4):255
[46] 薛美玉等. 吉林医学 1996;17(3):175
[47] 沈碧秋等. 广东医学 1996;17(9):649
[48] 吴兰珍等. 中国防痨 1995;17(4):181
[49] 程东升等. 新医学 1996;27(10):539
[50] 江庆春等. 中国实用内科 1996;6(4):214
[51] 费德琼. 重庆医学 1996;25(3):191
[52] 任青云等. 河北医药 1996;18(2):106
[53] 邹德玲. 辽宁医学 1996;10(2):105
[54] 郑国雄等. 中国实用儿科 1996;11(3):185
[55] 胡占芬等. 辽宁医学 1996;10(2):84
[56] 郭英梅等. 人民军医 1995;(12):64
[57] 李晓梅等. 河北医药 1995;17(6):397
[58] 李 芹. 新药与临床 1996;15(5):317
[59] 岳成云等. 新医学 1996;27(4):203
[60] 邱德胜等. 上海精神医学 1996;新 8(1):46
[61] 王银富等. 陕西医学 1996;25(8):495
[62] 何冬英. 浙江医学 1996;18(3):148
[63] 贾凤英. 中国神经精神 1996;22(5):302
[64] 王伟民等. 广东医学 1996;17(1):71
[65] 范 敏等. 哈医大学报 1996;30(1):97
[66] 乔金辉等. 新医学 1996;27(2):67
[67] 曾广民等. 广东医学 1995;16(10):699
[68] 王培华. 中国皮肤性病 1996;10(4):251
[69] 安忠明. 青海医药 1996;26(5):8
[70] 成子霞等. 中西医结合急救 1996;3(2):92
[71] 李曼慈等. 广东医学 1995;16(11):782
[72] 朱笑萍等. 湖南医大学报 1996;21(3):封 3
[73] 温文沛. 广州医药 1996;27(4):71
[74] 王和平. 新疆医学 1995;25(4):257
[75] 庞 杰等. 江苏医药 1996;22(6):429
[76] 王文甫等. 中国神经精神 1995;21(6):329
[77] 朱宏志等. 交通医学 1995;9(4):68
[78] 陈江华等. 中国急救医学 1996;16(1):25
[79] 郭 伟. 新医学 1996;27(2):91
[80] 宋协德等. 中国皮肤性病 1996;10(4):249
[81] 杜亚利. 宁夏医学 1995;17(6):376
[82] 唐家勇等. 临床血液 1996;9(2):90
[83] 王保恒. 新医学 1996;27(5):260
[84] 于开军等. 中国神经精神 1996;22(2):90
[85] 王 萍等. 安徽医大学报 1995;30(4):317
[86] 王远玉等. 中国神经精神 1996;22(1):24
[87] 杨瑞霞. 中国神经精神 1996;22(1):15
[88] 段永宏等. 陕西医学 1996;25(8):504
[89] 肖 贞. 广州医药 1995;26(6):49
[90] 李旺林等. 陕西医学 1996;25(8):511
[91] 李振明等. 临床消化 1996;8(3):141
[92] 任琴媛等. 陕西医学 1996;25(5):320
[93] 蒋兰英. 苏州医学院学报 1995;15(5):911
[94] 李亚飞. 贵州医药 1996;20(3):191
[95] 朱 敏等. 武汉医学 1996;20(2):77
[96] 肖 峰等. 青海医药 1996;26(2):41
[97] 杜凤玲等. 中西医结合急救 1996;3(7):326
[98] 吴惠瑛等. 福建医药 1995;17(6):64
[99] 王海燕等. 江苏医药 1996;22(4):247
[100] 杜 克等. 新疆医学 1996;26(1):57
[101] 霍嘉欣等. 广西医学 1996;18(5):640
[102] 杨广才. 临床心血管 1996;12(1):4
[103] 鲁云敏等. 解放军医学 1995;20(5):357
[104] 李文刚等. 新药与临床 1996;15(1):62
[105] 常立国等. 新药与临床 1996;15(3):190
[106] 裘雨林. 中国循环 1995;10(11):674
[107] 冯邦全等. 重庆医学 1996;25(1):封三
[108] 黄良本. 辽宁医学 1995;9(4):224
[109] 李桂清. 中国介入心脏 1996;4(2):84
[110] 任振祥等. 中国循环 1996;11(5):285
[111] 李 玲等. 贵州医药 1996;20(3):160
[112] 田素斋等. 河北医药 1996;18(3):180
[113] 张胜革. 临床心血管 1996;12(3):139
[114] 陈 晖等. 中国实用儿科 1996;11(4):228
[115] 李 征. 青海医药 1996;26(10):56
[116] 韩 燕. 中国危重病急救医学 1996;8(2):95
[117] 贺继平等. 陕西医学 1996;25(5):315
[118] 陈绿林等. 实用儿科临床 1996;11(1):60
[119] 安秀梅. 新疆医学 1996;26(1):55
[120] 卜祥云等. 中西医结合急救 1996;3(10):封三
[121] 滕永华等. 苏州医学院学报 1996;16(1):139
[122] 孟庆水等. 新消化病 1996;4(5):274
[123] 黄 琳等. 四川医学 1996;17(4):255
[124] 其木格等. 内蒙古医学 1996;16(2):78
[125] 郑淦湖等. 重庆医学 1996;25(3):192
[126] 李卫飞. 新药与临床 1996;15(1):61
[127] 钱银山等. 三军医大学报 1996;18(2):98
[128] 黄建隆. 临床消化 1996;8(1):46
[129] 冯国安等. 新医学 1996;27(7):378
[130] 王承党等. 中国实用儿科 1996;16(5):274
[131] 刘 溥. 中国皮肤性病 1996;10(3):182
[132] 周俊阁. 河北医药 1996;18(5):327
[133] 张秀英等. 云南医药 1996;17(3):248
[134] 吴 晴等. 癌症 1996;15(3):210
[135] 孙京栋等. 中国肿瘤临床 1996;23(2):110
[136] 王向明等. 癌症 1996;15(3):177

[137]* 徐卓立等. 癌症 1995;14(6):403
[138] 娄卫华等. 河南医大学报 1995;30(4):296
[139] 刘淑霞等. 中华眼科 1996;32(1):14
[140] 罗康玲等. 重庆医学 1996;25(5):319
[141] 张海平. 河南医大学报 1996;31(1):147
[142] 唐细华. 新医学 1996;27(3):封三
[143] 孟昭澍等. 天津医药 1995;23(12):720
[144] 郭雪香等. 北京医学 1996;18(3):164
[145] 杜建新等. 中华外科 1996;34(7):436
[146] 冯为盛. 中国危重病急救医学 1996;8(8):490
[147] 史继学. 中华内科 1996;35(6):381
[148] 邹 涛等. 广西医学 1996;18(2):197
[149] 施丽旋. 安徽医大学报 1996;31(4):280
[150] 马磊琳. 急诊医学 1996;5(3):160
[151] 刘咏秋. 福建医学 1996;18(4):90
[152] 王道尧. 中西医结合急救 1996;3(2):70
[153] 谢墙生. 福建医药 1995;17(5):43
[154] 沈振欧等. 吉林医学 1996;17(5):290
[155] 马晓婷. 青海医药 1996;26(4):26
[156] 罗小武等. 广东医学 1996;17(2):140
[157] 卢园兰. 浙江医学 1996;18(5):312
[158] 吴瑞平等. 广东医学 1996;17(1):70
[159] 傅 东等. 中华内科 1996;35(1):35
[160] 吴春富. 中国危重病急救医学 1996;8(3):135
[161] 戴天然. 中国循环 1995;10(10):613
[162] 石 林等. 山西医药 1995;25(1):75
[163] 石玉清. 山东医药 1995;35(12):59
[164] 张孝能. 重庆医学 1996;25(5):308
[165] 李旭东等. 山西医药 1996;25(2):158
[166] 欧丽娅等. 人民军医 1996;(9):62
[167] 王育珊等. 白求恩医大学报 1996;22(5):521
[168] 郭东风等. 中西医结合急救 1996;3(9):422
[169] 郑银香. 中西医结合急救 1996;3(5):225
[170] 葛良知. 安徽医学 1995;16(6):10
[171] 吴 宁等. 中华皮肤 1996;29(2):133
[172] 赵万里等. 中西医结合急救 1996;3(8):361
[173] 林烈民. 中西医结合急救 1995;2(6):248
[174] 朱明真. 交通医学 1995;9(3):115
[175] 周家善等. 高血压 1995;3(4):313
[176] 罗天槐. 广东医学 1996;17(1):68
[177] 王变珍等. 山西医药 1996;25(1):74
[178] 周寰远等. 中西医结合 1996;16(2):110
[179] 秦 燕等. 中国急救医学 1996;16(4):41
[180] 张 谊. 贵阳医学院学报 1995;20(4):347
[181] 卢昌元. 新医学 1996;27(4):187
[182] 黄荣华等. 中国工业医学 1996;9(2):120
[183] 高小平等. 安徽医学 1996;17(2):45

五、食物和酒精中毒

(一)一般食物中毒

河南汤阴县医院[1]报道39例重症霉变甘蔗中毒,多以呕吐为首发症状,其中15例行脑CT检查,示双侧壳核、苍白球低密度影。青海省儿童医院[2]在患者中毒后72小时行头颅CT检查,发现5/7例头颅异常,其中1例大脑萎缩。新疆自治区医院[3]认为霉变甘蔗致脑组织水肿、神经组织脱髓鞘改变与阜孢霉菌和串珠镰刀菌产生神经毒素有关。鱼胆中毒致急性肾衰(ARF)较常见,中国医大一院[4]收治11例各服淡水鱼胆1枚、胆汁5～50ml、服后平均4.1小时致ARF。江西吉安地区医院[5]及马鞍山马钢医院[6]也分别报道16例及6例致ARF,部分患者尚有血ALT升高,经2～9次血液透析治疗后肝、肾功能恢复正常。白求恩医大一院[7]报道4例中毒致失明,经透析治疗2天后视力恢复。

浙江嵊泗县医院[8]收治14例河豚鱼中毒患者,10例有心电图异常,多表现为广泛ST段抬高、Q-T间期延长、Ⅱ度窦房传导阻滞等。广东东莞太平医院[9]认为建立人工气道、剖腹洗胃、血液净化及积极支持心、脑、肾脏,可使河豚鱼中毒患者症状迅速缓解,死亡率降低。石家庄白求恩医专[10]报道新斯的明和东莨菪碱能对抗河豚毒素对横纹肌的抑制作用,为抢救河豚中毒患者提供了新治疗措施。

重庆新桥医院[11]共收治146例毒蕈中毒患者,其中胃肠炎型16例,中毒性肝炎型12例,急性肾功能衰竭型118例。河北防疫站[12]报道一家6人误食条纹毒鹅膏菌致中毒,其中5人死于肝、肾功能衰竭。河南周口地区医院[13]用新鲜血置换抢救1例毒蕈中毒致急性肝坏死患者,每天换血一次,600ml/次,当换血总量达1 800ml时,患者神志清晰,肝功能恢复正常。

(二)其他食物中毒

乌螺能产生麻痹性毒素。浙江岱山县一院[14]报道3例因急性中毒致呼吸肌麻痹死亡患者。广东茂名市医院[15]收治1例服猪胆中毒致急性肝功能衰竭,认为与胆盐和氰化物的毒性作用及组胺类物质过敏有关。解放军27医院[16]报道44例食用未熟莱豆致中毒,考虑为未熟莱豆含有毒蛋白和溶血素所致。贵州省医院[17]报道62例食菠萝致过敏性休克,认为与波萝汁液及果皮中所含菠萝朊酶致过敏有关。新疆医学院一院[18]收治1例皮肤接触桃毛致过敏性休克患者,经抗过敏、补充血容量,7天后痊愈。湖南江华中医院[19]在西医治疗的基础上加用甘草绿豆汤,继以小半夏汤加减,后以真武汤加减成功治愈1例极重型食物中毒。

(三) 酒精中毒

白求恩医大一院[20]分析12例酒精性痴呆病人的临床资料，患者均有10年以上饮酒史，饮酒方式多为空腹，表现为不同程度神经、精神症状。北京宣武医院[21]收治酒精中毒性神经病20例。2/10例行脑CT检查，示轻度脑萎缩，6例行脑电图检查均有异常，9/10例肌电图检查有神经源性损害。成都军区昆明总院[22]报道15例慢性酒精中毒性脑病患者大脑左、右灰白质及各叶的脑血流量均降低，以左额叶、顶叶为甚。江苏射阳县医院[23]分析82例急性乙醇中毒，认为一旦出现严重心衰，预后极差。解放军总院[24]对11例急性酒精中毒患者进行了35次血清渗透压测定，见血清渗透压升高，且渗透压与实测血酒精浓度密切相关。贵阳安宁医院[25]采用明尼苏达多相人格检测表检测150例酒精中毒患者，发现有较明显的人格偏离常态。北京中日友好医院[26]*发现酒精中毒大鼠肝组织除脂变、糖原减少外，线粒体酶及胞浆质酶活性变化明显，可作为肝损伤早期特征性标志酶。江苏镇江市一院[27]用纳洛酮治疗46例急性酒精中毒，发现兴奋期、共济失调期及昏睡、昏迷者注射纳洛酮均较常规治疗者见效快。军医科院毒物所[28]发现纳洛酮能使酒精中毒大鼠脑内β-内啡肽的释放和肝内自由基产生减少。昆明延安医院[29]用生脉饮治疗急性乙醇中毒，患者清醒时间、症状消失时间均较对照组短。安徽宿州市一院[30]用门冬氨酸钾镁治疗15例慢性酒精中毒性震颤，用药2周后8例症状完全消失，4例好转。其疗效可能与提高血镁浓度有关。北京中日友好医院[31]发现血液净化治疗较传统疗法能明显缩短重度酒精中毒患者苏醒时间和快速降低血中乙醇水平。

(袁伟杰)

参 考 文 献

[1] 甄克玉等. 实用儿科临床 1996;11(5):318
[2] 李大中等. 青海医药 1996;26(5):15
[3] 刘 强等. 新疆医学 1996;26(3):178
[4] 杨玉秀. 中国医大学报 1996;25(3):324
[5] 龙桂泉. 江西医药 1996;31(3):184
[6] 黄扬扬. 中国危重病急救医学 1996;8(9):553
[7] 王志宏等. 白求恩医大学报 1995;21(6):630
[8] 顾惠芳等. 浙江医学 1996;18(3):175
[9] 许建民. 广东医学 1996;17(5):346
[10] 张永贵等. 脑与神经 1996;4(2):105
[11] 高全杰等. 中国危重病急救医学 1996;8(8):493
[12] 王跃进等. 中华预防医学 1996;30(1):9
[13] 杨克利等. 中国输血 1996;9(2):86
[14] 沈平龙. 浙江医学 1996;18(3):188
[15] 任伟旺. 中华消化 1996;16(2):71
[16] 王仁远等. 人民军医 1996;(10):44
[17] 王源泉. 华西医学 1996;11(2):186
[18] 常天宜. 内科急危重症 1996;2(2):74
[19] 谢显友等. 中西医结合急救 1996;3(5):237
[20] 梁滨华等. 中风与神经 1996;13(4):223
[21] 刘爱华等. 综合临床 1996;12(5):236
[22] 刘诗翔等. 中风与神经 1995;12(6):337
[23] 王献华. 苏州医学院学报 1996;16(2):266
[24] 孔 江等. 中国急救医学 1996;16(2):封二
[25] 袁 平等. 中华精神 1996;29(3):162
[26]* 陈子馨等. 中日友好医院学报 1996;10(3):197
[27] 孙玉姣. 南京医大学报 1996;16(4):404
[28] 孟庆林等. 中国急救医学 1996;16(3):2
[29] 税开森等. 中国危重病急救医学 1996;8(2):115
[30] 王希明. 新药与临床 1996;15(2):122
[31] 曾 庆等. 中国急救医学 1996;16(4):18

六、地方性氟中毒

(一) 临床研究

贵州防疫站[1]发现煤烟污染型地方性氟中毒病区的8～12岁儿童尿氟值与氟斑牙率、氟斑牙指数及氟骨症之间有极好的线性关系。哈尔滨医大[2]对正常牙和氟斑牙釉质表面进行无机成分测定，发现氟斑牙表面的微量元素Fe、Mn、Zn含量比正常牙釉质高，而钙含量稍低，认为氟斑牙的抗龋能力可能与釉质表面微量元素含量有关。山东嘉祥防疫站[3]发现75名接触氟工人班前、班后尿氟含量随空气中氟化物浓度升高而显著增加，脱氟15天尿氟含量与班前无显著差异，提示氟在体内有蓄积作用。贵阳医学院[4]研究氟、铝联合中毒病区儿童甲状腺功能，发现患者血清T_4含量明显低于病区正常儿童及非病区正常儿童。解放军321医院[5]分析了氟病区及非氟病区老年性白内障患者的晶状体及血清中微量元素水平，发现除血清中Fe、Mg无差异外，其余者氟病区均高于非氟病区。贵阳医学院附院[6]*报道39例高铝氟骨症的骨骼X线表现，以骨软化为主，并有骨疏松、骨硬化及骨生长发育障碍等。青海地方病所[7]分析69例氟骨症X线，发现硬化型占64%，疏松型占22%，混合型占14%，饮用水氟含量愈高、饮用时间愈长，发病程度愈重。西安医大二院[8]对85

例氟骨病患者进行了临床、肌电图、电镜和肌肉酶学等多项指标的综合观察，发现骨骼肌是氟骨症损害的主要靶器官之一。该院[9]还发现60例氟骨症患者血清降钙素及钙、磷水平显著降低，AKP活性升高，85%氟经肾脏排泄。解放军254医院[10]收治3例慢性氟中毒致肾功能不全，肾活检示小管上皮细胞变性、坏死、间质纤维化，改低氟饮水及服用氢氧化铝，半年后肾功能恢复正常。河北省医院[11]报道21例地方性氟中毒致脊髓压迫症，其中8例经CT、椎管内造影证实为椎管内肿瘤。新疆石河子医学院一院[12]用单光子吸收扫描法测定氟骨症患者骨髓腔内径，显示硬化型＞混合型＞疏松型。贵阳医学院[13]* 发现氟病区引产胎儿脑内去甲肾上腺素、5-羟色胺含量及 α_1 受体含量均明显低于非氟病区胎儿，而肾上腺素含量明显升高。该院[14]还发现氟病区胎儿肝细胞线粒体肿胀、嵴断裂，线粒体平均周长、体积明显增大，表明过量氟对人胎肝细胞有损伤作用。

（二）治疗研究

山东地方病所[15]随访51例地方性氟骨症病人改饮低氟水12年后，X线片示100%好转，52.9%恢复正常，但尿氟含量仍高于正常。同济医大[16]研究表明饮水加氟可使大鼠血清、骨及尿氟量显著增加，同时加硒可明显降低氟中毒大鼠血清氟含量，但对大鼠骨、尿氟量无显著影响。江苏防疫站[17]用复方软骨素维丁钙片治疗氟骨症，效果较钙片显著，2个月后有效率达63.9%，3个月后达89.47%，尤以功能受限改善明显。山西地方病所[18]用由滑石、甘草、赤石脂等中药制成的氟丙康治疗150例氟骨症，可减少氟在肠内吸收，增加尿、大便氟排泄。西安医大[19]用维生素C治疗氟骨症316例，3个月后总有效率仅为12.8%，生化及X线检查也无显著改善。

（三）实验研究

哈尔滨医大[20]发现大鼠亚急性氟中毒后骨骼肌组织cAMP水平明显升高，cGMP水平降低，加铁后cGMP升高，而cAMP/cGMP下降。认为与铁拮抗氟毒性有关。白求恩医大[21]报道过量氟化钠可使大鼠肋软骨基质中可溶性胶原、胶原 α_1(Ⅱ)链的分子量、软骨组织中单胺氧化酶活性降低，尿中羟脯氨酸排泄量增加。他们[22]同时发现过量氟化钠或偏食都能造成大鼠肥大细胞内LDH、CK等活性增加，提示避免偏食或增加营养会降低氟的毒性作用。石河子医学院[23]发现大鼠氟、砷联合中毒后1、3、6个月脊髓病变均随中毒时间延长而加重，主要累及线粒体、粗面内质网、核周隙及髓鞘。贵州防疫站[24]发现砷不能拮抗氟在骨组织中的沉积，二者对骨组织也无联合作用，但对机体增长的抑制呈协同效应。中国医大[25]观察慢性氟中毒对生长激素(GH)及生长抑素(SS)合成及分泌的影响，发现氟中毒大鼠垂体GH细胞中的阳性颗粒细小、量少且弥散分散，而SS含量无明显变化。山东地方病所[26]进一步证实大鼠饮用1.58mmol/L与2.63mmol/L高氟水能显著损害垂体、甲状腺及甲状旁腺；硒有排氟功能，但对垂体、甲状腺无显著的保护作用。同济医大[27,28]研究发现抗氟灵能显著拮抗氟的毒性作用。抑制 Na^+，K^+-ATPase、Ca^{2+}-ATPase活性，防止血SOD及GSH-Px活性下降。该校[29]还观察到抗氟灵对氟降低大鼠胸腺及脾脏的蛋白含量、使器官重量降低、胸腺皮质变薄等具有部分拮抗作用。预防医科院[30]研究磷酸三钙饮水除氟效果，显示其效率与原水pH值呈明显负相关，与水温和接触时间呈明显正相关。同济医大[31]发现氟可使雄性大鼠精子数减少、活动率和活动度降低、畸形率升高；给氟同时给予硒则可拮抗氟的这种作用。预防医科院环卫所[32]应用小肠原位灌流法发现锌、锰、钼抗氟作用与阻滞肠内氟吸收有关。白求恩医大[33]用低钙偏食饲料及饮水投氟法复制软化型氟骨症运动模型，然后分别补充钙、维生素C、鱼肝油，显示钙对氟的骨骼毒性拮抗作用最强，鱼肝油次之，维生素C无作用。该校[34]还发现软化性氟骨症大鼠补钙后，股骨韧性系数、弹性模量、断裂弯曲强度与常规饲料组大鼠相似。遵义医学院[35]用含氟饲料和含维生素C刺梨汁饲养大鼠6个月，发现可明显改善慢性氟中毒，减少氟斑牙形成，增加大鼠体重。

（四）流行病学研究

石河子医学院[36]对高氟区147名和非高氟区83名4～7岁儿童进行调查，发现高氟对学龄前儿童的智商有明显的影响，且以操作性智商损害为主。北京友谊医院[37]把脑电图与地形图技术相结合，研究高氟区智力低下儿童的脑电活动，发现中央前、后回、顶、枕叶及左颞区 θ 能量百分率明显高于正常智力儿童，而在中央前、后回、枕区 α 能量百分率明显降低。湖南医大[38]在调查砖茶型氟中毒时发现，大量的茶氟摄入可致8～15岁儿童和成人氟斑牙发生率达84.2%和93.33%，氟斑牙指数分别为3.05和4.25。贵州省防疫站[39]调查发现受煤烟污染，该省氟病区辣椒含氟量比大米、玉米高16.3到1 234.9倍，随辣椒摄入人体的氟每日可达4～19mg，占总氟摄入量的35%～75%。江西劳卫所[40]调查2个燃煤污染型氟中毒病区村庄，发现生活于空气氟含量近似、而二氧化硫高的群体，氟斑牙的发病率高，病情更严重。青海地方病所[41]报道高原游牧地区地氟病流行主要与水氟有关，而饮水中钙、镁含量低，重碳酸盐及硫酸盐含量高以及膳食结构单调对其流行起协同作用。

（袁伟杰）

参 考 文 献

［1］ 李达圣等．中国地方病 1996；15(5)：264
［2］ 李村新等．中国地方病 1995；14(6)：366
［3］ 董恭领等．中华劳卫 1996；14(2)：108
［4］ 姜淑芬等．贵阳医学院学报 1996；21(2)：106
［5］ 李建国等．中国地方病防治 1996；11(3)：158
［6］* 陈绪光等．中华放射 1996；30(4)：257
［7］ 马世通．地方病通报 1996；11(1)：98
［8］ 李浩鹏等．地方病通报 1996；11(3)：22
［9］ 上官存民等．西安医大学报 1995；16(4)：435
［10］ 李月明等．中华肾脏 1995；11(5)：305
［11］ 杨　钧等．中国地方病防治 1995；10(6)：381
［12］ 梁君慧等．中国地方病 1996；15(5)：封三
［13］* 于燕妮等．中国地方病 1996；15(5)：257
［14］ 于燕妮等．中华物理医学 1996；18(1)：33
［15］ 陈培忠等．地方病通报 1995；10(4)：43
［16］ 杨成峰等．职业医学 1996；23(1)：2
［17］ 卜贤华等．中国地方病 1996；15(3)：157
［18］ 魏留恩等．中国地方病防治 1996；11(5)：275
［19］ 上官存民等．中华内科 1995；34(11)：761
［20］ 庞永旬等．中国地方病 1996；15(4)：200
［21］ 朴春吉等．中国地方病防治 1996；11(2)：75
［22］ 朴春吉等．中国地方病防治 1996；11(4)：196
［23］ 慕晓玲等．中国地方病 1996；15(3)：147
［24］ 李达圣等．中国地方病防治 1996；11(3)：134
［25］ 尹鸿操等．中国地方病防治 1996；11(5)：263
［26］ 卢传华等．中国地方病防治 1996；11(1)：18
［27］ 刘建东等．工业卫生与职业病 1996；22(3)：142
［28］ 刘建东等．工业卫生与职业病 1996；22(3)：149
［29］ 宋世震等．工业卫生与职业病 1996；22(3)：152
［30］ 张　妍等．中国地方病 1996；15(3)：153
［31］ 王爱国等．中国地方病 1996；15(4)：202
［32］ 白雪涛等．中国地方病 1996；15(4)：205
［33］ 任立群等．中国地方病防治 1995；10(6)：323
［34］ 任立群等．中国地方病 1996；15(5)：260
［35］ 刘起展等．中国地方病 1996；15(4)：193
［36］ 王国建等．地方病通报 1996；11(1)：60
［37］ 刘力戈等．实用儿科临床 1995；10(6)：333
［38］ 曹　进等．中国地方病 1996；15(5)：267
［39］ 安　冬等．地方病通报 1996；11(1)：55
［40］ 林美琪等．中国地方病 1996；15(4)：197
［41］ 何承熙等．地方病通报 1996；11(3)：71

七、地方性砷中毒

内蒙古医学院一院[1]发现饮用高砷水患者视力、听力下降，视神经萎缩、嗅觉减退及雷诺现象等发生率高于对照组。新疆地方病所[2]报道饮水型和燃煤污染型地方性砷中毒患者在掌跖角化、躯干色素改变等中毒症状大致相同，但躯干皮肤色素异常检出率燃煤污染型低于饮水型，且病情较轻。辽宁劳卫所[3]报道 5 例急性砷中毒致周围神经病变，除临床表现肌力减退、肌肉萎缩外，肌电图示神经源性损害。湖南劳卫所[4]调查 395 名接触砷工人，认为皮肤改变、肝脏损害及周围神经病变是职业性慢性砷中毒的三大临床表现，可作为砷中毒诊断指标。包头防疫站[5]从 951 名饮用高砷水者中查出中毒者 97 名，发现患病率随水砷浓度、年龄增大而增高。中科院地球化学所[6]对台湾和内蒙古两病区的水样进行对比分析，发现两地砷和腐植酸含量均高，腐植酸荧光、紫外光谱相似，仅红外光谱略有差异。上海医大[7]*探讨三氧化二砷对大鼠胚胎发育的毒性，揭示当砷≤3.0μg/ml 时主要是致畸作用，其机制与其直接毒性作用和干扰转运营养物的作用有关。该校[8]还发现硒、砷对大鼠胚胎的联合发育毒性主效应呈拮抗作用。中国医大[9]实验研究表明，脉络丛对砷有屏障和贮存作用，能阻止砷从血液进入脑组织，具有保护中枢神经系统的功能。

（袁伟杰）

参 考 文 献

［1］ 李泽宁等．中国地方病 1996；15(5)：294
［2］ 王连方等．地方病通报 1996；11(2)：91
［3］ 孙素华等．中国工业医学 1996；9(2)：122
［4］ 徐新云等．中华劳卫 1996；14(3)：163
［5］ 梅树珍等．中国地方病 1996；15(4)：237
［6］ 余孝颖等．中华预防医学 1996；30(4)：196
［7］* 李　勇等．中国地方病 1996；15(2)：93
［8］ 李　勇等．中国地方病防治 1996；11(2)：65
［9］ 徐兆发等．中国医大学报 1996；25(2)：122

八、其他物理因素所致疾病

（一）临床放射医学

二军医大[1,2]对^{60}Co源辐射事故受照者照后2.5～4.5年外周血淋巴细胞表型分析，结果示仍未完全恢复正常，并发现T细胞增殖功能损伤的恢复与受照剂量及受照者年龄有关，而NK细胞数量及活性的恢复较T细胞快。苏州医学院[3]发现在50cGy剂量点上正常人及肿瘤患者NK细胞活性均显著增强，且前者更为显著。湖北医科院[4]发现^{60}Co辐射事故受照者照后无名指甲襞血管舒张、红细胞聚集、血流缓慢、渗血和出血，尤以照后31天（极期）为最显著，且严重程度与受照剂量相关。内蒙古哲里木防疫站[5]发现医用X线工作者红细胞变形异常率显著高于正常对照组。南昌中国核工业总公司华东地质局[6]发现长期从事铀矿地质放射作业人员血清皮质醇(CS)水平显著低于正常对照组，而T_3水平则显著增高。江苏连云港防疫站[7]报道长期进行小剂量电离辐射的放射工作者肾上腺皮质功能与正常对照组间无显著差异；仅50岁以上、工龄20年以上者血浆CS显著升高。北京北太平路医院[8]报道1例亚急性放射病人9年演变成急性白血病的过程，并提出辐射诱发的继发性白血病治疗难度大、不易缓解。安徽医大一院[9]报道因头颈及躯干部恶性肿瘤放疗后而致放射性脊髓病8例，其受照剂量均低于脊髓放射耐受量——40Gy，虽经治疗但仅2例达到生活自理。沈阳劳卫所[10]检测122例慢性小剂量受照者血清超氧化物歧化酶(SOD)，结果显示其水平随工龄延长而下降。该酶测定可作为观察机体辐射损伤程度的简易方法。

（二）实验放射医学

苏州医学院[11]*发现低剂量γ射线照射能提高LAK细胞体外杀伤肿瘤靶细胞的细胞毒活性。白求恩医大[12]发现低剂量辐射可抑制小鼠种植肿瘤的成瘤率及肿瘤生长速度并提高放疗对荷瘤小鼠的治疗作用。长春卫生部放射生物实验室[13]用50或75mGy剂量X线照射小鼠后腹腔巨噬细胞，3～5天后，巨噬细胞对鸡红细胞的吞噬功能增加。安徽医大[14]用75mGy剂量X线对荷瘤小鼠全身照射后，不仅其肺肿瘤转移结节明显减少，且小鼠脾脏NK、LAK细胞活性及对IL-2的反应性显著增强。白求恩医大[15]发现低剂量X射线照射可增强小鼠T淋巴细胞膜上钙激活钾通道〔K(Ca)〕的开放，保障大量钙内流，导致T淋巴细胞分泌IL-2及其本身分裂增殖能力增强。该校[16]又观察到以75mGy X射线全身照射小鼠后4小时，其胸腺细胞内出现新的蛋白多肽点，其可能参与细胞增殖、分化中的信息传递过程和基因表达调控等功能。北京放射医学所[17,18]用30Gy ^{60}Co γ射线照射大鼠胸部、动脉观察肺组织内纤维连接蛋白(FN)和层粘连蛋白(LN)的变化，发现FN主要参与早期放射性肺损伤的发生发展，而LN则参与放射性肺损伤的全过程。另用20Gy ^{60}Co γ射线照射大鼠胸部，观察大鼠支气管肺泡冲洗液细胞(BALFC)的化学发光及肺组织羟脯氨酸(HyP)含量，以评价肺吞噬细胞释放自由基及肺成纤维细胞增殖的程度及其在放射性肺炎发展中的作用。白求恩医大[19]发现以精原干细胞联会复合体畸变率检测电离辐射对哺乳动物生殖细胞的损伤，较常规观察初级精母细胞终变期-中期染色体畸变率的敏感性为高。河南职业病所[20]用^{60}Co γ射线照射离体人精子，结果显示虽有染色体畸变，但仍能保持较高的受精能力。上海医大[21]用^{137}Cs γ射线照射法建立成骨细胞衰老模型，拟用于研究延缓成骨细胞衰老的各种药物。北京放射医学所[22]用重组人粒细胞集落刺激因子治疗^{60}Co γ射线照射狗，结果显示血白细胞、网织红细胞、血小板及骨髓有核细胞计数均提前恢复且速度加快。该校[23]还发现rhIL-1对照射小鼠粒系造血有良好作用。华西医大[24]将国产基因重组人单核-巨噬细胞集落刺激因子应用于^{60}Co γ射线超大剂量曝射后的C57纯种小鼠，结果显示有明显升高粒细胞的作用，与进口药物疗效类似。苏州医学院[25]报道海藻硫酸多糖有很强的防护电离辐射致DNA的间接损伤效应。北京放射医学所[26]报道茶多酚可减轻γ射线辐射诱发的体外细胞转化程度，增强细胞增殖能力，并与辐射因子同时存在时具有较明显的抗癌作用。

（于建平）

参 考 文 献

［1］ 闵　锐等. 中华放射与防护 1996;16(5):324

［2］ 闵　锐等. 中华放射与防护 1996;16(2):134

［3］ 田海林等. 苏州医学院学报 1995;15(4):616

［4］ 侯祖洪等. 中华放射与防护 1996;16(4):258

［5］ 刘　璐等. 职业医学 1996;23(3):50

［6］ 胡勤芳等. 中华放射与防护 1995;15(5):353

［7］ 谢九如等. 中国公共卫生 1996;12(6):277

［8］ 王桂林等. 中华放射与防护 1996;16(1):49

［9］ 沈　莉等. 安徽医学 1996;17(3):67

［10］ 何　燕等. 中华放射与防护 1995;15(5):361

[11]* 傅　强等. 中华放射与防护 1995;15(5):321
[12] 王献理等. 中华放射与防护 1996;16(3):157
[13] 徐桂珍等. 中华放射与防护 1996;16(2):93
[14] 金敖兴等. 癌症 1996;15(2):87
[15] 孙成文. 中华放射与防护 1996;16(3):154
[16] 陈沙力等. 中华放射与防护 1996;16(3):161
[17] 白蕴红等. 中华放射与防护 1995;15(5):330
[18] 朱茂祥等. 中华放射与防护 1996;16(2):96
[19] 姜　杰等. 中华放射与防护 1996;16(2):109
[20] 吕玉民等. 中华放射与防护 1996;16(3):176
[21] 金慰芳等. 中华放射与防护 1996;16(3):164
[22] 罗庆良等. 中华放射与防护 1996;16(3):170
[23] 陈家佩等. 中华放射与防护 1996;16(3):185
[24] 徐志中等. 中国抗生素 1996;21(2):143
[25] 邵　源等. 苏州医学院学报 1996;16(5):805
[26] 刘国廉等. 中华放射与防护 1996;16(3):183

文　选

低水平铅暴露对早期婴儿发育的影响(中华儿科 1996;34(4):255)　上海二医大沈晓明等前瞻性研究了婴儿出生时低水平铅(0.10～0.84)mmol/L暴露对其发育的影响。研究对象:102 例足月顺产新生儿,平均胎龄(39.6±1.5)周,出生体重(3 349±412)g,均无围产期缺血、缺氧史,其母也无职业性铅接触史。方法:取婴儿分娩时脐带血用石墨炉原子吸收光谱法进行血铅测定,并在 3 月龄时用蓓蕾(Baylay)婴儿发育量表(已在上海标准化)进行发育评价,结果以精神发育指数(MDI)和心理运动发育指数(PDI)表示,同时还对家长就 85 个可能与儿童发育或铅暴露有关的家庭环境问题和健康问题进行调查,作为血铅与发育关系多因素讨论的共变量,并行多元逐步回归分析。结果:102 例新生儿脐带血血铅水平(CBPb)在(0.1～0.84)μmol/L 之间,平均为(0.46±0.21)μmol/L;在 3 月龄时随访的 102 例婴儿中 MDI、PDI 与 CBPb 均呈负相关($r=-0.301$及-0.226),其中 52 例高铅者(CBPb≥0.48μmol/L)与 50 例低铅者(CBPb<0.48μmol/L)相比较,MDI 和 PDI 均明显降低(均 $P<0.001$),经多元协方差分析校正后,两组间 MDI、PDI 分别相差 4.4 和 8.4 分,有显著和非常显著的差别。作者认为当儿童血铅水平≥0.48μmol/L 时确能对其早期发育产生不利影响。

(梅小斌)

述评　低水平铅暴露对发育的影响是 80 年代以来儿童铅中毒研究的重要课题。上文经多元逐步回归、协方差分析后认为,儿童血铅水平大于 0.48μmol/L 时能对其早期发育产生不利影响,这同近年来国外的研究结果相同。如果大样本的实验及更长时间的前瞻性观察也证实这一点的话,可建议将我国的儿童铅中毒标准定为血铅浓度大于 0.48μmol/L,这将对保护儿童生长发育及健康有着极其重要的意义。

(崔若兰)

碘化钾的肾内驱铅及对肾小管上皮细胞线粒体的修复作用(湖南医大学报 1995;20(5):429)　湖南医大二院蒋云生等研究碘化钾(KI)对大鼠实验性铅性肾病的治疗作用。18 只 SD 大鼠用 0.5%的醋酸铅溶液喂饮半年后随机分成 3 组,每组 6 只:①病理对照组,停止铅溶液喂饮,提供水及普通饮料饲养。②二巯基丁二酸钠(DMSA)组,DMSA 按 14 mg/100g体重腹腔内注射,每周 2 次。③KI 组,KI 溶液以 3mg/100g 体重稀释后灌胃,每日一次。实验为期 6 周,6 周后处死大鼠,取肾组织观察肾脏超微结构,然后选择近曲小管上皮细胞作正常、异常线粒体计数,并用原子吸收分光光度计检测肾组织铅含量。结果:病理对照组、DMSA 组及 KI 组的异常线粒体率分别为 93.25%、80.25%及 55.25%,以 KI 组最低,KI 组与其他两组相比差异显著($P<0.01$ 及 0.05),三组间每克肾组织铅含量分别为(486.5±282)μg、(315.8±149)μg 及(262±90.6μg),也有显著性差异($P<0.01$),其中以 KI 组肾组织铅含量最低。作者认为 KI 在驱除肾组织铅及对线粒体修复作用方面均优于二巯基丁二酸钠,是一种较好的口服驱铅剂。

(梅小斌)

述评　随着工业的发展,铅污染已从职业环境向日常生活环境扩展。铅进入体内后由于其半衰期长,常致慢性损害。以往多用依地酸二钠作驱铅治疗,但其易加重肾脏的损害。上文研究发现 KI 既有降低肾组织中铅含量的作用,又能促进肾组织细胞内线粒体的修复,且疗效较 DMSA 好,值得临床重视。但其治疗机制尚有待深入研究。

(崔若兰)

镉对离体肾小管上皮细胞的毒性及机制研究(中华预防医学 1996;30(2):84) 中山医大姜傥等观察了重金属镉对离体肾小管上皮细胞功能及代谢方面的直接作用。取新西兰兔肾组织匀浆,并通过不同孔径的筛网制成肾小管上皮细胞悬液,然后分成4组:(1)空白对照组;(2)镉实验组,加入醋酸镉液(终浓度500mmol/L)共同孵育2小时;(3)哇巴因对照组:哇巴因终浓度10mmol/L;(4)无钠组:用不含钠的Kreb-ringer液,共同孵育2小时。最后分别采用放射免疫、细胞化学及生物化学分析方法测定胞膜糖转运功能、Na^{+},K^{+}-ATP酶活性、cAMP、细胞外液K^{+}浓度、肾小管上皮细胞的标志酶及功能酶(AKP、r-GT、LDH、NAG、G-6-PD),并观察肾小管上皮细胞超微结构。结果发现镉染毒后肾小管上皮细胞对α-甲基-D-葡萄糖苷的摄取量明显减少,同时K^{+}离子外流增加,cAMP含量降低,Na^{+},K^{+}-ATP酶活性明显受到抑制。作者推测Na^{+},K^{+}-ATP酶所维持的电化学梯度对Na/糖转运起着极为重要的作用,认为肾小管上皮细胞内能源系统受损可能是镉致肾损伤的发病机制之一,肾小管标志酶及功能酶的变化能反映肾小管上皮细胞的损伤程度及代谢状态,具有较好的临床实用价值。

(梅小斌)

述评 肾脏是镉的主要靶器官之一。然而,到目前为止,镉致肾损伤的细胞及分子学水平上的深入研究尚不多见。上文采用体外分离培养技术,观察镉对离体肾小管上皮细胞功能及代谢方面的直接作用,阐明了肾小管上皮细胞内能源系统受损可能是镉致肾损伤的发病机制这一新理论,对深入研究镉的肾毒性作用及预防其发生有临床指导意义。

(崔若兰)

口服二巯基丙磺酸钠驱汞试验的研究(中国工业医学 1996;9(5):263) 中国医大徐兆发等应用一次性口服二巯基丙磺酸钠(DMPS)法对汞接触人群进行驱汞试验。受试者包括54例龋齿充填者、口腔科技师、医师,含汞皮肤洗剂生产者、使用者等5组汞接触人群及32例相应对照人群。受试者均无肝、肾疾病,在试验前15天停食海产品,投药前11小时禁食,6小时前收集尿样,试验时受试者一次性服用DMPS胶囊300mg,再收集投药后6小时的全部尿样,用原子吸收分光光度法测定尿汞含量,然后分别折算成投药前、后尿汞排泄量。结果:5组汞接触人群投药前、后尿汞均值均明显高于相应对照组,自身比较服药后6小时尿汞排泄量也较投药前显著增加,5组汞接触人群用药后尿汞排泄比用药前分别增加了24、87、48、44和86倍,相应的3个对照组也分别增加了18、34和37倍。作者认为口服DMPS是一种简便、有效的驱汞方法,对长期汞接触人群定期口服DMPS能驱出体内蓄积的汞,有助于预防发生汞中毒,对怀疑汞中毒者行DMSP驱汞试验,则有助于汞中毒的诊断及治疗。

(梅小斌)

述评 汞中毒为一种常见的职业病中毒。以往治疗均采用DMPS肌肉或静脉给药,患者不易接受,给防治汞中毒带来不便。上文以口服给药方式证明口服300mg DMPS也能达到明显的驱汞效果,且不引起汞在体内的重新分布,无副作用,故是一种简单易行的驱汞方法,值得临床进一步推广使用。

(崔若兰)

电焊工人某些内分泌腺功能研究(中国工业医学 1996;9(3):132) 沈阳医学院崔金山等研究了接触锰电焊工人的垂体、甲状腺及肾上腺皮质的某些内分泌功能。研究对象为51名接触锰电焊作业工人,平均年龄(35.6±8.6)岁,平均接触锰(14.6±8.6)年。按接触锰工龄长短分为3个组:第1组工龄<10年,平均(5.5±2.1)年,平均年龄(27.5±4.7)岁;第2组工龄10~20年,平均(13.1±2.1)年,平均(34.1±2.6)岁;第3组工龄>20年,平均(25.1±3.4)年,平均年龄(45.4±3.0)岁;对照组为17名其他条件与接触锰工人相同但不接触任何毒物工人,平均年龄(35.4±8.4)岁,平均工龄(14.8±8.7)岁。观察指标包括车间空气中锰平均浓度、血清游离三碘甲状腺原氨酸(FT3)、游离甲状腺素(FT4)、促甲状腺激素(TSH)、皮质醇(CS)水平。结果:锰作业工人神经衰弱检出率(21.3%)与对照组(19.7%)无明显差别;对照组、第1组、第2组与第3组间血清FT3、FT4及TSH比较也相差不显著,而10年以上各工龄组血CS明显低于对照组,有显著或非常显著差异($P<0.05$或<0.01);接触组工人的工龄与血CS水平呈明显负相关($r=-0.473, P<0.01$)。结果提示接触锰作业工人的垂体、甲状腺分泌功能虽未改变,但肾上腺皮质分泌功能却受到一定的损害,其损害程度与接触锰的时间长短有关。作者认为测定接触锰作业工人的血CS含量可作为监测锰损害作用较早期的生物学指标。

(梅小斌)

述评 动物实验已明确锰可损伤垂体和甲状腺分泌功能。然而,上文却未观察到上述改变,考虑与锰接触工人作业环境中的锰浓度在国家卫生标准允许范围内有关。但即使这样,也发现锰对肾上腺皮质分泌功能有损害作用。提示肾上腺对锰的毒性作用较为敏感。因此,可拟将锰作业工人血清皮质醇含量作为锰损害作用的较早期生物学监测指标。

（崔若兰）

急性CO中毒时的心功能损害（中国介入心脏 1996;4(2):89） 北京红十字朝阳医院连雪等利用超声心电图测定了急性CO中毒患者高压氧治疗前后的心功能。研究对象为1994年11月～1995年3月在该院急诊并经高压氧治疗的30例CO中毒患者，男25例，女5例，年龄16～73岁，平均(33.5±14.7)岁，既往无心脏病或高血压病史。每例患者在高压氧治疗前及治疗后即时测定心肌酶（包括AST、LDH、CK、CK-MB和α-HBD)，并于治疗前和初次高压氧治疗后行超声心动图检查（指标包括EF、FS、SV、CO和A/E)。结果：16例患者合并窦性心动过缓，5例有ST段下移，3例存在房性或室性早搏，26例在高压氧治疗前有心肌酶谱的增高，而高压氧治疗后CK-MB由(68.2±51.4)IU降至(36.4±62.2)IU($P<0.01$)，α-HBD由(293.5±18.5)降至(266.6±163.7)($P<0.02$)。超声心动图显示心肌收缩功能在高压氧治疗前后有显著变化，其中EF、SV治疗前分别为52.6±5.3、0.039±0.012，治疗后上升至64.6±7.2及0.1055±0.11($P<0.001$)，而心肌舒张功能变化不明显。作者认为CO中毒在致脑损伤的同时，也可并发心肌损伤，引起心脏收缩功能改变。提示在救治CO中毒过程中不可忽视对心脏功能的关注，适时应用1,6-二磷酸果糖将对心脏功能的改善起有益作用。

（梅小斌）

述评 以往，在救治CO中毒过程中多注重CO引起的脑损害，而对CO引起的心功能损害关注较少。然而，本年度中有多篇关于CO中毒对心脏影响的报道（职业医学 1996;23(4):51，中国危重病急救医学 1996;8(8):462等)，表明人们对CO中毒已有了更深一步认识。如能进一步加强CO中毒对心肌功能影响的机制探索，必将对临床救治CO中毒有积极的推动作用。

（崔若兰）

体外肺辅助循环治疗重度CO中毒（中国循环 1996;11(4):226） 河南焦作市医院李全民等运用体外肺辅助循环治疗重度一氧化碳中毒。5例重度一氧化碳中毒者入院时均呈昏迷状态，血碳氧血红蛋白比率也均超过75%，且伴低血压、频发性室早及不规则呼吸。立即采取体外肺辅助循环技术（静脉-静脉转流）抢救，以平衡液1 000ml、甘露醇250ml预冲管道，调节流量为600～1 000ml/min、血氧比为1：2，在转流中每10分钟检测一次血碳氧血红蛋白浓度、血氧饱和度、血压和心率。结果：循环开始10分钟后有压眶反射，15分钟出现呻吟，此时碳氧血红蛋白下降约50%，30分钟后呼唤可应答，40分钟时病人完全清醒，碳氧血红蛋白下降至10%以下。5例病人无一死亡，也无后遗症发生，其中4例经计算机断层摄影检查脑皮质无变性及萎缩，脑电图及脑血流图均正常。表明体外肺辅助循环能有效改善缺氧，降低血中碳氧血红蛋白浓度，其转流时间与血中碳氧血红蛋白浓度呈明显负相关($r=-0.83, P<0.05$)。作者认为体外肺辅助循环技术可作为重度一氧化碳中毒抢救的另一重要措施，尤其对病情危重、无条件接受高压氧治疗者更为适用。

（梅小斌）

述评 体外肺辅助循环是将一氧化碳中毒者血液引流入氧合器中进行氧合以迅速提高血氧含量、加快一氧化碳排出的一种简便抢救措施，适用于因循环、呼吸功能严重受损而不能立即行高压氧治疗的重度一氧化碳中毒患者。其优点是方法简便、操作迅速。应用时需注意：预充量要充分，循环时间要恰当，转流结束后最好再进行1～2个疗程的高压氧治疗，以防止组织中碳氧血红蛋白和碳氧肌红蛋白释放入血对机体再次造成损害。

（崔若兰）

高压氧中毒小鼠肺损伤及其机制（中华劳卫 1996;14(1):19） 南京海军高等医专董文度等复制急性氧中毒动物模型，探讨高压氧中毒小鼠肺损伤的机制。选用BALB/c纯种小鼠60只，随机分为3组，每组20只。第1组为高压氧中毒组(HBOI)，小鼠置于动物舱内，4分钟加压至0.5mPa，维持37分钟，经15分钟降至常压；第2组为高压空气组(HBA)，处理基本同HBO Ⅰ组，但以压缩空气代替纯氧；第3组为正常组(NP)，处于常压空气环境中。上述三组动物每组各取10只小鼠测定动脉血pH、氧分压(PaO_2)、二氧化碳分压($PaCO_2$)、氧含量(CaO_2)、氧饱和度(SaO_2)、实际碳酸氢盐(AB)、标准碳酸氢盐(SB)和剩余碱(BE)，并取肺组织制片，经酶细胞化学反应，对酶反应电镜底片直接进行肺毛细血管内皮细胞钠-钾ATP酶彩色图像定量测定。结果发现HBO Ⅰ小鼠动脉血pH、PaO_2、CaO_2、SaO_2、AB、SB和BE等7项参数明显降低，肺毛细血管内皮细胞钠-钾ATP酶反应产物明显减少、酶活力显著下降。肺超微结构可见HOBI小鼠肺泡Ⅱ型细胞和肺毛细血管内皮细胞中部分线粒体嵴明显破坏，呈空泡状，肺毛细血管内皮细胞受损，电子密度降低。而HBA组及NP组小鼠肺超微结构未见异常，表明0.5MPa高压氧吸入37分钟可引起小鼠发生较严重的肺损伤。作者认为低氧血症、代谢性酸中毒及肺毛细血管内皮细胞钠-钾 ATP 酶活性降低是 HBO I 肺损伤最主要的三大病理生理改变，活性氧的产生可能为高压氧中毒肺损伤重要机制之一。

（梅小斌）

述评 高压氧是治疗重度 CO 中毒常用而有效的方法，但在治疗中可能会诱发高压氧相关性急性肺水肿等并发症，余旺节等（中华劳卫 1996；14(4)：239）已有报道。上文动物实验也证实高压氧能引起肺损伤。因此，在高压氧治疗中，如患者肺部症状加重或发生急性肺水肿时，除考虑原发病外，还应考虑由高压氧本身诱发所致。

（崔若兰）

对低浓度苯接触工人健康状况的调查（中华预防 1996；30(3)：164） 江苏南京扬子石化公司职业病所张奔观察低浓度苯环境下作业人群的健康状况。研究对象为 437 名密切接触低浓度苯的工人及 150 名非苯接触者，主要检测外周血白细胞计数和淋巴细胞微核率，并运用活性碳吸附法收集生产、使用、贮运等 5 个产生低浓度苯车间的 323 个空气样本，行气相色谱分析。结果：(1)密切接触苯人群外周血白细胞数虽在正常值范围之内，但明显低于对照组（$P<0.01$）；(2)经常性接触苯的工人淋巴细胞微核率分布高于非苯接触组，且制苯车间人群的淋巴细胞微核率与对照组比较差异显著；(3)随作业环境苯浓度的增高，5 个车间工人血白细胞有降低、而淋巴细胞微核率有增加的趋势，表明低浓度苯对作业人群的血液系统及遗传物质有损害作用。作者认为，从血液学和遗传毒理学角度考虑，目前苯最高容许浓度（MAC，$40mg/m^3$）是不安全的，需适当降低，而苯中毒的诊断标准也需重新修订，应补充苯对遗传物质损伤的早期监测指标，并加强对苯接触工人的健康监护和苯作业环境的监测工作。

（梅小斌）

述评 苯除对人造血系统及神经系统损害外，对遗传及生殖发育也有影响。上文发现在正常生产情况下，车间空气中苯浓度虽远远低于国家卫生标准（MAC，$40mg/m^3$），但仍然能使苯接触工人的白细胞总数降低、淋巴细胞微核率增加。因此，目前所执行的苯 MAC 是不安全的，需适当降低。然而，其降低幅度应符合我国实际情况，既经济合理、技术可行，又能保护劳动者的健康，可参考美国联邦政府工业卫生协会制订的苯时间加权平均阈限值（0.1PPM）的标准。

（崔若兰）

苯、甲苯、二甲苯暴露人群遗传毒性生物标志物的研究（中华劳卫 1996；14(1)：1） 中山医大刘力等研究了苯系物职业接触人群的生物标志物 8-羟基-2-脱氧鸟苷（8-OHdG）。研究对象及分组：87 名接触苯、甲苯、二甲苯的刷胶油漆工人及 30 名邻近机关非接触苯人员；根据接触苯浓度不同分为 4 组：(1)低浓度苯接触组（35 名）；(2)中等浓度苯接触组（24 名）；(3)高浓度苯接触组（28 名）；(4)正常对照组（30 名），以上四组均排除家族遗传病史、半年内 X 线接触史和近期感染史。方法：用个体采集器收集车间空气中苯、甲苯、二甲苯标本，行气相色谱分析，于班中采集静脉血 5～7ml 分别进行外周血白细胞计数、淋巴细胞培养计数微核（MN），并用高效液相色谱-电化学检测系统（HPLC-EC）分析外周血淋巴细胞 8-羟基-2-脱氧鸟苷（8-OHdG），同时应用 HPLC-UV 系统检测尿中粘康酸（TTMA）。结果发现，苯接触人群外周血淋巴细胞 8-OHdG、MN、尿 TTMA 显著增高，且随苯接触浓度的增加而增高，有剂量反应关系，其中女性 8-OHdG 较男性更高；8-OHdG 与空气苯、尿 TTMA 及血淋巴细胞 MN 均存在正相关（分别为 $r=0.8$、0.6、0.5），而与甲苯呈负相关（$r=-0.6, P<0.05$）。结果提示苯可诱导职业接触人群 DNA 氧化损伤。苯的遗传毒性机制可能是通过多位点、多作用、多遗传结果所致。外周血淋巴细胞 8-OHdG 可作为苯系物职业接触人群的生物标志物，而性别和甲苯是影响苯接触人群外周血淋巴细胞 8-OHdG 形成的两大因素。

（梅小斌）

述评 苯在代谢过程中可形成大量活性自由基攻击 DNA，引起 DNA 氧化损伤，而 8-OHdG 是 DNA 氧化损伤后形成的特异性碱基修饰产物，且不受饮食的影响，可直接作为苯致 DNA 氧化损伤的理想生物标志物。但到目前为止，几乎未见有关人群资料的报道。上文率先证实在苯接触人群中存在 DNA 的氧化损伤，既填补了人群资料的空白，又为长期接触苯行业的工人提供了科学、灵敏、特异的生物监测指标，因此有极为重要的意义。

（崔若兰）

乐果等中毒胆碱酯酶的老化和自动重活化（中国劳卫 1996；14(5)：264） 军医科院李立君等研究乐果中毒胆碱脂酶（AchE）老化与乐果中毒难治间的关系。以人红细胞乙酰胆碱酯酶（AChE）为酶源，用氯磷定能否重活化作为判断中毒酶老化的标准，测定了乐果、敌敌畏和对硫磷三种农药中毒酶的体外老化和自动重活化作用。取一定量的红细胞悬液分别加入乐果、敌敌畏和对硫磷，水浴后离心除去残余农药，取出离心的中毒红细胞制成悬液，并分成2组，同正常红细胞悬液分别水浴，每隔一定时间取出10μl，一组直接以微量羟胺比色法测中毒管AchE活力，另一组加入1mmol/L的氯磷定，于37℃重活化30分钟后测AchE活力，同时测正常对照管AchE活力。结果发现乐果抑制的AchE在洗后2小时内有轻微的自动重活化作用，但无统计学意义；敌敌畏抑制的AchE在洗后2小时内有明显的自动重活化作用，3小时后自动重活化作用消失；对硫磷抑制的AchE活力随时间的延长逐渐上升，到22小时还有增加趋势。以水浴时间与氯磷定对三种农药中毒酶的重活化率作图发现，乐果、敌敌畏和对硫磷抑制人红细胞AchE的体外半老化时间分别是11.4小时、4.2小时和16.9小时，说明乐果中毒AchE的老化并不快。作者认为临床乐果中毒难治与中毒酶老化速度无明显关系。

（梅小斌）

述评 上文结果对临床上有诸多指导意义。以往认为氯磷定对乐果中毒酶无重活化作用，但上文研究发现乐果中毒如果及早给予足量的酶重活化剂，中毒酶也能部分被重活化，结果纠正了以前的不全面认识。由于乐果、敌敌畏、对硫磷抑制AChE的半老化时间约4～17小时，因此理论上讲目前使用重活化剂1～2天是足够的，但考虑到洗胃不彻底及脂肪组织中潴留的有机磷不断入血再分布到神经组织，故使用重活化剂1～2天还不够，须待中毒症状彻底缓解后才可停药。

（崔若兰）

异搏定对有机磷中毒的实验治疗和保护作用（职业医学 1996；23(1)：4） 上海医大李颖等研究钙通道阻滞剂异搏定对有机磷酸酯中毒的治疗和保护作用。以体重300～400g SD大鼠及体重400～600g豚鼠为实验动物，分别经腹腔注射氧乐果70mg/kg及600mg/kg，采用两因素、两水平正交试验，观察异搏定（1.25mg/kg）、阿托品（0.25mg/kg）腹腔注射后对氧乐果中毒大鼠及乐果中毒豚鼠肌束震颤、抽搐出现的时间、发生率及豚鼠存活时间的影响，并对每只豚鼠行心电图检查，观察心率、Q-T间期、S-T段改变及其他心电图异常。结果：(1)阿托品可明显延长中毒鼠的存活时间，而异搏定亦能使染毒动物的存活时间成倍延长，两者联合用药有协同作用；(2)单独使用异搏定可使乐果染毒豚鼠肌束震颤及抽搐出现时间推迟，强度减弱，但对发生率无影响，而与阿托品联合用药后，肌颤发生率显著下降；(3)异搏定对乐果中毒豚鼠心率无影响，异搏定和阿托品单独用药也不影响豚鼠的Q-T间期，联合用药却能有所缓解中毒引起的高尖T波，缩短已延长的Q-T间期，但随时间延长此作用消失。作者认为钙通道阻滞剂异搏定对有机磷中毒有治疗和保护作用，与阿托品合用疗效更好，能使染毒动物的存活时间延长，肌束震颤及抽搐症状明显缓解，在一定程度上防止和改善了EKG的变化。提示异搏定作为有机磷中毒的辅助治疗药物有望在减少严重的心脏或肌肉并发症发生方面起到良好的作用。

（梅小斌）

述评 目前，认为有机磷重度中毒引起的心脏毒性反应及肌肉并发症较为普遍和危险，常发生在胆碱能危象之后，且与胆碱酯酶的抑制无关，为有机磷干扰细胞离子的通透性所致。目前，抢救有机磷中毒主要针对胆碱能危象，故有必要对心脏或肌肉的并发症作适当处理。上文发现异搏定在一定程度上可解决上述问题，与阿托品联合应用疗效更优。考虑到异搏定、阿托品及复能剂作用机制不同，联合应用能提高疗效、减少并发症。因此，建议将异搏定列入有机磷中毒的常规治疗药物。但临床应用时需注意适应证，并掌握药物剂量，以免发生传导阻滞等副作用。

（崔若兰）

反应性氧代谢产物在大鼠庆大霉素肾毒性中的致病作用及其预防（中华肾脏 1996；12(2)：97） 北京中日友好医院杜兆鹏等研究反应性氧代谢产物（ROM）在大鼠庆大霉素（GM）肾毒性中的致病作用及其预防。雄性Wistar大鼠37只，随机分为5组：(1)正常对照组（7只）：腹腔注射生理盐水；(2)模型组（8只）：腹腔注射GM 140mg/(kg.d)；(3)人参总皂甙（GS）预防组（7只）：GS 80ml/(kg·d)灌胃；(4)去铁敏（DFO）预防组（7只）：DFO 10mg/d，尾静脉注射；(5)丹参（SM）预防组（8只）：SM 6g/(kg·d)，尾静脉注射。其中3、4、5组同时腹腔注射GM 140mg/(kg·d)，实验共进行7天。各组动物于实验前及实验第4、7天分别放入代谢笼，留取尿液测N-乙酰-β-D-氨基葡萄糖苷酶（NAG）活力，在最后一次注射GM 24小时后取肾组织行光镜及电镜检查，并取血测肌酐（Cr）、丙二醛（MDA）、超氧化物歧化酶（SOD）、谷胱苷肽过氧化物酶（GSH-Px）及肾皮质匀浆GSH-Px。结果：(1)各组尿NAG和血Cr值均较正常组显著增高，且模型组升高更显著；(2)血清和肾皮质匀浆中MDA含量以模型组升高明显（$P<0.01$），而各预防组与正常组间差异不显著；(3)各组血清及肾皮质匀浆中SOD、GSH-Px活性均明显低于正常组，而模型组下降更显著（$P<0.001$）。光镜显示模型组近曲小管上皮细胞

(PTEC)广泛变性坏死，远曲小管上皮细胞空泡变性，而各预防组 PTEC 仅有局灶至片状的变性，偶见坏死。作者认为 ROM 的增多及肾脏抗氧化能力的下降参与了 GM 所致的急性肾衰发生，GS、DFO 和 SM 可能通过清除 ROM 起到预防急性肾衰发生的作用，其中 GS、SM 毒副作用小，具有临床应用价值。

(梅小斌)

述评 临床上应用庆大霉素患者中约有 11%～26%发生可逆性肾损害，严重者发生急性肾衰。氨基糖苷类抗生素对肾损害的作用机制及其预防一直是肾内科研究的焦点课题。上文发现人参皂甙、丹参及去铁敏能通过清除反应性氧代谢产物而起到预防庆大霉素所致的急性肾衰，故有较好的临床实用价值，尤其对老年人或有肾损害者如必须使用庆大霉素时上述三药可起到预防或减轻肾损害发生的作用。

(崔若兰)

金属硫蛋白水平与顺铂所致肾脏病理改变的相关性研究(癌症 1995;14(6):403) 北京高等医专徐卓立等应用硒利生、亚硒酸钠、甘草锌诱导合成金属硫蛋白(MT)的方法观察其对顺铂所致肾脏病理改变的影响，并对肾脏中 MT 含量与肾脏病理改变之间的相关性进行了分析。取昆明种小鼠 30 只，随机分 3 组，每组 10 只，分别预先给予硒利生(7500mg/kg，含硒量 0.004%)、亚硒酸钠(2mg/kg，含硒量 45.67%)和甘草锌(400mg/kg，含锌量 0.004%)灌胃 5 天，停药后 24 小时给予顺铂(12.5mg/kg)腹腔注射，并于注射后第 4 天活杀，取肾组织行光、电镜检查，以光镜下肾小管变性程度、管型多少及肾小球缺血程度为指标，行肾组织病理积分值统计。用口服氯化镉(1.1mg/kg)及腹腔注射顺铂(1mg/kg)5 天后的肝脏作 MT 诱导阳性对照。按该研究室建立的 Hg-chelex 法测定各组肝、肾组织中 MT 含量。结果显示顺铂所致肾脏损害的病理变化总积分值在应用上述药物后可明显降低，其中以硒利生组保护作用最明显(积分值 2.4，病理对照组 8.8)，以下依次为亚硒酸钠组(2.5)和甘草锌组(4.3)，各组肾组织病理积分值与肾脏 MT 含量呈明显负相关($r=-0.986$)。由此表明，具有 MT 诱导作用的药物对顺铂引起的肾脏组织损伤有保护作用，其诱导 MT 作用愈强、保护作用也愈明显。作者认为通过药物诱导 MT 合成是降低顺铂肾毒性的一条重要途径。

(梅小斌)

述评 顺铂是当前抗癌作用最强的药物之一，但因其有严重的肾毒副作用限制了它在临床上的应用。因此，降低顺铂肾毒性一直是临床及药理、毒理学专家共同关注的热点研究课题。上文发现通过诱导 MT 合成能达到减轻顺铂肾毒性的作用，这一重要线索为临床上使用顺铂而不致引起严重的肾损害提供了可能。

(崔若兰)

酒精性大鼠肝损伤中酶组织化学反应的观察(中日友好医院学报 1996;10(3):197) 北京中日友好医院陈小馨等观察了酒精性肝损伤后大鼠肝内酶组织化学的变化。取 Wistar 雄性大鼠 20 只，饲含微量元素及多种维生素的基本饲料，并按体重随机分为实验组及对照组，每组 10 只。实验组以 56 度白酒灌胃，每天 2 次，每次 0.7ml/100g 体重；对照组以等量生理盐水灌胃。5 天后解剖大鼠，取中叶肝组织制备常规石蜡切片及冰冻切片，以硝基四氮蓝法、Watabiki NBT 金属离子法等分别对肝组织行琥珀酸脱氢酶(SDH)、乳酸脱氢酶(LDH)、乙醛脱氢酶(ALDH)、酸性磷酸酶(ACP)等酶组织化学染色，糖原及脂质分别用 Lellie 白复红法及 Lellie-Ashburn 油红 O 法检查。结果显示实验组除肝细胞内出现脂变、糖原减少外，ALDH、SDH、LDH、GDH 及 M^{2+}-ATP 酶呈不同程度减弱；ADH、ACP 和 G-6-P 活性增强，提示线粒体酶及胞浆质酶是酒精性肝损伤中早期特征性的标志酶，上述酶变化反映了肝细胞乙醇代谢主要通路的改变，同时也表明高毒性代谢产物乙醛产生的水平。因此，对判断肝细胞损伤的程度具有重要作用。

(梅小斌)

述评 以往认为酒精性肝疾患是由单纯营养不良引起的，但最近研究认为乙醇的肝毒性是由乙醇脱氢酶介导而过度产生还原型腺嘌呤二核苷酸及乙醛，通过肝细胞微粒体的乙醇氧化系统代谢通路氧化乙醇产生过多乙醛所致，表明肝酶活性的变化是造成酒精性肝损伤的重要因素，上文结果也证实这一点。因此，可以说酶组织化学是研究酒精性肝损伤的早期特征性指标，是临床上必不可少的监测手段，且对临床治疗和判断预后都具有指导意义。

(崔若兰)

煤烟污染型高铝氟骨症的骨骼 X 线表现(中华放射 1996;30(4):257) 贵阳医学院附院陈绪光等探讨了煤烟污染型高铝氟骨症的骨骼 X 线表现。研究对象：地方性氟铝中毒病区患者 39 例，年龄 5～22 岁，绝大多数在 18 岁以下，均有不同程度的氟斑牙，其中下肢膝内、外翻畸形 35 例，关节活动受限 32 例，骨关节疼痛及小腿肌无力 22 例；另选生活条件相同的烧柴非病区正常对照者18名，年龄7～14岁。流行病学特征：该地区主食用煤火烘烤玉米，经测定当地煤和拌煤泥的含氟量平均为0.61g/kg，含铝量平均为5.61g/kg，厨房内空气氟日平均浓度为0.105mg/m^3，用煤烘烤后的玉米含氟量(12.5mg/kg)及含铝量(37.4mg/kg)比未烘烤玉米含氟量(1.5mg/kg)和含铝量(9.2mg/kg)超出4～8倍。检查方法：测定血铝、尿铝、尿钙、尿氟含量，并行骨骼X线检查。结果：血铝、尿钙、尿氟、尿铝水平均较对照组显著升高($P<0.01$)；骨骼X线主要表现为骨软化，包括骨密度减低、结构模糊，并有Looser带、骨盆周边透亮带、长骨干骺端"密疏密"带等形成，同时合并髋臼内陷、骨盆变形、佝偻病征等畸形，其次有骨硬化、骨质疏松和骨生长发育障碍。综合上述结果，作者认为高铝氟骨症有其自身的流行病学、病理学及X线特征，是氟骨症的一种特殊类型，临床突出的骨软化表现可能与高氟、高铝这两种致病、致畸因素的相加或协同效应有关。

(梅小斌)

述评 虽然氟、铝中毒均可造成骨质病变，但氟、铝同时中毒所致的高铝氟骨症有着不同于氟、铝骨病的流行病学、病理、X线及临床特点，可称作氟骨症的一种特殊类型。动物实验已发现由于氟和铝分别作用在类骨质生成的不同方面，因此氟、铝同时中毒有助于骨软化的形成和发展，而使骨软化表现变得尤为突出。上文介绍的X线表现为今后进一步研究氟骨症、代谢性骨病奠定了基础，提供了依据。

(崔若兰)

地方性氟病病区胎儿大脑神经递质与受体的变化(中国地方病 1996;15(5):257) 贵阳医学院于燕妮等测定了地方性氟病病区引产胎儿大脑神经递质和α_1-受体，探讨氟中毒对脑组织神经递质及受体密度及功能的影响。分别观察氟中毒病区及非病区水囊引产胎儿各10例，胎龄均为5～7个月儿脑及骨组织、孕妇尿及血清氟含量，用高效液相色谱法测胎儿脑组织单胺类递质含量，用放射配体结合法测胎儿脑组织α_1-受体水平。结果：(1)病区孕妇尿氟含量(4.32±2.94)μg/ml较非病区(1.67±0.82)μg/ml显著增高，血清氟无明显差别；(2)病区胎儿骨氟及脑氟含量分别为(2.82±0.25)μg/g及(1.65±0.33)μg/g，也较非病区显著增高；(3)病区胎儿脑组织去甲肾上腺素(32.8±18.30)mg/g、5-羟色胺水平(123.34±31.91)ng/g，较非病区显著减低，肾上腺素含量(21.84±2.92)mg/g显著增高，而胎儿脑组织的多巴胺、3,4-二羟基苯乙酸、5-羟吲哚乙酸两区间无明显差异；(4)病区胎儿脑组织α_1-受体密度(0.043±0.02)fmol/mgPr、配基受体解离常数(8.84±5.92)nmol/L，较非病区胎儿显著减低。结果表明氟中毒病区孕妇体内过量氟可通过胎盘屏障进入胎儿体内，并在胎儿脑中积蓄，引起胎儿脑组织α_1-受体密度、配基受体解离常数降低和胎儿脑组织单胺类神经递质去甲肾上腺素、5-羟色胺含量降低，肾上腺素含量增高。作者推测上述变化是氟中毒病区胎儿神经细胞发育障碍或损伤的物质基础。

(梅小斌)

述评 地方性氟中毒是我国诸多地方病中分布最广的一种。以往对成年人的氟骨症、氟斑牙等研究较多，上文则以胎儿为研究对象，探讨了慢性氟中毒孕妇体内胎儿脑组织单胺类神经递质和α_1-受体密度等的变化，旨在明确氟中毒对胎儿的影响及发生机制，为慢性氟中毒的早期防治奠定了理论基础。

(崔若兰)

三氧化二砷对体外培养胚胎的发育毒性实验研究(中国地方病 1996;15(2):93) 上海医大李勇等探讨了三氧化二砷(As_2O_3)对体外培养9.5日龄大鼠胚胎的发育毒性。健康SD大鼠合笼过夜，以出现阴栓定为妊娠0天，妊娠第9.5天脱颈处死孕鼠，取出胚胎，剥掉蜕膜和Reichert膜，将脏层卵黄囊VYS、羊膜、外胎盘圆锥及胚胎完整地移植到血清培养基上(分别含砷0、0.5、1.0、2.0、3.0、6.0μg/ml)，在37℃～37.5℃下旋转培养，48小时后观察胚胎生长发育、器官形态分化指标。结果：(1)砷对体外非培养胚胎生长发育的影响呈剂量反应关系：当砷浓度为1.0μg/ml时，头长、体节数和胚胎干重明显减少；当砷浓度为3.0μg/ml时，VYS直径、体节数、头长及颅臀长明显降低；当砷浓度为6.0μg/ml时，培养的胚胎在16小时内死亡。(2)随砷浓度升高，抑制胚胎组织器官形态分化作用增强：当砷浓度为1.0μg/ml时，VYS血管形成、视觉、听觉系统、心脏、前肢芽和尾部形态分化得分值均明显低于对照组；当砷浓度大于2.0μg/ml时，上述指标以及胚胎体位、神经系统抑制程度加重。(3)砷对体外胚胎的发育有毒性作用：当砷浓度分别为1.0、2.0、3.0μg/ml时，畸胎发生率分别为33.3%、44.4%、100%，畸形主要表现为头部外形异常、神经管未闭和心包积液；(4)砷对VYS的损害作用：当砷浓度为0.5μg/ml时，电镜下溶酶体数量增多；当砷浓度大于1.0μg/ml时，VYS内皮层细胞表面的微绒毛减少、变短，溶酶体数量减少，线粒体肿胀，细胞核异染色质增多，间质层的卵黄血管数量减少，且细胞形态不规则。作者认为砷对体外非培养胚胎生长发育及组织器官形态分化的抑制呈剂量-反应关系，并有明显的致畸效应及损害 VYS 的作用。推测 As_2O_3 的致畸机制与其直接细胞毒性效应和干扰卵黄囊胎盘转运营养物质功能有关。

（梅小斌）

述评 砷化合物在工业、农业、医药学等方面具有广泛的用途，但其导致的环境污染问题也较为显著，已引起人们的普遍关注。流行病学调查已肯定砷是一种人类致癌物和神经毒物，最近资料表明砷也为生殖毒物之一。上文利用全胚胎培养模型初步证实砷对胚胎发育毒性、致畸性呈剂量-反应关系，值得临床重视，尤其是砷中毒病区应高度警惕砷对胎儿有潜在的致畸危险。

（崔若兰）

低剂量照射对 LAK 细胞体外杀伤肿瘤靶细胞的影响（中华放射医学 1995；15(5)：321） 苏州医学院傅强等为进一步证实低剂量照射后机体免疫系统出现的辐射刺激作用，采用 ^{226}Ra 为放射源，观察低剂量 γ 射线照射对 LAK 细胞体外杀伤肿瘤靶细胞的影响以探讨二者之间的量效关系。取健康人外周全血，分离淋巴细胞，细胞浓度调至 1.5×10^6/ml，加 rhIL-2 1 000U/ml，在 37℃、5% CO_2 培养箱中培养 96 小时后收获作为 LAK 效应细胞。用剂量率 0.0655mGy/min 的 ^{226}Ra（10.5mg）为放射源，将培养中的 LAK 细胞按 24、48、72 小时分为 3 组并在每一实验组内分别给予 0.66，1.31，2.62 及 5.24mGy 的低剂量进行一次性照射，3 个实验组的细胞经照射后继续培养到 96 小时收获。采用 ^3H-TdR 释放法检测 LAK 细胞的杀伤活性。用 NK 细胞不敏感的 Raji 和 U266 肿瘤细胞系及 NK 细胞敏感的 K562 肿瘤细胞系作为检测 LAK 细胞杀伤活性实验的靶细胞。肿瘤靶细胞用培养基调至 1×10^6/ml，加入 ^3H-TdR 3.7×10^5Bq/ml 2 小时，再用培养基将靶细胞调至 2×10^5/ml，按每孔 50μl 的量加入 96 孔细胞培养板内。将收获的效应细胞按 40：1 的效靶比加入培养板内，每孔 100μl，在 37℃、5% CO_2 条件下温育 18 小时。实验设最大释放组和自发性释放组。用含 0.15% 胰蛋白酶和 0.0125% DNA 酶的 Hank's 液 50μl 终止反应后将细胞收集于 49 型玻璃纤维膜上，用液闪计数器测定各标本放射活性，按公式算出 LAK 细胞的杀伤活性。结果：(1)4 个实验剂量的 γ 射线照射后均能明显增加 LAK 细胞对肿瘤靶细胞的杀伤活性，且活性随照射剂量的增加而增加。(2)LAK 细胞培养至 72 小时照射组对 3 种靶细胞的杀伤活性明显大于 48 和 24 小时组；48 小时组仅在较大照射剂量时才具有杀伤活性；而 24 小时组杀伤活性则无明显增强。结果表明低剂量照射对 LAK 细胞的杀伤活性具有辐射刺激作用，该作用在 LAK 细胞生长的某个特定时间点及在较高的照射剂量范围内方能显示出较强的肿瘤杀伤活性。

（于建平）

神 经 系 统 疾 病

收集 1995 年 11 月～1996 年 10 月文献 2 998 篇，纳入回顾 983 篇（占 32.78%）；列入文选 19 篇（占 0.63%）。

一 年 回 顾

一、脑血管病

（一）缺血性卒中

临床研究

发病因素：解放军 105 医院[1]分析房颤与脑梗死（CI）的关系。发病以 60 岁以上者多，多位于大脑中动脉分布区。白求恩医大一院[2]、河北省儿童医院[3]探讨小儿 CI 病因，以脑动脉炎居多，包括感染性、非感染性及胶原性脑动脉炎。本年度外伤性 CI 报道较多，多发生在小儿[4~9]，梗死可以是腔隙性[10]，也可为大面积，可因小脑幕切迹疝压迫大脑后动脉造成其供血区 CI[11]。外伤到出现脑症状有间隔期，早则在 24 小时以内，少数在伤后第 2 周。潮州湘桥区医院[12]、山东诸诚市医院[13]报道 36 例糖尿病并发 CI，均为非胰岛素依赖型。内蒙古医学院附院[14]报道 1 例血压骤降反复诱发 CI，提出老年人应缓慢平稳降压。济南军区总院[15]调查发现，皮层动脉梗死与穿支动脉梗死的病因及发病机理不尽相同，后者以男性、高血压者居多，夜间发病高；而前者以女性、糖尿病者居多，多发病于白天。烟台毓璜顶医院[16]、济南军区总院[17]分析 CI 发生的昼夜变化，以上午 4:00～12:00 最高。太原西山矿务局总院[18]报道 2 例颈椎牵引致脑干梗死。诸暨牌头医院[19]2 例使用大剂量雌激素药物避孕妇女出现 CI，认为与高凝状态有关。漳州市医院[20]报道 1 例竹叶青毒蛇咬伤后 1 天发生 CI，由于蛇毒含凝血和抗凝血成分，凝血素作用为主时则易导致 CI。郑州铁路医院[21]认为颅内肿瘤摘除术后发生的 CI 与术中血管损伤、低血压及动脉粥样硬化、血液流变学改变有联系。温州医学院二院[22]报道 1 例丘脑腹外侧核毁损术后并发 CI。内蒙古医学院附院[23]报道 1 例自缢后继发大面积 CI。胜利石油管理局医院[24]报道 1 例结肠镜检查诱发急性 CI，与术前应用渗透性泻剂致血压降低、血流粘稠等有关。福建晋江市医院[25]报道 6 例上消化道出血并发 CI，强调出血时应及时扩容，改善微循环，慎用抗血纤溶药。

症状学：广东东莞中医院[26]认为腔隙性脑梗死（LI）导致的神经功能缺损非常广泛，1/4 病例不具有典型腔隙综合征，确诊 LI 应有影像学显示新近发生的病灶。铁道部第二工程局医院[27]提出 LI 主要发生于颈内动脉系统，大多为急性起病。南京医大[28]报道 21 例无定位体征的脑干 LI，临床易被误诊为椎-基底动脉供血不足（VBI）。湖北医大二院[29]报道 252 例梗死性与非梗死性腔隙病变，后者占 36.5%。病因为脑出血、动脉炎、囊虫病、变性病等。山东济宁精神病院[30]对比老年与非老年多灶梗死性痴呆（MID）的表现，前者情感脆弱，强哭强笑发生率高；后者神经衰弱，情感高涨，幻觉和感知觉综合障碍发生率高。广州珠江医院[31]报道 161 例多发性 CI，60.9%有脑萎缩，多数病例不具有腔隙状态和 MID 的临床表现。山东医大附院[32]提出 CI 的容积愈大，其智能障碍的发生率愈高；而皮质梗死，尤其丘脑与皮质同时受损与痴呆关系密切。福建省立医院[33]、北京医院[34]报道 268 例无症状性 CI，常见于无症状颈内动脉狭窄以及缺血性心脏病患者，随年龄增长发生率增加。北京酒仙桥医院[35]分析小脑梗死误诊病例，提出偏侧性小脑共济失调体征是重要的诊断依据。包头市包头医院[36]报道 68 例大脑后动脉梗死，视野缺损伴记忆缺失为主要体征。解放军169医院[37]报道1例因外伤、小脑幕裂孔下疝致右枕叶梗死。上海中山医院[38]报道43例一侧枕叶梗死，完全性同向偏盲占86%，且不易恢复。包头市二院[39]报道4例左侧大脑前动脉闭塞，突出表现为行为及人格改变，表情淡漠，无欲状态，双侧大脑前动脉闭塞犹如“无动性缄默征”。西安西京医院[40]、一汽集团职工医院[41]、怀化地区一院[42]报道CI与失语的关系。主半球损害时言语障碍多见；皮层下与皮层性言语障碍差别大，前者多为一过性失语；混合性失语或感觉性失语远较单纯运动性失语康复困难。江苏沭阳中医院[43]、汕头大学医学院二院[44]、哈尔滨医大一院[45]共报道60例出血性CI，发病在1～4周；多见于大面积梗死，尤其是栓塞者。对原有症状加重或好转后又加重者，建议有条件行动态CT监测，大面积梗死者最好不用溶栓治疗。北京医院[46]认为皮质侧支循环较丰富，因而梗死后出血(CHI)发生率高，MRI在诊断各期CHI均优于CT扫描。西安医大一院[47]报道1例双侧海马区梗死致遗忘综合征，以近期遗忘、地点定向障碍为主。安徽滁州市二院[48]报道40例CI继发癫痫，发生率7.9%，多数在卒中后1年内发生。石家庄市一院[49]报道3例以呃逆为首发症状的脑干梗死。白求恩医大[50]报道CI的特殊临床表现，包括剧烈眩晕、昏迷、四肢瘫痪、癫痫持续状态、老年痴呆、双侧视力锐减，精神症状等。苏州市四院[51]报道21例急性假性球麻痹，表现为双侧面-咽-舌-咀嚼肌瘫痪，梗死部位于放射冠前部、内囊及脑岛皮层，伴肢瘫者预后差。江苏泰兴市医院[52]报道1例表现为单侧多汗症的CI。山东莱西市医院[53]报道23例以急性精神障碍为表现的CI。吉林白城市医院[54]报道1例中脑梗死致发作性睡病。河南商丘振华玻璃厂医院[55]报道1例偏侧舞蹈症的TIA发作。长春市医院[56]报道3例椎-基底动脉TIA并发应激性溃疡，认为是自主神经自主调节动态失衡的结果。北京水利医院[57]分析CI患者的记忆障碍，以双侧多发梗死、合并糖尿病、高血压者记忆障碍明显，尤其是指向记忆和联想学习。常州广化医院[58]报道18例CI合并心肌梗死，其发生率6.4%。山西安泽县医院[59]报道1例伴脑深部静脉血栓、出血性梗死的上矢状窦血栓，CT扫描静脉窦内血栓呈高密度带状影。军医科院附院[60]报道2例闭锁综合征，临床应与无动性缄默征相鉴别。哈尔滨医大二院[61]、白求恩医大一院[62]报道18例基底动脉炎综合征，眼球运动障碍与瞳孔异常是重要的临床表现，意识障碍轻微，梗死灶可累及双侧丘脑、中脑、颞叶、脑桥及小脑半球。北京医大三院[63]认为有短暂性神经体征的CI(CITS)最可能是缺血区域脑组织侧支循环良好而未发生坏死，缺血持续时间与CITS的发生率成正比，MRI能准确诊断。石家庄市三院[64]报道急性CI时的自主神经反应，如胸闷、气短、心率改变、尿失禁，与皮层及皮层下自主神经中枢受损有关。山东省立医院[65]报道1例DSA显示的双侧颈内动脉、基底动脉冗长症，表现为反复眩晕，右侧神经性耳聋。

实验室研究

广州军区总院[66]提出胰岛素抵抗除了导致高血压引起CI外，本身可能也是CI发病的一个独立危险因素。江苏徐州市一院[67]观察发现CI时血浆渗透压呈动态变化，脑水肿高峰期降低，随病情好转趋向正常，与预后密切相关。四川省医院[68]提出血清胆红素(主要为间接胆红素)降低可作为动脉硬化性CI的独立危险因素。湖南医大二院[69]观察发现老年心脑缺血患者肾功能均有一定损害，单纯血肌酐不是反映老年人肾功能好坏的指标，药物治疗应重视对肾脏功能的影响。同济医大[70]发现CI伴高血压、糖尿病者血浆内皮素、血管紧张素更增高。上海瑞金医院等[71]、长沙湘雅医院[72]利用兔脑缺血模型测定缺血脑组织钙含量，结果缺血后神经组织游离钙明显升高，导致神经元的不可逆损伤。白求恩医大三院[73]腰穿显示CI患者CSF中镁离子含量降低，细胞内钠、钙堆积，动脉收缩加剧。提出在CI的防治中应注意补充足够的镁。中国医大二院[74]一组资料表明CI患者血清Se含量下降，通过影响TXA_2的平衡而成为脑血栓形成的危险因素。南京医大[75]研究显示动力学指标(外周阻力、管壁弹性)异常可作为动脉硬化的预兆，如伴运动学指标(血流速度、量)及血粘度异常，应给予治疗。天津市一院[76]提示血粘稠度持续偏高是构成复发性CI的危险因素之一。浙江舟山市医院[77]发现平均血小板体积在动脉硬化性CI较心源性脑栓死患者明显增大，对两者的鉴别有参考意义。安徽省立医院[78]研究表明CI患者血小板表面及血浆中GMP-140含量增高可反映血小板活化程度及血栓形成倾向。齐鲁石化公司医院[79]发现CI急性期白细胞增高有以晨8:00为最高峰的昼夜节律变化。中山医大一院[80]对40例CI的研究表明，男性主要为TXA_2增高，女性PGI_2降低明显，提出阿司匹林拮抗作用的性别差异与性激素及花生四烯酸代谢均有关。江苏血研所[81]认为检测11-去氢-血栓烷B_2更能准确反映体内血小板活化程度。上海华山医院[82]通过红细胞膜ATP酶活性及丙二醛、SOD等的测定，证明急性CI时存在红细胞功能受损和自由基损害。山东医大附院[83]

研究显示老年急性CI患者红细胞免疫功能异常，如红细胞免疫粘附功能降低、免疫复合物花环率增高。青岛市立医院[84]用扫描电镜观察发现急性CI者红细胞异常率增高，与自由基损害有关。河南医大二院[85]提出CI者红细胞变形能力下降，对微小血管的循环影响大。济南军区总院[86]认为红细胞膜胆固醇(CH)含量增加和膜CH/膜磷脂比值升高是导致CI患者红细胞变形性降低的主要因素。北京宣武医院[87]一组资料提示CI者血清脂蛋白(a)含量增高，伴有糖尿病者增高更明显，是CI的独立危险因素。上海医大[88]应用PCR技术检测表明Xba I酶切点的基因变异可能与动脉粥样硬化性CI发病有关。哈尔滨医大[89]利用重组DNA技术研究表明S_1-M_2单体型与动脉粥样硬化性CI有明显关联，有可能作为一种遗传标记来预测。中国医大二院[90]提示apo B基因多态分析结合血浆脂蛋白测定更能有效检测缺血性脑血管病(ICVD)易患人群。济南军区总院[91]资料表明CI患者凌晨发病率高，血糖、血粘度、血小板粘附及聚集同步性增高，血压同步性降低。佳木斯医学院一院[92]认为CI时血糖升高是由于内分泌功能紊乱、皮质醇分泌增多所致。上海瑞金医院[93]研究提示一氧化氮(NO)合成增加可能抑制ET的产生，对脑缺血有保护作用。白求恩医大[94]*、广东医学院附院[95]测定急性CI时NO含量，均显著增高，是代偿性改变还是继发性脑损伤值得进一步探讨。后者[96]还发现TIA发作时NO、SOD含量均降低。重庆大坪医院[97]用免疫组化显示缺血敏感的神经元fos表达较强，可能对神经元的缺血损伤起保护作用。辽宁抚顺市三院[98]测得40例脑血栓患者血清总胆固醇(TC)、甘油三酯(TG)及载脂蛋白B(apo B)均不同程度升高，82.5%有apo B升高，提示apo B作为脑血栓患者的判别指标比检测脂类更有意义。兰州军区总院[99]报道实验性脑缺血时血小板糖化蛋白(GMP-140)较对照组有显著升高，它的动态变化趋势与急性循环损害的相关性表明GMP-140在内皮依赖性血管舒缩障碍中有一定的意义。西安医大[100]发现冠心病及血栓性脑血管病患者纤维蛋白单体聚合速率(FMPV)及FMPV与凝固性纤维蛋白原的比值均较对照组明显增高，表明纤维蛋白原分子反应性增强关系到纤维蛋白原分子结构变异，说明动脉硬化发生的危险性是有其发病的分子基础。南宁广西民族医院[101]的研究提示脑缺血早期单胺氧化酶起了重要作用。济宁医学院[102]的研究提示β内啡肽加重或促进缺血性脑水肿的作用与大脑皮层局部血流量的改变无明显相关，内源性阿片肽在缺血性脑水肿中的作用及其差异可能和它们调节组织内Ca^{2+}、Mg^{2+}代谢及其含量的变化有关。解放军总院[103]制作大鼠认知障碍模型，发现模型动物脑组织生长抑素(SS)和精氨酸加压素(AVP)均显著降低，提示动物学习、记忆障碍与脑缺血后SS和AVP含量下降有关。北京医大三院[104]结扎一侧颈总动脉、部分阻断基底动脉造成椎-基底动脉缺血(VBI)动物模型，并证明该模型是研究VBI基础和临床的实用有效并符合临床特点的动物模型。同济医大[105]应用光化冷光源仪诱导鼠大脑中动脉闭塞，并于光照血管局部滴注尼莫地平致闭塞血管再通，认为该模型的建立为进一步研究脑缺血及CI提供了新的工具。河北医科院[106]研究尼龙线栓塞大鼠大脑中动脉后局部脑缺血再灌注模型，脑缺血后早期再灌注可显著降低脑水肿，改善神经损伤症状；大鼠脑缺血期血流量降低15.7%～19.1%，再灌注后恢复至正常值的59.4%～84.9%。中山医大一院[107]观察高血压大鼠局部脑缺血再灌注边缘区超微结构改变，结果表明在高血压鼠局部脑缺血早期，血流恢复有利于边缘区神经元恢复。重庆西南医院[108]研究发现缺血1分钟，^3H肌醇显著增高，缺血20分钟，突触体游离钙[$(Ca^{2+})i$]增高，且持续再灌流7天；磷脂酶C抑制剂甲基磺酰氟化物能显著抑制突触体[$Ca^{2+})i$]的升高，减轻海马CA_1区缺血性神经元损伤。解放军160医院[109]观察脑缺血动物模型再灌流不同时期大鼠脑乳酸含量，结果提示再灌流后第一小时是乳酸产生的关键时期，与此期出现的皮层神经元膜结构的病理改变密切相关。重庆西南医院[110]研究脑缺血再灌流时线粒体磷脂含量与膜流动性改变，结果提示两者密切相关，肌醇磷脂信使系统参与了缺血性脑损伤。四军医大[111]发现局灶脑缺血/再灌流中血脑屏障损害时补体系统活化，推测补体系统活化的终末产物——攻膜复合物可直接损伤生物膜，直接损害血脑屏障，还可能对神经细胞造成损伤。上海市一院[112]研究高血压局灶性脑缺血对脑细胞膜磷脂代谢的影响。结果表明早期首先出现脑细胞功能性磷脂降解，膜结构磷脂则在缺血后期出现降解；高血压、脑缺血因素共同作用下将加重脑细胞膜的损害程度。白求恩医大三院[113]的研究结果表明，急性脑缺血再灌注后有细胞内钙超载和自由基代谢紊乱，二者的协同作用加重了组织损伤，促进脑水肿发生，尼莫地平对其有保护作用。首都医大[114]的研究表明鸟氨酸脱羧酶的特异抑制剂双氟甲基鸟氨酸对缺血脑组织有明显保护作用。解放军总院[115]报道腺苷可以抑制自由基的产生，对缺血再灌注损伤具有保护作用。广州南方医院[116]报道大鼠脑缺血急性期甲状腺激素受体结合量明显升高，这可能是

机体对 T_3 降低的代偿性反应。湖北咸宁医学院[117]报道有机锗-羧乙基锗-羧乙基锗倍半氧化物对大鼠脑缺血再灌注损伤有保护作用。湖南医大[118]报道大鼠脑缺血后兴奋性氨基酸(EAA)谷氨酸和天门冬氨酸明显升高,缺血越重,EAA 释放越多;丹参注射液能减少缺血时脑细胞 EAA 的释放。白求恩医大一院[119]报道大鼠脑缺血易损区尤其是纹状体、海马存在显著的儿茶酚胺(CA)递质代谢紊乱。缺血 15 分钟后海马 NE、纹状体 CA 含量增高是病理作用的重要环节;再灌注后出现的递质含量进行性降低提示神经元坏死或功能障碍的程度。南京铁道医学院附院[120]报道轻度低温(34～35℃)对脑缺血及缺血后再灌注损伤有保护作用。湖北医大二院[121]报道二氯醋酸钠可有效保护大鼠脑皮质神经元膜结构的急性缺血性再灌注损伤。苏州医学院二院[122]报道外周血白细胞在实验性脑缺血鼠再灌注 4 小时开始升高,至 12 小时达高峰,以中性粒细胞增多为主。白求恩医大一院[123]研究发现海马易损区神经元在缺血及再灌流早期就存在着迅速的 Na^+-K^+-ATP 酶活性的降低,再灌流期下降更明显,认为与自由基破坏等有关。解放军总院[124]的实验表明,缺血和再灌注均可诱导脑组织 ET-1 基因的异常表达,进一步加重缺血和再灌注引起的脑损伤;丹参对缺血诱导的 ET-1 基因表达有部分抑制作用,这可能是丹参防治 ICVD 的分子机理之一。上海医大[125]报道脑心舒的主要成分之一中性粘多糖能明显降低脑缺血再灌流时白三烯 C_4 的释放,使缺血性脑水肿得到改善。广东医学院附院[126]报道用氯喹预防或 SOD 治疗,能明显抑制脑缺血再灌注大鼠脑组织内过氧化脂质(LPO)含量,阻止血栓素 B_2/6-keto-前列腺素 F1α 比值增高。

哈尔滨医大一院[127]动态观察 34 例 CI 患者急性期智能障碍及 P_{300}。结果显示智能障碍以定向力恢复最好,回忆、数字和计算力恢复较差。在记忆项目中,即刻回忆和对年龄的记忆性正确率高,远期记忆力恢复差,表明 P_{300} 是智能障碍早期诊断和疗效观察较有价值的客观指标。湖北医大一院[128]用 TCD 对 28 例 MID 和 24 例 Alzheimer 痴呆(AD)进行比较,除有效搏动范围(EPR)外,其余各项指标都无差异。ROC 曲线分析表明以 1 cm/s 为 EPR 临界点可鉴别 AD 和 MID。上海中山医院[129]* 指出脑缺血患者颈动脉病变的筛选方法首选彩色超声扫描;确诊颈动脉存在 70% 以上狭窄者,颈动脉内膜剥脱术是最好的诊治方法。石家庄市三院[130]应用 TCD 和彩色超声对 VBI 患者进行诊断研究,证明颅内外超声联合检查是诊断该病的理想方法。北京医院[131]对 62 例 TIA 患者进行颈动脉 B 型超声断层扫描检查。结果发现颈动脉颅外段动脉粥样硬化性病变较健康人明显广泛、严重,但无 1 例血管管径狭窄大于 50%。西安医大二院[132]对椎基动脉 TIA 患者进行发作间歇期的脑干听觉诱发电位(BAEP)转颈试验,发现转颈后 BAEP 异常率增加,提示血液动力学因素在发病机制中起重要作用。黑龙江心脑血管医院[133]的研究表明应用 TCD 有助于对缺血性脑死亡进行早期预防,可作为 Kirkham 诊断标准的补充。北京协和医院[134]应用 TCD 和血管造影检查 13 例锁骨下动脉盗血综合征患者,发现 11 例有椎动脉血流反向,表明 TCD 是观察椎动脉、基底动脉、大脑中动脉盗血的敏感方法。北京天坛医院[135]比较 CT、MRI、脑血管检查对近头端基底动脑区这一特殊部位血管闭塞性疾病的诊断,结果提示 MRI 确定该区梗死部位优于 CT。南京市一院[136]比较脑底动脉环闭塞症的 DSA、CT 和 MRI 表现,提出 DSA 是诊断本病的安全可靠的首选检查方法。浙江医大二院[137]报道 CI 的动态 CT 变化。作者认为对于 CT 平扫阴性的 CI,尤其是早期 CI,动态 CT 有较高的诊断价值,并且有助于估计患者的预后。中山医大一院[138]分析 68 例 LI 临床和影像学资料,表明同一部位的病灶可表现出完全不同的临床类型,5 种常见类型并非固定不变;MRI 检出 LI 优于 CT。广东医学院附院[139]认为 MRI 是诊断静脉窦血栓形成最好的无创伤性且具确诊意义的方法。西安西京医院[140]报道 28 例 CI 的磁共振血管成像(MRA)检查结果:大面积 CI 以脑动脉闭塞为主;LI 以脑动脉狭窄、变细或粗细不均为主。MRA 可部分替代 DSA 检查。广州孙逸仙纪念医院[141]应用 MRA 观察 80 例 CI 急性期血管形态。63 例异常,分为 4 种类型:完全闭塞、不完全闭塞、血管稀少、血流减慢及广泛血管分支纤细、僵硬,以前两型居多。长沙湘雅医院[142]应用 SPECT 定量测定 MID 和 Alzheimer 痴呆患者局部脑血流变化,中度痴呆者放射性减低明显。该项检查有助于估计痴呆程度。

治疗研究

山东济宁市一院[143]对 120 例 CI 患者分别服用盐酸黄连素(1 200mg/d)和阿司匹林(50mg/d),其抗血小板聚集作用有效率分别为 95% 和 90%,使血小板聚集率下降幅度分别为 35.03±12.26 和 38.52±12.37,黄连素还能抑制血小板激活因子,比阿司匹林有更加优越的应用前景。北京宣武医院[144]选择 50 岁以上人群 1 042 例,随机分为服药组和对照组,服药组每天给 50mg 阿司匹林,连续观察 3 年。CI 发生率两组分别为 0.21% 和 27.5%,提示每天服阿司匹林可有效预防CI。北京同仁医院[145]观察新一代抗血小板药物——抵克利得(TP)对CI血小板的抑制作用。TP 250mg/d,共3个月。结果TP组神经功能改善较对照组明显,服药前后出血时间有明显延长,血小板聚集率第2天开始下降,第84天抑制病例数达100%。河南省医院[146]比较CI超早期(6~12小时)治疗和24小时后的结果,好转率分别为50.0%和26.3%,加重为9.2%和18.4%,超早期治疗可有效预防缺血区内不可逆的损害。沈阳医学院[147]应用尿激酶溶栓、低右扩容、降颅压、蛇毒抗栓酶及钙通道阻滞剂等两种或两种以上综合疗法治疗240例急性CI,总有效率为95.8%。作者认为发病后6~12小时内应尽早进行溶栓治疗,钙通道拮抗剂可作为轻、中度病人的治疗或重症者的辅助治疗。天津医大总院[148]*报道自由基清除剂甘露醇及维生素C治疗急性CI,可使神经损伤减轻;小剂量甘露醇治疗后梗死灶明显缩小。无锡市二院[149]联合应用多种自由基清除剂和抑制剂如甘露醇、地塞米松、维生素E、别嘌呤醇、尼莫地平等治疗急性CI,疗效显著,梗死灶明显减小。吉林省医院[150]也报道早期应用甘露醇取得显著疗效。江苏淮安市医院[151]联合应用水蛭和甘露醇治疗141例CI,总有效率92.9%,而对照组为68.5%。山东临沂沂蒙医院[152]联合应用甘露醇、丹参和胞二磷胆碱治疗58例急性CI,总有效率94.8%;另选50例低右加维脑路通治疗作为对照组,总有效率为78.0%。扬州市一院[153]报道157例急性CI,在起病72小时内随机接受小剂量甘露醇加胰岛素或低右、复方丹参治疗,结果前组神经功能缺损的平均减少分数优于后组。亚型分析发现甘露醇加胰岛素可遏止卒中进展,减轻迟发性神经功能损害的加重,促进早期恢复。解放军210医院[154]应用含镁极化液治疗30例急性CI,14天后神经功能缺损评分由29.90±9.88降至16.33±0.3,疗效明显优于常规组。河南西华公疗医院[155]联合应用蝮蛇抗栓酶、脉络宁、光量子、患肢早期功能锻炼及针灸疗法治疗119例急性CI,总有效率为99.2%,治愈率75.6%。认为综合疗法能降低致残率及病死率。山东医大附院[156]应用国产尼莫地平注射液治疗105例急性ICVD,2周后疗效显著优于对照组,36小时内用药疗效更佳。天津民族医院[157]研究发现三种抗血小板功能药物中己酮可可碱抑制力最高,藻酸双酯钠次之,血塞通最低,但对临床疗效的判定与对血小板功能影响的关系有待进一步比较。山西临汾地区医院[158]、浙江医大二院[159]应用茶碱衍生物和烟酸复合物——麦利占替诺注射液治疗急性CI,取得良好疗效,总有效率分别为93.3%和89.8%,与进口同一药物相似。

广东湛江南油医院[160]应用低右加复方丹参治疗缺血性心脑血管病,治疗后异常的血液流变学指标多接近正常。作者认为以血液流变学作监测既能明确疗效,也可判断预后。普宁华侨医院[161]应用钙通道阻滞剂——桂哌齐特治疗55例CI,总有效率达98%,治疗组凝血因子Ⅰ、血细胞比容、TC水平显著下降,认为该药治疗CI值得推荐。中国医大二院[162]认为低右可有效改变血液高凝状态,有效降低代偿升高的血浆蛋白C活性,有利于改善脑血栓的临床症状。苏州医学院[163]报道复方丹参H_{303}胶囊能提高小鼠的抗缺氧能力,延长动物存活时间,并能改善大鼠因CI引起的组织坏死、水肿及炎症程度,使脑组织逐步得以修复和再生。首都儿科所[164]报道腹腔注射丹参注射液可使新生儿缺血缺氧脑病动物模型脑萎缩、软化及液化等形态学表现发生率由对照组的92.3%降到38.0%,脑萎缩程度减轻,眼和视神经萎缩发生率也降低。天津天和医院[165]应用灯盏花注射液治疗60例椎-基底动脉供血不足患者,51例好转,眩晕、头痛、肢体麻木等临床表现减轻或消失,血小板聚集率下降($P<0.01$)。南京医大二院[166]应用血液稀释、降纤、Ca^{2+}拮抗剂同时加舒脑宁治疗14例记忆障碍性脑卒中,虽神经功能恢复与不用舒脑宁组无显著差异,但在健脑益智作用方面显著优于对照组。黑龙江省医院[167]应用脑通治疗36例慢性脑功能不全患者,总有效率为83.3%,症状明显改善。该院[168]还在应用低右基础上加用血塞通(中药三七皂甙制剂)治疗急性CI,分析发现发病24小时内应用其MDSND较对照组明显增多,可能与改善梗死灶周围半暗影区的缺血有关。山东省医院[169]应用尼莫通治疗CI,治疗后血清丙二醛明显低于对照组,SOD回升,神经功能恢复优于对照组。南京医大一院[170]比较尼莫通和中药脉络宁治疗CI的疗效,总有效率分别为96.9%和88.9%,显效率为81.3%和66.0%,表明两者对CI均有良效,尼莫通对神经功能损伤的恢复疗效更显著。山东济宁医学院附院[171]自制三腔管用于CI血液稀释治疗,每日放血300~500ml,补充相应稀释液,3~5天一次,2~3次为一疗程,神经功能恢复者占84.5%。山东临沂中医院[172]对67例CI患者静滴刺五加注射液,总有效率明显高于复方丹参组,且无明显副作用,是一种很有前途的药物。兰州市急救中心[173]提出CI早期合理使用纳络酮可减轻、阻止甚至逆转由β-内啡肽造成的局部脑缺血、水肿和梗死,其起效快、疗效高、副作用小,可在急诊推广。河北正定县医院[174]应用纳络酮也得到类似结果。解放军123医院[175]联

合应用脑活素和纳络酮治疗 78 例急性 CI，促进神经系统机能恢复，减少缺血后迟发神经元损伤的疗效明显高于低右＋维脑路通组。广西自治区医院[176]自 1990 年以来应用脑活素治疗 100 例 CI，取得良好疗效，显效 67 例，有效 25 例，无效 8 例，明显优于对照组。浙江淳安县一院[177]应用脑活素治疗脑血栓形成，也取得满意疗效。爱维治具有显著增强组织细胞对葡萄糖和氧的摄取利用，增加细胞内能量的产生，改变病变组织的细胞能量状态，从而促进功能代谢和康复代谢，达到治疗目的。解放军总院[178]应用该药治疗 20 例老年 CI，收到满意效果。银杏叶主要成分为黄酮甙，通过改善微循环使缺血区血流量增加，降低血粘度。安徽蚌埠市三院[179]应用银杏叶治疗急性 CI 46 例，痊愈 24 例，显效 13 例，进步 6 例，治疗前后血液流变学指标变化十分显著。广西自治区医院[180]应用博洛克治疗 102 例急性 ICVD 患者，治疗前后积分差明显，甲襞微循环也有明显改善。北京军区总院[181]应用蜀阳去纤酶治疗 79 例 ICVD，基本治愈、显效、有效及无效分别为 45.6%、50.6%、2.5%和1.3%，血浆纤维蛋白原及血小板聚集度明显降低。山东临沂市医院[182]应用蝮蛇抗栓 3 号治疗 85 例糖尿病性 CI，有效率 97.6%，无明显毒副作用。福建医学院一院[183]用蕲蛇酶治疗急性血栓性 CI 28 例，2 个疗程总有效率可达 94.1%，但有 1 例加重，CT 显示梗死灶扩大。解放军 211 医院等[184]用尿激酶(UK)治疗 40 例 CI。发现治疗时间越早，疗效越好，6 小时内发病治愈率占 81.8%，24 小时内占 60%，3 天内占 15%，3 天以上者无治愈。解放军 309 医院[185]报道因右胫后动脉血栓而用 UK 治疗，诱发多发性 CI，给予蝮蛇抗栓酶等治疗后好转。UK 主要副作用为脏器出血，而溶栓过程中再发远端血管闭塞的报道尚少。东菱精纯克栓酶是一种经过生物工程提纯的精制的丝氨酸蛋白酶的巴曲酶单成分制剂，除了溶栓、抑制血栓形成外，尚可改善微循环、降低血粘度，增加血流量，改善脑供氧。武汉协和医院[186]应用该药治疗 35 例 CI，总有效率 91.5%，与其他常用脑血管病治疗药物相比，具有作用快、疗程短、疗效好、副作用小的优点。解放军总院等[187]表明巴曲酶能迅速控制频发的 TIA，其中 68.97%患者在 3 日内控制发作，而常规治疗对照组仅有 19.23%的控制率。潍坊医学院附院[188]报道 CI 治疗中继发性脑出血 4 例，均发生于病后第 2 周，分别是在应用消栓灵、阿司匹林、藻酸双酯钠及复方丹参后。提示应慎重选择抗凝和溶栓药物，用药时间不宜过长，量不宜过大。

哈尔滨医大二院[189]采用颈动脉注药治疗 110 例颈内动脉系统血栓形成，同时与 45 例静脉给药对照组对比，前者明显优于后者。南京医大二院[190]行股动脉穿刺插管治疗 CI，一次大剂量灌注尿激酶、复方丹参原液、脉络宁进行溶栓，疗效显著。吉林通化钢铁公司医院[191]应用 DSA 介入超选择溶栓治疗 37 例 CI，发病 3 天内治疗能达临床治愈，超过 10 天者疗效不明显；UK6～10 万 U，未见出血并发症。北京煤炭部总院[192]也用同样方法治疗 2 例大脑中动脉栓塞患者，UK 用量为 500 000U，取得较好效果。中山医大三院[193]报道 22 例，起病至溶栓时间＜6 小时 18 例，＞6 小时 4 例，结果神经系统功能障碍恢复率为 100%，闭塞血管再通率为 73.7%。解放军 309 医院[194]应用颈内动脉插管注射 tPA 溶栓治疗急性 CI 50 例。t-PA 250mg，注射时间 10～15 分钟。t-PA 组患者肌力恢复明显优于 UK 组，出血并发症显著少于 UK 组，由于插管局部应用 t-PA 的用量大大减少，故使价昂的 t-PA 能够推广应用。

有关中西医结合或中药治疗急性 ICVD 的报道亦不少。广东医学院二院[195]在常规疗法基础上加用纳络酮穴位注射并口服补阳还五汤加味治疗，总显效率较西药常规组明显提高。天津东丽医院[196]应用静滴脉通、口服扩血管药加丹参、川芎等活血化淤中药治疗 CI，总有效率、痊愈率及显效率分别为 83.5%、18.5%和 21.6%，而单纯脉通组分别为 64.0%、10.1%和 10.1%。贵阳医学院附院[197]应用杞菊地黄丸治疗椎基动脉供血不足性眩晕症 31 例，总有效率 96.7%。唐山脑血管病所[198]应用水蛭系列制剂——脑心通进行防治卒中危险因素前瞻性研究及治疗急性 CI 临床观察，发现可降低红细胞压积、切变粘度、纤维蛋白原，并可降血脂、抗心绞痛及降低脑卒中发病率及提高急性 CI 治愈率。青海省中医院[199]将急性 CI 分为三型：①肝阳偏亢型，用镇肝熄风汤加减；②气虚血淤型，用补阳还五汤加减；③痰浊壅盛型，以导痰汤加味，总有效率达 96.8%。上海纺二医院[200]联合灯盏花、低右、脑活素及光量子治疗急性 CI，治愈率较单用组明显提高。

急性大块型 CI 造成颅内压升高而发生脑疝，内科治疗难以奏效，开颅减压往往是唯一手段。黑龙江鸡西矿务局医院[201]报道大骨瓣减压并颞肌贴附术抢救急性大块型 CI 3 例，均获成功。

物理疗法中，宁夏自治区医院[202]应用高压氧治疗 156 例 CI，结果表明对多发性梗死的智能与记忆障碍有较好疗效。大庆市七院[203]、山东医大一院[204]应用紫外线照射充氧血液回输(UIB)可显著增强 CI 患者的红细胞免疫功能，同时短期抑制 T 细胞免疫力。西安西京医院[205]报道 UIB 可明显减轻和改善

CI 区的病损程度，增强 CI 区的血液供应。南京医大脑科医院[206]应用低能量氦氖激光血管内照射血液(ILIB)治疗 40 例急性 ICVD，能降低全血粘度、压积及还原比粘度，降低抗磷脂抗体、血糖、血脂等，升高高密度脂蛋白，而染色体数目、形态无改变。认为 ILIB 疗效好，安全可靠，有极好的临床应用价值。成都军区昆明总院[207]、广州市二院[210]认为 ILIB 有免疫调节功能，通过改善患者机体免疫达到防治疾病发生及发展作用。解放军 260 医院[208]、郑州市二院[209]应用 ILIB 治疗 150 例 CI，取得明显疗效。山东泰山疗养院[211]报道超声治疗椎基底动脉缺血性眩晕 79 例，总有效率为 91.4%，明显高于药物治疗对照组。广州珠江医院[212]用脑反射治疗 15 例 MID，其智能障碍及神经系统症状、体征均有明显改善。上海中山医院[213]报道脑血栓患者经体外反搏治疗后，血浆 t-PA 增高伴 D-二聚体含量增加，使纤维血块溶解，而非血栓患者反搏治疗后仅 t-PA 升高。

（赵 瑛）

参 考 文 献

[1] 何龙泉等.安徽医学 1996;17(2):11
[2] 梁 东等.白求恩医大学报 1995;21(6):624
[3] 施荣富等.临床儿科 1996;14(2):85
[4] 马温良等.脑与神经 1996;4(1):33
[5] 信照亮等.西安医大学报 1995;16(4):388
[6] 张树宝等.苏州医学院学报 1996;16(5):896
[7] 陈胜利等.山西医药 1996;25(4):254
[8] 刘泉开等.中华神经外科 1995;11(6):354
[9] 成力伟等.脑与神经 1996;4(3):168
[10] 李 萍等.中国实用外科 1996;16(2):94
[11] 张培功等.中华放射 1995;29(11):789
[12] 方书伟.广东医学 1996;17(6):400
[13] 张 毅等.山东医药 1995;35(12):23
[14] 张慧英等.综合临床 1996;12(3):130
[15] 赵玉武等.临床神经 1996;9(4):26
[16] 闫东京等.中华神经精神 1995;28(5):265
[17] 樊 红等.山东医药 1996;36(5):18
[18] 李敏霞等.中风与神经 1996;13(4):249
[19] 何冬英.中风与神经 1996;13(3):161
[20] 甘思远等.临床神经 1996;9(3):151
[21] 赵普学等.中华神经外科 1996;12(4):264
[22] 王怀瓯.功能性和立体定向神经外科 1996;9(1):45
[23] 毛永军等.中风与神经 1995;12(6):374
[24] 李 颖等.新消化病 1996;4(6):315
[25] 庄耀东等.福建医药 1995;17(6):52
[26] 黄宗青等.中风与神经 1996;13(1):36
[27] 周丽萍.华西医学 1996;11(3):293
[28] 韩伏莅等.中华神经 1996;29(2):71
[29] 张晓琴等.湖北医大学报 1996;17(1):49
[30] 曾昭祥等.中国神经精神 1996;22(2):94
[31] 陈俊抛等.临床神经 1996;9(5):291
[32] 单培彦等.临床神经 1996;9(1):9
[33] 李 峰等.福建医药 1996;18(3):38
[34] 秦绍森.脑与神经 1996;4(1):18
[35] 王友兰等.北京医学 1996;18(2):81
[36] 曾昭祥等.内蒙古医学 1996;16(3):129
[37] 朱明亮等.湖南医学 1996;13(5):301
[38] 谢瑞满等.中国神经免疫和神经病学 1996;3(1):53
[39] 刘国荣等.脑与神经 1996;4(1):56
[40] 王洪典等.中风与神经 1996;13(1):20
[41] 谭淑范等.白求恩医大学报 1996;22(4):371
[42] 廖 瑜等.湖南医学 1996;13(2):76
[43] 章士清等.苏州医学院学报 1995;15(6):1116
[44] 洪标荣等.广东医学 1996;17(4):242
[45] 褚晓凡等.中风与神经 1996;13(5):275
[46] 陈伟群等.中华神经精神 1995;28(5):279
[47] 赵松珍等.中风与神经 1996;13(3):171
[48] 杨芝荣.临床神经 1996;9(5):300
[49] 薛占苍等.脑与神经 1996;4(1):26
[50] 怀淑君等.白求恩医大学报 1996;22(1):83
[51] 赵 中等.临床神经 1996;9(4):242
[52] 何龙锦.临床神经 1996;9(2):82
[53] 刘希涛等.中国神经精神 1996;22(2):116
[54] 陈雪霞等.吉林医学 1996;17(3):172
[55] 徐彩云.临床神经 1996;9(4):245
[56] 庆 疆等.中风与神经 1996;13(3):174
[57] 常士芳等.北京医学 1996;18(2):126
[58] 姚家泰.交通医学 1995;9(4):31
[59] 卢泽民等.中国实用内科 1996;16(5):312
[60] 张立英.军医科院院刊 1996;20(1):60
[61] 胡维铭等.哈医大学报 1996;30(4):378
[62] 刘 群等.中风与神经 1996;13(1):52
[63] 沈 扬等.北京医学 1996;18(4):195
[64] 孙金珠等.中风与神经 1996;13(1):48
[65] 崔元孝等.临床神经 1996;9(3):183
[66] 邹 立等.临床神经 1996;9(3):152
[67] 周联生等.综合临床 1996;12(4):189
[68] 郭富强等.脑与神经 1996;4(3):147
[69] 杨 民等.湖南医大学报 1995;20(5):506
[70] 周 武等.脑与神经 1996;4(2):80
[71] 孙青芳等.中国神经精神 1996;22(4):229
[72] 谷文萍等.中华医学 1996;76(10):771
[73] 于敏华等.中风与神经 1996;13(3):162
[74] 罗玉敏等.中国医大学报 1996;25(1):92

[75] 王　俐等.临床神经 1996;9(2):112
[76] 娄志远等.中国慢性病预防与控制 1996;4(3):102
[77] 唐维国等.浙江医学 1996;18(4):209
[78] 余自强等.安徽医学 1996;17(5):3
[79] 王炳旭等.临床神经 1996;9(3):167
[80] 周珏倩等.中山医大学报 1996;17(1):29
[81] 王兆钺等.中华血液 1996;17(9):472
[82] 姚景莉等.中风与神经 1996;13(3):143
[83] 周盛年等.中华老年医学 1996;15(2):105
[84] 邓昌华等.中风与神经 1996;13(2):69
[85] 王鸿祥等.中国慢性病预防与控制 1996;4(3):99
[86] 张世国等.中华神经精神 1995;28(6):357
[87] 王拥军等.中华神经 1996;29(2):67
[88] 柴耀辉等.临床神经 1996;9(2):70
[89] 姚　璧等.中华医学遗传 1996;13(2):70
[90] 郭　阳等.中国医大学报 1996;25(3):299
[91] 沈　君等.临床神经 1996;9(3):149
[92] 王维佳等.中风与神经 1996;13(5):292
[93] 赵卫国等.中华神经外科 1996;12(3):171
[94] *李恩民等.中风与神经 1996;13(5):258
[95] 郑　华等.中风与神经 1996;13(5):261
[96] 夏绪刚等.中风与神经 1996;13(5):264
[97] 周华东等.中风与神经 1996;13(3):140
[98] 李福芹等.综合临床 1995;11(6):303
[99] 杨金升等.中风与神经 1996;13(2):81
[100] 马　西.中华血液 1996;17(3):135
[101] 黄华艺等.中国危重病急救医学 1996;8(3):142
[102] 白　洮等.中国神经免疫和神经病学 1990;3(1):28
[103] 李小刚等.中华神经 1996;29(2):75
[104] 李学佩等.北京医大学报 1995;27(6):427
[105] 王　伟等.中国神经精神 1996;22(1):27
[106] 杨世方等.中风与神经 1996;13(1):15
[107] 李　玲等.中国神经精神 1996;22(4):193
[108] 汪青松等.解放军医学 1996;21(2):94
[109] 彭建伟等.脑与神经 1996;4(3):142
[110] 汪青松等.三军医大学报 1996;18(1):13
[111] 刘　立等.四军医大学报 1996;17(1):60
[112] 鲁佑瑜等.高血压 1996;4(2):102
[113] 徐忠信等.中风与神经 1995;12(6):331
[114] 胡应安等.首都医学院学报 1995;16(4):253
[115] 陶　沂等.脑与神经 1996;4(1):1
[116] 王　群等.中风与神经 1996;13(4):209
[117] 吴基良等.中风与神经 1996;13(4):207
[118] 李　菊等.中华医学 1996;76(4):294
[119] 陈光辉等.中风与神经 1996;13(3):133
[120] 林友俊等.临床神经 1996;9(4):206
[121] 彭建伟等.急诊医学 1996;5(2):75
[122] 傅　琦等.江苏医药 1996;22(5):298
[123] 陈光辉等.中风与神经 1996;13(4):204
[124] 吴卫平等.中国神经免疫和神经病学 1996;3(3):137
[125] 管阳太等.临床神经 1996;9(2):67
[126] 夏绪刚等.湖南医学 1996;13(2):67
[127] 徐晓云等.中风与神经 1996;13(5):285
[128] 李承晏等.中国超声 1995;11(11):834
[129] *叶建荣.心肺血管病 1996;15(1):4
[130] 张源祥等.中华超声影像 1996;5(1):28
[131] 龚　涛等.临床神经 1996;9(1):25
[132] 焦帼范等.西安医大学报 1996;17(3):359
[133] 张智毅等.中国超声 1996;12(8):43
[134] 黄一宁等.北京医学 1996;18(1):7
[135] 李　漪等.中华内科 1996;35(3):182
[136] 范春瑛等.脑与神经 1996;4(3):160
[137] 魏启春等.临床医学影像 1996;7(2):99
[138] 魏松炎等.中国实用内科 1996;16(5):272
[139] 李　凯等.广东医学 1996;17(6):364
[140] 王洪典等.中风与神经 1996;13(4):219
[141] 邢诒刚等.中山医大学报 1996;17(3):210
[142] 柳太云等.中华核医学 1996;16(1):48
[143] 冯栓林等.山东医药 1996;36(2):11
[144] 袭书琴等.临床神经 1996;9(5):302
[145] 余华峰等.北京医学 1996;18(1):53
[146] 王宇航等.中国危重病急救医学 1996;8(2):114
[147] 刘春芝.辽宁医学 1996;10(3):140
[148] *陈洁丽等.中华神经 1996;29(3):168
[149] 孔岳南.临床神经 1996;9(3):174
[150] 吴　垠等.白求恩医大学报 1996;22(5):552
[151] 吴重玲等.中西医结合急救 1995;2(6):242
[152] 赵尊忠等.中国危重病急救医学 1996;8(2):108
[153] 谢鹏飞等.脑与神经 1996;4(1):21
[154] 刘　辉等.中风与神经 1996;13(1):47
[155] 冯群忠等.中西医结合急救 1996;3(6):248
[156] 韩丹春等.山东医大学报 1995;33(4):323
[157] 李　军等.河北医药 1996;18(1):10
[158] 陈春萍等.山西医药 1996;25(5):401
[159] 程源深.新药与临床 1996;15(4):199
[160] 林艳足等.广东医学 1996;17(1):33
[161] 邱浩强等.新药与临床 1996;15(4):197
[162] 金　武等.中国实用内科 1995;15(11):682
[163] 龚　珊等.苏州医学院学报 1996;16(1):25
[164] 张　伟等.北京医学 1996;18(1):14
[165] 邹　清等.中西医结合急救 1995;2(6):272
[166] 吴祖舜等.南京医大学报 1996;16(2):222
[167] 陈京涛等.中国急救医学 1996;16(5):42
[168] 王振国等.中国急救医学 1996;16(3):47
[169] 孙运娟等.脑与神经 1996;4(1):31
[170] 于　沁等.南京医大学报 1996;16(6):543
[171] 张树正等.临床神经 1996;9(5):306
[172] 牛纪华等.中西医结合急救 1996;3(9):404

[173] 郑雅蓉等.急诊医学 1996;5(1):16
[174] 陈秀丽等.脑与神经 1996;4(1):53
[175] 吴怀志等.人民军医 1996;(8):36
[176] 钟维章等.广西医学 1996;18(1):52
[177] 王茶香.急诊医学 1996;5(2):108
[178] 马志忠等.中国实用内科 1995;15(12):742
[179] 王玉祥等.中华神经 1996;29(1):10
[180] 王荣桂.广西医学 1996;18(3):219
[181] 张葆樽等.北京医学 1996;18(3):174
[182] 梁景荣等.中风与神经 1996;13(5):307
[183] 王丽华等.哈尔滨医药 1996;16(3):14
[184] 许国英等.福建医学院学报 1996;30(1):61
[185] 王亚真.中华神经 1996;29(3):181
[186] 刘昌勤等.同济医大学报 1996;25(1):66
[187] 匡培根等.脑与神经 1996;4(2):65
[188] 林永泉等.中西医结合急救 1996;3(6):270
[189] 朱雨岚等.哈尔滨医大学报 1996;30(4):364
[190] 张盛泰等.南京医大学报 1995;15(4):835
[191] 于　伟等.吉林医学 1995;16(6):355
[192] 高文洁等.实用放射 1996;12(5):297
[193] 单　鸿等.中华放射 1996;30(9):595
[194] 刘　卓等.中国急救医学 1996;16(5):12
[195] 孙胜辉.中西医结合急救 1996;3(4):162
[196] 史秀珍.中西医结合急救 1996;3(1):12
[197] 李慧曼.贵阳医学院学报 1996;21(2):136
[198] 司志国.中西医结合急救 1996;3(3):106
[199] 曹得胜等.青海医药 1995;25(9):22
[200] 李　飞等.中西医结合急救 1996;3(5):209
[201] 李　平等.中国神经精神 1995;21(6):354
[202] 张　华等.中华理疗 1996;19(3):169
[203] 张景波等.中国急救医学 1996;16(3):22
[204] 岳寿伟等.中华理疗 1996;19(1):12
[205] 粟秀初等.中风与神经 1996;13(2):97
[206] 曹　辉等.临床神经 1996;9(5):297
[207] 侯靖边等.中国神经免疫神经病学 1996;3(3):156
[208] 闫春雷等.脑与神经 1996;4(3):185
[209] 吴景硕等.河南医大学报 1996;31(2):133
[210] 许治强等.广东医学 1996;17(4):226
[211] 刘秋成.中国超声 1996;12(6):60
[212] 贾　兰等.陕西医学 1996;25(7):436
[213] 徐建民等.上海医大学报 1996;23(1):19

(二)出血性卒中

临床研究　太原西山矿务局医院[1]总结100例重症脑出血(CH)的临床和CT,壳核或丘脑出血破入脑室各39%和67%,前者预后差,后者则优于丘脑局限型出血。广州军区武汉总院[2]报道44例死亡的CH,脑叶、基底核区和脑干平均出血量分别54.50ml和5.40ml,脑疝发生率68%,破入脑室64%。昆明医学院一院[3]总结31例CH并钩回疝,占同期CH的6.72%,平均出血量90ml,77.4%位于壳核及基底核区,64.5%破入脑室,45.2%中线移位。北京铁路总院[4]分析200例60岁以上CH,发现安静时起病占26.5%,起病多似脑梗死,以不常见部位出血偏多,出血量偏小。华西医大一院[5]依据31例70岁以上CH表现,认为春夏季起病多,男性多见,预后与出血量有关而与出血部位无关。吉林铁路医院[6]报道64例青壮年CH,有高血压病史占78%,动态发病89%,死亡率31.2%。北京301医院[7]总结76例43岁以下CH,高血压、血管畸形、血液病引起者各30、22、8例,部位以基底核(37)和脑叶(30)为主。西藏军区总院[8]分析68例高原地区高血压CH,平均年龄48.5岁,动态起病56例,均有昏迷,死亡36例。合肥市二院[9]总结20例再发性CH,占CH的5.4%,有高血压病史90%,且发病时血压均>24kPa,首次出血年轻者易再发,再发部位多不在首发出血的同侧。江苏通州市医院[10]和广西自治区医院[11]分别报道多灶性脑出血12例和10例,有高血压病史约70%,有好发于脑叶的倾向,临床表现复杂多样,死亡率各为33.3%和50%。河南焦作市医院[12]报道104例少于10ml的CH,多数活动发病,无昏迷及并发症,102例痊愈,部位以壳核、丘脑为主,但临床诊断与CT符合者仅19例。安徽安庆市医院[13]则发现41例无肢体瘫痪CH,多以头痛、头昏、呕吐、视觉障碍或意识障碍起病,出血部位多在脑叶,易误诊。福建医学院二院[14]发现4例CH患者神经体征均于24小时内完全消失,酷似短暂性脑缺血(TIA),3例出血位于壳核,1例位于脑桥被盖。

武汉协和医院[15]分析1 000例CH的预后,脑桥出血死亡率最高,脑室次之,顶叶出血最低;死亡组的脑血流量低于对照,存活组则高于对照。邯郸市医院[16]分析120例CH的CT表现与预后,认为脑叶出血>70ml、丘脑出血≥20ml、脑室出血>20ml、中线移位>5mm、出血属于内侧型者预后均差。北京海淀区医院[17]采用GCS、CT和全身情况联合评分法判断CH的预后,认为方法合理、科学。

总后西安军工医院[18]报道32例CH伴癫痫样抽搐,占同期CH的20%,多为近中线的大量出血,病死率为53%。一军医大二院[19]总结55例CH伴多器官功能衰竭(MOF),多为老人有高血压病史和有重要器官慢性疾患者,几乎均有意识障碍,脑、肾、代谢系统和消化管受累多见。安徽省医院[20]一组资料示MOF发生占同期CH的16.4%,多发或首发脏器以肺、肾、胃肠为多。哈尔滨市一院[21]报道22例CH并发左心衰，其中19例有心脏病史，20例有心电图改变；肺部感染、输液不当是诱因。徐州市四院[22]分析15例CH高渗性非酮症性昏迷，虽仅5例有糖尿病史，但均血糖≥33mmol/L、血浆渗透压≥33mmol/L，与应激和脱水不慎有关。广西来宾县医院[23]总结CH并急性肾衰23例，均有高血压病史，多为老年病重者，多在1周内发生。南通市三院[24]报道74例CH并发消化管出血中以丘脑、脑干、脑室出血者多，发病1周内死亡率达92.6%。

沈阳铁路医院[25]分析96例丘脑出血，血压均＞24/12kPa，偏瘫占93.8%，意识清醒者中感觉障碍达96.7%，同向凝视42例，双眼凝视鼻尖或上视麻痹共54例。哈尔滨市一院[26]依丘脑出血的CT分型决定治疗方案，认为丘脑局限型宜保守治疗；破入脑室型宜手术治疗；破入脑室致闭塞型则疗效极差。北京医大三院[27]和无锡市二院[28]共报道丘脑出血79例，有高血压病史70例，偏瘫45例，感觉障碍65例，眼部体征46例(上视不能28例)，失语28例；失语及浅感觉易恢复而深感觉甚难恢复。白求恩医大一院[29]报道14例尾状核头部出血中头痛、呕吐12例，均有脑膜刺激征，易与蛛网膜下腔出血混淆。重庆西南医院[30]总结55例外囊出血，均有意识障碍轻而少、颅压增高不明显、并发症少和死亡率低的特点。

天津市脑系科医院[31]报道105例自发脑室出血，神志不清65%，克氏征阳性80%，呕吐75%，偏瘫50%，死亡率26.7%。北京军区总院[32]总结42例原发脑室出血的临床与病理，认为烟雾病是常见病因，建议分该病为单脑室出血、部分脑室出血和全脑室出血三型。山东医大附院[33]认为高龄、血压过高或过低、意识障碍、瞳孔异常及去脑强直均提示自发性脑室出血者预后差。徐州市三院[34]报道11例单纯第四脑室血肿中9例为动脉瘤破裂所致(由血管造影证实)，2例为原发性出血，均有脑积水。太原市西山矿务局总院[35]报道48例继发性脑室出血，占同期CH的29.8%，高血压性占83.3%，基底核、丘脑、脑叶出血分别占64.5%、22.9%和8.3%。贵州省医院[36]提出继发性脑室出血预后与血肿铸型、原发血肿大小、破入第三、四脑室有关。

蚌埠医学院附院[37]总结22例脑干出血，有高血压病史13例，糖尿病病史4例；起病时头痛头昏14例，肢体麻木18例，视物不清10例，复视10例；病死率22.7%。北京天坛医院[38]分析41例老年人脑干出血，头痛不严重，意识障碍早，偏瘫失语多，近70%无交叉征，易误诊为椎基底动脉供血不足，小量出血不被CT发现。山西省医院[39]和北京红十字朝阳医院[40]共报道原发脑桥出血56例，有高血压史36例，头痛18例，头昏19例，呕吐19例，中枢性高热9例，针尖状瞳孔6例，四肢瘫14例；出血量＜5ml者均存活。南京鼓楼医院[41]提出桥脑被盖部出血多见但量少，预后好；基底被盖部量大，预后差；基底部出血介于之间。昆明医学院一院[42]亦发现被盖部或基底部局限性出血预后好。天津医大总院[43]总结3例延髓出血救治经验，认为具有后组脑神经下运动神经元损害、长束征、小脑体征及高颈段脊神经损害表现。

中国医大一院[44]和广东潮州市医院[45]共报道小脑出血60例。半球出血占51例，有高血压病史51例，起病有头昏35例，头痛26例，行走不稳24例，共济失调28例，强迫头位12例，死亡15例。浙江医大二院[46]一组高血压性小脑出血资料，首发为头痛、头昏、呕吐占22/26例，眼震18/26例，共济失调20/26例，肌张力异常18/26例。安徽省医院[47]介绍38例老年人小脑出血中首发头痛31例、头昏27例、呕吐33例，行走不稳仅3例；体征以眼震23例、共济失调21例为主。石家庄铁路医院[48]分析18例小脑出血误诊。多因小脑体征不明显、突然意识障碍、偏瘫突出而误诊为蛛网膜下腔出血、CH或椎基底动脉供血不足等。

广州市一院[49]报道86例60岁以上慢性硬脑膜下血肿(CSDH)，59例有明确外伤史，肢瘫58例，精神异常36例，视盘水肿10例，误诊78例。汕头大学医学院一院[50]则发现105例CSDH中有外伤史78例，渐进性一侧肢瘫55例，颅内压增高78例，误诊亦达56例。安徽医大附院[51]指出老年人CSDH常因外伤轻微，有头痛、呕吐、精神异常而被误诊。解放军251医院[52]分析36例CSDH误诊，皆因忽视轻微外伤史，对头痛、呕吐、精神症状等典型表现缺乏认识而误诊为脑卒中或脑瘤。

河北医学院二院[53]总结475例首发蛛网膜下腔出血(SAH)，占同期SAH 85%；＜40岁近1/3，抽搐、意识障碍、血管痉挛少见，病死率仅8.8%。河北沧州市医院[54]报道400例SAH中首发占89%，有诱因发病81%，头痛、呕吐和脑膜刺激征为首发症状占73%，脑血管痉挛10%，死亡56例。山东兖州市医院[55]对照青年人，发现老年人SAH头痛、呕吐、脑膜刺激征均少，意识障碍多(92.7%)，高血压病多。解放军总院[56]介绍15例以昏迷为首发症状的SAH，占同期SAH的13.5%，占同期不明原因昏迷的10.7%，死亡率73%，值得重视。烟台毓璜顶医院[57]报道38%的SAH发生急性脑积水；有积水者死亡率23.7%，无积水者仅11.3%。河北廊坊市医院[58]报道22例不典型SAH，老年人14例。半数以上无头痛、呕吐、意识障碍和脑膜刺激征；精神障碍15例；CT均阴性。安徽郎溪中医院[59]介绍86例SAH误诊教训，因患者无典型头痛和脑膜刺激征，医生查体不细致及忽视腰穿是原因。

吉林辽源市医院[60]总结338例非高血压性CH，占同期CH 24%；动脉瘤79例，血管畸形55例，肿瘤11例，尿毒症与血液病39例，长期饮酒115例。上海仁济医院[61]报道49例皮质下出血。病理证实动静脉畸形(AVM)占55%，高血压性占20%，脑瘤占12%，抗凝或溶栓治疗并发症6.1%。青海省医院[62]报道40例高海拔地区青年人出血性脑卒中，脑叶出血24例，内囊及基底核区出血5例，SAH 11例；75%为AVM破裂。广州医学院二院[63]介绍13例青中年自发性脑干血肿，均在桥脑，10例有反复发作史，主要是AVM引起。北京天坛医院[64]研究50例囊性动脉瘤，发现瘤壁不仅中层缺如，而且内弹力板有断裂和消失，动脉硬化明显，瘤直径大者破裂少。北京宣武医院[65]*发现22例前交通动脉瘤的脑血管造影均显示一侧前动脉第一段缺如、闭塞或纤细，另一侧颈动脉通过前交通动脉同时供应双侧前动脉。华西医大[66]总结180例脑血管畸形的病例，AVM占88.3%，静脉型1.7%，海绵状血窦型3.3%，混合型6.1%，毛细血管扩张型0.6%；90%伴出血。北京医院[67]则报道82例脑血管畸形中AVM占60.5%，静脉型9.8%，混合型22.0%，毛细血管扩张型7.3%；各自出血率分别为60%、25%、44%和17%。北京神经外科所[68]报道20例脑干血管畸形的病理表现，19例为海绵状血管畸形，1例为静脉型，与其他部位的血管畸形不同。上海市一院[69]报道磁共振血管成像诊断单发脑动脉瘤的敏感性和特异性分别为92%和83%。北京医院[70]介绍11例Galen静脉动脉瘤样畸形，5例为先天性，5例为继发性，1例未分类；提出不同类型的治疗选择。北京天坛医院[71]报道10例静脉性血管畸形，幕上8例，小脑2例；表现为出血3例、癫痫2例，头痛10例。西安医大一院[72]手术发现15例隐匿性脑血管畸形，认为血管内机化、血肿压迫、畸形血管团太小和出血破坏血管是血管造影不易发现的原因。

河北唐山卫校附院[73]总结210例新生儿颅内出血，SAH占77.1%，其中有缺氧史88.3%；硬膜下出血占11.9%，与产伤有关；CH仅占1.9%。广东中山妇幼保健院[74]尸检20例早产儿颅内出血，单纯脑室出血10例，SAH和CH各1例，硬膜下出血3例，脑室合并硬膜下出血4例，硬膜下合并CH 1例。广东粤北医院[75]检查39例新生儿颅内出血的眼底，发现双眼底出血12例，单眼底出血8例；预后与有无出血及单、双侧有关。江苏如东县医院[76]报道28例婴儿晚发性维生素缺乏致颅内出血，年龄1～3个月，夏秋季发病占93%，血红蛋白<60g/L 20例，血小板均>100×10^9/L，凝血酶原时间均显著延长，母乳喂养24例。广西玉林地区医院[77]随访50例该病患儿，患儿身高、体重与正常儿童相似，但头围小于正常儿童，42%患儿智能低下。昆明医学院二院[78]分析20例新生儿SAH，平均发病年龄21.5小时；异常分娩15例，有窒息史18例；突出表现是惊厥；5例遗有神经功能障碍。

实验室研究 沈阳军区总院[79]综合810例CH的血压变化，发现71%病例急性期血压升高，33.3%明显升高；壳核出血者升高最明显。石家庄市三院[80]观测71例CH血糖变化，发现血糖增高与出血量大、破入脑室相关，血糖高者预后差。江苏启东市医院[81]亦报道CH伴高血糖者意识障碍、瘫痪、脑胃综合征、病死率均高于正常血糖者。西安唐都医院[82]报道72例CH尿素氮、血糖和血压异常约占57%～65%，多由应激反应所致；尿素氮水平与病情转归相关，但其与血糖的增高与出血不呈明显相关关系。安徽医大一院[83]测定53例CH的血浆氧化修饰低密度脂蛋白，发现其增高与出血量相关，主要反映了大动脉的粥样硬化。江苏徐州市一院[84]发现CH患者载脂蛋白(apo)B100、氧化修饰低密度脂蛋白增高，高密度脂蛋白、apoA1、低密度脂蛋白降低，胆固醇、甘油三脂、脂蛋白(a)无变化。安徽淮北矿工医院[85]报道200例CH 24小时内和1周后低血钠发生率为67.5%和63%，高血压发生率0.5%和6.25%；低钾发生率15.5%和14%，发生高钠者死亡。苏州医学院一院[86]报道62例高血压性CH患者血清T_3降低，T_4正常，TSH增高，认为是应激所致。长春空军医院[87]检测105例CH的血栓弹力图，发现急性期血液处低凝状态，纤溶功能亢进；指出对严重病人可用止血药和抗纤溶药。江苏镇江市二院[88]认为CH患者因子Ⅷ相关抗原和血浆纤维结合蛋白的增高反映了基础病变；血小板聚集率在不同时期有不同表现，可用于指导治疗。福建晋江安海医院[89]分析505例SAH的心电图表现，异常率达70.4%，最常见为窦性心动过速(39%)，其他依次为S-T段降低(26%)、左室肥大(25.8%)、窦性心动过缓、T波低平和倒置(各为21%)。沈阳军区总院[90]动态监测SAH急性期心房利钠因子和血钠，前者逐渐上升，后者逐渐下降，指出应维持患者足够的血容量，充分补钠。安徽省医院[91]分析45例SAH的脑脊液细胞学，认为该法可区别病理性和损伤性出血，有助于不典型SAH的诊断及病程监测。广州孙逸仙纪念医院[92]发现CSDH血肿液的渗透压与血液无差异，而血肿液中纤维蛋白原降解产物(FDP)含量增高，支持“血肿外膜不断出血”的理论。长沙湘雅医院[93]采用Ⅲ型胶原蛋白基因探针检查54例动脉瘤和26例对照，结果未见文献所报道的两者存在限制性片段长度多态的连锁不平衡。

治疗　解放军11医院[94]总结386例CH内外科救治体会，认为Ⅰ、Ⅱ度病情应采取内科治疗，Ⅲ、Ⅳa、Ⅳb度应首选手术，Ⅴ度者两法均差，但外科仍优于内科。福建医学院[95]报道210例CH外科治疗结果，皮质下和基底核出血治疗良好率分别为69.4%和56.3%，＜50ml和＞50ml出血组死亡率分别为14.4%和43.1%。提出小骨窗开颅清除血肿效佳。解放军3医院[96]提出了锥颅引流尿激酶灌注、锥颅血肿碎吸、骨窗或骨瓣开颅、锥颅碎吸骨瓣开颅四种术式的指征。福建医学院一院[97]比较64例老年人CH和非老年人CH的外科疗效，两组恢复良好率、死亡率无差异，但老年组术后并发症明显高。天津市脑系科医院[98]报道100例CH行开颅血肿清除，超早期手术病死率18.75%，8～24小时则为41.86%；皮层下血肿和丘脑血肿病死率分别5.26%和53.85%；去骨瓣减压、持续脑室外引流有益于预后。解放军264医院[99]24小时内小骨窗开颅清除血肿56例，患者均发生昏迷，出现脑疝15例，良好31例，中残8例，死亡17例。解放军271医院[100]报道超早期开颅行血肿清除治疗78例基底核出血，死亡15.4%，存活中自理占47.4%，卧床6.4%。上海华山医院[101]报道30例小骨窗开颅并用基因重组链激酶治疗CH，平均排出血量13.5ml，无1例发生再出血或过敏反应。北京酒仙桥医院[102]指出高龄、高血压是决定CH手术疗效的重要因素，血肿量＜80ml的病例在6小时内手术是成功的关键，早期预防并发症是保证成功的基础。海军总院[103]报道立体定向血肿排空治疗103例CH经验，认为该法适于各类各型病例，超早期治疗更佳，脑室外引流、尿激酶溶凝、反复腰穿是治疗脑室出血的最佳方法。北京红十字朝阳医院[104]介绍用血肿穿刺针、针型粉碎器和血块液化技术治疗112例CH，血肿量均＞30ml，死亡率仅11.6%。天津医大总院[105]对比定向钻颅血肿碎吸和保守治疗疗效，前者可降低15%病死率，并使血肿吸收提前，降低致残率。解放军86医院[106]利用定向锥颅抽吸术治疗60例20ml以上的CH，死亡仅8例。山东东营市医院[107]介绍超早期简易定向锥颅血肿碎吸尿激酶溶解治27例30ml以上壳核出血，无死亡或再出血，6个月后残废率仅7.4%。中国医大一院[108]分析11例CH术后再出血，均为术区出血，量50～80ml，7例因血压控制不佳所致，情绪激动致病2例，解大便和呼吸道不通畅各1例。常州市二院[109]简易定向锥颅尿激酶溶解治疗CH 68例，病死率5.88%，2例并发颅内感染，2例术后再出血。沈阳医学院二院[110]亦用同类方法治疗131例CH，发生各种并发症及错误17例，其中再出血5例，张力性气脑4例。太原铁路医院[111]报道血肿穿刺尿激酶溶解引流加侧脑室穿刺引流治继发脑室出血，死亡率仅为不加侧脑室穿刺引流组的一半。广东顺德市顺德医院[112]一组资料显示脑室外引流治疗脑室出血显效23%，死亡42%。烟台毓璜顶医院[113]用脑室低位引流并尿激酶灌注治疗原发性脑室出血19例，良好11例，死亡3例。白求恩医大一院[114]将小脑出血分为五型，Ⅰ型保守，Ⅱ、Ⅲ型应及早手术，Ⅳ型绝对手术，Ⅴ型术后预后差。江苏阜宁县医院[115]和山西医学院一院[116]共报道脑脊液置换法治疗SAH 116例，有效110例，死亡6例，认为该法简便有效，应推广。

福建南平市一院[117]单用或合用立止血、西咪替丁治70例CH应激性溃疡出血，结果合用组总有效率、平均止血时间均优于其他组。南京鼓楼医院[118]分别用西咪替丁、洛赛克预防CH术后消化管出血，洛赛克组与对照组有显著差异，而西咪替丁无差异，认为与洛赛克增加胃粘膜血流量有关。广东惠州市医院[119]报道2.5～5g/d硫酸镁能减少SAH后迟发性脑血管痉挛(DCVS)的发生，且无副作用。内蒙古赤峰卫校附院[120]用常用量4～5倍的糖皮质激素治疗DCVS，与对照相比，患者的精神障碍、语言和运动功能改善明显，但伴有糖尿病者应慎用。山东医大附院[121]静脉用国产尼莫地平预防DCVS，尼莫地平组DCVS发生率仅为对照组的1/7，死亡率为对照组的1/2。上海儿科所[122]对胎龄≤34周的早产儿在出生后6小时内给予苯巴比妥，共5天，结果脑室内出血发生率(23%)较对照组(82.3%)显著降低，用药期间无不良反应。西安医大二院[123]用脑室内测压法观察甘露醇作用，平均起效时间11分钟，最大作用时间50分钟，90%有“反跳”现象。广东澄海市医院[124]报道甘露醇0.25～0.4g/kg，每日6～8次，比其他用量更益于新生儿颅内出血的抢救。贵阳中医学院一院[125]认为中西医结合治疗CH较单纯西药疗效好，应用补阳还五汤能促进康复。河南安阳中医院[126]用清开灵针及通腑祛痰散作为西药治疗CH的补充，总有效率82%死亡率8%，较单用西药者佳。湖南中西医所[127]用平肝熄风汤治疗CH，基本痊愈率、总有效率、血肿吸收率均优于西药组，且能调节单胺神经递质，具有提高机体清除自由基能力，调节血管活性物质作用。浙江宁波李惠利医院[128]亦报道中西医结合治疗CH的疗效优于单用西药，且早期结合治疗有助于康复。

北京神经外科所[129]介绍20例颅内囊状动脉瘤微弹簧圈和可脱球囊栓塞治疗，瘤完全闭塞，载瘤动脉通畅14例；动脉瘤栓塞90%；载瘤动脉通畅3例。瘤与载瘤动脉完全闭塞3例。北京医院[130]用机械性可脱弹簧圈栓塞治疗18例动脉瘤，成功率近80%；发生术中出血、弹簧圈游走、栓塞后占位症致失明各1例。北京神经外科所[131]用自制微弹簧圈血管内栓塞颅内后部循环动脉瘤14例，13例完全闭塞，1例基底动脉巨大动脉瘤大部分栓塞，无死亡、严重并发症及复发。北京宣武医院[132]以经颅多普勒(TCD)等多项指标进行动脉瘤术后个体化分级监护治疗，使46例DCVS中44例完全恢复。哈尔滨医大一院[133]采用血管内氰基丙烯酸异丁脂栓塞治疗38例AVM，完全栓塞8例，栓塞面积＞75%或＞50%者分别为10和11例，术后并发症5例，无死亡。解放军总院[134]报道用血管内栓塞治疗18例大、中型混合性脑膜-脑AVM，7例两次栓塞后畸形血管团消除近80%～95%，临床症状明显缓解。南京鼓楼医院[135]用可脱球囊栓塞结合手术治疗5例巨大AVM，认为术前栓塞可明显减少手术难度和并发症。辽宁省医院[136]分析60例AVM血管内栓塞并发症，发现有无并发症与栓塞的多少、部位、供血动脉走行分布明显相关。

（李焰生）

参 考 文 献

[1] 温丽云等．中风与神经 1996;13(3):158
[2] 杨耀波．脑与神经 1995;3(4):196
[3] 晋华文．云南医药 1995;16(6):461
[4] 田少华等．中华老年医学 1996;15(2):89
[5] 黄应元等．华西医学 1996;11(2):175
[6] 王雅杰等．中风与神经 1996;13(5):310
[7] 彭超英等．解放军医学 1996;21(2):123
[8] 田德元．高血压 1995;3(4):312
[9] 徐文安．慢性病预防与控制 1996;4(4):184
[10] 黄　进．南通医学院学报 1996;16(2):243
[11] 王铁建．广西医学 1996;18(3):304
[12] 潘奇芳等．新医学 1996;27(5):250
[13] 胡志平等．中风与神经 1996;13(2):114
[14] 蔡若蔚等．福建医药 1995;17(6):35
[15] 彭南生等．中国急救医学 1996;16(5):32
[16] 刘新平等．河北医药 1996;18(4):214
[17] 刘　恪等．北京医学 1996;18(5):259
[18] 王　馥．陕西医学 1996;25(1):15
[19] 谢惠芳等．广东医学 1995;16(12):827
[20] 王文静．安徽医学 1996;17(5):22
[21] 吴　丹等．哈尔滨医药 1996;16(1):9
[22] 张青山等．江苏医药 1995;21(11):756
[23] 朱其锋．脑与神经 1996;4(3):146
[24] 董春华．南通医学院学报 1996;16(2):242
[25] 李淑兰．中国实用内科 1996;16(9):552
[26] 田勤立等．哈尔滨医药 1996;16(3):28
[27] 肖卫忠等．北京医大学报 1996;28(2):126
[28] 王锡明等．临床神经 1996;9(2):110
[29] 张海鸥等．中风与神经 1995;12(6):343
[30] 朱德辉等．脑与神经 1995;3(4):237
[31] 王维兰等．天津医药 1996;24(3):158
[32] 刘芳龄等．中国神经精神 1996;22(4):240
[33] 刘玉光等．中国危重病急救医学 1996;8(2):110
[34] 柳宪华等．江苏医药 1996;22(5):339
[35] 崔爱勤等．中风与神经 1996;13(2):88
[36] 陈　杨等．内科急危重症 1996;2(1):23
[37] 吴国林等．安徽医学 1996;17(3):29
[38] 管小亭等．中华神经 1996;29(4):201
[39] 郭　玲等．山西医药 1996;25(4):270
[40] 胡文兰等．首都医大学报 1996;17(3):234
[41] 张　均．临床神经 1996;9(3):176
[42] 詹　青等．脑与神经 1996;4(2):74
[43] 李蕴琛等．天津医药 1995;23(12):746
[44] 刘　薇等．中国医大学报 1995;24(6):626
[45] 李惠芳．广东医学 1996;17(6):416
[46] 郑秀珏等．急诊医学 1996;5(1):29
[47] 胡爱华．安徽医学 1996;17(3):14
[48] 杨建芳．中国神经精神 1996;22(4):247
[49] 曹志恺等．广州医药 1996;27(5):32
[50] 林顺发等．脑与神经 1996;4(1):58
[51] 张义泉等．安徽医学 1996;17(2):21
[52] 王洪生等．人民军医 1996;(4):47
[53] 王维平等．河北医药 1995;17(6):344
[54] 王秀田等．中国实用内科 1995;15(11):664
[55] 刘金祥等．综合临床 1996;12(5):240
[56] 刁岳松等．中风与神经 1996;13(3):164
[57] 孙旭文等．脑与神经 1996;4(2):120
[58] 魏向东．中西医结合急救 1996;3(9):394
[59] 胡光第．临床内科 1995;12(6):40
[60] 庞午安等．吉林医学 1996;17(4):232
[61] 王　勇等．上海二医大学报 1996;16(2):138
[62] 郭晋晖．青海医药 1996;26(8):15

[63] 朱世强等．广东医学 1996;17(9):579
[64] 赵继宗等．中华神经外科 1996;12(4):234
[65] *李慎茂等．中华放射 1996;30(5):321
[66] 杭振镳等．中华病理 1996;25(3):135
[67] 刘冬戈等．中华神经 1996;29(1):38
[68] 李 柏等．中华神经外科 1996;12(1):28
[69] 杨秀军等．中华放射 1996;30(7):456
[70] 沈春森等．中华外科 1996;34(8):488
[71] 赵继宗等．中华神经外科 1996;12(5):277
[72] 宋锦宁等．中风与神经 1995;12(6):341
[73] 周玉兰等．临床儿科 1996;14(1):3
[74] 施玉琪等．中国实用儿科 1996;11(1):35
[75] 李湘玲等．广东医学 1995;16(10):703
[76] 姚美玲．南通医学院学报 1996;16(2):271
[77] 苏 萍等．新医学 1996;27(5):243
[78] 赵 琳等．临床神经 1996;9(5):308
[79] 高京红等．中国危重病急救医学 1996;8(9):547
[80] 邵存芳等．中西医结合急救 1996;3(4):149
[81] 袁国祥等．南通医学院学报 1996;16(2):238
[82] 费红毅等．陕西医学 1996;25(5):296
[83] 陈贵海等．中国急救医学 1996;16(4):16
[84] 周联生等．中风与神经 1996;13(5):281
[85] 沈祖佑等．中国危重病急救医学 1996;8(2):94
[86] 王 中等．苏州医学院学报 1995;15(6):1011
[87] 王 强等．中华内科 1996;35(1):68
[88] 桑嘉贵．交通医学 1996;10(2):50
[89] 施群力等．宁夏医学 1996;18(2):74
[90] 牛 平等．中华神经 1996;29(3):175
[91] 薛迎红等．安徽医学 1996;17(3):23
[92] 常会民等．中国神经精神 1996;22(1):43
[93] 李东升等．中华神经外科 1996;12(2):84
[94] 阎洪法等．脑与神经 1996;4(3):152
[95] *陈锦峰等．中华外科 1996;34(3):160
[96] 李栓德等．功能性和立体定向神经外科 1996;9(2):48
[97] 陈锦峰等．中华老年医学 1996;15(2):108
[98] 张楷文等．天津医药 1996;24(3):152
[99] 周玉宝等．中国危重病急救医学 1996;8(2):116
[100] 刁宝利等．天津医药 1996;24(7):432
[101] 张 义等．中国急救医学 1996;16(4):14
[102] 车万民等．中华神经外科 1996;12(4):252
[103] 于 新等．功能性和立体定向神经外科 1995;8(3):7
[104] 贾保祥等．中华外科 1996;34(2):104
[105] 李蕴琛等．天津医药 1996;24(3):155
[106] 李之邦等．功能性和立体定向神经外科 1995;8(4):28
[107] 刘世勤等．功能性和立体定向神经外科 1995;8(4):22
[108] 刘 琰等．中国实用外科 1996;16(9):556
[109] 朱学云．苏州医学院学报 1996;16(5):932
[110] 曹国祥等．辽宁医学 1996;10(2):81
[111] 孙奉刚．铁道医学 1996;24(2):82
[112] 黄自华等．广州医药 1996;27(3):21
[113] 修春明等．中风与神经 1996;13(5):304
[114] 李光民等．中风与神经 1995;12(6):361
[115] 张瑞林等．南通医学院学报 1996;16(2):236
[116] 范益民等．山西医药 1996;25(2):144
[117] 陈仕佛等．福建医药 1996;18(2):74
[118] 蒋 健等．江苏医药 1996;22(5):368
[119] 罗伟良等．临床神经 1996;9(4):244
[120] 崔其福等．中国危重病急救医学 1996;8(2):106
[121] 李义召等．新药与临床 1996;15(5):311
[122] 陈惠金等．中华儿科 1996;34(2):122
[123] 赵英贤等．西安医大学报 1996;17(2):237
[124] 林广裕等．临床儿科 1996;14(3):180
[125] 郑本德等．中西医结合急救 1996;3(7):298
[126] 李相中等．中西医结合急救 1996;3(1):4
[127] 梁清华等．湖南医大学报 1996;21(3):236
[128] 吴延林．中西医结合 1996;16(1):21
[129] 尚京伟等．中华放射 1996;30(1):33
[130] 黄胜平等．中华放射 1996;36(9):591
[131] 吴中学等．中华放射 1996;30(9):587
[132] 段安安等．中华外科 1996;34(6):361
[133] 黄正松等．哈医大学报 1995;29(5):403
[134] 李宝民等．中华神经外科 1996;12(1):13
[135] 吴念曾等．江苏医药 1995;21(11):754
[136] 邹建军等．中风与神经 1996;13(2):101

(三)脑血管病及其他

流行病学 天津神经病学所[1]从该市农村近10万人群统计出急性脑血管病(CVD)的年发病率为178.22/10万，其中男性227.01/10万，女性129.05/10万；死亡率为103.72/10万。北京心肺血管医研中心[2]调查1990～1994年该市5万成人CVD的年发病率，男性由338/10万下降至234/10万，女性由197/10万下降至152/10万。死亡率男性从69/10万降为39/10万，女性以50/10万降为38/10万。北京阜外医院[3]综合国内10组人群CVD的年发病率，男性为135.8/10万，女性为94.5/10万；发病与血压、体重指数、吸烟、饮酒及血清总胆固醇量有关。二军医大[4]的研究表明，全国不同地区CVD高危人群血中β-内啡肽等神经肽的含量也有显著差异，其意义有待探讨。天津医大[5]分析高血压史、心脏病史及短暂性脑缺血(TIA)史等因素与脑出血和脑梗死的发病均有关，而糖尿病史仅与脑梗死相关。北京军区总院[6]统计CVD相对高危但坚持治疗者其CVD的年发病率为171/10万，未坚持治疗者为783/10万。而高危个体有否坚持治疗其发病率相差达23倍。湖南医大[7]报道长沙市CVD的死亡率为208.81/10万，干预治疗5年后降低76%。重庆医大[8]调查该市1985年CVD的发病率为154.06/10万，死亡率为81.57/10万。经控制血压等干预治疗后分别降为81.66/10万和69.50/10万。

临床研究 上海市一院[9]统计520例CVD，脑出血、脑梗死、腔隙性梗死和蛛网膜下腔出血分别占42.5%、32.9%、20.5%和4.0%。郑州铁路医院[10]收集96例再发性CVD，86例有高血压史。脑出血、脑血栓和蛛网膜下腔出血分别占21%、77%和2%。齐齐哈尔重型机械集团一公司医院[11]收治673例40岁以下CVD，出血性占70.13%；出血原因以血液病居多(40.04%)，其次为脑血管畸形(17.37%)。天津市脑系科医院[12]报道41例18岁以下CVD中脑动静脉畸形出血占29例。河北邯郸医专[13]随访21例老年性紫癜，有7例发生CVD，其中6例为出血性。空军石家庄医院[14]报道一家系中有10人患CVD，脑出血和脑梗死各占半，9例有高血压史。新疆阿勒泰地区医院[15]观察一家姐弟7人，5姐妹先后患CVD，其中4人有高血压史；而未发病的兄弟2人均无高血压史。北京积水潭医院[16]报道3例CVD所致舞动症，均为在病灶同侧，认为系由于脑水肿使对侧结构受刺激所致。山东聊城地区医院[17]诊断53例CVD后精神障碍。其中情感障碍占41.51%，脑衰弱综合征20.75%，痴呆16.98%，性格障碍15.09%，幻觉妄想5.66%。以额、颞叶病变居多。北京宣武医院[18]对81例CVD作抑郁评分，以病后3个月最高，49例有抑郁症状，抑郁的发生与神经功能缺损等因素有关。北京医大六院[19]在118例CVD中发现6例类躁狂综合征，预后良好。山东聊城东昌医院[20]报道2例CVD所致外地口音综合征，脑出血和脑梗死各1例。山东千佛山医院[21]收治8例有眼球垂直运动障碍的丘脑CVD，7例出血，1例梗死，MRI证实病变均累及中脑。昆明医学院一院[22]在33例CVD中发现异处感觉9例，异侧感觉3例，与病变部位似无关系。中国石油天然气总公司医院[23]比较60例CVD两侧肱动脉血压，结果无差别。广州孙逸仙纪念医院[24]对85例CVD作磁共振血管成像(MRA)，发现脑血管异常58例(68.2%)；脑出血组主要表现为血管移位变形，脑梗死组主要表现为血管完全或不完全闭塞。华西医大一院[25]在56例脑出血中检出糖尿病4例，84例脑梗死中检出17例。以女性及年龄大者多见。太原铁路医院[26]收治26例糖尿病并发CVD，其中25例为脑梗死，1例为脑出血；有10例既往无糖尿病史。广东开平市一院[27]统计300例CVD并发感染，以呼吸道感染居多(25%)，其次为泌尿系感染(20%)。解放军155医院[28]报道22例CVD并发心梗，其中脑出血6例，脑梗死14例，蛛网膜下腔出血2例；9例死亡。福建宁德地区二院[29]收治的489例CVD中并发高钠血症24例，以出血性者多见，23例发生在应用脱水剂后，13例死亡。南京医大二院[30]报道1 612例CVD中并发癫痫68例(4.22%)，其中脑出血51例，脑梗死17例，56例死亡。山西中条山有色金属公司医院[31]报道249例CVD中有139例并发下视丘功能紊乱，其中肺炎54例，消化管出血27例。广州医学院[32]的资料表明，A型行为患CVD的危险性较对照组高7.67倍，故A型行为可能是CVD的危险因素之一。苏州医学院一院[33]在51例CVD中发现有言语障碍者35例(68.6%)，其中失语24例，病变均在左侧；音韵障碍11例，病变以右侧多见。包头医学院一院[34]在103例CVD中检出血管性痴呆(VD)34例(32.7%)，并发现VD的发病与CVD类型及患者年龄无关，而与患CVD的次数呈正相关。哈尔滨市一院[35]分析临床诊断的30例VD，CT均表现病理性脑萎缩，事件相关电位(P300)和脑电地形图异常各24例。江西省医院[36]观察40例皮质下动脉硬化性脑病(SAE)，均有CVD的危险因素，有神经局灶症状和体征，MRI示侧脑室旁、半卵圆区有广泛斑片状异常信号。济南军区总院[37]报道122例SAE中80.3%有高血压史，伴发CVD以腔隙性梗死多见，智能障碍与影像学上脑室周围病灶的部位及大小有关。石家庄白求恩国际和平医院[38]在201例CVD中发现脑白质疏松症(LA)106例(52%)，84.3%位于额角周围，后角周围为55.7%。北京医院[39]*统计伴痴呆CVD、无痴呆CVD及健康老人的LA发生率分别为62.5%、34.17%和15.0%。沈阳军区总院[40]研究22例无症状LA，发现与年龄增大、动脉硬化等因素有关，而与糖尿病、冠心病无关。解放军251医院[41]收集40例老年LA，有高血压史38例，糖尿病史4例。62.5%检出有智能障碍，智能障碍与LA程度、病程长短及多发性脑梗死有关。

实验室研究 河北中风临床研究中心[42]测得755例CVD apoA2和高密度脂蛋白(HDL)含量减少，apoB100、低密度脂蛋白(LDL)增高。哈尔滨医大二院[43]报道42例脑动脉硬化者apoE增高，且其含量与apoB呈正相关，与HDL呈负相关。提示apoE可作为诊断脑动脉硬化的重要指标。江苏徐州市一院[44]报道84例CVD血氧化修饰LDL

(OMLDL)含量增高,认为是CVD的危险因素之一,其意义大于LDL。安徽医大一院[45]测定OMLDL,结果与上相似,认为是脂质代谢指标中判别CVD危险因素中最好的指标。湖北医大一院[46]测得139例CVD血抗心磷脂抗体(aCL)含量增高,指出在CVD病变过程中血管的内皮受损、磷脂外露,产生aCL,后者作用于血管内皮,导致血栓形成。北京协和医院[47]在954例CVD中检出高血糖489例,血糖水平与病情严重程度及预后相关。提示应激因素是血糖增高的重要原因。西安医大二院[48]报道脑出血和脑梗死并发呼吸性碱中毒分别占73.68%和55.56%。推测是由于CVD颅内压增高引起过度换气所致。山东医大附院[49]测得167例CVD血泌乳素(PRL)、生长激素(GH)、皮质醇(F)及促肾上腺皮质激素(ACTH)含量均增高,以病后1周为著。空军兰州医院[50]发现CVD患者CSF中β-内啡肽和强啡肽含量均显著降低,认为上述物质可能参与CVD的病理生理过程。山东医大[51]测得47例CVD血5-羟色胺(5-HT)含量增高,以病情严重者为甚。兰州医学院二院[52]的资料表明,CVD时血F、rT_3含量增高,而T_3含量降低,其水平与病情严重程度相关,发生机制与应激反应及下丘脑-垂体功能紊乱等有关。中山医大一院[53]报道CVD血白介素-2(IL-2)含量明显低于对照组,表明有细胞免疫功能低下。广西医大一院[54]报道脑出血和脑梗死CSF尿酸含量均明显增高,提示脑内有核酸代谢异常。解放军107医院[55]测得216例CVD血胃泌素含量明显增高,与应激性溃疡的发生有关。山东医大附院[56]报道50例CVD血心钠素(ANP)含量增高,认为可能是机体对脑水肿的一种保护机制。上海市九院[57]的研究表明,脑梗死时全血粘度(BV)、血浆粘度(PV)、血红蛋白(Hb)及血小板聚集率(PAgt)均明显升高;脑出血时BV升高,而PAgt降低。浙江舟山市医院[58]报道脑梗死时BV、红细胞压积、PV、还原比粘度、血沉、K值、纤维蛋白原及红细胞滤过指数均增高,脑出血BV和红细胞压积降低,其余指标均增高。江西南昌市一院[59]对70例CVD作红细胞膜流动性测定,结果荧光偏振度(P)和微粘度(π)均明显增高,说明红细胞膜流动性降低。济南军区总院[60]观察50例CVD血小板超微结构变化,发现α颗粒明显减少,以脑梗死为著,提示在血小板聚集之前已有α颗粒分泌和释放增多。解放军总院[61]测得10例脑出血和19例脑梗死的血小板α颗粒膜蛋白(GMP-140)均显著增高,说明血小板活化程度增高。青岛医学院附院[62]测定45例CVD的GMP-140,结果与以上相似,提示GMP-140可作为CVD病情观察和疗效判断的一项新指标。天津市一院[63]研究87例CVD的凝血功能,发现女性脑梗死组织纤溶酶原激活因子(t-PA)降低;脑出血纤溶酶原激活剂抑制因子(PAI)降低。解放军总院[64]报道并发器官系统衰竭(COSF)的CVD,其血一氧化氮(NO)含量低于无并发者,推测CVD使体内NO下降,继而导致COSF的发生。南京医大二院[65]报道高血压病及脑梗死患者血中NO代谢产物亚硝酸盐/硝酸盐(NO_2^-/NO_3^-)均降低,提示体内NO合成减少,代谢下降,与脑血栓形成有关。浙江医大二院[66]报道67例CVD红细胞超氧化物歧化酶活性降低,血过氧化脂质、红细胞压积、纤维蛋白原及BV增高,认为自由基损伤和血液流变学异常互为因果。昆明医学院一院[67]研究136例CVD的短潜伏期体感诱发电位(SSEP),异常率为100%,但病灶部位不同所影响的波也不同。上海瑞金医院等[68]报道174例CVD的脑电地形图(BEAM)、经颅多普勒(TCD)和脑电图(EEG)的异常率分别为83%、80%和54%。湖南医大一院[69]对22例多发梗死性痴呆(MID)和15例Alzheimer型痴呆(DAT)作单光子发射CT(SPECT)检查,发现前者主要表现为不对称的多发性脑放射性降低,后者主要表现为大脑皮质放射性对称性降低。上海长征医院[70]对7例接受机械通气的重症CVD作氧动学指标观察,发现病后3天系统氧输送(DO_2)明显增加,而心脏指数(CI)和动脉血氧含量(PaO_2)却无变化,表明DO_2较后两项指标更敏感。北京军区总院[71]对42例脑出血和58例脑梗死颅内外动脉作病理观察,发现颅内各级动脉的面积比值均显著减少。脑出血以脑内小动脉为主,脑梗死以颅底中型动脉为主。重庆医大[72]用心搏间期功率谱法观察发现90例CVD的心脏自主神经活性降低,副交感神经活性增强。指出CVD导致心脏自主神经支配失衡可能是其心脏并发症的基础。

治疗 贵阳花溪区医院[73]对100例CVD除静滴20%甘露醇外,还常规静滴正规胰岛素(RI),15天后总有效率达68.9%,而对照组为48.1%。一汽集团公司医院[74]应用超声波治疗65例CVD,每日1次,共8次,总有效率为93.8%,对照组为52%。北京医大一院[75]综合国内几家医院用紫外线血液辐射(UBI)对357例CVD的治疗结果,2个疗程(20天)后脑出血和脑梗死的有效率分别为89.8%和90.6%(对照组为79%和79.5%)。河南医大[76]对35例心脑血管病用UBI治疗后测得血TXB2含量降低,6-酮-PGFα含量升高,提示UBI可调节TXA_2-PGI_2的平衡,因而能保护血管内皮细胞。河北放射所[77]的资料表明,CVD患者经UBI治疗后5年血淋巴细胞微核率仍无明显变化，认为此疗法是安全的。北京宣武医院[78]用茴拉西坦治疗27例CVD，8周后18例患者的记忆商提高1～46分。主要不良反应是口干、鼻塞和睡眠增加。安徽中医学院附院[79]对20例CVD静滴脑活素15天，显效率65%，有效率25%。江苏灌云县医院[80]报道口服尼莫地平治疗新生儿缺氧性脑病(HIE)7～10天后，总有效率为87.8%。广东潮阳市二院[81]对87例HIE静滴苯巴比妥和东莨菪碱，治愈76例(87.4%)，死亡11例(12.6%)。山东聊城地区二院[82]报道高压氧治疗HIE的有效率达89.01%；病情轻、治疗早则疗效好；2例出舱后出现面色苍白3次，均于1小时内自行缓解。解放军514医院[83]收治120例CVD，用甘露醇治疗后有57例(47.5%)出现肾功能损害，其中伴高血压或糖尿病97例中发生55例(56.7%)；不伴高血压或糖尿病23例中发生2例(8.6%)，差异非常显著。江苏淮阴市二院[84]用溴隐亭(<50mg/d)治疗CVD后运动性失语26例，2个月后有效率为65.4%，认为与提高中枢多巴胺活性有关。山东济宁市精神病院[85]比较米安舍林与阿米替林治疗CVD后抑郁的疗效，分别为84.37%和83.33%，但前者不良反应轻于后者。广东潮州市潮州医院[86]223例CVD中使用抗生素198例(88.8%)，其中仅21例(9.4%)因感染确需使用抗生素，说明存在滥用抗生素现象。湖北黄岗地区一院[87]报道用洛赛克和西米替丁治疗CVD并发应激性溃疡出血的有效率分别为97.5%和35%，前者用药后胃液pH增高也较后者为著。河北峰峰矿务局二院[88]对377例CVD用H_2受体拮抗剂等干预用药后，并发消化管出血者(11例，2.9%)明显少于对照组(104/753，13.8%)。解放军203医院[89]应用中药补阳还五汤治疗20例CVD后顽固性呃逆，5天后全部治愈。解放军260医院[90]用华蟾素(4ml，肌注，2次/日)治疗20例CVD后顽固性呃逆，2天后有效率为95%。内蒙古固阳县医院[91]用莪术散治疗52例CVD便秘，显效率为88.4%。广西中医学院二院[92]对照头针加体针与单纯体针治疗CVD后遗症的疗效，30天后显效率分别为67.4%和41.9%。白求恩医大一院[93]的资料表明，穴位注射(82例)对CVD偏瘫的有效率(97.5%)高于中药治疗(78例，87.3%)。广州市六院[94]用中西医综合康复的方法治疗48例CVD，患者肌力恢复较快，半年后有效率达99.9%。包头钢铁公司职工三院[95]强调CVD患者作早期功能锻炼有利于瘫肌肌力恢复。辽宁辽阳化纤公司医院[96]用研制的多功能床边肢体关节运动器对60例CVD作早期康复治疗，4周后有效率为85%。

(邵福源)

参考文献

[1] 王景华等. 中国慢性病预防与控制 1996;4(2):56
[2] 王苏中等. 心肺血管 1996;15(1):22
[3] 张红叶等. 中国慢性病预防与控制 1996;4(4):150
[4] 洪新如等. 中华神经精神 1995;28(6):354
[5] 汪培山等. 中国慢性病预防与控制 1996;4(1):9
[6] 张葆樽等. 北京医学 1996;18(4):224
[7] 刘运海等. 湖南医大学报 1996;21(2):113
[8] 满　波等. 四川医学 1996;17(2):74
[9] 周维智等. 中风与神经 1996;13(1):29
[10] 刘玉梅. 铁道医学 1995;23(6):380
[11] 赵国义等. 中风与神经 1996;13(3):176
[12] 崔世民等. 天津医药 1996;24(7):421
[13] 姚贵申等. 中国皮肤性病 1996;10(2):99
[14] 郭荣彬等. 临床神经 1996;9(1):30
[15] 李同新等. 中华神经 1996;29(2):70
[16] 杨　雪等. 中华神经 1996;29(4):222
[17] 于法彦等. 脑与神经 1996;4(1):15
[18] 张　通等. 中华精神 1996;29(2):73
[19] 张庆臣等. 中华精神 1996;29(2):68
[20] 常立国等. 中华神经 1996;29(3):150
[21] 朱梅佳等. 山东医药 1996;36(2):32
[22] 陈　涛等. 云南医药 1995;16(6):442
[23] 王明燕等. 脑与神经 1996;4(3):177
[24] 邢诒刚等. 中山医大学报 1996;17(1):54
[25] 谢　燕等. 华西医学 1995;10(4):411
[26] 张　靖. 山西医药 1996;25(5):388
[27] 邝树均等. 广东医学 1996;17(10):677
[28] 喻学刚等. 中华老年医学 1996;15(1):20
[29] 姚龙腾等. 脑与神经 1996;4(2):88
[30] 吴祖舜等. 脑与神经 1995;3(4):200
[31] 周景新等. 山西医学院学报 1996;27(3):207
[32] 徐　恩等. 中风与神经 1996;13(4):216
[33] 张家林. 苏州医学院学报 1996;16(5):894
[34] 和姬苓等. 临床神经 1995;8(6):345
[35] 于聪敏等. 哈医大学报 1996;30(2):149
[36] 谢旭芳等. 江西医药 1996;31(5):270
[37] 陈春富等. 中国实用内科 1996;16(5):283
[38] 祝玉芬等. 实用放射 1996;12(3):151
[39] *秦绍森等. 中国神经免疫神经病学 1996;3(2):107
[40] 牛　严等. 中国神经精神 1996;22(1):22
[41] 王振金等. 脑与神经 1995;3(4):213
[42] 巴　莉等. 中西医结合急救 1996;3(1):15
[43] 赵晓和等. 临床神经 1996;9(1):18

[44] 周联生等．中国急救医学 1995;15(6):17
[45] 陈贵海等．中国危重病急救医学 1996;8(2):79
[46] 杨益阶等．武汉医学 1996;20(1):25
[47] 刘兴洲等．中华神经精神 1995;28(5):285
[48] 赵英贤等．陕西医学 1996;25(8):451
[49] 李义台等．脑与神经 1996;4(3):136
[50] 姚向荣等．兰州医学院学报 1995;21(2):103
[51] 李晓红等．山东医大学报 1996;34(2):137
[52] 梁德胜等．临床神经 1996;9(1):6
[53] 陈　玲等．中国神经精神 1995;21(6):355
[54] 王集科等．广西医学 1996;18(3):226
[55] 李燕玲等．中国神经精神 1996;22(1):34
[56] 徐淑军等．中风与神经 1996;13(1):13
[57] 谷菊娣等．上海二医大学报 1996;16(4):283
[58] 何爱玉等．临床神经 1996;9(5):287
[59] 邓幼清等．临床神经 1996;9(4):210
[60] 薛慎伍等．中华神经 1996;29(1):45
[61] 王俊玫等．中华医学检验 1996;19(30):145
[62] 李继锋等．临床神经 1996;9(3):172
[63] 张春生等．临床神经 1995;8(6):354
[64] 蒲传强等．中华医学 1996;76(5):379
[65] 汪晓依等．天津医药 1996;24(10):589
[66] 刘　华等．中西医结合急救 1996;3(9):401
[67] 吴雯珠等．脑与神经 1996;4(1):27
[68] 陈俊宁等．临床脑电学 1996;5(2):67
[69] 柳太云等．临床神经 1996;9(4):212
[70] 赵　良等．中国危重病急救医学 1996;8(6):336
[71] 刘芳龄等．中华内科 1996;35(8):513
[72] 李长清等．中国神经精神 1996;22(3):141
[73] 赵丽萍．贵州医药 1996;20(4):236
[74] 佟韫如等．中风与神经 1996;13(3):173
[75] 陈清棠等．中风与神经 1995;12(6):328
[76] 张　岚等．河南医大学报 1996;31(2):89
[77] 黄进忠等．脑与神经 1996;4(2):107
[78] 张新卿等．新药与临床 1996;15(4):228
[79] 李增林等．安徽医学 1996;17(5):41
[80] 马士勤．江苏医药 1996;22(7):501
[81] 许镇儒．广东医学 1996;17(7):495
[82] 王德亮．急诊医学 1996;5(2):110
[83] 贾京花．脑与神经 1996;4(3):164
[84] 赵速东等．南京医大学报 1995;15(4):886
[85] 孟庆立等．中国神经精神 1996;22(1):37
[86] 郑大明．广东医学 1995;16(10):658
[87] 饶柏林等．中国实用内科 1995;15(11):654
[88] 冀光荣等．脑与神经 1996;4(2):115
[89] 李年贵等．脑与神经 1996;4(2):104
[90] 闫春雷等．河北医药 1996;18(3):196
[91] 于占龙等．新消化病 1996;4(6):345
[92] 赵利华．广西医学 1996;18(1):68
[93] 杨国晶等．白求恩医大学报 1996;22(3):306
[94] 程宝全．广东医学 1996;17(6):406
[95] 张桂花等．内蒙古医学 1996;16(3):174
[96] 余文海等．中国实用内科 1996;16(5):287

二、癫　痫

(一)临床研究

河南省精神病院[1]报道一晚发性癫痫高发家系，5代中有全身强直阵挛性发作15例，均在24～35岁发病。6例已故患者均未行正规治疗，无1例自愈，皆因癫痫发作于34～60岁死亡。9例经正规治疗发作次数明显减少。浙江洞头县医院[2]报道肢痛型癫痫一家族，3代18名直系成员中有6例患者，发病年龄5～8岁，随年龄增长发作逐渐频繁，至20～32岁后发作减少，1例46岁后停发。北京医院[3]报道中风后癫痫占同期住院中风患者的5.26%，蛛网膜下腔出血和脑梗死癫痫发生率分别为15%、12.5%；CT示皮质病灶较皮质下更易发生癫痫；中风发病早期出现癫痫多见于出血，迟发性癫痫多见于梗死。安徽省立医院[4]分析脑瘤性癫痫278例(占同期脑瘤手术者21.2%)，68.3%为30～55岁，44.9%为全身强直阵挛发作，肿瘤多位于额、顶和颞叶，以生长缓慢的少枝胶质瘤和星形细胞瘤、脑膜瘤居多。西安医大一院[5]报道104例迟发性癫痫，初发年龄平均37.75岁，全身发作51例(49.04%)，部分性发作53例(50.96%)。有颅内病因者78例(75%)，依次为囊虫、血管病、肿瘤、外伤、炎症等。糖尿病已成为癫痫发作的危险因素[6~8]，其治疗应在用抗痫药同时调整血糖含量。精神药物诱发癫痫已引起重视，其发作类型为全身强直阵挛性发作[9,10]或为发作性性交感[11]。此外，重组促红细胞生成素[12]和二氢埃托啡[13]亦可诱发癫痫。癫痫的少见类型有视、色幻觉性[14]、视物缩小性[15]、拔毛性、[16]、错觉性[17]、喉痉挛性[18]、睑下垂性[19]、咬牙性[20]、发音性[21]、发笑性[22]、睡眠性[23]、奕棋性、[24]沐浴性[25]及阴茎异常勃起[26]和触觉刺激诱发惊愕性发作[27]等。

安徽阜阳精神病院[28]报道21例婴儿痉挛症，发病年龄多在3～12个月，均有先天或后天致病因素。地塞米松、氯硝安定及脑细胞活化剂近期有效率89%，智能障碍明显改善率78%。广州医学院一院[29]报道85例头痛型癫痫，发病年龄5～12岁67例(78.8%)。72.3%患者用一种抗痫药半年至1年后头痛基本控制，脑电图(EEG)痫性放电消失。安徽安庆市立医院[30]和浙江武义县医院[31]共报道儿童腹型癫痫64例，抗痫治疗效佳，但EEG改善滞于临床。武汉同济医院[32]分析21例枕叶癫痫临床发作特征，并比较头皮和颅内EEG定位诊断价值。认为虽临床表现复杂，不易诊断，但如注意早期发作先兆(幻视、黑蒙及眼部牵拉感或运动感)和症状(快速眨眼、眼睑颤动、眼球偏转或合并头位偏转等)，应用CT、MRI、SPECT及颅内电极记录，可作出正确诊断。中国医大一院等[33]报道15例复杂部分性发作的颞叶癫痫，其中5例继发全身强直阵挛发作。突出表现为口、消化器官自动症、面红或面白、双眼瞪视和活动突然停止。CT与MRI提示病因与海马硬化或可能与杏仁硬化有关。大同煤炭经销处医院等[34]报道5.8级地震极震区内癫痫患者异常表现。30例患者均已1年以上无发作，多已停药。22例(73%)于地震前后6小时内有异常表现，其中震前头痛9例，头晕3例，烦躁和发怒2例，震后出现癫痫复发8例。杭州市七院[35]报道癫痫性精神障碍72例。癫痫初发年龄＜20岁者70.83%，发作至精神障碍出现时间(11.43±7.76)年，全身强直阵挛性发作占83.33%。原发性癫痫以思维障碍为主，继发性癫痫以行为障碍为主。北京医大一院妇儿医院[36]用画人试验评估复杂部分性发作癫痫患儿神经心理状况，发现多有情感行为问题。

(二)治疗研究

北京医大一院妇儿医院[37]治疗3例Landau-Kleffner综合征，认为用泼尼松加氯硝安定能较快控制惊厥及EEG痫样放电，并使失语改善。泰山医学院[38]对单纯失神发作76例单用丙戊酸钠(400～1 400mg/d)治疗，稳态血浓度为35～133mg/L，观察6个月至4年，74例(97%)完全控制，停止发作6个月至3.5年，67例痫样放电消失。16例(21%)出现消化管为主的副反应。该院[39]单用苯巴比妥治疗儿童各型癫痫65例，总有效率83.1%，尤其对强直阵挛性发作和自主神经发作效佳。北京协和医院[40]进行拉莫三嗪作为添加药物治疗顽固性癫痫的自身对照研究，各种发作类型平均发作频度在治疗12周时比治疗前降低31%，发作频率减少≥50%占41%，发作消失占14%，EEG中、高度异常率由50%降至17%，强直阵挛性和全面性发作者疗效最佳。上海医大儿科医院[41]用拉莫三嗪添加治疗Lennox-Gastaut综合征15例，12周后总有效率66.67%。江苏吴江盛泽医院[42]静注利多卡因治疗肺性脑病癫痫样抽搐，有效率(80%)显著优于安定(40%)。上海市儿童医院[43]随访112例部分性发作癫痫的临床疗效，99例(88.4%)发作控制，EEG单病灶者疗效优于多病灶者，CT示病灶范围广泛或合并脑瘫、智能迟缓者发作难控制。江西瑞金县医院[44]对全身强直阵挛性发作83例随访2～6年。发现随着临床症状好转，EEG异常率减低，但非线性关系。临床药效与EEG异常率的高低无明显对应关系。药物减量治疗后，患者的复发率与药物减量前EEG异常率及异常程度无明显关联。北京市儿童医院[45]分析34例Lennox-Gastaut综合征的预后：发病年龄越早，智力受损和发作不易控制的频率越高；有婴儿痉挛症病史或EEG背景活动异常，预后差。广州医学院二院[46]报道服抗痫药3～4个月后，在血药浓度达治疗范围情况下，苯妥英钠影响癫痫患儿记忆，且以短时记忆为主，丙戊酸钠对总体记忆无明显损害，但对短时记忆有轻微影响，卡马西平对记忆无影响。北京儿科所[47]研究认为长期用苯巴比妥对记忆功能多为暂时性影响，停药后多能恢复，故确诊后应尽早合理用药，有助于保护记忆功能及提高学习能力。上海医大[48]检查46例(92只眼)单独服用苯妥英钠癫痫患者的视觉诱发电位(VEP)，发现28只眼VEP潜伏期异常，与用药时间长短无关；而当血药浓度＞20μg/ml及有器质性脑病者VEP异常率高。江苏盐城市四院[49]报道服卡马西平至药疹出现的潜伏期(18.11天)长于苯妥英钠(11.63天)，严重程度及病程均前者重(长)于后者。17例药疹表现为红斑或丘疹(100%)、剥脱性皮炎(11.76%)、大疱性红斑(17.65%)及中毒性表皮松解(11.76%)，患者全身症状亦较明显，58.80%伴有药物热。

浙江省医院[50]对4例服药无效的肌阵挛性癫痫行右Forel-H加右中央中核定向毁损术，近期疗效较满意。重庆新桥医院[51]用皮质痫灶切除方法治疗24例顽固性癫痫，有效率90%，术前伴智能减退者术后亦有改善。武汉同济医院[52]采用颞前切除术治疗小儿颞叶癫痫12例，随访2～3年，痊愈4例，发作减少60%以上6例。海军总院[53]采用多处软膜下横切术治疗脑主要功能区顽固性癫痫60例。55例经2～4年随访，显效率78.2%，其中有效率94.5%，发作消失达60%(33例)，无任何并发症。天津医大二院[54]用伽玛刀治疗2例顽固性癫痫，分别随访9、10个月，均达控制发作和改善行为的效果。

(三)辅助检查

北京医大一院[55]对3例原发性失神性癫痫患儿进行24小时痫样放电的定量分析，表明非快速眼动睡眠期痫样放电频度较觉醒期显著增多，每次放电持续时间显著缩短，杂乱无序的痫性放电形式以前头部为主。北京军区252医院等[56]分析不同剂量水合氯醛诱导癫痫患儿睡眠EEG异常率，未用药组为 73%(95/130 例),其中痫样放电 60%(57 例);常规药量组 84%(89/106 例),其中痫样放电 65%(58 例);小剂量组 87%(96/110 例),其中痫样放电 72%(69 例)。武汉安康医院[57]研究认为静注美解眠 100mg 以内 EEG 出现痫样放电,再肌注鲁米那 0.1g,20 分钟后 EEG 呈 6Hz 高幅慢波者对癫痫诊断更有价值。青岛市医院[58]报道儿童自主神经性发作动态 EEG 异常率 100%,痫波多见于活动及浅睡期,头痛型癫痫波主要位于枕、颞区,腹型癫痫波主要位于顶、颞区,呕吐型癫痫波位于中央区。天津医大[59]报道婴儿痉挛症患儿听觉脑干诱发电位(ABR)各波潜伏期及波间期均显著延长,并与智能水平有关。西安医大二院[60]报道 23 例青少年末次癫痫发作后 1~9 天内 CT 示脑白质内单一不规则低密度灶,其中 10 例有增强效应。治疗后 14~180 天(平均 1 个月)复查,18 例病灶消失,5 例病灶缩小。认为局部脑水肿及胶质增生是可逆性改变的可能原因。解放军总院[61]报道自主神经性癫痫 SPECT 异常率 90%,EEG 异常率 70%;非自主神经性癫痫 SPECT 异常率 10%,EEG 异常率 30%。提示 SPECT 对诊断自主神经性癫痫较 EEG 敏感。海军总院[62]报道癫痫发作期 SPECT 示局部脑血流较发作间期有不同程度提高,将两组图像减影处理后得出的图像可显示血流改变区(即致痫灶)具体形态及大小,以此结果指导手术切除致痫灶,总有效率达 95%。术后减影图像血流灌注改善。淄博万杰医院[63]用^{18}F-FDG-PET 显像对 126 例癫痫进行发作间期痫灶定位,其中 110 例(87.3%)在 PET 上发现明显低代谢区,而 MRI 或 CT 仅示 32 例异常;头皮 EEG 有 102 例异常,但无定位价值。认为 PET 可通过观察脑组织糖代谢而进行痫灶定位。广州医学院[64]报道 28 例额叶癫痫中 85.7%患者发作间期和/或发作期 EEG 有额叶定位征象,CT 仅 42.9%示额叶损害。11 例 SPECT 中 10 例有额叶血流灌注异常,其中 8 例与 EEG 结果一致,但 SPECT 的范围多超出额叶。表明 SPECT 对额叶癫定位较敏感,但欠精确。三者相结合可提高定位价值。

(四)发病机制研究

中国医大二院[65]测定 24 例癫痫患儿血清、红细胞和单个核细胞内钙含量及 28 例脑脊液和全血 Ca^{2+}。结果提示癫痫发作时可能存在钙内流。同济医大[66]实验结果表明马桑内酯致痫后神经细胞群发生爆发性电活动时出现钙内流现象,海马脑片的实验结果与在体实验相似。重庆医大一院[67]报道给大鼠静注诺氟沙星后 EEG 出现痫样放电,并伴有肢体抽搐等行为改变。中国医大一院等[68]实验证实马桑内酯可引起大鼠海马 CA_1 区神经元损伤,既使无抽搐发作时也可造成这种损伤,反复严重的抽搐又进一步加重该区病损,抽搐次数越多,损伤越重。提示海马硬化可能是抽搐反复发作的结果。湖北医大[69]研究表明用电刺激激活黑质多巴胺系统功能活动,有助于对抗青霉素的致痫作用。解放军总院[70]观察到癫痫患者 CSF 中喹啉酸(QUIN)浓度显著降低,与抗痫药及病因无关,血浆中 QUIN 浓度无变化。上海华山医院等[71]检测各型癫痫患者血浆丙二醛(MDA)及超氧化物歧化酶活力,结果提示脂质过氧化物增加和一些自由基清除酶类的相对缺少是癫痫发生、发展的一个重要原因。扬州大学医学院等[72]发现癫痫发作 72 小时内血小板活化因子(PAF)和 MDA 均显著增高,且两者具有相关性;发作缓解期,两者近于正常。广西右江民族医学院附院[73]报道抗痫药治疗后患者总胆固醇(TC)和甘油三酯(TG)增高,且随用药时间延长增高更显著,高密度脂蛋白(HDL)无变化;丙戊酸钠对血脂无影响,而苯妥英钠、苯巴比妥、卡马西平可使 TC、TG 明显增高。该院[74]还发现癫痫本身对甲状腺功能无影响,但诱导肝酶类抗癫痫药如苯妥英钠、卡马西平、苯巴比妥可使 T_4 降低,且随治疗时间延长降低更明显,T_3、TSH 无明显改变。丙戊酸钠对甲状腺功能无影响。哈尔滨医大一院[75]研究认为癫痫患儿血浆生长抑素(SLI)显著增高可能是癫痫患儿行为异常或认知障碍的生物化学基础之一。济南军区总院等[76]实验结果表明亮-脑啡肽(L-Enk)可能参与了癫痫的发作过程。同济医大[77]实验结果表明在马桑内酯所致癫痫持续状态后期,大鼠海马谷氨酸脱羧酶$(GAD)_{67}$mRNA、γ 氨基丁酸转氨酶(GABA-T)mRNA 表达信号的减弱可能与致痫因素及癫痫持续后期合并的缺血、缺氧性脑损害使海马区 GAD、GHBA-T 免疫反应阳性细胞死亡有关。武汉同济医院等[78]研究表明马桑内酯致痫可能有 GABA 系统参与,地塞米松(Dex)可能通过抑制 GABA 的再摄取、促使 GABA 神经元蛋白合成,参与兴奋的抑制。华西医大[79]*的实验观察表明癫痫不仅伴有髓鞘损害和脂质组成变化,同时还伴有蛋白质如髓鞘碱性蛋白(MBP)组成的改变和释出,从而影响神经冲动精确定向和快速传导,在癫痫发病机制中起重要作用。

(赵忠新)

参 考 文 献

[1] 李志平．中华医学遗传 1996;13(4):254
[2] 林加锋．新医学 1996;27(5):257
[3] 秦绍森等．中国神经免疫神经病学 1996;3(1):46
[4] 赵江明等．综合临床 1996;12(1):12
[5] 李正仪等．西安医大学报 1995;16(4):462
[6] 孙作斌等．中华神经 1996;29(4):221
[7] 王德宝等．脑与神经 1995;3(4):222
[8] 吴祖舜．脑与神经 1996;4(3):155
[9] 汤　宇等．云南医药 1995;16(6):494
[10] 程延辉等．中国神经精神 1996;22(3):177
[11] 李明杰等．中国神经精神 1996;22(4):239
[12] 孙安远．中华肾脏 1996;12(2):126
[13] 靳凤玲等．北京医大学报 1995;27(6):418
[14] 石昌德等．山东医药 1996;36(1):61
[15] 宫殿荣等．临床神经 1996;9(3):171
[16] 杨昆梅．云南医药 1996;17(3):244
[17] 闫中瑞等．新医学 1995;26(11):595
[18] 林淑静等．哈医大学报 1996;30(1):4
[19] 周开秀等．临床脑电学 1996;6(1):13
[20] 赵静霞等．脑与神经 1996;4(1):55
[21] 李　荔等．吉林医学 1996;17(4):201
[22] 周晓薇等．中国实用儿科 1996;11(2):85
[23] 吴小晶等．综合临床 1996;12(5):233
[24] 潘　珩．中风与神经 1996;13(4):231
[25] 陈远荣．重庆医学 1996;25(1):10
[26] 孟凡允．中国实用内科 1995;15(11):677
[27] 张　波等．中国实用内科 1995;15(11):666
[28] 陈同庆等．临床神经 1996;9(1):51
[29] 卢礼贤．脑与神经 1996;4(1):24
[30] 施勉西．重庆医学 1996;25(3):168
[31] 胡建香．重庆医学 1996;25(3):157
[32] 李　龄．中华神经 1996;29(4):211
[33] 高旭光等．辽宁医学 1996;10(4):187
[34] 王精国等．山西医学院学报 1996;27(1):58
[35] 张顺泉．中国神经精神 1996;22(2):104
[36] 谢　靖等．中华儿科 1996;34(2):77
[37] 马云翔等．中华儿科 1996;34(5):318
[38] 张敬军等．中风与神经 1995;12(6):362
[39] 董振英等．新医学 1996;27(5):251
[40] 张振馨等．中华神经 1996;29(1):33
[41] 胡文芳等．中国实用儿科 1996;11(4):219
[42] 薛上洁．苏州医学院学报 1995;15(6):1111
[43] 陈连红等．临床儿科 1996;14(2):76
[44] 谢圣瑞．中华神经 1996;29(3):182
[45] 邹丽萍等．中国实用儿科 1996;11(4):227
[46] 王延平等．临床神经 1996;9(5):270
[47] 许克铭等．中华儿科 1996;34(2):81
[48] 印美韵等．临床神经 1996;9(4):224
[49] 李　浒．临床神经 1996;9(4):235
[50] 厉　民等．功能性和立体定向神经外科 1995;8(3):36
[51] 安　宁等．三军医大学报 1996;18(3):270
[52] 鲍文公等．中华儿外科 1995;16(6):338
[53] 刘宗惠等．人民军医 1996;(4):24
[54] 郑立高等．功能性和立体定向神经外科 1995;8(3):29
[55] 刘晓燕等．临床脑电学 1996;5(1):41
[56] 霍彦芬等．临床脑电学 1996;5(1):47
[57] 沈祥安．临床精神医学 1996;6(1):11
[58] 郝淑芳等．临床儿科 1996;14(2):78
[59] 王　静等．天津医药 1995;23(11):650
[60] 信照亮等．陕西医学 1996;25(1):24
[61] 钟炎皋．实用儿科临床 1996;11(2):79
[62] 赵全军等．中华神经外科 1996;12(5):295
[63] 李家敏等．功能性和立体定向神经外科 1996;9(1):7
[64] 何小诗等．临床神经 1996;9(3):136
[65] 赵雅娟等．中国实用儿科 1996;11(2):86
[66] 谢　虹等．同济医大学报 1996;25(4):253
[67] 钱元恕等．中国抗生素 1996;21(2):139
[68] 高旭光等．中华神经 1996;29(4):214
[69] 韩　丹等．湖北医大学报 1995;16(4):297
[70] 郭　庆等．中华神经精神 1995;28(5):303
[71] 刘学源等．临床神经 1996;9(3):139
[72] 徐　运等．临床神经 1996;9(3):165
[73] 黄瑞雅等．临床神经 1996;9(5):268
[74] 刘运广．临床神经 1995;8(6):351
[75] 徐向平等．中华儿科 1996;34(4):264
[76] 赵玉武等．临床神经 1996;9(3):131
[77] 王　伟等．中华神经 1996;29(4):206
[78] 王铭维等．中华神经 1996;29(2):89
[79]* 陈俊杰等．华西医大学报 1996;27(3):236

三、感染

(一)中枢神经系统

脑炎和脑脓肿　苏州医学院一院[1]用髓鞘碱性蛋白(MBP)酶联免疫吸附测定方法(ELISA)检测 40 例散发性脑炎。MBP 在血清和脑脊液(CSF)中显著增高，呈不平行变化；不同病毒感染变化不一致，有助鉴别和估计预后。湖南医大[2]采用免疫组化和原位杂交方法对 20 例临床诊断为散发性病毒性脑炎的尸检和活检脑组织作回顾性研究。结果表明单纯疱疹病毒(HSV)是国内散发性脑炎的重要病原;上述两种方法是诊断单纯疱疹病毒脑炎(HSE)的敏感方法。哈尔滨医大二院[3]用聚合酶链反应(PCR)检测19例临床确诊HSE患者CSF中病毒特异性DNA。认为此方法可早期快速确诊HSE,比分子杂交和病毒分离方法敏感。江西医科所等[4]检测44例病毒性脑炎患儿外周血T淋巴细胞亚群及血清免疫球蛋白和C_3补体含量。结果提示CD_8^+细胞异常增多是患儿免疫紊乱的关键。西安西京医院[5]对43例HSE患者同时进行了CSF单纯疱疹病毒抗原(HSV-Ag)、抗体(HSV-Ab)和DNA(HSV-DNA)检测,其阳性率分别为48.8%、86.0%和76.7%,两项以上阳性者占83.7%。提示上述三项检查可助HSE的诊断和早期治疗。中国医大一院[6]对比分析临床诊断为病毒性脑炎患者的头CT和MR资料,异常率分别为73.3%和88.9%,显示MR对颞叶,脑干、小脑病变的诊断优于CT。西安医大一院[7]分析5例HSE的CT和MR检查资料,发现病灶首先累及单侧或双侧颞叶,与豆状核外缘之间分界清楚为其特征性表现。上海金山医院[8]采用α-干扰素治疗小儿病毒性脑炎24例,疗效明显优于对照组;干扰素血清浓度高低与临床疗效呈平行关系。哈尔滨医大[9]用逆转录聚合酶链反应(RT-PCR)检测24例肠内病毒性脑膜炎及20例对照组CSF中肠内病毒EVs-RNA。病例组检出EVs-RNA7例,对照组均阴性。认为RT-PCR有助于EVs脑膜炎的早期诊断和治疗。武汉市儿童医院[10]分析30例小儿脑脉管炎的病因,主要有钩端螺旋体和结核杆菌感染及风湿热和外伤等,认为脑血管造影是诊断该病的主要方法,该法同时又能实行介入治疗。苏州医学院一院[11]测定了大鼠重症感染模型的脑组织过氧化脂质(LPO)含量,发现颅外重症感染对脑LPO有明显影响,SOD、CAT能抑制上述影响。表明LPO可作为判断脑组织损害程度的一项参考指标。蚌埠医学院附院[12]用放免法(RIA)检测结核性脑膜炎(结脑)、化脓性脑膜炎(化脑)、病毒性脑膜炎和脑膜脑炎(病毒脑)和脑囊虫病等54例颅内感染患者血和CSF中透明质酸(HA)。发现各类型脑病血和CSF中HA浓度差异明显,有助于临床诊断和鉴别。安徽儿童医院[13]采用免疫比浊法测定化脑、结脑、病毒性脑炎(病脑)等35例患儿CSF α_1-抗胰蛋白酶(α_1-AT)的含量。结果表明测定α_1-AT不仅有助于鉴别诊断,也有助于判断预后和疗效观察。广西医大一院[14]测得60例不同类型中枢神经系统感染病人CSF β_2-微球蛋白含量均有明显增高,其中化脑患者治疗后降低显著。长沙湘雅医院[15]对颅内感染性疾病的CT结果进行了分析,表明各类型感染有其特殊CT表现。白求恩医大一院[16]报道1例Creutzfeldt-Jakob病(CJD)与Alzheimer病(AD)并存的病例。患者为中国人,病程12年,以AD为主,后期并发CJD。提示若遇到不能单纯用AD或CJD解释病例,应考虑到CJD与AD并存的可能。该院等[17]并对9例病理证实的CJD病例进行实验研究,提示国人CJD急性发病较多,对蛋白酶抗性蛋白免疫组化十分敏感,CJD脑组织活检可成功进行动物接种。苏州医学院二院[18]分析29例脑脓肿的CT表现,提示"背靠背征"和"芽生征"为多灶脑脓肿的特征性表现;脓肿壁可表现为皮质侧较厚,髓质层较薄;少数可伴交通性脑积水。南京医大一院等[19]报道脑脓肿包膜的MRI特征,即在T_1与T_2成像上于坏死灶和周围水肿之间有一"环",在T_1成像与白质相比为相等或稍高信号,T_2成像为低信号暗带。北京天坛医院等[20]回顾分析40例脑内小脓肿,以癫痫及固定部位头痛多见,病灶多位于大脑皮质与白质交界处,水肿明显。首选保守治疗,大剂量长时间应用抗生素有效。上海华山医院[21]与哈尔滨医大一院[22]亦分别对脑内小脓肿的诊断和治疗进行了分析,认为增强前后CT对比可显著提高确诊率;内科抗炎治疗不仅是确诊的主要手段,还是治疗的首选方法。北京中日友好医院[23]报道1例以脑出血为首发症状的脑脓肿,原因不明。

脑寄生虫病 中国医大一院等[24]检测40例脑囊虫病患者的外周血T淋巴细胞亚群的分布及血清免疫球蛋白,表明脑囊虫病病人同时存在细胞免疫和体液免疫功能异常。哈尔滨医大二院[25]对130例临床初诊脑囊虫病病人血清循环抗原及抗体进行测定,发现特异性抗原可较客观地反映病变程度,抗原、抗体双项阳性而CT改变也明显,认为此二项检测在诊断及判断疗效中可互补。中国医大[26]用酶联免疫印渍法(ELIB)检测脑囊虫病人血清中特异性IgG、IgM及IgA,具有特异性强、敏感性高的特点。中国医大等[27]采用羊克隆抗体、McAb-ELIB检测脑囊虫血清中循环抗原(CAg),与DABS-ELISA法比较,其阳性率分别为89.2%和81.1%,具有高特异性和敏感性,治疗后1年内累计检出率43.9%和22.8%,表明McAb-ELIB法检测CAg具有更好的疗效评定作用。空军医专等[28]用ELIB法以三种抗血清为探针,对脑囊虫病病人血清中CAg、囊虫头节和体壁抗原及囊液抗原进行比较,结果显示用三种抗体血清检测血清中CAg均具良好的应用价值,CAg 43及40kD多肽(CAg中的主要成分)是诊断的重要指标。北京宣武医院[29]回顾分析3 125例脑囊虫病病例。其中67.4%有癫痫发作，其发作形式、频率、强度与囊尾蚴寄生的数量、部位及生活状态有关。该院[30]另一研究认为颅内压增高、癫痫及不恰当的治疗是脑囊虫病患者智能障碍的主要因素。山东济宁市精神病院等[31]报道119例脑囊虫病人的神经精神障碍表现。神经系统症状以癫痫（66.38%）和颅内高压（23.53%）多见，精神障碍以神经衰弱症状（43.7%）和分裂性症状（16.81%）为主。银川市一院等[32]比较脑囊虫病治疗前、后脑脊液细胞学改变。发现治疗后嗜酸粒细胞、嗜碱性粒细胞明显下降，而浆细胞明显增高，提示这几种细胞的变化代表着脑囊虫病的不同病理阶段。蚌埠医学院附院[33]分析11例难治性脑囊虫病的原因，认为药物浓度、耐药性、重复感染和免疫功能低下等影响疗效。沈阳市脑科医院等[34]收治高颅压型及脑囊虫病人120例，均采用先行手术后服吡喹酮灭囊方法，用光镜和电镜观察囊虫壁结构变化。结果证明术后服吡喹酮是较有效的抗囊虫治疗方法。山东济宁市精神病院等[35]分析78例脑囊虫病非典型CT征象，并根据其临床特点分为脑炎型、肉芽肿型、脓肿型、类多发梗死型、脑室型、脑膜型和类脑瘤型。广东湛江市南油医院等[36]对6例脑包虫病的特殊CT表现和诊断价值进行分析，提出分为单纯型、内囊分离型、多子囊型、实变钙化型和合并症型等。中国铁道建筑总公司西安医院[37]报道1例少见的脊髓实质囊虫病，表现为截瘫，起病缓慢。

（二）周围神经系统

杰扬-巴勒综合征　河北医学院二院等[38]报道1975～1993年石家庄市杰扬-巴勒综合征（GBS）的流行病学特征为年均发病率不高（0.58/10万），且有显著的波动，存在季节性和周期性的地区丛集现象，青少年高发。北京协和医院[39]通过对北方六省市的40例急性运动性轴索性神经病（AMAN）的临床、电生理及病理等分析，表明AMAN类似于西方国家的GBS，并非是一种新的病种。河北医大二院[40]对3例空肠弯曲菌感染后急性运动性轴索型GBS进行研究。病理检查显示外周神经严重的Wallerian样变性，认为空肠弯曲菌可能为感染因子之一。解放军总院[41]检测GBS患者血清和CSF中肿瘤坏死因子（TNF）、白细胞介素（IL-1）及红细胞免疫水平。结果显示TNF水平与病情呈平行变化，IL-1无明显升高，红细胞C3b受体酵母菌花环形成率下降。这些变化与GBS的发病机制有关。天津医大总院[42]用抗人淋巴细胞单克隆抗体免疫荧光技术对GBS外周血淋巴细胞（PBL）亚群进行检测。结果表明PBL亚群的异常变化在GBS发病机制中不仅起细胞免疫作用，亦在体液免疫中发挥作用；早期血浆交换疗法可能有益。河北医大二院[43]测定46例GBS患者CSF中唾液酸（SA）含量。发现该项检测能反映神经组织的受累程度，认为动态观察SA含量有助于判断预后。中国医大二院[44]采用RIA动态检测28例GBS患儿的血清和CSF中TNFα，结果显示在急性期及恢复期血清和CSF中TNFα均增高；病情恢复血TNFα水平下降而CSF中的下降缓慢。提示TNFα是GBS的主要致病因素之一。北京协和医院[45]对40例GBS患者进行腓肠神经活检，发现40例患者有髓纤维密度均减少，以脱髓鞘改变为主38例（95%），以轴索变性为主2例，脱髓鞘并发轻度轴索改变13例。临床客观感觉障碍明显者的病理改变亦相应明显，江苏淮阴市三院[46]对比分析506例小儿和195例成人GBS。发现小儿组早期肌萎缩少见，轴索型损害发生率低，恢复快，疗效明显。河南医大一院[47]报道132例GBS患者的脑脊液细胞学特点：白细胞数增高14例（10.6%），其分类以单核细胞和激活型单核细胞为主（66例，50.0%）；而淋巴细胞增高仅18例（13.6%），部分患者出现转化型淋巴细胞、嗜酸粒细胞及浆细胞。青岛医学院[48]报道3例失调型多发性神经根神经炎，均急性起病，深感觉障碍明显，恢复缓慢。烟台华侨医院等[49]报道18例慢性杰扬-巴勒综合征（CGBS）。临床表现为感觉运动性周围神经病，可伴脑神经损害，泛自主神经损害或震颤，亚急性或慢性起病，呈进行性或阶段性加重，对糖皮质激素反应良好。新乡医学院一院[50]行椎管内注射地塞米松与回苏林治疗GBS伴呼吸肌麻痹患者30例。地塞米松10mg，回苏林8mg，每日或隔日1次，5～7次为1疗程，治疗2周，总有效率80%。白求恩医大一院[61]对40例GBS患儿分组对照应用静脉滴注丙种球蛋白（IVIG）[400mg/(kg.d)]，连用5天，其疗效优于应用新鲜血浆[10ml/(kg.d)]，认为急性期用效果好，能控制病情，减少并发症。

其他　医科院[52]以牛坐骨神经为原料，提取碱性髓鞘蛋白（MBP），并以此为抗原成功地诱发出豚鼠实验性变态反应性神经炎（EAN），模型发病率为78%。天津医大总院[53]对2例Millel-Fisher综合征进行广泛的神经电生理检查。结果提示该综合征不完全相同于GBS和Bickerstaff脑干脑炎，认为可能是以周围神经机能不良为主，选择性地损害某些脑神经，并伴有中枢小脑或脑干受累的一个特殊的疾病单元。

（丁素菊　邓本强　赵忠新）

参 考 文 献

[1] 方　琪等．苏州医学院学报 1996;16(2):226
[2] 向传喜等．湖南医大学报 1995;20(6):604
[3] 王维治等．中国神经精神 1996;22(1):4
[4] 谢大泽等．江西医药 1996;31(3):137
[5] 赵　钢等．中国神经免疫神经病学 1996;3(3):142
[6] 关　敏等．中国医大学报 1996;25(4):402
[7] 鱼博浪等．实用放射 1996;12(3):134
[8] 陈海生等．临床儿科 1996;14(2):81
[9] 王维治等．中国实用内科 1996;16(2):104
[10] 石　霖等．脑与神经 1996;4(3):180
[11] 许庆林等．苏州医学院学报 1996;16(4):697
[12] 李志军等．新医学 1996;27(5):241
[13] 杨泽玉等．安徽医大学报 1996;31(5):429
[14] 朱　丹．广西医学 1996;18(1):28
[15] 彭仁罗．武汉医学 1996;20(3):140
[16] 林世和等．中国神经免疫神经病学 1996;3(3):160
[17] 林世和等．中华神经 1996;29(1):29
[18] 张联合等．苏州医学院学报 1996;16(5):814
[19] 赵春生等．南京医大学报 1995;15(4):905
[20] 夏　萌等．北京医学 1996;18(2):122
[21] 徐启武等．中国神经精神 1996;22(5):307
[22] 魏庆堂等．中国急救医学 1996;16(5):40
[23] 陈国强等．中华神经外科 1996;12(2):71
[24] 柳忠兰等．中国医大学报 1996;25(1):94
[25] 赵晓和等．哈医大学报 1995;29(6):488
[26] 王恩荣等．中国寄生虫病防治 1996;9(2):109
[27] 李素云等．中国寄生虫病防治 1996;9(2):114
[28] 马爱新等．中国人畜共患病 1996;12(2):26
[29] 谢淑萍等．中华神经精神 1995;28(6):370
[30] 谢淑萍等．中华医学 1996;76(6):440
[31] 马恩轩等．中国神经精神 1996;22(5):294
[32] 马瑞莲等．临床神经 1996;9(1):31
[33] 赵守松等．中国寄生虫病防治 1996;9(2):153
[34] 朱　毅等．中国急救医学 1996;16(1):14
[35] 刘军波等．中国寄生虫病防治 1996;9(1):57
[36] 赵振国等．实用放射 1996;12(6):359
[37] 陈　娟．综合临床 1996;12(3):125
[38] 沈　岩等．中国神经精神 1996;22(1):19
[39] 张晓君等．Chin Med J 1995;108(10):734
[40] 李春岩等．中华神经 1996;29(4):230
[41] 戚晓昆等．中华神经 1996;29(4):233
[42] 华耀松等．天津医药 1996;24(5):279
[43] 何俊英等．中华神经 1996;29(4):210
[44] 衣　曼等．中国实用儿科 1996;11(2):82
[45] 郭玉璞等．中华神经 1996;29(4):225
[46] 徐建洋等．临床神经 1995;8(6):361
[47] 方树友等．中国实用儿科 1995;15(11):650
[48]* 孙兆林等．脑与神经 1996;4(2):97
[49] 梁　辉等．脑与神经 1996;3(4):205
[50] 毛兴爱等．中风与神经 1996;13(4):240
[51] 李海波等．中国实用儿科 1996;11(2):93
[52] 吴抒见等．中华神经精神 1995;28(6):366
[53] 戴志华等．天津医药 1996;24(9):523

四、肿瘤

(一)胶质瘤

西安西京医院[1]报道9例儿童期混合型胶质细胞瘤，占同期成人病例的12%，其中4例瘤组织由等量的少支胶质细胞与星形细胞两种成分构成，3例以少枝胶质细胞为主，2例主要成分为星形细胞。广州军区广州总院[2]报道23例儿童室管膜瘤，位于幕上者7例，幕下者16例。上海华山医院[3]报道6例脑桥小脑角室管膜瘤，占同期该瘤的3.8%。海口海南省医院等[4]回顾分析39例幕上室管膜瘤的CT表现：脑实质内肿瘤(19例)呈脑室旁等或混杂密度较大肿块，常伴有囊变和斑点状钙化，且与脑室壁关系密切；脑室内肿瘤(16例)常位于侧脑室体部，73.3%瘤内钙化；脑室内外多发瘤灶(4例)者提示恶性室管膜瘤。北京神经外科所[5]分析40例髓母细胞瘤的影像学特点。10岁以下患儿占55%；CT平扫为等或稍高密度影，有轻至中度增强；MR扫描T_1加权呈等或稍低信号，有中等至明显强化，T_2加权呈等或略高于灰质信号，有均匀中等至明显增强。西安医大一院[6]、浙江医大二院[7]共报道成人髓母细胞瘤39例，各占同期该瘤的12.6%及23.1%。北京天坛医院[8]报道31例神经节胶质细胞瘤，占同期神经系统肿瘤的0.32%，儿童和青年占87.1%。南京军区南京总院[9]、天津脑学科医院[10]、北京宣武医院[11]共报道27例胶质肉瘤，免疫组化染色证实肉瘤组织部分是由纤维、平滑肌、血管内外皮、横纹肌等细胞衰变而来，且与血管壁关系密切。长沙湘雅医院[12]采用B超导向脑胶质瘤活检52例，符合率98.1%。

二军医大[13]、天津神经病所[14]应用胶质银染色技术共对110例脑胶质瘤的核仁组成区嗜银蛋白(AgNOR)进行定量检测。发现Ⅲ～Ⅳ级的AgNOR平均数(5.42±1.52及3.13±0.70)明显高于Ⅰ级(2.27±0.73及1.57±0.37)与Ⅱ级(3.93±2.00及2.12±0.45)，提示AgNOR计数对肿瘤分型分级、鉴别良恶性、预测预后等均有意义。苏州医学院一院[15]报道脑胶质瘤组(23例)和转移瘤组(17例)的血清T_3、TSH含量显著低于正常组(20例)和良性肿瘤组(15例)。济宁医学院等[16]报道脑胶质瘤(20例)的血清Mn-SOD含量显著低于对照组(20例)及脑膜瘤组(12例)。中山医大一院[17]对68例少枝胶质细胞瘤作CT-病理对照分析。结果CT多见颇具特征性的条索状(55.9%)及团块状钙化(16.2%);多呈等密度(20.6%)或稍高密度(60.3%);多无强化或轻度强化(79.4%)。病理多示瘤细胞分布密度高(80.9%),排列均匀较致密,肿瘤间质少,血管数量少(76.5%),均有别于星形细胞瘤。

福建医学院一院[18]分析34例脑胶质瘤首次全切除术后复发的部位,表明其残留肿瘤细胞主要集中于原水肿区明显处(35.5%)、皮层(26.5%)、脑室壁(14.7%)、相邻大脑镰旁对侧(11.6%)、原肿瘤供血血管周围(11.6%)。提出在不引起严重神经功能损害的前提下争取同时将上述部位一并切除。上海仁济医院[19]随访201例手术治疗的星形细胞瘤,结果提示要获得满意疗效,必须基于肉眼全切基础,辅以放疗和化疗。天津市脑科医院[20]随访脑恶性胶质瘤62例,术中用卡氮芥(BCNU)瘤床壁局部化疗,其中21例仍存活,平均48.5个月。南京市脑科医院[21]报道22例胶质瘤术后经颅内动脉灌注顺铂和阿霉素治疗的有效率为31.8%。北京中日友好医院等[22]报道55例恶性胶质瘤术后同步放、化疗组的有效率(63%)高于单纯放射治疗组(28%);连续随访1、2、3年生存率,同步放射治疗,继以灌注嘧啶亚硝脲(ACNU)组(93%、67%、50%)明显高于单纯放射治疗组(51%、13%、13%)。中山医大一院[23]随访99例恶性胶质瘤,手术+放疗、手术+放疗+CCNU化疗中位生存期分别为19.2月、35.2月。华西医大一院[24]报道98例星形细胞瘤术后用$^{60}Co\gamma$线或8MV X线外照射,照射量45～60Gy/5～7周,5年生存率30.6%。山东淄博万杰医院[25]报道68例脑胶质瘤X-刀分次治疗的总有效率为79.4%。上海伽玛刀医院等[26]随访(平均14个月)40例复发胶质瘤伽玛刀治疗后的平均存活时间为10.9个月。立体定向后装^{192}Ir间质内放射治疗胶质瘤共77例[27～30],近期疗效较满意,但远期疗效尚需进一步观察,合理的总照射剂量和分割剂量的掌握较困难。上海长征医院[28]就不同剂量照射后影像学改变及并发症的预防、治疗问题进行了讨论。

近年来抗CD3抗体活化杀伤细胞(αCD3AK)过继性免疫治疗脑胶质瘤的实验和初步临床应用增多。上海长海医院[31]报道18例治疗结果,CD3AK组对胶质瘤细胞杀伤率(74.12%±8.31%)明显高于LAK细胞组(42.35%±7.23%),且效靶比越高,杀伤率越高。应用CD3AK后患者NK活性、CD3、CD4、CD4/CD8明显升高,CD8明显降低,说明能促进免疫功能的提高。白求恩医大一院[32]实验研究结果提示CD3AK将有可能代替肿瘤浸润淋巴细胞(TIL)成为过继免疫治疗的主要抗肿瘤效应细胞。苏州医学院二院等[33]进一步成功制备CD3-抗胶质瘤双特异性抗体。

近年来,国内共报道近359例[34～39]脑胶质瘤中抑癌基因p53的异常表达和增殖细胞核抗原(PCNA)水平呈正相关,并与恶性程度密切联系。提示p53蛋白在调控细胞增殖、促成脑胶质瘤的生成中具有一定的作用。

(二)脑膜瘤

长沙湘雅医院[40]发现鞍上脑膜瘤多呈双侧视力对称性受损,而鞍旁脑膜瘤则以患侧视力受损为主。陕西咸阳市二院[41]报道3例幕上中线脑膜瘤的主要表现为慢性颅压增高,神经系统定位体征不明显。上海长征医院[42]报道16例经手术证实的侧室内脑膜瘤,占同期颅内脑膜瘤的2.8%,早期仅靠临床表现诊断较困难。华西医大一院[43]报道4例颅内多发性脑膜瘤,颅内压增高和多灶性神经系统体征为其特点。北京天坛医院[44]报道脑膜瘤占老年颅内肿瘤的第1位,临床以精神障碍较多见,易误诊为脑血管病。西安西京医院[45]发现脑膜瘤的CT特征之一为靠近脑表面有致密带环绕瘤,称为"脑回推压征"。华西医大一院[46]认为在脑膜瘤组织变化的病理基础上若出现肿瘤细胞丰富密集、异型性增大、瘤巨细胞、10个高倍视野下核分裂数在6个以上、瘤组织出现坏死、囊性变和出血时可诊断恶性脑膜瘤。浙江医大二院[47]把囊性脑膜瘤分为瘤内囊型、囊内瘤型和瘤外囊型。天津神经外科所[48]报道了4种少见的脑膜瘤亚型:分泌型、微囊型、脂肪型和黄色瘤型。山东省医院[49]发现脑膜瘤瘤周水肿明显者肿瘤增殖活跃,肿瘤内血管成分多。苏州医学院一院[50]则认为瘤周水肿的程度与性别、年龄、癫痫发作和肿瘤位置无关,而与病程、肿瘤供血和病理特征有关。长沙湘雅医院[51]在显微手术中见到颈内动脉系统为鞍上与鞍旁区脑膜瘤的主要供血动脉。湖南医大[52]用免疫组化显示恶性脑膜瘤的Ⅰ、Ⅲ型胶原明显减少,Ⅳ型胶原及laminin在血管基底膜呈阳性。广东中山市肿瘤所[53]证实22号染色单体为脑膜瘤最恒定的染色体异常,其缺失与脑膜瘤病因学有关。

(三)鞍区肿瘤

汕头大学医学院二院[54]的15例神经垂体肿瘤中星形细胞瘤12例，节细胞瘤2例，颗粒细胞瘤1例，均有闭经等内分泌症状及检验异常。

（四）松果体区和脑干肿瘤

山东医大附院[55]认为脑干肿瘤误诊的原因与肿瘤多见于青少年、起病缓慢和占体效应出现较晚等有关。解放军91医院[56]手术证实8.4%的桥脑旁隐性肿瘤导致三叉神经痛，术前放射学检查无异常。上海华山医院[57]发现恶性脑干肿瘤者BAEP改变较大，术中BAEP改变轻微或很快恢复者脑干功能影响较小。安徽省立体定向神经外科所[58]对松果体区肿瘤作定向活检，主要并发症是出血，可在DSA协助下穿刺并使用侧方开口的活检针。上海新华医院[59]对松果体肿瘤行手术加放疗或直接放疗，1个月内症状、体征明显改善，但随访2年后均因转移而死亡。广东省医院[60]对29例脑干肿瘤行单纯放疗，症状改善率为69.0%，1、2、3年生存率为58.6%、44.8%和31.0%，失败主要原因是剂量过低。

（五）颅后窝和桥小脑角肿瘤

解放军101医院[61]认为临床上有脑干与颈髓体征、小脑及颈髓体征或有根性痛者应作MRI检查以明确枕骨大孔区肿瘤。华西医大一院[62]的42例儿童颅后窝髓母细胞瘤，36例位于小脑蚓部，均有颅内压增高，31例有小脑功能障碍。苏州医学院一院[63]发现低密度的囊肿伴附壁肿瘤结节突入囊内和肿瘤显著均一增强是血管网状细胞瘤的CT特征。安徽省医院[64]证实桥小脑角肿瘤BAEP最常见的非特异性表现是波形消失，而波间期异常是最具特异和灵敏的表现。南京医大一院[65]总结听神经瘤有5种生长类型：神经型、脑干型、小脑型、乳突型及原位型。天津医大二院[66]认为在颅后窝肿瘤的敏感性、准确性和特异性上，MRI要明显优于CT。

（六）脑转移瘤

天津医大总院[67]发现脑CT、胸部X线检查对脑转移瘤的诊断有重要价值，手术治疗加放疗效果最优。江苏大丰县医院[68]报道21例小脑转移瘤，占同期颅内转移瘤的11.2%，CT上瘤周围水肿不明显。安徽省医院[69]认为脑脊液细胞学检查是诊断脑膜瘤唯一有效的方法，并需反复多次检查。天津医大二院[70]介绍了颅内转移瘤的非常见MRI表现。空军总院[71]采用全脑照射野合并局部增量野照射，配合化疗和中药，治疗脑转移瘤的显效率为80%。广州医学院一院[72]提出了肺癌脑转移的手术指征。

（七）脊髓肿瘤

山西医学院一院[73]发现47%原发性椎管内肿瘤以根性痛为首发症状，典型的Brown-Sequard综合征不多见，腰穿和椎管造影对诊断很重要。上海医大[74]发现马尾肿瘤常以腰痛和下肢痛为首发症状，80%为良性病变，首选手术治疗。

（八）其他

长沙湘雅医院[75]认为颅内蛛网膜囊肿占颅内病变的0.87%，CT和MRI是最可靠的诊断方法，并提出了手术指征。沈阳脑科医院[76]报道了64例儿童颅内蛛网膜囊肿。上海长征医院[77]的19例颅内表皮样囊肿，临床症状较轻，神经系统体征较少或无阳性发现。北京神经外科所[78]的5例丘脑基底核区生殖细胞瘤，均为男性，主要表现为偏侧肢体无力、精神异常和性早熟。上海新华医院[79]发现在儿童颅内生殖细胞瘤中，鞍上多于松果体区，男性多于女性，CT为等密度或高密度影。安徽省医院[80]的16例以内分泌疾病为首发症状的颅内肿瘤中，咽鼓管9例，松果体瘤4例，垂体瘤3例。山西陵川县医院[81]分析了酷似脑血管病的脑肿瘤的误诊原因。北京天坛医院[82]报道40例原发性颅内恶性淋巴瘤。以儿童和老年人多见，CT呈均匀高密度影，有明显增强和水肿，MRI为短T_1长T_2信号，早期全切并行化疗、放疗。中山医大一院[83]发现中枢神经系统白血病的发病率为10.2%，以头痛和脑膜刺激征最多，早期应鞘内给药。西安医大一院[84]的脑血管网状细胞瘤中，实质性者病程长，囊性者病程较短，青壮年男性多见，首选手术切除。河北唐山市医院[85]和西安西京医院[86]共报道20例中枢神经系统海绵状血管瘤，癫痫为最常见症状，CT和MRI有助于诊断，以手术切除为主。华西医大一院[87]报道4例脑室内海绵状血管瘤，以颅内高压为主要表现。而该院[88]的9例儿童颅内海绵状血管瘤，幕上占66.7%，幕下占33.3%。山东济宁市一院[89]报道9例以癫痫为首发症状的脑内小肉芽肿。北京天坛医院[90]报道29例脉络丛乳头状瘤，儿童多见于幕上脑室内，成人多见于第四脑室及桥小脑角。武汉同济医院[91]的12例儿童大脑半球囊性壁肿瘤，CT上实体部分有明显强化。杭州市一院[92]总结了老年人颅内肿瘤特点：颅内高压症状、体征出现率低；精神障碍、癫痫和偏瘫为首发症状；病程长预后差；胶质瘤、转移瘤和脑膜瘤多见；易误诊。

军医科院附院[93]对颅内生殖细胞瘤行手术和放射治疗，5年生存率50%，首选放疗。空军总院[94]用局部扩大放射野照射治疗颅内生殖细胞瘤，照射量为50～60Gy/5～6周。海军总院[95]用立体定向间质照射治疗颅内生殖细胞瘤，有生物学效应高、邻近组织损伤少、手术时间短等优点。浙江省医院[96]用超选择性脑动脉插管灌注 ACNU 和/或 BCNU，81%完全或部分缓解，并证实可诱导肿瘤细胞凋亡。安徽省医院[97]比较 V_M-26-Me-CCNU 和 Vp_{16}-Me-CCNU 治疗颅内恶性肿瘤，有效率分别为 63.3%和 36.6%。北京医大一院[98]报道老年人脑肿瘤手术死亡率为 4.1%，并发症发生率为 33%。认为避免过度脱水、预防并发症是减少死亡率的关键。

解放军总院[99]分析 12 例中枢神经系统白血病的 CT 表现有脑池、脑沟消失及顶叶皮层片状低密度；增强扫描呈斑点状或脑回样强化；脑内不规则略高密度肿块并侵入眼眶；交通性脑积水和单侧脑白质受累和无占位效应。北京铁路总院[100]报道 6 例原发性颅内恶性淋巴瘤的 CT 特点：为位于中线区均匀、边界清楚的高密度病灶，具分叶状，治疗过程中肿瘤时隐时现。浙江温州鹿城医院[101]发现 26 例小脑血管母细胞瘤的 CT 特征是"大囊小壁结节"。福建晋江市医院[102]8 例颅内脂肪瘤 CT 多呈线条状，边缘有钙化和无占位效应，常伴胼胝体发育不全。中国医大一院[103]利用化学位移法脂肪抑制技术对颅内脂肪瘤行 MRI 检查，具有较高特异性。南通医学院二院等[104]分析 35 例三叉神经肿瘤的 MRI 特点，认为 MRI 是有效的检查方法。沈阳军区总院[105]的 12 例颅内生殖细胞瘤 MRI 表现为：松果体区多呈等 T_1、T_2 或长 T_1、T_2 信号，鞍区则向后上倾斜生长，呈均匀等 T_1、T_2 信号。江苏无锡市一院[106]报道 56 例侧脑室肿瘤的 CT 和 MRI 特征性表现、好发部位和年龄特征。空军总院[107]发现 5 例蛛网膜囊肿的脑电图异常与囊肿的部位和大小有关。长沙湘雅医院[108]对脑瘤前的颅内压监护发现：高原波与基础颅内压水平有关，B 波与压力容积指数有关。北京宣武医院[109]认为核素脑池显像了解网膜囊肿的交通部位、分流量和循环变化等方面具有优越性。

南京金陵医院[110]认为是否伴有合体滋养层巨细胞及肿瘤侵犯扩散范围是影响颅内生殖细胞瘤预后的主要因素。该院[111]还发现中枢神经系统原发性恶性淋巴瘤的组织学特征：瘤细胞单一、异形，早期围血管袖套样排列，中晚期呈弥漫性分布，无滤泡形成。天津医大总院[112]认为血管细胞瘤的复发因素是年龄小、病程短、肿瘤小、多灶性及家族性发病，肿瘤中毛细血管白细胞附壁少或缺如，出现异形核间质细胞等。中国医大二院[113]将 20 例小儿神经节细胞瘤分成三型：神经纤维为主的 A 型、神经节细胞与神经纤维大致相等的 B 型和有神经母细胞的 C 型。南京金陵医院[114]报道原发性中枢神经系统 B 细胞性淋巴瘤有 bcl-2 蛋白过度表达。潍坊医学院附院[115]发现初诊或复发的中枢神经系统白血病的脑脊液中肿瘤坏死因子水平明显升高，治疗缓解后接近正常。福州协和医院[116]观察小儿中枢神经系统白血病脑脊液中肿瘤坏死因子的变化，其结果与成人相同。山东医学院二院[117]报道中枢神经系统白血病患者的脑脊液中叶酸和 Vit B_{12}降低，缓解后增高，复发者再次降低。

（吴萍嘉　黄　坚）

参 考 文 献

[1] 章　翔等．陕西医学 1996;25(4):195
[2] 周本成等．中华病理 1995;24(6):369
[3] 孙　安等．上海医学 1996;19(9):537
[4] 李建军等．中华放射 1996;30(5):325
[5] 朱明旺等．中华放射 1996;30(3):163
[6] 何百祥等．陕西医学 1996;25(6):339
[7] 王义荣等．中国神经精神 1996;22(5):269
[8] 孙振荣等．中华神经外科 1995;11(6):361
[9] 李南云等．中华病理 1996;25(3):129
[10] 徐惠芳等．中华病理 1996;25(4):250
[11] 赵　兰等．中华病理 1996;25(1):10
[12] 廖达光等．中国神经精神 1996;22(3):129
[13] 王建军等．二军医大学报 1995:16(5):412
[14] 浦佩玉等．中华病理 1996;25(3):169
[15] 王　中等．苏州医学院学报 1995;15(4):662
[16] 张春芬等．山东医药 1996;36(3):34
[17] 谢学斌等．中华放射 1996;30(8):562
[18] 林志雄等．中国神经免疫神经病学 1996;3(3):152
[19] 王　勇等．肿瘤 1996;16(3):395
[20] 赵克明等．中华神经外科 1996;12(1):41
[21] 周柏建等．临床神经 1996;9(3):115
[22] 左焕琮等．中华神经外科 1996;12(4):201
[23] 王海军等．中国神经精神 1996;22(5):297
[24] 付　曦等．华西医学 1996;11(3):296
[25] 隋邦森等．功能性和立体定向神经外科 1996;9(2):4
[26] 王恩敏等．功能性和立体定向神经外科 1996;9(2):1
[27] 滕良珠等．功能性和立体定向神经外科 1995;8(4):6
[28] 丁学华等．功能性和立体定向神经外科 1996;9(1):18
[29] 张荣伟等．功能性和立体定向神经外科 1996;9(2):47
[30] 张红雁等．中国肿瘤临床 1996;23(6):390

[31] 孙志扬等．上海免疫 1996;16(3):176
[32] 鞠　砚等．中华神经外科 1996;12(4):230
[33] 陈　功等．中华微生物和免疫 1996;16(5):348
[34] 王建军等．二军医大学报 1996;17(4):340
[35] 刘爱学等．中华医学 1996;76(8):605
[36] 卞修武等．临床与实验病理 1996;12(1):19
[37] 朱如玮等．苏州医学院学报 1996;16(3):408
[38] 彭　琼等．中华神经外科 1996;12(2):79
[39] 彭　琼等．中华神经外科 1996;12(2):68
[40] 袁贤瑞等．湖南医大学报 1996;21(1):58
[41] 刘　平等．陕西医学 1996;25(4):203
[42] 丁学华等．上海医学 1996;19(3):179
[43] 杨开勇等．华西医学 1996;10(4):471
[44] 宗绪毅等．中华神经外科 1996;12(2):120
[45] 方　虹等．中华放射 1996;30(3):200
[46] 张尚福等．华西医大学报 1996;27(2):192
[47] 陈　高等．浙江医学 1996;18(2):79
[48] 秦进喜等．中国肿瘤临床 1996;23(6):396
[49] 滕良珠等．中国肿瘤临床 1996;23(7):486
[50] 李向东等．苏州医学院学报 1995;15(4):686
[51] 袁贤瑞等．中华神经外科 1996;12(5):289
[52] 郑长黎等．湖南医大学报 1996;21(1):21
[53] 季明芳等．中华医学遗传 1995;12(6):348
[54] 周志韶等．临床与实验病理 1996;12(3):236
[55] 郭洪志等．山东医大学报 1996;34(3):227
[56] 吕福林等．中国神经精神 1995;21(6):334
[57] 于佶等．上海医大学报 1996;23(4):311
[58] 付先明等．功能性和立体定向神经外科 1995;8(4):14
[59] 陆冬青等．上海医学 1996;19(10):595
[60] 陈应瑞等．广东医学 1996;17(1):3
[61] 蔡学见等．江苏医药 1995;21(11):719
[62] 毛伯镛等．华西医大学报 1996;27(3):299
[63] 郭　亮等．临床医学影像 1996;7(1):29
[64] 马仁飞等．功能性和立体定向神经外科 1996;9(2):21
[65] 鲁艾林等．中国神经精神 1995;21(6):326
[66] 张兆琪等．天津医药 1996;24(1):27
[67] 俞　凯等．中国肿瘤临床 1996;23(8):552
[68] 张海春等．苏州医学院学报 1996;16(1):117
[69] 薛迎红等．中国肿瘤临床 1996;23(9):643
[70] 韩　悦等．天津医药 1996;24(10):623
[71] 张　峰等．中国肿瘤临床与康复 1996;3(1):6
[72] 何　启等．中国神经精神 1996;22(2):75
[73] 刘跃亭等．山西医药 1996;25(4):257
[74] 毛仁玲等．上海医大学报 1996;23(4):314
[75] 陈立华等．中华神经外科 1996;12(4):238
[76] 朱　毅等．中华神经外科 1996;12(2):115
[77] 梁玉敏等．中国神经精神 1996;22(1):49
[78] 孙　波等．中华神经外科 1996;12(4):210
[79] 李玉华等．临床儿科 1996;14(4):258
[80] 刘子美等．安徽医大学报 1996;31(2):121
[81] 侯中南．山西医药 1996;25(4):306
[82] 杨　峻等．中华外科 1996;34(2):102
[83] 李　娟等．中国神经精神 1996;22(5):285
[84] 张晓东等．陕西医学 1996;25(4):206
[85] 郭长利等．天津医药 1996;24(1):58
[86] 杨利孙等．陕西医学 1996;25(7):390
[87] 易章超等．华西医学 1996;11(1):69
[88] 毛伯镛等．四川医学 1996;17(3):150
[89] 聂振明等．中国神经精神 1996;22(5):303
[90] 王集生等．中国神经外科 1995;11(6):325
[91] 李　龄．中国神经精神 1996;22(3):145
[92] 方　毅等．浙江医学 1996;18(2):100
[93] 张柏年等．中华神经外科 1996;12(4):219
[94] 张　峰等．中国肿瘤临床和康复 1996;3(2):39
[95] 修　波等．解放军医学 1996;21(1):60
[96] 卢　刚等．中华神经外科 1996;12(4):213
[97] 林新民等．安徽医大学报 1996;31(5):416
[98] 霍惟杨等．北京医大学报 1996;28(2):150
[99] 郭晓东等．中华放射 1996;30(7):460
[100] 郭　凡等．铁道医学 1996;24(5):271
[101] 李春法．湖北医大学报 1996;17(3):264
[102] 郑秋平等．福建医药 1996;18(4):21
[103] 周锦山等．辽宁医学 1996;10(4):219
[104] 缪　飞等．中华放射 1996;30(6):381
[105] 陈　新等．中华放射 1996;30(5):347
[106] 夏　晓等．中华放射 1996;30(1):41
[107] 黎建民．临床脑电学 1996;5(2):82
[108] 陈立华等．中国神经精神 1996;22(3):147
[109] 郑金兰等．中华核医学 1995;15(4):266
[110] 张新华等．实用癌症 1996;11(2):119
[111] 陈海玲等．临床与实验病理 1996;12(2):98
[112] 于士柱等．中国神经精神 1995;28(5):281
[113] 王常林等．中华泌尿外科 1996;17(2):119
[114] 石群立等．中华病理 1996;25(3):171
[115] 李大启等．中华血液 1996;17(3):149
[116] 李　建等．临床儿科 1996;14(1):48

五、脱髓鞘和变性疾病

(一)脱髓鞘疾病

多发性硬化　南京市脑科医院[1]报道15例晚发型多发性硬化(MS)特点：多慢性起病，脊髓受累多见，病情进展快，运动功能障碍重，多不能彻底缓解，预后差。该院[2]*还报道26例伴发作性症状的MS，以癫痫和痫性强直较常见，而发作性复视、三叉神经痛、猝倒、发作性视力障碍、瘙痒及构音障碍相对少见。其共同特点是突然发作，突然停止，持续时间短暂，呈刻板式反复发作，卡马西平等抗痉药物多可控制。北京医大三院[3]报道5例脊髓型MS，对其中1例进行全身尸检，病理特点为：①脊髓白质广泛脱髓鞘；②枕叶白质有两处硬化斑为陈旧性软化灶；③胸腰骶段脊神经后根及马尾神经节段性脱髓鞘。哈尔滨医大二院[4]报道1例系统性红斑狼疮(SLE)并发MS，结合国外文献认为病毒感染作用于特定遗传素质个体，构成MS和SLE发病的共同机制。河南省医院等[5]以短潜伏期躯体感觉诱发电位(SLSEP)检查143例MS，发现随病情延长或有感觉障碍者，SLSEP异常率增高，下肢异常率较上肢高。西安医大一院[6]对比32例MS的MRI、CT和诱发电位检查结果，以MRI异常率(84.3%)最高，三项诱发电位中(VEP、BAEP、SEP)至少一项异常者为81.25%，CT仅为42.3%。认为MRI与诱发电位结合有利于MS早期诊断。华西医大一院[7]采用Beckman免疫化学仪(ⅠCS-Ⅱ)对40例MS进行IgG合成率的检测，并应用临床流行病学方法进行评价，其敏感性分别是63.0%和50.0%，特异性均为65%，阳性结果似然比分别是1.8和1.4，排除激素影响后，上述敏感性及阳性结果似然比均有上升。认为该两项指标对判断有无器质性神经系统损害有意义。白求恩医大[8]应用定量逆转录聚合酶链反应(RT-PCR)对4例MS脑脊液(CSF)细胞及末梢血单个核细胞(PBMC)中T细胞抗原受体(TCR)Vβ基因(Vβ1-Vβ20)表达进行研究，提示在MS患者的中枢神经系统中存在着对某种抗原的特异性T细胞应答。结果为MS的免疫治疗提供了新的启示。重庆医大[9]对10例急性MS(AMS)尸体解剖病例作了临床病理分析：其特点为精神异常、瘫痪和大小便失禁；脱髓鞘病灶表现为影斑、白质内空泡状病变及软化灶三种形式，可单独存在也可互相移行。南京军区总院等[10]报道4例MS的病理改变为中枢神经系统白质多发性脱髓鞘病灶，视神经、视交叉及脊髓损害严重，脊髓又以后索及侧索损害为多见，有对称倾向，在较新鲜的病灶中发现明显的星形胶质细胞增生，而陈旧性病灶扩展的边缘部可见到血管周围有淋巴细胞浸润。解放军总院[11]采用MRI与病理对照方法探讨MS的MRI异常长T_2信号与病理改变的关系。发现MS长T_2信号的病理基础除典型硬化斑外，还有坏死软化灶和空洞形成。当拟诊MS，而MRI仅显示非斑块状长T_2信号时，应警惕为AMS。广州南方医院[12]采用大剂量甲基强的松龙冲击疗法治疗MS 15例，痊愈7例，显效5例，好转3例。重庆医大一院[13]以甲基强的松龙治疗MS 28例，全部有效。

其他脱髓鞘疾病 汕头大学医学院一院[14]报道25例左旋咪唑致神经系统脱髓鞘，其中散发性脑炎8例，MS 8例，GBS 3例，视神经脊髓炎3例，小脑变性、急性脊髓炎及脊髓变性各1例。白求恩医大一院[15]报道脑桥中央型髓鞘溶解1例。男，17岁。因头痛、复视、走路不稳3天入院。表现右侧周围性面瘫、构音障碍、咽反射消失、四肢肌力Ⅳ、肌张力低，双侧巴氏征(+)、CT平扫示脑干不清。死后经病理确诊。海南省医院[16]报道1例同心圆性硬化的磁共振表现特点：双额、顶、枕叶及右颞叶后部侧脑室旁多个长T_1长T_2信号改变，信号不均匀，顶、枕叶病灶呈典型同心圆状。

(二)变性疾病

帕金森病 上海二医大等[17]对上海地区7个精神医疗单位进行普查，诊断抗精神病药物导致的迟发性锥体外系综合征(TES)113例。其危险因子包括年龄、性别、抗胆碱能药物、用药总时间和目前用药量等5个因素，氯氮平及急性锥体系统综合征还不能肯定为危险因子。乌鲁木齐友谊医院[18]报道1例口服悉复欢致帕金森综合征。提醒临床医生注意对肾功能不全的患者使用悉复欢类经泌尿道排泄的药物，应警惕其神经系统副作用。晋江市医院等[19]报道帕金宁控释片致Meige综合征69例。每日服该药2片，治疗8～11个月后帕金森病的症状获明显缓解时出现Meige综合征，帕金宁减量并加用泰必利、舒必利或氯硝安定有效。此现象多见于老年患者、较长期服药并在出现显著疗效时发生。莱西市医院等[20]报道氟桂嗪致锥体外系反应11例。每晚服氟桂嗪10mg，10～180天后出现症状，停药后3～16天症状消失。安阳市医院等[21]分析36例青少年帕金森病的临床特点为：①强直多于震颤；②症状左右不对称；③常不累及智能、精神及自主神经；④病情进展慢，病程长；⑤对左旋多巴、安坦有良好疗效。南京市脑科医院[22]应用Hamilton抑郁量表调查50例帕金森病患者，发现44%有抑郁症状，认为这些症状是器质性病变的表现，它可能与脑中5-羟色胺代谢障碍或大脑皮质额叶前中部局部血流量减少有关。河南省医院等[23]用修订的韦氏成人智力量表及体感刺激诱发的事件相关电位(ERP)检测31例帕金森病患者和29名健康成人，发现前者有不同程度的智能障碍，表现为皮质下痴呆的特征。ERP各波的潜伏期及P300波幅有差异，老年组及非老年组患者之间无差异。安徽省医院等[24]用透射电镜观察16例帕金森病患者丘脑腹外侧核活检组织的超微结构，发现神经细胞减少，胞体变小，核呈浓缩变形，线粒体肿胀变性，嵴突短小或消失，突触末梢水肿，膜性细胞器破坏，毛细血管内皮细胞肿胀，管腔狭窄。病变随患者病情加重而变化明显。山东医大附院等[25]采用胚胎中脑黑质细胞脑内移植治疗6例晚期帕金森病，获得良好效果，韦氏计分平均从21分降至11分，症状和体征明显好转。青海医学院附院[26]随访21例经脑立体定向丘脑腹外侧核毁损术治疗的帕金森综合征患者，随访9～30个月，其改善率为88.3%。广州医学院等[27]采用MRI立体定向γ-刀治疗帕金森病27例，有效率75%，无近期并发症。成都军区总院[28]以CT定位脑神经核团，治疗锥体外系疾病101例次。其中23例获1年以上随访，显效17例，有效4例，症状复发2例。并讨论了CT靶点位置及靶点毁损程度与疗效的关系。上海瑞金医院[29]用帕金宁控释片治疗14例帕金森病和1例锰中毒帕金森综合征，均有效。尤其有利于克服剂末现象和峰值期运动障碍。由于该药起效慢，建议早晨加服帕金宁标准片或美多巴。华西医大一院[30]采用药物假日疗法治疗9例难治性帕金森病，于1周内逐渐停用所有抗帕金森病药，完全停药1周后，重新开始小剂量美多巴治疗，疗效满意。

老年性痴呆　解放军总院[31]分析104例老年期痴呆，常见类型为血管性痴呆、老年性痴呆(AD)及混合型痴呆，认为CT及SPECT在其诊断中有重要作用。北京医院[32]用光镜及组织化学方法对6例痴呆患者尸检材料进行临床和病理对照分析，发现Lewy小体多见于皮质下核，尤其是蓝斑核，而大脑皮质少见；Lewy小体的数量和大小与病情和病程相关。解放军总院等[33]用原位分子杂交技术，以尸检人脑海马标本为研究对象，对AD病组及对照组(青年组、老年组)进行研究，发现AD病海马神经元中原位癌基因c-fos mRNA的着色面积和积分吸光度明显增加。提示该基因的过度表达可能在AD病病理过程中起一定作用。哈尔滨医大二院等[34]通过计数分泌细胞因子γ-干扰素、辅助性T细胞(THI)数以了解AD患者外周血和CSF中T细胞免疫应答。发现AD患者存在高水平的髓鞘碱性蛋白自身应答性T细胞反应，且在CSF中表现得尤为显著。北京宣武医院[35]观察31例老年性痴呆病人及30名正常老年人，发现两者的脑电地形图及脑CT结果不同，且脑电地形图与CT变化之间存在一定相关关系。杭州铁路医院等[36]观察复方吡拉西坦对28例AD病的疗效，认为该药能明显提高AD病人的记忆、认知和生活能力，无严重副作用。上海精神卫生中心[37]采用茴拉西坦治疗AD病114例，认为其有效且安全。河南武警总院[38]采用紫外线照射充氧自血回输疗法治疗痴呆患者61例，总有效率达82%，对患者认知功能、精神情绪和躯体失调等症状有改善，尤其是记忆力有明显提高。上海精神卫生中心等[39]采用限制性片段长度多态性(RFLP)方法对淀粉样前体蛋白(APP)基因第717号密码子(APP717)的突变及apo E的基因型进行检测。在80例AD患者、30名正常老年人及20例多发性梗死性痴呆(MID)患者中，没有发现APP基因的突变，也未发现APP基因突变与ApoE ε4等位基因相关。解放军总院[40]分析6例AD及4例原发性帕金森病的尸检病例。6例AD中有3例合并帕金森综合征，其黑质、蓝斑均有不同性质及程度的损伤，2例系非特征性色素细胞脱失伴胶质细胞增生，1例为球形体色素变性。

运动神经元病　解放军202医院[41]对1例肌萎缩侧索硬化症(ALS)尸检后进行病理及生化检测。发现脊髓前角神经元减少，锥体束变性、脱髓鞘，延髓运动核团及大脑4区神经元减少，不同部位其不同氨基酸递质和微量元素也有不同。广州南方医院[42]对17例ALS病人三角肌的肌纤维进行组织学及超微结构观察，其中对12例进行ATP酶或SDH酶染色。发现9例肌纤维明显萎缩，失去正常的镶嵌状态，并出现同型化倾向，认为这是肌纤维重新排列的结果。

（蒋建明　丁素菊）

参考文献

[1] 石静萍等．临床神经 1995;8(6):348

[2] *蔡兴秋等．中华神经 1996;29(1):26

[3] 谢汝萍等．中华神经 1996;29(1):19

[4] 施福东等．中国神经免疫神经病学 1996;3(1):27

[5] 马建军等．中华物理医学 1996;18(2):121

[6] 李汉玲等．西安医大学报 1996;17(1):108

[7] 刘　鸣等．中华神经 1996;29(1):23

[8] 李　一等．中国免疫 1996;12(5):267

[9] 吕长虹等．中华病理 1996;25(2):93

[10] 李南云等．中华神经 1996;29(1):11

[11] 鲁晓燕等．中华神经 1996;29(1):15

[12] 王　群等．一军医大学报 1995;15(3):273

[13] 孙丽华等．中华神经 1996;29(1):41

[14] 陈显光等．广东医学 1996;17(5):316

[15] 丁 箭等. 中华神经精神 1995;28(5):275
[16] 何 平等. 临床神经 1996;9(4):248
[17] 王祖承等. 中国神经精神 1996;22(2):91
[18] 张丽萍等. 中国实用内科 1996;16(5):290
[19] 翁信勤等. 福建医药 1996;18(1):94
[20] 刘希涛等. 中华神经 1996;29(5):319
[21] 李宝瑛等. 脑与神经 1995;3(4):210
[22] 李旭梅等. 南京医大学报 1996;16(1):69
[23] 马建军等. 中华老年医学 1996;15(2):97
[24] 陈 柯等. 临床与实验病理 1996;12(3):230
[25] 吴承远等. 中华器官移植 1996;17(4):174
[26] 崔自强等. 功能性和立体定向神经外科 1995;8(3):13
[27] 姚家榍等. 功能性和立体定向神经外科 1995;8(3):11
[28] 袁树斌等. 功能性和立体定向神经外科 1995;8(3):21
[29] 陈生弟等. 上海二医大学报 1996;16(4):260
[30] 张裕平等. 华西医学 1996;11(1):10
[31] 汤洪川等. 中华神经 1996;29(3):164
[32] 曲以兰等. 中华老年医学 1996;15(2):90
[33] 卢文浦等. 中华神经 1996;29(3):147
[34] 王维治等. 中华神经 1996;29(3):151
[35] 张新卿等. 中华医学 1996;76(4):287
[36] 杜尊铭等. 新药与临床 1996;15(4):225
[37] 方雍生等. 新药与临床 1996;15(3):130
[38] 姚富通等. 中华理疗 1995;18(4):221
[39] 顾牛范等. 中华神经 1996;29(1):12
[40] 王鲁宁等. 中华老年医学 1996;15(2):86
[41] 崔可文等. 中华神经 1996;29(3):187
[42] 洪 军等. 一军医大学报 1996;16(2):124

六、脊髓病

南京医大一院[1]比较了大剂量甲基强的松龙与常规剂量激素治疗急性脊髓炎的疗效。结果甲基强的松龙组病人在肌力改善、排尿功能恢复及下地行走时间等方面均明显优于常规剂量激素组。西安医大一院[2]报道士的宁合剂穴位注射(阳明穴,夹脊穴等)治疗急性脊髓炎、感染性多发性神经根炎、急性周围性面神经炎,总有效率97.3%,显效率70.3%。北京医大[3]用免疫组化及电镜方法研究了21例脊髓创伤后存活2小时至54年患者的脊髓尸检材料。结果表明人脊髓创伤后有积极的再生过程,施万细胞的神经生长因子受体(NGFR)可介导神经生长因子,支持并引导中枢性轴突的再生。广州医大二院[4]胚胎大鼠脊髓前角神经元的培养实验结果表明施万细胞分泌一种神经存活因子和轴突生长因子。中国医大一院[5]提出脊髓空洞症手术术式的选择为:空洞横径≥0.5cm应选枕下减压加空洞-蛛网膜下腔分流术;空洞横径<0.5cm者应行枕下减压术;对Chiari Ⅱ型合并延髓及上颈髓空洞者行枕下减压加延髓及上颈髓空洞-枕大池分流术及第四脑室中孔粘连分离术。南京市脑科医院[6]采用脊神经后根囊腔内引流治疗脊髓空洞,能防止术后囊腔闭合所致的囊液重新积聚。解放军518医院[7]对比研究表明MRI检查对脊髓形态学异常检出率高,EMG和神经传导速度对变性遗传性脊髓疾病异常检出率高。解放军153医院等[8]指出脊髓型颈椎病电刺激运动诱发电位(MEP)异常率达91%,且MEP变化与肌力明显相关。所以,MEP检查可作为检测脊髓型颈椎病运动功能的定量指标,对评价手术效果及预测运动功能的恢复有意义。华西医大一院[9]指出老年人颈椎退行性改变为颈椎弹响征的主要原因。临床主要表现为颈枕部或颈肩部疼痛、头昏和发作性眩晕,上肢或手指麻木等。此外,头颈外伤、环枕畸形以及颈椎的过度活动和持久的不良姿势也是导致颈椎弹响的原因。山东沂水中心医院[10]分析了32例脊髓前动脉综合征,其病因老年人多为动脉硬化;年青人多为血管畸形。临床表现为:以卒中形式发病、神经根痛或肢体无力为首发症状、运动障碍、深浅感觉分离、早期括约肌障碍。河南祁阳卫校附院[11]报道5例脊髓性肌阵挛,主要表现为脊髓受累节段神经支配的肌肉突发性有节律的不自主收缩,睡眠时消失。肌电图为失神经改变。北京佑安医院[12]报道3例肝性脊髓病,指出对进行性加重的双下肢痉挛性截瘫或四肢瘫、无感觉和括约肌功能障碍、肌萎缩不明显、脑脊液正常、脑电图弥漫性异常者应注意肝病史。湖北荆沙市一院[13]指出有放疗病史者若出现Chermitte征应注意放射性脊髓病的发生。南京市脑科医院[14]报道了2例脊髓纵裂畸形。主要表现为下肢运动障碍、肌萎缩、感觉缺失、腱反射异常、足部或脊柱畸形、皮肤异常,MRI能显示纵裂的部位和范围。新疆医学院一院[15]报道3例脊髓栓系综合征,临床表现为程度不同的脊髓损伤症状,腰骶段脊髓和脊柱有畸形者应考虑本病。

(陶 沂 丁素菊)

参 考 文 献

［1］ 许庆成等．临床神经 1996;9(1):43
［2］ 姜沧海等．陕西医学 1996;25(7):392
［3］ 王子慧等．中华神经 1996;29(4):237
［4］ 吴以波等．Chin Med J 1996;109(7):547
［5］ 刘　薇等．中华神经外科 1996;12(5):269
［6］ 常　义等．功能性和立体定向神经外科 1996;9(1):30
［7］ 胡安恒等．中风与神经 1995;12(6):359
［8］ 许林生等．临床脑电学 1996;5(2):71
［9］ 罗祖明等．华西医学 1996;11(1):5
［10］ 李松奎等．中风与神经 1996;13(2):115
［11］ 廖植宪．综合临床 1996;12(5):230
［12］ 王冬梅等．北京医学 1996;18(3):188
［13］ 赵成三等．中华放射与防护 1996;16(4):254
［14］ 邵伟波等．临床神经 1996;9(2):91
［15］ 蒋跃强等．新疆医学 1996;26(3):147

七、神经系统遗传病

（一）遗传性周围神经病

浙江洞头县医院[1]发现一家系三代 7 例单侧面神经麻痹，男 4 例，女 3 例。右侧 5 例，左侧 2 例。发病年龄 16～42 岁，起病均急。此家系符合常染色体显性(AD)遗传。华西医大一院[2]报道一家系五代 5 例遗传性神经性腓肠肌萎缩(Charcot-Marie-Tooth 病，CMT)。西安医大一院[3]报道一家系三代 8 例，代代相传，男、女兼患，符合 AD 遗传。西安西京医院等[4]报道遗传性共济失调性多发性神经炎(Refsum 病)两个家系共 7 例。家系 1 同胞 6 人中患者 3 例皆为男性；家系 2 同胞 6 人中患者 4 例皆为女性。符合常染色体隐性(AR)遗传。

（二）运动神经元病

中山医大一院[5]报道一家系连续二代 13 例家族性肌萎缩侧索硬化症(FALS)，死亡 9 例，属 AD 遗传，有外显不全现象。山东医大附院[6]分析三家系 18 例遗传性成人近端型脊肌萎缩症，经病理、组化观察，确定两个家系为 AD 遗传，另一家系遗传方式不明；三名先证者的肌活检病理显示萎缩以 Ⅱ 型纤维为主，伴 Ⅰ 型纤维优势，Ⅰ 型纤维内肌膜下线粒体增多，可能与肌纤维功能代偿时的能量代谢活跃有关。吉林省医院等[7]分析被误诊的婴儿脊髓性进行性肌萎缩 3 例。认为该病由于脊髓前角细胞与脑干运动核退变，致神经根与肌萎缩渐重，患儿生后 4～6 个月内发病，个别病例 1 周岁时发病，呈进行性加重，多呈蛙状卧位。四川省二院等[8]报道一家系四代 5 例远端型脊肌萎缩症和 7 例多囊肾，均为代代相传，同代兼患，属 AD 遗传，但无 1 例两病兼具者。

（三）遗传性共济失调

吉林盘石中医院等[9]报道 Friedreich 共济失调 2 例，均有典型临床表现和家族遗传倾向。

贵阳乌当区医院[10]报道一家系五代 57 人中共发现 25 例遗传性小脑共济失调(HCA)，代代相传，多在成年后起病，男 14 例，女 11 例，均无感觉障碍，符合 AD 型 HCA，子代发病风险率为 50%。

华西医大一院[11]报道一家系四代 11 例 Joseph 病，属 HA 范畴。但本病突眼、眼上视麻痹、智能正常而与其他 HA 不同。北京中日友好医院等[12]*报道 27 个家系 75 例 Joseph 病中部分病例的临床、分子生物学和病理研究的结果。

（四）遗传性底核变性病

以肝豆状核变性(HLD)最多见。白求恩医大一院[13]报道 42 例，临床皆以角膜色素环、进行性震颤、肌强直、流涎、精神失常及肝硬化为主要表现。1 例尸检示豆状核，壳核色淡；光镜下神经细胞数减少、变性，星形细胞增生，铜染可见角膜后弹力层、底核区着色弱阳性；电镜下见细胞核溶解，膜崩溃消失，胞浆内残存线粒体与罕见的致密颗粒，Golgi 体、溶酶体消失。肝脏缩小、硬化，肝、脑基底核与角膜可能存在与铜高亲和力的物质为本病诊断的依据。福建医学院一院等[14]报道 10 个家系 27 例患者，并用 PCR 法扩增 HLD 基因及其旁侧的短串联重复序列。通过扩增产物的长度多态性进行单体型连锁分析，并对 10 个 HLD 家系成员都作了明确的基因诊断，共检出基因携带者 19 例及症状前患者 3 例，弥补了生化检查法之不足而得以及时诊断，早期驱铜。白求恩医大二院等[15]报道早期诊治儿童 HLD 20 例(男 9，女 11)。慢性起病 16 例，急性 4 例。6 例有明显家族史。17 例以肝症状为先，3 例先有神经症状，其他泌尿、血液系统表现各 2 例。肝脾肿大各为 12 例与 8 例，黄疸 8 例，厌食 6 例，腹水 2 例。神经系多为锥体外系症状，震颤 3 例，行动慢而不稳 3 例，抽动与肌张力高各 1 例。有 K-F 环 18 例，铜蓝蛋白测定异常 19 例。服 D-青霉胺驱铜数月后好转。随访 8 例，存活 3 例。宁波市妇儿医院[16]报道 5～11 岁以溶血性贫血为主的 HLD 6 例(男 2、女 4)。血清铜皆低；溶血性贫血 5 例，黄疸与脾肿大各 4 例，肝肿大 2 例，腹水 1 例；5 例有典型 K-F 环，血清铜蓝蛋白降低，24 小时尿铜皆高。威海文登县医院等[17]分析 19 例 HLD 中并发肾病的患儿 6 例。福建医学院一院[18]报道骨-肌型 HLD5 例（男 4、女 1）。病程 5～10 年，误诊时间 2～10 年，均以下肢无力为首发症状，分别为"O"形或"X"形腿，双膝酸痛，行走困难。2 例有锥体外系症状。5 例都经裂隙灯证实角膜有 K-F 环，血清铜蓝蛋白值亦低，驱铜治疗效果明显。随访病情稳定。骨肌型少见，神经症状迟发者尤易误诊。中山医大一院[19]查阅 30 例 HLD 164 个部位 X 片，有 151 处显示骨质疏松、增生或肥大，以腕、膝、指为明显，是诊断本病的重要手段之一。天津市儿童医院[20]报道 1 例以急性肾小球肾炎为首发症状的 HLD。中山医大一院[21]用 3 个 DNA 标记探针对 15 个 HLD 家系 85 名成员进行连锁分析，在 40 人中检出 6 例症状前患者，15 名杂合子，10 名健康人。结果的可信度在 80%以内，表明 DNA 标记对 HLD 基因作连锁分析有效。该院[22]还使用视网膜母细胞瘤易感基因的标记探针筛选 HLD 基因，但非唯一诊断依据。福建医学院一院[23]在国内率先应用 PCR 法扩增本病基因内部及其两侧翼微卫星多态对 12 个 HLD 家系 82 人进行单体连锁分析。检出 25 名携带者，18 名正常纯合子与 2 名症状前患者，以弥补临床与生化诊断之不足，为 HLD 基因诊断提供了新方法。

安徽中医学院[24]测得 25 例 HLD 腓肠肌铜含量高于对照组，锌、铁、镁差异不显著；接受二巯基丁二酸钠（DMS）治疗的 11 例虽部分症状加重或暂时加重，但好转率达 83%以上；第 2 疗程始 24 小时尿铜明显增高，并与症状加重程度有关，而 DMS 在尿铜增多的同时可使体内铜离子再分布。上海医大[25]* 比较用青霉胺与锌剂治疗的疗效和尿铜排泄的作用，认为前者明显优于后者。

山东济宁市精神病院[26]报道 1 例遗传性慢性舞蹈病（HCC），即 Huntington 舞蹈病。调查一家系四代 43 人中有 10 名 HCC（男 4、女 6），年龄最大 55 岁，最小 17 岁；病程最长 21 年，最短 2 年；死亡最晚 63 岁，最早 46 岁；自患病起平均存活 15 年。上海医大肿瘤医院等[27]发现 1 例 62 岁 HCC 患者，与其子（27 岁）在多序列研究中都有相同的电泳位置，证实父子都是 HCC 患者。认为多态性分子遗传学图谱有潜在应用价值。医科院基础所等[28]用 PCR 法分析 HCC 家系成员相关基因 IT15 中基因（CAG）n 重复序列，25 名正常人拷贝数为 16～26 个，四个家系 7 例患者拷贝数为 44～53 个，显著多于正常人。首次从基因水平确定国人 HCC 与白种人一样。

吉林白城洮南神经精神病院[29]报道一家系 3 代 8 例家族性震颤（又称原发性震颤、遗传性震颤或良性原发性震颤）。

（五）神经皮肤综合征

西安唐都医院[30]报道结节性硬化（TS）29 例（均经临床与 CT 证实），着重探讨 CT 的早期诊断价值。男性 23 例，女性 6 例。主要表现为癫痫 26 例（89.6%），皮脂腺瘤 9 例（31%）、弱智 20 例（69%），兼有上述三种症状者 5 例，有两项者 18 例，仅有一项者 4 例。CT 颅部扫描示 29 例均有侧脑室壁钙化表现，为大小不等的圆点状高密度及钙化影，直径 1～16mm，数目多少悬殊（2～44 个），部分成串珠状；局限性皮层钙化 14 例；弥漫性脑萎缩 8 例；局限性脑萎缩伴脑实质内钙化 5 例；脑室扩大 5 例中有 2 例因钙灶阻塞 Monro 氏孔致积水。空军西安医院[31]报道 2 例 TS 伴多脏器错构瘤。

安徽芜湖市一院[32]报道 1 例 Sturge-Weber 综合征。患儿 1 岁 3 个月，因持续抽搐 2～3 小时伴低热入院。自出生半年起始发抽搐，每次 25 分钟至 1～2 小时，发作时意识不清，眼上翻斜视，口流涎，四肢抽动，右侧显著。无家族史。患儿肌张力高，左额面部大片淡红色血管痣。颅 CT 示左额、顶、枕部广泛钙化伴多条线状扭曲高密度钙化影并引向深部，以顶叶为主。

（六）遗传性代谢病

河北医大二院[33]报道肾上腺脑白质营养不良（ALD）3 例，皆男性儿童，分别为 8 岁、7 岁、5 岁。前两例为姨表兄弟，均表现听力下降、视物不清、行走不稳、跟膝胫试验欠准、肌张力高、肌力 V 级、双巴氏征阳性；头颅 CT 均示双侧脑室周围高、低密度或混杂密度改变；尿皮质醇、醛固酮或 17-羟、酮低于正常，支持肾上腺功能低下。山东潍坊医学院附院[34]发现 ALD 一家系两代 4 例。特点是家系中只有男性患病，双亲未受罹。先证者男性，2 岁，因右手不能持物、双足不能站立就诊。其舅父和表弟皆受罹。湖北黄石市五院[35]报道孪生兄弟同患 ALD。兄出生后 45 天因哭闹、抽搐伴咳嗽急诊入院，肌张力高，腱反射阳性，EEG 示两侧不对称尖、慢、多棘综合波；孪生弟出后 50 天病情相似，迟发 10 天。两例颅 MRI 表现相同，双侧额、顶、枕部异常信号，T_1 低，T_2 高，边缘不清，强度均匀，诊断为 ALD。北京神经外科所等[36]总结 10 例儿童型 ALD 神经影像学诊断特点：（1）病灶呈蝶形；（2）蝶形灶被花边样强化带分隔成较大的中央区与外周区，信号强度与密度不同；（3）胼胝体压部信号异常；（4）MRI 可显示视、听传导通路与运动传导通路上的病灶，从而优于 CT。

中国医大一院[37]报道一 16 岁男孩患异染性白

质脑病(MLD)。患者学习成绩下降,行为反常,理智丧失。精神病院诊治4个月,生活仍不能自理,大小便失禁,表现欣快,定向力、计算力差。掌颏反射(卄)、口轮匝肌反射阳性。脑脊液蛋白质0.6g/L。脑电图Q波稍多,额后及中央导联显著。肌电图运动、感觉传导速度慢。颅脑CT和MRI额叶皆异常。该校二院[38]报道1例20岁女性MCD。患者以嗜睡、反应迟钝、左上、下肢乏力20天入院。两年来反复发病3次,自行缓解。患者智力低下,小学勉强毕业。四肢肌张力高,左侧腱反射亢进,有踝阵挛及Babinski征。颅MRI示小脑小,脑干细,两侧脑室大。

北京医大一院[39]报道蜡样脂褐质沉积病1例。男孩,6岁。因视力、语言障碍伴智力倒退1年收治入院。患儿夜盲,言语、智能、记忆倒退;父母为近亲联姻,其母数次早期流产;第6胎,男,3岁,健康。患儿查体表情呆滞、自语、问之不答,视觉仅有光感,共济运动失调,Babinski与Kernig征皆阳性,踝阵挛可疑。眼底视网膜灰暗,血管细,视神经萎缩,无色素斑。颅MRI见大脑两侧内囊T_1信号高,前肢与膝部难分,后肢T_2高信号,T_2两侧枕叶有少许高信号。此例符合常染色体隐性遗传(AR)中的儿童型。

(宰春和)

参 考 文 献

[1] 林加锋.浙江医学 1996;18(4):238
[2] 陈　宁等.华西医学 1996;11(1):11
[3] 刘小红等.西安医大学报 1996;17(2):225
[4] 任雪芳等.四军医大学报 1996;17(5):399
[5] 李询桦等.中国神经精神 1995;21(6):330
[6] 焉传祝等.山东医大学报 1996;34(3):223
[7] 杨学义等.中国实用儿科 1996;11(2):121
[8] 吴　畏等.中华医学遗传 1996;13(2):123
[9] 刘晓艳等.中风与神经 1996;13(1):53
[10] 李仕杰.临床脑电学 1996;5(2):113
[11] 高　霞等.华西医学 1996;11(1):13
[12]* 王国相等.中华神经 1996;29(5):293
[13] 刘亢丁等.中风与神经 1995;12(6):353
[14] 许国英等.福建医药 1996;18(1):3
[15] 毓明涛等.吉林医学 1995;16(6):335
[16] 赵桂清等.浙江医学 1996;18(3):176
[17] 董崇娟等.中国实用儿科 1996;11(1):36
[18] 吴志英等.中国实用内科 1995;15(11):669
[19] 张柏苹等.中风与神经 1996;13(1):38
[20] 王晓敏等.天津医药 1996;24(8):509
[21] 徐评议等.中国神经精神 1996;22(2):69
[22] 徐评议等.中山医大学报 1996;17(1):12
[23] 吴志英等.中国神经精神 1996;22(1):1
[24] 洪铭范等.临床神经 1995;8(6):339
[25]* 李乃忠等.上海医大学报 1996;23(5):343
[26] 刘　琨等.综合临床 1996;12(5):255
[27] 沈兆忠等.上海医学 1996;19(1):5
[28] 严韶峰等.中华医学 1996;76(3):197
[29] 李问诗等.临床神经 1996;9(5):315
[30] 肖发泉等.中国实用儿科 1996;11(2):92
[31] 贾朝阳等.实用放射 1996;12(6):377
[32] 张水赓.实用放射 1996;12(10):595
[33] 董　梅等.脑与神经 1996;4(3):172
[34] 刘长云等.中华医学遗传 1995;12(6):333
[35] 张忠煊等.实用儿科临床 1996;11(5):311
[36] 何　雁等.中华放射 1995;29(11):761
[37] 陈淑兰等.中华神经 1996;29(3):185
[38] 谭　斐等.中国实用内科 1995;15(11):675
[39] 王　平等.实用儿科临床 1996;11(2):121

八、肌病

(一)重症肌无力

广西医大一院[1]报道21例重症肌无力(MG)韦氏记忆量表检测得分及记忆商。19例Benton视觉保持检测分低于正常对照组,显示有记忆功能损害。北京医院[2]应用肘肌神经低频重复电刺激检查13例MG,显示肘肌上的阳性率高于小指外展肌,建议可由肘肌代替近端肌肉作检查,辅助诊断。广东佛山市一院等[3]报道45例MG患者,单纤维肌电测定Jitter(MCD)均值,Ⅱ型阳性率88.9%,比Ⅰ型阳性率(38.9%)高,可帮助判断病情,估计疗效及预后。北京医大一院[4]测定51例肌无力综合征患者(其中31例MG,20例为原因不明的肌无力)血清中抗乙酰胆碱酯酶抗体。非MG患者抗体阳性率(45%)明显高于MG(25%),并对肌无力不同的发病机制作了初步讨论。济南军区青岛疗养一院等[5]用免疫荧光法检测MG患者血清抗心肌抗体,23例MG伴胸腺瘤患者该抗体阳性率91.3%,比54例不伴胸腺瘤者阳性率(18.5%)高,认为该抗体出现与胸腺瘤密切相关,且与心电图异常有关。泸州医学院附院等[6]通过对42例MG患者血清可溶性白细胞介素2受体(sIL-2R)检测,发现病情重者明显高于病情轻者,预后好者显著低于预后差者,糖皮质激素治疗后该受体水平显著降低。长沙湘雅医院[7]对12例全身型MG患者采用患者周围血B细胞体外培养。发现重组IL-2及T细胞亚群可促进B细胞增殖；去$CD4^+$细胞组加入该重组受体后乙酰胆碱受体抗体(AchR-Ab)产生减少。提示重组IL-2对MG有潜在治疗价值。华西医大一院[8]报道14例MG患者经糖皮质激素治疗后周围血单个核细胞IL-2活性显著升高，sIL-2水平显著下降。因此，发挥免疫治疗作用。青岛医学院附院[9]*报道用皮质类固醇治疗242例小儿眼型MG，经2～17年长期随访，远期疗效良好，其中完全缓解67.8%，药物缓解24.4%，显著改善7.8%。中国医大二院[10]用大剂量泼尼松隔日疗法(小儿2～3mg/kg，成人100mg/kg)，20次为一疗程，治疗MG上睑下垂。远期有效率90.7%(含44.0%治愈)，无效率9.3%。安徽中医学院附院[11]用大剂量甲基泼尼松龙冲击疗法抢救MG，成人1 000mg/kg(儿童15～30 mg/kg)，静注，每日1次，连续3～5天为一疗程。6例中3例在用药过程中呼吸困难即显著改善，脱离危象，2例诱发危象，1例无效。改用每隔5日重复冲击1次，一过性肌无力加重少。香港中文大学附院等[12]采用电视胸腔镜胸腺切除术治疗10例MG(其中3例伴胸腺瘤)，均完全切除胸腺，未发生并发症及手术死亡，临床症状改善，术后平均住院4.1天。具有创伤小，术后恢复快的优点。北京协和医院等[13]用免疫荧光染色技术，经流式细胞仪分析，发现13例MG胸腺切除术后$CD4^+$、$CD8^+$亚群(辅助性T细胞)减少，而$CD4^-$、$CD8^+$亚群(抑制性T细胞)占优势。胸腺摘除后以前者下调明显。解放军193医院等[14]用ELISA法检测202例MG患者血清肿瘤坏死因子(TNF)。发现TNF和AchR-ab值明显增高，泼尼松治疗后显著降低。认为TNF与MG发病明显相关。延边医学院等[15]用小鼠抗电鳐电器官的AchR单抗A7诱导出严重的实验性自身免疫性MG(EAMG)，并发现A7的H链、L链V区由小鼠不同的基因编码及其基因具有98.1%的同源性。复旦大学等[16]采用PCR-RFLP基因分型法研究江浙沪地区汉人MG患者。发现HLA-DQA1＊0301基因参与非胸腺瘤型MG的遗传易感性。江西医学院二院[17]采用免疫荧光法检测25例MG患者外周血细胞中人类嗜T淋巴细胞Ⅰ型病毒(HTLV-1)抗原，发现20%患者该抗原阳性，提示MG发病可能与HTLV-1感染有关。

(二)周期性麻痹

如东县医院[18]报道14年来该院348例甲亢中22例伴周期性麻痹(PP，占6.3%)。以男性居多，青壮年好发。无高代谢症状经实验检查确诊甲亢者5例。对反复发作PP应常规测甲状腺功能。河北医大二院[19]报道48例PP，除上、下肢瘫痪外，7例累及呼吸肌，2例气管切开。腓总神经运动诱发波幅明显降低，而神经传导速度正常。河北医学院三院等[20]检测30例PP患者红细胞膜Na^+K^+-ATP酶活性。低、高钾组患者该酶活性均高于正常人，所测系发作间歇期的酶活性。推测该酶活性增高在PP发病机制中可能不占主要地位。

(三)多发性肌炎

山东荣城市二院等[21]报道142例单纯型多发性肌炎(SPM)肌电图检测结果。属肌源性损害125例(阳性率为88.0%)，正常15例(10.6%)，神经源性损害2例(1.4%)，并对多发性肌炎(PM)肌电图各种特点作了讨论。安徽医大一院等[22]对37例SPM及9例胶带型肌营养不良(LGMD)肌活检进行比较分析。认为二者虽然有很多相似之处，但SPM最突出的病理改变是变性坏死，结合临床特点，一般可作出鉴别诊断。长沙湘雅医院[23]报道25例PM肌电图检查。结果94%有失神经电位，20例运动神经传导速度减慢，可见典型肌源性损害及大量失神经电位。上述异常对早期诊断有重要价值。肌活检及足外侧皮神经活检也可见肌肉、周围神经的病理损害。北京医大一院[24]报道6例PM患者周围神经中免疫球蛋白(Ig)及补体C3沉积，主要沉积于神经外膜、神经束膜及神经纤维间的毛细血管壁上。天津医大总院[25]用间接免疫荧光及免疫印迹技术检测65例PM，其中混合结缔组织病抗RNP抗体阳性率最高(87.5%)，PM抗Jo-1抗体次之(28.6%)，皮肌炎抗Jo-1抗体阳性率较低(10%)。上海市一院[26]报道4例Jo-1综合征(PM/DM的一种特殊临床亚型)。均为女性，血清Jo-1抗体阳性，合并间质性肺炎。该抗体的抗原是组氨酰-tRNA合成酶。及时检测该抗体，以便尽早确诊。

(四)肌营养不良

福建医学院一院[27]报道50例面肩肱型肌营养不良，50例平均发病年龄(17.9±7.7)岁。其中较典型的三个家系35人中有16人发病，为明显的常染色体显性遗传。该院[28]还用对应于Dystrophin基因缺失热区的2对PCR引物和1对内对照无关引物，在同一反应体系中扩增，检测66例DMD/BMD，能快速检测基因缺失，检出率达71.4%。中国医大[29]用PCR联合检测人SRY和ZFX/ZFY基因。30名孕妇受检，其中26人属DMD家系，4个为甲型血友病。检测结果能对高危胎儿作产前性别诊断。华西医大[30]用PCR分析中国汉族159例正常人CTG三核苷酸重复序列，发现其拷贝数在正常人群中的分布也存在民族差异。

(五)其他

北京协和医院[31]*报道8例MELAS型线粒体脑肌病。表现为癫痫、卒中样发作、智力减退等。2例脑活检见大脑皮层呈多灶性、囊状层性海绵样等改变。肌活检均见不整红边纤维和异常线粒体。例8基因检测发现mtDNA中tRNA亮氨酸基因核苷酸3243位点A→G点突变。北京医大一院[32]对5例经肌活检及生化检测确诊为线粒体肌病患者作腓肠神经镜检,并作形态计量学分析。发现有髓纤维减少,轴索变性,有增多的异常线粒体等。北京空军总院[33]对9例线粒体肌病及脑肌病作肌肉蛋白A胶体金法标记后电镜下作定量分析。发现患者肌组织中线粒体内与胶体金结合的酶复合体Ⅰ、Ⅱ、Ⅲ、Ⅳ金粒子均有程度不同的减少。北京电力医院[34]报道1例脂质沉积性肌病。有反复发作的四肢肌无力,血CPK、LDH增高,股四头肌活检部分纤维有圆形或卵圆形空泡,以Ⅰ型肌纤维为主,油红O染色有中性脂滴含量过多。白求恩医大一院[35]报道一家系7例脂质沉积性肌病。表现肢体近端无力,血清肌酶增高,肌活检Ⅰ型纤维内大量脂滴,用激素及辅酶Q_{10}治疗,症状改善。福建医学院[36]报道5例4种不同类型的先天性肌病。肌活检超微结构各有相对特征性异常或变化,如杆状体、轴空、中央核、线粒体异常等。四川广元市医院[37]用氯唑沙宗治疗1例先天性肌强直症。400mg,每日3次,服药次日四肢僵硬明显减轻,3天后行走自如,能上7楼,叩击肌肉轻度凹陷,肌球征转为阴性。北京医大一院[38]对2例慢性进行性眼外肌麻痹(CPEO)患者进行肌活检,经限止性内切酶酶切后转移杂交和PCR,发现例1 44%的线粒体DNA发生杂合缺失;例2线粒体DNA 10 909位置上产生一个新的PvuⅡ酶切位点,发现单个碱基替换(T→C)。认为CPEO临床上极易被误诊为眼肌型MG,肌活检是鉴别诊断的重要手段。

(涂来慧)

参 考 文 献

[1] 郑金瓯等. 中国神经精神 1996;22(4):237
[2] 刘银红等. 临床神经 1996;9(1):12
[3] 章成国等. 临床神经 1996;9(5):278
[4] 唐 健等. 中华神经 1996;29(5):270
[5] 万顺伦等. 临床神经 1996;9(1):15
[6] 李作孝等. 临床神经 1996;9(4):199
[7] 周文斌等. 湖南医大学报 1996;12(1):47
[8] 李作孝等. 中国神经免疫神经病学 1996;3(3):168
[9]* 丛志强等. 中国神经免疫神经病学 1996;3(1):49
[10] 苏秀芬等. 辽宁医学 1995;9(4):203
[11] 陈卫东等. 中国实用内科 1995;15(11):652
[12] 严秉泉等. 中华外科 1996;34(9):543
[13] 黄煜敏等. 中华微生物和免疫 1996;16(2):92
[14] 卢金山等. 中国神经免疫神经病学 1996;3(1):41
[15] 孟繁平等. 中华微生物和免疫 1996;16(1):45
[16] 潘星华等. 中华医学遗传 1995;12(6):354
[17] 邓丽影等. 中华神经精神 1995;28(5):291
[18] 陈海洪等. 交通医学 1995;9(4):67
[19] 张国华等. 脑与神经 1996;4(2):116
[20] 刘好文等. 中华内科 1996;35(9):594
[21] 王海波等. 临床脑电学 1996;5(1):54
[22] 陈贵海等. 临床神经 1996;9(2):102
[23] 羊 毅等. 湖南医大学报 1996;12(1):73
[24] 李越星等. 中华神经 1996;29(2):104
[25] 刘玉阁等. 天津医药 1996;24(8):457
[26] 黄华瑞等. 中华内科 1996;35(7):480
[27] 姚宜卿等. 福建医学院学报 1996;30(1):63
[28] 林 红等. 福建医学院学报 1995;29(4):315
[29] 林长坤等. 中国医大学报 1996;25(4):360
[30] 潘阿根等. 中华医学遗传 1996;13(3):138
[31]* 郭玉璞等. 中华神经 1996;29(5):266
[32] 李越星等. 临床神经 1996;9(3):142
[33] 宋东林等. 中华神经 1996;29(5):271
[34] 齐旭红等. 脑与神经 1996;4(2):92
[35] 江新梅等. 中风与神经 1996;13(4):227
[36] 陈振斌等. 福建医学院学报 1996;30(2):136
[37] 何国英等. 中国实用内科 1996;16(5):286
[38] 陈清棠等. 中华神经 1996;29(5):262

九、诊断技术与基础医学研究

(一)脑电图和脑电地形图

河北医大二院[1]报道2例濒死昏迷病人出现所谓暴发抑制脑电图(EEG),认为此种EEG可能是无脑电活动的前奏。江苏吴县二院[2]报道42例癫痫患儿水化氯醛诱导睡眠EEG结果,异常率和痫波出现率高于对照组(45例癫痫患儿常规EEG)。安徽省立医院[3]报道2 747例脑部病变患者的脑电地形图(BEAM)异常率为44.0%,EEG的异常率为33.2%。其中314例行头颅CT扫描,异常率60.2%,EEG为78.9%,BEAM和EEG均为89.4%。未发现BEAM和EEG对癫痫检出率的差别。

(二)肌电图

南京市脑科医院[4]对28例非外伤性不完全性桡神经麻痹患者行肌电图检查,认为桡神经受损部位多在肘关节以上,感觉纤维对损伤较敏感,非外伤性损伤主要为轻微脱髓鞘和轴索数量减少。潍坊医学院附院[5]分析409例腰骶神经根压迫征的肌电图结果,受检的1 721块肌肉中25%出现纤颤电位,8.7%出现正锐波。对不出现失神经电位而仅出现多相电位增多认为可能是轻度根性受损的最早特征。

(三)诱发电位

中国医大[6]观察到结扎双侧大鼠颈总动脉2分钟时双侧脑干诱发电位、以下丘核为中心的脑干局部血流量(rCBF)和下丘核单位神经元自发放电频率出现短暂异常。组织切片HE染色未见脑干组织的损伤。而结扎单侧颈总动脉对BAEP-rCBF及电活动均无明显影响。河北医大四院[7]对18例已证实的视路病变患者行视觉诱发电位地形图(VEP-M)检查,结果认为VEP-M在视路病变定性、定位、判断预后及疗效观察方面具有应用价值。

(四)超声学

苏州医学院一院[8]对43例脑动脉瘤破裂者(DSA证实)术前行TCD检测,38例未见血管痉挛者手术后(除1例外)恢复良好;另5例TCD示血管痉挛或颅内压升高未行手术,均死亡。认为TCD可判断有无血管痉挛及反映颅内压变化,对估计预后有价值。北京宣武医院[9]对36例脑动脉瘤患者术前、术后常规双侧半球及颈内动脉颅外段血流进行监测3～4周,术后均口服或静脉给钙离子拮抗剂。结果临床症状的改善与监测结果一致。认为TCD是无创性可复性监测技术。

(五)脑脊液

西安西京医院[10,11]建立脑脊液(CSF)库,随机取库存4年来的CSF标本测糖、蛋白、免疫球蛋白,并与入库前之结果比较,统计学上无差别。提示CSF库工作是可行的。该院用图像分析技术示正常CSF小淋巴细胞和单核细胞相比不但胞体和胞核面积较小,且胞核和胞浆的灰度值亦低,但前者之核浆比值高于后者。宁夏医学院附院[12]使用细胞CT技术,使对CSF细胞的了解由平面上升到立体水平。该技术对鉴别CSF各种细胞成分及其恶性程度有价值。

(六)立体定向脑活检术

海军总院[13]和天津医大二院[14]用CT引导立体定向技术对脑深部或功能区病灶行活检术,认为该技术是一种明确病变性质且有利于采取最佳治疗的最可靠方法并提出预防并发症的意见。

(七)核素

宁夏医学院附院[15]对86例中枢神经系统疾病患者行SPECT血流灌注断层显像,阳性率97.67%,明显高于CT(52.32%),且对TIA的诊断更具优越性。长沙湘雅医院[16]建立一种新的SPECT-rCBF相对定量分析法。与目测法比较,对椎基底动脉供血不足的检出率,在发作间期无差别,而在发作期高于目测法。

(八)放射影像

上海华山医院[17]建立犬脑血肿模型,用MR观察并生化分析各期血肿血红蛋白。认为氧合血红蛋白→脱氧血红蛋白→高铁红蛋白→含铁血黄素这一演变规律决定了脑血肿MR信号的变化规律。白求恩医大一院[18]观察24例脑梗死及脑出血Wallerian变性MR的表现。发现与病灶相连的下行纤维的异常信号,在发病5周以内各加权相均为低信号,而7个月以上为长T_1、长T_2信号,H相呈稍高信号。河北省医院[19]用磁共振造影(MRA)诊断9例颈内动脉起始部狭窄或闭塞患者,其年龄及临床表现不一,但MR上相应部位均未见血管流空,后续的MRA检查能进一步证实血管的狭窄或闭塞。南京军区南京总院[20]用MRA对25例患者的29个脑动脉瘤进行检查,可查出22例的26个动脉瘤,说明MRA不需造影剂准确显示颅内动脉瘤及其与周围血管的解剖关系乃其独到之处。北京宣武医院[21]用二维和三维时间飞跃(TOF)法脑静脉磁共振血流成像检查证实了二维TOF法对诊断脑静脉异常的应用价值。苏州医学院一院[22]报道150例动脉数字减影脑血管造影(IADSA)的总阳性率为72.7%,认为IADSA对颅内动脉瘤、动静脉畸形甚至肿瘤的诊治均有独到的价值。南京市一院[23]报道3 200例脑血管DSA检查结果,其中静脉法DSA(IVDSA)2 986例,IADSA 214例。临床符合率92.8%,手术符合率98.2%。认为IVDSA简便安全,而IADSA分辨率高,造影剂用量小。

(九)基础研究

大同医专[24]发现鼻腔给予乙酰胆碱受体(AchR)能抑制或减轻实验性自身免疫性重症肌无力(EAMG)大鼠肌无力表现。原位杂交示淋巴器管TGF-β mRNA表达细胞比对照组高,提示鼻腔AchR耐受诱导TGF-β增高与EAMG抑制有关。延边医学院[25]用自制小鼠抗人AchR单抗G10,能很强地诱导大鼠EAMG。对G10可变区进行克隆和序列分析,显示G10的重链比轻链在介导MG和EAMG中更起作用。医科院[26]研究P物质(SP)与实验性变态反应性神经炎(EAN)的关系,认为SP可能通过抑制自身免疫反应起自身保护作用。解放军总院[27]探讨Alzheimer病(AD)患者海马神经元退变与钙-钙调素的关系。结果提示钙的内环境稳定和钙调素的相对活性的变化可能在AD神经退变中起一定作用。华西医大[28]电镜观察马桑内酯致痫大鼠海马,发现CA区有某些超微结构的改变,并见少数肿胀的星形胶质细胞,为进一步研究癫痫脑损伤打下基础。武汉同济医院[29]用免疫组化法研究皮质醇对马桑内酯致痫大鼠大脑皮层、海马γ-氨基丁酸(GABA)分布的影响。发现用激素组大鼠上述部位GABA阳性反应细胞数介于正常对照和单纯致痫组之间,激素可能通过抑制GABA的再摄取、促使GABA神经元蛋白合成而参与兴奋的抑制。上海医大[30]观察海人藻酸(KA)致痫大鼠海马一氧化氮合成酶mRNA(NOS mRNA)的时程变化,发现致痫后1小时NOS mRNA即增加,并持续至癫痫连续发作的24小时。说明KA致痫可能与海马NOS mRNA变化有关。中山医大[31]横断老年大鼠单侧穹窿伞,术后2周行水迷宫试验及海马乙酰胆碱酯酶(Ach E)染色,结果示海马CA1、CA3及齿状回的Ach E纤维明显减少,且程度与学习记忆下降成正相关。该模型与老年性痴呆的临床表现和主要神经病理改变相似。蚌埠医学院附院[32]*用免疫组化和免疫印迹技术测定17例神经系统副肿瘤综合征(PNSNS)患者血清、脑脊液及尿中的Hu抗体。结果均为阳性,对照组均为阴性。患者血清中的Hu抗体识别神经元胞核中蛋白抗原分子量为35万～40万,对照组为阴性,提示Hu抗体是与PNSNS有关的一种高度特异性自身抗体。上海医大[33]用免疫组化法观察大鼠底核区穿刺损伤后星形胶质细胞中结蛋白和肌球蛋白表达的变化。结果结蛋白表达增强,认为与反应胶质化相关,而出现肌球蛋白的表达被认为可能是星形胶质细胞增生的一个指标。

(任　明　吴萍嘉)

参 考 文 献

[1] 陈　霞等．脑与神经 1996;4(2):96

[2] 高晓夏．苏州医学院学报 1996;16(4):656

[3] 徐俊健等．功能性和立体定向神经外科 1996;9(1):32

[4] 庞　杰等．临床神经 1996;9(2):106

[5] 崔华勤等．临床脑电学 1996;5(2):115

[6] 殷　萍等．中国医大学报 1996;25(1):16

[7] 贺　丹等．脑与神经 1996;4(3):162

[8] 张　丽等．中风与神经 1996;13(1):32

[9] 华　杨等．中国超声 1996;12(2):30

[10] 杨毅宁等．中华神经 1996;29(6):356

[11] 杨毅宁等．中国神经 1996;22(3):169

[12] 孔凡元等．中华神经 1996;29(5):309

[13] 于　新等．中华神经外科 1996;12(3):164

[14] 祈宜志等．天津医药 1996;24(2):119

[15] 刘　枫等．宁夏医学 1996;18(3):131

[16] 冯彦林等．湖南医大学报 1996;21(1):84

[17] 伍建林等．中华放射 1996;30(3):193

[18] 谷艳英等．中风与神经 1996;13(2):104

[19] 曹　茜等．脑与神经 1996;4(3):144

[20] 张宗军等．中华放射 1996;30(2):139

[21] 高勇安等．中华放射 1996;30(3):198

[22] 倪才方等．江苏医药 1996;21(11):737

[23] 范春瑛等．脑与神经 1996;4(2):86

[24] 马存根等．中国神经免疫神经病学 1996;3(2):111

[25] 孟繁平等．中华神经 1996;29(5):283

[26] 吴抒见等．中华神经 1996;29(2):100

[27] 卢文甫等．中华神经 1996;29(5):289

[28] 廖德阳等．华西医大学报 1996;27(2):155

[29] 王铭维等．中华神经 1996;29(2):89

[30] 王布尔等．上海医大学报 1996;23(5):373

[31] 周丽华等．中山医大学报 1996;17(1):16

[32]* 陈齐鸣等．中华神经 1996;29(3):156

[33] 朱建辉等．中华病理 1996;25(5):288

十、症状、体征、综合征

福建医学院一院等[1,2]*用免疫组化法测定了偏头痛患者血清β-内啡肽(β-EP)含量。结果表明患者低于正常人群,提示患者很可能存在内源性阿片肽系统某个环节的缺陷。而泰山医学院一院[3]用同样方法对偏头痛和紧张型头痛的研究表明,偏头痛发作期血浆β-EP水平明显低于间歇期、紧张型头痛和正常人。典型偏头痛间歇期低于正常人,而普通型间歇期β-EP下降不明显。提示β-EP功能低下可能是偏头痛发病的启动因素之一。青岛医学院[4]对偏头痛的研究表明,血浆内皮素(ET)在发作期显著高于间歇期和对照组,提示内皮素在偏头痛发作期脑血管痉挛的机制中可能起重要作用。广东怀集县医院[5]将西比灵、东莨菪碱合用治疗偏头痛,17例患者1年内无复发,5例患者1年内发作次数明显减少,无效1例。总有效率为95%。南通通济医院[6]用紫外线辐射充氧后自血回输(UBI)治疗50例偏头痛，结果头痛发生次数、持续时间及头痛程度均比苯噻啶＋吲哚美辛(消炎痛)组明显降低，且无副作用。随访6个月～1年无复发。河南医大一院[7]观察36例偏头痛患者星状神经节阻滞前、后大脑中动脉和颞浅动脉血流速度。结果术前值均高于正常，术后31例降至接近正常，头痛消失；5例无变化，头痛无减轻。提示多数偏头痛发作期大脑中动脉和颞浅动脉主干处于轻度功能性痉挛状态。南京军区南京总院[8]报道44例偏头痛患者，24例为有症状的先兆患者，12例MRI示脑白质损害，而20例无先兆患者仅4例示白质损害。表明血管痉挛在白质损害中起重要作用。广州珠江医院[9]用荧光钙指示剂Fura-2负载血小板双波长扫描的方法，测定了20例偏头痛间歇期和10例发作期患者血小板静息态及凝血酶刺激后胞浆游离钙浓度，结果偏头痛者血小板静息态和激活态游离钙均高于对照组，凝血酶刺激后游离钙上升时间也明显较对照组缩短。昆明市一院[10]用TCD监测80例偏头痛颅内血流速度，老年组平均血流速度、收缩峰及舒张末期流速均比青年组快。提示老年患者有不同程度动脉硬化致血管痉挛、弹性减低。浙江省医院[11]用TCD检查偏头痛患者，结果示男、女颅内主要动脉血流动力学总体改变基本一致，但男性血流加快者较少，女性血流加快者较多。山东沂水中心医院[12]用TCD检查儿童偏头痛40例，其中29例血流加快，3例血流减慢，2例后循环流速加快而前循环流速减慢。作者认为对脑电图异常的头痛患儿应行TCD检测，凡有动脉痉挛者则不宜拟诊为头痛型癫痫。解放军309医院[13]对偏头痛的TCD研究表明，典型偏头痛发作期患侧大脑中、后动脉流速明显加快；普通型偏头痛发作期健侧和患侧平均血流速度无显著差异。说明两型偏头痛发病机理可能有本质区别。长沙湘雅医院[14]报道106例普通型偏头痛患者，其中61例眼震电图异常，26例丛集性头痛者有23例异常。表明丛集性头痛眼震电图异常率明显高于普通型。西安西京医院[15]用UBI治疗26例病程长、药物治疗无效的功能性头痛患者，有效率100%，优良率56%。其机制是UBI改善了血液流变性，使组织供血供氧改善，解除了血管痉挛。海军总院[16]用英明格治疗偏头痛31例。14例服药1次缓解，4例服药2次，12例用药3次，1例用药6次，2小时内头痛完全消失者占51.56%；治疗5例丛集性头痛，3例即刻缓解，2例无效。解放军252医院[17]研究偏头痛患者外周血中血小板超微结构，示血小板形态多样，体积不均匀，体积较大的血小板增多，较多的血小板伸出伪足，末端膨大彼此粘连，形成较多聚集体。说明患者血小板处于激活状态，粘附性增加。北京宣武医院[18]对100例偏头痛患者的脑电地形图分析表明，患者的平均功率值明显高于对照组，尤其是δ频带。提示偏头痛患者确实存在着脑功能障碍。广东中医二院[19]报道川芎嗪治疗偏头痛后，颅底动脉血流速度明显下降。说明用药后脑血管扩张，症状改善显著。南京军区福州总院[20]用地奥心血康治疗偏头痛，用药1～3个月，发作次数明显减少，血小板聚集率明显下降。福州医学院一院[21]用^{99}Tc-六甲基丙二胺肟和Novo-810高分辨率SPECT仪测定60例次偏头痛患者丘脑血流量。结果表明先兆偏头痛组相对放射性计数百分率明显升高，其中单纯视觉先兆组上升无显著差异，而以偏瘫、偏身感觉障碍为先兆偏头痛组相对放射性计数百分率明显升高其中单纯视觉先兆者上升非常显著。南京军区南京总院[22]报道高分辨率头颅CT冠状薄层扫描、头颅MRI及气脑造影均对空蝶鞍综合征(ESS)有诊断价值，但有假阴性。凡拟诊垂体瘤者应排除ESS，以避免不必要的手术。南京市脑科医院[23]用枕动脉和枕肌进行小脑表面贴敷，治疗小脑共济失调。术后3～7天大部分患者症状明显改善。个别病程长、年龄大、后组脑神经障碍明显者效果较差，甚至无效。白求恩医大一院[24]报道30例流行性腮腺炎并发急性小脑性共济失调。患者多于发热、腮腺肿大后7～10天出现头晕、走路不稳、眼球震颤、语音不清和意向震颤，用抗病毒和激素治疗有效，无后遗症。上海医大[25]报道3例短暂性全面性遗忘，均无高血压、癫痫等病史，表现为单独的近事记忆严重缺失和遗忘，不超过24小时，发作中及发作后无明显神经体征，发作后完全恢复，与TIA症状和预后不同。北京宣武医院[26]报道24例POEMS病。与国外文献比较，伴发骨髓瘤比例明显偏低，而阳痿、闭经、男性乳房增大多见，周围神经损害、皮肤改变等主要特征一致。江西庐山疗养院[27]用维生素E治疗2例不安腿综合征，症状消失，追踪1年无复发。四军医大一院[28]用法国洛斯药厂研制的活血素(Vasobral)治疗8例不安腿综合征，总有效率为75%，个别患者用药后有腹部烧灼感。北京医大三院[29]报道不安腿综合征一家系，连续三代23人均发病(100%)，遗传方式为常染色体显性遗传，外显率为100%。初发年龄多在19～25岁，并有延迟显性遗传特征。而徐州精神病院[30]报道不安腿综合征一家系连续三代发病，每代发病年龄递减10岁左右，属常染色体单基因显性遗传，有早发现象。广州珠江医院[31]用133Xe吸入法测定44例经CT或MRI证实无结构异常改变的中枢性眩晕者rCBF，发现59.1%患者血流量下降，其中发作期

rCBF明显低于间歇期，且发作期和间歇期均明显低于正常人。厦门医药所[32]分析338例老年眩晕患者，血小板聚集率显著高于正常人群，用抑制血小板聚集药能减轻症状。承德医学院附院[33]报道20例痛性眼肌麻痹，除1例眶部疼痛外，全部有动眼、滑车、外展神经麻痹，其中并有三叉神经1、2支损害者占35%，用肾上腺皮质激素4个月治愈。北京天坛医院[34]分析62例眼外肌麻痹病因，炎症占24例，糖尿病引起者占12%，脑干血管病占8例，眼肌麻痹性偏头痛4例，颅内动脉瘤3例，海绵窦动静脉瘘3例，颅内肿瘤3例，SAH继发蛛网膜粘连1例，未明原因者3例。华西医大一院[35]分析40例动眼神经麻痹原因，后交通动脉瘤20例，颅内颈内动脉瘤4例，脑肿瘤4例，眼肌型重症肌无力3例，脑干梗死2例，眼肌麻痹性偏头痛2例，海绵窦炎及眶上裂综合征各1例，未明原因3例。北京协和医院[36]用A型肉毒毒素局部注射治疗10例痉挛性斜颈，19例偏侧面肌痉挛，7例眼睑痉挛和3例Meige综合征。随访5～13个月，症状明显改善者占82.1%，疗效持续6～26周，3～6个月后重复注射仍有效。其中12例出现轻微并发症，包括眼睑下垂2例，面肌力弱7例，视物模糊1例，吞咽困难1例和体重下降1例。西安市医院[37]用肉毒杆菌毒素治疗偏侧咬肌痉挛1例。于患侧颞肌、咬肌分别注射15、30国际单位，症状消失，随访2个月无复发。杭州邵逸夫医院[38]用A型肉毒杆菌毒素局部注射治疗106例面肌痉挛，随访6个月，多数病例在注射24小时内症状改善，1周内痉挛解除，其中完全缓解96例，部分缓解10例，以局限性眼睑痉挛效果最佳。宁德地区一院[39]报道5例僵人综合征，均有语音含糊，颈肌痉挛和张口困难，3例有吞咽困难，1例有呼吸困难，3例双上肢痉挛，3例双下肢痉挛，2例角弓反张，3例腹肌僵硬。用安定治疗，日剂量80～180mg，平均132mg。治疗后4例痊愈，1例死亡。广东梅州嘉康医院[40]报道4例周期性嗜睡贪食综合征，特点为周期性嗜睡，发作期情绪和行为异常，每次发作历时数天，青春期后可减少发作直至自愈。香港中文大学医学院[41]检查9例发作性睡病，均为HLA-DR2阳性型，也是HLA-DQW1阳性。济南军区济南总院[42]用放免法测定52例偏头痛患者血浆内皮素含量，在各病程阶段明显高于对照组，头痛发作期明显高于间歇期，不同头痛病程之间无显著差异。重庆西南医院[43]报道1例Meige综合征。表现为眼睑、面部肌肉痉挛，挤眼、皱额、咬牙、吐舌、苦笑、抬头、俯首，每次历时数秒至数分钟。用氟哌啶醇治疗1月余，症状缓解。上海长征医院[44]报道2例肌阵挛性小脑协调不良症，用氯硝安定治疗，例1抽动症状和共济失调均好转，例2仅表现抽动减少而共济失调症状无变化。天津市儿保所[45]报道80例儿童抽动症，学龄儿童70例，其中7～9岁56例，占80%。用氟哌啶醇治疗40例，29例有效；泰必利治疗28例，20例有效；行为矫治12例，9例有效。宁德地区二院[46]报道42例抽动-秽语综合征，起病年龄6～13岁。其中24例以氟呱啶醇＋安坦治疗，显效11例，有效8例，好转5例；用肌苷加少量氟呱啶醇治疗18例，显效13例，有效4例，好转1例。两组疗效无差异。苏州医学院儿童医院[47]用左旋千金藤啶碱治疗36例抽动-秽语综合征，用药2～5年，总有效率80.55%，随访期间无复发，且无明显毒副作用。西安西京医院[48]报道110例抽动-秽语综合征，均有不自主抽动和发声，17.27%患者有秽语，5.45%患者有模仿语言，脑电图异常率为42.73%。泉州市儿童医院[49]用可乐定治疗5例抽动-秽语综合征，疗程3～6个月，随访6～11个月。运动抽动完全控制者2例，基本控制2例，1例停药后复发；发声抽动基本控制3例；伴有行为障碍者行为改善不明显。温州医学院一院[50]用TCD动态检测48例抽动-秽语综合征，病初期多组动脉平均血流速度异常增快，以大脑中动脉为最明显，且与症状严重性密切相关，用尼莫地平连服1个月后症状和脑血流速度均得以改善。西安西京医院[51]分析110例抽动-秽语综合征临床和脑电图资料，发现多发性不自主抽动与不自主发声的严重程度间无相关性；秽语的出现与抽动和发声的严重性间有一定相关性，秽语和模仿言语的发生密切相关，脑电图异常率42.73%，秽语的出现与脑电异常相关。洛阳市二院[52]报道13例Sluder综合征（蝶腭神经痛），易误诊为三叉神经痛。本病多继发于蝶窦炎及其他感染，疼痛以鼻根部多见，无明显感觉障碍和板机点。用地塞米松＋利多卡因局封太阳、四白、迎香、下关等穴有效。北京协和医院[53]*报道262例腕管综合征(CTS)，中老年女性发病高，常见症状为手的痉挛和麻木，夜间重，甩手活动可减轻；选择性腕远端正中神经SCV、MCV异常为诊断CTS的必须条件。

（张社卿　谢惠君）

参考文献

[1] 张志坚等．临床神经 1996;9(2):74

[2]* 杨晓苏等．临床神经 1996;9(1):28

[3] 孟庆莲等．临床神经 1996;9(1):37
[4] 许贞峰等．临床神经 1996;9(4):232
[5] 陈 权．中风与神经 1996;13(2):112
[6] 陈自安等．临床神经 1996;9(2):114
[7] 孙荣青等．河南医大学报 1996;31(2):82
[8] 周国庆等．临床神经 1996;9(2):93
[9] 邵 明等．中华神经精神 1995;28(5):293
[10] 罗晓惠等．云南医药 1996;17(4):264
[11] 陆 行等．浙江医学 1996;18(4):211
[12] 赵振宇等．临床儿科 1996;14(2):138
[13] 耿晓非等．中国超声 1996;12(10):17
[14] 石 明等．临床神经 1996;9(5):280
[15] 姚暴英等．陕西医学 1996;25(8):457
[16] 余 海等．中国实用内科 1996;16(5):306
[17] 王冬娜等．中华医学 1996;76(8):604
[18] 王素珍等．中华神经 1996;29(1):49
[19] 龙允杰等．广东医学 1995;16(11):768
[20] 穆军山等．新药与临床 1995;14(6):358
[21] 张志坚等．中华核医学 1995;15(4):236
[22] 杨纶先等．中华神经 1996;29(2):79
[23] 高肇昌等．功能性和立体定向神经外科 1995;8(4):32
[24] 黄 炎等．中风与神经 1996;13(4):236
[25] 俞丽云等．上海医学 1995;18(12):726
[26] 詹淑琴等．中华神经精神 1995;28(5):309
[27] 梁煜光．江西医药 1996;31(4):245
[28] 粟秀初．临床神经 1996;9(5):286
[29] 杨志杰等．中国实用内科 1995;15(11):661
[30] 韩九锡．江苏医药 1995;21(11):783
[31] 庄晓荣等．中风与神经 1996;13(1):11
[32] 朱 贤等．福建医药 1996;18(2):92
[33] 俞子彬等．脑与神经 1996;4(2):95
[34] 孟 利等．中国实用内科 1996;16(6):359
[35] 李 玲等．华西医学 1996;11(1):6
[36] 汤晓芙等．中华神经 1996;29(2):111
[37] 杨韩妮等．临床神经 1996;9(5):301
[38] 胡兴越等．中国神经精神 1996;22(5):311
[39] 潘彬政．福建医药 1996;18(4):52
[40] 何柏端等．临床精神医学 1996;6(4):237
[41] 荣润国等．上海精神医学 1996;新 8(1):1
[42] 陈春富等．中风与神经 1996;13(2):86
[43] 陈康宁等．三军医大学报 1996;18(2):118
[44] 黄 坚等．中华医学遗传 1996;13(1):59
[45] 于淑琴等．天津医药 1996;24(10):630
[46] 陈秀莺等．福建医药 1996;18(4):63
[47] 吴美倩等．苏州医学院学报 1996;16(2):323
[48] 王家华等．陕西医学 1996;25(5):263
[49] 周延安．中国实用儿科 1996;11(2):98
[50] 张 旭等．脑与神经 1996;3(4):223
[51] 王家华等．临床神经 1996;9(3):162
[52] 张丽雅等．临床神经 1996;9(1):17
[53]* 卢祖能等．中华神经 1996;29(2):115

十一、其他

福建老年医院[1]对 60 例成人应用韦氏智力量表进行总智商(IQ)、操作智商(PIQ)及言语智商(VIQ)检测。结果 60 岁以上年龄组存在 IQ、PIQ 及 VIQ 智商下降趋势，显示脑功能衰退。北京医大[2]用计算机对 114 例失语症患者 CT 图像做标准化处理，再对标准化后 CT 平面做三维重建。结果表明各型失语症的病灶部位很集中，但各型间集中处不同。经皮层性失语(TCA)指的是分水岭区病变，引起以复述功能相对保留为特征的一类失语。新疆石河子市医院等[3~5]分别对经皮层感觉性失语(TCSA)、经皮层运动性失语(TCMA)及经皮层混合性失语(IA)进行了报道，并对其产生原因、脑部定位进行了详尽的讨论。北京医大一院[6]分析 52 例后部失语患者的书写障碍，并对其字词书写障碍的特点进行了讨论。该院[7]还研究了 34 例首发急性脑血管病患者的语言功能与 CT、SPECT 的结果，发现左皮质下单发病灶的 25 例中，21 例有失语症。其中 15 例 SPECT 示左皮质区低灌注，表明不同失语类型与 rCBF 低灌注部位有关。河南鹤壁矿务局总院[8]分析了 25 例多系统萎缩(MSA)，其中橄榄桥小脑萎缩(OPCA)15 例，Shy-Drager 综合征(SDS)8 例，纹状体黑质变性(SND)2 例。临床发现 OPCA 以共济失调为主，SDS 以自主神经症状为主，SND 主要以帕金森综合征为主。临床、MRI、BAEP 三者结合可提高 MSA 的早期诊断。苏州医学院二院[9]将 137 例各种病因所致的大脑半球软化病灶患者分为丘脑萎缩组(77 例)和对照组(60 例)，分析脑软化病灶的形态学特征与丘脑萎缩的关系。良性颅内高压是一组病因、病理机制未明、以颅内压增高为特征的疾病。广西北海市医院等[10,11]认为当腰穿压力增高且 CSF 成分正常、脑扫描又无异常时，应考虑为良性颅内高压症。脑病内脏脂肪变性综合征(Reye 综合征，简称 RS)是以严重弥漫性大脑水肿，肝、肾、胰等内脏脂肪浸润及变性为主要病理改变疾患。马鞍山钢铁公司医院[12]、潮州市医院[13]报道 12 例临床以急性脑病与肝功能不全为表现，尸检证实为脑水肿与内脏脂肪变性患者。济南军区总院[14]测定 80 例脑萎缩患者局部脑血流量(rCBF)，并与 CT 结果作了相关分析。发现脑萎缩患者存在大脑皮质低灌注现象，rCBF 值与 CT 检查的脑沟宽度显著相关，rCBF 降低区域与CT显示的脑萎缩部位相一致。天津医学院附院[15]对56例OPCA患者及30例正常对照的CT表现进行定量研究。结果显示56例中，仅3例CT正常，余53例的脑桥前池宽度、第4脑室宽度比值及脑桥小脑角池宽度均明显大于对照组，而脑桥体部宽度比值明显小于对照组。因此，OPCA更符合弥漫性脑萎缩。苏州市三院[16]采用高压氧治疗8例因脑缺氧所致的脑发育不全患儿，7例智商均有不同程度提高，1例病因不明者疗效差。大同市五院[17]分析了11例自发性低颅压患者的临床表现及腰穿结果，提示自发性低颅压临床表现复杂多样，甚至与脑血管病并存，难以确诊，认为腰穿检查是诊断本病的唯一可靠的方法。中国医大一院[18]对45例成人Arnold-Chiari畸形(ACM)病人进行分析，主要分3种征候群：(1)枕骨大孔压迫；(2)脊髓中央受损；(3)小脑受损。MRI是为诊断及选择术式的重要参考依据。北京军区总院[19]*报道患者51例，全部病例均经MRI证实并进行颅后窝减压术或空洞蛛网膜下腔分流术。蚌埠医学院附院[20]报道70例经CT扫描证实的透明隔腔。资料表明：透明隔腔常与脑中线结构先天发育异常并存，临床上可以出现头痛、癫痫等神经系统症状，症状产生与占位效应和继发的脑积水、侧脑室扩大有关。上海新华医院[21,22]报道儿童胼胝体发育不全的CT诊断及临床表现。CT特点是(1)大脑纵裂异常；(2)侧脑室前角平直、分离；(3)室间孔分离；(4)第3脑室扩大；(5)枕角扩大。临床主要表现癫痫、智力迟缓、运动发育落后。依靠CT能够作出正确的诊断。脑灰质异位症(HGM)是一种极罕见的先天性畸形，为胚胎发育异常所致。山东潍坊青州医院等[23～26]报道本症主要表现为癫痫、精神发育迟滞及运动障碍。影像学检查是诊断主要手段，无特殊疗法。上海瑞金医院[27]报道Kallmann综合征3例，临床以嗅觉障碍、性腺发育不良、促性腺激素缺乏为主，多为X连锁或常染色体显性或隐性遗传。治疗除用绒毛膜促性腺激素(HGG)、雄激素外，还推荐用黄体生成素释放素(LHRH)皮下脉冲式给药，疗效显著。山东济宁市一院[28]应用A型肉毒杆菌毒素局部注射治疗Meige综合征12例，取得较好效果。杭州邵逸夫医院[29]用局部注射A型肉毒杆菌毒素治疗38例头颈部肌张力不全，取得满意疗效，其显效率和平均作用时间分别为：眼睑，89%和13.82周；颈肌，76%和12.46周：口颌部，73%和12.74周。兰州军区总院[30]运用肉毒毒素A局部注射治疗面肌及眼睑痉挛38例，收效颇佳。Melkersson综合征又称复发性唇面肿胀面瘫综合征，国内少有报道。武汉同济医院[31]报道1例，诊断主要依据复发性面瘫、唇面肿胀、皱襞舌三主征，诊断要与血管神经性水肿、面神经麻痹、Mobius综合征进行鉴别。山西医学院二院[32]采用大剂量免疫球蛋白治疗202例癫痫、脑动脉疾病及多发性神经根炎患者。治疗组有效率87.62%，明显高于对照组(51.56%，$P<0.01$)，说明用免疫球蛋白治疗优于传统方法。中国医大一院[33]*用ELLSA法对28例急性炎性脱髓鞘性多发性神经根神经病(AIDP)患者血清中髓鞘脂抗体进行测定，发现患者血清中髓鞘脂抗体水平的下降与临床症状的改善相一致。该院[34]还用MTT比色分析法对21例AIDP病人及21名健康对照者血浆IL-2活性进行测定。结果表明AIDP者急性期IL-2明显高于健康对照组。提示IL-2增高可能在AIDP疾病发展中起重要作用。福建省医院等[35,36]运用高压氧对Bell麻痹患者进行治疗，并分单纯高压氧、配合针灸以及配合药物3个组进行疗效对照观察。结果提示在疾病早期以高压氧配合皮质激素进行治疗的效果最佳。解放军222医院[37]应用电刺激法研究40例正常学龄儿童的瞬目反射，分析眼轮匝肌快反应的形态、各波的潜伏期、时程、波幅，制定出正常值。瞬目反射检查可作为诊断多种脑干障碍和三叉神经、面神经病变的方法。苏州医学院一院[38]测定51例Bell麻痹脑干听觉诱发电位。结果1/3异常，主要表现为Ⅲ波PL及Ⅰ-ⅤIPL和Ⅰ-Ⅲ IPL延长。说明有些Bell麻痹病变范围实际上不仅限于面神经管内段。儿童脑性瘫痪是一种严重致残性疾病，南京市脑科医院等[39～45]分别报道用脊神经根高选择性切断术，通过降低痉挛、增加关节活动范围而达到改善功能的目的，认为单纯两下肢肌肉痉挛为最佳适应证。广州铁路医院[46]用素高捷疗针治疗小儿脑性瘫痪。每次将2～5ml素高捷疗加入到10%葡萄糖100ml中静滴，每天一次，连续4～6周为一疗程，配合其他神经营养药，疗效满意，未发现副作用。苏州医学院儿童医院[47]对54例小儿脑瘫采用运动功能锻炼、脑活素或胞二磷胆碱穴位注射、针刺等综合疗法，近期总有效率为81.5%。Sturge-Weber综合征系一种少见的脑部血管和颜面皮肤血管的先天发育异常，湖南医大二院[48]结合文献报道3例。山东医大附院[49]对35例神经系统自体免疫疾病患者进行泪腺细胞学检查。发现神经系统自体免疫疾病患者存在粘膜病毒感染和粘膜免疫反应。西宁市一院[50]应用声导抗仪对29名正常人及30例单侧Bell面瘫病人进行比较研究，发现患侧镫骨肌反射阳性率在发病初约为10%，表明该面瘫的病变部位多发生在镫骨肌支近端处。上海新华医院[51]对周围性面瘫309例进行随访分析，表明应用面神经

刺激仪进行面神经兴奋试验对早期判断预后很有帮助。北京顺义医院[52]报道2例一个半综合征，其临床表现为病灶侧眼球不能内收和外展，健侧眼球内收不能。中国医大[53]报道4例头颈部肿瘤患者经放射治疗后出现迟发性放射性脑坏死，预后较差。因此，应强调对放射性脑坏死的预防、早期诊断和早期治疗。广州市精神病院[54]应用利他林治疗去大脑皮质状态，取得一定效果。中山医大一院[55]结合临床铜生化检测结果，应用分子生物学技术对6个Willson疾病(WD)家系进行检测。结果表明视网膜细胞瘤易感基因(Rb)的标记探针P68RS2.0标记有助于WD基因的筛选，但并不是唯一的诊断依据。上海华山医院[56]报道1例并发脊髓肿瘤的Isaacs综合征。主要表现两下肢阵发性肌肉痉挛、持续性肌颤搐，并出现两下肢无力、麻木。肌活检示神经源性肌萎缩。手术切除肿瘤，病理报道为星形胶质细胞瘤。北京军区总院[57]观察了雷公藤总萜、转化生长因子β(TGF-β)、肿瘤坏死因子(TNF)及地塞米松对实验性过敏性脑脊髓炎(EAE)豚鼠发病情况的影响。发现TGF-β和雷公藤总萜的作用与TNF相反，可使发病率降低，而且减轻病情；地塞米松作用轻微。哈尔滨医大[58]比较了胎脑组织块和细胞悬液脑实质内移植结果。表明细胞悬液移植法优于组织块移植法，成功率高，方法简便，适于脑移植的基础研究和临床应用。重庆大坪医院[59]采用放免法和斑点杂交法监测犬双后肢低、高速投射物伤后血浆、脑脊液、海马、下丘脑和颞叶灰、白质内皮素(ET_1)含量的动态变化。结果提示远离大脑局部致伤后神经-体液ET_1含量变化有其自身规律和内在联系，在CSF应变效应病理生理的发生、发展过程中可能起持续而重要的作用。白求恩医大一院[60]观察中枢胆碱能系统损害所致的Alzheimer病模型中不同时期脑组织自由基水平的变化。结果表明时间越长，中枢胆碱能系统变性越重，自由基代谢紊乱也越明显。上海仁济医院[61]用小鼠神经母细胞实验模型，以氨基酸自动分析术观察神经降压素(NT)对实验性神经细胞内氨基酸类神经递质的影响。结果表明NT降低兴奋性氨基酸天门冬氨酸(ASP)和谷氨酸(Glu)含量的作用可能是其延缓实验性神经细胞老化的机制之一。海军总院[62]采用微量注射法在猫脊髓内注射不同体积和浓度的伊文思蓝液，发现染料在中枢神经组织中的扩散范围与注射体积有关，而与伊文思蓝的浓度无关。本研究为功能性疾病靶点验证时注入利多卡因的体积和浓度提供了参考依据。白求恩医大一院[63]采用生后24小时内的Wistar大鼠皮层神经细胞进行体外原代培养，观察Asp对神经细胞的毒性作用。发现Asp介导的内源性NO合成增加可能是其产生神经细胞毒性的主要途径。解放军总院[64]*用同位素^{45}Ca测定大鼠突触体内游离钙浓度，探讨了腺苷对高钾、NMDA、Glu等刺激所致的Ca^{2+}内流增加的影响。结果发现腺苷对缺血性脑损伤具有保护作用。长沙湘雅医院[65]用百日咳杆菌注射大鼠左颈内动脉造成急性感染性脑水肿模型。结果表明注菌组左脑含水量较正常组和盐水组显著增高，且注菌侧脑明显蓝染，提示本模型主要系血管源性脑水肿。哈尔滨医大[66]观察大鼠服用超氧化歧化酶(SOD)后脑组织中过氧化脂质(LPO)和SOD水平的变化。发现LPO和SOD含量在高剂量组和低剂量组分别较对照组有显著差异，为口服SOD临床应用提供了依据。湖南医大[67]开展大鼠顶叶内胎脑皮质移植微循环重建的研究。结果表明移植物与宿主脑之间成功地建立了微循环，移植物内的毛细血管具备血脑屏障的某些基本结构。医科院基础所[68]通过对^3H-精氨酸转化生成^3H-胍氨酸的量效和时效以及各种影响因素的研究，建立了可以分别测定原生型一氧化氮合酶和诱生型一氧化氮合酶活性的测定体系。重庆新桥医院[69]采用核酸斑点杂交定量法和放射配体饱和分析法，分别测定了6-羟基多巴胺(6-OHDA)损毁一侧黑质纹状体通路后同侧黑质内NMDA受体mRNA含量及纹状体内NMDA的受体密度，发现NMDA受体密度于早期减少，说明NMDA受体位于该通路神经纤维的突触前膜。

（吴晓华　郑惠民）

参 考 文 献

[1] 叶新彪. 福建医药 1996;18(3):21

[2] 周宇菲等. 中国神经免疫神经病学 1996;3(2):99

[3] 李 华. 中风与神经 1995;12(6):371

[4] 王长青等. 安徽医学 1996;17(3):57

[5] 谢汝萍等. 北京医大学报 1995;27(6):414

[6] 高素荣. 中风与神经 1996;13(2):72

[7] 高素荣等. 北京医大学报 1995;27(6):407

[8] 王会喜等. 中国实用内科 1996;16(5):279

[9] 龚建平等. 中华神经 1996;29(1):42

[10] 邱建芬. 广西医学 1996;18(4):464

[11] 李光乾等. 临床儿科 1996;14(2):90

[12] 刘秀英等. 安徽医学 1995;16(6):21

[13] 唐湘霞. 广东医学 1996;17(7):502

[14] 陈春富等. 中华核医学 1996;16(3):199

[15] 戴志华等．中华神经精神 1995;28(5):300
[16] 凌　凯等．苏州医学院学报 1996;16(1):76
[17] 刘友诚等．山西医学院学报 1996;27(1):60
[18] 张士刚等．中国医大学报 1995;24(5):542
[19]* 马稚如等．中华神经外科 1996;12(5):308
[20] 张郁文等．新医学 1996;27(10):527
[21] 李玉华等．中华放射 1996;30(2):94
[22] 王治平等．临床儿科 1996;14(2):87
[23] 李丙选等．脑与神经 1996;4(3):171
[24] 孙若鹏等．临床儿科 1996;14(2):88
[25] 文海斌．脑与神经 1996;4(3):183
[26] 孙圣刚等．中华神经 1996;29(2):82
[27] 孙文鑫等．临床儿科 1996;14(2):123
[28] 赵长地等．脑与神经 1996;4(1):50
[29] 胡兴越等．临床神经 1996;9(5):281
[30] 韩筱玉等．人民军医 1996;(8):39
[31] 邹晓毅等．临床神经 1995;8(6):347
[32] 金俊英等．山西医学院学报 1996;27(1):54
[33]* 沈雪莉等．中国医大学报 1996;25(1):50
[34] 任　艳等．脑与神经 1996;4(2):84
[35] 季晓林等．脑与神经 1995;3(4):240
[36] 黄志强等．人民军医 1995;(10):54
[37] 周家琳等．临床脑电学 1996;5(2):95
[38] 金　蕾等．苏州医学院学报 1996;16(2):231
[39] 陈国志等．功能性和立体定向神经外科 1995;8(3):14
[40] 郑清华等．人民军医 1995;(11):25
[41] 方沁元等．苏州医学院学报 1996;16(5):962
[42] 杭健育等．功能性和立体定向神经外科 1995;8(3):31
[43] 马德民等．内蒙古医学 1996;16(4):225
[44] 张国川等．河北医大学报 1996;17(5):270
[45] 谭金月等．功能性和立体定向神经外科 1996;9(2):34
[46] 黄向军等．广东医学 1996;17(9):591
[47] 黄寒霞等．苏州医学院学报 1996;16(4):693
[48] 肖恩华等．实用放射 1996;12(5):302
[49] 刘梅仕等．山东医药 1996;36(2):3
[50] 王桂林等．青海医药 1995;25(10):7
[51] 朱雪敏等．上海二医大学报 1996;16(4):370
[52] 姜兰香．中风与神经 1996;13(3):187
[53] 陈淑兰等．中国医大学报 1996;25(3):293
[54] 童振杰．广州医药 1996;27(4):9
[55] 徐评议等．中山医大学报 1996;17(1):12
[56] 朱国行等．临床神经 1996;9(1):47
[57] 戚晓昆等．中华神经精神 1995;28(6):363
[58] 李　晶等．哈医大学报 1996;30(1):15
[59] 陈曼娥等．中风与神经 1996;13(4):196
[60] 马涤辉等．脑与神经 1996;4(1):4
[61] 孙晓江等．上海医学 1996;19(3):132
[62] 周东学等．功能性和立体定向神经外科 1995;8(4):11
[63] 吕晓红等．中风与神经 1996;13(4):194
[64]* 陶　沂等．中华神经精神 1995;28(5):306
[65] 陈　翔等．湖南医大学报 1996;21(3):214
[66] 韩庆宏等．哈医大学报 1996;30(1):11
[67] 雷德亮等　湖南医大学报 1996;21(1):9
[68] 强文安等．中华医学 1996;76(8):567
[69] 杨　辉等．三军医大学报 1996;18(3):206

文　选

椎基底动脉系统短暂性脑缺血发作的临床和MRI分析（北京医学 1996;18(4):195）北京医大三院沈扬等对68例椎基底动脉系统短暂性脑缺血发作(TIAs)患者进行临床和MRI分析，以提高对椎基底动脉系统TIAs脑梗死的认识。68例中男38，女30，年龄27～74岁。临床确诊椎基底动脉TIAs28例，"可能椎基底动脉TIAs"40例。根据MRI检查，分梗死组和非梗死组。梗死组18例，梗死范围在脑干和小脑，头颅CT检查均为阴性；非梗死组40例。梗死组中10例(55.6%)、非梗死组18例(36%)确诊为TIAs，两组间的临床表现、发病诱因以及相关危险因素均无显著性差异，而TIAs发作的平均时间和扫描前的发作平均频率前者明显高于后者。作者认为：MRI判断椎基底动脉系统TIAs脑梗死的发生率是目前最为准确的方法；它能避免CT诊断有短暂性神经体征的脑梗死(CITS)时出现的假阴性和假阳性结果；CITS的形成与缺血区域脑组织因侧支循环丰富未发生完全性的神经细胞坏死有关；"可能椎基底动脉系统TIAs"在很大程度上就是椎基底动脉系统TIAs，只不过是临床医师未找到确诊依据而已；TIAs时，脑缺血发作的持续时间及发作频率与梗死的发生呈正相关，短时间内相同症状频繁发作(＞3次/日)或每次发作时间＞1小时应高度怀疑腔隙性脑梗死。

（赵　瑛）

急性脑梗死病人血浆中NO含量变化及其临床

意义的研究(中风与神经 1996;13(5):258)白求恩医大李恩民等采用改进的 Griess 法测定脑梗死(CI)急性期和恢复期以及非 CI 病人血浆中一氧化氮(NO)含量,结合血浆中 cGMP、内皮素、维生素 E、维生素 A 以及脂质过氧化物等与 NO 相关物质的变化,探讨 NO 在 CI 中的临床意义。急性期组(病程在 5 天以内)56 例,男 39,女 17,平均年龄 61.4 岁;恢复期组(病程在 21 天以上)17 例,男 12,女 5,平均年龄 59.9 岁;对照组 12 例,男 8,女 4,平均 58.8 岁。结果 CI 急性期组病人血浆中 NO 含量、cGMP 和 ET 含量均显著高于恢复期组和对照组,尤以 NO 明显。伴有高血压的 CI 急性期病人 NO 含量高于非合并高血压者。CI 灶体积大、病情重者 NO 含量更高;而维生素 E、维生素 A 含量显著低于恢复期组和对照组;后两组比较无明显差异。作者认为 CI 急性期血浆 NO 含量升高应首先考虑是一种代偿性变化。NO 增高导致 cGMP 大量生成,最终使血管平滑肌发生舒张运动,以减轻脑缺血程度;另一方面,NO 作为一种自由基,在大量生成的情况下必然会表现出种种病理损伤作用。因此,CI 急性期时 NO 的继发性脑损伤作用不容忽视。而血管内皮细胞中 NO 合成酶催化产生 NO 可能是 CI 病人急性期时血浆中 NO 含量升高的主要机制之一。

(赵　瑛)

老年脑缺血患者颅外段颈动脉的 Duplex、MRA、DSA 检查结果分析(附 105 例报道)(心肺血管病 1996;15(1):4)　上海中山医院叶建荣报道 105 例老年脑缺血患者颅外段颈动脉彩色超声(Duplex)或/和磁共振造影(MRA)、DSA 以及手术探查的检查结果。105 例患者中,男 81,女 24,年龄 45～83 岁。分成两组:甲组(TIA)患者 77 例,乙组(CT 证实的脑梗死)患者 28 例;其中 85 例行颈动脉 Duplex 检查,29 例作了 MRA 检查,11 例作了 DSA,4 例通过手术探查证实颈动脉的狭窄度。根据上述检查将颈动脉的情况分成 4 个等级:(1)无狭窄与斑块;(2)1～30(%)狭窄;(3)31～70(%)狭窄;(4)71～100(%)狭窄。结果:甲组发现颈动脉不同程度斑块性狭窄者 44 例(51.1%),乙组 14 例(50.0%),全组共 58 例(55.2%)。作者认为,颅外段颈动脉硬化狭窄处硬化斑块上微小的胆固醇粒子游离脱落或内膜溃疡上微血栓碎屑脱落是 TIA 的常见病因。因此,应重视对 TIA 患者进行广泛的颈动脉检查。临床研究表明,Duplex、MRA 是颈动脉狭窄较准确的无损伤性检查,可提高对 TIA 患者的病因诊断及治疗手段,而对脑卒中恢复患者应加做颈动脉检查。作者还提出,对颈动脉狭窄的 TIA 患者以及＞70%的颈动脉狭窄的脑卒中患者,急性期后应做颈动脉内膜剥脱术,以降低脑卒中的发生率。

(赵　瑛)

急性脑梗死抗氧化治疗的疗效观察(中华神经 1996;29(3):168)　天津医大总院陈洁丽等研究自由基清除剂在急性脑梗死中的作用。将 103 例急性脑梗死患者分为 3 组,一组为基础用药组(对照组):22 例,男 13,女 9,年龄 43～81 岁,给药前中枢神经系统(CNS)评分平均为 6.46,意识状态评分为 4.08,给予血塞通 0.4g 静脉滴注,每日 1 次;二组为基础用药加甘露醇组(甘露醇组):52 例,男 35,女 17,年龄 39～78 岁,给药前 CNS 评分平均为 5.95,意识状态评分为 3.90,给 20%甘露醇 250ml,每日 2 次,每分钟 30 滴,每次持续 1.5 小时以上,缓慢静滴,血塞通治疗同一组;三组为基础用药加 Vit C 组(Vit C 组):29 例,男 16,女 13,年龄 43～78 岁,给药前 CNS 平均评分为 5.87,意识状态评分为 4.26,给予 Vit C2g,每日 2 次静滴,血塞通治疗同一组。3 组疗程均为 14 天。结果:对照组与甘露醇组、Vit C 组疗效比较,在治疗后 7、14、21 天神经系统功能改善状况差异显著,后两组神经系统功能评分明显提高,尤以 14 天和 21 天;治疗后甘露醇组梗死灶亦较前减小。作者认为,小剂量甘露醇持续慢滴能使神经功能障碍减轻,梗死面积减小。机理并非通过其高渗脱水、降颅压作用,而是发挥其清除羟自由基、抑制脂质过氧化作用,从而减轻自由基所诱发的脑水肿,防止半暗带区组织不可逆性损伤,比大剂量 Vit C 更有效。因此,急性 CI 早期应用抗氧化药物,疗效是肯定的,在综合治疗中应受到足够的重视。

(赵　瑛)

易形成前交通动脉瘤的血管模式探讨(中华放射 1996;30(5):321)　北京宣武医院李慎茂等收集经手术证实的 22 例前交通动脉瘤,男 13 例,女 9 例,平均 48.6 岁。Seldinger 导管法全脑血管造影,发现 15 例双侧大脑前动脉由一侧颈内动脉供血,即一侧颈内动脉通过前交通动脉使双侧前动脉显影,而对侧颈内动脉仅供应中动脉,其前动脉第 1 段未显影;6 例双侧前动脉第 1 段均显影,但一侧十分纤细,该侧前动脉显影浅淡,而对侧前动脉为正常粗细或稍粗,造影时双侧前动脉显示良好,证明双侧前动脉的血供主要来自一侧;1 例为一侧前动脉自颈内动脉分叉后即闭塞,远端通过前交通动脉由对侧供血。作者以同期同样条件的 250 例非前交通动脉瘤的血管造影为对照,发现 223 例前动脉分别来自同侧颈内动脉,前交通动脉处于关闭状态;3 例双侧颈内动脉造影使双侧前动脉显影,前交通动脉处于开放状态;16例为一侧颈内动脉使双侧前动脉显影,对侧仅供应中动脉,前动脉不显影;8例为一侧前动肠第1段纤细,由对侧颈内动脉供血。作者认为前交通动脉瘤的双侧前动脉血供基本来自一侧颈内动脉。这种由于一侧前动脉第1段缺如、闭塞或纤细而致前交通动脉开放,以保证前动脉供血的现象占100%;而对照组中有此现象者仅占9.6%。形成一侧前动脉第1段不显影或纤细的原因是血管发生变异和血管闭塞。作者提出,动脉分叉处血流不均匀、血流量增大、高血压以及前交通动脉结构发育不良是形成前交通动脉瘤的原因,即是易形成前交通动脉瘤的血管模式。而造影显示此模式、但未见动脉瘤的原因可能是瘤内血栓形成、梭形改变、瘤破裂被凝血块包绕或破裂后血管痉挛。故脑血管造影具有此模式者,即使无SAH亦应警惕前交通动脉瘤的发生。

(李焰生)

高血压性脑出血外科治疗方式和影响疗效因素(中华外科 1996;34(3):160) 福建医学院陈锦峰等总结210例高血压性脑出血(CH)的外科治疗。男152例,女58例;病情分级:Ⅰ度11例,Ⅱ度25例,Ⅲ度63例,Ⅳa度69例,Ⅳb度38例,Ⅴ度4例;出血量<20ml 47例,21~50ml 73例,51~80ml 83例,>80m l7例;出血部位:基底核151例,皮质下36例,丘脑5例,小脑18例,破入脑室48例;手术时间<7小时12例,8~48小时102例,>48小时96例;手术方式为钻孔引流注入尿激酶82例,锥颅血肿碎吸37例,小骨窗开颅血肿清除36例,骨成型瓣开颅55例;存活率72%,Ⅰ~Ⅱ度组死亡1例,Ⅲ度组死亡5例,Ⅳ度组18例,Ⅴ度组均死亡。作者就CH外科治疗及其疗效的影响因素提出:皮质下和基底核出血两者预后较好;出血量<50ml的死亡率14.4%,远低于>50ml者;病情分级与疗效紧密相关,Ⅲ度者手术疗效优于非手术者,Ⅳ度手术者死亡率亦较非手术者低,Ⅴ度者则内、外科疗效均差;对于病情较重者,小骨窗开颅或骨成型瓣开颅的疗效明显优于穿刺或碎吸术,原因是前者清除血肿和减压彻底;鉴于该组行超早期手术者皆为危重而进展急骤的病例,故超早期手术疗效并不优于早期或择期手术者,不能显示超早期手术的优越性。作者同时指出,术后颅内压持续监护、减少术后再出血和脑内积气,积极防治肺部感染是影响手术疗效的重要术后因素。

(李焰生)

脑白质疏松的临床意义(中国神经免疫神经病学 1996;3(2):107) 北京医院秦绍森等收集40例痴呆症患者,其中老年性痴呆17例,血管性痴呆20例,混合性痴呆3例;120例非痴呆脑血管病,其中脑出血22例,皮质梗死32例,皮质下梗死21例,腔隙梗死45例;健康对照60例,其中老年前期(55~64岁)和老年期(>65岁)各半。CT或MR检出痴呆患者脑白质疏松(LA)的发生率为62.5%,其中老年性痴呆、血管性痴呆和混合性痴呆的发生率分别为52.1%、65.0%和66.7%;脑血管病LA的发生率为34.2%,其中脑出血、皮质梗死、皮质下梗死及腔隙梗死分别为36.4%、21.2%、9.5%和53.3%;健康人LA的发生率为15.0%,其中老年前期为6.7%,老年期为23.3%。作者指出,脑血管病组LA的发生率明显增高表明LA的发生与脑血管病变有密切关系。由于脑出血和腔隙梗死LA的发生率高于皮质和皮质下梗死,而前两者的主要原因是高血压等所致的小动脉硬化,故LA主要与小血管病变有关。脑室周围白质内小血管吻合少,血液循环差,若小血管有动脉硬化等病变易导致慢性缺血缺氧,使神经纤维脱髓鞘及坏死软化,在CT或MR上表现为LA。痴呆患者LA的发生率更高,其中血管性痴呆的LA可能与小血管病变有关,老年性痴呆的LA则可能系脑局部血液循环障碍造成低灌注所致。

述评 脑白质疏松(LA)是一影像学概念,其病理基础及临床意义尚未完全阐明。上文探讨痴呆及脑血管病的LA特征,有助于LA的深入研究。但伴有LA的疾病颇多,如脑部炎症、脑白质营养不良、多发性硬化、放射性脑病、高血压脑病、脑损伤及脑肿瘤等,唯有进行更广泛深入研究才能完全揭示LA的本质所在。

(邵福源)

实验性癫痫大鼠血清MBP、脑髓鞘MBP免疫组化和电镜研究(华西医大学报 1996;27(3):236) 华西医大基础医学院陈俊杰等为探索脑髓鞘及髓鞘碱性蛋白(MBP)与癫痫发病机理的相关性,采用简易的MBP ELISA检测实验性大鼠血清MBP含量,同时进行脑MBP免疫组化和髓鞘电镜观察。纯系SD雄性健康大鼠30只,随机分为最大电休克发作组(MES)、阈下电刺激组(STS)和正常对照组(NC)。结果示癫痫大鼠血清MBP含量(16.60±3.42ng/ml)高于阈下刺激组(8.75±2.34ng/ml)和正常组(7.20±1.90ng/ml,$P<0.05$),与临床癫痫患者血清MBP增高的结果类似;癫痫大鼠海马区MBP免疫组化和髓鞘电镜观察结果均显示部分区域原有髓鞘规则的多层膜结构松解、紊乱。实验结果表明癫痫不仅伴有髓鞘损害和脂质组成变化,同时还伴有蛋白质如MBP分子组成的变化和释出,从

而影响神经冲动精确定向和快速传导，这在癫痫的发病机理中起着重要作用。

（赵忠新）

多发性硬化的发作性症状（中华神经 1996；29(1)：26） 南京市脑科医院蔡兴秋等分析伴有发作性症状的多发性硬化(MS)26例，占同期MS住院患者的21.5%(26/121)。其中男7例，女19例，年龄12～55岁，病程35天～13年。26例中急性起病1例，亚急性起病11例，缓慢起病14例；病程中有缓解复发者23例，复发次数在1～8次之间。根据临床症状及体征分为脑型15例，脑脊髓型11例。全部发作性症状均经2名以上有经验的神经科医师核实认定。本组有7例在病程中出现两种发作性症状。发作类型为：癫痫11例(42.3%)，其中1例为首发症状；痛性强直发作9例(34.6%)，其中1例为首发症状；发作性复视、三叉神经痛及猝倒发作各3例(各占11.5%)；发作性视力障碍2例(7.7%)；发作性瘙痒及构音障碍各1例(各3.8%)，此2例均伴痛性强直发作。MS发作性症状的发生率各家报道不一，约为1.5%～17%，本组为21.5%，其中以癫痫和痛性强直较常见，共同特点是症状突然发生，突然停止，持续时间短暂，呈刻板式反复发作，有的可以是MS的首发症状，卡马西平等抗痉药物多可控制发作。发病机理可能是由于中枢神经系统脱髓鞘损害，使神经轴索纤维间冲动发生横向扩散所致。有些症状如癫痫、三叉神经痛等是MS非典型症状，但痛性强直、瘙痒及构音障碍则是特异性的，在其他疾病中较少见。识别发作性症状对MS的早期诊断具有重要意义。

（蒋建明）

述评 MS是一种波动、缓解的神经系统脱髓鞘疾病。临床上以反复刻板样、短暂性发作的癫痫、痛性强直、构音障碍为常见和以共济失调、三叉神经痛、复视、瘙痒、肌紧张及局灶性感觉运动不能等为少见首发或伴发的发作性症状，易与其他疾病相混淆，造成误诊。临床医生能识别这些发作性症状对MS的早期诊断具有指导意义。

（丁素菊）

Machado-Joseph病中国家系的临床和病理研究（中华神经 1996；29(5)：293）北京中日友好医院王国相等为探讨Machado-Joseph病(MJD)在国内发病情况，收集报道了1988年陆续发现的27个家系75例病例资料。该病属常显遗传，发病年龄5～38岁，分布遍及京、津、沪、冀、鲁、晋、皖、苏、浙、赣、陕、吉、辽、蒙、新、台等16个省市地区；有24个家系为汉族，回族、维族各有一家系，汉族与满族双重血缘也有一家系，无近亲结婚或中外通婚史。最大的家系六代75人中有MJD23例，女性14例，男性9例，平均25.5岁发病。先证者是汉、满通婚，属第五代，首诊时各为32岁和28岁，步行蹒跚，构音不清，语音低，鼻音重，眼睑后缩形成突眼，上视受限，有水平眼震，面肌与舌肌颤搐。下肢肌张力增高，腱反射亢进，Babinski征阳性，歪斜易倒。随访2年，症状加重，并有手足徐动，夜眠惊恐，有血缘亲属皆是卷发。MRI示脑干与小脑萎缩，电镜示有髓纤维减少。随访8年，一家系8例基因连锁分析，证实有共同的MJD致病基因，6例死于肺炎。2例尸检见脑干、小脑、脊髓萎缩，镜下神经元广泛变性，累及齿状核、脑干、神经根、脊髓小脑束、前角细胞等处。

述评 Machado-Joseph病始见于葡萄牙人种，近年来印度和日本也有发现，皆为常染色体显性遗传。据日本Takiyama等研究，基因位于第14对染色体长臂14q32.1，不同于其他类型的遗传性共济失调。80年代后期国内也曾发现，北京中日友好医院近又报道H、L、X、Y四个家系。此外，华西医大亦发现一家系四代11例，提示随国内外往来频繁，自由通婚，本病还可能有渐增趋向。

（宰春和）

青霉胺、锌剂治疗肝豆状核变性的疗效及对尿铜排泄作用的比较（上海医大学报 1996；23(5)：343）上海医大李乃忠等为比较青霉胺与锌剂治疗肝豆状核变性(HLD)的疗效及其对尿铜排泄的作用，采用阳极溶出伏安法测定病人24小时尿铜排泄量，尔后有χ^2检验和t检验分析资料。结果在69例用青霉胺与锌剂治疗HLD患者中，青霉胺治疗组有效率为94.2%，锌剂治疗组有效率为58.8%，治疗同期的尿铜排泄量青霉胺组显著高于锌剂组($P<0.01$)，说明青霉胺治疗效果优于锌剂，并且证实了青霉胺能驱除体内已蓄积过量的游离铜。

述评 肝豆状核变性是常染色体隐性(AR)遗传的铜代谢障碍，多见于儿童和青年。1912年Wilson首次报道，故又称Wilson病。临床治疗以排铜为主，青霉胺于1956年始用，与硫酸锌都是常用药。上文表明青霉胺从尿中排铜作用显著优于硫酸锌。

（宰春和）

242例小儿眼型重症肌无力皮质类固醇疗法远期疗效（中国神经免疫和神经病学 1996；3(1)：49）青岛医学院附院丛志强等选择242例小儿眼型MG，着重分析皮质类固醇(CS)远期疗效。病例选择：年龄≤14岁眼型MG患儿、药物试验阳性、接受CS单一正规治疗、至少完成2年随访。CS治疗方法：开始地塞米松5～10mg/d，静滴，症状恒定改善

3～5 天后改用泼尼松 0.8～1mg/(kg.d)，晨 1 次顿服。症状改善后每 1～2 个月减 5mg，渐减至维持量 5～10mg/d。症状消失无复发征象至少 3～6 个月可试停药。疗程：0.5～13.2 年，大多≤4 年（占 83.1%）。随访期：2～17 年，大多≥3 年（占 86.8%）。病程：4 天～11 年，大多≤1 年（占 78.1%）。病情轻重：(1)轻度，部分眼外肌麻痹（占 88.4%）；(2)重度，完全眼外肌麻痹(11.6%)。远期疗效：完全缓解（无任何眼肌无力症状，停止治疗半年以上）占 67.8%。缓解期大多≥1 年(65.3%)，≥10 年(11.6%)最少；药物缓解（无眼肌无力症状，但仍服泼尼松维持量，停药常迅速复发）占24.4%；显著改善（眼症状基本消失，仅留极轻微体征，仍服泼尼松）占 7.8%。绝大多数(96%)在治疗后 20 天开始改善，获最大限度改善的时间绝大多数病例(92.6%)在 3 个月以内。副作用：仅见一些较轻的库兴氏反应，如多毛（33%）、圆脸（24%）、肥胖(12.4%)及痤疮(1.2%)。参阅国内外文献，成人 MG 类固醇疗效为完全缓解率 5%～26%。讨论认为小儿 MG 完全缓解率高（达 67.5%），远期疗效优于成人，病情越轻、病程越短，疗效越好。因此，提示小儿 MG 应首选 CS 疗法，尽早治疗。

述评 选用单一 CS 按常规治疗小儿眼型 MG，病例多，疗程长，确有显著远期疗效。目前对 CS 的具体用药途径及剂量、调整方法不一致，一般多口服给药。治疗开始是否一律静滴地塞米松，可对比分析。成人 MG 类型多样，伴胸腺瘤者较多，故小儿资料与成人 MG 疗效可比性受到影响。小儿 MG 常因感冒病情波动，容易复发，还须针对小儿 MG 患病特点，设法进一步提高疗效。

（涂来慧）

MELAS 型线粒体脑肌病的临床病理和基因研究（中华神经 1996;29;(5):266） 北京协和医院郭玉璞等报道 8 例线粒体脑肌病伴乳酸中毒和卒中样发作(MELAS)。其中 6 例分别来自二个家系，2 例为散发性。一家系两代 4 例，三兄弟均在 12～14 岁发病，17～20 岁死亡，另 1 例为其姐之子，10 岁发病。另一家系兄妹 2 人分别于 22 岁和 14 岁发病。全组男 7 例，女 1 例，年龄 16～22 岁。临床表现相似：出生发育正常，10 岁以后分别出现以抽搐为主的癫痫样发作和卒中样发作，轻偏瘫，失语，逐渐发展致智能低下，同侧偏盲或神经性耳聋等。4 例 CT 示颞、枕、顶、额叶皮层低密度并有层状密度不均，3 例双侧苍白球区钙化。4 例 MRI 均具特征性异常信号，于额、颞、顶、枕叶和小脑等显示长 T_1、长 T_2，轻则局限于皮质，呈层样改变，重则累及白质，呈片状海绵状改变。1 例 DSA 示皮质末梢小血管异常增多，以病变明显区为甚。4 例终因营养差衰竭死亡。尸检报道为额、顶、颞、枕叶皮质有多发性局灶性囊状层性海绵状改变，神经细胞变性、减少和脱失，胶质增生，血管增多。皮质相应区白质神经纤维亦减少脱失，双侧苍白球钙化。脑干、小脑和脊髓均未见明显病变。4 例肌肉组织活检均可见不整红边纤维和异常线粒体。例 8 基因检测发现mtDNA中 tRNA 亮氨酸基因核苷酸 3243 位点发生 A→G 点突变。本病根据临床、脑和肌肉病理改变特点可以确定诊断。卒中样发作可能与原发性线粒体血管病有关。影像学见脑部病变区为密度不均的层状改变，不按主干动脉分布，与脑梗死不同，有助定性诊断。分子生物学基因检测更有进一步认识。对儿童有遗传代谢倾向表现，进行乳酸筛检、肌活检，可在脑严重病损前作出诊断，用辅酶 Q_{10}等治疗。

述评 大脑皮质和肌肉是人体氧化代谢需求最大的组织，线粒体长期结构功能受损可以致病。临床上碰到同时出现肌肉和脑病的患者，应考虑线粒体脑肌病，及早作脑部 MRI 及肌活检，有助诊断。

（涂来慧）

特异性神经元抗核抗体-Hu 抗体的研究（中华神经 1996;29(3):156） 蚌埠医学院附院陈齐鸣等采用亲和免疫细胞化学 ABC 法及免疫印迹技术，测定 17 例神经系统副肿瘤综合征(PNSNS)患者血清、脑脊液及尿液中的 Hu 抗体，对照组为 106 例无 PNSNS 的肿瘤患者及神经系统非 PNSNS 患者。免疫组化结果显示，17 例患者的血清、15 例患者的脑脊液及 5 例患者尿液与正常人和 Wistar 大鼠所有神经组织中的神经元胞核形成均匀染色，核仁阴性，但不与神经组织中的胶质细胞、肝脏及肾脏组织细胞起反应。血清抗体滴度为 1∶1 000～1∶6 400，脑脊液中为 1∶10～1∶4 000，尿液中为 1∶20～1∶200(5 例中有 1 例为阴性)，而对照组均为阴性免疫印迹。结果显示 17 例患者血清中的 Hu 抗体识别神经元胞核中蛋白抗原分子量为 35～40kD，对照组均为阴性。Hu 抗体为特异性神经元抗体，是因为它与神经系统所有神经元胞核及小细胞肺癌胞核起反应，而不与其他组织细胞起反应。肿瘤细胞作为始动抗原诱发机体产生高度特异性 Hu 抗体，后续免疫反应不仅抑制了肿瘤细胞生长，同时也导致宿主神经系统损伤。本文认为 Hu 抗体的检测对于 PNSNS 乃至部分癌肿，特别是小细胞肺癌的早期诊断有重要临床意义。

（任 明）

偏头痛患者血浆 β-内啡呔含量的研究（临床神

经 1996;9(1):28) 湖南医大杨晓苏等用放射免疫法测定40例偏头痛患者血浆β-内啡呔(β-EP)的含量,以探讨其与偏头痛的关系。40例患者(发作期11例,发作末期4例,间歇期25例)均按1988年国际头痛分类及诊断标准中偏头痛的诊断标准进行诊断。对照组选择无任何部位疼痛的健康献血员,共20例。两组对象均于上午8~10时空腹抽肘静脉血2ml,抽血前10天均未服药,女性均未怀孕。结果:偏头痛组(包括各期患者)血浆β-EP含量为(97.83±10.13)pg/ml,低于正常组(208.91±36.68)pg/ml,$P<0.05$;发作期与发作末期血浆β-EP水平又低于间歇期($P<0.05$);而发作期与发作末期血浆无差异。用多元线性回归法对患者β-EP水平与其年龄、性别、病程、偏头痛类型、发作频率、程度、持续时间、病期及距末次发作时间9个因素进行分析,在$\alpha=0.1$水平上,患者血浆β-EP含量仅与性别关系密切($P<0.05$),而与其他因素无密切关系。女性患者血浆β-EP(92.26±12.29)pg/ml低于男性(140.61±21.56)pg/ml,$P<0.05$,间歇期病人组也如此,男女差异显著;而正常对照组血浆β-EP含量与性别无相关。β-EP和其他内阿片肽一样作用极为广泛,特别是对疼痛的调节作用尤为突出,被认为是镇痛系统的主要递质,可抑制初级感觉神经元至脊髓和三叉丘系的痛觉传递,从而产生吗啡样止痛作用。偏头痛患者及其各期血浆β-EP水平均较对照组低,而发作期及发作末期又低于间歇期,结果支持偏头痛发作与β-EP下降有关的假说。正常人血浆β-EP水平与性别无关,在偏头痛病人女性患者低于男性患者,说明偏头痛发病可能与神经-内分泌有关。

(王晓雪)

述评 偏头痛血浆β-内啡肽含量的研究在国内已经开始,正在广泛开展。福建及泰山医学院(临床神经 1996;9(2):24及1996;9(1):37)实验结果与上文相似。偏头痛患者血清β-内啡肽含量低于正常人,说明发病可能与神经-内分泌有关。因此,上文虽是基础研究,还是值得临床医师一读。

(谢惠君)

腕管综合征262例回顾性分析(中华神经 1996;4(29):115)中国协和医大附院卢祖能等报道了262例腕管综合征(CTS)的回顾性分析资料。262例CTS均从临床表现、神经电生理检查确诊:腕远端正中神经选择性损害。经统计学处理,归纳有如下特点:女性占84.0%,多集中在绝经期前后或过早绝经及妊娠妇女。以特发性最多(130例),其次是特殊职业及颈椎病(分别为30例和28例),再次为糖尿病(20例)、肢端肥大症(16例)。症状以手部麻木、疼痛最常见(占77.5%)并具有夜间或晨起发作的特点。204例有感觉障碍(占77.8%),其次为大鱼际肌萎缩,而Tind征及Phalen征较少见。指$_1$-腕感觉传导:SCV异常率96.5%,SNAP异常率63.4%;指$_2$-腕:SCV、SNAP异常率分别是86.6%和56.6%;腕-拇展短肌:DML及CMAP异常率分别是64.1%和13.6%。腕管为位于掌根部隧道样结构,其桡侧、背侧均为掌骨,顶端为坚韧腕横韧带,任何引起腕管内压力增高的因素均可损伤正中神经。过去的研究表明该病因、多种多样,肢端肥大征、颈椎病、淀粉样变及SLE与CTS可并存或初发症状相似,使本病具有复杂性。因此,诊断CTS而病因不明时须作特殊检查。须提出的是,症状和体征严格按正中神经分布区出现者少见,多数主诉5指不适,机理不清。电生理检查至关重要,尤其是腕屈肌之上或远侧正中神经传导异常为诊断CTS的必备条件。但CTS病人最常见异常部位在掌-腕,病情轻者仅轻度异常。因此,可疑为CTS而常规电检查正常,可应用掌刺激或微移动术或检查正中神经传导,以期早期诊断。总之,CTS有复杂病因、多变临床表现及特征性电检查表现。诊断CTS时应注意症状、体征的不典型性,客观电检查指标对CTS有确诊价值。

(赵武伟)

述评 作者报道一组例数较多的CTS病例。通过临床观察和肌电图检查,认为肌电图检查对本病诊断甚为重要,值得重视。

(谢惠君)

Arnold-Chiari畸形的诊断和外科治疗(中华神经外科 1996;12(5):308)北京军区总院马稚如等对1987~1995年间收治的、经MRI证实并进行手术治疗的Arnold-Chiari畸形(ACM)51例患者的诊断及手术治疗等问题进行分析讨论。男32例,女19例,年龄11~53岁,病程6个月至20年。临床表现可分为:(1)延髓和上颈髓受压症;(2)脑神经和颈神经受累症;(3)小脑症;(4)颅内压增高症;(5)其他。MRI检查:(1)Chiari Ⅰ型即单纯性小脑扁桃体下疝41例;(2)Chiari Ⅱ型即小脑扁桃体下疝同时伴有延髓、第四脑室下移者10例。合并脊髓空洞者44例,其中颈髓空洞10例,C_2至上胸段16例,C_2至中胸段9例,C_2至下胸段9例。手术方法:自枕外粗隆至C_3棘突行后正中切口,切除枕骨鳞部约5cm×6cm,咬除枕骨大孔后缘,依据小脑扁桃体下疝程度,切除C_1至C_2椎板,"Y"形切开硬脑膜。在严密缝合前,于减压处放一乳胶管,术后引流24~48小时。本组51例中,行颅后窝减压术者35例,行脊髓空洞-腹腔/蛛网膜下腔分流术者16例。其中采取单纯颅后窝减压术者 32 例，颅后窝减压＋脊髓空洞-腹腔分流术 2 例，颅后窝减压＋空洞-蛛网膜下腔分流术 1 例，另 16 例 Chiari Ⅰ型合并脊髓空洞症患者行空洞-腹腔分流术 12 例，空洞-蛛网膜下腔分流术 4 例。

述评　随着 MRI 的应用，Chiari 畸形的确诊率逐渐提高。虽其治疗目前尚无统一标准，枕骨大孔减压术已成为一种最常用的手术方法。Arnold-Chiari 畸形的手术治疗，目前公认的方法是颅后窝减压＋$C_{1\sim3}$椎板切除术，对术中硬脑膜是否切开仍有争议。作者主张硬脑膜切开，认为只有切开硬脑膜才可能了解颅后窝及环枕区有无炎症粘连、下疝及延髓、第四脑室下移等病理改变，而且可更好地达到充分减压目的。

（吴晓华　郑惠民）

AIDP 患者血清中髓鞘脂抗体的测定（中国医大学报 1996；25(1)：50）　中国医大一院沈雪莉等采用 ELISA 方法对 28 例急性炎性脱髓鞘性多神经根神经病（AIDP）患者血清中髓鞘脂抗体进行了测定。患者 28 例，男 15 例，女 13 例，年龄 16～58 岁，平均（31.1±11.8）岁，诊断均符合 Asbury（1990）修订的诊断标准。选新鲜人坐骨神经，去除神经鞘膜及外周组织，切碎匀浆，梯度稀释、离心，对初品进行标定，证明为髓鞘脂。用 ELISA 方法对受检血清进行髓鞘脂抗体测定，抗体数值用吸收光密度表示。结果显示：28 例 AIDP 患者血清中髓鞘脂抗体值较正常对照组明显升高，有非常显著差异（$P<0.01$）。16 例患者治疗 4 周进行动态观察发现髓鞘脂抗体值下降与临床改善一致，其值与正常对照组相比差异不显著（$P>0.05$）。对 AIDP 患者疾病严重程度与血清中髓鞘脂抗体水平的研究表明，病情严重者髓鞘脂抗体水平高于病情轻者，差异不显著（$P>0.05$）。AIDP 病因及发病机理尚未完全清楚，多数学者认为是免疫反应侵袭周围神经，属迟发型超敏反应启动的疾病，与自身免疫密切相关，体液免疫异常可能是重要的因素。AIDP 患者抗体水平的动态变化及其与病情轻重的关系，作者认为 AIDP 患者血清中髓鞘脂抗体水平随着临床症状的改善逐渐下降，而病情轻重之间的抗体值差异不显著。AIDP 患者血清中髓鞘脂抗体值升高，提示其免疫反应异常，观测抗体的动态变化可能在了解 AIDP 病人的发病机理、治疗效果及其预后上有一定的临床意义。

述评　近年来发现抗髓鞘脂抗体在 AIDP 的病理过程中起重要作用。其依据是：(1)用同种动物周围神经组织成分致敏制成的实验变应性神经炎动物模型，其临床经过和病理过程与 AIDP 相似；(2) AIDP 患者血清中检出了多种抗髓鞘脂抗体，且以周围神经构成成分为抗原；(3)能清除致病抗体的血浆交换疗法有效。有研究表明，抗体在周围神经旁节髓鞘处沉积，抗体与这个部位结合可引起髓鞘脱失至传导阻滞，从而产生功能障碍。髓鞘脂抗体可首先与血管内皮细胞上抗原结合，以改变血-脑或血-神经屏障的通透性并使这些抗体进入到神经系统与 T 细胞的致敏作用，二者共同引起一个导致髓鞘破坏的反应。因此，AIDP 患者髓鞘脂抗体水平的增高可能是其发病机理的重要因素，检测其水平可对 AIDP 的诊断提供一个有意义的证据。

（吴晓华　郑惠民）

腺苷对突触体^{45}Ca 摄取的抑制作用（中华神经 1995；28(5)：306）解放军总院陶沂等采用蔗糖法提取大鼠突触体，同位素^{45}Ca 法测定大鼠突触体内游离钙的浓度，观察了腺苷对高钾、N-甲基-D-天冬氨酸（NMDA）、谷氨酸（GLu）等刺激所致的 Ca^{2+} 内流增加的影响，以期探讨腺苷对缺血性脑损伤的保护作用。作者摸索了突触体浓度和反应时间等条件对^{45}Ca 摄取的影响，认为突触体的蛋白浓度在 0～2.2mg/ml 范围内，突触体对^{45}Ca 的摄取量随突触体的浓度增加而增加，并呈良好的线性关系。高钾刺激时的反应时间在 15～45 秒之间、NMDA 和 GLu 刺激反应的时间在 30～90 秒之间变化最明显。结果：腺苷在 10～100nmol/L 范围内对高钾（60nmol/L）、NMDA（0.1mmol/L）、Glu（0.1mmol/L）等刺激所致的 Ca^{2+} 内流的增高有抑制作用，并呈剂量依赖关系。最大抑制率分别为 41.68±7.68（%），31.32±6.17（%），37.52±2.29（%）。作者认为腺苷对缺血性脑损伤的保护作用机制是(1)在突触前，腺苷通过抑制细胞膜去极化所致的 Ca^{2+} 内流，起到抑制 EAA 释放的作用；(2)在突触后，抑制 NMDA 受体激活所致的 Ca^{2+} 内流，降低突触后的兴奋性，从而拮抗 NMDA 所介导的兴奋性细胞毒性，起到保护脑细胞的作用。

述评　细胞内 Ca^{2+} 浓度在缺血性脑损伤中起到关键作用，腺苷在中枢神经系统中是一重要的抑制性物质，对缺血性脑损伤具有保护作用。作者运用了灵敏而特异的同位素法测定了突触体内游离钙的浓度，发现腺苷对高钾、NMDA、GLu 等刺激所致的 Ca^{2+} 内流增加有抑制作用。提出可能是腺苷对脑组织保护作用的机制之一，这对我们更好地探讨缺血性脑损伤的机制及治疗有重要的意义。

（吴晓华　郑惠民）

精神疾病

收集1995年11月～1996年10月文献633篇，纳入回顾214篇(占33.8%)，列入文选1篇(占0.15%)。

一年回顾

一、精神分裂症

(一) 病因研究

江苏锡山市精神病院等[1]按2%精神分裂症(SP)抽样调查无锡地区20万人口框架内共3 378人，发现19例患者中3对6例亲子同患，遗传相关率达31.6%。解放军大连医专等[2]报道初发和复发患者染色体脆性位点阳性例数(各为71/73例和62/64例)均显著高于正常对照组(5/86例)。湖北医大[3]用限制性内切酶Sac I和葡萄糖-6-磷酸脱氢酶基因探针分析50例该基因的RFLP，发现其7.0kb和3.3kb片段与对照组显著差异，认为该基因与SP基因连锁。解放军261医院[4]用碱性磷酸酶抗碱性磷酸酶桥联酶标法检测6例患者脑组织白细胞抗原A系统DR抗原，4例阳性，高于对照组(6例均阴性)，显示大脑神经元存在该抗原的异常表达。镇江市四院[5]使用Haldane和Smith法分析Ⅱ型患者(51例)存在父母育龄及胎次效应，父母育龄大、胎次高(2胎以上占76.5%)易患病，与Ⅰ型(83例)存在明显差异。山东精卫中心[6]按1∶2病例对照分析47万人群5年新发的204例，发现危险因素与阳性家族史、家庭和睦程度及结构类型、生活事件、经济、婚姻状况等有关；logistic回归分析显示家族史是最主要危险因素，阳性者发病危险是阴性的20倍。山东临沂地区精神病院[7]调查1 037例患者中，男性春夏季初发病远多于秋冬季，女性患者无季节差异。北京医大等[8]运用人为介入内切酶位点的PCR技术检测105例患者多巴胺D_2受体基因第311密码子Ser311→Cys311错义突变，Ser311/Cys311基因型频率(4.8%)与正常对照组相似。湖南医大等[9]测得16例急性患者口服30mg *d*-芬氟拉明3～4小时后血浆催乳素、生长激素水平显著高于正常对照(16例)，反映了中枢5-HT功能亢进。解放军160医院等[10,11]报道67例患者家族性与散发性者脑脊液去甲肾上腺素(NE)及3-甲基4-羟基苯乙二醇(MHPG)水平相似，家族性者NE相对代谢率(NE/MHPG)显著高于后者。另发现患者组脑脊液中酪氨酸明显低于正常对照组(16例)，家族性者更低。大连医大等[12]发现循环免疫复合物中存在一种SP相关蛋白，分子量为32 000，住院患者(102例)检出率为87.2%，诊断特异性90.2%。吉林医学院[13]用ELISA法测得30例患者血清、脑脊液抗脑抗体阳性(各为6/30例、5/30例)，高于正常对照组(各为2/50例、0/30例)，患者组血清与脑脊液中均未检出抗多巴胺受体IgG自身抗体。解放军261医院等[14]应用OKT系统McAb ABC法测定32例脑脊液中T细胞亚群，CD3、CD4、CD8、CD4/CD8比值均低于正常对照组(113例，$P<0.01$)。广西龙泉山医院[15]测得34例患者脑脊液IgA、IgG、IgM含量均显著高于正常组(19例)，家族史阳性者IgA高于阴性者，治愈组IgA高于好转组。杭州市七院等[16]报道28例患者血IgE含量升高，IgG、CD3、CD4、及IL-2诱生能力下降，与正常对照组有显著差异。西安西京医院[17]测得50例初发患者血清过氧化脂质、Cu^{2+}、Zn^{2+}含量较对照组明显下降，红细胞SOD活性升高。山东省立医院等[18]应用^{99m}Tc-ECD SPECT测得32例患者局部脑血流下降发生率(93.8%)明显高于正常对照组(21例，均无异常)，半定量法分析提

示左颞叶明显低于右侧，双额叶、左颞叶、右基底核明显低于对照组。中山医大一院等[19]*应用SPEC-TrCBF显像研究22例患者及10名健康人休息与激活状态下rCBF变化。休息状态下，病例组4例左大脑半球高灌注，额叶不能激活；激活状态下，病例组左额叶激活不明显，与对照组有显著差异。上海医大等[20]测定41例SEP，波型变异大，P_2、N_2及P_3波潜伏期缩短，N_1-P_1、P_2-N_2及P_3波波幅降低，与抑郁症、正常人（各29例和25例）有显著差异，主波P_2平均波幅较后两组各下降40%和63%。新疆医学院等[21]分析418例患者指纹白线和指纹嵴线，患者离解出现率明显高于正常人，女性高于男性，认为SP存在皮纹异常的生物学标志。

（二）临床研究

山东精卫中心等[22]前瞻性观察城乡社区1988～1992年间年发病率相似（平均0.11‰），15～30岁为高发年龄，偏执型、未分化型多见（各占57.4%和32.2%）。新疆石河子绿洲医院[23]随机抽样调查1974、1984、1994年度首次住院患者（各200例），其中青春型、紧张型明显减少，未定型明显增多（3年分别为26.0%、37.0%和41.5%）；情感淡漠、思维贫乏、意志减退等阴性症状亦明显增多。北京回龙观医院[24]报道82例单纯型患者家族史阳性占52.4%，明显高于非单纯型组（112例，27.7%），二者阴性症状量表（SANS）、功能总体评定量表评分及起病年龄相似。该院[25]报道46例首次发病伴有抑郁症状的发生率为63%，治疗3个月时随其他症状缓解而改善，与是否使用抗抑郁剂无关。解放军160医院等[26]报道572例中有自杀行为者79例（占13.8%），Logistic回归分析主要危险因素是：自杀家族史、病前生活事件、偏执型、妄想、抑郁。天津安定医院[27]报道1 000例中有强迫症状39例（占3.9%），其治愈率（76%）显著高于无强迫症状者（55%）；强迫症状多出现于进展期（占69.2%）。福建泉州市三院[28]回顾调查1993年住院患者，嫉妒妄想发生率（93/291例，32.0%）显著高于1984年组（39/167例，23.4%），以女性和30～49岁组升高明显。解放军160医院[29]比较阴性症状对SP诊断价值，发现思维贫乏特异性最高，情感平淡的敏感性、总效率、一致性最高，愉快感缺乏最差。湖南省精神病院[30]调查4～14岁少儿和20～24岁青年患者各168例的68项症状出现频度，17项症状频度存在极显著差异，反映了儿童症状有其特点。福州神经精神病院[31]报道67例早发患者（16～30岁）SANS评分显著高于晚发者（45～60岁），表明阴性症状明显，病程易迁延。中国医大[32]应用卡特尔人格因素测验基本痊愈患者聪慧性、实验性、自律性，发现其人格因素与正常对照组有显著差异，症状存在者（130例）偏离正常更明显，表明疾病对人格的影响。徐州市精神病院[33]采用A型行为问卷评定200例SP中A、B型行为者占55.3%和25.5%，与正常对照组不同（120例，47.4%和34.2%）。A型起病晚且急，阳性家族史少，阳性症状多，疗效好。新疆石河子绿州医院等[34]测定127例嗅、视、触、听、重量、温度及平衡方面的暗示性，患者明显低于正常对照组，认为与认知受损有关。解放军160医院[35]测得244例住院患者HBV感染率76.6%，明显高于内科住院患者（91例，58.2%）和正常人（106名，53.8%），并随住院时间延长而升高。山东精卫中心[36]使用ICD-10、CCMD-2-R和CCMD-2诊断各185、173和179例，三者符合率95.1%，且有良好一致性。湖北医学院一院[37]以BPRS为测验工具，Andreasen的阳性、阴性和混合型分型标准为金标准，以模糊数学方法建立SP分型的数学模型，总符合率达82.1%。山东临沂地区复退军人精神病院[38]以住院精神病人社会功能缺陷筛选表评定85例住院（8.2±6.2年）患者，功能缺陷出现率83.5%，以对环境的兴趣、责任心、计划性及社会性三项缺陷出现最高，程度最重，但仍有42.4%无精神残疾，应积极治疗，缩短住院时间。广西南宁社会福利院[39]应用住院慢性SP社会功能评定量表评出88例慢性患者中残疾率为97.7%，与病期和连续住院时间正相关。汕头大学精卫中心[40]调查88.3万框架人口501例患者，痊愈和基本痊愈、好转、无变化及恶化者分别为75、128、165和74例；有部分或全部劳动能力157例，丧失劳动能力206例。规则、不规则、无治疗各占23.4%、35.9%和22.8%。上海宝山区精卫中心[41]调查347例2年内复发的152例患者，复发率43.8%，以服药不规则或拒药、病程长、家族史阳性等易复发。上海市精卫中心[42]调查284例初诊SP患者家属对发病原因认识，主要归因于主体、社会心理和超自然因素。其中65例家族史阳性者仅14例认为与遗传有关；221例谈到与各种刺激、自然或环境影响有关，甚至部分有迷信色彩，归因倾向于外化。

（三）治疗研究

湖南医大等[43]用国产甲硫达嗪治疗121例，2周生效，6周后显效率、有效率达54.6%和89.3%，与氯丙嗪组相似（113例，49.6%和86.8%）。锥体外系、自主神经系副反应明显少于后者，心电图异常率（41.3%）多于后者（20.4%）。汕头大学精卫中心等[44]双盲对照甲硫达嗪与氯氮平（各20例），二者疗效相当，但心动过速、唾液增多(60%和35%)显著低于后者(100%和80%)。上海市精卫中心分部等[45]随机双盲观察氟哌噻吨治疗26例，总有效率79%，优于氟奋乃静组(26例，72%)，对情感淡漠、思维贫乏、退缩等阴性症状尤佳。山东胶州市精神病院[46]随机应用硫必利(1 015±391)mg/d和氯氮平(400±119)mg/d治疗153例，共6周。治疗前后自身，对照BPRS评分均有显著改善，但硫必利控制兴奋躁动、减少敌对性不及氯氮平($P<0.01$)。北京医大[47]使用氯噻吨癸酸酯治疗30例住院患者16周(200mg/2周，肌注)，显效率65.4%，对阴、阳性症状、急慢性患者疗效相当。该校[48]测得20例患者和正常人口服与肌注氟哌啶醇(H)的清除相半衰期为18.3小时，口服同剂量H的达峰时间是肌注的3倍，而肌注氟哌啶醇癸酸酯(HD)达峰时间为7天，清除相半衰期为3周，表明控制急、重患者应选肌注H为好。泰山医学院等[49]测得35例偏执型患者血浆高香草酸含量(12.6±5.0)μg/L显著高于正常对照(10.1±3.1)μg/L；含量高者H治疗疗效优于含量正常的患者。上海华山医院等[50]多中心前瞻性观察HD(262例)及其他抗精神病药维持治疗SP患者1年，较治疗前均有明显改善，HD组年复发率降低68.6%，住院率降低68.7%，改善阳性症状有效率68.4%，效果均显著优于对照组，对SP阴性症状治疗较为棘手。上海市精卫中心分部[51]应用舒必利(400mg/d、800mg/d各4周)开放治疗26例阴性型，4、8周时有效率为69.2%和73.1%，无显著差异；有效血浓度0.20～1.36mg/L；浓度与疗效无显著相关，与副反应呈显著正相关。乌鲁木齐市心身康复医院等[52]双盲对照三氟噻吨、舒必利治疗124例慢性衰退为主要表现的患者8周，有效率均为80%；治疗前后BPRS激活性和思维因子减分有显著差异。北京安康医院[53]使用三氟噻吨治疗34例慢性Ⅱ型患者16周，总有效率88.2%，优于氯丙嗪组(45.0%)；治疗前后SANS减分率25.2%～30.6%，氯丙嗪组评分无显著差异。山东济宁市精神病院[54]开放研究氯氮平并舒必利治疗31例阴性症状为主患者，显效率68%，显著高于二者单用(31%和34%)；合用组SANS 5个分量表均有显著变化。北京回龙观医院[55]单盲对照氯氮平、氯丙嗪治疗60例Ⅱ型患者，结果氯氮平组治疗后SANS总分与治疗前SANS总分的百分比(0.64±0.06)明显低于氯丙嗪组(0.92±0.05)，表明氯氮平对阴性症状的疗效显著优于氯丙嗪。上海市精卫中心[56]观察单用氯氮平或其与氯丙嗪合用的显效率相近(29.2%和37.0%)；合用组氯氮平及其代谢产物N-去甲氯氮平清除率降低，血去甲氯氮平稳态浓度(412.2±270.3)nmol/L及脑脊液氯氮平浓度均显著高于单用组。湖南医大等[57]比较10例吸烟患者氯氮平半衰期、峰浓度、稳态浓度，均明显低于非吸烟者，在治疗第2、4、6、8周末血氯氮平、去甲氯氮平浓度及二者总浓度与疗效无显著相关，与TESS增分值正相关。认为氯氮平血浓度以350～600μg/L为宜。浙江湖州市精神病院[58]报道住院单用氯氮平日剂量、总剂量在不吸烟组＜日吸10支组＜日吸20支组(各30例)，不吸烟组血药浓度及BPRS减分率均高于吸烟组($P<0.01$)。北京回龙观医院[59]单用氯氮平(400mg/d)治疗首发患者30例12周，对阴、阳性症状均有效，治疗对血浆催乳素水平无明显影响。北京医大等[60]维持原用药不变，双盲对照加用舒血宁(银杏叶提取物)治疗83例，动态观察12周，该药物能明显改善慢性SP阴性症状并减轻药物副反应。广州民政局精神病院[61]报道18例行双侧扣带束立体定向破坏术10年，9例有效，有效因子群是激活性、焦虑抑郁等。上海市精卫中心[62]用无抽搐电休克治疗74例60岁以上药物无效患者，其中SP 30例。经8～9次治疗显效率48%，靶症状为抑郁、消极、拒食、行为紊乱等。山东淄博市精神病院等[63]以住院患者各30例比较新森田疗法和普通作业疗法，前者对焦虑、抑郁及意欲、活动性欠如更为有效($P<0.05$)，能促进社会康复。上海市精卫中心[64]报道130例酚噻嗪类药物治疗社区慢性患者的尿检法阳性率为92%，其中弱阳性占66%，与面询法、药片计数法比较，一致性为76%和89%，表明三者各有利弊。山东济宁市药检所等[65]建立氯丙嗪、奋乃静、氯氮平等15种抗精神药的高效液相色谱检测法，编制检索识别程序，可快速定性、定量检测胃液和血液中的药物浓度。上海黄浦区精卫中心等[66]前瞻性对照社区家庭干预9个月后，60例患者社会功能评定量表总分和各因子分均较干预前明显降低，且低于对照组。抗精神病药物副作用报道较多。临床精神医学编辑部[67～69]综合34篇报道，反映副作用形形色色，有的甚为少见。苏州广济医院[70]28年以来抗精神病药物严重毒副作用致死30例，猝死10例。出现毒副作用或猝死当日，氯丙嗪等效日量中位数均在750mg以上；单用氯氮平猝死5例，日量中位数是150mg。药源性忧郁自杀和过度镇静致死均发生于1980年以前。四川自贡市精卫中心[71]报道1 024例单一用药患者EEG异常率(52.2%)显著高于未治疗组(22.1%)，主要是脑波频率减慢，4%出现痫性放电。单用氯氮平组异常率(157例，89.2%)显著高于其他药物，其次为氯丙嗪组(57.3%)。上海市精卫

中心[72]报道85例单用氯氮平20天后EEG异常率88.2%，疗效与之呈反比。山东胶州市精神病院[73]报道1 167例住院患者EKG异常率39.6%，以窦速（占38.8%）和T波、S-T段改变（占26.7%）多见。各种药物的异常率无显著差异。广州市精神病院[74]观察84例老年住院精神病患者，抗精神病药物致EKG异常率（75%）显著高于成人组（100例，46%）。该院[75,76]回顾调查住院患者中恶性综合征发生率为0.13%(40/31 746例)，死亡率20%，男性占70%，平均年龄(32.0±10.4)岁，平均用药折合氯丙嗪为(984±621)mg/d，合并用药占77.5%，其中合并长效制剂占71%。配对多因素分析恶性综合征发生与长效注射剂、过度兴奋、营养不良显著相关，与ECT负相关。北京回龙观医院等[77]采用修改Simpson运动障碍评分表评出69例住院10年以上患者迟发运动障碍(TD)发生率46%，其中发生在停药过程中为77%，再次服药为54.8%，女性停药后高于停药前。山东济宁市精神病院[78,79]双盲对照匹莫林(40mg/d，服6周)治疗23例TD，总有效率78%，高于安慰剂组(26%)；使用丁螺环酮开放治疗32例TD 8周，总有效率81%，均无严重副作用。青岛市精神病院等[80]报道蝮蛇抗栓酶治疗12例TD，总有效率为100%。解放军102医院[81]报道氯氮平治疗(225±42)mg/d后出现强迫症状6例，经停药及氯丙咪嗪治疗消失。重庆医大临床学院等[82]应用人精子染色体离体测试系统证实200～800μg/L浓度的氯氮平对精子染色体结构畸变率和断裂均数与空白对照组无显著差异。扬州五台山医院[83]在132例氯氮平治疗患者中发现粒细胞改变者85例（占64.4%），以女性多见，与服药剂量、合并用药与否无关，与服药时间延长呈直线负相关。徐州市精神病院等[84]单用氯氮平或氯丙嗪治疗31例，4周后氯丙嗪组血小板钙调素含量(168±68.7)ng/ml明显低于氯氮平组(789.4±107.3)ng/ml和正常对照组(13例，845.2±94.3)ng/ml。解放军102医院[85]测得23例患者在服药前后均有胃电变化。其中氯氮平治疗14例，5周后胃窦、胃大弯的电活动频率明显减少，幅值降低。汕头大学精卫中心[86]双盲对照多虑平、普鲁本辛治疗氯氮平流涎反应，有效率相似，分别为95.0%和97.5%。

（吴萍嘉　黄流清）

参考文献

[1] 侯光明等．苏州医学院学报 1996;16(4):691
[2] 洪美玲等．解放军医学 1995;20(6):456
[3] 吴怀安等．湖北医大学报 1996;17(2):99
[4] 吴宜恕等．中华神经精神 1995;28(6):328
[5] 祁曙光等．临床精神医学 1996;6(3):133
[6] 朱乐信等．临床精神医学 1996;6(4):201
[7] 孙振晓等．中国神经精神 1995;21(6):366
[8] 周儒伦等．北京医大学报 1996;28(1):23
[9] 郭田生等．上海精神医学 1996;新8(1):3
[10] 金卫东等．解放军医学 1996;21(3):211
[11] 金卫东等．中华医学遗传 1996;13(3):186
[12] 刘　辉等．中华神经精神 1995;28(6):332
[13] 曾常茜等．中国神经精神 1996;22(3):174
[14] 冯方波等．临床精神医学 1996;6(1):3
[15] 徐筱莲等．中华神经精神 1995;28(6):333
[16] 汪　辉等．中国神经精神 1996;22(5):266
[17] 杨麦贵等．四军医大学报 1996;17(3):239
[18] 吴志头等．中华核医学 1996;16(2):106
[19] *胡　平等．中华核医学 1996;16(2):109
[20] 江开达等．上海医大学报 1996;23(2):128
[21] 甘子明等．新疆医学院学报 1995;18(4):215
[22] 翁　正等．中华精神 1996;29(1):23
[23] 张学军等．临床精神医学 1996;6(5):270
[24] 杨甫德等．中国神经精神 1996;22(3):138
[25] 刘华清等．临床精神医学 1995;5(6):338
[26] 甘景梨等．中华精神 1996;29(2):80
[27] 刘建勋等．中国神经精神 1996;22(1):25
[28] 薛蓉蓉等．中华神经精神 1996;29(1):61
[29] 甘景梨等．临床精神医学 1996;6(3):142
[30] 何伯玲等．中国神经精神 1996;22(4):200
[31] 郑华胜等．中国神经精神 1996;22(3):173
[32] 丁宝坤等．中国医大学报 1996;25(3):245
[33] 董万友．临床精神医学 1996;6(5):275
[34] 唐安平等．中华神经精神 1995;28(5):262
[35] 甘景梨等．临床精神医学 1996;6(1):8
[36] 肖春玲等．临床精神医学 1996;6(3):170
[37] 金卫东等．临床精神医学 1996;6(5):267
[38] 余西金等．临床精神医学 1996;6(3):145
[39] 伍业光等．临床精神医学 1996;6(5):265
[40] 林勇强等．临床精神医学 1996;6(4):204
[41] 张雪琴等．上海精神医学 1996;新8(2):96
[42] 魏立莹等．上海精神医学 1996;新8(1):28
[43] 陈晋东等．中华神经精神 1995;28(6):329
[44] 刘炳仑等．上海精神医学 1995;新7(4):253
[45] 居粉英等．新药与临床 1996;15(1):19
[46] 刘炳文等．新药与临床 1996;15(2):79
[47] 姚贵忠等．中华神经精神 1995;28(5):266
[48] 张鸿燕等．中华神经精神 1995;28(6):325
[49] 丛　中等．中华精神 1996;29(3):135
[50] 施慎逊等．中华精神 1996;29(2):95

[51] 陈美娟等．中华精神 1996;29(2):91
[52] 盛嘉玲等．中国神经精神 1995;21(6):367
[53] 黄建平等．中华精神 1995;28(5):269
[54] 刘庆海等．中华精神 1996;29(2):87
[55] 杨甫德等．北京医学 1996;18(4):202
[56] 李华芳等．上海精神医学 1995;新 7(4):256
[57] 赵靖平等．中华精神 1996;29(3):131
[58] 黄竹民等．临床精神医学 1996;6(1):5
[59] 杨甫德等．上海精神医学 1996;新 8(3):136
[60] 罗和春等．中华精神 1996;29(1):31
[61] 许之驹等．中国神经精神 1996;22(4):228
[62] 徐彬秀等．上海精神医学 1996;新 8(3):156
[63] 路英智等．中国神经精神 1996;22(5):263
[64] 朱紫青等．临床精神医学 1996;6(4):198
[65] 刘贵银等．一军医大学报 1996;16(2):135
[66] 李文杰等．临床精神医学 1996;6(4):209
[67] 李　宁等．临床精神医学 1995;5(6):345
[68] 郭君华等．临床精神医学 1995;5(5):292
[69] 朱毅平等．临床精神医学 1996;6(1):24
[70] 吴天诚等．临床精神医学 1995;5(5):281
[71] 魏庆平等．临床脑电学 1996;5(2):92
[72] 毕亚文．上海精神医学 1996;新 8(3):158
[73] 李卫萍等．上海精神医学 1996;新 8(2):78
[74] 陈国强等．新药与临床 1996;15(3):74
[75] 黄　雄等．中华精神 1996;29(3):158
[76] 黄　雄等．上海精神医学 1995;新 7(4):264
[77] 朱风艳等．上海精神医学 1996;新 8(3):128
[78] 曾昭祥等．新药与临床 1996;15(4):240
[79] 翟金国等．新药与临床 1996;15(3):192
[80] 崔维珍等．上海精神医学 1995;新 7(4):260
[81] 赵汉清等．中华神经精神 1995;28(6):335
[82] 蒙华庆等．中国神经精神 1996;22(5):257
[83] 丁兆生．临床精神医学 1996;6(3):148
[84] 赵后锋等．临床精神医学 1995;5(6):343
[85] 孙　剑等．临床精神医学 1996;6(2):110
[86] 周涵辉等．临床精神医学 1996;6(5):300

二、情感性精神病

(一)病因研究

华西医大一院[1]对 78 例双相情感障碍先证者家系调查发现，双相情感障碍及情感障碍家族史分别为32.1%和71.8%，父母、同胞情感性障碍患病率为 25.0%和 20.8%，以抑郁障碍患病率最高。该院[2]研究证实双相情感障碍与多巴胺转运体基因缺乏关联和连锁。在 2 个高发家系中发现存在该基因 40bp 可变串联重复序列遗传不稳定现象。山东精卫中心[3]调查 102 例情感性障碍患者的Ⅰ级亲属，同病总患病率 8.4%，总体分析与性别无关。女先证者Ⅰ级亲属总患病率(14.1%，35/249 例)明显高于男先证组(6.0%，34/569 例)，表明性别之间有遗传风险的不同。该中心[4]采用简单序列法分析 97 例情感性障碍患者，表明发病与春秋季节有显著相关性，家族史阴性者季节相关更显著，可能是促发因素之一。南京市脑科医院[5]研究 26 例抑郁症事件相关电位，P_{300}各波潜伏期较正常对照组显著延长，波幅降低，反映认知功能改变。上海市精卫所等[6]报道 31 例抑郁症视、听觉诱发电位(VEP、AEP)具有以下特征：AEP 的 N_2，VEP 的 P_2-N_2、P_3 潜伏期明显延长；AEP 的 P_2-N_2，VEP 的 N_1-P_1、P_2-N_2 的波幅明显下降；VEP 的 P_2 双峰波出现率(45.2%)显著高于正常对照组，可能是抑郁症脑电生理标记。该所[7]分析 10 例躁狂症睡眠脑电图，表明有实际睡眠时间减少、睡眠效率和维持率下降，与对照组有显著差异。山东临沂市精卫中心等[8]观察 115 例情感性障碍者神经系统软体征，阳性率(55%)与 SP 组相似，均明显高于正常对照组(3%)，反映中枢神经综合协调功能有非特异性损害。北京协和医院[9]用高效液相色谱法测得更年期情感障碍患者血浆去甲肾上腺素含量明显高于对照组，与病情变化一致；雌二醇、卵泡刺激素等生殖激素无显著变化。

(二)临床研究

贵州安宁医院[10]研究 112 例苗、布依族躁狂发作住院患者与同期住院 220 例汉族患者比较，有起病年龄晚、就诊前求助巫医(62.5%)多、夸大妄想内容单纯、原始，迷信色彩重等特点，反映所在地的文化特点。山东精卫中心[11]对 83 例情感性障碍患者 30 年随访，发现双相占 75.9%，单相躁狂 13.3%，抑郁症占 10.0%，认为单相躁狂是情感性障碍的一种亚型。南京市脑科医院[12]回顾调查出院诊断为反复发作躁狂症 58 例，占同期双相情感性精神障碍的 10.4%，以男性、思维奔逸、夸大妄想和幻觉常见，治疗显效时间长，认为应作为一种亚型列出。浙江丽水地区二院[13]回顾比较晚发和早发性躁狂症(各 38、45 例)，前者以敌意破坏、假性痴呆、荒谬妄想、记忆障碍较多和以情感高涨、性兴趣及阳性家族史较少与后组存在显著差异。锂盐治疗显效血锂浓度相似，但易出现严重副作用。广州市精神病院[14]报道脑外伤后躁狂症 21 例，以易激惹、冲动行为为主要特征，其家族史、病前精神因素与原发性躁狂症相似，外伤仅为其诱因。镇江市四院等[15]对比研究符合 CCMD-2 标准的抑郁性神经症和抑郁症(各 23、47 例)，除人为规定的病程及抑郁程度不同外，无本质差异。山东济宁市精神病院[16]应用修订韦氏记忆量表测得62例抑郁症患者记忆商数(70.2±21.3)明显低于正常对照组(94.8±8.0),治疗后随抑郁症缓解而恢复。解放军160医院等[17]报道老年抑郁症(17例)发病前有精神刺激、躯体疾病因素者占67.7%和54.8%,焦虑激越、疑病和自杀意念出现率均显著高于非老年抑郁症患者(41例),且抗抑郁药物治疗剂量低,认为二者是不同的疾病实体。西安医大一院[18]调查440名孕妇中有肯定抑郁症状者66例(占15.0%)。分析27项可能影响抑郁发生的因素中,围绕胎儿和分娩的10项因素有显著意义。北京医大妇儿中心等[19]报道419例更年期妇女抑郁症发生率46.1%,其中轻中度、中度以上分别为69.9%和30.1%;性欲降低、对家庭收入及生活不满意、职业为工人等与抑郁发生有关。安徽池州地区医院[20]报道1例以腹型癫痫及Kleine-Levin综合征为先期表现的快速循环型情感障碍患者。安徽阜阳地区精神病院[21]报道1例10岁快速循环型男性患儿,丙戊酸钠疗效好。

(三)治疗研究

山东济宁市精神病院[22]用劳拉西泮治疗19例男性躁狂症,6～18mg/d,疗程3周,总有效率(89%)与碳酸锂相似(95%),起效时间(4.0±1.7)d早于后者(7.5±2.6)d。上海市精卫中心等[23]比较国产阿米替林针剂、片剂治疗抑郁症(各105例和99例)1～2周,针剂剂量低(70.1±13.7)mg/d、起效早(4.0±1.3)d,优于片剂组(123.1±30.1)mg/d,(6.6±1.0)d,两组副作用相似。河南精神病院[24]使用大剂量安定(150～225mg/d)治愈2例难治性抑郁症。北京医大等[25]双盲对照帕罗西汀(20mg/晨)、阿米替林(175mg/d)治疗抑郁症113例和118例,疗程6周,前者显效率(88.5%)高于后者(78.0%),且口干、心动过速、震颤等副反应显著少于后者。四川绵阳市精卫中心[26]随机双盲观察国产丁螺环酮与阿米替林治疗80例抑郁症,疗效相当,显效时间前者(15.7±3.3)d晚于后者(10.5±2.6)d。山东济宁市精神病院[27,28]随机应用甲硫哒嗪、舒必利、奋乃静合并阿米替林治疗妄想型抑郁症144例,疗程6～8周,总有效率相似(87%、90.2%和84%～87.2%)。苏州医学院一院等[29]应用放射配基结合法测定13例抑郁症血清氯丙咪嗪浓度,发现药物浓度与疗效呈正相关而与副反应无关。稳态浓度为(134.7±65.1)ng/ml,个体差异明显,最低有效浓度79.6ng/ml。解放军160医院[30]使用不同剂量阿米替林治疗36例反复发作性抑郁症患者3～4年,充分治疗剂组(175～200)mg/d复发率(30.8%)显著低于1/2治疗量组(63.6%),认为充分治疗量是最佳维持量。山东济宁市精神病院[31]双盲对照二甲丙咪嗪、阿米替林治疗老年期抑郁症(各18例),二者疗效与副作用相似,显效时间前者(7.2±3.3)d快于后者(13.5±5.0)d,且睡眠障碍、心悸副作用低。山东精卫中心[32]对64例痊愈出院的双相情感障碍患者进行3年碳酸锂维持治疗,对躁狂相、抑郁相预防有效率(81.1%和54.5%)无显著差异,总有效率为76.5%,预防效果与副作用呈负相关,与治疗依从性、用药剂量呈正相关。苏州医学院二院等[33]双盲对照麦普替林、阿米替林(均为50～150mg/d)治疗40例卒中后抑郁,2、4周时HAMD评定均有显著疗效,且无显著差异。患者自评疗效麦普替林极好者(45%)显著多于后者(15%)。山东济宁市精神病院等[34]报道米安色林(60mg/晚)治疗32例脑卒中后抑郁,4周末总显效率为84%。临床精神医学杂志编辑部[35]综合13篇抗抑郁剂与抗焦虑剂的戒断反应、锥体外系反应等副作用的有关报道。

(吴萍嘉　黄流清)

参考文献

[1] 李　涛等. 中华精神 1996;29(3):139
[2] 李　涛等. 中华医学遗传 1996;13(5):273
[3] 赵贵芳等. 中国神经精神 1996;22(5):279
[4] 赵贵芳等. 上海精神医学 1996;新8(1):7
[5] 李乐加等. 临床精神医学 1996;6(1):30
[6] 陈兴时等. 中国神经精神 1996;22(5):290
[7] 陈兴时等. 上海精神医学 1996;新8(2):82
[8] 郑士全等. 中国神经精神 1996;22(4):240
[9] 贺建华等. 中华精神 1996;29(1):39
[10] 张迪然等. 临床精神医学 1996;6(5):263
[11] 赵贵芳等. 中华精神 1996;29(2):77
[12] 张　宁等. 临床精神医学 1996;6(2):106
[13] 徐松泉等. 中国神经精神 1996;22(3):156
[14] 马静山等. 中国神经精神 1996;22(1):44
[15] 陈远岭等. 中国神经精神 1995;21(6):342
[16] 翟金国等. 临床精神医学 1996;6(1):18
[17] 甘景梨等. 中国神经精神 1996;22(5):274
[18] 韩　蓁等. 临床精神医学 1996;6(4):234
[19] 赵更力等. 中华妇产 1996;31(10):614
[20] 陈建华. 中国神经精神 1996;22(5):304
[21] 宁南义等. 中华精神 1996;29(2):127
[22] 王年生等. 新药与临床 1996;15(2):117
[23] 王祖承等. 临床精神医学 1995;5(6):323
[24] 谭平海等. 中国神经精神 1995;21(6):329

[25] 田运华等．中华精神 1996;29(2):123
[26] 戴斯烈等．华西医学 1996;11(1):28
[27] 张玉琦等．中国神经精神 1996;22(2):102
[28] 张玉琦等．临床精神医学 1996;6(1):15
[29] 耿德勤等．临床精神医学 1995;5(5):261
[30] 甘景梨等．临床精神医学 1995;5(5):288
[31] 郑先振等．中国神经精神 1996;22(3):165
[32] 刘兰芬等．中国神经精神 1996;22(4):212
[33] 刘根华等．苏州医学院学报 1996;16(1):150
[34] 孟庆立等．新药与临床 1996;15(4):223
[35] 孙余才等．临床精神医学 1996;6(2):93

三、器质性、症状性及老年期精神病

黑龙江省三院[1]报道酒精致精神障碍 197 例，占精神科住院病人的比例从 60 年代的 0.08%升至 90 年代为 1.20%。贵州省安宁医院[2]对 150 例酒精中毒患者进行 MMPI 测试，发现其精神病态、偏执、抑郁、精神衰弱量表分明显升高，提示这一群体有较明显的人格偏离常态表现。黑龙江省三院[3]报道 200 例慢性酒精致精神障碍患者中 9 例伴有抑郁症状，符合 CCMD-2-R 中抑郁发作的诊断标准，提出该病种应有酒精所致情感障碍这一亚型。福建医学院等[4]对 16 例慢性酒精所致精神障碍患者作脑 CT 扫描，15 例有脑萎缩，认为其可能与肝功能障碍有关。湖南邵阳市精神病院[5]随访 38 例慢性酒精中毒所致精神障碍，有 11 例完全戒酒，指出该病预后取决于能否戒酒，而这又与发病年龄、临床类型及家庭环境等有关。四川遂宁市医院等[6]总结颅脑损伤患者3 458例，有 108 例并发精神障碍，以意识障碍最为常见，94 例治疗后获痊愈。指出精神症状的发生与脑伤部位有关，严重程度与脑伤程度有关。山东枣庄矿务局东郊医院[7]分析 46 例颅脑外伤所致精神障碍，发现脑外伤后综合征易发生于伤后 1 个月以内，人格改变多发生于伤后半年以内，精神病性障碍多发生于伤后 1 年以内。四川南充地区精卫中心[8]以高压氧合并抗精神病药物治疗 50 例脑外伤后精神障碍，有效率为 100%，显效率为 78%，明显优于单用药物治疗的对照组，疗效肯定。江苏南通通济医院[9]随访 92 例产后精神障碍，1 周内发病者占 60.9%，第一胎次占 85.9%，诱因中躯体、分娩因素及心理、社会因素各为 48.9%及 31.5%，随访中改诊 SP 者占 40.8%。认为该病是否为单独疾病单元尚待研究。山东平邑县医院[10]分析 26 例流行性出血热(EHF)伴发精神障碍患者，主要症状为意识、情感、行为及思维障碍，均治愈，随访半年未复发。认为发病与 EHF 病毒对脑组织损伤等因素有关。汕头市四院[11]回顾 25 例 SLE 患者 11 例出现神经精神障碍，多见于 SLE 病程第 4～5 年，与 SLE 活动性有关，部分因使用激素所致。新乡医学院二院[12]对内科 171 例连续住院病人依 CCMD-2 诊断，伴有精神障碍者占 5.8%，认为内科医师对精神障碍的诊断率偏低，应引起关注。四军医大一院[13]治疗 649 例躯体疾病所致精神障碍，158 例配合言语心理治疗，缓解率 75.9%；491 例未经心理治疗，缓解率为 65.8%，前者疗效明显好于后者。乌鲁木齐及郑州铁路防疫站[14,15]分别调查 72 例和 115 例列车旅客突发精神障碍，发病率分别为 0.8065‰和 4.20/万，指出发作与乘车特征、职业及与多种因素综合作用有关，长时间对个体进行负性刺激与发病有关。广州市精神病院[16]对 19 例 Alzheimer 病(AD)及 21 例老年期非痴呆性精神障碍(SNDMD)患者作脑 CT 扫描，表明脑 CT 可较好反映 AD 患者的弥漫性脑萎缩，以 SP 为主的 SNDMD 则多见与 AD 相似的颞叶脑萎缩。西安西京医院[17]发现 55 例老年人中 35 例有增龄性脑改变，这一改变可使老年人的抑郁和焦虑症状等增多，认为增龄性脑改变与老年人的抑郁发生有相关性，应予以治疗。白求恩医大医院等[18]分析 33 例老年期精神障碍，AD 3 例，脑血管疾病伴发精神障碍 17 例，SP 5 例。20 例器质性精神障碍以小剂量抗精神病药物治疗，有效率为 75%。铜陵市三院等[19]报道 65 例老年期谵妄，表现为急性躁狂性谵妄 42 例，运动过少性谵妄 12 例，混合型 11 例。谵妄持续时间取决于诊治时间的早晚。上海市精卫中心分部[20]以精神障碍诊断量表(DSMP)测试 AD 32 例，表明 DSMP 的 AD 部分可适用于临床诊断，但可否用于轻度痴呆及其他精神病所致的智能减退尚需验证。江苏沭阳县神经精神病院[21]以长谷川和夫痴呆量表(HDS)测定 60 岁以上农村老人 7 856 名，智能未受损为 7 046 人(84.7%)，轻度受损 534 人(6.8%)，中度受损 220 人(2.8%)，重度受损 56 人(0.7%)。认为 HDS 可用于农村老年人群的痴呆患者筛选。上海市精卫中心[22]以成人智残量表与简式韦氏成人智力量表评定 274 例智残者，表明两种量表评定的智残等级正相关，有高度一致性，前者可用于检测后一量表难以测定的重度以上智残。

四、神经症

昆明医学院一院[23]研究 97 例神经症症状与人格、应付方式和生活事件的关系，提出神经症症状是多因素独立和协调作用的结果。山东枣庄市二院[24]分析74例癔病病因，93.2%患者发病前有精神因素，提出注意心理卫生、避免精神创伤可减少癔病的发生。新疆医学院一院[25]分析15例儿童癔症，认为儿童期不健康的个性特征之形成多受家庭环境影响，应纠正父母的教育态度和方向。宁夏银川市一院[26]分析41例儿童癔症，病前均有精神刺激，以被批评最多为32例，病前个性多为暴躁易激惹及癔症个性，治疗后12例再发，提示要注意教育方式。江苏南通通济医院[27]等对32例儿童流行性癔病发病后15年随访，未发生重性精神疾病及癔病发作，预后良好；同时用艾克森表测定表明，个性发展并不受影响。该院[28]分析34例气功所致精神障碍，其临床表现大致归为4类：癔病样、SP样、躁狂抑郁样及类偏狂，症状以幻觉妄想最为多见。南通市精神病医院[29]随访12例气功所致精神障碍者3～5年，随访结束重新诊断，仅4例维持原诊断，其余8例诊断为SP、癔病及情感性障碍。合肥市精神病院[30]报道10例民间健身术所致精神障碍，6例表现为SP样、3例为癔症样、1例为神经症样；抗精神病药物治疗后8例痊愈，2例显进。沈阳市精卫中心[31]以30例气功所致分裂样障碍与33例SP对照，发现两者发病形式、症状、疗效、病程均有显著不同，表明前者是有别于后者的一组独立疾病。华西医大一院[32]报道30例未服药的强迫症患者基础血浆皮质醇及血催乳素高于正常对照组，表明强迫症患者有脑5-HT系统功能活跃，氯丙咪嗪可提高患者的血催乳素含量。江苏省医院[33]检测9例女性神经性厌食患者的TS、TSH、FSH、LH和GH激素水平，发现FSH及LH显著低于正常对照组，表明本病可能与下丘脑-垂体-性腺轴功能低下有关。南京市脑科医院[34]对17例神经衰弱、16例抑郁症及16名健康人进行TRH兴奋试验，三组间血清TRH均值存在显著差异，抑郁症组TSH对TRH呈迟钝反应者明显多于神经衰弱组。上海市精卫中心[35]以生物反馈治疗各类神经症31例，治疗前后SAS、STAI均有显著差异，痊愈2例，显进19例，总有效率为87%。济宁市精神病院[36]用氯硝西泮及安慰剂双盲自身对照治疗强迫症14例，发现氯硝西泮疗效显著高于安慰剂组，且未见明显副作用。安徽阜阳地区精神病院等[37]以罗拉西泮及安慰剂双盲自身对照治疗社交恐怖18例，用序贯方法检验，试验至第10例时，已见罗拉西泮疗效显著优于安慰剂。福州市神经精神病院[38]用氯硝西泮针剂治疗16例焦虑症，与安定针剂对照，剂量＜8mg/d者疗效二组间无差别。上海市精卫中心[39]报道20例神经性厌食。男女之间为1:9，应用抗抑郁剂合并心理治疗治疗16例，余者以对症及胰岛素治疗，结果2例痊愈，10例显进，7例进步，1例无变化。福建泉州市三院[40]以认知、行为治疗辅以药物治疗6例神经性厌食，随访1～4年，5例痊愈，1例有反复。哈尔滨市心身医学心理学所[41]以个别心理治疗与针刺疗法治疗45例抑郁性神经症，总有效率为95%。华西医大一院[42]复习神经科住院患者584例，出院诊断为神经症46例，指出这些病例治疗中精神药物用量均偏小，致疗效不佳。河北医大[43]应用SAS及自拟影响因素问卷调查城乡初高中学生1 181名，发现有焦虑症状者占29.8%，农村学生较城市学生严重，男女生之间无显著差异。山东医大[44]采用SAS对256名职业中学学生进行测试，显示焦虑现患率为12.5%，男生为9.37%，女生为13.5%；多因素分析表明SAS得分与个性特征及家庭、社会环境有关。苏州医学院等[45]调查苏州重点及普通中学学生，其SAS均值均显著高于中国人常模，而重点中学学生又显著高于普通中学学生，提出尤应重视重点中学的心理卫生工作。山东精卫中心等[46]对1 097名学生作SAS测试，平均粗分为27.39±4.98，除尿意频数外各条目均与SAS总分呈显著正相关关系。山东医大[47]对同一资料进行SAS主成分因子分析。因子Ⅰ为焦虑心情，因子Ⅱ、Ⅲ反映自主神经功能紊乱和运动性紧张，因子Ⅳ为混合性。认为该4个因子可概括SAS 46.38%的信息。北京回龙观医院[48]对CCMD-2-R中神经症进行现场测试，共诊断神经症167例，表明评定员之间一致性达99.1%，与临床档案诊断相比校，总符合率为97.0%，表明有良好的信效度。山东精卫中心[49]以正常人及失眠症、抑郁症和神经病病人测试匹兹堡睡眠质量指数(PSQI)之信效度，结果较好。以PSQI＞7为界，判断患者与正常人的灵敏度和特异度各为98.3%和90.2%

五、儿童精神疾病

四川计生所[50]根据调查资料计算出原因不明精神发育迟滞(MR)的年发生率十分稳定，无显著上升或下降趋势，认为原因不明的MR是一类主要受遗传因素影响的疾病或遗传病。南京WHO儿童心理合作中心[51]报道5个地区儿童智力低下患病率。南京、厦门等一般城市为4.5%～5.5%，四川平武藏族地区为122.3‰，缺碘区山西柳林县未补碘者为46.4‰，临县补碘者为11.7‰，安徽旌德县补碘质量低为58.0‰，为当地干预提供了依据。上海人口情报中心[52]将168例智力低下儿童与正常儿童对比，发现父母文化程度、生母智力、家庭内关系、母孕期情绪、出生体重、出生时有无窒息及家长的教育态度与儿童智力关系密切。湖南医大[53]研究497例有行为问题儿童，得出主要危险因素为家庭矛盾冲突多、情感交流少、父母社会经济层次低等。安徽安庆市医院[54]报道183例儿童多动综合征脑电图的异常率为58.5%，主要表现为弥漫性慢波活动增多（96例）、中等波幅Q波（42例）、高幅Q波（36例）、不规则慢波（18例）。上海市精卫所[55]对33例MR患儿与45名正常儿童作诱发电位检查，发现患儿组P_{300}靶刺激P3潜伏期显著延迟，P3波幅亦降低，认为二者可作为MR的一项筛选方法。常州德安医院[56]将26例多动综合征儿童分为攻击性与非攻击性两组，血清胆固醇浓度前者明显低于后者，且均低于正常同龄儿童。表明两类多动症存在生化上的不同。北京安定医院[57]采用11项右脑训练和左脑生物电刺激方法对33例MR儿童进行持续2年的右脑开发，实验组较对照组的智商和社会适应能力均有显著提高，行为问题有所减少。山东精卫中心[58]对131例MR司法鉴定资料进行逐步判别分析，帮助评定MR司法鉴定案例的辩认能力，共筛选出作案类型、平素性格、MR诊断评级、作案时是否伴有精神疾病、是否受骗及作案动机等6个因素为判别因子。上海市精卫中心[59]对照130例MR性被害者与24例无精神病者，发现两组被害人的性被害案例特点有显著不同，主要表现在自我保护、被害时间地点及破案途径等方面。华西医大[60]分析了56例MR患者性被害案，诊断为轻度MR者10例，中、重度者各22例，极重度2例；评定无性防卫能力51例，部分性防卫能力5例。认为中度以上MR患者可评定为无性防卫能力，轻度MR可评定为有部分或完全性防卫能力。天津市儿童医院[61]报道40例儿童孤独症，发现42.5%早期有语言发育障碍，67.5%有情感联系障碍，90%有社交障碍。南京市脑科医院[62]分析50例抽动障碍，男女之比为9:1。氟哌啶醇8～16mg/d治疗46例，余者用泰必利等。8例近期痊愈，30例显进，疗效不甚理想。2例作脑立体定向手术后症状立即消失。北京医大妇儿医院[63]测试39例Tourette综合征患儿，发现存在不同程度的神经心理缺陷，催乳素可能参与疾病的发病过程，氟哌啶醇和泰必利等药物对患儿记忆功能有一定影响。

（李　伟　吴萍嘉）

参考文献

［1］ 王志文等．临床精神医学 1996;6(4):225
［2］ 袁　平等．中华精神 1996;29(3):162
［3］ 孙佩金等．临床精神医学 1996;6(4):230
［4］ 李伟生等．临床精神医学 1996;6(4):228
［5］ 杨光娣等．临床精神医学 1996;6(4):227
［6］ 胡家正等．功能性和立体定向神经外科 1996;9(1):61
［7］ 阎社因等．临床精神医学 1996;6(3):150
［8］ 张霁帆等．临床精神医学 1996;6(1):52
［9］ 史春兰．临床精神医学 1996;6(1):22
［10］ 彭华彬等．中华精神 1996;29(3):178
［11］ 高镇松．上海精神医学 1996;新 8(1):17
［12］ 胡宪章等．临床精神医学 1995;5(6):340
［13］ 于清汉等．临床精神医学 1995;5(6):329
［14］ 穆　娟等．铁道医学 1996;24(5):319
［15］ 李学江等．中华精神 1996;29(1):47
［16］ 苗国栋等．中华精神 1996;29(3):154
［17］ 王家华等．陕西医学 1996;25(3):153
［18］ 孙竹萍等．白求恩医大学报 1995;21(6):634
［19］ 陈太友等．安徽医学 1996;17(3):47
［20］ 康伟民等．上海精神医学 1996;新 8(1):13
［21］ 钱韵秋．临床精神医学 1996;6(5):272
［22］ 虞一萍等．上海精神医学 1996;新 8(3):153
［23］ 许秀峰．中华精神 1996;29(1):43
［24］ 梁文香等．临床精神医学 1996;6(5):280
［25］ 王杭生．新疆医学院学报 1996;19(1):33
［26］ 谢振华等．宁夏医学 1996;18(1):47
［27］ 王丽娟等．苏州医学院学报 1996;16(1):92
［28］ 王增辉等．交通医学 1995;9(4):63
［29］ 吴忠胜等．上海精神医学 1995;新 7(4):232
［30］ 张育麟．安徽医大学报 1995;30(4):319
［31］ 程　毅等．上海精神医学 1995;新 7(4):228
［32］ 杨彦春等．中华精神 1996;29(2):65
［33］ 刘　健等．临床精神医学 1995;5(6):367
［34］ 谭剑安等．中华神经精神 1995;28(5):259
［35］ 虞一萍等．上海精神医学 1996;新 8(1):36
［36］ 曾昭祥等．新药与临床 1996;15(3):152
［37］ 孙建中等．上海精神医学 1995;新 7(4):262
［38］ 林朱新等．福建医药 1996;18(3):128
［39］ 王　飚等．上海精神医学 1996;新 8(2):102
［40］ 薛蓉蓉等．临床精神医学 1996;6(3):182
［41］ 王新本等．上海精神医学 1996;新(8)(增刊):46
［42］ 陆　林等．华西医学 1996;11(1):30
［43］ 丁树荣等．中国公共卫生 1996;12(9):419
［44］ 傅戊笄等．中华神经精神 1995;28(5):276
［45］ 夏东民等．苏州医学院学报 1995;15(6):1195
［46］ 刘贤臣等．中国神经精神 1995;21(6):359
［47］ 刘贤臣等．山东医大学报 1995;33(4):303
［48］ 冯　锋等．临床精神医学 1996;6(3):168
［49］ 刘贤臣等．中华精神 1996;29(2):103

［50］ 张思霖．中华精神 1996;29(3):147
［51］ 陶国泰．临床精神医学 1996;6(2):67
［52］ 李冬梅．上海精神医学 1996;新 8(2):92
［53］ 罗学荣等．中华神经精神 1995;28(6):336
［54］ 严纽葆等．功能性和立体定向神经外科 1996;9(2):18
［55］ 陈兴时等．中华精神 1996;29(2):99
［56］ 袁浩龙等．临床精神医学 1995;5(5):279
［57］ 郑 毅等．中华神经精神 1995;28(6):340
［58］ 王庚鑫等．中华精神 1996;29(3):151
［59］ 谢 斌等．上海精神医学 1995;新 7(4):239
［60］ 霍克钧等．临床精神医学 1995;5(6):335
［61］ 宋青青等．中华神经精神 1995;28(6):372
［62］ 李寿禄．临床精神医学 1996;6(1):17
［63］ 刘智胜等．中华儿科 1996;34(2):84

六、其他

海南安宁医院等[1]通过分层随机抽样调查 25 750 人（≥15 岁），发现该省重性精神病患病率（15.8‰）远高于全国 12 个地区（10.5‰），其中酒依赖、酒毒性精神障碍及老年痴呆患病率高于 12 个地区，酒依赖、酒毒性精神障碍又以黎族最高，汉族农村组和城市组最低。山东东营胜利医院[2]整群分层随机抽样调查油田 14 076 人，各种精神病总患病率 15.6‰，其中酒依赖为 7.5‰，SP 为 4.5‰。青海省医院[3]按全国残疾人抽样调查方案进行三县市精神残疾调查，调查的 10 390 人中各类精神病 31 人，定残 23 人，残疾率 2.2‰。解放军 102 医院等[4]系统整群抽样调查 21 198 名军人平时心理创伤后应激障碍，总患病率为 4.9‰，以空军空勤最高（16.8‰）；应激源以军事训练和突发应激生活事体所致创伤居多；患者的情绪不稳及抑郁、焦虑、恐怖等负性情绪明显高于对照组。深圳市精卫所等[5]采用 90 项症状清单（SCL-90）等调查 371 例外来青年工人，SCL-90 总均分、阳性症状均分及强迫、人际敏感、恐怖因子均显著高于当地青工（100 例）和全国常模，表明其心理健康水平低下，其主要影响因素为神经质和精神压力的程度、收入等。该所[6]用 SCL-90 调查 211 例不育妇女的总分、总症状指数，发现均显著高于正常生育组（100 例）。多因素分析其主要影响因素依次为神经质、生育观、不育年限、花费和社会功能。上海医大等[7]总结 2 144 人次心理热线求询者，即刻满意度为 65%～75%，对自杀意念有较好的疗效，是干预危机的一种方法。昆明医学院二院[8]报道 1985～1994 年间收治服毒自杀 2 927 例，占各类急性中毒首位（83.7%），其中服镇静安眠药、有机磷农药各占 40%、29%；10～39 岁占 64.6%；恋爱婚姻等家庭事件是主要原因（占 48.5%）。镇江市四院[9]调查该市城乡 18～65 岁 6 012 人中男性饮酒、吸烟率（82.6%和 64.9%）显著高于女性（31.4%和 1%）；女性镇静催眠药、解热镇痛药使用率高，有滥用倾向。北京安定医院[10]调查该市居民 6 567 人（>12 岁）1 年中苯二氮䓬使用率为 61.8‰，依赖率 16.3‰，以安定最常用。大理医学院[11]调查 150 例鸦片类药物依赖者，以未婚男性多见，30 岁以下占 87.4%，初中以下文化者占 88%。持续用药和复吸的主要原因是心理依赖和忧愁。广州市精神病院[12]报道 1992～1994 年间入院戒毒 1 725 例次，静脉注射者占 31.8%，染毒人数呈逐年显著上升趋势。昆明医学院一院等[13]测得 407 例药瘾者 HCV 感染率为 61.1%，PCR 分析其中 60 例以 HCV Ⅱ 型多见（占70.4%）。昆明市一院[14]用超声心动图观察 802 例海洛因成瘾者的心瓣膜和内膜病变，总发生率 4.6%，103 名健康对照者正常。瓣膜病变发生率静注者多于抽吸者，吸毒量≥2.1g/d 者多于吸毒量≤1g/d 者（$P<0.01$）。宁波市戒毒中心[15]以东莨菪碱进行海洛因依赖（100 例）脱瘾治疗，第 1～5 天 0.03～0.06mg/kg 静滴，6～10 天改为 0.01～0.02mg/kg 口服。第 1～5 天脱瘾效果与美沙酮组（50 例）相当，优于可乐宁组（50 例）；第 6～10 天与可乐宁相当，优于美沙酮组。该药具有快速控制戒断症状、无成瘾性特点。中科院上海药物所[16]报道腹腔注射吗啡大于 5mg/(kg·d)×7d 可使小鼠成瘾，但只有当剂量大于 40 100mg/(kg·d)时才有显著抑制脾细胞免疫功能。抑制作用与是否成瘾无必然关系，低剂量时能促进免疫功能。青海精卫院[17]报道凶杀致死案占同期司法鉴定 28.8%（60/250 例），其中 SP 占 31.3%，受被害妄想幻觉支配作案为 64.1%，51.6%被鉴定为无责任能力。山东济宁市精神病院[18]应用 MMPI 测查比较 95 例 SP 凶杀作案者与非案者及正常人的不同，示精神病态（Pd）明显，认为该表可用于预测作案可能。武汉安康医院[19]报道 15 例精神病凶杀后自杀，占同期精神病杀人案 15.6%，14 例为病理动机，受害人为亲人占 73.3%，住所作案为 73.3%，大多数缺少自我保护，与精神病单纯杀人相似。牡丹江市精神病院[20]报道 3 例病理性半醒状态伤害行为，行为应评为无责任能力。贵州省安宁医院[21]以 CCMD-2-R 标准对 486 例精神病凶杀案再诊断，原 30 例诊断分裂样精神病和反应性精神病者均符合旅途精神病（占 6.2%），均在长途旅行、列车拥挤下急性发病，以被害妄想、片段幻

觉和情感障碍为主要症状，几天内自行缓解。华西医大[22]从353个案例中选取18项资料建立辩认能力和控制能力的回归判别函数方程，并选定了临界值，经验证认为有一定参考价值。陕西榆林地区神经精神病院[23]报道一家5例感应性精神病，1年后复发，较少见。山东临沂地区精神病院[24]报道45例分裂样精神病家族史、起病诱因、病前个性与SP对照组相似；以急性起病多、近期疗效好、情感淡漠、傻笑、行为怪异等少于SP($P<0.01$)为特点，二者是否存在质的区别尚待研究。合肥市精神病院[25]对71例分裂样精神病进行4年随访，32例恢复良好，28例病情复发诊断为SP和情感性障碍，11例病情不稳定，维持门诊治疗。CCMD-2-R现场测试工作组[26]共测试750例，该标准诊断与临床诊断一致率为93.6%，与CCMD-2诊断一致率为96.5%。认为CCMD-2-R有良好的信度、效度和适用性，可推广应用。上海二医大等[27]调查该市23所精神病院住院患者134例意外死亡的死因。以自缢(20.1%)最常见；心血管疾病(16.4%)其次，第3位为窒息(11.2%)，善后处理发生纠纷和赔偿各占19.4%。四川万县市精卫中心等[28]随机双盲使用进口、国产苯妥纳英、安慰剂治疗26例有明显攻击行为的病例(修订的外显攻击量表评分≥4)，疗程3周，有效率分别为80%、33.3%和0%。表明进口苯妥英纳有稳定情绪、减低冲动性作用。台湾国立师范大学[29,30]采用家庭负荷结构问卷调查122例严重慢性精神病家庭护理者(其中台北组52例，美国洛杉矶白人组35例，洛杉矶华人组35例)，家庭总负荷量相同。前2组的前3项负荷相同，均为：①担心病情；②疾病相关的情绪负荷；③影响身体健康而发生的身体负荷。后一组第2负荷与之不同，为困扰家庭婚姻关系。

(吴萍嘉　黄流清)

参考文献

[1] 叶延蔚等．海南医学 1995;6(4):257
[2] 王伯军．中国神经精神 1996;22(2):72
[3] 汪晓泊等．青海医药 1996;26(4):52
[4] 王焕林等．中华精神 1996;29(2):69
[5] 陆亚文等．中华精神 1996;29(3):166
[6] 陆亚文等．临床精神医学 1996;6(2):84
[7] 季建林等．临床精神医学 1995;5(5):270
[8] 李　青等．中华精神 1996;29(2):86
[9] 俞俊洪等．临床精神医学 1996;6(2):71
[10] 姜佐宁等．Chin Med J 1996;109(10):801
[11] 何周文等．中国神经精神 1996;22(5):271
[12] 黄远光等．中国神经精神 1996;22(2):80
[13] 顾秀华等．中华传染 1995;13(4):228
[14] 陈爱华等．中国超声 1996;12(5):24
[15] 杨国栋等．中华医学 1996;76(2):141
[16] 卞同华等．上海免疫 1996;16(3):142
[17] 胡福迎等．青海医药 1996;26(4):18
[18] 栾清明等．中华精神 1996;29(3):188
[19] 涂前雄等．临床精神医学 1996;6(2)87
[20] 刘雄伟等．临床精神医学 1996;6(4):245
[21] 张迪然等．中华神经精神 1995;28(5):273
[22] 张　伟等．上海精神医学 1995;新7(4):247
[23] 刘靖宇等．中国神经精神 1996;22(4):245
[24] 郑士全等．临床精神医学 1995;5(6):360
[25] 韩庆梅等．安徽医大学报 1995;30(4):281
[26] 何燕玲等．中华精神 1996;29(1):27
[27] 王祖承等．临床精神医学 1996;6(2):77
[28] 周建初等．华西医学 1996;11(1):42
[29] 吴就君．临床精神医学 1996;6(2):74
[30] 吴就君．临床精神医学 1996;6(3)138

文　选

精神分裂症患者休息与激活状态局部脑血流变化研究(中华核医学 1996;16(2):109)　中山医大一院胡平等以“第4例外”测验激活大脑功能，应用^{99m}Tc-乙撑双半胱氨酸二乙酯SPECT研究22例精神分裂症(SP)和10名健康对照组局部脑血流(rCBF)显像，计算rCBF指数。结果：对照组休息状态下颞、枕叶皮质放射性明显稀疏，两侧对称；激活状态下双侧半球无明显稀疏缺损区。SP组休息状态下，4例两半球放射性不对称，左额、颞区rCBF指数高于右侧相应区($P=0.04$)。且高于对照组，提示存在过度灌注；激活状态下右半球额、颞及左颞、枕叶血流明显增加，左额叶无明显变化；余18例休息状态下与对照组各区血流相似，激活状态下左额叶激活不明显，与对照组比较，左下额叶差异尤为显著($P=0.04$)。结果揭示SP可能存在额叶皮质，尤其是左额叶功能障碍，部分患者存在左半球活动增高。

(黄流清)

其　他

一、临床免疫

收集 1994 年 11 月～1995 年 10 月文献 47 篇，纳入回顾 16 篇（占 34.0%），列入文选 1 篇（占 2.1%）。

一 年 回 顾

（一）胸腺瘤

河南省胸科医院等[1]发现胸腺病（TMM）内指突状细胞的形态、分布和数量及其组织学分型和预后有一定的关系。中山医大肿瘤医院等[2]报道 72 例病理确诊的 TMM，其 CT 定性和定位的符合率分别为 68% 和 90%，高于胸片正侧位的 46% 和 78%。湖南省肿瘤医院、盐城市一院和汕头大学医学院一院[3～5]均认为 TMM 应以手术治疗为主，常规辅以放疗和/或化疗；重症肌无力是其主要并发症，也是术中、术后死亡的主要原因，应注意防治肌无力及其所致的呼吸衰竭。衡阳医学院附院[6]报道小儿 TMM 6 例，无特异性临床表现，早期易误诊和漏诊，病情进展快，疗效差。北京医院[7]介绍 40 例 TMM 患者远期成活经验，主张适当放宽手术指征，认为无手术条件者单纯放疗也有一定疗效。

（二）血管免疫成细胞性淋巴结病

医科院浙江分院[8]*以荧光原位杂交技术发现血管免疫成细胞性淋巴结病（AILD）中 3 号染色体三体（+3）的发生率为 77.8%，含有 +3 的畸变细胞率为 4.0%。北京中日友好医院[9]发现 4 例 AILD 淋巴结活检标本的 EBV（埃泼斯坦-巴尔病毒）DNA 阳性，提示两者之间有某种联系。青岛医学院[10]报道持续小剂量（5～10mg/d）强的松治疗取得最长缓解期达 35 个月的良好疗效，应用较大或大剂量强的松造成 4 例感染死亡。北京中日友好医院[11]应用环孢素 A 治疗该病 3 例，疗效肯定。

（三）其他

安徽医大附院[12]报道用自血光量子疗法治疗类风湿、硬皮病和 SLE 后患者红细胞 C_3b 受体花环百分率上升，红细胞免疫复合物花环百分率下降。江苏通州红十字血站[13]以自身血浆冷沉淀除移术治疗哮喘、格林-巴利综合征、SLE 和重症肌无力各 1 例，临床和实验室指标显著改善。医科院等[14]证实脊髓后角 P 物质参与实验性过敏性神经炎、脑脊髓炎和佐剂性关节炎的发病过程。福建血液所和山东省医院等[15,16]的临床研究提示血清可溶性白细胞介素-2 受体（sIL-2R）水平是诊断、监测免疫性疾病和反映机体免疫功能状态的有用指标。

（李保春）

参 考 文 献

［1］ 祁敏现等．临床与实验病理 1996；12(3)：227
［2］ 李家尧等．癌症 1996；15(1)：68
［3］ 陈跃军等．湖南医学 1995；12(6)：354
［4］ 刘国锋等．江苏医药 1996；22(4)：276
［5］ 许哲仪等．中国胸心血管外科临床 1996；3(1)：24
［6］ 章培锋等．湖南医学 1996；13(2)：101
［7］ 王德昌等．中华肿瘤 1996；18(2)：96
［8］* 张颜明等．中国医科院学报 1995；17(5)：359
［9］ 李　挺等．中华病理 1996；25(2)：99
［10］ 纪祥瑞等．临床与实验病理 1996；12(3)：218
［11］ 马一盖等．白血病 1996；5(1)：32
［12］ 邵宏英等．安徽医学 1995；16(6)：27

[13] 于俐丽.中国输血 1996;9(1):34
[14] 陈 娟等.中国医科院学报 1996;18(3):183
[15] 彭永麟等.福建医学院学报 1995;29(4):321
[16] 董 波等.天津医药 1996;24(1):40

文 选

荧光原位杂交技术检测血管免疫成细胞性淋巴结病3号染色体三体畸变(中国医科院学报 1995;17(5):359) 医科院张颜明运用荧光原位杂交(FISH)技术对36例血管免疫成细胞性淋巴结病(AILD)中常见的3号染色体三体(+3)及含有+3的畸变细胞进行检测,并与已进行的传统细胞遗传学染色体分析结果比较。36例AILD中女性15例,男性21例,平均62岁。诊断均经一般病理和免疫组化检查证实,所有受累淋巴结和外周血淋巴细胞均经细胞遗传学染色体分析。FISH技术系采用经生物素以切口移位法标记的3号染色体着丝粒特异性DNA探针,使探针DNA和受累淋巴结细胞(或外周血淋巴细胞)DNA杂交。杂交点经检测放大,在荧光显微镜下选择200个以上杂交点致密、边界清晰的细胞进行分析。结果显示28/36例(77.8%)AILD具有+3,远比细胞遗传学染色体分析的检查结果(15/36例,42.0%)为高;而含有+3的畸变细胞率为4.0%。上述结果除提示FISH技术的敏感性外,还根据病理检查中受累淋巴结主要为反应性淋巴细胞增生,而恶性细胞仅占极少部分,与用FISH技术检测含有+3的畸变细胞率低下相一致,更提示了该项技术的准确性。但由于FISH并不能检测所有染色体畸变克隆和一个克隆中所有染色体畸变,而细胞遗传学染色体分析能全面显示1个细胞的核型,故联合应用两种方法才能准确了解具有特异性染色体畸变的肿瘤细胞。

述评 AILD的低发病率、临床表现和预后的不一致性和低度恶性均为其确诊造成一定困难。根据50%的AILD具有染色体畸变、其中之一即为+3,故检测AILD受累淋巴结肿瘤细胞特异性染色体畸变、可增加AILD的确诊率。另外,根据病理中肿瘤细胞的数量与含有+3畸变的细胞率,可更准确地推测AILD的预后。故FISH技术检测AILD有较大的临床实用价值。

(李保春 崔若兰)

二、肿瘤概论

收集1995年11月~1996年10月文献329篇,纳入回顾122篇(占37%),列入文选4篇(占1.2%)。

一 年 回 顾

(一)流行病学调查

天津劳卫所等[1]发现接触氯乙烯满一年以上的工人肝癌死亡率显著高于该市普通居民。上海华山医院等[2]发现接触氯甲甲醚量多、时间长者肿瘤发病率增高,以肺癌最高。华西医大[3]调查某煤矿工人21年恶性肿瘤死亡率,表明恶性肿瘤占煤矿工人死因的第2位,其中以消化系统肿瘤居多。辽宁葫芦岛锌厂医院等[4]对该厂1990~1994年4年间职工肿瘤死亡情况的回顾分析表明恶性肿瘤居死因首位,其中肺癌死亡率最高。湖南湘潭市职业病所等[5]发现铸造工人,尤其是高接尘者肺癌死亡率显著高于对照组。天津医大等[6]研究证实某污泥施肥区人群恶性肿瘤死亡率和消化系统恶性肿瘤死亡率均明显高于污水区和清水区。北京劳卫所[7]发现皮毛工人恶性肿瘤呈高发倾向,以胃肠肿瘤为显著。扬州大学医学院等[8]检测了食管癌和胃癌高发的江苏高邮市送桥地区多种食品中微量元素含量,发现其中含有多种致癌或促癌元素,尤其以镍的污染为重。中国石化总公司[9]调查显示页岩型炼油厂在页岩干馏及其原油加工过程中，工人肺癌、肝癌和食管癌的标化死亡率明显增高。他们[10]还发现煤合成油厂工人肺癌的标化死亡比也明显增高，且肺癌的死亡率与职业暴露程度高度相关。

(二)病因和发病机制

华西医大一院等[11]发现原发性恶性肿瘤组织中p16和p15基因缺失的频率明显低于肿瘤细胞株，其检出率因肿瘤组织学类型而异。基因缺失通常累及p16和p15两个基因，但某些肿瘤未检出p16及p15基因缺失或点突变。白求恩医大一院等[12]研究表明多种进展期癌患者外周血IL-2和IL-6活性均显著低于对照组，而sIL-2R则显著增高，上述异常在术后有所改善。首都医大等[13]研究提示原癌基因c-fos和c-jun除了在细胞进入生长周期时发挥基因调控功能外，c-jun还可能在晚G_1/S期单独产生作用。昆明医学院[14]发现将小鼠肺腺癌细胞母系与巨噬细胞混合培养，后者可包绕和溶解瘤细胞。南京南湖医院等[15]发现癌症患者发锌略低于健康人，发铜和铜/锌值高于健康人。苏州市四院[16]发现恶性肿瘤患者血清铜升高而血清硒下降，红细胞超氧化物歧化酶(SOD)及血清谷胱甘肽过氧化酶活性下降。苏州医学院二院[17]亦见肿瘤患者外周血总抗氧化能力及SOD活力较正常人为低。广州医学院等[18]报道亚硒酸钠和叶绿酸对致癌物N-甲基-N'-硝基-N-亚硝基胍和苯并[a]芘诱发Balb/3T3细胞DNA非程序合成有明显的抑制作用。北京医大[19]发现肝癌、肺癌、乳腺癌和贲门癌患者血浆组织型纤溶酶原激活物明显高于正常人。空军福州医院[20]研究认为恶性肿瘤患者血液流变性和纤维蛋白原增高，肿瘤转移时上述指标更高。河南职工医学院[21]发现荷瘤小鼠红细胞C_{3b}受体率明显低于正常，并随肿瘤发展呈下降趋势，而红细胞免疫复合物花环率则高于正常并在肿瘤侵袭中期急骤升高。宁夏医学院[22]研究显示宁夏汉族人甲状腺癌、乳腺癌的血型分布与O型血密切相关，而胃癌的血型分布与A型血相关。

(三)诊断

泰山医学院附院等[23]测得多种恶性肿瘤患者血清唾液酸(TSA)含量均较正常组明显升高，手术治疗后下降。安徽医大一院[24]报道根据TSA检测的恶性肿瘤术前诊断敏感性为66.2%，准确性为74.0%，阳性预测值为90.7%。白求恩医大一院[25]用改良的间苯二酚法检测血清脂质结合唾液酸(LSA)，其对恶性肿瘤诊断的阳性率为74.6%。广州医学院[26]认为TSA和LSA测定对肺癌、胃癌和大肠癌等有临床诊断价值，对鼻咽癌诊断价值更高，但对肝癌和乳腺癌的诊断价值有限。广东新会市医院[27]认为甲胎蛋白、癌胚抗原(CEA)及TSA联合检测对恶性肿瘤的筛选诊断有一定的实用价值。中科院上海细胞所[28]认为血清免疫抑制酸性蛋白可作为多种癌症的诊断、恶性程度以及判断预后的参考指标。青海省医院[29]用放免法测定血清CEA，认为它对良、恶性肿瘤的鉴别有一定价值。承德医学院附院[30]测得恶性肿瘤患者血清CEA和sIL-2R水平均显著高于正常人。哈尔滨医大二院[31]用计算机图像分析系统检测外周血T淋巴细胞中核仁的银染强度，发现由此反映出的淋巴细胞rDNA转录活性的大小可灵敏地反映出癌变进展程度与机体免疫状况的相互关系。苏州医学院[32]通过对癌及良性病变者手术或免疫治疗前后自然杀伤(NK)细胞活性的动态观察，认为对它的检测有助于癌症诊断及抗癌方案的选择。解放军81医院[33]发现长间距胶原仅存在于间叶起源的瘤细胞内，而不存在于上皮起源的瘤细胞中，此有助于癌及肉瘤的鉴别。江西医学院一院[34]及广东省医院[35]均报道全身核素骨显像对恶性肿瘤骨转移的早期诊断、治疗方案的选择、判断疗效和预后都有较高价值。

(四)治疗

化疗：山东文登市肿瘤医院[36]联合应用三苯氧胺与化疗治疗晚期肿瘤，其有效率明显高于单用化疗而毒副反应未见增加。解放军总院[37]发现潘生丁可增强阿霉素、长春新碱及足叶乙甙等对肺癌细胞株A_{549}的细胞毒作用。广州南方医院[38]对接受大剂量甲氨蝶呤的化疗者分别予大剂量或根据6/0小时血药浓度比值给予甲酰四氢叶酸钙，发现此两组的化疗毒性发生率无明显差异。医科院肿瘤医院等[39]证实鬼臼乙叉甙单用或与其他化疗药合用对小细胞肺癌和恶性淋巴瘤等均有较好疗效。哈尔滨医大等[40]研究显示应用MTT法预测肿瘤患者对5-Fu及5-Fu/CF联合方案的敏感性有一定意义。重庆医大一院[41]及广州市肿瘤医院[42]分别报道用以异环磷酰胺为主的化疗方案治疗晚期肿瘤，不仅疗效满意，且毒性低。医科院肿瘤医院[43]对国产一类抗癌新药盐酸博安霉素进行的Ⅰ期临床研究，表明该药的主要毒副作用为发热和消化系统反应，骨髓抑制作用不明显。浙江省肿瘤医院[44]以吡喃阿霉素为主的联合化疗治疗恶性肿瘤，总缓解率为59.1%，该药的主要毒性为骨髓抑制。医科院肿瘤医院[45]用含西艾克的联合化疗对1 532例肿瘤患者进行多中心前瞻性临床Ⅲ期研究，结果示总有效率为64.5%，主要毒性为骨髓抑制、消化系统反应和周围神经炎等。解放军 81 医院[46]研究表明以国产西艾克为主的联合化疗方案对多种恶性肿瘤，特别是对一般化疗较不敏感的肺腺癌、食管癌等均有较好疗效。昆明医学院一院[47]证明含去甲-5'-脱氢长春花碱的联合化疗可作为晚期癌症综合治疗的重要措施。白求恩医大三院等[48]发现应用血管紧张素Ⅱ升高血压后化疗可使肿瘤组织内抗癌药物浓度较单纯化疗者增加 1 倍多，临床疗效显著提高。

放疗：安徽医大[49~52]经动物实验证实小剂量电离辐射对肿瘤转移有抑制作用，可使机体免疫功能明显增强。白求恩医大[53]*亦发现小鼠接受低剂量全身照射后 24 小时经球后静脉注入 Lewis 肺癌或 B_{16}黑色素瘤细胞，癌细胞转移明显减少，而脾脏 NK 细胞活性和 IL-2 分泌均增高。医科院肿瘤医院[54]研究表明低氧对小鼠实验性肿瘤有放射防护效应。湖北医大二院[55]发现肿瘤局部注射尿素合并放疗可使大鼠 Walkrer-256 癌肉瘤生长速度较单纯放疗组明显减慢。白求恩医大三院等[56]用^{60}Co 或 10MV X 线局部照射以减轻骨转移瘤引起的骨痛，其有效率为 100%。长治医学院附院[57]应用$^{153}S_m$-EDT_mP 配合^{60}Co 照射治疗伴有明显骨转移性疼痛的患者，取得较好的止痛效果。丹东市肿瘤放疗医院[58]发现中晚期恶性肿瘤患者在放疗前、放疗中进行局部化疗的近期疗效明显优于放疗后局部化疗患者。上海医大肿瘤医院[59]发现放疗后鼻咽癌患者血 Ig 中仅 IgA 明显降低，淋巴细胞转化率和 CD4/CD8 值多显著降低。哈尔滨医大三院[60]发现 500cGy 照射对红细胞免疫粘附能力无明显损伤，而肿瘤细胞经 200cGy 照射后，其与正常红细胞的免疫粘附能力明显降低。白求恩医大[61]发现癌症患者放疗后血中脂质过氧化产物增高，SOD 等抗氧化物水平下降。中山医大肿瘤医院[62]报道 91 例鼻咽癌患者在接受放疗若干年后发生头部和颈部第二原发癌。中国医大一院[63]报道了 4 例肿瘤患者于放疗后半年发生迟发性放射性脑坏死。

免疫疗法：北京友谊医院[64]发现肿瘤患者应用 IL-2/LAK 治疗后血中 CD4/CD8 值、LAK 活性、IL-2 膜受体及 IL-2 分泌细胞水平均显著升高，而 sIL-2R 则减少。南通医学院[65]发现粘附性 LAK 细胞在 rIL-2 存在的条件下可迅速扩增，其抗瘤活性优于 LAK 细胞。山东医科院[66]研究表明 rIL-6 在体内外均可促进 LAK 细胞的杀伤活性，对荷瘤所致的 LAK 细胞功能下降也有一定的预防作用。广州南方医院等[67]分别检测了卡铂、顺铂、环磷酰胺、丝裂霉素、5-氟尿嘧啶和阿霉素对 LAK 细胞杀瘤活性的影响。上海市肺科一院[68]发现丝裂霉素不影响肺腺癌细胞株 A_{549}对 LAK 细胞的敏感性，阿霉素则增强 LAK 细胞的杀伤作用，而顺铂可在特定浓度显示与 LAK 细胞的协同作用。解放军总院[69]*收集了 7 例晚期恶性肿瘤用 LAK 细胞治疗后的尸检材料。重庆西南医院[70]发现抗肿瘤特异性转移因子在体内外均增强荷瘤宿主的 LAK 细胞杀瘤活性。解放军 302 医院[71]发现抗-CD3 与抗-HBs 的双特异性抗体因克服了 LAK 细胞杀伤病毒转染细胞的无选择性，从而增强了其细胞毒性。苏州医学院[72]研究表明 γ-GT 细胞在体外的增殖能力、生存时间和细胞毒活性明显优于常规 IL-2 诱导的 LAK 细胞。河南肿瘤所[73]以人胎脾 LAK 细胞治疗晚期恶性肿瘤，疗效满意，尤对癌性疼痛或腹水效果明显。吉林肿瘤所[74]体外研究表明锂单独应用或与 rIL-2 合用均可增加 LAK 细胞体外扩增能力。上海市九院[75]用淋巴因子诱导的细胞毒细胞治疗晚期恶性肿瘤 121 例，有效且安全。南京军区医研所[76]通过透射电镜观察到肿瘤浸润淋巴细胞(TIL)是通过对瘤细胞打孔、释放胞质而杀伤肿瘤细胞的。上海瑞金医院[77]报道消化管恶性肿瘤者输注 TIL 后，多数患者外周血 T 细胞亚群比例上升，NK 和 LAK 细胞活性增强。医科院肿瘤医院[78]用可溶性肿瘤抗原(STA)和 CD3 单克隆抗体共同刺激外周血单个核细胞，获得 T-AK 细胞，该细胞对 STA 来源的靶细胞具有高度亲和性杀伤力。上海医大[79]体外实验证实 α-CD3 单克隆抗体对肿瘤特异性 T 细胞的增殖和杀瘤活性具有正性作用。解放军 85 医院等[80]用 CD3 单克隆抗体激活的杀伤细胞治疗中、晚期癌肿 45 例，总有效率为 53.3%。河南医大等[81]用抗 CD3 单克隆抗体活化的自身淋巴细胞治疗晚期肿瘤，输注 3 次以上者有效率为 51%。苏州医学院一院等[82]应用低剂量 IL-2 和低剂量放/化疗综合治疗晚期癌症，完全缓解率 37.5%，总有效率 93.8%，1 年生存率为 87.5%。山东省医院[83]单用 IL-2 治疗恶性肿瘤，总有效率为 21.4%。兰州军区总院等[84]研究表明 IL-2 可抑制小鼠 B_{16}黑色素瘤肺转移，促进 ConA 刺激的脾细胞增殖，脂质体包裹可使 IL-2 生物活性提高约 5 倍。四川攀枝花市医院[85]应用肿瘤坏死因子局部瘤体内注射，治疗晚期恶性肿瘤，近期疗效较好。

中科院上海细胞所[86]用转基因方法获得的能持久分泌 mIL-2 的小鼠 B_{16}瘤细胞株的致瘤性明显下降。二军医大[87~89]发现瘤体内注射脂质体包裹的 IL-2 基因，小鼠脾肿瘤特异性杀伤细胞活性明显升高；他们建立了 IL-3 基因转染的 B_{16}小鼠黑素瘤细胞株，发现其致瘤性和肺转移能力明显下降；还发现 IL-12 能显著增强 IL-4 基因转染的小鼠黑色素瘤细胞诱导的肿瘤特异性淋巴细胞的杀伤活性，提高其IFN-γ分泌水平。他们[90]*还用可被放射线转录激活的早期生长应答基因启动子与人TNF的融合基因构建成放射线照射后可显著提高细胞因子表达水平、可用于基因治疗的TNF基因表达载体。泰山医学院[91]发现TNF基因转染的巨噬细胞分泌TNF的水平增高，杀瘤活性增强。上海二医大[92*,93]将IFN-γ、TNF-α和IL-2等细胞因子基因导入人肝癌及胃癌细胞，使肿瘤细胞的致瘤性下降，甚至消失。二军医大[95]予小鼠腹腔注射能表达粒细胞-巨噬细胞集落刺激因子基因的重组痘苗病毒，使荷瘤小鼠肺转移结节减少、存活期延长；通过重组腺病毒介导将IL-4及巨噬细胞集落刺激基因转染至小鼠腹腔内巨噬细胞，使其杀瘤活性增强。

其他治疗：上海医大[96]从机制上证实高功率聚焦超声治疗肿瘤的有效性。解放军总院[97]发现肿瘤局部水浴热疗后荷瘤小鼠NK细胞活性升高，原发肿瘤生长减慢，肺转移率降低。浙江医大一院[98]发现热疗合用顺铂对人胃癌细胞MKN28的细胞毒作用优于热疗后化疗或先化疗后热疗。上海铁道大学医学院[99]证实吐温80，尤其是吐温80合并41℃温热可通过降低荷瘤鼠血清TNF发挥抗肿瘤作用。解放军97医院[100]发现肿瘤局部注射高渗氯化钠溶液可增强光动力学疗法对小鼠前胃癌移植瘤的杀伤效应。福建肿瘤医院等[101]用金/铜蒸气激光加血卟啉衍生物治疗浅表恶性肿瘤，近期有效率为94.4%，5年生存率为61.1%。北京中日友好医院[102]用电化学治疗恶性肿瘤334例，有效率为74.5%，1、3、5年生存率分别为85.4%、64.6%和40.9%。

济南市一院[103]应用培养的人胚胸腺和脾脏联合移植，能增强恶性肿瘤患者的细胞免疫功能。昆明红十字会医院[104]及平顶山市二院[105]用胚胎胸腺移植治疗中晚期恶性肿瘤，患者自觉症状和生活质量明显改善。哈尔滨理工大学医院[106]用活体单细胞输注治疗中晚期癌症，有效率为96.3%。天津肿瘤所[107]证实人胚胎提取物的有效成分对肿瘤治疗及减少放、化疗毒副作用均有良好生物效应。苏州医学院二院[108,109]研究表明胎肝细胞裂解产物可增强肿瘤患者免疫功能。暨南大学医学院附院[110]用胎肝细胞输注配合化、放疗治疗中晚期恶性实体瘤，达到保护骨髓功能及改善免疫等作用。江苏淮阴市一院[111]和陕西省医院[112]均报道脐血输注对减轻化、放疗所致白细胞减少有较好疗效。

徐州医学院附院[113]证实榄香烯注射液可增强T淋巴细胞亚群功能。福建省医院[114]用榄香烯治疗恶性肿瘤，对恶性胸腹水的总有效率达75%～80%，对实体瘤也有一定疗效。大连医大[115]证实新城鸡疫病毒/β-榄香烯瘤苗有助于恶性肿瘤病人重建T淋巴细胞网络。宁夏医学院附院[116]发现枸杞多糖可保护放疗患者的细胞免疫功能。暨南大学医学院[117]发现硒化黄芪多糖对小鼠S_{180}肉瘤的抑瘤率为59.1%。常州市一院[118]证实香菇多糖可提高化疗患者NK活性和T_4/T_8比值。山东医大[119]研究表明灵芝多糖能直接刺激人脐血单个核细胞增殖，协同IL-2增强脐血LAK细胞增殖和细胞表面IL-2R的表达。北京中医研究院[120]发现中药抗毒生血饮可促进γ射线照射后小鼠脾脏和胸腺组织的修复。华西医大一院[121]发现针刺可提高恶性肿瘤患者的细胞免疫功能。哈尔滨市一院等[122]用针灸治疗癌症患者化疗引起的胃肠反应，取得良好效果。

（叶志斌　崔若兰）

参考文献

[1] 吴汇川等. 慢性病预防与控制 1996;4(4):163
[2] 徐麦玲等. 中国工业医学 1996;9(4):225
[3] 乔　蓉等. 职业医学 1996;23(1):18
[4] 韩松本等. 中国工业医学 1996;9(1):48
[5] 胡正兴等. 中国工业医学 1995;8(6):362
[6] 张淑兰等. 慢性病预防与控制 1995;3(6):253
[7] 雍爱伦等. 中华劳卫 1996;14(2):98
[8] 高济万等. 中国公共卫生 1996;12(10):454
[9] 王景和. 中国工业医学 1996;9(1):18
[10] 王景和. 中国工业医学 1996;9(2):75
[11] 黄　倩等. 中华医学遗传 1996;13(4):198
[12] 王淑惠等. 白求恩医大学报 1996;22(3):249
[13] 谭　信等. 首都医大学报 1996;17(2):95
[14] 王　芳等. 癌症 1996;15(2):115
[15] 胡　颖等. 新医学 1996;27(5):248
[16] 陈贻华等. 实用癌症 1995;10(4):231
[17] 周华云等. 苏州医学院学报 1995;15(4):654
[18] 黄　铧等. 癌症 1996;15(4):259
[19] 吴庆玉等. 北京医大学报 1996;28(3):234
[20] 安一明等. 中国肿瘤临床与康复 1996;3(2):18
[21] 王好生等. 中国肿瘤临床 1996;23(5):353
[22] 焦海燕等. 宁夏医学 1995;17(6):328
[23] 李和楼等. 肿瘤研究与临床 1996;8(2):79
[24] 颜士杰. 安徽医大学报 1996;31(5):439
[25] 孙淑艳等. 白求恩医大学报 1996;22(3):303
[26] 董燕湘等. 实用癌症 1996;11(2):91
[27] 黄小兵等. 癌症 1996;15(1):64
[28] 刘明唯等. 上海免疫 1996;16(5):261

[29] 韵文萍. 青海医药 1996;26(5):44
[30] 刘怀深等. 中国肿瘤临床 1996;23(7):516
[31] 陈嘉薇等. 哈医大学报 1996;30(3):307
[32] 马文雄等. 苏州医学院学报 1996;15(4):642
[33] 乐美兆等. 一军医大学报 1996;16(2):118
[34] 陈声波等. 肿瘤防治研究 1996;23(4):229
[35] 高伟生等. 广东医学 1996;17(2):91
[36] 刘佳林等. 中国肿瘤临床 1996;23(8):537
[37] 杨俊兰等. 中国肿瘤临床 1995;22(11):811
[38] 李黎波等. 实用癌症 1995;10(4):261
[39] 张湘茹等. 中华肿瘤 1995;17(6):454
[40] 马玉彦等. 实用肿瘤学 1995;9(4):12
[41] 时 德等. 中国肿瘤临床 1996;23(4):266
[42] 喻庆薇. 实用癌症 1995;10(4):273
[43]* 冯奉仪等. 中国医科院学报 1996;18(2):143
[44] 徐 农等. 肿瘤防治研究 1996;23(5):317
[45] 王金万等. 中华肿瘤 1996;18(4):285
[46] 陈映霞等. 肿瘤防治研究 1996;23(1):45
[47] 李灿芬等. 上海医学 1996;19(10):586
[48] 卢振霞等. 吉林医学 1996;17(1):3
[49] 汪思应等. 肿瘤防治研究 1996;23(2):69
[50] 黄 帼等. 上海医学 1996;19(3):125
[51] 黄 帼等. 肿瘤防治研究 1996;23(3):161
[52] 金敖兴等. 癌症 1996;15(4):244
[53]* 傅海青等. 中华放射与防护 1996;16(5):307
[54] 刘新帆等. 中华肿瘤 1995;17(6):471
[55] 谢丛华等. 肿瘤防治研究 1996;23(4):234
[56] 姜德福等. 白求恩医大学报 1996;22(2):193
[57] 赵记威等. 上海医学 1996;19(10):617
[58] 戴 东. 上海医学 1996;19(10):615
[59] 周 决等. 上海免疫 1996;16(1):22
[60] 孙迷离等. 实用肿瘤学 1996;10(1):48
[61] 陈 静等. 白求恩医大学报 1996;22(3):267
[62] 黄 芳. 广东医学 1995;16(11):734
[63] 陈淑兰等. 中华放射与防护 1996;16(4):251
[64] 段 婷等. 中国肿瘤临床 1996;23(10):723
[65] 汪晓莺等. 南通医学院学报 1996;16(2):157
[66] 孙 涓等. 中国免疫 1996;12(2):98
[67] 康世均等. 肿瘤防治研究 1996;23(1):8
[68] 谈立松等. 肿瘤 1995;15(6):452
[69]* 纪小龙等. 肿瘤防治研究 1995;22(6):333
[70] 彭贵勇等. 解放军医学 1996;21(3):184
[71] 楼 敏等. 中华微生物和免疫 1996;16(3):159
[72] 李新燕等. 苏州医学院学报 1996;16(3):401
[73] 蒋东霞等. 中国肿瘤临床 1996;23(3):194
[74] 刘玉侠等. 实用肿瘤学 1996;10(3):9
[75] 王中和等. 上海医学 1996;19(10):566
[76] 唐治华等. 实用肿瘤学 1996;10(1):1
[77] 顾琴龙等. 中国肿瘤临床 1996;23(3):182
[78] 陈毓仙等. 中华微生物和免疫 1995;15(5):293
[79] 俞 红等. 上海医大学报 1996;23(2):83
[80] 虞喜豪等. 上海免疫 1995;15(5):289
[81] 杜献堂等. 中华肿瘤 1995;17(6):464
[82] 高耀明等. 苏州医学院学报 1995;15(4):656
[83] 邹玉林等. 山东医药 1996;36(7):32
[84] 谢景文等. 兰州医学院学报 1995;21(3):134
[85] 毛光菊. 四川医学 1996;17(1):24
[86] 陆云彪等. 上海免疫 1996;16(5):265
[87] 王全兴等. 二军医大学报 1996;17(1):15
[88] 章卫平等. 中国免疫 1995;11(6):344
[89] 修方明等. 中国免疫 1996;12(3):159
[90]* 曹雪涛等. 中华肿瘤 1996;18(3):161
[91] 曲 迅等. 中国肿瘤临床 1996;23(10):707
[92]* 张腾飞等. 上海免疫 1996;16(1):1
[93] 张腾飞等. 中国免疫 1996;12(1):25
[94] 鞠佃文等. 中华肿瘤 1996;18(3):165
[95] 于益芝等. 中华医学 1996;76(7):493
[96] 程树群等. 中国超声 1996;12(3):1
[97] 胡永成等. 中华医学 1996;76(8):582
[98] 陈卫星等. 中国肿瘤临床 1996;23(7):491
[99] 杨虎川等. 癌症 1996;15(3):175
[100] 张南征等. 中华理疗 1996;19(3):150
[101] 陈 强等. 福建医药 1996;18(2):11
[102] 辛育龄等. 实用癌症 1995;10(4):258
[103] 颜亭祥等. 上海免疫 1996;16(1):52
[104] 罗开元等. 中华器官移植 1996;17(3):129
[105] 侯俊卿等. 中国肿瘤临床与康复 1995;2(4):41
[106] 王爱伶等. 哈医大学报 1996;30(2):163
[107] 宋燕爽等. 中国肿瘤临床 1996;23(2):92
[108] 周剑影等. 苏州医学院学报 1996;16(2):205
[109] 刘玉龙等. 苏州医学院学报 1996;16(2):209
[110] 郭良君等. 广东医学 1996;17(10):659
[111] 朱锦秀. 肿瘤研究与临床 1996;8(2):101
[112] 魏绪仓等. 陕西医学 1996;25(2):87
[113] 陈剑群等. 中国肿瘤临床 1996;23(4):299
[114] 崔同建等. 福建医药 1996;18(1):93
[115] 蒋晓山等. 中国肿瘤临床与康复 1996;3(2):5
[116] 刘菊年等. 中华放射与防护 1996;16(1):18
[117] 张亚非等. 癌症 1996;15(3):192
[118] 吴昌平等. 新药与临床 1996;15(1):29
[119] 徐 新等. 中国实验临床免疫 1996;8(1):19
[120] 王勒渝等. 中西医结合 1996;16(8):489
[121] 吴 滨等. 中西医结合 1996;16(3):139
[122] 黄秋贤等. 哈尔滨医药 1996;16(3):55

文　选

低剂量全身照射抑制小鼠癌细胞播散（中华放射与防护 1996;16(5):307）　白求恩医大傅海青等观察了低剂量全身照射对癌细胞播散的抑制作用，并对其机制进行了探讨。将C57BL/6J纯系小鼠随机分成5组，分别接受0、50、75、100和150 mGy X射线全身照射，照射后24小时每只小鼠由球后静脉注入Lewis肺癌细胞或B_{16}黑色素瘤细胞7×10^5/0.1 ml，照射后14天处死小鼠，取肺脏以计数肺肿瘤结节数。另将一批C57BL/6J小鼠随机分为6组，每组6只，3组接受75mGy全身照射，另3组为假照射组。照射后24小时每只小鼠由球后静脉注入Lewis肺癌细胞7×10^5/0.1 ml，照射后2、4、6天处死动物，取脾脏制成单细胞悬液，检测具有NK细胞活性和IL-2的分泌。结果：(1)在注入Lewis肺癌细胞的实验中，接受50、75、100和150mGy照射组小鼠肺肿瘤结节明显低于假对照组，各照射组间差异不显著。预先接受低剂量照射的接种黑色素瘤细胞鼠其肺肿瘤结节平均数低于假照射组。(2)75mGy照射组小鼠脾脏NK细胞杀伤活性于照射后2、4、6天均较假照射组显著增强，脾细胞IL-2的分泌在上述时间点亦表现为照射组较假照射组增强。作者认为低剂量辐射可能通过增强免疫反应而抑制癌细胞播散。

（叶志斌）

述评　小剂量电离辐射的免疫兴奋效应已被国内外很多学者所证实。上文进一步表明低剂量X线照射可抑制小鼠移植瘤的转移，扩大了小剂量X线照射治疗恶性肿瘤的临床应用价值。

（叶志斌　崔若兰）

LAK细胞治疗癌肿效果的尸检评价（肿瘤防治研究 1995;22(6):333）　解放军总院纪小龙等收集生前曾用LAK细胞治疗、死后进行尸检的恶性肿瘤患者7例，并根据尸检所见评价该治疗的疗效及不良反应。7例中肺癌2例，肝细胞癌、肾细胞癌和胰腺癌各1例。年龄62～74岁，男6例，女1例。全部患者在接受不同剂量和方案的化疗、放疗基础上并用LAK细胞治疗，最少者2次，最多者13次，每次剂量不等(1×10^8～4×10^8)；末次接受LAK细胞至患者死亡的间隔时间分别为0、34、198、37、23、3、和215天。以尸检后肿瘤坏死程度作为评价LAK细胞的疗效指标，即肿瘤坏死程度越重，疗效越好。尸检发现：轻度肿瘤坏死4例，中度1例，重度2例。肿瘤坏死程度与LAK细胞的用量、治疗时间或癌肿的组织类型无关；与肿瘤内淋巴细胞浸润程度有关。无明显肿瘤坏死的4例肿瘤内淋巴细胞浸润为“+”，有明显肿瘤坏死的3例为“++”或“+++”；肿瘤内淋巴细胞浸润程度与LAK细胞用量及用药时间无关。另外，还发现该组材料中出现了常规尸检中不易见到的心、肝、肾、脾、食管、肾上腺和脑等器官不同程度的淋巴细胞浸润和肺间质纤维组织增生。前者与文献报道的LAK细胞治疗后组织学的不良反应一致，后者仅见于肺癌内淋巴细胞浸润明显的病例。两者均疑为LAK细胞对机体的不利反应。

述评　有关LAK细胞治疗人类恶性肿瘤的各种研究仍在不断扩展和深入，但目前对其临床疗效的评价尚不完全一致，以组织学改变评价LAK细胞治疗人类恶性肿瘤疗效和不良反应的报道甚少，故上文提供的资料对临床治疗恶性肿瘤有一定参考价值。惜无对照组。如能进一步探讨放、化疗对肿瘤坏死的作用及肿瘤坏死与肿瘤内淋巴细胞浸润两者之间的原、继发关系，则更有价值。

（叶志斌　崔若兰）

肿瘤放射线诱导性TNF基因疗法的实验研究（中华肿瘤 1996;18(3):161）　二军医大曹雪涛等为降低放射剂量、提高放疗效果进行了肿瘤放射线诱导性TNF基因疗法的体外实验研究。他们将可被放射线照射转录激活的早期生长应答(Egr-1)基因启动子与人TNF的融合基因构建成放射线诱导性的TNF双拷贝逆转录病毒载体pET_{DC}，经包装细胞Psi-2和Crip的两次包装后，用此病毒上清感染小鼠成纤维细胞株NIH3T3和黑色素瘤细胞株B_{16}、F10，经G418抗性筛选后所得到的阳性克隆分泌TNF量分别为2.1ng/ml和1.1ng/ml，并经RT-PCR证实有人TNF mRNA的表达。经20Gy的放射线体外照射后，其TNF表达量分别升至13.8ng/ml和5.7ng/ml，分别为照射前的5.6倍和4.2倍，RT-PCR结果也提示体外放射线照射可增强这2株阳性细胞克隆人TNF mRNA的表达水平，而野生型细胞及转染对照质粒的细胞在照射前后均不分泌TNF。

（叶志斌）

述评　探索可增强放疗效果且减少放疗副作用的方法具有重要的实际应用价值。上文根据细胞经X线照射后可使某些编码转录因子的基因转录激活以及TNF本身有抗肿瘤作用的特点，成功地构建了放射线诱导性TNF基因表达载体，为进一步开展肿瘤细胞因子基因导入疗法打下了实验基础。

（叶志斌　崔若兰）

细胞因子基因转导的人肿瘤细胞免疫原性及致瘤性研究（上海免疫 1996；16(1)：1）　上海二医大张腾飞等进行了将IFN-γ、TNF-α或IL-2等细胞因子导入人类肝癌细胞或胃癌细胞以治疗肿瘤的实验研究。将上述诸细胞因子分别导入人类肝癌细胞系和人低分化胃腺癌细胞系，用鼠抗人HLA-A、B、C单抗 $W_6/32$ 及HLA-DR单抗HB55与细胞结合，以FITC-兔抗鼠Ig为二抗，采用间接免疫荧光法流式细胞仪测定其HLA-Ⅰ、Ⅱ类抗原表达；另外，他们还分别将基因转导及野生型肿瘤细胞按 3×10^6 细胞/(200μl·只)接种于BALB/c裸鼠右前肢皮下，于接种后每周测定生长肿瘤体积，第4或第6周时杀死裸鼠，剥离肿瘤并称重。结果显示：与未修饰及空白载体修饰肿瘤细胞相比，基因修饰肿瘤细胞的HLA-Ⅰ、Ⅱ类抗原表达均明显增加：人肝癌细胞系本身有较高的HLA-Ⅰ类抗原表达，Ⅱ类抗原表达较低，经转入IFN-γ基因后，HLA-Ⅰ类抗原表达阳性率虽无变化，但平均道数却增加了10倍；HLA-Ⅱ类抗原表达从近乎于零升至39%；TNF-α和IL-2基因修饰株的Ⅰ类抗原表达也增加4倍左右。低分化胃腺癌细胞系自身HLA-Ⅰ、Ⅱ类表达都不高，导入细胞因子基因后均有显著提高。各细胞因子基因修饰肿瘤细胞的致瘤性都明显下降，甚至消失。

（叶志斌）

述评　基因修饰肿瘤细胞免疫接种是肿瘤治疗研究的热点。上文将IFN-γ等细胞因子基因导入在我国常见的肝癌和胃癌细胞系中，发现这些细胞因子的转入可显著增强肿瘤细胞HLA-Ⅰ、Ⅱ类抗原的表达，并使瘤细胞的致瘤性明显下降。此为应用细胞因子基因工程疫苗治疗肝癌或胃癌提供了一定的依据。

（叶志斌　崔若兰）

附录一　诊断标准

急性心肌梗死溶栓疗法参考方案

（中华心血管病杂志编委会，1996 年 7 月修订）

一、原则

应在急性心肌梗死发病后，争分夺秒，尽力缩短患者入院至开始溶栓的时间，目的是使梗死相关血管得到早期、充分、持续再开通。

二、选择对象的条件

1. 持续性胸痛≥半小时，含服硝酸甘油症状不缓解。

2. 相邻两个或更多导联 ST 段抬高在肢体导联>0.1mV、胸导>0.2mV。

3. 发病≤6 小时者。

4. 若患者来院时已是发病后 6～12 小时，心电图 ST 段抬高明显伴有或不伴有严重胸痛者仍可溶栓。

5. 年龄≤70 岁，70 岁以上的高龄 AMI 患者，应根据梗死范围、患者一般状态、有无高血压、糖尿病等因素，因人而异慎重选择。

三、禁忌证

1. 两周内有活动性出血（胃肠溃疡、咯血等），做过内脏手术、活体组织检查，有创伤性心肺复苏术、不能实施压迫的血管穿刺以及有外伤史者。

2. 高血压病患者经治疗后在溶栓前血压仍≥21.3/13.3kPa（160/100mmHg）者。

3. 高度怀疑有夹层动脉瘤者。

4. 有脑出血或蛛网膜下腔出血史，>6 小时至半年内有缺血性脑卒中（包括 TIA）史。

5. 有出血性视网膜病史。

6. 各种血液病、出血性疾病或有出血倾向者。

7. 严重的肝肾功能障碍或恶性肿瘤等患者。

四、溶栓步骤

溶栓前检查血常规、血小板计数、出凝血时间及血型。

（一）口服给药

即刻口服水溶性阿司匹林 0.15～0.3g，以后每天 0.15～0.3g，3～5 天后改服 50～150mg，出院后长期服用小剂量阿司匹林。

（二）静脉用药种类及方法

1. 尿激酶（UK）：150 万 IU（约 2.2 万 IU/kg）用 10ml 生理盐水溶解，再加入 100ml 5%～10%葡萄糖液体中，30 分钟内静脉滴入。尿激酶滴完后 12 小时，皮下注射肝素 7 500U，每 12 小时一次，持续 3～5 天。

2. 链激酶（SK）或重组链激酶（rSK）：150 万 U 用 10ml 生理盐水溶解，再加入 100ml 5%～10%葡萄糖液体中，60 分钟内静脉滴入。

3. 重组组织型纤溶酶原激活剂（rt-PA）：用 rt-PA 前先给予肝素 5 000U 静脉滴注，同时按下述方法应用 rt-PA：

（1）国际习用加速给药法：15mg 静脉推注，0.75mg/kg（不超过 50mg）30 分钟内静脉滴注，随后 0.5mg/kg（不超过 35mg）60 分钟内静脉滴注，总量≤100mg。

（2）近年来国内试用小剂量法：8mg 静脉推注，42mg 于 90 分钟内静脉滴注，总量为 50mg。

rt-PA 滴毕后应用肝素每小时 700～1 000U，静脉滴注 48 小时，监测 APTT 维持在 60～80 秒，以后皮下注射肝素 7 500U，每 12 小时一次，持续 3～5 天。

五、监测项目

（一）临床监测项目

1. 症状及体征：经常询问患者胸痛有无减轻以及减轻的程度，仔细观察皮肤、粘膜、咳痰、呕吐物及尿中有无出血征象。

2. 心电图记录：溶栓前应做 18 导联心电图，溶栓开始后 3 小时内每半小时复查一次 12 导联心电图（正后壁、右室梗死仍做 18 导联心电图），以后定期做全套心电图，导联电极位置应严格固定。

（二）用肝素者需监测凝血时间

可用 Lee White 三管法，正常为 4～12 分钟；或 APTT 法，正常为 35～45 秒。

（三）发病后 6、8、10、12、16、20 小时查 CK、CK-MB。

六、冠状动脉再通的临床指征

（一）直接指征

冠状动脉造影观察血管再通情况，依据 TIMI 分级，达到 Ⅱ、Ⅲ 级者表明血管再通。

（二）间接指征

1. 心电图抬高的 ST 段在输注溶栓剂开始后 2

小时内，在抬高最显著的导联ST段迅速回降≥50%。

2. 胸痛自输入溶栓剂开始后2～3小时内基本消失。

3. 输入溶栓剂后2～3小时内出现加速性室性自主心律，房室或束支阻滞突然改善或消失，或者下壁梗死患者出现一过性窦性心动过缓、窦房阻滞，伴有或不伴有低血压。

4. 血清CK-MB酶峰提前在发病14小时以内或CK在16小时以内。

具备上述4项中2项或以上者考虑再通，但第2与第3项组合不能判为再通，对发病后6～12小时溶栓者暂时应用上述间接指征(第4条不适用)，有待以后进一步探讨。

七、溶栓治疗的并发症

(一)出血

1. 轻度出血：皮肤、粘膜、肉眼及显微镜下血尿，或小量咯血、呕血等(穿刺或注射部位少量瘀斑不作为并发症)。

2. 重度出血：大量咯血、消化管大出血或腹膜后出血等引起失血性低血压或休克，需要输血者。

3. 危及生命部位的出血：颅内、蛛网膜下腔、纵隔内或心包出血。

(二)再灌注性心律失常，注意其对血液动力学影响。

(三)一过性低血压及其他的过敏反应(多见于SK或rSK等)。

八、梗死相关冠状动脉再通后一周内再闭塞指征

1. 再度发生胸痛，持续≥半小时，含服硝酸甘油片不能缓解。

2. ST段再度抬高。

3. 血清CK-MB酶水平再度升高。

上述三项中具备两项者考虑冠脉再闭塞，若无明显出血现象，可考虑再次应用溶栓药物，剂量根据情况而定，但SK或rSK不能重复用，可改用其他溶栓剂。

九、疗效估价

(一)心肌梗死范围

1. 急性早期ST段抬高的导联，R波未消失，提示尚有存活心肌。

2. 随着病程的进展，异常Q波导联数未增加，提示梗死区无扩展。

(二)溶栓后住院期并发症发生率(5周内)

1. 急性肺水肿，具明显的临床症状或X线征象。

2. 心源性休克。

3. 严重的心律失常：室性心动过速、心室纤颤、束支传导阻滞或Ⅲ度房室传导阻滞。

4. 室壁瘤。

5. 室间隔穿孔、乳头肌断裂、游离壁破裂。

(三)心功能状态与左室重塑(remodeling)

1. X线远达片：观察心影大小及形态，肺淤血及心胸比值。

2. 超声心动图和/或核素心血池检查：观察有无左室扩张、室壁运动异常、室壁瘤、心室收缩和/或舒张功能异常等。

(四)病死率及随访观察

1. 住院病死率(5周)及死因(心脏性死亡或非心脏性死亡)。

2. 长期随访。每半年全面复查一次(包括心功能检测、登记劳动能力和活动量、心绞痛和再梗死情况，对死亡者做死因调查)。

二级预防和溶栓后心肌缺血评估，以及进一步的介入，PTCA或冠状动脉旁路术(CABG)等治疗的必要性选择，在随访期中应定期进行。

克山病诊断标准

(全国地方病标准分委会会议评审通过，1995年10月，乌鲁木齐)

克山病是一种原因未明、以发生地命名的地方性心肌病；主要病态是心肌实质变性、坏死、纤维化，最终导致心脏的收缩与舒张混合型泵或电衰竭。

一、范围

本标准规定了克山病诊断要点以及临床分型的技术指标。

本标准适用于克山病病区的个案诊断以及与其他心肌疾病或心脏病的鉴别。

二、诊断原则

必须具备下列3条方可诊断为克山病：(a)克山病的发病特点：具有在一定地区、时间和人群中多发[见附录A(标准的附录)]，外来人口在病区与当地农民连续过3个月以上同样生活方能发病；(b)具有心脏的症状与体征(心大或形态、搏动、节律或心电

图的异常)，或心功能不全的症状与体征(气短、心悸、奔马律、肝大和浮肿)；(c)且能排除其他疾病者。

三、诊断标准

具有克山病发病特点，并具备以下任何一条或其中一项表现又能排除其他疾病：

1. 心脏扩大：检查方法与判定基准见附录B(标准的附录)。

2. 急性或慢性心功不全。

3. 心律失常：

(1)多发室性早搏(每分6次以上，运动后增加)；

(2)心房纤颤；

(3)阵发性室性或室上性心动过速。

4. 奔马律。

5. 脑或其他部位栓塞。

6. 心电图改变：

(1)房室传导阻滞；

(2)束支传导阻滞(不完全右束支传导阻滞除外)；

(3)ST-T改变；

(4)Q-T间期明显延长；

(5)多发或多源性室性早搏；

(6)阵发性室性或室上性心动过速；

(7)心房纤颤或心房扑动；

(8)P波异常(左、右房增大或两房负荷增大)。

心电图检查方法与判定基准见附录C(标准的附录)。

7. X线所见： 心脏扩大(检查与判定见附录B_2,B_3)

8. 超声心动图 (包括多普勒超声心动图DUCG)的改变：

(1)左房、左室径扩大；

(2)射血分数(EF%)降到40%以下；

(3)室壁活动呈节段性运动障碍；

(4)二尖瓣血流频谱A峰大于B峰。

9. 心机械图改变：

(1)射血前期(PEP)/左室射血期(LVET)≥0.40；

(2)A波率(A/E−0)≥15%。

10. 实验室检查：

(1)心肌酶谱的改变；

(2)谷草转氨酶(GOT)、谷丙转氨酶(GPT)升高，GOT/GPT>1；

(3)乳酸脱氢酶(LDH)及其同功酶1(LDH_1)升高，LDH_1>LDH_2；

(4)磷酸肌酸激酶(CK或CPK)及其同功酶2(CPK_2)升高。

四、临床分型标准

按发病过程与心脏功能分成下列4型：

1. 急型：发病急剧且有急性心肌缺血、坏死[见附录D(标准的附录)]的所见或呈现急性心脏功能失代偿并具有下列任何之一项表现者为重症急型克山病：①心源性休克；②严重心律失常所致心脑综合征；③急性肺水肿或急性左心衰竭。

2. 慢型：心脏多为中度或显著扩大，表现为慢性心脏功能失代偿-充血性心力衰竭。

(1)自然慢型 是一组没有急、亚急、慢型及潜在型病史、不知不觉发病缓慢的慢型，目前多以此型发病；

(2)慢型分级 按心脏功能的分级，分为慢型Ⅱ级、Ⅲ级、Ⅳ级；

(3)慢型急性发作 慢型在病区又在多发季节出现急型表现者。

3. 亚急型：

(1)确切亚急型 发生于断奶后、学龄前儿童的克山病。发病较缓，多在出现症状1周左右发生充血性心力衰竭/或心源性休克(少数)，多以充血性心力衰竭为主要表现。多有颜面水肿、肝大和奔马律。有些病例可有心肌坏死所见；

(2)疑似亚急型 若有精神萎靡、食欲不振、咳嗽气喘、腹痛呕吐、眼睑或下肢水肿，且有血压降低，脉压小，心率明显增快，全心音或第一心音减弱等，要按疑似亚急型及时治疗，一旦出现心力衰竭体征者即可确诊；

(3)亚急型转成慢型 亚急型克山病自发病日起3个月后未愈者，即改称为转慢型。

4. 潜在型：心功Ⅰ级(正常)，心脏功能代偿期心脏轻度增大或不增大，心电图多为室性早搏或完全性右束支传导阻滞或ST-T改变者。

五、鉴别诊断

1. 急型须同急性心肌炎、急性心肌梗死、急性胃炎、胆道蛔虫症鉴别。

2、慢型须同扩张型心肌病(DCM)、围产期心肌病、冠心病、心包炎(慢性)及风心病鉴别。

3、亚急型须同急、慢性肾小球肾炎或肾病、支气管肺炎(合并心衰)、心内膜弹力纤维增生症、心包炎鉴别。

4、潜在型须同局灶性心肌炎、肥厚型非梗阻性心肌病、心脏神经官能症鉴别。

详见附录E(揭示的附录)。

附件A　克山病的地区、时间与人群的多发基准

A1　**地区性**

我国的病区在北纬 21～53°、东经 89～135°间，已确定病区有黑龙江、吉林、辽宁、内蒙古、河北、河南、山东、山西、陕西、甘肃、四川、云南、西藏、贵州、湖北等 15 个省市、自治区，312 个县（旗）病区的农业人口约 1 亿，多发生于上述地区边远、交通不便、生活困难的农村。

A2　**人群选择性**

病区中的农业人口或非病区到病区过当地农民同样生活连续 3 个月以上生育期（20～40 岁）妇女、断奶后学龄前（2～7 岁）儿童（不分男女）多发。多发年常有 1/2～1/3 的患者家庭中有 2 名以上发病，呈家庭多发。

A3　**时间性**

年度多发（即暴发流行年）、季节多发。急型、亚急型在西南（云南、四川）为炎热的夏季多发，但后者于 5～7 月更多见，北方多在寒冬（11 月～翌年 3 月）多发；慢型、潜在型一年四季均可发生。

附件B　心脏增大的检查方法与判定基准

B1　心脏查体的方法与判定

B1.1　检查方法

患者仰卧位，用轻叩诊方法确定心脏的相对浊音界。

B1.2　判定

B1.2.1　轻度增大（轻大）　心脏左界浊音界在第 5 肋间超过左锁骨中线外 0.5～1.0cm；

B1.2.2　中度增大（中大）　心左界超过左锁骨中线 1.0 cm 以上，但不超过左腋前线；

B1.2.3　显著增大（显大）　心左界超过腋前线。

B2　X 线检查方法与判定

B2.1　X 线检查方法

B2.1.1　X 线摄片要求于自然深吸气末闭气状态下，分别照后前立位和左侧位（简称正、侧位）心脏像（须包括胸廓及肋骨）。根据需要可同时照左前斜位（55～60°），右前斜位（45～50°），同时口服硫酸钡，使食管显影。正位焦点到片夹距离 200 cm，侧、斜位为 150 cm，以高电压、短时间投照为宜，最好 0.1 秒以下（北京阜外心血管医院用 100 千伏以上，曝线时间 0.02～0.06 秒，大焦点不加滤线器）。

B2.1.2　心脏 X 线测量方法

a、　心脏面积测量　于正位片心脏实测面积比预计面积增大 11%～35%为轻度增大，36%～60%为中度增大，61%以上为显著增大。

b、　心胸比率测量　此法简便易行，但受体型及横膈位置影响较大。因此，一般要求用吸气 X 线片（膈肌表面位于第 6 前肋间或第 10 后肋水平）测量，而且此法不适用于横位心和垂位心。成人心胸比率大于 0.5 为心脏增大，0.51～0.55 为轻度增大，0.56～0.60 为中度增大，0.61 以上为显著增大，2 岁以上儿童的心胸比率基本同成人，2 岁以下的心胸比率正常值上限可达 0.60。

B3　各型克山病 X 线异常判定基准

在临床诊断为各型克山病的基础上，其各自的 X 线表现如下。

B3.1　急型克山病

a、　双肺有不同程度淤血、间质水肿或合并肺泡水肿；

b、　心脏形态呈烧瓶形、主动脉型，少数呈二尖瓣型，有不同程度心肌张力低；

c、　约 1/3～2/3 心脏呈轻度增大，中度增大者极少，1/3 病人心脏不大。左、右心室增大为主，左、右心房次之；

d、　肺动脉段不突，主动脉，上腔静脉正常；

e、　多数心脏搏动减弱。

B3.2　亚急型克山病

a、　双肺有不同程度淤血、间质水肿，少数合并肺泡水肿（约 1%）或肺动脉高压表现（2%）；

b、　心脏形态多呈普大型，其次为中间型和球型（分别为 60%、25%、15%），有不同程度心肌张力低；

c、　多数病例心脏中度～显著增大（73%），其次轻度增大（20%），少数早期或轻症心脏不大（7%）。左右心室增大为著，左右心房次之，房、室增大左侧重于右侧；

d、　肺动脉段轻凹（40%），平直和轻凹（60%），主动脉结正常（62%）或变小（38%），上腔静脉正常（68%）或轻度扩张（32%）；

e、　多数心脏搏动减弱（80%），其次搏动正常（16%），少数搏动不规则（3%）以及合并有局部博动消失和反常搏动（2%）。

B3.3　慢型克山病

a、　多数病例有不同程度肺淤血、间质水肿(90%),少数合并肺泡水肿(4%)和肺动脉高压表现(5%)。另外,心功能Ⅱ级者肺血近于正常(9%);

b、　心脏形态多呈普大型(74%),其他为主动脉-普大型,二尖瓣-普大型和中间型。心肌张力不同程度降低,心膈面加宽;

c、　多数心脏中度-显著增大(96%),少数心脏轻度增大(4%),各房、室不同程度增大,一般心室重于心房,左侧重于右侧。极少数病例右房、室增大较显著;肺动脉段轻凹(20%)、平直和轻凸(77%),中度突出者极少(3%)。主动脉结正常或缩小(分别为18%和 82%),上腔静脉、奇静脉不同程度扩张(6%),不扩张者较少(37%);心脏搏动减弱(79%),搏动不规则(9%),少数合并局部搏动异常者,主要表现为心尖博动消失和反常博动(6%),搏动正常的病例亦较少(6%)。

B3.4　潜在型克山病

a、　全部病例肺血正常;

b、　心形多近于正常,心肌张力尚好(88%),少数心肌张力较差(12%);

c、　心脏不大或轻度增大,而单独左心室轻度增大者较多(95%),单独右心室轻度增大者较少(3%);

d、　肺动脉段、主动脉结、上腔静脉均在正常范围;

e、　多数病例心脏搏动正常,少数左心室心尖搏动减弱或消失。

附件C　心电图的检查方法与判定基准

C1　心电图的检查方法

C1.1　对仪器要求与检查注意事宜

a、　一导心电机即可,但必须做阻尼校检。心电机的阻尼要适中即正常,阻尼过度与不足均可导致非病理性的ST-T改变。故在检查患者前一定要定标准电压(1.0mV),同时检查仪器阻尼情况(见图1),无误时才可做检查,以减少误差。

b、　皮肤粗糙或不洁时,以酒精用力擦洗,目的使皮肤与电极密接,导电良好,以防止(皮肤或交流电)干扰。

c、　检查患者时做12导联:Ⅰ、Ⅱ、Ⅲ、aVR、aVL、aVF、$V_{1\sim6}$,需要时加做V_{3R};普查时可做9个导联(胸导做$V_{1,3,5}$,其他同)。纸速25mm/s。

C2　判定基准

按《克山病防治手册》(中国地方病防治研究中心,1989年版)心电图检查部分。

C2.1　结合克山病的特殊情况强调以下几点

a、　低电压:指Ⅰ、Ⅱ、Ⅲ3个标准导联和aVR、aVL、aVF加压单极肢体导联的R+S波均小于0.5mV,或$V_{1\sim6}$胸前导联的R+S波均小于1.0mV。

b、　心房负荷:

(1)左房负荷-P波宽度增加:成人0.12s以上,儿童0.09s以上;P波宽及切迹称二尖瓣型P波;V_1 P波终末电势(PTF)增大,即V_1负向P波宽及(s)×深度(mm)≤-0.03mms,小儿≤-0.015mms。

(2)右房负荷—Ⅱ、Ⅲ、aVF的P波高而尖(0.25mV以上)。

(3)两房负荷—其特征是具有左右心房负荷的混杂型,P波前部代表右房故示右房负荷时Ⅱ和ⅢP波向上(高过0.25mV),及示左房负荷的P波后部,Ⅲ的P波低平或负相(向下);或各导联(全体)P波幅度增宽>0,11s;或V_1、V_2的P波双相性振幅>0.5mV。

附件D　心肌坏死的诊断与心脏功能不全判定的基准

D1　心肌坏死的心电图表现

D1.1　急性心肌损伤所见:任何导联ST段抬高≥4mm(心外膜下)或ST段水平压低≥3mm(心内膜下),同时或并有异常Q波或临床有心肌坏死的表现。

D1.2　陈旧性心肌坏死所见:以R波为主导联中出现的Q波大于R波$^{1}/_{4}$,时限≥0.04s,或呈QS型,尤以心前导联为著。临床无心肌坏死所见。

D2　心肌坏死临床及实验室所见

D2.1　一般所见:体温升高(37.5~38℃),白细胞增多[(15~20)×10^9/L],核左移,血沉(管长300mm,刻度200mm)男>15mm/1h末(50岁以上>20mm/1h末);女>20mm/1h末(50岁以上>30mm/1h末)。

D2.2　酶学改变(见表1)。

D3　心脏功能不全的判定基准

D3.1 以患者的自觉症状为基准(同一般心脏病的心功能判定,从略)。

D3.2 心脏功能不全的器械检查基准

D3.2.1 收缩功能受损:射血分数低于40%(超声心动图检查);射血前期/左室射血期≥0.40(超声心动图或心电图检查);mVCF≤0.8c/s;SV≤40ml 或 CI≤2.3L/(m^2·min)。出现上述一项者可认为有收缩功能受损。

表1 酶学改变

	正常值	酶开始上升时间	达到高峰时间	酶降至正常时间
GOT	8~40单位	6~12小时	24~48小时	4~7日
LDH	50~400单位	12~24小时	3~4日	8~14日
CPK	0~20单位	3~6小时	12~36小时	3~4日
γ-HBD	55~140单位	12~24小时	2~3日	10~15日

上列心肌酶谱两者升高2倍以上,且随时间变化而改变。注意因方法不同其正常值亦各异。

D3.2.2 舒张功能受损:A波率≥15%(心电图所见);左室顺应性降低;EF斜率低≤65mm/s(M型超声心动图);左室下降速变慢≤70mm/s(M型超声心动图);二尖瓣前叶B点平台(M型超声心动图)二尖瓣血流A峰大于E峰(多普勒超声心动图)。呈现上述一项者可认为有舒张期功能受损。

D3.3 判定心脏功能不全程度的客观基准(见表2)。

表2 不同程度心功能不全的仪器检查所见

程度	*A波率(A/E-O)*	△D%	EF%	PEP/LVET	mVCF
轻Ⅱ级	15~20%	29~20%	49~35%	0.44~0.65	0.8~0.6c/s
中Ⅲ级	21~35%	19~10%	34~20%	0.56~0.69	0.59~0.3c/s
重Ⅳ级	≥36%	≤9%	≤19%	≥0.9	≤0.29c/s

1. *主要代表舒张功能,左室顺应性,心肌硬度情况,其余则代表收缩功能
2. 5项中有一项且能排除其他因素所致者即提示心功能不全

附件E 克山病鉴别诊断基准

E1 急型克山病的鉴别

E1.1 急性心肌炎:心肌炎分急性、慢性。急型克山病常需与急性心肌炎相鉴别。注意有否感染病史,病原体有细菌、真菌、寄生虫、立克次体及病毒等。细菌感染中的白喉性心肌炎最多见,病死率较高。近年来病毒性心肌炎逐渐增多。鉴别重点:感染而致者,其白细胞增加,特别中性白细胞增加比急型明显,而病毒引起者则可有白细胞减少,分类淋巴细胞增加,血清中心肌酶活性增加不如急型明显。特别是GOT、LDH与CPK及其同功酶。病毒感染所致的特异性抗体多在发病后的1周内出现,一般在第3周滴定度最高,故可在急性期及恢复期2~3周内,各取血清标本一次分为双份(配对)血清检查,比较两次滴度,若后者比前者增高4倍以上则具有诊断价值。

E1.2 急性心肌梗死(急性心梗):其发病急骤,合并有心源性休克、严重心律失常或心衰及心电图ST-T改变,特别是单相曲线(向上或向下)与急型很相似,但不同的是急性心梗常发生于年龄较大者(45岁以上),而青年人多为男性,多有心绞痛或心前区的不适感,心电图多为ST-T明显改变,并存在系统的演变过程,同时合并有异常Q波,克山病很少同时出现后者,且多不存在致冠心病的危险因子,如高血压、高血脂症、肥胖症等。

E1.3 急性胃炎:上腹不适、恶心、呕吐、有时吐胆汁(吐黄水)、乏力、四肢发凉等与急型相似,但无心脏异常体征,如心脏不大,无心律失常,更重要的是心电图无异常,本病多有暴食或进食不洁食物史,常有腹痛、腹泻等。

E1.4 胆道蛔虫症:腹痛、恶心、呕吐、吐黄水(胆汁),易与小儿急型克山病相混淆,但胆道蛔虫症呈阵发性剧烈上腹部疼痛,呈绞痛,腹部有蛔虫包块(X线可见),上腹部有肌紧张及压痛,无心脏的症状与体征。

E2　慢型克山病的鉴别

E2.1　*扩张型心肌病*(DCM):本病的临床表现与慢克极难鉴别,但后者的心脏扩大程度比DCM明显,心电图RBBB多(30%～50%),而DCM以LBBB或LVH者为多,注意克山病患者的发病特点和在有大骨节病病区两者同时存在也可区分。

E2.2　*围产期心肌病*:其临床表现同DCM,但它只发生于妇女,从妊娠末期到分娩后2～20周之间表现为心力衰竭、呼吸困难、血痰、肝大、水肿。因既往心脏正常,不具有克山病的发病特点,故易鉴别。

E2.3　*冠心病(心肌硬化型或以充血性心力衰竭为主要表现者)*:注意年龄、心绞痛史及冠心病的危险因子(见附录E1.2),其心脏的扩大不如慢型显著等,不难鉴别。

E2.4　*心包炎*:渗出性或缩窄性者有心包填塞、静脉回流受阻等心室扩张不全出现的体征与慢克很相似。不同的是,心包炎的心脏搏动极弱,心电图各导联均有ST-T改变,无心肌病样镜像关系,超声心动图可示有超声液性暗区(超声的游离腔)。

E2.5　*风心病*:以二尖瓣闭锁不全为主的风湿性心脏瓣膜病心衰时与慢克相似,但本病心尖部的收缩期杂音强,且向腋窝传导,常同时合并二尖瓣狭窄的舒张期杂音,超声心动图示二尖瓣反光强、瓣叶增厚,二尖瓣前叶"城墙样"改变及风湿热既往史等。

E3　亚急型的鉴别

E3.1　*急、慢性肾小球肾炎或慢性肾脏疾病*:小儿肾病或急、慢性肾炎常因水肿,特别是颜面水肿或并心力衰竭而误诊为亚急型克山病。如果注意血压高、尿蛋白(卌)以上或血尿及管型等即可与亚急克相区别。

E3.2　*支气管肺炎*:并发心力衰竭时,也常误诊为亚急克。本病均有发热史,咳嗽明显,肺部的干、湿性啰音显著,心脏不大常可区别。

E3.3　*心内膜弹力纤维增生症*:是儿科领域的心内膜心肌病,大多数患儿于2岁前死亡。发病年龄较大者,对洋地黄治疗反应好者预后较好。主要表现全心扩大,特别是左心扩大,心动超声检查只要发现心内膜肥厚(反光强),对本病诊断即可明确。

E3.4　*心包炎*:见慢型鉴别诊断。

E4　潜在型克山病的鉴别

E4.1　*局灶性心肌炎*:因心肌局部的坏死、瘢痕、纤维化而致的异位兴奋呈现室早或RBBB,常与潜在型相混。不同点为既往有心肌炎病史,双份血清反应多阳性,心脏不大,预后良好。

E4.2　*肥厚型非梗阻性心肌病*(HCM):潜在型病人有时也可见有轻度的室间隔或左室增厚或两者同时出现,但与HCM不同点为其肥厚不超过15mm,心电图少见左室肥厚或异常Q波。

E4.3　*心脏神经官能症亦称循环衰弱症或β受体兴奋增强*:本病病人多有心悸感或心率快、心前区不适、易疲乏或过度呼吸,亦可有室早等,即自觉症状多,但无心脏方面的体征,如心电图的异常(或有ST-T改变但心得安试验阳性),亦无心脏扩大等所见。

糖尿病足(肢端坏疽)检查方法及诊断标准(草案)

(中国糖尿病杂志编辑部根据1995年10月中华医学会糖尿病学会第1届全国糖尿病足学术会议的讨论和意见整理)

一、糖尿病足的临床表现

应注意病人有无下述肢端症状和体征。

1.患者皮肤瘙痒,干而无汗,肢端凉。水肿或干枯,颜色变暗及色素斑,毫毛脱落。

2.肢端刺痛、灼疼、麻木、感觉迟钝或丧失,脚踩棉絮感,鸭步行走,间歇跛行,休息疼,下蹲起立困难。

3.肢端营养不良,肌肉萎缩张力差。关节韧带易损伤,骨质破坏可发生病理性骨折。

4.常见跖骨头下陷,蹠趾关节弯曲形成弓形足槌状趾、鸡爪趾、夏科关节(Charcot)等。

5.肢端动脉搏动减弱或消失,血管狭窄处可听到血管杂音,深浅反射迟钝或消失。

6.肢端皮肤干裂或水疱、血疱、糜烂、溃疡、坏疽或坏死。

二、肢端检查

除常规体格检查外,应特别进行肢端检查。

视诊:患者皮肤干燥、毫毛脱落、指趾甲变形、皮肤颜色改变、消瘦、水肿。步态不稳,下蹲起立动作迟缓。常持杖跛行。可见到足趾或足的畸形及不同程度的皮肤病变及各种类型的坏疽。

触诊:皮肤凉、弹性差,足背动脉搏动减弱或消失，如果静脉充盈时间大于 15 秒以上，说明肢端供血明显不足。

叩诊：深浅反射，尤其跟腱反射减弱或消失，说明周围神经损害严重。

听诊：动脉狭窄处可听到血管杂音。坏疽局部有产气菌感染时，可听到握雪音。

血压指数是一种简便易行的方法，可了解下肢胫前动脉、胫后动脉及腓动脉供血情况。检查方法：取普通血压计，先测定上肢肱动脉收缩压值，然后将血压计袖带置于踝关节处，听诊器置于内踝上内侧可听到胫后动脉，置于踝关节前外侧可听到胫前动脉，置于外踝后外侧可听到腓动脉。一般正常人踝动脉要比肱动脉收缩压值稍高，血压指数＝踝/臂，收缩压值。正常人比值为 1～1.4；其比值小于 0.9 以下可有轻度供血不足；为 0.5～0.7 可有跛行；为 0.3～0.5 可有缺血性休息疼；其比值小于 0.3 以下可发生坏死。

三、实验室检查

1.测定空腹血糖、餐后 2 小时血糖及糖化血红蛋白(HbA_{1c})。

2.尿常规检查、尿糖定性及 24 小时定量、尿蛋白及酮体。

3.血象检查：RBC、Hb、WBC。

4.血液流变学检查。

5.血脂检查：总胆固醇、甘油三酯、高密度脂蛋白及血浆蛋白、白蛋白、球蛋白、尿素氮或非蛋白氮。

6.坏疽局部分泌物细菌学培养。

四、特殊检查

1.*肢体血流图*　可了解血管壁弹性及肢端供血情况，但其准确性及定位定量不够理想，近年来已被彩色多普勒所代替，但可作为一项参考指标。

2.*超声诊断、彩色多普勒(Doppler)检查*　下肢多检测股动静脉、腘动静脉及足背动脉定位定量分析，但由于不同厂家生产的仪器型号不同，操作方法和结果也不相同，很难制订统一标准。下面是空军总院指标，仅供参考。

(1)早期病变：血管腔狭窄低于正常人的 25% 以下、血流量少于正常人的 35%、加速度/减速度比值大于 1.2～1.4 为早期病变。

(2)轻度病变：血管腔狭窄低于正常人的 25%～50%、血流量少于正常人的 35%～50%、加速度/减速度比值大于 1.4～1.6 为轻度病变。

(3)中度病变：血管腔狭窄低于正常人的 50%～75%、血流量少于正常人的 50%～70%、加速度/减速度比值大于 1.6～1.8 为中度病变。

(4)重度病变：血管腔狭窄低于正常人的 75% 以上、血流量少于正常人的 70%以上、加速度/减速度比值大于 1.8 或等于“0”为重度病变。

3.*微循环检查*　皮肤微循环在早期动脉闭塞时血管袢顶扩张。盆腔内髂总静脉不全阻塞时下肢皮肤微血管扩张并呈现螺旋状血流而且数目增多。微血流停滞时可判定有深静脉阻塞。甲皱微循环：异形管袢及袢顶淤血大于 30%、血流速度较慢呈粒摆流或泥沙流、串珠样断流及血管袢周围有渗出或出血斑较多，对诊断或监测糖尿病坏疽有重要意义。

4.*下肢神经病变检查*　多采用肌电图、传导速度、诱发电位或振动觉测定有无周围神经病变及程度。

5.*动脉造影*　多适用于截肢平面术前定位或外科血管重建术术前检查，它能准确了解血管腔内各种病变而便于定位，但属创伤性甚至可能引起造影后血管痉挛，使肢体缺血加重。

6.*X 线检查*　可发现肢端骨质疏松、脱钙、骨髓炎、骨质破坏、骨关节病变及动脉钙化影，也可发现气性坏疽感染时的软组织变化，对诊断糖尿病肢端坏疽有重要意义，一般应作为常规检查。

五、糖尿病肢端坏疽的临床分型

根据肢端坏疽的性质及临床表现可分为湿性坏疽、干性坏疽和混合坏疽三种临床类型。

1.*湿性坏疽*　多发生于肢端动、静脉血流同时受阻；循环与微循环障碍；皮肤损伤、感染化脓。病灶轻重不一，浅表溃疡或严重坏疽。局部常有红、肿、热、痛，严重时多伴有全身不适或毒血症、菌血症等表现。

2.*干性坏疽*　多发生在肢端动脉及小动脉粥样硬化、血管腔狭窄或动脉血栓形成，使血流逐渐或骤然中断，但静脉血回流仍然畅通，组织液减少导致局部不同程度的缺血性坏死。

3.*混合坏疽*　多见于肢端某一部位动脉或静脉阻塞，血流不畅合并感染。湿性坏疽和干性坏疽病灶同时发生在同一个肢端的不同部位。一般病情较重，坏疽面积较大，常涉及足的大部或全足坏疽。

六、糖尿病足的临床诊断与分级

糖尿病病人凡以上检查有肢端病变者均可诊断为糖尿病足。根据病变程度并参照国外标准，糖尿病足分为 0～Ⅴ级。

0 级：皮肤无开放性病灶。常表现肢端供血不足，皮肤凉，颜色紫褐，麻木，刺疼灼疼，感觉迟钝或丧失，兼有足趾或足的畸形等高危足表现。

Ⅰ级：肢端皮肤有开放性病灶。水疱、血疱、鸡眼或胼胝、冻伤或烫伤及其他皮肤损伤所引起的皮肤浅表溃疡。但病灶尚未波及深部组织。

Ⅱ级：感染病灶已侵犯深部肌肉组织。常有蜂窝织炎、多发性脓肿灶及窦道形成，或感染沿肌间隙扩大造成足底、足背贯通性溃疡，脓性分泌物较多，但肌腱韧带尚无破坏。

Ⅲ级：肌腱韧带组织破坏，蜂窝织炎融合形成大脓腔，脓性分泌物及坏死组织增多，但骨质破坏尚不明显。

Ⅳ级：严重感染已造成骨质缺损、骨髓炎及骨关节破坏或已形成假关节。部分指趾或部分手足发生湿性或干性严重坏疽。

Ⅴ级：足的大部或足的全部感染或缺血，导致严重的湿性或干性坏死。肢端变黑、尸干，常波及踝关节及小腿，一般多采取外科高位截肢。

脑血管疾病分类

（全国第4届脑血管病学术会议通过，1995年10月，成都）

一、短暂性脑缺血发作（435）

（一）颈动脉系统

（二）椎-基底动脉系统

二、脑卒中

（一）蛛网膜下腔出血(430)

1 动脉瘤破裂引起

2. 血管畸形

3. 颅内异常血管网症

4. 其他

5. 原因未明

（二）脑出血(431)

1. 高血压脑出血

2. 脑血管畸形或动脉瘤出血

3. 继发于梗死的出血

4. 肿瘤性出血

5. 血液病源性出血

6. 淀粉样脑血管病出血

7. 动脉炎性出血

8. 药物性出血

9. 其他

10. 原因未明

（三）脑梗死

1. 动脉粥样硬化性血栓性脑梗死

2. 脑栓塞(434.1)

(1)心源性

(2)动脉源性

(3)脂肪性

(4)其他

3. 腔隙性梗死

4. 颅内异常血管网症

5. 出血性梗死

6. 无症状性梗死

7. 其他

8. 原因未明

三、椎-基底动脉供血不足

四、脑血管性痴呆

五、高血压脑病（437. 2）

六、颅内动脉瘤（437. 3）

（一）囊性动脉瘤

（二）动脉硬化性动脉瘤

（三）感染性动脉瘤

（四）外伤性动脉瘤

（五）其他

七、颅内血管畸形

（一）脑动静脉畸形

（二）海绵状血管瘤

（三）静脉血管畸形

（四）毛细血管扩张症

（五）脑-面血管瘤病

（六）Galen 静脉动脉瘤样畸形

（七）硬脑膜动静脉瘘

（八）其他

八、脑动脉炎

（一）感染性动脉炎

（二）大动脉炎（主动脉弓综合征）

（三）系统性红斑狼疮

（四）结节性多动脉炎

（五）颞动脉炎

（六）闭塞性血栓性脉管炎

（七）其他

九、其他动脉疾病

（一）脑动脉盗血综合征

（二）颅内异常血管网症(437.5)

（三）动脉肌纤维发育不良

（四）淀粉样血管病

（五）夹层动脉瘤

(六)其他

十、颅内静脉、静脉窦血栓形成

(一)海绵窦血栓形成

(二)上矢状窦血栓形成

(三)侧窦(横窦、乙状窦)血栓形成

(四)直窦血栓形成

(五)其他

十一、颅外段动、静脉疾病

(一)颈动脉、椎动脉狭窄或闭塞

(二)颈动脉扭曲

(三)颈动脉、椎动脉动脉瘤

(四)其他

注:

1. 本分类参照《脑血管疾病分类草案(1986年)》、《脑血管疾病分类(中山医大一院建议稿,1993年)》、《脑血管疾病分类大纲(上海医大华山医院建议稿,1993年)》和全国第4次脑血管病会议(成都)代表讨论意见,1996年6月又经中华神经外科学会全体委员及全国脑血管病防治研究领导组部分专家讨论,再后由王新德教授整理成此《脑血管疾病分类(1995年)》。

2. 按病程发展又可分为短暂性脑缺血发作、可逆性缺血性神经功能缺失(发病后3周内症状消失)、进行性卒中和完全性卒中。本分类仅列入短暂性脑缺血发作,其他未列入。

3. 括号内数字指的是世界卫生组织第2版《国际疾病分类》的编号。

4. 增加"无症状性梗死",以适应影像学检查日益广泛应用的需要。

5. 分类中去除了"脑供血不足"和"脑动脉硬化症"(440)。

6. 国内提出的"混合性卒中",尚需进一步研究,故暂不列入此次分类。

各类脑血管疾病诊断要点

(全国第4届脑血管病学术会议通过,1995年10月,成都)

一、短暂性脑缺血发作

1. 为短暂的、可逆的、局部的脑血液循环障碍,可反复发作,少者1~2次,多至数十次,多与动脉粥样硬化有关,也可以是脑梗死的前驱发作。

2. 可表现为颅内动脉系统和/或椎-基底动脉系统的症状和体征。

3. 每次发作持续时间通常在数分钟至1小时左右,症状和体征应该在24小时内完全消失。

二、脑卒中

(一)蛛网膜下腔出血

主要是指动脉瘤、脑血管畸形或颅内异常血管网症等出血引起:

1. 发病急骤。

2. 常伴剧烈头痛、呕吐。

3. 一般意识清楚或有意识障碍,可伴有精神症状。

4. 多有脑膜刺激征,少数可伴有脑神经及轻偏瘫等局灶体征。

5. 腰穿脑脊液呈血性。

6. CT应作为首选检查。

7. 全脑血管造影可帮助明确病因。

(二)脑出血

好发部位为壳核、丘脑、尾状核头部、中脑、桥脑、小脑、皮质下白质即脑叶、脑室及其他。主要是高血压性脑出血,也包括其他病因的非外伤性脑内出血。高血压性脑出血的诊断要点如下:

1. 常于体力活动或情绪激动时发病。

2. 发作时常有反复呕吐、头痛和血压升高。

3. 病情进展迅速,常出现意识障碍、偏瘫和其他神经系统局灶病状。

4. 多有高血压病史。

5. CT应作为首选检查。

6. 腰穿脑脊液多含血和压力增高(其中20%左右可不含血)。

(三)脑梗死

1. 动脉粥样硬化性血栓性脑梗死

(1)常于安静状态下发病。

(2)大多数发病时无明显头痛和呕吐。

(3)发病可较缓慢,多逐渐进展,或呈阶段性进展,多与脑动脉粥样硬化有关,也可见于动脉炎、血液病等。

(4)一般发病后1~2天内意识清楚或轻度障碍。

(5)有颈内动脉系统和/或椎-基底动脉系统症状和体征。

(6)应作CT或MRI检查。

(7)腰穿脑脊液一般不应含血。

2. 脑栓塞

(1)多为急骤发病。

(2)多数无前驱症状。

(3)一般意识清楚或有短暂性意识障碍。

(4)有颈动脉系统和/或椎-基底动脉系统的症状和体征。

(5)腰穿脑脊液一般不含血,若有红细胞可考虑出血性脑梗死。

(6)栓子的来源可为心源性或非心源性,也可同时伴有其他脏器、皮肤、粘膜等栓塞症候。

3. 腔隙性梗死

(1)发病多由于高血压动脉硬化引起,呈急性或亚急性起病。

(2)多无意识障碍。

(3)应进行CT或MRI检查,以明确诊断。

(4)临床表现都不严重,较常见的为纯感觉性卒中、纯运动性轻偏瘫、共济失调性轻偏瘫、构音不全-手笨拙综合征或感觉运动性卒中等。

(5)腰穿脑脊液无红细胞。

4. 无症状性梗死

为无任何脑及视网膜症状的血管疾病,仅为影像学所证实,临床医生按具体情况决定是否作为临床诊断。

三、脑血管性痴呆

1. 符合第4版《精神病诊断和统计手册》痴呆诊断标准。

2. 急性或亚急性发病的神经系统症状和体征。

3. 既往和近期有卒中发作史。

4. 病情波动,呈阶梯样进展。

5. 常合并高血压、糖尿病、心脏病、高脂血症等。

6. Hachinski 缺血量表记分≥7分。

7. CT及MRI证实脑内多灶性皮层或皮层下缺血性改变。

四、高血压脑病

有高血压病史,发病时常有明显的血压升高,特别是舒张压,常伴有头痛、呕吐、意识障碍、抽搐,视乳头水肿等症状和体征。

脑卒中患者临床神经功能缺损程度评分标准

(全国第4届评分标准脑血管病学术会议通过,1995年10月,成都)

一、意识(最大刺激,最佳反应)

1. 两项提问:(1)年龄;(2)现在是几月。相差2岁或1个月都算正确

均正确	0
1项正确	1
都不正确,做以下检查	

2. 两项指令(可以示范):(1)握拳、伸掌;(2)睁眼、闭眼

均完成	3
完成1项	4
都不能完成,做以下检查	

3. 强烈局部刺激(健侧肢体)

定向退让(躲避动作)	6
定向肢体回缩(对刺激的反射性动作)	7
肢体伸直	8
无反应	9

二、水平凝视功能

正常	0
侧凝视运动受限	2
眼球侧凝视	4

三、面瘫

正常	0
轻瘫、可动	1
全瘫	2

四、言语

正常	0
交谈有一定困难,借助表情动作表达,或言语流利但不易听懂,错语较多	2
可简单对话,但复述困难,言语多迂回,有命名障碍	5
词不达意	6

五、上肢肌力

正常Ⅴ°	0
Ⅳ°(不能抵抗外力)	1
Ⅲ°抬臂高于肩	2
Ⅲ°平肩或以下	3
Ⅱ°上肢与躯干夹角>45°	4
Ⅰ°上肢与躯干夹角≤45°	5
0	6

六、手肌力

正常Ⅴ° 0

Ⅳ°(不能紧握拳) 1

Ⅲ°握空拳、能伸开 2

Ⅲ°能屈指、不能伸 3

Ⅱ°屈指不能及掌 4

Ⅰ°指微动 5

0 6

七、下肢肌力

正常Ⅴ° 0

Ⅳ°(不能低抗外力) 1

Ⅲ°抬腿45°以上,踝或趾可动 2

Ⅲ°抬腿45°左右,踝或趾不能动 3

Ⅱ°抬腿离床不足45° 4

Ⅰ°水平移动,不能抬高 5

0 6

八、步行能力

正常行走 0

独立行走5米以上,跛行 1

独立行走,需扶杖 2

有人扶持下可以行走 3

自己站立,不能走 4

坐不需支持,但不能站立 5

卧床 6

最高分45,最低分0

轻型0~15分

中型16~30分

重型31~45分

附件A 伴发疾病的评分

(研究组与对照组的平均积分应相似)

1.以下各项积1分:肥胖;偶发期前收缩;血脂1~2项增高;轻度气管炎。

2.以下各项积2分:高血压;心脏扩大,心肌肥厚;期前收缩(<5次/分);血脂3项增高;发热37.5℃左右,不超过3天;颈部杂音。

3.以下各积3分:频发期前收缩(>15次/分);心电图ST-T改变;高血糖;头颅CT扫描示双侧病灶;健侧锥体束征(+);发热38℃或以上超过3天;消化管出血(黑便)。

4.以下各积4分:心肌梗死;痴呆;假性球麻痹;肾功能不全;心力衰竭;支气管肺炎持续1周以上;肺水肿;房颤;消化管出血(呕血)。

附件B 既往史的评分

(研究组与对照组的平均积分应相似,或计算两组的平均积分和标准差,以评估两组的可比性)

1.以下各项各积1分:年龄50~59岁;吸烟;慢性气管炎;偶发期前收缩;坐位生活;无规律的体育活动;高盐食物;长期饮酒史;高脂食物;家族卒中史;口服避孕药史。

2.以下各积2分:年龄60~69岁,糖尿病史;高血压病史;心绞痛史;反复支气管感染史;长期大量饮酒史;短暂性脑缺血发作史(1~2次)。

3.以下各积3分:年龄70~79岁;短暂性脑缺血发作史(3次以上或有1次持续超过3小时);持续血压高于24/14.5kPa(1kPa=7.5mmHg);肺心病史。

4.以下积4分:年龄80岁以上。

附件C 临床疗效评定标准

临床疗效评定的依据是:

一、神经功能缺损积分值的减少(功能改善)。

二、患者总的生活能力状态(评定时的病残程度):

0级:能恢复工作或操持家务,或恢复到病前状态

1级:生活自理,独立生活,部分工作

2级:基本独立生活,小部分需人帮助

3级:部分生活活动可自理,大部分需人帮助

4级:可站立走步,但需人随时照料

5级:卧床,能坐,各项生活需人照料。

6级:卧床,有部分意识活动,可喂食

7级:植物状态

基本痊愈:功能缺损评分减少91%~100%,病残程度为0级

显著进步:功能缺损评分减少46%~90%,病残程度为1~3级

进　　步:功能缺损评分减少18%~45%

无变化:功能缺损评分减少17%左右

恶　　化:功能缺损评分减少或增多18%以上

死　　亡

附件 D　脑卒中后偏瘫恢复六阶段测评评定表(Brunstrom)

阶段	臂	手	下肢
Ⅰ　弛缓、无反射	弛缓、不能进行任何运动	无功能	弛缓
Ⅱ　共同动作或其成分的出现,开始出现痉挛	开始出现痉挛,肢休共同动作或它们的一些成分开始作为联合反应而出现	能开始粗的抓握,有最小限度的屈指动作	出现痉挛,有最小限度的随意运动
Ⅲ　可随意引起共同动作或它们的一些成分:痉挛达峰点	痉挛加剧,但可随意地引起共同动作的模式或它们的一些成分	可作粗的抓握和勾状抓握,但不能放松	痉挛达峰点:屈、伸共同动作出现、坐位和站立时、髋、膝、踝屈曲
Ⅳ脱离基本的共同动作:痉挛开始减弱	痉挛在消退;可能有脱离共同动作模式的复合运动出现	粗抓握存在、侧捏在形成、可作少量的伸指运动和一些拇指的运动	坐位时足可在地板上滑向后使膝屈曲＞90°,垂在地板上时,足可背屈同时屈膝达 90°
Ⅴ　开始有分离的活动:痉挛明显减弱	共同动作不再占优势,更多地进行一些脱离共同动作的复合运动要容易得多	掌伸抓、球和圆柱状抓握及放松都能作	站立时伸髋伴屈膝,踝背屈时伴有膝髋的伸直
Ⅵ　共同动作大致正常,痉挛轻微	痉挛仅在进行快速运动时才表现出来,易于进行独立的关节活动	可作所有类型的伸抓和个别地活动手指,有充分范围的伸指	坐或站位时髋外展,坐位时髋可交替地内和外旋合并有踝的内和外翻

Ⅰ～Ⅲ阶段实质上为偏瘫的发展过程,Ⅳ～Ⅵ阶段才是真正的恢复过程,可根据偏瘫表现测评处于第几阶段,而与以后的测评做比较。事实上除 TIA、RIND 等可以完全恢复外,偏瘫很难完全恢复,恢复程度可以停顿在Ⅲ、Ⅳ与以后的任何阶段。

附件 E　日常生活活动(ADL)量表 Barthel 指数(BI)记分法

日常活动项目	独立	部分独立或需部分帮助	需极大帮助	完全依赖
进餐	10	5	0	
洗澡	5	0		
修饰(洗脸、刷牙、刮脸、梳头)	5	0		
穿衣(包括系鞋带等)	10	5	0	
可控制大便	10	5(偶而失控)*	0(失控)	
可控制小便	10	5(偶而失控)**	0(失控)	
用厕(包括拭净、整理衣裤、冲水)	10	5	0	
床椅转移	15	10	5	0
平地行走 45 米	15	10	5	0
上下楼梯	10	5	0	

*每周少于 1 次,**每 24 小时少于 1 次

总积分 0～100 分,按其依赖程度分为:0～20 分　完全依赖;25～45 分　重度依赖;50～70 分　中度依赖;75～95 分　轻度依赖;100 分　独立。

附件 F　功能独立测定(Function Independence Measurement,FIM)

共分 6 大项、18 个项目进行计分：

自理能力：进食、修饰、洗澡、穿上衣、穿下衣、入厕

括约肌控制：大便控制、小便控制

活动能力(转移)：床、椅、轮椅、厕所、澡盆、淋浴

运动能力：步行或轮椅、上下楼梯

交流能力：理解、表达

认知能力：社会交往、解决问题、记忆力

每 1 项评分标准：

毋需帮助者水平 7＝完全独立 6＝独立稍差需要帮助者水平

有些依赖 5＝监护或事先准备 4＝极小帮助(自已完成＞75％，需要帮助＜25％)

3＝中等帮助(自已完成 50％～75％需要帮助 25％～50％)

完全依赖 2＝很大程度帮助(自已完成 25％～50％，需要帮助 50％～75％)

1＝全部需他人帮助(帮助＞75％)

附件七 Hachinski 缺血性积分量表

项目	分值	项目	分值
急骤起病	2.	有高血压病史	1
阶梯性恶化	1	有脑卒中发作史	2
波动性病程	2	动脉硬化证据	1
夜间意识模糊		局灶神经症状	2
人格保留	1	局灶神经体征	2
抑　郁	1	满分 18 分	
躯体症状	1	＜4 分 退行性痴呆	
情感脆弱	1	＞7 分 血管性痴呆	

痴呆的诊断标准修订

(国际老年痴呆会议修订，1994 年 11 月，海口)

痴呆的诊断标准

一、先决条件

痴呆是后天获得的，先天性智能低下应排除在外。

二、痴呆的诊断条件

1. 智力丧失的程度影响了患者的社会和职业活动。

2. 记忆力障碍，包括远期记忆和近事记忆障碍。

3. 认知功能障碍：至少具备下列 1 项者：(1)抽象思维障碍；(2)判断力障碍；(3)人格改变；(4)失语、失认、失用。

4. 无意识障碍。

5. 以上临床表现应持续半年以上。

6. 须排除：抑郁症，慢性脑功能不全综合征，急性谵妄状态，某些精神因素引起的假性痴呆。

7. 神经心理学检查可协助诊断：可采用 MMSE，长谷川痴呆量表(HDS)，韦氏智力量表(WAIS)，临床记忆量表，功能活动评定量表(FAQ)，日常生活活动量表(ADL)。

痴呆的分类及标准

一、阿尔茨海默型老年性痴呆（SDAT）

1.应包括60岁前的早老性痴呆和发病于60岁后的老年性痴呆。

2.有近事及远事记忆障碍。

3.智能障碍呈持续性逐步渐加重。

4.认知功能障碍。具备下列之一者：

(1)抽象思维障碍；(2)判断力损害；(3)人格改变；(4)其他皮层高级功能的紊乱，如失语、失用、失认、词句结构困难；(5)可找到与障碍有关的器质性因素或症状，不能用非器质性精神障碍来解释；(6)Hachinski 缺血量表记分在7分以上。

二、脑血管性痴呆

1.急性或亚急性发病的神经系统症状和体征。

2.既往有中风病史。

3.病程波动，呈阶段性进展。

4.常合并高血压、糖尿病、心脏病、高血脂及其他部位动脉硬化等。

5.神经心理检查：智能下降，语言、认知、情感、抽象思维、计算力等障碍，特别是神经心理功能障碍。

6.Hachinski 缺血量表记分在7分以上。

7.脑脊液检查，排除引起智能障碍的其他原因。

8.CT及MRI证实为脑内多灶性皮层或皮层下缺血性改变。

9.SPECT、DSA、TCD检查亦有助于诊断。

三、混合性痴呆

1.智能障碍呈持续性逐渐加重。

2.有认知功能及记忆障碍。

3.无明显中风的症状和体征。

4.CT及MRI检查可有脑内多腔隙性梗死或脑萎缩。

四、其他痴呆

1.临床上符合痴呆的诊断标准。

2.除以上3种痴呆原因外，有引起痴呆的明确原因。

3.大多表现为可逆性痴呆，在原发病好转和治疗后，痴呆也可获得或多或少的好转，甚至痊愈。

附录二　学术活动

1995年5月18～23日　第5届全军血液学会议在黄山市召开。与会154人，会议收到论文380篇。大会就造血干细胞移植、外周血干细胞动员、细胞凋亡、造血因子临床应用、白血病细胞的耐药诊断和治疗等方面进行了专题报告。

1995年5月23～26日　第4届全国超声心动图学术会议在济南市召开。到会400余人，交流论文373篇，列题91篇，专题报告13篇，内容充分反映了国内外超声心动图学研究的最新进展。

1995年8月18～21日　中华神经精神科杂志创刊40周年暨老年性痴呆专题学术研讨会在银川市召开。170余名代表出席，大会收到论文194篇，大会交流30篇，80篇分组交流，84篇书面交流。本次会议对老年性痴呆，特别对Alzheimer病进行了专题讨论。

1995年10月10～13日　第4届全国脑血管病学术会议在成都市举行。到会代表328人，收到论文近千篇，会议交流论文167篇，书面交流186篇。内容涉及脑血管病的预防、治疗及基础研究等方面。会议制定通过了《脑血管疾病分类(1995年)，各类脑血管疾病诊断要点》、《脑卒中患者临床神经功能缺损程度评分标准(1995年)》。详见525～529页。

1995年10月30日～11月1日　第4届全国肿瘤生物治疗学术会议在上海召开。会议正式代表268人，收到论文269篇。内容涉及抗体疗法、基因疗法、细胞因子疗法、主动性免疫疗法、过继免疫疗法等肿瘤生物治疗方面的研究及应用。

1995年10月31日～11月3日　中国医学科学院首届国际糖尿病会议在北京召开。到会外国专家40名，国内专家170名。报告内容涉及病因、发病机制、并发症防治及流行病学等方面。

1995年11月7～10日　第2届全国社会精神医学学术会议在杭州市召开。与会代表189名，收到论文166篇，大会报告20篇，评出优秀论文12篇。内容包括流行病学调查、服药依从性的研究、心理支持与社会支持等。

1995年12月1～3日　全国内科诊疗器械与诊断试剂临床应用与评价研讨会在厦门市召开。会议代表90名，收到论文220篇，会上交流论文42篇。内容包括放射免疫、酶联免疫吸附测定、单克隆抗体和聚合酶链反应等诊断技术的改进、应用及评价，纤维内镜临床应用的探讨，超声波检查腹部、肺部和心脏血管疾患的作用等。

1996年1月23～24日　由中华内科杂志编委会主办、广东佛山市医学会协办的全国艾滋病学术研讨会在佛山市召开。近50名代表出席。会议除专题报告外，就艾滋病的流行病学、临床表现、检测与诊断及防治等问题进行了深入讨论。

1996年2月28日～3月1日　首届西太平洋幽门螺杆菌(HP)会议在广州市召开。与会代表600多人，来自日本、韩国、印尼、泰国、马来西亚、澳大利亚、英国、俄罗斯及中国等国。收到论文181篇，内容涉及HP的流行病学、HP相关性疾病、诊断和治疗及免疫预防研究现状与进展等。部分论文大会宣读，并进行了分组讨论。国内外知名专家作了专题报告。

1996年3月5～7日　1996上海国际肝癌肝炎会议在上海召开。来自中国、日本、美国、德国等20个国家和地区的近600名代表参加了会议，70余人在大会上作了专题报告，交流论文454篇。会议全面总结了肝癌和肝炎的病因、基础与临床研究的进展，向世界介绍了我国肝癌肝炎研究的成果。

1996年3月28～29日　第1届中日弥漫性泛细支气管炎学术研讨会在北京召开。国内与会代表200名，9位日本学者作了专题演讲。会议主要内容为夏季型过敏性肺炎、DPB、大环内酯类药物的应用等。还举办了中日专家共同参加的临床病例讨论会。

1996年4月9～11日　第3次全国临床心电学学术研讨会在江苏无锡市召开。到会代表370名，收到论文700余篇，大会交流200余篇。会上陈灏珠教授全面阐述了近5～10年心血管疾病诊治的进展，特别强调在心律失常诊治中应注意的问题；还有多名教授作了临床心电生理学进展、电张调整性T波改变、QT离散度等专题报告。

1996年4月15～17日　第6届全国肺癌学术会议在上海召开。400名代表出席，收到论文544篇，会议交流357篇。会议特邀有关专家作了专题报告。

1996年4月15～18日　第2届全国自体造血干细胞移植(AHSCT)学术会议在河南郑州市召开。211名代表参加，收到论文195篇。会议重点就AHSCT的适应证和疗效、自体外周血干细胞移植、骨髓的净化及过继免疫治疗等进行了交流和讨论。

1996年5月6～12日　第5届全国民族文化精神病学学术会议在云南昆明市召开。与会代表109名，收到论文170余篇，大会发言58篇。重点讨论了精神疾病流行病学、民族精神卫生及社会文化变迁中的精神卫生等问题。

1996年5月13～15日　第3届全国地方病学术会议在山东烟台市召开。与会代表143名,收到论文193篇,会议交流62篇。内容涉及克山病,大骨节病、碘缺乏病和地氟病的防治等。

1996年5月20～22日　第2届全国新消化病学学术会议在山西太原市召开。285名代表参加,收到论文508篇,389篇会议交流。内容包括食管、胃肠、肝胆胰疾病等,并评出若干优秀论文。

1996年5月21～24日　中国中西医结合学会第5届精神疾病学术讨论会在陕西西安市召开。会议收到论文112篇,其中58篇分别在大会和分组会交流。内容涉及精神疾病中西医结合辩证分型标准和治疗、实验研究等方面。

1996年5月28～30日　全国血液系统疑难病例学术研讨会在浙江宁波市召开。59名代表出席,收到论文150余篇,选入论文专集98篇,大会专题报告7篇。内容涉及急性白血病、多发性骨髓瘤的误漏诊;血栓性血小板减少性紫癜再认识;原发于结外少见部位恶性淋巴瘤;组织细胞与组织细胞疾病的新认识等。

1996年5月31日～6月2日　全国糖尿病并发症学术研讨会在北京召开。会议代表200余名,收到论文316篇,大会交流36篇,164篇书面交流。并特别安排了8个专题讲座,内容包括治疗糖尿病新药的临床应用与开发、糖尿病的分型和诊断及糖尿病肾病和糖尿病的眼部并发症等。

1996年6月11～16日　中华肾脏病学会第3届中西医结合学术会议在湖南张家界市召开。论文内容涉及基础研究、临床研究及肾功能衰竭等。

1996年6月14～17日　全国第9次结核病学术会议在湖北宜昌市召开。到会代表366名,收到论文825篇。其中流行病学及防治180篇,临床272篇,基础87篇,中医及其他16篇。会议邀请了16位专家做了专题报告。

1996年6月21～24日　全国肠病学术研讨会在江西省共青城召开。与会代表260余名,收到论文268篇,大会宣读30篇。内容包括小肠出血和肿瘤、炎症性肠病和大肠癌、胃肠动力与胃肠激素等。特邀国内及日本专家作了专题报告。

1996年6月24～29日　全国第2届射频导管消蚀疑难病例研讨会在大连市举行。184名代表参加。会议集中研讨了国内14家医院的射频导管消蚀失败或复发病例。全国著名的心电生理学专家亲临指导、主持讨论并作学术报告。

1996年6月24～30日　全国脑血管病专题会议在承德市召开。参会代表350余名,收到论文400余篇,大会宣读64篇。会议就近几年来全国有关脑血管病临床诊断、治疗和基础研究等方面进展情况进行了交流。

1996年7月1～3日　全国急性心肌梗死(AMI)再灌注治疗研讨会在太原市举行。与会代表179名。会议重点总结、交流了自1990年10月温州会议以来国内AMI溶栓及急诊经皮冠状动脉腔内成形术(PTCA)治疗的经验;还结合国际上研究新进展,就我国今后AMI溶栓和急诊PTCA等进行了讨论。

1996年7月9～12日　第5届全军呼吸内科学术会议在沈阳市召开。与会代表170名。会议就支气管哮喘、慢性阻塞性肺病、呼吸衰竭,肺癌、炎症等内容进行了研讨。

1996年8月15～17日　第2届全国临床受体学术会议在昆明市召开。与会代表150名,收到论文203篇,大会交流60篇,壁报交流113篇。内容包括25种受体如糖皮质激素、性激素、胰岛素、肾上腺素、TSH、T_3、心钠素等受体。并评选出优秀论文7篇。会议邀请12位受体学专家作了专题报告。

1996年8月23～26日　第3届中国中西医结合糖尿病学术会议在沈阳市召开。会议收到论文296篇,大会交流32篇。内容涉及糖尿病的基础、临床、并发症的研究及非药物疗法等。有关专家作了专题报告。

1996年9月2～4日　第7次全国糖尿病学术会议在西安市召开。与会代表351名,收到论文500余篇,收入论文汇编373篇。内容涉及糖尿病的发展趋势及其危险因素、糖尿病的诊断及分型、糖尿病的基因研究及胰岛素抵抗和并发症等。

1996年9月15～19日　全国精神分裂症暨精神药物合理应用专题学术会议在杭州市召开。会议代表137名,收到论文171篇,大会交流16篇。代表们就精神分裂症的诊治、基础研究、抗抑郁药的应用及其他药物的合理应用进行了广泛而深入的讨论。

1996年9月20～23日　全国代谢性骨病学术研讨会在上海举行。参与交流的学术论文152篇。骨质疏松症是会议的主要讨论内容,同时也交流了糖尿病、甲亢等引起的继发性骨量减少和骨质疏松,以及骨软化、肾性骨病和甲旁亢等代谢性和遗传性骨病的研究进展。

1996年9月21～24日　第4届全国中西医结合呼吸病学术交流会在广西桂林市召开。121名代表出席,收到论文256篇,大会发言25篇,分组交流100余篇。内容涉及支气管哮喘、慢性阻塞性肺疾患及肺心病、肺纤维化、肺癌、肺结核等疾病的研究及防治。

1996年9月22～26日　第5届全国风湿病学会议在北京举行。到会代表420名，收到论文405篇，其中14篇被评为青年优秀论文。内容包括风湿病的流行病学、系统性红斑狼疮、类风湿关节炎、血清阴性的脊柱关节病等发病机制的研究及防治。会议特邀8位外宾作了风湿病学分子生物学方面新进展的讲座。

1996年9月23～25日　全军第2届危重病医学研讨会在广州市举行。代表101名，收到论文251篇，大会交流75篇，专题报告6篇。代表们就心肺脑复苏、多器官功能障碍和衰竭、危重病人的监护治疗和护理等专题，从危重病医学的现代概念和基本理论及基础研究到临床实践等进行了广泛而深入的交流。

1996年9月25～27日　第2届全国心电生理和起搏学术会议在山东济南市召开。700余人出席，收到论文597篇，大会报告78篇。内容涉及起搏器的临床应用现状及进展、射频消融术治疗快速心律失常、心脏电生理研究及无创性心电学检查的应用与进展等。有12位专家在会上作了专题讲座。

1996年10月7～10日　全国食物传播性寄生虫病学术研讨会在江苏无锡市举行。代表65名，收到论文102篇，大会交流25篇。内容包括弓形体病、肺吸虫病、华支睾吸虫病、旋毛虫病等诊治及研究近况。并邀请有关专家作了专题报告。

1996年10月9～11日　第3届全国老年肾脏病学术会议在青岛市召开。出席代表173名，收到论文334篇。内容涉及老年高血压与肾动脉硬化、老年人糖尿病肾病、老年人药物性急性肾衰等。

1996年10月10～12日　全国克山病与扩张型心肌病学术研讨会在云南省楚雄市召开。参加会议的专家共18名，列席35名，收到论文22篇。有9位专家作了学术报告。会议就克山病与扩张型心肌病关系作了深入的研讨。

1996年10月14～17日　第4届国际消化治疗内镜及消化系统疾病学术会议在南京市召开。来自美国、日本、澳大利亚、比利时、瑞典和中国代表600多名参加了会议，大会交流论文600余篇，内容涉及食管、胃、肠、胆胰、肝等疾病。会议安排现场内镜操作示范表演及专题学术讲座。

1996年10月18～21日　全国第5届地氟病、地砷病学术交流会暨监测汇总会在山西太原市召开。到会代表108名，收到学术论文167篇，分组交流51篇。论文内容包括地方性氟中毒机制，地方性砷中毒的流行病学、临床表现及发病机制等。对改水、改造降氟工程管理经验也进行了交流和探讨，并成立了“中国地方病协会氟砷专业委员会。”

1996年11月3～7日　第2届全国老年基础医学学术会议在上海召开。与会代表近60名，收到论文130余篇，大会发言53篇，会议交流55篇。内容涉及老年性痴呆的研究、老年性疾病机制的实验研究及衰老的免疫功能变化研究等。

1996年11月4～7日　第5届全国精神病遗传学术研讨会在海口市召开。出席代表40名，收到论文30篇。内容包括老人的认知功能与载脂蛋白等位基因的关联研究、孤独症患者染色体脆性位点的研究、情感性障碍遗传流行病学研究等。有关专家作了专题报告，并决定成立Alzheimer及精神分裂症和情感精神障碍协作组。

1996年11月4～9日　第6届全国临床药理学学术会议在成都市召开。162名代表出席，收到论文220篇。内容包括化学治疗药物、以及中枢神经系统药物、抗炎免疫药物、临床药物动力学等研究。

1996年11月19～22日　中华预防医学会职业病专业委员会第10次全国学术交流会在昆明市召开。大会代表197名，收到论文316篇，大会交流34篇。会议就职业中毒、尘肺、物理因素损伤疾病的临床实践、流行病学调查、实验室研究等方面进行了充分交流。

1996年11月23～25日　第6次全军流行病学学术会议在上海召开。收到论文125篇。内容涉及传染病、非传染病、流行病学研究方法、疾病监测、医院感染控制和消毒灭菌等方面。

1996年11月24～28日　中华医学会精神科学会药物滥用专业组第1届全国学术会议在广州市召开。代表146名，收到论文126篇，会上发言62篇。内容包括阿片类药物依赖、戒毒管理、酒精依赖、苯二氮䓬类药物依赖及其他。

1996年12月1～3日　全国血脂异常诊断和治疗专题学术研讨会在广西北海市召开。与会代表264名，收到论文340篇，其中204篇收入论文汇编。会议着重讨论了血脂代谢及代谢失控研究新进展；我国人群血脂异常的流行病学现状；调脂药物临床应用的指导原则；调脂治疗对冠心病一、二级预防的作用及中国血脂异常的诊治标准等。

1996年12月3～5日　第3届粉尘与尘肺学组学术交流会在山东泰安市召开。会议代表93名。会议对当前尘肺防治工作中的有关问题进行了讨论。有关专家作了“呼吸性粉尘研究的概况与展望”等7个专题报告。

附录三　本卷年鉴采用的期刊(括弧内为简称)

1　人民军医
2　广东医学
3　广西医学
4　广州医药
5　工业卫生与职业病
6　上海医学
7　上海医学检验杂志(上海医学检验)
8　上海免疫学杂志(上海免疫)
9　上海医科大学学报(上海医大学报)
10　上海第二医科大学学报(上海二医大学报)
11　上海精神医学
12　山东医科大学学报(山东医大学报)
13　山东医药
14　山西医学院学报
15　山西医药杂志(山西医药)
16　心电学杂志
17　心功能杂志
18　心肺血管病杂志(心肺血管)
19　天津医药
20　云南医药
21　中山医科大学学报(中山医大学报)
22　中日友好医院学报
23　中风与神经疾病杂志(中风与神经)
24　中西医结合肝病杂志(中西医结合肝病)
25　中西医结合实用临床急救(中西医结合急救)
26　中华儿科杂志(中华儿科)
27　中华小儿外科杂志(中华儿外科)
28　中华口腔医学杂志(中华口腔)
29　中华心血管病杂志(中华心血管)
30　中华内分泌代谢杂志(中华内分泌)
31　中华内科杂志(中华内科)
32　中华皮肤科杂志(中华皮肤)
33　中华外科杂志(中华外科)
34　中华老年医学杂志(中华老年医学)
35　中华传染病杂志(中华传染)
36　中华妇产科杂志(中华妇产)
37　中华血液学杂志(中华血液)
38　中华耳鼻咽喉科杂志(中华耳鼻咽喉)
39　中华劳动卫生职业病杂志(中华劳卫)
40　中华泌尿外科杂志(中华泌外)
41　中华放射学杂志(中华放射)
42　中华放射医学与防护杂志(中华放射与防护)
43　中华医学杂志(中华医学)
44　中华医学检验杂志(中华医学检验)
45　中华医学遗传学杂志(中华医学遗传)
46　中华医院感染学杂志(中华医院感染)
47　中华实验和临床病毒学杂志(中华实验和临床病毒)
48　中华肾脏病杂志(中华肾脏)
49　中华物理医学杂志(中华物理医学)
50　中华肿瘤杂志(中华肿瘤)
51　中华神经外科杂志(中华神经外科)
52　中华神经科杂志(中华神经)
53　中华结核和呼吸杂志(中华结核和呼吸)
54　中华消化杂志(中华消化)
55　中华消化内镜杂志(中华消化内镜)
56　中华流行病学杂志(中华流行病)
57　中华病理学杂志(中华病理)
58　中华预防医学杂志(中华预防医学)
59　中华核医学杂志(中华核医学)
60　中华理疗杂志(中华理疗)
61　中华胸心血管外科杂志(中华胸心外科)
62　中华眼科杂志(中华眼科)
63　中华超声影像学杂志(中华超声影像)
64　中华微生物学和免疫学杂志(中华微生物和免疫)
65　中华精神科杂志(中华精神)
66　中华器官移植杂志(中华器官移植)
67　中国人兽共患病杂志(中国人兽共患病)
68　中国工业医学杂志(中国工业医学)
69　中国心脏起搏与心电生理杂志(心脏起搏与心电生理)
70　中国中西医结合杂志(中西医结合)
71　中国介入心脏病学杂志(中国介入心脏)
72　中国公共卫生
73　中国皮肤性病学杂志(中国皮肤性病)
74　中国地方病防治杂志(中国地方病)
75　中国地方病防治杂志(中国地方病防治)
76　中国危重病急救医学
77　中国防痨杂志(中国防痨)
78　中国抗生素杂志(中国抗生素)
79　中国免疫学杂志(中国免疫)
80　中国医学科学院学报(中国医科院学报)
81　中国医科大学学报(中国医大学报)
82　中国实用儿科杂志(中国实用儿科)
83　中国实用内科杂志(中国实用内科)
84　中国实用外科杂志(中国实用外科)
85　中国实验临床免疫学杂志(中国实验临床免疫)
86　中国肿瘤临床
87　中国肿瘤临床与康复

88　中国神经免疫学和神经病学杂志（中国神经免疫神经病学）

89　中国神经精神疾病杂志（中国神经精神）

90　中国临床药理学杂志（中国临床药理）

91　中国急救医学

92　中国胸心血管外科临床杂志（中国胸心血管外科临床）

93　中国寄生虫学与寄生虫病杂志（寄生虫学与寄生虫病）

94　中国寄生虫病防治杂志（中国寄生虫病防治）

95　中国超声医学杂志（中国超声）

96　中国循环杂志（中国循环）

97　中国输血杂志（中国输血）

98　中国慢性病预防与控制（慢性病预防与控制）

99　中国糖尿病杂志（中国糖尿病）

100　内蒙古医学杂志（内蒙古医学）

101　内科急危重症杂志（内科急危重症）

102　内镜

103～104　兰州医学院学报

105　宁夏医学杂志（宁夏医学）

106　四川医学

107　辽宁医学杂志（辽宁医学）

108　北京医学

109　北京医科大学学报（北京医大学报）

110　功能性和立体定向神经外科杂志（功能性和立体定向神经外科）

111　白血病

112　白求恩医科大学学报（白求恩医大学报）

113　交通医学

114　安徽医学

115　安徽医科大学学报（安徽医大学报）

116　江西医药

117　江苏医药

118　西安医科大学学报（西安医大学报）

119　地方病通报

120　吉林医学

121　同济医科大学学报（同济医大学报）

122　华西医科大学学报（华西医大学报）

123　华西医学

124　军事医学科学院院刊（军医科院院刊）

125　苏州医学院学报

126　肝胆外科杂志（肝胆外科）

127　肝胆胰外科杂志（肝胆胰外科）

128　实用儿科临床杂志（实用儿科临床）

129　实用放射学杂志（实用放射）

130　实用肿瘤学杂志（实用肿瘤学）

131　实用癌症杂志（实用癌症）

132　河北医科大学学报（河北医大学报）

133　河北医药

134　河南医科大学学报（河南医大学报）

135　武汉医学杂志（武汉医学）

136　青海医药杂志（青海医药）

137　肾脏病与透析肾移植杂志（肾脏病与透析肾移植）

138　肿瘤

139　肿瘤防治研究

140　肿瘤研究与临床

141　陕西医学杂志（陕西医学）

142　首都医科大学学报（首都医大学报）

143　南京医科大学学报（南京医大学报）

144　南通医学院学报

145　胃肠病学与肝病学杂志（胃肠病学与肝病学）

146　哈尔滨医科大学学报（哈医大学报）

147　哈尔滨医药

148　贵州医药

149　贵阳医学院学报

150　临床儿科杂志（临床儿科）

151　临床与实验病理学杂志（临床与实验病理）

152　临床心电学杂志（临床心电学）

153　临床心血管病杂志（临床心血管）

154　临床内科杂志（临床心血管）

155　临床皮肤科杂志（临床皮肤）

156　临床血液学杂志（临床血液）

157　临床医学影像杂志（临床医学影像）

158　临床肝胆杂志（临床肝胆）

159　临床神经病学杂志（临床神经）

160　临床消化病杂志（临床消化）

161　临床脑电学杂志（临床脑电学）

162　临床精神医学杂志（临床精神医学）

163　重庆医学

164　急诊医学

165　高血压杂志（高血压）

166　高原医学杂志（高原医学）

167　海南医学

168　浙江医学

169　浙江医科大学学报（浙江医大学报）

170　铁道医学

171　脑与神经疾病杂志（脑与神经）

172　职业医学

173　综合临床医学（综合临床）

174　湖北医科大学学报（湖北医大学报）

175　湖南医学

176　湖南医科大学学报（湖南医大学报）

177　第一军医大学学报（一军医大学报）

178　第二军医大学学报（二军医大学报）

179　第三军医大学学报（三军医大学报）

180　第四军医大学学报（四军医大学报）

181　福建医药杂志（福建医药）

182　福建医学院学报

183　新医学

184 新药与临床

185 新消化病学杂志(新消化病)

186 新疆医学

187 新疆医学院学报

188 解放军医学杂志(解放军医学)

189 癌症

190 Chinese Medical Journal (Chin Med J)

1997 中国内科年鉴

主　编:李　石
副主编:吴萍嘉　许国铭　周明行
责任编辑:竺振榕
第二军医大学出版社出版
(上海翔殷路800号　邮政编码200433)
新华书店上海发行所发行
第二军医大学出版社排版　上海长阳印刷厂印刷
开本:787×1092　1/32　印张:34.5　字数:1 103 080
印数:1 200
ISBN 7-81060-009-5/R·008
定价(精装):80.00元

M